한뫼 이윤재 글모음

한뫼 이윤재 글모음

초판 1쇄 발행 2016년 2월 15일

편 자 | 연세학풍사업단 · 김도형
발행인 | 윤관백
발행처 | 도서출판 선인

등록 | 제5-77호(1998.11.4)
주소 | 서울시 마포구 마포대로 4다길 4 곶마루빌딩 1층
전화 | 02)718-6252 / 6257 팩스 | 02)718-6253
E-mail | sunin72@chol.com

정가 80,000원

ISBN 978-89-5933-960-0 94910
ISBN 978-89-5933-622-7 (세트)

연세사료총서 4

한뫼 이윤재 글모음

연세학풍사업단 · 김도형 편

도서출판 선인

책머리에

연세는 한국의 고등교육과 근대학문의 장을 연 본산지였다. 이에 본 사업단은 연세의 학풍(學風)을 연구하고, 이를 계승하기 위해 몇몇 교수들이 자발적으로 조직한 연구단이다.

우리는 1932년 연희전문이 천명한 교육방침에서 연세 학풍과 그 핵심적인 지향이 고스란히 담겨 있다고 파악하였다. "동서고근(東西古近) 사상의 화충(和衷)", 곧 우리의 고유한 학문과 사상을 바탕으로 서양의 학문을 결합함으로써 한국의 근대학문과 연세의 민족교육을 발전시켜왔다는 것이다. 또한 우리는 이와 같은 '화충(和衷)'의 학풍이 단지 지나온 역사의 이정표로서만이 아니라, 우리 시대가 요구하는 소통, 통합, 상생의 가치를 지향하여 융복합 학문의 이념 위에 새로운 차원의 "연세학(延世學)"을 재정립해갈 길잡이가 될 것으로 확신한다.

그간 우리 사업단은 '화충(和衷)' 학풍의 형성과 발전 과정을 연구하여 그 성과를 『일제하 연세학풍과 민족교육』과 『해방 후 연세학풍의 전개와 신학문 개척』이라는 두 권의 책으로 간행하였고, 또 흩어져 있던 자료를 모아 연세학풍시리즈라는 이름으로 연희전문학교 시절의 『학교운영보고서』와 교지(校誌) 『연희』를 자료집으로 간행한 바 있다.

또한 연세의 학문과 이념을 선도한 분들과 함께 활동했으나 덜 알려진 학자들을 발굴하기로 하여, 그중 몇몇 분들의 학문적 성과에 대한 분석 결과를 연구서에 수록하고, 그 과정에서 축적된 자료들은 저작집의 형태로 편찬하기로 하였다. 그 첫 번째로 『홍순혁저작집』을 이미 간행하였고, 이번에 다시 한뫼 이윤재(李允宰, 1888~1943) 선생의 저작을 모

> 유명한 산이면 의례히 태산(泰山), 강이면 황하수(黃河水) (…) 이 따위들은 다 부유배(腐儒輩)들의 인습(因襲)의 버릇이니, 차라리 무괴(無怪)타 하더라도, 요새 소위 개화인(開化人)이니 외래사조에 젖은 이들까지도 서양 숭배열(崇拜熱)이 너무나 심하여 전연(全然) 자아몰각(自我沒覺)이었다. 그러더니 지금 와서는 「조선을 알자」하는 새싹이 트기 시작한다.[8)]

라고 하여, 중국만을 숭상하는 '부유배'나 서양만을 숭배하는 '개화인'을 모두 비판하고, 조선의 실정을 파악하는 사회적 열기에 찬동하였던 것이다.

2. 중국의 신문화운동 소개

북경대학에 수학하면서 이윤재는 상해 임정이 발간하는 『독립신문』에 망국의 슬픔을 노래한 「국치가」라는 시를 발표하기도 하였다.[9)]

이윤재는 북경대학에 수학하면서 중국의 5·4운동 이후의 신문화운동과 정치운동을 경험하였다. 그리하여 그는 이를 국내 잡지 『동명』에 소개하였다. 「북경대학을 중심으로 한 학계와 정계와의 충돌」, 「최근 중국의 부인운동」, 「경한철(京漢鐵) 종업원 총동맹 파공(罷工)의 전말」, 「민중혁명화하는 중국의 학생운동」 등이었다.[10)] 물론 이윤재는 단순한 소개에 그치지 않고 우리와 관련성, 우리가 배워야 할 것 등을 직시하였다.

중국의 학생운동을 소개하면서, 중국 학생의 애국운동을 배워야 한다고 하면서, 그들이 추구한 전 피압박민족, 피압박계급의 연합전선을 주목하였다.

> 그들의 주장은 일체 민중을 결합하야, 민주 혁명의 기치 하에서 연합전선(聯合戰線)을 결성하야 국가에 난원(亂源)이 되는 군벌(軍閥)을 타도하고, 진(進)하야 일체 피압박의 각민족 각계급을 연합하야 민족생존과 국가독립과 세계평화와 인류해방에 마장(魔障)이 되는 국제제국주의(國際帝國主義)를 타도하자는 것이다.[11)]

---

8) 「最近朝鮮社會에서 感激된 일—'조선을 알자!'는 사회의 부르짖임을 듣고」, 『東方評論』 2(1932. 5), 13쪽.
9) 『독립신문』 1922. 8. 29.
10) 이윤재의 소개한 글들은 당시 중국 사정을 아주 정확하게 파악한 것으로 평가되고 있다. 閔斗基, 「자료소개 : 李允宰(1888~1943)의 現代中國(1922~1923) 現場 報告 5種」, 『서울대 동양사학과 논집』 11, 1987.
11) 「民衆革命化하는 中國의 學生運動」, 『東明』 2-23(1923. 6), 7쪽. 학생연합회가 중국 전국 각지대표를

라고 하였다.

또한 중국의 신문화운동 당시 '문자혁명'을 소개하면서 중국에서도 폐지하는 한자를 여전히 숭상하고 있는 우리의 태도를 비판하였으며,[12] 당시 북경대학 교수 호적(胡適)의 「건설적 문학혁명론」을 번역 및 소개하면서, 이 문학혁명으로 "2천년 미몽(迷夢)을 깨뜨리고 정예(精銳)한 보무(步武)로 모두 그 혁명의 깃발 아래 몰려들었다"고 하면서 "진부구패(陳腐舊敗)의 사문학(死文學)을 숭상하는 우리 조선 사람에게 가장 심각한 자극을 줄" 것으로 생각하였다.[13]

3. 흥사단과 수양동맹회 활동

북경대학 재학 중에 이윤재는 1922년 흥사단에 가입하였다. 이윤재의 입단 문답은 안창호가 직접 행하였다. 안창호는 이광수를 통하여 흥사단의 국내 조직으로 수양동맹회를 조직하였다. 이윤재는 1924년 9월에 귀국하였고, 곧 바로 수양동맹회에 가담하여 흥사단 운동에 참여하였다.

귀국 후 이윤재는 정주 오산학교 교사로 재직하게 되었는데, 서북지역이 기독교운동, 특히 흥사단의 인적 기반이 강한 곳이었던 것과도 무관하지 않았을 것이다. 1926년 4월, 이윤재는 다시 서울 협성학교로 자리를 옮긴 후에 수양동맹회와 동우회가 합쳐진 수양동우회(1926. 1)의 기관지인 『동광』에 「우리 주장」이라는 난을 통해 흥사단 운동의 핵심인 수양운동을 체계적으로 정리하여 발표하였다. 흥사단은 '민족성 개조'를 통하여 당시의 민족문제를 해결하고자 하였고, 그 출발은 바로 인격수양이었다.

이윤재는 우리나라 사람들이 평소 '수양'을 우스운 것으로 알고 있지만, 진실한 도덕과 인격의 수양을 골자로 하는 수양운동이야말로 당시 일제 하에서 민족문제를 해결할 수

소집하여 제출한 결의안 10여 건과 호남대표가 제출한 의안도 소개하였는데, 호남대표의 의안 가운데서도 '국제적 단결'을 강조하면서 "일본의 제국주의가 중국과 조선에 적이 됨은 물론이오 일본의 국민에게도 적이 된다. 我等은 일체 피압박민족을 聯合하야 국제제국주의에 향하여 宣戰할지니, 그럼으로 아등은 피압박민족의 연립전선을 高呼結合할지어다!"라고 적었다.

12) 「中國에 새 文字(上)」, 『東明』 10(1922. 11), 5쪽.

13) 「胡適氏의 建設的 文學革命論」, 『東明』 2-16(1923. 4), 10쪽.

있는 길이라고 믿었다.

> 우리 조선 사람은 특별히 다른 나라 사람보다 다르다 함을 깨달아야 할 것이다. 우리는 남 달리 진실한 그 도덕이 있어야 하겠고, 튼튼한 그 신체도 가져야 하겠고, 탁월한 그 지식도 갖추어야 하겠다. 이러한 수양의 힘으로라야 기울어진 우리 사회를 바로 잡으며 이산하여 있는 우리 민족을 인도할 자가 그 가운데로서 나아올 것이다.[14]

라는 것이었다.

그리고 수양운동의 핵심은 "자조(自助)와 호조(互助)"라고 하고,[15] 이는 곧 흥사단에서 말하는 '건전 인격'과 '공고 단결(신성 단결)'이라고 하였다. 그는 당시 여러 계통의 운동이 실패하는 것은 '①일하는 그 사람의 인격이 건전하지 못함이요, ②둘째는 일하는 그 덩이의 단결이 공고하지 못함에 있다'고 하고, "건전 인격, 공고 단결"이 바로 "수양운동의 표어"라고 하였다. 그리고 나아가 "새 조선을 만들려면 반드시 이것이 아니고는 바랄 수 없다"고 하면서, 인격과 단결이 바로 "새조선 건설의 표어"라고 하였다.[16] 이윤재가 제시한 "건전 인격, 공고 단결"을 위한 방안을 간추려 정리하면 다음과 같다.

- 「건전 인격, 공고 단결」. 이것을 새 조선 건설의 표어로 하자. 비상한 일을 할 인격, 그 일을 이룰 원동력이 되는 공고한 단체, 이것을 우리는 언제든지 부르짖는다.
- 「건전 인격」 운동의 내용 : ①명예나 지위나 허영을 따라 헤매지 말고 무슨 일에 임하거나 실속을 찾아 분투 노력하는 습관을 비상한 결심을 갖고 지금부터 기르자. ②공담공론을 그치고 "해보자"하는 정신을 수양하자. ③내가 큰일을 위하여 어떤 단체에 내 몸을 허락하였는가, 죽도록 지키는 정성을 기르자. ④백절불굴하는 확고한 기개와 정신. 간단히 말하자면 무실, 역행, 신의, 용기. 이 네 가지 정신은 오늘날 우리 조선 청년이 반드시 갖춰야 하는 우리 민족 전도 대업에 상관된 비상한 수양이다.
- 덕, 체, 지 삼육(三育) : ①무실, 역행, 신의, 용기의 정신으로 덕성을 기르자, ②신체를 강장히 하자, ③지식을 닦자.

라고 하였는데, 이는 곧 안창호와 흥사단의 운동론이었다.

---

14) 「주장-수양이 우습은(可笑) 것이냐」, 『東光』 5(1926. 9), 5쪽.
15) 「주장-자조와 호조」, 『東光』 5(1926. 9), 5쪽.
16) 「우리 주장-우리의 수양운동」, 『東光』 10(1927. 2), 6~7쪽.

4. 역사학 저술 : 사론(史論), 사화(史話)

(1) 이윤재의 글 가운데 가장 많은 부분이 역사 관련의 사론, 사화 등이었다. 그는 역사 사실에 바탕을 두고 명승고적, 지역 역사, 그리고 희곡까지 집필하였다. 북경대학 사학과에서 수학하였지만, 그는 체계적인 논문 형식이 아니라 주로 대중 잡지나 신문을 통해 일반인들이 쉽게 우리 역사를 알 수 있는 소재를 택하였다. 이윤재의 역사 서술은 다음과 같은 특징이 있었다.

첫째는 우리 겨레의 시작인 단군을 중심으로 역사를 체계화하고, 홍익인간 이념을 계승하자는 것이었다, 이윤재는 우리 민족이 '한배'의 후손임을 강조하였다.

> 천지만엽(千枝萬葉)이로되 그 근본은 오직 한 덩걸에서 남이요, 대해장강(大海長江)이로되 그 시초는 다만 한 원천(源泉)에서 발함이로다 (…) 한 한배의 혈계(血系)로 이룬 백자천손(百子千孫)이 이같이 번영(繁榮)하다 하여 어찌 그 한배를 잊을 수 있을 것이냐.[17]

이윤재는 '환웅천왕'의 후손을 '환족'이라고 하고, 백두산을 근거로 우리의 역사가 전개되었다고 지적하였다. "백두산은 환웅천왕(桓雄天王)이 신시(神市)를 열고 단군이 조선을 세운 성산(聖山)", 혹은 "환족(桓族) 2천만을 수호하여 주는 성악(聖岳)이며 영산(靈山)"이라고 하였다. 그리고 백두산은 우리 역사의 근거지이면서 동시에 백두산에서 나온 금나라, 후금(청)나라도 우리 민족의 지파(支派)라고 하였다.

> 원시의 조선 역사가 이것이 요람(搖籃)을 지은 것으로나 (…) 동방에 강대국으로 부여국, 고구려국, 발해국 등 제왕조의 발상지가 다 이 산에 있었으며, 우리 겨레의 支派인 금, 청의 왕조도 또한 이 산이 발상지가 된 것이다.[18]

또한 백두산에서 나라를 시작한 단군의 홍익인간 이념이 우리 민족의 역사문화의 이념이라고 하였다.

---

17) 「우리 주장－불망기본(不忘其本). 개천절을 당하여」, 『東光』 7(1926. 11), 8쪽.
18) 「白頭聖山史話」, 『新東亞』 4-7(1934. 7), 4쪽.

> 태초 홍몽(鴻濛)의 세(世)에 단군왕검께서 인간을 홍익(弘益)하시려고 태백산(太伯山) 영장(靈場)에 내리시어, 건방설도(建邦設都)하고 신교(神敎)를 베풀어 민물(民物)을 이화(理化)하셨으니, 이 곧 천지의 대주재(大主宰)시오, 국가의 건조자(建造者)시며, 일체 생명의 원천이오, 모든 문화의 출발입니다.[19]

따라서 홍익인간의 대서원으로 시작한 우리의 문화도 매우 뛰어난 것으로 보았다. 이윤재는 우리나라가 오래된 문명국이며, 홍익인간으로 시작된 단군의 문명은 세계 6대 문명의 하나로 규정하였다.

> 문화론 우리가 세계 육대(六大) 문명 개창자의 하나다. 무강으론 훌륭하게도 궁대인(弓大人)의 이름을 가지었다. 대인(大人)·선인(善人)·군자(君子)·불사(不死)란 것도 오직 우리에게만 있게 됨을 자랑한다. 이 어찌 그이의 홍익인간(弘益人間)의 원도(願禱)하심에서 된 것이 아닌가. / 정교(政敎)의 거룩함이며 예의(禮義)의 밝음이며 문물(文物)의 빛남이며, 제도의 갖춤이며, 산업의 열림이며, 학술의 나아감이며, 무릇 인간 천백 가지의 어느 것 하나라도 다 그이의 재세이화(在世理化)하신 크신 힘을 입지 아니함이 없었음이다.[20]

라고 하였다.

둘째는 우리 민족문화의 유구함과 우수성을 강조하였다. 이윤재는 "오늘날의 문명은 과학의 문명, 다시 말하면 물질의 문명이요 공예의 문명"이라고 규정하고, 문명의 발전을 기구, 기계의 발전과정으로 파악하였다.[21] 이윤재는 우리 민족이 과학, 공예의 독창성을 보인 다양한 발명품을 소개하였다. 가령 왕산악[弦琴], 구친천[천보노], 정천익[소거, 繅車], 세종[한글 등], 이장손[비격천천뢰], 정평구[비차] 등을 들었으며,[22] 또 다른 글에서는 대궁[포노, 천보노], 현금과 가야금, 만파식적과 옥적, 활자, 도자기, 소거, 간의대, 측우기, 인지의(引地儀), 훈민정음, 거북선, 사조구, 해구선과 윤선, 비차, 화차, 비격진천뢰, 사상(四象)의술 등 26종을 거론하였다.[23] 이런 발명품은 "우리 인류문화에 공헌이 컸으며, 전 세계에 내놓아 자랑이 되고도 오히려 남음이 있을 것"이라고 하였다.[24] 특히 활자를 세계에서 가

---

19) 「大倧敎와 朝鮮人」, 『三千里』 8-4(1936. 4), 140쪽.
20) 「우리주장－심은후덕(深恩厚德)」, 『東光』 7(1926. 11), 8쪽.
21) 「내 자랑과 내 보배 - 獨創과 發明(一)」, 『동아일보』 1934. 12. 13(석간).
22) 「朝鮮民族의 恩人과 儀範」, 『新生』(1931. 4).
23) 「내 자랑과 내 보배－獨創과 發明」, 『동아일보』 1934. 12. 13. ~ 12. 29.

장 먼저 발명했다는 점은 우리 민족의 독창력, 발명력을 보이는 것이라 하였다.[25]

셋째는 우리 문화의 우수성을 입증하거나 혹은 외족의 침략에 저항하여 우리를 지킨 여러 영웅, 인물들을 정리, 소개하였다. 처음으로 쓴 역사 관련 글은 숙종시대 일본 어민들을 물리치고 울릉도와 독도를 사수한 안용복의 활동을 다룬 「쾌걸 안용복」이었다. 가장 높이 평가한 사람은 세종대왕과 이순신이었다. 이 두 사람에 대해서는 『동아일보』에 장기간 연재하였으며, 이순신은 이를 모아 별도의 단행본으로도 출간하였다. 그 외도 원효, 설총(이두), 의천(대장경), 최충, 안유, 이규보, 정경선(태조 의학대가), 이황, 허준, 이익, 김정호, 주시경, 유희, 박지원 등을 들었다. 또한 역사적으로 잘 알려지지 않은 인물을 발굴하여 소개하는 한편, 민중을 위해 혁명적인 난을 일으킨 홍경래 같은 인물도 강조하였다.

이윤재는 만주도 매우 중시하였다. 만주가 단군 이래 우리의 역사적 고토라는 점 때문이었다. 그는 이를 『동아일보』에 장기간 연재하면서 만주와 우리와의 관련성을 역사적으로 검토하였다.[26] 고종조의 만주와 우리의 국경문제에서, 시간을 거슬러 올라가면서 백두산정계비, 효종대왕의 만주 회복, 임경업, 병자호란과 정묘호란, 광해군 시절의 관계 등을 다루었다.

(2) 그럼에도 불구하고, 이윤재는 점차 우리 민족이 쇠퇴하고, 결국 나라가 망하게 되었다는 점도 아울러 지적하였다. 이윤재는 '천지를 뒤집을 정도'로 매우 강대했던 민족이 외세의 침략 앞에 정신을 차리지 못해 약화되었다고 한탄하였다.

> 아아, 반만년(半萬年)이란 기나긴 세월(歲月)동안 놀기야 잘도 놀았다. 별별 경험을 많이도 겪었다. 한창 시절에는 우리 한 번 으악 소리칠 때 天地가 뒤집듯 덜석 덜석 하였고, 한 번 침묵(沈默)하면은 온 누리가 괴교하여 다 죽는 듯하였다. (…) 남 못하는 것을 나 혼자 하여도 보았다. 그러더니 웬걸 한(漢)이 오고 당(唐)이 오고 거란(契丹)이 오고 몽(蒙)이가 오고 청(淸)이 오고, 무엇이 오고 해서, 이리 닥치고 저리 닥쳐서 살림이 아주 들판이 났다. 그러거든 정신이나 좀 차

24) 『동아일보』 1934. 12. 13.

25) 「내가 자랑하고 십흔 朝鮮 것-現代文明의 産母, 活字의 發明은 朝鮮이 首位」, 『別乾坤』 12·13 (1928. 5). 이윤재는 우리가 활자 발명에서 보인 독창력, 발명력을 그대로 발휘하였다면 당시 서양의 물질 문명을 압두(壓頭)하기에도 부족하지 않았을 것이라 주장하였다.

26) 『동아일보』 1932년 1월 1일. 「만주이야기-녯날과 오늘」 4월 19일까지 31회 연재. 아마도 만주사변이 이런 연재를 시작한 계기가 되었을 것이다.

> 렸으면? 아하 저마다 자기 잘 낫다는 것, 서로 물고 찢는 것, 빼앗기고도 아까운 줄 모르는 것, 설음당코도 넝실넝실 하는 것, 내 것이라면 어찌도 그리 밉고 남의 것이라면 물고 빨고 싶은 것, 이러구러 하는 사이에 조선(祖先)의 세업(世業)은 알뜰하게도 탕진(蕩盡)하고 말았다.[27]

이와 같이 나라가 망하게 된 원인을 이윤재는 무엇보다도 단군의 이념을 계승하고 이어가지 못하고,[28] 외래 문화에 빠져버린 사대주의라고 보았던 것이다.

나라가 망한 또 다른 이유로 국제적인 정세와 그 변화를 파악하는 국제안(國際眼)이 없었다는 점을 지적하였다. 그는 신미양요(辛未洋擾)를 설명하면서, 조선 군인의 용맹함도 있었지만 그보다는 조선 정부가 국제적인 안목이 없었음을 비판하였다.

> 이 양요(洋擾)로 말하면 숨어 잇는 조선을 불러 일으켜서 세계에다가 내세우려는 절호한 기회거늘, 조선은 한갓 사대주의(事大主義)의 정신에 짐취(鴆醉)하여 이에 응치 아니한 것이다. 천년 예의지방(禮義之邦)이니 무엇이니 찾고 앉잤는 홍순목(洪淳穆), 김병학(金炳學) 같은 이는 말할 것도 없거니와 대개혁 수완을 가진 대원군(大院君)으로도 이렇게 국제안(國際眼)이 어두워 쇄국주의를 국시(國是)로 삼아 마침내 이렇게도 조선민족으로 하여금 세계의 낙오자(落伍者)의 지위에 떨어뜨린 것이야말로 통석(痛惜)함을 말지 아니한다.[29]

라고 하였다.

그리하여 이윤재는 우리의 광복을 위해서는, 자연스럽게 역사상으로 굳어진 사대주의를 극복하고, 단군의 이념을 계승하여 다시 이어가야 할 것이라고 주장하였다. 단군의 계승은 우리 민족만을 위한 '국수적'인 자세가 아니라, 사람으로 자기의 조상을 받드는 '보본(報本)의 성(誠)'이고, 또 역사상으로는 뿌리가 깊은 '국민제천회(國民祭天會)'로 이어온 '실재사실'이라고 하였다.[30]

1928년 연전의 최현배를 비롯해 대종교를 중시하는 인사들이 "조선 얼굴의 거울, 조선

---

27) 「開天日의 追感」, 『東光』 7(1926. 11), 106쪽.

28) "우리 오늘 와서 聖祖의 끼치신 뜻을 한 가지도 받들지 못하였다. 그 무거운 맹서를 아주 저버리고 말았다. 이렇듯 우리는 너무도 불효(不孝)요 불순(不順)이다. 우르러선 성조(聖祖)께 막대한 죄요 구부러선 자손에게 무상의 욕이다. '불초자손 욕급조선(不肖子孫 辱及祖先)'이란 말이 실상 오늘의 우리를 두고 한 말이다."(「開天日의 追感」, 『東光』 7, 106쪽).

29) 「辛未革命과 辛未洋亂」, 『東光』 18(1931. 2), 45쪽.

30) 「大倧教와 朝鮮人」, 『三千里』 8-4(1936. 4), 141쪽.

마음의 거름"을 표방하며 『한빛』을 창간하였을 때, 이윤재 역시 이 잡지의 창간에 주도적으로 참여하였던 것은 너무도 당연한 일이었다.

5. 한글운동과 조선어학회 사건

(1) 일제하 많은 민족주의 학자들은 '민족정신'의 중요성을 인식하고, 그 정신이 깃들어 있는 역사와 종교, 그리고 말과 글 등을 매우 중시하였다. 이윤재는 일찍부터 주시경의 민족주의적 한글 연구를 배웠고, 1920년대 중반부터 본격적으로 한글 교육과 더불어 조선어사전 편찬 작업을 주도하였다. 주시경의 제자였던 장지영, 권덕규, 이병기, 김윤경 등은 1921년 조선어연구회를 조직하여, '조선어의 정확한 법리(法理)를 연구'하면서 우리말과 글을 보급하고자 하였다. 조선어연구회는 1927년 2월에 기관지 『한글』을 발간하였으며, 또 조선어사전 편찬 사업을 추진하였다. 1920년대 중반 이후 국내에서 활동하였던 이윤재는 1927년 8월, "조선 사람에게는 조선말 사전 한 권도 없음"을 통탄하며 조선어연구회에 가입하여 사전 편찬 사업에 참여하였다.

1929년 10월에는 각계 인사 108명이 조선어사전편찬위원회를 조직하였다. 조선어연구회는 1931년 1월 조선어학회로 발전하였고, 이윤재는 상임감사로 선출되었다. 정인승, 이중화, 한징 등과 함께 사전 편찬 전임위원으로 선발되었다. 이 시기 이윤재는 동덕여고보와 경신학교, 그리고 연희전문학교에서 조선어와 역사를 가르쳤다.

조선어학회는 1931년부터 1934년까지 4년간 매년 여름방학 때에 전국적으로 한글강습회를 개최하였다. 당시 한글보급운동은 동아일보를 중심으로 한 부르주아민족주의 운동의 일부분이었다. 이 강습회에 이윤재는 항상 강사로 참여하였다.

조선어사전편찬, 한글보급운동을 전개하면서 이윤재는 1927년 10월, 3회에 걸쳐 『동아일보』에 「세종과 훈민정음」, 1928년 5월 『별건곤』에 「세종 성대의 문화」 등을 발표하였다. 그리고 1930년에는 동아일보에 「大聖人 世宗大王」을 연재하였다(3. 17~9. 27). 이윤재가 이 연재의 제1회를 집필한 3월 16일은 음력 2월 17일로, 세종이 돌아간 8주갑 '국기일(國忌日)'이었다. 그는 "오로지 조선을 위하여 끼치신 크신 성덕이 하늘에 사무치듯 높으시와, 안으로 문화를 크게 발달하시며, 밖으로 무공을 널리 떨치신 허다한 치적은 실로 많고 역대 제왕에게 보기 드문 바이며, 여러 가지 創意와 발명이 많은 가운데 한글(훈민정음)의 창제하심은 우리나라에 둘도 없는 큰 보배일뿐더러 세계에 자랑할 큰 업적이시다"라고 칭송하였다. 이와 더불어 한글 보급과 맞춤법 통일안을 소개하고 보급하기 위해 수많은 글들을 썼다.

(2) 일제의 입장에서 볼 때, 한글 운동은 곧 민족운동이었다. 그리하여 마침내 조선어학회사건으로 이 운동을 탄압하였다. 조선어학회사건 전에 이미 이윤재는 두 차례의 옥고(獄苦)를 치렀다. 처음은 3 · 1운동 때였고, 다음은 안창호와 흥사단 관계자들이 조직했던 수양동우회(이름은 후에 동우회로 바뀜)사건이었다(1937. 6). 수양동우회사건의 수감자는 1938년 3월에 안창호가 순국한 이후 대부분 석방되었는데, 이 사건으로 이윤재는 1년 6개월 동안 서대문형무소에서 고초를 당했다.

출옥 후 이윤재는 한글사전 편찬 사업에 열심히 참여하였다. 이희승, 정인승 등과 함께 1940년 4월 「한글 맞춤법 통일안」 개정안을 만들었고, 6월에는 「외래어 표기법 통일안」 등을 결정하였다. 그러다가 일제의 탄압을 받아 조선어학회사건이 일어났다. 1942년 10월 많은 조선어학회 회원들이 함남 홍원경찰서에 체포되었다. 특히 이윤재는 이미 민족운동의 전력이 있었으므로, 더 심한 고문을 받았던 것으로 보인다. 결국 1943년 12월 8일 새벽, 함흥 감옥 안에서 55세의 나이로 순국하였다.

6. 연희전문학교와 이윤재

경신학교, 동덕여고보에서 가르치던 이윤재가 연전에 강의를 나온 때는 1929년이었다. 1920년대에서 1930년대 전반에 이르기까지 민족문화운동을 이끌던 연희전문에서는 1930년대 초에 학교의 교육방침, 곧 학풍으로 "동서고근 사상의 화충"을 표방하고, 서양의 근대학문과 전통 학문, 곧 '국학'과 통합하여 연구, 교육하였다. 정인보의 민족주의 역사학의 학풍이 있는가 하면, 서양의 근대학문을 수학한 백낙준의 기독교사와 백남운의 사회경제사학도 있었다. 이들은 '국학', '조선학'이라는 이름으로 이를 정립해 갔다. 1930년대 초반, 연전의 교수들은 『동아일보』의 한글보급운동, 단군 및 위인 선양운동 등에 가담하면서, 성호 이익과 다산 정약용의 학문을 계승하여 조선학운동을 주도하였다. 이런 분위기의 연전에 학술운동을 같이 하던 이윤재가 출강하게 된 것은 자연스러운 일이었다.

연전에서 이윤재는 동양사, 한국사, 조선어를 강의하였다. 당시의 동료였던 백낙준은 다음과 같이 회고하였다.

> 이런 와중에 문과 과장으로 있으면서 나는 국학 분야 과목을 새로 만드는 데 주력했다. (…) 한국 사람이 자기 나라의 역사를 알아야 한다고 생각하여 동양사란 과목이 있기에 동양사를 가르치면서 그 일부인 한국사를 가르치기로 하고 이윤재 선생으로 하여금 이 과목을 담당케 했고(…).[31]

연전에서 강의할 당시 이윤재는 역사를 강의하면서 학생들에게 큰 감화를 주었다.

> 조선 역사를 강의하는 분으로 李允宰 강사가 있다. 작년[1929]부터 視務하기 시작하였는데 원래 氏는 사회적으로 많이 알려진 분으로 현재 동아일보에 관계를 맺고 중후한 인격이 학생들에게 감화를 일으키는 바가 많다. 그러나 교수 시간에 그의 강의를 필기하자면 꽤 갑갑증을 느끼게 한다.[32]

라고 하였다. 강의는 감명 깊었지만 내용은 어려웠던 모양이었다.

이윤재는 정인보와 여러 학술운동을 같이 하였다. 두 사람은 신채호의 역사학을 계승한 민족주의 역사학자였고, 1930년대 초반에는 조선학운동이나 한글보급운동에 같이 활동하였다. 하지만 민족운동 노선에서는 다소의 차이가 있었는데, 이윤재는 신채호가 비판했던 안창호의 준비론, 수양운동을 실천하고 있었고, 또 정인보와 달리 이병도가 주도하던 진단학회(震檀學會)에도 참여하였다.

연희전문학교 강사 시절 이윤재는 반일 정서를 보인 많은 일화를 남겼다. 그 하나로, 이윤재는 일본인이 경영하는 전차 삯을 주기 싫어서 언제나 걸어 다니는 '도보주의(徒步主義)'라고 불렸다. 시내에서 연전으로 출근할 때도 그러하였는데, 그것도 광화문에 있는

31) 백낙준, 「회고록」, 『백낙준전집』 9, 1995, 146~147쪽.
32) 漢陽學人, 「新進學者 總評(一), 延禧專門學校 敎授層」, 『三千里』 10, 1930.

조선총독부 건물이 보기 싫어 종로에서 안국동, 서대문으로 가는 짧은 길을 택하지 않고, 종로－남대문－봉래동－아현고개를 넘어 다녔다고 한다. 연희 교수와 학생 모두가 그렇지는 않았겠지만, 이 또한 이윤재의 풍모를 보여주는 일례일 뿐만 아니라, 그로부터 영향을 주고받았을 연희 학풍의 또 다른 일면이었다.

차 례

1. 사론(史論), 사화(史話)

史上의 로만쓰 - 三國時代弗矩內王의 降世 - 白馬가 祥端를 드리다(一)·(二)	동아일보	-	1930	91
한글欄 조선을 지은이들 - 大聖人 世宗大王(一)~(二八)	동아일보	-	1930	93
한글欄 조선을 지은이들 - 聖雄 李舜臣(一)~(四三)	동아일보	-	1930	121
가온날의 이야기 - 이 날의 놀이는 신라 때부터 시작된 경기와 여흥	동아일보	-	1930	164
民俗上으로 본 한가위(嘉俳)의 由來	신생	3권 10호	1930	165
朝鮮三大文章家와 碩學者1 - 高麗中葉의 大文學家 李奎報先生	학생	2권 9호	1930	167
開天節 단군강탄 四三八六회의 긔념	동아일보	-	1930	170
史上의 辛未(一)~(四)	동아일보	-	1931	171
辛未革命과 辛未洋亂(一)·(二)	동광	17·18호	1931	175
紀念, 東方의 大偉人 李珥先生 - 學界紀念, 栗谷 先生 小傳	신생	2월호	1931	182
朝鮮民族의 恩人과 儀範	신생	4권 4호	1931	185
一貫한 피의 歷史 카토릭布敎百年 - 百年聖祭를 臨하야(上)~(續)	동아일보	-	1931	188
仁憲公姜邯贊 - 歿後九百年을 際하야(上)·(下)	동아일보	-	1931	192
忠義의 人 閔忠正公	신동아	1권 1호	1931	194
開天節(上)·(下)	동아일보	-	1931	197
讀書餘錄 史上警句(一)~(五)	동아일보	-	1931	199
史上의壬申 壬申政治史(一)~(六) △薩水大捷……登州擊陷 △圃隱成仁……李氏革命	동아일보	-	1932	204
朝鮮史話, 姜邯贊의 龜州大捷과 權慄의 幸州大捷	신동아	2권 3호	1932	210
史上野談 - 義血	신동아	2권 4호	1932	212
시월상달	신동아	2권 11호	1932	216
滿洲이야기 - 녯날과 오늘	동아일보	-	1932	217
雅樂創定 五百年을 際하야(一)·(二) 世宗大王의 聖德을 사모하며	동아일보	-	1933	248
東西洋女王巡禮記 - 東洋의 女王들	신가정	1권 1호	1933	250
행주치마의 由來	신가정	1권 2호	1933	256
朝鮮史上의 武俠列傳(其一), 黎道令의 神勇	신동아	3권 10호	1933	259
世宗大王의 聖德	학등	1권 1호	1933	261
甲戌과 朝鮮 -三大事實과 三大人物(一) 漢陽遷都	동아일보	-	1934	263

巨星의 臨終語錄(16) - 碎心粉骨의 그 精誠, 白骨 되어 王을 忠諫한 金后稷	동아일보	-	1936	348
巨星의 臨終語錄(17) - 觀時察變의 先見, 獄中에서 餓死한 愛國家 成忠	동아일보	-	1936	349
巨星의 臨終語錄(18) - 秘史 짓고 遺言한 高麗末年의 志士 元天錫	동아일보	-	1936	350
巨星의 臨終語錄(19) - 北邊方略의 六條를 最後로 啓達한 李栗谷	동아일보	-	1937	351
巨星의 臨終語錄(20) - 碑石勿用을 遺言한 朝鮮第一의 儒宗 李退溪	동아일보	-	1937	352
巨星의 臨終語錄(21) - 憂國愛君의 至誠 己卯 士禍에 犧牲한 趙光祖	동아일보	-	1937	353
巨星의 臨終語錄(22) - 丈夫臨難 不苟活 七百義士로 效節한 趙憲	동아일보	-	1937	354
巨星의 臨終語錄(23) - 灼鐵도 차다 하는 死六臣의 한 사람 成三問	동아일보	-	1937	355
巨星의 臨終語錄(24) - 辛壬士禍의 四大臣 就死自勉을 覺悟한 金昌集	동아일보	-	1937	356
巨星의 臨終語錄(完) - 四夷六蠻이 다 帝國인데 홀로 自立 못함을 恨한 林悌	동아일보	-	1937	357
北京時代의 丹齊	조광	2권 24호	1936	358

2. 한글연구와 한글운동

제목	수록지명	호수	연도	쪽수
訓民正音 第八回甲記念 - 조선글은 조선적으로	신민	13호	1926	363
正音의 起源	진생	1권 9호	1926	367
筆 不精의 恥	문예시대	1권 1호	1926	372
한글토론(二) - 安廓君의 妄論을 駁함	동광	10호	1927	375
한글 整理에 對한 諸家의 意見(七)·(八)	동아일보	-	1928	377
第四百八十三回訓民正音頒布紀念	신생	1권 2호	1928	379
한글整理는 어떻게할가(五), 斯界專門家의 의견	조선일보	-	1929	380
한글강의, 一講 한글의 말뜻	신생	2권 9호	1929	381
한글강의, 二講 정음으로 언문에 언문으로 한글에(上)	신생	2권 10호	1929	382
한글강의, 三講 정음으로 언문에 언문으로 한글에(下)	신생	2권 11호	1929	383
한글강의, 四講 우리글을 어떻게 쓸까	신생	2권 12호	1929	384
한글강의, 五講 한글배렬은 어떤가	신생	3권 1호	1930	385

한글 맞춤법 통일안 제정의 경과 기략	한글	1권 10호	1934	621
새해 특별 부록 한글 마춤법	아희생활	9권 1호	1934	625
한글 강습 제5강 - 바침	한글	2권 2호	1934	631
(學藝)訓民正音의 創定, 第四百八十八周年 記念日에	조선중앙일보	-	1934	632
한글마춤법통일안실행제일년기념 -總論 및 第一章 字母, 한글마춤법 통일안 解說-	한글	2권 8호	1934	633
물음과 대답	한글	3권 3호	1935	635
反對者側의 이모저모 - 필경 學生까지 煽動하느냐 - 正音誌의 輕妄을 戒함	한글	3권 3호	1935	646
한글運動의 先驅者 周時經先生	삼천리	7권 9호	1935	651
한글 創製의 苦心	동아일보	-	1935	655
한글날에 대하여	한글	3권 9호	1935	656
朝鮮語辭典編纂은 어떠케 進行되는가(上)·(下)	동아일보	-	1935	660
朝鮮語辭典 編纂은 어떻게 進行되는가	한글	4권 2호	1936	662
聖經綴字를 改正하라	한글	4권 8호	1936	665
『사정한 조선어 표준말 모음』의 내용 - 표준어 발표식 석상에서 설명한 것	한글	4권 11호	1936	669
(알기쉬운)신철자법(一)~(四)	시조		1937	673

3. 수양동맹운동

제목	수록지명	호수	연도	쪽수
우리주장 - 우리의 설자리/ 수양이 웃읍은(可笑)것이냐/자조와 호조/이를 한번 경게	동광	5호	1926	681
우리주장 - 불망기본(不忘其本)/ 심은후덕(深恩厚德)/ 생활의식(生活意識)/ 조선사람이거던	동광	7호	1926	683
우리주장 - 영세불망비(永世不忘碑)/무겁을 버리자/비관? 락관?/아아, 세월!	동광	8호	1926	685
우리주장 - 우리의 신년/ 과거를 회고/ 희망의 신년	동광	9호	1927	687
우리주장 - 우리의 수양운동(一)/우리의 수양운동(二)/우리의 수양운동(三)	동광	10호	1927	689
朝鮮青年은 農閑期를 如何히 利用할가 - 科學的 修養의 必要	조선농민	2권 11호	1926	691
우리 青年의 進路 - 理論보다 實際로 나가자	신민	45호	1929	692
最近 朝鮮社會에서 感激된 일 - 「조선을 알자!」는 社會의 부르짖임을 듣고	동방평론	1권 2호	1932	693
금년은 이러케 합시다 - 朝鮮語學會 李允宰	별건곤	59호	1932	694

新春移動座談會 - 우리의 病根打診(四) - 八字믿고 失望말아 奮鬪하면 살수잇다, 個人의 活動이 社會의 生命線	동아일보	-	1935	695

4. 중국신문화운동

제목	수록지명	호수	연도	쪽수
中國에 새 文字(上)·(下)	동명	10·11호	1922	699
蒙古民族의 獨立運動(1)~(4)	동명	14~17호	1922	701
中華民國議會小史	동명	2권 1~5호	1923	705
北京大學을 中心으로 한 學界와 政界의 큰 衝突	동명	2권 9호	1923	709
轟轟烈烈한 中國의 勞働運動, 京漢鐵從業員總同盟罷工의 顚末	동명	2권13호	1923	710
胡適氏의 建設的 文學革命論	동명	2권 16~19호	1923	711
民衆革命化하는 中國의 學生運動	동명	2권 23호	1923	715
中國民意測量	시대일보	-	1924	716
中國留學 함즉한 그의 學校[案內], 가는 이의 알아둘일(一)~(十五)	시대일보	-	1924	717
中國劇發達小史(上)~(下)	조선문단	3-2 ~ 3-4	1926	730

5. 역사기행, 지리

제목	수록지명	호수	연도	쪽수
南漢山城遊記(上)·(下)	한빛	2권 1~2호	1928	741
漢城史蹟(1) 城壁의 이야기	신생	1권 1호	1928	748
漢城史蹟(2) 景福宮 이야기	신생	1권 3호	1928	750
馬에 關한 地名	신생	3권 1호	1930	751
關東僻地 楊口行 -日記에서-	신생	3권 2~3호	1930	752
乙支文德墓叅拜記	별건곤	34호	1930	756
舊宮會場 - 가을의 德壽宮	삼천리	3권 10호	1931	759
羅津灣의 황금비	동광	39호	1932	760
이 江山·이 人物, 第二回 平壤篇 - 歷史上으로 본 平壤	신가정	1권 3호	1933	763
이 江山·이 人物, 第3回 慶州篇 - 歷史的으로 본 慶州	신가정	1권 4호	1933	766
이 강산, 이 인물, 大邱篇 - 歷史로 본 大邱	신가정	1권 6호	1933	770
勝地의 追憶 - 智異山의 追想	신여성		1933	773

古都古蹟巡禮 - 大駕洛國 古都 金海	신동아	3권 8호	1933	777
조선지리독본	아희생활	9권 1·9호	1934	780
이 江山史話, 이 江山禮讚 - 白頭聖山史話	신동아	4권 7호	1934	783
城北青龍庵에서(上)~(下)	동아일보	-	1934	788

6. 문학작품, 회고, 설문 등

제목	수록지명	호수	연도	쪽수
구주탄생	예수교회보		1911	793
창신학교교가			1914	794
國恥歌	독립신문		1922	795
人類의 教育者 페스탈로치의 生涯와 그의 事業, 페스탈로치 歿後百年祭를 紀念으로 하여	동광	10호	1927	796
舊卒業生의 回顧談	신민	23호	1927	801
時調는 復興할 것이냐? - 世界思潮는 世界思潮, 國民文學은 國民文學	신민	23호	1927	802
戲曲 金元述의 悔恨	청년	7·8호	1928	803
戲曲 - 栗里薛氏	신생	2권 10·12호	1929	819
말의 이애기	아희생활	5권 1호	1930	827
讀書質疑	동아일보	-	1931	833
나는 이 꽃을 사랑합니다, 各界名士(到着順) - 無窮花	신생	4권 5호	1931	839
家庭悲劇 嚴正批判 - 家庭은 雙方의 責任	동광	27호	1931	840
戰爭是非論, 說問, 貴下께서는 戰爭을 是認하십니까? 反對하십니까? - 이겨도 利는없다	신동아	2권 2호	1932	841
先生의 여름	신생	5권 7·8호	1932	842
나의 總決算	신동아	2권 12호	1932	843
잊을 수 없는 어머니 말슴	신가정	1권 1호	1933	844
學父兄으로써 校長에게 보냄 - 修學旅行을 좀더 조심히	신동아	3권 4호	1933	845
첫번 양복 입던때 이야기	신가정	3권 4호	1935	847
나의 中學時代 - 二十八年前의 記憶	학등	4권 1호	1936	848
本誌歷代主幹의 懷述記 - 네가지자랑과 한글통일	아희생활		1936	849
나의 銘心錄①	중앙	4권 7호	1936	850
知名人士 避暑플랜	신동아	6권 8호	1936	851
朝鮮標準語查定과 그 苦心 - 委員諸氏와의 一問一答記	조광	2권 9호	1936	852

1

사론(史論) 사화(史話)

快傑安龍福

◇鬱陵島를中心으로한 二百年前의朝鮮外交問題◇

李允宰

無名한英雄이란 많이草澤間에

우리가 매양 歷史人物을 들매 그 人格의 崇高보다 爵位의 顯達을 勳功의 奇偉보다 威勢의 赫烈을 더욱 注重할뿐이요 몸이 草莽에 묻히어 있어 民族을 爲하여 社會를 爲하여 그의 一生을 犧牲的 事功으로 마친 幾多의 豪俊이란 그의 한일이 湮滅되고 이름조차 傳함이 없이 되고 만 것이 어찌 아깝지 아니하랴。우리가 그러한 人物의 傳記에서 얼마라도 남아 있는 逸事를 들추어내어 그의 片言隻事의 하나라도 알아보는 것이 어느 點에서 우리 歷史의 正體를 求함에 缺乏이 없을 것이라 한다。

二世紀前에있은 國界係爭事件

지금으로붙어 한 二百餘年 前의 일이다 東海에 遠隔하여 있는 蕞爾 一孤島인 鬱陵島問題로 朝鮮과 日本 사이에 한 國際關係가 생기었다。

그 問題의 內容은 鬱陵島가 본대 分明히 朝鮮의 領土이거늘 저 野心勃勃한 對馬島主가 그 것을 自己의 領土라 하여 無理히 占奪코저 하므로 東萊府使로붙어 抗議를 提出하게 되어 이에 境土係爭이 생기게 됨이다。실상인즉 이번 事件이 애초에 幕府에는 何等 關係가 없고 다만 對馬島主의 自意 擅行하려 함에 지나지 아니하였다。

對馬島主가 그 野心을 채우려고 공중 虛僞의 事實을 둘러대기만 하므로 해서 이 問題가 얼른 落着되지 아니하고 길게 끌어가게 되었다。東萊府使의 抗議하는 말 가온대 芝峯類說에 쓰이어 있는『鬱陵壬辰被倭焚掠 無復人烟 近聞倭占據礒竹島 或謂礒竹 即鬱陵也』라는 것과 禮曹回答에『有貴界竹島之語』라는 것으로 가지고 證據를 세우는 일까지 있은 것을 보아도 그 問題가 얼마로 複雜多端하였음을 밀우어 알 것이다。

이러한 境遇에 있는 重大問題를 뉘 能히 解決을 任할 것인가? 當時 朝野를 勿

論하고 外交에 當할만한 名流 政治家도 많기야 했겠지마는 그들의하는 일이란 다만 私利를 爭하며 強權을 圖하기에만 沒頭하고 國土가 줄어가는지 늘어가는지 이러한 問題 같은 것이야 생각이라도 하여볼 餘暇가 없었다。그러나 微官末職의 이름도 없는 一個 賤夫로 水陸萬里에 東西奔馳하여 죽음을 내기하고 오로지 國事에 盡瘁한者는 오직 安龍福 그 사람이다。

日船夫에게잡혀 멀리五浪島로

安龍福은 慶尙道 東萊府 사람이니 이름을 水營 船軍의 軍籍에 둔 至極히 微賤한 一個 卒伍로 倭館에 出入하면서 日本語를 善操하였다。肅宗十九年(四〇二六年)여름에 偶然히 鬱陵島에 漂着하였다。언제 오았던지 거긔에 발서 倭船 七艘가 대이어 있어 自由로 漁採에 從事하고 있었다。

이를 본 安龍福은 참을래야 참을수 없는 義憤을 이기지 못하여 그들에게 向하여 外人으로 함부로 남의 境土를 犯함이 옳으냐고 굳세게 말하여 即時로 退去하기를 要求하였다。이러구로 抗爭하는 끝에 衆寡難敵으로 勢不得已하여 그들의 손에잡히어 五浪島로 가게 되었다。

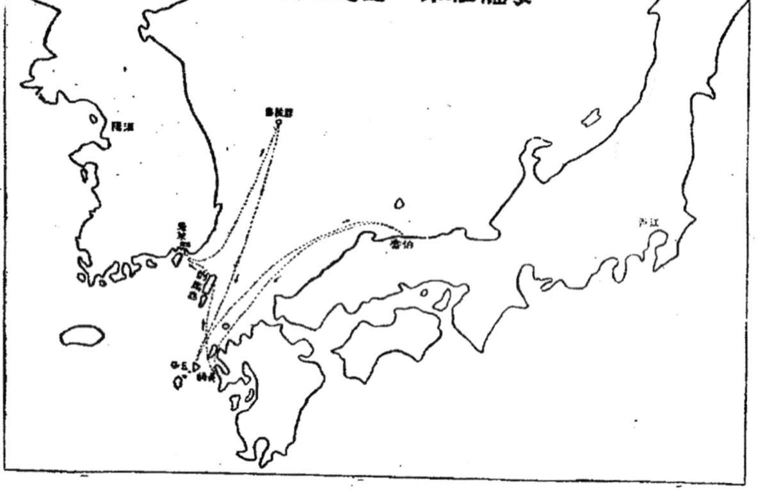

安龍福第一回遠征圖

龍福은 鬱憤함을 이기지 못하는 一邊에 또 생각하기를 『저따위 無知한 幾個 船夫들과 서로 닿도는 것이 무슨 所用이 있을가. 차라리 저 爲政者를 보고 한번 抗辯하는것이 낫으리라』하였다。그리하여 이렇한 큰 機會로 알고 돌이혀 맘속으로 喜不自勝하였다。

滔滔한辯舌에는 그들도屈服해

龍福은 마츰내 五浪島에 拘置하는몸이 되었다。말할 수 없는 그들의 無限한 凌蔑에도 죽음도 고생으로 알지 아니하고 돌이혀 이를 樂으로 삼았으며 한번 島主를 對面하는 때는 나의 가슴에 있는 뜻을 시원하게 한번 내뿜어 보리라 하고 가만히 기다리고 지내었다。

하로는 島主가 龍福을 붙어 보고 『너는 어찌하여 鬱陵島에 있는 日本人을 내어쫓으려 하였느냐?』고 물었다。龍福은

快傑 安龍福 七

『爵陵 芋山이 본대 朝鮮에 屬한 땅임은 歷史를 상고하여도 昭然한 證據가 있고 또 地理上으로 좇아 볼지라도 爵陵島가 朝鮮과는 겨우 一日程 밖에 아니되고 日本과는 五日程이나 멀리 있으니 當然히 朝鮮에 屬할 것임은 족음도 容疑할 것이 없다。 그런데 朝鮮사람으로 朝鮮땅에 가는 것을 너이들이 關係할것이 무엇이냐?』

고 流暢한 日本말로 懸河 같은 辯舌을 吐하니 島主가 한 마디 말도 答辯하지 못하였다。 龍福은 더욱 긔운을 내어 强硬히 論辯하니 島主가 긔가 막히어 어찌할줄 알지 못하고 어름어름하다가 아무리하여도 스스로 處斷하기 어렴을 줄 알고 伯耆州로 넘기어 보내다。

伯耆島主의주는 厚饋까지辭却

龍福은 伯耆州로 가아서 島主에게 더욱 强硬히 抗辯하여 激切한 言論으로 前後事實을 一一히 說破하니 島主가 賓禮로 待接하고 그 憤怒를 解慰코저 하여 資糧까지 饋遺하였다。 그러나 龍福은

『오직 나의 바라는 바는 日本이 이 後로는 永久히 鬱陵島로써 紛擾의 事端을 장만하지 말아서 交隣의 뜻을 저버리지 아니함이 족한 것으로 앎뿐이요 이따위 糧幣 같은 것이야 본대 나의 뜻이 아닌즉 決코 받을수 없다。』

하고 굳이 辭讓하고 물리치니 島主가 이 말을 듯고 크게 그 義에 感服하였다。

島主는 龍福의 要求에 應하여 鬱陵島가 確實히 朝鮮의 領土인것을 保障하기 爲하여 即時 그 事實을 갖호아 江戶府에 稟白하고 鬱陵島가 日本界가 아니라는 書契를 쓰어 주고 그새 여러가지 層折은 自己네들의 誤解에 因함이라 항을 切切히 謝過하고 돌오 故國으로 돌리어 보내었다。 龍福은 일이 다 成功된 줄 알고 스스로 기쁨을 이기지 못하여 이에 곳 登程하다。

長崎에서對馬島 또東萊로押送

龍福이 돌아오는 길에 長崎島에 들리니 長崎島의 島主는 본대 對馬島主와 符同하여 서로 內約이 있었으므로 龍福을 잡아다가 갖은 虐待를 다하고 伯耆島에서 얻어온 書契까지 빼앗고 對馬島로 잡아 보내다。

對馬島主가 龍福을 獄에 가두고 江戶府에 그 意向을 물었다。 江戶에서는 돌오 書契를 보내어 주어 兩島를 侵鹵하지 말게 하라 하며 또 그이를 잘 護送하라는 訓勅이 있었다。 그러나 島主는 오히려 剛愎하여 그 말을 듯지 아니할뿐더러 돌오 그 書契까지 奪還하고 그냥 가두어 두었다가 五十餘日을 지난 뒤에 겨우 東萊倭館으로 押送하고 말았다。 倭館에서 또 四十日을 拘留하여 두었다가 마츰내 東萊府로 넘기어 보내게 되었다。

龍福은 이 事件이 본대 江戶 幕府에서 하는 일이 아니요 한갓 一個 對馬島主의 中間弄姦인 것에 더욱 痛忿히 너기어 어떤 境遇라도 어느 때던지 圓滿한 解決이 있기까지 이를 긔어히 劃策하고야 말리라는 決心이 더욱 더욱 굳어 지었다。

또獄中生活二年 犯越이그罪名

그러나 龍福은 일이 이렇게 失敗에 마치매 憤怒와 寃恨은 어대다 比할 대 없었다。 呼天哭地하여도 申訴無處하여 스스로 恨嘆할뿐이었다。 龍福이 東萊府에 이르매 府使는 이를 外國과 關係되는 일이라하여 매우 重大視하며 嚴重히 鞠問하기로 하였다。龍福은 이에 對하여 前後來歷을 詳細히 사뢰고 또 對馬島主의 凶計를 極히 痛論하여 朝廷으로서 맞당히 日本幕府에 交涉하여서 鬱陵이 確實히 우리의 國界임을 主張하여야 할지요 만일 蚤速히 이를 歸正하지 않고 時日을 遷延하다가는 終乃 그 땅을 잃어버리고 말리라는 理由까지 들어서 激切히 말하였다。 그러나 府使는 그 말은 조금도 聽從하지 아니할뿐더러 莫下 一個 백성 사람으로 넘치게 國事를 干與하는 것이 萬萬 不當한 일이라 하고 犯越하였다는 罪目아래에 嚴酷히 刑罰하여 獄에 가두다。 이는 對馬島主가 東萊府使에게 글을 보내어 安龍福을 嚴히 懲治하여 달라는 要請에 말미암음이다。 二年이란 긴 歲月을 牢獄生活로 날을 보내고 있다가 이에 겨우 蒙放함을 얻어 自由하는 몸이 되었다。

아아 여태까지 몹신 險難과 갖인 苦楚를 겪어가며 싸호아 오던 結果가 이에 이르어 그만 다 水泡로 돌아가고 말았다。

(問題의 安龍福이 鬱陵島를 어떻게 回復하나? 次號에 完結)

벌레들은 겨울을 어떠케 지내는가.

快傑安龍福(結束)

鬱陵島의外交紛爭

李 允 宰

蔚山에서同行얻어 다시鬱陵島로

龍福은 가슴속에서린 憤恨과 抑鬱을 참을래야 참을수 없이 혼자 스스로 恨嘆만할뿐이었다.『아아 世上에 어찌 公理가 있다 하리오. 저 奸細輩가 멀정하게 남의땅을 빼았으려 하건마는 이를 抗議하려진 姑舍하고 돌이혀 그를 찾기로 애쓰는者가 刑罰를받고 말았는구나. 아아나는 朝鮮사람이다.살아도 朝鮮을 爲해살며 죽어도朝鮮을爲해 죽을 것이다. 몸이 부수어지고뼈가 닳아 없어지는 한이있더라도 나의最初의 決心은 조금이라도變할 리가 없다. 인제는 法理도 쓸대없고 論도 쓸대없다. 다만한 腕力만으로써 그들하고싸홈하여 죽기를 盟誓하리라』 이와 같이 든든한 決心을 하였다. 그러나 自己와 뜻같은 자 한 사람도 없음을 恨嘆하고 宛然히 失意한 사람처럼 이리저리 放浪하고돌아다니었을뿐이다.

蔚山海岸으로 돌아다니다가 하로는 商僧五人과 梢工四人을 만나아서 서로 무슨 이야기를 하다가 그들이 興利하겠다는 意思 가짐을 알고 옳다구나 이 사람들을더리고 함께 가는 것이 또한一助가 되리라생각하고

『그대들이 鬱陵島에를 가아보았는가』

『아니 우리는 아직 거긔를 가아 본일이 없어』

『하 그대들이 장사하여 利益을 보겠다면서 여태 鬱陵島에를 못가아 보았단말언가』

『鬱陵島에 무슨 利益 생길 일이 있을가』

『아직 모르는구나 世上에 海藻를 採取하는대서 더 利益 되는것이 무엇이 있는가』

『아아 그러면 우리가 어찌하여 鬱陵島에 한번 가볼수 있을가』

『만일 꼭가기로 작정하면 내 그대들을 위하여 指路를하여 주리라』

이렇게 서로 의론한 結果 十人이 함께 배에 올아 鬱陵島로 向하여 가다.

倭船을驅逐하여 壹岐로伯者에

바다에 뜨어 三晝夜를 지나아 鬱陵島에 닿으니 발서 우리나라 商船 세隻이 오아서 漁採와 斫竹에 從事하고 있었다. 마츰 이때에 倭船 一隻이 오아 대인다. 龍福이 그를 보고 憤氣가 衝天하여 同行한 여러 사람더러 저놈들이 항상 여긔 오아서 우리가 가질 利益을 모조리 빼았아 가니면 저 저놈들을 여기에 接足을 못하게 하지

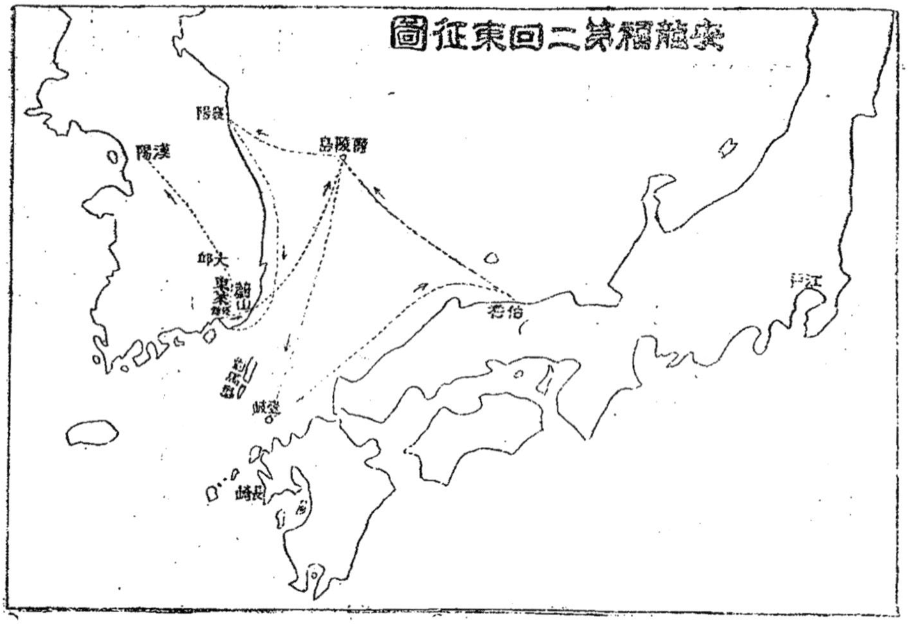

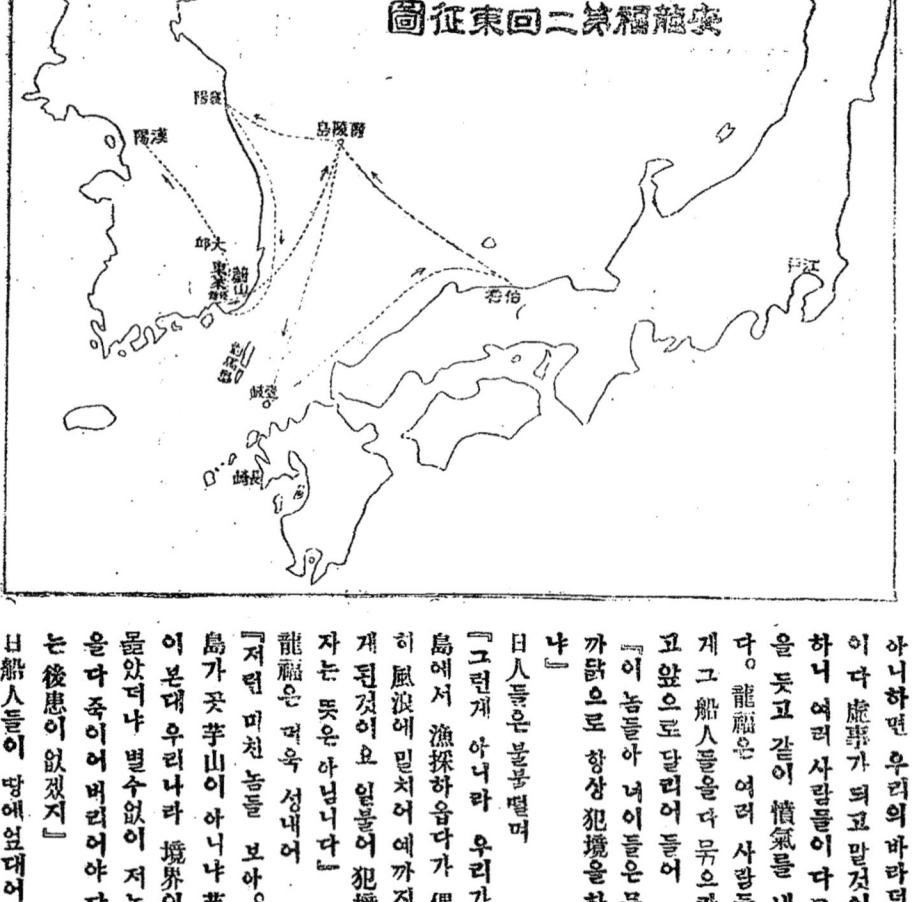

安龍福第二回東征圖

아니하면 우리의 바라던 것이 다 虛事가 되고 말것이라 하니 여러 사람들이 다 그말을 듯고 같이 憤氣를 내었다。 龍福은 여러 사람들에게 그 船人들을 다 묶으라 하고 앞으로 달리어 들어

『이 놈들아 너이들은 무슨 까닭으로 항상 犯境을 하느냐』

日人들은 불불 떨며

『그런게 아니라 우리가 松島에서 漁採하옵다가 偶然히 風浪에 밀치어 예까지 온게 된 것이요 일부러 犯境하자는 뜻은 아닙니다』

龍福은 더욱 성내어

『저런 미친 놈들 보아。 松島가 곳 芋山이 아니냐 芋山이 본대 우리나라 境界인줄 몰았더냐 별수 없이 저놈들을 다 죽이어 버리어야 다시는 後患이 없겠지』

日船人들이 땅에 엎대어

『살리어 줍소사 살리어 줍소사 從今以後로는 決코 貴國의 境界를 犯하지 않겠읍니다』

龍福은 막대를 들어 배에 있는 가마와 여러 기구를 따리어 부수고 『빨리 가지아니하면 다 죽이겠다』 하니 船人들이 크게 恐怯하여 설설 기어 急히 배에 올아 慌忙히 달아나았다。 龍福은 생각하고 생각해도 憤해 못견대었다。그 놈들 그대로 살리어 보낸 것을 後悔하여 同行者들과 의론하고 翌日 첫새벽에 芋山島로 달리어 가니 日船人들이 龍福의 오는 것을 보고 魂이 나아서 빨리 돗을 달고 달아난다。 龍福은 그 놈들을 잡으려고 뒤를 쫓아 가아 壹岐島까지 이르었다。 거긔서 다시 생각하되 『이대로 두었다가는 아무리 하여도 우리 鬱陵을 잃어버리기 쉽으리니 한번 더 交涉할 수 밖에 없다 하고 伯耆州로 向하여 가다。

對馬島主의 罪는 容貸할수 없다

龍福이 伯耆州에 이르어 島主를 보니

島主가 欵曲한 뜻으로 歡迎하고 國賓으로 禮遇한다。龍福이 가만히 생각하기를『내가 아무 職權이 없이 말하면 別로 効力이 생기지 아니할터이니 차라리 이뒤에 나라로서 職權濫用의 罪를 받을망정 이런境遇에 臨時權度를 쓰지 아니할수 없다』하고 거짓으로 自己가 鬱陵島 監稅官이라 일캇고 島主에게 前後의 事情을 낫낫이들어 嚴重히 抗辯하니 島主가 모든 것이 다 自己 나라의 잘 못임을 말하여 謝過한다。龍福은 또 對馬島主의 非行을 攻擊하여이르되

『對馬島主의 中間弄姦으로 挾雜詐欺하는 것을 어찌 鬱陵島 하나로만 볼수 있으리오。우리 나라에서 해마다 실어 보내는 米幣에 까지 속이는 일이 많다。본대 米五十斗를 一斛으로 하거늘 對馬島主가 七斗로 하여 斛量을 減縮하고 또 布 三十五尺을 一疋로 하거늘 對馬島主가 二十尺으로 하여 疋尺을 減縮하고 紙 一束이 매우 길거늘 잘아서 三束을 내는데 關伯이야 이런줄 어찌 알리오 내 지금으로 바로 關伯에게 이 事實을 말하여 그 欺詐한 罪를 嚴彈하리라』하고 同行者더러 公文을 만들라하여 江戶府로 보내려 하였다。

對馬島主의 父親이 江戶에 있다가 이말을 듯고 크게 놀래어 伯耆州主를 찾아 보고『파연 그러한 事實이 幕府에 들리기만 하면 큰 일이다。公文이 아츰에 오게 되면 내 아들은 저녁이면 죽으리니 어찌하면 좋게할수 있소?』하고 懇曲히 哀乞하였다。州主가

『글세 어떻게 할 道理가 없소。이 일은 鬱陵島 問題로 해여생긴 것이니 그 것만 아니면 내 安龍福에게 한번 容恕를 빌어 보겠소』

『그는 내 即時로 내 아들에게 편지하여 鬱陵島를 侵害하지 말게할터니 아무조록 無事하기만 하여주면 實로 白骨難忘이겠소』

伯耆州主가 빨리 돌아 오아 龍福을보고

『당신이 對馬島主의 非行을 幕府에 알리지 말으시오。今後로는 絶對로 그런일이 없기로 내가 保證하오리다。그러고 또당신 지금 貴國으로 돌아가시면 鬱陵島가 確的히 貴國의 國界인 것을 保障하오리다。이 後라도 만일 鬱陵島로 하여 爭端이 생긴다 하면 내 그 責任을 질터이니 조곰도 念慮말으시오』

龍福이 그 懇請에 어찌 할수 없어

『그러면 나는 貴君만 믿고 돌아가리니 이 뒤에 그로하여 생기는 모든 責任은 모도 貴君이 질것이요』하고 거서 떠나아 歸國하여 八月初旬에 襄陽에 到着하다。

國土를 아주 回收
그 報酬는 重刑

對馬島主가 인제는 다시 더 詐欺하여 볼수 없음을 覺破하였다。그리하여 公文을 東萊府에 보내어 至極히 謝過하는 뜻을 表하고 이 後에는 敢히 사람을 鬱陵島에 보내지 아니하리라는 뜻을 말하여 또 龍福의 犯越한 事實에 미치어 隱然히 遺憾의 뜻을 表示하였다。東萊府使가 이 事實을 慶尙監司에게 報하고 龍福等 一行을 잡아 보내니 監司로서 또 朝廷에 狀啓하여 龍福等을 押送하다。朝廷에서 龍福等을 刑曹에 맡기어 嚴重히 拷問하니 여러 사람의 供述이 一致되는지라 朝議에『安龍福等은 擅自犯越하여 外國에 釁端을 장만케 할 張本人인즉 그 罪가 크다 맛당히 極刑에 處하여야 할것이라』하고(五一頁에 續)

快傑安龍福

……(二十頁에서續)……

斬刑에處하기로 작정되였다。

龍福은 본대 一身의 安樂을 돌아보지아니하고 다만 國事에 犧牲하겠다는 覺悟가있었으므로 하여 斬刑 한다는 宣告에도 조곰도 두렵은 빛이 없고 다만 맘으로 이렇게만 생각하였을 뿐이었다。『나 죽는것은 조곰도 아깝지 아니하다。 그러나 저 反覆無常한 小醜輩가 행여나 우리 鬱陵島를 다시 侵越하지나 아니할는지』 다만 죽을날만 기다리고 있었다。

龍福의 부리를 장차 行刑하려 할지음에 領敦寧(官名)李趾完이 異議를 提起하되 『龍福이 비록 罪있으나 馬島가 본대 붙어 詐欺하는 것은 我廷에서 江戶로 直通하지 못합인데 지금은 그로하여 딴길이 있음을 알았은즉 龍福을 죽이는 것이 옳지못하다』하고 또 領中樞南九萬은『對馬島主의 欺誑을 龍福이 아니더면 暴露할수 없었겠고 欝島事件이 이機會로 하여 잘 妥帖될 모양이니 먼저 馬島主로 하여금 自服하게한 然後에 龍福의 罪는 천천히 處置하여도 늦지 아니하다。 만일 龍福붙어 먼저 行刑하여 島主의 譎計에 利用꺼리가 되고 보면 저가 그로써 한口實을 삼아 돌오호롱을 부리게 되면 우리는 무엇으로써 그와 對辯하리오 이것이 한 失策이 아니냐』하며 이러구로 朝廷에서 다시 議論하여 欝島事件을 먼저 解決한 後에 龍福을 行刑하기로 決定되다。

朝廷에서 이에 對馬島主에게 詰責하니 島主가 파연 自服한다。 그가 허물은 對島主에게 돌이어 보내고 이後로는 確實히 鬱陵島가 朝鮮의 領地임을 承認하며 또 貴國界에 侵越을 嚴禁하여 그런 弊端이 없을것을 保證한다는 公文이 오았다。 積年토록 問題의 欝陵島事件은 이로써 圓滿히 解決되고 말았다。 그러나 龍福一行에게는 死刑에 一等을 減하여 流配로 작정되였다。

아아 萬死의 힘으로 水陸萬里를 跋涉하여가며 鬱島回收의 功勞者로의 安龍福은 쓸쓸한 孤島속에서 自由롭은 몸이 되지못하고 一生을 거긔서 마치었다。 아아 世上에는 安龍福 같은 者 果然 몇 사람이나 있는고。(完)

女傑夫娘

—李适亂中鄭忠信幕佐의唯一人—

李允宰

國家多事한때에 英雄답은一女性

지금으로붙어 한삼백년전 仁祖 시절은 國步艱難이 심한 때다。임진왜란이 끝난지 스물다섯해 뒤요 병자호란이 시작되기 열두해 전이다。포학하기 짝이 없는 光海主 시절에 정치가 문란하여 왼 천지가 싸늘하게 된 바로 다음이다。이때 平安兵使 李适이 叛旗를 들어 黃平兩西가 모도 병화의 굴엉에 들었고 순식간에 한양성이 함락되매 仁祖의경께서 남녁땅으로 파천까지한 이때는 정말 국가의 위급존망의 추라 이를것이다。사세 이러하니 朝野를 물론하고 國難에 赴하는 허다한 愛國志士와 勤王家들이 일어나았었겠지마는 萬綠叢中一點紅으로 史冊에도 이름을 숨진 국가를위하여 일생을 마친 女性이 있었으니 그는 夫娘이라 이름하는 一少女이었다

夫娘은어떤사람 그天禀은어떤가

夫娘은 어떠한 사람인가。그는 왕고우리력사상에 武勇이 赫赫한 大帝國으로이름이 높던 夫餘系의 후손이다。대대로 夫餘의 옛터에 살다가 建州衛로붙어 들어오아살기는 바루 李朝初의 일이다。평안도 慈城골에 살아서 牧畜과 狩獵으로써 세업을삼아오았다。직업이 그런 까닭으로 하여서 그는 말타고 활쏘기에 특별히 한숙하였다。

夫娘은 계집아이이건마는 이상한 성질이 있었다。그가 어리었을 쩍에 군사 이야기라면 어찌도 그리 좋아하는지 여러 아이들과 작난을 하더라도 진치는 법과 싸움하는 흉내를 낸다。나무가지를 꺾어 활과 창과 칼을 만들어 모든 아이들에게 논아주고 자기는 대ㅅ말을 타며 대ㅅ창을 메고서 호령을 엄숙히 하며 괴롤을 맞추어 행군진퇴의 모양을 짓는다。그 어버이는 夫娘이 이런작난을 할적마다『이애 이러한 짓은 다 사내들의 할일이 아니냐 녀자는 맞당히 녀자의 할 본분만 지키어야 쓴다。』라 하며 나무란다。夫娘은 웃으면서『이 후라도 만일 나라에 위급한 일이 있을 때는 녀식이

맞당히 아버지를 대신하여 從軍하오리다。』라고 활발스럽게 대답하였다。그려고 그 근방 글시방에 다니면서 글을 배우어 晝牧夜讀으로 한 취미를 삼아오았다。

老父를대신하여 男服을입고從軍

이 때 平安兵使 李适이 寧邊에 재리고 앉아서 가만히 禍心을 包藏하고 있었다。募兵(곳청국군사)을 방비한다는 구실로 각군 갈읍에 전령하여 군사항오를 정돈하라하며 또 따로히 小砲軍을 뽑아 조련을 시킨다。夫娘의 집에도 이번 兵役을 면하기어렵은 사정이었다。 夫娘이 그 아버지께 여쭙되

『아버님 이제 兵使營으로 붙어 戶別로 군정을 뽑는다는데 우리 집에서는 누가 가아야 할 것입니까。』

『글세 누가 갈사람이 있니? 다만 남정이라고는 나뿐이니 내가 가아야 하지。』

『아버님 같이 쇠로하신 몸으로 어찌 병역의 고초를 감당하실수 있겠읍니까 녀식이 대신 가겠읍니다』

『이애 무슨 소리냐。네 일개 어린 재집애로 가기는 어대로 간단 말이냐。』

『아버님。녀식이 비록 재집애己 망정 이제 한창 혈긔 왕성하는 때니 군사로 간대도 조금도 감당하지 못할까 하는 념려가없사옵고 또 나라人일을 하는대야 남자고 녀자고 가릴 것이 무엇있읍니까。』

이렇게 굳이 세우어 그 아버지를 대신하여 從軍하기로 하였다。夫娘은 의긔 양양하게 남자로 변장하고 李适의 幕下에 이르어 군사항오에 참예하였다。

李适의진을떠나 밤에安州城으로

夫娘은 李适營에 들어 군사의 한 사람이 되었다。근본 재첩하고 령리한 까닭으로 해서 조련 받은지 몇날이 못 되었건마는 이미 숙달한 군사보다 낫았다。그 성적이 특별히 우량하여 哨長이란 軍官으로 陞級까지 되었다。

그러자 얼마 아니되어 李适이 叛旗를 들었다 군중에 령을 나리어 治行을 독촉하고 래일 새벽으로써 출발할 계획이었다

여태까지 아무 까닭도 모르고 지나던 夫娘은 인제야 일이 그리된줄 깨닷고 혼자 생각하기를『음아 李兵使의 이번 거동을 보니 朝命을 背逆하고 兵亂을 일으키려는 것에 틀림이 없구나。대체 人臣이 되어 국가를 위하여 忠義를 다하지야 못할망정 어찌 참아 이따위 大逆無道를 敢行한단말인가。내 지금으로 붙어 곳 安州牧으로 달리어가아 급히 이일을 알외어서 큰 禍亂을 밀이 방비하고 국가에 근심을 덜게하여야하겠다』하고 그날밤에 가만히 나아가아 마구에 매어둔 말을 훔치어서 그것을 잡아타고 빨리 달리어 하로밤내에 이백리를 가아 安州城에 득달하였다。

朱唇皓齒를열어 喋喋히軍務說道

이때 鄭忠信이 安州牧使로 있었다。夫娘이 安州에 이르어 牧使에게 명함을 올리어 면회를 청하고 진절한 사당이 있다고하니 牧使가 곁에 있는 사람을 다 물리고 종용히 붊어보고 그 온 연유를 물었다 夫娘은 그 성명과 및 이름을 兵使營에 둔 것을 말한 뒤에 돌우 못기를

『平安兵使李适의 陰謀하는 거동을 알으십니까』

『대강 그機微가 다른 것만은 알았지마는 그 내용까지야 누가 알수 있었겠나』

『李适이 反逆을 陰謀한지 이미 오래었는데 인제 오아서 한번 擧事할작정으로 지금 꼿 治行을 한답니다』

『어 그래서 큰일 나았구나。 治行을 하여?』

『그러합니다 시방 꼿 이리로 오게 됩니다。小人이 機密을 알고야 어찌 가만히 있을수 있읍니까 그 情報라도 전하여 들이기 위하여 이렇게 온 것입니다』

『아 이를 어찌하나。 내 역시 그럴줄 대강 짐작은 하였스되 일이 이렇게 창졸히 될줄 까지야 생각도 못하였지。 여기서는 여태 아무 방비가 없었는데 이를 어찌하여야 좋단 말이냐』

『글세올시다。 어찌하시던지 賊을 방비하는것 밖에는 다른 도리가 없을줄 압니다』。

『城中에 군사가 불과 천명도 못 되는데 그 것만으로는 도저히 賊을 방비하기 어렵을터이고……… 그런데 이에 대하여 자네 무슨 계획이 있는가。』

『소인인들 무슨 계획이 있을까 보이까。 그러나 방금 형편으로는 사세 매우 위급하옵니다。 賊兵이 오늘저녁이면 바루 城下에 迫하리니 相公께서 이렇게 적은 군사로 賊을 저항한대도 될수없을터이요 싸우다가 불행히 賊의 앞에서 죽으신들 무엇이 유익할 것입니까。 사세 이러하매 攻守가 兩難하온즉 소인의 어리석은 생각에는 이 사실을 급히 조정에 보하고 꼿 平壤으로 달아나아 都元帥하고 서로 합력하여 賊을 도모하는 것만 같지 못할것입니다。』

『옳다 자네 말이 참 사리에 당연하다。』

하고 즉시 행장을 준비하여 군사를거느리고 급히 平壤으로 달리여 가았다。 夫娘도 함께 가았다。

忠信의 棄城함이 한 問題꺼리되어

이때 都元帥 張晩은 많은군사로 平壤을 鎭守하여 兩西의 重鎭을 잡고 있었다。 李适이 叛하였다는 急報가 들리매 平壤城中은 금시에 물 끓듯 인심이 크게 소동하였다。 어떤 사람이 元帥에게 제 말하기를

『전하는 말 듯자온즉 清北각읍이 賊에게 응하여 賊의 세력이 매우 강성하다는데 안주목사 鄭忠信은 예전붙어 李适하고 서로 친선한 터인즉 그이도 이번에는 아마 賊에게로 가담하였기 쉽을 것입니다。』

『아무리 그렇더라도 鄭忠信은 본디 맘이 바른 사람인즉 어찌 임군을 배반하고 賊에게 붙을리가 있을까。 차차 지내어보아야 알지』。

이와같이 이야기하는 중에 忠信이 元帥府에 이르렀다。 元帥가 從事官을 시키어 鄭忠信에게 말하기를

『安州는 重鎭인데 맛당이 굳게 城을 지키어 賊으로 옳아오지 못하게 하는 것이 직책이어늘 네 맘대로 城을버리고 이렇게 오니 그 죄가 크다。』

『명령을 듯지 않고 자의로 온 죄는 사할곳이 없읍니다 마는 賊의 뜻이 빨리 몰아오는대 있은즉 安州로 들릴리 만무하옵고 설혹 安州를 들린다 해도 거쳐 있는 군사로는 도저히 방어하기 어렵을 짜요 한갓 죽는 것만으로 아무 유익이 없겠음으로 이제 麾下로 돌아오아 명령을 기다리려 하옵니다 가기로 하던지 있기로 하던지 다만 명령대로만 할뿐입니다。』

從事官이 돌아간뒤에 夫娘이 종용한 틈을 타아서 忠信에게 말하기를『元帥가 相

公을 보게 되면 반듯이 어떻게할 계획을 물을러이니 그때는 이러이러하게 말슴하시오』하고 그 계획을 입일히 말하였다。

張元帥와鄭牧使 軍事計劃을商確

조금있더니 파연元帥가 忠信을 부른다。忠信이 들어가아 元帥를 보니 元帥가 忠信을 자리에 앉으라 하며

『지금 賊의 세력이 매우 강하여 경홀히 볼수 없는데 자내 혹 賊이 장차 어떠한 찌를 쓸찌 알겠는가。』

『지금 賊에게 세가지 꾀 밖에 없는줄 압니다。賊이 바야흐로 처음 일어나는 용긔를 리용하여 곧후 漢江을 건느어 乘輿를 逼하면 安危를 작정하기 어렵을찌니 이것이 상책이요 兩西를 걸라아서 明將毛文龍을 結托하여 聲勢를 더하게되면 朝廷에서 그를 방어할 계책이 없을찌니 이것이 중책이요 間道로 좇아 빨리 京師로 몰아들어가아 벾어있는 도성을 앉아 지키면 그 역 난감일찌니 이 것이 하책임니다。适은 단지 용맹만 있고 지모가 없으니 긔껏하여 하책을 쓰고 말 것입니다。』

忠信의 이 말은 다 夫娘이 시키는 대로만 말한 것이다。元帥가 그 말을 옳재 녀기었더니 그 뒤에 파연 賊이 間道로써 바루 서울로 向한다는 警報가 오았다。이에 張元帥는 鄭忠信을 先知先見의 能이 있는 사람으로 알아 더욱 그를 信任하게 되었다。

先鋒將은鄭忠信 夫娘이그의叅謀

李适의 군사가 發程한지 몇날이 못되어 조수 밀듯 몰아오매 關西列邑이 다 거긔 응하여 인심이 극히 흉흉하였다。夫娘이 忠信에게 권고하되

『이제 賊이 만일 間道로서 서울로 肉薄하는 때는 主上께서 반듯이 남녁으로 파천하시리니 인제는 安州를 수비할 까닭이 없고 다만 죽기를 한하고 賊과 싸움하는 수 밖에 없을러인즉 원컨대 先鋒 되시기를 自當하여 賊을 몰아 치면 곳 成功하실 것이외다。丈夫의 敵愾樹功이 정히 이때가 아님니까。』

『옳다 자내 말이 옳다。내 이때에 긔회를 놓지 않겠다。』

하고 곳 元帥府에 들어가아 스스로 先鋒이 되어 出戰하기를 청하니 元帥가 기쁘어하여 허락하고 이에 忠信으로 先鋒將을삼고 南以興으로 繼援을삼아 군사一隊를주어 빨리 가기를 독촉하였다。忠信이 夫娘을 叅謀로 삼고 일천명의 군사를 거느리고 戰線으로 나아가았다。(繼續)

夫娘 續

李适亂中 鄭忠信 幕佐의 唯一人

李允宰

都城은필경陷落
捲土重來의官軍

李适의 군사가 서울로 육박한다는 警報가 자주 들리매 仁祖께서는 황황히 남뎍으로 파천하고 漢陽城中은 금시에 물끓듯 민심이 흉흉하여 물색이 극히 처량하였다。

李适은 鄭忠信이 先鋒大將 되었단 말을 듯고 걱정하는 빛이 얼굴에 가득 차아 말하기를「인제는 官軍을 輕히 볼수 없게 되였다」하고 싸움 하지 않고 군사를 빨리 몰아 질음길로 바루 서울로 향하여 가아 아무 수비도 없이 비어 있는 성을 무사히 들어가았다。 李适은 군사를 모도아 景福宮에 진을 치고 興安君 李瑅을 推戴하여 王位를 僭稱하게 하며 자긔의 의지대로 신정부를 조직하려 하였다。

鄭忠信이 군사를 거느리고 坡州에 이르매 張元帥도 또한 거긔 오았다。元帥가 모든 장수를 붉어 軍務上 劃策을 의론할새 鄭忠信이 분긔등등하여 앞으로 나아서며 말하되「賊이 都城을 犯하고 君父가 播越까지 하였으니 우리 신하된자 이때에 맞당히 죽어야 할 것이라 지금은 이기고 패할 것을 밀이 예산만하고 있을 때가 아니요 다만 賊으로 더불어 한번 싸움하고 마는것이 족하지 아니한가」 모든 장수들도 다 이 뜻을 찬동하여 시각을 지체 말고 漢陽을 회복하자 주장하는 자가 많았다。

夫娘의督戰으로
敵의軍勢가崩潰

元帥가 즉시 命令을 나려어 각처에 있는 군사를 모도 한양으로 집중하라 하고 불일내로 곳 大決戰을 시험하기로 하였다。

鄭忠信이 어떻게 作戰할 계획을 夫娘에게 물었다。夫娘이 말하기를「먼저 北山을 웅거하는 편이 이긴다 하였으니 우리가 먼저 鞍嶺을 웅거하여 거긔 진치고 都城을 내리어다보고 攻勢를 취할 것이외다。 그리하면 賊은 치어다보고 싸우며 우리는 내리어다보고 싸우게 될찌니 賊이 아무리 강성하기로 마침내 당적하지 못할것입니다」 忠信이 이 뜻을 元帥에게 말하여 戰略을 그렇게 정하다。

鄭忠信은 말을 채질하여 빨리 달리어간다。夫娘은 함께 가지 아니하고 가만히 혼자 馬兵 몇명을 거느리고 사이人길로 달리어가아 먼저 山嶺에 올아가아서 烽卒들을 붉어 거긔 불을 놓으니 그 군방에 있는 군사들이 모도 일시에 그리로 모이어 들었다。夫娘은 이에 그 군사들을 모도아 산 꼭닥이를 웅거하여 진을 치고 따로히 날랜군사 수백명을 보내어 彰義門 밖에서 지키게 하였다。

그 의일 아츰에 李适은 官軍이 이미 北山을 웅거하였음을 비롯오 깨닷고 곳 성 문을 열고 군사를 내어 두 길로 난우어 산을 에워싸고 올아온다。 이때 마침 동풍이 맹렬히 불어옴으로 适의 군사가 바람ㅅ결을 딸아 빨리 射擊을 시작하니 활살과 탄환이 비오듯 하였다。 夫娘이 소리를 높이어 호령하되 죽기까지 싸우라 하니 군사들은 더욱 귀운을 떨치어 앞서기를 주저 아니하고 죽을 힘을 다하여 싸웁하였다。 믄득 風勢가 變하여서 북풍이 강렬히 불어 내리매 흙파 모래가 날리어 산 아래에 있는 敵軍은 눈을 뜰수 없게 되었다。 官軍이 이 때에 더욱 분발하여 급히 몰아치니 适의 군사가 패하여 퇴각하기를 시작하였다。

叛亂은이로終幕
顯達하는鄭忠信

이와같이 아츰부어 낮까지 세시간 동안이나 苦戰惡鬪한 결과 敵將 李壤은 戰死하고 韓明璉은 負傷하여 士氣가 크게 沮喪하였다。 官軍이 이 때를 타아서 高喊소리를 천지를 진동하게 지르며 猛虎와 같이 山우에서 빨리 몰아 내리니 适의 군사가 크에 혼란하여 저들끼리 서로 짓밟으며 끌작이와 바위에 떨어지어 죽은 자가 부지기수요 남은 군사는 흩어지어 麻浦 방면으로 달아나고 말았다。 李适은 앉아 견댈수 없어 황황히 군사를 걷우어서 밤ㅅ중에 가만히 水口門(光熙門)으로 해서 달아나다가 官軍에게 쫓기어 敬安驛에서 여지없이 패하였다。 그 의일에 그 部下 李守白 무리가 适을 죽이고 나아오아 항복하니 李适의 叛亂은 이로써 幕을 걷히고 말았다。

亂이 아주 평정되매 모든 장수들은 모도 車駕를 祇迎하려고 황성에 들어가아 머물고 있었다。 鄭忠信은 홀로 말하기를 『내 변방 고을 將臣으로 얼른 反賊을 죽이지 못하고 乘輿로 蒙塵까지 하게 하였으니 그 죄 사유할 곳이 없을찌라 이제 맛당히 任地에 돌아가아 朝命을 기다릴 밖에 없다』 하고 安州로 돌아가려 하였다。 마침 이 때 仁祖께서 還駕하시다가 驛舍에서 鄭忠信을 불어 보시고 이번 戰役에 공로 많음을 위로하시며 賞賜를 厚히하고 振武 一等勳에 錦南君을 封하며 正憲으로 陞秩하여 平安兵使를 拜하였다。

忠信의成功함은
오로지夫娘의힘

鄭忠信이 큰공을 세우어 이렇게 영귀한 지위에 이르게 된 것은 오로지 夫娘의 贊畫하는 힘이었음이다。 忠信은 그 공로를 생각하여 얻은바 金帛으로써 夫娘에게 사례하며 하는말이

『내가 오늘날 이렇게 된 것은 온전히 자내의 덕일세。』

『천만에, 소인이 무엇을 하였기에 그렇게 말슴 하십니까。』

『李适이 반란을 일으킨 이후 처음불어 끝까지 자내의 신세를 받아오았는데 만일 자내가 아니더면 오늘날의 成功은 고사하고 국가의 위란을 구원할수 없게 되었으리니 참자내 같은 사람은 내게 대한 신세보다 국가에 대한 공로가 더욱 큼일세。』

『소인은 다만 소인의 당연히 행할 직

무대로만 지키었을뿐이어늘 무순 신새니 공로니 하실것 있읍니까。」

「나는 어느 때까지던지 자내를 잊을수 없네。 자내 역시 나를 버리지 말고 항상 나와 같이 지내는 것이 어떠한가」

「상판께서 머처럽 소인 같이 미천한 자를 이렇게 알아 주시니 감사무지하옴니다。 소인이 생명이 없어지는 때까지 상판을 모시고 싶음니다마는 소인의 집은 부모가 년로하여 그를 봉양할만한 자식이 없으니 어찌하오리까。 다만 소인을 집으로 돌아가게 하여 주시기를바람니다。」

「지금 국가에 일이 많아 변방 근심이 늘 떠날새 없는데 자내 같은 지혜와 용력으로 한번 크게 쓸 날이 있을 것인즉 내 장차 자내를 조정에 천거하여 올리리니 집으로 돌아가지 말고 좀 기다리는 것이 어떠한가。 만일 단순히 로친으로 위해 념려한다면 내가 이미 그러한 사정을 알았은즉 그는 별로히 걱정될 것이 아닐새。」

「소인을 그다지 생각하여 주시니 무어라 보답할수 없음니다。 말씀하신 것은 소인이 더 생각하여 작정하겠음니다。」

하고 물러 나아오았다。

「나는女子올시다」

이밤에意外奇事

夫娘은 돌아오아 혼자 이렇게 생각하였다。「兵使는 범인이 아니라 후일에 반듯이 크게 될 날이 있을 것이어늘 내가 그를 잘 돕(助)아서 함께 지내는 것도 좋은 일일줄 앎다。 그런데 아직까지 나를 녀자인줄 알(知)는 사람이 아무도 없으니 내가 먼저 兵使에게 뜻을 통하고 만일 그이가 나를 용납하여 준다면 그때는 서로 깊은 인연을 맺어서 일생을 같이 하는 것이 또한 무방할 것이다」하고 그 날 밤에 종용한 틈을 타아서 忠信의 침소로 찾아가았다。 忠信은 夫娘을 보고

「이렇게 깊은 밤ㅅ중에 찾아 오니 무슨 軍務에 급한 일이 있는가。」

「아니올시다 제가 이제 온 것은 무슨 公務로 인함이 아니옵고 다만 사사ㅅ일로 온 것임니다。」

「무엇이던 할 말이 있거던 다 하게。」

「아까번에 저더러 말슴하신 것을 맘에 깊이 새김니다。」

「아、그러면 자내 영영히 내 幕下에 있어 주기로 작정하는가。」

「각하께서 저를 어떤 사람으로 알으십니까。」

「그전 무순 말인가。」

「말슴 들이기 참 어렵습니다 마는 저의 몸은 남자가 아니요 녀자올슴니다。 애초에 제 아비가 늙고 병들어 從軍하기 어렵개 된 고로 제가 부친의 兵役은 대신하여 온 것이었음니다。」

忠信은 이 말을 듯고 깜짝 놀라아 새삼스리 夫娘의 얼굴을 자세히 보며

「아、그렇던가。내가 月餘로 그대와 주소간 같이 있으면서 파연 그런 줄은 몰았구나 아아 내 눈이 정말 멀은게로군。」

「妾이 다행히 閣下의 收用하여 주심을 입사와 여러가지로 庇護하심을 받았사오며 더욱이 오늘날 英武하신 閣下의 앞에 이러한 眞情을 사뢰게 되었사오니 妾은 넘우 감격하여 무에라 말할 수도 없음니다。 만일 閣下께서 妾 같은 자라도 버리시지 아니하시고 용납하여 주시오면 청하건댄 장막 아래에서 일생을 마치어지이다。」

「그대가 녀자의 몸인 줄을 인제야 알았으며 또 말이 그까지 이르니 내 비록 변변하지 못하나 그대로 더불어 琴瑟의

樂을 갈이 누리기를 원하는 바일새」

男英雄과 女丈夫
아어떠한奇緣!

그 의일에 鄭忠信이 裨將들을 붊어서 宴會를 열고 즐거히 놀다가 술이 한창 취한 담에 忠信이 문듯 夫娘을 가리치며 여러사람에게 向하여

「諸君은 놀라지 말라。諸君이 여태까지 이 사람을 남자로만 알았을 테지? 그러나 이 사람은 남자가 아니요 너자인 것이다。이렇듯 녀자의 몸으로써 국가를 위하여 크어나큰 일을 한 것은 천고에 드믄일이 아닌가。」

이 말을 듯던 온 좌중은 크게 놀라며 視線이 모도 夫娘에게로 모이었다。夫娘은 얼굴에 조금 羞愧한 빛을 띄우며

「네, 참 여러분 보기에 부끄럽습니다 실상인즉 저의 아비가 늙고 병들어 兵役을 감당하기 어렵겠음으로 妾이 그일을 대신하여 온것입니다。 그러나 일개 너자로ㅅ 이렇게 猥濫히 軍中에 몸을던지었으니 돌이어 죄 되는 일이 많습니다。」

鄭忠信은 희색이 만안하여 술ㅅ잔에 술을 붓어 夫娘에게 권하며

「아아 오늘은 정히 내게 기쁜 날이로다。오늘로써 우리 두 사람이 서로 백년의 아름답은 언약을 맺게 되었도다。」

또 여러 사람에게 향하여

「諸君은 즉시 衣裳과 粧飾을 준비하여 花燭의 盛事를 일우게 하여 달라。」

하고 宴會는 이로써 마치었다。

堂堂豪傑이던 夫娘은 인재 오아서 窈窕淑女로 나타나았다。아아 이 어떠한 奇緣인가。

夫娘의最後生涯
香山의女僧으로

수일을 지나아 夫娘은 부모에게 歸覲하고 인에 鄭兵使의 營下에 移寓하였다

그 후에 金(清國)兵이 入寇하거늘 이때 鄭忠信은 副元帥로 金兵과 講和하여 무사히 묽어가게 하였으니 이도 또한 夫娘의 劃策에 말미암음이다。金兵이 들어오기 前붙어 夫娘은 忠信에게 말하기를「지금 金虜가 강성하여 그 세력이 장차席捲天下를 할찌도 모르니 만일에 조정에서 그의 뜻을 거슬리고 보면 종내 和事가 패하고 禍를 장만하는,장본이 될 것이외다。」하여 국가에 큰 禍患이 생길 것을 밀이 말하였다。

조정에서 파연 金大乾을 보내어 金國에게 絕交하는 뜻을 通告하기로 한다。鄭忠信이 金大乾을 國境에 머물어 두고 體察使 金時讓으로 더불어 함께 上疏하다가 입금에게 觸怒되어 鄭忠信은 唐津으로 定配 가았다。夫娘도 配所로 갈이 가아 있다가 그 후 赦를 입어 忠州에 돌아오아 있었다。

夫娘이 종용히 말하되「몇해가 못가아서 金兵이 크게들어 올터인데 朝廷에서는 오로지 斥和만 일삼고 아무 방비도 하지 아니하니 당신이 지금 나아가신대도 소용이 없을찌니 차라리 가만히 게십만 갈지 못하리다。」하고 국가의 장래를 위하여 근심하였다。

유명한 丙子胡亂이 일어나던 해 여름에 鄭忠信이 不歸客이 되고 그 해 겨울에 金兵이 들어오아 파연 夫娘의 말과 갈이 되엇다。夫娘은 三年喪을 마치고 머리를 깎고 女僧이 되어 妙香山으로 들어가아 게서一生을 마치었다。

──「끝」──

開天日의 追感

李允宰

舊로 十月三日이 朝鮮의 開天節, 朝鮮사람으로 잊지 못할날이며 新으로 十一月十七日이 러시아의 革命紀念日, 또한 러시아사람으로서 잊지 못할 날이다. 하나는 舊曆으로, 하나는 新曆으로 물론 그 日數를 計算하는대야 各各 다르지마는 올은 이상하게도 그 日字가 偶然相符하게 되어 東西로 다 함께 한날을 경축하게 됨을 우리는 더욱 기뻐하다 아니할수 없도다。開天이고 革命이고 그 根本意義는 조금 다를망정 한번 새 살음을 얻자하는 意味에 있어서는 다 마찬가지의 뜻일 것이라 한다 우리 聖祖ㅣ『弘益人間』의 大願을 드대시어 하그나만은 땅이건마는 이 震域에 자리를 잡으시고 굳은 터를 이룩하십이로다。山河를 與開하시매 黑水白山사이 기름진 土壤이 다 나의 宅田이요 民人을 化育하시매 南强北頑들의 다른 族屬까지 다 와서 臣服하였다。그 恩光이 寰宇에 빛외고 그 德化가 永劫에 몿이도다。

아아 이날! 우리 聖祖 太白山 靈場에서 三千 大衆을 느리어 세우시고 그 애타신 목소리로 이렇게 말슴하시어 귀ㅅ창이 뚫어지게 그들에게 들리어 주지 아니하였는가。——『너이는 거룩하고 높으신 天帝의 子孫임을 알라。』고, 또『너이는 끝잘해 이르도록 百子千孫이 줄줄이 이어갈때 털억만한것 하나라도 다침이 없고 이즐어짐이 없어라。』고 또『너이는 한 겨레로 한뭉치가 되어 諧좋고 情답게 서로서로 손목을 마조붓잡고 같이 살아라。』고, 또『너이는 조심하라 조심하라 내 땀ㅅ방울이 적시우고 내 피ㅅ진액이 물들인 이 흙덩이에 행여나 더러운 때 무칠세라。』고, 또『너이는 네가 하여야 할 네일은 꼭 너이만으로 하게 하라。그리하여 各히 너이할 職分을 지키라 너이할 責任을 견디라。』고, 또『너이가 가진것을 남 주지말고 너이가 할 일을 남이 하지말게하라。』고, 또『너이는 내가 오늘 끼친 이 敎化 이 制度로 萬邦萬民에게 고로 미치어 주라고, 또『너이는 이 國土 한군대도 빠짐 없이 天惠와 地利를 두로 받았음을 알라。이를 너이것 삼아 쓸대로 써서 너이의 살림이 항상 푸지거라 넉넉하거라。』고 —— 聖祖ㅣ 이러케 大弘誓를 펴시던 날 곳 우리에게 새 살음을 열어 주시던날, 우리진실로 그 感慕의 極히 平昔에 比할바 아니다。

아아 半萬年이란 기나긴 歲月동안 놀기야 잘도놀앗다。別別經驗을 많이도 겪었다。한창시절에는 우리 한번 으악 소리칠때 天地가 뒤집듯 덜석 덜석하였고 한번 沈默하면은 왼 누리가 피교하여 다 죽는듯하였다。힘센 놈과 판씨름하여 넘겨트려도 보았고 後進들을 어루만지어 이끌어도 보았었다。욕심사납게 남의해를 빼앗아 내것 삼아도 보았고 인심좋게 내해좋은것 남주어도 보았섯다。大地우에서 휘칠 뛰기도 하였고 펄펄 날으기도 하였다。남하는 것이란 못하는 것이 없었다。남 못하는 것을 나혼자 하여도 보았다。그러더니 웬걸 漢이 오고 唐이 오고 契丹이 오고 蒙이가 오고 淸이 오고 무엇이 오고 해서 이리 닥치고 저리 닥처서 살림이 아주 들판이 낫다。그러거든 精神이나 좀 채렷스면? 아하 저마다 自己 잘낫다는것 서로물고 찢는것 빼앗기고도 아까운줄 모르는것 설음당코도 녕실녕실하는것 내것이라면 어찌도 그리 밉고 남의 것이라면 물고 빨고 싶은것 이러구러하는 사이에 祖先의 世業은 알뜰이도 蕩盡하고 말았다。

우리 오늘와서 聖祖의 끼치신뜻을 한가지도 받들지 못하였다。그 무거운 맹서를 아주 저버리고 말았다。이렇듯 우리는 넘우도 不孝요 不順이다。우럴어선 聖祖께 莫大한 罪요 굽으러선 子孫에게 無上의 辱이다。不肖子孫 辱及祖先이란 말이 실상 오늘의 우리를 두고 한 말이다。

우리 每歲 이날을 만날적마다 未嘗不 떨리고 두려움을 이기지 못하나니 아아 이날! 우리 追遠感慕의 情이 더욱 深切하는 一方으로 또한 自省自責을 말지아니하는바다。

第四千三百八十三回의開天節

納涼雜談

나의 가장 痛快하던 일

天眞의 痛快

李允宰

우리의 處地를 돌아보거나 하면 우리의 環境을 살피어보거나 하면 憂憫이 아니면 怨恨뿐이리니 무슨 신통한 수가 우리에게 닥아오며 무슨 시원한 일이 우리에게 보이어 주겠읍니까? 딸아서 우리에게는 별양 痛快를 느낄만한 事實이 없을것 갈습니다.

그러나 우리의 最近 十年內에 생긴 일에 痛快한 일이 많다면 퍽도 많았겠지마는 이는 내 一個人에 對한 痛快가 아니요 千萬人에게 다 痛快되는 일일 것인 故로 여긔에 말할 必要가 없고 나 혼자로서의 痛快되는 일을 적어보려하니 다만 막막하여 갑작이 생각되는 것이 없읍니다. 그런데 내가 나이 八歲ㅅ적에 어린 마음으로 痛快를 느끼게 되던것 하나가 아직도 記憶에 남아 있읍니다. 이때는 丙申年인가 한데 내가 書堂에 다닐 때였읍니다. 글가르치는 先生님은 쉬는 時間을 利用하여 항상 우리에게 歷代 이야기를 하여줍니다. 周武王이 어떠한 이며 齊桓公이 어떠한 이며 屈原이가 어떠한 이며 伍子胥가 어떠한 이라는 것 等을 歷史講話삼아 말씀합니다. 우리는 이야기 듯기에 퍽 재미 들이어서 글ㅅ공부 하기보다 이야기 듯기를 더욱 즐기어 하였읍니다. 하로는 先生님께서 매우 즐겁은 얼굴로 말슴하기를 『朝鮮도 지금붙어는 天子國이 되었다』 합니다. 나는 어리둥절하여 묻기를 『天子國요? 秦始皇 漢高祖처럼 우리 임검도 天子가 되었단 말씀입니까?』 『그렇다』 『그러면 우리가 언제붙어 남의 屬邦이 되었읍니까?』 『丙子胡亂ㅅ적에 되(虜)에게 城下의 盟을 맺은 後 三百餘年 동안 朝鮮은 自主國이 못되고 中原에 稱臣을 하고 朝貢을 하고 지내었다. 그러나 지금은 우리도 自主國이 되었으니 인제붙어는 永永 그럴 일이 없겠지』 나는 이말을 들을 때에 절로 남모로깨 어깨춤이 나고 血脈이 뛰놀았읍니다. 기쁨을 이기지 못하여 門밖 못(池)가에서 여러 동무들과 함께 즐거히 뛰며 춤추다가 도랑에 들러 빠지어 옷을 버리고 집에 돌아가아 어머니께 꾸중을 들었읍니다.

이것을 痛快한 일이라 친다면 한 天眞의 痛快일 것입니다.

世宗과 訓民正音

한글出現의經路와沿革

【上】

李允宰

半島의風習을發揚케하던勝朝의 衰世를代하여李朝의王業이擧興하니 이때는政治上으로社會上으로大改革이엿섯다 이런한時期에잇서서 世宗과가튼古今에罕有한大聖人이나신도 실상偶然한일이아니다 世宗一代에燦爛한文明은 近世史上에特筆할바니高麗史、農事直說、三綱行實、治平要覽、龍飛御天歌新撰陣法等等著書가 다이때의刊行이요 報漏閣、簡儀臺、大小簡儀、渾天儀、渾象定時儀、日月定時儀、圭表、梵鍾等機械도또한이때의發明이다 조금前부터잇는것이지마는 世界의優先으로活字術이發明되어 이때에더욱廣用하게되다 더말할라우업시이때는 李朝第一의黃金時代라이를것이다

이와가치文化를推進함에 莫大한障礙를주는것은 오직漢字이다 世宗으로서『諸國各制字、以記國語、獨我國無之』가는 嘆聲을스스로發하게됨도 실상이때문이다 이에經國의大策으로純粹한朝鮮의 國字곳訓民正音二八字를 創制하여萬世不朽의大業을 끼치게되엿다

正音創制는長時日이걸렷다

우리가얼른보기에는正音이다만二十八個에 不過한極少數의字이나 그것을만들기에도가장短少한 時間을要하엿스리라생각할것이다 그러나世宗實錄二十五年癸亥十二月條에

『是月、上、親制諺文二十八字其字、倣古篆、分爲初中終聲、合之然後、乃成字、凡于文字及本國俚語、皆可得而書、字雖簡要、轉換無窮、是謂訓民正音』

이라한것을보면 이미世宗即位二十五年(檀紀三七七六年)에正音의制作이마친것을 알것이요또 同實錄二十八年丙寅九月條에

『是月、訓民正音成、御製曰、國之語音、異乎中國、與文字不相流通、故、愚民有所欲言、終不得伸其情者多矣、予、爲此憫然新制二十八字、欲使人人、易習便於日用耳』

라한것을보면 癸亥에서三個年을지난世宗即位二十八年(檀紀三七七九年)에이르러아주完成된것을알것이다 이미다된것을진즉그냥發布하지아니하고 萬一이라도거긔에不備한點이 잇슬가봐서朝朝夕夕으로 뒤커보고研究도하며 試驗도하며改正도하여지내는것만이 이러케三個年이란歲月을 虛費하게된것이다그런즉 이를創製하기外지에는얼마나한 時日이걸리엇슬것을이로서도推測할것이다

正音을國家大政으로삼앗다

文字의新制가 容易한일이아닌이만큼 世宗께서는正音의研究를 한緊徵한일로보지아니하고國家의大政을 삼앗다 禁中(대궐안)에諺書廳이란 官署를設置하고 鄭麟趾申叔舟成三問崔恒等諸臣을命하야 解釋을詳加하라한것을 보던지 또實錄二十五年甲子二月條에

『命集賢殿校理崔恒、副校理朴彭年、副修撰申叔舟、李善老李塏、敦寧府主簿姜希顏等、詣議事廳、以諺文翻韻會、東宮與晉陽大君瑈、安平大君瑢 掌其事、皆稟睿斷』

이라한것을보면 當時有名한文人士子를 全部網羅하여慎重히商確한것을알것이요또

『時、明國翰林黃瓚、謫遼東、命成三問等、見瓚、質問音韻、凡往返遼東十三度』

라한것을보면 非但國內學者뿐아니라 멀리外國學者에게外지音韻의討論이잇섯슴은 그用意周到함에 놀리지아니할수업다 또州萬理(正音을極力反對하던者)의上疏中에

『涌州椒水之幸、特慮年歉、扈從諸事務、從簡約、至於啓達公務、亦委政府、若夫諺文、非國家緩急、不得已及期之事、何獨於行在而汲汲爲之、以煩聖躬調燮之時乎』

라는것을보면 이우에더업는政務로알아 거의廢寢忘食하고研究에일삼앗스며 甚至於行幸時外지도 正音稿紙를將時도손에노치아니하고 밤낫쉴새업시이에勤勞하신聖慮에 感服하지아니할수업다

썩은머리漢文學者들의反對

世宗께서이와가치 數十年동안한껏精力을다하야 正音의完成을告하게되는때에 한편으로써 또激烈한反對派가 생기여면간한 困難이아니엿다 그머리속에 事大思想이 가피박인腐敗頑陋한 漢學者들은 漢文學에中毒되여 漢土의것이라면무엇이던지 禮讚하고 自國의것이라면 더러노코 排擊하는것이 그들의習性이다 그런데그들의 眼中에는 漢文以外에다시글이업다는 偏見이엇슴으로써 朝鮮에서新制한文字를使用한다는데對하여 極論反對할것은 定한일이다 果然正音을頒布하려할지음에 巷間에物議가沸騰하여 正音을非難하며임검에上疏하여 正音을反對하는者도만핫다 그反對하는理由는글이잘못되엿다던지 그를施行함에 엇더한弊害가잇슬것이라던지 말한것은또모지업고 다만漢文이잇는以上에 또글이잇슬必要가업다는것에 지나지아니하엿다 世宗께서는 이러한衆論을力排하고 기어히斷行하려하엿다 못못내참다못하여

『遂下副提學崔萬理、提學辛碩祖、直殿金汶、應教鄭昌孫、副校理河緯地、副修撰宋處儉、著作郎趙瑾于義禁府、罷鄭昌孫職、傳旨義禁府金汶前後變辭啓達、事由其鞫以聞』

라는最後의處斷을내리어 反對分子를一網打盡하고 實施에用力하신 大英斷은이로서推察할수잇다(繼續)

> 이글은本來新綴字法에依하야쓴것이지마는活字의不足으로因하야普通綴字式으로고처사옴으로이에筆者와讀者에게謝하옵니다 ―編者識

가갸날 기념

世宗과 訓民正音

한글出現의經路와沿革

【中】

李允宰

正音의起原에對하여外國學者들로서諸說이紛紛하니梵字說、西藏文字說、시리아字說、漢字說、日本假名說 이렇게自己의보는대로 떠드는것이다。아무것이고 어지로을 어떠러면 어떠로 갖다 맞추을 아니 맞으랴마는 이런無稽한說說은 문허 말할價値도 없는것이다。文獻備考의 樂考에

『臣、謹按世宗朝訓民正音、極唇齒喉舌之聲、推宮商角徵之調、於淸濁高下之變、是皆推作樂之緣故、以寓節乎方音、則正音亦非樂而樂也、故附之樂考之後云』

이라함을보면 正音을 樂理에의지하여 만든것을 알고、또 洪良浩經世訓圖說序에

『我世宗大王、創制訓民正音二十八字、以應列宿之數、而字形則、依做周而之象、點畫則、小篆分隸之體、明白簡易、使婦人可以知、引而伸之、足以盡天下之文』

이라함을보면 正音이 한울에있는 별 二十八宿를 應한것같다。이러한말들은 다만 音을象徵的으로 말함에 不過한것이니 그도 取信하기 어렵다 그러고 鄭麟趾의 訓民正音序中에

『正音之作、無所祖述、成於自然』

이라함을보면 正音은 무엇을 본떠서 만든것이 아니요 純然히 獨創的으로 된것이 擬心없다 鄭麟趾로 말하면 正音製作當時에 親히 거기에 손댄이인즉 잘 모르고서 그리 말하였을理가 萬無하다 그런즉 正音은 한 理想的文字니 곳 天地自然의 發音으로 된 天地自然의 文字임이 分明하다

正音은發音機關의象形인가

우에 말한바와같이 正音은 아무데도 模倣한것이 아님은 밝히 알겠으나 世宗께서 當初正音을 짓기 시작하실때에 무엇하나를 가지고 어렴풋잡은것이 있었는지 或은 손에 붓을잡고 이리저리 무엇이거나 그려보다가 偶然히 글ㅅ字의 形像을 얻우게 되었는지 지금의 우리로서는 到底히 想像도 하여볼수없는일이다

그러나 訓民正音初聲象形圖에보면 ㄱ를『象牙形』이라하여 어금니의 꼴을 그린것이라하고 ㄴ을『象舌形』이라하여 혀의 꼴을 그린것이라하고 ㄷ를『象掉形』이라하여 혀를 흔드는 꼴을 그린것이라하고 ㅂ를『象半開口形』이라하여 입을 半만 벌이는 꼴을 그린것이라하고 ㅍ를『象開口形』이라하여 입을 벌아는 꼴을 그린것이라하고 ㅁ를『象口形』이라하여 입의꼴을 그린것이라하고 ㅅ를『象齒形』이라하여 니의 꼴을 그린것이라하고 ㅈ를『象齒齦形』이라하여 니ㅅ몸의 꼴을 그린것이라하고 ㅇ를『象喉形』이라하여 목구녁의 꼴을 그린것이라하고 ㅎ를『象喉闢形』이라하여 목젖의 꼴을 그린것이라하고 ㄹ를『象卷舌形』이라하여 혀를 말아올리는 꼴을 그린것이라하고 ㅿ를『象半齒形』이라하여 니를 半만 때는 꼴을 그린것이라하였다

이를보면 우리正音의 글ㅅ字된것이 남의 글이라던지 或은 어떠 物形에 의지하여 된것이 아니요 羅綿히 사람의 發音機關인 牙舌唇齒喉들의 貌樣을 그린것으로 말수있다

訓民正音二十八字母의結構

우리 正音의 字形의 結搆는 實로 美妙를 極하여 世界어느나라 文字하고 견주어 말할수도 없는것이다 본대 訓民正音은 初中終三聲과 牙舌唇齒喉五音으로 組織되어 二十八字母로 되었고 또 並書와 唇輕音과 및 上去平入四聲으로 發音을 精確하게 俱備하여있다

△初聲 十七字
△牙音ㄱㅋㆁ △舌音ㄷㅌㄴ △唇音ㅂㅍㅁ △齒音ㅈㅊㅅ △喉音ㆆㅎㅇ △半舌音ㄹ △半齒音ㅿ

△中聲 十一字
ㆍㅡㅣㅗㅏㅜㅓㅛㅑㅠㅕ

終聲 十七字 初聲을 復用함

並書 六字 ㄲㄸㅃㅉㅆㆅ

唇輕音 三字 ㅱㅸㅹㆄ

齒頭音 五字 ᅎᅔᅏᄼᄽ

正齒音 五字 ᅐᅕᅑᄾᄿ

去聲 左加一點

上聲 左加二點

平聲 無點

入聲 加點同而促急

世宗과訓民正音

한글出現의經路와沿革

李 允 宰

【下】

以上의初聲가운데ㆆㅿ는廢止語發音은지금그소리가 없어졌되었고 ㆁ○는合하야ㅇ로되었으니 當頭音正齒音과합께漢語다 中聲가운데 ・도지금그소리를發音하는데에쓸것이다 며를별수없을뿐더러 또ㅏ와混同되기쉬움으로宜當히廢用으로할것이다 終聲(받침)은初聲十七字를다쓰라하였거늘 지금에 이와같이 그發音의精致함과排ㄱㄴㄹㅁㅂㅅㅇ의七字만 받字의整然함은 完全함을로完全청으로쓰며 並書는同形의字로 하고 具備함을로具備하며 사잘쓰라하였거늘 지금에 所謂람의意思로서어찌 그러되었던가『된시옷』이란지어써쓰는것은 라는 驚異도없지아니하다 그韓實히訓民正音에遂習된일이다 임으로 漢文以外에 글이없다

正音은世界에 優秀한文字다

고치던 漢學者들로서도 自然히 머리를숙이기에이른것이다。

『夫諺書出而，萬方語音，無不通者，所謂非聖人不能也』

라하는 李晬光의말과

『此古聖人之未及究得，而得天下所無者也』

라하는 申景濬의말과

『是誠我聖朝製作之教，可爲萬方萬世之法字』

아하는 李匡師의말을보면 正音을創製하신 世宗의聖德을讚仰하였음을알겠고 또

『凡有情者，莫不有字，人稱倉頡以來，未始有也』

라하는 李瀷의말과

『雖使倉史製字，何以加此』

라하는 李圭景의말과

『引而伸之，足以盡天下之文』

이라하는 洪良浩의말과

『諺文，世間至妙之物，比之漢字，其稱有二』

라는 梯儁의말을보면 우리正音이 漢字 아니 世界의어떠한文字보다 훨씬뛰어난 優秀한文字라고讚嘆하였음을알것이다。果然그렇다。우리는이처우리의것으로가지고 世界에내어놓고 자랑할것이아무것도없다할지라도 오직이正音만은 자랑삼아 나할수없다。우리는 이世界無比할 우리正音을 擁護하야 二千三百萬民衆 來後億萬年子孫에게까지久遠히傳承할義務로

삽자。(四八一回의한글紀念을맞으며)

討論續出하야 盛況의正音祝賀

한글회원과유지가총출동하야 각방면으로한글의장래를토론

◇…京城의한글紀念

한글의반포사백팔십일회기념축하회는 각방면인사로부터 의롱이 백출하야 의미있는회합을일우었다 동회는이십사일 오후여섯시에 시내명월관 지면에서열리었는바 조선어연구회회원일동을 위시하야 언론계교육계문인기타 유지 오십여명이참석한중 다 지점과 관계되는인사들인만큼 각각자기의 처지로부터

훈민정음을 발표하였다 하였스니구월중에발표되것만알수있스나이십구일을

◇…귀념

일로명하면 그분이란

…이있는것이다

◇…한글

의장래에대한의견진술

주최측에대표한 민태원(閔泰瑗)씨의개회사가 있슨후어윤적(魚允迪)씨가문저일어나 『한글이발달되지 못한것은원로한문화이나유교에原因된것이아니다 정음발표된것은 육구월이십구일이아니라 조실록(李朝實錄)에 구월음력상순(卽二十九日)에시월(陽月)에

고의전말한후리관구(李寬求)씨가한문학과유교의영향에대하야 반박을하였다 그리고한문폐지와한글을 민중화하야 우리의금천무타평규하매 홍순필(洪淳泌)씨는한문보다도 현하에는일본문이큰대이라는것을지더하였다 김윤경(金允經)씨는한글운동의민족운동으로서의뜻잇는점을고조(高調)하고 이병기(李秉岐)씨는한글운동과 문맹타파(文盲打破)운동의관계를론하고 그선전방법과 실행방법을 진술하야 『각각편인사가 련합하야 연부로 일만원을모아 십만부의 민중독본을만들자』고 주장하였다

신명균(申明均)씨는 『한글이 배우기쉬운언문에는일본가나보다못하고 보기편한 점으론

◇…한문

만못하고 인쇄에편한점으로는로마자(羅馬字)만못하여불구(不具)의글이다 이것을 개량함에는 결국한문글자를 업시하고 자모음을 떼어서 가로쓰도록할수밧게업다』 리종린(李鍾麟)씨는조선문으로되는신문과사의 읽기어려운것을 론란하고 또한글문법 학자의문법이

◇…어려

운것을취한다는것을지적하매 최현배(崔鉉培)씨가 『한글문법이 습관상으로어렵다하나 한번정리가되고 련습이되면은이허 현재보다 쉬울것이라』고 반박하였다 그밧게 도흥미잇는 토론이 계속되어열시반경에이르러서야 폐회하엿다

崔六堂의 「兒時朝鮮」을 읽고

李允宰

六堂의 朝鮮史論「兒時朝鮮」이 近日刊行되었다。이 論文은 往年에 「古朝鮮그文化」라 題하여 朝鮮日報紙上에 連載된 것이나 이제 그것을 多少 修正을 加하여 이와 같이 單行本으로 나게된 것이다。그 獨特한 考證과 嶄新한 研究는 朝鮮史學書로서 初有한 것이라 하리니 이가 과연 現下 우리 學界에 있어서 적지 아니한 裨益이 될 것을 믿는다。

六堂이 朝鮮史에 손댄지가 날이 옅지 아니함은 앞서 朝鮮光文會로 이제 啓明俱樂部까지 그 오랜 時日을 閱歷하는동안 오로지 國學建設에 努力하여온 그 經路를 보아 알 것이다。그래서 朝鮮史에 關하여 往往히 發表한 것도 없지 아니하니 일즉 稽古箚存(一九一七年—青春)이 있었고 中斷은 되었으나마 朝鮮歷史通俗講話(一九二二年—東明)와 壇君論(一九二六年—東亞)이 있었다。또 近著로 尋春巡禮·金剛禮讚·白頭山覲參記 및 百八煩惱 같은 것도 單純히 한 紀行文이나 時調集으로만 볼 것이 아니라 어느것이던지 다 朝鮮情調가 넘치는듯한 文章으로 朝鮮歷史의 補助學科 노릇을 하기에 넉넉하다。그러고 이번에 쓴「兒時朝鮮」은 그가 쓴것 가운대 朝鮮歷史의 第一編일 上古史로 가장 完成品이 된 것이다。이것이 과연 著者로서 지금까지에 全 心血을 傾注하여 研究蘊蓄하였던 바를 萬人의 앞에 한번 내어놓은 公開狀이라 하여도 可하다。

이렇듯「兒時朝鮮」은 百數十頁에 未滿한 한 작은 책이언마는 朝鮮 上古時代에 된 史實을 왼통 三十章안에 收藏하였고 便宜上 事歷篇과 文化篇의 二部로 난우었는데 그 該博한 理論과 簡明한 文體는 아무리 初學者라도 얼른 要領을 얻게될 것이다。事歷篇에서 世界人類의 進化로 비롯하여 朝鮮民族의 本源、檀君의 建國、五扶餘의 活動、漢僑邦의 興廢、諸民邦의 分布、高句麗의 隆盛、海外의 發展等 國史上 가장 重要한 部分을 槪括的으로 論述하였고 文化篇에서 原始民族 思想의 核心인 不咸文化를 웅거하여 古代의 遺物遺跡、敎學藝術、飮食居處、祭祀政治、風俗習慣等 當時 社會文化의 淵源을 如實히 檢覈하였다。워낙 健筆인대다가 가장 正確한 學理的 論據가 서서 史學의 體系가 일우었음을 알리니 이로써 우리 朝鮮에서 新史學 運動에 先鞭을 著하였다 할 것이다。

여기에서 또 한가지 特殊하다고 보는 것은 歷史上 語源이다。勿論 上古史를 研究하는대는 遺跡과 遺物이 必要하다는 것만치 古語의 語源을 찾는 것이 또한 必要하다。그렇다하여「朝鮮」의 語源을「朝日鮮明」「檀君」의 語源을「檀木下에서 나십 이라 하는 附會抑說을 强要할 것인가。「桓·韓」의 原音이「한」으로「大·夷」의 原音이「둑」으로「白·貊」의 原音이「북」으로 되어 한가지 天을 意味한 말이라는 것이며「白頭山」과「頭流山」의 原語가「드굴볽은」이라는 것이며「檀君」의 原語가「당굴얼검」곳 萬王의 王이라는 것이며「朝鮮」의 原語가「수신」곳 肅愼이라는 것이며「扶餘」의 原語가「불」곳 神聖高貴의 뜻이라는 것이며「箕子」의 原語가「기으지」곳 日의 子에서 附會되었다는 것이며「平壤」의 原語가「불낭」곳 浿水라는 것이며 그밖에 風俗制度에 關한 많은 語源은 오직 이 책에서만 볼 것이다。

이러한 語源說明에 對하여는 좀 踈略하다는 嫌이 없지 않으나 되도록은 浩煩汗漫을 避하자는 뜻에서 나온듯하다。이 點에 있어서는 著者 自身으로도 未嘗

不적지 않은 苦心이었을 것이다。그밖게 군대군대 좀 더 詳細히 하였으면 하는 感도 없지 아니하나 이도 또한 著作의 卷頭에 쓴『……모든 視點의 졸가리만 뽑아서 이 編을 맨들었읍니다 各個의 細論은 따루 記述할 機會가 있겠읍니다』라 한 것을 보아 대개 짐작하는것이다。

이앞으로 더욱 著者의 努力이 쉬지말아서 第二篇 第三篇……일 繼續文도 멀지 않은 期日에 出現되어서 朝鮮史學書로의 完璧을 일우기를 著者에게 다시금 바라는 바이다。 (끝)

朝鮮歷史上가장光輝잇는페ー지

世宗聖代의文化

李允宰

이번에 編輯子로서 우리歷史가운데 가장 光輝엿든 「페지」가 어대냐고 물음에 對하야 史學에 專攻이 아닌 나로써 얼룬대답하기 어렵습니다. 대저 어너나라 사람이던지 다 제나라의 歷史를 남적이 자랑하려고하며 일불어 빗을 내기爲하야. 자미는 일까지도 잇습니다 [illegible]는 그러하지 아니하고라도 우리歷史에는 光輝잇는 事實을 잇는대로 들추어 낸다면 얼마던지 잇습니다. 더욱이 經史災厄으로 말미암아 遺失된것에서나 事大思想에 얽매어 誤謬된데에서까지 차자본다면 實로 限이 업겟습니다.

그런데 나는 우리歷史가운데 [illegible]먼옛적의일은 그만두고 가장가까이로 李朝 世宗朝를 한 光輝잇는 「페지」로 봅니다. 世宗大王은 李朝 第四代의 君主로서 大王의 治世中 內治와 外交는 古今에 比할수업시 未曾有의 隆盛을, 일우엇습니다. 南으로 倭을 膺懲하며 北으로 女眞을 逐斥하여 國威를 宣揚하엿다하여 光輝의 「페지」를 지엇다할가. 六鎭·四郡을 두어 拓疆에 힘쓰며 三浦를 열어 通商을 닥것다하여 光輝의 「페지」를 지엇다할가. 이豐功盛德에 對하야 未嘗不 우리가 기리지 안는바 아니로되 보다더 科學文明에 心醉한 現代의 사람으로도 절로 머리를 숙이지아니할수업는 여러가지의 創作과 發明에 對하여서는 더욱이 特殊한 事實로 아는것입니다. 곳 國書刊에 이르러는 倫理에 關한것으로 三綱行實·五禮儀·行

孝行錄等이며 史學에 關한것으로 高麗史·治平要覽·資治通鑑訓義等이며 國文學에 關한것으로 訓民正音·龍飛御天歌·月印千江之曲等이며 兵學에 關한것으로 歷代兵要·新製陣法等이며 天文學에 關한것으로 七政內外篇이며 法學에 關한것으로 增修無冤錄이며 實業에 關한것으로 農事直說이 잇섯고 機械發明에 이르러는 報漏閣·簡儀臺·大小簡儀·渾天儀·渾象時定儀·日時定儀·圭表·禁漏·測雨器等이니 其中 欽敬閣渾象星갓흔것으로말하면 玉漏機輪·四神·十二神·鼓人·司辰玉女等 모든 機械를 備置하여 人力을 빌지아니하고 自動, 自擊하는것은 거의神功을 奪할만한 驚異를 늣기지아니할수업는것입니다。

이럿툿 世宗一代에 끼친 不朽의 偉業이 만흔 가운대 더욱이 큰것은 朝鮮字 곳 訓民正音의 創制입니다。이는 과연 우리 民族의 永遠히 傳할 財産이요 世界에 크게 자랑거리되는 國寶인것을 잇지못할것입니다。

내가자랑하고십흔朝鮮것

現代文明의產母
活字의發明은朝鮮이首位

李允宰

한社會의 文明이 發達되고못됨은 그社會에 刋書의 만코적은것으로 徵證하게된다 오늘날의 文明이란것도 그실상은 智識을 傳播하며 學問을 普及케하는 書籍의廣布에 말미암음이요 書籍의 廣布는 다만 印刷에 便利를주는 活字의創製에 잇다할것이다。그런즉 近世文明에 對한 活字의 功德이 얼마나 큰것임을 알것이다。

活字가 어느째부터 發明되엇는가 먼저 西洋의것부터 말해보자。和蘭人라우렌르·코스타르氏가 木과 鉛으로 活字를 製作한것이 西紀一四二八年이나 世上에 만히 이름이들어나기는 西紀一四三八年에 木製活字를 製用한 獨逸人요한·구텐벨흐氏로써 다안다。그러나 西紀一四五二年에이르러 요한·쌔우쓰트及페레르·쉐ᄢᅦ르兩氏의 共力으로, 從來의活字를 크게改良하여 金屬製活字를 製用하엿스니 西洋에서 活字의完成은 실상 이째로써 비롯이라할것이다。

우리朝鮮은 녯적 新羅적부터 이미 活字를製用하엿다하나 이에對한 確的한考證을 볼수업고 다만 高麗中葉에 이르러 李奎報文에

夫帝王之政、莫先於制禮、其沿革也損益也、宜一定之、以淑人心、以齊風俗矣、安可因循姑息、不卽立常典、使之紛然異同哉、本朝自有國以來、其禮制之損益、隨制靡一、病之久矣、至仁廟、始勅平章事崔允儀等十七臣、集古今同異、商酌折中、所書五十卷、命之曰詳定禮文、流行於世、然後、禮有所歸、而人之不惑矣、是書跨歷年禩、簡脫字缺、難於考審、予先公迺令補緝、遂成二本、一付禮官、一藏于家、其志遠也、果於遷都之際、禮官遑遽未得賫來、則幾若已廢、而有家藏一本得存焉、予然後、益暗其志、且幸其不失、用鑄字、印成二十八本、分付諸司藏之、凡有司者謹傳之勿替、勿負予用意之痛勤也。

라한것을 보면 이글가운대에 처음으로 鑄字(곳活

字)라는말을 보게된다。그것이 木製活字엿던지 혹은金屬活字엿던지는 꼭斷定하기 어려우나 鑄字라는 글자를 보면 반듯이 金屬製活字인것이 의심업다。 그러고 이제는 麗史를보아 高麗高宗二十一年곳西紀一二三四年으로 알것이니 高宗이 蒙古의 侵寇를避하여 江都(곳江華)에 遷都하고 우리의 禮文이 兵禍로 因하여 湮滅된것을 걱정하며 鑄字版으로써 詳定禮文二十八本을 印刷하엿다는 것인대 이를보면 그제에 그것을 印刷하기爲하여 倉卒히鑄字를 發明한것이아니요 이미 잇던 鑄字를 使用하엿슴에 不過한것일지니 이以前으로 幾百年前에 된것이며 또그創志者가 엇더한사람인지는 아직 思索力이 不足한나로서잘알수가업다 活字의發明이假使 高宗제에 된것으로 친다하더라도 西洋보다 거의 二百年이나 압선것은 숨길수업는 일이다 이보다좀먼저로 宋의慶歷年間에 畢昇이란사람이 膠泥로써 活字를 製作한일이 잇섯스나 이는 다만 一時

金剛般若波羅蜜經
究竟無我分第十七
爾時須菩提白佛

몇날朝鮮에製作된活字그대로박힌것

的試用에 不過한것이요 繼續的發達이 잇지아니하얏스매 무슨 功績이라고 나라난일이 업섯다。清朝 康熙帝적에이르러 圖書集成을 出版할때에 처음으로 銅字活版을 쓰고 乾隆帝적 四庫全書를 出版할때에 鋟木活字를 쓰게되엿스니 支那는 겨우 이때부터 活字가 發達된것으로 알것이다。또 芝峰類說에『鑄字印書、創自本朝、非中國所有』라함을 보아도 活字의發明은 단순히 우리의 獨創的인것이 의심업고 우리朝鮮에 活版印刷가 한창盛行할때에 그네들은 아직 꿈도꾸지아니 하엿던것갓다 이에의지한다면 우리가 支那보다도 오히려 四五百年이 압섯다하야도 過言이 아닐것이다。

이케로 우리나라 活字發達의 經路에對하여 간단히 말하겟다。鑄字印刷는 高麗高宗以後에도 勿論 繼續的으로 發達되엿슬지요 다만 文獻에 실리어잇는것으로는 恭愍王朝에 書籍舖鑄字를 設置한것이잇고 其後恭讓王四年에 書籍院을設置하여 活字製作과 書籍의일을 맛게하며 또거긔에 官制까지 制定한일이 잇섯다。그러고 李朝에이르러 더욱發達을 보게되엿스니 太宗三年(西紀一四〇三年)에 鑄字所란官署를 設置하고 內帑金을내어 銅製鑄字十萬個를 鑄成하여 丁亥字라 이름하엿스며 其後에도 자주 改良과發展을 힘써서 世宗朝에 庚子字·甲寅字이며 文宗朝에 壬申字이며 世祖朝에 乙酉字이며 成宗朝에 辛卯字·癸丑字가 잇섯고 英宗朝에 또 改良을 加하여 生生字·整理字라는 이름이잇섯고 最近에이르기까지도 만은發達이 잇섯스나 다 들수업다。이와가티 活字印刷로 한國政의 大要를 삼아서 書籍의 廣布에 注力하엿슴은 世界文化史上에 한 特筆할만한일이 아닌가。

이를보건댄 녯날 우리民族의 獨創力의 이럿틋만핫슴과 發明力의이럿틋 컷슴은 世界에 엇더한 民族이라도 따르지못할만하지 아니하엿는가。그러나 우리는 오늘날도리어 이러케도 文明에 뒤써러저잇서 똑똑한 한개의 印刷機關의 設備도 잇지못하게됨으로 요만한것이라도 항상 남의손을 빌리지 아니할수업게된다。우리가 진실로 그獨創力、發明力을 그대로 發揮하엿더면 오늘날 西洋의所謂物質文明이란것을 壓頭하기엔들 무엇이 不足하엿스랴마는 지금와서 남들이 다하는 온갓것을흉내도 내지못하니 이를 한懶惰의 習慣이라할가혹暴棄의心性이라할가。한갓스스로 한심할뿐이로다。그러고커러고 이文明의利器인 活字의發明이 우리朝鮮으로써 世界에가장먼저되엿다는것을 알게되는때에 우리는 이것이 한 民族的大矜耀요 世界的大功績이된다는 그千古不朽의 偉功을써치어노흔點에서 自然히 자랑의말이라드 나오지아니할수업게된다。(쯧)

痛快! 大痛快!

權慄都元帥幸州大捷

—宣祖癸巳三月十三日—

李 允 宰

(…以上二十二行削除…)幸州役은 壬亂이 시작된지十箇月을 지난癸巳年(宣祖 二十六年) 二月十二日이다。(陽三月十三日)이役의主人公인 權慄은 光州牧使로잇스면서 지난해에龍仁에서 慘敗를보고자긔 고향에돌아와 境內와近邑의子弟 千餘人을어더서 訓練하기에熱中하더니 그후에錦山으로부터全州로 들어오는日兵을 梨峙에싸우어 물러치엇다는功으로써 全羅監司로 陞進되엇다。이뻐만해도 이勝捷으로말미암아 湖南은오로지敵의 蹂躪을免하게된것이다。慄이이恩命을밧고 全州에가서 軍紀를整頓하고 하로밧비京城을收復함이 가장急務라하여군사二萬과 僧將處英을거느리고 곳北上하여勤王에힘썻다。水原에이르러 禿城山城을웅거하여 日兵을破하고다시前進하여 漢江을건너 高陽郡 幸州山城(京城을距하기 三十里)에陣첫다。이뻐는敵의諸路軍이 明軍의來援에둘려서바양흐로京城으로 集注하는판이매 그形勢가자못큰지라。十二日새벽에 日兵數萬騎가와서山城을包圍하엿다。慄이軍中에 令을내리어 鎭靜히待하라하더니 日兵이三路로난우어 來攻하여形勢가 甚히逼切한지라慄이陣頭에나서서 督戰하니矢石이 비오듯하고 砲聲이天地를움즉이어 一大激戰을演하엿다。日兵이束草에불을못치어 바람결에노아서 城柵을살오려거늘城中이 물을쑤리어이를救하고 日兵이城柵의西北隅를 헐어버리니僧軍이조곰 退却하거늘慄이당장에退却한者 數人을親斬하고諸將을督하니 士氣가大振이라。조곰뒤에화살이 다

—(17)—

하여더싸울수업게되더니 水使李蘋이 화살數萬을배에실어보내어왓슴으로 조곰도挫折되는 일이업시더욱 奮戰하엿다。이와가티日出로부터 日沒까지彼我力戰하여드되어日兵이 大敗하니死屍가山에가득하고 流血이 내를일우엇다。日兵이潰走할새慄이 萬餘人을거느리고 日兵의뒤를追擊하니 伏屍가길에싸히고 殘兵은痛哭하고 돌아간지라。敵의弓箭盔甲刀銃倭器等을 奪獲한것이모도 七百二十七件이요 尸體를 싸하四堆로난우고 柴草를모아서불에 살오니타는냄새가 十里박게까지밋치엇다。慄이군사를臨津으로 옴기고坡州山城에陣쳣더니 日陣이幸州의敗報를듯고 크게놀라서 이를復讎하려고 行長淸正等이四萬兵를 거느리고急히달아幸州에 들어온즉慄의군사는이미坡州로 옴기어간지라 山城을燒火하고돌아갓다。

이 幸州大捷은 壬亂中에陸戰으로 가장 壯烈한것이다。이戰捷이잇슨 翌日에明將査大受가와서 實地로戰蹟을보고 놀래어말하기를朝鮮에 과연眞將軍이잇도다하엿스며 明帝는이捷報를 듯고말하기를 朝鮮을본대强國이라일컬엇더니 이제權慄의斬獲한功을보니 朝鮮人民은오히려可히 振作하겟도다하엿스며 碧蹄館에서敗하여 魂이나서 멀리平壤으로뛰어던 援將李如松도 이捷報를듯고 嚮時에넘우急遽히 回軍하엿슴을後悔하고 빨리 開城으로돌아와 再圖를꾀하는일까지잇섯다。

(以下三行削除)

朝鮮歷史槪說

李 允 宰

(一)白頭山을 中心으로하여 南으로 瀚海까지의 半島와 西으로 黑水까지의 大陸을 가론「震」이라하니 五千年前붙어 여러 族屬이 이 震땅의 여러곧에 흩어지어 있어 각기 그 群聚한 형편을 딿아 部族이 形成되고 뒤에 나라란 것이 생기게 되었다。

(二)「桓」이라하는 族屬이 이 中에 가장 進步된 文化를 가지었으니 天帝의 子孫이란 굳은 信念을 가지고 여러 部族을 統一하니 檀君이란 얼은이 있어 나라를 세우어「朝鮮」이라 이름하고 神政으로 백성을 다스리어 子孫이 千餘年에 이르렀다。

(三)桓族이 漸漸 繁衍하여 震土에 많은 民邦을 이룩하니 北에는 松花江을 끼고 생긴 扶餘요 南에는 大關嶺 左右의 濊와 漢江 南쪽의 韓이 그중에 들어나고 大同江 附近에 扶餘人의 南下한「기자」王朝가 생기니 뒤에 支那의 箕子에 附會되다。

(四)「기자」王朝의 末期에 이르러 支那의 歸化人들이 수없이 밀치어 들어오는 中에 衛滿이란 者에게 征服되니 이가 外族으로 震土 侵據의 비롯이며 그후 돌우 漢에게 征服되어 四郡을 두게되니 震人의 民族的 反撥力이 이로써 增長되었다。

(五)四郡中 眞蕃·臨屯 및 玄菟는 몇해를 못가 國人의 自主로 돌아가고 오직 樂浪만은 支那人의 勢

力地대로 있었으며 또 漢江流域인 帶方까지 支那人의 勢力이 미치어서 數百年을 끌어가는 동안 절로 支那文化의 影響을 받음도 적지 아니하였다。

(六) 扶餘의 別部인 高句麗가 鴨綠谷에 일어나고 高句麗의 支派인 百濟가 漢江流域에 일어나 民族對民族의 協同精神으로 一致한 步調를 取하여 高句麗는 樂浪、百濟는 帶方의 支那人을 쫓아내니 衛氏以來 五百年間 더러힌 國土가 淨化되었다。

(七) 高句麗와 百濟가 興起하는 때에 辰韓땅에 新羅가 일어나서 이를 三國이라 이르니 三國은 다각기 밖으로는 外圍民族과 頡頏하며 안으로는 民族的 統一을 期成하여 自守策과 外競力이 더욱 굳어지니 이에 三國爭覇의 새 局面이 벌어지었다。

(八) 高句麗는 처음붙어 大陸經營에 着眼하였으나 西北에 막아 있는 鮮卑族 때문에 大陸發展을 멈추고 먼저 半島統一을 經營하게 되더니 慕容氏의 入寇로 國都인 丸都城이 焚壞되매 平壤으로 移都하자 이로붙어 더욱이 南進策에 注力하였다。

(九) 廣開土王은 크게 疆土를 넓히었고 長壽王은 宿年 仇敵인 慕容氏의 燕을 滅하며 百濟의 漢城을 攻陷하였고 文咨王은 그 宗國인 扶餘國을 併하니 南北滿洲의 全部와 半島의 三分之二가 高句麗의 版圖가 되어 世界無比의 大帝國을 일우었다。

(一〇) 百濟는 馬韓을 併하여 勢力이 强하더니 高句麗에 쫓기어 熊津에 移都하고 新羅에 몰리어 또 泗沘城에 移都하여 孤立한 處地에 있음으로 不得已 倭와 通好하게 되니 百濟는 文化로 倭를 가르치고 倭는 兵力으로 百濟를 돕는 關係가 생기었다。

(一一) 新羅는 六部의 擴張으로 辰韓을 統一한 것이니 뒤에 駕洛을 併하고 倭의 勢力을 驅逐하여 漸漸 强盛하였으며 文化上으로는 支那의 것을 많이 模倣하여 固有文化와 融化하여 더욱 發達을 보게 되며 花郎道는 특별히 한 異彩를 나타내었다。

(一二) 高句麗는 北方策에만 沒頭하다가 百濟와 新羅에게 적지 않은 땅을 잃었더니 嬰陽王은 乙支

文德으로 하여끔 隋의 入寇를 大破하여 그를 亡하게한 後 新羅의 親唐을 미워하여 百濟와 함께 新羅의 棠項城을 빼앗아 唐의 通路를 끊었다。

(一三) 新羅가 百濟에게도 四十餘城이나 잃고 甚히 孤立할 지경이매 더욱 唐에 달아붙어 麗濟를 쳐르려하매 이때에 高句麗에는 淵蓋蘇文 같은 이가 있어 積極的으로 唐을 經營하매 唐主가 大軍으로 入寇하다가 安市城에서 沒敗되어 돌아갔다。

(一四) 新羅는 外交家로 金春秋(곳 太宗武烈王)가 있고 武略家로 金庾信이 있어 統一的 新國家 建設에 努力하더니 百濟 義慈王의 國防虛疎를 機會로 唐과 聯合하여 몰아치니 忠義士의 血戰도 쓸대없고 六百七十八年의 옛집이 문어지고말았다。

(一五) 高句麗는 淵蓋蘇文이 그 經綸한 바를 채 일우지 못하여서 죽고 그 아들 男生 男建들 사이에 內爭이 일어나니 이 틈을 탄 新羅가 또 唐과 聯合하여 平壤城을 攻陷하니 七百五年의 榮光스러운 歷史를 가진 高句麗가 원통히도 없더지었다。

(一六) 新羅가 唐에게 援助를 얻은 것은 統三運動의 一時的 手段에 不過하거늘 唐이 麗濟의 옛땅에 都督을 두어 永住의 計를 채리려하매 新羅는 자꾸 唐과 싸우어서 필경 半島內의 唐人의 勢力을 아주 驅逐하고 民族的 統一을 완전히 일우었다。

(一七) 高句麗가 亡한 뒤에 激烈한 光復運動이 끊임이 없었으며 三十年 後에 高句麗의 舊民으로 建設된 大震國이 出現하니 이를 渤海라 일컬으며 忽汗城에 도읍하고 高句麗의 옛땅을 거의 다 차지하니 南쪽의 新羅와 對立하여 南北朝를 일우었다。

(一八) 新羅가 統三의 業을 일운 後 約百年間은 隆盛을 極하였으나 惠恭王 以後로는 政權의 爭奪이 잣우 있어 政治가 매우 腐敗하였고 겨다가 唐朝崇慕의 思想이 늘고 寺院濫費의 弊端이 컸으니 이로불어 新羅는 漸漸 衰亡期에 들어가게 되었다。

(一九) 憲康王 때에 文藝가 蔚興하여 一時 隆運에 나아갔으나 眞聖女主 때에 이르러 政治가 돌우

紊亂하여 盜賊이 四方에 일어나더니 마침내 甄萱이 後百濟를 세우고 弓裔가 泰封을 세우어 國土가 三分 되니 이에 다시 三國再興을 보게 되었다。

(二〇) 弓裔가 大高句麗의 理想으로 雄飛를 試하다가 그 部下 王建에게 쫓기고 그 자리에 高麗가 建立되었더니 新羅가 부지할수 없어 高麗에 降服하여 九百九十二年의 긴 歷史를 남기었고 後百濟도 뒤에 亡하니 半島가 高麗의 統一로 돌아갔다。

(二一)渤海는 新羅가 亡하든 十年前에 二百二十八年의 빛난 歷史를 남기고 契丹에게 亡하니 檀君以來 舊疆이 아주 外族의 손아귀에 들었으며 爾後 百年間 줄곳 光復運動이 繼續하였으니 定安·興遼·大元이 前後하여 復興運動에 가장 激烈하였다。

(二二) 高麗가 統一한 後에 疆土恢復의 큰 理想으로 먼저 內政을 닦고 北進運動을 着手하려하나 여긔에 거리끼는 것은 오직 北方民族이라 成宗 때에 徐熙의 辯舌에 놀래어 물러갔든 契丹이 顯宗 때에 大擧入寇하다가 姜邯贊에게 殲滅한바 되었다。

(二三) 契丹은 遼라 일컬어 勢力이 强盛하여지며 高麗가 그 눌림을 받게 되다가 그뒤 遼의 國勢가 꺾이어지며 高麗에는 北方策을 시험할 좋은 機會가 왔으나 그 자리에 또 女眞이 왓작 일어나 遼를 代하니 高麗는 그 素志를 達하지 못하게 되었다。

(二四) 尹瓘이 咸鏡道의 女眞을 쫓아 거긔 九城을 쌓고 또 遼와 女眞이 다투는 틈바귀에 鴨綠江까지의 땅을 빼앗아 多年 宿望을 일우었으며 女眞이 遼를 滅하고 支那 北半을 차지하여 國號를 金이라 고치고 高麗에 兄弟國됨을 請함을 물리치었다。

(二五) 高麗는 이때 佛敎로 말미암아 冗費의 過重으로 國力이 耗損하여짐과 漢文學으로 말미암아 支那思想에 浸染되어 自家精神이 萎縮하여짐과 權臣의 跋扈로 말미암아 政綱이 紊亂하게 됨으로 끝끝내 北方民族의 威壓을 벗어나지를 못하였다。

(二六) 이때에 오직 하나 時代精神의 表現인 歷史的 大震運動이 일어나니 곳 妙淸의 帝國運動이라

反動勢力의 强烈로 거의 沈滯할 지경이매 이에 순 民衆運動을 일어키려고 西京을 웅거하여 大爲國을 建設하기에 이르렀다가 不幸히 沒落되었다。

(二七) 金의 衰亡을 이어 일어나는 蒙古가 또 高麗에 큰 걱정거리라 崔忠獻 四代가 執政以來 積極的 對抗策으로 조곰도 굽히지 아니하였으며 다만 兵禍를 避하여 江華에 移都하여놓고 연방 拒戰하여 그 勢力을 꺾으니 그 애씀이 여간이 아니었다。

(二八) 蒙古가 宋을 滅하고 유로파까지 征服하여 國號를 元으로 일컷고 餘威로 高麗를 누리니 高麗는 高宗을 지나 元宗 때에 이르러 여태까지의 反撥力도 갑작이 軟化하여 舊都로 옮기어와 元의 保護國처럼 되어 겨우 命脈을 보전하여갈뿐이다。

(二九) 忠烈王 以後 代代로 國王은 元朝의 駙馬가 되어 더욱 元을 嚮慕하게 되며 또 元의 衣服 言語 法俗이 다 宮中으로붙어 民間에까지 流行하며 國民은 한갓 外國을 닮으는 비릇이 늘고 自主하는 氣魄이 없어지어 精神上 큰 致命傷을 받았다。

(三〇) 이렇듯 極度로 衰退한 高麗는 恭愍王 같은 英明한 임검의 掉尾의 大活躍을 試하게 되니 王은 먼저 元의 宮戚을 죽이고 元의 制度를 고치고 元의 年號를 停止하고 또 高宗 때에 元에게 빼앗기었든 舊疆을 다 恢復하여 自立을 도모하였다。

(三一) 高麗가 이렇게 自主의 實을 들어 歷史的 使命을 다하려하는 때에 南쪽으로 倭寇, 北쪽으로 紅巾賊이 邊方을 시끌업게하며 妖僧 辛旽이 政治를 濁亂하며 또 恭愍王이 被弑하매 이로 말미암아 더 進取하여야할 高麗에 적지않은 障碍가 되였다。

(三二) 北進運動을 積極 實現하려는 崔瑩이 있어 禑王 때에 征明論을 力唱하여 거의 就緖할번하다가 反對派 李成桂黨에게 넘어지고 鄭夢周 一派가 王氏를 極力 支持하며 李黨을 겨르다가 또한 넘어지니 이로붙어 高麗는 李氏의 天下로 돌아갔다。

(三三) 非李派를 모주리 없애버린 李成桂는 禑王과·昌王을 차례로 廢立하고 그 腹心과 갚이 맺어 四百五十七年의 歷史를 누리어오든 高麗를 치어버리고 朝鮮의 太祖가 되니 朝鮮은 高麗의 承繼者나 그러나 大高句麗主義는 이로써 쉬었다。(續)

偉業은 青春에 잇다

東西偉人의 青春時代

十七歲에 三國統一의 大事業計劃

金庾信의 青春時節

李 允 宰

一身을 나라에 밧들어 千古不朽의 偉勳을 세워서 純忠壯烈興武大王까지 追封하게된 新羅第一功臣 角干先生 金庾信이라면 누구나 모를이가 업슬것이다。나이 어렷슬적에 엇던중(僧)하나가 그얼굴의 非凡함을보고 이상히녀기어「이아이의 狀貌를보니 반듯이 出將入相하며 이름을 天下에떨치리니 살아서는 人臣의貴를 極하겟고 죽어서는 王者의號를 어드리라」함을보아도 英雄의바탕이란 과연 그骨格에서부터 나타남을 알것이안인가?

이와가티 그非凡한 儀表에는 사람마다 다 울어러보게되어 남들이 불러주는「金王孫」이라함이 그의少年시적의 別名이되고만것이다。銀鞍白馬로 長安大道上에 날치며 다니는 貴公子인그는 한창血氣方壯의써라 招朋喚友하며 紅燈綠酒의 거리로 出入하기도 한두번이안이엇다。그늙은어머니는 庾信의 압길을위하며 써써로 嚴히 訓戒한일이잇섯다。하로는 天官(娼妓의이름) 의집에서 자고왓다。그어머니께서 이를알고 꾸지지말하기를「내가나이 늙어서 밤낫으로 네가얼른 長成하여서 功名을일우어 인군에게와 어버이에게 榮譽를엇기를바라고 잇섯더니 지금아주 소망이업구나。녯적에 孟子의어미는 三遷의敎가잇서 마침내 孟子를큰 선비가되게하엿고 王陵의어미는 칼에업대여 죽어 아들을 훌륭하게 만들엇거늘 아아 너의 못된버릇은 다만 어미의허물이로구나」하고 밥상을대하여 먹지안이하니 庾信이 곳 여머니압헤서 집훌쌀고 안저서 謝罪하며 다시는 그런 娼妓의집에가지안키로 굿게 盟誓하엿다。하로는 술이 醉하여 집으로 돌아오는데 그란 말이 예천다니던데에 익어서 天官의집으로 들어갓다。庾信이 분하고 부끄러워 말게서 뛰여내려『어머니의 訓戒를 어긔게하기는 네때문이다」하고 곳 칼을빼어 말의 목을비어죽이고 돌아갓다。後人이 女怨詞一曲을지어 傳하엿스며 그곳에 天官寺를 지엇다한다。이와가티 그 快活한 勇斷心이야말로 到底히 凡人의 미처지못할바이다。

나이 十五歲에 花郞이되니 當時사람들이 恰然히 服從하여 龍華香徒라 이름하엿다。이때로말하면 國家에 多事한때니 高句麗 百濟 및 靺鞨이 쉴새업시 國境을侵軼하여 거의 하로도 편할날이업섯다。아버지는 王命을메고 戰地에나갓스며 庾信은 아우 欽純과 함께 어머니를 모시고 잇섯다 하로는 어머니에게 엿줍대『男子가 뜻이 四方에잇거늘 이제 제가 시골한구석에삼처박혀잇서 聞見을넓힐수업고 여간詩書人卷이나 읽는대야 趙括이 兵書읽는 한란을 免하기어려우니 願컨대 한번 멀리나가 놀아

金庾信

스승을차자 業을마치고 돌아오고저하나이다」그어머니는 이말을듯고 깃버하며 허락하엿다。

나이 十七歲가되엿슬때에 祖國이 强鄰에게 자주侵略을밧는것을보고 慨然이 區宇를 削平하며 濟世經邦할큰뜻이잇섯다。혼자 中嶽의 石窟속에들어가 齋戒하고 한우님께 告하여가로대「敵國이無道하여 그豺狼가튼마음으로 우리나라의 疆土를 어지럽게하며 드되어 東韓의백성으로하여금 피가흘러 비를일우고 뼈가싸혀 산과가티 되엇나이다。나 一個 庾信은 나라의 世臣으로써 材力을헤지안코 뜻이 海東을 澄淸함에잇노니 오직 願하옵기는 한우님께서 이에下監하사 손을 내게빌리어주소서」이러케 빌기를 四日에이르럿다。어날밤은 山雨가 커음개고 林月이 갓소삿 萬籟가 다고요하고 四方에 人跡이업섯다。非夢似夢間에 어떤 한老人이잇서 厖眉鶴髮에 葛衣藜杖으로 천천히걸어 압헤나아와 뭇기를

「여긔는 毒蟲과 猛獸가만아서 매우무서운곳인데 젊은이가 여긔에와서 혼자잇기는 무엇을하려함인가」

庾信이 공손이 대답하되

「어르신께서는 어대서오셧스며尊名을들을수업슴니까」

「나는 住所가 一定치못하니 되는대로 다니는 사람이며 이름은 무어라고 말하기어렵네」

庾信는 이말을듯고 그老人이 예사사람이안임을 알고 두번절하고 압흐로나아가며

「저는 新羅사람 金庾信이외다。國家의 讐敵이猖獗함을보고 痛心疾首하온지라 이 名山에들어와서 異人맛나기를 바라나이다。업대어 뵈옵건대 어르신께서 저의衷情을 살피시와 저게 方術을 보이소서」

하니 老人이 잠잠코 아무말이업다。庾信이 눈물을흘려가며 자무자무 懇請하기를 六七次에이르매 老人이 말하기를

「자네가 어려서 三國을 統合할뜻이 잇스니 참 壯한일이다」

하고 이에 秘訣한卷을주며 말하기를

「이것을주니 부대 조심하여 망녕되히 傳하지말라。그러고 또 이것을 不義하게 쓰면 돌이어 災殃을 바드리라」

「敢히 가르처신뜻을 잘 밧들어 직히겟슴니다」

「몸을 막는대는 칼이 第一이요 몸을 일우는대는 말이 第一인데 자네는 世上을 건질뜻이 잇스면서 그러한것이 업서야 될가」

「어대서 그러한것을 어들수 잇겟슴니까」

老人이 놉흔 山峰의 바위돌을 가리처며

「저긔를가면 寶劍을어들것이요 그아래로가면 駿馬를 어드리니 얼른가서 가지게」

하고 써나려한다。庾信이 울면서 말하기를

「어르신! 이러케 모든것을 가르처주신 恩惠를 무엇으로 갑흐리까」

「용 三十年後에 나를 다시 平壤城 東門밧게서 보리라」

이말을 마치고 걸어서 얼마를가더니 그形容이 漸漸보이지안이하고 다만 祥雲이 靉靆하며 瑞霧가 濛濛할뿐이다。庾信이 한참 거긔를 바라보다가 멀리 구름을향하여 절하엿다。

그老人의말대로 高峰의 고개에서 파연 寶劍을어드니 거긔에 天龍劍이란 글ㅅ자가 사기어잇다。그칼을가지고 한번 試驗하여보리라하고 그겻헤잇는 큰바위돌을치니 바위돌이 딴키어 두동강에낫다。이에 칼을가지고 咽薄山 深谷에들어가 焚香하고 한우님께 빌어가로대「한우님께서 이미 내게 寶劍을 나리어주시엇사오니 업대어 원하옵건대 한우님의 神靈이 이칼에 나리사 神造의 活動을 엇게하소서」거긔에 사흘동안 잇스니 밤에 虛·角 두별의 光芒이 나리빗치며 칼이 완연히 搖動하는듯하엿다。그翌日에 다시石窟에 들어가 老人에게서 바든책을 펴어놋코 한번읽어보니 心神이 融會하여 普通쌔보다 특별히 달으다。그책과 칼을 품속에 깁히간직하고 산아래로 내려가 駿馬를 求하엿다。이것이 金庾信의 一生에 光明한 압길을 열어준것이다。

中幢幢主라는 一個 微末의 單官으로 娘臂城役에從軍하여 猛虎가튼 高句麗군사를처서 五千餘級을 斬殺하고 一千人을 生擒하며 그將帥의 목을비어오니이쌔는 庾信의나이 三十五歲 한창 壯年時節이다。이로부터 北으로 高句麗、西으로 百濟、싸우면 반듯이이기고 치면 반듯이 쌔아서 白髮이 星星하기까지國家를爲하여 君主를爲하여 忠義를다하엿스며 三國統一의 偉業을 일우어 그榮譽가 한썻업섯다。

金庾信의 光彩잇는 一生은 이 靑春時節에잇섯다。祖國을 爲하야 한울에 맹서하며 義憤心을 發揮하는그 불과가티 써거운 精誠은 파연 後世靑年에게 模範이되지 안엇는가。

—(13)—

이世上人物갓지안흔 現存한 大奇人 六峯禹龍澤先生

—奇人篇其七—

李 允 宰

내가 先生을알기는 지금으로부터十五六年前 내가시골어느學校에서 가르치고잇슬쌔엿다 내가그쌔先生허고 한데旅宿하게되여 數個月가티지나던일이 지금까지記憶되여잇처지아니한다。

先生은 故鄕은大邱라지마는 一年에하로도집에잇서본적은업고 今日慶尙道 明日全羅道 이러케漂泊한生涯를지엇다 어떤쌔손님과初面人事에『나는朝鮮사오』라한다 이는在來朝鮮의地方觀念 家族制度의因襲을全然否認하는뜻에서나온것이다 그軒昂하고磊落한氣槪는 宇宙라도쫍다할만하다 그러나時代가時代이니 大勢가돌아가고 大局이바뀌게되는지라 그慷慨하고鬱憤함을스스로 抑制하기어려워 悲歌痛哭하고 江湖에放浪하여 淪落不遇의一寒士가되엿다。

先生은日常談論에도 諱諸가만흐며現時의不合理한制度와不徹底한思想을餘地업시論駁한다 더욱이 所謂爲政者(韓國時代의)들의 腐敗한行動을唾罵하여 항상말하기를『조선이잘되려면 위선고놈들을부터……』라하엿다。

예전韓國時代의 隆熙二年지금으로부터 한二十二年前의일이다 이쌔만해도 官權萬能으로地方郡守쯤만되어도 백성을잡아다볼기를쌔리며 위엄을부리던時節이니 더욱大臣地位에잇는이에게야 平民으로써敢히머리를들고처다보지도못하던쌔다 先生이이쌔一個書生으로 黃土마루에잇는內部衙門을들어갓다 이쌔內部大臣은물론 五條約에도功勢가만타던朴齊○大監이다 조곰도서슴지안코 大臣의官房으로들어가서 大監압헤서공손히절하고

『大監! 起居엇더하십닛가』

『어一……』

『生은 慶尙北道大邱府사는 禹龍澤이올시다』

『그런가』

『生은 本是遐鄕賤民으로 少年적에글공부를하엿스나 일즉運數不吉로登科하지못하옵고 지금은또時代變遷으로그러한機會도엇기어렵게되엿사오며 더욱이家貧親老하여 이럭케白面書生으로잇슬수는업는處地임으로 不遠千里하고求仕하러上京하엿슴니다』

하고 주머니에서수부쌈지를쓰내여그속에든白錢(지금돈으로二錢五厘)한푼을내어쥐고 大監압헤갓다노으며

『大監! 生은赤貧한身勢임으로 本是돈이업사옵고 더구나여러달客裡에서留連하기쌔문에 費用으로쓰고남은것이라고는단 이것뿐이올시다 大監께서 下恤之澤으로 이情地를洞燭하시와 더도말고生에게는 단白錢한푼자리벼슬만주시면 과연白骨難忘이겟슴니다』

朴大監은 하도어이가업서

『이손! 이게무슨행사야』

先生은눈을흘겨보며

『大監! 이돈한푼이적어서그러오? 生의全所有를다바처는것인데……』

朴大監은 大怒하여

『이놈! 잔말말고물러가 잇다가는利롭지못할것이니』

『이놈? 이놈이라니 그게선비의대접이야? 잇는놈의千兩萬兩만돈으로알고 구차한선비의한푼돈은 돈이아니란말이냐 내가한푼어치벼슬을사려왓는데 돈대로만팔면그만이지 욕은무슨辱이란?』

朴大監이긔가막히어엽흐로고개를돌리고웃으며

『그놈 미친놈이로군 얼른나가!』

『千斬萬戮할놈! 네가所謂大臣으로 一國에輔弼이되엇거늘 欺君罔上하여 밤낫賣官賣職만일삼아서 네배써기만채우고 나라가망하건말건 도모지돌라보지아니하니 너가튼놈을죽이고말것이다』

하고 그엽헤잇는火爐를들어둘러메써리니 危機一髮에잇는朴大監은 뒷門을차고逃亡질을하엿다 先生은無邪氣하게천천히걸어서 衙門을나오며『오늘벼슬사려갓다가莫非逢變인걸』

×

한번은 先生이慶北榮川郡어느村으로갓다 마츰그때慶北觀察使가各郡巡視의路歷으로 거긔를지나게되엇다 그村에조곰만한學校가잇는데 敎員一人에二十餘名의生徒가잇섯다 先生은行次가그리로든단말을듯고 올타구나하고 젓헤사람에게 돈十錢을벌어가지고나갓다 조곰후에行次가學校집으로들엇다 觀察使가房에들어가안저잇슬쌔에 先生이그건는房에들어가 校長을차자보고 學校의狀況과 維持方針을물은後에 이어말하기를

『우리나라가 지금이러하게된것은 一(一七頁下端에繼續)一

—(29)—

史上의로만쓰

三國時代

王子鄒牟와그駿馬

(一)

李允宰

동부여(東扶餘)나라왕궁뒤하쪽 모퉁이에잇는 음침한 집속에는 여러필의말이 매어잇고 거기말 다루는 하인서너사람이 말을한아람씩안고 밧분듯이 구유거르로왓다갓다한다 그아페는 손에 막대기를쥐고 이래라저래라 무엇을시키며 서잇는 나이한이십가량된 풍채조흔 청년하나가잇다 이청년은 추모(鄒牟)라이름하는 당시금와왕(金蛙王)의 양자로되어잇는사람이다

추모는 본대 북부여(北扶餘)나라의 입금 해모수(解慕漱)의 사생자다 어찌하야 동부여나라에와서 금와왕의양자가 되엇는가 그어머니되는 류화(柳花)가 어느따뜻한 봄날에 여러아우들을데리고 경치조키로 유명한웅심산(熊心山)에놀려갓섯다 웃음을웃고 떠들며 놀기에침착하야 그아우들과 짝이갈리게되엇다 류화는거기서 해모수라는청년과서로눈이마주치엇다 해모수는당시부여의 왕족으로 명석이혁혁하얏스며 뒤에 북부여나라의임금이된사람이다 해모수가류화의아릿다운자태를보고몹시흠선하야 어렵게한번 말을거니던진것이 우연히깁흔정이 들게되어 압록실(鴨綠室)속에서 단꿈을매젓섯다 그리하고집으로 돌아와드니 그후로 몸에태긔가 잇서 자연히 그부모에게까지알라게되엇다 류화도지금은 하는수업시 부모아페 이실직고를하것이다 그아버지는 하도어이가 업서서

「이년아 웨그따위짓을햇단말이냐 소위행세하는집에서 이런변이잇나」

그어머니는 바르르 떨며

「에구망칙해 이옷이부끄러워 어찌하나」

아버지는그말을이대어

「잠잠이말든지하면 창피스러위 온……커애를잠시라도 집안에 두어둘수잇나」

「그럼 어떠케해요」

이러케 둘이서로 한창의론한끗헤 그부모는류화를 우발수(優渤水)못가에갓다두기로작정하얏다 류화는할일업시 그집숙하고 쓸쓸한우발수 못가조고만한 토막속에 그연약하고 외로운몸을부티어 안타갑게도 그날그날을지내고잇섯다

하로는 금와왕이 이 근처로 산양하러나오섯다가 우연히 류화를보게되엇다 녀자의꼿몸으로 거긔 혼자잇는것이좀 이상히 보엿든지 왕은물엇섯다 류화는 자긔가 부모에게 득죄히고 이러케 귀양살이를 하고잇다는 연유를 가추어 일일히 알외엇다 왕은 그가엽슨 정경을 살피어 아시고는 참아 버려두고 갈수가 업서서 더리고 환궁을하셧다 왕은 류화를별궁에두고 해산하기를 기다리엇다 과연 만삭이되자 옥동자를하나 나핫는데 어쩌면어엿본지 얼굴이계란가티생기엇다 류화는 불행한중에서도 이러한귀한 아들을어덧스니 마음이 적이 위로가되어 거긔다가 락을부티어 살게되엇다 왕도 워낙 아이가 잘낫슴으로 꼭 친아들과 가티 사랑하얏다

그러구려 그는 점점 자라남을 따라 온갖 지혜와 재주가 이서 보통사람에서 훨신뛰어낫다 그중에도 특별히 활쏘는 재조를 가지엇다 그는 어렷적부터 활쏘기를 즐기어 나이 일곱살되엇슬때에는 자긔 손소 활도만들고 화살도만들어 한번 쏘기만하면 백발백중으로 꼭마치고만다 그는 희한한천재다 그러하야 세상사람들이 모도그를볼때에 「추모」라고 부른다 추모란말은 부여의 국어(國語)로활잘쏘는사람이란뜻이다 이것이뒤에그만그의이름이되고만것이다

三國時代

王子鄒牟와그駿馬 (二)

李允宰

나이 스물한살적이다 하로는 그형들과 가티산에 산양하러갓다 그형들은 다금와왕의 친아들로큰아들이 대소(帶素)요 그아래로여섯이 잇서 모도칠형제요 추모만은 이모제(異母弟)다 그칠형제는 재주가 무엇이든지 추모만못하야 항상시긔하고 미워하얏든데이다 이날 산양하러갓슬때에 그형들은모도다 화살만 허비해버리고 짐승이란 한마리 구경도 못하얏스되 추모는그잡은것이부지기수다 아무리 서로조케 지내든사이라도 일이이러케되면 속이무척상할것인데 더구나 이모케인데다가 평소에 조케보지못하든 추모이지라 그들은그냥 가만이 잇슬리는만무할것이다

「헤-오늘 우리가잡을것을 고년석추모가다 잡고말앗다」

고형제주한사람이말하얏다

「그래참 고년석만아니드면우리도꽤만히잡앗슬것을……」

이러케 또한사람이 말하얏다 이것은 추모가 그잡은짐승을거두어북느라고 잇슬때에 그형들이 산에서설렁설렁 내려오면서 하는말이다

추모는빨리 뒤에딸아오며「형님형님-」하고 부른다 그형들은 본체만체하고 간다 추모가그형들의아페서서가장다정스럽게

「형님들 이걸다내혼자할것이아니라똑가티논하가집시다」

하고 그중큰놈을 골라서대소에게부터 한마리를준다 대소는무슨큰모욕이나 당한것처럼 그것을바다땅바닥에집어던지고

「에와망할놈가든니 누가그까진걸달랫서?」

하며잔뜩 노려본다 다른형들도 다가티 눈을흘겨추모를 본다추모는 이런일을 당한적이이미한두번이 아니어서 그것을별로관심치도 아니한다 그러나추모는 그형들속에 섞길용긔는업고 다만외따로 떨어저갈뿐이다

칠형제가먼저 궁에돌아오니 왕이

「어듸보자 너의들오늘산양가서얼마나잡아왓니」

하는말에대소가아프로나서며

「한마리도못잡앗습니다」

「한마리도못잡앗서?왜」

「추모년석이 자꾸방해를하기때문에 저의들은 도저히산양할수업섯서요」

「추모가?그런안된놈이잇나」

「이번뿐아니라 어느때든지한상그러합니다 그애는 제재주만밋고 몹시덤비며 또저의들을 깔보아 항상버릇업는짓이만습니다 그대로가다가는 장차어떠한지경에까지이를는지도모릅니다 그러하오니 저와들생각에는 추모를 진즉처치해버려서후환을 떠는것이조흘가 하옵니다」

「글세추모의행위가 그따위로되간다면 큰일인걸 그러나그가안죄들어난죄가업스니죽일수는업지。그런데 그가재주를밋고 그러케버릇이업서진다하니 그자의[illegible]어트려서 장래에그교만한생각이 나지안토록 미리 조처하여야하겟구나」

대소와그아우들은추모를기어히 극형에처하야달라고하고십헛스나 이러케정중하신 부왕(父王)의말슴에는감히한마듸더말해볼수가업고다만묵묵히물러나왓다

추모가 이어들어오매 왕은불러 아페 세우고

「너는 오늘부터마구에가서말치는것을 감독하여라」

하신다 추모가 별안간 이 말슴을 들으매 하고만흔 신하가운데 하필 나에게 이런 천역을시킬고하는 의심이 업지아니하얏다 그러나모처럼 부왕의명령이시니 무슨리유인것을 감히물어볼수도업섯다머리를숙이고그저

「녜!」

하고 물러나와 왕궁뒤마구간으로향하야갓다 추모는 이날부터는 그리조하하든 활도쏘지못하고 다만말다루는 하인들과벗을삼아 쓸쓸한마구간속에서 날을보내고 잇섯든것이다

史上의 로만쓰

三國時代

王子鄒牟와 그 駿馬 (三)

李允宰

×

『우어! 이놈의말새끼 어듸로 자야주동이를 들이밀어?』 하며 추모는 그파리한 말의귀를움켜쥐어 한녀프로 밀어부친다 언케든지 하인들이 어대로 가고 엇기만하면 항상그파리한 말의 구유에 잇는 꼴이며 콩을 죄다 쓸어내어 살진말의구유에 옴겨놋는다 말이먹고시퍼 못견되여서 주동이를 그녀패말구유노 올리면 눈이와가려하야 그어허먹지못하게하는것이다

그마구에는 본대부터 살진말 파리한말이 잇섯든것이 아니다 추모가 이직붕을맛자 무슨 궁리를 하얏든지 며츨을두고그 여러필의 말가운대에서 특별히 몸이 튼튼하고 성질이 량순하고 걸우찰것은 준마(駿馬)몃마리를 골라내엇다 그리하야이말에게는 먹을것을 잘주지아니하야이러케 파리하야진것이다 그밧게는 모도몸에 병이 잇거나 성질이 사납거나 걸음을 잘것지못하는 둔(鈍)한 말들인데워낙만히 먹엇슴으로 몸이뚱뚱하야 거트로 보기에는 조흔말가랏다 추모가 어쎗하야 이러케하는 노릇인지 그속뜻을 아는사람은 아무도 업섯다

이째는 왕이일년에 일이차씩 마구에 나오셔서 친히말들을열람하시는 일이 잇섯다 추모가며칠온지 두어달뒤에 왕이친히말을열람하시려고 모든 왕자와신하들을 더리고 마구에 나오섯다 왕은먼저 그살진말들을 한번썩둘러보시고는

『어잘먹엿다』

하며추모를돌아보신다추모는

『잘먹여서 그런것이 아니오라 이말들은 본대종자가조흠으로해서 그러케된것입니다』

고 대답을한다 왕은 그점잖한 뜻을 더욱 가상히녀겨서

『그런데 다른사람이 이걸마타볼때에는 이러케 살진말을 보지 못햇는데…… 이런말은 파면 커울보겟는걸』

하며 추모를 한업시 칭찬할때에 그저편서잇는 일곱왕자는그것이 몹시도못기실혀서 어마삼을 씨푸린다 왕은 맨뜨테파려한말이 눈에쯰워서

『얘이말들은 웨이러케 파리하냐』

『비모르겟습니다 이말들은무엇을 주어도 잘먹지도아니하고 이러케 자꾸자꾸 파리해갑니다』

『어째서그럴가요』

『글세올시다 아마 무슨병이 잇나봅니다』

『그러면 이것을 진작 내다팔아버리지 웨이러케두니?』

『행여 병이나아서 완전한말이 될가하야 아직 그대로 둡니다』

『이것보아 썰사병이 낫기로 이런 말악신이로 어대조흔말이될수잇니?』

『그래도 그걸 내다팔기는 앗갑습니다』

『얘그러면 이따위한 말은 다 네가 가저라 네힘것 조흔 말을맨들어보려무나』

하실때에 추모는 이쾌한 말슴이잇슬것을 미리생각하고 잇슨눗이업든

『비그리하겟습니다 저의힘것 잘길러보겟습니다』

하고 곳파리한 말들을 다몰아내어 다른데 따로히수용한다 왕은

『그러고 아무러튼이말들이나 잘먹여라』

하시고 궁으로 돌아가신다

추모는 혼자깃버서 마음속오로『올하―인젠됏다』하고 이토부터는 그파리한말에게 콩이며 꼴을실컨먹이엇다 그 잔등머리에 뼈가쑥쑥불거지고 눈가에 눈곱이 드레드레부터잇서 아무볼모양업든 파리한말도 이러케잘먹인후로는 점점 그전상태를회복하야 후에는 일등준마(一等駿馬)가되엇다 그러나이미한번 왕의허락이 잇슨지라 이일등준마는영위추모의소유가된것이다

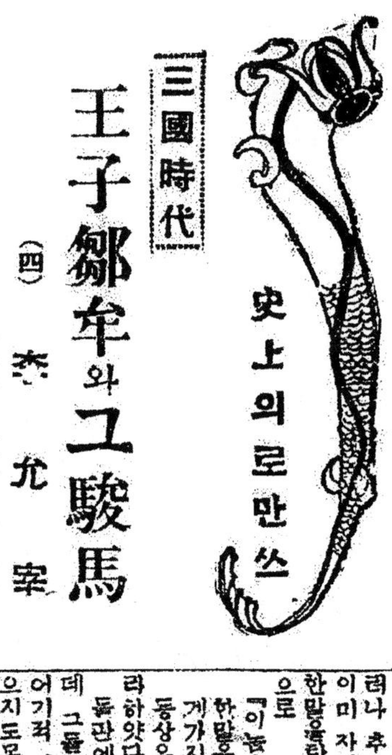

三國時代

王子鄒牟와 그駿馬 (四)

李允宰

×

▼며칠뒤에 왕은 모든 왕자를 데리고 들에나가 산양하기로하엿다 이때에 추모도 가티 가게되엇다 『오늘 산양에 짐승을만히잡는자에게는 특별히 큰상을줄것이라』고 왕은 명령을 나리시엇다 왕이 당일 산양에쓸 화살을 왕자들에게 논하주는데 칠형제에게는 화살을 만히주고 추모에게는 아주 적게주엇다 이는 그칠형제의 재주가 추모보다 매우떨어짐으로 화살을똑가티주엇다가는 추모가 넘우우수히 이기든지하면 그형들이게미움을 바들가하야 그리함이엇다 산양 나갈 시간이되매 칠형제는 마구에달려와서 그중크고 살진 말을 각기 자긔 마음에드는대로 한마리씩 골라탓다 그러나 추모는 별로 골를것 업시 이미 자긔 소유로되어잇는 파리한말을탓다 그형들은 다마음속으로

『이놈! 어듸보자 저런 파리한말을타고 화살도 저러케적게가지고……에라 오늘의 일등상은 내차지다』

라하얏다

들판에 나서서 말을 달리는데 그들의탄말은 모도 어기적어기적 걸어서 추모의 뒤를 딸으지도못하고 혀신혀신 뒤에 떨어젓다 또말의 성질이 사나움으로락마하야부상한자까지잇섯다 그럼으로 그들은왼종일죽도록 애를썻스나 잡은짐승은모도 몃마리가 되지못하얏다 추모는 그가진화살 수대로 짐승을잡앗스며 나중에는 화살이다업서저서 더잡지를 못하얏다상은물론 추모에게로돌아가고말앗다왕은 참다못하야부지중에나오는말로

『이바보로 생긴 년석들! 너의들은 저런조흔말을 탓것다 화살을 만히바덧것다 은이게 산양이라고 한것이냐』

하야 일곱아들을 꾸지즈셧다그러지안하도 그들의 추모에대한 원망이 극도에달하얏는데 더구나 부왕께이러한 꾸중까지당한 그들은 참으려야 참을수 업는 분노(憤怒)가더욱치더젓다

×

이날밤동궁(東宮)한편방에는 칠형제가 다한데모이게 되엇다 가고오고하는 이야기로 왼방안이떠들석하얏다 화제(話題)는 물론추모에대한일이다

『형님! 이러케 분하고야 어찌살수잇소?』

『우리가 번번이그놈때문에수치를당하지 안소?』

『아버님은 항상우리를미워하시고꼭그놈만사랑하시겟지』

『애그 난 더부살이 그놈보기 실혀죽겟서』

『어찌해야 한번 시원하게 설분을 해보나』

『이러니저러니 할것업시진즉 처치해버려야지』

이러케 여러아우들이 한마듸씩 하는말을 대소는 가만이 듯고 안젓다가

『애들아 아무리그러치만어찌할수잇니?』

하며 픽웃는다 그중한아우가

『형님! 참딱하오그려 그놈이 나중에형님의 지위를 빼앗지 안을줄 아우? 필경은우리형제가 다그놈에게 큰화를밧고야 말것인데 가만두어두자우?』

이말이맛나자 또한아우가

『다른건그만두고 우선오늘일로만보아도 알일이 아니오? 저는 그중조흔말을 골라타고 우리에게는 모두둔한말을타게해서 산양도 잘못햇지요? 또저애를오랏마를해서봅시다 처치지안햇소.』

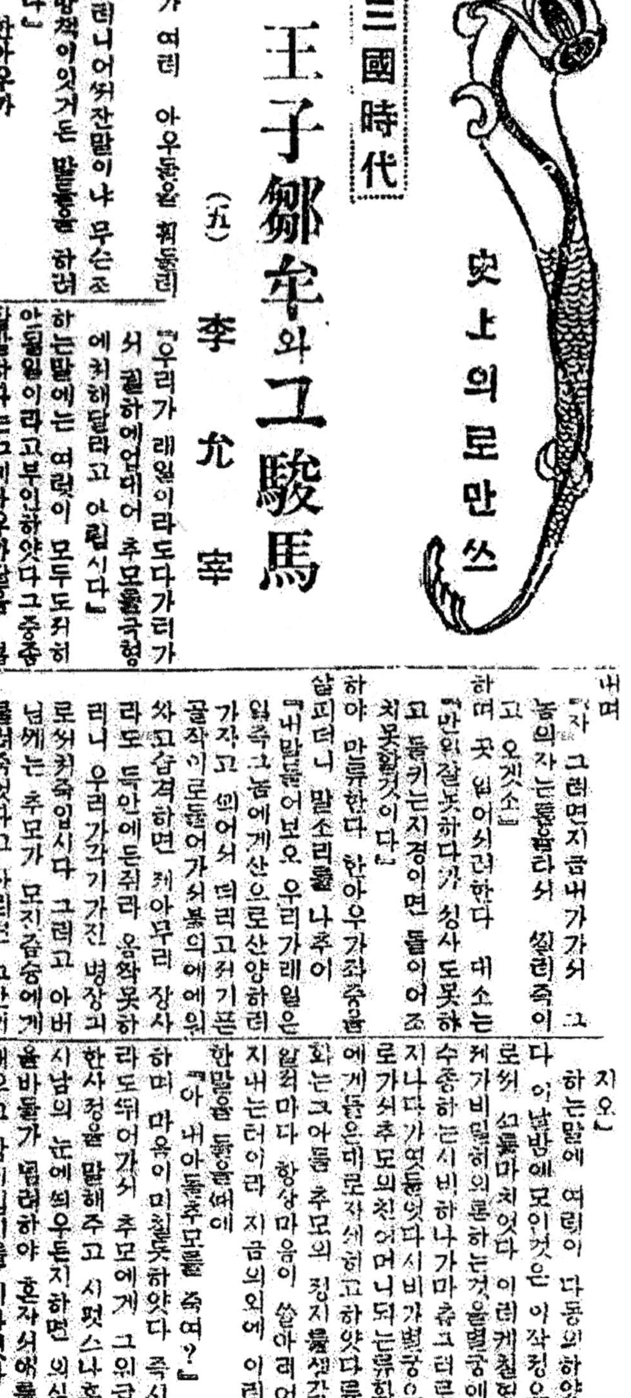

史上의로만쓰

三國時代

王子鄒牟와그駿馬

(五)

李允宰

대소가 여러 아우들을 휘둘러 보며

「그러니어쩌잔말이냐 무슨조흔방책이잇거든 말들을 하려무나」

한숙 한아우가

「우리가 래일이라도다가려가서 궐하에엎데어 추모를국형에처해달라고 아룁시다」

하는말에는 여럿이 모두도저히 안될일이라고부인하얏다그중좀 활발하다는셋재아우가팔을 뽐내며

「자 그러면지금내가가서 그놈의자는틈을타서 찔러죽이고 오겟소」

하며 곳 닐어서려한다 대소는

「만일잘못하다가 칭사도못하고 들키는지경이면 들이어조치못할것이다」

하야 만류한다 한아우가좌중을 살피더니 말소리를 나추어

「내말들어보오 우리가래일은 일쭉그놈에게산으로산양하러가자고 꾀어서 데리고저기픈골작이로들어가서불의에에워싸고습격하면 제아무리 장사라도 독안에든쥐라 옴작못하리니 우리가각기가진 병장긔로써쳐죽입시다 그리고 아버님께는 추모가 모진즘승에게 몰려죽엇다고 사뢰면 그만이지오」

하는말에 여럿이 다동의하얏다 이날밤에 모인것은 이작정으로써 회를마치엇다 이러케친형뎨가비밀히의론하는것을별궁에 수종하는시비하나가마츰그터로지나다가엿듣엇다시비가별궁으로가서추모의친어머니되는류화에게들은대로자세히고하얏다류화는그아들 추모의 정지를생각할적마다 항상마음이 쓸아려어지내는터이라 지금의외에 이런한말을 들을때에

「아 내아들추모를 죽여?」

하며 마음이 미칠듯하얏다 즉시라도뛰어가서 추모에게 그위급한사정을 말해주고 시펏스나혹시남의 눈에띄우든지하면 의심을바둘가 념려하야 혼자서애를태우고 밤이깁기를 기다렷다

史上의로만쓰

三國時代

王子鄒牟와그駿馬 (六)

李 允 宰

×

원환지는 다 잘듯엇다다만둘압헤나무ㅅ닙사귀만살랑살랑부는바람에 바스락거릴뿐이다 류화는 일어서서 문밧글나갓다그두근거리는 가슴을 부둥켜안고추모잇는궈소로 차저갓다 추모는일종일 산양으로 시달리엇든지잠이 곤히들엇다 류화는문어구에부러서서

『이얘 추모야 추모야!』

이러케두어번 불럿다 아버추모는 방장 무서운꿈을꾸고잠이 번뜻 깨이든판이다 이 부르는 소리가 잠결에 얼핏들리엇다 깜짝놀라서 머리를들고

『거 누구야』

하고소리를 쳣다 류화는다시

『나는 네어미다 문좀열어라』

하는말에 그것이 분명이어머니의 음성이틀림업고 일어나문을열엇다 그래서 어머니를보고

『어머님! 웬일이십니까 이 아닌밤중에……』

하고 마자들인다 류화는 들어와 자리에 안지며

『얘 네가자다가 놀랏지? 좀 급한일이 잇서 왓다』

『아니올시다 마 잠이깨이려고할때에저부르시는소리를듯고 일어낫습니다 그런데무슨 급한 일이십니까』

『네가오늘 산양하러가서 네형들에게 어쩌햇니』

『아무말도업섯습니다 저는저대로 따로 다니어서형님들과고 친히된일이 별로업습니다 형님들이 무어라고 합되까』

『무어라고하다는이나 너를두고형님들 의론들이 만트라』

『형님들이 항상저를 미워 하니까 형님들의론이래야 게서떠할것이 잇겟습니까』

『네 형님과 신하들이 모두너를죽이자고 의론하는것을너는아즉모르지』

『아 저를 죽여요? 그러할리치가 잇슬것 갓지안흔데요』

『래일아츰에는 너를죄어가지고 기픈산골로데려고 가서죽인다고하는것을 내가들엇다』

『아 그럿습니까 그러면래일형들이 가자는데를 알하가지안켓습니다 부득이 가게된다하더라도이미그러한줄을알앗스니 잘피할도리를해보겟습니다』

『네가 일시는그일을피한다하더래도 여러사람들이 죽이려고작정하는것을 어쩌 뜻뜻내면할수잇니 그러고 또지금왕께서 년로하시니 살아게시기로오래지안흘터인데후일에대소가 임금이되어 저가청사를마음대로하는때에는너를가만이두어둘리가만무할것이다』

이러케 말할때에 추모는어머니압흐로다아안즈며

『어머니! 그러면어쩝니까제가아무래도 죽을수밧게 업습니다』

『글세말이다 사람이란것이당연히 죽을만한일에 죽는것이야파면 사내다운 일이라겟지마는 아무가치업시 죽는것이야말로 몹이어 어리석은자의일이라할것이다 비형들이 너의재주잇는것을 시긔하야 그와가튼 악한뜻으로 너를죽이려고드는데 그키 아무가치업시죽어야쓰니?』

추모는 아무말이업고 무엇을생각하는듯이 묵묵히안자잇다 류화는 추모의 손을잡으며

『애야 이러다가는네가아무때도무도한 형들에게 죽을것이다 후회한들 소용잇니다른생각할것업다 박비이곳을 떠나거라』

추모는 금시에눈에 눈물이고이며목메인소리로

『그러치마는 어머님을두고제가어데로갑니까』

『내야이러케지내니 무슨걱정이냐 남자가장성하면 한번큰뜻을세워 맛당히 천하와국가를경영할것이라어써묵묵히부모와처자만생각하고잇단말이나사람이한번세상에낫다가후세에전할만한일이업시일을생헛도히보내고 초목으로 더불어 가티썩어지면 이어찌 천추에 한될일이아니냐 티구나너는 비상한재주를 가젓슨즉어대로가나 못할일이 업슬터인데 어찌 가만이 안저서스스로 화를취하려느냐 저먼지방으로가서 큰사업을경영하야보아라 이것이야말로 남자의 쾌한일일다 오늘이런한일이잇게되는것도 하늘이네게 한 조흔 기회를 열어주는것이 아닌지도 모른다』

추모는 얼굴빗을바루고 머리를들어

『어머니! 저는 이제로부터어머님의 가르켜주시는뜻을 바다행하겟습니다』

이러케 말한후에 일어서서 어머님께 두번 절하고 하직하는뜻을표하얏다 류화는날이 밝거든 지체말고 곳떠나라는 당부를 한번더하고 도라갓다

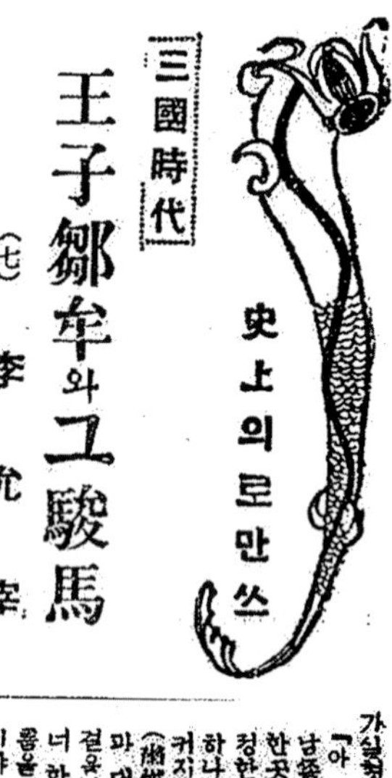

三國時代

王子鄒牟와그駿馬 (七)

李允宰

추모는 조호나 구즈나 이십년을 하로가티 모시고지내오든 오직 하나뿐인 사랑하는어머님을 하직하는 그설움이 과연어떠하얏슬가 방안으로 들어와넉일흔사람모양으로 우두머니안저서 이일저일혼자 생각하고 잇섯다

『행일는지 불행일는지 나의 갈길이 어대인가』

이러케 생각할때에 태산이아풀곽질러 마는것가티 가슴속이 답답할뿐이다 그러나 혼자자문자답으로 여러가지로 생각하야 본다

『북부여(北扶餘)에나 가볼가 북부여는 실상나의 고국이다 나를 나흐신 아버지가 북부여뫼 임금이시란데 아그러나 아버지가 나를 아실리가업스려니 무엇으로써 아들된다는 증거를 알수잇나 그러고그나라 사람들도 또한 나를실혀할지도 모르니 그리되면 역시예나 마찬가지야』

이러케 생각될때에 북부여의생각은아주업서갓다

『자 그러면 이러케나 해볼가 저동쪽바다가운데 섬속에들어가서 그곳 백성들을 거느리고 조고마한 왕국을 하나 만들어볼가 이것은 매우쉬운일이다 아그러나 이왕이면이럼은 영명이우에서 한번크게 활동해볼뿐이지 고런협소한 섬속에서 무엇을한담』

이러케 생각될때에 섬으로가기가실혓다

『아 그러면 어찌할고 올하커 남쪽땅으로가서 한군데적당한곳을 택하야 든든히큰거를 청한다음에 조고마한나라부터 하나씩 차지하야 점점세력이 커지거든 옥저(沃沮)와 숙신(肅愼)을차복밧고락랑(樂浪)마대방(帶方)을 또차지며한걸음내켜서 료하(遼河)를건너 한족(漢族)하고 한번판씨롬을 하면 그아니 쾌활할일이랴』

이러케 큰생각을 하얏다 추모가 이러한 생각을 하게되는것은 조금전에 그어머니의 말슴에 만흔자극을 바덧슴이다 추모는 주먹을 불끈쥐고 꼭이러케하겟노라고 작정을하얏다 곳 밧글나가 티고갈 준마에게 꼴을먹이며 일변 떠나갈 채비를하얏다

이러한 큰경륜을가지고 가는데는 혼자가는것보다 자긔심복되는사람 며출더리고 가는것이더욱조흐리라고생각하얏다 왼나라사람이 다 자긔를미워하고 심지어죽이려고까지 하얏스나 가장갓가이지내며 모든것을 잘도아주는 사람은 오이(烏伊)마리(摩離)협부(陜父)이세사람뿐이다 이세사람은 평상시에도 추모의신변에 위험이잇슬줄알고 항상추모더러 다른곳으로옴겨가는것이 조타는뜻을은근히표시한일도잇섯다그럼으로 추모는더욱이이써를당하야이세사람박게는이일을가티의론할대가업섯다 즉시이세사람을 차저가서 긴호사정을 일일이이야기하야 다가티가기로 되엇다

동방이밝기를 기다려 추모는 오이, 마리, 협부를더리고 마구에가서 자긔가길러논 준마를 다몰아내어 각기한마리씩 타고 『가엽원(加葉原)아잘잇거라』하고 말을채질하야 남쪽으로향하야갓다

추모가 떠난지 조금뒤에친형제중 하나가 오늘산양하러가자는 줄긔를하러와더니 추모는볼수업고 마구에말까지 떠러집업서진것을 보고 이상히녀겨 그근처를살피다가 추모와 다른세사람이 말을타고 삽분밧그로가드라는소문을듯고 빨리 뛰어가 대소에게 말햇다 대소는이말을듯고 깜작놀라

『하 이놈이 미리알고 달아낫구나』

하고 급히 부왕께가서

『추모가 반역의뜻을품고 국마(國馬)를도적해가지고달아나 장차나라에 큰란리를닐으키려고 합니다』

고 아뢰니 왕이크게진노하야즉시 체포하라는 령을 내리엇다 그래서 대소의친형제와 날래장수와 군사수백명으로하야금 추모를추격(追擊)하얏다

그수만흔 군사 인마는 추모일행이란 준마의걸음을 당할수업섯다 추모는 그뒤에추격하는군사가오는것을보고 말을더욱빨리몰아간다 중로에엄사수(淹遞水)라는 강물이 아플가로막혀잇다 물이 기픔으로 그대로건늘수도업고 배가업슴으로 타고건늘수도업섯다 여기서 어정어정하다가는 필경잡히고 말것이다 추모가 울어안저 하늘을치어다보고

『나는천제의자손이요 하백의외손으로 오늘도망하는데잡으려는자가 쫏차오니이를 어찌하려닛가』

이러케고하얏다 어느새고기와자라가하대 뭉치어다리를노핫다 추모의 일행이무사히그우으로 건너가게되엇다 다건는뒤에는그뭉치엇든것이 헤어저버렷다 친형제와 추격하든군사가 강가에 다달아서 추모가그냥건너간줄알고 물에들어서다가군사며치빠저죽엇다 친형제는이제는할수업다하고 군사를돌이켜돌아갓다 추모는그목적하든 남쪽나라를 도달하얏다。

추모는추몽(朱蒙)이라는이름도잇서 후에 가장광채잇는칠백오년의 긴력사를누린고구려(高句麗)나라의시조 동명성왕(東明聖王)으로안다。(쯧)

史上의로만쓰

三國時代

弗矩內王의降世 【一】

白馬가祥瑞를드리다

李 允 宰

지금으로부터 일천구백구십구년전이다 진한(辰韓) 나라의 동편쪽 사로국(斯盧國=지금慶州)이란땅 고허(高墟)마을에촌장으로잇는 소벌도리(蘇伐都利)의대에는 경사중에도큰경사가낫다고 치하하려온 손님으로 찻스며 또구경하려오는 사람들이 여긔저긔로서모여들어 이마을부근에는 마치 사람의바다를일우엇다 여섯마을의백성이 거진다 나아온셈이다 이러케사람들이 만히모이기는 근래에드믄일이라한다

여섯 마을이라함은 알내(閼川)가에잇는 양산촌(楊山村)과 그남편으로 돌산(突山)알에잇는 고허촌(高墟村)과 서편으로 취산(觜山)알에잇는 진지촌(珍支村)과 동편으로무산(茂山)알에잇는 대수촌(大樹村)과 동편으로 금산(金山)알에잇는 가리촌(加利村)과동북편으로 명활산(明活山)아래잇는 고야촌(高耶村)을이름이다 이는녯적조선백성이 남녁으로내려와 동해의물가에 모여살아서 이러케여섯부락을 난우게된것이다

이시절에는 워낙 백성의풍속이순박하고 생활이단순하얏기때문에 진한뿐아니라 변한(弁韓)이나 마한(馬韓)에서도처음에는별로히백성을다스리는 세습(世襲)하는 임금이란것업고 다만 각부락마다 두령될만한어른하나씩잇서서 각기제부락의백성을 거느릴뿐이다 진한의여섯마을에도 각기그마을에서어른되는촌장이잇서 마을안의일을마튼것이다 그러고매년일이차씩 한우님께제사할때에는 여섯마을사람들이 공동으로모이게되며 그밧게는큰일이잇슬때에 각마을의촌장이 백성들데표하야 한데모이어 의론하는일이잇섯다

년대가 오랠스록 이곳저곳사람들이 와서석기어 살게됨으로 사회상형편이 예전에비하야 그러단순하야지지못하얏다 더욱이 그이웃나라인 마한가튼데서는 북방사람이들어와서 임금노릇을한지 발서백여년이나되매 자연히이러한영향ㅅ가지밧게됨으도 진한에서도 훌륭한사람이잇서 한번 임금을삼아보앗스면하는것이 그때사람의 일반생각이엇다 그러하야진한사람들은신경과민한사람처럼 조곰만잘난사람이잇다면혹시그이나아닌가하고 모도그리로생각이 기울어지든판이다 오늘 소벌도리의집에 사람들이 이러케만히모이것도 역시그관계다

『세상에 희귀한 일도 다잇지』

하고 한늙은이가말한다 그겨테잇는사람이

『참희귀해요 거긔서아기가나왓다우』

『그아이가 장차무엇이될고』

『아마 큰성인이되겟지오』

『이다음에 크거든 우리나라임금을세웟스면……』

『참 그랫스면 좃켓소』

『우리가 나이좀더먹도록사니까이편히귀한일을 다보게구려』

거긔모인 여러사람들은 소벌도리대에경사가생긴 맥을알고시퍼서 밧브게갓다왓다하는데 이로인들은한여페 멀즉이서서이러케 이야기를 하는것이다

三國時代

弗矩內王의 降世 (二)

白馬가祥瑞를드리다

李允宰

×

이날은 삼월의초하로날 주며한문제를 의론코저 여섯마을의촌장이 알천(閼川)언덕우에서 회의를열엇다 양산촌장알평(謁平), 고허촌장 소벌도리(蘇伐都利), 대수촌장 구례마(俱禮馬), 진지촌장 지백무(智伯武), 가리촌장 지타(祇沱), 고야촌장 무진(武珍) 이차례로 렬석하얏고 그자제들꺼지 다참례되엇다 여러가지로 의론한결과 공의한조건은 이러하다

『우리는 아직우으로 백성을 통어할임금이 업슴으로 백성들이 모도방종하야 제각금하고시푼대로하니 참딱한일이다 하로밧비 유덕한사람을차자서 임금을삼아 나라를세우고 도읍을 채려야할것이다』

한것이다 이러케 회의가씃나고 다각긔집으로 돌아갓다

소벌도리는 무슨생각이잇섯든지 우연히 노픈언덕우로올라가 사방을바라보앗다 그남쪽으로 양산마을 라정(蘿井)근방수풀이 욱어저잇는곳에 이상한긔운이 땅에나려새치엇는데 번개빗가튼것이 번쩍거리어 눈을부시게한다 깜짝놀라

『아이 저게무어야』

하며 호기심으로 보고잇슬때에 또그리로부터 말의울음소리가 들려오기로 더욱이상이녀기야 자세히보니 아니나 다를가 흰말한마리가 무릅을꿀코 북향하야 절을한다

소벌도리는모그말을보고한엽시 조하하며 그것을 잡아가지고 빨리뛰어갓다 말은 어느새 구름을타고 한울로 올라가버렷다 그가 라정으로와서 이리저리차자보앗스나 말은 도모지볼수가 업섯다 그만실망을하고 돌아서려할지음에 마참 거긔에서이상한것을하나보게되엇다 빗이붉고 모양이둥글어 큰다아지만한 알한개가잇섯다

『밝은이대로가고 이런것이잇서?』

하고 그것을 한번 들어보니 묵직하게 속이 빈것갓지아니하얏다 혼자생각하기를

『이속에 웅당 큰보배가 들어잇겟지』

하고 그것을가지고 집으로돌아왓다

소벌도리가 그알을 쌔개엇다 참이상도하지 그안에는 갓난아이가 방긋이웃고잇다 이를보고는 정신이앗득하야 그저『어』소리를질럿다 그얼굴생긴것이단정하고 엣버서 아무러보아도 례사사람갓지를 아니하얏다

소벌도리는 이러한신긔한일이잇다고 즉시각촌장에게로통긔를하얏다 이러구러한사람두사람씩 서로 알게되어이와가티 만히 모이게된것이다

여섯마을의 촌장이 다모이엇다 소벌도리가 전후 래력을원장설파하얏다 촌장들은 다도이구동성으로

『이는 한울로부터나려온귀인이시니 우리가 맛당이경배할것이다』

하고 아기를노픈자리에 밧들어모시고 일제히엎어서 절하얏다 그들의깃븜은 참으로 형언할수업섯다

거긔서 서루의론하야 아기의청명을청하는데날때에밝은빗이비최엇다는뜻으로『밝』으로광명리세(光明理世)라는뜻으로이름은 혁거세로 청하얏다

박혁거세는소벌도리의청첨엇기름을바다서 열세살때에 거서간이란존호를어더서라벌(徐羅伐)나라의 창업주(創業主)가되엇다 (끗)

한글欄

―조선글을지은어른―

大聖人世宗大王 (一)

李允宰

당연히벌서개정되엇서야하겟든 조선어철자법이 놋게야 개정을보게되어 오는사월일일부터 초등학교조선어 교과서는이 신철자법에의한것을 쓰기로되엇습니다 그럼으로 금년부터학교에다니게된어린이 들은 새로운철자법으로 배울것입니다그러나 어른들에게는 신철자법 으로쓴글이 매우읽기에어두울 것입니다 우리는그런이들에게 신철자법을 보여들이기위하야 이『한글란』을두기로하얏습니다 그런고로이『란』에실리는것도 『조선글지은이들』의사적으로써하야 여러분으로하야금 조선 말쓰는법을알게하는동시에 『조선』그것까지를아울러알게하 려합니다 ―편즙자

오늘은 음력庚午年 二月十七 日、곳 大聖人 世宗大王第 四百八十一回(八回甲子)의 誕辰日이다。 대왕께서 위에 게신지 三十二년간에 오로 지 조선을 위하야 끼치신 크신 성덕이 하늘에 사모 치듯 높으시와 안으로 문 화를 크게 발달하시며 밖 으로 무공을 널리 떨지신 허다한 치적은 실로 많고 력대제왕에서 보기 드믄바 이며 여러가지 創意와 發 明이 많은 가운데 『한글』 (訓民正音)의 창제 하신은 우리나라에 둘도없는큰보배 일뿐더러 세계에 자랑할큰 業績이 서다。 그남은 은택에 젖어사는우리 겨레는 이날에 다달아 대왕을 追慕하는생각 이 더욱 간절한것이다 그럼으 로 이제 대왕을 긔념하고저 하는열혼 정성으로써 그偉業 의一斑을 적으려한다。庚午年 二月十七日 씀

一 대왕의탄강

世宗大王은 성은 李氏요 어 휘는 祹시니 긔원 三七三〇 年丁丑 곳太祖高皇帝六年、서 력오里 一三九七年 四月十日 에 조선第二世인 太宗大王의 셋재아드님으로 漢陽潛邸에서 탄강하시다。

때는 太祖高皇帝의 威武로 써 高麗王朝를 엎어버리고 新王國을 이룩한지 겨우 六 年째요 서울을 漢陽에 옮기어 놓은지 一年뒤니 高麗 말세 에 문란한 정치、해이한 교 화、미비한 제도 이러한 여 러가지 적폐가 인습을 이루 어 사회가 날로 부패하고 민심이 극도로 타락하엿으며 시설하여야 할것도많고 마련 하여야 할것도 많은 것이다。 또그리고 나라의근본이 채 안 정되락말락하는판에 북으로서 나려미는 野人(女眞族)의 노 략과남으로서자주잇는 倭寇의 침노가 또한나라에적지아니한 걱정거리가되엇다 이러틋 모 든것이가추지못하고 어질업게 되는 이시절에 하늘이 우리 世宗大王 같으신 大聖人을내심 이 신실로 우연한 일이아니 로다。

한글欄

조선을지온이를

大聖人世宗大王 (二)

李允宰

二、世子冊封과受禪

太宗께서 모도 十二男과 十七女를 두시엇다。그중에 元敬王后閔氏에게서 난이만 四男四女이신데 世宗大王은 서차로는 三男으로 게시엇은즉 世子는될수없엇다。 그래서 十二歲되시든 太宗八年戊子에 忠寧君을봉함이 되엇다가 十六歲되시든 太宗十一年壬辰에 大君을봉함이 되엇다。그러다가 二十二歲되시든 太宗十八年戊戌에 이르러 世子의 冊封을 밧게 되시엇다。

忠寧大君을 世子로 冊封하는때에 먼저 世子로 잇든 長男이禔는 폐하여 讓寧大君으로 봉하엿다 讓寧大君이라면 당미에 한창 말성 거리가되엇으며 오늘날 까지도 讓寧大君이라 하여거의 모를이가 없으리만큼 유명하엿다。그는 성질이 퍽 날렵하여 조곰도 점잖은 태도가없고 한갓 작난구럭어서 학문에는 도시뜻이 없고 미색과 음악같은대만 재미를 붙이어서 허랑방탕하기 짝이 없엇다。이왕이니 그의 청행에 대하여 한두어가지를 들어보겟다。

그가 世子로 잇을 때에 새잡는 틀을 섬돌우에 채려놓고 여러 [illegible]들로 떠들어 같이 앉앗는데 공연히 사방을 두리번 두리번 살펴보기만 하며 공부에는 마음이 없다가 마침 새가 틀에 치이는 것을 보고 곳 뛰어가서 새를 잡앗다。

또 심심하면 시시로 매(鷹)의 울음소리를 흉내내기가 일수다。하로는 鷄城君李來가 궁문으로 들어오다가 그 소리를 듣고

『동궁마마께서 매의 소리를 하는것이 합당치아니하오 다만 공부에만 뜻을 둘것이요 그런 소리는 일체말아주세요』

한즉 世子는 집짓놀라며

『나는 평생에 매란게 어떻게 생겻는지 구경도 못햇는데 그런 소리를 햇을리가 잇소?』

『산양할적에 놓아서 토끼를 쫓는것이 매인데 동궁마마가 매를 못지못햇을리가 없을것이외다』

李來가 이렇게 잘못하는일이 잇을 때마다 항상 이리저리 타일르는 까닭에 讓寧大君이 李來를 보기를 원수같이녀기어 항상 남더러 말하기를

『에기! 난 鷄城君을 보기만 하면 금시에 두통이 나고마음이 산란하여 못 견듸겟서。참꿈에 보아도 화질을 펠것같애』라고 하엿다한다

그는워낙 이러한 성질이 잇기 때문에 학식 잇고 행세하는 사람과는 상종하기를 싫어하고 세상에 몸쓸 잡류배들과 사괴어 놀기를 좋아하엿다 왕께서는 이를 크게 근심하여 사람들의 동궁에 출입하는 일을 엄금하고 혹시 이를 발견하는때는 잡아 죽이며 귀양보내어 이렇게잡류배의 추축을 끊게되면 행여나 스스로 마음을 잡게 될가하는 생각이엇다

한글欄

조선을지은이들

大聖人世宗大王 (三)

李允宰

太宗 十八年 戊戌 六月에 政府, 六曹, 三功臣, 文武百官의 連署로 世子禔의 失德한 행위를 들어서 왕께 상소하여 폐하기를 청하엿다。이때에 일부에서 동궁을 변동하는 일을 신중히 하여야한다는 주장도 없지아니하엿으나 왕께서는 아무리하여도 그의 改悛할 소망이 없을것을 생각하시고 단연히 世子를 폐하기로 윤허하시엇다。

대신 世子될이를 택함에 대하여 왕께서는 禔의맛아들을 세우고저하시어 그뜻을 여러 신하들에게 물으시엇다 신하들은 엎채히 알외되

『상감마마께옵서 世子를 가르치고 기르시기에 못하실일이 없으시게 지극하시와도 오허려 이러하옵거든 이제 어린 손자아가를 세우시면 장래를 어찌 담보하겟사오리까。떠우이 아비를폐하고 아들을 세운다는것이 義의편으로 보아서 어떠하올지오。그러하오니 따로 어진이를가려어 세우는것이 옳은줄 알외오』

하며 禔의 맛아들을 世子로 세우는 일에 반대하얏다。왕는

『그러면 경들은 누구가 적당하다 생각하는가』

하는 말슴에는 감히 누구라고 가려치어 말하기어려워서

『아들과 신하를 알아보기엔 임금만 같지못할것이온즉 이 밝은 오직 聖明하신 뜻에잇는줄 아옵나이다』

하매 이때왕은 비롯오 신하들의뜻을 짐작하시고

『忠寧大君(곳 世宗)은 천성이 총민하고 배우기를좋아하여 게어르지아니하고 몸시추운때에나 떠운때에도 밤새도록글을 읽어잠시도 책을손에 떼는 일이 없고오갖 사리에도 밝으니 나는 忠寧으로써 世子를 삼고저하노라』

하시니 여러 신하들은 마옥에맞다는듯이 엎채히 업되어 절하며

『지당하오이다。신등의 따로 어진이를 가리어 세움이 옳다는 뜻도 忠寧大君을 두고 하는 말슴이 오이다』

하고 하례를 드리엇다。이렁게왕과 모든 신하들의 의견이 합치함으로 곳 禔를 폐하여 讓寧大君을 봉하고 忠寧大君을 世子로 冊封하게 되엇다。

禔는 뒤에 京로 서울에 두지아니하고 廣州로 귀양보내엇다。후일설에는 讓寧大君이 본래 글도 능하고 행위도 그러 못되지아니하엿오나 世宗의 성인의 덕이 잇옥을 보고 짐짓 狂悖한 짓을 하여 폐함이 되엇다 한다。

한글欄 ─조─선─을─지─은─이─들─

大聖人世宗大王 (四)

李允宰

忠寧大君을 世子로冊封한지 두달을지난 八月에太宗께서知申事 李明德을불러들이어 전교를나리시며

「내가 位에 잇은지가 지금 벌서十九年이지난지라 밤낫으로 두려워하는것은 위로 하늘의뜻을보답하지못하야 여러번 재변이생기엇고 또痼疾도잇고하여 지금에 世子에게전위하고저한다」

하엿다。여러신하들이 이를듣고 궐내에들어가업되어 호천통곡하며 그러맙시사고 아뢰엇으나 윤허하지아니하시엇다。

太宗께서 報平殿에 들시어 內臣으로하여금 빨리世子를부르시어 大寶를주시고 蓮池洞別宮에移御하시다。世子가딸아가시어 大寶를받들고 친히內殿까지나아와 굳이사양하기를 밤이들기까지하시엇으나 윤허하지아니하시엇다。

世子께서 할수없이 물러나와 景福宮에서 즉위하사 하례를 받으며 사를 내리시고 또 百官을 거느리고 上王殿에 가시어 拜謝하시고 軍國大事는 다 上王께 아뢰어 처결하게하시다。十一月에는 대왕께서 袞冕을 입고 仁政殿에 御하시어 上王께 聖德神功、大妃께 厚德의尊號를 奉上하기로하시고 上王의 御所에 가시어 敬獻禮를 행하시다。

이때에 대왕께서는 寶算이 二十二歲이심으로 上王께서도 대왕이 아직 젊어심으로하여 軍務에 대하여서는 서툴을가 을 념려하시어

「내가 禪位하는본뜻은 아주 세상일을 피하고 일신을 자유로이하여 편히 쉬려는것이로되 다만 軍事에 대하여서만 아직 한동안 내가 친히 총찰하지아니할수 없겠다。이는 主上이 나이 젊음으로 軍事를 알지 못함이니 나이 장성이 되기를 기다려 대강 경험이라도 나게될 때에 아주 맡기어주려라。만일 진즉이라도 모든 아들로 하여금 帥를 삼아 각기 여러 道의 兵馬를 나누어맡게하엿드면 主上인들 어찌하여 지금까지 軍事를 알지 못하게까지 되엇으리오 그러나 내가 이제는 마음을 못놓을것은 讓寧(前世子)이 몹시 심술궂고 시기가 많음으로 모든 아우들이 다 각기 兵權을 잡게되면 어찌 능히 서로 용납할수 잇으랴」

고 말씀하시고 軍務에 관한 일만은 上王께서 친히 돌보시엇다。

전위를 받으신 三年 辛丑 九月에 대왕께서 百官을 거느리고 玉冊金寶로써 上王에게 聖德神功 太上王이란 尊號를 올리시다。그익년 壬寅 五月에 太上王께서 춘추五十六歲로써 붕어하시니 이로부터 대왕께서 軍國大事를 親裁하시게 되엇다。

한글欄

조-선-을-지-은-이-들

大聖人世宗大王 (五)

李允宰

三、대왕의性格

본대 大聖人의 자질을 가추신 대왕이심으로 예사사람에서 훨신 뛰어난 특유한 성격이 계실것은 더말할것도 없거니와 이제 그 성격중 後세에 모범될만한것 몇만 고하여보자。

첫재 대왕의 부지런하심은 누구라도 따르지못할것이다。 매일 四鼓(첫새벽이니 곳 午前二時쯤)에 일어나 옷을 입으시며 平明(해돋을때)에 신하들의 朝會를 받으시며 그다옹에는 정사를 보시며 그다음에는 輪對(各部의 郞官이 차례차례로 각기 직무에 관한 일을 임금께 아뢰는것)하시며 그 다음에는 經筵(임금이 글을 講하는데)에 납시고 이어 안으로 돌시어 서 책을 열람하시어 조금도 게어르심이 없으시엇다 이뿐아니라 太宗께서 世子로 冊立하실 때에 『비록 몹시 추울때에나 더울 때에도 밤새도록 글을 읽어 손에 책을 놓지 안는다』함을 보면 낮에뿐 아니라 밤을 새워가면서까지 쉬는 일이 없이 근로하심을 알것이요 또 대왕께서 친히 말슴하시기도 『내가 궁중에서 잠시도 팔짱끼고 가만이 앉아 잇서본 적이 없엇다』하시엇다。

世子로 게시엇슬 째되 왼이다。 천성이 배우기를 좋아하며 매양 글을 읽으시면 꼭 백번씩을 읽으시엇고 左傳과 楚辭란 책은 백번씩을 더 읽으시엇다 한번은 병환으로 게시면서도 여전히 글읽기를 그치지아니하시매 병이 점점 더해감으로 太宗께서 사람을 보내어 미리 좋과 없이 갑작이 들어가 책이란 책은 죄다 거두어 오게하엿더니 다만 歐蘇手簡이란 책 한권이 병풍틈에 끼어 잇엇음으로 대왕께서는 이것을 읽고 읽고하여 천백번이나 하엿다 한다

傳位함을 받으신 뒤에 하로도 걸르지 아니하고 매일 꼭꼭 上王의 御所로 가시어 謁見하시엇다 上王께서 金玄精을 불러 말슴하시대

『主上이 매일 내게로 오는데 서로 이야기하기가 좋기는 하나 일을 廢하게 될가 젛브니 네가 가서 間日에 한번씩 오게하라고 여쭈어라』

『상감께서 매번 일을 다 마치신 뒤에 오시는것입니다 그러하옵고 무슨 일어든지 조금도 미루어 두시는 때가 없으심으로 停滯되는것이 없습을 아옵니다 상감께서 항상 文王의 녯일을 본받지 못하심을 유감으로 아시거든 어쩨 가끔에 와서 謁見하시기를 즐거실 리가 잇을가보오이까』

『그렇지만 衛士(모시는 군사)가 오죽 괴롭겟니』

『상감께서는 다만 衛하는 禁衛만 더디고 오실뿐이오대 누가 괴롭다 하겟사오리까』

이만 보아도 대왕께서 얼마나 근면하시고 따가 모도 규측적이심을알것이다

한글欄

조-선-을-지-은-어-른

大聖人世宗大王 (六)

李允宰

대왕께서 일즉 가까이 모시는 신하더러 말슴하시대 「글 읽는것은 무한히 유익하다」그러나 글씨 쓰고 글을짓는것은 임금으로써 그런대까지는 반듯이 류의할수없는것이다」하시엇다。晚年에는 정사에 게르시어 조회를 보지 아니하시엿오되 오직 문화에는 더욱 軫念하시어 儒臣들을명하여 局을 나누어 모든 책을 편찬하게 하시고 그것을 친히 일일이 열람하시어 다 [illegible]를 지난 뒤에야 책을 만들게 하엿으니 이러구로 하로에 보시는 책은 수십권씩이나 되엿다。이렇게 그 많은 책을 보시어도 낫낫이 다 긔억하시엇으니 대왕께서 친히 하시는 말슴에도 「내가 어떠한 글이나 사긔든지 한번 눈에 지나간것이면 도모지 잊어버리는 법이 없다」하시엇다。그 총명하시고 배우기 좋아하신은 본 천성이심을 알것이다。

대왕께서는 또 지극한 효성이 게시어 太上王이 게실때에는 하로도 궐하시는일이 없이 매일 謁見하시엇다함은 위에 이미 말한바며 그후 太上王께서 환후가 게시어 新宮으로 移御하시매 대왕께서 도보로 딸아 가시며 시탕하시자부터 약이며 수라(밥)를 곡 손조 받들어 올리시엇고 매우 위중하시매 밤을 새워 곁에 모시어 우끈을 그르지 아니하시며 한잠도 주무시지 아니하시니 신하들이 이를 크게 근심을 새앗다。붕어하신 뒤에는 대신들이 이때 장마가 심함으로 술을 올리기를 칭한즉 허락하지 아니하시고 政院을 책망하시며

「초상에 술을 쓰는것이 례가 아니거늘 너이들은 어찌하여 함부로 비례한말로써 내게 말하느냐」

하시니 金[illegible]이 아뢰며

「장감마마께서 태상상감마마 환후 게옵신 뒤로 進膳하시지 못하옵심이 이제 이십여일이나 되옴으로 신등은 어찌할줄 모르와 시비를 불게하옵고 감히 天聽을 번거로이 하온것이오이다」

하엿다。

또 년전 大妃마마의 대상에도 한결같이 예전 례법을 좇오시며 여러날 로 수라(밥)를 숩시(잡수심)지 마니하시고 밤낮으로 맨 거적 바닥에 업되어 통곡하시엇다。신하들은 이때 여름 장마철 입으로 습긔를 막기 위하여 몰래 유지를 그 거적아래에 깔아두엇드니 대왕께서 알으시고 곳 그 유지를 걷어내라 하시엇오며 밥금 대수가 나서 물이 殿次에까지 들어오건마는 조곰도 옮기실 생각을 두지 아니하시고 신하들이 여러번 칭하매 겨우자리를 조금 옮기시엇다。

한글欄

조선을지은이들

大聖人世宗大王 (七)

李允宰

대왕께서는 또 우애지정이 많으시엇다。위로 두분 형님과 아래로 아홉분의 아우님이 잇고 또 딸님 열일곱분이나 되는 누이들이 잇어 삼십이나 가까운 동긔가 잇엇다。이렇게 많은 동긔중에는 다 마음이 량순하엿으되 오직 첫재에 세자가 되엇든 맛형님 양녕대군(讓寧大君)만이 심성이 북량하엿는데 태종(太宗)께서 양녕대군을 꾸짖어하신 말슴가운대『네가 도망갓을 때에 나는 너의 생사를 알수없어서 슬픈 눈물을 흘렷으며 임금(곳世宗)도 곁에서 눈물을 흘려 울엇다。가령 네 몸이 안온하고서 네동생들중에서 혹시 너와 같은 경우를 당한다고 하면 네가 어찌 임금이 네게 하듯한 그런 애정이 잇겟니? 임금은효성과 우애함이 하늘 같음으로 아무짜든 너의 형제가 잘 지내어갈 줄을 아니 나는 아무 근심이 없다。내가 눈물을 흘린것은 너를 위함이 아니요 실상 나라의 수치를 생각함이다」하심을 보아 대왕께서 우애하신 뜨거운 정이 잇음을 알것이다。

또 한가지 더 말하자면 양녕대군이 넘우 옳지못한 행실을 하기 때문에 태종께서 신하들을 불러 『자금이후로는 양녕을 정부(政府)와 륙조(六曹)에 붙이어 나는 도모지 관계하지 않겟다。만일 그가 범법하면 정부에서 잡아온대도 나는 관계하지 않겟고 륙조에서 잡아온대도 나는 관계하지 않겟고 다만 국가의 처치함에만 좇을뿐이다」라 하시는 말슴도 게시엇고 여러 신하들이 양녕대군의 많은 죄상을 들어 대왕께 아뢰어 죄에 처하기를 청하엿으나 듣지 아니하시엇으며 그후 김종서(金宗瑞)에게 말슴하시대『경이 양녕대군의일에대하여 여러번 말하엿으나 이는 나의 본뜻이 아니다。만약 친친으로써 말하면 의례히 양녕대군이 위(位)를 이을것이로되 이제 내가 대신하여 이자리에 잇게되어 왼나라를 맡게 된것이다。필부라도 형제지간에 잘못을 숨겨주고 잘한것을 들어내어 허물이 없도록하며 만일에 죄에 걸리는 지경이면 돈을 들이며 애굴하여가면서라도 기어히 면해나게하는것이 사람의 지극한정리라 하려든내가일국의 임금으로써 들이어 필부만도못하야 형 하나의 허물을 덮어주지못하여야 쓰랴。경도 이뜻을 잘알아서 여러사람에게 게유하여다오。내가 장차 서울로 불러올려어 자주자주 만나보아 마음껏 우애의 도리를 다하려한다」하시엇다。이를 보면 더욱이 사람을 감동할마큼 우애지심이 지극하신을 살피어 알것이아닌가。

한글欄

조-선-을-지-은-이-들

大聖人世宗大王 (八)

李允宰

대왕께서는 또 검소하신 덕이 게시엇다 무릇 거처、의복、음식등절에 꼼꼼이 질소함을 숭상하시엇으니 그 행하신 가운데에 몃가지를 들어보려한다

대왕께서 경회루(慶會樓) 동편쪽에다 쓰다남아 내버린 재목들을 주어모아 별실(別室) 한채를 지으시되 주초와 섬돌을 두지아니하며 집웅에는 잔디로 이어 조금도 꾸미는 일이 없엇다 그러고 매양 이 집에 듭시어 게실 적이 잇엇는데 한번은 그 집 뭇앞에 누가 거적우깔아 놓은것을 보시고 물으시대

『누가 이렇게 햇느냐 비록 적은것일지라도 내가 시키지 안는것은 무엇이든지 안에 들놓여지 말라』

하시엇다

또 평생에 완호지물이란 것은 만지어보지도 아니하시엇으며 상림원(上林苑)에 잇는 아름다운 화초라든지 비달기 같은것을 다 풀어서 민간에 내어주신 일도 잇엇고 또 함길도(咸吉道) 절도사(節度使) 하경복(河敬復)이 기르는 사슴을 드리려하매 대왕께서는

『진귀한 새와 짐승을 사랑하는 것은 옛사람의 경계한 바라 내가 받지 아니하겠으니 그만 두라』

하시엇다

심지어 이런 일까지 잇엇다 대왕께서 항상 갈증(渴症)이 게시엇는데 대언(代言=비슬이름)이 아뢰다

『의원이 말하기를 먼저 식치(食治)로써 하심이 좋다 하온바 흰 수탉과 누른 암닭과 양의 고기는 지갈(止渴)하는데 적당한줄 아오니 유사(有司)에게 명 하시와 축일하여 비치도록 하옵소서』

한즉 대왕께서

『내가 몸을 보양하려고 하면 여기 잇는것만으로써 하는것이 좋지 안느냐 더구나 양이란것은 본국의 소산이 아니어든……』

『관에서 치는 양이 많어 버식되어 잇사온즉 얼마라든 소용하시려면 하실수 잇사오리다』

이렇게 말하엿으나 끝끝내 허락하지 아니하시엇다 이외에도 이러한 일이 얼마나 많은지 다 쓸수 없다

한글欄

조선을지은이들

大聖人世宗大王 (九)

李允宰

대왕께서는 또 인자하신마옴이 게시니 백성을 사랑하는 선정에 대하여는 다옴에 다시 말하려니와 여기에는 다만 두어가지 행하신 것을 들어 말하리라。강음(江陰)고을 백성 조원(曹元)이란 자가 발송사를 하는데 고을 수령이 이날저날 이루기만하고 얼른 처결하지 아니함을 분히 녀기어「상감님이 밝지 못하여 이따위를 다 수령을 내엇구나」하고 하엿드니 금부(禁府)와 삼성(三省=議政府、司憲府、司諫院)에서그 자를잡아다가 다스리며 형벌하기를청하니 대왕께서 죄로 다스릴것없다 하시며하시는말슴이「요새 수재와 한재가 잇대어서 백성의 고통이 말할수도 없겟는데 원(元)이 사는 고을 수령은 이러한 것도 혜지 않고 손들과 마주 앉아 술을 마시며 놀음놀이에만 일삼고 백성의 송사 같은것은 모도 적체하여두어 진즉 처리하여주지 아니하는 것이리니 원의 그런 말따위는 그 수령의 하는짓을 미워하여 하는것이다」하시고 끝끝내 윤허하지 아니하시엇다。대왕께서 백성을사랑하시는 그 어지심은 이일 하나로서 알것이다。

또 측실(側室=첩) 홍씨(洪氏)의 청되는 유근(有根)이 임금께 사랑을 몹시 받아 목욕하실 때 갈아입는 옷을 매양 내려주시엇오며 사복(司僕)이란 벼슬을시기엇다。대왕께서 거동하실 때에 가전(駕前=거동할 때 앞에 선 시위병)에잇는 같이 처뚝거리는 것을 보시고 물으시엇다。이는 유근이 가전에 쓸 말은 제가 타고 저는 말을 대신 거기 세운 것이다。대왕께서 말슴하시대「만일대간(臺諫=司憲府、司諫院의 벼슬들)이 이 일을 알든지 하면 반듯이 사죄(死罪)에 처하라고 말할터이니 부대 이를 루설하지 말라」하시고 유근을 말에 내려 걸어서 가게 하시엇더니 그후에 대간이 알고 임금께아리어처참(處斬)하기를청하얏스나 대왕께서는 윤허하지 아니하시며 내치어버려서 종신토록 불러쓰지아니하시엇다 이는조고마한일로인하여 인명을 상할 까닭까지는없오리라는 너그러우신곳 남을 용서하여주는 마옴이 많으심이다

한글欄

조-선-을-지-은-이-들

大聖人世宗大王 (十)

李 允 宰

군사를 대마도(對馬島)로 보내어 왜적(倭賊)을 칠때에 승전하엿다는 첩보(捷報)가 오매 대왕께서는 넘우 살상이나 많이 하지 안는가 념려하시어 대장에게 『예로부터 군사를 일으켜 도적을 치는것은 그 본뜻이 다만 문죄(問罪)함에 잇는 것이오 많히죽이는데 잇지 안느니라』라는 훈유를 내리시엇다。그 원수까지 사랑하는 인자하심이야 말로 신이 아니고는 도저히 밋츨수 없을 것이다。

대왕께서 이렇게 인자하시엇건마는 지극히 공번되시어 조금도 사가 없으시엇으니 한가지 례를 들면 나이 어린 궁녀 하나가 잇어 후궁에서 제일로 귀엽을 받아오며 항상 곁에 모시게 되엇는데 이 궁녀는 위로서 총애하여주신다는것을 믿고 아주 조고만한것 하나로 청을 하엿드니 대왕께서 전교를 내려시대 『어린 계집애로서 감히 이 청하는 말을 내니 내가 그를 넘우 사랑하엿든 탓이로다。이것의 버릇이 인저부터 이럴 때는 장차 커서도 가히 알일이다』하시고 물리치어 다시는 가까이하지 말게하시엇다。

대왕께서 한번은 환후로 게실 때에 나인(內人)들이 무당의 말에 혹하여 성균관(成均館)앞에서 푸닥거리를 하는데 유생(儒生)들이 보고 그 무녀들을 다 구축하여버렷다。

한글欄

조-선-을-지-은-이-를

大聖人世宗大王

(十二)

李允宰

중사 (中使=임금의 명령을 전하는내시) 들이 이런법이 잇나고 크게 글을 내어 곧 합권에 나아가 그사유를아 뢰엇다。여럿은 다 그 유생들이 불법한 짓을 감히 하엿으니 당장에 큰 변이 날줄 알앗드니 대왕께서 이말을 들으시고 병중에도 강잉히 일어앉으시며『내가 일즉이 선비를 기르지 못하엿는데 이제 선비의 귀운이 이러한것을 보니 내가 무엇을 족히 근심하랴」 이 말을 들은즉 내 병이 거진 나은듯하구나』하시엇다。대왕께서 선비를 매우하심이 이렇게까지 하시엇다。

또대왕께서내불당(內佛堂)을 지으시매 집현전(集賢殿)학사들이 간하되 듣지 아니하심으로 학사들은 물러나와 다 집으로 돌아가니 집현전이 비게 되엇다。 대왕께서 황희(黃喜)를불러서 눈물을흘려 우시며 하는 말슴이

『저사람들이 나를 버리고 가니 이일을어찌한단말이오』

『신이 가서 학사들에게 잘라 일르리이다』

하고 모든 학사를 면면이 찾아가서 간곡히 말하여 다 돌우 오게하엿다

대왕께서 이렇게 선비들에게뿐 아니라 일반 신하들을 일체로 례우(禮遇)하시엇음으로 대왕의 일대에는 조정에 벼슬하는자로써 중한 형벌을 받은 일이없엇다。

우에 대강 말한 대왕의 성격중에 근면하심과 배우기를 좋아하심과 총명하심과 검소하심과 효우(孝友)하심과 인자하심과 공번되심과 신하를 사랑하시는일에서 몇가지의 실례를 들어 말함에 지내지 아니한것이나 그 거룩하신 언행(言行)에 이르러는 붓으로 다 적을수 없는것이다。

한글欄

조-선-을-지-은-이-들

大聖人世宗大王

(十二)

李 允 宰

四、대왕의內治

대왕의 치세(治世)에 끼치신 권고에 넚는 여러가지 위대한 사업은 가장 광채잇는 력사의 페지를 꾸미어 조선 문화의 황금시대(黃金時代)를 지엇을뿐더러 세게 문화사상(文化史上)에 적지 아니한 공헌을 준것은 더 말할것도 없다。

대왕께서 재위(在位) 삼십이 년간에 내치(內治)와외교(外交)에힘을 오르지하시어 고금 력대제왕에서도 보기 드문놀랠만한일이 많앗엇으니 그거룩한덕과 큰경륜을 발휘하시는일번으로 당시에 정승으로이어 대왕의사업을 위하여 극력으로 보좌하여드린황희(黃喜) 맹사성(孟思誠) 허주(許稠) 김종서(金宗瑞) 최윤덕(崔潤德)등 문무제신이 잇엇다。그러하여 그렇듯 위대한사업을 성취하심에는 실로 대왕의 열렬한 창조적충동(創造的衝動)과 신하들이 정성껏 보좌하는힘이 서로합치하여된것이라 하엿도 가하다。 예컨 긔록에 보드라도『임금께 항상 근정전(勤政殿)에 앉아 계시어 대신들로 더불어 려정도치(勵精圖治)하실새 황희, 허주가 사퇴하여 나와 잇어도 한번도 외대를 그르고 잇지 못함은 혹시 갑짝이 위에서 부르신이 게실가함이려라』한것을 보면 대왕께서 밤낮으로 조곰도 쉬지않고 온갖 일에 대하여 궁리하시다가 무엇이나 한가지 얻은 것이 잇게 되면 시각을 지체하지 아니하고 즉각으로 황희, 허주(그시 정승)등을 입시하라 하시어 의론하신 것을 알것이다。 지금으로부터 대왕의 내치에 관하여 문교(文敎) 정형(政刑) 항목을 들어서 아래에 버려어 쓰리라。

한글欄

조선을 지은 이들

大聖人世宗大王 (十三)

李允宰

(가) 문교(文敎)

一、집현전(集賢殿)의 설치

대왕께서 인재를 양성하며 학문을 연구하기 위하여 대왕의 이년(서역 一四二〇년)에 집현전을 설치하시엇다。처음에는 학자 열사람을 뽑아서 충용하다가 뒤에 서른으로 증가하고 또 그 뒤에는 완전히 스므사람으로 정하여서 열사람은 경연(經筵=임금이 글을 강하는데)의 일을 보게하고 열사람은 서연(書筵=세자가 글을 강하는데)의 일을 보게하여 문한(文翰)에 관한 일을 권위해 맡기며 고금 정치의 독실을 토론하여 일종 학술을 연구하는 긔관의 장소를 삼앗다。 화사들을 매일 일정한 시간을 정하여 일은 아침에 들어와 저물어서 물러가게 하며 또 교대하여 밤마다 숙직하게하니 학문 연구에 밤시간까지라도 쉬지 않고 간단이 없이 하자함이다。그때 이런 일이 잇엇다。하로는 대왕께서 밤이 깊어서 내시를 집현전으로 보내어 숙직하는 화사가 무엇을 하고 잇는가 가만이 엿보고 오라고 시키시엇드니 신숙주(申叔舟)가 촛불을 밝히고 글을 읽고 잇다고 함으로 이렇게 하기를 네번이나 하되 여전히 글을 읽다가 닭이 울매 비롯오 누어잔다 함으로 대왕께서 가상히녀기시어 친히 입으신 돈피갖옷을 벗어서 그가 잠이 함빡 든 담에 위에 덮어주시엇다。숙주가 아침에 일어나 그러됨을 알고 감격한 눈물을 흘리엇다。대왕의 선비 대우하기를 이와 같이 하시엇다。여러 선비들이 이 일을 듣고 각기 스스로 권면하여 성의(聖意)의 만분지일이라도 보답하기로 결심하엿다。대왕께서 또 문관중에 년소하여 재주 잇는자를 뽑아서 많은 여가를 주어 모든 비용은 관비로 대어주고 한적한 곳에 가서 경서와 사긔와 제자백가서와 천문과 지리와 의약과 복서에 관한 온갖 학술을 자유로 연구하게하여 뒤에 그 능한者로 등용하엿다。그럼으로 당대에 유명한 문장 재사와 충신의사가 다 이 집현전 속에서 일어나서 문화의 흥성함이 전고에 드물엇다。집현전은 이와 같이 삼십칠년간 계속하야 국가에 많은 인재를 양성하얏고 세조대왕(世祖大王) 원년에 이르러 혁파하얏으며 성종대왕(成宗大王) 때에 홍문관(弘文館)을 설치하엿다。집현전 설치에 대하여 더 상고하면 앞서 정종대왕(定宗大王)때에 설치한바로 얼마안되어 보문각(寶文閣)이라 고친 것을 세종께서 다시 부활시킨 것이라 한다。

한글欄

조-선-을-지-은-이-들

大聖人世宗大王

(十四)

李 允 宰

二、서적의찬술(纂述)

대왕께서 각방면으로 학문을 창려하며 인재를 양성하는일변으로 또 모든 신하들을 명하야 각종 서적을 저술하시엿다。무릇 정치(政治) 법률(法律) 륜리(倫理) 교육(敎育) 문학(文學) 예술(藝術) 사학(史學) 실업(實業) 천문(天文) 력법(曆法) 병학(兵學) 문자학(文字學)등 일반과학에 관한 수십종의 서적은 어느것이 다 시대적 요구와 인류 영원의 행복을 위하여 큰 보전(寶典)이 되지 안는것이 아니다。

고려(高麗)대의 긔록은 이왕에 정도전(鄭道傳)등의 편수한 고려사(高麗史)가 잇엇으나 한갓 사대주의(事大主義)의 사상에 홀려서 함부로 본뜻을 저버린 사실도 잇고 여러가지 소루한곳도 없지아니함으로대왕께서 정린지(鄭麟趾)등을 명하여 고려사(高麗史) 일백삼십구권이나 되는거대한 책을 짓게하엿는데이것이 대왕의 붕어하신 익년에야 겨우 완성되어 곳 세종대왕 오년(서력 一四二三년)으로부터 문종대왕(文宗大王) 원년(서력一四五一년)까지 이십구개년간에 이룬 것으로 고려시대의 문헌으로 가장 완비하게 된것이다。

진주(晋州) 백성이 그 아비를 죽이엇다는 말을 대왕께서 들어알으시고 두려워하는 생각으로『이는 도시 내가 덕이 없는 소치로다』하시고 신하들을 불러 인민으로 하여금 효제의 도를 행하게할 방법을 물으시어『효행록(孝行錄)갈은 책을 광포하여 려염 백성들로서 심상히 읽히면 그러구로 점점 효제의 풍속에 젖어갈것이라』는 변계량(卞季良)의 말을 좇아서 곳 설순(偰循)을 명하여 효행록(孝行錄)을 짓게 하시다

대왕께서『오방(五方=동、서、남、북、중앙)의 풍토가 다 같지 아니하니 딸아서 농사함에도 제각금 적의한 토리가 잇으리니 어대든지 꼭 같이하지 못하리라』하시고 각도 관찰사(觀察使)에게 명하여 로농(老農) 들의 이미 경험한 바를 조사하여 올리게하고 정초(鄭招)에게 명하여 모든 재료를 수집하고 평론하여 칙을 지어 이름을 농가직설(農家直說)이라하시다。

유신들을 명하여 고금에 충신 효자 렬녀의 훌륭한 사적으로 모범될만한 재료를 수집하며 무식한 남녀 남녀라도 알아보기 쉽도록 도형까지 붙어서 이름을 삼강행실(三綱行實)이라하여 민간에 광포하시다。

한글欄

조-선-을-지-은-아-들

大聖人世宗大王

(十五)

李 允 宰

또 문신 사십여인을 집현전에 모아서, 자치통감훈의(資治通鑑訓義)를 저술하게 하며 대왕께서 친히 글을 교정하시어 가혹 밤이 깊게까지 지내신 일이 잇엇다。

권제(權踶) 정린지(鄭麟趾) 등을 명하여 목조(穆祖=태조고황제의 사대조)이후 창업한 사적으로부터 태종대왕의 잠저(潛邸=즉위하기 전)한 날까지의 일을 찬송하는 노래 일백이십오장을 지어 룡비어천가(龍飛御天歌)라 이름하고 궁중에서 박아내어 신하들에게 논아주고 조제연향(朝祭宴享)의 악사(樂辭)로 쓰게하엿다。

또 국문으로 쓴것으로는 이 책으로써 최초라할것이니 월인천강지곡(月印千江之曲)과 함께 국문학 연구에 좋은 재료가된다。이제 그 중요한 자를 들면 아래와같다

書名	撰者	纂述年代
增修無寃錄	崔致雲	世宗十七年
六典謄錄	儒臣等	同 八年
孝行錄	偰循	同 十年
農事直說	鄭招	同十一年
五禮儀	許稠等	同十二年
七政算內外篇	鄭麟趾等	同十五年
三綱行實	儒臣等	同十六年
資治通鑑訓義	尹淮以下諸儒臣	同十七年
明皇誡鑑	儒臣等	同廿三年
治平要覽	鄭麟趾	同廿七年
龍飛御天歌	鄭麟趾 權踶等	同廿七年
月印千江之曲	儒臣等	?
御製訓民正音	世宗及諸儒臣	自同廿五年至同廿八年
東國正韻	崔恒	同卅一年
四聲通攷	申叔舟	同卅一年
高麗史	鄭麟趾等	自同卅二年至文宗元年
歷代兵要	集賢殿儒臣等	自同廿七年至端宗元年

한글欄

조-선-말-지-은-이-들

大聖人世宗大王

(十六)

李允宰

三, 문자(文字)의 창제

조선은 상고시대부터 고유한문자가 있었다하나 후세에 전함이 없고 다만 신라시대에 설총(薛聰)이 리두(吏讀)라하는 것을 지어 공문과 사서에 많이 써왔으나 리두란 것이 본래한문글자를 빌어다가 국어를 쓰게 되는 것임으로 그것을 쓰기에 부자연하며 또 쓸수 없는것도 여간 많지 아니하였다 대왕께서 「모든 나라에서는 다 각기 글자를 지어 그 국어를 쓰되 오직 우리나라만 없다」하시고 자모(子母)스므여듧자를 친히 맨드시고 이것을 연구하는 처소를 궐내에 채려두고 정린지(鄭麟趾)신숙주(申叔舟)청삼문(成三問)최항(崔恒)등으로 하여금 자세히 해석을 달게하여 이름을 훈민정음(訓民正音)이라 하시니 이것을 대왕의 이십오년 계해(서역一四四三년)에 비롯하여 삼년의시일이 걸리어 이십팔년 병인(서역一四四六년) 구월에 반포하여 백성들로 하여금 이를 시행하게하였다 훈민정음은 이십팔자모로 이루어 초성(初聲)글자가 십칠자 곳 ㄱㅋㆁㄷㅌㄴㅂㅍㅁㅈㅊㅅㆆㅇㄹㅿ를 아음(牙音) 설음(舌音) 순음(脣音) 치음(齒音) 후음(喉音)반설음(半舌音) 반치음(半齒音) 등 오음에 나누고 ㄱㄷㅂㅅㅈㅎ에는 병서(並書) 곳 ㄲㄸㅃㅆㅉㆅ를 쓰게하며(요새 쓰는 소위 된시옷이란 것은 틀린것) 중성(中聲) 글자가 십일자 곳 ·ㅡㅣㅗㅏㅜㅓㅛㅑㅠㅕ며 종성(終聲)=바침)은 초성글자십칠자를 모도다시쓰게하였다(이 법대로 좇으면 지금바침에쓰지아니하는ㄷㅈㅊㅋㅌㅍㆆ도 다바침으로써야할지니 요새 ㄱㄴㄹㅁㅂㅅㅇ만 바침으로 쓴다는것은 아주틀린것)이것을지으실때에 얼마나한고심과 로력이 들엇든것은 대왕께서 당시에 행하신일의두어가지로도알것이다 그때에 명(明)나라에유명한 학자로 황찬(黃瓚)이란사람이 료동(遼東)에 귀양와잇는것을고희로 청삼문을보내어 음운(音韻)에대하여 질문하기위하여 열세번이나 왕복하얏다하니 그와같이 머나먼길에 열세번까지나 왕복하는것이 쉽지아니한일이다 또대왕께서 안질을 치료하시기위하여 세자를더리고 칭주(淸州)초정(椒井)에거동하실적에도 그많은공문서를 다두고가시면서 훈민정음연구에관한 책만은 가지고가시엇다하니 여기대하여얼마나뜻을 쓰시엇슴을알것이다

한글欄

조-선-을-지-은-이-들

大聖人世宗大王

(十七)

李允宰

정음의 기원(起源)에 대하여 여러가지로 의론하는자가 잇으니 고려시대에 불교 책을 번역하기 위하여 글자를 발명한것이 잇엇는데 세종대왕께서 그것을다소간 수정하여 훈민정음을 만들엇다 하는자가 잇으나 이는 아무 증거가 없는일이며 또범서(梵書=인도글)로 되엇느니 파사파(巴斯巴=몽고글)로 되엇느니 하는 여러 설(說)도 잇으나 그도 믿을 일이 못된다 정음을 지을때에 갈이참예하엿든 정린지(鄭麟趾)가 쓴 훈민정음 서문 가운데에『정음 이십팔자를 창제하엿다(創制正音二十八字)」라는구절을 보든지 또『정음의 지음이 예전것을 본떠서 지은것이 아니요 자연에서 되것이라(正音之作 無祖述而成於自然)」하는 구절을 보면 예전 사람의 해둔것을 본받아한것이 아니요 창작으로한것이 의심없다 그러고또 정음은 일조일석으로써 된것이아니라 세계 각국의무자를 참고하고 성음을 비교하여 장구한 시일로 연구를 거듭하엿으며 몇몇신하들을 더러고 갈이의론한 일이 잇엇으나 최초의 고안과 모든 의장과 그조직에 관한것은 순전히 창작용어 많으신 대왕의 머리속에서 나온것이 분명한 사실이다。그 자획이 간편하며 발음이 풍부하며 조리이 신묘하며 응용이 광범하여 배우기 쉽고 쓰기편한 세계에 둘도 없는 가장 완전한 문자가 되는것이니 영조(英祖)대의 사람 신경준(申景濬)의『이는 옛적 성인의 생각하여보지도 못한것이요 원 천하를 통하여 다시 없는 바라(此古聖人之未得究得而通天下所無者也)」하는말이 과히 칭찬한 말이 아니로다。무슨 일에든지 한편에서 반대타가 잇는것은 정한 일이다。정음을 지어둔 익년에 집현전 부제학(副提學) 최만리(崔萬理)의 무리가 장문(長文)으로 반대하는 리유를 늘여놓은 상소를 올리엿다。대왕께서 그들을 불러서 여러가지로써 타일럿으나 그거 빡빡 옥이기만함으로 대왕께서 진노하시어 최만리、신석조(辛碩祖) 김문(金汶)、정창손(鄭昌孫) 송처검(宋處儉)、조근(趙瑾) 등을 의금부(義禁府=임금의 명령으로 죄인 국문하는곳)에 잡아가두어 반대하는 기세를 꺾어버리시엇다。정음을 실시하려는 첫 시험으로 룡비어천가(龍飛御天歌)를 정음으로 써서 과각한것이 정음을 반포하든 일년전이며 정음을 반포한 후에는 여러가지 책을 많이 이것으로 썻으며 일반 공문에 사용하게하며 또 대왕께서 리조(吏曹)에 명하여 리과(吏科)와 리전취재(吏典取才)에는 반듯이 훈민정음을 시취하게하여 이글 쓰기를더욱 장려하시엇다。이와같이 훈민정음은조선의가장 큰 국보(國寶)로 세계에 자랑할것이며 대왕의 위업(偉業)중에 가장 큰 위업이다。

한글欄

조선 음지은이들

大聖人世宗大王 (十八)

李允宰

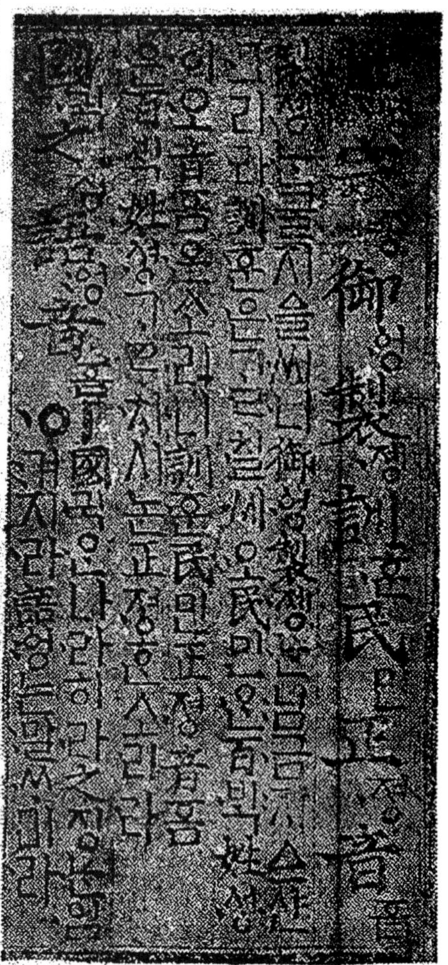

훈민정음의 원문은 아래와 같다 해석은 略한다.

世宗御製 訓民正音

國之語音이 異乎中國하야 與文字로 不相流通할새 故로 愚民이 有所欲言하야도 而終不得伸其情者ㅣ 多矣라 予ㅣ 爲此憫然하야 新制二十八字하노니 欲使人으로 易習하야 便於日用耳니라

ㄱ는 牙音이니 如君ㄷ字初發聲하니 並書하면 如虯ㅂ字初發聲하니라

ㅋ는 牙音이니 如快ㆆ字初發聲하니라

ㆁ는 牙音이니 如業字初發聲하니라

ㄷ는 舌音이니 如斗ㅂ字初發聲하니 並書하면 如覃ㅂ字初發聲하니라

ㅌ는 舌音이니 如呑ㄷ字初發聲하니라

ㄴ는 舌音이니 如那ㆆ字初發聲하니라

ㅂ는 脣音이니 如彆字初發聲하니 並書하면 如步ㆆ字初發聲하니라

ㅍ는 脣音이니 如漂ㅂ字初發聲하니라

ㅁ는 脣音이니 如彌ㆆ字初發聲하니라

ㅈ는 齒音이니 如卽字初發聲하니 並書하면 如慈ㆆ字初發聲하니라

ㅊ는 齒音이니 如侵ㅂ字初發聲하니라

ㅅ는 齒音이니 如戌字初發聲하니 並書하면 如邪ㆆ字初發聲하니라

ㆆ는 喉音이니 如挹字初發聲하니라

ㅎ는 喉音이니 如虛ㆆ字初發聲하니 並書하면 如洪ㄱ字初發聲하니라

ㅇ는 喉音이니 如欲字初發聲하니라

ㄹ는 半舌音이니 如閭ㆆ字初發聲하니라

ㅿ는 半齒音이니 如穰ㄱ字初發聲하니라

ㆍ는 如呑ㄷ字中聲하니라

ㅡ는 如卽字中聲하니라

ㅣ는 如侵ㅂ字中聲하니라

ㅗ는 如洪ㄱ字中聲하니라

ㅏ는 如覃ㅂ字中聲하니라

ㅜ는 如君ㄷ字中聲하니라

ㅓ는 如業字中聲하니라

ㅛ는 如欲字中聲하니라

ㅑ는 如穰ㄱ字中聲하니라

ㅠ는 如戌字中聲하니라

ㅕ는 如彆字中聲하니라

終聲은 復用初聲하나니라 ㅇ를 連書脣音之下하면 則爲脣輕音하나니라 初聲을 合用할디면 則並書하라 終聲도 同하니라 ㆍㅡㅗㅜㅛㅠ란 附書初聲之下하고 ㅣㅏㅓㅑㅕ란 附書於右하라 凡字ㅣ 必合而成音하나니 左加一點하면 則去聲이오 二則上聲이오 無則平聲이오 入聲은 加點이 同而促急하니라 (사진은 원문)

한글欄

조-선-을-지-은-이-들

大聖人世宗大王

(十九)

李允宰

四、악률(樂律)의제정

대왕께서 음악에도 조예가 잇어 연구하심이 퍽 깊으시엇는데, 그때 나라에 음률이 아주 가추지 못함을 개탄하시어 류사눌(柳思訥)、정린지(鄭麟趾)、박연(朴堧)、정양(鄭穰)등을 명하여 구악(舊樂)을 정리하게 하시니 이중에 박연은 당대에 유명한 음악대가로 악성(樂聖)이란 이름이 잇으며 시종으로 대왕을 도아 악률을 대성함에 가장 공이 많은 사람이다。대왕께서 또 의례상정소(儀禮詳定所)를 설치하시고 황희(黃喜)、맹사성(孟思誠)、허주(許稠)、정초(鄭招)、신상(申商)、권진(權軫)등 여러 신하들을 제조(提調)를 삼아 악률을 강의(講議)하게하여 일절 악에 관한것을 연구하시엇다 옛적 고려 예종(睿宗) 때에 송(宋)나라 휘종(徽宗)이 제악(祭樂)에 쓰는쇠북(鐘)、경쇠(磬) 기타 악기를 보내었는데 홍적(紅賊)의 파리에 거진 다 잃어버리엇드니 늙은·악공하나가 쇠북과 경쇠를 못가운데에서 건지어내엇으며 명(明)나라의 태조(太祖)와 태종(太宗)이 보낸 악기도 잇엇는데 이것이 다 그 소리가 률에 맞지 아니하고 제악(祭樂)의 떨음에 갖지 아니함으로 제사에는 와경(瓦磬)을 쓰며 쇠북도 완전한것을 쓰지 못하얏드니 해주(海州)에서 거서(秬黍‖기장)가 나고 남양(南陽)에서 경석(磬石)이 남으로 대왕께서 옛것을 고치어 다시한번새롭게하시랑으로박연을명하여 편경(編磬)을 만들라 하시니 한달만에야 새 경쇠 두틀을 만들어 올렷엇다。대왕께서 새로 지은 경쇠 두틀과 명나라에서 보낸 경쇠 한틀과 여러 악기등을 합주하여보시고 말슴하시며 『중국의 경쇠는 소리가 꽉 잘 맞지 않거늘 지금 이 새 경쇠는 소리가 맑고 고우며 률에 맞고 고르니 참 상상박이라 이에서 더 깃‖대가 없도다 그런데 이측(夷則‖十二律中의一)하나만이 그 소리가 좀 덜 맞는듯하니 어찌 그럼가?』박연이 곳 자세히 살피어보고 『여기 먹으로 그린 금이 아직 닦이지 아니하고 그냥 잇습니다』하고 그 먹을·다 지어버리니 그제야 소리가 잘 맞앗다。대왕의 음악에 대하여 연구가 이렇게 깊엇음을알것이다。

한글欄

조선 글자은 어한[illegible]

大聖人世宗大王

(二)

李 允 宰

대왕께서 앞서 [illegible] 오십사 종묘와 영녕전(永寧殿)에 쓰는 여러 종류의 악기를 한하여 이백이십팔개가 되었다. 그때 대왕께서 「무엇이거나 창작하는 것은 자고로 어려운 일이다. 임금이 하려고 하는것을 신 [illegible] 하려고 하는 것을 알음으로써 듣지 아니하며 상하가 다 같이 하려고 하는 때면 혹시 시운이 터롭지 못하여 그만 마는수도 있다. 그러다 이제 임금 나와 뜻이 합하여 이미 작정되었고 [illegible] 남급(南汲)에게 그 일을 맡기시다. 악기가 다 완성되매 회례(會禮)의 악장(樂章)을 만들기로 하여 문무(文舞)와 무무(武舞)의 두 악장을 만드니 이는 태조와 태종 [illegible] 하는 것이요 [illegible] 근천정(覲天庭) [illegible] 구락(…樂)、아박(牙拍)、무고(舞鼓)등 악장도 정하시었으며. 또 조제아악보(朝祭雅樂譜)란 책을 지어 주악에 쓰게 하시었다. 조제(朝祭)에 아악(雅樂)쓰기를 비롯하기는 대왕의 [illegible] 정하게 된것이다. 아악은 대왕의 시대에 완성된 것으로 오늘날까지 이르도록 조가(朝家)에서 써왔으며 지금은 창덕궁(昌德宮)아악대(雅樂隊)에서 이것을 보전하여있다

칸 글 欄

大聖人世宗大王 (三二)

李允宰

五、천문긔계의발명

대왕께서 또 우리나라에는 아직 천체(天體)를 관측하는 긔계의 없음을 유감으로 아시어 신하들을 명하여 넷 고전(古典)을 상고하며 의표(儀表)를 창조하게 하시다 처음에 나무로써 목간의(木簡儀)를 만들어서 시험해보고 드디어 금속 곳 동(銅)으로써 여러가지 의상(儀象)을 만들기 시작하며 칠년만에야 완성되엇다 그 의상의 명칭은 이러하다

一、대소간의대(大小簡儀臺) 곳 관측긔(觀測器)
二、흠경각혼상(欽敬閣渾象) 곳 천구의(天球儀)
三、앙부일구(仰釜日晷) 곳 일시계(日時計)
四、일성정시규표(日星定時圭表) 곳 일시계
五、자격루(自擊漏) 곳수시계(水時計)

이러한 모든 긔계는 어느 것이든지 다정교하지 아니함이 없엇으나 그중에 더 [illegible] 공이 되는 [illegible] 편 [illegible] 안에 짓는 [illegible] 집이다 그 [illegible] 에 옥루긔루(玉漏機輪)이라 긔계를채려놓아 수력(水力)으로써 여러 긔계를 움즉이게하니 사신(四神)•(十二神)•고인(鼓人)•종인(鐘人)•사신(司辰)•옥녀(玉女)등여러긔계가 조금도 인력을빌지 아니하고 스스로 움즉이어 빙빙돌아가며 북과 종을처서 일월의 운행이며 사시의절초를 호리도차이가없게 꼭꼭 맞게 된다 그 긔게의 구조는 [illegible]연신공(天功)을 빼앗을만큼 교묘하고 신긔하여 과학문명이 극도로 발달하얏다는 오늘날 사람들로도 도저히 [illegible] 대왕의 예재(睿裁)에서 나온것이다 그리고 그 꿈여움을 맡아 한이는 당대에 공화대가로 유명한장영실(蔣英實)이다

장영실은 박연(朴堧)과 한가지 세상에 드문 천재로 대왕을 도아 악긔(樂器)와 천문긔계를 완성하시게 하이로써 이름이 낫으며 대왕의 총중한 은총을받앗다 그때 사람들도 다『박연과 장영실 두 사람은 금상의 제작하심이 많음을 위하여 시긔를 맞후어 난것이라』고까지 하엿다。

한글欄

조-선-글-지-은-어-른

大聖人世宗大王

(三)

李允宰

이렇게 모든 긔계를 만들뿐만아니라 또 고금 여러 해자의 천문도(天文圖)를 참작하여 새로 천문도를 만들어 돌에 새기어두시엇다。

또 천문학과 역법(曆法)에 관한 책을 편찬하시며 일변 역관(曆官)을 강화의 마니산(摩尼山)과 제주도의 한나산(漢拏山)과 갑산의 백두산(白頭山)에 보내어 북극의고도(高度)를 측정(測定)하게 하시엇다。

대왕의 계작하심에 후세사람의 경탄할바가 많앗다。 그중에도 더욱이 예사로 알지못할것은 측우긔(測雨器)의 제작하심이다。대왕께서 우량측정(雨量測定)의 표준을 세우기 위하야 동(銅)으로 측우긔를 만들어 서운관(書雲觀―곳 觀象監)에 두시고 또이것을 각도 각읍에 나누어주어 전국 각지의 우량을 명확히 비교함에 쓰게 하시엇다。이때로 말하면 서양각국에서도 이런것을 꿈에도 생각하여보지 못하엿든 때엿다。

서양에서 측우긔를 처음으로 발명하기는 서력긔원 일천륙백삼십구년에 이탈리나라 사람 베네데트、카스텔리가 기구로서 우량을 측정하엿다는 것으로 비롯한 것이다。 그런데 우리나라에서 측우긔발명한것이 세종대왕이십사년 곧 서력으로치면 일천사백사십이년에 당한즉 측우긔의발명이 실로 서양보다 이백년이 앞선것이다。그리고 또 그 제작의 방법이 어느 다른나라에서 전하여온것이 아니요 오로지 대왕의 독창적 발명에 인한 것으로 현금의 우량긔(雨量器)와도 비교하여 별로손색이 없다。이야말로세계 긔상학사(氣象學史)우에 특필할사실이다。

한글欄

조—선—을—지—은—이—들

大聖人世宗大王

(三)

李 允 宰

(나) 정형(政刑)

一、인재의등용

대왕께서 그 일대에 여러가지 위업을 성공하신 것이 원래 대왕의 총명예지에 인함이나 한편으로 여러 어진 신하들의 문화와 기술과 무공등 각 방면으로 정성껏 그 사업을 도아드린 관계도 적지 아니하였다. 그러므로 대왕께서 재주 있는 선비를 한없이 사랑하여 불러 쓰심이 많았다. 전에 이미 말한바도 있었거니와 학문연구의 긔관이 되는 집현전(集賢殿)이란 것도 대왕께서 창설하신 것이다. (집현전은 이다음 세조대왕 시절에 사육신의 변이 남으로 하여 혁파함이 되었다가 성종대왕 때에 다시 홍문관(弘文館)을 세우어 근년까지 이르렀다)

또 많은 인재를 양성하기 위하여 유산독서(遊山讀書)란 것을 정하였으니 이는 나이 젊은 재주 있는 자 여러사람을 뽑아서 특별히 많은 여가를 주고 벼슬에서 집현전에 입직하게하며 관비로 온갖 쓸것을 대주고 밖에 나아가 공부하게 하며 경사(經史)、백자(百子)、천문(天文)、지리(地理)、의약(醫藥)、복서(卜筮)등 여러가지 학술을 자유로 연구하게하였다. 이로말미암아 나라에 인재가 [illegible]히 일어나 전에 없는 찬란한 문화를꾸미게되었다.

대왕께서 또 인재를 널리 구하시랴으로 과거(科擧) 이외에 각도 관찰사(觀察使)로하여금 덕행과 재능있는 자를 천거하여올리게하시었다

二、전제(田制)의정리

고려 말년 이래로 극도로 문란하여진 전제(田制)와 세법(稅法)을 정리하실새 전분육등(田分六等)과 연분구등(年分九等)의 제도를 정하여서 행하시니 전분육등은 토지의 비옥하고 척박한것을따라 여섯등급에 나누게함이요 연분구등은 매년 추수하는 성적을따라 아홉등급을 나누어 세를 받게 하는것이다.

三、농사의권장

대왕께서 각 지방의 풍토와 물산을 조사하야 늙은 농부들의 경험을 수집하여 농사직설(農事直說)이란 책을 지어 국내 각처에 반포하며 농사를 권장하시었다.

한글欄

조선을지은이들

大聖人世宗大王 (二四)

李允宰

四, 형옥(刑獄)의개정

대왕께서 형옥을 진념하사 옥사를 심리함에 관하여 이럿케 말슴하신 일이 잇다。「옥사를 심리하는 법은 맛당히 허심평긔(虛心平氣)하야로써 대할지니 사죄를 심리할 때는 곳 살릴 길을 구하며 증죄를 심리할 때는 곳 경하게할 길을 찾을 것이라。진적을 궁구하고 사위를 살핀 연후에 죄를 줘도 오히려 실당함을 면치 못하거든 하물며 그러하지도 못하고 한갓 위엄으로써 눌림에서랴。이리함으로써 필경은 무죄한 사람을 극형에 빠지게하는 부당한 재단(裁斷)을 하기에 이를것이라」하시엇다。또 형조(刑曹)에 교지를 나리시되「옥이란 것은 사람을 징계하려는 대요 결코 사람을 죽게하는 곳는 아니어늘 흔히 옥을맡은 관리들이 죄수를 살피기에 저을리함으로 혹병에 걸리며 혹 떨고 주리어서 가끔 비명에 죽게 된다 함을 들은지라。경향 각 관리는 나의 이 뜻을 받아서 옥안을 정하게 소제하고 병든자를 치료하고 그 가족중에 호양할수 없는 자에게는 옷과 량식을 주라。만일 이를 어기는 관리가 잇거든 엄히 징벌하라」하시고 안옥도(犴獄圖)를 그리어 반포하사 꼭 그 그림대로 집을 짓게 하시다。또 무원록(無冤錄)을 주해하여 간행하시다。의금부(義禁府=죄인을 국문하는데)가 경솔히 살옥함을 살피시고 삼복법(三覆法)을 세우사 당연히 죽일 죄수라도 반듯이 세번까지 심리한 후에 판결하게 하시다。

한글欄

조-선-을-지-은-이-들

大聖人世宗大王

(二五)

李允宰

형벌은 매우 너그럽게하사 태배법(笞背法)을 금하시며 또 늙은이와 어린이에게는 극신(棘身)의 법을 쓰지 아니하사나 곳 십오세 이하와 칠십세이상은 살인강도를 제한외에는 금고의 형에 처하지 아니하며 십세 이하와 팔십세이상에는 비록 사할에 처할 죄수라도 금고의 형을 면하게 되는 것이다。

또 말슴하시되『노비(奴婢)가 비록 천한것이로되 그도 한가지 하느님의 백성이어늘 함부로 죽일법이 없다。이제부터는 아무려 노비가 죄가 있을지라도 법관에 알리지않고 함부로 처죽이지 못하리라』하시고 상전으로 그 종을 죽이는 것을 엄금하시다。

이뿐 아니라 대왕의 정치의 근본의는 단순히 백성을 애휼하심이라 할것이다。일측 탄식하여 말슴하시되『우리 국민으로 어찌 곤궁한자가 없으랴。나는 궁중에 생장하였음으로 민생의 간고를 알수 없도다』하신 것을 보면 대왕께서얼마나 인민의 간고에 동정하신 그 인자하신 뜻을 엿볼 것이다。

五、대왕의 外征

대왕께서는 내치(內治)뿐 아니라 외정(外征)에 대하여도 공이 많으시었다 대왕의대에 우리나라와 외국과의관계를보면 서으로 명(明)나라와 남으로 왜구(倭寇)와 북으로 야인(野人) 삼방면으로나눌것이다。명나라에 대하여는 외교상으로 특별한 관계가 있지 아니하였으나 왜구와야인에 대하여는 외교상 허다한 충돌과 정벌이 있었다。그리하여 대왕께서 이 두 방면에 더욱주력하여 이른바 남왜북로(南倭北虜)의 정책을 쓰신 것이다

한글欄

조-선-을-지-은-이-들

大聖人世宗大王 (二六)

李允宰

一、대마도의 정벌

대왕의 즉위 초년에 왜구가 명나라로 간다 칭탁하고 충청도와 황해도의 연안으로 출몰하거늘 상왕(上王=곧太宗大王)과 대왕께서 모든 대신들을 불러서 의논하시며 그 처의 허한 시기를 타서 그 소굴인 대마도(對馬島)를 없질러서 근본적으로 왜적의 후환을 끊어없애버리기로 하고 이에 리종무(李從茂)를 삼군도체찰사(三軍都體察使)를 삼고 우박(禹博), 리숙묘(李叔畝), 황의(黃義)를 중군절제사(中軍節制使)를 삼고 류습(柳濕), 박초(朴礎), 박실(朴實)을 좌군절제사(左軍節制使)를 삼고 리지실(李之實), 김을지(金乙知), 리순몽(李順蒙)을 우군절제사(右軍節制使)를 삼아 경상, 전라, 충청 삼도의 병선을 거느리고 왜구의 돌아오는 길을 막아 치게 하시다。리종무가 아홉 절제사를 거느리고 거제 마산포(巨濟馬山浦)를 떠날새 병선이 이백이십칠척, 군사가 만칠천이백팔십오명이라 바로 대마도에 이르러 적군을 파하고 샅샅이 찾아잡아 적선(賊船) 일백 이십구척을 빼앗아 쓸것 이십척만 남기고 다 불살라버리엇으며 인가 일천구백삼십구호를 불살르고 적군 일백 십사명을 참수(斬首)하고 이십일명을 사로잡고 중국사람으로 잡혀간자 일백삼십일인을 돌려오다。이리하고는 우리 군사가 또 두처포(豆知浦)로 가서 ㄷ[illegible]을 하고 더 깊이 들어가다가 니로군(尼老郡)에서 적의 복병에게 습격한바되어 수십명의 전사자를 내고 [illegible]와 [illegible] 고투하여 적군을 파하고 마침 폭풍이 잇어 대군(大軍)이 거기 오래 류할수 없으므로 군사를 거두어 돌아오게 되엇다。

한글欄

조-선-올-지-은-이-들

大聖人世宗大王

(二七)

李 允 宰

그뒤 대마도주(對馬島主) 종정성(宗貞盛)이 가신(家臣)을 보내어 사죄하므로 대왕께서 특히 그들을 무유(撫柔)하실 의사로 대마도의 교통을 허락하시엇다. 삼포(三浦)를 개항하여 통상을 허하시니 삼포는 웅천(熊川)의 제포(薺浦)와 동래(東萊)의 부산포(釜山浦)와 울산(蔚山)의 염포(鹽浦)라 또 조약을 맺어 도주(島主)에게 매년 쌀과 콩 이백석을 하사할 것과 세견선(歲遣船)은 오십척으로 할 것을 정하시엇다.

二、야연(野人)의경영

야인은 본대 녀진(女眞)족속으로 두만강과 압록강 근처에 섞이어 잇어 고려말세로부터 변방을 어지럽게 하엿다.

리씨조에 들어서도 태종대왕때에는 그들의 략탈이 심하므로 몹시 성가시게 녀기어서 경원부(慶源府=지금慶興)를 경성(鏡城)으로 옮기는 동시에 경원부에 잇든 덕릉(德陵=穆祖의陵)、안릉(安陵=穆祖妃의陵)을함주(咸州=곳咸興)로옮기어 그곳을아주 내버려두게 되엇다. 그러므로 경성(鏡城)이북의 땅은 사실상 올량합(兀良哈=곳女眞)의 점거한바 되어 이로부터 자꾸 남쪽으로 내려오며 략탈이 더욱 심하엿다.

이와같이 야인의 략탈이 갈스록 더하여가므로 이를 피하기 위하여 경원부를 다시 룡성(龍城=지금輸城)으로옮기자고 조정 여러 신하들이 주장하엿다. 그러나 대왕께서는 『조종(祖宗)의 봉강(封疆)을 결단코 줄이어서는 안된다』 또 『강토를 넓히는것은 조종의 본뜻이니라』 하시고 신하들의 말을 듣지 아니하시엇다. 십사년 류월에 경원부는 그대로 두고 새로 녕북진(寧北鎭)을 그 서쪽인 석막(石幕=곳富寧)에 설치하여 적극적으로 국토개척의진취책을 취하시엇다.

이려한지 일년뒤에 마침 야인들끼리 내란이 일어나 알목하(斡木河=會寧西에잇음)에 잇는 야인의 추장 맹가첩목아(猛哥帖木兒)의 부자가 다른 야인에게 죽임이 되매 대왕께서 이때를 타서 야인경영의 본뜻을 이루기로대신들과 의론하시고 김종서(金宗瑞)를함길도 도절제사(咸吉道都節制使)를 삼아 이 지방의 경영을 모도 맡기시엇다. 종서는 대왕의 명을받아 야인을 다 내어쫏고 거기 륙진(六鎭)을 개척하니 륙진은 곳 종성(鍾城)、회녕(會寧)、경원(慶源)、경흥(慶興)、온성(穩城)、부녕(富寧)이니 강변에 장성을 쌓아 국경을 굳게하고 남도의 백성 그리로 이민하야 살게하엿다。

한글欄

조선을지은이들

大聖人世宗大王

(二八)

李允宰

대왕의 십사년 겨울에파저강(婆猪江=지금佟佳江)의야인이들어와 무수히 략탈을행하매 대봉께서 사람을보내어그정세를 살펴본 후에 먼저피해한 인민을 구휼하시고최윤덕(崔潤德)을 평안도 도절제사(平安道都節制使)로, 김효성(金孝誠)을도진무사 (都鎭撫使)로, 최치운(崔致雲)을경력(經歷)으로, 리숙치 (李叔時)를 평안도판찰사로임명하여 건주위 (建州衛)에잇는야인추장 리만주 (李滿住)등을 치게하얏다。

익년 사월에최윤덕이평안、황해 량도의 군마를강계부 (江界府)로 집중하나제장의거느린 군사의수가 일만삼천일백구십이명이라 곳강을 건너잡이 야인의 땅에 들어가서남녀 이백삼십여인을 사로잡고일백칠십여인을 죽이고 승리를얻어 돌아왓다。 추장 리만주가 걸화하므로 허락하고사로잡아온 남녀들을 돌려보냇드니 야인들이 다시건너와인민을 살상하고 략탈을행함이여러번에 이르므로 십구년에리천(李蕆)을 평안도 도절제사를 삼아 야인을 칠새군사 팔천명으로 삼대를나누어 강을건너 올라산성 (兀剌山城)과 오미부(吾彌府)의적의 소굴을처서 소탕하고개선하엿다。

대왕께서 압록강연안에 야인을 토벌하는 때에사군(四郡)을 설치하시엇스니 六년에자성(慈城)、십팔년에 무창 (茂昌=지금厚昌)、이십오년에우예(虞芮=지금 慈城郡內士城洞)을 설치하며 태종 십六년에 갑산(甲山)의 일부를 떼어다가 설치한 려연 (閭延=지금中江鎭)을 아울러 사군을정한것이다。 이 사군은 뒤에 폐지함에 이르럿으나 대왕의 이렇듯 령토보전의 지극한 정성은 잇지 못할 것이다。

이와같이 六진개척과 사군설치는 단순히 대왕께서 국토개척의 정신으로 노력하섯다하여 마침내 목적을 이루신이니 그 위대한 홍업은 영원히 남아잇을것이다。(끝)

한글欄

조선을 지은 이들

聖雄 李舜臣 (一)

李允宰

一、충무공 탄생당시의 시대

조선 오천년 력사를 통관하건대 리씨조선 오백년처럼더 쇠퇴한 때가없으며 리씨조선 오백년중에도 임진왜난처럼 더 참담한 때가 없도다。이 임진왜난이 칠년이란오랜 시일을 경과하매 팔도강산이 유린되고 일반문물이 파괴되고 전국재력이 분탕되고 국민심리가 저상되어 다시회복할수없는 정신상 물질상으로한군데 남김없이 큰 상처를 받앗으니 이는실로 조선유사이래(有史以來)대국난(大國難)일뿐더러 동양전체에 대하여 력사적 중대한 의미를가진것은 말할것도없다。

앞서 세종(世宗)세조(世祖)량대에 문화와 무공으로빛나 력사상 큰 광휘를나타내엇으나 연산군(燕山君)시대로부터 사화(士禍)란것이 생기어 재상차로 수백명의 참혹한 류혈극(流血劇)을 연출함에 이르럿으며 이를 이어중종(中宗)때에는외척(外戚)들의 서로 권력 다툼과 정권을 잡음으로 유혈한 정쟁(政爭)이 끊이지 아니하엿섯다。이러한 다음에는 또 심의겸(沈義謙) 김효원(金孝元) 두사람 사이에 서로 훼방하는 말 끝으로 일어난 소위 동인(東人)、서인(西人)이란 당파가 갈라지고 이러구 저러구하는 틈에 조선을 왼통 결단내놓은 당론(黨論)이란 것이 생기기시작하엿다。

이렇듯 정치상으로 아주 보잘것 없는 이 시대에 유학(儒學)으로는 적이 발전을보게되어 한훤당 김굉필(寒暄堂金宏弼)、일두 정여창(一蠹鄭汝昌)、정암 조광조(靜菴趙光祖)、모재 김안국(慕齋金安國)、회재 리언적(晦齋李彦迪)、퇴계 리황(退溪李滉)、률곡 리이(栗谷李珥)、화담 서경덕(花潭徐敬德)、남명 조식(南冥曹植)、하서 김린후(河西金麟厚) 같은 출중한 인물이 다 이때에 나지 아님이 아니나 자꾸 기울어저가는 쇠운(衰運)을 바루잡기에는 힘이 부족하엿든 것이다。

당시 전 사회의 상태를 돌아보건대 사대사상(事大思想)이 팽창하고 자주심이 박약하기도 이때며 공론을 잊고 사투(私鬪)를 즐기기도 이때며 로력을 피하고 안일만도모하기도 이때며 비겁심이 늘고 외경력(外競力)이 감퇴하기도 이때엇다。더구나 국가에는 전고 미증유의 겁운(劫運)을 조우하여 판탕된 시국을 도저히 수습하기 어려운 이때에 오직 한사람 의기(義氣)와 충성(忠誠)덩이로 난 우리 충무공 리순신(忠武公李舜臣)이 나시엇다。

조-선-을-지-은-이-를

聖雄 李舜臣 (二)

李 允 宰

二、충무공의탄생과 소년시대

『적병을멸할진댄 죽어도한이 없겟소이다!』

적함이 개미떼 같이 몰려들고 탄환이 빗발 같이 쏟아지는 겨울밤, 창망한 파도우에 엄연히 서서 소리를 높이어 이렇게 하느님께 분향고축하엿다.

봉화불만 한번 산에 번쩍하여도 벌서 남부녀대하고 피난할 곳을 찾아 헤매며 총소리만 귓가에 들리어도 혼비백산하여 당장 죽는 시늉을 하는 조선사람, 몇백년으로 승평(昇平)에 꿈꾸어 전장이 무엇인지 알지 못하고 나라야 망하건 말건 알배잇나 내 한목숨이나 잘 보전하엿으면 고만이며 동족이야 욕보건 말건 무슨 관계냐 내 일신이나 편히 살앗으면 제일이라 하지마는 필경에는 살아도 아무 유익이 없고 죽어도 아무 광채가 없이 북망산에 한줌 흙으로 화하고마는 가련한 인생이 아니냐. 충무공 같이 오로지 국가를 위하야 민족을 위하야 그 일신을 희생하여 불 같이 뜨겁고 쇠같이 굳은 결심으로 한번 죽음으로써 맹세하는 자 세상에 과연 몇이 잇는가.

충무공은 성은 리(李)씨니 본관이 덕수(德水)요 이름은 순신(舜臣)이니 그 조부되신 백록(百祿)이 어머니 변(卞)씨에게 현몽하여 준것이라 한다. 자는 여해(汝諧)요 충무공은 그 시호다. 지금으로부터 삼백팔십오년전 을사(乙巳)년 삼월 초팔일 밤 자정(子正)에 한양 건천동(乾川洞) 본집에서 탄생하다. 건천동이란 동리는 이왕 서울 지도를 보면 같은 이름이 세군데나 잇엇으나 충무공이 탄생한 건천동은 지금 삼청동(三淸洞) 근처라고한다. 공이 탄생한 해로 말하면 곳 인종대왕(仁宗大王)원년, 외척 윤(尹)씨들의 알력이 한참 심하여 소위 대윤(大尹)이니 소윤(小尹)이니 하는 작자들이 서로 물고 찢어 을사사화(乙巳士禍)가 잇은 때요 서역으로는 일천오백사십오년, 마텐•루터의 종교개혁운동이 한참 짙은 때로도 알것이다.

◇리순신장군

조선을 지은 이들

聖雄 李舜臣 (三)

李允宰

댓밝을 타고 호도기를 불며 길가에 뛰어다니는 것을 일종 아이들의 작난으로만 알아 예사로 볼것인가. 영웅의 상을 가끔 이러한데서도 찾아볼수 잇나니 충무공이 어릴 적에 여러 아이들과 작난할때 진장에 진치는 모양을 짓고 나무를 깎아 활과 화살을 만들며 자긔는 스스로 원수(元帥)라 칭하여 아이들을 지휘하매 명령이 신명하엿다 공이 출생한 그때만해도 문(文)을 중히하고 무(武)를 경히하여 조정에 중요한 자리를 차지한 자가 다유학(儒學)의 문에서 나온 자들이며 또 공은 아버지 한아버지 대대로 유학의 출신이매 공이 아무리 천생 군인의 긔질을 라고 낫다기로 어찌 용이히 빠저날수가 잇엇으랴. 그 때 시 중시 두 형을 따라 유업(儒業)을 받게 되엇다. 그러나 나라 형편이 날로 글러가고 밖앝근심이 갈스록 절박함을 본 공은 「나라를 구원할 길이 청경현권이나 읽는데 잇지 안타」고 탄식하엿다. 사실장래 해상에 요괴로 긔운을 쓸어버리고 거침없이 횡행하며 동아(東亞)를 호령할 크나큰 포부를가진대인물로어찌 책상머리에 늙으랴오 개연히 뜻을 정하여 붓을던지고 무예(武藝)를배우니이때는공의 나이 이십이세, 이생의 봄이라할한창 좋은청년시긔엇다.

조선을지은이들

聖雄 李舜臣 (四)

李允宰

나이 이십팔세되든 팔월에 훈련원(訓鍊院) 별과(別科)에 시험치르러 갓섯다。말을 달리다가 불행히락마하여 왼쪽 다리가 절골이되고 한동안 까무러치엇다。구경하든 사람들이 소리를질러「아리순신이 죽엇다」하는 말에공이벌떡 일어나 한쪽다리로걸어서 버들가지를 꺾드니 그껍질을 벗기어서 상처를동여매고 말게뛰어 올라 달려가니 만장이 크게 갈채하엿다。이것이 비록사세한 일 같으나 그 큰 분투력과 인내심엔 영웅의 인격이 아니고는 능치못할 바로다。

선영에 성묘하러 갓드니 묘앞에 세워둔 장군석이 넘어진것을 수십명의 장정들이 달려들어 잡아일으키려하나 무거워 달싹도 아니하고 모도 숨이 차서 헐떡거릴뿐이다 공이 옷으며「에기 병신 같은것들 물러서라」하고 혼자서 덤벅 들어둥에 지고 본자리에 갓다 세우니 이를본 여러 사람들이 모도 놀라 혀를 내둘렀다。

공이 무예를 배울때에 려력(膂力)이며 활쏘기와 말타기가 훨신 다른사람에게 뛰어낫으며 또 성격이 고상하므로 같이 배우는 동류 무부(武夫)들이 왼종일 실없은말로 서로 롱하면서도 공에게는 감히 터놓고 지내지를못하고 항상 존경하얏다。비록 서울 문안에 생장하엿지마는 문을 닫고 별로 출입이 없으며 병서를 공부하기에만 전심하엿다。

조-선-을-지-은-이-를

聖雄 李舜臣 (五)

李允宰

三、충무공의출신

충무공의 나이 삼십이세인 병자(丙子)년 이월에 식년(式年=子年、卯年、午年、酉年 곳 사년만에 한번씩 드는해)의 무과(武科)에 급제하고 그해 십이월에 함경도 동구비보권관(董仇非堡權管)이란벼슬에 오르니 이것이 공의첫번 출신이다。 파만(罷滿)이 되매 기묘(己卯)년이월에 훈련원 봉사(訓鍊院奉事)로들어갓다가 그해 사월에 충청도 절도사(節度使)막부(幕府)의군관으로옴으며 그익년인경진(庚辰)년칠월에 전라도 발포수군만호(鉢浦水軍萬戶)가되엇다가 겨우 반년을 지나 신사(辛巳)년 정월에 수사(水使)의 탄핵으로 파면을 당하고 그해 오월에 도로 훈련원 봉사로 봉직되며 두해를 지나 계미(癸未)년 칠월에 함경도 절도사 막부의 군관이 되엇다가 그해 시월에 건원보 권관(乾原堡權管)이 되니 이때 공의 나이 어언 사십세를 바라보든 삼십구세엇섯다。

당시에 소위 관계에 출신하는 자들을 보면 한가지 능한것이 없으니 각기 자긔 사사리익만 탐하야 권문세가에 아부(阿附)하는 남의 동창을 빠는 무리들로 오늘 승지、래일 참판에 내로라고 날뛰는 자가 얼마나 많은가。 그러나 절대위인 우리 충무공 같은 이는 무과(武科)출신이 거의 십년이 가까웟거늘 벼슬이란 한곳 만호(萬戶) 권관(權管) 따위의 미관말직으로 돌게되어 궁도(窮途)에 군생함이이려함은 무슨 연고 일고。

자고로 영웅의 궁하고 달하는 것이 다 때가 잇다하지마는 그렇다 하기보다도 다만 그 청의로 위무(威武)에 굴하지 아니하며 그 절조로 권귀(權貴)에 붙지 아니하는 공의 커신을 보아 그출신이 이렇듯 곤궁함이 진실로 맞당하도다。이제 그 몇가지 전례를 들어보자。

聖雄 李舜臣 (六)

李允宰

공이 훈련원 봉사 되엇슬 때 일이다。병조정랑(兵曹正郞) 서익(徐益)이 자긔 친한 사람에게 참군(參軍)이란 벼슬을 렵등으로승차하려하엿다。공이 반대하여 말하기를「아래 계급에 잇는 자로 그렇게 뛰어올라가고보면 정말 승차할 사람은 승차하지 못하게 되려니 그것이 공평한 일이 아니요 또 법을 고치는것어 옳지 아니하오」한다。서익이 위협으로 강청하나 강경히 거절하므로 마음대로 하지는 못하나 속으로 깊이 앙심을 먹엇다。

병조판서(兵曹判書) 김귀영(金貴榮)이 서녀(庶女)가 잇어 공에게 첩으로 주려하여 중매를 보내엇다。공은「내가 이제 환로(宦路)에 처음나섯거늘 권문(權門)에 발을들여놓는 것이 합당치 않다」하여 딱떼로 사절하엿다。

발포만호(鉢浦萬戶)로 잇을 때다。좌수사(左水使) 성박(成鎛)이 사람을 보내어 객사(客舍)뜰에 잇는 오동나무를 정은고 가용에 쓰려고 베어오라 하엿다。공이「이것이 관가의 물건인데 여러해로 길러오든것을 갑자기 베어가려함은 무슨일이온지오」하고 허락하지아니하니 수사가 성내엇스나 긔어히 베어가지는 못하엿다。

두번재 훈련원 봉사로 들어갓을때 일이다。그때 정승 류전(柳琠)이 공에게 썩 좋은 전통(箭筒)이 잇단 말을 듣고 공을 불러 그것을 달라 하엿다。공이 꿇어업되어「전통을 드리기는 어려울것 없사오나 남이 볼때에 대감이 받는것을 어떠다하며 소인이 드리는것을 또 어떠다 하겟습니까。일개 전통으로 말미암아 대감과 소인이 한께 루명 받는것이 얼마나 미안할 일입니까」하고 드리지 아니하엿다。

이러한 일까지 잇엇다。률곡선생 리이(栗谷先生李珥)가 리조판서(吏曹判書)로 잇어 공의 이름을 듣고 류성룡(柳成龍)을 소개하여 한번 보기를 청하엿다。공은「내가 률곡과 동성간이니 한번 만나보는것도 좋으나 지금인 즉 관리를 전형(銓衡)하는 때니 가서 볼수 없다」하고 마츰내 보지 아니하엿다。

공이 대저 그 무슨 일에든지 강직하고 공평함이 이러하엿으니 어찌 당시 사람들에게 용납을 받을수 잇엇으랴。

전에 발포만호로서 파면 당하게 된 때는 이러한 사단이 잇엇다。리용(李戩)이 좌수사로 왓을 때에 공이 자긔에게 아부(阿附)하지 안는다고 몹시 미워하야 공을 몰아낼 작정으로 불의에 그 관하에 매인 다섯 포구의 군대를 점검하엿다。다른 네군데는 결한자가 매우많으나 발포에는 겨우 세사람만 궐하엿을 뿐이어늘 리용이 이것으로써 죄를 얽어 장게(狀啓‖外職으로 임금께 올리는글)를띄엇다。공이 이를알고 먼저 다른 넷 포구의 궐한인명 초본을 얻어두엇드니 리용이 이런줄 알고 후회하여 보낸 장게를 도루 찾아왓다。또몇날뒤에 수사가 감사(監司)로 더불어 관원들의 포펌(褒貶)을 행할새 공을 떼어버리려하매 전라도 도사(都事) 조헌(趙憲)이「리순신은 어중치군(御衆治軍)이 일도에 제일이라는데 다른이는 몰라도 리모는 펌할수없다」하고 허락지 아니하엿다。그 외번에 군긔경차관(軍器敬差官)이 와서 발포에 군긔가 부정하다는구실로 공의 관직을 파면시키엇다。실상 공은 아무죄도없엇지마는 이렇게 횡액에 걸림은 다만 대관들에게 굴하지 안는것이 원인이 된것이엇다。

조-선-을-지-은-이-들

聖雄 李舜臣 (七)

李 允 宰

四、전공(戰功)과 무함(誣陷)

선조대왕 (宣祖大王) 십륙년에는 함경도 북편에 되놈들이 건너와 로략질함이 심하므로 조정에서는 이를 크게 두통거리로 삼으나 마음 게책이 없었다。

이때 충무공이 건원보 (乾原堡=慶源땅)의 권관(權管)으로 왓섯다。거기 도입하여 와서 게교를 내어 되놈의 두목 울지내(鬱只乃)를 칭하매 그가 그 부하를 거느리고 오는 것을 거기 복병하엿다가 울지내를 사로잡고 난을 평정하엿다。이것이 충무공의 처음 전공(戰功)이라 할 것이다。

그러나 병사(兵士)김우서(金禹瑞)는 충무공의 성공함을 시긔하여 도리어「不與主將、擅擧大事(대장에게 사뢰지 않고 제 마음대로 큰 일을 행하얏다)」라고 장계를 올리엇다。조정에서는 방금 론공하기로 의논하다가 이 장계를 보고 그만 정지하엿다。그해 십일월에 겨우 훈련원참군(參軍)이란 한 게제에 올랏드니 마침 그달에 부친(이름은 貞이니 德淵君의 追贈을 받은 이)이 아산(牙山)서 돌아가섯다는 부고를 받고 분상함으로 말미암아 버슬을 내놓게 되엇다。삼년상을 마치고 병술 (丙戌)년 정월에 사복시 주부 (司僕寺主簿)로 임명되니 공의 나이 발서 사십이세의 장년이엇다。

그때 북방에는 되놈이 더욱 창궐하므로 조정에서는 상당한 장수재목을 택하여 거기 보내기로 되어 공이 사복시 주부 된지 반달만에 또 조산보(造山堡=慶興땅)만호(萬戶)로 전임되엇다。

그 익년 가을에는 또 록둔도(鹿屯島)의 둔전관(屯田官)을 겸임하엿다。공은 이 섬이 외따로 떠러저 잇으며 게다가 방수(防守)하는 군사까지 적어서 장차 후환이 없지못할것을 헤아리고 공이 여러번 병사 리일(李鎰)에게 그곧 형편을 자세히 보고하고 증병(增兵)하기를 주장하엿다。그러나 리일은 도모지 들어주지를 아니하엿다。

파면 한달도 못되어 되놈의 군사가 수없이 몰어와・공이 잇는 목책(木柵)을 에워싸고 홍단(紅氈)을 입은 자 몃명이 앞으로 내달아 달겨들므로 공이 활을 쏘아 적의 들어오는족족 모도 거꾸러터리니 적이 패하여 달아나는지라 공이 리운룡(李雲龍)등으로 적을 추격하여 사로잡혀간 우리 군사 六十여명을 탈환하엿다。이번 싸움에 적의 화살이 공의 왼쪽 다리에 맞아 상하엿으나 행여 곁에 군사들이 알는지 하면 놀랠가 봐 념려하여 가만이 몰래 회살을 빼어버렷다。

조-선-을-지-은-이-들

聖雄 李舜臣 (八)

李允宰

병사 리일은 충무공의 앞에서 중병하자함에 좇치 아니하엿든것이 인제 와서야 후회되며 이일이 만일 조정에 들려게되는 날이면 자기가 반듯이 죄를 면하기 어려울것을 알앗다 리일이 자기의 허물을 숨기려면 진작 충무공을 죽여버려서 아주 입을 막아 버리는것이 좋을줄 생각하엿다. 그러하여 충무공에게다가 패군(敗軍)하엿다는 업토당토않은 죄명을 덮어씌워서 즉각으로 잡아들여다가 귀참(梟斬)하기로 하엿다.

공이 잡혀들어갈 때에 병사의 군관(軍官)으로 잇는 선거이(宣居怡)란 사람이 평소에 공과 친교가 잇엇는데 이에 마지막 인사로 공의 손을 잡고 눈물을 흘리며

『자 이제는 우리가 영영 리별이오그려. 섭섭한데 술이나 한잔 자시고 들어가오』

하고 술잔을 들어 권한다. 공은 얼굴빛을 바루며

『여보 사람의 죽고 사는 것이란 천명에 잇거든 섭섭할게야 무엇 잇소. 또 술은 먹어 무엇하오』

하고 받지 안는다. 선거이는 또

『술을 안 자시려거든 물이라도 좀 자시오』

하니 공이 머리를 흔들며

『목 마르지 안는데 물을 왜 먹으라 하오』

하고 그냥 병영으로 들어갓다.

리일이 공을 향하여 패군한 실상을 말하라 하며 공술(供述)을 강박하엿다.

『네가 방비를 어찌하엿관대 되놈의 군사로 우리 경내에 들어오게까지 하엿느냐』

라고 묻는 말에 공은

『그는 방비를 잘못한 것이 아니라 거기 워낙 군사의 수가 적엇든 까닭이오』

라고 대답하엿다.

『그러면 왜 진작 준비하지를 못하엿드냐』

『그러기에 내가 거기에 증병하여달라고 청구함이 이미여러번 잇엇스나 병사께서 들어주지 아니하시는것을 나로 어찌하리오. 그에 관한 서류가 모도 여기 잇으니 조정에서는 이것을 보면 죄가 내게 잇다고 못하리이다』

이 말에 리일은 그만 말문이 막히엇다.

『그러면 패군을 하고도 죄가 없다 하느냐』

하고 욱여누른다. 공은 패군이란 말에 하도 귀가 막히어

『하하 패군이라니? 내가 죽을 힘을 다하여 싸워서 도적무리를 다 내어쫓고 사로잡혀간 우리나라 사람을 모도 찾아왓거늘 이것을 어찌 패군이라 하오』

하고 사색이 아주 태연자약하엿다. 리일은 더 말을 못하고 한참 무엇을 생각하다가 공을 옥에 가두고 사연을 날조하야 조정에 보하엿다. 임금께서는 『리순신은 패군할자가 아니어든』하시고 그 관직만 삭탈하고 백의종군(白衣從軍)하게 하엿드니 그해 가을에 특수한 공이 잇어 사오함을 얻엇다.

訂正 작일부 본란제이단 의 병사(兵士)는 병사(兵使)로

조-선-을-지-은-이-들

聖雄 李舜臣 (九)

李允宰

11、전라좌수사(全羅左水使)가됨

가 잇으매시기를받고 공이 오래 죄를 당하니 영웅의 출세하기 어려움이 대개이러하였다。 당시 충무공의 주위 신변에는 얼마나 많은 김우서(金禹瑞)、 리일(李鎰)따위가 잇엇든가。 공은 다만시대의 불우를 한탄하고 그익년 윤뉴월에 집으로 돌아가한양하고 잇엇다。

그때 조정에서 무신(武臣)중으로 불차탁용(不次擢用=게급을 가리지않고 벼슬로뽑아쓰는것)할자를 천거할새 공이 등재로 가게 되엇다。

공의 나이사십오세이든 을축(乙丑)년 이월에 전라감사리광(李洸)이 공으로써 군관을 삼앗다。 리광이 공의 비범한 재주잇음을보고 「그대의재주로 이렇게 굽히어 지내는것이 얼마나 가석한 일인가」하여 한탄하였다。

그해 십일월에는 무겸선전관(武兼宣傳官)이되어 상경하엿다가십이월에 정읍현감(井邑縣監)을 피임하였다。 그때 또 태인현(泰仁縣)의 겸관으로 갓드니 거기는 원이 없은지가 오래이므로 적체된 공문서류가 여간 만지 않거마는 공이 경각간에 다 처리하여버리니 이를 본 여러사람들이 모도 귀신과 같다고 탄복하엿다。공은 이렇듯 무인(武人)이면서 리치(吏治)의 재주까지 겸하여잇엇다。

경인(庚寅)년 칠월에는 고사리진첨사(高沙里鎭僉使)로임명되다가 대간(臺諫)의 수령천동(守令遷動)이 불가라는 말에 그냥 잉임하엿고 또 하달후에 당상관(堂上官)으로 올라 만포진 첨사(滿浦鎭僉使)로 임명되다가 대간이 또 갑자기 뛰어오르는 것이 불가하다 하므로 그냥 잉임되엇다。

때는 왓다。일본의 관백 풍신수길(豐臣秀吉)이 무력으로 전국을 통일하고 남은 위엄으로 동아(東亞)를 삼키려는 긔세를 감히 하여 전쟁준비에 전력하는 판이다。 조정에서는 일변 사신(使臣)을 보내어 그 나라의 내정을 살피기도 하며 일변 장수재목을 구하기에 힘쓰게 되엇다。 충무공의 인물됨을 잘 아누이는 오직 좌의정(左議政)류성룡(柳成龍)한사람이엇다。 류성룡은여러사람의반대잇음도 불구하고 공을 조정에 천거하엿다。 신묘(辛卯)년 이월에 진도군수(珍島郡守)로 임명되드니 부임하기전에 가리포첨사(加里浦僉使)로 임명되고 또 부임하기전에 전라좌도 수사 (全羅左道水使)로 임명되엇다。 공은 정읍에서 바로 좌수영(左水營=麗水郡)으로 부임하엿다。 이때 공의 나이 사십칠세、 임진왜란도 겨우일년이 앞에잇으매 이것이 공의 해상(海上)으로 나선 시초로 영웅의 용무지(用武地)를 얻게되엇다。

조-선-을-지-은-이-들

聖雄 李舜臣(十)

李允宰

六, 거북선(龜船)의발명

현해(玄海)바다우에는두나라 사신(使臣)의 배가 가고오고 하여 국교(國交)가 갈스록더 욱 험악하게되어가니 장차사 나운 바람이 불어올는지곳은 비가 쏟아질는지 예측하기어 려울것이다! 이때에 소위당 로하는 대관들은 국가의리해 관계는 조금도 헤아리지않고 다만 당론(黨論)싸움에만열 중하여 동서 두당파로서다시 남인북인(南人北人)으로 나 누이기도 이때 일이니이와갈 이 사투(私鬪)만 일삼는판에 외적(外敵)의 방비같은것이 야 더구나 생각이들하야보앗 으랴。

그러나 일우해각(一隅海角) 에 가만이 잇어 거의 침식을 잇고 로심초사하여 미래의대 전쟁을 위하여 준비에급급한 이는 오직 한사람 전라좌도 수군절도사(全羅左道水軍節 度使)리순신이잇을뿐이다。

공은 불원한 장래에 난리가 일어날것을미리알고본영(本 營)과속진(屬鎭)을 지휘하여 군량을쌓으며 병긔를 수리하 며군사를 조련하고 해상의지 형을자세히 살피어 작전의 계획을미리 청하였다。

공이 전비(戰備)를 닦을 때 에 일생의 정력을 다하여 고 심연구하므로 거북선(龜船) 을 만드니 이것이 우리나라 사람의 발명한 것으로 세계 최갑전선(鐵甲戰船)의 원조 라 할 것이다。

거북선은 길이 일백십삼척, 넓이 십사척오촌인 큰 배로 배머리는 룡이오 꼬리는 거 북이며 머리속에 류황과 염 초를 넣어두어 입을 버리면 연긔를 뿜어내어 적군을 흔 미하게하고 그 좌우 량편에 각기 열두개의 총구멍과 문 이 뚫이엇으며 머리 우에는 두개의 총구멍이 잇고 아래 에 두개의 문이 잇고 그 곁 으로 각기 총구멍 하나씩 잇 으며 좌우 갑판에는 각기 총 구멍 열둘씩 잇고 그 우에 십자(十字)로 좁은 길이 잇 어 사람이 그리로 통행하게 하며 그 밖에 넙반지우에는 송곳과 칼들을 버려 꽂앗으 며 좌우포판(鋪板)아래에 방 열두간, 철물고 두간, 군긔고 세간, 군사의 휴식소 열아 홉간이 잇고 좌우 포판우에 는 방 한간씩 잇어 선장(船 長)과 장교가 잇으며 적과싸 울 때에 넙반지우에 거적을 덮어송곳과 칼을 가리웟다가 적을 만나면 총구멍으로 총 을 놓으며 적이 배에 오르고 저하나 송곳과 칼에 찔리어 오르지못한다。충무공의 대소 해전에 큰공을세운것은 실로 이 거북선의 힘이 적지 아니 하였다。

이때 조정에서는 신립(申砬) 의 게사(啓辭)에 의지하여주 사(舟師=곳海軍)를 폐하려 하였다。공이 곳 장계(狀啓) 를올리대「바다의 도적을막는 것은 주사(舟師)가 제일인대 해군이나 륙군이나 어느편이 든지 폐할수없다」하여 다행 히 그대로 두기로 되엇다。

조-선-을-지-은-이-들

聖雄 李舜臣(十一)

李 允 宰

七, 경상도로부원(赴援)함

동녁 하늘에 싸움구름이 짙엇고 령남 연로에봉화불이 이엇으니 영웅의 출마를재촉함인가。 사월십오일밤에 경상우도수사(慶尙右道水使)원균(元均)에게로부터 공함을 받오니 알지못할 왜선 구십여척이 뉴이도(杻耳島)를경유하야 부산포(釜山浦)를향하고 쏟곳들어오는 중이라하엿고 또 그 익일 오전에경상도관찰사 김수(金睟)이 공함이 왓는데 왜선 사백여척이부산포 건너편에와 대엇다 하드니 그날밤에는부산의거진(巨鎭)이 불행히적에게함락되엇다는원균의 공함이 또도착하엿다。 충무공은 이공함을 보고 심히 분개하여 단바람 달려가서 적병을 멸하고 시원히 보복이라도 하고싶엇다。 그 익일 이른 아침에 공은급히 제장(諸將)을 본영(本營)으로 소집하여 긴급회의를열고 경상도에 적병이 침입하엿는데 우리가 가서 치는것이 어떠냐고 물엇다。 제장은 모도 머뭇머뭇하여 말을못하고 잇드니 그중 한사람이 간신히 입을 열어말하기를

「우리 전라도의 주사(舟師=水軍)는 전라도나 잘 직힐것이요 경상도의 도적을 우리가 상관할바아니외다」라하여 무슨 몰론주의적 태도를취하는것 같으나 기실은될수잇는대로 전쟁을 피하려는 뜻이다。 다수가 여기에 찬동하는 뜻을 가지엇다。 이때에 군관(軍官) 송희립(宋希立)이 분연히 앞을 나서며 매우 흥분된 어조로

「그게 무슨 말이오。 대적이 내나라를 범하여 몰아들어오는데 우리가 가만이 앉아서 고성(孤城)을 직히드라도 혼자 보전될리가 없을 것인즉 나아가 싸움함만 갖지 못합나다。 다행히 싸움여 이기면 적병의 기세를 꺾을 것이요 불행히 전사(戰死)하드라도 인신(人臣)된 의리에 부끄러움이 없을 것이 아닙니까」

하야 좌중을 놀래게 하엿다。 록도만호(鹿島萬戶)정운 (鄭運)이 이 말을 이어

「그렇고 말고요。 인신(人臣)이 되어 평소에 국은을 받고 록을 먹다가 이러한 때를 당하여서 한번 죽음으로써 갚지못하고 수수방관만하고 잇단말이오?」

하니 좌중이 더욱 긴장하엿다。 공은 깃붐이 충일하여 어성을 높이어

「도적 형세가 성하고 나라일이 위태하엿거늘 어찌 다른 도의 장수라는 핑게로서 제 지경만 지키는 것으로 잘하다 할수잇을가。 내가 이제 한번 물어보는 것은 제장의 뜻이 어떤가를 알아보는데 지내지 안는 것이다。 폐일언하고 오늘 일은 오직 나아가 싸우다가 죽는데 잇을뿐이다 누구든지 감히 가지못하겟다고 말하는자가 잇으면 당장에 목을 베리라」

하고 좌우를 둘러보니 좌중이 모도 벌벌 떨어 감히말하는 자가없엇다。 이로써 제장은 모도 기운을 떨치어 죽기로 써 명세하엿다。

조-선-을-지-은-이-들

聖雄 李舜臣(十二)

李允宰

사실 일은 크게 벌어지엇다。그 섬나라에 사는 것을 갑갑하게 녀기고 한번 대륙으로 발을 내어놓기를 바라는 괴걸 풍신수길(豊臣秀吉)이란 사람이 먼저 그국내를 통일하고 조선과 명(明)나라를 침략할 준비를 하다가 선조(宣祖)이십오년 임진(壬辰)곳 서역 일천오백구십이년에 수길이 명호옥(名護屋)에 나와 약 이십만명이나 되는 큰 군사를 움지기고 소서행장(小西行長)、가등청정(加藤淸正)등 삼십여 장수에게 군사를 나누어주어서 사월 십삼일에 조선 지경을 범하여 대번에 부산진을 함락하고 동래、량산、밀양을 차례로 점령하여 무인지경 같이 바로 경성으로 향할새 조령(鳥嶺)의 험을 넘어서 충주(忠州)에서 목을 받고 잇든 도순변사(都巡邊使)신립(申砬)을 탄금대(彈琴臺)아래의 한 싸움에 패몰하게하니 이 경보를 들은 조정에서는 도성이 필경 적의 손에 들어 갈것을 헤아리고 삼십일 새벽에 왕과 비빈이 령상(領相)이하 백여인을다리고서으로 나가서개성、평양을거치어 마침내 의주까지 가게 되엇다。일본군사가 경성에 들어오기는 우리 지경을 밟기 시작한지 이십일도 못되는 오월 삼일이니 이는 나라안에 처음방비함이도모지 없엇든 까닭이다。이로서 일본 군사가전국에 퍼이엇다。각도에서의병(義兵)이 일어난다、명나라의구원병이 이른다하여 이러구러 칠년동안 병화가 끊이지 아니하엿으니 이것이 곳충무공으로하여금 때를 얻게한임진왜란이다。

경상도로 구원하러 가자는의논이 합치되매 공은 즉각으로 소속각진에 공함을 발하여 본월二十九일로써 본영의 전양(前洋)으로 모이라고 약속을 신명하엿다。

二十九일 새벽에 근방소식을 탐지하러 보내엇든 순천수군 리언호(李彥浩)가 황급히돌아와서 이렇게보고한다。

『남해현(南海縣)성중은 공해와 민가가 모도텀하게 비어 연기만 무럭무럭 날뿐이오며 곳집문이 열리어 곡식이 다 흩어젓삽고 무고에군긔도 다 없어젓사온데 군긔외랑(軍器外郞)에 다만 한사람이 남아잇기로 어찌된 연유를 물은즉 바람 만리가 닥치오므로 성중에 잇든 군사가 그 소문을 듣고 다 도망하엿으며 현령(縣令)과 첨사(僉使)도 곳 도망하여 간곧을 알수 없다 합데다』

이러하게 된 것이 어찌 남해현 한군데에만한하리오。이를 생각할 때에 공은 통분한 마음을스스로 억제할수없엇다。

조선을 지은 이들

聖雄 李舜臣(十三)

李允宰

八、오차해전의승첩

(가)옥포(玉浦)해전 ——제일전

오월 초하룻날 충무공의부하 원근 제장이원게 좌수영(左水營)으로 모이엇다。 공은 전라우도수사(全羅右道水使) 리억긔(李億祺)에게도 뒤를이어 와달라는 공함을 보내엇다。 모든 준비가 다 마치매 오월 사일 새벽에 공이 제장을거느리고 경상도 구원의길로떠나니 병선수는 판옥선(板屋船)이 이십사척、협선(挾船)이 십오척、포작선(鮑作船)이 사십륙척 전부다하야 적의 병선의 백분지일도 못되엇다。

소비포(所非浦)에이르러 해가 저물므로 거기에 결진(結陣)하야 밤을 지내고 익일새벽에거기를 떠나 경상좌수사(慶尙左水使)원균(元均)이 모이자고 약조하든 곧 인당포(唐浦)에 이르니원균이 거기잇지 아니하므로 원균의 잇는곧을 물어알아서 글을보내어 빨리 오라고 재촉하엿다。이때원균은 전선칠십삼척이 적에게패하고 불려가잇든중이엇다。초륙일 아침에야 원균이 조그만배 한척을타고 왓으며경상우도 각진의 제장이 이틀동안에 련속하야 모이어오므로대오를 련합하고 원균에게는따로전선 한척을 주어 서로 동사하기로 하엿으며 제장으로더불어 약속을 재삼신명한후에 동으로 향하여 떠낫다。거제도 송미포(巨濟島松未浦) 전양에 이르러밤을지내엇다。초칠일 새벽에 거기를떠나적선이 머물고잇는 가덕(加德)으로 쏜살같이 향하여오정때에 옥포(玉浦)에 당앗다。

공은 제장에게 신칙하여『勿妄動、靜重如山(부며 함부로 동하지 말고 진중 하기를 산 같이 하라)이라고 군중에 전령하고 창렬을 정제하여 전진하여갓다。●

왜선 오십척이 옥포 선창에 분하여 대엇는데 큰 배에는 사면에 채색의 그림 장막을 두르고 붉고 흰 작은 긔들을 무수히 꽂아 그 찬란함이 사람의 눈을 현요하게 하엿다。아군(我軍)이 일제히 분발하여 저사위한하고 질풍신뢰같이 동서로 충돌하니 적병이 힘이 다하여배에 실은 물건을물에쏟어붓고 일시에 흩어젓다。적병의 물에 빠저 죽은자 화살과 총알에 맞아 죽은자、물으로 뛰어올라 산비탈을 타고 달아나는자 부지기수라 아군이 더욱 귀를물아처서 왜선 이십륙척을 처부수어 불질러버리니 원 바다가 연긔로 가득하엿다。산에 올르는 적을 수사하여 잡으려다가 산세가 험준하고 수목이 울창하여 경히 발들여놓을수 없을뿐더러 일련이 저물므로 부득이 영등포(永登浦) 전양으로 돌아와 거기서 밤을 지내기로 하엿도니 마침 그때 왜선 오척이 그 가까운 곧으로 지나가는것을 발견하고 이를 추격하여 죄다 불질러 버리고 창원(昌原)땅 랍포(臘浦) 전양에 결진하여 밤을 지내엇다。

조선을지은이들

聖雄 李舜臣(十四)

李允宰

초팔일 아츰에 진해(鎭海)땅 고리량(古里梁)에 적선이 떼어잇단 긔별을 듣고 곳 령을 내려 출발하여 그리로 향하여 가다가 고성(固城) 지경 적진포(赤珍浦)에서 적선 십오척을 발견하고 몰아쳐서 모도 깨트려 불질러버렷다。 군사들이 막 조반을 먹으려고 쉴 때에 적진포에 사는 백성 리신동(李信同)이란 자가 어린애를 업고 울며불며 바다가으로 달려오는것을 보고 작은 배에 실어와서 적병의 종적을 물으니 『적병이 어제 이 포구에 와서 백성의 집물을 모주리 다 노략질하야 얻은 바 재물을 소와 말게 실어다가 여러 배에 나누어 실고 초저녁부터 바다 중류에 배를 띄워놓고 소를 잡고 술을 마시며 노래하고 피리 부는 소리가 새벽까지 그치지 안는데 가만이 들은즉 그곡조가 다 우리나라의 소리와 흡사하다。 오늘아침에 그들이 반은 배를 직히고잇고 그남은 절반은 뭍에 내려 고성 방면으로 향하고 갓데다』 하고 대답한다。 『그러면 왜 그리 섧게 울며 어데로 가려 하얏든가』 하고 물으니 『저의 늙은 어미와 젊은 처를 다 그놈들에게 잃어버리어 어찌할 바를 알지 못하오며 우리나라 군긔(軍旗)를 보고 이 억울한 사정을 호소하려고 오든 길이엇습니다』 하며 목을놓아 운다。 공은 그 정상을 측은히 녀기어 『그러면 네가 우리를 따라가자』 하고 위로하니 그는 『제가 죽드라도 제어미와 처를 찾아야 하겟사온즉 갈수는 없습니다』 한다。 이 말을 듣는결에 잇는 여러 장수들은 더욱 분노하여 서로 돌아보며 이를 다 물고 주먹을 불끈쥐어 적과 불구생(不俱生)하려라는 결심으로 어데까지든지 싸워서 적을 다 멸하고야 말겟다고 작정하엿다。 그리하여 적병의 잇는곳을 향하여 달아갓다。 이때는 경성이 이미 적병에게 함락되고 대가가 서도로 파천하엿다。 공은이 보도를 듣고 통분함을 이기지 못하여 서향하고 통곡하여 거의 긔절하엿다。 당장에 군사를 거두어 서 경성으로 바로 향하여 적으로 더불어 한번 싸워서 죽고 살기를 결단하고싶은 마음이 불현듯이 일어낫으나 그러자면 바다의 도적을 뉘 잇어 막으리오 한탄하고 군사들을 격려하여 임금과 나라를 위하여 죽기로써 굳게 맹세하엿다。

이번 싸움에 공은 적의 탄환이 왼쪽 어깨에 맞아 등을 뚫고서 피가 흘러내려 발밑까지 이르렀으나 공은 종시 궁시를 놓지 아니하고 왼종일 독전(督戰)하다가 싸움이 끝난 뒤에야 칼끝으로 탄환을 빼어내니 두어치가량이나 깊이 박이엇다。 이를 보는 자들은 모도 실색하나 공은 담소(談笑)하기를 예사로 한다。 어허 용사로다! 이번 대승리의 보수로 공은 특히 가선대부(嘉善大夫)란 영직을 얻엇다。

조-선-을-지-은-이-들

聖雄 李舜臣 (十五)

李允宰

(나)당포(唐浦)해전

—제이권

부산에 잇는 적병이 점차로 거제도 서편까지 옴겨와 연해 각처를 분탕하매 공은 울분함을 이기지 못하여 먼저 부산의 적을 섬멸하기로 작정하고 일변으로 도내에 잇는 주사(舟師)를 다 한군데로 불러모우며 일변으로 전라우수사(全羅右水使)리억기(李億祺)에게 류월 초삼일로서 부산의 적을 합력공파하자는 공함을 보내엇다。

부산으로 출발하기로 작정한 사오일 앞서서 경상우수사 원균(元均)에게서 적선 십여척이 사천(泗川)、곤양(昆陽) 등지에 대어잇스니 곳 로량(露梁)으로 오라는 공함을 받고 리억기에게 바로 로량으로 와달라는 뜻지를 다시 하고 그리로 향하여 가서 십여척의 적선을 불로 살와버렷다。

류월 초이일 아침에 적선이 당포(唐浦) 선창에 대어잇단 말을 듣고 바로 그곳으로 향하엿다。당포에 이십여척의 적선이 잇는데 그중에 큰 배 한척은 층루가 잇어 높이가 삼사장(丈)이나 되고 사면에 붉은 비단 장막을 드리웟고 층루우에는 왜장이 금관을쓰고 비단옷을 입고 오뚝하게 앉아잇다。아군이 그를 향하여 맹렬히 사격하니 왜장이 층루아래로 꺼꾸러지고 적병와 죽은자 부지기수라 적서의한척도 남김없이 죄다 쌔트려 불살와버렷다。장차 장사들을 명하여 뭍에 내려 적병을 추격하려할 지음에 또 적선 이십여척이 거제도로부터 온다는 긔별을 듣고 그를 요격하려고 나갓드니 적선이 상거 오리되는 밖에서 바라보고 놀래어 도망하엿다。

당포 외양으로 쫏겨달아난적선을 추격하려고 제장으로더불어 약속을 신명하고장차떠나려할때에 전라우수사 리억기가 전선 이십오척을거느리고왔다。련일 싸옴으로 피곤하다 싶을때에 이렇게구원병이 이름을 보고 온 군사들은 깃버 뛰어 사긔가 크게 진작하엿다。

초오일은 아침부터 저녁까지 안개가 자욱하며 지척을 분변 한지라 공은 리억기와같이 적을 추격할것을 의론하고 당항포(唐項浦)에 이르러 적을만낫다。거긔 적선 이십륙척이 잇는데 그중 제일 큰 배에는 삼층루각을 만들어 단청분벽이 불전(佛殿)과 같이 꾸몃으며 앞에는 푸른일산을세웟고 루각아래에는 검은비단장막을 드리웟는데 그면에백화문(白花紋)을 그렷고 장막안에 왜인이 무수히버려섯오며 또 큰배네척이 한데모이는데 다검은긔를꽂고 그면에「南無妙法蓮花經」이란 일곱자를 히게썻다。아군이 적선을포위하고 철환을 난사하여한창접전하엿다。적이 만일 물으로올라 달아나면 다 잡아죽이지못하겟으므로 곳 전령하여 거짓으로 퇴각하라하고 적의나갈길을 열어주어 바다가운데로몰아낸다음에 사면으로 예워싸서몰져하니 큰 배의 루각이 부서지고 왜장이 화살에맞아 떨어졋다。다른배들도 창황히 달아나려하엿오나 아군에게 포위함이 되어 전부 다불살와졋다。이번 대승리에 공은 특히 자헌대부(資憲大夫)로 승직되엇다。

조-선-을-지-은-이-들

聖雄 李舜臣(十六)

李允宰

【다 견내량(見乃梁)해전】

――제삼편

적선이 경상、전라 지경으로 출몰하므로 공은 리억긔(李億祺)와의논하고 제장에게명하여 한때 출발하여 곤양(昆陽)、남해(南海) 지경 로량(露梁)으로모합하기로하엿다。칠월 칠일에는 풍세가 심하여 행선할수 없고 고청 당포(唐浦)에 이르럿드니 날이 저물때에 목자(牧子)하나가 황황히 달려와서 왜선칠십여척이 방금 거제、고성 지경 견내량(見乃梁)에 머어잇다고 고하는말을 듣고 다시 제장을 산좌하여 견내량부터 먼저가기로 정하엿다。

익일 아침에 적선이 머어잇다는 데를 향하여가니 거기 무수한 적선이 결진(結陣)하고 잇다。공이 생각하기를 여기는 지형이 심히 좁고 숨은 섬들이 많아서 전쟁 하기에 불편하며 또 적이 세궁력진하여 뭍으로 나려 달아날 념려도 잇으니 적을 유인하여 한산도 (閑山島)앞 바다 넓은 대로 끌어내어 모도 다 잡아 버리리라 하고 먼저 판옥선(板屋船) 오륙척으로 적의 선봉을 다쫓으니적선이 일제히 돗을달고 나서서 우리배를 향하고 달려온다。우리 배가 달아나는척 하고멀리 바다가운대로 가니 적선이 잡으려고 뒤를 쫓는다。공이 이때에 제장에게 명하여 쪽 버리어 진치게 하고 한께 가지런히 나아가 먼저 이삼척을 격침하니 적이 기세가 꺾이어 도망하기 시작한다。아군이 몰아쳐서 적선 기운대로 바람결이 몰진하여 한척도 남기지않고 다 불살오며 적병을 무수이 죽이엇다。이번 대승리로써 공은 정헌대부 (正憲大夫)의 영직을 얻엇다。

또 적선 사십여척이 안골포 (安骨浦)에 머어잇음을 탐지하여알고 초십일 새벽에 안골포에 이르러 거기잇는적선 오십구척을 역시 한산도 앞으로 끌어내어다가 다불살오고 적병도 거의다죽이엇다

그살아남은 적병이 뭍으로내러달아난자가 많앗는데 다잡아없에기가 쉽지못하고 그배를 다 차워버린즉 그물이갈때가없어궁구(窮寇)가되면피나한 우리인민이 어육지참을며처못할 사정이므로 일부러의리쯤 물러나와 적병의 달아날 길을 열어주엇다。충무공의 백성을 사랑하는 마음이 이러하엿다。

그 익일 아침에 적병의 패주한 자리를 살펴보니 전사한 무적의 시체가 열두곧이나 되여기로 쌓엿고 붉은 피가 곧곧이 흥건하여 만목처참이 극하엿다。

이로부터 적병은 충무공의 이름만 들어도 소름이 기치고 전신이 복불 떨리엇다。십지어 이런 일까지 잇엇다。김해(金海)성안 성밖에 머물러진치고 잇든 일본군사가 하룻밤에는 먼 갯가에 어화(漁火)를 보고 『전라좌수사 리순신의 군사가 왓다』고 크게 놀라서 서로 달아날 구멍을 못 찾아 자상천답하여 한참 큰 소동을 일으킨일이 잇엇다

조-선-을-지-은-어-른

聖雄 李舜臣 (十七)

李允宰

(하) 부산(釜山)해전
—제사전—

경상도 연해에 창궐하는 적은 이상 삼차 해전으로 거의 전멸되어 가덕(加德) 이서에는 아주 그림자도 볼수 없게 되엇다. 공은 병선을 모도 한데로 모아 전보다 배나 더욱 정려하여 각도로 퍼저 잇는 적병이 쫓겨서 몰려 내려올때에 수륙 량방면으로 공격할 준비를 하고 잇엇다. 과연 이때에 경상우도 순변사(慶尙右道巡邊使) 김수(金睟)의 공함을 받으니 적병이 량산(梁山) 김해(金海) 등지로 자꾸자꾸 내려오는데 아주 도망할 행적이 잇다 하엿다. 공은 즉시 리억기, 원균 및 주사조방장(舟師助防將) 정걸(丁傑) 등으로 더불어 적을 칠 계획을 상의한후 곳 부산으로 출발하기로 제장을 모아 약속을 신명하엿다. 구월 초하룻날 몰운대(沒雲臺)에 이르니 갑자기 동풍이 크게 일어 행선하기에 여간 곤난이 아니엇다. 여기에 이르러서는 군데군데 적선을 만나니 화준구미(花樽龜尾)에서 오척, 다대포(多大浦)에서 팔척, 서평포(西平浦)에서 구척, 절영도(絶影島)에서 이척 이렇게 만나는대로 다 처서 깨트리고 배에 가득이 실은 물건과 전구(戰具)를 모도 꺼내 뒤에 불살와버리고 산으로 올라 도망하는 적병을 추격하여 낫낫이 찾아 잡으니 절영도의 안팎에는 적의 자취가 아주 끊어젓다. 이에 작은 배를 내세워 부산 앞바다에 적선을 정찰하야보니 선창 동편 해안에 매어잇는 것이 대략 오백여척이나 되고 선봉으로 큰 배 네척이 초량(草梁)으로 빠저나오는 중이다. 공이 말하기를 「적의 세력이 우리보다 강성하다고 거기 아니하고 그냥 돌아가면 적이 반듯이 경모한 마음을 낼 것이다」 하고 제장을 독촉하여 나아갓다. 먼저 선봉으로 나온 배 네척을 처서 깨트리고 기를 두루며 북을 치고 장사같이 행렬하여 적선을 향하여 돌진하니 그 만은 적선이 우리의 용맹스런 위풍을 바라보고 두려워하여 감히 나오지를 못한다. 아군은 죽음을 무릅쓰고 적선의 가운데로 깊이 들어가 원균 편하여 적선 백여척을 깨트려버리고 적병을 무수히 쏘아죽이엇다. 밤이 깊어가더도(加德島)로 돌아와 쉬엇다. 이번 싸움에 충의심이 잇고 수후이 많은 충무공의 가장 사랑하는 장수 록도만호(鹿島萬戶) 정운(鄭運)을 잃은것은 더욱 ……… 일이다.

조-선-을-지-은-이-들

聖雄 李舜臣(十八)

李允宰

(마)웅천(熊川)해전

—제오편—

일본군의 조선 침입의 당초 계획이 수륙 량방면에 잇엇다。륙군은경성을함락한후 다시 부대를 나누어 평안도、함경도、황해도 강원도를향하여 갓으며 수군은 남해안과 서해안을돌아 평양에서 륙군과 만날 예정이엇으나 경상도 지경을 넘어서질 못하며 츙무공에게 여지없이 패하여 그 목적을 달하지못하고말앗다。다만 적장 소서행장(小西行長)이 평양을앉아 지킬뿐이엇더니 마침 이때 명(明)나라로서 구원병이 이르고 우리 군사의 기세가 다시 왕성하여 평양을 도로 회수하고 적을 남도로달아나게하엿다。이때 츙무공은 해로를 잘 지키어 적병의 달아나는 길을 끊어버리라는 왕의칙명을받고 곳 부산으로 가기로 작정하엿다。때는 임진난이 일어난지 벌서 열달이지나고 계사(癸巳)년 이월이되엇다。이월 초륙일에 전라좌수영에서 출발하여 초팔일에 따여가、원균등과 한산도(閑山島)전양에 모아 약속을신명하고 칠천량(漆川梁)가덕(加德)등지에 접진하여 쫓겨내려오는 적병을 기다리고잇엇다。

이때 웅천(熊川)지경에 남은 적이 부산 래왕하는 목을 막고잇어 험요한대를 웅거하여 배를 감추어두고 소혈(巢穴)을만들은 곧이 많앗다。공은 먼저 이것부터 처치해버리지 아니하면 안되리라 생각하고 십이일에 부산으로 가서 혹은 군사를 보내어 적을 유인하며 혹은 적진으로 출입하여 도전을 하되 적은 이왕에 혼낫든 까닭으로 우리군사를 보고 겁내어 감히 바다가운대로 나오지를 못하고 다만 산으로올라 진을치고 총을 놓으며 완강히 항거하는 태도를 보인다。공은 제장을 지휘하여 대를 나누어 좌우로 갈라 한꺼번에 나아가매 탄환과 화살이 비오듯하여 적의 죽은자 부지기수요 총투구를쓰고 붉은갑옷을 입은 적장하나도 죽엇다。

이십이일에는 공이 리억기등과 적의 토멸할 방책을 의논하고 삼도(三道=慶尙、全羅、忠淸)의 주사(舟師)가 각히 경쾌한 배 다섯척씩 내어 적선이 대어있는 곧까지 뚫고 들어가고 또 의승병(義僧兵)과 효용한 사부(射夫)들을 실은 배십여척을 동편은 안골포(安骨浦)에 서편은 제포(薺浦)에 대이고 군사들이 뭍으로 내려결진하엿다。적이 수륙으로 공격을받으매 크게 랑패하여 동서로 분주하며응전하였다。우리의수륙량면의군사가좌우로 몰격하며 닥치는대로 때려부수나 적병들이 발을 굴르며 통곡할뿐이다。

삼월 륙일에 또나아가 도전하여 포화가 전보다 더욱 격렬하엿으며 진천뢰(震天雷)를 산언덕 적의 진에 내려떠리니 적의 죽은 시체가 산같이 쌓이엇다。이번 싸움에 우리 병선 한척이 이기고 돌아오는 길에 우리 배에 충돌되어 파선하엿다。대저 해전을 시작한 이래 전후 수백척의 적선을 부수고 금번에 다만 이 한척만 처음으로 희생된 것이언마는 공은 이것을 큰 죄로 알고 장계(狀啓)하여 복고대죄(伏藁待罪)하엿다

사월 초삼일에 본영(本營)으로 개선하다。

조-선-을-지-은-이-들

聖雄 李舜臣 (十九)

李允宰

九, 통제사(統制使)의 시대

충무공의 임지인 전라좌수영 곳 려수(麗水)란 데는 자리가 한편에 치우쳐 엇기 때문에 무(武)를 씀수 없으매 달리 옮기겟다고 조정에 청하엿드니 허락이 되므로 진을 한산도(閑山島)로 옮기엇다. 한산도는 거제(巨濟)의 남쪽 삼십리밖에 잇어 산이 바다를 싸고 굽엇는 데 그 안에는 배를 감추어 두기가 좋고 밖에서는 안으로 들여다볼수가 없으며 또 왜선이 전라도를 가려면 반듯이 여기를 경유하게되는 곧이다. 참 훌륭한 군항이다. 후에 명나라 장수 장홍유(張鴻儒)란 사람이 여기를 와서 보고 「어! 참 진터로구나」라고 탄복한일까지 잇엇다고한다.

경상, 전라, 충청 삼도의 수사(水使)를 통섭할 주장(主將)하나 두는 것이 가하다는 조정의 의논이 잇어 충무공이 적임이라하여 그 현직 전라좌수사에 삼도수군통제사(三道水軍統制使)를 겸임하게하엿다. 공은 이로부터 삼남의 수군을 총솔하게 되엇다. 공이 통제사가된후에 경상좌수사 원균(元均)이 본래부터 시긔심이 많은 사람으로자긔가 선진이면서 지금 도리어 공에게 절제 받게되는것이부끄럽다하는 긔색이 잇음을보고 공은 매양원균을대할때에 전보다 더욱 너그럽게 대우하엿다. 한산도의 요해지를 잡고앉아 삼도의 수만명 수군을 호령하니 위엄도 장하려니와 공의 평생 소지를 이루엇다할 것이다. 이제야말로 그잇는솜씨과 잇는 의거를 다 바칠 날이 왓으며 그 잇는 재주와 잇는 용맹을 크게 시험할 날이 왓음이다. 이후로 남해안에는 적의 침범이 없엇다. 여간 잇엇다 하여도 접하여 물아간 것이 하나도 없엇다. 공은 머찌에(陣營)에 진력하여 적을 지압하는 일변으로 또 여러가지 시설이 많엇다. 그것을 대강몇가지만들어보자.

(一) 둔전(屯田)을 설치하고 인민을 받아 경작하게 하엿으며

(二) 고기를 잡고 소금을 굽고 도긔를 만들어 이를 판매하여 군량 수십만석을 장만하엿으며

(三) 동과 철을 채굴 후 구입하여 총포(銃砲)를 주조하며 나무를 비어 전선을 지엇으며

(四) 미곡을 저축하야 군용뿐 아니라 왕실의 급을 예비하며 또 지필, 총포등속을 준비하엿다가 정부에 바치어쓰게하엿스며

(五) 조정에 청하여 진중에서 무과(武科)를 시취하여 인재를 선발하엿으며

(六) 주야로 쉬지않고 군사를 훈련하며 또 항왜(降倭)중에 선사자(善射者)를 택하여 우리 군사로하여곰 그 기술을 배우게하엿다.

이와같이 하기를 얼마가지아니하여 그 부근은 인민이 부유하고 군사가 정예하여 당시 세계에 제일가는 거진(巨鎭)이 되엇다.

조-선-을-지-은-이-들

聖雄 李舜臣 (二〇)

李 允 宰

『한산(閑山)섬 달 밝은 밤에
수루(戍樓)에 혼자 앉아
큰 칼 옆에 차고 진파람 하는 차에
어데서 일성호가(一聲胡笳)는 남의 애를 끊는고』

하는 것은 공이 어느날 달밤에 한산도 수자리집에서 하염없이 시사(時事)를 생각하고 어찌할수 없는 애타는 심서(心緖)를 자아내어 읊은 한수의 시엇다. 또

『水國秋光暮, 驚寒雁陣高, 憂心輾轉夜, 殘月照弓刀』

이라 하는 시도 지엇다. 그대로 번역하면

『수국에 가을 빛이 저므니 추위에 놀란 기러기 떼만 높이 떳다. 시름하는 마음으로 잠못이루워 뭉긋거리는 이밤에, 오스름 달빛이 활과 칼에 빛우이는도다』.

그 얼마나 나라를 근심하는 지극한 정에서 나온뜻인가.

파면이다 공은 몸을맞어버리고 목숨을 내놓고 오직하나 충의로써 생애를 삼는다. 공이 진에잇을때 녀색을가까이 하는일이 도모지 없고 잘때에도 항상 띄를 그르지 아니하며 잠은 매야에 이삼시간밖에 아니 자고 잠이 깨이면 곳 군관을 불러 군무(軍務)에 관한 의논을 하여 밤을새운다. 식사는 조석으로오륙홉의 쌀을 먹을뿐이다. 이렇게 식소사번함이 건강에 크게 방해되리라고 여러사람들은 모도 걱정하엿다.

공은 정신이 또 남보다 갑절이나 더하엿다. 혹시 손으로 더불어 술을 파허 먹고 밤이 깊도록 놀다가 잘지라도 닭이 울면 꼭 일어나서 혹 문서를 열람하며 혹수책(數策)을 강하되 조금도 피곤한빛이 없엇다.

갑오(甲午)년 삼월에 일본하고 강화하려라 하고 명나라 도사(都事)가 와서잇는 적지에 이르러 공에게 이러한 공문을 보내엇다. 『일본이 장차 침병하여 돌아가기로 하니 너는 속히 본처지방으로 돌아가라. 일본 영채(營寨)가까이 잇어 괜히 흔단을 일으키지 말게하라』 공이 이 공함을 보고 분노하여 이렇게 답서를 하여 보내엇다. 『령남 연해가 마비 우리나라 땅이어늘 나더러 일본 영채에 가까이한다 함은 무슨 뜻인지. 또 나더러 본처지방으로 속히 돌아가라하니 본처지방이란 어데를 이름인가. 왜적은 본데 무신하니 강화한다 하여도 믿을수 없다. 나는결심하기를 내가 조선 신자(臣子)인 이상에 맹서코 이 도적으로 더불어 한하늘을 함께 이지 아니하겟노라』 그 추상 같이 열렬한 의기를 이에서 볼것이다.

이때 공이 염병을 얻어 중세가 매우 위중하건마는 하로도 누어잇지 아니하고 시무하기를 보통때나 같이하엿다. 자제들이 좀 조섭하시라고 간청하니 공이 말하기를 『적으로 더불어 맞서잇어 승패가 한숨에 결정될터인데 장수된 자로서 죽지 않고야 어찌 누어잇겟느냐?』 하고 병을 부둥켜안고 열이틀이나 지낫다

조-선-을-지-은-이-들

聖雄 李舜臣(二十一)

李 允 宰

이와같이 공은 그 일신의 려해관계는 권연히 헤아리지아니하고 단순히 국가와 인민을 위하여 일생을 바치려라는 그 붉은 정성을 아는자 몇이나 잇엇든가? 더구나 당시의 사회상(社會相)곳 선조대왕 시대로 말하면 당론(黨論)이 일어나기 시작하여 당파면 당파끼리, 개인이면 개인끼리 서로 넘어뜨리기와 몰아내기를 위주하여 국가와 인민의 휴척(休戚)을 돌아보지 아니하고 사투만 일삼으므로 유혹과 간사, 시기와 질투, 참소와 모함, 공격과 살육 이러한 험악한 공기가 전국에 편만한 이만에 충무공 같은이가 잇엇으니 그 사히하고 서로 용납되지 못하엿을 것은 자연 일일이다. 하물며 공이 백전백승에 공훈이 혁혁하고 일조에 삼도수군 통제사란 뛰어난 지위를 얻엇으니 이런 동료들의 주목의 초점(焦點)이 될 것은 물론이다。 그중에도 수사(水使)원균(元均)하고의 관게를 말하려라。

원균이 충무공의 지위가 자기보다 우에 잇음을 원망하여 항상 자기가 공에게 모함을 입엇다고 되씨우며 후 집에 다닫아 적을 대할 때에도 공의 시키는대로 잘 좇지아니하므로 장차 대사를그르뜨릴념려도 없지아니하엿다 공은 이것이 나 개인보다 국가에 해밋임이 크리라 생각하고 을미(乙未)년二월에는 단연히사표를제출하여통제사의 벼슬을갈아달라 하엿다。그러나 조정에서는 대장을변역할수 없다는 리유로 그사표를 받지 아니하고 원균을 충청병사(忠淸兵使)로 이직시키어버렷다。

원균이 충청도에 가잇는동안에도 밤낫 공을 훼방하기를 일삼으매 그훼방하는말이 나날이 조정으로 올라왓다。그러나공은조금도그것을탄하지도아니하고또원균의단점을 입밖에 내지도아니한다。그런까닭으로 그시의 여론이 모도 원균을 옳다는 편이많고 도리어 공을 넘어뜨리려고 하는자가 잇엇다。

원균의 대에 배설(裴楔)이 경상좌수사로 왓다。 배설은 성질이 매우 거만하여 좀처럼 남에게 사양하는 일이 없엇다。그러나 한번은 진중에 와서 공의 일 처리한 것을 보고 나와서 사람더러 말하기를 「내가 영웅을 이 섬 가운데서 볼줄을 뜻하지못하엿다」하고 탄복하엿다。

조-선-을-지-은-이-들

聖雄 李舜臣(三)

李允宰

十、충무공의잡힘

정유(丁酉)년 정월에 삼도수군통제사 리순신에게 물연히 나명(拿命=逮捕命令)이 나리엇다 너무나 의외엣 일에 놀래지 아니할수 없을 것이다。과거 오년간 赫赫한 파도우에 포연을 무릅쓰고 동서로 분치하면서 적선 수백척을 함몰하고 적으로 하여곰 감히 머리를 처들지 못하게한 충무공이 무슨 죄가 잇는가。그시말슴 이제 말하려랑。『신기하도다。장군의 수전(水戰)이여!』

『리공은 참 천신(天神)이다』

이렇게 적병들이 싸움을 시작할때나 패해 달아날 때에 그천략의 놀라움을 보고 바듯이 공에게 경의를 표하여 하는 말이다。또 어떤 적장은 관백(關白)에게 보고하누글 가운데

『조선의 수군(水軍)은 천하무적이라』고 찬탄하엿다。또 적장들이 모여 앉기만하면

『리통제사만 치어버리면, 아주 거정이 없으리라』

하며 또 수륙 각처에 주둔하여잇는 적군들은 매양 칼을 빼어 멀리 한산도를 가리치며 이를 갈고 우는 소리로

『나의 원수가 저기잇다』

하엿다。이렇게 그들은 우리 충무공을 잠시인들 잊을 배가 잇엇는가。가장 공경하기도 공이며 가장 무서워하기도 공이며 가장꺼리기도공이엇다。그러므로적은밤낮으로 공을 잡으려기에 전심력을 다한 것이다。

이때 원균이 충무공을 원망한다는등 조정에 유력한 대관들이 원균의 말에 우익이 되어 충무공을 미워한다는등 이러한 소문들이 빗발같이적장의 귀에 들어갓다。이것이 적에게 가장 좋은 기회를준 것이다。

적장 소서행장(小西行長)이 공을 잡을 묘한 계교를 내엇다 그것은 간첩(間諜)을 놓아 잡자는 것이다。소서행장은 싸움에 패하여 병신(丙申)년 겨울에 거제(巨濟)에 나려와 잇어 다시 일어날 계획을 채리나 제일 무서운 것이 충무공이므로 먼저 공을 없이하자 하고 이렇게 계교를 낸것이다。그리하야 행장이 그 부하 요시라(要時羅)라하는 자를 경상좌병사(慶尙左兵使)김경서(金景瑞)에게로 보내엇다。

조선을지은이들

聖雄 李舜臣(二三)

李允宰

간첩 요시라가 조선 의복을 입고 조선사람의 행색을하고 좌수영으로 와서 병사 김응서(金應瑞)를 면회하고 류창한 조선말로 믿엄즉하게 여러가지 이야기를 한후에

「조선나라와 일본나라가 벌서 강화(講和)되엇을것을 가등청정(加藤淸正)이 혼자서 반대하므로 되지 못하니 매우딱한일입니다. 어찌하면 조을는지요」

하며 응서의 뜻을살피려한다 응서는

「그러면청정을죽여버리지」한다. 요시라는 인제는 돼ㅅ다 는듯이

「그는 비단령감의의사뿐 아니라 일본서도 그리 생각하는이가 많습니다. 더구나 소서행장(小西行長)이 본대부터 청정과 불화하게지내어 청정을죽이려고 벼르는지가 오랩니다. 그런데 청정이 지금 일본서 다시조선으로 건너오는중인즉 올때에 덤쳐서잡아죽이면 좋겟습니까」

「그러나 언제올는지를알아야지」

「그것은 념려마시오. 청정이 타고 오는배를 우리가잘알수 잇은즉 그때에 제가알아서가리커드리도록 할터이니 령감께서는 통제사(충무공)더러 미리 바다가운데로 나와서청정이 오는것을 기다리고잇게만하시오. 통제사같이 지용이 무쌍한 장군으로 이러한기회에 청정하나잡아죽이기야 무엇이 어렵겟습니까. 일이 성공되기만하면 조선의 원수를 갚을것은 물론이요 소서행장에게도 그런상쾌한일이 없을것입니다. 그리고 조선과 일본두나라의 화의(和議)는 여반장이겟지오」

이 말을 들은 김응서는 입이 다문 것처럼 희불자승하여 곳 도원수(都元帥) 권률(權慄)에게 이 뜻을 갖추어 보고하엿다. 김응서나 권률이나 조정에서나 다적의 간첩요시라의 간교한 꾀에 속아넘어가는 줄은 조금도 생각하지 못하엿든 것이다.

조-선-을-지-은-이-들

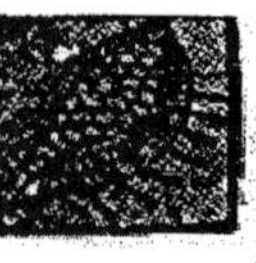

聖雄 李舜臣 (二四)

李允宰

익년 정월에 권율이 한산도로 나려와서 공에게 조정의 명령을 전하고 요시라의 말대로 가등청정을 잡으라 한다. 과연 며칠 뒤에 청정이 지금 장문포(長門浦)로 지나가니 곳 나와 잡으라는 요시라의 긔별이 왓다. 그러나 적의 궤휼한 꾀속에 빠질 공이 아니다. 가만이 두어버렷다. 이때는 청정이 소서행장을 만나서 무슨 약속을 하고 돌아간 때다. 그후에 요시라가 김응서를 보고 말하기를

「청정이 방금 하륙하여 잇는데 조선에서 왜 가만이 두엇습니까」

하며 몹시 분하게 굿는다。

이 일이 조정에 알려지게 되매 왕은 크게 진노하여 적을 놓지엇다는 죄명으로 잡아올리라는 나명(拿命)을 나리고 공이 가졋든 삼도수군통제사의 벼슬은 원균(元均)에게 임명하엿다.

공은 진중에 소유한것 군량미 구천구백십사석과 화약사천근과 기타 군긔 일절을 적다 원균에게 전장하고 정유년 이월 이십육일에 한많은 한산도를 뒤에 두고 도사(都事)에게 압령되어 함거(檻車)로 서울을 향하엿다。

「사도님 사도님! 이때를 가십니까. 저이들을 버려두고 어대를 가십니까. 지금으로부터 저이들은 죽을 길 밖에 없습니다」

하며 연로(沿路) 각처에 남녀로유들이 달려와서 혹은 가마채를 잡고 달라붙으며 혹은 길을 가로막고 업되어서 몸을 비끄며 통곡한다.

이러한 반면에 적진에서는 적군들이 모도 만면희색으로 「통제사가 잡혀갓으니 우리들은 지금부터는 아무걱정이 없다」하고 술잔을 들어 서로 축하하며 큰 경사가 벌어젓다.

이때 도체찰사(都體察使) 리원익(李元翼)이 경상도에 잇다가 공이 잡혀간다는 말을 듣고 빨리 조정에 고하되「적의 꺼림 꺼리는 바가 리순신의 수군이니 순신을 면직하고 원균을 대신하는것이 만만부당하다」고 하엿다。그러나 대간(臺諫)은 공을 잡아다가 국문(鞠問)하기로 주장하며 전현감(前縣監)박성(朴惺)은 공을 사형(死刑)에 처하라고 상소하엿다. 이러한 판세에 리원익의 말 같은것이야 더구나 문제에 걸어보기나 하엿으랴. 리원익은 다만「아아 나라 일이란 인제는 하는수 없다!」하고 한탄할뿐이엇다

조-선-을-지-은-이-들

聖雄 李舜臣(二五)

李允宰

류성룡(柳成龍)이 당시에 령상(領相)의 지위에 잇엇건마는 이 사건에 대하여는 한마디 개구도 못하엿다。 그것은 자긔가 일즉 공을 천거한 혐의도 잇고 또 자긔가 방금 남인(南人)의 령수로 북인(北人)들이 잔뜩 틈을 엿보고 잇는 판거로 이러한 때에 까딱하다가는 자긔의 운명까지 장차 어느 지경에 이를는지 알수 없으므로 이렇게 다만 침묵으로 지날뿐이다。

삼월 초사일에 공이 경성에 도착하여 옥에 가치엇다。 공이 오문을 들어갈 때에 어떤 친한이 하나가 와서 공을 보고

「지금 우에서 진노하심이 대단하고 조정 의론이 심히 격렬하니 장차 어떠한 변이 잇을지 아오? 아아、이를 어찌한단말이오」

하고 눈물을 흘린다。공은 태연한 안색으로

「허、사람의 죽고 사는것이 다 명이 잇으니 죽으면 죽을것이지오」

하고 도루 위로하엿다。

왕께서는 그 일의 진위를 알수 없으므로 사성(司成) 남이신(南以信)을 어사(御史)로 한산도에 보내어 사실하게하엿다。 남이신은 공을 모함할 혐게를 가젓기 때문에 복명(復命)하기를、청정이 건너와서 섬에 걸리어 일헤동안이나 꼼짝부득하고 잇엇거늘 순신이 잡지않고 두어버렷습니다」하엿다。 이날에 김명원(金命元)이 입시하엿다가 이말을 듣고 「왜인이 본래 주즙(舟楫)에 한숙하거든 섬에 걸려서 일헤동안이나 잇엇다는것이 아마 거짓말인가하오」하고 알외니 왕께서 「내 생각에도 그러하다」하엿다。

십이일에 이르러 한번 문초를 밟고 이로써 옥중생활을 계속하엿다。

조-선-을-지-은-이-들

聖雄 李舜臣 (二六)

李允宰

十一、충무공의출옥(出獄)과가운(家運)불행

왕은 충무공의 죄를 정하기 위하여 신하들에게 의논하게 하매 조정신하들중에는 중죄(重罪)를 주장하는자가 다수엿다。그러나 「순신은 명장이니 죽이는것이 불가하오。또 군사상 긔밀(機密)한 사정을 멀리잇는우리로써 헤아리기 어려우려니 그시에 진군(進軍)하지 안는것도 반듯이 무슨 리유가잇엇을터인즉 그런것으로써 정죄하는것이 더욱 부당한가하오 서령 그것을 죄로 본다하드라도 금번에는 용서하엿다가 다유날에 공을세우게 할이가한줄 아오」하는판중추부사(判中樞府事) 정탁(鄭琢)의 말에는 강경히 반대하는자가 별로없고 왕도 그럴것다고 하엿다。사실 충무공의 죄를 정하려하자 죄가 없엇다。공을 미워하는 자들이 모도 떰벼들어 백방으로 귀회하여 죄를 얽어보려고 애썻으나 죄의 끌오러기를 잡아내지 못한데야 어찌하리오。결국 사월 십수일쌔 사(赦)가 나리어 옥중생활 이십팔일만에 공은 옥밖으로 다시 나오게 되엇다。그러나 그 관직(官職)은 다 삭탈되고 다만 백의(白衣)로서 원수(元帥)의 막하(幕下)에붙어 종군하여 전쟁하여공을세운 뒤에야 완전히 죄를 면한다는것이、조건이엇다。곳 요새말로 가출옥(假出獄)인 셈이다。어끄제 의 전라、경상、충청 삼도의 수군을 거느리든 통제사(統制使)의 몸으로써 오늘 이와같이 일개 졸병으로 전장에 나갈줄 어찌 알앗스랴。공은 이렇게 지위가 떨어젓건마는 털어끝만치도 원망하거나 불평하는 긔색이 없고 도리어 국은을 깊이 감격하여 한번 죽음으로써 나라의 은혜를 갚기로 맹서하엿다。충무공은 일적 「서해어룡동、맹산초목지(誓海魚龍動、盟山草木知)」라는 시(詩)를 지엇다。번역하면 「바다를 맹서하매 어룡이 움지기고 산을맹서하매 초목이 알도다」한 것이다。이것으로써 충무공의 큰충성과 굳은긔렴을살피어알것이다。파면어룡이라도 초목이라도 알게되는 그긔렴을 세상에서 아는이 몇인가。국가 이외에는 아무것도 없다하는공으로서야 본대부터 일신의영욕(榮辱)이란것을 헤아릴 까닭이 없엇으나 이때이러한맹서함이 잇음이 옳도다。

조-선-을-지-은-이-들

聖雄 李舜臣 (二七)

李允宰

충무공이 한 죄인의 몸으로 금부도사(禁府都事)와 라장(羅將)에게 압령되어 초조한 행장으로 사월 초삼일에 남대땅으로 향하여 떠낫다。남양(南陽)서 며칠 묵고 십삼일에 길을 떠나 해정(海汀)으로 향하는 도중에 종 순화(淳花)가 배를 타고 와서 임봉서를 전한다。공은 그 향리인 아산(牙山)을 옆에두고 지나가게 되건마는 자유하지 못하는 몸이라 집에 들어가서 오래 그리워하든 로병한 어머니를 한번 뵈올수 없게 되는 것도 답답하고 나 때문에 병환이 되신 어머니를위로하여드리지 못하는 것도 더욱 섧엇든 중이다。공이 급히받아보니 아아 천지가캄캄하다。그것은모친께서지난 십일일에 별세하엿다는 부고엿다。

충무공이 죄인으로 체포되엇다는 말을 듣고 애자지정이 깊은 그모친은 우울중으로 이내 병이 되엇다。본대로쇠하대다가 이렇게 병까지 들엇스니 어찌 회춘할 긔망이 잇기를 바라리오。공이 출옥되엇다는 희보도 들엇지마는 외낙 중태이므로 그만 세상을 떠나고만 것이다。

공의 모친은 애자지정보다도 애국지심이 더욱 많앗다。공이 한산도 진에 잇을 때다。모친이 와서 계신곧에 가서 뵈옵고 그익일에 고별하니모친은 공의 손을 잡고 「애야、네진으로 얼른가거라、아무조록 국욕(國辱)을 씻으라」하는 말을 재삼차나 거듭하여 순순히 훈계하고 조금도 석별하는 뜻을 보이지 아니하엿다。대커 이러한 어머니엇다。

공은 임금에게 충성할뿐더러 부모에게 효도가 지극하엿다 십오년전 공이 훈련원 참군(參軍)으로 잇을 때에 부친을 여의고 다만 홀로 게신 모친을 위하여 효성을 다하엿다。공의 란중일긔(亂中日記)중에는 군데군데 「天只平安、多幸多幸(천지께서 평안하시다니 다행하고 다행하다)」하엿거나 「天只有損節悶悶(천지께서 편치 못하시다니 답답하다)」하엿거나 「天只安候久阻、悶悶(천지의 안부를 오래 못 들엇으니 심히 답답하다)」 하는 구절이 만다。천지라 함은 모친을 말한 것이다。 공은 타일 공성신퇴(功成身退)한 후에 모자가 반가이 만나 손을 마주잡고 왕사를 한번 이야기할이 지극한 원이어든 몸이 이렇게 불행에 빠졋고 또 종신 못하는 배에 사모치는 한을 어찌 말로 다하리오。

공은 압송하는 도사에게 간걸(懇乞)하여 성복한 후 가기로 허락되어 집에 돌아가 성복하고 도사의 독촉으로 십구일에 출발하엿다。 공은 출발함에 다달아 「나라에 충성을 다하엿으나 죄가 이미 이르럿고 어버이에게 효도하고저 하엿으나 어버이가 이미 돌아가셧다」하며 통곡하엿다。이것이 천고에 눈물져울 일이아닌가。

공은 초계(草溪)에잇는 원수(元帥)권율(權慄)의 진에 들어갓다。

조선을 지은 이들

聖雄 李舜臣 (二八)

李允宰

十一、원균의 패사

아아 참아 단낫다. 장성(長城)이무너젓다. 도적이 들어올길을 얻엇다. 해전(海戰)이래로 다만 이김이잇고 한번도 패함이없든 우리수군(水軍)은 여지없이 적에게 대패하엿다. 이것은 묻지 아니하여도 우려가 다 알겟지 마는 그되어온 일을 대강만 말하리라.

원균(元均)이자기 소욕대로 충무공을 대신하여 삼도수군통제사가 된후로 군중의 약속을번개하고 장교를 파면하며 충무공 때에 군사회의실로쓰든 운주당(運籌堂)에기생(妓生)들을 모아두어 겹겹이울타리를 둘러막고 그 안에서 밤낫 술 취하기와 놀음놀이를 일삼으며 걸핏하면군사나 장교들을 잡아다가 초달하고 가두니 원 군중은 모도 이반할 마음을 먹어 대장의 명령을 받들지 아니하게되엇다.

적군은 요시라(要時羅)의 계획이 순조로 성공된것을한량없이 깃버하여 이 기회에 한번 단단히 설치를 하기로 준비하엿다. 그리하여 칠월에 다시 대거침입하게된것이다.

칠월 오일에 원균이 부산동지인 칠천량(漆川梁)에서 적선과 싸우다가 쫓기어 한산도로 물러왓드니 원수(元帥)의 독촉하는 명령에 못견되어 다시출전하기로 되어 칠일에 절영도(絶影島)앞에 이르니 풍랑이 심하고 천일이 회암하여 갈곳을 모르며 더욱이 군졸이 해이하여 백여척의전선은 각기좌로 우로질서없이 진행하엿다. 적이 이것을보고좌우로유인하여 몹시 피곤하게한뒤에 엄습하여치니 우리군사의 사상자가 수백명이요병선의 격침된것도 많앗다. 원수가 원균을불러 엄책하고다시 진군하게하엿드니 십륙일에 또 적에게 대패하여 원균이 몸으로 내려달아 나다가 적병에게 맞아죽엇다. 이번 싸움에 장수의죽은자가 많앗다. 그중에 가장아까울것은 충무공과 달고쓴것을 한가지하든전라좌수사 리억기(李億祺)가 전사한것이다. 충무공이 옥에 갇힘을때에 사람을 보내어 공을 위로하여 울면서 하는 말이 『우리 수군이 오래지 아니하여 패하고말것이니 우리는어데서 죽을지 모른다』 하엿다. 그러드니 이번에 패하게되므로 분하여 물에 빠저 죽은것이다.

적군은 파죽지세로 빨리 서으로 몰아가 한산도를 함락하고 남해(南海)、순천(順天) 여러 고을을 점령하니 경상 전라 연해안이 왼통 적군되 천지로 되엿다.

조-선-을-지-은-이-들

聖雄 李舜臣 (二九)

李 允 宰

우리 수군이 몰패되엇다, 통제사 원균이 패사하엿다. 전라좌수사 리억기와 충청수사 최호(崔湖) 및 그밧게 여러 장수가 많이 전사하엿다하는 전갈을 듣기는 칠월 십팔일 새벽이엇다. 공은 이를 듣고는 불갓이 타오르는 애닯고 분개함을 누를수 없어 소리를 놓아 통곡하엿다. 영웅의 울음소리가 새벽 공기를 깨트린다. 조금후에 원수(元帥)권률(權慄)이 허둥지둥찾아왓다. 공은 눈물을 씻고 맞아들이엇다. 권률이 창백한얼골로

「아아 일이 이 지경이 됏으니 어찌한단말이오」

하고 묻는다. 인케는 충무공밧에는 아무데도 믿을데가 없다고 생각하엿든것이다. 공이 대답하기를

「그새에 어찌된 형편을 잘알수없으니 우선 가서 적병의 형세를 한번 살펴본뒤에 방책을 작정하겟소이다」

하엿다. 권률이 이말을 듣고 깃버하여

「일이 매우 급하니 아무조록 좋을대로 하오」

하고 돌아갓다.

공은 즉시 군관 칠팔인을 데리고 적의 정세를 살피는 길로 떠낫다. 그 이틀 십구일에 비를 맞아가며 단성(丹城)고을 동산산성에 올라 형세를살피고 진주(晋州)곤양(昆陽)에 이르니 관민들이 모도 나와보며 통곡한다. 금번에 대한 까닭을 물으니 모도 눈물을 뿌리며 「대장이 적병을 보기만하면 달아나기부터 먼저하엿소」고 대답한다. 공은 가슴에 맺히는 비분(悲憤)을 이기지못하엿다. 밤에 거제(巨濟) 선상(船上)에서 머물새 그 고을 원과 이야기도하며 이것저것 생각하느라고 한잠도 못 자고 밝히엇으므로 안질(眼疾)을 얻어 몹시 고민하엿다.

팔월초오일에 옥과(玉果)에 이르니 피란하는사람이 길에 가득찻다. 공이 말게 내려이 민을 개유하엿다. 거기서 송대립(宋大立)을 보내어 적병의 형세를 탐지하라하고 순천(順天)을 향하여 떠나 초구일에 락안(樂安)에 이르니 병사(兵使)는 도망하엿고 백성들은 산지사방으로 흩어젓다. 여기뿐아니라 도처 각군에 군수,현감은 다 도망하고 백성들은 피란하며 관아와 창고와 민가와 곡식은 모도 불에 타서 재투성이가 되어 만목처참이 극하엿다 공이들어온다는말을 듣고 백성들이 고을서 오리밧까지 나와 맞으며 아우성을 치며 운다. 거기서 다시 보성(寶城)으로향하는데 남녀로유를 물론하고 길 좌우에 버려선것이 십리나 뻐치엇다. 백성들은 쌀이며 된장 같은것을 바구니에 담아가지고 와서 서로 앞서기를 다투어 갓다드린다. 공이 받지 아니하면 울면서 억지로 받게한다. 어! 인민의 구주(救主)로다!

조-선-을-지-은-이-를

聖雄 李舜臣(三〇)

李允宰

十三, 충무공의 통제사 재임(再任)

공이 적의 정세를 살피러 다니는 도중에 통제사(統制使)를 복직한다는 명령을 받앗다. 그 몸에 아직 죄명을 벗지 못하고 백의종군(白衣從軍)으로 잇는 공에게 이러한 은명이 나리기는 뜻밖이다.

조정에서는 팔월 초삼일에 한산패보(閑山敗報)를 듣고 크게 놀랏다. 왕이 곳 신하들을 불러서 이번에 패전한 연유와 선후책에 대하여 물엇다. 신하들은 모도 어리둥절하며 말할바를 몰랏다. 그중에 경림군(慶林君) 김명원(金命元)이 나서며

「이번 일은 다 원균(元均)의 죄인줄 아오」

한다. 신하들중에는 원균의 우익이 많앗건마는 이때에는 원균을 위하여 변명하는자 하나도 없엇다. 병조판서 리항복(李恒福)이 또 나서며

「신의 생각도 그러하오」

한다. 왕은 다시 묻기를

「원균은 이미 죽엇으니 그후임으로 가합할자 뉘 잇을가」

할때에 두 대신은 합사하여

「리순신이온」

하고 알외엇다. 왕은 죽시 교유서(敎諭書)를 나리어 공에게 통제사를 임명한것이다 공은 이로부터 또 충청, 전라 경상 삼도의 주사(舟師)를 거느리게 되엇다.

공이 이 명령을 받고 흩어진 군사를 거두어모으매 보성(寶城)까지 오는 동안에 일백이십명을 얻엇다. 장정들은 공이 다시 온다는말을 듣고 깃버뛰며 그처자들더러

「우리 통제사가 오셧단다. 인제는 너이들은 죽지않겟으니 아무념려 말라. 나는 곳 가서 통제사를 따르리라」

하고 와서 따르는자가 많앗다

회령포(會寧浦)에 이르러 남은 병선을 모으니 열척 밖에 없엇다. 전라좌수사 김억추(金億秋)를 명하여 병선을 수집하며 제장을 분부하여 거북선(龜船)을 수리하게 하엿다. 공이 또 제장을 불러 언약하여 말하대

「우리가 다 같이 왕명(王命)을 받앗거늘 의리상으로도 죽어야 옳을지라. 일이 이지경 되엇는데 우리가 어찌 국가를 위하여 한번 죽기를 아끼리오. 이제로는 우리가 죽은뒤에야 말것이다」

하니 제장은 이 말에 크게 감동하여 느껴우는자가 많앗다

조선을지은이들

聖雄 李舜臣(三一)

李允宰

공은 옥중의 고생으로 상중의 애통으로 려로의 험난으로 신체가 쇠약할대로 쇠약하엿다。더욱 이때는 병나기 쉬운 하절이라 공은 어느때든지 몸을 돌아보지 아니하는 까닭에 이지음은 몸이 쇠약해진것도 생각지 아니하고 과도히 심려함이 되어 곽란(霍亂)에 걸리엇다。 그거를 자유로 하지못하고 불성인사하는 위중한 지경에 이르럿다 그러나 공은 시각이밧브다하야 강잉히 그무거운몸을 쓰을고 란포(蘭浦)에 도착하엿다。

이십팔일에 적선 여덟척이 불의에 들어와 덤치려하엿다。공이 라팔을 불고 기를 두르며 그들을 향하야돌진하니적선이 겁내어 달아낫다。구월칠일에 또 적선 십삼척이 우리 배를 향하야 들어오는 것을 공이 맛아 처서 멀리 쫏아버렷더니 밤중에 적선이 또 들어와 총을 놓으며 위엇을 보이므로 공이 군사들로 옹포하게 하니 적이 할수 없옹을 알고 다 도망하얏다。

때는 늦은 가을 추위가 점점 닥쳐오는데 군사들은 입을 옷이 없어서 걱정이다。마침 이때 피란선 수백척이 포구에 대어잇엇다。 공이 그 피란민들을 보고 「지금 적선이 왼 바다에 깔려잇거늘 너이들이 여기 머물러잇음은 무엇하려함인고」 하고 물으니 모도 「우리가 삿도님을 기다리고 여기 머물러잇습니다」 고 대답한다。공이 「너이들이 내말대로 하면 살아날 길이 잇으려니와 그렇지 아니하면 다 죽으리라」 하니 여러사람이 일제히 머리를 숙이며 「삿도의 명령이면 무엇이든지 다 복종하리다」 「지금 군사들이 귀한이 박두하여 다 죽을 지경인데 어찌 적병을 막을 도리가 잇으리오。너이들이 쓰고 남은 의복이나 량식이 잇거든 지금 이 군사들을 구원하여주면 적병을 멸할 것이며 너이들도 죽음을 면할 것이 아니냐」 하니 여러 무리들이 다투어 가며 옷과 쌀을가져와서 산덤이같이 쌓이엇다。군사들은 새로이 생기를 내엇다。우리의 얼마되지안는 병선으로써 적의 큰세력을 대항하기어려우리라하여 여러 장수는다 배를 내버리고 뭇지에올라적군을 방어하자고 주장하는자가 많앗으나 공은 듣지아니하엿다。또조정에서주사(舟師)가 심히 외로워적을 대적하기어려우리니 뭇지에 옮기어싸우라는 명령이 잇엇다。공이장계를 올리어 말하되「임진년으로부터 지금까지 오륙년간에 적이 량호(兩湖=全羅道와忠淸道)에 바로범하지못함은 주사(舟師)가 그 목을 받고 잇엇든 까닭이라。지금에 신이 전선 열두척을 가졋으니 죽을 힘을 내어 싸우면 될수잇겟거늘 만일 지금에 주사를 전폐한다면 적이 필연 전라도서편을 돌아 한강까지 밋어오리니 이것이 크게 념려될바라。병선의 수는 비록 적으나 신이 아직 죽지 아니하엿으니 적이 우리를 경모하지못할것이라」하여 거기를 떠나지 아니하엿다。

조-선-을-지-은-어-른-들

聖雄 李舜臣 (三二)

李 允 宰

十四、명량(鳴梁) 대해전

공이 겨우 열두척 되는 병선으로 우수영(右水營)앞에 옮겨진치고 제장을 불러모아이렇게 약속하엿다。「병법에 이르대 죽기를작정하면 살고살기를 작정하면 죽는다하엿고 또 한사람이 길을 당할지라도 족히 천사람을 두렵게한다하엿으니 바로 우리의 지금당한일을 두고 한말이로다。너희 각 제장은 살기를 마음에 두지말지어다。조금이라도 명령을 어기는자잇으면 맛당히 군률을 시행하리라」재차삼차로엄히 약속하엿다。

구월 십륙일이다。일은아침에 적선이 수없이 들어온다는말을듣고 즉시 제장을거느리고 바다 가운데로 나갓다。적선 삼백삼십여척이 달려들어 우리배를 에워쌋다。제장은즈파불적(衆寡不敵)으로모도회피할생각을하며 우수사 김억추(金億秋)는 어느새멀리자러를숨기엇다。공이앞을향하여 돌진하며 각군사를시키어 철환을 란사하니 적병이감히 달겨들지못하고 약간 물러갓다。그러나 우리 배가 적선에게 수십겹이나 에워싸이어서 형세가자못 위급하엿다。제장은 락심천만으로 얼굴빗이 변하엿다。공이 웃는 얼굴로 제장에게 말하기를

「저 적병이 비록 수천척의 배로 오더라도 우리 배를 당할수 없오리니 부대 마음을 움지기지 말고 사격에나 잔력하라」

하엿다。어허 용감한 말이로다! 단지 열두척의 잔폐한 배로 삼사백척이나 되는 적선을 대적하겟다는 것이 말만 하여도 엄청난 일이 아니냐。제장은 공의 이 말에 감동하여 용감스레이 귀를 날리고 적을 향하여 달려갓다。

이때 여러 백성들은 출무꾼의 전술이 신긔함을 한번 보려고 수백리밖에서 온자가 많앗다。오늘 대해전에 백성들이 높은 산에 올라 구경하는자가 수백명이다。장쾌하다! 산상에는 관전자의 응원하는 소리, 해상에는 군사들의 고함소리와 총소리。천기를 울리거렷다。차차 승패가 어떠할고。

조-선-을-지-은-이-들

聖雄 李舜臣 (三)

李允宰

열두척의 배가 표요히바다우에 나설때에 왼 바다에 가득이 차잇든 적선이 일시에 몰아와서 에워싸며 급시에구름에 묻히고 안개에 가리운듯 그 형체도 볼수없고 다만 칼날이 번개같이 공중에 번적거리고 포성이 우뢰같이 바다를 울릴뿐이다。이 광경을 본 산우에있든 관전자들은 「우리가 어떤게 오기는 오직 롯케사만 믿엇음이러니 지금에 이지경이되엇으니 우리는 어데로 돌아간단말이냐」 하며 서로 잡고통곡하엿다。한참 지난 뒤에 천지가무너지는듯한 큰 소리가 나드니 롯케사의 독전기(督戰旗)가 공중에 펄펄 날리며 우리 배 열두척이 해상에 나타나고 적선 수백척은 그림자도 볼 수 없엇다。관전자들은 모도 뛰고 춤추며 만세 소리는 천지를 진동하엿다。

우리 수군이 거번에 패한 뒤로 마음이 죽은 재와 같아서 적군을 보면 달아나기를 예사로 알앗다。오늘 싸움에도 중군장(中軍將) 김응함(金應諴)과 거제현령(巨濟縣令)안위(安衛)가 배를 물려 물러가므로 공이 배머리에 서서 소리질러

「안위야 네가 군법(軍法)에 죽을려느냐。네가 군법에 죽을려느냐。네가 달아나면 살 줄 아느냐」

하니 안위가 황망히 대답하기를

「감히 죽지 않겟소오리까」

하고 적진을 바로 향하여 들어갓다。공은 또 김응함에게

「응함아 네가 중군이 되어 멀리 피하여 가면서 대장을 돌아보지 아니하니 네 죄를 용서할수 없다」

하고 곳 행형(行刑)하려다가 적이 막 몰아들어와 심히 위급하게 되므로 놓아주어 나가 싸우게 하엿다。적선 세척이 안위의 배 뒤에 붙어서 따라오는 것을 공이 몰아 쳐서 다 부수어버리니 적의 기운이 꺾이엇다。아군이 죽을 힘을 다하여 싸우는데 날오는 새와 같이 적선의 속으로 돌며나며 충돌하여 단화에삼십여척을 쳐어 부수니 적군의 빠저죽은자가 사오천명이며적의 용장 마다시(馬多時)도 이때 잡혀죽엇다。적은 크게 땅패하여 에옹을 품고 멀리 도망하여 다시는 우리군사에게 가까이하지 못하엿다 거기는 수세(水勢)가 심히 험악하므로 당사도(唐笥島)에옮기어 진치엇다。이 명량(鳴梁)해전은 넌전한산 (閑山)해전 이후 제일큰 싸움이다。

따 이일에 외도(外島)에 이르나 피란선 삼백여척이 와서 맞으며 치하를 드리고 백성들은 정성껏 곡식이며 방이며 잇는것을 다갓다 드려고 친신같이 우럴엇다。

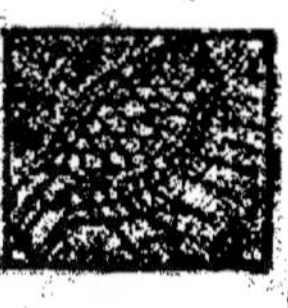

조-선-을-지-은-이-들 2

聖雄 李舜臣 (三四)

李允宰

민족을 위하여서는 몸을잊고 국가를 위하여서는 집을 돌아보지 아니하는영웅의 기개언마는 이때금당하는 가정의비보(悲報)를받을 때 얼마나마음이 아프고뼈가 저리는적이 잇엇든가 매고를당하고 신세의 불행을 한탄하다가 금번 명량(鳴梁)해전에 대승첩을 얻으므로 적이 마음이 스스로 위로되든 차에 또 사랑하는 아들의부음(訃音)을 받앗다。

적병이 명량에서 대패한후에 절치부심하며 이를한번 보복하려고 충무공의고향인 아산(牙山)으로가서 민가에 불질르고 인명을 살상하엿다。충무공의 끝아들로 당년이십일세인 청년용사 리면(李葂)이 의분에 참지못하여 단신으로 뛰어나와 칼을 둘려적병 세명을베어죽이고 기력이 다하며 마침내적의칼에 맞아죽은 것이다。

리면은 담략이 잇고 말타기와 활쏘기를 잘하며 그 성격이 아버지와 흡사한 점이 많으므로 공은 여러 아들가운데 제일 사랑하엿으며장래에 국가를 위하여서도 소망이 두터웟섯다。공의게 오늘 이러한 흉변이 잇엇을 줄이야 어찌 뜻하엿으랴。공은 비통함을 이기지 못하여 실성통곡 할줄 깨닫지 못하엿다。

공이 라주(羅州)보화도(寶花島)에 거상하고 잇다가 왕께서 종권(從權)하라는 교지가 잇으므로 이년 이월 십칠일에 고금도(古今島)로 이진(移陣)하엿다。여기는 전라도 바다어구에 제일 요해지로 섬안에 산악이 중첩하고 결에 넓은 농장이 잇엇다。공이 농민을 뽑아서 거기서 경작하게하니 인민이 각처로서 모여들어 몇달되지 못하여 민가가 수만호에 달하엿다。

조-선-을-지-은-이-들 2

聖雄 李舜臣 (三五)

李允宰

十五, 명장(明將) 진린(陳璘)의 옴

명나라의 구원병이 전후수차로 조선에 들어왓으나 별신롯한수도 없이 실패하고 돌아갓드니 이제와서 명나라에서는 일본군을 소탕한다하고 수륙 량방면으로 다시 들어오게 되엇다. 마귀(麻貴)는 동녀길로 들어서 울산 잇는 가등청정(加藤淸正)을 치고 동일원(董一元)은 가운데길로 들어서 사천(泗川)잇는도진의홍(島津義弘)을 치고 류정(劉綎)은 서녁길로 들어서 순천(順天)잇는 소서행장(小西行長)을 치고 진린(陳璘)은 수로로 들어서 적의 수군을 격파하기로 하엿다. 이렇게 되어 명나라장수진린은 수군도독(水軍都督)이란직함을 띄고 군사오천명을 거느리고 무술(戊戌)년칠월십륙일에 고금도(古今島)로나려와서 통제사의 군사와 련합하게되엇다 진린은 본래 성질이독살스럽고 심술궂은 자로 자긔본국인명나라에서도 같은 반열의장수들과 잘지내는 일이없엇거든 더구나 언어와습속이다른 타국의 장수와 의견이서로융통될리가 만무하다. 만일 이두장수사이에 뜻이 한번틀려어 피차에 결렬되는날이면군사상 여간타격이 아닐것이요 적에게 패할것도 정한일이다 그러므로 조정에서는이를크게 염려하여 왕께서 공에게 진린을 특별히 후대하고 조금도 감정을 상치 말게 하라는 교지(敎旨)가 나리고 또 령상(領相)에게로부터 진린을 잘 사귀라는 서간이 왓다 이것 아니라도 공은 모를리가없다. 개인의 감정으로 말미암아 국가의 위급을 잠시도 잊을수 없는 것을 알며 임시의 혐긔를 참지 못하여 권도의 큰일을 조금도 상할수 없다는 것을 안다. 공은 심중에 발서 이미 작정한 바이 잇엇으니 조정에서 그러한 국책 같은 것은 아무 소용이 없는 것이다.

공은 진린의 군사가 온단 말을 듣고 군사들을 시켜 사냥하고 고지잡게하며 사슴과도야지와 어물을 쌓하두며 천여독의 술을 빚어두고 그 오기를 기다리엇다. 진린이 올때에 위의를 갖추어 멀리 나가 맞으며 큰 잔치를 배설하야 군사들을 먹이엇다. 진린은 매우깃버하야 극구칭도하며 군사들도 모도 술이 대취하야 서로 돌아보며 「이렇게 훌륭한대장은 과연 오늘 처음 보겟다」 고칭 송이자자하얏다.

조-선-을-지-은-이-들 2

聖雄 李舜臣(三六)

李允宰

얼마뒤에 명나라군사들이 민간으로 돌아다니며 백성들의 재물을 략탈하여 폐해가막심하엿다。그러나 그때명나라 군사를 소위천병(天兵)이라 하여 함부루 건데렷다가는큰 일이요 도독(都督)진린(陳璘)은 이를보체만체내버려둔다。가만이두자니 백성들이 못견딜것이요 이를 간섭하자니 진린과 서로뜻이상할지경이라 백성 사랑하는마음이지극한 충무공은 다만마음만태울뿐이려니 하로는 군사와백성에게 명령하여 그근처의가옥을 훼철하고 자긔의의복과 침구를 다 배가운데로운반하라하엿다。진린이 곧곧이 집을헐며 짐을 옮겨가는광경을 보고 괴이히너겨 공에게사람을 보내어 무슨일이생겻느냐고 물엇다。공이 대답하기를

『귀국 군사들의로략질이심하여 백성들이 견딜수가 없어서 다른집을 헐고이곳을떠나 다른데로 옮겨가는것을 냅두어찌한단말이오。내가여기잇는것은 다만백성을 위함인데 백성들이 다 흩어지면내가무엇하려 여기에 잇겟소。그러므로 나도지금 떠러도망갈채비를 하는중이오』

하엿다。진린이 이 말을듣고 깜작 놀래어 공의처소로달려와서 공의손을 잡으며

『당신이 어데로가신다니정말이오? 나를버리고가시면내가 누굴데리고 적을막아내겟소』

한다。공이대답은듯이 눈물을 흘리며

『패방(弊邦)이 우중침년간 병화속에 잇어 우리의 성읍이 헐리고 우리의 인가가 타버리고 우리의 인민이 화란에서 건져내는것이 살상되고 우리의 재물이 분탕되어 뼈끝에 사모친 원한을 어찌 참아 말하리오。만번 죽드라도 국가와 민생을 이 화란에서 건져내는것이 옳을 일이요 또 장군이 폐방을 위하여 먼길에 구원하러오셧는데 이제 장군을 하직하고 가려하니 사람의 도리가 아니지오마는 귀국 군인들이 도처에 작폐하여 백성들을 못살게굴으니 내가이것을 참아 볼수 없어서 가려한것이지。다른 뜻은없소』

하니 진린이 부끄러워 얼굴이 붉어지며

『이후로는 군사를 엄히 단속할터이니 조금만 참으오』

『아니오。장군이 아무리 명령하시기로 군인들이 밖에나와 작폐하는것을 일일이 살피실수 없으리니 소용없는 일로 아오。장군이 만일 허락하시겠다하면 할 말이 잇소』

『무엇이든지 하란대로 하겟으니 빨리 말하오』

『장군이 만일 내게 편의를빌려서 징치하게하시면 량국의 군사와 백성이 서로 화평케 되리다』

『그러하시오』

하고 곳 허락하였다。이후로 명나라군사중에 범행하는자가 잇으면 잡아다가 엄히 치죄하니 명나라군사가 충무공 겁내기를 진린보다 배나더하여 민간의 폐해됨이 일소(一掃)하였다。

조-선-을-지-은-이-들 2

聖雄 李舜臣 (三七)

李允宰

칠월 십팔일에, 적선 백여척이 록도(鹿島)로 침입한다는 말을 듣고 충무공과 도독 진린이 각기 전선을 거느리고 나갓다。금당도(金堂島)에 이르매 거기에 적선이 다만 세척이 잇다가 우리 배 오는 것을 보고 즉시 도망하여 달아낫다。공과 진린이 한가지 밤을 새어가며 돌아올새 적선이 또 거기로 돌어올 것을 념려하여 록도만호 (鹿島萬戶) 송여종(宋汝悰)을 거기 머물어두어 병선 여덟척으로 절이도(折爾島)에 잠복 하여 잇게 하엿으며 진린의 병선 삼십척도 거기 갈이 잇어 적을 방비하게 되엇다。

이십사일에 공이 도독 진린을 청하여 운주당(運籌堂)에서 큰 연회를 열엇다。술이 취하여 한창 흥이 날판에 진린의 부하 천총(千摠)이 벽이도로부터 돌아와서 적정의 보고를 하려한다。진린은 무슨 반가운 소식이나 잇을가 하여

「응, 어찌됏서」

「오늘 새벽에 적선 여섯척이 들어오는 것을 다 잡앗삽고 적병 일흔두놈을 베엿습니다」

「어, 장한 일이다。그때 이번 공에 운자가 누구누구야」

「그것은 모도 조선수군이 한 것입니다」

「응, 그러고 너이들은?」

「풍세로 인하여 진격 나서지 못하엿드니 그새 조선수군이 다 잡고말앗습니다」

진린은 눈을 부릅뜨고주먹을 불끈쥐며

「저놈을 끄어내어라。죽일놈들갈으니」

하고 술잔을 집어던지며 와서 상을 차버린다。그 재미잇든 연회석은 그만 파홍이되고말앗다。

공은 진린의 속뜻을알고 온화한 안색으로

「로야(老爺)가 명나라의대장으로 우리나라에와서 칼을갈이하여 왜적을 토멸하려하려거든 우리군사의 승첩이 곳 로야의승첩인즉 금번에 얻은바 수공(首功)은 의례이 로야의것으로 하여야 당연할일이외다。그런데 로야가 여기 오신지 며칠이안되엇는데 금번 전첩을 귀국 황제에게 주달하면 대단히 생광이되지않겟습니까」

하니 진린은「금시에 노기가 풀리고 희색이 만안하야 공의 손을 덕 잡으며

「내가 우리나라 있을 때 당신의 명망을 높이 들엇드니 오늘 보니 과연 들든 말과 갈소」

하고 술잔을 들어 공에게 술을 권하며 왼종일 서로 즐기어 놀앗다。

공은 송여종(宋汝悰)이 도려는 얻은바 왜선 六척과 적군의 머리 여쉰아홉두를 진린에게 보내주엇다。송여종이 자긔의 공을 빼앗김을 외통히녀기어 하소하는 것을 보고 공은

「이사람아 그까진 썩은 고기덩이를 명나라사람에게 주는 것이 그래 아까운가。자네의 공은 따로 잇네 염려 말게」

하니 송여종이 그 말에 크게 감복하엿다。

조선을 저은 이들 2

聖雄 李舜臣 (三八)

李允宰

진련(陳璘)이 군중에 오래 잇으면서 충무공을 겪어보니 군사를 지휘하는 것이라든지 전투의 계획을 정하는 것에라든지 철철이 흠복할만한 일이 많으며 자긔의 병선이 비록 많다하드라도 도저히 적을 대적할수 없음을 알며 싸움할 적마다 판옥(板屋=큰배)에다가 자긔를 태워주며 군무상에 대소사를 몬하고 일일이 자긔에게 자문하고 왼갓것을 다 사양하여말긴다. 그러므로 진련은 공을 더욱 존경하여 대하여 말할때면 반듯이 리야(李爺)라고 불럿다. 진련이 공을대하여 말하기를

『당신은 소국의 인물이 아니니 만일 중국 가서 벼슬하고보면 천하대장이 될터인때 어찌 여기서 이렇게 지내겟소.』하며 여러번 권고하는 일까지 잇엇다. 또 천조대왕께상서하는글가운데에도 ― 『리모는 경천위지(經天緯地)의 재주와 보천욕일(補天浴日)의 공훈이 잇다」고하엿다 진련 같이 교오하고 시긔심이 많은 자로써 이렇게 공에게 경의를 표하는 것은 과연 의외엣 일이며 공이 얼마나 사람을 감복시키는 위력이 잇음을 알것이다.

구월 십오일에 각처에 잇는 적장이 모도 순천(順天) 소서행장의 진으로 모이엇다.

공은 얼핏 적병이 철귀(撤歸)하려는 것을 집작하고 생각하기를 저 천고의 수적을 어찌 그냥 살려보내리오 하고 진린과 함께 전선을 거느리고 좌수영(左水營)앞을 지나 어십일에 순천 예교(曳橋)에 이르럿다. 여기는 바로 소서행장의 진앞이라 군사로 그 앞을 벌려놓아 적군의 물아갈 길을 막고 군사를 보내어 장도(獐島)를덥치어 적군의 쌓아둔 군량을 다 빼앗아왔다.

어십일일에 공이 남해 현감 류행(柳珩)등을 보내어 적진을 깨뜨리고 적병 여들명을 죽이고 돌아왔다. 이날에 명나라 륙군제독(陸軍提督) 류정(劉綎)이 묘병(苗兵)일만오천명을 거느리고 와서 예교 북편에 진치엇다.

십이월 초이일에 륙군과 함께 적군을 치기로 약속하엿으나 륙군제독 류정이 나와 싸우지 아니하므로 진련이 분함을 이기지 못하엿다.

조선을 지은이들 2

聖雄 李舜臣(三九)

李允宰

十六, 로량(露梁) 해전과 충무공의 전사

일본은 이번 전쟁의 주동인 풍신수길이 죽엇다. 그 나라에서는 다시 전쟁을 계속할 힘이 없을 것을 알고 조선안에 잇는 일본군사를 전부 걷어서 돌아오라는 명령이 잇은 것이다.

충무공과 도독 진린은 이때에 합력하여 군사로 장도(獐島)를 막고 잇어 적군의 물아갈 길을 끊어버리고 나날이 몰아붙어가 련전련승하니 적군이 크게 곤경에 빠져서 올짝할수 없고 필경에 다 죽는 길밖에는 다른 길이 없엇다.

적장 소서행장(小西行長)은 궁여일책으로 한 계교를 내어 명나라 제독(提督) 류청(劉綎)에게 가만이 사람을 보내어 뇌물을 주고 물아갈 길을 비켜달라고 간걸하얏다. 류청이 그 많은 뇌물에 욕심이 일어나서 그리하겟다고 허락하고 즉시 진린에게 소서행장이 방금 제나라로 물아가려하니 가는길을 막지 말자고 청하엿다 소서행장은 인제는 됏다 하고 마음을 놓고 떠나갈준비로 우선 병선 열척을 발하여 장도 앞으로 내보내엇드니 충무공과 진린의 군사가 쳐서 파하고 군사를 다 죽여버렷다. 소서행장은 그 계교가 그만 실패에 돌아간것을 분하여 류청에게 그 무신함을 책망하엿다. 류청이 대답 하기를 「아, 일은 내 마음대로 하는것이 아니니 진도독(陳都督)에게로 화의(和議)를 청하여 보란」하엿다.

소서행장은 다시 은화(銀貨)와 보검(寶劍)으로 진린에게 보내며 물아갈 길을 비켜달라고 간곡히 청하엿다. 진린은 본대 탐욕이 많은 자로 여기에 눈이 번쩍 뜨여서 그리하겟다고 쾌히 허락하고 충무공에게 그 길을 내어주자고 강권하엿다. 공은 벌서 진린이 적장에게 팔린 것을 짐작하엿든지 「그거 안될말이오. 대장으로서 화친을 주장하는 것이 옳지못한 일이요 원수를 놓아 보내겟단 것이 더욱 옳지 못하거늘 각하가 어찌 함부루 이런 말을 내시오」하여 강경히 반대하니 진린은 이 말을 듯고 부끄러워서 아무 말도 못하고 말앗다. 후에 진린이 소서행장에게 말하기를 「내가 리통제사(李統制使)에게 화친을 청하랴거기서만 허락이 된다면 너이의 소원대로 될것이다」하엿다. 소서행장이 다시 총검과 보화를 충무공에게로 보내고 애걸하엿다. 공은 그것을 보고 말하기를 「임진년 이래로 우리가 적군에게로부터 빼앗아온 총검과 보화만해도 이루 다 쓸수 없겟는데 이따위 것은 아무대도 소용이 없다. 다만 우리가 보화로 삼는 것은 적장의 머구리다」하여 굳이 물리쳐 받지 아니하엿다.

조-선-을-지-은-이-들 2

聖雄 李舜臣 (四〇)

李允宰

진린이 한번은 공을 보고

『내가 잠깐 여기를 떠나먼저 남해(南海)로 가서 적을 치고 오겟소』

한다. 진린의 이 말은 어대까지든지 소서행장의 달아날 길을 열어주자는 뜻이다. 공이 대답하기를

『남해에 잇는 사람은 죄다 사로잡힌 사람들 뿐이오 왜적이 아닌데요』

『그렇지마는 그들이 이미적에게 붙엇으니 적과 일반이 아니오? 거기 가면 내가 그다지 큰힘 들이지 않고도 죽이기는 많이 할터이니까…』

『허, 그게 무슨망녕의 말슴이시오. 장군이 귀국 황제의 명령을 받아가지고 우리나라로 오실때에는 다만 적을 토멸하고 우리 나라의 인명을 구하자는 뜻인데 지금와서 그것을 생각지 아니하고 도리어 우리 백성을죽이려고 하시니 이것이 귀국 황제의 본의를 저버리는 일이 아닌가 하오』

진린은 이 말을 일종 자긔를 모욕하는 것으로 알아 크게 분노하여 허리춤에서 장검을 번쩍 빼어들고

『이 칼은 황상께서 내게 나려주신 것이오. 모르오?』

하며 공갈한다. 공은 태연자약한 얼굴로

『죽이오. 한번 죽는것이야 그다 아깝지 안소 마는 내가 대장의 몸으로서 단연코 적군을 놓아주고 우리백성을 살육하라 할수는 없소』

이와같이 주고받고 한나절이나 언힐하다가 필경은 진린이 공에게 사과하고 말앗다.

애초에 이 문제를 내는 것도 진린의 본뜻이 아니오 적장 소서행장으로부터 그리하라고 시킨 것이다. 비단 진린에게뿐 아니라 충무공에게도 사람을 보내어 말하기를

『조선 수군이 명나라 수군과 웨 한곧에 잇을고』

하니 공은 이 말을 듣고

『어, 주제넘은 놈들같으니. 남이야 어떻게하고 잇든지 무슨 상관이야. 우리네의 하는일을 적의 알배가 아니어든』

하엿다.

소서행장은 속이 탈대로 탓다. 돌아갈 시각은 밧본데 뭍지에는 류정의 군사가 막아잇고 바다에는 충무공과 진린의 군사가 대진하여잇어 독안에 든 쥐가 되엇다. 그는 비록 병선의 수는 많다하드라도 만일한번 나서다가는 하나도온전하지못할것을알므로 감히 싸울수없이 포위되어 잇엇다. 소서행장은 백방으로 계교를 내엇으나 아무효과도 얻지못하고 실패에 돌아가고말므로 이를 뿍뿍 갈고 슬피 울엇으나 무가내하다. 소서행장은 아무리하여도 진도독(陳都督)밖에는 달라 붙을데가 없다고생각하엿다. 그리하여 어찌어찌하다가 진린과 소서행장끼리 두사람사이에 비밀조약이 성립되엇다. 요새 련일 도독부(都督府)에는 마바리떼가 련속하여 들어온다. 금은보화, 총검, 술 도야지고기……

조-선-을-지-은-이-들 2

聖雄 李舜臣 (四一)

李允宰

진린은 조금도 앞일은 헤아리지 아니하고 다만 목전에 보이는 적장이 주는 황금덩어리에 취하여 이렇게 큰일을 저질러놓앗다。소서행장이 다시 진린에게 사람을 보내어 「우리가 다같이 함께 돌아가기로 각처에 잇는 여러 진에 통지하여야 하겟으니 이를 허락하여달라」고 하엿다。진린이 이 말을 믿고 가만이 길을 열어주어 적의 통신하는 작은 배 한척을 내보내엿다。

충무공은 이렇게 된 사실을 뒤에야 들어알고 「아아 큰일 낫다。적의 긔별이 밖으로 나갓오니 이는 필야 각처에 널려잇는 모든 적들과 서로 긔맥을 통하여 그 군사를 한데 모우고 긔일을 정하여 함께 우리에게 달려들자는 노릇이로구나。불일내로 적병이 몰아올 모양인데 우리가 만일 여기 있어서 그들을 옹하려다가는 복배수적(腹背受敵)하게 되어 우리들이 요 자리에서 갖아지고말 터이니, 부득불 대양(大洋)으로 군사를 옮기어 한번 싸워 죽기를 결단하는수 밖에 없다」하며 한탄하기를 말지 아니하엿다。

공이 곳 류행(柳珩) 송희립(宋希立)등 장수들로 더불어 적병을 진격할 계획을 정하고 진린에게 사긔가 심히 위급하게 된것을 말하엿다。진린은 인제야 잠이 깨듯키 깜작 놀라며

「나는 그들이 다 물아간다기에 꽉 믿엇드니……어대 그렇게속일 줄이야알앗겟소?」

「그러기에 적의말은 도모지 신청할수 없다는것이야요」

「아아 이번 일은 도시 나의 실수야。대관절 이를 어떻게 한단말이오」

「이왕 지난일은 지금에 후회하여야 아무 소용이 없으니 이앞으로나 잘하면 좋을것이오。그런데 오늘의 계책은 다만 우리가 대양으로 나가서 적을 맞아치는것 밖에 별도리가 없는줄 아오」

진린은 인제야 적장에게 속은줄 깨닫고 자긔의 잘못을 스스로 책망하며 이후로는 무엇이든지 충무공의 시키는대로만 하기로 결심하엿다。공은 즉시 탐망선(探望船)을 내세워 적선의 오는 긔척을 살피엇다。십팔일 저녁때에 곤양(昆陽) 사천(泗川) 남해(南海)등 각지에 잇든 적병이 노량(露梁)으로 향하고 온다는 정보가 잇다。공은 진린과 같이 약속하고 곳 이날 밤으로 거기를 떠낫다。

조-선-을-지-은-이-들 2

聖雄 李舜臣(四二)

李允宰

충무공이 밤중에 혼자 배우에 올라가서 무릎을 꿇고 향불을 피우며 하느님께 빌기를 이 적군을 만일 멸할지면 죽어도 원한이 없겠나이다 하였다. 공은 이렇게 한번 죽기를 결심하였다. 그런 한 뒤에 공은 진린과 군사를 나누어 좌우로 갈라서 포구와 항구 사이에 군사를 매복시켜놓고 적병이 들어오기를 기다리고 있드니 밤이 매우 깊어서 적선 오백여 척이 광주(光州)와 바다로부터 바루로량(露梁)을 향하고 들어왔다. 이미 준비하고 있든 우리 군사와 명나라 군사가 좌우로 돌발하니 적선이 놀라서 사방으로 흩어졌다가 얼마뒤에 도루합하여진다. 우리 군사가 몰아쳐서 적선몇척을불살오고 여러척에 불이번지게되니 적군이 견딜수 없어서퇴각하여 관음포(觀音浦)항구로들어갔다. 적군이 그 항구에 들어가서 일시 퇴박을 면할수는 있으나 뒤에 몰아갈 길이 없으므로 도루 돌아나와 죽기를 한하고 싸우려한다. 이때 하늘이 이미 밝았다 공이 친히 북채를 쥐고 북을 치며 맨앞으로 나서니 제장이 다 뒤를 따랐다. 적선 수백척이 앞을 막고 또 에워싸려는 것을 공이 진린과 합력하여 혈전(血戰)을 시작하였다.

이때에 명나라 장수 부총장(副總將) 동자룡(鄧子龍)의 배에 불이 나니 왼 군사가 불을 피하려고 크게 소동이 일어나고 배는 한편으로 기울어지기 시작한다. 적병이 달려들어 동자룡을 죽이고 그 배를 태워버렸다. 우리 군사는 이것을 바라보고 적선에 불이 붙은 줄로 그릇알았다. 그리하여 우리 군사가 더욱 기운을 떨치어 서로 앞서기를 다투어 달려가며 함호하기 더욱 성하였다.

적장 서명이 배우에 높이 앉아 독전(督戰)하고 있는것을 공이 빨리 쳐서 적장 한명을 쏘아죽이니 적군의 기운이 꺾이었다. 다른 적선에서 이것을 보고 빨리 달아와 구원하여준다. 이러하는 사이에 진린은 적의 포위함을 벗어났다.

조-선-을-지-은-어-른 2

聖雄 李舜臣 (四三)

李允宰

밤부터 낮이 새기까지 수삼여회로 대격전하여 적선 어백여척을 깨트려 불살와오며 적병의 살상도 몇천명인지 수를 알수 없었다. 적군이 크게 패하여 달아나는 것을 추격하여 남해(南海)지경에 까지 이르렀다. 공은 포탄을 무릅쓰고 나아가며 독전(督戰)하드니 뭇안간에 적의 탄환이 날아와 공의 왼편 옆구리에 맞앗다. 공은 이것이 적병의 눈에 띄울가 하여 겻에 있는 사람더러 방패로 앞을 가리우라 하고 종용한 태도로

「지금 싸움이 한창이니 나 죽었다는 말을 일체 내지말라」

하고 이 말이 끝나자 군사들이 용맹스럽게 고함하는 소리를 듣고 회색이 땅떠간여 물며 유유히 운명하였다. 어때 공의 장자 회(薈)와 조카 완(莞)이 있었다. 서로 의논하되「이처 이치경을 당하여 망극하기 그지 없지마는 만일 당장에 발상하다가는 왼 군중이 경동하리니 싸움이 끝나기까지 참는수 밖에 없다」하고 시체를 안아 선실로 모시었다. 이것을 아는이는 이두형제와 종 금이(金伊)까지 다만 세사람뿐이요 공이 가장 친선하든 송희립(宋希立)도 이렇게된 줄을 전연히 몰랐다. 그 유언에 의지하여 그를 무릅쓰며 독전할새 휘병(揮兵)과 송희립이 탄환을 맞아 선상에서 혼도하였다가 다시 일어나 상처를 싸매고 싸우어 낮까지 이르렀다. 적병의 배 뻐저죽고 타죽고 잡혀 죽은 자가 수천명이요 재물과 기계가 다 탕진하였다. 적장 도진의홍(島津義弘)이 겨우 남은 배 오십척으로 벗어달아나오며 소서행장(小西行長)도 이 서슴에 간신히 틈을 타서 자취를 감추어 멀리 외양(外洋)으로 도망하고 말았다.

싸움을 마친 뒤에 발상하였다. 전편은 공이 죽었단 말을 듣고 떠며 얼굴어지기를 세번어나하고 땅바닥을 두드리며 「로야(老爺)가 나를 살리고 물아가셨구나. 어찌할고 어찌할고」하며 통곡하였다. 두 진에서 수만명의 장졸이 손에 병장기를 놓고 통곡하니 소리가 바다를 뒤흔들거리었다.

령구(靈柩)가 고금도(古今島)에서 발하여 아산(牙山)으로 물아 오때 남녀로유가 울며 따라서 곡성이 천리에 이어오며 친척 같이 애통하였다.

공은 이와같이 로량해전(露梁海戰)의 대승첩과 한가지 무술(戊戌)년 곳 선조대왕(宣祖大王)삼십일년(서력 一五九八년) 십일월 십구일에 오십사세로 한뉘를 마치었다. 조정에서 그 훈공을 생각하여 효충장의적의협력선무공신(效忠仗義迪毅協力宣武功臣)과 대광보국숭록대부의정부좌의정겸령경연사(大匡輔國崇祿大夫議政府左議政兼領經筵事)와 덕풍부원군(德豐府院君)을 추증(追贈)하고 시호를 충무공(忠武公)이라 하였으며 뒤에 령의정(領議政)을 가증(加贈)하였다. 무덤은 아산(牙山)어라산(於羅山)에있으며 사당은 전라도 좌수영(左水營=順天)에 충민사(忠愍祠), 통영(統營=본 대 固城)및 로량(露梁=南海)에 충렬사(忠烈祠)가 잇다. 통영 앞 바다 한산도에 잇는 제승당(制勝堂)은 당시에 공이 운주당(運籌堂)으로 쓰든 곧이며 좌수영과 명량(鳴梁)에 대첩비(大捷碑)가 잇다 (끝)

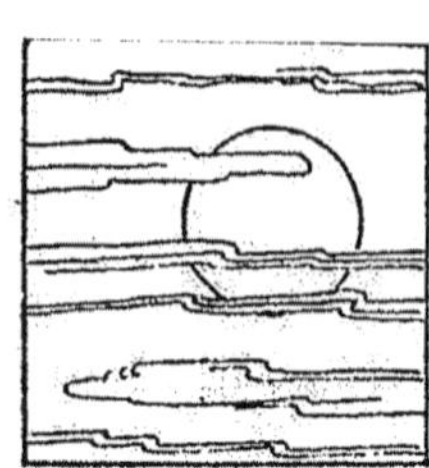

가온날의 이야기

이날의 놀이는 신라때부터 시작된 경기와 여흥

李允宰

팔월 보름 곳 가온날을추석(秋夕)이라, 중추절(中秋節)이라 하야 동양에서 공통되는 명절로 아는 것이다 이때는 혹독한 더위가 물러가고 일긔가 서늘하야지며 새 곡식과 새실과가 나서 일년중에도 가장 조흔 철이라할만하다. 이러한 철을 당하면 사람들은 현실의 깃붐을생각하는 한편으로 또 감구(感舊)의 회상이 일어나는것은 자연의 리치라할것이다. 그리하야 우리 조선사람은 이때에 조상에게 차례를 지내며 산소에 성묘하는것이 한 년중행사로된것이다. 비로부터 사대부(士大夫)의 집에서는 정조(正朝), 한식(寒食), 중추(中秋), 동지(冬至)를 사대명일이라하야 성묘를 하는데중추가 제일이라하는것이 세시긔(歲時記)에 적혀어 잇다 이 가온날의 유래를 상고하야보면 력사상에 가장오래고 깁흔 의미가 잇서 다른 명절에비하야 특수한 관계가잇다 가온날이란 말은 넷적 력사상의 명칭 가배일(嘉俳日)에서된것이다. 지금으로부터일천구백년전 신라나라 제삼세 유리니사금(儒理尼斯今)때에 신라 서울 륙부(六部)를 두편으로나누고왕녀(王女)두사람으로 하야금 각히 그부내(部內)의녀자들을 거느리게 하고편을갈러서 칠월십륙일로 부터날마다 대궐의 뜰에 모아서 질삼을시키어 이른아츰부터 밤을기까지 하야팔월십오일에는 그량편의 성적을 상고하야 진편에서는 술과음식으로써 이긴편에 사례하고 이어서 노래하고 춤추며 놀이를 다하야 즐겁게 지내어 이날을 가배(嘉俳)라 이름하엿다.

그때에 진편에서 녀자가 일어나 춤추며 탄식하여 이르데 회소회소(會蘇會蘇)라 하니 그 소리가 슬프고 고읍으로 후세 사람이 그 소리를가지고 노래를 만들어 회소곡(會蘇曲)이라 이름하니 이것이 지금까지 풍속에 류행하엿다 한다.

또 신라나라가 발해(渤海)로 더불어 전쟁하며 팔월십오일로써 승전을 얻엇슴으로 이날을 기념하기위하여 일반국민은온갓맛나는음식을준비하고 가무관현(歌舞管絃)으로써 사흘동안 유쾌히 놀앗는데 이것이 영원히 국속을이루엇다 한다.

우에 두가지의 력사적사실을 따지어보면 하나는 경기(競技)의 여흥이요하나는전승긔념이다. 둘다 신라나라에서 된것이니 천년내지 이천년이전의일로 매우 오래인래력이 잇음을 알것이다. 이렇게 오래엇것마는 지금까지도 특히 남도에서는 그중에도 더욱이 경상도에서 이 가온날 놀이가 다른도에비하야 성행하는 것도 이러한리유가잇는 것이아닌가.

투기어들어가잇으려니까 누구인지문을 두들기는 사람이 잇섯습니다 「들어오십시오」 하고 나는 말하엿습니다 그러나아무도아니들어옵니다 이렇게 서너

民俗上으로 본

한가위(嘉俳)의 由來

白陽 桓氏

一

우리는 우리名節인 이날(中秋八月十五日)을 오죽쓸쓸하게보낼뿐이다。上代 아니近古까지도 이날은 꽤여려가지로 질번질번 하엿엇음을 적히追憶하게될뿐아니라 아족도 이날을限하여는 어떠한 누구든지 반듯이 省墓를한다 祖先에게 茶禮를 들인다함은 또한이 때에 더욱神明을 잊을수없이 觀念하는 所以일것이며 어떠한 누더기를 주어 모아서라도 어른 아이없이 이날은새옷을 입어야할줄 알고 더욱새악시들은 할수잇는 盛裝을 하기爲하야는 深冬에 한옷이라도 잇기만하면 鮮明奇麗한 비단부치를 내어입고서 밖으로 나듦은 또한이날을 아무쪼록 아름답고 질번질번하게 보내려 하는至心에서 나온것이며 이날의 節食이송편(松餠)이요 특히달떡이라하여 동그랗게 솔편을빚는 버릇이잇음은 支那의「月餠」이나 日本의「月見團子」와비슷한것으로 본대달님께의 供祀用으로만들든것일것이며 이런따위는 總히 秋夕大典의큰連鎖가 토막토막나서 헤어진事實일것이다。이는 古代社會百般事物의 가장根本的動機가되는 宗敎關係가 없지아니하니 마치저—支那 又 日本의 그것과 한가지로 太陰崇拜乃至 農業的養神俗에 關聯됨은 毋論이요 또같은 東洋에서도 特히朝鮮이 남달리 中秋에 最高의尊尙을 가짐은 반듯이 朝鮮獨特의 固有敎俗的一大緣起가 없지아니한것이다。

二

朝鮮에서는 이날을「가위」(嘉俳)라하여그 起原이 매우오래니 上古의 일을 文獻上으로는 徵할수없으나 그 後代로는「三國史記」에依하면 新羅初期인「儒理尼師今九年春 改六部之名 仍賜姓……又設官十七等…… 王旣定六部 中分爲二 使王女二人 各率部內女子分明造黨 自秋七月旣望 每日早集大部之庭績麻 乙夜而罷 至八月十五日 考其功之多少負者置酒食 以謝勝者 於是歌舞百戲皆作 謂之嘉俳 是時 負家一女子起舞 嘆曰會蘇會蘇其音哀雅 後人因其聲而作歌 名會蘇曲」이라하여잇다。무릇 六姓의頒賜는 그氏族的分化의權輿요 官等의設定은 그政治的秩序의發生이어늘 嘉俳는실로이몇가지와 한끄에달려생진것처럼 傳하엿으나 실로 이오랜民俗이 또一邊으로는 어떻게소중한 國家的典禮임을보이는것이다。적혀잇는 文面만으로 보면嘉俳는 女工勸勵의一方에 지나지아니하는것같지마는 그것이 全部族임과 王家直管의 下에됨으로써 퍽큰部族的意義를 띈일임을알지니대

－377－

개新羅가 辰韓十二國의하나로서 加速的發展을遂하여 드대어 諸韓에 雄長이됨에는 上下一致內外合力의 非常特殊한 心理的緊張을가지지않고는 될수없엇으리니 이績麻競爭은대개그네의 작은經濟力을 크게 發揮하려한 여러努力中의 一事實로 우연히 그 說話的來歷을뒤에까지 傳하게된 一例일다름인가한다。

三

嘉俳日은 新羅에서만아니라 上下數千載시방까지도 名節의 名節임을 자못 注意에値하는事實이니 「東國歲時記」에 「鄕里田家 爲一年最重之名節」 이라함과 「洌陽歲時記」에「民間最重是日 雖窮鄕下戶 例皆釀稻爲酒殺鷄爲饌 又有果之品 侈然滿盤 爲之語曰加也勿減也勿 但願長似嘉俳日」 이라함이 年俗과生活親이 다좋다든오늘까지도 依然히存續됨은 [illegible]코尋常히 그럴수없는일이다。嘉俳라는 語源부터가 決코績麻較功의 一女俗에서만생겻든것같지 아니하며 훨신上代의固有敎俗을직혀온「가위」란 大典禮의 一部分으로 績麻라는女子部의 行事가잇은것이아닌가한다。「北史」에依하면 「新羅 每月旦相賀 王設宴會班賚群官 其日拜日月神主 八月十五日 設樂令官人射 賞以馬布」라하고「舊唐書」에「新羅重元日相慶賀燕饗 每以其日 拜日月神 又重八月十五日 設樂飮宴 賚群臣 射其庭」이라하니 하여간新羅의嘉俳의俗이 어떻게일즉 [illegible] 競爭보다 큰國家的大宴饗日로 (或日月神께 對한 特殊한祝日로) 돌이어 男子의射藝를王이 親히試奬하는것이 爲主임을알겟다。國乘과 外傳을合하여보면 中秋는 곳朝野와 男女를通同하여 각기그本分에 應하는最高名擧權을競取하는 國民的慶節임이 저希臘의「올림보」祭日과 같음을알겟다。朝鮮은 일즉太陽中心的 宗敎의本地인만콤 拜日의俗은 朝鮮만콤 尊嚴虔肅할수없고 또땅이東隅에偏하여 支那文化의影響을받음이 最後常微한만콤 拜日의古義가 新羅만콤 純粹鮮明할수가없으니 그始祖는 朴(붉)姓을가진赫居世라하고 赫居世는「붉그뉘」로 이르는 吏讀字라하니 이는 실로 太陽神格으로부르는「붉」이란말에複數格을붙여서 그徒屬又部族임을 보인것일다름으로 얼른말하면 日世界又日種族을意味하는것이다。新羅의 拜日은다만 天體崇拜의 一現象인것아니라 이것이 그대르祖先ㅣ部族的共通祖先及至上神에對한 最高典禮이라 新羅地에서 日이자 天이신國祖께對한 儀節이 어떠하엿든가。어떠한 時期에 어떠한形式으로設行하엿든가。正月旦은 歲요 每月旦은月의始임으로 光陰的大小段落의始初마다 한번씩種族的成立의 本元을紀念하기爲하여 行하는것이니까 月旦마다의 拜日은 別로히 그意趣를말할것이요 이밖에 一年一次特殊한期日에自然先祖께 對한 享獻擧國에 對한紀念 上天께對한 報謝를 兼하재되는 特定的祭日 이든[illegible]

四

「가위」란 실로우리의故俗에잇어 이렇듯特殊하고 重大한意義를가진 國民的一大典禮ㅣ니 얼른말하면 報本反始의 誠과 年穀感謝의意를合하여 天神祖靈께 慶祝의 忱을 돌이는國家最高의 祀典이든것이니 이節日의名號를갑이라함도 대개「갑」 흠곳報謝를意味하는말일것이다。「가위」는 갑이의終聲이略하여 진것이다。中秋라는 萬物成熟의때를가려 이儀禮를 執行함도 실상 그農功的因緣으로서 馴致된것일것이다。무릇 國家 又民族社會的價値評定的競技가 이때로써 擧行됨은 실상 自然한理勢일지니 가깝게는 夫餘의迎鼓와高句麗의 同盟과 新羅及泰封의 八關會며 멀리는希臘의「올림픽」과「피시아」가 다무비그러한好例證이다。저迎鼓에國中이 大會하여「斷形獄解囚徒」를 여기擧行하고 「올림픽」과「피시아」에 온갓國民的競技와 一種의 科擧같은것이 이機會에 擧行하게된것처름 秋夕은 실로祀典中心인 一種의國民大會처럼 되어서諸種의遊戲와 한가지로 幾多의考課가이때로써設行되니 國王의親試下에 官吏의射技를評定하고 王女의接長下에 女國民의 績課를 較驗함같음은 그여러行事에서도 가장國民生活上의實際的意義를 帶함일것이요 또 이밖에도 種種의國民的 誇耀와 紀念도 여기 擧行되어엇든것이다。 (끝)

朝鮮三大文章家와碩學者 1

—그의紹介와略傳과밋著作—

우리는 數만흔矛盾을가지고산다。그中에하나도 우리는 남의나라事實은배호고 또잘알면서도 오히려 朝鮮에對한事實에는 白紙인것을손꼽아니흘수가잇다。卽 過去의朝鮮에對하야 그러코 또現在朝鮮의實情에對하야 또한그러타 여기에잇서 우리는적으나마本文을諸位에게바치는것이다。熱讀하심을삼가바라는同時 압흐로 이러한記事를 계속하야取扱하겟스며 過去의事實뿐아니라 現在 未來에對하야도 힘이밋치는데까지 여러분에게바치겟슴을約束해둔다。

—(社 告)—

高麗中葉大文學家

李奎報先生

李 允 宰

高麗의 全歷史를 通하여 政治·文化의 各方面에잇서서 가장 多事多端하여 온갓 變遷과 發達이 잇는 高宗의 代의 文學으로 代表될만한이는 오직 李奎報가 그이다。

公의 出生은 高麗 第十八代 毅宗二十二年（西紀一一六八年）이니 곳 우리가 잘 긔억하는 武臣으로文臣들의 輕蔑을 憤하는 鄭仲夫의 쿠데타가 일어난前前年이요 海東孔子라 일컷는 崔沖의 歿後 꼭 百年이엇다。

公은 戶部郎中 李允綏의 아들로 初名은 仁氐인데 나이 十五歲적에 監試（生員・進士의科擧）에 赴할새 奎星이 魁榜에 오름을 報하는 꿈을 꾸고 이름을奎報라 고치엇다。字는 春卿이요 諡는 文順公이다。

公이 어려서 聰敏하여 九歲적에 능히 글을 지음으로 奇童이란 別號가 잇섯스며 長成하여서는 經史・百家・佛老의 書를 一覽輒記하는 재주가 잇섯다。

公의 性格은 퍽 豁達하여 살림살이 갓든대는 도시 뜻이 업고 긔운이 放曠하여 술을 잘 먹으며詩와 文을 다 잘하되 古人의 套를 踏襲함이 업서서 橫鶩別駕・汪洋大肆라고 當時 사람들의 公의 글을評하는 바도 잇섯거니와 오로지 自由主義를 숭상하는 것이 그 特性이라 한것이다。

當時에 有名한 所謂 七賢이라 일컷는 李仁老・吳世才・林椿・趙通・皇甫杭・咸淳・李湛之等이 항상 한대 모이어 飮酒賦詩로 일삼드니 吳世才가 죽으매李湛之가 公을 對하여

『그대가 우리중의 한사람으로 참예함이 어떠한가』

하여 吳世才의 대신으로 七賢을 補充하기를 勸誘한 것이다。公이 이 말에 대답하기를

『七賢이란걸 무슨 朝廷의 官爵처럼 補缺을하려는가 稽康・阮籍들（晋의 竹林七賢）의 뒤에 이를 承乏하엿다함을 듯지못하엿는데』

하니 이 말을 듯는 여러사람들이 모도 깔깔 우섯다。또 詩를 청하매 公은 卽席에서

未識七賢內 誰爲鑽核人

이라고 一句를 불러주니 滿座가 다 속으로 부끄러워하엿다。

公이 젊어서 科擧에 及第하엿스나 末科에 부터아직 出世하지못하고 겨우 三十二歲적에 처음으로 全州司錄이란 작은 벼슬아치를 하엿다가 그나마 同僚의 꺼림을 입어 오래지아니하여 免職을 당하엿다。

東都에 叛亂이 일어나매 朝廷에서 이를 討伐할새及第하고 아직 벼슬에 오르지못한자를 修製에 充補하려하나 모도 이핑게 저핑게하여 逃避하기로만 위주하엿다。그러나 公은 홀로 慨嘆하여 이르대『내가아무리 怯懦한자일지라도 國難을 避하는것은 丈夫가아니라』하고 드듸여 從軍하기로 압섯다。兵馬錄事 兼修製가 되어 功을 이루고 돌아오매 將士들은 다賞祿을 밧앗스나 公은 一資半級도 엇지못하엿다。뒤에 여러 儒生들의 力薦으로 權補直翰林院에 그처엇슬뿐

이러니 詩文으로써 崔忠獻에게 信任한바되어 右正言으로、左右司諫으로、諫議大夫까지 歷任되엿고 또 秘書省事를 判하엿슬 배에는 蒙古兵이 邊境을 强限하며 徵請을 加함이 酷甚함으로 公이 外交文書를 마타서 艱難히 撤兵하게하는 功이 만앗다。高宗이 크게 嘉尙하여 特히 樞密副使右散騎常侍進知門下省戶部尙書集賢殿大學士의 爵을 授하고 政堂文學守太尉參知政事를 陞하엿다。뒤에 年老로써 乞退하매 王이 여러번 起用하려하나 固辭不就함으로 特히 守太保門下侍郎平章事를 加하여 恩寵이 比할데、업섯다。公은高宗 二十八年에 七十四歲의 高齡으로 逝世하엿다。

公은 이럿듯 文章大才로 國家에 功勳이 만핫슴은 떠러 當代의 高文大冊이 다 公의 手中으로부터 나왓스며 文集五十三卷이 잇서 지금까지 世에 行한다

開天節

단군 강탄 四三八六회의 기념

李 允 宰

오늘(음력 시월 삼일)은 우리 한배 단군(檀君)께서 강탄하신 저 사천삼백팔십륙회의 개천절(開天節)입니다. 말하자면 조선인의 생일 및 문화의 생일이라 할것입니다. 이날에 우리의 감모(感慕)가 어떠하며 우리의 환희(歡喜)가 어떠한가. 우리는 이때에 맛당히 보본(報本)의 정성과 추원(追遠)의 생각으로 우리 각자가 반성과 자각이 잇어야 할것입니다.

×

개천절이란 것이 조선 인민의 전통적 관념으로 전민족적 신앙중심사상(信仰中心思想)이 굳엇든 것은 말할것도 없습니다. 곳 부여(扶餘)에서 영고(迎鼓)라 하고 예맥(濊貊)에서 무천(舞天)이라 하고 마한(馬韓)에서 천군(天君)이라 하고 고구려(高句麗)에서 동맹(東盟)이라 하고 신라(新羅)에서 답지(踏地)라 하고 고려(高麗)에서 팔관회(八關會)라 하는 것이 그 명칭은 대(代)를 따라 다 각기 달랏을지언정 일년에 일차씩 곳 시월로서 전국 국민이 대회(大會)하여 천신(天神)에게 제사하는 전례(典禮)는 갈앗습니다. 고려 이후로는 우리가 너무 지나사상(支那思想)에 침렴한바 되어 국민신앙의 근본적 정신이 점점 타락하여저서 근세에 이르러는 다만 「터주」 「성양당」의 굿 같은 것 이외에는 그것을 찾아볼수도 없게 되엇습니다. 그러나 아즉도 시월을 「상달」(上月)이라 하며 모든 고사와 시제와 굿 같은 것을 만이 이때에 행하는 것을 볼수 잇습니다. 하여간 이 시월 상달하고 조선민족하고는 오랜 인연과 깊은 관계가 잇음을 알것입니다.

×

대저 사람이 균거생활(羣居生活)을 경영하는데는 여러가지의 「형식」으로써 그의 사상과 감정을 집중시켜 공동화합을 도모하는 것이 자연한 리치일 것이매 그러므로 어느 나라에든지 반듯이 국민 전체가 공동으로 행하는 기념과 경절이 잇는것입니다 그리시아민족의 「올림픽」이라든가 또 서양의 「크리쓰마쓰」와 동양의 「석가탄일」이 얼마나 보편화하얏습니까. 이 개천절이야말로 오로지 조선민족이 가진 오직 하나의 큰 명절인 이상에 어찌 무의식적으로 덤벙 보냄이 옳오리이까. 그러니깐 우리는 개천절을 개인으로는 정성으로 원도(願禱)하며 공동으로는 갓불으로경축할 조선 사람의 공동하는 대명절임을 절실히 느끼어야 할것입니다. 그리하야 떡과 과실을 식구마다 나누고 노래와 춤을 사람마다 한가지하는 가장 의미잇는 놀이로써 진정한 개천절의 본뜻을 나타내고 순수한 조선민족의 리상을 발휘할것입니다.

史上의 辛未 (一)

李允宰

새해에는 새로운 생각을 하거나 새 계획을 세우는 것이 의례껏 일이것지마는 좀먹은 적장이나 뒤저보고 지난일을 한번 되풀이 하여보는 것도 새해 맞이에 一種 破寂의 거리가 되려나 한다。어왕이니 올이 辛未年인지라 辛未에서 생긴、우리 歷史上에 들어난것 몃가지를 뽑추어 보기로 하자。

檀君 以前으로부터 지금까지 친다면 일흔번이나 되는 辛未를 지냇는데 그것을 이루 다 말할수 잇스랴。떠군다나 그 절반이상——檀朝로 扶餘朝까지——은 文獻으로 상고할 것이 업스니 그만 제처노코 三國時代以後로부터 쭉 한번 내려훌터보자。

倭가 新羅에 入寇하다가 王의 師旅을 듯고 그만 혼이 나서 自退하엿다는 것이 지금으로부터 一千九百八十年前、赫居世居西干 十八年(西紀前五〇年)때의 일이니 이것이 史上에서 辛未의 記錄으로 처음 보는 것이며 또 우리와 日本과의 [illegible] 로도 이것이 처음 일 것이다。

高句麗는 東明聖王의 創業以後 二百餘年、歷代의 諸君이 威武를 世界에 宣揚하야 大帝國을 이루엇다。그러나 아직 內治에 未遑하얏스며 떠군다나 이때 外戚 左可慮等의 叛亂이 일어 나라안이 매우 시끄럽든 다음이므로 큰 政治人物이 要求되는지라。四部의 擧으로 留椽谷 左勿村 사는 處士 **乙巴素**를 招用하야 國相을 삼으므로 國運이 더욱 隆盛하게 되엇다。이것이 一千七百四十一年前、故國川王 十三年(西紀一九一年)辛未엇다。

처음 웃읍고 慘상한 長髮美人의 이야기가 잇다。이것도 辛未에 된 일인데 高句麗 中川王때에 貫那라하는 女子가 잇서 얼굴이 예브고 頭髮이 九尺이나 되므로 長髮美人이라하엿다 王께서 寵愛를 한없이 밧아 장차 小后로 들어갈모양인데 王后椽氏허고 서로 妬忌가 생기엇다 貫那가 王后를 모함하려고 王께 여러번 말하엿으나 王은 모도지 뜯지 아니하엿다 뒤에 王이 箕丘에 사냥하고 도라오는때에 貫那가 **가죽부대**를가지고 나와맞으며 울고 말하기를「王后께서 소인을 여기 너어서 바다에 던지려고합니다 소인을 집으로 돌려보내 주시와 이 천한 목숨을보전케하여주시기를원합니다」하니 王은 그것이 간사한 계교에서 나온것임을 알고「네가 정말 바다에 싸저죽기를 원하는게로구나」하고 그 가죽부대속에너어서 바다물에 던지엇다 長髮美人은 自繩自縛으로 하는수업시 죽고말앗다 百濟는이때가 建國한지 三百九十餘年 그동안 新羅허고 一百二十年 戰爭이 잇섯스며 이제는 戰爭이 끗난지 八十年뒤라 百濟가 年來로 高句麗에게 눌려지내는것이 抑鬱하다하여 新羅와 和好를 맺고 王과 太子가 精兵三萬을 거느리고 平壤城을 에워싸니 高句麗 **故國原王**이 出戰하다가 流矢에 맞아 죽엇다 이로써 高句麗와 百濟와는 世讐가 되어 百餘年間 戰爭이 繼續되엇다 佛敎輸入으로 이름 잇는 小獸林王이 故國原王의 뒤를이어 즉위하니 이것이 一千五百五十八年前、百濟 近肖古王 二十六年(西紀三七一年)辛未엇다

高句麗의 英主 長壽王이 九十八歲의 高齡으로 昇遐한것이 一千四百年前 辛未엇다 王은 有名한 廣開土王의 아들로 父王의 遺志를 밧아 在位七十九年間 赫赫한 事業을 만히 세처엇는중 魏와 聯合하여 二百年間 北方을 侵擾하든 慕容氏네 燕을 滅하고 遼東의 땅을 차두어들인 것이며 四世 血讐인 百濟를 처서 그 임금 蓋鹵王을 죽이고 國都 漢陽을 빼앗은 것이 더욱 特筆한 일이다

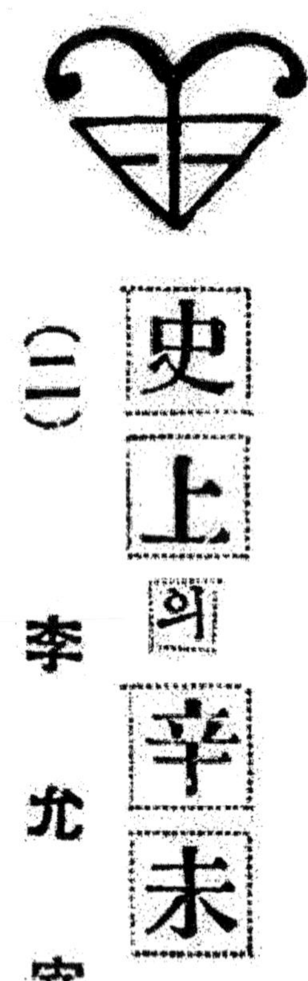

史上의 辛未 (二)

李允宰

樂聖 于勒이 伽倻琴을 新羅에 傳한 것이 眞興王 開國元年(西紀 五五一年)辛未인데 一千三百八十年이 지단 오날까지도 東洋에서 有名한 樂器로 치기는 伽倻琴이 첫재일 것이다。또 이해 新羅는 名將 居柒夫가 잇서

高句麗를 처서 十郡을 빼아섯다。新羅는 이로써 크게 雄飛를 試하게 된것이다。

訥催은 新羅眞平王때 椵城縣令으로 志節과 勇略이 잇는 사람이다。百濟와 싸우다가 이기지 못함을 痛憤하여 仰天大呼하여 말하되『우리 임금께서 내게 한 城을 맛기신 것을 잘 직키지 못하고 敵에게 敗한바 되엿스니 내가 이제 죽어서 厲鬼가 되어 百濟나라사람을 죄다 죽이고 이 城을 도루 回復하게 하리라』하고 팔을 내쌁고 눈을 부릅뜨고 槐木에 머리를 부되처죽엇다。아아, 어떠케 壯快한 일인가。高句麗는 嬰陽王 二十二年, 明年이 有名한

薩水大戰 이것이 다 一千三百二十年前 辛未엿다。

新羅가 오래도록 强隣에 부대끼어지내다가 마지막에는 外交策을 써서 唐과 聯合하여 百濟와 高句麗를 滅하엿드니 唐이 혼자서 그땅을 차지하려드는지라 新羅가 도루 唐을 처서 차차 그 勢力을 驅逐하게되엿다。唐主가 무어라고 하면 거트로 謝過하는척하면서 자꾸唐과 싸움하여 그런구런 半島는 거의다 新羅의 所有로 돌아오게 된 것이다。石城과 舌口城과 帶方에 唐兵을 大破한 것이 新羅統一 完成後 二年 곳 文武王 十一年(西紀六七一年) 辛未엿다

統三後의 新羅는 惠恭王때까지 一百二十餘年間은

全盛時代 엿스나 그以後로는 弑逆과 內亂으로 끗을 마치엇나니 元聖王代의 辛未에도 伊飡 悌恭의 叛亂이 잇은 것이다

史上의 辛未 (三)

李允宰

新羅가 亡할판에 들어서는 群雄이 各地를割據함에이르러 甄萱의 後百濟國과 弓裔의摩震國이 分立하여 三國時代의復興을 보게 되엇다 大高句麗恢復의큰 理想을 가지고 일어선 弓裔의 雄圖 壯志를 못내 그리웟 노라 弓裔王이 鐵圓(鐵原)에 奠都하고 南征北伐에 所向이 無敵이라 그地廣兵强함이

三國中에 第一이되엇다

摩震國紀元 十一年에 國號를泰封이라 고치고 年號 聖冊을 水德萬歲로 改元하엿다 新羅는辛烝王 十五年 政治紊亂이 極한때다 이것이 一千二十年前 辛未엇다

高麗 統三後 첫번재되는 辛未는 第四世 光宗 二十二年으로 별로 들어날만한 일이 없고 다음으로 仁憲公 姜邯贊이 八十四歲의 高齡으로 歿한 것이 九百年前, 高麗 顯宗 二十二年(西紀一〇三一年)辛未엇다 契丹이 高麗의 北進運動에 沮障이 되어 자주 邊疆을 侵擾하드니 顯宗 十年에 大擧入寇하므로 公이 上元帥로 나아가 싸워 連州(价川)渭州(寧邊)및龜州에서 大破하야 敵軍 十萬에서 生還者 겨우 數千名을 내게하고 凱旋할 때에 王이 郊外까지 맞음으로 나가며 [illegible]스런

金花八枝

를 친히 그머리우에 꽂아주기까지한 偉勳을 세운이다

宋나라 哲宗이 우리나라의 書籍에 좋은것이 많다 함을 듣고 高麗使臣 李資義에게 書籍目錄을 보내어달라고 懇請하므로 本國에 秘藏한 珍書 一百十六種 四千九百六十七卷의 目錄을 보낸 것이 八百四十年前, 宣宗八年(西紀一〇九一年)辛未엿다 高麗의 文化가 얼마나 燦爛하엿든지 이로써 可히 想見할 것이다

鄭襲明이 仁宗의 顧命으로 毅宗을 섬길새 王의 눈에 벗어나고 또 嬖倖 金存中 鄭諴等이 밤낮으로 王께 讒言하여 내쫓기게 되매 鄭襲明이 時勢의 그릇됨을 스스로 살피고 死藥을 마시고 自殺하엿다 瓜亭 鄭叙도 역시 金存中 鄭諴等의 讒訴에 몰리어 東萊에 귀양갓드니 뒤에 王이 여러번 부르되 나아가지 아니하고 검은고를 타며 노래를 지어부르는데 歌詞가 극히 悽惋한지라 그것이

鄭瓜亭曲

으로 有名하야 後世에 오래 傳하엿다 이 叙鄭의 不遇가 七百五十年前 毅宗五年(西紀一一五一年)辛未엇다 三國史記의 著者 金富軾의 歿한 것이 또한 이해엇다

高麗 中葉以後로 잇대어 일어나는 內訌은 崔忠獻이 執政하므로부터 終息하엿으나 忠獻이 너무 政權을 專擅하야 王는 다만 虛位뿐이요 大小政事가 다 그 私家에서 나오므로 全國民의 怨府가 되엇드니 王濬明等이 僧徒를 끼고 忠獻의 入闕한 때를 타서 殺害하려하매 忠獻이 倉皇히 王께 救命을 빌엇으나 王은 문을 닫히고 들이지 아니하엿으며 마침 그 黨에게 救出함을 얻엇다 이렇게 그 計劃이 失敗에 돌아가고말매 忠獻이 王을 廢하야 江華에 옮고 康宗을 迎立하엿다。地上仙이란 이름이 잇고 文名이 높은 靖安公 王璹과 歿한 것이 이때다。이것이 七百二十年前, 熙宗 七年(西紀 一二一一年)辛未엇다。

高麗는 元宗때부터 大勢가 一變하야 蒙古에 屈服하게 되고 王室의

通婚까지

행하야 (世子昛 忠烈王이 元나라 世祖의 駙馬가 되고 이후 代代로 元나라의 駙馬노릇을한) 民族的 大羞恥와 烙印을 친것이 이때다。또 國內가 극히 騷亂하야 密城郡民의 作亂이 잇엇다가 진주 附近의 수되엇고 三別抄의 亂이 한참 猖獗하야 그 무리가 珍島를 웅거하엿거늘 金方慶이 蒙古軍과 聯合하야 珍島를 쳐서 大破하고 僞王 承化侯溫을 버어죽이니 남은무리가 耽羅로 쫓겨갓다。이것이 六百六十年前 元宗十二年, 西紀一二七一年)辛未엇다。蒙古가 歷史上 未曾有의 大版圖를 넓히고 國號를 元이라 고친것이 또 이해엇다。

이뒤로는 王은 그의 妻家댁인 元나라에 來往이 잦앗으며 나라는 紀綱이 없고 사람은 廉恥가 없어서 아주 말못할 지경이다。이때는 六百年前 忠惠王元年 辛未, 一年後에 上王(忠肅王)이 復位하고 또 八年後에 忠惠王이 다시 復位하게 되니 이도 다 元나라 來往으로 빌미암음인 것이다。

海道元帥로써 海上의 倭寇를 殲滅한 百戰將軍으로 高麗의

李舜臣이

라 할만한 景烈公 鄭地가 四十五歲의 壯年으로 光州旅舍에서 歿한 것이 五百四十年前, 恭讓王三年(西紀一三九一年)辛未엇다。高麗의 四百七十五年의 歷史는 明年으로써 終焉을 告하게 된다。

史上의 辛未

(四)

李允宰

李氏朝鮮에 들어서는 朝鮮文化에 黄金時代를 지은 世宗大王의 崩殂後, 一年 곳 文宗 元年(西紀一四五一年)이 四百八十年前 辛未다 世宗때에 史官 鄭麟趾等 三十二人을 命하야 編修에 着手하엿든 高麗史 一百三十九卷이나 되는 大著가 이에 脫稿되니 高麗五百年 文獻을 徵하기 넉넉하며 徐居正의 東國兵鑑과 御製 陣法九篇도 다 이해에 完成되엇다

學田 百結을 下賜한: [illegible]로 儒臣 [illegible]等이 綱目十餘과 性理淵源撮要를 지어올리매 命하야 刊頒케하고 또 三綱行實二千九百四十帙을 印頒하니 이것이 四百二十年前 中宗 六年(西紀一五一一年)辛未엇다

仁祖反正에 靖社一等勳을 錄하고 昇平府院君이 된 文忠公 金瑬(北渚)와 어려서 神童이란 이름이 잇든 文惠公 李安訥(東岳)의 出生한것이 四百二十年前 宣祖 四年(西紀一五七一年)辛未엇다

鄭斗源이 明나라에 使臣으로 갓다가 돌아와서 西洋火炮, 烟焇, 千里鏡, 自鳴鐘, 木花와 天文圖, 西洋風俗等을 [illegible]크게 [illegible] 얻은데 이에서 한 四十年零前에 洋人의 발자국이 우리나라 땅에 박이게 되고 이로부터 우리 沿海에는 荒唐船이니 異樣船이니하는 소리가 들렷을뿐이오 直接으로 **西洋文物**을 輸入하기는 이것이 시초일 것이다 때는 三百年前, 仁祖 九年 (西紀一六三一年)辛未것다 文章으로 鳴世하든 簡易齋(崔岦)의 文集을 刊行함과 三綱行實을 八道에 頒布함과 經書諺解를 西北兩道에 頒布함이 다 이해의 일이며 老少論 兩派에 中立하야 調停에 애쓰든 文純公朴世采(玄石)의 出生이 이때며 朝鮮禮學의 宗이라 이르는 文元公 金長生(沙溪)은 八十四歲로, 文武의 才를 兼하야 壬亂當時에 會寧에서 起義하야 叛賊 鞠景仁亂을 討平함으로 功이잇는 忠肅公 徐渻(藥峯)은 七十四歲로, 節操가 높다는 金[illegible](寒[illegible])은 八十四歲로, 丁[illegible]亂에 義兵을 일으켯다가 平亂後에는 棄官歸鄕하야 閉門讀書로써 一生을 마친 文緯(茅溪)는 七十八歲로 殉한것이 다 이해엇다。

鷺梁津 六臣祠(端宗復位運動에 失敗하야 죽은 死六臣)에 愍節이라 賜額한것이 **六臣死後** 一百三十六年만이오 二百四十年前 肅宗十七年(西紀一六九一年)辛未엇다。 白衣를 禁하고 靑衣를 着用케한것도 이해며 御史로 有名한 忠獻公 朴文秀(耆隱)와 英祖때 相臣 文翼公 兪拓基(知守齋)의 出生이 이해며 靖惠公 呂聖齊(雲浦)의 歿한것이 또이해엇다

洪啓禧의 三韻聲彙의 撰述이 一百八十年前, 英祖二十七年(西紀一七五一年)辛未며 申景濬의 訓民正音韻解가 바로 前年에 났다는것도 알아둘것이다。 [illegible]公 尹[illegible](晦[illegible])의 歿한것이 또이해다。

洪景來가 嘉山 多福洞에서 革命의 義旗를 든것이 一百二十年前, 純祖十一年(西紀一八一一年)辛未엇다。

끝으로 大院君 施政中의 하나인 書院撤廢의 命令을 나리어 六百五十餘의 書院中 四十七個所만 남겨두고 其外는 全部 撤廢를 斷行한 것이니 이것이 六十年前, 高宗皇帝 八年(西紀一八七一年)辛未엇다。 이해의 일로 더욱 들어난것은 辛未洋擾니 **美國軍艦** 五隻이 來寇하여 江華에 들어오는것을 我軍이 大破하엿으며 中軍 魚在淵이 戰死하엿다。 大院君이 鎖國排洋政策으로 斥和碑를 세운것도 이때의 일이다。(終)

辛未革命과辛未洋亂 〔一〕

——洪景來와崔蘭軒——

李 允 宰

辛未! 檀君 以後로 辛未의 해를 겪은 수가 七十回나 되리니 그동안에 辛未에서 생긴 歷史上 重要한 大事件을 들려면 무던히 많을것이다。 그러나 너무 오래된 事實을랑 그만 제치어놓고 近世史上에 나타난 곳 요전번 辛未, 전전번 辛未에서 일어난 事件만 들기로 하자。 이 두 辛未의 事件이야말로 한 趣味의 好對照가 된다。 하나는 洪景來를 中心으로한 內亂이요 한나는 崔蘭軒을 中心으로한 外寇다。 어느것이나 다 壯快하고 活躍한 歷史의 한페지를 꾸미기에 넉넉하다。 먼저 辛未革命부터 말하리라。

辛未革命

一、洪景來는 어떠한 人物인가。

四百餘年 엉기엇든 義血을 한번 뿜어내어 三千里에 잠기엇든 汚塵을 한번 쓸어버리려고 「으아」 소리를 웨치어 牛島의 적막을 깨트리고 일어선 寧馨兒 平西大元帥 洪景來는 어떠한 사람이든가。

지금으로부터 一百四十七年前 甲辰(西曆 一七八四年、朝鮮 正祖 八年)에 平安道 龍岡郡 多美面 瑞洞 한구석에서 우리 英雄 洪將軍의 呱呱의 소리가 들어낫다。 나매 骨格이 非凡하고 志氣가 高邁하며 勇猛이 絕倫하고 才能이 具備하여 英雄의 資質을 갖추엇다。 어려서 글방에 가서 通鑑이란 책을 배우다가 「陳勝輟耕嘆曰、壯士不死則已、死則擧大名」이란 句節에 이르러 주먹을 불끈 쥐며 「男子의 뜻이 맞당히 이러하여야 한다」 하며 嘆服하는 것을 그 先生이 보고 「아아 장차 큰일낼 놈이로구나」 하고 속으로 점을 처두엇다。 하로는 또 글방에서 先生이 담배대를 물고 마루끝에 서서 담배불을 붙이매 景來가 뒤로 살그머니 가서 밀치어 버리엇다。 先生이 크게 놀래어 꾸짖으니 泰然히 대답하되 「귀회가 좋기로 그리하엿소」 하엿다。 또 낮이면 동무들과 같이 글방에서 글을 읽고 밤이면 혼로 산에 올라가 釖術을 배우고 陣法을 익히엇다。 얼마뒤에 先生에게 눈치가 들렷다。 거기 오래 류하는 것이 재미없을줄 알고 그 의일에 「乾坤有意生男子、筆硯無心老丈夫」란 詩 한수를 지어서 글방

벽우에다 붙이어 두고 어대로인지 자취를 감추어버리고 말앗다。또 少年때에 서울에 科擧보러갓다가 及第하지 못하엿드니 하로는 임금의 거동하는 것을 구경하고 「科擧에 及第하는것보다 임금 되는 것이 좋다」 하엿다。이것이 몇개 逸話에 지나지 아니하나 洪景來의 人物됨이 얼마나 傑傑하고 豪放한가를 알아볼수 잇는 것이다。

二、革命의 動機와 革命運動

李氏朝鮮 五百年間 소위 나라의 끌악신이란 어떠하엿나 壬辰의 國難과 丙子의 國辱같은 致命的 傷痛을 받앗건마는 오히려 文恬武嬉로써 昇平을 자랑하며 世界歷史에 類例가 없는 士禍와 黨論이 三百年間 大慘劇을 演出하엿으며 또 朝廷에서 用人함이 극히 偏僻되어 西北人士를 賤待하기가 莫甚하여 文不過持平掌令 武不過守門副將이라는 지경까지 이르렀으며 더욱이 近者에 이로러는 外戚이 弄權하고 賄賂가 公行하여 國政이 紊亂하며 또 連年 歉凶이 荐至하매 民情이 嗷嗷하여 돌아갈 바를 알지 못하엿다。이때 이를 한번 掃淸할 一個 義氣男兒가 없단말이냐。三尺釰을 짚고 일어나 朝廷의 奸黨을 除去하고 塗炭에 든 백성을 건지리라는 自由平等主義를 絶叫하고 소매를 떨치고 문을 나선 이가 洪景來엿다。

洪景來가 이와같이 남달리 큰 뜻을 품고 우선 淸北列邑을 다니면서 많은 사람을 사귀어 秘密裡에 많은 同志를 糾合하엿다。嘉山에 禹君則、李希著와 郭山에 洪總角、金昌始와 价川에 李濟初와 黃州에 金士容等 許多한 英雄을 만낫다。平安、黃海 兩道로 다니며 道術로서 富豪를 聯絡하여 經濟의 餘裕를 얻고 또 일번으로 平壤의 一等 名妓 數十名을 사와서 큰 배 여러척에 妓女와 風樂을 실고 大都市와 浦口마다 찾아다니면서 놀이를 베설하여 數萬名 觀客中에 힘께 나센 壯士를 골라가지고 더리고 와서 酒食으로 대접하고 金帛을 나누어주며 좋은 말로 달래어 部下를 삼앗다。이러구러 모인것이 數個月間에 千餘名의 壯士를 얻게 되엇다。

三、으아! 革命이야

洪景來가 嘉山邑에서 東으로 十里되는 多福洞을 根據를 정하고 部下에게 陣法을 鍊習하며 軍器를 製造하여 그 큰 計劃이 아무 거리낌 없이 順調로 進行되엇다。이때 淸北에 雇는 큰 凶年이 들어 人民이 크게 離散하엿다。銀店을 차려놓고 嘉山、博川等地에 사람을 보내어 와서 일하는 자는 價를 후히 준다고 전파하니 일시에 모여드는자 數百名에 달하므로 다 불러모아 軍服을 입히고 軍器를 주어 군사를 만들엇다。이렇게 準備는 다 完成된 것이다。

辛未年(西歷 一八一一年、朝鮮 純祖十一年) 十二月 十九日이엇다。多福洞에 革命의 旗빨이 날리엇다。洪景來는 白金투구에 紅金갑옷을 입고 長劍을 빗겨 들고 將壇에 높이 서서 一軍을 號令하엿다。어허 壯快하다! 洪景來는 스스로 大元帥가 되어 『平西大元帥司令』이라 쓴 手旗를 잡앗고 金士容을 副元帥로、禹君則 金昌始를 謀士로、洪總角을 先鋒將으로、李濟初를 後軍將으로 하엿다 行軍進退에 軍容이 整然하여 그 凜凜한 衝天의 氣勢는 단박에 八道江山을 席

撥할듯 싶엇다。

全國名處에 檄文을 날리니 全文은 이러하다。

「平西大元帥、爲急急致檄事。我關西父老子弟公私之賤、咸聽此檄。盖關西、箕聖古域、檀君舊窟、衣冠濟濟、文物炳烺。粤在壬辰之亂、已有再造之功、又於丁卯之變、克輸襄武之忠。有如遯菴之學、月浦之才、又是產於西土、而朝廷之等棄西土、不異糞土、甚至於權門奴婢見西士之人、則必曰平漢、其爲西士者、豈不寃抑哉。若當緩急、則必賴西士之力、且當科時則必藉西士之文、四百年來、西人、有何負於朝廷哉。見今冲王在上、權奸日熾、如金祖淳朴宗慶輩、竊弄國柄、仁天降災、冬雷地震、彗無虛歲、由此大無荐臻、餓殍載道、老弱塗炭、生民盡劉、幾乎在卽、何幸濟世之聖人、誕降于清北宣川釰山日月峯下君王浦上伽倻洞紅衣島、生而神靈、五歲、隨神僧入中國、旣長、隱居于江界四郡地閭延五載、統領皇明之世臣遺孫、鐵騎十萬、遂有澄清京國之志、而維此關西、卽豊沛故鄕、不忍蹙踏、先使關西之豪傑輩、起兵救民、義旗所到、莫不傒蘇。故以檄文先諭、列府郡侯、切勿擾動、洞開城門、以迎我師。若有孫爾頑拒者、當以鐵騎五千、蹙之無遺矣、宜速請命擧行宜當者。右檄、下安州兵使虞侯牧使、肅川縣令、平壤監司中軍庶尹、江西縣令、龍岡縣令、三和府使、咸從府使、甑山縣令、永柔縣令。」

四、清北八邑을 瞬間에 占領

革命軍이 疾風迅雷 갈이 十九日 밤중에 바루 嘉山郡衙를 엄치엇다。頑强히 抗拒하는 郡守 鄭蓍의 父子를 베어죽이고 尹元淸으로 郡守를 삼아 직히재하엿다。革命軍의 一枝隊인 金昌始、李濟初、金士容等은 北으로 郭山을 달려가 郡守 李永植을 쫏고 朴星臣으로 郡守를 삼아 직히재하며 金昌始는 泰川을 달려가 縣監 柳鼎發을 쫏고 邊大益으로 縣監을 삼아 직히재하엿다。洪景來軍은 그 翌日에 博川에 이르러 郡守 任聖皐를 잡아가두고 韓日煥으로 郡守를 삼아 직히재하며 定州로 들어가 牧使 李近胄를 쫏고 崔爾崙으로 牧使를 삼아 직히재하엿다。또 金士容軍은 宣川을 달려가 府使 金益淳을 항복받고 金奉眖으로 府使를 삼아 직히재하며 鐵山을 처서 府使 李章謙을 항복받고 鄭祚一로 府使를 삼아 직히재하엿다 이와갓이 革命軍은 破竹의 勢로 清北의 重要한 八邑을 거침없이 占領하고 安州를 거치어 단박에 京城을 내리밀려하엿다。

군사가 清川江岸에 다달으니 江에 얼음이 풀리어 그냥 건늘수가 없재 되엇다。어마어마하는 동안에 安州兵使 李海愚가 革命軍의 軍機를 미리알고 關東을 嚴守하여 목을 받고 잇으므로 더욱 만만히 건너갈수가 업재 되엇다。아무리 李海愚가 앞길을 막는다기로 제 한낫 凡夫에 지나지 않을지니 乘勝長驅의 氣勢로 한번 몰아가 安州城을 뭇질르고 一時에 兩西를 席捲하엿을 것을…… 아아! 英雄의 勇快가 걸음을 躝踏하게한 清川江의 解氷은 진실로 千古의 恨事로다。할수업이 물러와 博川땅 松林에 結陣하니 여기는 安州서 十里相距라 적이 군사를 쉬재하엿다。

警報가 朝廷에 이르매 備邊司에서 먼저 名武로 守令을 擇定하여 各邑으로 派送하며 李堯憲으로 兩西巡撫를 拜하고 朴基豐으로 中軍을 삼아 諸將을 거느리고 出征하재 하엿다。官軍 七百餘名은 中軍 朴基豊의 引領으로 十二月 二十七日로서 京城을 出發하여 安州로 向하엿다。

五、時勢不利! 定州籠城

革命軍이 이미 여러날로 松林에 머물러 잇어 江을 거늘 준비를 하는 때에 官軍이 먼저 江을 건너왓다。十二月 二十七日에 官革兩軍이 交火하여 처음에 一勝一敗가 잇엇으나 마지막에는 革命軍이 退却하는 不得己함에 이르럿다。洪景來는 形勢의 不利함을 스스로 살피고 생각하기를 잠간 물러가 잇어 더 힘을 기르고 救援兵을 기다려서 한번 다시 敵으로 더불어 싸우리라 하고 諸將을 불러 의논한후 남은 군사를 거두어 거느리고 定州城으로 들어갓다。

革命軍이 定州城으로 들어가서 防備를 嚴히할새 禹君則은 北將臺를 직히고 李海裕는 南門을 직히고 車用守는 東門을 직히고 金之千은 北門을 직히고 許敬은 西門을 직히게하며 洪景來는 中軍大將이 되고 金鎭玨은 副將이 되고 白宗會는 運粮官이 되고 洪總角은 壯丁軍 五百名을 거느리고 날마다 조련하게 하엿다。그리고 副元帥 金士容이 돌아오기를 기다려 거사하기로 작정하엿다。얼마뒤에 官軍이 定州城밖으로 漸次 모이어왓다。㺚川江을 끼고 官革兩軍이 對陣하여 最後一戰으로써 決하려하엿다。

六、嗚呼! 革命軍의 最後

革命軍은 數個月로 苦戰惡鬪하여 官軍을 여러번 破하고 장차 捲土重來의 형세를 어울번 하드니 아아! 時運의 不利함인가 各處에서 義兵이 일어나 官軍의 勢力을 돕고 또 革命軍은 여러번 싸움에 漸漸 疲弊하여저서 처음에 占領하엿든 여러 고을을 다 官軍의 손에 돌려 보내고 다만 定州 한 城을 死守함에 그치엇다。

壬申 四月 十八日—多福洞에서 革命의 소리를 웨친지 滿 四個月이다。이날에 官軍이 定州 北城下에 깊이 땅을 파고 거기에 火藥을 묻고 導火線에 불을 붙이어 爆發하게하니 霹靂一聲에 城堞이 무너지고 城中에 군사들은 意外의 일에 크게 驚惶하여 精神을 못차리게되엇다。官軍이 一齊히 突擊을 개시하여 城中으로 처 들어가니 城이 그만 陷落되엇다。아아、三四個月의 持久戰에 隊伍가 더욱 整頓되고 軍容이 갈스록 振興하여 捲土重來를 긔약하든 革命軍은 壯絶慘絶한 最後의 一戰으로써 다시 더 일어날 힘이 업게되엇다。革命軍은 비록 이런중이지마는 조금도 굽히지 아니하고 官軍과 닥드려 大血戰을 演하여 필경 革命軍의 將卒은 戰死와 生擒된자 數千을 내고 이 悲劇의 클라이막쓰의 幕이 닫히엇다。이 북새름에 우리 革命大將 平西大元帥 洪景來는 그림자가 살아지고말앗다。……??? 辛未革命은 그만 이러하고말앗다。後世사람으로 하여금 어찌 一掬의 눈물을 아끼랴。

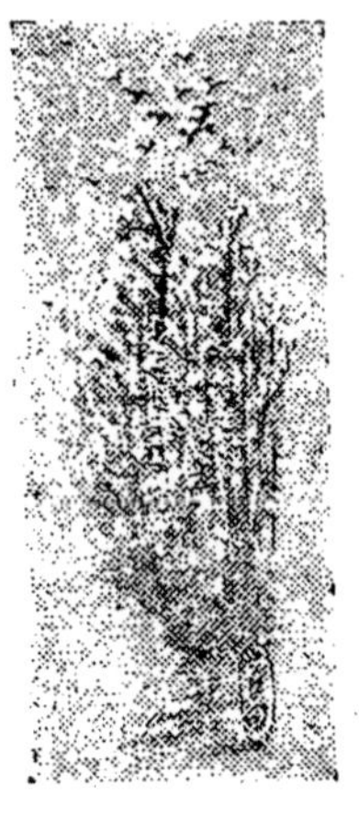

辛未革命과 辛未洋擾 〔二〕

李允宰

辛未洋擾

一、朝鮮과 西洋

우에 말한 洪景來 革命後 一週甲을 지나 洋擾가 일어낫다。이 洋擾는 倭亂·胡亂과 한가지 朝鮮 五百年間 三大外寇의 하나로 歷史上 가장 重大한 意義가 잇는 것이다。이제 洋擾를 말하기 前에 먼저 朝鮮과 西洋과의 關係를 말하려라。

朝鮮人의 耳朶에 西洋事情이 傳聞되기는 四百十餘年前 中宗때의 일이지마는 西洋人의 발자국이 맨 처음으로 朝鮮 땅에 박이기는 지금으로부터 三百三十七年前 宣祖 二十七年 甲子(西曆 一五九四年)에 洋人 宣教師 그리쯔페리오·다·코쓰페데쓰의 옴으로 부터다。荒唐船이니 異樣船이니 하는 記事가 近世 文籍에 種種 나타남을 보겟으며 그후로 洋人의 入居한 일이 잇엇고 또 本國 使臣이 支那에 가서 西洋人과 交際한 일이 잇엇으며 仁祖때에는 遣明使 鄭斗源이 西洋火炮·焰硝·千里鏡·自鳴鍾等 西洋文物을 輸入한 것으로 비롯하여 孝宗때에는 時憲曆이란 西洋曆法을 實行한 일까지 잇엇고 肅宗初에는 西學 혹 洋學이라 하는 天主教가 傳播되기 시작하여 英祖·正祖 兩代에 中部地方에 크게 盛行하여 當時名士로 信教者가 만핫으나 純祖元年에 大打擊을 받앗으며 其後 憲宗二年에 佛國 教士 모방等이 入國하엿으니 이것이 西洋 教士 入來의 시초라 할것이다。얼마 뒤에 그들은 다 殺戮을 당하고 斥邪綸音을 내려 西教撲滅策을 實行케되엇다。이와같이 基督教를 媒介로 하여 朝鮮은 西洋을 알게되고 西洋人을 接應하게 되고 西洋文化를 移入하게되엇다。이것이 곳 朝鮮과 西洋과의 關係를 맷게되는 經路가 되는 것이다。

二、辛未洋擾의 起因

辛未洋擾를 말하려면 이에서 한 五年前에 생긴 丙寅洋擾부터 말하여야 될줄 안다。그새 몹시 迫害를 받든 基督教는 哲宗 以後로 한동안 弛禁이 되매 이로부터 또 教勢가 와짝 늘엇섯다。教徒들은 한번 國家的 公認을 얻어보려고 무척 애를 쓰든 판에 高宗帝 二年에 俄羅斯(露國)가 北邊을 넘겨다봄을 機會로 教徒中 勢力잇는 者들이 大院君에게 勸하되 天主教를 利用하면 俄人을 驅逐하기 無難하다 하여 거이 될번하든 판에 俄人이 自退하고 또 交涉人과 사이에 맛스럽지 않은 憾情이 생기어 그 마지막의 破綻이 敎徒에 對한 憎惡心으로 돌아가게 되어 필경에 이러케 重大한 事件 곳 基督敎徒 大虐殺에까지 미치게된 것이다。이것이 問題가 되어 丙寅年(西曆 一八六六年) 八月에 佛國의 로스提督이 天主敎徒 虐殺에 對한 問責을 口實을 삼아 幾隻의 戰艦을 거느리고 들어왓다가 스스로 勢弱함을 알고 一時 돌아가드니 九月에 다시 五隻의 戰艦을 더리고 江華로 侵入하엿다가 我軍에게 擊退되엿다。佛國은 다시 報復의 手段을 취하려 하엿으나 마침 그때 普佛戰爭으로 말미암아 그 問題는 아주 沈銷되고 말앗다。이것이 丙寅洋擾의 대강 經過다。

애초에 朝鮮과 美國과의 關係는 十八世紀初부터 支那市場에서 人蔘貿易의 角逐으로 비롯하엿다。이로서 美國은 朝鮮의 富源에 침을 삼키어 利權獲得의 길을 틔우려고 일변 朝鮮沿海의 調査와 風土의 觀察에 沒頭하며 또 일변 通商을 要求하는 일이 자주 잇엇다。이리하여 高宗帝 三年五月에 美國商船 서프라이쓰號가 鐵山郡 宣沙浦에서 難破한 것을 國人이 그를 간곤히 救助하엿드니 그 뒤에 또 美國人 프레스톤(普來頓)이 帆船 제너랄 서만號에 朝鮮人의 좋아하는 琉璃器, 自鳴鐘等 商品을 실고 天津으로써 芝罘를 거처 漲水를 타서 大同江을 溯航하여 平壤 萬景臺까지 올라왓다가 물이 빠저서 배가 붙고 糧食이 떨어지매 掠奪을 행하므로 우리 軍民들이 달려들어 그 배를 불질르고 通譯 崔蘭軒(美國人 도마스의 漢名) 以下 여러 船員들을 慘殺하엿다。이것을 崔蘭軒事件이라 하여 여기 말하려는 辛未洋擾의 原因이 된것이다。

그뒤 淸國에 잇는 美國人들은 제너랄 서만號가 오래 돌아오지 아니함에 궁금증이 나서 그 蹤跡을 探索하려 하엿으나 알길이 없으며 朝鮮에서 돌아온 佛國艦隊의 군사에게서 洋船이 燒棄되엿다는 風說을 듣고는 더욱 의심을 품게 되엇다。美國政府에서는 제너랄 서만號의 行衛를 알기 위하여 특히 汽船을 朝鮮으로 보내엇으나 아무 要領도 얻지 못하고 말앗다。이것이 한 問題의 中心이 되어 種種의 流言이 돌게까지 되엇다。이로써 朝鮮은 世界 各國人의 注目을 끌어 視線의 焦點을 이루엇섯다。

이때에 上海에 잇는 猶太系 獨逸人 오펠트가 天主敎의 원수를 갚는다는 핑계로 汽船 차이나號에 佛國人, 美國人 淸國人, 馬來人, 各 若干名과 朝鮮人 四名을 더리고 와서 寶物을 盜取할 目的으로 忠淸道 德山郡에 잇는 大院君의 父 南延君의 墓를 發掘하다가 目的을 達치 못하고 永宗僉使에게 擊退를 당하니 이 事件이 또한 朝鮮 士民 더욱이 大院君에게 洋夷와 天主敎에 對한 惡憾을 더욱 深刻케 하엿다。

三、싸움이 버러지다

제너랄 서만號事件이 發端으로 淸國에 잇는 美國人들은 韓美通商의 必要를 熱叫하게 되엇다。그리하여 北京駐在의 美國 公使 로우(F. F. Lew)와 亞細亞艦隊司令官 海軍少將 로저스 (Rear Admiral J. Rodgers=羅嘉)가 艦隊를 거느리고 朝鮮으로 向한다는 뜻을 淸國 禮部에 通告하니 淸國은 곳 그 事由를 朝鮮 政府에 報知하엿다。이것이 高宗帝八年 辛未(西曆 一八七一年) 二月에 된 일이다。

朝鮮 政府에서는 이에 對하여 邊海의 防備를 嚴修함과 또 美國에 對하여는 朝鮮이 貿易할만한 貨物이 없음으로 通交할 까닭이 없다 하여 截然히 拒斥하는 뜻을 表明하엿다。그러나 美國公使 로우는 水師提督 로서스와 한가지 旗艦 콜로라도號 以下 五隻을 거느리고 서만號의 行衛를 搜探함과 韓美通商의 要求를 口實로 하고 同 三月에 上海를 떠나 朝鮮으로 向하엿다。

美艦이 朝鮮에 와서 먼저 牙山灣、南陽灣의 水深을 測量하고 다시 仁川 北쪽에 잇는 勿淄島에 와서 根據地를 잡고 잇으면서 京江의 偵察에 着手하며 朝鮮 官憲을 會見하고 談辦을 試하엿다。

朝鮮은 丙寅洋擾때에 佛艦 來襲의 前例에 鑑하여 京江水路에 防備를 嚴修하고 草芝、德津의 堡壘에 많은 銃砲를 配置하며 練熟한 砲手를 召募하는等 戰備가 完成되엇다。

이러케 事機가 切迫하매 美艦의 一部가 손돌목(孫乭項)의 急湍을 지나 廣城鎭 附近에 이르다가 그 沿岸에 잇는 우리의 한 堡壘로서 猛烈한 砲火를 浴하고 이에 應戰하여 여기에서 처음으로 싸움의 뚜에가 열리엇다。그런데 이 싸움에는 彼我兩軍에 死傷은 별로 많지 아니하엿으나 얼마나 激烈하엿든 것은 美國 南北戰爭에 勇將으로 이름이 잇든 부레키는『이러케 猛射한 것은 과연 前에 그 例를 보지 못하엿다』고 嘆服한 것으로써 가히 알것이다。

四月 二十四日 敵軍이 다시 德津堡를 占領하고 水陸으로 幷進하여 廣城鎭을 肉迫하엿다。當時 廣城鎭을 직히고 잇는 江華鎭撫中軍 魚在淵이 이 城을 死守하기로 決心하고 敵을 逆擊하여 大破하니 敵軍이 陸地로 내려와 山을 끼고 우리 陣을 둘러싸고 덤벼서 壯烈한 白兵戰을 演한 끝에 我軍이 敗潰하고 城이 陷落되엇다。이 싸움에 中軍 魚在淵과 그 아우 魚在淳과 御營哨官 柳豊魯等이 戰死하고 其外 軍卒의 死傷者 三百五十을 내엇으며 敵軍에는 막키中尉 以下 三名의 戰死者와 十餘名의 負傷者를 낼뿐이엇다。이것은 무론 敵의 兵器가 우리보다 精銳하엿든 것이 한 原因이다 敵軍은 廣城鎭 勝利後에 더 달려들지 아니하고 무슨 생각을 하엿든지 그 根據地인 勿淄島로 물러가 앉아서 朝鮮의 형세를 觀望하고 잇다가 별신통한 도리가 없을 것을 헤아리고 朝鮮 온지 四十餘日이 된 五月 十六日에 無聊히 退去하고 말앗다。

四、戰後의 攘夷政策

이와같이 두번째까지나 洋擾를 당한 大院君은 화가 나서『어— 요놈들 어대까지든지 해보리라』하고 絶對로 西洋하고 通好하지 아니하리라는 새 決心으로 攘夷의 政策을 斷行하엿다。그리하여 全國 民心을 衝激할 뜻으로『洋夷侵犯 非戰則和 主和賣國 戒我萬年子孫 丙寅(三年)作 辛未(八年)立』이라는 誓辭를 돌에다가 또렷이 새기어서 漢城 鍾路와 國內의 大道에 세웟다。이것이 이른바 斥和碑란 것이며 또 墨工을 시기어 墨面에다가 그 글자를 새기게하여 洋夷排斥의 思想을 크게 宣傳하엿다。

이 洋擾로 말하면 숨어잇는 朝鮮을 불러 일으켜서 世界에다가 내세우려는 絶好한 機會어늘 朝鮮은 한갓 事大主義의 精神에 心醉하여 이에 應치 아니한 것이다。千年禮義之邦이니 무엇이니 찾고 앉앗는 洪淳穆 金炳學 같은이는 말할것도 없거니와 大改革 手腕을 가진 大院君으로도 이러케 國際眼이 어두어 鎖國主義를 國是로 삼아 마침내 요러케도 朝鮮民族으로 하여금 世界의 落伍者의 地位에 떠러트린 것이야말로 痛惜함을 말지 아니한다。(끝)

—(10)—

紀念 東方의 大偉人李珥先生

栗谷 李珥先生은 東方의 大偉人이다。政治와 經濟에 그러하고 哲學과 文學에 그러하고 克慾과 忠孝에 그러하고 韜略과 社交에 그러하였다。

先生이 距今 三百九十五年前 中宗三十一年丙申에 나니 陶邱李濟臣、松江鄭澈等 諸賢과는 同年이었고 後日先生이 찾아가 뵈인 退溪李滉先生이 난지 三十五年後이며 先生이 豫言한 壬辰大亂에 爲國竭忠하든 忠武公李舜臣이나기 十年前이었다。

이제 先生의 誕日인 今月(陰十二月)二十六日을 맞이하는 우리는 마음을 다하여 이偉人을 紀念하며 朝鮮을 알고 사랑하고 빛내고저 하는 마음을 다시금 채쭉질하고저 하는것이다。 ——編輯者——

學界紀念

栗谷先生小傳

朝鮮語學會 李允宰

栗谷先生은 姓은 李氏요 이름은 珥요 字는 叔獻이요 栗谷은 그 號다。지금으로부터 三百九十五年前 朝鮮 中宗 三十一年 丙申(西紀 一五三六年) 十二月 二十六日(陰曆)에 江原道 江陵郡 北坪村 그 母親의 外氏宅인 李氏家에서 나다。其先는 德水니 代代 簪纓으로 顯達한 名門이요 母親은 當代 才媛으로 有名한 申師任堂이다。申師任堂은 德行이 잇고 經書、詩文、書畵에 能치 아니한데가 없으므로 오늘날까지도 師任堂이라 하여 그 이름을 모르는 이가 없는 것이다。先生이 이렇게 되기도 실상 그러한 母親의 胎敎로 부터 養育하기까지의 훌륭한 家庭敎育 아래에서 깊은 感化를 받앗음이라 할것이다

先生이 六歲때에 그 母親을 따라 漢城 本第로 올라와 자랏섯다。先生은 워낙 非常한 天才를 타고 낫으므로 學語時부터 이미 글자를 많이 알앗으며 詩句도 지엇다 한다。그러고 八九歲적에는 詩文에 아주 能通하여 發名이 높이 낫다。十三歲때에 科擧를 보아 進士初試로 入格되엇으며 나종에는 生員壯元을 하고 또 文科初試、覆試、殿試에 한번도 떠러지는 일이 없고 連하여 다 壯元하니 사람들이 다 『九度壯元』이라고 일컬엇다。

그 사당하는 母親 申師任堂은 先生이 十六歲되든 때에 세상을 떠낫다。그 罔極한 哀感은 形言할수 없거니와 家庭內 어떠한 事情으로 말미암아 居喪을 마친 翌年 봄에 入山修道하기로 뜻하고 出家하여 足跡이 金剛山으로 이르게 되니 當年이 十九歲의 青年時節이엇다。寺院에 몸을 의탁하여 禪號를 義庵이라 하고 佛經을 깊이 연구하며 戒命을 굳게 직히어 道를 通하매 僧侶들은 生佛이라 높이어 竹轎子로 메고 단기엇다。專心으로 修養한지 一年만에 山門에서 나와 다시 俗世의 사람이 되엇다。

이후로 부터는 오로지 儒學에 뜻을 두어 程朱의 學을 연구하엿다。二十三歲때에는 當代 有名한 碩學李退溪先生을 陶山에 往訪하고 道를 물엇다。退溪는 栗谷을 한번 보고는 그 爽明한 才質에 놀래어 後生이 可畏하고 稱道하엿으며 또 詩 한수를 지어 올렷드니 退溪는 詩가 오히려 人格만 못하다고 賞嘆하엿다。先生은 여기에서 배움이 많앗다。그리하여 眞知와 實踐으로써 聖人을 自期하여 深遠한 造詣를 얻기에 이르렀다。

先生의 性格에 對하여 말하면 孝誠과 友愛가 돈독하며 對人接物에 禮節이 잇엇다。그 몇가지의 實例를 들어보리라。先生의 庶母가 性質이 괘악하고 술을 잘 먹으며 無道하기 심하나 섬기기를 친어머니와 같이하여 孝誠을 극진히 하므로 庶母가 나종에 感悟하기까지 한일이 잇엇으며 또 先生은 두분의 兄이 잇엇는데 다 品性이 부드럽지 못하여 집안에 細瑣한 일까지도 반듯이 先生을 불러 시키어 한 사환군처럼 부리나 조금도 어렵게 생각하지 아니하고 무엇이든지 承順하여 나이 많고 높은 벼슬로 지낼 때까지도 그리하엿다。또 先生의 門下에 오래 잇든 李潤雨는 누구를 대하여 말하기를『先生을 모실 때에는 春風의 室에 들어가는것 같아서 잠시동안이라도 거기를 떠날수 없는것과 같다』하엿다。또 先生이 遠接使로 黃州에 이르니 그 고을 牧使가 竹枝라는 名妓를 골라 보내엇드니 先生이 보고『네 재주와 자질을 보니 사랑스럽기는 하다마는 만일 너와 한번 상관하게 되면 부득이 솔가하여야 할 사정인즉 이것이 문제다』하고 돌려보내엇다。그뒤에 海州에 寓居할 때에 竹枝가 밤중에 찾아오매 先生이 竹枝詞 한머리를 지어주고 굳이 물리처버리엇다。先生의 性格은 우에 이 몇가지로써 가히 그 全體를 엿볼수 잇을 것이다。

그뿐 아니라 先生은 先見之明이 잇엇다。일즉 經筵中에서 임금께 請하기를『養兵十萬을 하여두어 나라의 급한 일을 예방할 것이요 만일 그렇지 아니하면 十年이 못 차서 장차 土崩의 禍가 잇을 것이외다』하엿다。柳成龍이 같이 入侍하엿다가 이 말을 듣고『일없이 養兵하는 것은 도리어 禍를 기르는 것이외다』하며 經筵에 참예하엿든 여러 신하들도 다 같이 先生의 計策이 너무 파하다 하여 결국 시행되지 못하고 말앗다。先生이 나와서 柳成龍더러『國事가 매우 위급하는데 俗儒들은 時務에 어두운지라 그들은 족히 말할것 없거니와 자네까지도 그렇게 말하는가 지금에 미리 發兵하지 아니하엿다가는 이후 정녕코 後悔할 날이 잇으리』하며 매우 마음에 섭섭하게 너기엇다。파연 이말을 한지 딱 十年後에 壬辰倭亂이 일어낫다。柳成龍이 朝堂에서 여러 大臣들에게 말하기를『그때 發兵하자 함에 내가 反對하엿드니 到今하여 생각하니 李文正公(栗谷의 諡號)은 참 聖人이르다。만일 그 말대로 하엿드면 國家가 어찌 오늘 이 지경까지 이르렀겟는가』하고 歎息하기를 말지 아니하엿다。

先生은 본대 家勢가 赤貧한고로 처음에 科擧에 應하엿고 그후 官路에 몸을 적시엇으나 心性이워낙 靜閑한 것을 좋아하엿기 때문에 四十三歲때에는 벼슬을 사양하고 海州 石潭上에 隱屛精舍를 짓고 學徒들을 모아 敎育에 힘썻다。先生은 여기를 宋나라 朱子의 武夷精舍에 의방하여 石潭九曲歌를 지은 것이 또한 이때의 일이다。

先生의 본대의 뜻은 山林에 隱遯하여 學問硏究에만 專力하려함이엇으나 宣祖大王의 여러번 부르심에 因하여 나아가 要職에 任한 일이 자주 잇엇다。그 主義는 항상 임금으로 하여금 聖人의 政治을 행하게하려함에 잇엇다。때때로 奏陳하거나 말로써 다할수 없으면 箚章을 올린 일도 종종 잇엇다。君

學과 時務를 論한 著書로 有名한 것은 東湖問答、萬言封事、聖學輯要、人心道心說、時務六條疏等이엇다。이때는 東西黨論이 막 일어나든 때라 先生이 居中하여 調停에 盡力한 일이 잇엇다。필경 成功은 못하엿으나 當時 士林으로 이러한 뜻이 잇는이로는 오직 先生 한사람뿐이엇다。

先生은 宣祖 十七年 甲申 (西紀 一五八四年) 正月 十六日에 漢城 大寺洞 寓所에서 四十九歲란 아직 그리 老衰치 아니한 몸으로 溘然長逝하엿다。宣祖께서 訃告를 듣고 發聲痛哭하며 輟朝三日하엿다。先生은 吏曹佐郞、典翰、直提學、黃海監司、右副承旨、大司諫、大司憲、吏曹參議、戶曹判書、吏曹判書、兵曹判書、大提學、右贊成等 要職을 歷任하엿고 著書로는 栗谷全書、聖學輯要가 世에 널리 行하며 더욱 後進에게 끼친 것으로 擊蒙要訣은 學에 뜻하는 者로서 必讀할 名著다。

(끝)

乙支文德

金庾信

朝鮮民族의 恩人과 儀範

朝鮮史에나오는人物中에서도 쉬일러偉人이라할만한이가 얼마나되는가? 하는것은 그範圍를따라또한말하는이를따라 다를것이毋論이지만 그中에서도 民族的恩人이라 民族的儀範이라고推擧할만한 大人物이누구인가 하는것은 한번들어볼적한問題입니다。 이에여러先生의 高見을모아보기로하엿슴니다。 —記者—

執筆家

—가나다順—

金瑗根 李光洙 李秉岐

李允宰 文一平 申明均

安在鴻 張志暎

—到着順—

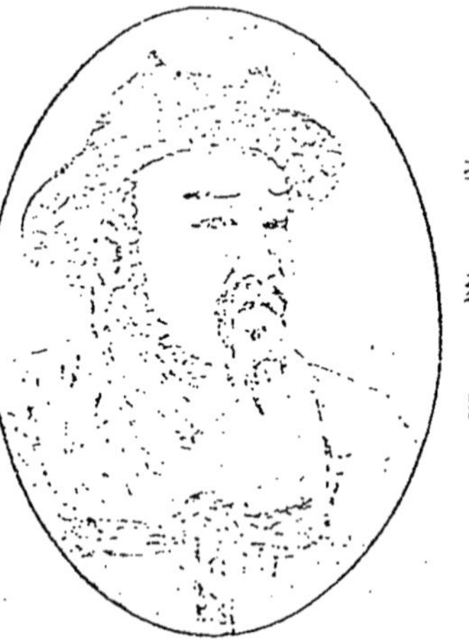

鄭夢周

李舜臣

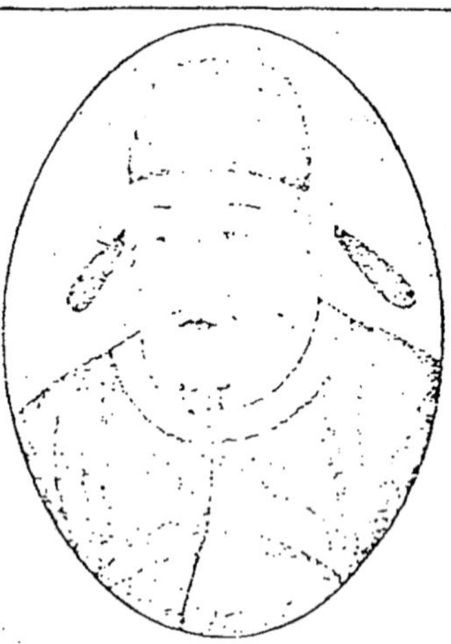

朝鮮語學會 李允宰

三國時代

東明聖帝 (天帝의 子란 굳은 信念으로 荒地를開拓하고 高句麗의 大帝國을建設)

溫祚於羅瑕 (겨우 十臣을 더리고 南下하여 強大한 馬韓을이기고 五十四聯邦을 統一)

赫居世居西干 (辰韓 十二國을 統一한 英主 [illegible] 이 [illegible]하고 國人이 聖人으 [illegible])

金宗直 (學者) 로 [illegible]하고 많은門徒를내어融合的으로貢獻한大敎 [illegible]

廣開土王 (一代에 六十四城 一千四百村을攻破한 大偉績)

文化를 大進케함)

長壽王 (慕容燕을 [illegible]하여 遼東을 거두어 들이고 百濟를 [illegible]아 空前大版圖를넓힘)

乙支文德 (隋主가 大擧入寇하매 絶對 主戰을 [illegible]하고 出戰하여 薩水大捷을 이룸)

淵蓋蘇文 (泰山같은 自主의 精神으로 親唐派를 一網打盡하고 唐으로 [illegible] 못하게함)

金庾信 (統三後 半島內에서의 唐의 勢力을驅逐하고 新羅로 完全한 獨立의 實을 保케함)

王山岳 (高句麗人、玄琴을 發明함)

仇珍川 (新羅人、千步弩를 發明하다。唐主가 에써서 그 技術을 求하려하나 [illegible]내 傳하지아니함)

大祚榮 (高句麗의 獨立을 恢復하려고 三十年間 活動한 끝에 大帝國을建設)

張保皐 (淸海鎭(莞島)을 中心으로 東洋의 海上 交通 貿易권을 [illegible]하지함)

元曉 (新羅人、그의 獨創的인 海東宗을

세우며 또 佛敎를 大衆化하게함)

薛　聰(新羅人、文學에 能하고 方言으로 九經을 解釋하고 또 吏讀를 지엇다함)

高麗時代

徐　熙(成宗때에 契丹將 蕭遜寧이 侵入하매 다만 辯舌로써 八十萬大兵을 却함)

姜邯贊(顯宗때에 契丹軍 十萬을 大破함)

尹　瓘(睿宗때에 女眞을 쫓고 九城을 쌓음)

義　天(大覺國師니 佛典大集成으로 世界無二의 大藏經 大藏板이 잇게됨)

崔　冲(高麗 儒學中心의 大敎育家)

安　裕(高麗의 一流儒學者。儒學經을 무어 人才를 養成함)

李奎報(支那風에 젖지아니한 自由主義의 大文豪)

崔　瑩(民族的大理想을 實現코저하며 征明論을 提唱한 大政治家)

鄭　地(海上倭冦를 剿滅함)

文益漸(木綿種子를 얻어옴)

鄭天翼(繰車를 發明함)

鄭夢周(나라를 위하야 義血을 흘림)

朝鮮時代

世宗大王(訓民正音을 創制하시며 雅樂과 觀象器等 文明利器를 發明한 大聖人)

鄭敬齊(太祖朝人、國學大家)

金宗瑞(世宗朝人、野人을 쫓고 六鎭을 置함)

李　滉(明宗朝人、朝鮮第一儒宗 外國에까지 敬慕함을 받음)

安龍福(肅宗朝人、千辛萬苦를 겪어 鬱陵島를 찾어냄)

李舜臣(宣祖朝人、龜船을 發明하며 三大海戰에 偉功을 세운 世界海戰史에 無二한 英雄)

許　浚(宣祖朝人、東醫寶鑑을 著하니 이책은 日本과 支那에까지 翻刻됨)

李長孫(宣祖朝人、飛擊震天雷(곳大砲)를 發明하여 敵을 破함)

鄭平九(宣祖朝人、飛車(곳 飛行機)를 創製함)

李　縡(英祖朝人、國學研究의 앞장이)

金正浩(哲宗朝人、大東輿地圖를 製成)

崔濟愚(哲宗朝人、民衆運動의 先鋒。東學黨의 開祖)

金玉均(高宗朝人、政治改革家)

俞吉濬(高宗朝人、民衆指導者)

周時經(高宗朝人、한글復興의 大功勞者)

一貫한 피의 歷史
카토릭布敎百年

—百年聖祭를臨하야—

(上) 李允宰

조선에 천주교(카톨릭)가 들어온후 비로소 로마법왕의 정식승인한바 되어 처음으로 주교(主敎)를 임명하는일이잇엇고 종교의 뿌리를 이 땅에 깊이 박은것이 서력 一천八백三十一년, 곳 우리나라 리씨조(李氏朝) 순조대왕(純祖大王) 三十一년이니 금년이 꼭一백년째되는 해당. 이제 그교회에서는 경향 각교구로서 수천명의 신남신녀와 멀리서 온 로마법왕의 대표 무니씨의 참석으로 포교백년 기념제와 순교자(殉敎者)의 시복식(諡福式)을 성대히 거행한다。 오늘을 당하야 우리가 과거일세기간에 수없는성도(聖徒)들의피흘린 참담한 력사를 생각할때에 미상불 감개무량함을 금하기 어렵도다。이에 포교백년사를 간단히 쓰려하니 이로써천주교가 그사이 얼마나한 희생과 노력을 다하야잇슴을 한번 살펴어보는것이 한 의미잇는 일일것이다。

一、天主敎人國의經路

천주교 포교 백년이래의 일을 말하려면 먼저 그것이 어떠케 조선으로 들어왓는가 이것부터 말하는것이 옳으려라 한다。

이 천주교는 본대 아세아주 서편 유대국에서 발생된 것으로 일즉이 유로파주로 들어가서 그네들의 신앙하는 오직하나의 종교가 되엿섯고 다시 유로파 사람의 손으로써 도로 동양으로 전하야 왓오며 필경 우리 조선에까지 들어오게 된 것이다。

동양으로는 중국이 먼저 이교를 받게 되엇다。이제로부터 일천삼백년전 당(唐)나라태종(太宗)때(서력六三一년)에 파시아국 승려가 경교(景敎)라는 니종을 가지고 와서 장안(長安)에다가 대진사(大秦寺)라는 교당을 서운것으로써 유로파 사람으로 동양에 전도하려온것의 비롯이라 할것이다。

그뒤 六백여년을 지나 원(元)나라 세조(世祖)때(서력一二九二년)에 이탈리 선교사가 중국 북경에 와서 전도하여 북경에 큰 교당 두채를 이룩하게되며 교도가 수만명에 달하기까지이르렀다。

또 그뒤三백여년을지나 명(明)나라 신종(神宗)때 (서력一六○○년)에는 예스이다파(派) 교사(敎士)이탈리사람 리마두(利瑪竇=Matteo Ricci)가 중국북경에와서 서양의 진긔한 완호품따 시계,양금등속을 임금께바치고 전도화편의 길을 어거기에잇으면서 전도하기를힘썻으며 이를 이어 독일인 탕약망(湯若望=Joannes Adam Schall Von Bell S. J.)이탈리인 라약한(羅雅谷=Joannes Rodamiog S. J.)등기타수다한 서양인 선교사가 오게되엇다

일본은 三백九十년전 후내량천황(後奈良天皇)때(서력一五四一년)에 포추갈사람의 선박이표착함으로부터 천주교가점점류행하게되어 二十五년후에는 경도(京都)에 남만사(南蠻寺)라는교당을짓기에이르렀다

이와같이 천주교가 동양으로 들어온것을 대개말하엿거니와

이제는 천주교가조선으로들어온때에 대하야말하려라 지금으로부터二백四十五년전 숙종대왕(肅宗大王)때 (서력一六八六년)에천주교가중국에만히퍼지엇다는것을 문헌에서찾아볼수잇다。 그러나 그때는 천주교를서학(西學)이나 양학(洋學)이니하야 일반사회에서 그를 리해하지 못하는관계로표면으로 들어놓을수 없고 비밀히전도함에 그처엇음은 당시일컨 잠행(潛行)이라는 긔록을 보아 알것이다。 그러므로 어느때부터 처음으로 들어왓는지는 알수없고 그때에서 구十여년전 선조대왕(宣祖大王)때(서력一五九四년)에 포추갈국 선교사 표데메오、따、세스베데스가 일본군사 가운데(임진란때)에 왓오니 이것으로써 서양 선교사가 조선으로 들어온것의 비롯이라 할것이다。 그런즉복음(福音)의 씨가 조선땅에 떨어지기는 아마의 때부터일것이다。 그러고 조선이 서양의길을 들어알기는그보다도 더먼저 중종대왕(中宗大王)때(서력一五二○년)엿으며그뒤로 조선사신(使臣)이중국에가서 종종서양 선교사를 만난일이 잇엇으며 또 서양의 진긔품따 서적을 가저오는 일이잇엇고 가끔 천주교에 대한교리를 배워왓다。인조대왕(仁祖大王)의 세자는 북경에 잇어서 서양인 선교사 탕약망(湯若望)을교제하며 천문학과 천주교를 고문(顧問)하고 돌아올적에 많은서적과 한가지 예지구(輿地球)와 천주상(天主像)을 가지어왓다는것이 한 실례(實例)일것이다。

一貫한 피의歷史

카토릭布敎百年

—百年聖祭를臨하야— (中)

李允宰

二、天主敎의熾盛

서양 문물(文物)이 수입될때 한가지 천주교가 점점우리땅에 들어오기 시작하여지금으로부터 일백칠십여년전 영조대왕(英祖大王)때(서역 一七五八년)에 이르러 황해도및강원도등지에 교가크게 성행하였다。그후 이십여년을 지나정조대왕(正祖大王) 초년에청년학자 리승훈(李承薰)이 동지사(冬至使)를 따라 북경에가서 서양인 선교사를 찾아보고 믿기로 작정하여 세례를받오며 성경(聖經)을 얻어가지고 돌아오니 이뒤로 교리가전국에 널리전파되었다。그러므로 조정에서는 이것을 방지하기위하여 연구책자(燕購冊子=北京에서 사오는 책)를엄금하였다。

이때에 전라도의 선비 윤지충(尹持忠)이 서울갔다가 김범우(金範佑)에게서 천주교에관한서적을 얻어보고 곳감염하여 입교하였으며 동향사람권상연(權尙然)에게 그 책을전하였다 열심있는 신자가되었더니 정조대왕 십오년(서역一七九一년)에 이두사람은 제량반으로 신주를불살오고 제사를 폐하였다는죄명으로 참수(斬首)의 형을당하였다。 전라 황해 강원등지에 교인의수가 심히많앗으되 다만 금지할뿐에 그치엇고 죽이는데까지는 이르지아니하엿으며 이번권상연 윤지충의 죽엄은 천주교가 조선에들어온후 첫번재희생을 낸것이다。

이와같이 정조대왕때에 엄히금지하엿도 불구하고 천주교가 더욱더욱전파하여 신자가갈스록 증가하였다。그러하며목자없는 양(羊)과같은 다수한 교인을 인도할 신부(神父)가 잇어야 할것을 필요로 알고 북경천주교회에서 조선교도의 청에 의하여 청국 소주(蘇州)사람 주문모(周文謨)를조선에 파송하게되어 지금으로부터 일백삼십칠년전 정조대왕 십팔년(서역一七九四년)겨울에 주문모가 복장을변개하고 압록강을 건너서 서울로들어와 교인의 집에 잠복하여잇으면서 암암리에 전도에 종사하엿다。이것이 조선에서 신부가잇게되는 비롯이다。주문모가 열심으로 또교묘히 전도하여 그세력이 사회 각방면에그득하여지고 유수한 명사(名士)들의 입교한자가 많앗으며또 각지방으로 널리 전파되어광주(廣州)、제천(堤川)、내포(內浦)가 각각 그일방의 중심지가 되엇다。

이럼으로 주문모가 칠년간서울에 잇어서 열심으로 전도하더니 순조대왕(純祖大王)원년(서역 一八〇一년에 신도중한사람인 황사영(黃嗣永)의신교의 사실이 발각되어 대역률(大逆律)에 의지하여능지처참(凌遲處斬)되고 신부주문모가잡히어 죽어 효수(梟首)되고그 전후로 리가환(李家煥)、리승훈(李承薰)、정약종(丁若鍾)동명사와 기타교도 오백십인이살육되고 정약종의 아우 약전(若銓)、약용(若鏞=茶山)과리가환의인척 리학규(李學逵)등은 류배되었다。이것이 곳둘재번 천주교도의 학살사건이다。

이와같이 조선에서 천주교를 박해하는 것은 사백년간그머리속에 굳게 박힌 존중화양이적(尊中華攘夷狄)、숭정학벽이단(崇正學闢異端)이라는전통적 사상에말미암음이어니와 정조、순조량대에 두번재까지 천주교도학살을 행하게되는원인은 그우에 또당쟁(黨爭)에 관계됨이 많은것이다

그때 영조대왕이 그아들 사도세자(思悼世子)죽인것을 구를다하는 시론(時論)파와한는 벽론(僻論)두당파가 잇엇는데 그때 남인(南人)의 령수채제공(蔡濟恭)이 시론에 속한사람으로 정승이된것을 미워하는 벽론파들이 천주교도가 거지남인인것을 기화로 시론파를 업떠버릴량으로 이사건을 꼬어낸것이나 다행히채제공이 이옥사를 알아 다스려거듭으로 윤、권 두사람만 죽이고 그남아는 묻지아니하여큰일에 이르지아니함을 얻게되엇으며 또 순조대왕때 리가환등의 옥사같은것도 실상은서인(西人)의 벽론파들이 남인의 시론파를 넘어떠릴 한방편인것이다 이러케 천주교는시론 벽론 다툼의 틈바구니에떠욱 해를 받게되는것이다

一貫한 피의 歷史
카토릭布敎百年
—百年聖祭를臨하야—

(下)

李允宰

三、羅馬法王의宣教師派送

『고려(高麗)의 양떼가 목자잃고 三十년을 지냇진저!』

이러케 주신부(周神父)가참형(斬刑)에 다다라 예언(豫言)하엿다。과연 그 말대로 순조대왕 원년(서력一八〇一년)에 주문모등의 순교(殉敎)한후 천주교는 교도들을 인도할 자가없이 지내더니 순조대왕三十一년(서력一八三一년)에 이르러 로마법왕으로부터 조선에교주(主敎)를 파송하게되니 이것이곳 금년으로부터 백년전,오늘날이 백주년성제(百週年聖祭)가잇게된것이다。

대저 무슨일이든지 들어나게 금하면 숨어서 행하는힘이더욱 커지는법이랴。순조대왕초년에 천주교를 극단으로엄금하엿거니는 교세가 감소록 더욱 성하게되어 일반인민은 물론이요 조정의 대관들중에도 교도된자가 생기까지 되엇다。그때 교도중 몇사람이 선교사를 청하야올것을 의논하고 순조대왕 三十三년(서력一八三三년)에 비밀히 류방제(劉方濟)를청국으로부터맞아들이엇다。류방제는 조선에 잇은지 사년만에귀국하고 이때로부터 서양인선교사가 차차 조선으로 들어오게 되엇다。

조선에 교도가 자꾸 늘어서 어느새 수만명에 달하야 장차 포교에 유망하다함을 들은 로마법왕은 조선에 선교사를 파송하기로 하고 섬라국(暹羅國)에 부주교(副主敎)로 잇는 쁘란쓰사람 쁘류기르([illegible])에게 조선으로 가서 포교하라 명령하얏다。이것이 곳지금으로부터 백년전, 순조대왕三十一년(서력一八三一년)으로 조선에 카토릭교포교의 시작이다。

쁘류기르 주교가 로마법왕의 명령을 받아 거기서 떠나 중국 하문(廈門)을 거쳐 만주(滿洲)에 이르러 거기에 三년동안 머물러 잇으면서 시기를 엿보아 조선으로 들어오려다가 마침내 뜻을 이루지 못하고 불행히 병에 걸리어 죽엇다。그러고 五년을 지나 헌종대왕(憲宗大王)三년(서력一八三六년)십이월에 쁘란쓰 선교사 모우반(maubant petros)漢名은 [illegible](伯) 이 그뜻을 이어 조선인 신자五인과 함께 압록강을 건너 허다한 위험과 곤난을 무릅쓰고 간신히 조선에 들어옴을 얻엇다 이것이 서양 선교사로 조선에 포교할 목적으로 입국(入國)한 비롯이다

여기에 한가지 붙이어 말할것은 천주교가 조선에 포교하기 시작한것이 백년전 서력一八三一년인 동시에 신교(新敎)의 교파(敎派)가 조선에들어오든때도 역시 一八三二년이엇다 순조대왕 三十二년(곳서력一八三二년)에 이양선(異樣船)이 홍주고대도(洪州古代島)에 와서 영길리국(英吉利國)사람이라칭하고 서양포(西洋布)천리경등으로써 [illegible]화를 사겟다 청하는것을 허락지아니하엿다는것이 문헌에실리어잇다 이것은 당시 항행하든 선장의 일긔중에 자세히 그사실이 적히어잇는데 이제 그대개를 말하려면 동인도(東印度)에잇는 홀랜드(和蘭)선교부(宣敎部)의 파송으로 선장영국인 린지(H.H. lindsag)와 동행케 영국인 촬쓰 꺼즈라쯔(Charles Gutzlaff)등이 귀선 [illegible]를 탑승하고 동인도에서 출발하야 남양(呂宋)과 섬라(暹羅)와 마카오(澳門)와 향항(香港)을경유하야 황해(黃海)로 들어오니 그것은 북지나(北支那)방면에 통상(通商)을 얻고저위한 것이다。그들은 먼저황해도장산곶(長山串)에와서 그곳사람들에게 례물을주고 통상을요구하얏으나 듣지아니하므로다시 남쪽으로 내려가 안면도(安眠島)에 이르러서 역시그곳사람들에게 례물을주고 통상을요구하엿으나 듣지아니하엿다。그때에 그들은 한문으로쓴예수교의 책을 많이뿌리고 돌아갔다 한다。이때가 곳 서력一八三二년이니 로마법왕이 조선에 천교사를 보내는것과 홀랜드 선교부에서 선교사를보내는것이 이상하게도 같은때에 되는것이 일종신기한일이라 아니할수없도다。

一貫한 피의 歷史
카토릭布教百年
—百年聖祭를臨하야—

(續) 李允宰

四、佛國宣教師의 陸續入國

엥벨쓰 선교사 모우방이 들어온뒤를 이어 샤스탕(Chastan Tacubac=漢名은 鄭牙各伯)암베르(Imbert=漢名은 范世亨)두 선교사가 또 오게되어 서울에 들어와 모우방을 만나 한가지 정하상(丁夏祥)의 집에 유하면서 비밀히 전도에 종사하였다 정하상은 앞년에 순교한 정약종의아들로 유진길(劉進吉)、조신철(趙信喆)과 한가지 열렬한신앙가다 겨우 두해를 지나 헌종대왕(憲宗大王)五년(서력一八三九년)己亥에 일어 발각되어 모우방、샤스탕、암베르 세 선교사와 교도 삼십여명이 잡히어 참수(斬首)의 형을 받았다 조정에서는 천주교를 철저히 박멸하랴으로 척사윤음(斥邪綸音)을 내리어 인민에게 효유하고 오가작통(五家作統)의 법을 실시하여 집집이 서로서로 살피어 교도를 찾아내게 하였다 이것이 천주교가 들어온후 제삼차 화란사건이다。

이것이 천주교 포교상 일시 는데 다시 길을 얻었으나 교세는 잠행과 서적으로 의연히 지속하야갔다。유년신도 세명을 뽑아 오문(澳門)에 유학시켜서 신학교(神學校)를 졸업하고 조선인으로서 처음으로 신부(神父)되기를 어든 김대건(金大建=안드레)도 이때의 사람이며 서양인 선교사가 모험하고 몰래 들어오기도 이때이었다。헌종대왕때에 그렇게 가혹하게 처치하든것이 철종대왕(哲宗大王)때 (서력一八五〇—一八六三)에 이르러는 금령(禁令)이 아주 풀어지게 교세가 다시 왕성하야 교도가 전국에 편만하야 철종말년에 교도의 총계가 이만삼천명에 달하였다하며 그사이 프란쓰 선교사 피입국은 아래와같다。

페르레올(Ferreole) 一八四五년

다불뤼 (Daveluy) 一八四七년

메이스트르(Maistre) 一八四七년

엘로(Helot) 一八四七년

베르뇌(Berneux) 一八五五년

푸르티에르(Pourthiere) 一八五五년

푸티니콜라(Petitnicolas) 一八五五년

랑드르(Landre) 一八六一년

요안노(Joanno) 一八六一년

리델(Ridel) 一八六一년

깔레(Calais) 一八六一년

오우메트르(Aumetre) 一八六三년

유인(Huin) 一八六五년

브레테니에르(Bretenieres) 一八六五년

볼리유 (Beaulieu) 一八六五년

도리(Dorie) 一八六五년

五、大院君의 大虐殺

이와같이 천주교가 크게 성하여짐에 따라서 천민중에게 크게자극(刺戟)을주어 철종대왕十一년(서력一八六〇년)에 최제우(崔濟愚)의 창기한동학당(東學黨)이 일어나기에 이르렀다。동학은 서학(西學)에 반대되는명칭으로 사회개혁을 목표로한 일종 민중운동이다。

철종대왕때로부터 약十五년간은 천주교포교에대하야 당국에서 묵인함과 같으나 정식으로 공인이 없었음을 유감으로알더니 고종황제(高宗皇帝) 원년(서력 一八六四년)에 아라사(露國)사람 몇이 우리나라 경흥(慶興)으로 들어와서 통교(通交)를 청하매 당시 집정(執政)하였든 대원군(大院君)은 처음에는 이것을 큰일로 알아 프란쓰의 힘을 빌어서 아라사의 침입하는 세력을 견제하고싶어서 천주교도를 리용하려하고 천주교도들도 이것이 다시없는 기회로 알아 크게 활동하야 신교의 공인을 얻고저 하였다。그래서 서로 래왕이 있어 일을 획책하다가 그사이에 우연히 감정의 충돌이 생기어 일이 뒤틀어지고 또 아라사사람이 자회하매 자존심이 많은 대원군은 인제는 그따위 천주교도를 용납할 필요가 없다는 생각이 나자 도리어 교도들에게 증오심(憎惡心)만 남은판에 천주교를 배척하는자들이 대원군을 충동하여 필경 대사건을 빚어내게 되었다。

고종 삼년(서력 一八六六년) 정월 초하루부터 천주교도를 체포하기 시작하야 프란쓰 선교사 베르뇌(張敬一)、부르테니(白유시도마피야)、볼리유(徐沒禮)、도리(金伯多祿)、부르티에(申妖案)、푸티니콜라(朴미가엘?산드)、다불뤼(安敦伊)、오우메트르(吳베드로)、유인(閔유아킴가)등과 조선교도로 남종삼(南鍾三)、홍봉주(洪鳳周)정의배(丁義培)、우세영(禹世英)등 주요인물이 전후수회에 다 참형(斬刑)에 처함이 되었다。그때로 전국적으로도 검거에 착수하야 일망타진 하얏다。당시교도의 죽은자가 이십만명이 되었다는 기록을 보게되니 그 얼마나 잔혹하고참담함을 상상할것이다。이것이 제오차 참살사건이다。

이사건으로 인연하야 병인양(丙寅洋擾)、신미(辛未)양요 (辛未洋擾)가 있었다。대원군은 분노가 더욱커서 척양척사(斥洋斥邪)의 주의를 더욱굳이가지어 「洋夷侵犯、非戰則和、主和賣國戒我子孫萬年」이라고쓴 소위척화비(斥和碑)를 서울종로와국내 여러곳에 세웠다。

대원군이 그때한번 서거하셔를 살피어 프란쓰 선교사들 도망하야 구미의 문물을 수입하야 크게한번 개혁이 있었든들 우리의 정치와 문화가 누구 보다도 앞섰을 것이어늘 다만 쇄국정책(鎖國政策)에 집대하야 무수한 생명을 살해하고 국제상 감정을 상하고국민으로 신문화에 접촉지 못하게하야 오늘날 조선인의 지위를어떠케 떨어떠러지게하였으니 통분함을 이기지 못하겠도다。

六、信敎自由

지금으로부터 四十八년전 고종황제 二十년(서력 一八八三년)에 조선은 영국으로 더부러 통상항해조약(通商航海條約)을 체결하고 그 조문중에 종교상 예배등의 자유를 인한다는 것이 있으니 이로써 사실상 신교자유로 공인된것이다。지금까지에 음울(陰鬱)피 침체(沈滯)의 속에 잠기어있든 천주교는 이제야말로 공교한 백일하에 나섰다。남산입 공교회성당(公敎會聖堂)과 다기에서 울려오는 성종(聖鐘)소리는 지리지리한 순도자(殉道者)의 재천(在天)의 영을 조문하는듯。(續)

仁憲公姜邯贊

—歿後九百年을際하야—

【上】 李 允 宰

오늘은 距로 八月 二十日, 高麗 侍中 仁憲公 姜邯贊先生의 歿後 九百年에 당하는 忌辰이다。

公은 不世出의 大偉人이다。우리 民族의 世讎인 契丹의 入寇를 一擧에 殲滅하야 그로 하여금 다시 우리 지경을 엿보지 못하게한 高麗의 中興功臣임은 누구나 다 아는 일이다。公은 大政治家요 大學者요 大軍人이다。무릇 各方面에 걸쳐서 조금도 모지람이 없는 百世의 典型的 大人物이다。그 經綸濟世의 才와 勳德高潔의 節은 과연後世吾人의 崇仰이 的이된다。

이제 公의 偉大한 業績을 대강 적어서 第九百年忌辰인 이날을 記念코저하는것이다。

公은 三韓壁上功臣 姜弓珍의 아들로 衿川(시방 始興郡)에 誕生하니 그때는 高麗定宗三年(西紀九四八年)곳 王太祖統三의 業이 完成한後 十三年이엇다。

俗傳에 公은 文曲星의 精氣로 태어낫다한다 使臣이 밤에 衿川에 들어오다가 별안간에 大星이 人家에 떨어지는 것을 보고 곳 그곧을찾아가본즉 公이 방금 出生하엿다하며 뒤에 公이 宰相이 되엇을때에 宋나라 使臣이 公을 보고 바삐 床下하야 내려 揖하고 말하기를 「文曲星을 오래보지 못하엿더니 지금 여기 계십니다」하엿다한다 이것만 보아도 公은과연 예사사람이 아님을 알것이다 初名은 殷川이엇으나 뒤에 邯贊으로 고치엇다。

公은 젊어서 學問을 힘쓰매 經史를 博通하며 天文 地理와 術數兵法에 모도 能通치 아니한것이 없엇다。三十五歲때에 成宗朝에 科擧에 第一로 뽑히어 벼슬이 禮部侍郎의 게제에 올랏다。

顯宗元年(西紀一〇一〇년)에 契丹의 入寇가잇엇다。契丹은 北方 悍族으로 우리와 큰 强敵이니 잠깐 그와 우리와의 關係를말하려면 우리大震國(渤海)이 그 無道한 耶律阿保機(契丹太祖)년석에게 삼킨바 되어 이로써 三千餘年 守護하든 神聖疆域의 北大陸 큰 벙어리가 그만 他族의 손에들어가서 영영 恢復할 길이 없게된것은 우리 朝鮮人의 痛恨이 이에서 더 큼이 없을 것이다 契丹은 아직도 野蠻에 차지아니하여 또 우리 高麗마저 侵奪하려든판이다。그러므로 高麗는 國初로부터 契丹에 對한 敵愾心이 더욱 深刻하여 太祖때에 契丹主가 貢獻한 橐駝五十匹을 萬夫橋下에 버려 餓死케하여 그를 斥絶한 일이잇엇으며 定宗때에 光軍이라 이름하는 常備軍 三十萬을 두어契丹을 備한 일이 잇엇다。이와 같이 高麗가 契丹에 對하여 積極的行動을 取하는 것은 北方經營 곳 高句麗舊疆 恢復하려는 國家的理想을 達成코저 함이다。이러하야 彼我間에 衝突이 자주 잇게된 것이다。

이번 入寇에서 十七年 前에 契丹將 蕭遜寧이 八十萬 大兵을거느리고 第一次 入寇하다가 우리中軍使 徐熙의 辯舌에 退却하여갓고 이번이 第二次의 入寇다。契丹主 耶律隆緒가 將軍康兆의 弑君한 罪를 聲討한다 聲言하고 親히四十萬 군사를 거느리고 入寇하여 西京(平壤)까지이르매 朝廷이 震駭하여 怯弱한 大臣輩는敵에게 降伏하기를 主張하는자까지 잇섯다 그러나 公이 獨로上奏하되「오늘의일은罪가康兆에게잇은즉 今番은避할바아니며 다만衆寡不敵으로 이지경에이르럿스니 잠간그鋒을避하엿다가 다시興復키를 도모할지려어찌一時의 挫折로인하여 堂堂한國家로써 저無義無信한仇賊에게屈伏하리오」하엿다 그얼마나壯烈한가 王이 그激切한말에感動하여南으로 羅州(羅州)에播遷하고 使臣을敵陣에보내어和議할條件으로 退去케하엿다 이때敵은 돌아가는길에楊規의 邀擊을입어 크게敗하여달아낫다顯宗은 뒤에公에게 西京留守內史侍郞門下平章事를 삼고 아래와같이 詩一首를 지어주엇다

庚戌年中有虜塵
干戈深入漢江濱
當時不用姜公策
擧國皆爲左衽人

仁憲公姜邯贊

—歿後九百年을際하야—

【下】 李 允 宰

高麗와 北進運動이 쉬지아니하여 일변 宋과 親交를 두터이하고 契丹을 납작하게 하려하며 契丹도 또한 高麗에 侵略政策을 써서 가끔使臣을 보내어 땅을 찾으며 邊境을 집적거렷다。그러나 高麗는 契丹에 對한 態度가 가장 强硬하엿으므로 契丹은 번번이 利를 보지 못하고 돌아갈뿐이엇다。

契丹의 第二次 入寇가 잇은 후 七年을 지나 顯宗九年（西紀一〇一八年）十二月에 이르러 契丹將 蕭遜寧이 또 군사 十萬으로 몰어왓다。이것이 第三次 入寇다。朝廷에서 公을 上元帥로 하고 姜民瞻을 副元帥로 하여 二十萬의 大軍으로써 賊을 막으라 하엿다。

公은 이때 七十一歲의 老齡으로 朔方의 風雪을 무릅쓰고 大軍을 指揮하여 興化鎭（義州郡）에 이르럿다。먼저 騎兵 一萬二千을 뽑아서 山谷中에 潛伏시키고 大繩으로 牛皮를 꿰어 城東의 大川을 막아두엇다가 賊兵이 이르러 한창 건느는 때에 大川에 막앗든 것을 헐고일변 伏兵을내어 襲擊하여크게 破하엿다。蕭遜寧이 남은군사를 거두어 바로 開京으로 向하거늘 우리 군사가 慈州와 馬灘에서 激擊하여 萬餘級을 斬首하엿다。翌年 正月에 賊兵이 回軍하여 오다가 漣州（价川） 渭州（寧遠）에서 다 우리 군사에게 敗하고二月一日 龜州（龜城）大激戰에 賊은 餘地없이 敗하여 生還한자 겨우 數千이엇다。契丹이 外國과 交戰한 以來로 大敗하기를 이와 갈이 심한 일이 없엇다。이로부터 以後로는 그 悍惡한 契丹이지마는 우리 高麗에 만만히 손대지 못할줄을 깨닫고 간혹 失和하는 경우는 잇어도 侵寇를 敢히하지 못하엿다。만일 이때 公이 아니드면 高麗는 契丹의 附庸가 되엇을는지 모를 것이다。高麗는 오로지 公의 힘으로써 中興되엇다。이로써 朝鮮民族의 自主獨立의 實을 얻은 것이다。

公이 凱旋하는 날에 顯宗이 친히 迎波驛（金川郡）까지 나가 맞오며 大宴을 배설하여 出征將士를 慰勞하고 爛熳한 金花八枝를 王이 손조 公의 머리우에 꽂고 左手로 公의 손을 잡고 右手로 酒盃를 들어 勸하며 「卿은 實로 三韓을 再造한 中興功臣이로다」 하고 慰嘆하기를 말지아니하엿다。迎波驛의 이름을 興義驛으로、고치고 驛吏에게까지 특히 待遇를 더하엿다。

公은 여러번 優渥한 恩典에 浴하여 門下侍中을 拜함에 이르고 또 德宗朝에는 開府儀同三司 推忠協謀安國奉上功臣 太師侍中天水郡開國侯 食邑一千戶를 授함에 이르렀다。

公은 천품이 본래 淸儉하여 産業을 일삼지 아니하며 容貌가 矮陋하고 衣服이 垢弊하여 얼른 보면 中人에 넘지 아니하나 한번 엄숙한 빛을 바루고 朝堂에서면 大事를 處決하며 大策을 謀劃하여 屹然히 國家의 柱石이되엇다

公은晩年에벼슬을버리고城南 別墅에 隱居하여 著書로 消日하니 [illegible] 것이다 公이 功成身退하여 閑雲野鶴으로벗을 삼아餘年을 靜養하다가德宗元年辛未（西紀一〇三一년）八月 二十日에 八十四歲의高齡으로 長逝하엿다

이篇은公의略傳으로써九百年前의오늘을 追憶하면서

辛未 仲秋 念日 紅巖書室에서쓺、（完）

□□□ 忠義의 人 閔忠正公 □□□

李 允 宰

閔忠正公의 이름은 泳煥이요 字는 文若이요 號는 桂庭이요 忠正은 그 諡號다。本貫은 驪興이니 世家戚臣으로 赫赫한 家門이엇스며 그 아버지는 壬午軍變에 돌아간閔謙鎬니 지금으로 부터 七十一年前 哲宗十二年 辛酉 (西紀 一三六一年) 七月二十六日에 漢陽에 나섯다 이째로 말하면 東洋으로는 淸國 咸豊帝째 英佛聯合軍의 亂이 잇나든 째요 西洋으로는 米國 린컨大統領째 南北戰爭이 시작되는 째임을 알것이니 公이 나기도 이러틋 東西를 勿論하고 가장 多事多端한 大事件이 잇섯슴은진실로 偶然이 아닐지로다。

公은 心性이 淳直恭謙하며 어려서부터 孝誠이 극진하엿스니 忠臣을 孝子의 門에서求한다는 말이 과연 虛言이 아님을 알것이다。

十六歲째(高宗十三年 丙子)에 童蒙敎官筮仕를 하고 그후 寵幸이 갈스록 隆崇하여 承旨 吏曹參判 刑曹判書 禮曹判書 兵曹判書等 職을 歷任하엿다。

三十五歲째 (高宗 三十二年 乙未)에 米國駐剳 特命全權公使를 拜命하엿다가 乙未事變(乙未 八月二十日 亂이 일어 明成皇后가 被弑할일)이 잇슨 뒤에 郊外에 退臥하여 一時 朝政을 참견하지 아니하엿스나 國家에 對한 精誠은 조금도 풀리지아니하여 나라에 일이 잇스면 매양 直言無諱하엿다。帝가 俄館播遷(露國公使館으로 移御함)하든 날에 公이 滿朝의 元老와 重臣을 거느리고 還宮하기를 泣請한 것이 一例일 것이다。

그 이듬해(建陽元年 西紀一八九六年)에 政局이 바꾸이매 다시 朝廷에 들어서게되어 使命을씌고 俄皇(露國皇帝)니콜라쓰二世의 戴冠式(卽位式)에 참예하엿고 또 그 이듬해 (建陽二年 西紀一八九七年)에 歐洲各國 全權公使로 英國女皇 쎄ㅋ토리아卽位六十年稱慶禮式에 참예하엿다。

이와 가티 公은 使節로 出洋할 적마다 歐米의 名士와 만히 交際하며 文明의 制度를 視察하엿스매 自國의 萎靡不振함을 매양 근심하여 御前에서 눈물을 흘려가며 改革의 急務를 進言함이 이미 여러 번이엇다。

그후에 度支大臣 內部大臣 學部大臣 等을 歷仕하고 輔國을 陞任하고 다시 元帥府總長으로 大勳位에 叙하여 李花章을 拜受하엿다 그러고 光武九年(西紀 一六〇五年)에 侍從武官長이 되니 이째는 國家에 가장 多事한 째엇다。

日俄講和條約에 韓國에서 日本이 政事上 軍事上 및 經濟上의 特殊한 利益을 가짐을 俄國이 承認한다는 條項과 第二次日英同盟에도 日本이 韓國에 對한 優越한 利益을 가진다는 條項이 잇섯다。日本은 이를 實行하려는 見地에서 光武九年 十一月九日에 樞密院議長 伊藤博文이 와서 軍司令官 長谷川好道와 한가지 帝를 數次 陛見하고 朴齊純(外相) 李完用(學相) 李祉鎔(內相) 李根澤(軍相) 權重顯(農相)等 五大臣의 可諾으로 調印된 이른바 保護條約을 締結함에 이르럿다。

日本國 政府及 韓國 政府는 兩帝國을 結合하는 利害共通의 主義를 鞏固케 함을 欲하야 韓國의 富强之實을 認할 時에 至하기까지 此目的으로써 左開 條款을 約定홈。

◇忠正公閔泳煥◇

第一條日本國 政府는 在東京 日本 外務省을 由하야 今後 韓國의 外國에 對한 關係及 事務를 監理 指揮하겟고 日本國의 外交代理者 及領事는 外國에 잇는 韓國 臣民 及利益을 保護할事

第二條 日本國 政府는 韓國과 他國間에 現存한 條約의 實行을 完全히하는 任에 當하고 韓國 政府는 今後에 日本國 政府의 仲介에 由치 아니하고 國際的 性質을 有한 何等 條約이나 又約束을 아니함을 約홈

第三條 日本國 政府는 그 代表者로 하

야 韓國皇帝陛下의 闕下에 一名의 統監을 置호되 統監은 專히 外交에 關한 事項을 管理하기 爲하야 京城에 駐在하고 親히 韓國 皇帝께 內謁하는 權利를 有홈 日本國 政府는 또 韓國의 開港場及 其他 日本國 政府가 必要로 認하는 地에 理事官을 置하는權利를 有호되 理事官은 統監의 指揮下에서 從來 在 韓國 日本領事에게 屬하엿든 一切 職權을 執行하고 兼하야 本協約의 條欵을 完全히 實行함을 爲하야 必要타할 一切 事務를 管理할事

第四條 日本國과 韓國 間에 現存한 條約 及約束은 本協約 條欵에 抵觸하는 者를 除하는 外에 總히 그效力을 繼續하는 者로홈

第五條 日本國 政府는 韓國 皇室의 安寧과 尊嚴을 維持함을 保證홈

右의 證據로 하야 下名은 各 本國 政府에서 相當한 委任을 受하야 本協約에 記名 調印홈

光武九年十一月十七日

外部大臣 朴齊純

明治三十八年十一月十七日

特命全權公使 林權助

이 協約이 十八日로써 發表되매 人心이 크게 騷動되어 彈劾하는 上疏와 激切한 演說會가 끈히지 아니하엿다。이때 公은 鄕第에 갓다가 돌아와서 이 大變을 듯고 목을 노하 大哭하고 赤血을 吐하며 어찌할 바를 몰라 며칠 들어안젓다가 前 議政大臣 趙秉世가 上疏하여 五大臣을 正罪하고 定約을 繳消하기로 請할 때에 公이 奮然히 일어나서 再三次連하여 上疏하엿다。

그달 二十七日 아침에 잠간 宅에 돌아가 母堂께 拜謁하고 여려 아들들을 불려 아페 안치고 등을 어루만지며

「어찌하면 너의 長成하는 것을 보리」

이려케 한마듸 말을 끼치고 그 길로 闕下에 나아가 庭請에 참예하엿다。이날밤에 疏頭 趙秉世는 門黜을 당하고 公이 대신 疏頭가 되엇다。帝가 물러가라고 再三次나 命令이 잇스되 종시 물러가지 아니하고

『죽어도 물러가지는 못하겟소이다』

하고 允命을 내리기만 기다리고 잇다。帝는 다시 傳旨하되

『卿等이 이려케 一直不退하면 가히 成事할듯시프냐』

하신다 公이 아리기를

『臣等의 所陳을 允從하시기만 하시면 기필코 成事하오리다 만일 臣의 말이 實이 아니어든 臣의 머리를 베어 天下에 謝하소서』

이튿날 아침에 法部로 拿鞫하라는 嚴旨가 나리엇다。이때에는 公이 어찌하는수업서 平理院(곳 裁判所 시방 鍾路警察署자리)에 自現하여 待罪하더니 조금뒤에 放釋의 命을 밧고다시 疏廳을 옴기고 여려 同志들과 밤이 깁도록 後事를 商議하다가 내일 다시 만나기로 언약하고 헤어진후 卽時 槐洞 李完植家 (시방 公平洞 典東旅舘 鄰家)로 왓다。

『졸음이 와서 잘터이니 다 물리라』

하여 겨테 잇는 여려 사람을 내보내고 다만 한 下人만 남기엇다。

이날 밤에 公은 上疏하는 일이 效力업슬 줄을 헤아리고 이런 생각 저런 생각 밤새도록 한잠도 이루지 못하고 마지막에는 一死報國이라는 뜨거운 마음만 남게되엇다。

이튿날 새벽에 下人더려

『내가 양치를 할터이니 더운 물을 가져오너라』

하여 下人가지 나온 틈에 아무때라도 한번 쾌히 쓰려고 가슴에 품엇든 小刀를 내어가지고 서슴업시 목을 찔럿다。그려나 단번에 목숨이 끈이지 아니하므로 찌르고찔려 여려번만에야 殞命하엿다。때는 光武九年 十一月 三十日 上午六時엇다。公은 碧血을 쏫고 四十五歲를 一期로 쓰리고 아픈 이 世上을 떠낫다。靈座를 典洞本宅(시방 堅志洞四十四番地)으로 옴기엇다。公의 옷깃속에서 遺書 二封이 나왓다。

遺書原文은 略

公의 殉死한 일이 傳播하매 擧國은 다 罷市撤廛하여 哀悼의 意를 表하엿다。이것이 天聽에 達하매 帝는 크게 震悼하여『忠魂毅魄可貫日星』이란 勅命을 나리고 上相을 追贈하고 忠正이라 謚를 주고 百官을 보내어 致祭하고 또 特別히 葬地(龍仁樓鳳山)를 주엇다 (中略)

그후 趙秉世 洪萬植 宋秉璿等 여려 志士가 다 公의 뒤를 따랏다。

開◇天◇節 【上】

李允宰

우리는 오늘로서 第四千三百八十七回의 開天節을 맞는다。開天節은 舊曆으로 十月三日우리 한배경(檀君)의 降誕祭임을 안다。곳 우리 人文最初의 出發點이요 우리 民族信仰의 原動力인 이날은 실로 全朝鮮的의 民衆의 大名節일지니 그 深重한 歷史의 因據와 純全한 民俗의 傳統은 希臘의「올림포스」大祭와「바커쓰」大享에 比할바아니로다 우리 史上에 가장돋어 난事實을 들추어 보자。

【文獻通考】濊、其俗、重山川……常用十月祭天、晝夜飲酒歌舞、名曰舞天、又祭虎爲神

【後漢書】馬韓諸國邑、各以一人、主祭天神、號爲天君、又立蘇塗、建大木以懸鈴鼓、事鬼神○馬韓、常以五月田竟祭鬼神、晝夜會聚歌舞、舞輒數十人、相隨、踏地爲節、十月、農功畢、亦如之

【後漢書】夫餘、以臘月祭天、國中大會、連日飲食歌舞、名曰迎鼓、有軍事、亦祭天

【三國志】夫餘、以殷正月祭天、國中大會、連日飲食歌舞、有軍事、亦祭天、殺牛觀蹄、以占吉凶、以蹄合者、爲吉

【後漢書】高句麗、好祠鬼神社稷零星、以十月、祭天大會、名曰東盟、其國東、有大穴、號隧神、亦以十月、迎以祭之

【北史】高句麗、常以十月、祭天、多淫祀、有神廟二所、一曰、夫餘神而刻木作婦人像、二曰高登神、云是夫餘神之子、並置官司、遣官守護、蓋河伯女朱蒙云

【唐書】高句麗、俗多淫祠、祀靈星箕子可汗等神、國左、有大神隧、每十月、王、自祭之

【隋書】百濟、以四仲月、祭五帝之神

【後周書】百濟、以四仲月、祭天

【隋書】、新羅、每正月旦、拜日月神

【唐書】新羅、重元日、以其日拜鬼神

【高麗史】太祖二十六年夏四月、王、御內殿、召大匡朴述希、親授訓要曰……其六曰、朕所至願在於燃燈八關、燃燈、所以事佛八關、所以事天靈、及五嶽名山大川龍神也、後世姦臣、建白加減切宜禁止、吾亦當初誓心會日、不犯國忌、君臣同樂、宜當敬依行之

이와 같이 歷代 祭天의 儀禮는 其換가 一이나 濊의 舞天韓의 天君、扶餘의 迎鼓、高句麗의 東盟、百濟의 郊天、新羅의 日月神、高麗의 八關이 그것이다。

開◇天◇節

【下】

李允宰

그러고 李氏朝鮮에 이르러는 이 拜天의 儀典이 혹 巫俗으로 流하며 혹 佛家로 轉하야 거의 그 眞髓를 잃엇으며 더욱이 그 遺傳하는 文獻까지 兵燹의 遺失과 朝家의 禁斷으로 天藏地秘하야 그原委조차 상고할 길이 없게 됨은 痛情을 不堪하는 바이다。그러나 歷代의 祭天은 그 根柢가 深固할새 오늘 까지도 十月을「상달」(上月)이라하야 天에는「堂祭」、祖에게는「時祭」、家庭的으로는「고사」、群落的으로는「굿」等의 享祀가 다 그 源流일것이다。

이러틋 겉으로의 名目은 代로써 다름이 잇다하되 오직 그 內容과 實質엔 크게 다름이 없으니 이가 血統的으로는 同一한 祖上을 奉戴함이며 信仰的으로는 全民族의 一切 天으로써 最高顯現을 삼음일새라。다시말하면 敬天卽崇祖란 높은 理性의 發露니 種族的 協同和合의 精神을 淬勵하며 民族的 報本反始의 思想을 振作하야 全民衆으로 하여금 이때에 이르러 비로소 새로운 覺醒을 일으키게하는 큰 機會를 주는것이다。이것이 民族精神의 涵養上 大運動으로 社會的 機能의 支柱가 된것이다。이 開天慶節! 全民的 行事로 一年一次의 祭天中心의 國民的 慶節이 얼마나 소중한가。그러나 우리는 自我意識을 沒覺하고 外來思想에 浸潤하야 오늘날 와서는 너무도 等閑하고 冷落하야 아주 銷沈廢棄함에 이르렀도다。

우리 한배검께서 人間을 弘益하시려고 神市에 나리사 山川을 整理하고 民物을 理化하시매 人文이 처음 열리고 神檀이 널리 퍼이니 우리 民族의 生活、文化、思想이 모도 이에서 起源되엿으니 이러틋 精神的 創造요 歷史的 價値인 天神이자 聖祖의 開天慶節을 당하여 우리의 感慕가 과연 어떠하뇨。또 이때인즉 五穀百果가 다 成熟하야 사람들은 豊稔의 樂으로 절로 하느님에게 感謝하다는 念이 잇음이 진실로 마땅하나니 祖天一體이신 우리 한배검께 表誠하는 意味로써 집집이 떡과 과실을 서로 나누고 사람사람이 춤마노래로 한가지 즐기자。關北地方에서는 지금도 十月상달을 盛大히 지키는 風俗이 잇지아니한가。우리는마땅이 歷史的 信仰的으로 深重한 意義를 가진 全民衆的 大名節을 意味잇게 또 精誠껏 지낼지어다。

讀書餘錄

史上警句

㊀ 李允宰

우리가 흔히 講壇上에서나 坐談席上에서나 말을 좀 재미잇게 하노라고 警句를 쓰는 때가 많다。가령「公侯將相이 寧有種乎아」라든지,『忠臣은 不事二君이요 烈女는 不更二夫』라든지,「하느님이여 내게 自由를 주소서 그러지 아니하려거든 내 生命을 빼앗어가소서」라든지 이러한 것이 다 外國史籍上에 나온 것으로 그 말속에는 다 좋은 敎訓이 들어잇음을 안다。그러나 나는 이러한 것을 들을 적마다 도리어 不快를 느끼어 늘 어떻게 생각햇다。『이왕이면 우리의 것을 좀 내다쓰지 하필 남의 것을 갖다가 쓰기들만 좋아하는고』고……

내가 年來로 우리나라의 文獻을 뒤적거려보는데 그러한 警句가 많이 눈에 띄운다。어떤 때는 미상불 擊節三嘆할만한 끝이 잇다。그저 한번 읽어지내기만 하기가 아까우므로 따로 그것을 抄錄하여 모아둔것이 數百으로 헤일러니 이번本紙에 讀書週間이 시작되매 이러한 것도 한 讀書의 남은 부스러기가 될 것이라 하여 篋中으로서 그 뭉텅이를 끄어내어 編輯子의 懇囑으로 여기에 提供하게되는 것이다。

이것은 무론 純漢文으로 된것이므로 一般化하기 위하여 飜譯을 하고 그 原文을 對照하며 끝으로 若干의 註解와 出典을 달아서 그 意義와 出處를알아보게 한다。

○남의재앙을 다행히녀김은 어진 것이 아니다＝赫居世

【原文】 幸人之災不仁也

【註】 新羅 始祖 赫居世居西干때에 馬韓王이 죽으매 어떤이가 王께 말하기를「馬韓王이 전에 우리나라를 侮辱까지 하엿는데 지금 國喪의 때를 타서 치면 반듯이 멸하리이다」하얏다。王은 이렇게 말하고 使者를 브내어 弔問하엿다。(出處―三國史記)

○내가 힘이 세어그런게 아니라할 그것이 든든치 못하다＝解明

【原文】 非予有力弓自不勁

【註】 解明은 高句麗 琉璃王의 太子로 힘세고 용맹이 잇엇다。黃龍國王이 强弓을 보내주니 解明이 업수이녀기는 뜻으로 使臣 보내는데서 활을 당이어 분질르며 이렇게 말한 것이다 (出處―三國史記)

○하늘이 나를 죽이려고 아니 하시거든 황룡왕이 재내게 어찌하랴＝解明

【原文】 天之不欲殺我 黃龍王其如我何

【註】 이것은 우엣 것과 連續된 뜻이다。黃龍王이 解明의 말을 듣고 매우 부끄러워하엿다는 것을 高句麗王이 듣고 크게 怒하여 黃龍王에게 使者를 보내어 謝過하고 말하기를「解明이 자식이 되어 不孝하니 나를 위하여서라도 그놈을 죽여달라」하얏다。黃龍王이 解明을 한번 보자고 請한즉 解明이 가려고 하매 左右에서 가는것이 危險하니 가지 말라고 만류하는자가 잇으므로 解明은 엄연히 이렇게 대답한 것이다。(出處―三國史記)

讀書餘錄

史上警句

李允宰

○덕을의지하는이는잘되고힘을의지하는이는망하리라 ——松屋句

【原文】恃德者昌、恃力者亡

【註】高句麗大武神王十一年에 漢兵이 入寇하므로 朝廷에서 戰略을 講論할 때에 右輔 松屋句의 한 말이니 덕을 의지한다는것은 高句麗요 힘을 의지한다는것은 漢을 이름이다。(出處=三國史記)

○적은 적병의 굳셈이요 큰적병의 사로잡힘이라 ——乙豆智

【原文】小敵之强、大敵之禽也

【註】이것은 우엣것에 連結시。松屋句의 말에 同意하며 左輔 乙豆智의 말이니 敵兵이 적을지라도 强暴하는수 잇고 많을지라도 다 사로 잡히고마는수도 잇다는 말이다 (出處=三國史記)

○만일 내가 발명하면 어머니의 흉을 들어내고 상감님의 근심을 끼치리니 효라할수 잇슬가 ——好童

【原文】我若釋之、是顯母之惡、貽王之憂、可謂孝乎

【註】好童은 高句麗 大武神王의 아들로 次妃의 所生인데 워낙 잘낫으므로 好童이라 이름 하엿다。王이 好童을 극히 사랑하므로 元妃는 만일 好童이 太子가 되면 自己의 所生子가 地位를 빼앗길가 염려하여 好童이 내게 더하여 淫慾을 둔다는 陰凶한 말로 讒訴하니 王이 필경은 고지듣고 罪를 주려하엿다。어떤이가 好童더러 왜 발명하지 안느냐고 하매 好童이 이렇게 말하고 필경 목을 찔러죽엇다。(出處=三國史記)

○나를 어루만지면 임검이요 나를 학대하면 원수이다 ——高句麗人

【原文】撫我則后、虐我則讎

【註】高句麗 慕本王이 暴虐하여 사[illegible] 죽이므로 그 신하 杜魯가 죽을가봐 두려워하여 哭泣하니 어떤이가 어떻게 말하여 王을 죽이게한 것이다。(出處=三國史記)

○화와 복이란 문이 없나니 오직 사람의 부르는 바다 ——伯固

【原文】禍福無門、惟人所召

【註】高句麗 太祖大王의 아우 遂成이 戰獵에 度에 넘어서 사냥질만 하므로 그 아우 伯固(後에 新大王)가 諫하는 말이다。(出處=三國史記)

讀書餘錄

史上警句 三

李允宰

○농사는 정사의 근본이니 ——逸聖王

【原文】 農者政本

【註】 新羅第七代 逸聖尼師今이 人民에게 勸農하는 말씀이다。(出處‖三國史記)

○불선한 짓을 하면 길이 변하여 흉이 되고 선을 행하면 재앙이 도로 복이 되다 ——高句麗臣

【原文】 作不善則吉變爲凶、作善則災反爲福

【註】 高句麗 太祖王이 이상한 꿈을 꾸고 신하들더러 解夢하라 하매 어떤 신하 하나가 이렇게 말한 것이니 吉凶禍福이란것을 미리 알것이아니요 다만 행하는데 잇을뿐이라함이다(出處‖三國史記)

○가는 실로 무게 만근되는것을 매어 거꾸루 끄으는셈이다——高句麗人

【原文】 將以單綫、繫萬鈞之重而倒曳

【註】 高句麗 太祖王의 弟遂成이 王될 陰謀를 하매 그 신하중 한사람의 直諫한 말이니 本分을 지키지 아니하면 나종에 敗亡하고 만다는 뜻이다。(出處‖三國史記)

○내가 이런 무도한 세대에 사는것이 하로밧비 죽는것만 못하다——高福章

【原文】 吾與其生於無道之時不如死之速也

【註】 遂成이 太祖王의 禪位함을 받아 임금(次大王)이 되어 宿嫌이 잇는 右輔 高福章을 죽엿는데 福章이 就刑할 때에 恨嘆하여 하는말이다。(出處‖三國史記)

○많은 군사는 싸움 함이 좋고 적은 군사는 지킴이 좋다——明臨荅夫

【原文】 兵衆者宜戰、兵少者宜守

【註】 高句麗新大王八年에 漢이 많은 군사로 入寇하므로 王이 신하들에게 戰守에 대하여 方略을 물으니 國相 明臨荅夫가 이렇게 말한것이다 이 꾀를써서 필경 敵이 여지없이 敗하엿다。(出處‖三國史記)

○한때의 울분으로써 조국을 망치려는건 대체 무슨 심사일가 ——罽須

【原文】 以一時之憤、欲滅宗國抑何義耶

【註】 高句麗故國川王이죽고 無嗣하므로 王位繼承의 爭이 생기엇다。王弟 延優가 王后 于氏의 擁護로 王(山上王)이 되매 그兄 發岐가 憤하여 亂을 일으키다가 敗하여 國外로 달아나 遼東太守 公孫度에게 붙어서 漢兵을 끌어가지고 들어와 쳣다。延優가 그弟 罽須로 防禦케하여 發岐가 窮境에 들어 罽須더러 말하기를「네가 참아 이늙은 兄을 죽이려는가」하니 罽須가 兄弟의 情을 생각하여 감히 손을 대지 못하고 「延優가 나라를 내놓지 않는 것은 不義하지마는 兄님은 한때의 憤으로써 祖國을 멸하려함은 대체 무슨 心事입니까 죽어서 무슨 面目으로 先王을 보려합니까」하니 發岐가 이말을 듣고 부끄러워하여 裴川땅으로 달아나 自殺하엿다。(處出‖三國史記)

讀書餘屑

史上警句 四

李允宰

○공로를 자랑하고 명예를 구하는것은 지사의 할일이아니다

—勿稽子

【原文】矜功求名 志士所不爲也

【註】勿稽子는 新羅 奈解尼師今때 사람으로 浦上八國의 役에 功이 제일많앗으나 남에게 꺼림이되어 錄功되지못하엿다。원망하지 않느냐고 묻는이가 잇으매 勿稽子가 이말로 써대답한것이다

(出處=東國通鑑)

○위태함을 만나서는목숨을바치며 어려움을 다닥아서는 몸을 잊는 것이 충이다

——勿稽子

【原文】見危致命 臨難忘身 忠也

【註】勿稽子가 竭火城의役에 偉功을 세웟으나 또 錄功되지못하엿다。그러나 그는 나라가 危難할때에 죽지아니한것이 不忠이오 不忠하고버슬하여 累를 先祖에게 미치게함이 不孝라 不忠不孝하고서 무슨 面目으로 社會에 나선단 말이냐고 그 안해에게 말하고 검은고를 가지고 師彘山으로 들어가 숨엇다。

(出處=東國通鑑)

讀書餘屑

史上警句

五 李允宰

○말이 갈기가 없으니 가엾도다 ―東川王

【原文】 馬無鬣 可憐也

【註】 高句麗 第一世 東川王이 끔찍이 寬仁하엿다。王后가 王의마음을 시험코저하여 王이 사냥 나갓을 때에 사람을 시켜 王의 타는 말의 갈기를 착착 깍아버렷드니 王이 이것을 보고 다만 말하되「그말이 갈기가 없오니 가엾도다」할뿐이다

(出處=三國史記)

○차라리 계림의 개가 될지언정 왜나라의 신하는 되지않겟노라 ―朴堤上

【原文】 寧爲鷄林之犬 豚不爲倭國之臣子

【註】 新羅 訥祇王은 王弟 未斯欣이 倭國에 久留하여 돌아오지아니함을 심히 근심하고 지냇드니 朴堤上이 天命을 받들고 倭國에 가서 게교를 써서 未斯欣을 歸國케하고 일이 發覺되어 朴堤上이 倭主에게 鞠刑을 받는데 倭가 만일 倭國의 臣이라하면 重祿으로써 賞주리라 하는 말에 堤上은 이 말로써 대답하엿다。鷄林은 新羅의 國名、

(出處=東國通鑑)

○오는것을 막을수 없고 가는것을 따를수 없다―百結先生

【原文】 其來也 不可拒 其往也 不可追

【註】 新羅때에 百結先生이라는 이가 家勢가 極貧하엿다。그 안해가 이웃집에 방아찧는 소리를 듣고 말하기를「남들은 곡식이 잇어 저렇게 방아찧는데 우리는 아무것도 찧을 것이 없구나」하니 百結先生이 이렇게 말을 하고 검은고 곡조로써 방아찧는 소리를 내어 위로해주엇다。

(出處=東國通鑑)

史上의 壬申

壬申政治史

△薩水大捷……登州擊陷

△圃隱成仁……李氏革命

【一】 李 允 宰

올의 壬申이 檀君 五年 壬申에서 무릇 七十一次의 壬申을 閱歷하엿을지니 이 많은 壬申의 해를 지내는 때는 응당 기쁨과 슬픔도 잇엇을 것이요 좋은일 궂은일도 잇엇을 것이요 난리도 잇고 평화도 잇엇을 것이요 갖은각색 변에 변을 만이 겪엇으리라. 여기에서는 다만 우리 歷史上가에 가장 痛快하고 壯烈한, 또 政治的으로 重要性을 가진 것을 各時代에 一件식만 뽑아서 말하기로 하려함。三國時代에 잇어서는 高句麗 乙支文德의 薩水大捷이며 南北國時代에 잇어서는 渤海武王의 登州擊陷이며 高麗時代에 잇어서는 鄭夢周의 殉節이며 朝鮮時代에 잇어서는 李成桂의 革命이다。이 것을 한가지식 차례로 말하려함。

薩水大捷

지금으로부터 一千三百二十年前 西紀 六一二年이엇다。高句麗 大臣 乙支文德이 隋帝國의 百萬大兵을 薩水의 一戰으로써 全滅한 것은 가장 壯快無比한 일로 世界大戰史上에도 그 類가 없을 것이다。

高句麗는 우리 先人의 나라로서는 가장 强大한 나라엿다 滿洲全幅과 漢江以北의 큰 땅을 차지하며 南으로 百濟·新羅를 누르고 西으로 漢族·鮮卑族을 겨루어가면서 國運과 聲威가 더욱 떨치어서 光輝잇는 七百餘年의 歷史를 드리웟다。東明聖王·太祖王 같은 大英雄이 나라의 터전을 굳게 하엿으며 中世以降으로 廣開土王·長壽王·文咨王 같은 英主가 繼出하여 大雄飛를 試하며 曠古의 大版圖를 넓히엇다。當時中國으로 말하면 三百餘年間南北이 對立하여 擾攘이 극하더니 隋라는 나라가 일어나서 全國을 統一하며 北으로 突厥,南으로 林邑(安南)및 西域三十餘國을 服하여 그 勢力이 크게 强盛하여지어 우리의 큰 勁敵이 되엇다。

그 傲慢自尊心이 强한 隋나라 임금 楊廣(煬帝)이란자는 高句麗의 强함을 시기하며 미워하며 그 아비 楊堅(文帝)이 高句麗에 敗한것을 부끄러워하며 積極的으로 高句麗를 侵略하기로 決心하엿다。그러하여 [illegible] 戰備를 닦을새 밤낮 쉬지 않고 戰艦을 지으며 軍糧을 쌓아서 온 나라의 힘을 다 여기에 기우렷다。

隋나라에서 이에 全國을 大動員하여 全軍을 涿郡에 모앗다가 거기서 군사를 整頓하여 左十二軍은 鏤方·長岑·溟海·蓋馬·建安·南蘇·遼東·玄菟·扶餘·朝鮮·沃沮·樂浪의 諸道로, 右十二軍은 黏蟬·含資·渾彌·臨屯·候城·提奚·踏頓·肅愼·碣石·東暆·帶方·襄平의 諸道로 나가서 平壤(그때 高句麗 서울)에 總集케하니 그 兵員의 數가 一百十三萬三千八百人이요 運輸하는자가 여기에 倍가되니 이는 陸軍이요 박에 水軍은 三百隻의 兵船이 東萊(山東省)港을 發하여 平壤으로 바로 向하엿다。이러케 水陸軍은 합하여 三百萬이란 놀라운 數에 달하엿다。그 軍勢의 壯함이 실로 世界有史以來 第一이라 할것이다。때는 우리 嬰陽王 二十三年(곳 壬申年)正月이엇다。(續)

史上의壬申

壬申政治史

△薩水大捷……登州擊陷

△國際成仁……李氏革命

【二】 李允宰

高句麗는 파멸 危機에 다다랏다。미리부터 軍事의 準備가 없엇고 이마저 昇平으로만 지내든 나라로 不意에 이러케 國難을 당하엿으니 어찌 어를 빨며어가기가 容易하엿으랴。高句麗 朝廷에서는 君臣上下가 황황히 禦敵의 策을 講하는 中에 거의 寢食을 잊고 오로지 國事에 依賴하는이는 오직 한사람 大臣 乙支文德이 잇엇다。

敵의 水軍이 먼저 浿江(大同江) 어구에 몰어와 平壤城과 상거 六十里되는 곧까지 이르럿다。王弟 建武(뒤에 榮留王)가 敵兵을 誘引하여 平壤城下에까지 오게하고 伏兵을 發하여 몰아치니 敵의 死者가 數萬이요 敵將 來護兒는 겨우 脫身逃走하엿다。

隋는 본래 水軍과 陸軍이 다 같이 平壤에 모이어 한가지로 攻城하기로 한것이엇으나 水軍은 이미 全滅되엇고 陸軍은 遼水를 건너 우리 지경에왓은 후로 城을굳게 지키는 高句麗 騎士에게 여러번 擊破되엇다 敵은 여기서다시 九道로 나누어 竝進하여 六月下旬에야 겨우 鴨綠江西岸에 이르니 이때 군사의수가 三十萬五千이엇다。

敵이 國境線을突破하고 몰어왓다는飛報가오매 朝廷은크게 驚惶하여 어찌할바를 몰랏다 이때 乙支文德은國策이 다 정하엿다는듯이 從容自若한態度로王께 아뢰되 『비록 敵의 무리가 많으나 족히 두려워할바 아니외다。먼저 敵의 虛實을살핀뒤에 作戰計劃을 정하려니 臣이스스로 敵陣에 들어가서 그 속의 어떠함을 알고 오겟나이다』하매 王이 허락하엿다。

詐身降服의 名義로死를賭하고저 豺狼같은 敵軍의속으로 들어가기에 조금도 躊躇하지 아니하는 그大膽과 大勇! 乙支文德은 오직 單身으로 말을 채질하여 西으로향하엿다。

그리하여 鴨綠江을 건너 敵將에게 和議를 講하려하고 敵의 軍營으로 들어 갓다。敵將 于仲文은앞서 『高句麗王이나 乙支文德을 만나거든 반드시 사로잡으라하는』煬帝의 密旨를 받앗으므로 이때 仲文이 文德을 잡으려하다가 尙書右丞 劉士龍이 慰撫使로군이 말리어 그만두엇다。이는 敵의 諸將이 文德의 威儀에 놀리어 감히 손을 댈수 없엇든 것이다。그러는동안에 文德은 談笑自若하며 徐行濶步로各營의 軍情을 一一히 探知하고巧妙히 敵陣을 脫出하엿다。仲文이 뒤에야 文德을놓진것을 後悔하고 文德에게 빨리 사람을 보내어『지금잠깐 상의할 일이 잇으니 다시 와달라』하엿다。文德은 간대로 그 꾀에 걸릴이가 아니다 돌아 보지도 아니하고 鴨綠江을 건너왔다。

敵將 于仲文이 乙支文德을 잃고 몹시 마음이 편치아니하여 大將 宇文述더러 같이 文德을 쳐서 잡자하매 述은 방금 軍糧이 乏絕하여 군사들이 주리게 되므로 도루 몰아갈생각을 가지고 잇어서 듣지아니하다가 仲文의 强勸에 부득이 허락하엿다。

이에 날랜 군사를내어 文德을쫓앗다 文德은 敵兵이 주린빛이 잇음을 보고 더욱疲困케 하기 위하여 싸움할적마다 거짓 패하여 달아낫다 敵將은하로동안 일곱번 싸워 다이긴것을 저의 戰功으로 스스로믿고 군사를 빨리 몰아 東으로 薩水(淸川江)를 건너 平壤城에서 상거 三十里되는데까지 이르러 山을 의지하여 진을쳣다

乙支文德은 敵將의 驕傲한 모양을 보고 그를 愚弄코저하여

神策究天文
妙算窮地理
戰勝功旣高
知足願云止

라는 詩 一首를 지어서 于仲文에게 보내엇다。

(사진은乙支文德)

史上의 壬申

壬申政治史

△薩水大捷……登州擊陷

△圍繞成仁……李氏革命

【三】 李允宰

高句麗를 단바에 집어삼킬듯하든 隋의 大將 宇文述 于仲文들도 여기까지 와서는 그만 맥심이 풀어진 것이다。平壤城은 城壁같이 굳어 감히犯接을 할수없고 군사들은 배 고프다고 아우성을 친다。述은그만물아가는 것이 上策이라하고 곳 退軍令을 나려 方陣을 만들어 달아나기 시작한다。

時機를 기다리고 있든乙支文德은 이제야군사를 내몰아 四面으로써 냅다치니 敵은 허둥지둥 精神을 잃고달아나서 薩水에 이르렀다。때는 가을바람이 솔솔한 七月。

追兵은 뒤에 있고 江은 앞을 막아 건늘배가 없었다。敵軍은어찌할줄을모르고 발을동동구르고 있었다。그때 마침중일곱사람이 袈裟를 입은채로 옷을 걷고 건너가는것을 보고「자우러도 그저 건너가자」하고워낙 사세가 위급한지라。서슴지않고 강물가운데로 텀벙뛰어 들어간것이었다。이때乙支文德은 빨리進軍하며 薩水에 이르러 敵의 반을건느는 때를타서 그後軍을 처서 敵將 辛世雄을베어죽이니 敵의 全軍이 크게潰散하며 물에빠저죽은자가 太半이요 戰死한자는 그 數를 혜일수도 없었다。我軍이 더욱追擊하니 敵이 一日 一夜에 四百五十里를 쫓겨달아나鴨綠江을건너갔다。敵의남은 군사가 遼東에 이르니 겨우二千七百人이요 累百萬의 軍資 器械는하나도 남은것이 없었다。어!壯하도다。轟轟烈烈한 이薩水大捷!

登州擊陷

薩水大捷이 있은후 一百二十年을 지나 渤海의 征唐한事實도 壬申史上에 한두드러진 것으로 볼것이다。

먼저 渤海가 어떠한나라인것부터 대개 말하려다。그러케 雄盛하든 高句麗는끝에 國脈을 泉男生이란자의 兄弟들끼리 싸움으로하여 나라의 큰 힘이 기우러저서 薩水大捷後꼭五十年만에 그만 亡하였다。高句麗人의 獨立運動이 줄곳 끊임이 없다가 그로써 三十年後에 英雄 大祚榮(高王)이란이의손으로 다시 高句麗나라를 回復하였으니이가 곳 渤海다。처음에國號를震이라 일르고忽汗城(지금敦化근처)에 도읍하였다 뒤에 나라의 版圖가 넓어서 五京十五府 六十二州를 두어 海東盛國이라하며 다알게되는 나라였다。

渤海는 高王을 지나고 第二世武王때에 이르러 仁安十四年(西紀七三二年)에본래 우리의屬地이든 黑水靺鞨이唐에붙고唐은 그와聯合하여 渤海를 집적거릴 준비를하는것을渤海가알고 黑水靺鞨을 討伐하매 唐이 힘껏 그를 庇護하여주는고로 渤海는 唐의陰險한 行動에怒하며 이에膺懲의師를내어 海軍으로써 멀리渤海를건너登州府(山東省에있음)를처서 陷落하고 刺史를 죽이어 우리의 威武를 크게 날치고 凱旋하였다。

唐은 單獨의 힘으로는 渤海를대적할수없다하여 救援을新羅에빌어서 그 이듬해에 新羅 兩國의 聯合軍이 渤海에 入寇하였으나 번번이 沒敗하고 돌아갔다。우리 渤海의 强함이 과연어떠하였든가!

史上의壬申

壬申政治史

△薩水大捷……登州襲陷
△圃隱成仁……李氏革命

【四】 李允宰

것든 朝鮮을 들어르려함은 것이 실상 新羅 統三으로서다 새 기운을 떨치고 일어난 渤海王朝가 二百二十八年의 빛난 歷史를 남긴 것은 하늘이 우리의 옛 터전을 얼마만이라도 좀 더 延長하려 하심인가 渤海가 滅亡한 十年後에 비로소 高麗의 統一이 이루니 어 것이 다만 半島만으로의 統一이요 우리 皇祖의 舊疆은 北大陸은 말멍이가 떼어나가버려서 영영 찾을 길이 없게 되 것이다。

그러므로 高麗는 처음부터 그 民族的使命이 다만 北方經營에 잇엇다。곳 高句麗의 恢復이다。天授大王(王建)의訓要中에 契丹은 禽獸의 國이니 斷어버리라는 것도 이를 위함이요 歷代 모든 임금이 모도 이에 主力하여 機會잇는대로 高句麗의 舊疆을 征略하여 말지아니하엿다。 그러하야 一寸土 一步地라도 거두어들이는 것이 그네들에게는 더할수없는 成功인것으로 알앗다。그러케 애쓰든 高麗가 쉽사리 그 目的을 成就하지 못한것은 强한 北方民族이 잇대어 일어나서 우리의 北進하는勢力을 막앗기 때문이다。처음에 契丹(遼)하고 한 一百八十餘年동안 싸홈을 하다가 그것이 좀 숙어지매 女眞(金)이 뒤미를 집고 일어나서 百餘年동안이나 몹시 성가시게 굴엇으며 또 그를 이어 蒙古(元)禍가 닥처와서 말못되기까지 이르러 百餘年동안이나 시달리다가 맨나중으로 明나라하고 떠러지어를 하엿다。 이와 같이 高麗의 四百七十五年의 歷史는 民族競爭史라고 할만하다。

高麗가 新羅를 承繼하든 처음에는 그 疆域이 서방 安邊에서 淸川江까지 一直線을 그린 그 以南의 半島에 限하든 것을 연방 北進運動이 쉬지아니하여 高麗末葉에 이르러는 거의 半島의 全部를 다 차지하다싶이 하엿고 다시 한걸음 떼 나아가 遼瀋을 거두어들여서 半千年以來 經營하여오든 歷史的使命 곳 高句麗 恢復의 理想을 遂하려하엿다。恭愍王의 北伐과 禑王의 征明이 어느것이나 다 歷史上 重大한 意義를 가지지 아니한 것이 아니나 前者는 龍頭蛇尾로 물아가고 後者는 不攻自破로 마치엇으니 이 어찌 千古의 恨事가 아니리오。이때로 말하면 元이 衰하고 明이 興하는 過渡期에 잇어서 우리가 元을 對하기나 明을 對하기나 마찬가지로 그다지 큰 힘이 들지 아니하고도 능히 成功할수 잇엇을지니 설사 恭愍王이 한번 失手하엿다손치고라도 그 것이 족히 前鑑이 되겟거늘 애석할손 禑王으로 하여금 前轍을 다시 밟게하엿으니 이것을 파연 누구의 罪라 할가。

圃隱의成仁과 李氏의革命

鄭圃隱의 殉節이 李成桂의革命한 事實과같이 關係되는 일일쁜더러 또 같은 해 壬申에 된것이므로 그것을 각기 나누어 말하는것보다 한데 합하여 말하는것이 [illegible]上 도리어 편하리라 생각한다。

史上의 壬申

壬申政治史

△薩水大捷……登州擊陷
△國際成仁……李氏革命

【五】 李允宰

高麗는 이때에 안으로紅頭賊 倭寇가 떨버들고 밧으로元·明이 거듭나기하며 또가끔 일어나는 小小한 內亂도잇어 國情의 騷亂이 극하겻다。이에 따라서 출중한 人物의 남도업지 아니하엿으니 崔瑩같은 大英雄도 잇엇고 印璫·柳仁雨·鄭世雲·安祐·鄭地같은 名將도잇엇다。李成桂도 이가운데한사람이엇다。

李成桂는 본래 東北面(咸鏡道사람으로 그아버지때에 高麗에 버슴하엿고 成桂가 弓馬에 익고 武略이 잇어서 자주戰功을 세우므로 地位가 놉아졋으며 雲峯에 倭寇를 殲滅하고그 장수阿只拔都를 잡아 죽인뒤에 이름이 더욱 들어나고뒤에 胡拔都를 吉州에 破한다、倭寇를 到處에 擊破한다 하여 威望이 날로 놉아갓다。

이때 李成桂가 崔瑩파 함께 協力하여 朝廷의 奸黨 李仁任 以下 林堅味·廉興邦等을 몰아내고 權勢를 잡으니 一國의 重望이 갑작이 이러토 모이엇다。그리하여 高麗의 國運을 左右할자는 오직 崔瑩 李成桂 두사람이엇다。그런데 이 두사람은 政治에 對한 主見이 根本的으로 相左하엿으니 崔는 激烈한 排明派요 李는 穩健한 附明派엿다。곳 崔는 일즉 元나라를 救援하려 中國에 가잇어서 「그 나라의 內情을 잘알므로 지금 그 어지러운 때를 타서 먼저 遼東을 쳐 거두어들여서 四百年 以來 努力하여오든 高句麗 恢復의 理想을 實現하자 함에 對하여 李는 大勢에 順應하여 新興의 明을 服事함으로써 自家의 勢力을 鞏固케하려는 所謂事大主義의 思想을 實行하자 함에 잇엇다。이러케 兩派가 갈라저서 並立치 못할 形勢를 이루엇다。

明國은 어느새부터 高麗에 對하여 誅求가 심하며 또婆猪江(鴨綠江 支流인 佟佳江)가에 鐵嶺衛를 세우어서 高麗가 四百年을 두고 애써서 우리의 版圖에 넣엇든 鴨綠江 流域을 차지하려는지라。崔瑩이 본래부터 明을 嫉惡하여오든터이므로 이에 征明論을 激烈히 主唱하엿다。마침내 禑王을 움지기어 明에 對하여 宣戰을 布告하엿다。李成桂 一派에서는 이를 極力反對하여 征明의 不可를 論하니 그 所謂 反對의 理由는

以小逆大 一不可。
夏日發兵 二不可。
擧國遠征 倭乘其虛 三不可。
時方暑雨 弓弩膠解 大軍疾疫 四不可。

라는 것이다。極端의 消極的 反對論이다。熱火같이 타오르는 主戰論앞에 이러한 反對따위가 용납[illegible]가 없다。禑王은 大英斷[illegible] 攻遼를 決하고 崔瑩을 八道都統使로、曹敏修를 左軍都統使로、李成桂를 右軍都統使로하여 군사 五萬人을 거느리고 遼東을 向하게하며 王과 崔瑩은 平壤에 옮겨앉아 全軍을 指揮하엿다。

五月初에 征明軍이 鴨綠江上의 威化島에 이르러 앞으로 나아갈 생각을하지아니하고 成桂가 敏修를 꾀어回軍하기를 斷行하엿다。霖雨의 漲水로 進軍할수 없다는 것과 小國으로 감히大國을 犯함이 罪라는 핑계로 回軍하엿다。

兵權을 잡고 잇는 李成桂는 眼下에 거리낄 것이 없엇다。군사를 몰아 王宮을 에워싸고 崔瑩을 잡아내어(그때 崔瑩이 禑王과 같이 잇엇음)高峯에 귀양보냇다가 뒤에 죽이고 禑王을 廢位하고 昌王을 세웟다가 뒤에 또 廢位하엿으며 禑王과 昌王의 父子를 王氏가 아니라는 名目下에서 다 죽이고 曹敏修마저 내어쫓고나니 인제 高麗는 李氏의 獨舞臺로 돌아가고 말앗다。

史上의 壬申

壬申政治史

△薩水大捷……登州擊陷

△圓滿成仁……李氏革命

【六】 李允宰

崔瑩 없는 高麗는 물을것없이 李成桂 한사람만의 高麗일다。新主의 廢立과 朝臣의 黜陟이 다 李氏의 손에 달리엇오매 그 禍心을 包藏한 陰謀가 刻刻으로 露骨化하야갓다。당장이라도 하려고하면 할수는 잇엇지마는 아직 조금 더 爛熟하기를 기다려야 할것을 생각하고 마지막으로 一個 處位일망정 동신같은 恭讓王을 세워놓은 것은 國內人心이라든지 外交關係라든지를 살아보는바에 말성없도록 감쪽같이 만들어놓으려함이다。이때 미상불 正義를 把持하는 忠良한 人物이 없지 아니한 것도 아니엇지마는 李氏派의 威勢아래에 도저히 견디어 박일수 없을 것이다。吉再·元天錫같은 義人은 참아 볼 보기 싫다고 스스로 물러가버리고 李穡·禹玄寶·李崇仁·金震陽같은 名士들은 그대로 앉아 벋대다가 내쫓기기도 하며 잡혀가치기도 하엿다。이때한만에 오즉 隻手擎天格으로 장차기우러지는 高麗의 國運을 받히고 잇는이는 鄭夢周 한사람만이 남앗을뿐이다。

鄭夢周는 號를 圃隱이라 하여 東方에 性理學을 倡함으로 이름이 높고 爲人이 豪邁絶倫하여 王佐의 才로 일컬엇스며 일측 倭의 覇家臺에 聘하고 遼東 및 南京에 使하여 外交上 困難한 問題를 解決하여나라의 큰신용을 얻으므로 民望이 더욱 높앗다。李氏派 에서도 鄭夢周에게는 만만히하지못할줄 알고 아무리 커나 자기의 黨으로 끌어 들이려고 못더 애도 쓰지 마는 그 精忠 大節을 굽히지 못할줄 알고 恭讓王四年四月四日로써 李派側의 李芳遠(李成桂의 子, 뒤에 太宗이된이)趙英珪等이 鄭夢周를 選地橋(곳 善竹橋)에서 따려죽이엇다。鄭夢周마저 죽은 파한가지로 高麗의 運命은 劃一劃밟아갓다。

이로부터 李氏의 큰 計劃이 一瀉千里로 進行하여 여간 앞에 거리낌만 한자면 모조리 치워버리고 名稱만 임금인 恭讓王마저 廢하엿다가 고대 三陟에서 죽이고 그의 몇몇 心腹들의 推戴로 高麗 紀元 四百五十七年 壬申(西紀 一三九二年)七月 十七日에 壽昌宮에서 即位하니 이가 太祖高皇帝다。

어떠케 李成桂는 兵無血刃으로 革命의 大業을 圓滿히 成就하엿다。우리가 政治的 見地에서 보면 李氏革命의 成功이 民族的으로 失敗다。만일 崔瑩의 攻遼軍으로 하여금 한번 鴨綠江을 건넛든들 큰 힘이 들지 않고 대번에 遼東 瀋陽을 빼어 우리 한배의 故疆을 回收하고 다시 精銳한 長槍鐵騎로 長驅直進하여 山海關을 넘어서 中原大陸을 짓밟아 朱元璋으로 하여금 머리를 숙이게 하기는 容易하엿을 것이어늘 그 怯懦卑怯한 핑게로 물아서서 自家의 터전을 정하기에 열이 낫것다。

아아 애석하도다。李成桂의 威化回軍으로써 高麗의 北進運動은 마지막 숨을 맷것이다。天授大王以來의 大高句麗主義가 이에서 아주 滅絶되고 말앗으니 이것이 한갓 王氏高麗一世의 罪가 아니라 朝鮮民族 來後萬世의 大罪인저!(續)

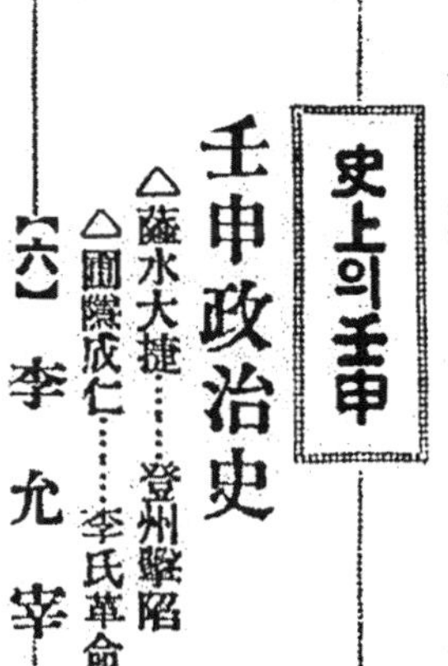

(사진은李太祖)

朝鮮史話

姜邯贊의 龜州大捷과 權慄의 幸州大捷

李允宰

(十五行省略)

◇龜州大捷◇

먼저 龜州大捷부터 말하리라。지금으로부터 九百十餘年前의 일이다。우리가 高麗時代의 姜邯贊을 알게됨은 그가 끼친 여러가지 훌륭한 일이 많음이지마는 실상 이 龜州大捷으로써 더욱 이름이 높이 난 것으로 안다。

高麗는 天授大王이 建國한 以來로 크게 經營하는 것은 高麗의 民族的使命인 大高句麗主義였다。그리하여 高麗는 機會잇는대로 高句麗의 舊疆을 征略하여 완전히 그것을 恢復하려는 理想이엇으므로 어느때든지 北進運動이 쉬지 아니하엿다。그때 우리의 北進運動에 障碍되는자는 女眞과 契丹이엇다。그중에도 가장 우리의 勁敵이된자는契丹이다。그는 본대 鮮卑族(東胡)으로 우리 三國時代 末年에 內蒙古地方에 居하드니 우리 南北國時代 末年에 이르러 勢力이 갑자기 强盛하여저서 우리 震國(渤海)을 滅하기까지 하엿다。契丹은 이로부터 高麗와 接境하게되어 彼我의 關係가 매우 가까와젓다。그러나 天授大王은 契丹이 震國을 滅한것을 不共戴天의 원수라 하여 아주 그를 끊어버렷다。契丹은 그새 女眞을 물리친 餘威로 高麗를 만만히 보고 高麗成宗十二年(西紀 九三〇)에 契丹將 蕭遜寧이 八十萬大軍으로 入寇하여 安戎鎭(安州)까지 들어오는것을 우리 中軍使 徐熙가 單獨히 敵陣에 가서 滔滔한 辯舌로 蕭遜寧을 感服시키어 이내 退兵케하고 도리어 이 사품에 女眞이 가저잇든 鴨綠江以東의 땅을 우리가 엇게되어 우리는 北進運動에 새로온 活氣를 내게되엇다。契丹은 이로써 十七年뒤 顯宗元年(西紀一〇一〇)에는 康兆事件을 口實로 契丹主(聖宗)가 親히 四十萬軍을 거느리고 入寇하다가 우리 楊規에게 敗歸한 일도 잇엇다。이것이 高麗와 契丹과의 關係의 大槪다。

契丹은 이미 두번이나 高麗에 손을 대엇으나 한번도 利를 얻지못한것을 憤하여 또다시 高麗에 向하여 前年에 徐熙가 蕭遜寧하고 談辨하여 가저간 六城(興化•通州•龍州•鐵州•郭州•龜州)을 還附하라고 재촉하나 좇지 아니하므로 顯宗四年(西紀一〇一三)으로부터 해마다 侵冠하엿으나 번번이 敗하여 돌아가기만 하엿다。그러다가 顯宗九年(西紀一〇一八)에 와 이르러 契丹은 東平郡王 蕭排押(蕭遜寧의 兄)으로 都統을 삼아서 十萬軍을 거느리고 十二月에 우리 北境을 侵入하엿다。高麗에서는 이를防禦하기 위하여 西北面行營都統使 姜邯贊을 上元帥를 삼고 大將軍 姜民瞻을 副元帥를 삼

〔51〕

아 二十萬八千大軍으로 出應케 하엿다。我軍이 興化鎭에 이르러 騎兵 一萬二千을 巨谷中에 伏兵하여두고 大縄으로 牛皮를 꿰어 城東大川을 막앗다가 敵이 이름을 기다려 그 막은것을 할고 伏兵을 내어 크게 殲滅하엿다。敵의 敗殘兵이 바루 都城으로 向하여 오다가 慈州 來口山과 平壤 馬灘에서 我軍에게 大敗하엿으며 翌年 正月에 敵軍이 都城에서 不遠한 新恩驛까지 들어왓으나 또 我軍에게 敗하매 勢窮하여 어찌할수 없음을 알고 곳 回軍하여가다가 漣州(今价川)를 지나 渭州(今寧邊)로 가는 동안에 姜邯贊軍에게 要擊되어 敵의 戰死者 五百人을 내엇다。二月一日에 龜州(今龜城)東郊에서 大激戰하여 兩軍이 相待하드니 마침 援兵이 이르매 我軍은 勇氣百倍하여 乘勢奮擊하니 敵兵이 潰走하므로 我軍이 追擊하는데 石川에서 盤嶺까지 數十里의 길에 僵尸가 蔽野하고 俘獲한 人口 馬駝 甲冑 兵仗은 그 數를 헤일수 없엇다 처음 들어올때 十萬이나 되든 敵兵은 겨우 數千名만 生還함을 얻엇다。我軍이 凱旋하매 王이 迎坡驛까지 出迎하여 綵棚을 치고 音樂을 가추어 將士를 饗宴하며 王이 親히 金花八枝를 邯贊의 머리에 꽂으며 右手로 잔을 잡고 左手로 손을 잡아 慰嘆하기 말지 아니하엿다。그 榮光이 과연 어떠하엿을까。때는 顯宗九年 二月六日 陰曆 二月이면 陽曆으로는 무론 三月일 것이다。

◇幸州大捷◇

지금은 幸州大捷의 이야기다。오래동안 쪽쪽이 나누어잇든 日本國內를 武力으로 統一하고 大陸을 睥睨하는 그 覇氣滿滿한 日本關伯 豐臣秀吉은 朝鮮과 明國을 侵掠하량으로 여러가지로 準備하다가 지금으로부터 三百四十年前 宣祖 二十五年(西紀一五九二)에 秀吉이 名護屋에 나와앉고 小西行長·加藤清正·黑田長成·毛利吉成·宇喜多秀家等 諸將으로 二十萬軍을 거느리게하여 朝鮮을 치러왓다。日本軍은 四月十三日에 釜山에 上陸하여 다시 三路로 나누어 進軍하엿다。朝鮮은 워낙 아무 準備가 없엇으므로 그들은 無人之境갈이 쓸려들어 朝鮮땅을 밟은지 겨우 二十日인 五月三日에 京城에 들어오게 되엇다。王은 日軍이 入城하기 三日前에 西道로 蒙塵하엿으며 臨渴堀井格으로 인제야 各道에 勤王兵을 일으킨다 明國에 請兵을 청한다 하여 苦戰惡鬪로 前後 七年이란 오랜 時日을 끌어 八道江山이 砲烟에 싸여 잇엇다。이것이 우리가 말하는 壬亂이란 것이다。

幸州大捷은 壬亂이 일어난 一年뒤인 宣祖 二十六년 癸巳(西紀 一五九二)에 된 일로 이 壬亂中에 陸戰으로는 가장 壯烈한 大戰이라 할것이다。이때 明將 李如松이 日軍에게 敗하여 西道로 退軍하매 日軍이 京城으로 集中하여 그 勢力이 점점 강성하게 되엇다。權慄이 光州牧使로서 全羅監司로 陞職되어 군사 二萬을 거느리고 北으로 올라와 勤王하기로하엿다。처음에 水原에 이르러 禿城山城을 지키고 잇다가 군사 四千人을 兵使 宣居項에게 나누어주어 衿川을 지키게하고 陽川江을 건너 高陽郡 幸州山城에 留陣하엿다。이때 倡義使 金千鎰은 江華로서 나와 海岸에 진치고 丁淸監司 許項은 通津에 진치고 忠淸水使 忠傑도 應援이 되엇다。

二月 十二日 갓밝이(黎明)에 權慄은 日軍이 襲來한다는 探報를 듣고 높이 올라바라본즉 日軍이 한 五里밖에까지 이르럿는데 左右兩翼으로 나누어 數萬餘騎가 왼들에 가득하엿다。다 紅旗 白旗를 등에 꽂고 黃金傘을 바치으며 鬼面獸形을 扮裝하엿드라。權慄이 諸將을 불러 「이제 군사를 끌고 깊이 들어왓다가 갑자기 敵鋒을 만나게 되엇으니 形勢가 서로 대적할수 없을지라。만일 한번 죽지 않고는 報國하지못하리라」하여 命令을 嚴明히하고 部伍를 嚴히 團束하엿다。日軍이 籠城코저 빨리 몰켜와서 包圍하기 시작한다。權慄이 먼저 勇士를、내어 應戰하니 日軍이 三營으로 分하여 군사를 일변 쉬게하며 변갈아 나아와 여러겹으로 包圍한다。權慄이 칼을 빼어들고 督戰하여 卯時(午前六時)부터 酉時(午後時)까지 이르도록 大激戰하니 日軍이 九進九却하엿다。西北面 子城을 지키든 僧將 處英의 거느린 僧軍이 조금 退却하는 사이에 日軍이 크게 喊聲을 지르며 들어온다。權慄이 諸將을 督하며 突擊을 시작하여 白兵戰을 演하니 日軍이 一時에 奔潰하여 死者가 無數하엿다。그 死屍를 四堆로 만들어 焚燒하매 그 타는 냄새가 十里까지 퍼지엇다는 것을 보면 얼마나 慘澹하엿든지를 가히 想像할수 있다。我軍이 追擊하여 一百一十顆의 左耳二朶를 베고 軍資 器械를 俘獲함이 七百二十七件이 되엇다。그 남은 군사가 크게 소리질러 痛哭하고 돌아갓다。

이와 갈이 轟轟烈烈한 幸州役은 朝鮮軍의 大勝利로 마치엇다。이도 陰曆 二月이니 陽曆 三月임을 알것이다。이 大捷으로 權慄은 이름이 높아 水에 李舜臣、陸에서 [illegible]

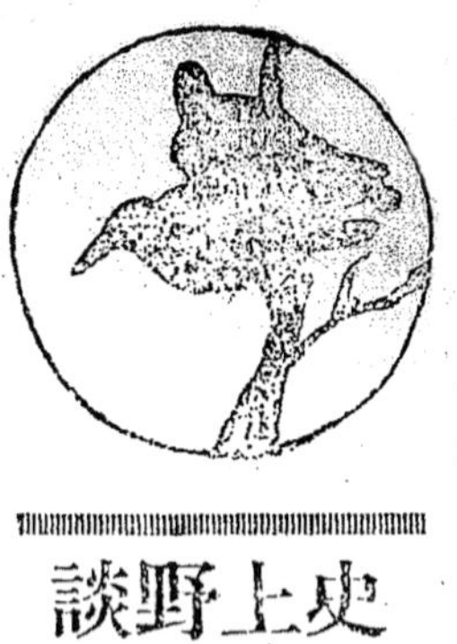

史上野談

義血

善竹橋에 피흘린 鄭圃隱 故事

李 允 宰

壬申年(高麗 恭讓王 四年) 四月 初四日일은 아침。

鄭夢周는 錄事(秘書)를 불러

「李侍中의 병세가 어떠하다드냐」

고 물엇다。李侍中은 뒤에 조선의 太祖가 되신 李成桂다。錄事는 대답하엿다。

「小人이 듯자오니 그의 병세가 그리 대단치는 않는 모양이야요」

「내가 지금 李侍中댁에 가서 문병하겟오니……」

말이 채 마치기도 전에 錄事는 매우 걱정이 된다는듯이

「大監! 이러한 때에 거길 행차하시는 것이 小人의 생각에는 매우 위태한줄 아옵니다」

「어 그야 나도 대강 짐작하는 바도 없지 않지마는……뭐 어떠켓니?」

「大監! 그러치 않습니다。그저께 초이튿날 李侍中이 돌아오든 때만 해도 그 아들 芳遠이가 碧瀾渡까지 맞으러 갓섯는데 그러한 병중에도 밤을 새워가며 급거히 상경한 것을 보옵든지 또 李侍中의 집은 어느때나 늘 그런 것이지마는 이번 海州서 돌아온 후로는 온갓 잡류들이 모두 그 집으로 웅게중게 모여들어 무슨 게교를 꾸미는듯하는 것을 보옵든지 모든 것이 다 수상하게 보입니다。그러하옵는데 그러한대를 행차하신다는 것이 될 말슴이오니까」

「아무리 그러트라도 일국의 정승으로서 우환이 잇는 것을 보고 가마니 잇는 것이 체통에 틀린 일이 아니냐。李侍中이 비록 나를 모해하려고 하기는 하지마는 역시 사대부의 체면을 돌아보는바에 그런 용렬스런 행동을 할 사람은 아니니 아예 그런 염려는 하지 말고 얼른 나가서 하인 불러 채비나 하래라」

夢周의 이 말에 錄事는 더 옥일수 없어서 대답하고 물러나갓다。

鄭夢周가 李成桂의 집으로 간다는 것이 단순히 문병만으로 가는 것이 아니라 거기에 어떠한 게교를 꾸미고 잇는지 그 속내평을 살펴보자는 것이 주요목적이엇다。그리하여 만일에 어떠한 단서라도 한번 손에 잡히기만 하면 당장에 일을 벌려 뒤집어버리려는 생각이엇다。

×

그러면 李成桂는 무슨 게교를 하고 잇엇든가。이때로 말하면 그러케 강성하든 元나라가 거의 망하게 되어 한쪽으로 밀려가고 그 대신 한 새 세력이 일어나니 朱

元朝이란 자의 이룩한 明나라엿다. 이 明나라가 우리 高麗를 제 손아귀에 집어넣으려하여 鐵嶺衛란 것을 세워 우리 국경을 가개러하며 또 무리한 요구를 하는대까지 이른다, 高麗에는 절세영웅 崔瑩의주창으로 明나라에 대하여 선천포고를 하엿다. 우리는 이 기회에 이미 잃어버렷든 조상고토인 滿洲땅을 도루 회수하려는 결심이엇다. 曹敏修 李成桂를 左右都統으로하여 대군을 거느리고 遼東으로 향하여 갓다. 李成桂는 군사를 거느리고 鴨綠江 威化島까지 이르러 장마비란 핑게로 뭉긋거리고 건느지 않다가 필경「以小逆大」가 불가하다는 곳 조선같이 작은 나라로 明나라같은 대국을 배역하는 것이 큰 죄라는 이유로 회군하여 돌아서서 崔瑩을 잡아 죽이고 일국의 정권을 자기 손에 잡아쥐어 임금을 폐하고 세우기와 자기를 좋아않는 신하들을 혹 죽이며 혹 내어쫓아 이러구러 한 四年동안에 高麗는 판국이 아주 바뀌어 왼통 李씨의 천하를 만들어놓앗다.

李成桂는 큰일을 앞두고 그 계획한바를 성취하려하여 조징 신하들 가운대 우연만한이면 모두 자기 당파속으로 끌어넣을 작정이엇다. 그리하여 잘 끌리는자는 그냥두겟지마는 그리치 않는자는 될수잇는대로 없애버리려는 것이다. 지금은 당대에 가장 명성이 높다는 鄭夢周를 끌려들엇다. 그러나 精忠大節의 높은 의를 가진 그는 쉽사리 그리로 끌려갈이가 아니다. 어느때가 한번은 李成桂의 다섯재 아들 芳遠이 夢周를 청하여 시조 한수를 지어 주엇다.

이런들 어떠하리
저런들 어떠하리
萬壽山 드렁칡이
얽어진들 어떠하리
우리도 이같이 얽어저서
백년까지 하리라

이것은 사람이 이러한 시대에 처하여 너무 변통성 없이 꼿꼿하게만 지낫어도 별수없는 것이니 어되든지 세력잇는 편에 붙이어 살아서 일신이나 잘 보양하는 것이 더욱 좋을 것이 아니냐 하는 뜻이다. 이것이 夢周에 대하여는 막비 모욕이다. 신경에 큰 자극을 받은 夢周는 즉석에서 시조 한수를 지어 이러케 화답하였다.

이 몸이 죽어 죽어
일백번 고처 죽어
백골이 塵土 되고
넋이라도 잇고 없고
임 향한 일편단심이야
가실줄이 잇으랴

이것으로써 夢周는 그의 평생 가진 마음 그중의 심을 그대로 그려낸 것이다. 芳遠이 여태까지의 생각으로는 정씨가 좀 굳세기는 하지마는 제라고 무슨 별수잇나 필경은 대세에 순응하고 말리라 하여 얼마쯤은 희망을 두엇섯지마는 이번에 이 시조의 글귀를 보고는 아니 놀랠수 없엇다. 그는 여기에서 그만 그를 자기 당파로 끌어들일 것을 단념하엿다. 장래에 잇을 후환을 위하여서는 그를 얼른 죽여버리기를 결심하지 아니할수 없게 되엇다. 그 부친에게도 여러번 청하여 꼭 그를 죽이기로 작정이 된 것이다.

×

鄭夢周 역시 李씨에 대하여 무한히 주목하엿다. 왼 나라의 군권이 다 李씨의 손에 매어 잇으며 왼 나라의 정령이 다 李씨의 집에서 나오며 왼 나라의 민심이 자꾸자꾸 李씨에게로 기울어저서 그 세력이 날로 더욱 강성하는 반면에 鄭夢周에게는 이것 저것도 다 없다. 오직 한가지 잇음것이면 그것은 가슴속에 끓허오르는 붉은 피덩일 것이다.

高麗의 운명은 각일각 위태하여간다. 큰집이 장차 엎더지려하매 한 손가락으로 능히 버틸수 잇으랴마는 오직 王氏를 지지하여 나아가려는이는 鄭夢周 한사람밖에 누가 잇엇는가. 夢周는 거의 침식을 폐하고 이를 위하여 밤낮 근심하엿다. 기회는 돌아왓다. 恭讓王의 世子가 明나라에 갓다가 돌아오는 것을 李成桂가 黃州까지 가서 맞웅하고 돌아오는 길에 海州에서 사냥하다가 말께 떨어저 몸시 다치엇다. 夢周는 成桂를 처치하려면 먼저 그 우익이 되는 무리부터 치워버리지 아니하면 안될 것을 생각하였다。그러므로 그는 成桂가 낙상하여 위독하다는 소문을 듣고 臺諫하고 의논하여 三司左使 趙浚 政堂文學 鄭道傳 密直使 南誾 禮曹判書 尹紹宗 判典校寺事 南在 淸州牧使 趙璞등을 탄핵하여 먼끝으로 귀양보내니 그들은 다 李氏派의 주요인물들이다。이것이 李씨에 대하여 여간한 타격이 아니다。큰 화가 닥처올 모양이다。

사세 이러케 위급함을 들은 李成桂는 일각이라도 유예할수 없다 하며 碧瀾渡에서 즉시 밤을 새어 상경하였다。일변 사람을 궐내에 보내어 趙浚등의 죄를 변명하며 일변 鄭氏를 어떠케 경명할 것을 꾀하였다。이때 李芳遠이 주장이 되어 李和 李芳果 李濟등과 함께 鄭夢周 죽이기를 비밀히 의논하여 대강 계획이 이루엇다。和는 李成桂의 異母弟로 義安大君이라는이요 芳果는 李成桂의 둘재 아들로 뒤에 定宗이 된이요 濟는 李成桂의 셋재 사우로 興安君이라 하는이다。공교히 李成桂의 庶兄 元桂의 사우 卞仲良이란 사람이 이 일을 모두 夢周에게 누설하므로 夢周는 비로소 그것을 알게되어 한번 그 내막을 알아보려고 이제 李成桂의 집으로 문병하러 가는터이다。

×

鄭夢周가 오는 줄을 李和가 먼저 알고 빨리 李芳遠에게 가서

「지금 夢周가 우리집으로 온다는구나」

말하니 芳遠은 놀래는 모양으로

「아 그가 우리집에를 웨 올고」

「말로는 문병하러 온다지만 좀 수상치않느냐」

「그래요 요지음은 그가 우리하고 사이가 그리 좋다고 하겟는데 그다지 인정을 쓸리가 잇어요? 그 늙은것이 무슨 흉계를 꾸미고 오는지 알수 잇소? 아저씨! 대관절 이를 어찌하면 좋겟소」

「우리 일전에 의논한 일이 잇지 않나? 지금으로서 시행하였으면 좋겟는데」

「옳소이다。이것이 한 좋은 기회인지도 모릅니다。이번 기회를 놓치면 다시 얻기 어려운 것이니 지금 곳 죽여버려야 하겟소」

「그러치만 대감께서 아시면 얼마나 걱정하시겟니」

「아저씨! 그걸랑 조금도 염려 마세요。잘 양해하시도록 내가 아버지께 여쭙겟소。지금 급하니 지체할수 없소」

이러케 말하고 빨리 뛰어나갓다。

李芳遠은 그길로 都評議使司로 달려갓다。거기에는 그 部下 趙英珪 趙英茂 高呂 李敷등이 잇엇다。여러 사람들을 둘러보고

「우리 李씨가 王室을 충성으로써 받드는 줄은 온 나라 사람이 다 아는터인데 지금 우리가 夢周에게 모함한바 되어 이러케 누명을 입엇으나 후세에라도 누가 잇어 이를 변명하여주리。우리 문하에는 사람이 많기는 하지마는 李氏를 위하여 힘써줄자는 하나도 없구나」

하니 英珪가 앞으로 썩 나서며

「그럴리가 없습니다。저의들이 변변치는 못하나 李侍中대감을 위하여 犬馬의 정성을 다 하고저합니다」

「만일 우리가 지금 곳 夢周를 죽이지 아니하면 필경 우리가 다 그놈의 손에 죽고 말것이오。그런데 夢周가 지금 이리로 온다 하니 이 기회에 끝을 내는 것이 어떠하오」

이 말에 모도 의논이 일치하였다。온 장내가 급시에 긴장하여지며 살기가 뻗힌다。이때 문밖에서 辟除소리가 들린다。어면 양반의 행차인가 하고 내다보니 侍中 鄭夢周의 행차였다。여러 사람은 일제히

「응 네가!」

하고 회심자승하였다。서로 약속을 맞추고 바쁘게 뛰어나갓다。

×

李成桂는 鄭夢周가 문병하러오는 것을 마음에 좀 의심하였으나 조금도 그러한 빛을 보이지 아니하고 꼭 평상시와 같이 대우하며 夢周도 역시 그리하였다。그러나 서로 오래 이야기할 것도 없고해서 잠시만에 나뉘었다。

워낙 단시간이므로 趙英珪등은 미처 준비할 새도 없어서 퍽 망서리고 잇엇다。일이 될때라 그런지 마침 그때 開城府事 柳源이 죽은고로 夢周는 지나다가 그 [illegible]

집에 들어가 문상하엿다。이 때문에 여러 시간을 허비하게 되므로 그들은 그새 홍기를 다 준비하여가지고 앞서 와서 미리 기다리고 잇게 되엇다。

鄭夢周는 상가에 다녀 나와 여상하게 가는데 노상에서 어떤 수상한자가 가 홍기를 가지고 빨리 가는 것을 보고 가슴이 덜컥 내려앉으며 혼자말로

「오 오늘 風色이 몹시 불쾌하드니 무슨 일이 잇유가보다」하고 뒤에 따라오는 錄事를 돌아보며

「이애 여기가 대단히 험악하구나」

「비 웬 홍기 가진 놈들이 갓다 왓다 하는 것을 보니 파연 심상치는 않사와요」

「그러니 너는 혈신 뒤에 떨어저 오너라」

「소인이 대감을 버리고 어듸로 간단 말슴이오니까」

「내야 의례히 당할만한 일이지마는 너까지 해를 당케할 거야 잇니」

「그러치 않습니다。여간 위대한 일이 잇다고 해서 일신을 피하고보면 그것이 어되 소인이 대감을 모시는 도리가 됩니까」

「아니다 그러지 말고 내 말대로 해라」

「소인은 이 자리에서 방금 죽사와도 대감을 떠날수는 없습니다」

夢周는 錄事의 의기에 느끼어 더 말리지는 못하엿다。

×

夢周는 選地橋 가까이에 이르럿다。별안간 길 좌우편으로 부터 말탄사람 四五인이 와락 나서며 홍기를 들고 사귀같이 덤벼든다。英珪가 앞을 가로 막아서며

「이놈 夢周야! 네가 李씨하고 무슨 원수가 잇어 모함을 하려느냐」

하며 칼을 둘러 쳣으나 맞지 아니하엿다。夢周가 소리를 높이어

「오냐 알앗다。이놈들아」

하며 빨리 말을 채질하여 달려간다。英珪가 추격하여 말의 머리를 찌르니 夢周가 말께 떨어저서 달아난다。高呂 李敷등이 급히 뒤를 따라 選地橋에까지 이르러 잡앗다。

夢周는 기진하여 選地橋 돌다리우에 엎더졋다。高呂가 칼을 들어 치려하엿다。칼날이 방금 夢周의 목에 나리려할 때에 錄事가 빨리 뛰어가 夢周의 몸을 안앗다。그 칼날은 먼저 錄事를 두 동강에 내고 이어 夢周를 때렷다。그 의로운 피는 돌바닥에 빩앟게 물들이엇다。

鄭夢周肖像

시월상달

李允宰

希臘人의 올림붓、羅馬人의 빠커쓰 갈은 民族的 大享祭와 佛國의 카니발、美國의 인더펜덴쓰데 같은 國家的 大慶節과 基督敎의 크리쓰마쓰、佛敎의 釋尊誕 같은 宗敎的 大祝典이 어느것이나 다 그 깊은 來歷과 좋은 意義를 가진 全的의 精神的 一大 紀念日 慶祝日을 設行케 되는 것이 아닌가。要컨대 人類의 群的生活은 種種의 形式으로써 그 種族觀念의 訓練할 機會를 장만하려하며 그 社會意義의 結合한精神을 나타내려는 것이다。그리하여 民族國家 宗敎를 勿論하고 이것의 信仰을 背景으로 하여 모두들 至誠을 다하며 歡喜를 한가지하게 되나니 이에 비로소 大同的 慶節이 생기는 것이다

◇

조선에서의 「시월상달」은 그 來源이 가장 오래요 意義가 매우 깊은 것으로 朝鮮民族 生活意識의 最高表現이다 곧 天에게는 「堂祭」 祖上에게는 「時祭」 家庭的으로는 「고사」 群落的으로는 「대동굿」을 행하는 것이 다 「시월상달」의 이름으로써 있는 것이다 이것이 史上에이름을 남긴 것으로 말하면 扶餘의 迎鼓로 韓의 天君으로 濊의 舞天으로 高句麗의 東盟及隧神으로 百濟의 祭天으로 新羅及 高麗의 八關會로 李氏朝鮮의 府君祭로써 傳하나니 이를 文獻으로 徵하면

「後漢書 夫餘傳」夫餘、以臘月祭天大會、連日飮食歌舞、名曰迎鼓、有軍事、亦祭天

「三國志、三韓傳 馬韓」以五月下種訖、祭鬼神、羣聚歌舞飮酒、晝夜無休、其舞數十人俱起、相隨踏地、低仰手足、相應節奏、有似鐸舞、十月農功畢、亦復如之、信鬼神、國邑各立一人主祭天神、名之爲天君、

「三國志 濊傳」濊、常用十月節祭天、飮酒歌舞名之爲舞天

「三國志 高句麗傳」高句麗、以十月祭天、國中大會、名曰東盟、其國東有大穴號隧神、十月國中大會、迎隧神還於國東上祭之、置隧於神坐

「三國史記 溫祚王 二年條」冬十月、王築大壇祀天地

「高麗史 太祖訓要 十條」六曰、朕所至願、在於燃燈八關、燃燈所以事佛、八關所以事天靈及五嶽名山大川龍神也

「高麗史 太祖 一年條」十一月始設八關會、御儀鳳樓觀之、歲以爲常

「增補文獻備考」本朝國俗、都下官府、例置一小宇叢祠掛紙錢、號曰府君、相聚而瀆祀之、新除官必盡之惟謹、法司亦如之

◇

이와 같이 一年一次의 祭天中心의 全民的 慶節이 대개 다 十月로써 행하게 되었다。이때문으로 一年 열두달중에 十月이 가장 거룩하고 높은달이며 으뜸되고 머리되는 달이라는 信念으로 상달(곧 上月)이란 이름을 가지게 된 것이다。그리고 우리 先民들은 무엇보다도 이 소중한 大名節을 쇠우기에 最深한 注意를 더하여 가장 民族的 慶樂을 이루기에 便宜한 時機와 方法을 擇하며 歲和年豐의 빛이 거리거리 집집이 宜하는 것이 百穀蔬果가 一切 成熟하여 가득찬 이 十月로 하는 것이 진실로 意味있음을 알것이다。더욱이 天主이자 聖祖이신 檀君王儉의 開天大節이 이때에 있엇음에랴。

시월상달의 盛典을 過去에 있어서이리 素 虔修勵行함이 지극하였음을 보겠으나 온갖 것에 沉銷와 萎縮이 극한 오늘날의 조선사람은 우리의 精神的創造요 歷史的 價値인 大名節은 알은체도 아니하는 것이야말로 얼마나 沒覺하고 無識한일이냐。아리하여 一甑餠一皿果로라도 祖神感慕의 誠을 가지는 자 一人半個도 없음을 보면 朝鮮我의 精神喪失이 이다지 심하였음을 證明한다。다행히 咸鏡道 北邊에서는 지금도 이 시월상달의 行事로 집집이 天祖에게 제사하는 「상산제」가 盛行하고 있다。이는 오르지 옛날 우리 民族의 信仰思想이 아주 滅絶되지 아니하고 이만큼이라도 一枝의 餘光이라 비치어줌。대하여 못내 欣幸하는바이다。

滿洲이야기【一】

녯날과 오늘

◇……李允宰

◇……근일만주에서일중양국외충돌이일어나자, 신문 호외가 하로에도몃번식돌매 사람마다 이상한흥미를가지고 만주형편을알려고하며 더구나우리에게 직접관계되는 재만피난동포들을위하여 모이는 위문금품이 나날이 신문지의 지면을차지하며 이왕에 듯기 드믈든 만주의 지명 만보산(萬寶山)이니 눈강(嫩江)이니 앙앙계(昂昂溪)니 검주(錦州)니하는것이 우리귀에 무던히 익어젓다

◇……이러틋 오늘날 만주란데가 세계의대세를 어떠케 변동시킬는지 또는우리에게 어떠한영향이 미치게될는지 자못주의를 일으키는바이다

나는 이에대하여는 구래여말하고키하지아니하거니와 다만 과거의만주가 어떠한변천이잇섯스며 더욱이 우리조선과 어떠한관계가 잇섯든가를 역사상(歷史上)으로 한번살피어보리라

一 오늘의만주

◇……만주의 역사적 사실에 대하여 현대에서부터 치키어 올라가면서 뒤져보기로 하자 오늘날 만주는 중화민국의 영토로 동북변행성(行省) 곳 요녕성(遼寧省)、길림성(吉林省) 흑룡강성(黑龍江省)으로되어 이를 동삼성(東三省)이라한다 근년까지는 한동안 장작림(張作霖)이라하는자가 총사령(司令)이란 직함을가지고 중앙정부와대립하여 한 독립국처럼 동삼성을 통치하고 잇섯든것을 우리는아즉기억하고잇다

◇……또만주의 명물인 마적(馬賊)이잇다는것도 우리가잘안다

만주의폭원은 우리조선의 四배반에 상당한 큰땅으로 동서양교통의 요충지가 되엇고 물산이풍족하여 천연의 부원(富源)을 이루엇건마는 아직 주인을만나지못하엿슴으로 처녀지(處女地)인 그대로되어잇서 산업、교통、문화에발달을엇지못하엿다 이러함으로 만주는 야심 발발한여러 국가들의 시선의 초점이되어 서로다투어 몰려들어와서 그이권(利權)을 획득하려는 각축장(角逐場)으로 화하엿다

◇……일청전쟁후 요동반도(遼東半島)가영영 일본사람의손에 돌아가게 되엿다가 삼국의 간섭으로 도로반환하엿다가 일로전쟁의 보상으로관동주(關東州)와 남만주철도를엇게되며 일본은비로소 만주에세력을 뻗게되엇스며 러시아는 제정시대(帝政時代)에 소위극동경영이라는 정략으로 오소리강(烏蘇里江)이북의 땅을빼어가지고도 유위부족하여 중동철도를 넘겨다보아 오래 말썽거리를 삼엇다

◇……그러고 아무형세 업는 우리조선사람은 굶주림에 부대끼다못하여 먹고살길을차저서 부모고국을떠나 만주의넓은벌판에 이리굴고 저리굴며 군데군데 여더사는것이 지금 백만이어란다수를 점하여잇다

滿洲이야기【二】

옛날과 오늘

◇……李允宰

二、국경(國境)문제

◇…한 오십년전까지는 청국 정부에서 만주를 통히 금봉지(禁封地)로 하여 만주족(滿洲族)이외에는 일체 거주하기를 금지하엿다 더욱 백두산을 중심으로한 두만강 압록강 두 강역에는 아무도 들어가지 못하게 하여 수백년간 공허한 땅 그대로 버려두엇다 토지가 기름지고 물산이 풍족한 어려케 살기 좋은 땅이므로 벌서 어느틈에인지 한족(漢族)들이 차차 들어가서 곧곧이 촌락을 이루고 도적들이 거기에 근거를 삼앗다.

◇…금지하는 것이 별로 효력이 없음을 알앗든지 청조(淸朝) 광서(光緖) 초년부터 두만강 동북땅을 정식으로 개방하기로 하엿다 그리하여 광서七년(서력 一八八一년)에 길림장군 명안(吉林將軍銘安) 흠차대신 오대징(欽次大臣吳大澂)등이 개간을 착수하려 하다가 거기에 조선사람이 많이 사는 것을 발견하고 여기에서 한 문제가 생기니 청국에서는 조선사람을 저의 백성과 같이 다스리려고 하고 조선 정부에서는 그럴수 없은즉 차라리 우리 백성을 다 돌려오겟다고 주장하여 일이 거북하여젓다 모처럼 안정지지로 알고 지내든 조선사람은 크게 놀래어 비로소 국경에 대한 관념이 일어나게되엇다.

◇…조선 정부에서는 고종제(高宗帝) 二十년(서력 一八八三년)에 어윤중(魚允中)을 서북경리사(西北經理使)로 하여 경원(慶源)으로 보내어 조사하게하엿다. 이때종성(鍾城)사는 김우식(金禹軾)으로 하여금 두달동안에 두번이나 백두산을 탐검하여 정계비문(定界碑文)의 실지상 근거를 밝히고 간도(間島)가 분명히 조선의 땅인 것을 청국에향하여 말하엿다.

◇……그것은 이러하다. 정계비에는 국경이 토문(土門)으로되엇는데 청국에서는 두만(豆滿)과 토문(土門)이 글자의 음이 근사하다 하여 두만강을 국경이라하나 우리는 두만강 이외에 따로 토문강이 잇는데 두만강은 비(碑)에서 수십리 밖에 발원하니 비에 적히기에는너무 멀고 비 잇는 근처에서 발원하는 한 강물이 동북으로 흘러서 한 토문(土門)사이로나가니 이때문에 토문이란 이름이 생겻을 것이요 이 강이곳 비에 표시한 국경일것이라 함이다. 이와같이 「토문」이 두만이냐 다른것이냐 하는것이 계쟁의 장본으로 한창동안 말성만흔 국경문제가된것이다.

滿洲이야기【三】

옛날과 오늘

◇……李 允 宰

고종께 二十二년(서력一八八五년)九월에 조선 위원 리중하(李重夏) 조창식(趙昌植)과 청국 위원 덕옥(德玉) 가원계(賈元桂)등이 회령부(會寧府)에 모여서 담판을 개시하는데 청국 위원은 청국편의 문서로써 유일의 증거를 삼고 우리 위원은 실제가 저일이라고 주장하여 한참 승강을 하다가 마츰내 실지답사하기로하고 쌓인 눈을 밟으며 두만강의 수원을 찾아갓다。답사를 하고는 청국 위원이 또한 의외의 생각을 가져서 어색하여 더 옥어지 못하고 다만 이번에는 한번 조사하여복에 그치는것이므로 결정을 지을수 없다하고 돌아갓다。

그후 세너해동안을 두고 몇차례로 담판이 잇엇으나 아무 청안을 얻지 못하고 이후에 하참은 문제가 그만저만하엿다。그러다가 을미(乙未) 이후 조선의 독립이 완료하여지매 거주민 문제로 말이 • 잇엇으며 광무四년(서력一九〇〇년) 단비사건(團匪事件)을 타서 러시아가 간도(間島)를 점령하매 거주민 문제가 더욱 질엇다。

이것이 원인으로 광무六년(서력一九〇二년)에 이르러 한국 정부로서 리범윤(李範允)을 시찰원으로 간도에 보내어 우리 인민을 보호케 하고 그이듬해에 범윤에게 북변간도관리(北邊間島管理)에 임명하고 이를 경성 주재 청국공사에게 통고하엿다。범윤은 거기에서 사포병(私砲兵)을 양성하고 조세를 징수하여 청국 관헌하고의 충돌이 끊이지 않고 이로써 한청(韓淸)양국간에 외교상 문제까지 되엇다。 그후 일로전쟁 때문에 국경문제가 일시 중지되엇으며 리범윤은 러시아를 의부하다가 러시아가 패하매 노령(露領)으로 들어가 살고 다시 여기 대하여 활동할 중심인물이 없엇다。 그러다가 및 한국의 외교권(外交權)이 일본에 위임되매 간도의 조선인 주거문제가 일청간(日淸間)의 외교문제로 옮겨갓다。

최종으로 융희三년(서력 一九〇九년)구월 팔일에 이르러 간도에 관한 일청협약이 성립되니 그 내용은 두만강의 한근원인 석을수(石乙水)로 경계를 삼음과 룡정촌(龍井村)국자가(局子街)두도구(頭道溝)백초구(百草溝)의개방과 한교(韓僑=조선주민)는 청국 법률에 복종할것 길회철도(吉會鐵道=길림서회령까지 뻗힌 철도)에 관한것과 간도의 일본관리를 철회케하고 영사관을개설하는 등이엇다 이협약 가운데 석을수로 경계를 삼는다는것은 두만강의 근원이 여러줄기인중에 맨북쪽에잇는것이홍토수(紅土水)요 가운데가 석을수요 남쪽이 홍단수(紅丹水)인데 두만강으로 경계를 삼는다 하야도 어느줄기를 취하겟느냐 하는것이 여러해동안 문제가 되어오든것을여기에는 그중간을 취하야석을수를 작정하게 된것이다

이러케되어 三十년이란 장구한 시일을두고 개쟁(係爭)하야오든 국경문제는 아주 재미업시 해결을 마치엇다 이와 동시에 맛당이 우리가 가지어야 할간도지방은 그만 만주의구역으로 들어간것이다(이글은 재료를 최남선씨의 조선역사에서취함)

만주와 우리

오늘과 옛날의 이야기

(四) 李允宰

오늘날 우리조선 소년들에게 만주에관한지식을 알려게함이 크게필요로알고 본보신년초부터 이를 실기시작하얏든바 그새특별한 사정으로 일시중단된것은 매우 미안한바입니다 지금다시 시작하겟습니다 전에실린것을 읽지못하얏슬지라도 이후에 실릴것과 그다지크게 관계된사실이 아니니 지금부터 처음으로 시작하나마찬가지가되겟습니다

—筆者—

三、정계비 (定界碑)

◇…먼저말한 국경문제(國境問題)의 계쟁 (係爭)은실상 이 정계비(定界碑)가원인으로 두나라사이에 다소충돌이잇섯든것입니다 그러므로 문제의 정계비에관한 내력을 먼저말하려합니다。

◇…백두산(白頭山)은우리 한배검 단군께서 처음자리를 잡오신곳으로 옛적부터 조선민족의무한히 숭경하여오는바입니다 중국사람들은 이백두산을 장백산 (長白山)이며 이름하야 역시그들도 숭경하얏답니다 그런고더욱이 청조(淸朝)국조인 애친각라씨(愛親覺羅氏)가 이장백산에서낫오며 그들의 조상인 녀진족(女眞族)의흥기한데가 거기임을알므로 더욱이산을 숭경하얏스며 강희황제 (康熙皇帝)께는 새로장백산지신(長白山之神)을봉하여 제사하얏습니다 강희황제는 장백산을 이러케 존경하는의미에서 이산이 완전한자긔의 국토도되어야 안심될것을 생각하얏습니다。 그러나 이 산이 조선과 중국국경에 걸처잇서경계가 확정하지아니함으로 강희황제는 이 산의 실제를 자세히조사하여가지고 자긔 나라의판도로 잡아너흐려는 희망을 가지엇습니다。

◇…이때로 말하면 조선과 중국두나라사이에조그마한분규가잇섯습니다。 즉 조선사람은 청국에서금지함에도 불구하고 몰래 월경(越境)하야 거기에거주를청하는일과또인삼(人蔘)을 사사로 캐는것등이엇습니다 이것이 청국사람의신경을 예민케하여 필경한문제거리가 되기에 이른것입니다。

◇…강희황제는 특히 여기에 심심(深甚)한주의를 갓게되어 송화강(松花江)과 압록강(鴨綠江) 두강의 수원지를 실지조사하여 두 나라의경계를 확정하라고 명령하엿습니다

만주와 우리

오늘과 옛날의 이야기

(五)

李允宰

◇…청국 강희황제의 제一차 계획은 강희 十六년 (서력一六七七년)에 내대신(內大臣) 무목눌(武木訥)를 보내어 송화강 상류의 땅을 답사하기 시작하엿으며 이어서 二十三년(서력 一六八四년)에 주방협령(駐防協領)늑출(勒出)로 압록강 상류를 답사케하엿으나 삼도구(三道溝)부근에서 조선사람 포수(砲手)에게 총을 맞아 부상하게되므로 또 목적을 달하지 못하엿습니다.

◇…이러케 국경 조사는 량차나 실패에 돌아가매 강희황제는 기어이 국경을 확정하기로 작정하고 서력 一七一○년(강희 五○년)으로서오랍(烏喇)=시방 吉林)총관(總管)목극등(穆克登)에게 국경 사정(査定)의 직임을 주어 [illegible] 조사하게하엿습니다.

◇…그 이듬해 오월에 목극등이 흥경(興京)에서 출발하여 압록강에 들어 후창(厚昌)에서 조선 접반사(接伴使)참판 박권(參判朴權)、함경도관찰사 이선부(咸鏡道觀察使李善溥)등을 만나 가치 백두산으로 향하야 갓습니다.

◇…그들은 험준한 것을 무릅시고 산밑에서 산마루까지 삼백리(조선리수)를 올라가서 압록강의 수원지를 실측(實測)하엿습니다. 이때 우리의 접반사 박권, 이선부등은 올라가기 힘들다하여 중로에서 주저앉고 말엇으며 군관(軍官)과 통역(通譯)몇사람만가치 갓엇습니다。그지경을 실측한결과 대지(大池)의 동쪽 신리되는 땅에 정계비를 세웟습니다。그 비는 압에다 갈습니다

「大淸烏喇總管穆克登、奉旨査邊、至此審視、西爲鴨綠、東爲土門、故於分水嶺勒石爲記、康熙五十一年五月十五日、筆帖式蘇爾昌、通官二哥、朝鮮軍官李義復、趙台相、差使官許梁朴道常、通官金應瀗 金慶門」

비의 높이 二척七촌, 넓이 一척七촌이며 푸른 바탕의 돌에 사기엇습니다。비에 쓴 강희 五十一년이라함은 우리나라의 숙종대왕(肅宗大王) 三十八년 임진(壬辰)이며 서력 一七一二년 약 이백이십년전이엇습니다。

만주와 우리

오늘과 옛날의 이야기

(六) 李 允 宰

四, 봉금의 만주

◇……이미 여러해를두고 끌어오든 국경의 게쟁(係爭)은 어정게비(定界碑)로써 끝낫습니다. 그러나 그비문 가운데 쓰인토문(土門)이란것이 시방 두만강인가 혹은 송화강 상류(上流)에잇는 토문인가 하는것이 의문이되어 후세에 이르러 소위 간도문제(間島問題)를 일으키게 되고 이것으로써 수십년간 한국과 중국 두 나라 사이에 분규를 계속하다가 필경 우리는 당연히 가지어서야할 북간도(北間島)를 영영 잃어버리고말앗습니다. 이때롯 간도문제라든지 정게비라든지 그것이 다 만주를 봉금(封禁)한것과 서로 간련된 문제이므로 이제 만주봉금에 대하여 말하겟습니다.

◇……만주봉금(滿洲封禁)이란 대체 무슨 뜻인가 만주지경을 넘어 단속하여 만주족 이외의 사람은 함부로 그 지경안에 들어가지 못하게 한다는 것입니다. 그것은 만주땅이 본래 만주족의 본향이요 더구나 청조(淸朝)의 조상이 일어난 곧이매 그 신성한 지역을 절어질이 수호(守護)하여 만일이라도 외인의 침거를 당하지 않게하려함이 그 이유엿습니다. 이것은 청조 역대 군주 가운데 가장잘낫다는 강희황제(康熙皇帝)때부터 시행된 것입니다. 하여간 이 일은 무론 그들로서는 당연히 할만한 일이라고도 할것입니다.

◇……만주를 봉금하는 뜻이 근본만주안에서 외인의 세력을 방압(防壓)하려는데 잇엇으니 그 주위에 잇는 외인의 세력이 어떠하엿는지 살펴봅시다. 그 주위에는 한족(漢族), 몽고족(蒙古族), 러시아족(露西亞族), 및조선족(朝鮮族) 같은 강한 민족들이 잇엇습니다. 이 모든 민족들은 정치적으로 경제적으로 어느때든지 만주를 향하여 침입하지 아니할수 없게되엇습니다. 이는 지리상관게로만 그러한 것이 아니라 역사상으로도 그러하엿습니다. 만주란데는 어느 시대에든지 항상 여러 민족이 몰켜들어서 쉬임이 없이 경쟁을 하든 마당이엇습니다. 그러므로 강희황제는 봉금의 명령을 내려자 외인을 방압함에 대하여 적극적 실행에 노력하엿습니다. 이제봉금정책에 대하여 차례로 말하겟습니다.

만주와 우리

오늘과 옛날의 이야기

(七)

李允宰

◇……첫재 한인(漢人)의 방알(防遏)이니 만주인이 중국을 통일하고 북경으로 도읍을 옮긴 이후 한인의 만주침입을 염려하여 안심하지 못하므로 정부에서 여러가지 [illegible]을 정하여 한인의 들어감을 막앗습니다. 한인으로 만주에 들어가려면 산해관도윤(山海關道尹)에게서 반드시 도표(道票)라는 것을 받아야 하는데 이것은 시방 여행권과 마찬가지입니다. 거기에는 여행자의 성명 원적 직업등이며 아무곧까지 간다는 것[illegible]지 다 기입하고 한장에 수수료 十七문(文)을 받으며 만일 이도표를 가지지 아니하고 여행하는 자를 발견할 때는 엄벌하며 여행을 다 마친 뒤에는 도표를 도루 산해관 관리에게 반환하여야 비로소 자유의 몸이 됩니다. 이러케 한인으로써 산해관을 지나서 만주땅을 들어가는데는 퍽 까다로왓습니다.

◇……다음으로 몽고인(蒙古人)의 방알이니 이것은 조금 앞서 순치(順治)五년(서력 一六四八년)부터 법을 정하여 몽고인은 다만 꼭 지경안에서만 살게하고 [illegible]경(越境)하는 것을 허락하지 아니하엿습니다. 그리고 순치七년(서력 一六五〇년)에는 또 거기 관한 상세한 규정을 정하여 몽고사람에게 평균하게 일정한 토지를 나누어 주어 거주를 제한하게하엿습니다. 마는 몽고사람이 본래 유목민(游牧民)으로 수초(水草)를 쫓아 전이 무상(轉移無常)하는 민족이므로 이 제한 아래에서 지내기는 사실상 매우 거북한 일이엇습니다. 그리하여 몽고안에서 그법규대로 실시되지는못하엿습니다마는 그로 말미암아 만주와 몽고사이에 경계선은 그때로확정하여 잇게되엇습니다 이로써 몽고인의 들어옴을 막게된것입니다

만주와 우리

오늘과 옛날의 이야기

【八】

李 允 宰

◇……그다음으로는 려시아(露國)사람의 방압입니다。려시아는 일찍 우랄산을넘어 동방으로 향하여 자꾸자꾸나아오기를 말지 아니하엿습니다。한 삼백오십년전 서역一五八七년부터 착수하여 오십년 안밖으로써 서비리아의왼쪽왼을 완전히 차지하게 되엇습니다。

◇……이러케 려시아 사람의 동방경영이 점점성공하여감을따러 그들은 청국하고서로 접촉이 생기기시작하엿습니다。그러하여 려시아사람의 발자취가 만주와 가까운 땅에까지 이르게되엇습니다。청국 순치(順治) 십오년(서역一六五八년)에는 려시아에서니포초(尼布楚)강어구에 요새을 만들어 이름을「넬친스크」라 하고 더나아와 아극살(雅克薩)에다「알바진」이란 요새을 만들다가 청국 영고탑(寧古塔)장국에게 격퇴되엇습니다 이로부터 청국과려시아 사이에 종종의충돌이 잇게되엇습니다。

◇……이같이 려시아사람의 만주 침입은 날로더욱 바삭하엿습니다。청국에서는 그때 내란으로 인하여 만주의 방비를 충분히 하지 못하게 되엇습니다。

그 뒤에 내란이 다 평정되고 국내가 무사하게 되므로 서역 一六八二년에강희황제(康熙皇帝)가 봉천과 흥경으로 순행하엿습니다。 그 순행하는 목적은 선왕의 능침·(陵寢)을 참배한다 하엿지마는 기실은 그것이 아니요 순전히 려시아사람의 남하(南下)에 대하여 방압하자는 계책이엇습니다。그러하고는 려시아에 대하여 전쟁준비를 하엿습니다。청국은 수군과 륙군의 전쟁준비가 착착정돈되어 려시아사람에게 비상한위협을 주엇습니다。

◇……청국과 려시아는 필경 포화로써 서로 보게되어 사년간 시일을 끌어오다가서역 一六八九년에 이르러비로소 평화를 회복하고 두 나라의 사절(使節)과 쁘란스선교사까지 참가하여 니포초조약(尼布楚條約)을 체결하엿습니다。이 조약의 대개 내용은 꼴비치하(格爾必齊河)와 스타노보이산과 압구나하(額爾古納河)로써 청로 두 나라의 경계를 정하는 것과 오특하(烏特河) 일대를 보류하여 중립지대를 만드는 것과 알바진(雅克薩) 요새을 회철하는 것등입니다。이로써 려시아사람은 과거 육십년을 두고 애써가며 흑룡강(黑龍江)을 차지하려든 웅도는 일조에 그만 좌절되고 말앗습니다。그들은 이제는 다시 스타노보이산맥을 넘어 서지를 못하엿습니다。그러하여 이 조약체결후 일백칠십년간은 흑룡강상에서 려시아 사람의 그림자도 볼수없게 되엇습니다。

만주와 우리

오늘과 옛날의 이야기 〔九〕

李 允 宰

◇……그러면 우리 조선사람에 대하여는 어떠하엿는가. 조선사람이 만주땅으로 몰래 들어오는 일이 많으므로 청국서는 태조(太祖)때부터 조선사람을 방압하기에 퍽 고심하엿습니다. 우리나라 인조대왕(仁祖大王) 십륙년(서력 一六三八년)에는 청국 태종(太宗)은 조선사람의 건너오는 것을 막기 위하여 압록강 하류지방인 남반([illegible])에서 봉황성(鳳凰城)을 거쳐 감장변문([illegible]邊門)까지 이르는 사이를 한 선을 그어 거기에 방압공사(防禦工事)를 베풀엇습니다. 조선과 만주사이에는 압록강이라는 큰 강이 가로막아 잇어 천연적 한계를 나누엇거늘 청국 태종이 이러케 [illegible]를 물려다가 변계(邊界)를 정한 것은 무슨 이유인지 알수 없습니다. 하여간 조선사람의 건너오는 것을 경겹이 방어하려는 정책에 불외하다합니다.

◇……이후 조선과 청국 두 나라 사이에 외교상 분규란 것은 대개 월경문제(越境問題)로써 생기엇습니다. 전후로 두번이나 큰 난리를 치른 것도 실상 이 문제가 한 가지 원인이 된 것입니다. 두번 치른 난리란 것은 우리가 이미 잘 아는 정묘호란(丁卯胡亂)말입니다. 여기 대하여는 이 뒤에 자세히 말하겟으므로 여기에는 대강만 말합시다. 정묘호란 때에 맺은 강도회맹(江都會盟)에 두 나라가 각기 그 나라 영토를 엄히 지키기로 하엿으나 조선사람이 몰래 월경하는 자가 잇어 청국사람의 눈에 띄워 자주 충돌이 일어낫습니다. 이것으로써 피차쟁단이 되어 얼마로 계속하엿습니다. 이것이 두 나라 사이에 불화의 원인으로 조선이 조약을 위반하엿다 하여 필경 병자호란이 일어나게 되엇습니다.

◇……청국 태종은 이 병자호란으로써 조선을 굴복시키엇으나 조선사람의 만주로 들어오는것엔 오히려 마음을 놓을수 없게되엇습니다. 그러므로 조선사람 방압의상책으로 두만강 건너흑산산맥(黑山山脈)에서 보포산([illegible]山)을 거처압록강상류로들어두도구(頭道溝)에서 십이도구(十二道溝)에 이르는 여러 강과송화강(松花江) 수원인 장백산(長白山)지맥에서 동가강(佟佳江)을지나 대소고하 (大小鼓河)수원에이르러 압록강과 봉황성(鳳凰城)중간에 이르는 그 사이에 선을 그어 그 안을원통한광지대(閑曠地帶)를 베풀어 아주 무인지경을 만들어버렷습니다 이러케 그 비옥한 서북간도의 넓은땅은 수백년간 황폐(荒廢)한 그대로 잇엇습니다.

만주와 우리

오늘과 옛날의 이야기

(九) 李 允 宰

◇……이상에 청국이 외국인을 방압(防壓)하므로써 만주봉금을 철저히 실행하엿다함을 말하엿거니와 그 봉금한 원인에 대하여 한번 다시 검토하여봅시다。

◇……첫재 만주족과 한족(漢族)사이에는 커유에 이해관계가 잇엇습니다。만주는 한족의 국가인 명나라(明國)와 하고 서로 나라 지경을 엄히 지킨다는 약속이 잇어서 개원(開原)동남에서 청하성(淸河城)방면까지 이르는데한계를 정하여 그 사이에 계표(界標)를 세워놓고 요동(遼東)에 사는 한인(漢人)들과 청태조(淸太祖)와 서로 약조하기를 만일월경(越境)하는자가잇으면어느 나라 사람임을 물을것없이 경상참(境上斬)을 한다하엿습니다。 경상참이란 많은 범죄자를 잡아다가 국경의표석우에서 목을베어 죽인다는것입니다。 청태조는어약조를존중히 알아파파 실행하여 왓습니다마는 명나라에서는 이약조를도모지 지키지아니하므로 명나라 사람까지 함부로건너와서 약탈까지 행하야만주사람들을 몹시 괴롭게하여도 명나라에서는 그것을 본체만체 버려둡니다。 그뿐 아니라청국사람이 명나라사람와월경하는 자를 잡오면 도리어말성을 부리며 심지어 청국서보낸사신(使臣)을경상참하는일까지 잇엇습니다。만주사람의 분한이 과연어떠하엿겟습니까。뒤에 청태조가독립기(獨立旗)를 들고 일어날때에.고천칠대한사(告天七大恨事) 중에어것을 하나로봉은 것을 보아도 알일입니다。

◇……어려케 만주인이 한인(漢人)에게 대하여 깊은 감정을 가진것 어외에 또 야생인삼(野生人蔘)의 채굴이 크게 문제가 된 것입니다。야생인삼은 만주에 가장 중요한 생산품으로 이것을 채굴하는것과 무역하여 얻은 바 이익은 국가에 유일한 재원(財源)이 되엇습니다 그러므로 인삼의 채굴권은 다만 황실(皇室)과 왕공(王公)에게만 잇고 일반인민은 기인(旗人)까지에도 채굴함을 허락지 아니하엿거든 하물며 외인에게야 어떠하엿겟습니까 그런데 청부에서 명령을나려 엄금하면 엄금할스록 한인들은 자꾸 몰래 들어와 인삼을 채굴하기를 말지아니하엿습니다 인삼 채굴은 다만 한인에게뿐 아니라 조선사람에게도 관계 되엇습니다 조선사람이 죽기를 한하고 만주로몰래 건너가는것은 이인삼때문이엇습니다。이에관하여 우리의외교문서(外交文書)에 자주 나타난 사실로도 족히알것입니다。청국이 한인이나 조선인에대하여 적극적방압책을 쓴것은 다른이유도잇엇지마는 기실 이를위하여라할것입니다

만주와우리

오늘과옛날의이야기

(十) 李允宰

◇…이 밖에 몽고사람에대하여는 위장(圍場)의 방압입니다。 위장은 사냥하는땅(狩獵地)이란 말인데 몽고사람들은 본래 사렵(射獵)을 좋아하는고로 그들은 이를 위하여 월경하는자가 많았습니다。 만주에서는 특별한 구역을 지정하여 그 한계 이외에는 몽고인의 들어옴을 엄금하였습니다。

◇…만주에서 이러케 외인의 들어옴을 막기 위하여 경계를 정하고 그경계선(境界線)에 변장(邊墻)을 쌓았습니다 변장은 중국에서 외적을 방어하기위하여 흔히 사용하는 것으로 돌이나 흙이나 나무나 벽돌이나 여러 모양으로 만든 것이 있었습니다。

◇…만주에는 대개 유조변장(柳條邊墻)이란 것을 쌓았습니다。 이 유조변장이란 어떠케 된 것인가 안과 밖으로 각각 깊이 사오척、넓이 칠팔척되는 호(濠)를 파고 그 가운데 흙으로 높이 팔척의 둑을 쌓고 그 우에 버드나무의 목책을쭉버려 세웠습니다。 이것은 일백팔십여년전 청국 건륭황제(乾隆皇帝)때에 만든것이라 합니다。

◇……유조장변(柳條墻邊)은 원체 버드나무로 만든것이므로 세월이 지나감을 따라 그 나무가 생장하며 뿌리가 퍼져 뻗어서 자연히 울울창창한 천리장림(千里長林)을 이루어 과연 볼만하였습니다 일로전쟁때에 군사들이 많이 쳐서버렸으므로 지금은 아주 쓸쓸하여 옛날의 흔적도 볼수 없게되었습니다

◇……변장(邊墻)에는 그교통하는 가로(街路)마다 관문(關門)을설치하여 이것을 변문(邊門)이라하니 각변문에는 반드시 지키는관리와군사 약간명씩 두어 늘교대하여가면서 변문을 수비하는데 관문의개폐와 내인거인의 감시하는일을 맡았습니다 그러나 지금은 변문이 거의다퇴락되어 터만남아있을뿐입니다 우리가만주에 여행할것 가트면 무슨문(門)이라 부르는 지명을 흔히보게되리니 그것이 이왕에 변문되었든 자리입니다 이제 참고로 변문이름을대개 적어보겠습니다

산해관(山海關)에서 개원위원보(開原威遠堡)에이르는사이

明水堂門(寧遠州) 白石嘴門(同)梨樹溝門(同) 新臺子門(寧遠及錦縣)松嶺子門(錦州及義州) 九關臺門(義州)清河門(同)白土廠門(廣寧縣)彰武臺門(新民府)法庫門(法庫廳)

科邦門(開原縣)山老大門(昌圖府) 四千總大門(同)布爾圖庫門(同)半拉山門(昌圖及奉化縣) 赫爾蘇門(奉化縣)伊通河門(長春府) 巴彥俄佛羅門(同)法特哈門(吉林)

개원(開原)서안북강구에 이르는사이

威遠堡門(開原)英額門(興京及懷仁)旺淸邊門(鳳凰城及寬甸) 鳳凰邊門(鳳凰城及安東縣)

역사적 관계로본 만주이야기 (十一)

李允宰

五、孝宗대왕의 웅도

◇…조선 효종대왕(孝宗大王)이 한어가 한번 큰 뜻을 내어 만주를 정벌하기로 한일이 잇엇습니다. 그것은 첫째 병자호란(丙子胡亂)의 국치(國恥)를 씻자 함이요 둘재 명(明)나라의 은의(恩義)를 잊을수 없다 함이요 셋재 자기가 심양(瀋陽)으로 붓들려가 고생햇든 분풀이를 하여보려 함입니다. 일이야 어찌 되엇건 이씨조선(李氏朝鮮)오백년 역사상에 조선으로서 외국을 정벌한 일이 별로 없엇는데 효종대왕으로서 활달하게 어러한 뜻이라도 한번 내어보앗다는 것만은 아무러하여도 파연 희한한 일이라 아니할수 없습니다.

◇…그때 조선에서는 청국 곳 만주족을 되놈(胡)이라 하여 무한히 천시하엿습니다. 불행히 그들에게 굴복한 것을 마대한 수치로 알아 왼나라 인심이 모도 청국에 대하여 적개심(敵愾心)을 가지엇음은 물론입니다. 효종대왕이 일즉 세자(世子)되엇을 때에 청국에 볼모(質)로 가 심양(瀋陽)에 팔년동안이나 잇어서 그 나라의 내정을 잘알므로 이케 와서 한번 복수하고저하여 북벌(北伐)할 계획을 세웟습니다. 효종대왕은 우암 송시열(尤庵宋時烈)과 이완(李浣)등을 더리고 전비(戰備)를 피책하엿습니다. 조정에 여러 대신들도 어에 대하여 아무 이의 없이 모도 찬동하엿습니다. 그러하여 비밀히 군사를 모집하며 성지(城池)를 수축하엿습니다.

◇…이러케 전쟁준비가 착착 진행하여가는 때에 천만뜻밖에 이 일이 청국에 누설되엇습니다. 이것은 김자점(金自點)이란 자가 인조대왕(仁祖大王)때에 정승으로 잇다가 효종대왕 초년에 이르러 무슨 죄가 잇어 파직된 것을 원망하여 본국의 비밀한 사정을 청국에 밀고하엿습니다. 그 개인의 사사 원망으로 조국(祖國)을 잡아 먹으려는 김자점 같은 자는 천고에 죄인입니다. 이를 들은 청국은 급히 사신을 보내어 조선이 조약위반이라고 문책하며 일변 군사를 보내어 국경을 위압하엿습니다.

◇…어러케 큰 일을 커질른 우리 조정에서는 이것이 너무나 의외엣일에 어찌할줄 몰라 쩔쩔매엿습니다. 궁여일책으로 청국 사신에게 천금(千金)과 미녀(美女)를 주어 환심을 사가지고 그만 어름어름 하여 하마트면 큰코다칠번하든 것을 이러커럼 무사히 만들어 버렛읍니다 그러나 효종대왕의 북벌할그 웅도(雄圖)는 그만 수포에 돌아가고 말앗습니다.

역사적 관계로본
만주이야기

(十二) 李允宰

◇……효종대왕(孝宗大王)의 만주 정벌 계획의 실패는 우에 말한바와 같이 사전발각이 원인이라하겟지마는 또 한걸음 더 생각하면 당시에 능히 이 일을 감당할만한 출중한 인물이 없엇든 것이엇습니다。효종대왕이 진실로 그러한 큰 일을 경영할 의사가 잇엇드라면 먼저 천하에 영웅의 재목을 구하여 일을 같이 꾀하는 것이 옳겟거늘 아무 정치상 군사상 지식이 없고 공자 맹자나 찾고 노론 소론이 나 떠도는 송시열(宋時烈)같은이 물로 떠붙어 전쟁준비를 한다는 것부터가 근본 틀린 일이아닙니까 사실 그때 인물이 없엇든 것입니다。어에 대하여 참고될만한 이야기 하나를 적어보겟습니다。

◇……이완(李浣)은 당시 어영대장(御營大將)으로 효종대왕의 신임(信任)을 얻어 만주 정벌에 짝이 되엇든 사람입니다。어찌하면 거 일을 성공할가 하여 밤낮 궁리를 하여오든터이므로 누구라도 어에 대하여 좋은 청견을 가진이 잇으면 맞당이 품을 굽혀서 가르침을 받으려하엿습니다。

◇……서울 남산밑 묵적골(墨積洞)에 한 이상한 사람이 잇엇는데 성은 허(許)가인줄 아나 이름은 누구라도 아는 이가 없어서 그저 허생(許生)이라고 일커릅니다。그가 남달리 높은 이상(理想)이 잇엇는데 아마 허생전(許生傳)을 한번읽어본 사람이면 그가 어떠한 사람인 것을 잘 알리다。이완은 허생이 명망을 높이 듣고 한번 만나보기를 원하며 그때 장안 갑부로 이름이 잇든 변승업(卞承業)의 소개로 허생을 보게 되엇습니다。

◇……어느날 밤에 이완은 변승업을 따라 묵적골 허생의 집을 찾아갓습니다。변승업은 이완을 문간에 세워두고 혼자 먼저 들어가서 허생을 보고 어대장(御大將)과 같이 왓다는 연유를 말하엿습니다。허생은 그 말은 들은체도 아니하고 술을 내어놓고 서로 권하며 재미잇게 이야기만 합니다。변승업은 손님을 오래 문밖에 세워두고 장시간 이야기만 하시는 것이 하도 딱해서 여러번 손님을 들어오라 하라고 [illegible] 엇으나 대답도 아니하고 [illegible] 곳 이야기만하다가 어미 [illegible] 이 깊어서 밤중이 된 다음에아

「누구 왓거든 들어오라하오」 하니다。

역사적 관계로본 만주이야기 (十三)

李允宰

◇……이완(李浣)이 들어기 허생을 보고 공손히 인사를 하나 허생은 조금도 기동이 없고 또 한마디 묻는 말도 없었습니다。 이완은

「지금 나라에서 만주를 치려고 계획하고 잇습니다。여기에 대하여 좋은 의견이 잇거든 말씀하여 주시오」

하고 물으니 허생은 손을 내저으며

「밥이 [illegible]어질때 긴 이야기는 듣기 싫여。자네는 시방 무슨 벼슬로 잇는가」

「어영대장(御營大將)이온」

「그런가。자네는 나라에 크게 신임(信任)을 받는 신하로세。그러면 내가 지금 자네 말하는 그 일에 적임자될만한 사람 하나를 소개할터이니 자네가 상감께 청하여 삼고초려(三顧草廬)하시게 할수 잇는가」

삼고초려란 말은 높은사람이 낮은사람의 사는 집으로 몸을 굽혀서 세번까지 찾아보라는 뜻입니다。 이완이 머리를 숙이고 한참 생각하다가

「그건 매우 어렵겟습니다。그밖에 다른것을 말씀하여 주시오」

「명(明)나라의 장수들이 지금은 몸이 의탁할데가 없어서 이왕에 조선하고 잘지냇든 관계로 종종으로 조선땅에 도망하여 건너와 사는자가 수없이 많은데 모두 집도 없고 안해도 없이 떠돌아다니니 자네가 상감께 아뢰어서 왕족(王族)의 딸들을 내어 그들에게 시집보내며 귀족(貴族)들의 집을 빼앗어 그들을 주어 살게할수 잇겟는가」

이완이 또 머리를 숙이고 한참 잇다가

「그건, 과연 어렵겟습니다」

답하니 허생이 웃으며

「허, 이것도 어렵다 저것도 어렵다구하니 대체무엇을 한단 말고。그런즉한가지 꼭 쉬운 것이 잇는데 자네가 하겟는가」

「말씀하여 주시오」

「대저 큰일을경영하려면 천하의 영웅 호걸을 모아들여야하는법이야。그러고 전쟁을 하는데는 먼저 간첩을 놓아 적국의 내정을 살피는 것이 제일좋으니 나라가운데 장년들을 뽑아 치발호복(薙髮胡服)을시켜가지고 만주로들여보내어 그 나라에서 흑은 벼슬도 하며 흑은 장사도 하여가면서 그 내정을 탐지하고 일변으로 우리와 뜻이 같은 영웅호걸들을 널리 사귀어 그들과 우리가 다 이용할수 잇오리니 어떠케하면 만주를 처 이겨서 국치(國恥)를 씻을 것이요 한걸음 더 나아가서 큰 나라가 될수 잇을 것이다」

이완이 이 말을 듣고 실심하는듯이

「그러치만 양반된 체면에 예법을 버리고 치발호복하기를 좋아할자 누가 잇겟습니까」

허생이 청을 내어 소리를 버럭 질러

「에끼 순 양반! 그 빌어먹는 놈의 양반만 찾아? 예맥(濊貊)의 땅에 사는 것들이 무슨 양반이야。백의를 입는것은 상복이요 상투 꽂은 것은 남만(南蠻)의 풍속, 그것이 무슨 예법이란 말이냐。나라가 망해가도 양반 낮 예법만 찾다 말겟지。머리카락 하나를 아껴서 나라일을 못하겟다는 그따위 법례 같은 놈들、 시석(矢石)이 비와 같이 쏟아지는 가운데에서도 높은 소레로 호놈호놈 다니는 꼴、야、그놈의 망할 예법! 네가 자칭 나라의 신임 받는 신하라면서 내가 세가지나 말한 것을 한가지도 시행 못하겟다 하니 너따위 같은 놈들이 잇어서 무슨 나라 꼴이 되겟나? 진즉 죽여버려야지」

하고 칼을 찾았습니다。이완은 놀래어 뒷문을 차고 달아나 버렸습니다。

이것이 일종 이야기에 지나지 않는 것이나 당시에 쓸만한 사람이 없었든 것을 족히 상상할것입니다。

역사적 관계로본 만주이야기

(十四) 李 允 宰

◇……초차로 북벌계획에 실패한 효종대왕(孝宗大王)은 왕위에 계신지 十년동안에 재거를 도모하기로 암암중에 운동이 많았었으나 필경 기회를 얻지 못하며 그 뜻을 이루지 못하고 마치었습니다。 그러나 우리 국민들의 청국에 대한적개심은 갈수록 더욱 짙었든 것입니다。만일 그때라도 한번 큰 뜻을 내어 거사하였드라면 상하가 협동하고 전국 국민이 일시에 향응하여 청국을 쳐서 이기고 만주·몽골 우리와 강토로 집어넣어서 보게 성공하였을는지도 모릅니다。그후 孝종대왕의 다음 임금 현종대왕(顯宗大王)의 시대에도 만주 정벌 문제가 또 한번 일어난 일이 있었습니다。이왕이니 이것까지 잠간 말하여 봅시다

◇……효종대왕의 북벌계획이 있은지 二十四년후인 현종대왕(顯宗大王) 十四년 (서역 一六七三년)七월에 나수좌(羅碩佐)라는 사람이 임금께 상소하여 만주를 정벌하자고 조창하였습니다。그는 이러한 이유가 있었습니다。이때에 청국서는 남방에서 난리가 일어났습니다。본디 명나라 장수로 명나라가 망하매 청국에 항복하였든 오삼계(吳三桂)가 운남성(雲南省)에서 반란을 일으킨 것입니다。그래서 청국이 이 내란으로 말미암아 매우 수선할 때에 우리 나라에서 이 기회를 타서 만주에 출병하여 공세를 취하고 일변으로 남방에 사람을 보내어 오삼계와 연락하여 서로 호응(呼應)하면 우리가 청국을 이기기는 여반장이란 뜻입니다。그러나 그저 이러쿵저러쿵하다가 그만 이 기회까지 놓치고 말았습니다。

◇……그리고 또 그후 三四년을 지나 숙종대왕 (肅宗大王)이 등극한 초년에도 승지(承旨)윤전(尹鐫)와 주창으로 만주를 정벌하자는 문제가 일어났습니다。그러나 이것이 또 실행되지 못하였습니다。이때로 말하면 조선에는 제 동족끼리 서로 뜯고 찢는 소위 남인(南人)이니 북인(北人)이니 노론(老論)이니 소론(少論)이니 하는 당파싸움에 취하여 한창 야단들 하든 때이므로 이러한 국가 대사에는 생각할 여가가 없을뿐더러 이때가 청국은 강희(康熙)、건륭(乾隆)의 극성시대이매 청국에 대한 적개심이 점점 풀어져서 외정(外征)에 관하여 뜻을 내어볼 수도 없게 됨에 이르렀습니다

역사적 관계로본 만주이야기 (十五)

李允宰

◇……우리 조선이 만주를 정벌하려고 꿋꿋이 애를 쓰기는 하엿으나 한번도 뜻을 이루지 못하엿습니다 그래 우리가 파면 병자년 원수를 갚겟다, 내 조상고토를 찾겟다, 내 나라로 대국을 만들겟다는 뼈에 사기는 진정한 마음이 잇엇고 보면 나라의 흥망을 내거하고 한번 서원하게 시작이라도 하여보앗드면 파면 어떠케나 되엇을가 합니다. 그러나 밤낮 앉아서 독장사경만 하고잇어 한번 썩 나서 분만한 냅뜰심이 없엇습니다.

◇……그때야말로 우리 조선 군사가 그리 보잘것이 없엇든가 하면 실상 그런 것도 아닙니다. 용장하다면 용장하다고도 할것입니다. 요바로전에 임진왜란과 병자호란이란 큰 싸움을 두번이나 치엇든 관계로 우리나라의 전술이 무던히 발달되엇습니다. 또 그때에 우리는 무기도 상당히 발달되엇으니 그중에 조총(鳥銃)으로 유명하얏습니다. 이 조총은 임진왜란때에 일본으로부터 수입된 것으로 우리가 사용하게 되엇으며 청국은 아직 이것이 없엇습니다. 임진왜란에 일본이 항상 이긴 것은 이 조총을 썻기 때문이라 합니다.

◇……조선은 이러한 전술, 이러한 무기를 가지고 나와 싸움을 하여보지는 못하고 남의 일을 하여주어 훌륭한 일도 이미 여러번 잇엇습니다. 첫재로 한편 한결으로 옷오른 일입니다. 청국을 제려든 그 준비하든 것을 가지고 또려어 청국을 도와서 우리나라 구원병이 만주로 건너가서 로시아(露西亞)를 치고 또 명(明)나라를 쳐서 크게 승전하고 돌아온 일이 잇엇습니다.

명나라와 로시아의 침략을 얻어 크게 위태한 지경에 빠젓든 청국을 우리 조선이 건저내어서 그때케 강성한 나라가 되기에 이른 것입니다. 이것이 한 취미 잇는 일이니 그 사실을 대강 말하겟습니다.

역사적 관계로본 만주이야기

—(十六)

李允宰

(六)조선군의 청국 구원

◇……이백칠십여년전의 일입니다。효종대왕(孝宗大王) 즉위 五년은 청국 세조(世祖)순치(順治)十一년이니 이때 청국에는 러시아(露西亞) 군사가 국경으로 침입하여 흑룡강(黑龍江)방면에서 크게 충돌이 일어낫습니다。청국은 이것을 배척할 힘이 부족하여 우리 나라에 구원을 청하엿습니다。이것은 조선 군사들이 조총(鳥銃) 쓰기로 유명하다 함을 들엇든 까닭입니다。효종대왕은 청국 임금의 간청함을 쾌히 승낙하고 우후(虞候=벼슬 이름)변급(邊岌)으로 조총 잘 놓는 군사 백여명을 거느리고 북만주(北滿洲)로 출정하게 하엿습니다。불과 백명의 우리 군사는 러시아의 많은 군사와 싸와서 크게 이기고 돌아왓습니다。

◇……이로써 四년후 효종대왕 九년에 청국이 러시아(露西亞)를 정벌하려고 하여 또 우리나라에 향하여 구원병을 보내어달라는 청이 잇는고로 효종대왕은 우후신류(申瀏)를 명하여 군사를 거느리고가서 청국을 도와주엇습니다。용맹스런 우리 조선군사는 러시아 군사를 쳐서 물리치고 흑룡강(黑龍江)을 건너 깊이 러시아의 지경까지 몰어가 그들의 소굴(巢窟)을 아주분탕(焚蕩)하여버렷습니다。이같이 우리나라는 두번이나 청국을 도와 러시아 군사를 쳐서 이기고 우리 황군(皇軍)의 무위(武威)를 세계에 크게 떨치엇습니다。

◇……우리가 그때에는 미상불 이만한 무력(武力)이라도 잇엇든터인즉 만약 그때 효종대왕으로서 참으로 영웅의 재략이 잇엇드면 그 시대를 잘 이용(利用)할수도 잇엇으리라고 합니다。북쪽에는 러시아가 내려밀고 남쪽에는 명나라가 치받히는 이 기회를 타서 효종대왕이 북벌(北伐)하려고 이미 여러해를 두고 노력하여오든 그 이상(理想)을 실현하엿드면 청국은 제아무리 강성하다 하기로 三방면으로 적을 받아서도 커히 견딜 재주가 없을 것이 아닙니까。우리는 이 사품에 잘만하면 만주 땅을 하나 차지하기에는 그리 어려울 것이 없엇겟습니다。그러나 우리나라가 이러듯 천재일우의 기회를 얻고도 그것을 쓸줄 모르고 맨첫번에 한번 혼낫든 것으로 인하여 그만 납작하여져서 마음에 몹시 원치않는 청국의 청병에만 수응하여 주는 쓰라린 일을 당함은 참 기막힐 일입니다。우리가 오늘 와서 생각하면 효종대왕이 영웅이 아니엇든 것을 슬퍼하지 아니할수 없습니다。

역사적 관계로본 만주이야기

(十七) 李允宰

◇……조선 군사로서 청국을 구원하여주어 이기게한 것이 비단 이뿐이 아니엇습니다. 러시아 군사를 처서 이긴 십칠년전, 병자호란이 막 끝나든 때에 명나라 장수 심세괴(沈世魁)란자가 군사를 거느리고 우리나라 가도(椵島=平北 鐵山郡 附近에 잇는 섬)에 들어와 진치고 잇는 것을 청국서 토벌하려고 우리나라에 청병하엿습니다. 우리는 방금 청국에 굴복하여 싫어 죽겟다 하면서 청병하여주지 아니치 못할 처지엿습니다. 그리하여 유림(柳琳)을 육군장(陸軍將)으로, 임경업(林慶業)을 수군장(水軍將)으로 하여 병선 오십척으로 가서 청국 군사와 연합하여 같이 명나라 군사를 쳣습니다. 한참 싸울 때에 명나라 장수가 높이 서서 소리질러 말하대 『명나라가 조선하고 무슨 원수가 잇느냐』 하엿습니다. 이를 보면 조선 군사가 청국 군사보다 더 맹렬하게 싸왓든 것을 알것입니다. 이때 명나라 군사의 전사자 사오천명을 내어 아주 전멸하엿습니다.

◇……그 이면에 청국은 명나라의 금주위(錦州衛)를 치려고 하며 또 우리나라에 구원병을 청하므로 군사를 보내어 명나라 군사를 크게 파하엿습니다. 금주(錦州)라 하면 우리가 다 익히 아는바와와 같이 만주의 서남쪽에 잇는 땅으로 작년 일월 만주사변이 일어나자 봉천 잇든 중국의 정치기관이 다 그리로 옮기고 장학량(張學良)의 군사가 또 그리로 집중하엿다가 지난 일월에 금주가 일본군에게 점령되엇습니다. 금주란대가 지금이나 예전이나 할것없이 매우 중요한 곳임을 알 것입니다.

◇……삼년을 지나 인조대왕(仁祖大王) 십구년에 청국이 또 금주위(錦州衛)를 친다하고 청병하엿습니다. 우리나라에서 임경업(林慶業)을 상장(上將)으로 이완(李浣)을 부장(副將)으로 하여 전선(戰船) 일백 이십척, 해군 일천삼백이십삼명, 사수(射手) 일천명, 포수(砲手) 사천명과 화약 일만근, 철환 사만이백개, 조총 사천일백칠십병, 군량 일만칠천육십석을 싣고 사월 십삼일로써 출발하엿습니다.

역사적 관계로본 만주이야기 (十八)

李允宰

◇……이때 명나라 장수 홍승주(洪承疇)는 육만여명이나 되는 많은 군사를 거느리고 금주성(錦州城)을 굳게지키고 잇엇습니다。림경업(林慶業)의 거느린 해군이 여순구(旅順口)에 이르러 청국 군사와 연합하여 해주위(海州衛)이주위(伊州衛)를 거쳐 나아가 명나라 군사를 파하고 청국 군사와 한가지 송산(松山)에서 대적하여 명나라 군사를 크게 파하고 명나라 장수 홍승주를 항복받으니 금주가 함락되엇습니다 유명한 이 송상역(松山役)으로써 명나라의 최후의 노력이라 할것입니다。이 싸움이 잇은지 얼마되지아니하여 명나라는 아주 망하여버리고 청국이 중원천하를 차지하게되엇습니다。이에 대한 자세한 이야기는 이 다음으로 밉니다。

◇……청국은 조선의 구원병을 얻어 명나라를 이긴 것을 기뻐하여 림경업(林慶業)의 공로를 생각하고 청국 임금 태종(太宗)은 특히 만주(滿洲)땅 전부 곳 동서 삼천삼백리 남북칠백리되는 큰 땅을 떼어 주기로 하여 명낙서(明諾書)를써 준 일까지 잇엇습니다。명낙서란 것은 요새말로 계약서란 말입니다。곳 만주땅을 아주 조선에 허락하여 준다는 계약입니다。그 명낙서 가운데에는 이러한 말이 쓰여 잇습니다。「無將軍懸得天下乎」라고。이것을 번역하면「장군이 없엇드면 내가 어찌 천하를 얻엇겟느냐」하는 말입니다。과연 우리 조선 군사가 가서 구원하여 주지 아니하엿으면 청국은 영영 만주의한쪽 구석에서지낫을뿐이요 당시 큰 나라인 명나라를 이기고 중국을 왼통으로 차지할 가망이나 잇엇겟습니까。이러케 수천리나 되는 넓은 땅, 더구나 청국의 조상이 흥기한 가장 소중한 곧을 아끼지 아니하고 버어주는 것을보면 그 얼마나 한 큰 신세를 젓든 것을 가히 상상할 것입니다。이대로 하면 만주는 우리 조선의 땅이 되엇을것이 아닙니까。그러나 그러하지 못하게된 것은 또한 그럴 이유가 잇엇습니다。그것을 이 아래에 말하겟습니다。하여간 청국 임금이 친히 써주엇다는 그 명낙서는 그때에도 국비밀리에 된것으로 세상에 들어나지못하고 깊이 감추인바 되엇으며 지금은 그귀중한 문서이 어디 잇는지 알수 없습니다。

역사적 관계로본 만주이야기

(十九)

李允宰

◇……만주를 떼어주마고 명낙서(明諾書)까지 받은 임경업(林慶業)은 왜 만주를 가지지 못하엿겟습니까。당시 임경업과 청국 임금과의 사이에 어떠한 비밀한 내용이 잇엇든가는 똑똑한 기록에 남아 잇지 아니하매 자세히 알수 업스나 역사상에 이미 들어난바 사실로써 족히 우리가 밋우어 알수 잇는 것을 대강 말하겟습니다。

◇……조선이 명나라에 대하여는 임진왜란에 우리를 도와주엇다 하여 무한히 호감을 가젓고 청국에 대하여는 병자호란에 굴욕 당한 것을 분하여 한껏 미워하엿습니다。이러한 관계로 조선이 청국의 징병에 응하기는 하면서도 항상 명나라의 감정을 상할가봐 염려하엿습니다。그래서 임경업이 청국을 원하려 갈때에 독보(獨步)를 명나라에 보내어 양해를 구하며 또 조선이 청심으로 명나라를 돕겟다는 뜻을 말하엿습니다。독보는 묘향산(妙香山) 중으로 담략잇고 지모 잇는 사람이엇습니다。또 청국의 군사상 비밀한 사정을 명나라에 알려워 주는 일도 자주 잇엇습니다。

◇……명나라 임금 휘종(徽宗)은 본래부터 임경업이 명장임을 들엇고 또 이러케 자기 나라에 대하여 성의를 쓰는것을 고맙게 생각하고 비밀히 사람을 보내어 밀조(密詔)를 전하엿습니다。그 밀조의 뜻은 이러합니다。만일 네가 명나라를 위하여 청국을 이기도록 힘써 주면 천하를 반분 하여 네게 주겟다 한것 입니다。이것은 휘종이 임경업의 마음을 사기 위하야 임시로 말로만 그러한것이 아닙니다 사실명나라는 이때 매우 궁경에 빠저 아무리하여도 장차망할수밖에 없는 판인즉 저 강한적국을 넘어떠리고 국력을 회복할수만 잇다면 천하를 반분하여 주기연은 조금도 아까울 것이 없엇겟습니다。

◇……청국을 구원 하면서 그 적국인 명나라와 잠통(潛通)한다는 것은 어떠케 보든지라도 위험한 일이라 아니할수 없습니다。아닌게아니라 이것이 필경청국에 알려게되엇습니다。먼저 말한 송산(松山)싸움에 청국 장수 홍승주(洪承疇)가 명나라에 항복하여 독보(獨步)의 내왕하엿든 사실을 죄다 고하엿으며 또 선천부사(宣川府使)이계(李烓)가 명나라와 잠상(潛商)하는 일이 발각되어 청국에 잡혀가서 제 목숨을 모면하려고 조선이 명나라와 서로 내통한 일에 대하여 잇는대로 다 고해바첫습니다。이로 말미암아 청국서는 이에 관계된 사람 임경업 최명길(崔鳴吉)이외 수십인을 잡아보내라 하엿습니다。

역사적 관계로 본 만주이야기 (二十)

李允宰

◇……임경업(林慶業)은 일서몽을 피하엿다가 수로로써 간신히 명나라로 닭아낫습니다 임경업은 아무려하여도명나라는 잊을수 없으니 거기가서 명나라를 잘 도와 주는것이 좋다고 생각하엿든것입니다。그때나 이때 명나라는 난리가 일어낫습니다。그 나라 서울 북경(北京)이 이자청(李自成)에게 함락되고 그 임금 의종(毅宗)이 자결하여 죽엇으며 오삼계(吳三桂)가 청국 군사를 거느리고 산해관(山海關)을 넘어 들어와서 이자성을 쫓고 북경을 점령하엿습니다。사실 이때 명나라는 멸망한 것입니다。

◇……임경업은 하는수 없어 명나라 장수 마등홍(馬登洪)과한께 명나라를 다시회복할기로의론하고 군사를 거느리고 석성도(石城島)로 들어갓습니다。뒤에 마등홍이 명나라에 항복하면서 임경업을잡아다 주엇습니다。 임경업이 청국에 잡혀가서 [illegible]어나 옥에 가치어 잇으며 갖은 고초를 다 밧앗으나 종시 굴복하지 아니하므로 그 열렬한 의에 감복하야 죽이지는 아니하고 본국으로 돌려 보냇습니다。이러케 그만 이 일저일 다 풀리고 말앗습니다。그러고 임경업은 귀국하여 김자점(金自點)에게 몰려서 원통하게 죽고 말앗으나 그 일생에 경영하든 것이 모도 수포에 돌아가고 말앗습니다

◇…임경업 한사람에 대하여 청국서는 만수를 원통 베어 주마 하엿고 명나라로서는 천하를 반분하여 주마 하엿오니 만일 그때 임경업으로써 한번 천하 대세를 살피어 이 좋은 기회를 이용하엿드면 얼마나 큰 행복이 잇엇겟습니까。명나라는 오래지아니하여 멸망하고 말 나라요 청국은 아츰해가 돋는것 갈이 매우 강성하야 장차 천하를 통일할 세력이 잇엇거늘 그때 임경업이 꿋꿋내 청국을 도와 장차 꺼꾸러질 명나라를 첫도면 그 명낙서(明諸書) 시행을 하지 아니하엿겟습니다。그러나 임경업은 다만 명나라에 대한 은의(恩義)만 생각하고 그 나라와 비등하다가 청국 임금의 감정에 촉하여 허락하여 주려든 것까지 잃어버리게 되엇으며 마지막에 그 몸이 비참한 최후로 마치고 말앗으니 아아! 얼마나 아까운 일입니까。

역사적 관계로본 만주이야기 (廿一)

李允宰

八、만주군의조선입구(入寇)

◇……지금으로부터 한 삼백년전 조선 인조대왕(仁祖大王)시절에 만주군이 전후로 두번이나 조선으로 입구(入寇)한 일이 잇엇습니다。조선은 이 통으로 아주 납작하여젓습니다。먼저번에 말한 효종대왕의 북벌 계획이라든지 임경업의 명나라를 도오려든 뜻가 다 이에서 나온 뜻입니다。만주군의 입구한 원인은 가장 큰 것으로 두가지가 잇으니 하나는 모문룡(毛文龍)사건이요 하나는 이괄란(李适亂)의 여파(餘波)입니다。이 원인부터 먼저 아는 것이 좋겟으므로 이제 그 한가지식 간단히 말하겟습니다。

◇……모문룡(毛文龍)은 어떠한 자인고 하면 그는 본디 명(明)나라의 장수로 요동도사(遼東都司)란 벼슬로 잇다가 만주와 싸워서 요동이 만주군사에게 함락을 당하매 모문룡은 겨우 몸을 벗어 도망하여 압록강을 건너 우리나라로 들어와 가도(椵島)를 근거지로 삼아 거기 잇엇습니다。가도는 평안도 철산(鐵山)바다에 잇는 섬이니 명나라에서는 이것을 피도(皮島)라 이름하엿습니다。모문룡이 거기에 진을 베풀어 동강진(東江鎭)이라 하고 철산 사량(蛇梁) 신미도(身彌島)에 분진(分鎭)을 두고 세관(稅關)을 사설하여 중국 통행하는 선박에 세금을 징수하며 일변 명나라 베지와 연락을 취하여 군사를 불러내오고 각종 물화를 실어서 물자가 풍족하고 군사는 이만八천명、말이 三천필이나 되어 「해외천자」(海外天子)라는 별명이 잇을만큼 세력이 강성하엿습니다。

◇……이때 만주는 큰 영웅 누르하티(努爾哈赤)가 일어나 만주땅을 거의 통일하여 나라이름을 금(金)이라하고 흥경(興京)에 도읍하여 극한(汗)이 되엇습니다。모문룡이 요동(遼東)을 회복한다 청언(聲言)하고 조선에 잇어서 만주를 자주 침노하므로 금국(金國)서는 모문룡을 처없애어 명나라의 세력을 철저히 구축하려 한 것입니다。이로 인하여 금국은 조선에 향하여 왜 모문룡을 붙여 두느냐고 항의하여 조선의 외교적(外交的) 지위가 심히 난처하게되엇습니다。

역사적 관계로본 만주이야기 (廿二)

李允宰

◇……다음으로 이괄란(李适亂)을 말합시다。이괄란은 인조대왕 二년 갑자년에 생긴것이므로 갑자의변(甲子變)이라도 합니다。이괄(李适)이 인조대왕 반정(反正) 때에 공이 많앗습니다。반정은 인조대왕이 군사를 거느리고 들어와 전 임금 광해군(光海君)을 내쫓고 임금의 위에 오른 것입니다。반정후에 여러 공신들을 책훈(策勳)하는데 매우 불공평하여 제일 으뜸으로 갓어야할 이괄은 벼슬 계제가 그리 높지 못하며 도리어 자기보다 못한자의 아래에 잇게 되므로 마음에 불평을 품엇더니 뒤에 평안병사(平安兵使)로 나가게 되매 더욱 앙심을 먹고 가마니만 생각을 품고 잇엇습니다。

◇……게다가 조정에서는 이괄의 행동을 의심하여 잡아오려고까지 하매 이괄은 인제는 더 참을수 없다 하고 그 임소(任所)인 영변(寧邊)에서 한명련(韓明璉)과 같이 반기(叛旗)를 들고 일어섯습니다。그 군사 일만이천명을 거느리고 항왜(降倭=임진난때에 우리에게 항복한 일본 군사)일백삼십명을 앞장을 세워가지고 빨리 몰아 남으로 내려왓습니다。곧 관군(官軍)과 싸워서 파하고 바로 경성으로 달겨드니 인조대왕은 황망히 남으로 공주(公州)에 달아낫습니다。이괄의 군사는 경성을 함락하엿습니다。그러나 안현(鞍峴=京城西門外) 대격전으로써 이괄의 군사가 관군에게 패한바 되어 이괄과 한명련등이 그부하에게 죽고 이 전쟁은 이십일만에 평정되엇습니다。

◇……이괄이 패하여 그 당이 다 죽고 한명련(韓明璉)의 아들 한윤(韓潤)이 요행히 살아서 망명(亡命)하여 만주로 달아낫습니다。한윤이 앞서 만주에 항복한 조선장수 강홍립(姜弘立)을 만나서 본국의 형편이 잘못된다는 것과 강씨의 가족을 다 잡아죽엿다는 것을 말하고 만주 군사를 빌어가지고 들어가 복수를 하자고 권하엿습니다。강홍립은 한윤의 말을 듣고 분하여 그 나라 임금 태종(太宗)에게 거 추동하여 조선을 치자고 하엿습니다 만주 태종은 이때 조선에 대하여 호감을 가지지 못할만큼 되엇습니다。명국에 대하여 무한히 호의(好意)를 표하든 광해군(光海君)을 폐하는 것과 남조(南朝)곳 명나라에 대하여 조선이 관계를 더욱 가까이하는 것과 이보다 더욱 가마니 잇을수 없는 것은 가도(椵島)에 잇는 모문룡(毛文龍)을 그대로 두면 장차 후환이 되겟으므로 진작 그를 처치해버리지 아니하면 안되겟다는 것입니다。이와같이 모든것이 다 외교상 중대한 문제가 된 것입니다。태종은 이에 강홍립과 한윤의 말을 신청하고 조선을 치기로 작정이 된 것입니다。

역사적 관계로본 만주이야기

(廿三) 李 允 宰

◇…금국(金國)의 태종(太宗)은 그 사촌동생 아민(阿敏)을 시켜 군사 삼만명으로 조선을 치게 하였습니다 만주군은 조선 망명자 강홍립(姜弘立) 한윤(韓潤)등을 향도(嚮導)로 하여 압록강을 건너 들어와서 의주와 철산을 쳐서 지키는 장수를 죽이고 가도(椵島)의 모문룡(毛文龍)을 멀치어 쫓았습니다. 조선 망명자로서 「우리의 이번일은 먼저 임금 광해군(光海君)을 위하여 복수코저함이다」 라고 성언(聲言)하였습니다.

◇…만주군이 금천리하외형세로 빨리 몰아 내려와서 평산(平山)까지 이르렀습니다. 조선 정부에서는 장만(張晩)으로 도원수(都元帥)를 삼아서 적을 방비하게 하였습니다. 조선군이 패하야 장만이 개성(開城)까지 퇴각하매 사세 심히 위급하므로 인조대왕은 강화도(江華島)로, 세자(世子)는 전주(全州)로 피란하였습니다.

◇…만주군은 황주(黃州)에 이르러서

一, 땅을 베어 줄일
二, 모문룡을 잡아보낼일
三, 군사 만명을 내어 명나라를 같이 토벌할일

등 조건으로 강요하였습니다 정부에서는 몇 사람의 반대도 없지 아니하였으나 인조대왕은 아무리하여도 적과 싸우는 것이 불리함을 알고 최명길(崔鳴吉)의 주장을 좇아 강화하기로 작정하였습니다. 그리하여 조선은 왕족의 한사람을 볼미(質)로 보내며 방물(方物)약간을 보내기로 하여 완전히 강화가 성립되었습니다.

◇……삼월 삼일에 두 나라의 대표자가 강화(江華)에서 회견하고 맹단(盟壇)을 쌓고 흰 말을 잡고 검은 소를 죽여 하느님께 제사하며 양국대표가 각각 아래와 같이 맹서를 하였습니다.

금국의 서약문

대조선국왕과 대금국 두 왕자와 맹서를 세워 두 나라의 화친을 맺노라. 만약 금국이 조선을 원수로 생각하고 전쟁준비를 하여 좋지 못한 심사를 가지면 하느님께서 반드시 앙화를 나리실지요 만약 두 왕자가 옳지못한 뜻을내면또한 하느님께서 앙화를 나리실지라. 만약 두 나라가 마음을 같이하여 공도(公道)로 함께 지내면 하느님께서 도와주어 복을 얻으리라.

조선의 서약문

조선국 정묘(丁卯)년 갑진월경오일로써 금국과 맹서를세워 화친 강하노라. 이제뒤로는 두나라가 각각맹서를 준행하여 각기 그 여토를 보전할지라. 만약 조선이 금국을원수로 생각하고 침탈하면하느님께서 반드시 앙화를나리실지요 만약 금국이 좋치 못한 생각을 내어 조약을 위반하면 하느님께서 역시 앙화를나리실지라. 두 나라의 임금은 각각 선심을 지켜서 영구히 태평을 누리사이다.

◇……이렇게 서로 서약을 행하고 두나라가 서로형제국이됨을 약조하고 만주군은속시로 철병하였습니다. 만주군의 입구(入寇)가 불과수자일이었으나 약탈이 심하여청천강 이북은 거의 폐허가 되다싶이하였습니다. 이것이 만주군의 제一차 입구로 인조대왕 五년 (서역一六二七년) 정묘(丁卯)에 된것이므로 정묘외란(丁卯亂)이라합니다.

역사적 관게로본 만주이야기

(廿四) 李允宰

◇…정묘호란(丁卯胡亂)이 잇은 십년만에만주군(滿洲軍)의 第二차 외구로 병자호란(丙子胡亂)이 또 일어낫습니다。 전때 강화(江華)에서 화의를 맺은것만해도 본디 성의로 된 것이 아니요 다만 겉으로 빨라맺히는 수작에 지나지 아니한 것이므로 그것이 오래 가지 못할 것은 정한 일입니다。

◇…그후 조선서는 금국(金國)에 대하여 과연 조금도 성의가 없엇으며 금국이 점점 세력이 강성함에 따라 조선에 대하여 종종 무리한 요구도 없지 아니하엿습니다。이러구러 조선서는 일종 배금향명(排金向明)의 사상이 팽창하엿습니다。 곳 금국을 배척하고 명나라를친하자는 시대착각(時代錯覺)의 생각입니다。그때조선에소위 학사(學士)니 무엇이니 하는자들은 아무 예산도 없고 아무 실력도 없이한갓타상공론으로 떠들기만 하는것들로 그 썩어빠진 존주양이(尊周攘夷)를 방자하여 죽고살고 방금 넘어져가는명나라만 업고 덤비려드는 꼴들이며 우리와 동족(同族)의관게도 잇고 신흥세력으로 약질어 탄탄한 금국을 잘 사귀며 잘 이용함도 몰랏으니 참으로 딱하다할 밖에 없습니다。

◇……금국임금태종(太宗)은 황제의 존호를 일컫고 나라 이름을 청국(清國)으로 고치며 연호를 숭덕(崇德)이라 하고 조선에 승인을 구하며 또 종래의 형제의 관게를 군신의 의로 고치자 하얏습니다 조선은 이때 배금열(排金熱)이 한창 심하여 국컴에 달하든 때며 뜨 명나라에 정성을 들이지 못하게 될 것을 애통히 생각하여 크게 반대를 일으키며 심지어 청국의 사신을 죽이고 척화(斥和)하자고 주장하는 이도 잇엇습니다 척화는 요새말로 국교단절(國交斷絕)입니다 이러게 여러신하들의 청국에 대하여 선전(宣戰)하자고 팔을 뽑내며 열렬히 주장함에 인조대왕(仁祖大王)도귀를기우리지 아니할수 없엇습니다。 그러하여 청국에 선전하지 아니하면 안될 것이라는 최유문(勅諭文)을 팔도에 나렷습니다。 청국 사신은 조선정부에 험악한 공기가 가득함을 보고 또 신변에 위험도 잇으므로 간신히 몸을 빼어 달아낫습니다。 가다가 도중에서 증거물로 인조대왕의 최유문 한장을얻어가지고 갓습니다。 이것이 필경에 청국임금 태종의 손에 들어가고 말앗습니다。

역사적 관계로본 만주이야기

(廿五) 李允宰

◇……청국 임금 태종(太宗)은 조선에 대하여 기묘(己卯)년 약조를 위반하였다 핑계하고 군사 십만명으로 입구(入寇)하였읍니다. 十二월九일에 그선봉장 마부대(馬夫大)가 압록강을 건너서 의주부윤 임경업(林慶業)이 백마산성(白馬山城)에 지키고 있음을 피하여 사이길로하여 쏜살같이 몰아서 심양(瀋陽=시방奉天)에서 떠난지 불과 십여일만에 경성 가까이에 이르렀읍니다.

◇너무나 일이 창졸하매 정부에서는 어쩔줄을 몰라 망서리기만하며 대기염(大氣焰)을 토하든 주전론자(主戰論者)들도 이때 당하여는 별묘책이 없었읍니다. 달아나는것이 제일이라 왕은 최명길(崔鳴吉)을 시켜 적진에 가서 그군사들에게 음식을 대접하는체하고 빨리 들어오는 군사를 늦추고 먼저 빈궁(嬪宮)과 세자(世子)를 강화(江華)로 보내고 왕은 뒤좇아가려다가 어느새 적군이 앞질러 막아 있으므로 부득이 길을 돌려서 창황히 남한산성(南漢山城)으로 들어갔읍니다.

◇……十二월 十六일에 청국군사가 남한산성을 포위하고 이듬해 정월에 청국 임금이 와서 친히 군사를 지휘하였읍니다. 왕은 급히 명나라에 구원을 청하였으나 오비삼척(吾鼻三尺格)이니 이러탄 소식이 없어 전면 실망이오 성중에 있는 군사는 모도 일만이천여명에 불과하니 적의 십만대군을 대적하기 어려웠읍니다. 또 현존한 군량은 쌀이 일만사천삼백여 창([illegible])이 이백이십독이 있으니 근 오십여일은 부지하여갈수 있었읍니다.

◇……이러케 농성(籠城) 四十五일에 청중에 군량은 장차 떨어져 군사들의 기한(飢寒)이 닥쳐오고 밖으로 구원병이 올 희망조차 없으므로 임금 앞에서는 나날이 주화파(主和派=화친하자는편)와 주전파 (主戰派=싸웅하자는편)가 대립하여 치열한 논쟁(論爭)이 있을 뿐입니다. 강화(江華)가 적에게 함락하여 빈궁(嬪宮)과 왕자와 대신의 처자들이 다 잡혀온 것을 보고 더 [illegible]일수 없다 하여 정월 三十일에 왕은 친히 적진에 나아가 화친을 청하고 세자(世子)와 봉림대군(鳳林大君 곳 孝宗大王)을 볼모로 보내기와 전에 명나라에 행하든 예를 청국에 옮기로 하였읍니다. 척화(斥和)를 주장하든 신하 곳 명나라의 충신인 홍익한 (洪翼漢), 윤집 (尹集), 오달제 (吳達濟) 등 삼학사 (三學士)는 심양 (瀋陽)으로 잡혀가서 죽었읍니다. 이것으로써 우리의 국치(國恥)가 된다는 병자호란(丙子胡亂)은 끝났읍니다.

역사적 관계로본 만주이야기

(卄六) 李允宰

九, 삼ㄱ전쟁이벌어짐

◇……조선 광명짜 한윤(韓潤)이 만주로 달아나 조선 장수 강홍립(姜弘立)을 추기어 만주군으로 조선에 입구하기 시작하여 나중에 병자호란까지 되게한 것은 전회에 이미 말하엿거니와 강홍립이 어찌하여 만주로 가게 되엇든가를 이제 말하겟습니다。

◇……이것이 동양력사상 매우 중요한 사실이므로 좀 자세히 이야기하지 아니하면 안되겟습니다。조선 광해군(光海君) 八년(서역 一六一六년)에 만주에는 여진(女眞)의 건주부(建州部)추장 누르하치(努爾哈赤)가 한(汗=임금이란 뜻)의 위에 오르고 국호를 금(金)이라 하니(二十년후에 또 淸國으로 고침)이것이 만주로써 독립한 신국가(新國家)로 첫조(淸朝) 삼백년 역사의 비롯입니다。누르하치가 명나라에 대하여 조공을 끊고 적대행위를 하게 되매 명청(明淸) 두 나라에는 이로써 서로 충돌이 없지 못하엿습니다。

◇……청국은 세력이 날로떠욱 강성하여저서 점점 쇠약하여가는 명나라란 것이 눈에 차지 아니하엿습니다。더욱 명나라에 대하여는 참으려야 참을수 없는 칠대한사(七大恨事)가 잇엇습니다。칠대한사는 추조하여 말할거를이 없으나 그 대요한 뜻은 만주족(滿洲族)이 한족(漢族)에 대한 불평이엇습니다。이중에도 만주인의 생활을 위협하는 것은만주에서유일한 재원(財源)이되는 인삼(人蔘)과 삼림(森林)을 한족들이 함부로 들어와 캐어가는 것입니다。만주에서는 이를 위하여 요동(遼東)잇는 명나라의 관리하고 이미 여러번 교섭하여 금지하기로 작정이 잇엇으나 명나라의관리는 그약속을 지키는 성의가 도무지 없엇습니다。이것이 실로 선전(宣戰)하는 이유의 대부분이라고 볼수 잇습니다。이러케 종족문제(種族問題)와 경제문제(經濟問題)를 해결하는데는 전쟁을 면할수 없게되는 것입니다

◇……청국 태조 누르하치가 단연히 결심하고 명나라를 처서 무순(撫順)을 빼앗으니 때는 정묘호란(丁卯) 곳 만주군이 조선에 제一차 입구하기 十년전 광해군(光海君) 十년이엇습니다。명나라에서는 양호(楊鎬)를 요동경략(遼東經略)으로 두송(杜松) 유정(劉綎) 이여백(李如栢) 등을 부장(副將)으로하여 군사 십만여명을 거느리고 이를 토벌하엿습니다。이 장수들은 대개 임진왜란때에 조선에 왓든자들입니다。조선은 장만(張晩) 강홍립(姜弘立)을 도원수(都元帥)로 평안병사(平安兵使)김경서(金景瑞)를 부원수(副元帥)로하여 군사 이만명을 거느리고 가서 명나라 군사와 연합하여 치국을 첫습니다。이 전쟁은역사상 유명한 살호산대전(薩滸山大戰)으로 명청(明淸)양국이 흥망을 내기하는 대결승전(大決勝戰)이엇습니다

역사적 관계로본 만주이야기 (廿八)

李允宰

◇…살호산(薩爾滸山)은 무순(撫順) 동편 팔십리 혼하(渾河)와 소자하(蘇子河)의 교류하는 지점에잇는 조그마한 산입니다。이 전쟁이 잇엇으므로부터 거기가 역사상 들어난곧이 되엇으며 지금도 청국 건륭황제(乾隆皇帝)때에 운 전승기념비가잇습니다。

◇…누르하티의 거느린 사만여명의 만주군이 살호산마즌편 철배산(鐵背山) 꼭다기에 진치고 잇엇습니다。 명나라 조선 및 몽고의 연합군 십만여명은 사로(四路)로 나누어 만주군을 에워서 공격하기로 하엿습니다。 연합군의 군사의 배치는 이러하엿습니다。

제일로군(第一路軍)——두송(杜松)의 군사 삼만은 심양(瀋陽)에서 무순으로 나가고

제이로군(第二路軍)——마림(馬林)의 군사는 개원(開原)에서 삼분하(三岔河)로 나가고

제삼로군(第三路軍)——리여백(李如栢)의 군사 이만오천은 태자하(太子河)상류에서 청하성(淸河城)으로나가고

제사로군(第四路軍)——강홍립(姜弘立)의 조선군 및유정(劉綎)의 군사 합이만오천은 관전(寬甸)에서 동가강(佟佳江)으로 나가고

사로(四路)의 군사 총지휘는 양호(楊鎬)가하게 되어 심양에잇엇습니다

◇…연합군은 이와 갈이 방략을 정하고 한날로 기약하여 갈이 적의 진지를 향하여 진군하기로 하엿습니다。연합군으로 말하면 모도 전쟁에 경험이 많은 용맹한장수들이요 군사의 수로도 만주군의 거의 삼배나 되엇습니다。누르하티는 이러케복배수적(腹背受敵)하게 되므로 방지소조하여 일시는 크게곤경에들게되엇습니다

◇…그러나 누르하티는 기미하게도 련합군의 군사행동의 정보를 탐지하여 알앗습니다 청하성의 길은 도로가 천악하여 적이 쉬웁사리 들어올수없으리니 방비할것까지도 없고 다른 길은 만주군견제(牽制)하려함에 불과한즉 약간의 군사로써 방비할뿐으로 족하고오죽 그의주력(主力)은 무순 길로들어오는 군사에잇으오즉 거기에 향하여 전력을 다해공세(攻勢)를 취하려라는 작전계획을 정한것이엇습니다

訂正 『만주이야기』의 게재번호(九)가 거듭들어간줄을 오늘 알게되엇으므로 오늘번호(二十七)을 (二十八)로 정정합니다。

역사적 관계로본
만주이야기 (廿九)

李允宰

◇……이때 두송(杜松)의 군사는 어느새 무순관(撫順關)을 넘어서 살호산(薩滸山)에 도착하엿습니다。 무송이란사람은 당대에 제일가는 용장이라 하지마는 다만 자기의 용맹만 믿고 적사를 경히하는 위험이 잇엇습니다。 그가 무순서 떠나올 때에 칠팔십리나 되는 먼길을 그 많은 군사를 거느리고 당일에 살호산까지 [illegible] 그때 풍우가 몹시 심하고 군사들이 모도 피로와함을 돌아보지 아니하고 또 구원병이 뒤를 이어올 준비도 없이 아력케 만주군에 육박한것은 너무 급격한 행동이어서 장차 살패의 원인이 되는 것입니다。

◇……누르하치는 명나라 군사가 살호산까지 들어왔다함을 듣고 약간의 군사를 그 아들에게 주어 본진을 지키게하고 자기는 친히 대군을 거느리고 즈럼길로 몰어서 몰연히 살호산에 나타낫습니다。 불의에 타격을 입은 명나라 진에서는 권연히 저항할 힘을 잃엇습니다。 실사 저항할 힘이 잇다하자 자기는 이만명이요 적군은 사만명이나 중과부적(衆寡不敵)으로 도저히 그를 당할수 없을뿐더러 만주군은 길림애(吉林崖)로부터 또 구원병이 달려왓습니다。 명나라 군사는 피곤함이 심한데다가 사기(士氣)가 저상하엿습니다。 한번 대격전으로써 명나라 군사가 전멸되고 대장 두송도 전사하엿습니다。

◇……살호산 싸움에 마슈리를 얻은 만주군은 패잔병(敗殘兵)을 추격하여 와혼근처까지 진출하다가 개원(開原)으로부터 내려오는 저二로군을 만낫습니다。 현창 이겨나가는 만주군에게는 그따위는 손에 붙일러위도 없다 하엿습니다。명나라 장수 마림(馬林)은 단신으로 달아나고 마암(馬岩)은 전사하고 몽고군(蒙古軍)은 한번 다떠러보지도 아니하고 퇴각하엿습니다。마침 어늘에 관전(寬甸)방면 및 청하성(淸河城)방면의 보고를 들은 누르하티는 밤을 새워서 빨리 흥경성(興京城)으로 돌아갓습니다。유정(劉綎)의 군사는 어느새 흥경에서 남방 三十리 되는 지점까지 왓엇습니다。

역사적 관계로본 만주이야기 (三十)

李 允 宰

◇…남쪽으로 쳐[illegible]로군 곳 조선과 명나라의 연합군은 휘인(懷仁)방면을 들어 홍경(興京)서쪽으로 한 오륙십리 되는 부차(富車)에 이르렀습니다. 바양오로 살호산(薩滸山)에서 대승리를 얻어 승승장구하는 만주군은 그 앞에 아무것도 거리낄 것이 없엇습니다. 부차 평야에서 싸워서 연합군은 또 여지없이 패하엿습니다. 이 싸옴에 조선 장수 김응하(金應河)이하 여러 장수가 전사하엿습니다.

그중에 김응하는 충용이 무쌍하여 이름이 들어난 장수나 선천부사(宣川府使)로 종군하엿으며 싸울때에 버드나무 아래에 의지하여 적장을 쏘아 죽엿으므로 적군은 유하장군(柳下將軍)으로 일컬은 이입니다. 또 명나라 장수 유정(劉綎)등 많은 장수도 전사하엿습니다. 그리고 조선군의 도원수(都元帥) 강홍립(姜弘立)과 부원수(副元帥) 김경서(金景瑞)등은 군사를 거느리고 만주군에 항복하엿습니다

◇……조선군이 만주군에 항복한데 대하여는 이러한 내막이 잇엇습니다. 조선군이 만주로 출주로 출병한것은 당초부터 조선이 만주를 적대할 아무이유도 없엇습니다. 더욱이 광해군(光海君)은 근본명나라에 대하여 호의(好意)를 가진것은 아니엇습니다. 다만 임진왜란때에 명나라가 우리나라에 구원병을 보낸것이 잇엇는데 지금그나라가 어렵게 된 것을 우려로서 모르는채하고 잇을수도 없거니와 더구나 거기에서 징병까지 하는것을 저버릴 사정이 못되어서 부득이 군사를 보내어구원하여 준 것입니다.

역사적 관계로본 만주이야기 (三十一)

李允宰

◇……광해군(光海君)은 매우 영명한 임금으로 미리 대세(大勢)를 살피는바 잇어 조선과 만주와의 관계를 그러케 악화(惡化)케할 까닭이 없으려라 하고 출병할 때에 가마니 강홍립(姜弘立)에게 밀지(密旨)를 나려 우리나라가 부대 금국(金國)에 원수짓지 말게 할지니 형편따라 만주군에게로 가담하는 것도 좋다 하엿습니다。

◇……강홍립은 역시 광해군의 뜻을 잘 알게 되므로 만주로 가서 명나라 군사와 연합이 되기는 하엿으나 도모지 싸울 생각을 두지 아니하고 명나라 장수 유정을 대하여 군량이 없느니 원병(援兵)이 아직 으지 아니하엿느니 이러케 핑계하며 뭉캣대고 나아가지 아니하엿습니다 그러고 원번 누르하치에게 비밀히 사람을 보내어 후리 조선이 금번 명나라 군사에게 참가한것은 우리의 본의(本意) 가아니니 다만 임진란에 명나라에게로서 도옴을 받앗든 일개 의리적 관계에 지나지 아니한 것이요 조선은 본래부터 귀국하고 원수될 이유가 없은즉 우리는 언제든지 귀군에 대하여 적대행위를 하지 않겟다 하여 양해가 되엇습니다。 그러다가 살호산(薩滸山)과 개원(開原)의 명나라 군사가 패함을 보고 예정대로 그군사를 거느리고 만주군에 가담하엿든것입니다

◇…이러케 명나라 군사는 제一로군 제二로군 제三로군이 연하야 패하매 제四로군의 여백(李如栢)은 한번 싸움도 하지 아니하고 퇴각하얏습니다 이번 싸움에 만주군의 손해는 극히경미하얏스나 명나라 군사의 손해는 매우컷습니다 명나라의 손해에 대하여살호산 전쟁의 경과를들어보면전사한 장교가 삼백십여명, 병졸이 사만오천팔백 칠십여명 말(馬)이 이만팔천사백필 이요 그밧게 만주군에게 포로된 군사도 많앗습니다。 이러케 명나라는 막대한 타격을 입어 다시 회복하지 못할 치명상을받앗습니다。이끝으로 만주군은 군사를 몰아 단바에 심양(瀋陽=奉天)을뺏고개원(開原)철령(鐵嶺)을뺏고요양(遼陽)을 함락하고 요서(遼西)로 들어 마침내 입관(入關)하기까지 이른것 입니다

雅◆樂◆創◆定

五百年을 際하야 【一】

世宗大王의 聖德을 사모하며

李 允 宰

朝鮮文化史를 뒤지어볼 때에 우리는 매양 고맙다는 생각을 말지 않는다。[illegible]三藏의 [illegible]藏、石窟庵의 四天王像、海印寺의 大藏經版、新羅의 瞻星臺、高麗의 鑄字、世宗大王의 訓民正音、李忠武公의 龜船、이와 같은 수없이 끼친 功績을 보고 우리 先祖들의 創造的 努力이 얼마나 컷엇음에 우리는 스스로 머리를 숙이지 아니할 수 없게된다。오늘은 世宗大王께서 雅樂을 創定하신지 五百年에 當하는 날이므로 우리는 이로써 世宗大王의 聖德을 또 다시 한번 생각할 機會를 얻게되다。

나라에서 雅樂을 쓰기 시작하엿다는 것은 世宗實錄에 (癸丑)十五年春正月乙卯朔 上率王世子及文武群臣、行望闕禮……上御勤政殿、設會禮宴如儀、始用雅樂 이라 함을 보아 알 것이다。世宗 十五年 癸丑은 곧 西曆 一四三三年이니 今年에서 꼭 五百年前이며 乙卯朔은 그해의 正月 초하로날의 日辰이 乙卯인 것이다。이 記錄을 보아 世宗大王께서 正朝에 景福宮안 勤政殿에서 群臣의 賀禮를 받으시고 新年宴會를 여사 이날로써 雅樂을 처음으로 쓰시엇다는 것이다。이로부터 朝會宴饗의 때와 宗廟享祭의 때에 다 雅樂을 썻으며 國家에서 이를 가장 神聖하게 保存하야 오늘까지에 이른것이다。

이제 雅樂의 制作에 對하야 歷史的으로 대강 상고하여 보자。朝鮮의 樂은 본래 雅樂、唐樂、俗樂의 三種이 잇섯다。俗樂은 本國語로 쓰는 本國樂이요 唐樂은 支那로부터 傳來하야 多少 改良을 加한 것이요 雅樂은 古樂의 一種으로 高麗初부터 郊社宗廟에 쓰는 것이엇다。高麗 睿宗때(西紀一一一四年)에 宋徽宗이 大晟樂을 보내매 鐘、磬、琴、瑟、笙、竽、簫、管等 樂器가 그때에 傳來하엿으나 恭愍王때(西紀 一三六〇年)에 이르러 紅巾賊亂에 樂器가 모두 散失되고 오직 鐘、磬 二器만 어느 늙은 樂工이 池中에 던저 넣어 겨우 保存하엿을뿐이러니 明의 太祖와 太宗이 다시 새 樂器를 보내어 그것을 쓰게되엇다。그런즉 當時의 雅樂이란 대개 宋、明의 것이엇다。

이러케 李朝初에 이르러 오히려 明樂을 그대로 썻으며 聲音이 律에 맞지아니하야 祭樂에 八音이 갖호지 못하므로 磬은 瓦磬을 쓰고 鐘도 雜懸하야 그數가 具備하지 못하드니 世宗 七年(一四二五年) 가을에 秬黍가 海州에서 나고 그 翌年 봄에 磬石이 南陽에서 나매 世宗께서 원낙 樂理에 精通하시므로 이때 慨然히 革古更新의 뜻을 두사 當時 音樂家로 有名한 蘭溪 朴堧을 命하야 樂律을 다스리라 하시엇다。

朴堧이 海州의 秬黍를 取하야 그 粒形대로 蠟을 녹여 불여 一粒을 一分으로、十粒을 一寸으로 하야 九寸으로써 黃鐘의 長을 정하니 三分損益에 十二律이 되엇다。또 編磬 二架를 지어 올리는 世宗께서 試奏하시고『中國의 磬은 도모지 律에 맞지 아니하드니 이제 이 新磬이 말로 파연 正聲을 얻엇다 하겟도다。그런데 소리가 거려 淸美하거는 어찌하야 夷則 一枚가 좀 떨닷을고』하시니 朴堧이 자세히 살펴보고『限墨이 아직 남아 잇어 다 닭이지 아니하야 그러케 되나봅니다』하고 곧 墨痕을 다 지우니 소리가 잘 맞앗다 한다。世宗께서 音理에 밝으심이 대저 이러하엿다。(續)

雅·樂·創·定

五百年을 際하야【二】

世宗大王의聖德을사모하며

李允宰

이와 같이 律管과 編磬이 完成되고 其他 一般 樂器가 모두 一新하게 改正되엇으며 定大樂、與民樂、保太平等 樂章을 定하야 朝祭의 樂으로 쓰게하엿다。지금까지에 不完全한 外國樂器를 써서 音律에 맞지 아니하든 弊를 一掃하고 完全無缺한 朝鮮의 雅樂이 이에 비로소 大成하기에 이르럿다 어떤이는 朝鮮의 雅樂은 世宗께서 中國의 것을 약간 修正함에 지나지 않는것 같이 아는이도 잇으나 樂器로 보든지 樂章으로 보든지 순전히 朝鮮의 것으로 朝鮮에서 發明하나 다름이 없는 것이요 결코 宋이며 明의것 그대로가 아닌 것은 모든 文獻으로도 족히 證明할수 잇는 것이다。

雅樂을 制作할 때에 世宗께서 「무엇이나 創制하기가 自古로 어려운 일이다。임금이 하고저할 때에는 신하가 亦沮止하는수도 잇고 신하가 하고저할 때에는 임금이 亦聽從치 아니하는수도 잇으며 上下가 다 하고저할 때에는 時運의 不利로 못하는수도 잇거늘 지금은 다행히 내뜻이 작정되엇고 國家에도 無事하니 마땅히 이에 盡力할것이다」라 하신말슴을보면 雅樂을 創作하기가 얼마나 어려웟든 것을 알것이다。

世宗께서 이러케 雅樂을 制定하기에 用心하사 古今의 樂譜를 읽지 아니한 것이 없엇으며 또 朝廷신하 가운데 柳思訥、鄭麟趾、朴堧、鄭穰等을命하야 樂譜를 釐正케 하시고 儀禮詳定所를두어 黃喜、孟思誠、許稠、鄭招、申商、權蹈等 碩學을 提調를 삼아 樂律을 講究하게 하엿다。

그리고 朴堧은 樂學을 專掌하게된 以後로 世宗의 知遇에 感激하야 앉으나 누으나 항상 兩手를 心胸 사이에 交叉하야 擊節하는 모양을 지으며 口吻 가운데로서 휘파람을 불어 律呂의 소리를 내엇다。이러구러 十年을 積功하야 樂理에 神妙하다는 이름을 얻고 마친내 樂器를 製造하게 된 것이다。當時 工藝家로 有名한 蔣英實도 또 樂器 製造에 功이 많앗섯다。

雅樂은 歷代에 크게 發達하엿으니 樂曲은 總數가 一千九百篇이나 잇엇다 하나 다 傳하야오지 못하고 지금잇는 것이 五十餘篇인데 그중에는 二千年前 作曲인 周時의 曲이 十三篇、隋唐時의 曲이 二十餘篇、古朝鮮(三國及高麗朝)의 曲이 十九篇인데 이를 다시 宗敎別로 나누면 仙曲、佛曲、儒曲、神曲等 四種이 잇다。

樂器는 처음에 六十六種이 잇엇다 하나 지금 잇는 것은 五十四種이다。이를 金、石、絲、竹、匏、土、革、木 八音으로 나누면 다음과 갈다。

이와 갈으며 또 이것으로 絃樂器 十一種、管樂器 十六種、打樂器 二十七種으로 나눌수도 잇다。그 가운데 大琴、伽倻琴、玄琴、鄕琵琶、鄕觱篥과 같은 것은 新羅의 遺物로 매우 貴重한 것이다。

時運의 變遷을 따라 樂界에도 影響이 미치는바 없지아니하엿으나 雅樂에 關한 職制는 그대로 잇어 매우 重要하게보기 때문에 樂院에 所屬한 人員이 李末에 이르기까지도 七百七十餘人이나 되엇다。그러고 판국이 아주 바꾸인 오늘날에도 李王職雅樂部가 잇어서 雅樂을 소중히 保存하며 또 이를 敎習하야 先聖의 偉業이 영영 떨어지지 아니하게 됨을 생각할때에 기쁨을 말지 아니하는 바이다。

雅樂은 오족 朝鮮에만 잇는 惟一한 音樂으로 世界에 어데든지 찾아볼수 없는 것이요 支那에도 雅樂이란 名稱만 남아 잇을뿐이다。外國樂者가 이 雅樂에 對한 理致를 한번 들을 때에는 놀라지 아니하는 이가 없으며 가끔 일부러 구경하러 오는자도 잇다한다。

世宗大王의 不朽의 偉業을 기리어 말지 아니하는바이다。

〈끝〉

東西洋女王巡禮記

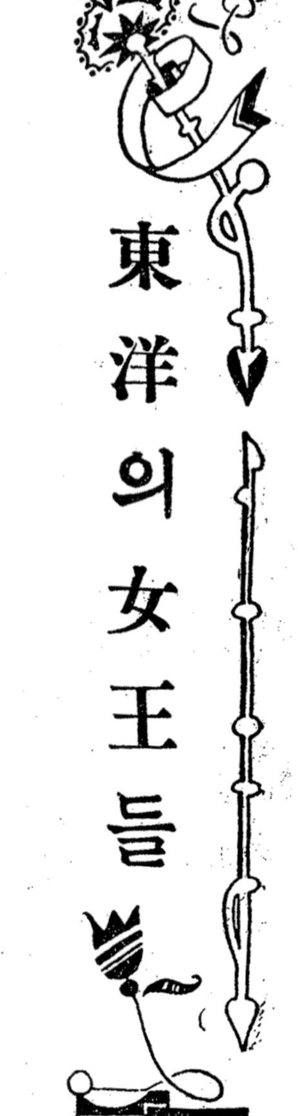

東洋의 女王들

李 允 宰

선덕여왕

선덕여왕은 신라 제二十七대 임금이다。성은 김씨요 이름은 덕만(德曼)이니 진평왕(眞平王)의 큰 따님으로 성품이 어질고 총명하엿으며 진평왕이 붕어하매 아들이 없으므로 지금으로부터 一천三백년전 국인의 추대로 임금이 되어 성조황고(聖祖皇考)의 존호를 받앗다。

선덕여왕은 세가지 아는 일로써 이름이 난이다。세가지 아는 일은 이러하다。선덕여왕이 임금 되기 전 곧 진평왕 때에 당(唐)나라 임금 태종(太宗)이 모란꽃 그림과 꽃씨 서되를 신라 임금께 보내 드리엇다。왕이 이것을 신하들에게 보이매 여왕이 보고

『이 꽃은 비록 고우나 향기가 없으리다』 하엿다。

『네가 어찌 아느냐』하고 왕이 물으니

『꽃이 이러케 고울 때에는 응당 봉접이 와슬 것이어늘 이 그림에 봉접이 없으니 분명히 향기가 없을줄 압니다』하엿다。그 씨를 대궐 뜰에 심엇더니 과연향기가없엇다。

또 한가지는 선덕여왕이 임금 된지 四년인 인평삼년(仁平三年)이엇다。대궐 서쪽 영묘사(靈妙寺)앞 옥문지(玉門池)라는 못에 별안간 무수한 개구리가 모여들어 三四일 연하여 야단스리 울고 잇다는 말을 듣고 즉시 알천(閼川)、필탄(弼呑)두 장수를 불러서

『지금 날랜 군사 二천명을 거느리고 빨리 서교(西郊)로 달려가라。여근곡(女根谷)이란 곳

東西洋女王巡禮記

을 물어 갈것 같으면 거기는 정녕히 적병이 잇을 것이니 다 잡아 죽이라」 분부하엿다。그 장수들이 군사를 거느리고 서으로 향하여 부산(富山)이란 데에 이르러 살펴보니 과연 여근곡이란 골작이에 백제(百濟)군사 五백명이 숨어 잇으므로 다잡아죽이고 또 남산령(南山嶺)에 숨어잇는 백제장수 우소(于召)까지 찾아내어 죽엿으며 다시나아가 후원으로 들어오는 적병一천二백명을 추격하여 전멸하엿다。이 일이 하도신기하여「어찌 그것을 아섯나이까」묻는이가잇엇다。여왕은「개구리는 성낸 꼴이니 군사의 형상이요 옥문(玉門)이란것은 여근(女根)이니 여자의 음이란뜻이요 그빛이 희다하니 백색은 서방의 빛이므로 일이서쪽에생긴줄 알앗고 남근(男根)이 여근(女根)에 들어가면 반드시죽나니 이번에 적병을 용이히 멸할줄 안것이다」하엿다。

또 한가지는 여러 신하들을 모우고「집이 모년 모월 모일 모시에는 죽으리니 나를 도리천(忉利天)에 묻어 달라」하더니 과연 그 말대로 꼭 그날그시에 붕어하엿다。

선덕여왕이 즉위하든 때로 말하면 신라가 건국한지 이미 六백九十년재요 三국을 통일하기 전 겨우 三십七년 나라의 터전이 갑이 박히엇고 앞으로 뻗어나갈 길이 보이든 때엇다。신라란 나라가 처음에는 고구려보다 작고 백제보다 약하여 아주 보잘것없는 한 조그마한 나라에 지나지 아니하엿으나 차차 문화가 발달하고 국토가 확장하여 三국 가운대 하나로 참예하게 되매 이로부터 고구려 백제로 더부러 서로 패권을 다투는 지경에 이르럿다。이와같이 국가가 다사다단하는 때에 선덕여왕이 임금이 된 것이다。안으로 백성을 다스리기와 밖으로 적국을 겨르기에 얼마나 고달펏으랴。필경백제에 四十여성이나되는 적지않은땅을 빼앗기고 국경에 중요한요새 대야성(大耶城)과 외국과교통하는 길목 당항성(唐項城)을 잃은것은 신라를 위하여 여간한 타격이 아니엇다。여왕은이러한 위급한 시기를 당하매 어찌할 도리가 없어서 당나라에 외교를 써서 그 세력을 이용하려든 것이다。여왕의 만년(晩年)에는 역시 비담(毗曇)의 무리가 반란을 일으키어 더욱 시끄러웟다。재위 十六년동안에 이러툿 외구와내란으로 일생을 마친것이다。

그러나이때에는 미상불 훌륭한인물도 없지아

東西洋女王巡禮記

니하엿으니 백성 잘 다스리기로 김유신(金庾信) 과외교잘하기로 김춘추(金春秋)같은이는 당대에뿐아니라 후세에도 드물게 볼 것이며 죽죽(竹竹)、비녕자(丕寧子)같는 충의사도 잇엇고 원광(圓光)、자장(慈藏)같은 고승(高僧)도 잇엇다。문화상으로 더욱 우리가 잇지 못할것은 세계최초의 천문대로 유명한 첨성대(瞻星臺)와 신라삼보(三寶)의 하나인 분황사(芬皇寺)의 구층탑도 다 왕의대에된것이다。

진덕여왕

다음으로 진덕여왕(眞德女王)은 바로 선덕여왕의 다음 곧 二十八대 임금이다。성은 김씨요 이름은 승만(勝曼)이며 진평왕의 아우 갈문왕국반(葛文王國飯)의 따님이니 선덕여왕하고는 사촌간이다。

이때는 신라가 이웃 나라의 침략이 더욱 심하여 처지가 몹시 의롭고 위태하엿다。진덕여왕은 이러한 난국에 처하여 부득이 당나라와 손을 잡지 아니할수 없게 되엇다。그러므로 신라의 교당책(交唐策)은 체면도 돌아보지 아니하고 염치도 다 팔앗다 할만치 당나라를 친하엿다。본국의 관제(官制)를 버리고 당나라의 것을 옮겨오며 그 복색을 본뜨며 자제를 보내어 숙위(宿衛)를 시키며 에뻔 게집과 완호지물을 보내며 심지어 역대에 쓰든 연호(年號)까지 폐지하여버리고 당나라의 것을 쓰며 또 여왕이 친히 비단을 짜 태평송(太平頌)이란 납미(納媚)의 글로 수놓아서 보내주며 이 밖에 어떠한 방법으로써든지 당나라 임금의 환심을 사고 또 동정을 끌수 잇는 일이면 거의 아니한 것이 없엇다。이것이 진덕여왕의 외교정책이엇다。이러구러 당나라를 잘 사귀게 되엇다。뒤에 그와 연합하여 백제를 멸한 것이 여왕의 붕어후 六년이요 고구려까지 멸하여 반도를 완전히 통일한 것이 十四년 후 일이엇다。

그러나 여왕은 재위 八년동안에 얄뜰이도 당나라의 것을 옮기어오므로 국민의 사상은 자연 모당주의(慕唐主義)가 농후하여지고 자국의 혼(魂)은 갈스록 소멸하여버리게 되엇다。오늘날 조선사람에게 아차람 배외사상(拜外思想)이 많게된것은 실상 여기에서 깊이 뿌리를 박앗다하여도 과언이 아닐것이다。

진성여왕

진성여왕은 신라 제五十一대 임금이니 성은 김씨요 이름은 만(曼)이다。제四十八대 경문왕(景文

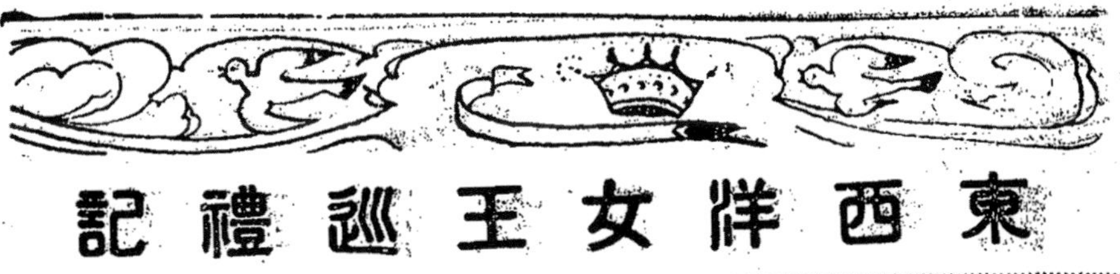

東西洋女王巡禮記

王)와 따님으로서 그 오라비 되는 정강왕(定康王)이 붕어하고 아들이 없으므로 그 위를 이어 임금이 되엇다。이때는 서력 八백八十三년 진덕여왕뒤 二백三十四년이엇다。

이때에 신라는 국도로 쇠약한 때엇다。신라가 통일한 후 한 백년까지는 나라가 태평무사하엿으나 三十六대 혜공왕(惠恭王)때로부터 내란과 흉년이 연첩하여 나라의 운기가 차차 기울어지기 시작하엿다。이러구러 백여년을 지나 진성여왕 때를 당하엿다。

진성여왕은 매우 혼미한 임금으로 간사한 소인들을 가까히하여 정사를 맡기고 여러가지 흐릿한 짓이 많으므로 정치가 극도로 부패하엿다。지방 관리들이 세금을 상납하지 아니하매 국고(國庫)가 탕갈하여 나라에쓸 돈이 없어 곤난이 막심하엿다。왕은 관리를보내어 상납을 독촉함이 가혹하매 각처에서도적이 일어나 민심이 더욱 흉흉하엿다。

이러케 된 나라가 난마같이 어지러우매 국내 각처에 엉켯든 불평아 일시에 폭발하니 양길(梁吉)은 북원(北原)에서 일어나고 진훤(甄萱)은 무진주(武珍州)에서 일어나 각기 큰 땅을 웅거하여 군웅할거의 형세를 이루엇다 궁예(弓裔)가 이어 일어나 양길을 몰아내고 태봉국(泰封國)을 세우며 진훤은 후백제(後百濟)의 나라를 세우게 되어、이로부터 삼국이 다시 벌어지엇다。이리하여 신라의 국운은 이 여왕 후 겨우 三十八년으로서 마치게 되엇다。말하자면 신라나라의 멸망을 독촉함이 실로 이 여왕때부터라 할 것이다。

각간(角干)위홍(魏弘)과 중 대구(大矩)들의 수집한 향가(鄕歌)、곧 삼대목(三代目)은 오늘날까지 조선 예술로 자랑할만한시조(時調의 근원일지니 이것이 이 여왕의시대에된것으로 조선문화사상에 특필할만한 것이다。

여후

여후(呂后)는 성은 여(呂)、이름은 치(雉)니 한(漢)나라 고조(高祖)유방(劉邦)이 아직 포의한사로 잇을때에 단부(單父) 사람 여공(呂公)이 유방의 상모를 보고 어떠케 생각하엿든지 그 딸을 곧 허락하여 주어 안해를 삼게 하엿다。그리하여 여씨는 처음에 패공(沛公、곧 劉邦)의 부인으로 한고조(漢高祖)의 황후로 혜제(惠帝)때의 태후로 조정에 다다라 제(制)를 일컫고 필경 임금 노릇까지 하게 된 것이다。

진(秦)나라의 딸아나는 사슴을 쫓으려고 일

東西洋女王巡禮記

어난 한고조는 초패왕항우(楚霸王項羽)와 판씨름을 하여 고컨악투 八년만에 천하를 얻엇다. 고조(高祖)가 이러케 성공하기에는 실로 여후의 내조(內助)가 많앗든것이사실이다.

고조의 뒤를 이어 기출의 아들 혜케(惠帝)가 임금 되매 그는 너무나 인약(仁弱)하므로 여후가 정권을 잡아 케(制)를 일컫게 되엇다. 질투심이 많은 그는 고조의 사랑하든 후궁 척희(戚姬)의 몸에서 난 조왕여의(趙王如意)를 독살하고 척희에게 사람으로서는 참아 하지 못할 악독한 짓을 하여 사람도야지(人彘)를 맨들어 뒷간에 두어 한구경거리로 혜케에게 보이는 참독한 일까지 잇엇다. 혜케는 이를 보고 이네 놀란병이 들어 오래지 아니하여 죽고 말앗다.

이 뒤로는 여후가 인케는 내 천하가 되엇다 하고 허위(虛位)일망정 소케(少帝)란 어린 아이를 뒷방에 앉혀놓고 자기가 엄연히 사백주(四百州)에 군림(君臨)하엿다. 사실 한(漢)나라의 황케는 여후라 아니할수 없다. 이것이 지금으로부터 二천二十년전 일로 지나에서 여왕으로 비롯이라 할 것이다.

여후가 이러케 일국의 정사를 한손에 잡아흰 다음에는 조정에 유씨(劉氏)를 다 쫓아내고 자기의 당파를 들어세우며 왕(王)이며 후(侯)이며 하는 것들도 모두 여씨(呂氏)들로 봉하엿다. 이러하여 얼마아닌동안에 한나라는 왼통 여씨의 천하로 만들어 놓고 말앗다. 여후는 여왕 노릇 八년만에 죽고 그러케 번성하든 여씨일족이 모두몰락하고말앗으며 도루 유한(劉漢)의천하로 돌아가게되엇다.

측천황제

측천황케(則天皇帝)는 세상에서 무후(武后)라하여 잘 안다. 그는 성이 무(武)가니 곧 무사확(武士彠)의 딸이며 당(唐)나라 고종(高宗)의 황후인 까닭이다. 고종이 죽은 뒤에 중종(中宗)파 예종(睿宗)을 차례로 내앉히고 임금이 되어 측천대성황케(則天大聖皇帝)란 존호를 가지엇으므로 측천황케라 하는것이다.

무씨는 용모가 절색이므로 열여섯살 때에 태종(太宗)이 궁녀로 불러들엿더니 고종에게 특별히 고임을 받게 되엇다. 이때 고종의 황후인 왕씨(王氏)와 그 후궁인 소숙비(蕭淑妃) 사이에 사랑의 쟁탈전이 생기어 왕씨는 임금에게 소씨의사랑을 끊게할게교로 무씨를 천거하여 소의(昭儀)로 올리게까지하엿다.

東西洋女王巡禮記

무씨가 몸이 이러케 영귀하게 된것도 다 황후의 덕택이언마는 그것을 생각할 까닭이 없고 도리어 황후의 자리까지 빼앗으려는 야욕이 생긴 것이다。마침 이때 무씨가 딸을 낳앗는데 황후가 와서 보고 매우 귀애하여 아이를 얼사 안고 재롱하고 돌아갓다。무씨는 지금에야 기회가 온것으로 알고 곧 그 아이를 죽이어 가만이 포대기 속에 넣어 두엇다。그러자 임금이 들어오매 무씨는 겉으로 기쁜 양자를 보이며 포대기를 걷어 아이를 내어 보고 깜작 놀라며 「아이가 죽엇다」하고 소리 질러 울엇다。임금이 시녀들에게 어찌 연유인가 물으니 모두 대답하는 말이 황후가 방금와서 아이를 본것밖에 없다 하므로 임금은 의심을 황후에게 두게되어 즉시 후를 폐하여 내어쫓고 무씨를 대신 황후를 삼은 것이다。이러케 음험한 짓으로 자기의 사욕을 채운것이다。

고종이 죽고 아들 중종(中宗)이 즉위하매 무씨가 즉시 폐하여 여릉왕(廬陵王)을 삼고 예왕단(豫王旦)을 세우니 이가 예종(睿宗)이라 무씨가 조정에 다다라 제(制)를 일컫고 나라의 정권을 잡아 쥐엇다。이것을 가만이 앉아볼수 없다 하고 이경업(李敬業)、이정(李貞)등이 군사를 들고 일어서다가 다 잡히어 죽고 말앗다。무씨는 당나라의 왕족 수백명을 죽이고 스스로 황제라 일컬으며 나라이름까지 주(周)로 고치어 버렷다。이때는 서력 六백八十四년 우리의 진덕여왕(眞德女王)하고 거의 같은 시대로 진덕여왕보다 三十년 뒤엇다。

이때 무씨의 나이 이미 六十이 넘엇다。안밖으로 물정이 매우 시끄러워지매 사람들이 혹시 자기를 흉단할가 염려하여 혹독한 관리를 써서 널리 규찰하게 하고 또 밀고(密告)의 문을 열어 살육이 무수하엿다。그러나 무씨는 매우 재첩한 여자여서 인재를 잘 골라쓰는 일도 잇엇으니 서유공(徐有功) 위천충(魏天忠)、적인걸(狄仁傑)같은사람들이 다 당시의 이름난 재상들이엇다。

무씨의 나이 八十二세의 노쇠한 몸이 되매 인제는 그 발발한 기운을 더 펼수 없음을 알앗든지 중종(中宗)의 복위를 허하고 측천대성황제(則天大聖皇帝)란 존호를 가지고 상양궁(上陽宮)에 나 앉앗다가 그해 겨울에 죽엇다。(끝)

二周史話

행주치마의 由來

桓山

지금으로부터 三백四十년전 우리 선조대왕(宣祖大王) 二十六년(서역 一五九三년) 계사(癸巳)二월 열이튿날이엇다。이때는 임진란이 일든 이듬해로 파거 十개월간에 경성으로 위시하여 중요한 도시는 거의 다 일본군사에게 점령되엇고 임금께서는 의주(義州)로 피란하려 가기까지 하섯다。이러케 조선八도가 다 병화(兵火)의 구뎅이에 들어 물끓듯하는데 어찌 홀로 행주산성(幸州山城)만이 면하기를바랏으랴。

행주(幸州)는 경성 서북쪽 三十리 거리에 잇는 고양군(高陽郡)의 한 동리 이름이요 거기에는 한강(漢江)을 대어 높이 한 一백五十미를되는 양덕산(陽德山)이란 조그만 산이 잇고 그 산 꼭다기에 성을 쌓은 것이 잇는데 이것을 행주산성이라 하여 지금까지 그 성터가 잇다。이때 그 근처 여러 마을에 사는 백성들이 피란하려 수없이 이 산성에 들어와 살앗든 것이다。

서울서 서도(西道)로 내왕하려면 행주산성은 한쪽으로 비키어 놓고 가기 때문에 여기는 적이 안전지대로만 여겨왓드니 오늘은 뜻밖에 여기까지 전쟁의 불덩이가 미치게 된 것이다。이때 전라감사(全羅監司) 권률(權慄)이 이치(梨峴)에서 크게 승리하여 전라도로 적병의 유린을 면케하고 그 남은 위엄으로 경성을 도루 회복하려라는 장대한 결심을 가지고 군사 二만명과 승장(僧將) 처영(處英)을 거느리고 북으로 올라와 수원(水原)에서 일본군사와 싸워이기고 일본군사에게 패하여 북으로 달아난 명(明)나라 구원병이 다시 남쪽으로 내려옴을 기다려 같이 경성의 일본군사를 치기로 하고 강을 건너 행주산성으로 옴기어온 것이다。

이때 일본군사의 세력은 어떠한고 하면 한반달전에 명나라 장수 이여송(李如松)이 벽제관(碧蹄館)에서 일본군사와 싸워서 여지없이 패하여 평양으로 달아나고말앗으며 명나라군사를 이긴 일본군사는 더욱 기를 펴서 각처에 늘려잇는 군사들을 모두 경성으로 집중하여 크게 계획을 정하고 잇든터이다。

이날 새벽에 갑자기 二만여명이나 되는 일본군사가 행주산성을 쳐들어온다。그 앞에 넓은 들은 왼통 일본군사로 깔리엇다。이 산성안에 잇는 불과 천여명의 조선군사로써 그를 대적하기가 실로 어려웠다。더구나 한강이 한편으로 가로 막히어 잇어서 퇴각할수도 없고 적병이 三면으로 에워싸고 들어오매 중과난적(衆寡難敵)하여 나아가 싸울수도 없어 형세 심히위태 하엿다。

권률장군이 장검을 빼어들고 군중에 호령하니 어허!용맹스런 우리군사가 생명을 내어놓고 앞을 다투어 나서서 일제히 사격을 시작하엿다。총소리와 고함소리는 천지를 들석거리엇다。성안에 사는 백성들은 모두 나와서 응원을한다。남자는 물론이오 부녀들까지 모두 전진에 나서서 활동을 하엿다。

아아 큰일낫다 너무 장시간 대적전이므로 지금은 화살이 떠러지게 되엇다。적병이 커러케 완강히 대적하여 몰아오는 이판에 화살이 없으면 도저히 싸울을게속할수없는 형편이다。『화살!화살!』하며 군사들은 야단들을한다。화살을 실러보내 달라고 원수부(元帥府)에 통지는하엿지마는 아직 아무 소식이 없고 화살은 자꾸 없어저간다。적병이 만일 이러케된 내막을 알앗다가는 막달겨들어 우리 진을 함락하고 청중백성들을 도륙할 것이다。

군사들 중에『화살! 화살!』하는 소리가 연발할 때에 어떤 젊은 아가씨 하나가 뒤에서

『화살이 없거든 돌멩이로 대신하지』

하고 말한다。그 곁에 잇든 다른 아가씨가 그말을 받아

『글세 참 돌멩이는 얼마라도 잇으니 팔매질하여……』

하며 모두웃엇다 다른 아가씨 하나가 썩 나서며

『여보시오 우리가 말로만 그리할 것이 아니라 우리 힘껏 돌멍이를 주어다가 군사들 앞에갖다 놓읍시다구려』

하고 말한다。중년 넘은 부인하나가

『그것 참 좋은말슴이오。그런데 돌멩이를 한두개씩 가저오면 그걸 가지고 뭘하겟소? 이왕이면 일이 되도록 우리 치마폭에다 돌멍이를 가뜩가뜩 담아옵시다구려』

하고 말하니 모두 동감이 된다는듯이 이구동성으로·

『자、그리합시다 어서갑시다』하고 달려가려한다。이때 늙숙한부인하나가

『그러치만 우리가 치마를 걷으면 속것바람으로 다니는거와 마찬가지가 아니오?우리가 비록오늘날 이러한 난국을 당햇기로 예절을 도라보지 아니하여서 쓰겟소?나는 지금 입은 이 치마우에 다른 치마 한벌을 더껴입고 거기에다 돌멩이를 담앗으면 좋을것 갑소』

하고 말하니 여러 부녀들은 이 말을 듣자 빨리 뛰어가서 일체히 앞치마를 입고 나와서 돌멩이를 담아온다。이를 본 수백명의 부녀들은 다 그와 같이 하엿다。지금에 앞치마를 행주치마라 하는 것은 이것이 원인으로 곧 행주 부녀들의 치마라 하는 뜻이다。

이러케 화살이 다 떠러질 때에 격렬한 석전(石戰)이 시작되드니 이어서 정걸(丁傑)이 많은 화살을 배에가득실고 왓다。군사들은 이것을 보고 크게기뻐하여 죽음을 아끼지 아니하고 힘써싸워서 크게 이기엇다。일본군사의 사상자는 그 수를 헬수도 없엇다。

이것을 우리 역사상에 빛난행주대첩(幸州大捷)이라 한다。이후로 경성 잇는 일본군사는 기운이 크게 꺾이어 필경 경성을철퇴하기까지 하엿다。

傳列俠武의上史鮮朝

朝鮮史上의武俠列傳

朝鮮史上의武俠列傳(其一)

黎道令의神勇

李允宰

朝鮮에 武俠한이를 말하려면 먼저 黎道令을 들지 아니할수 없다。

黎道令은 지금으로부터 二千一百五十年前 濊國(시방 江原道 江陵)南閭王때 사람이다。그가 出生함에 對하야 傳하여오는 말을 들으면 濊國 어떤 村에 사는 老嫗가 시내가에서 빨래를 하더니 크기 瓢子만한알 한개가 떠나려오는 것을 보고 이상히여겨 그것을 건저다가 집에 갖다두엇다。얼마만에 한 男子가 알 껍질을 깨치고 나오는데 형용이 보통사람과 달랏다。그 老嫗가 그대로 길럿더니 나이 六七歲에 키가 八尺이나 되고 얼굴빛이 검엇다。그리하야 黎道令(검도령님)이라 부르는 것이 인애 그 이름이 되고말앗다 한다。이러케 알속에서 사람이 낫다는것은 荒唐하야 믿지 못할 말이어니와 생각하면 무슨 까닭인지 그 낳은 父母가 냇물에 뜨여버린 것을 老嫗가 거두어 기른 것인데 자라서 神勇이 잇고 行爲가 非凡하매 그 先世의 分明차 못함을 掩飾하려하야 이런 說話를 지어낸 것인가 한다。何如間 黎道令은 몸이 僻隅에 나서 聲名을 全世界에 들어낸 훌륭한 勇士이다。史上에는 滄海力士라 하야 傳하여오며 누구나 다 그를 모르는이가 없을 것이다。

黎道令의 少年때의 일을 한가지 들어보면 그때 그 나라에 사나운 범이 잇어 白晝에 橫行하야 사람을 상함이 썩 많으므로 온 나라가 걱정하나 잡는이가 없엇다。黎道令이 忿然히 말하기를『이 팔이 족히 猛虎를 죽이고 사람의 生命을 救하리니 나를 믿으라』하고 팔을부두걷고 산으로 향하여 올라가니 별안간에 큰 뇌성소리가 들리고 陰風

이 수르를 오더니 큰 범 한마리가 산으로서 나려와 咆哮하고 달겨들엇다。黎道令이 뛰어가 몸을 솟우치며 범의 우로서 주먹을 쥐고한번 나리치니 그 영악한 놈도 금시에 맥을 못 쓰고 엎더러졋다。그얼마나 冒險心이 많은가 이로써 가히 미루어 알 것이다。

또 한가지는 王이 萬斤이나 되는 巨鍾(종)을 鑄造하야 그 앞에 두엇다가 딴 곳으로 옴기려하나 數百名의 壯士들이 그것을 들어 끌어도움지기지 아니하엿다。黎道令이 단번에 그것을 우쩍 들어 옴겨놓으니 보는이들이 모두 혀를 깨물지 않는이가 없엇다。王이 크게 稱賞하며 불러들여 늘 左右에 머물러두고 上客을 삼앗다 한다。

우에 말한 이 두어가지의 事實로써 그의 義氣와 勇力이 얼마나 컷든지를 알수잇거니와 이제는 知己 張良을 만나서 그 鐵腕을 快히 한번 試驗할 날이 이르럿다。

張良은 본대 韓나라 사람으로 그 五代가 韓나라에 정승이 되엇섯더니 韓나라가 一日에 秦나라에 滅亡하는 悲運을 당하엿으매 어제갈이 舊家世族으로 榮光이한량없든 몸이 오늘날 이러듯 子子한 一亡國遺民이 되엇다。

秦始皇은 有史以來 罕有한 大英雄으로 一擧에 六國을 滅하야 天下를 統一하고 暴戾를 逞하야 帝權을 收攬하엿으니 그 强暴한 秦의 勢力을 꺾을자 누가 잇으랴。그러나 한 年少愛國者로서 祖國을위하야 發憤忘食하고 東奔西馳하는자는 오직 한사람 張良이 잇을뿐이엇다。

張良이 家産을 모두 흩어 同志를 얻어서 秦始皇을 죽이고 나라의 원수를 갚으려고 하엿다。東方에는 예로부터 勇士가 많단 말을 듣고 스스로 跋涉하야 不遠千里하고 濊國에 이르러 南閭王을 보고 그 事情을 告하며 勇士를 請求하엿다。王이 또한 그 義에 感服하야 卽時 黎道令을 보내주기를 허락하엿다。

黎道令이 張良을 따라 支那로 가서 重量이 一百二十斤되는 鐵椎를 지어두고가만이 機會를 기다리고 잇엇다。마침 이때에 始皇이 國內 各地를 巡遊하게되엇다。이 千載一遇의 絶好한 機會를 놓치지 않으리라 하고 黎道令은 張良과 서로 約束을 嚴密히 한후 그 鐵椎를 소매속에 넣고 떠나갓다。車駕가 博浪沙(시방 河南省 陽武縣 東南) 가운대로 지나간다。워낙 萬乘天子의 거동이므로 千騎萬馬가 前後左右로 扈衛하야 威儀가 莊嚴하엿을것은 물론이요 그 지나는 길은 물샐틈 없이 철통갈이 警戒하야 개미 한마리 그 앞에 얼씬 못하엿을 것이다。어허! 이 勇士는 이러한 가운대에 鬼神갈이 뛰어들어 다짜고짜로 그 소매속으로 鐵椎를 뽑아내어 꼭 鳳輦을 향하야 때리엇다。轟烈한 一聲에 天日이 晦暝하고 地面이 龜裂하야 一場 修羅場으로 化하엿다。이 서철에 黎道令은 悠々히 자취를 감추엇다。秦始皇이 꼭 그시에 죽은줄로만 알앗더니 아아 애석하게도 副車를 그릇 맞히엇기 때문에 始皇은 요행히 죽음을 免하엿다。副車란것은 皇帝가 거동할 때에 道路에 萬一을 念慮하야 수레 셋을 꼭 갈이 꾸미어 어느 수레에 임금이 탄는지 모르게 하는 것인데 이 副車에는 始皇이 타지 않은 空車엿다。머처럼 한 일이 그만 成功하지 못한 것은 千古에 遺恨일것이다。始皇은 크게 怒하야 온 天下에 令을 내려 大搜索을 하야 十日까지 하엿으나 犯人을 얻지 못하엿다。

世宗大王의 聖德

李 允 宰

世宗大王께서 우리에게 「한글」을 끼쳐 주시었다。이 「한글」은 우리 民族에게 영원히 값없는 보배가 되며 우리 조선사람으로서 世界에 크게 자랑이 되는 것이다。「한글」을 우리 民衆의 물건을 만들려하야 내어놓으신 것이 지금으로부터 四百八十七年前 九月二十九日(陰曆)인데、陽曆으로 換算하야 十月二十九日로써 「한글날」로 정한 것이다。이 때를 당하야 우리는 우리 世宗大王을 感慕하는 생각이 더욱 지극한지라、이에 그 聖德의 一斑을 간단히 적어서 이로써 그으키 記念의 뜻을 表하려하는 것이다。

世宗大王은 李朝 第三世 太宗大王의 셋재 아드님으로 太祖 六年 丁丑(西紀 一三九七年) 四月 十日에 漢陽에서 誕降하시다。처음에 忠寧大君의 封함을 받으시었다가、그 長兄된 讓寧大君(禔)이 失德하야 世子의 位를 讓하게 되매 인해 世子의 冊封을 받으시었고、父王 太宗大王의 禪位를 받아 當時 二十二歲로서 王位에 오르사 第四世의 君主가 되시었으며、大王의 三十二年 庚午(西紀 一四五〇年) 二月 十七日에 春秋 五十四로 昇遐하시었다。

大王은 天縱의 大聖이시니、天資가 聰明하고 學問을 좋아하야 早起晏寢에 손에 책을 놓지 아니하며、선비를 사랑하야 宮中에 集賢殿을 두고 一代의 文士를 모아서 學術의 硏究와 討論을 힘썼으며、新文化 建設에 勤勤孜孜하사 조금도 쉴새 없으시니、業述과 創作은 실로 前古에 없는 偉績을 남기시었다。그 대개를 들어보면、

書籍	命撰
高麗史	鄭麟趾等
孝行錄	卞季良
資治通鑑綱目	尹淮等
三綱行實	儒臣等
農事直說	鄭招
七政算內外篇	鄭麟趾等
明皇誡鑑	儒臣等
五禮儀	許稠 姜碩德等
訓民正音	鄭麟趾 申叔舟 成三問 崔恒
治平要覽	鄭麟趾等
歷代兵要	首陽大君等
龍飛御天歌	權踶 鄭麟趾 安止
月印千江之曲	儒臣等
東國正韻	崔恒
四聲通攷	申叔舟

이와 같이 政治•經濟•倫理•敎育•文學•藝術•史學•字學•曆法•兵學等 各方面에 이르러 具備하지 아니함이 없

으며、그중 訓民正音(한글)은 文字로서 가장 高貴한 價値가 있는 알파베트式의 記音文字로 그 構造가 靈妙하고 音理가 完備하야 가장 科學的으로 組織되었으며、二十八字母가 變換無窮하야 익히기 쉽고 日用에 便하야 世界 文字에 가장 으뜸된다는 것은 더 말할 것도 없다。또

大小簡儀臺
欽敬閣渾象
仰釜日晷
日星定時儀
自擊漏
石刻天文圖
測雨器

等을 制作하였는데、이것은 다 天文에 關한 器械로 尹士雄•蔣英實 같은 技術家를 더리고 研究制造한 것이니、그중 欽敬閣渾象 같은 것은 玉漏機輪으로 만들어 四神•十二神•鼓人•鐘人•司神玉女等 온갖 機械가 人力을 빌지 아니하고 自由로 運動하야 天日의 度數와 時間의 分刻이 絲毫도 틀림이 없이 꼭꼭 들어맞아 과연 神功을 빼앗았다 할만큼 精巧를 極하야 機械文明이 極度에 達하였다할 오늘날 사람으로도 미상불 驚異를 말지 아니하는 바이며、또 測雨器로 말하여도 世界에 있는 모든 器械的 測雨器의 元祖요、西洋보담 二百年이나 앞선 것이다。(西洋에서 雨量을 測定하는 것이 나기는 西紀 一六三九年으로서 시작이라 한다) 大王께서 또 樂理에 精通하사 南陽에서 磬石을、海州에서 秬黍를 얻어서 樂器를 만들고、樂章과 樂譜의 制作이 많았었으며、音樂大家 朴堧으로 더부러 苦心研究하야 雅樂을 完成하였다。

大王께서 孝友가 지극하고 勤儉을 일삼으심은 後世에 模範을 끼쳤으며、禮樂을 바루고 刑獄을 가벼이하야 國家가 크게 昇平을 이루었다。이렇게 文治에만 用力하실뿐더러 武功으로도 특히 기록할 것이 많다。李從茂로 하여금 對馬島를 쳐서 倭寇의 根據를 빼어버리고、黃潤德으로 하여금 鴨綠江 上流의 女眞을 쳐서 그 巢窟을 무찔르고、金宗瑞를 보내어 東北邊에 있는 野人을 쫓아내었으며、鴨綠江 方面에 四郡(茂昌•閭延•虞芮、慈城)을 두고、豆滿江 方面에 六鎭(鍾城•會寧•慶源•慶興•穩城•富寧)을 베풀어서 國疆을 크게 開拓하시었다。

이와 같이 大王 一代에 남기신 聖德은 우리의 筆舌로 다할 수 없으리니、그 光輝와 恩澤은 天地로 더부러 永遠할 것이다。

甲戌과 朝鮮

=三大事實과 三大人物=

【一】

李允宰

사람은 언제든지 未來를 憧憬하는때에 또 過去를 回顧하는것이 自然한것이다. 이제 우리가 甲戌의 새해를 맞는 이때에 그前의 甲戌年을 回顧하게 되는것도 [illegible] 까닭인것이다.

나는 新年劈頭에 한 [illegible] 으로 過去에 있던 甲戌 몇개를 뒤적어보다가 [illegible] 世에 이르러 [illegible] 朝鮮의 [illegible] 漢陽으로 遷都되어 五百年 社稷의 뿌리를 깊이 박은것이 太祖의 甲戌이오, 高宗의 한참때에 大院君이냐? 閔妃냐? 하다가 [illegible] 한가지 [illegible] 當時人이 거구러진것이 [illegible] 의 甲戌이오 [illegible] 政權이 大院君? 明成后? 하다가 [illegible] 年에 [illegible] 하면 大院君이 드디어 下野하고 말은것이 [illegible] 의 甲戌이다. 이러한것이 우리 歷史上에 [illegible] 事實이다. [illegible] 이나오, 또 人物에 있어서도 甲戌生으로 나이로 어떠한이가 수두룩한중에, 될신 멀리로 高麗 [illegible] 時代에 [illegible] 같은 이가 있었고 李氏朝鮮時代에 이르러 中世期에 가장 英明한 英祖大王같은이가 있었고 아주 가까이로 [illegible] 이가 있었다.

어떠한 事實, 이러한 人物이 다 지난 甲戌年에 나타난것이므로, 이것이 朝鮮歷史에 가장 重要性을 가진것이라서 甲戌年이라면을 생각하는 意味에서 이것을 新年의 한 題目로 하였지만 결코 無意味한 일이 아닐것이다.

漢陽遷都

漢陽은 百濟의 [illegible] 으로, 新羅의 北漢山州로, 高句麗의 [illegible] 으로, 高麗의 南京으로, 일즉이부터 있었고 高麗 末葉에는 有名한 太古和尚 普愚가 三十六國이 來朝한다는 [illegible] 로써 漢陽遷都를 力說한 일이 있었고, 恭愍王 [illegible] 은 一時 [illegible] 한 일까지 있어서 漢陽이 이렇게 [illegible] 과 王都의 [illegible] 가 되었던 것이다.

[illegible] 의 [illegible] 으로써 [illegible] 이 점점 表面化하야 특히 [illegible] 에 革命事業이 成功되어 [illegible] 없어버리고 새로 朝鮮國을 이룩한 李太祖는 新國의 氣象으로 人心을 一新케 하자면 [illegible] 에 [illegible] 리 있는것보다 좀 [illegible] 이 나으리라 생각하였다. 高麗의 [illegible] 을 [illegible] 하는데는 [illegible] 하며 [illegible] 하였으리라. 먼저 公州 鷄龍山으로 가서 形勢를 [illegible] 펴보고 [illegible] 의 [illegible] 거기에 定都하기로 작정하고 大匠 [illegible] 을 [illegible] 하야 [illegible] 의 民丁을 [illegible] 하야 新都의 [illegible] 起하다가 [illegible] 의 反對로 中止하고 다시 [illegible] 毋岳의 [illegible] 곧 시방 新村附近에서 [illegible] 의 [illegible] 決定하였다.

[illegible] 結果 거기는 [illegible] 로 明 [illegible] 부족하다는 [illegible] 무게되고 또 다음 [illegible] 의 三角山, [illegible] 北岳의 [illegible] 가장 적당하다고 [illegible] 하는이가 많으므로 [illegible] 漢陽의 [illegible] 로 決定하였다. 그리하야 [illegible], 漢州, 漢城의 [illegible] 되어 [illegible] 年(西紀 一三九四年) 十月 二十八日에 [illegible] 하야 [illegible] 에 [illegible] 十二月 四日부터 宗廟와 宮闕을 [illegible] 있었던 일로 옛이다. 오늘의 서울은 [illegible] 이 되었다. 이렇게 五百四十年前 太祖 三年의 甲戌이었다.

(續)

甲戌과 朝鮮

三大事實과 三大人物

【三】 李允宰

張氏廢黜

朝鮮 第十九世 肅宗大王의 一代 四十六年間은 黨爭으로 始終하엿다。肅宗의 卽位가 黨爭 發生 以後 곡 百年으로, 그 사이에 이리궁 저리궁 엎지락뒤지락하야 黨爭이 쉰적이 업섯지마는, 이때는 南人 對 西人의 猛烈한 싸움이 몃번이나 엎치락 뒤치락하야 黨爭이 最絶頂에 達하엿슬 때엿다。仁祖 以後 顯宗의 代까지 五十年동안이나 내노라 하며 득판치던 西人은 甲寅禮訟 까닭에 大敗, 宋時烈이 쫓겨나므로 말미암아, 西人이 그만 失勢하여지고, 南人이 점점 머리를 처들게 되엇다。그러다가 庚申大黜陟(西人派이 陰險한 計劃으로 宗室 李楨、李柟 및 許積 等을 反逆으로 몰아서 南人 大臣 許積、尹鑴 等을 죽이고, 西人이 다시 들어서게 된것)으로써 西人이 크게 活氣를 띠더니, 自黨의 缺裂이 생기어 老論、少論으로 갈라지며, 不過 十年에 張希載를 中心으로 南人이 와짝 일어나고 西人이 大打擊을 입엇다。

이것을 좀 자세히 말하자면, 張禧嬪은 才色이 絶美한 女性으로 後宮으로 뽑히어, 王에게 한껏 寵愛를 밧앗다。이때 王은 나이 三十에 가까웟건마는, 그 正宮인 仁顯王后 閔氏에게서 王子가 나지 아니하야 적지 아니한 걱정이 되더니, 張氏에게서 王子(뒤에 景宗大王)가 나매, 王은 기뻐하야 곧 世子를 冊封하고, 이로부터 張氏를 더욱 사랑하며, 또 그의 讒訴에 솔깃하야, 畢竟에는 閔后를 廢하야 安國洞 私家로 돌려보내고, 張氏를 王后로 陞格하엿다。이판에 西人 宋時烈、金壽恒 같은 元老大臣과 朴泰輔、吳斗寅、李世華 같은 節士며 其外 名士 數十人이 모두 西人들이엇다。그리고 南人의 一派는 勿論、南人 一派가 모두 要職에 오르니, 十年동안 得意못하던 南人들이 다시 活動을 하게 되어, 이렇게 판국을 아주 바꾸어 놓은 것이다。

西人들의 [illegible] 어떠다고 말할수 잇섯으랴。그리하야 그들중에 金春澤、韓重爀 [illegible] 閔后의 復位를 秘密히 運動하다가, 이것이 發覺되어, 右議政 閔黯과 南人의 領袖이 이 일을 뒤집어내어 크게 獄事를 일으켜서, 이것을 機會로 西人의 殘黨을 一網打盡하기로 하엿던것이, 도리어 王에게 憎惡하바 되어, 閔黯을 賜死하야 權大運、睦來善、金德遠等의 南人 大臣들이 다 쫓겨나고, 南九萬、朴世采、尹趾完等 西人들이 대신 入閣하게 되엇다。이로써 南人은 아주 屛息하야 영영 일어날 機會를 얻지못하고 말앗다。그리고 王은 閔后한 일을 크게 後悔하야 지금까지 그지없이 사랑하던 王后 張氏를 廢하야도루 嬪의 稱號를 주고 閔后를 復位하니 春風秋雨 六個星霜으로 安國洞私邸(後人이 閔后를 追慕하야 이것을 感古堂이라 지엇다)에서 鬱鬱하게 歲月을 보내고 잇던 閔后는 이로하야 다시 天日을 보게 되엇다。이것이 二百四十年前 肅宗二十年(西紀一六九四年)의 甲戌이엇다。

甲戌과朝鮮

三大事實과三大人物

【三】 李允宰

閔氏天下

韓末에 激烈한 政爭은 大院君과 明成后와의 關係로써 싸흔 마왓다。爾來 三百年 黨爭이 激烈하지 아니함이 아니나, 이는 나만 對內的 行動에 그치고 말엇지마는 大院君과 明成后와의 政爭은 對外的 關係를 맺어 들이어 필경 朝鮮으로 하여금 國際關係에서 아주 困難케 한것이니 그 影響이 더욱 크다 할수 잇다。

大院君은 高宗의 親父로, 高宗이 哲宗을 繼承하야 登極하는 때가 겨우 十二歲의 幼沖으로 大政을 親裁하기 어렵우며 大院君이 國太公이란 우이없는 이름으로 國家 政治上 實權을 잡아 事實 帝王이엇다。本年에 回甲을 [illegible] 서 [illegible] 五十餘年間 [illegible] 잇던 [illegible] 金氏들의 勢道를 씻어버리고 歷代에 보기드믄 破天荒의 大改革을 斷行하니 內的弊政의 釐革과 地方差別의 撤廢와 書院 撤廢와 兵制의 改革과 三軍府의 復活과 戶布法의 實施와 苛斂의 免除와 倉庫制度의 整理와 風俗의 改良과 衛正斥邪의 宣言과 鎖國의 政策과 景福宮의 重建과 天主敎의 禁壓과 佛蘭西 米國의 擊退와 日本使節의 拒斥等이 다 그의 獨斷政治로, 여기에는 善惡 功罪가 따르는것이오, 또 그로 하여금 後日 失敗를 부르게 된것이다。

이러그러 執政한것이 이미 十年이지라, 一國을 料理함에 그맘에는 아무것도 거리낄것이 없엇다。그러나 오직 하나의 政敵이 자기의 며느리되는 明成后 閔氏일줄은 그도 想像하지 못하엿든 것이다。明成后는 [illegible]大夫人(大院君의 夫人) 閔氏의 族人이오 閔致祿의 [illegible]로 일즉 父母를 여의고 또 그는 兄弟와 男[illegible]가 없는이이므로, 大院君은 [illegible] 없는 집안에서 王后를 맞는것이 後日 勢道의 弊를 덜리라 해서 맞앗든가 없으리라 하야 인해 閔氏를 王后로 擇한것이다。

明成后는 十六歲로 入內하야 勢力이 아주 孤獨하니로 九年間은 조용히 지내어왓고, 그 近族 閔氏들도 大院君의 威勢 아래에 [illegible]하고 엎드려 잇엇다。일즉 宮人 李氏에게서 完和君이 나매, 大院君이 이를 그지없이 사랑하야 世子를 삼으려하는것이 明成后에게 알리게 되어, 두 사이 嫌隙하는것이 싸움의 火蓋가 열리게 된것이다。그러다가 그후 明成后에게서 아들(뒤에 純宗)이 나매, 부랴부랴 世子를 冊封하며 조금까지에 자는 범 같이 沈默하든 明成后는 [illegible]을 다하야 積極的으로 [illegible]하려 하엿다

이때 大院君은 어떠한 [illegible]에 잇엇는가。이보다 一年前에 [illegible] 崔益鉉의 一[illegible] 彈劾文 으로써 大院君의 十年[illegible]의 政權이 떼어지고, 또 江華事件 日本軍艦에 對한 일으로 時勢가 利롭지 않다 하야, 그 [illegible] 大院君은, 楊州 곧은골에 退隱한것이엇다。이로 因하야 閔氏들은 [illegible] 일어나 [illegible]을 가지이는 다 閔氏族이오, 大院君 攝政時代의 政策을 一變하엿다。大院君은 하잘없이 [illegible] 閔升鎬(明成后의 親兄)의 家에 爆彈 膳物을 보내는것으로써 한 [illegible]의 手段을 삼앗을 뿐이엇다。

한창[illegible] 中의 [illegible] 하는 [illegible]으로써 오늘이러케 [illegible]으로 벗어나 지내는 身勢가 되엇지마는, 大院君과 明成后의 [illegible]로써 [illegible]化하야 장차 東亞 政界의 大波瀾을 일으킨것이 정작 아때로 비롯이라 할것이다。그러하야 高宗十一年부터 同三十二年까지 二十二年間의 歷史는 大院君과 明成后의 政爭史라 할것이다。이 [illegible]의 發生이 六十年前 高宗 十一年(西紀一八七四年) 甲戌 이엇다。

甲戌과朝鮮

三大事實과三大人物

【四】 李允宰

甲戌生人物

올에 甲戌生이면 의례히 六十一歲 곧 回甲年으로 알것이며 回甲을 당하는 때는 慶宴을 열어 長壽를 祝賀하는 儀典도 의례로 잇는 일이다。 과연 人生의 一生에 한번 밖에 더 못보는 이 回甲年이야말로 얼마나 貴重한것인가。 우리 歷史에 이름을 남기인 中에서 올에 回甲을 당하는이 곧 甲戌生이 얼마나 되는가를 한번 살아본다는것도 한 興味 잇는 일이라 아니할수 없다。 李氏朝 五百年間에 우리가 잘 알만한 人物로써 대강 생각나는대로 처보자。

맨처음으로 金佔畢齋 學派의 直系요 우리 朝鮮 理學의 첫손가락을 갈는이로 寒山에 그 儒師의 史獄에 걸리어 南北으로 流謫하다가 끄경 甲子士禍에 犧牲된 寒暄堂 金宏弼이며、十歲에 詩를 能하야 才童으로 聞名하고 不幸히 파 한가지 史獄에 干連되어 閣天謫所에서 寃死한 梅溪 曺偉며、少年 名筆로 一世에 이름을 날린 成宗朝의 學者 姜渾은 다 端宗二年의 甲戌生이오、光海朝에 登第하야 獨特히 남들이 감히 하지 못하는 當時 西宮에 幽閉되어 잇는 仁穆王后에게 가서 慰問의 禮를 드리었으되 世上에 알니우지고

宋尤庵의 次輩이라면 더 잘 알수 잇는 晦庵 宋時烈이며、有名한 金沙溪의 아들로 學問에 精通하으로 이름이 높고 顯宗 肅宗時에게 排斥하였다는 禮論으로 하대로면 第二禮訟이 생기반까지 하였으로도 잘 아는 愼獨齋 金集이며、宣祖時에 글씨로 이름난 月沙 吳竣이며 樹德家의 아들로 역시 글씨 잘 쓴 東溟 鄭斗卿、光海朝에 壽로 더욱 御筆로써 이름이 높은 休休堂 李景[illegible]는 다 宣祖七年의 甲戌生이오、원래 西人의 猛將으로 南人하고 맞서어 소위 庚申大黜陟을 일으키어 無辜한 犧牲者가 千으로써 헤게 되고 이 광으로써 保社勳에 錄하야 淸城府院君의 勳號를 얻은 肅宗朝 相臣 金錫胄는 仁祖十二年의 甲戌生이오 英祖時 文臣으로 李台重、金若魯、徐命膺며、또 萬卷의 藏書를 하고 [illegible] 自修하였다는 近庵 尹汲이며、글씨로 이름난 [illegible] 英

祖時 [illegible]으로 더욱 [illegible]으로써 제일로 치는 [illegible] 尹淳은 다 肅宗二十年의 甲戌生이오、純祖時 相臣 李書九며、人物로써 이름이 높은 紫霞 申緯은 다 英祖 三十年의 甲戌生이오、李日[illegible]의 後孫으로 高宗朝에 明成后의 [illegible]으로 相祖에 오르는 少論派며 大院君 李昰應이며、[illegible] 李承[illegible]며、山水畫로 이름난 來石 [illegible]는 다 純祖十四年의 甲戌生이다。 이러한 歷史上 유명한 人物들이 모두 올에 回甲을 당하는 이들이다。 만일 이분들이 오늘에 살아 잇어 壽宴을 받게 되엿더라면、 오작 기쁘겟는가 할것인가。

그리고 高句麗의 [illegible]王과 朝鮮의 英祖、顯宗도 다 甲戌生 이다。 그러나 이 三君主에 對하여는 政治上 文化上 特別한 事蹟이 잇으므로、 특히 따루 내어 쓰기로 한다。(續)

甲戌과 朝鮮

三大事實과 三大人物

【五】 李允宰

廣開土王

鴨綠江 下流(新義州)에서 한 六百里가량 거슬러 올라가면 平安北道 江界와 滿浦鎭의 對岸 지금 滿洲 輯安縣 通溝 [illegible] 되다. 江岸에서 三里쯤 들어가서 좀 평평한 들판에 今安處이라 부르는 옛 城址가 있고 거기에서 東쪽으로 한 四里 밖에 엄청나게 큰 돌碑가 우뚝 솟아 있다. 이것이 高句麗國 廣開土王의 紀念碑다. 이 紀念碑가 지금으로부터 一千五百二十年前에 세운 것인데, 그새 오래 동안 흙속에 埋沒되어 있던 것을 한 五十年前에 지지 아니한 때부터 土人이 發見하야 世間人의 손에서 따내게 되어 오늘날 이렇게 시 있어 우리의 옛날 빛나던 歷史를 자랑하게 된 것이다.

이 碑로 말하면 어느 것이든지 걸음에 없으리만큼 크기도 크려니와, 年代가 상당히 오래여시

世界 歷史家 學界의 研究資料가 된 것은 勿論이요, 그 碑面에 새겨 있는 文字는 지금까지 잘 알아보도록 明瞭하야 燦然한 歷史 그대로다. 그 대강을 보면, 처음에 高句麗 始祖 鄒牟王의 事蹟으로 비롯하야, 「國岡上廣開土境平安好太王」 [illegible] 等 王의 動蹟을 [illegible]하는 文句 하야, 一代에 征服한 城까지 詳細히 지어 있다. 이것으로써 廣開土王의 偉功과 高句麗의 隆盛하던 當時의 事情을 짐작할 수 있는 것이다.

廣開土王은 高句麗 第十九世 임금으로, 이름은 談德이요 故國壤王의 아들이다. 十八歲의 靑年으로써 王位에 올라, 四方을 經略하야 難攻必取하는 것은 파면 昊天의 感動이 있었다. 이때 高句麗의 國勢는 어떠하였는가. 北部族인 燕王 慕容皝에게 侵略을 받아 京都(丸都城)가 陷落된 것이 四十年前의 일이요, 百濟와 싸워서 國王(故國原王)이 戰死에 被殺된 것이 二十年前의 일이다. 이그 大國을 당한 高句麗는 [illegible] 國勢가 沈衰하야 저 國勢가 [illegible]하려든 것이다. 그뿐 아니라 漢江을 가운데다 놓고 一進一退의 形勢로 高句麗, 百濟, 新羅가 제가끔 半島 統一의 승부를 내보려 三國 爭霸戰이 바야흐로 무르녹은 이러한 非常時期를 만나는 高句麗에 이 大英雄이 나게 된 것은 결코 偶然이 아니로다.

廣開土王이 敢히 大業을 건니러고 四方 征伐에 親手하사 北으로 契丹을 降服받고, 南으로 百濟를 처서 漢江 以北을 석지하야 [illegible] 王으로 朝貢하게 하고, 新羅로도 와 日本民을 驅逐하고, 西으로 燕(慕容氏)을 擊破하고, 東으로 扶餘를 服屬하였다. 이같이 王의 一代에 攻略한 것이 六十四城 一千四百村이며, 國土는 空前의 大國을 이루었다. 애석하다 王은 三十九歲의 壯年으로 崩御하였다. 그러나 王의 在位 二十二年 間에 끼친 歷代 帝王에서 보기 드문 赫赫한 功烈이 이 大動業은 永遠히 가리지 아니한 것이다.

우리는 오늘날 이러한 大英雄을 한번 다시 追想하게 된다. 王의 誕生이 지금으로부터 一千五百六十年前 高句麗 小獸林王 四年(西紀 三七四年)의 甲戌이었었다.

甲戌과朝鮮

三大事實과三大人物

【六】 李允宰

英祖와純祖

英祖大王은 朝鮮 第二十一世 임금이다. 享年 八十三歲로는 朝鮮五百年 以來 歷代 君主에서 볼 수 없는 長壽를 하였고 또 大王의 治世가 五十二年의 長久함에 이른 것은 高句麗 長壽王 以後로는 처음 본 것이며 이렇게 오래도록 王位에 있었으되 初年에 李麟佐의 亂이 한번 있은 以外에는 큰 變亂이라고는 별로 없이 太平한 時代를 누리었다. 이와 같이 長壽하고 多福한 임금은 古今을 通하야 그리 흔치 아니한 일이다.

英祖의 治績에 對하야 대강 들어보면 蕩平(黨爭을 調和하는 정책)의 主張과 學問의 獎勵와 農桑의 勸獎과 [illegible]의 除去와 賤民의 [illegible]과 [illegible]의 改正과 [illegible]의 制定과 度量[illegible]法의 實施와 [illegible]의 申明과 奢侈의 [illegible]의 [illegible]과 迷信의 排除等 善政을 많이 베풀었으며 또 [illegible]의 事業에 더욱 힘썼으니, 續大典, 續五禮儀, 東國文獻備考, [illegible], 列聖誌狀, [illegible], [illegible]이 다 부드러진 것이오, 이때부터 朝鮮 研究의 新學風이 淸水 밀듯 와짝 일어나기 시작하야, 實事求是를 倡導하는 李瀷이며 東史綱目 著者로 順菴 安鼎福이며 [illegible] 著者로 [illegible] [illegible]이 다 이 時代의 人物이며, 正祖때에까지 일으러 이러한 學派가 衰하지 아니하야 드디어 學界를 一變하였다. 이 時代를 文藝復興時代라 하야 우리 歷史上 特筆할만한 일이다.

英祖는 肅宗大王의 아드님으로 지금부터 二百四十年前 肅宗 二十年(西紀 一六九四年) 甲戌九月 十三日에 昌德宮 寶慶堂에서 淑嬪 崔氏에게서 誕生하시니, 이때는 朝鮮의 黨論이 한창 대마루판으로, 南人이 西人에게 몰려나며 大活劇을 演出한 때였다. 처음에 延礽君이 되었더니, 그 兄 되신 景宗大王의 뒤를 이어 王位에 오르시었다.

純宗은 朝鮮 第二十七世 곧 最終의 君主다. 純宗은 가장 艱難한 時間에 處하야 臨御하시고, 在位 年數도 겨우 四年으로써 마치었다. 卽位初에 維新政治의 綱領 六個條를 發布하고 南으로 北으로 民情을 살피기도 하였으며, 政治는 다만 [illegible]의 [illegible]를 要旨로 하여 實行한 일은 없었다. [illegible] 解散으로 비롯하야 司法權 및 警察事務의 委任[illegible]으로 [illegible]을 發布하기까지에 實로 未曾有의 大變이 있었다.

純宗은 高宗帝의 둘째 아드님으로, 지금부터 六十年前 高宗十一年(西紀 一八九四年) 甲戌 二月 八日에 昌德宮 觀物軒에서 明成皇后에게서 誕生하시니, 이때는 大院君과 明成后의 暗鬪가 濃厚하야 政界에 大波紋을 일으키던 때였다. 처음에 皇太子의 배위를 받았으며, 光武十一年에 父皇 高宗帝의 禪讓을 받아 임금이 되신 것이다. (續)

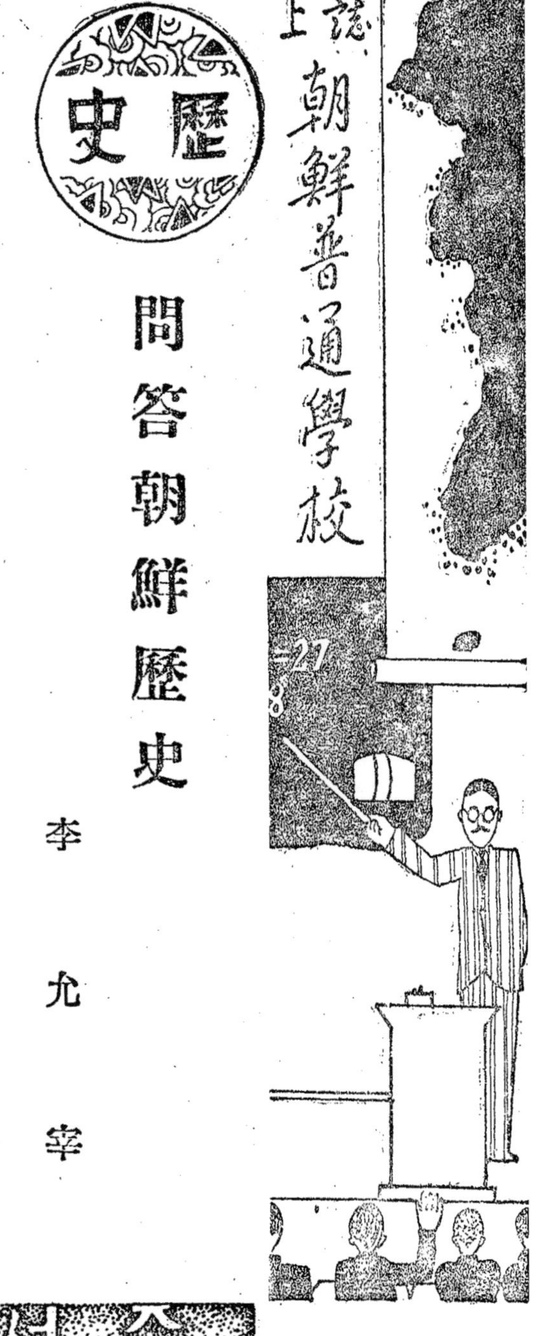

問答朝鮮歷史

李允宰

선생. 아이들아 너희들이 조선역사 이야기를 혹시 들었느냐.

생도. 못 들었읍니다. 지금 재미있는 이야기 하나 해주세요.

선생. 우리 역사 가운데에는 이야기로도 재미있는것이 퍽 많지. 그러면 무슨 이야기를 해주나!

생도. 저희들은 학교에서도 조선 역사를 못 배웠고, 집에 아버지께서도 그런 이야기를 아니해주셔서 조선 역사라고는 하나도 모릅니다. 처음부터 끝까지 다 말씀해주세오.

선생. 그것을 어떻게 다 말할수 있겠니? 그러면 너희들이 꼭 알고 싶다는것을 하나씩 물으라. 묻는대 따라서 내가 이야기를 해주마.

생도. 선생님 우리가 조선 사람인데 왜 조선이라고합니까.

선생. 처음부터 그렇게 어려운것을 묻니? 조선이란말은 우리 조선이 맨처음 생길 때부터 있었던 이름이다. 옛적 사람들은 말하기를 조선이 동방에 있어서 햇빛을 먼저 받는 고로 조일(朝日)이 선명(鮮明)하다 하여 「아침조」자와 「고을선」자를 떼어다가 조선이란 이름을 지었다고 하지마는 그도 그럴듯하나 그때에는 한문이 없었는데 그런 글자를 썼을리가 없었을것이다. 또 요새는 이렇게 말하는이도 있다. 조선땅이 동쪽에 있어서 날이 처음 샌다하여 「처음샌나」를 줄여서 「처샌」이 되고 또 그것이 변해서 「조선」이 된것이라 한다. 그러나 실상은 옛적 동방에 「주신」이라는 족속이 살았다. 「주신」이란 말이 변해서 뒤에 「조선」이 된것이라 한다.

생도. 조선이 맨처음 시작한 때는 지금 얼마나 됩니까.

조선보통학교

소선보통학교

선생。땅덩이가 생기고 인류가 난 때로 말하면 수십만년을 잡겠지마는 조선땅을 처음으로 정하며 조선사람을 다스리기 시작한 때로 말하면 올까지가 사천 이백 육십 칠년재 된다。

생도。그때 그렇게 한이가 누구십니까。

선생。단군이라하는 어른이시다。그 어른이 큰 성인으로 백두산에서 나셔서、조선을 처음으로 이룩하시고 지금 조선과 만주 땅에까지 이르는 넓은 땅을 차지하여 계시고 교화를 베풀어 백성을 가르치시었다。

생도。그때는 만주땅도 우리 조선에 속했읍니까。

선생。그렇다 너희들이 지도를 가지고 찾아보라。나라의 지경이 북으로 흑룡강(黑龍江)과 서으로 요하(遼河)까지 미치었던것이다。

생도。아아 그렇게 컸읍니까。그런데 언제까지 그렇게 되었읍니까。

선생。단군의 자손이 한 천년을 지났고 그뒤 부여(扶餘)가 이어서 인어났는데 한강(漢江) 남쪽은 마한(馬韓)과 진한(辰韓)과 변한(弁韓)이 분립되어 있어 한 천년가량 지났고 그뒤에 삼국시대가 되어 부여가 가졌던 지경 곧 만주땅은 고구려(高句麗)가 차지하고 마한은 백제(百濟)로 진한과 변한은 신라(新羅)로 되어、한 칠백년가량 지났다가 고구려와 백제 두 나라가 불행히 망하게 되며 백제의 땅은 신라가 다 가지어서 반도의 절반 이상을 차지하였고 고구려의 땅은 당(唐)나라가 빼앗아갔던것을 고구려의 독립군 대장 대조영(大祚榮)이라는이가 일어나 삼십년동안이나 고전악투한 끝에 고국을 회복하여 발해(渤海)란 나라를 세워 이백여년의 빛난 역사를 누리다가 북방의 되족속 글안(契丹)이란 자에게 망하였다。삼천년이나 오랜 세월에 우리가 가졌던 만주땅이 이로부터 영영 조선사람의 손에서 떠나가고 말았으니 생각하면 아까운 일이다。

생도。선생님 그러면 웨 조선사람이 그것을 찾으려고 하지 아니했읍니까。

선생。왜 찾으려는 마음이야 없었겠니? 발해의 땅은 다 되족속이 가져가고 그 남쪽에 있는 원산서 청천강까지에 이르는 이남 곧 신라의 땅은 뒤에 고려(高麗)가 가지게 되었는데 고려는 수백년동안 그 잃었던 땅을 찾으려고 무한히 애썼지마는 북방에는 매우 사나운 족속들이 이어 일어나서 겨두게 되므로 끝끝내 목적을 달하지 못하고말았다。그러나 우리민족은 조금도 그들에게 굽히지 않고 끝까지 서로 세력을 다투어 나아갔을뿐이다。그때 미상불 한 말로써 사십만명이나되는 적병을 물리친 서희(徐熙)라든지 이십만명이나 되는 적병을 일시에 도륙하여 겨우 천여명만 살아가게한 강감찬(姜邯贊)같은 유명한 인물도 있었더니라。

생도。그 족속들은 어떠한 자들입니까。

선생。처음에는 우리 발해 나라를 멸하던 「글안」족인데 곧 요(遼)다는 나라요 그 다음은 지나의 땅을 절반 이상이나 차지한 여진족(女眞族)인데 곧 금(金)이라는 나라요 또 그다음은 지나를 멸하고 세계를 거의 다 정복하다싶이한 몽고족(蒙古族)인데 곧 원(元)이라는 나라이다。이것들이 다 우리 민족의 발전상에 여간 큰 장애물이 아니었다。

생도。그래서 고려 나라가 그만 그들에게 망하고 말았읍니까。

선생。고려가 그들때문에 좀 쇄약하여지기는 하였지마는 망하지는 아니하였다。고려말년에 이태조(李太祖)란이가 잘났고 세력이 강하였으므로 고려 임금에게 양위(讓位)함을 받아 임금이되니 고려가 이로써 망한것이다。

생도。이태조(李太祖)가 만든 나라는 무엇이라고 합니까。

선생。이태조가 고려도읍이던 송도(松都)에서 지금 서울인 한양(漢陽)으로 옮고 나라 이름을 조선이라하였다。이 시대를 외국 사람들은 이조시대(李朝時代)라하여 많이 그렇게 말하는 이가 있다。

생도。이조시대는 그전에 비하여 강성하였읍니까。

선생。아니다。고구려나 발해처럼 자유주의(自由主義)로 활발히 뻗어 나아가는 일도 없었고 고려처럼 다른민족과 끝까지 다투어 부지하여가는 일도 없었으므로 그리 강성하여 지내지 못하였다。

생도。그러면 훌륭한 임금이 나지 아니하였읍니까。

선생。한글과 음악과 천문 기계를 발명하시며 온갖 착한 정치를 하신 세종대왕(世宗大王) 같으신 임금과 모든 문화와 제도를 마련한 세조대왕(世祖大王)、성종대왕(成宗大王)같으신 임금도 다 있었지마는 그후로는 사화(士禍)와 당론(黨論)과 난리로 말미암아 나라일이 더 말못할 지경에 이르게 되었다。

생도。사화와 당론이 무엇입니까。

선생。그것을 자세히 말하자면 시간을 많이잡아야 하겠다。그런데 간단히 말하면 사화란

고 학 동 보 선 조

조선보통학교

것은 개인의 사사 혐의로 분풀이 하기위하여 자기와 상대되는 편의 여러사람들을 연루(連累)도 몰아서 다 죄에 집어넣던것인데 이것은 연산주(燕山主) 때 부터 생긴것이오 당론이란것은 처음에는 사소한 일로 두사람 사이에 다툼이 생겨 서로 반대하던것이 점점 벌어 져서 동인(東人)과 서인(西人)으로 갈라지고 그것이 또 갈라져서 무수한당파가 생겼다가 나종에는 노론(老論)、소론(少論)、남인(南人)、북인(北人) 네 당파가 되어 몹시 싸웠는데 이것은 선조대왕(宣祖大王)때부터 시작되어 삼백년 동안이나 끌어갔다。이 사화와 당론이 아주 조선을 결단내 놓은것이다。

생도。난리는 무슨 난리가 있었읍니까。

선생。난리는 선조대왕(宣祖大王)때에 임진란과 인조대왕(仁祖大王)때에 병자호란이 있었는데 이 두번의 난리로 하여 조선이 더욱 약하게 되었다。

생도。이러한 난리가 있을때에 큰 영웅이 나지 아니했읍니까。

선생。임진란때에는 나라가 거의 위태하게 되었을때에 이순신、권율 같은 훌륭한 인물이 나서 위태함을 면하였다。

생도。선생님 이순신의 이야기를 좀 해주세요。

선생。오늘은 시간이 없으니 다음날 하여주마。그밖에도 너희들이 알만한 일도 많지마는 이 뒤에 또 말하기로 하고 오늘은 그만 두겠다。

社告

이번호의 지상 조선 보통학교는 본사의생각한바 있음에 의함이어니와 과연 여러분께서도 무엇보다 유익하게 읽어주실줄 믿습니다。앞으로 본지를 통하여 여러분에게 조선학문을 한가지씩 한가지씩 강좌식으로 실어드리려하오니 한호도 빼시지말고 내호에 나올 제一과부터 계속하여 읽어주시기를 바랍니다。

新家庭 白

【 8 】

하기학생계몽운동

한글 교재 해설

동아일보 학생계몽대
조선일보 문자보급반
예수교 하기아동성경학교

역 사

동명성왕(東明聖王)의 이름은 주몽(朱蒙)이니, 본대 북부여(北扶餘)나라에 나서, 그 어머니 유화(柳花)와 함께 동부여(東扶餘)나라로 와서, 그 나라의 임금 금와왕(金蛙王)의 양자로 있었다. (북부여와 동부여는 다 시방 만주 땅) 주몽이 잘나고 재주가 있어 나이 일곱살에 손수 활과 화살을 맨들어 쏘아 백발백중하였다。금와왕은 아들 일곱이 있으나、다 재주가 주몽만 못하여、그 칠형제는 주몽을 시기하며 한껏 미워하였다。그 큰아들 대소(帶素)가 왕께 아뢰어 주몽을 죽여달라고까지 하였으나、왕은 듣지 아니하고、주몽을 외양간에 보내어 말먹이는 천역을 시켰다。주몽은 여러 말 가운데 날랜놈을 골라 굶기고 노둔한놈은 잘 먹였더니、뒤에 왕이 살진 말은 자기의 소용으로 하고 파리한 말은 주몽에게 주었다。한번은 사냥하러 갔을 때에 주몽이 여러 왕자보다 앞서고 짐승 잡은것이 제일 많으므로、왕자들과 신하들이 서로 의논하고 주몽을 죽이려하였다。그 어머니 유화가 가만히 말하고 주몽에게 말하기를「이 나라 사람들이 너를 죽이려고 꾀하고 있다。너의 재주로서 어디로 가든지 안될것이 있으랴。여기에서 지체하고 있어 욕을 받기보다 한번 멀리 가서 큰일을 경영하는이만 못하리라」하였다。주몽은 그 어머니의 말씀을 듣고 곧 떠나기로 작정하고、그 친천한 벗 오이(烏伊) 마리(摩離) 협부(陜父)등 세 사람을 데리고、자기가 길러둔 날렌 말을 타고 달아났다。가다가 엄사수(淹淲水)란 강가에 다다라 건늘수 없고 뒤에는 쫓아 오는 군사가 따라오는지라。주몽이 하느님께 빌매 물에 다리가 놓여지므로 건느게 되고、잡으려는 군사는 건느지 못하였다。가다가 또 어진 사람 셋을 만나、가차 졸본천(卒本川)이란 땅에 이르러 살았으며、그 부근 여러 작은 나라를 처 항복받아 고구려(高句麗) 나라를 세우고 임금이 되었다。이가 곧 동명성왕이다。때는 일천 구백 칠십 여년전이다。고구려 나라는 동방에 가장 큰 나라로 시방 평안남북도、함경남북도、황해도 및 만주 전부를 차지하였으며 조선 역사상에 가장 빛난 때였다。

온조왕(溫祚王)은 동명성왕의 아들로 고구려 나라에 있더니、동명성왕이 동부여 나라에 있었을 때에 낳은 아들 유리(類利)가 돌아와 태자가 되매、온조는 거기서 부지하지 못하게되므로、그 형 비류(沸流)와 함께 남으로 내려가、부아악(負兒嶽、시방 三角山)에 올라 바라보고、거할만한 곳을 골라、형 비류는 미추홀(彌鄒忽、시방 仁川)로、온조는 위례성(慰禮城 시방 廣州)로 각기 나누어 살다가、비류가 죽으매、온조가 그 백성을 통합하여 백제(百濟) 나라를 세우었다。이것이 고구려 건국한지 십구년 뒤였다。

박혁거세(朴赫居世)는 열세살 때에 임금이 되어 신라(新羅)를 건국하였다。신라는 처음에 임금이 없고 여섯 마을의 촌장이 백성을 거느릴 뿐이러니、소벌공(蘇伐公)이 멀리 바라본즉、나정(蘿井) 곁 수풀 사이에 흰 말이 꿇어 앉아 우는지라。달려가서 보니 말은 없고 큰 알이 있으므로、짜개어 보니 어린애가 나왔다。거두어 길렀더니 자라매 매우 총명하므로 나라의 백성들이 추대하여 임금을 삼았다。

박제상(朴堤上)은 일천 오백여년전 신라 눌지왕(訥祇王) 때의 사람이다。임금의 아우 미사흔(未斯欣)이 일본에 가서 오래동안 돌아오지 못함을 근심하매、박제상이 자원하고 건너가서 지모로써 미사흔을 본국으로 돌아오게 하고、잡혀가서 엄한 형벌을 받으되、조금도 굴하지 아니하고 죽었다。

을지문덕(乙支文德)은 일천 삼백 삼십여년전 고구려 영양왕(嬰陽王) 때 대신이다。수나라(隋) 군사 백만병이 수로와 육로 두길로 나누어 치러오매、을지문덕이 많지 아니한 군사를 거느리고 나가 싸우어 살수(薩水、시방 淸川江)에서 크게 파하여 그 많던 적병이 다 죽고 살아 돌아간자 겨우 이천 칠백인만 되었다。

대조영(大祚榮)은 고구려의 유신(遺臣) 걸걸중상(乞乞仲象)의 아들이다。신라가 당나라(唐)와 연합하여 먼저 백제를 처서 멸하고、이어서 고구려를 멸하였다。백제의 예전 땅은 신라가 차지하게 되고、고구려의 예전 땅은 당나라가 차지하였다。걸걸중상이 백두산 밑에서 일어나、조국 고구려를 회복하려고 독립군을 일으켜 가진 애를 쓰다가 병으로 죽고、그 아들 대조영이 아비의 뜻을 이어 고전악투하여 당나라의 세력을 다 몰아내고 발해(渤海) 나라를 세우니、고구려가 망한후 삼십년만에 그 땅이 다시 우리 민족의 손으로 돌아왔다。

왕건(王建)은 송도 사람이다。구백여년전 신라 말년에 세상이 요란하며 후고구려(後高句麗)와 후백제(後百濟)란 나라가 일어나 다시 삼국시대가 되었다。왕건은 후고구려의 장수로써 후고구려의 임금이 되었으며、신라와 후백제를 멸하고 반도를 통일하여 고려(高麗) 나라를 세웠다。

최영(崔瑩)은 오백 삼십여년전 고려 우왕(禑王)때 사람이다。나이 어렸적에 그 아버지의「금을 돌 보듯하라」교훈하는 말씀을 평생에 지키어、돈을 사랑하지 아니하고 다만 나라를 위하여 일신을 바치었다。나이 칠십이 넘도록 정승과 장수로서 일국에 제일가는 지위에 있었으되、집안은 항상 빈한하여 끼니를 궐하는 때도 종종 있었다。한 일생에 수백번 싸움하여 한번도 패해본 일이 없었다。마지막에는 명나라(明國)를 처서 우리의 예전 땅 만주를 빼앗아 고려의 강토로 집어 넣으려는 큰 계획으로 활동하다가 이태조(李太祖)에게 잡혀죽었다。

정몽주(鄭夢周)는 지금으로부터 오백여년전 고려(高麗) 말년 때의 사람이니 학문과 도덕이 높으며、국가에 충성을 다하야 고려를 끝까지 받들다가 공양왕(恭讓王) 사년에 조선태종대왕에게 암살되다。그 죽은곳 선죽교(善竹橋)에는 지금까지 피 흔적이 있다。

세종대왕(世宗大王)은 조선 제四세의 임금이시니、총명하고 부지런하사 밤낮없이 손에 책을 놓지 아니하시었다。서적을 저술한것이며 천문기계를 발명한것이며 음악을 제작한것이며 그 밖에 여러가지 백성에게 유익한 사업을 하신것은 이루 다 말할수 없다。그 여러가지 성덕중에 더욱 만대에 큰 은혜를 잊지 못할것은 한글을 만드신것이다。한글을 만드심에 대하여는 이 다음에 자세히 말할 기회가 있겠기에 여기에는 더 말하지 아니하거니와、만일 한글이 없었더면 그 원수와 한문으로 하여 우리가 얼마나 고통으로 지낼것인가。생각하면 실로 소름이 끼칠 일이로다。

이순신(李舜臣)은 삼백 오십년전 선조대왕(宣祖大王) 때 사람이다。임진란 때에 대해전(大海戰)으로 공이 많았다。그 장제한 거북선은 오늘날 철갑선(鐵甲船)의 원조로、그 때에 이러한것을 발명한것은 과연 놀래지 아니할수 없다。

大駕洛國의 納陵

李 允 宰

金海골에 들어서면 바루 西城을 대어 그리 좁지 아니한 어란을 차지하야 一帶의 鬱密한 樹林이 있으니, 여기를 시방은 納陵公園이라 하야, 이 골에서 唯一의 遊賞地로 되어있다。

이 納陵은 옛 大駕洛國 始祖 金首露王의 陵寢으로, 崇善殿의 殿角과 碑銘과 石物은 春風秋雨 千八百年의 依稀한 옛 자취를 남기었다。史家로 有名한 徐居正의

金陵往事與誰論
千古猶存首露墳
龜旨曲終人不見
伽倻琴在妙堪聞
銅駝古里山如戟
翁仲遺墟樹似雲
百六十年能享國
可憐荒壠幾斜曛

이라 읊은 詩句 그대로다。우리가 이제 納陵을 말하게되면 미상불 當時의 盛事를 한번 追憶하지 아니할수 없다。지금으로부터 約二千年前, 半島의 南部 곧 韓地에는

百濟와 新羅가 並立하고, 이 兩大國의 間에 介在한 弁韓의 地에 金首露라 하는 一偉人이 出現하야 在來의 制度 九干을 變하고 一大王國을 建設하니, 이곧 大駕洛國이다。그러고 그 兄弟 五人을 分封하야 阿羅伽倻(시방 咸安)、古寧伽倻(시방 咸昌) 大伽倻(시방 高靈)、碧珍伽倻(시방 星州)、小伽倻(시방 固城)가되고, 그 主國인 金官伽倻 곧 大駕洛國의 首露王이 이를 統率하였다。그리하야 十世, 四百九十一年의 歷史를 남긴것은 과연 놀랍다 아니할수 없도다。

首露王은 이같이 創業의 功으로만 큰것이 아니라, 많은 制度를 세우고 갖은 敎化를 행하야, 一躍 그나라를 文明之邦으로 列並하게 하였다。王은 또 神德이 있으므로, 隣邦에서 매양 政治上 解決하기 어려운 重大한 問題가 생길 때에는 반듯이 王에게 判斷을 要하는 일이 있었으니, 新羅 婆娑王때에 그 附庸國인 音汁伐國과悉直谷國과의 間에 境界係爭의 事件이 일어나, 羅王의 智量으로는 아무리 하여도 그를 處理할수 없게되므로, 首露王을 請하였더니, 王이 立即 判決하야 無事히 歸正하였다는것이 一例이다。王은 在位 一百二十年이요 上王位에 있은지 三十八年인 西曆紀元 一九九年三月二十八日에 一百六十八歲의 高齡으로 崩逝하였다。여기에 하나 붓치어 말할것은 王后 許氏에 關한것이다。許后의 이름 黃玉이니, 西域 阿踰陀國王의公主로서 건너와서 王后가 되었으며, 王과 同年에 崩逝하였다。后가 臨崩에 王께 請하되, 나는 東國에서 客인데 나 죽은 뒤에 姓이 傳하지 아니함을 슬퍼한다 하므로, 王이 그 말에 느끼어 그 十子中에 二人만은 許氏를 賜姓하야 後世에 傳하게 하였다 한다。首露王陵은 龜旨峯南에 있고。許后의 陵은 그 東北一里 가까이 있어 오늘날까지 傳하여오는것이다。

어느때인가, 盜賊들이 陵中에 넣어둔 金銀寶器를 끄내려하야 發塚을 한즉, 갑옷입은 군사가 陵中으로 좇아 나와 활을 쏘아 八人을 射殺하니, 餘賊이 놀라 달아났다 한다。이 陵에 對하야 이러한 異蹟이 많아 口碑로 傳한다。

學藝

五十年前의十二月四日!

改革運動의第一聲

—甲申政變을 돌아보며—

(一) 李允宰

昭和九年十二月四日

1934 년12월4일

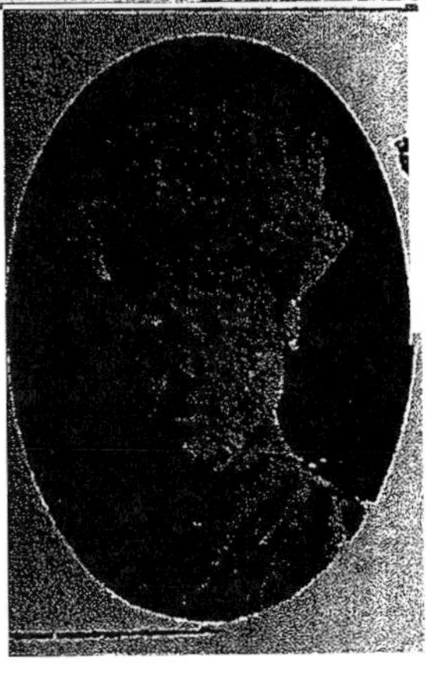

五十年前의 十二月四日!

改革運動의 第一聲

—甲申政變을 돌아보며—

(二) 李允宰

學藝

五十年前의十二月四日!

改革運動의第一聲

—甲申政變을 돌아보며—

(三) 李允宰

三、當時의 關係人物

四、事變前의 會合

五十年前의十二月四日!

改革運動의第一聲

—甲申政變을 돌아보며—

(四) 李 允 宰

四、郵政局開宿會

五、政變의爆發

改革運動의 第一聲

五十年前의 十二月四日!

—甲申政變을 돌아보며—

(五) 李允宰

五, 政變의 爆發 (2)

五十年前의十二月四日!

改革運動의第一聲

—甲申政變을 돌아보며—

(六) 李允宰

學藝

五十年前의 十二月四日!

改革運動의 第一聲

—甲申政變을 돌아보며—

(完) 李允宰

紙齡五千號記念

내자랑과내보배 斋

獨創과 發明

(一) 李允宰

허두

그러나

燕汽를

生活을

人工物

커트說明

내자랑과내보배 𥳑

獨創과 發明

(二)…李允宰

一、大弓(上)

두자가

文化를

반듯이

文獻에

내자랑과내보배

獨創과 發明

(三)……李允宰

一、大弓 (下)

이같은 大弓으로써 일쪽 우리가 그 威風을 隣邦에 보이었다는 것은 二一어 다 [illegible] 말할 것도 없거니와, [illegible] 千餘年에 外 [illegible] 우리 [illegible] 못하였던것으로나 [illegible] 그 나라가 [illegible] 先世로부터 한번도 [illegible] 이 없었다 (其國 [illegible] 自先世未 [illegible]) [illegible] 이란 책에 적히었는 [illegible] 天下를 統一하였다는 [illegible] 우리 땅에는 감히 범하지 못하였던것으로 [illegible] 高句麗의 乙支文德이 [illegible] 安市城主가 唐主 李世民(太宗)을 크게 쫓아내었던것으로도 [illegible]

江都의

[illegible]

名稱을

[illegible]

唐主가

[illegible]

外國에

[illegible]

紙齡五千號記念

내자랑과내보배 (其四)

獨創과 發明

(四)……李 允 宰

二、玄琴과 伽倻琴

A 玄琴

以後로

곡조에

B 伽倻琴

大樂을

創意한

내자랑과내보배 (8)

獨創과 發明

(五)……李 允 宰

三、萬波息笛와 玉笛

A 萬波息笛

笛이라 하면 의례히 萬波息笛, 唐笛, 鄕笛, [illegible]이며 三竹으로 치는 大笒, 中笒, 小笒이란것도 역시 笛에 [illegible] 어려가지는 흔히 있으되, 萬波息笛이라 함은 파 여기에서만 볼수 있는 것이다.

지금으로부터 一千二百 五十年쯤 前의 일이다. 新羅[illegible] 英明히 統一한 文武王이 崩하고, 神文王이 即位하여 그 父王의 遺志로 東海邊에 感恩寺란 절을 이룩하였는데, 이것은 그때 新羅에 日本氏의 侵略이 많았으므로, 文武王이 이를 [illegible]하려는 뜻으로 여기에 절을 짓기 시작하다가, 채 마치지 못하여 崩御하였으므로, 王이 즉位하면서 곧 이 절을 지어 完成한것이다.

그 이듬해(西紀 五八二年)에 海官 朴夙淸이 王께 아뢰되 「東海 가운데 조그만 山 하나가 感恩寺를 향하고 떠오는데, 물결을 따라 이리저리 왔다 갔다 한다」 하므로, 王이 이상히 여기어 日官 金春質을 불러 「이것이 어떠한 [illegible]인고」, 占을 쳐보라 하였더니, 「先王이 지금 海龍이 되시와 三韓을 鎭護하시고, 金庾信은 三十三天의 한 아들로 지금 내려와 大臣이 되었는데, 二聖이 德을 같이하여 守城의 寶物을 내어주시려 하오니, 만약 陛下께서 海邊으로 行幸하시고보면 반듯이 無價의 大寶를 얻으시리이다」 王이 듣고 기뻐하여 海邊에 있는 利見臺로 가서, 그 山을 바라보고 사람을 보내어 살피어본즉, 山 모양이 거북 머리와 같은데, 그 위에 대나무 한주가 나있어, 낮이면 떨어져 둘로 되고, 밤이면 어울려 하나로 됨다 한다. 王이 感恩寺에 留宿하였었다. 그 이튿날 午正에는 대가 합하여 하나가 되더니, 갑자기 天地가 震動하고 風雨가 暴暴하기 시작하였다. 이레만에야 바람이 자고

물결이 가장 고요하거늘, 王이 배를 타고 그 山에 들어가니, 龍이 검은 玉帶를 받들어 올리는지라. 王이 그 대나무의 뜻을 여쭈었더니 어 나 한다 理由를 물으매, 龍이 대답하기를 「그것은 마치 한손으로 치면 소리가 없되 두손으로 마주치면 소리가 나는것과 마찬가지로, 이대나무는 합하여야 소리가 나는것이니, 이는 聖王이 소리로써 天下를 다스릴 祥瑞를 보임이외다. 陛下가 이 대를 가지어다 저를 만들어 부시면, 天下가 和平할것이외다. 이제 聖考가 龍이 되시고, 庾信이 天神이 되어, 二聖의 同心으로 이러한 無價의 大寶를 내어 陛下께 드리게 한것이외다.」 王이 매우 驚喜하여 五色 錦과 金玉을 龍에게 나려주었다. 그리고 곧 그 대를 베어 還宮하여 저를 만들어 月城 天尊庫에 갈무리었다. 이 저를 한번 불면, 兵火가 물러가고

疾病이 낫으며, 가물면 비가오고 개이며, 바람이 자고 물결이 잔잔하였다. 얼마나 神奇한가. 그 저 이름을 萬波息笛이라 하여 國寶를 삼았다. 그뒤 十年을 지나 孝昭王때에 한 [illegible]한 일이 있었으므로 이름을 고치어 萬萬波波息笛이라 하였다. 그뒤 또 百年을 지나, 元聖王때에 日本이 新羅에 처들어와 이 神笛이 있음을 무려워하여 많은 金을 보내며 그 神笛을 여러번 請하였다고, 내주지 아니하였다는 事實이 있은 이외에는 萬波息笛의 形跡을 찾을수 없다.

이것이 一個의 神話化한 史話에 지나지 아니하나, 萬波息笛이 이미 新羅의 國寶인 史實에 明然히 실리어 있는것으로 우리네의 獨特한 創意로 맨든 저인 것은 의심 없는것이다.

B 玉笛

新羅의 玉笛은 지금까지 우리의 口碑에 전해온것으로 모르는이가 없을것이다. 그러나 이 玉笛이 어느 時代에 된것인지는 잘 알수 없고, 다만 俗傳에 東京의 龍이 드리었다, 歷代에 이것을 傳하여 國寶를 삼았다 한다. 新羅가 亡한 후에 高麗 太祖가 玉笛을 한번 구경하고저 하여, 사람을 보내어 玉笛을 가지어오게 할새 鳥嶺을 지나서 [illegible] 소리가 나지 아니하였다 한다. 따면 神笛이라 아니할수 없다.

이와 같이 萬波息笛이나 玉笛이나 그 여러가지 神異가 원나사람의 생각에 벗어나는 奇異한것이기 때문에 그것을 다 龍이 갖다 드린것이라고 하였으나, 실상은 이것이 모두 우리네의 創意的 製作품이 되었던것이다.

내 차랑과 내보배

紙齡 五千號 記念

獨創과 發明

(六)……李允宰

四、活字(上)

[illegible]

發明이

[illegible]

古今의

[illegible]

本朝로

[illegible]

내자랑파내보배 (五)

獨創과 發明

(七)……李允宰

四、活字 (下)

紙齡 五千號 記念

내 자랑과 내 보배 (高)

獨創과 發明

(八)…李允宰

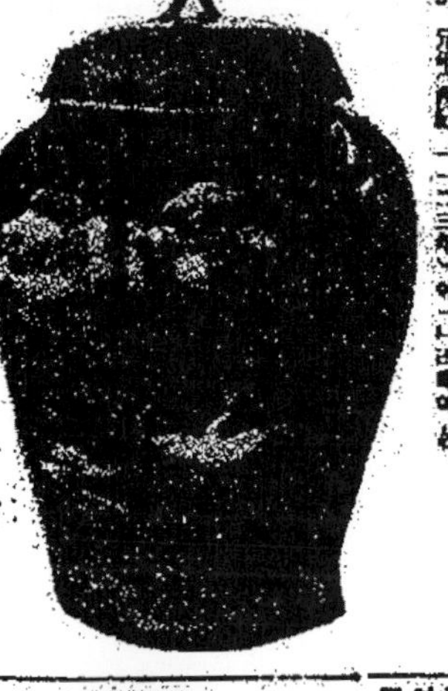

五, 陶磁器

中國의

象嵌中

專門家

六, 漆草

내자랑과내보배 (十四)

獨創과 發明

(九)……李允宰

六、簡儀臺

七、測雨器

時日晷

방울물

八、引地儀

내자랑과내보배

獨創과 發明

(一〇)……李 允 宰

十、訓民正音

漢文만

日用에

ㅡ는「긔」(其)의 가운데 소리와 같다.

그런데

ㅡ는「긔」(其)와 가운데 소리와 같다.

ㅗ는「홍」(洪)의 가운데 소리와 같다.

ㅏ는「땀」(覃)의 가운데 소리와 같다.

ㅜ는「군」(君)의 가운데 소리와 같다.

ㅓ는「업」(業)의 가운데 소리와 같다.

내자랑과내보배 (五)

獨創과 發明 (二)

李允宰

十一、龜船 (上)

朝鮮의 海軍이 크게 發達하였더니라 하면, 지금 사람들은 한갓 [illegible]같이 생각하기도 하리라. 그러나 우리가 歷史를 뒤저보면 옛날은 미상불 우리의 [illegible]가 海上에서도 크게 떨치었던 일이 많었었다. 南征北伐에 武功이 가장 [illegible]였다고 하는 [illegible]의 [illegible]도 우리 海軍에게 [illegible]하였고, [illegible]으로 入寇하던 [illegible]의 [illegible] 數千隻이 우리 海軍에게 모두 [illegible]되었고 [illegible]의 [illegible] 七百餘隻도 우리 海軍에게 [illegible]하였다. 그뿐인가 [illegible]의 海軍이 [illegible] 건너서 [illegible]한것이며, [illegible]에 [illegible], [illegible]가 海上의 [illegible]한것이며, [illegible]의 [illegible]이며 이러한 [illegible]이 얼마나 우리 歷史에 光彩 있는 페지를 더하였는가.

이와 같이 우리 朝鮮은 [illegible] 이 方面에 [illegible]이 크게 發達되었던것이며, 그 [illegible]에 어예쁜듯이 없지 못한 [illegible]도 [illegible]하지 아니하였던것이다. 그중에도 가장 代表될것은 지금 여기에 말하려는 龜船이다.

龜船을 말하기 전에 먼저 龜船의 [illegible]인 李舜臣에 대하여 말하는것이 좋을가한다. 李舜臣의 字는 [illegible]니, 仁宗 元年(西紀一五四五年)乙巳三月初八日에 [illegible]에 誕生하여 宣祖九年(三十二[illegible])에 [illegible]하고, 同 二十五年(四十八歲時)에 全羅左水使로 [illegible]하고, 同 三十一年(五十四歲時)에 [illegible]의 陣中에서 中丸하여 [illegible]하다. [illegible]一動에 [illegible]하고, [illegible]하고, [illegible] 忠武公이라 하였다. 어떤史家는 李舜臣을 評하되, [illegible]에서는 [illegible]하고, [illegible]에서는 [illegible]같고 [illegible]에서는 [illegible]같고 [illegible]에서는 와신상담같고, 外交에서는 칸어 같고, [illegible]에서는 [illegible] [illegible]같고, 무겁기 山岳 같고, 갈기 [illegible], 숨기 [illegible]같고, [illegible]기사기 天行과 같고, [illegible] 있지 [illegible]이 없고, [illegible]한 [illegible]이며 어리오, 一毫의 私가 없고 [illegible]의 如如한 일이 그대로 宇宙[illegible]의 [illegible]한 [illegible]이요, 生涯 그대로가 [illegible]한 大經典이라 하여도 말은 수월하되, 오히려 李舜臣의 全[illegible]을 나타낸것이라 못하지니, 李舜臣은 [illegible]人이며 人의 [illegible]요, [illegible]의 [illegible]이며, 그 [illegible]이랑 李舜臣을 보고서 [illegible]에 드리어 있고, 人[illegible]에 자랑이 없어지니랑. 이러한 [illegible]人에게서 龜船의 [illegible]이야그리 [illegible]이 되리마는, 우리 先人[illegible]을 말할 때에 이것을 빼어노으면 할수없게 되는것이다.

龜船은 어떠케 되었는가. 壬辰亂이 일어날 때였다. 李舜臣이 全羅左水營에서 戰艦을 하고 있을 때에 創造한것 어니, 크기를 [illegible]만치 하고 [illegible]上에 [illegible]을 덮고, [illegible]上에 十字形의 小路를 내어서 사람이 그 위로 通行할수 있게 하고, 그 밖에는 刀[illegible]을 갈아서 [illegible]을 꼿고 [illegible] 앞은 거북의 머리를 짓고 뒤는 거북의 꼬리를 만들고 [illegible]는 나무로 하고 그 위에 [illegible]을 입혔으며, 銃穴이 四方에 뚫리어서 [illegible]을 쏘게 되었다. 그 [illegible]을 좀 자세히 말하면, 底板은 十[illegible]로 [illegible]하였으니, 長이 六十四尺 八寸, 頭[illegible]이 十二尺, [illegible]이 十四尺 五寸, [illegible]이 十尺 六寸 이요, 左右[illegible]은 각기 七[illegible]로 [illegible]하였으니, 長이 一百十三尺이요, 第一板은 四[illegible]로 [illegible]하였으니, 高 四尺이고, 第二板 左右에 [illegible]을 각가 一[illegible]식 [illegible]하였고, [illegible]은 七[illegible]로 [illegible]하여 高七尺 五寸, 上[illegible]이 十四尺 五寸, 下[illegible]이 十尺 六寸 이며, 第六板 正中에 [illegible] 一寸 二寸의 구멍을 뚫어서 [illegible]을 [illegible]하였고, 左右 [illegible]에는 [illegible]을 [illegible]하고, [illegible]左右에는 각기 十一[illegible]을 비늘과 같이 [illegible]하였으니, 그 [illegible]이 一尺 五寸이요 앞의 [illegible]는 長이 四尺 三寸, [illegible]이 三尺이니, 그가운데에 [illegible]을 [illegible]하여서 연기를 토하게 하여 [illegible]을 [illegible]하게 하고, 左右의 [illegible]는 각기 十이요, 左右[illegible]에는 각기 [illegible]穴 十二[illegible]이 [illegible] 十二[illegible]을 [illegible]하였으며, [illegible]上에는 [illegible]穴 二와 門 二가 있고, 그 [illegible]에 각기 [illegible]穴 一이 있으며, 左右[illegible]에도 각기 [illegible]穴 十二가 있고 左右 [illegible]下에는 각기 十二間의 [illegible]이 있어, [illegible], 火[illegible], 弓矢, [illegible]의 [illegible]와 兵士의 休息로 쓰고 左右 [illegible]上에는 각기 二間의 [illegible]이 있어 [illegible]와 [illegible]가 [illegible]하며 대개 形狀이 [illegible]과 같으므로 이름을 龜船이라 한다. 싸움할 때에는 刀[illegible]우에 [illegible]을 덮어 先[illegible]을 [illegible]에 [illegible]이 배에 올라 지치려 하다가는 刀錐에 찔려 죽고, 와서 예워싸려 하다가는 左右[illegible]에서 一時에 [illegible]이 [illegible]하여 [illegible]이 비록 바다를 덮어올지라도 [illegible]船은 自由로 出入 橫行하여 다 살어 떨어버린다. 그 [illegible]한 [illegible]作은 파면 [illegible]하지 아니할수 없을 것이다.

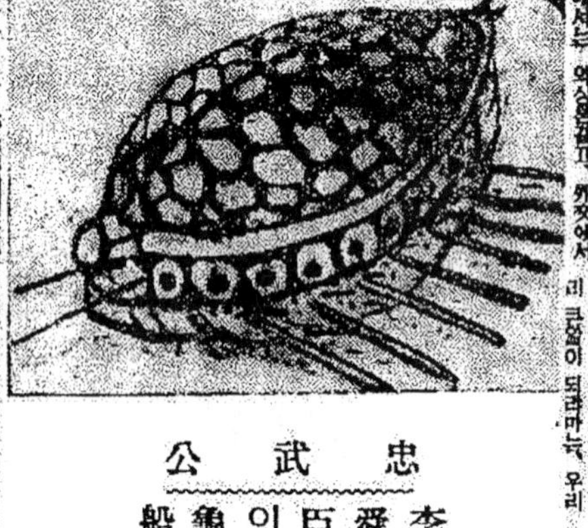

忠武公

李舜臣의 龜船

紙齡五千號記念

내자랑과내보배 (十三)

獨創과 發明

(二三)……李允宰

十一 龜船(下)

龜船의 [illegible]은 대개 이러하거니와 今日에 [illegible]을 입힌것은 오늘날의 鐵甲船과 갓흔것이오, 浮沈自在하야 自由自在하는것은 오늘날의 潛航艇과 갓흔것이다. 龜船의 이름은 일즉 [illegible]부터 잇어, 太宗實錄에 보면 十三年 二月에 上이 臨津江에 [illegible]하여 龜船과 倭船의 [illegible]하는것을 보앗다는 記事가 잇엇다. 그 制度가 李舜臣의 것과 꼭 갓핫는지 잘 알수없으며 또 鐵甲으로 [illegible]하엿던지도 알수없다. 이왕 鐵甲船의 말이 낫으니 말이지 우리 朝鮮은 世界最初의 鐵甲船 [illegible]으로써 얼리워젓다. 今日 距今千年(西紀一〇一九年)에 高麗 [illegible]의 [illegible]이 日本[illegible]을 [illegible]한것을 日本에서 刀伊의 亂이라 이르는데, 이에 관한 記錄 小右記라 책에 보면 「船面에는 쇠로써 角을 [illegible]엇으니 이는 敵船을 [illegible] 깨트리려함이다(船面以鐵造角, 令衝破賊船之料也)」한 구절이 잇다. 이것으로써 마땅히 鐵甲船의 嚆矢라 하겟으나 그것이 全身 鐵甲으로 한것이라 보기는 어렵다. 그런데 日本 史家로 유명한 竹越與三郞의 지은 二千五百年史에는 이 刀伊役에 이르러 高麗 [illegible]의 大[illegible]을 말하고 「그는 甲鐵艦의 元祖이로써 자랑할 이라 하엿다면, 高麗는 世界 最古의 자랑을 가진자라 하리라」하엿다. 이러한 事實은 그만두고 李舜臣의 龜船만 해도 저 西洋은 美國 [illegible]에 [illegible]하여서 甲鐵艦 [illegible]하엿다는것이 西紀 一八六二年의 일로, 西洋의 鐵甲船은 이때가 처음이라 말지니, 朝鮮은 西洋보다 二百七十年이나 앞섯엇으며 同時에 世界最初의 發明者이다. 우리의 龜船에 對하여 英國海軍記(西紀一八八三年出版)에는 「朝鮮의 龜船은 鐵板으로써 배의 [illegible]을 싸되, 龜甲과 같이하며 日本의 木造 兵船을 깨트렷다. 이것은 世界最古의 鐵甲船으로 朝鮮人의 創造한 것이다」라 하엿, 오늘날 海上大王으로 [illegible]處하는 英國사람으로도 우리 龜船의 [illegible]에 대하여 이러케 [illegible]한것이다.

閑山島 大海戰에서 龜船 七十三隻을 擊沈하여 片板도 [illegible]하지 못하게 하며 安骨浦에서 敵船 四十二隻을 擊沈하며 [illegible]에서 敵船 五六百隻이 바다를 덮어오는것을 겨우 十二隻의 우리 戰船으로 그를 全滅하였고 [illegible]에서 敵船 [illegible]하여 [illegible] 히 [illegible]을 거두게 된것은 대개 어 龜船의 功勳이라 할것이다.

十二 四爪鉤

龜船의 밖에 海戰具로 四爪鉤가 잇으니 이것도 李舜臣의 創案한것이다. 四爪鉤는 鐵製로 [illegible]하여 一本四爪로 생긴것을 쇠사슬로 꾀고 속 [illegible]으로 이어서, 敵船에 [illegible]대로 [illegible]을 잡아 다려오는 연장이다. 또 [illegible]이란 것이 잇으니 大[illegible]에 [illegible]을 불여서 [illegible]을 [illegible]하여 [illegible] 박음에 쓰는것이다. 이것이 다 간단한 발명이로되 그 創意의 妙와 [illegible]의 大[illegible] 또한 [illegible]하엿다.

十三 海鶻船과 [illegible]船

龜船 以外에도 [illegible]이 잇엇 [illegible]하여 英祖 十六年 (西紀一七四〇年)에 全羅水使 田[illegible]이 海 「[illegible]」 [illegible]하엿는데, 그 制樣은 머리는 낮고 꼬리는 놓으며, 앞은 크고 뒤는 작아서 [illegible]의 모양과 같음으로 이 이름이 잇고, 船上의 左右에는 각기 浮板을 두어 새의 두 나래와 같이하매 風濤에도 엎어가 없고 또 [illegible]하기 새와 같으며, [illegible] 에서는 [illegible] [illegible] 對手가 다 降服하야 討滅하게 되엿다.

또 그뒤에 [illegible] 一이 [illegible]을 [illegible]하니 앞뒤에 다 바퀴가 잇고 머리와 꼬리에 칼을 [illegible]어 [illegible]가 [illegible]하고 그 [illegible] [illegible]과 같앗다.

내자랑과 내보배

獨創과 發明

(完)……李允宰

十四、飛車

十五 火車

十六 飛擊震天雷

十七 四象醫術

맺는말

朝鮮史上에서본 乙亥年의자최

그主要한몃史實의抄記

李允宰

도야지 페ㅣ지

조선 역사 강화 (一) 상고편

나라의 시초

백두산을 중심으로 하여 남으로 한해(瀚海=조선 서남 바다)까지의 반도와 서북으로 흑수(黑龍江)까지의 큰뭍을 옛날에 진(震)이라 하였는데, 아득한 옛날로부터 허다한 미개인(未開人)이 여기저기 흩어져 살아서, 석기(石器) 골각기(骨角器)를 쓰며 어렵(漁獵)으로 생업을 삼더니, 시방부터 오천년쯤 전에 석기와 한가지 동철기(銅鐵器)를 쓰고, 농업으로써 먹고 살줄 아는 민족이 서으로부터 차차 동으로 와서, 이 미개인들을 복종시키면서, 지형을 따라서 나라란것을 세웠읍니다。

단군왕검께서 나시다

이 진보한 문화를 가진 민족은 이름을 「밝」사람이라 하니, 「밝」은 신성이란 뜻입니다。

「밝」사람은 본디 천제(天帝)의 자손으로서 컴컴한 인간을 깨끗하게 하기 위하여, 하늘위로부터 나려온 종족임을 스스로 믿고, 이 신념(信念)으로 부족(部族)들의 사이에 서로 깊은 연락과 단단한 통일을 이루었읍니다。이리하는중에 신인(神人)이 태백산(太白山) 가온대 나사, 나라를 세워 조선이라 이름하시고, 신정(神政)으로써 사방을 다스리시니, 이 어른는 조선 모든것의 시조되는 단군왕검(檀君王儉)입니다。「조선」은 처음 개명한 곳이란 뜻이요, 「단군왕검」은 하느님이라는 뜻입니다。

조그만 새나라들

단군왕검이 다스리시는 조선왕조는 대강 일천년으로 계속하였읍니다。이동안에 「밝」사람의 종족이 크게 번연(繁衍)하여, 사방으로 흩어져서 조그만 새 나라들을 맨들어, 북에는 송화강(松花江)을 끼고 생긴 부여국(夫餘國)과, 남에는 대관령(大關嶺) 좌우의 예(濊)와, 한강 남쪽의 한(韓)이 그중에 두드러진것입니다。

국토가 남으로 옮기다

단군의 끝쯤으로부터 조선의 국토는 차차 남으로 옮기어서, 대동강 부근이 그 중심을 이루고 이때부터 임금을 기자라 일컬으니, 이것이 뒤에 지나의 기자(箕子)로 혼와(混訛)되었읍니다。

위만이 들어오다

기자시대에는 농업의 재주가 더욱 늘어서 경제의 힘이 크고, 따라서 모든 문화가 훨신 발달하였읍니다。기자조선은 북으로는 육지와 서으로는 바다 건너로 지나로부터 이웃이 되었는데, 지나에는 난리가 쉬지 아니하므로, 그 백성이 낙토(樂土)를 찾아 동으로 많이 유이(流移)하여 오고, 또 평시에라도 무역(貿易)의 이익을 취하여 그 왕래가 자못 번거러우니, 이때문에 조선 국내의 여기저기 지나인의 거류지가 생기었더나, 기자조선의 四십 二세 시절에 이르러 한(漢)으로부터 망명해온 위단(衛滿)이란 권모가(權謀家)가 국내의 지나인을 가만히 단합하여 궤휼한 술책으로써 지자의 도성을 뺏으매, 나라가 마침내 남쪽 한(韓)의 땅으로 옮기어 가게 되었읍니다. 기자 조선의 역년은 약 일천년동안입니다.

한나라 사람의 사군

이로부터 대동강변에 지나인의 독립한 도시가 생기어서, 여전히 조선이란 이름으로 번영을 유지하다가, 팔십년만에 그 본국인 조선은 한(漢)에게 정복을 당하여 낙랑(樂浪)이란 군(郡)이 되고, 한이 그 여위(餘威)로써 낙랑의 곁에 현도(玄菟) 진번(眞番) 임둔(臨屯)이란 조선인의 작은 나라들을 억지로 군(郡)을 맨드니, 이것을 한의 사군(四郡)이라 한것입니다. 그러나 다른 삼군(三郡)은 수십년을 지내지 못하여 도루 그 국인의 자주(自主)로 돌아가고, 오직 낙랑만이 대동강 가우 수백리의 땅으로써 수백년동안 지나인의 세력 지대로 있었읍니다.

조선을 두동강으로

낙랑이란 지나인의 거류지가 오래동안 국토의 중간에 끼어있음은 일변 조선 민족을 남북으로 두 동강에 나누어서, [illegible]와 풍속(風俗)과 문화에 얼만큼 차별이 생기는 해도 있었읍니다. 일변 지나의 진보한 문화와 우월한 재화(財貨)가 낙랑을 말미암아 동방 여러 부족에게 유입(流入)한 일도 있었읍니다.

【주해】 진(震)=동방이란 뜻, 해 돋는대란 뜻이다. 오늘날 만주와 반도를 포괄한 넓은 땅의 이름이다.

석기(石器)=상고(上古) 유사(有史) 이전의 사대를 석기시대(石器時代), 동기시대(銅器時代), 금석병용기(金石井用期), 철기시대(鐵器時代)로 잡는다. 지금으로부터 한 二천년쯤 전까지가 금석을 병용하는 시기였다. 석기는 곳곳이 발견되는데, 그 종류는 石斧, 石刀, 石槍, 石鏃, 石匙, 石鑿, 石鎚, 石錘등이 있다.

골각기(骨角器)=짐승을 잡아먹고, 그 뼈와 뿔로 기구를 맨든것이니, 종류는 鏃, 錐, 針, 釣등이 있다.

「박」자람=박은 「白」혹 「陌」의 동칭.

부여(夫餘)=서기전 一二八六년에 단군의 후손이 북방으로 옮기어가서 세운 나라.

예(濊)=본디 만주 흥안령(興安嶺) 산맥에 있던것으로 남하(南下)하여 강원도에 거한 종족.

한(韓)=삼한(三韓)으로 나누었으나, 전라 충청 경기도가 마한(馬韓)이요, 경상남북도 강원도의 일부가 진한(辰韓)이요, 마한과 진한 사이의것이 변한(弁韓)이다.

위만(衛滿)=연(燕)나라 사람. 서기전 一九五년에 그 나라의 난을 피하여 조선으로 들어오므로, 왕이 서쪽 지경을 지키게 하였더니, 위만이 피란하여 오는 한나라 사람들을 모아서, 세력이 커지매, 한나라 군사가 치러 오니 들어가 숙위한다 사칭하고, 嚴勒 처서 조선 임금 준(準)을 쫓고, 스스로 조선 임금이 되다.

33

조선역사강화 (二) 상고편

낙랑군이 쫓겨나간 자리, 곧 대동강 한강의 사이에는 낙랑군을 북방에서 나리밀던 고구려(高句麗)와 남방에서 치받치던 백제(百濟)가 서로 맞서고, 그 때에 백제의 동쪽에서 차차 세력을 길러가는 신라(新羅)가 또 한목을 들어서, 드디어 한강을 중심으로 하여, 삼국의 패권(覇權)을 정쟁하는 새 국면(局面)이 벌어지게 되었읍니다. 대개 이 때로 말하면, 조선민족의 사는 주위에 서북에는 선비(鮮卑), 동남에는 왜(倭)와 같은 유력한 민족이 일어나서, 이네와 겨루어가려면, 먼저 안으로 민족적 통일을 청취하여야 할 형편이었으므로, 삼국중에 누구든지 훨선 나은 곳을 얻어서 이 사명(使命)을 응하려는 기운(機運) 아래에 있는것입니다.

삼국대립되는단서

고구려는 본디 부여의 한 별부(別部)로, 고주몽(高朱蒙)이란이를 시조로 하고, 압록강 좌우를 국토로 하여, 가장 먼저 발달한자이며, 백제는 또한 부여의 한 지파로, 온조(溫祚)란이를 국조로 하여, 마한(馬韓)이라는 한(韓)의 서쪽 여러 작은 나라를 점차로 통합하고 한강 일대에 발을 뻗으려하는자이며, 신라는 진한(辰韓) 변한(弁韓)이란 한의 동쪽 여러 작은 나라를 단합하여 가장 나중으로 나라의 제도를 이루고, 고구려 백제의 절고르는 동안에 우쩍 세력을 길러서, 또한 한강 방면으로 진출한자이니, 예로부터 전하는바에는 삼국의 건국이 단군의 뒤 이천년 전후에 있었다 하나, 실상 고구려는 훨선 먼저요, 백제는 매우 뒤요, 신라도 더욱 나중입니다.

고구려가 일어나다

고구려는 비류(沸流) 골자기 졸본천(卒本川)을 끼고 성립된 산곡 사이의 한 작은 나라이라, 토지가 협착하여 생활의 자료가 부족하므로 자연 나라밖으로 진취(進取)하는 풍이 생기고, 또 주위에 있는 강대한 이민족(異民族)들과 단련한 결과로 국민적 원기가 항상 왕성하여 넘쳤으며, 태조왕(太祖王) 같은 출중한 임금과 을파소(乙巴素) 같은 어진 정승이 이어 일어서 밖으로 국토 확장과 안으로 민력 함양에 아울러 힘을 써서, 국세의 발전이 자못 놀랄만치 이었읍니다. 이러한지 수백년에 북으로 말갈(靺鞨)을 복속하고 동으로 옥저(沃沮)를 병합하고, 서으로 요동(遼東)을 거두어들이고, 남으로 낙랑을 구축하여, 그 위무가 크게 날리었오나, 마침 서북에는 선비족(鮮卑族)이 새로 일어나서, 대륙 방면으로 발전할 길이 막히므로, 고구려의 국책(國策)이 남으로 반도의 통일을 주로

하게 되고, 더욱 서기 三四二년에 환도성(丸都城)이 선비족의 모용씨(慕容氏)에게 파괴를 당하매, 의변에 도읍을 평양으로 옮기어서 그 남진(南進)하는 봉예(鋒銳)가 더욱 새롭게 되었읍니다。

고구려의 강성시대

이로부터 고구려와 백제는 대동강 한강의 사이에서 일진일퇴의 형세로써 패권을 다툴새, 백제에도 근초고(近肖古) 근구수(近仇首) 같은 명주가 나지 않은것이 아니나, 고구려와 거국일치적, 노력은 더욱 강렬한것이 있어 소수림왕(小獸林王) 시대에는 교육을 진흥한다, 법률을 반포한다, 또 불교를 수입한다 하며, 크게는 국력 충실을 꾀하고, 그 아들 광개토왕(廣開土王)이 서매, 영특한 자질로써 사방을 정복하며, 재위 이십 이년(서기 三九一——四一二)의 사이에 무릇 육십 사성, 일천 사백촌을 쳐파하여, 그 위무가 반도와 전부를 떨치고, 고구려의 남쪽 지경이 동에서는 태백산(太白山)과 중부에서는 남한강(南漢江) 상류와 서쪽에서는 북한산(北漢山)에 미치니, 이 결과로 백제의 영토는 약 이분의 일이나 축소되고, 신라도 또한 모처럼 차지하였던 영북(嶺北)의 땅을 잃었으며, 반도 남안의 틈을 엿보던 왜도 이때로써 자취를 거두게 되었으며, 또 그 아들 장수왕(長壽王)이 또한 아비의 사업을 이어서, 재위 구십 칠년의 사이에 북으로 당시 지나의 북쪽을 차지한 위(魏)와 연합하며, 적변의 구적인 모용씨(慕容氏)의 연(燕)을 멸하고 그 요동의 땅을 거두며, 남으로 신라국 공수동맹을 하고 민심이 풀어진 백제를 침습하여 그 왕을 죽이고, 국도 한성(漢城=시방 廣州)을 빼앗아, 백제로 하여금 다시 회복하기 어려운 중상(重傷)을 주게 하고, 그 접제가 직산(稷山)보은(報恩)의 선(線)에까지 남진(南進)시키었으며, 또 아들 문자왕(文咨王)도 재위 이십 팔년의 사이에 북으로 모국이던 부여(扶餘)를 완전히 병합하여 송화강 좌우를 중심으로 하여 북만주가 다 그 판도에 들고, 남으로 백제와 신라의 북쪽 지경을 먹어서 반도의 삼분지이 이상이 그 소유로 돌아가서, 동방에 건국한자중 전후에 유례가 없는 큰 판도를 이루니, 이 넷 임금, 일백 육십년 사이(서기 三七一——五三一)는 실로 고구려의 황금시대요, 말은 삼국 병립이라 하여도, 기실 백제와 신라는 칠전팔도(七顚八倒)로 간신히 잔명을 보전하던 시기었으며, 다만 남북 두쪽으로 다 그 발전이 더욱 활발하지 못하기는 선비의 뒤에 글안(契丹)이 이어 일어나서, 별미를 잡고 있기때문으로 보취(步趨)가 자유롭지 못하였읍니다。

백제가 남으로 쫓겨가

백제는 장수왕(長壽王)에게 치명적 타격을 받고, 서기 四七五년에 도읍을 웅전(熊津=시방 公州)으로 옮기고, 한가지

고구려와 압박을 받는 관계상으로, 신라로 더부러 숙원(宿怨)을 품고, 화친을 맺어 환난에 서로 구원하여 한때 소장(少壯)을 얻었으나, 신라와 국력이 차차 발전되매, 도리어 동쪽 지경을 침식하기 비롯하여 양쪽으로 적을 받으며, 五三八년에는 다시 도읍을 부여(扶餘)로 옮기어서 그네의 칼날을 피하기에 힘썼으매, 형세가 이렇게 외로우며 또한 고구려의 압박을 면하는 편으로 이해가 일치되는 왜로 더부러 저절로 화호가 되어, 백제는 문화로써 왜를 가르치고, 왜는 군사로써 백제를 돕는 관계가 생기었읍니다。

【주해】一、낙랑군이 쫓겨남: 낙랑군은 한(漢)나라 사군의 하나이니, 다른 삼군과 한가지 서기전(西紀前) 一〇八년, 한무제(漢武帝) 원봉(元封)삼년에 설치되었다。겨우 이십칠년을 지나, 한소제(漢昭帝) 시원(始元)오년에 사군을 이군으로 고치어 임둔군(臨屯郡)과 진번군(眞蕃郡)을 폐하고 낙랑군과 현도군(玄菟郡)만 남겨두었다。고구려 제십오대 미천왕(美川王) 십사년(서기 三一三년)에 이르러 낙랑군 태수 장통(張統)이 고구려에 쫓기어 달아나므로, 고구려가 그 땅을 완전히 차지하니, 우리 땅에 한나라의 군현이 이로써 아주 소멸되었다。사군이 되던 처음으로부터 이때까지 사백 이십 이년이었다。

二、선비(鮮卑)=동호(東胡)의 일파。동몽고(東蒙古)지방에 사던 족속。

三、고주몽(高朱蒙)=북부여(北扶餘) 임금 해모수(解慕漱)의 아들로, 동부여(東扶餘) 임금 금와왕(金蛙王)의 양자가 되었다。나이 일곱살에 궁시(弓矢)를 만들어 쏘아 백발백중하였다。금와왕의 아들이 일곱이 있어, 그 재주가 다 주몽만 못하므로, 그 맏아들 대소(帶素)가 왕께 말하여 주몽을 죽이자 하였으나, 왕이 듣지 아니하고, 말을 기르게 하였다。주몽이 그 날랜 말은 골라서 적게 먹이어 파리하게 하고, 노둔한 말은 살찌게 하였더니, 왕이 그 파리한 말을 주몽에게 주었다。뒤에 사냥하며 갔는데, 주몽이 짐승 잡은것이 가장 많았다。이때 왕자들이 시기하여 주몽을 죽이려고 꾀하는것을 그 어머니 유화(柳花)가 알고, 아들 주몽에게 말하여 꾀하여 달아나게 하였다。주몽이 그 벗 오이(烏伊) 마리(摩離) 협부(陜父)등 세사람을 데리고 남방으로 달아나 졸본천(卒本川)에 이르며, 거기에서 고구려 나라를 세우고, 고구려의 시조 동명성왕(東明聖王)이 되니, 그때 나이 스물 둘이었다。

四、온조(溫祚)=고구려 시조 동명성왕(東明聖王)의 아들이니, 동명성왕이 북부여(北扶餘)에 있을 때에 낳은 아들 유리(類利)가 와서, 태자가 되매, 거기서 안전히 있을수 없는 처지이므로, 그 형 비류(沸流)와 의논하고 열 신하를 데리고 남방으로 나려왔다。부아악(負兒嶽=三角山)에 올라서 살만한 땅을 바라본 후에, 비류는 미추홀(彌鄒忽=仁川)로 가고, 온조는 위례성(慰禮城=廣州)으로 가서, 각기 나누어 살았다。미추홀은 습기 많

조선역사강화 (三) 상고편

신라가 일어나다

고구려가 제일의 목표를 백제에 두고 주력(主力)을 그리로 쓰는동안에, 신라는 형편을 따라서 고구려에 순종하기도 하고, 백제와 화친하기도 하여가면서, 도읍을 월[一]성(月城)에 두고, 위선 육부(六部)[二]를 결속하며, 다음 진한 십 이국을 통일하고, 다음 변한 십 이국을 복속하고, 다시 남방에 떠다니는 왜(倭)의 세력을 구축하며, 일변 한강 방면을 통하여 고구려와 지나와 문화 재화(財貨)를 함써 흡수하여 국세가 차례로 확장하였으며, 소지왕[三](炤智王)으로 부터 지증왕[四](智證王) 법흥왕[五](法興王) 진흥왕[六](眞興王)에 미치는 대략 일세기 사이에 관제(官制) 군정(軍政) 민속(民俗) 및 외교에 일층 비약(飛躍)을 시험하고, 더욱 경제력을 기르기에 힘써서, 위력이 멀리 백제를 능가하고, 삼국의 유력한 일원을 이루었읍니다. 사로[七](斯盧) 서라[八]벌(徐羅伐)등 자형이 불일하던 국호를 신라(新羅)로 정하고, 거서간[九](居西干) 이사금[一〇](尼師今)등 명칭이 불일하던 왕호를 왕(王)으로 정한것이 지증왕시대 (서력 五〇三년)의 일이요, 가락국[一一](駕洛國)이 아주 신라에 들어간것이 법흥왕 십 구년(서력 五三二년)의 일이요, 신라가 연호(年號)를 처음 쓰게 된것이 법흥왕 이십 삼년(서력 五三六년)의 일입니다.

화랑의 풍류도의 진흥

신라의 국민적 긴장은 진흥왕 시대의 화랑[一二](花郞)을 받드는데 이르러 그 고조(高調)를 나타내었읍니다. 원래 조선에는 단군 때부터 배천[一三](拜天)하는 종교가 있어 국민 신앙의 중심이 되었으되, 대개 국가의 전례(典禮)와 민간의 속상(俗尙)에 그칠뿐이러니, 신라는 국민 정신 진흥의 필요상으로 이 옛 도의 거룩한 힘을 활용하려 하여, 진흥왕 때에는 그 종교의 제도로 새로 마련하고, 교주(敎主)인 화랑(花郞)을 국가로서 뽑아 맡기어, 그 모인 무리들로 하여금 오래 도의(道義)를 서로 연마하고 지기(志氣)를 자주 격은 뒤에 국가의 중요한 직임을 맡아보게 하니, 이 때문에 국가적 정신과 사회적 간농에 넉넉한 인물이 와짝 일어나서 신라의 국운을 융창하게 하기에 헤아릴수 없는 효과를 얻게 되었읍니다.

불교의 들어옴과 퍼짐

또 한가지 신라의 발흥에 대하여 중대한 힘이 되는것은 불교(佛敎)의 융청입니다. 불교는 인도(印度)로서 지나로 흘러 들어와, 크게 동방 문화의 보탬이 되더니, 고구려 소수림왕[一四](小獸林王) 이년 (서력 三七二년) 에 진(秦)으로부터 그 법이 동으로 건너와, 그뒤 십삼년 끝 백제 침류왕(枕流王)[十五] 원년(서력 三八四년)에 백제로 들어가고, 다시 사십여년을 지나 신라 (눌지[十六] 마립간＝訥祇麻立干 때)로 전하여 약 반세기 동안에 우리땅에 불교가 골고루 퍼지었는데, 처음에는 고유의 신도(神道)[十七]와 충돌이 없지 아니하였으나, 이에 조화점이 발견되고, 더욱 불교의 들어오던 동기가 불교 전청의 당시 지나 곧 진(秦), 진(晉)하고의 외교상 필요에 있었던만큼, 불교인의 활약이 도리어 세간적 방면에 많아서, 그 정치 및 문화에 대한 공효가 매우 크고, 그 유좋이 또한 신속하였읍니다. 더욱 신라는 법흥와 진흥왕의 시대부터 화랑의 풍류도(風流道)로써 국민 전신을 진작하게 하는 일면에 불교로써 대외적 활약의 최고방편을 삼아서, 이로써 고구려를 정립하며 지나를 결탁하여 생각던 밖의 편익을 얻었읍니다.

한강 유역의 중심무대

이렇게 진흥왕 시대에는 신라의 국력이 고작 충실하여, 밖으로 웅비할 기회가 성숙하였는데, 이에 제공된 중심무대(舞臺)는 실로 한강[二十] 유역(漢江流域)이었읍니다. 한강 유역은 낙랑(樂浪) 대방(帶方)의 시절이나 또 그 훨쎄 이후에나 한갈같이 지나(支那) 방면에 교통의 중심이 되어 반도 남방의 국가에 대하여는 외교상 경제상 중요한 관문이므로, 이 지역을 자유로 절제함이 그 국운의 소장(消長)에 중대한 관계를 가지니, 백제나 신라는 진실로 기력을 펴려하면, 이 호흉구를 꼭 다투지 아니하지 못할 관계가 있으며, 따라서 고구려가 백제 신라를 정복함에도 이 땅을 빼앗아두어야 될 이유[十九]가 있는것입니다.

삼국 쟁패의 최고절정

백제가 장수왕(長壽王)에게 한강 유역을 빼앗기고, 남으로 금강(錦江) 연안으로 쫓기어간 뒤에는 기어히 옛땅을 회복하려 하여 여러가지로 애를 쓰다가, 삼십년을 지나 성명왕(聖明王)[二十一]때에 이르러, 왕이 친히 대군을 거느리고 고구려를 쳐서 한성(漢城＝시방 廣州)과 남평양(南平壤＝시방 京城)등 한강 유역의 잃었던 땅을 찾았는데, 신라의 진흥왕이 이 기회를 타서, 백제를 도와가면서 죽령(竹嶺) 이외 고현(高峴) 이내 곧 한강 동편짝의 열고을을 고구려로서 빼앗고, 인하여 그 이듬해에 백제가 한때 회복만 하고 능히 지지하지 못하는 한강 서남의 유역(流域)까지를 차지하여, 신라의 북편 지경이 시방 강원도에서는 오대산(五臺山) 치악산(雉岳山)의 선(線)과 경기도에서는 임진강(臨津江)에까지 전진하여 반도의 중부에서 동해와 서해를 한대 연한 대국을 이루고, 이 한강 유역의 차지한것은 신라로 하여금 비로소 직접으로 지나에 교통함을 얻게 하고, 반도에서 웅비할 보무(步武)를 분명히 얻게 하여, 그 반도 통일의 단서가 실로 이때로부터 붙잡히었읍니다. 이 한강 쟁탈의 국면(局面)은 실로 삼국 쟁패의 시기중의 가장 중요한 의의를 가지는 일막(一幕)입니다.

신라진흥왕의 공덕

진흥왕이 백제와 협력하여 고구려의 남쪽땅을 쳐 빼앗을 때에는 나이 겨우 십 팔세였으며, 왕의 이만한 큰 공업은 실로 일반 국민의 원기와 이를 잘 도솔한 이사부(異斯夫) 거칠부(居柒夫)같은 명장을 힘입음이 컸읍니다. 그러나 재위 삼십 칠년의 사이에는 국교의 보존, 불교의 홍통, 국사의 편찬등 문교(文敎) 방면의 공적으로 기록할것이 많으니, 신라 패업을 넓힌 뒤에 신영토를 순시하고 세운 비가 경상북도의 창녕읍(昌寧邑)과 서울 북한산의 비봉(碑峰)등이 일천 삼백년의 바람비를 무릅쓰고 사방도 우뚝하게 서 있읍니다.

【주해】 一, 월성=경주(慶州) 동남 문천(蚊川)을 대어 반달 모양으로 된 성형. 제 오세 파사이자금(婆娑尼師今) 이십 이년(1.1 A. D.)에 쌓은것으로, 주위 일천 이십 삼보나, 또 재성(在城)이라도 한다.

二, 육부=육촌(六村)이라도 하는데, 신라 제 삼세 유리이자금(儒理尼師今) 구년(32 A. D.)에 육부의 이름을 고치고 성(姓)을 주니, 곧 양산부(楊山部)를 양부(梁部)라 하여 이씨(李氏)의 성를 주고, 고허부(高墟部)를 사량부(沙梁部)라 하여 최(崔)의 성을 주고, 대수부(大樹部)를 점량부(漸梁, 또 牟梁)라 하여 손(孫)의 성을 주고, 간진부(干珍部)를 본피부(本彼部)라 하여 정(鄭)의 성을 주고, 가리부(加利部)를 한저부(漢祇部)라 하여 배(裵)의 성을 주고, 명활부(明活部)를 습비부(習比部)라 하여 설(薛)의 성을 주었다. 이것이 모두 경주 군내에 있었다.

三, 소지왕=신라 제 이십 일세 임금. (479—500 A. D.)

四, 지증왕=신라 제 이십 이세 임금. (500—514 A. D.) 이년 소로 밭가는법을 시행. 사년 국호와 왕호를 제정. 오년 상복법(喪服法)을 제정. 육년 주구현제(州郡縣制)를 정함.

五, 법흥왕=신라 제 이십 삼세 임금. (514—540 A. D.) 사년 병부(兵部) 설치. 칠년 율령(律令)을 반포. 또 관리의 공복(公服)을 제정. 십오년 불교를 시행. 이십삼년 연호를 세움.

六, 진흥왕=신라 제 이십 사세 임금. (540—576 A. D.) 구년 흥륜사(興輪寺)건축. 십년 황룡사(皇龍寺) 건축. 십 이년 고구려를 쳐서 열고을을 빼앗음. 삼십오년 장륙불상(丈六佛像)을 지음. 삼십 칠년 원화(源花 곧 花郞)를 비로소 받들다.

七, 사로 八, 서라벌=사로와 서라벌은 다 같은 말로 좀 달리 쓰는데 불과하다. 서라벌의 「벌」은 벌판이란 뜻으로 곧 고을이란 말이다. 이 밖에도 「斯羅, 斯盧, 新盧, 薛羅, 徐耶」라는 명칭이 한문 서적에 많이 보이는데, 역시 다 같은 말이다。또 계림(鷄林)이라고도 하였다。지증왕(智證王)때에 이르러 이 여러가지로 쓰던것을 일천하기 위하여「德業日新、四方網羅」의 뜻을 취하여「新羅」로 국호를 정하여 그 후로부터 이것을 시행하게 되었다。

九、거서간 一〇、이사금……거서간은 신라 시조 박혁거세(朴赫居世)의 왕호인데 큰 임금 곧 대왕이란 뜻。이사금은 임금이란 뜻。신라가 처음에 여러가지 명칭을 한문으로 행하지 않고 순전한 국어로써 사용하였는데、거서간 이사금 같은것이 다 신라의 국어이다。왕호에 대하여 이 밖에도 몇이 있으니、좀 자세히 말하면、시조는 거서간、제 이세 남해왕(南解王)은 차차웅(次次雄)、제 삼세 유리(儒理)로부터 제 십팔세 실성(實聖)까지 십 육대는 이사금(尼師今)、제 십구세 눌지(訥祗)로부터 제 이십이세 소지(炤智)까지 삼대는 마립간(麻立干)이요、이십이세 지증왕으로부터 이후는 왕이라 하였다。

一一、가락국……신라와 백제 사이에 있는 나라。처음에 임금이 없고、아홉사람의 두령이 있어 백성을 다스리더니、신라 유리이사금(儒理尼師今) 십구년(서력 四二년)에 김수로(金首露)가 가락국을 세우고、김해(金海)에 도읍하고、십일세、사백 구십 일년의 역사를 누리고、신라에게 병합되었다。

一二、화랑……신라 진흥왕(眞興王) 삼십칠년(서력 五七六년)에 처음으로 시행되다。용모가 이쁜 사내를 뽑아 곱게 꾸미어서 가악(歌樂)으로 산수에 오유(娛遊)하게 하고 이를 인하여 사람의 사정(邪正)을 가리어 조정에 천거하는것이다。이것을 풍월주(風月主)、원화(源花)、국선(國仙)이라도 불러서、국가에서 신봉하므로 고대의 한 종교(宗敎)가 된것이다。

一三、배천……단군께서 마니산(摩尼山)에 제천단을 쌓아 천신께 제사하시었으므로부터 역대에 배천을 마루로 삼았었다。부여(扶餘)에서는 영고(迎鼓)、마한(馬韓)에서는 천군(天君)、고구려에서는 동맹(東盟)、백제에서는 교천(郊天)이라 하나、해마다 농사의 파종을 마칠 때나 또 추수를 다 마친 시월(상달)에는 전국에서 국민이 대회하여 주야로 음식과 가무로 즐기었다。이것이 명칭은 각기 다르나 다 같은 배천의 뜻이다。

一四、소수림왕……고구려 제 십칠세 임금。(371—348.A.D.) 이년에 진나라 임금 부견(苻堅)이 사신과 및 중 순도(順道)를 보내고 또 불상과 불경을 보내드리었으며、사년에 지나 중 아도(阿道)가 들어왔으며、오년에 초문사(肖門寺)와 불국사(佛國寺)를 창립하니、이것이 우리땅에 불교의 시작이다。

一五、침류왕……이백 제 십 오세 임금。(384—385 A. D.

一六、눌지마립간……신라 제 십구세 임금。(417—458 A. D.)

一七、신도……곧 배천교

一八、대방……낙랑(樂浪)과 한가지 고구려 중시대까지에 한강을 중심으로 하는 경기도 황해도 등지에 설치된 자치 군현。

一九、장수왕……고구려 제 이십세 임금。(313—491A.D.)

二〇、성왕……백제 제 이십 육세 임금。(523—654 A.D.)

조선역사 강화 (三) → (四) 상고편

을지문덕의 수병격멸

이때 고구려가 백제와 신라에게 굴욕을 당한것은 결코 국력이 쇠하였기 때문이 아니었읍니다。이때 지나대륙은 이른바 남북조(南北朝)시대로 북방 새외(塞外)민족과 남방 한(漢)민족들의[二] 흥폐소장이 끝이없고, 더욱 핍근한 서편쪽에는 그란파[三] 돌궐등 강성한 민족이 겨끔내기로 틈을 엿보므로, 양식과 군기를 저축하고, 민심을 휴양하여서 서북방면의 비상을 방비하기 위하여 차라리 남방을 허소히 하였기때문입니다。혼란참담한 이백년간의 남북조를 수합하여 대륙에 다시 통일한 국가를 세운자는 수[四](隋)나라러니, 이때 고구려의 영[五]양왕이 앞질러 위무를 빛내가 위하여 구년(서력 五九八년)에 말갈의 무리를 데리고 그 요서(遼西)를 침습하매, 수나라 임금 문제(文帝)가 노하여 수륙군으로써 멀리 들어왔다가 불리하게 돌아가고, 그 아들 양제(煬帝)는 공명심이 과한자라, 영양왕 이십 삼년(서력 六一二년)에 뭍과 바다 백만의 군사로써 친히 요동으로 출[六]마하였으나, 고구려에는 미리 준비가 있고, 또 을지문덕이란 지혜와 용맹이 겸비한 명장이 있어, 적군을 맞이하여 가끔 피곤하게 한 뒤에 살[七]수의 한번 싸움에 그 선두 삼십만명을 거의다 복멸하였으며, 수양제가 더욱 설분하고저 하여, 그 익년과 또 익년에 해마다 전국의 힘을 기울여서 들어와 침로하였으나, 두번 다 고구려의 한 성도 깨트리지 못하고 공환하여, 이 빌미로 그르나 그 나라를 망하기에 이르고, 당(唐)이 수를 대신하게 되었읍니다。

고구려의 남방제진출

고구려는 북방이 괴자누룩하매, 다시 칼날을 남쪽으로 돌리려 할새, 남방의 대적이 인제는 신라이므로, 기회있는대로 그 북쪽 변방을 침략하고, 백제가 또한 이것을 기회로하여 무[八]왕(武王) 이래로 신라의 서쪽땅을 자주 침략하며, 더욱 그 아들 의[九]자왕(義慈王)은 즉위하던 익년으로 친히 동정(東征)을 시험하여 신라의 사십여성을 빼앗고 일변 장수를 보내어 대[一〇]야성을 점령하니, 대야성은 신라국 서쪽의 요해지이므로 백방으로 회복을 꾀하였으나 이루지못하였으며, 또 익년(서력 六四二년)에는 백제가 연합을 만들어 당[一一]항성을 빼앗아서 신라의 당나라와 교통하는 길을 막으려 하기에 이르렀읍니다。

신라가 외교에 전력함

신라는 이렇게 복배로 적을 받고, 형세가 아주 고립되었으나, 국민의 의기는 자못 현앙하여 상하일심으로 보수 진취의 피를 가추 시첩하고 그대로 불급하매, 당나라의 세력을 이용하기를 생각하기에 이르렀읍니다. 그리하여 온갖 방법으로써 당나라의 환심을 사고, 또 동정을 끌어서 당나라로 하여금 조정(調停)의 사신을 고구려와 백제 두 나라에 보내여어 당항성의 군사를 철퇴하게 하였더니, 백제는 들었으나, 고구려는 신라가 땅 오백리를 빼앗은것(고구려와 수나라의 싸움에)을 도루 내지 아니하면 싸움을 그만둘수 없다 하여, 당나라 임금의 권고를 물리치었읍니다.

연개소문의 당병격파

이때에 고구려는 연개소문(淵蓋蘇文)[三]이란 영걸이 보장왕이란이를 옹립하고, 마리지가되어 일본과 연결한 백제와 당과 화친하는 신라를 단바에 때려부수고, 완전한 자주정신에 의지한 통일국가를 세우량으로 절대한 군국정치의 아래에 국력을 기르며 가만히 기회를 기다리었읍니다. 연개소문은 문무겸전한 인물로 외교에도 마음을 써서 자제를 당나라에 보낸다 당나라의 국교인 도교[一四]를 권한다 하며, 당나라하고의 불화를 즐기지 아니하였으나, 이 당항성 할취의 지조는 실로 그 깊은 경륜의 일단이므로, 여러번 당나라로서 특사가 왔건마는 일향 거절하였읍니다. 이동안에 신라의 외교적 활약이 더욱 맹렬을 더하여, 드디어 당나라 임금의 고구려에 대한 노염을 충동하여, 보장왕(寶藏王)[一五] 삼년(서력 六四四년)에 당태종(唐太宗)[一六]으로 하여금 고구려에 무력적 보복을 더하게 하였읍니다. 그해 십일월에 당태종이 수륙군 삼십만을 발하고, 신라, 백제, 해, 그란등으로 하여금 각기 구원병을 내어서 각방으로 고구려를 에워들게한 이듬해에 당태종이 친히 요동으로 나와서 요동성을 무찌르고 곧 평양으로 나려오려 하더니, 안시성[一七]에 이르러는 팔십 팔일을 에우고 죽을 힘을 다하여 이내 깨트리지 못하여 권진할수 없이 되고, 날이 춥고 양식이 떨어지고 하여 하는수 없이 군사를 돌리는데 이번 싸움에 당나라 군사가 아무 얻은것 없고, 한갓 병마를 수없이 잃으매, 당태종의 후회가 깊었읍니다. 그래도 수나라 이래로 분함을 생각하고는 여러번 군사를 보내어 출곳 고구려를 집적거리었으되, 번번이 무료히 돌아가고 죽을 때 가서는 유언으로써 다시 고구려를 건더리지 말라고 하였읍니다.

신라가 더욱 당에 접근

이동안에 신라의 처지는 더욱 고립하여지고, 그대로 당나라의 힘을 빌지 아니하지 못하여 신라의 교당책(交唐策)은 얼마쯤 염치를 모를하게도 되었읍니다. 그 관제(官制)를 옮겨오며, 그 복색을 본뜨며 자제를 보내어 숙위(宿衛)를 시키며, 연호(年號)를 폐하여 당나라의 그것을 가지어다 쓰며, 고운계집과 완호물과 비위에 맞을 글을 지어 보내는 등 무릇 그 환심을 살수 있는 일이면 거의 아니한것이 없었읍니다. 그러나 외교에는 김춘추와 내정에는 김유신을 두 기둥으로하여 이때 신라 국민의 호국운동(護國運動) 점층 일컥 신국가 건설 운동은 눈물이 날만치 지성 열심스러웠읍니다. 아무것보담도 상하일심 내외협조의 협동정신에 있어서 간연할바가 없었읍니다.

[주석] 一、남북조 南北朝)=지나에서 동진(東晋)이 멸망하고 송(宋)이 대신하며, 북위(北魏)가 양자강 북쪽 땅을 차지하여, 이로부터 남북이 대립하는 형세를 이루었다. 남쪽에는 송의 뒤를 이어 제, 양, 진(齊、梁、陳), 북쪽에는 북위의 뒤에 동위, 서위(東魏、西魏)로 짜개지고 또 그를 이어 북제, 북주, 수(北齊、北周、隋)가 서로 갈아가며 지내어 왔다. 서력 四三四년부터 五八九년까지의 약 一百五十년간을 남북조시대라 한다.

二、그란(契丹)=동호(東胡)의 유족, 동부 내몽고(內蒙古) 서라목륜하(西剌木倫河) 상류지방에 유목(游牧)하고 있더니 야률아보기(耶律阿保機)가 그 북쪽을 통일하여 임황(臨潢)에 도읍하고 황제로 자칭하니, 이때부터 세력이 점점 강성하였다.

三、돌궐(突厥)=외몽고(外蒙古) 서변 알타이산 지방을 웅거한 토이기족(土耳古族)의 한 부족.

四、수(隋)=서력 五八一년에 북주(北周)의 정승 양견(楊堅)이 세운 나라.

五、영양왕(嬰陽王)=고구려 제 二十六세(서력 五九○-六一八) 임금.

七、살수(薩水)=시방 평안 청천강.

八、무왕(武王)=백제 제 三十세 서력 六○○-六四五) 임금.

九、의자왕(義慈王)=백제 제 三十一세 (서력 六四五-六六○)곧 백제의 최종왕.

一○、대야성(大耶城)=신라 서쪽 지경의 요색. 시방 경상남도 협천군.

一一、당항성(棠項城)=시방 경기도 남양(南陽)근처.

一三、마리지(莫離支)=고구려의 벼슬 이름, 가장 높은 자리.

一四、도교(道敎)=지나 후한(後漢) 말세에 장도릉(張道陵)이 창도한것으로 신선사상(神仙思想)、오행설(五行說) 잠휘(讖諱)등을 주장하는 일종의 종교.

一五、보장왕(寶藏王)=고구려 제 二十八세 (서력 六四二-六六七) 임금. 고구려의 최종왕.

一六、당태종(唐太宗)=이세민(李世民)이니, 지나 당나라 제 이세 임금.

一七、안시성(安市城)=시방 만주 개평현(蓋平縣) 동북.

一八、김춘추(金春秋)=신라 제 이십 오세 진지왕 (眞智王)의 손자, 진덕여왕의 뒤를이, 임금이 되니, 곧 제 이십 구세 태종무렬왕(太宗武烈王).

六、을지문덕 一二、연개소문 一九、김유신을 다음 호에

조선역사 강화 (五) 상고편

무렬왕이 백제를 멸함

김춘추가 왕위에 오르니 (서력 六五四년) 이가 곧 다음날 삼국 통일의 훌륭한 임금으로 빛난 이름이 역사상 드리운 태종 무렬왕입니다. 김춘추가 임금이 되면서, 그 둘재 아들 인문(仁問)이 외교와 술에 당하여 더욱 주선에 힘쓴 결과로 당나라는 필경 신라의 청청에 옹속이고, 일변 신라의 책략(策略)에 빠지었읍니다. 그리하여 당나라의 고종(高宗)은 태종의 유언을 깨트리고 현경(顯慶) 오년(서력 六六〇년)으로써 수륙 삼만 군사를 발하여 신라와 합력하여 그해 칠월로써 먼저 백제를 치게 되었읍니다, 이때 백제의 의자왕(義慈王)은 개인으로 미덕(美德)도 있고, 국왕으로 무용도 하였으나, 다만 자부심(自負心)이 많고, 연락을 좋아하며, 청충 같은 현신와 충간(忠諫)을 듣지 아니하여 인심이 이반하였으므로, 이렇게 큰 난리가 생김을 신라와 당나라 두 군사가 국경에 임박하여야 알고 방비할 계책을 의론하여, 당나라 군사는 백강으로 들어오고, 신라 군사는 탄현을 넘어온 뒤에 방어하기를 시작하였으나, 일이 이미 틀렸읍니다. 칠월 구일에 백제의 용장 계백이 결사대 오천을 거느리고, 김유신으로 더부러 황산원에서 혈전하다가 죽은 것도 한갓 백제 최후의 역사를 꾸미는 한 아름다운 이야기 됨에 그치고, 얼마아니하여 그만 사자성이 신라 당나라 연합군에게 수륙 양방면의 포위를 받아서 마침내 십팔일로써 항복함을 말지 못하게 되었읍니다. 이리하여 시조로부터 의자왕까지 삼십 일왕, 육백 칠십 팔년의 백제의 슬픈 그림자만을 길이 백마강 속에 던지고 말았읍니다.

백제는 본디 오부(五部) 삼십 칠군(三十七郡), 이백성(二百城) 칠십 육만호러니, 당나라가 거기에 오도독부(五都督府)를 두어 다스릴새, 도독 이하 관원은 모두 백제인으로 시키고, 수부로 정한 웅진 도독만은 당나라 사람이 맡았었읍니다.

백제민족의 광복운동

일이 창졸스러워서 임금은 나가 항복하였으나, 그 강하기가 굽한만큼 백성들의 울분한 정은 더욱 깊었읍니다. 그리하여 그해 당나라와 신라의 대군이 발길을 돌리기 무섭게 왕족 괴실복신(鬼室福信)과 중 도침(道琛)과 달솔 여자진(餘自進)들이 의병을 일으켜, 임존성(任存城)을 근거로 하여 웅진과 사자(泗沘)등을 공격하니, 구민(舊民)이 금시에 향응하여 그 세력을 누를수 없었읍니다. 더욱 당나라의 세력이 자리를 잡든지 신라의 통일이 완성되든지 하면, 그 압박의 큰

것을 염려하는 일본이 여러가지 원조를 더하여 광복운동의 기세가 얼마쯤 높아지기도 하였읍니다. 그리하여 백제 유민(遺民)은 전후 사년동안이나 새 정복자를 반항하더니, 나중에는 당나라로부터 대군이 와서 중과(衆寡)가 틀리므로 피로써 채색된 이 노력도 마침내 수포로 돌아갔읍니다. 그러나 당나라에서는 백제 구민을 회유하자면 그전 제도대로만 지켜가는것이 불가한줄을 알고 난을 평정한 뒤에는 의자왕의 아들 부여융(扶餘隆)을 웅진도독으로 하고, 백제군공(百濟郡公)을 봉하여 사실상 백제 재흥(再興)을 허락하였읍니다.

신라와 당나라의 연합

태종 무렬왕은 백제가 망한 익년(서력 六六一년)오로써 붕하고, 그 아들 법민이 위를 이으니 곧 문무왕(文武王)입니다.

신라가 당나라에 접근함을 보고 고구려는 더욱 신라의 침략을 재촉하여 보장왕 십사년(서력 六五五년, 곧 신라 무열왕 즉위한 익년)에는 백제 말갈과 한가지 신라 북방 삼십 삼성을 빼앗으며, 신라는 당나라에게 원조를 청하여 당나라가 대군으로써 해마다 고구려의 변방을 집커거리었읍니다. 이동안에 백제의 일을 마치매, 당나라 신라 연합의 압력이 더욱 크게 고구려에 다다랐으나, 고구려는 이에 조금도 굴하지 아니하고, 오히려 틈을 타서는 한강 유역의 잃었던 땅을 찾으려 들었으니, 연개소문의 실력이 이렇게 컸음을 알것입니다.

고구려 나라가 멸망함

보장왕 이십오년(서력 六六六)에 이르러 연개소문이 죽고, 그 장자 남생(男生)이 대신 마리지가 되었더니, 국내의 모든 고을을 순시하러 나간동안에 권력관계에 눈먼 그 두 아우가 내란을 일으키어 형을 치니, 이때문에 그렇게도 굳세던 고구려의 국가적 결속도 차차 풀어지기 시작하여 대외적 관력이 아주 각퇴하였읍니다. 이 틈을 타서 당나라 신라 두 나라는 일거에 고구려를 쳐서 멸하려하여 연합군으로써 수륙 양방면으로 협격하였으나, 원체 백련강철과 같아서 용이히 꺾이어지지 아니하였읍니다. 그러나 병화가 삼년을 계속하고 연합군의 세력은 더욱 증가되매, 아무리 고구려이지마는 이내 저당하지를 못하여 보장왕 이십칠년(서력 六六八) 팔월 이후로 평양이 포위를 받은지 월여만에 드디어 왕이 나와 항복하고, 마리지 천남건(泉男建)은 오히려 폐문고수하였으나, 내응하는자가 있어 마침내 적군에게 잡히게 되었읍니다. 이렇게 시조로부터 이십 팔왕, 칠백 오년의 영광스러운 역사를 가진 고구려는 외압(外壓)보담도 내쟁(內爭)으로 인하여 마침내 자주적 통일의 이상(理

想)을 달하지 못하고 가업이 엎질러버리었읍니다. 고구려는 어여 오부(五部), 백 칠십 육성, 육십 구만여호러니, 당나라가 이것을 거두어 구도독부(九都督府)를 두고 대개 고구려 사람으로 도독 이하의 관원은 맡기어 다스리게 하였으며, 서울인 평양의 안동도호부(安東都護府)에만 당나라 사람이 있어 지키고 있었읍니다.

【주석】 一, 성충(成忠)—백제 말년에 좌평(佐平)벼슬에 있는 사람, 혹 정충(淨忠)이라도 한다. 의자왕이 음탕하거늘, 성충이 간한즉, 왕이 노하여 옥에 가두었다. 성충이 죽을 때에 상서하되 「충신은 죽더라도 임금을 잊지 않나니, 시세를 살펴본즉 반드시 병화가 있을듯 하오니, 만약 적이 들어오는 때는 육로로는 탄현(炭峴)을 넘지 못하게 하고, 수로로는 백강(白江)을 건느지 못하게 하소서」 하였으나, 왕은 듣지 아니하였다。

二, 백강(白江)—금강(錦江)및 만경강(萬頃江)의 남쪽인 동진강(東津江) 어구

三, 탄현(炭峴)—시방 전주와 탄치(炭峙)。

四, 계백(階伯)—백제 달솔(達率) 벼슬에 있었다. 신라 당나라 연합군이 쳐들어오매, 계백이 장군이 되어 군사 오천인을 거느리고 나가 막을새, 한 나라로써 두 나라의 대군을 당하게 되매, 나라의 존망을 알수 없는지라, 내 처자가 노예의 대우를 받게 될는지도 모르려니, 살아서 욕을 당하는이보다 차라리 쾌하게 죽는것만 못하다 하고, 그 처자를 다 죽이고 달아가 황산(黃山)들에 이르러 신라군사와 싸워서 이기고 필경 힘이 다하여 죽었다。

五, 사자성(泗沘城)—백제 서울, 시방 충남 부여(扶餘)

六, 삼십 일왕—一온조왕(溫祚王), 二다루왕(多婁王), 三기루왕(己婁王), 四개루왕(蓋婁王), 五초고왕(肖古王), 六구수왕(仇首王), 七사반왕(沙伴王), 八고이왕(古爾王), 九책계왕(責稽王), 一〇분서왕(汾西王), 一一비류왕(比流王), 一二계왕(契王), 一三근초고왕(近肖古王), 一四근구수왕(近仇首王), 一五, 침류왕(枕流王), 一六진사왕(辰斯王), 一七아신왕(阿莘王), 一八전지왕(腆支王), 一九구이신왕(久爾辛王), 二〇비유왕(毗有王), 二一개로왕(蓋鹵王), 二二문주왕(文周王), 二三삼근왕(三斤王), 二四동성왕(東城王), 二五무령왕(武寧王), 二六성왕(聖王), 二七위덕왕(威德王), 二八혜왕(惠王), 二九법왕(法王), 三〇무왕(武王), 三一의자왕(義慈王),

七, 웅진(熊津)—곰노루, 시방 공주(公州)。

八, 달솔(達率)—백제의 벼슬 이름。

九, 이십 팔왕—一동명성왕(東明聖王), 二유리명왕(琉璃明王), 三대무신왕(大武神王), 四민중왕(閔中王), 五모본왕(慕本王), 六태조왕(太祖王), 七차대왕(次大王), 八신대왕(新大王), 九고국천왕(故國川王), 一〇산상왕(山上王), 一一동천왕(東川王), 一二중천왕(中川王), 一三서천왕(西川王), 一四봉상왕(烽上王), 一五미천왕(美川王), 一六고국원왕(故國原王) 一七소수림왕(小獸林王), 一八고국양왕(故國壤王), 一九광개토왕(廣開土王), 二〇장수왕(長壽王), 二一문자명왕(文咨明王), 二二안원왕(安原王), 二四양원왕(陽原王), 二五영양왕(嬰陽王), 二六영류왕(榮留王), 二八보장왕(寶藏王)

조선역사 강화 (五) → (六) 상고편

그러나 이때 고구려의 멸망은 그 나라 서울에서며, 반도 아내의 국토에서뿐이었읍니다。압록강 이북에는 끝까지 항복하지 아니한 성이 많이 있어, 북으로 말갈의 국토를 중심으로 하여 별개의 나라를 건설하기에 힘썼으며, 반도 안에서는 검모잠(劍牟岑)을 수령으로 하는 독립운동 같은것이 한참동안 계속하여, 금마저(金馬渚)를 중심으로 후고구려가 건설되었다가 십 사년만에 소멸하였읍니다。

고구려인의 독립운동

신라의 역사적 사명

신라는 무엇을 위하여 당나라에게 원조를 청하였으며, 백제와 고구려를 기어히 멸하였는가 하면, 첫재는 국가적 방위의 필요로 나온것이며, 둘재는 민족적 통일의 필요로 나온것이니, 대세상으로 말하면, 삼국이 통일되어야 서북과 동남에 있는 호전적(好戰的) 이민족의 압박을 받지 않게 될 추세에 순응한것입니다。백제 고구려 두 나라가 없어지매, 두 나라에게 받는 위구에서는 벗어남을 얻었지마는, 각개의 옛 국토가 뿔뿔이 따루 있고, 게다가 당나라의 군현제(郡縣制)가 근속되다 하면, 이는 신라 및 일반 반도민족의 본연한 요구에 어그러짐이 크다 할 밖에 없으니, 이에 신라는 변해진 국면에 대할 새 책동을 시작하게 되었읍니다。

신라의 당나라를 업음은 본디부터 고구려 백제 두 나라를 집어치우기까지의 방천인족, 이 목적이 이미 성취된 시방와서는 신라는 진실한 목적을 위하여 일시의 수단을 버릴 밖에 없읍니다。그리하여 고구려가 없어진 이듬해 곧 문무왕 구년(서력 六六九년)으로부터 당나라의 도독(都督)이 있거나 말거나 고구려 백제 두 나라의 땅을 차차 쳐빼앗기 비롯하여, 당나라가 노하여 꾸짖으면 겉으로 사과하면서, 실제에 있어서는 반도인의 반도의 실상 얻기에 잠시도 쉬지 아니하고, 몇해 후에는 당나라에서도 이루란하기 어려워서 신라의 새 영토의 차지하는것을 묵인하다가, 북방에서 발해국(渤海國)이 신흥하매, 미처 이것은 견제할 필요상으로 대동강 이남의 땅을 공공연하게 신라에게 내어주게 되었읍니다。신라의 통삼운동(統三運動)은 이 당나라의 세력을 구축함에 이르러 비로소 명실이 상부하게 되었다 할것입니다。

대조영의 발해건국

그러나 신라의 이른바 통삼(統三)은 끽하야 대동강 이남에서만 할수 있는 말이요, 명색으로 당나라에 붙인 시방 평안도의 서반부를 제하고, 대동강 이북에 있는 고구려의 유민(遺民)을 중심으로 하여 건설된 새 나라에 승계되었읍니다。 고구려가 망하매, 그 유민이 많이 북방 속말 말갈의 땅으로 몰려어서, 무릇 삼십년만에(서력 六九九년) 대조영(大祚榮)이란 종솔자를 얻어서, 홀한성(忽汗城)을 도읍으로 하여, 나라를 세우고 이름을 진(震)이라 하니, 진은 실로 세계 중일자의 뜻으로 동방의 전통적 자긍을 붙인 이름이며, 뒤에 당나라에서 이것을 발해(渤海)로 불러서, 이것이 드디어 통칭한 이름을 이루었읍니다。 원산 및 대동강 유역 이북으로부터 흑룡강까지에 이르는 지방 오천리의 지역을 차지하여 오경(五京) 십오부(十五府) 육십 이주(六十二州)를 두고, 수만 대병을 기르며, 고구려의 문화를 계승하고 당나라로 더부러 교통도 빈번히 하여, 모든 정도가 다 우월하였읍니다。 이렇게 벅벅이 고구려만 못하지 아니하고, 당나라와 신라에 대하여 잊기 어려운 원한이 있건마는, 일시와 소충돌은 있으되, 한번 시원시원히 북방의 강맹을 발뵈어보지 못하기는 또한 서쪽에 글안이 한 강적을 데리고 있어 기를 펴지 못하였기때문입니다。

진은 대조영 이후로 무왕(武王) 문왕(文王)등 애왕(哀王)까지 십 사대 이백 이십 팔년간 (서력 六九九—九二六) 나라를 누리고, 그동안 선왕(宣王, 서력 八一八—八三〇)때 같은 국토를 크게 넓힌 영주도 있으며, 당나라와 일본과의 사이에 국제무역에도 새 기축을 내이는등 전할만한 일이 많이 있으나, 이때로부터 후일의 조선 민족 및 문화로 더부러 교섭이 소원하므로, 이는 대개 생략하겠읍니다。

그 도읍은 시의를 따라서 홀한주(忽汗州)로부터 상경(上京) 동경(東京)의 사이로 옮기어 다니었읍니다。

이렇게 발해국은 고구려의 후신이라 하여, 삼국기 이후의 조선 역사는 남북조(南北朝)의 대립으로 볼 것이나, 편이상으로 신라를 삼국의 통일자라 합니다。

(주석) 一、대조영(大祚榮)—처음에 고구려의 장수로, 조국이 멸망하매, 그 아비 걸걸중상(乞乞仲象)과 함께 영주(營州)로 달아나 그란에 붙이어 독립운동을 하다가, 뒤에 백두산 아래로 옮기어 독립군을 거느리고 당나라 군사를 쳐서 내어쫓고, 발해국을 건설하였다。 발해국 시조로 시호는 고왕(高王)이라 한다。

二、홀한성(忽汗城)—흑룡강 지류 호이용하(瑚爾哈河) 상류, 시방 길림성 돈화현(敦化縣) 부근。

三、오경(五京) 아래와 같다。

상경(上京) 길림성 동북부
중경(中京) 길림성 동남부
동경(東京) 함경북도
남경(南京) 함경남도 일부

서경(西京) 봉천성 동부

四、십오부(十五府)…용천부(龍泉府)、현덕부(顯德府)、용원부(龍原府)、남해부(南海府)、압록부(鴨綠府)、장령부(長嶺府)、부여부(扶餘府)、막힐부(鄚頡府)、정리부(定理府)、안변부(安邊府)、솔빈부(率賓府)、동평부(東平府)、철리부(鐵利府)、회원부(懷遠府)、안원부(安遠府)

五、십사대(十四代)—태조고왕(太祖高王)、二무왕(武王)三문왕(文王)、四왕원의(王元義)、五성왕(成王)、六강왕(康王)、七정왕(定王)、八희왕(僖王)、九간왕(簡王)一○선왕(宣王)、一一왕이진(王彝震)、一二왕건황(王虔晃)、一三경왕(景王)、一四애왕(哀王)

六、상경(上京)—시방 길림성 영고탑(寧古塔) 부근의 동경성(東京城)。

七、남북조(南北朝)—남조(南朝)는 신라、북조(北朝)는 발해국。

을지문덕(乙支文德)은 평양 석다산(石多山)사람。 고구려 영양왕(嬰陽王)때의 대신。 영양왕 이십삼년에 수(隋)나라 양제(煬帝)가 그나라 군사를 총동원하여 고구려를 치러 오는데、군사의 수가 일백 삼십 삼만 삼천 팔백이요、깃발이 구백 육십여리에 뻗히었다。을지문덕이 왕의 명을 받아 이것을 방비할새、피아의 강약이 부동하므로 싸움하지 아니하고 먼저 적군의 허실을 살피고저 거짓 항복하는체하고、단신으로 적군의 진중에 들어가서 적군의 피폐한 꼴을 보고 돌아왔다。적장 우문술(宇文述)이 문덕을 놓쳐보낸것을 뉘우쳐서、다시 잡으려고 하여 서로 의논할 일이 있으니 잠시 와달라 하였다。그러나 문덕은 들은체만체하고 그저 압록강을 건너 돌아오니、적이 뒤를 따라 추격하였다。문덕이 적군의 주린빛이 있음을 보고、적군을 한껏 피곤하게 하고저 하여、하루동안에 일곱번 싸와 일곱번 달아나니、적장이 별안간 승리한것을 기뻐하여 군사를 몰아 빨리 쫓아와 평양 가까이까지 이르렀다。문덕이 시(詩)를 지어 적장에게 보내어 마음을 위로하여 주어 돌아가게 하였다。적군은 몹시 피곤하며 다시 싸울 힘이 없으며 또 평양성이 험고하여 용이히 쳐서 빼시 못할것을 알고、곧 회군하여 돌아가려 하거늘、문덕이 군사를 내어 사면으로 덥쳐 치니、적군이 달아나 살수(薩水、시방 淸川江)에 이르러 저이끼리 서로 혼란하여 크게 패하여 죽은자 부지기수라、우리 군사가 하루낮 하루밤 사이에 압록강까지 몰아쫓았다。적군이 처음 요동(遼東)을 건너올 때 삼십만 오천이러니、패해 돌아갈 때 요동에 이른자가 겨우 이천 칠백에 불과하였다。

世宗大王과 文化事業

—李 允 宰—

世宗大王은 朝鮮 第四世 임금이시니, 太宗大王의 셋재아드님으로 처음에 忠寧大君이 되시었다가 그 長兄 讓寧大君이 아우님 世宗의 聖德 있음을 보고 일부러 失德하야 太子의 位를 내놓으므로 世宗이 대신 임금되게 되신것이라 한다。西紀 一四一九年에 登極하여 同 一四五〇年 二月 十七日에 春秋 五十四로 崩逝하시니, 御代三十二年間은 歷史上 前古無比의 光輝를 發揚하여 朝鮮 五百年에 第一 黃金時代를 지었을뿐더러 실로 世界 文化史上에 貢獻이 莫大하였다。

大王은 하늘이 내신 大聖人이시니 聰明하고 寬厚한 聖德이 있고 天性이 學問을 좋아하여 後世 배우는자에게 크게 模範을 끼치시었다。大王께서 말씀하시기를 『어떠한 책이든지 내 눈에 한번 거친것이면 한번도 잊는 일이 없다。그리고 내가 宮中에 있을 때에도 손을 소매속에 집어넣고 한가히 앉았을 때가 도무지 없었다』 하셨다。또 父王 太宗도 신하들에게 하는 말씀이 『忠寧(곧世宗)은 天性이 聰明하며나가 學問을 즐겨서 비록 嚴冬盛暑의 철에도 밤새도록 글을 읽어 손에 책을 놓지 않는다』 하셨다。또 大王께서 글을 읽으시면 반듯이 백번씩 읽는것이 定例인데 左傳 楚辭 같은것에 이르러는 백번을 더 읽었었다。일즉 病患中이시면서도 그대로 讀書를 廢하지 아니하시기때문에 증세가 더 심하여감을 太宗께서 念慮하셔서 中使를 보내어 大王 계신 곳에 있는 책이란 책을 죄다 걷어갔다。그런데 歐蘇手簡이란 책 한卷이 어찌하다 병풍 틈에 끼어 남아 있으므로 大王이 이것을 千百番이나 읽었다 한다。또 大王께서 登極하신 뒤에는 매일 四鼓(요새 時間으로 午前 二時쯤)에 일어나시어서 衣冠을차리고 平明에 朝會를 받고 다음에 政事를 보고 經筵에서 學問을 講하고 內殿에 듭시어도 오히려 書史를 閱覽하시어 조금도 懈怠함이 없으시었다 한다。이 몇가지의 斷片的記錄으로서도 大王의 性格의 一端을 窺見하기에 足할것이다。

大王은 即位하신 後에 南으로 對馬征討하고 北으로 女眞을 掃蕩하여 國威를 크게 宣揚하였으며 國境에 四郡(茂昌、閭延、虞芮、慈城)과 六鎭(鍾城、會寧、慶源、慶興、穩城、富寧)을 베풀어 國防을 단단히하며 三浦(薺浦、釜山浦、鹽浦)를 열어 通商을 講하였다。이렇듯 赫烈한 武威만으로도 朝鮮 近世史上에 보기 드문바로 우리가 미상불 기리지 않는바 아니로되 더욱이 그 文化事業에 대하여 後世에 끼친바 특히 컸으므로 이를 대강 들어 그 聖德의 萬一이라도 사모하고저 하는바이다。

一、集賢殿의 設置。

大王께서 登極하신 初年부터 宮中에 集賢殿을 設置하고 여러 文士들을 顧問을 삼아 밤낮으로 研究와 討論을 쉬지 아니하며

번 經筵(國王의 講書하는 곳)과 書筵(世子의 講書하는 곳)을 비롯어 集賢殿 學士들로써 맡게 하였다。 이로 말미아마 一國의 權威있는 學者가 다 여기에서 나왔다。

大王께서 이렇듯 學問을 獎勵함과 한가지 선비를 극진히 사랑하사 여러 學者들에게 하루씩 걸러 集賢殿에 宿直하게 하며 待遇를 隆崇히 하였다。 하루는 밤이 갈어 內官을 보내어 宿直하는 선비가 무엇하고 있나 보고 오라고 한즉 申叔舟가 燭下에서 讀書하고 있다 하므로 이렇게 하기를 네번이나 하였으되 오히려 讀書를 쉬지 아니하며 닭이 운 담에 겨우 就寢하였다。 大王께서 크게 고맙게 여기시어 그 熟睡하기를 기다려 친히 貂裘를 벗어 그 우에 덮어주시는 일까지 있었다。 이를 본 여러 선비들의 感激함이 과연 어떠하였을까。

大王께서 또 젊은 선비들중 재주있는자를 골라서 많은 겨를을 주고 번을 짜서 入直하게 하며 마음대로 遊山讀書하여 經史 百子 天文 地理 醫藥 卜筮等 범백 科目을 熱心 研究하게 하여 新文化 建設에 더욱 힘쓰시었다。

二、天文儀器의 製作。

大王께서 天文學에 能通하사 尹士雄 以下 여러 數學者와 技師 蔣英實等을 데리고 天文測驗의 모든 儀器를 研究 製造하시니 大小簡儀(觀測器)、渾儀(天球儀)、日晷(日時計)、日星定時儀(晝夜時計)、自擊漏(水時計)等을 만들기에 무릇 七年의 時日를 허비하였는데 그 精巧하고 神異함은 과연 사람의 意表에 뛰어났다。 이중에 簡儀臺에 대하여 좀 說明을 더하겠다。 大王께서 金墩 金銚等을 命하여 千秋殿 西庭에 一間小屋을 짓고 종이를 발라 七尺 높이의 山을 만들어 집안에 두고 그 안에 玉漏機輪을 裝置하여 그것을 水力으로써 廻轉하게하며 金으로 日形을 만들어 그것이 一日에 一週를 輪廻하게되어 낮에는 山外에 나타나고 밤에는 山中에 숨어져서 出沒의 分이 節氣를 따라 天日과 꼭 갈으며 그 아래에는 玉女 넷이 있어 각기 손에 금방울을 가지고 四方에 벌려 서서 하루의 十二時를 따라 방울을 흔들어 時를 報하며 또 그아래에 四神이 있어 時間이 되면 그 時神이 山을 향하여 서고 그 남쪽에는 武士 十三人이 있어 每時에 鐘人은 鐘을 치고 三更에 鼓人은 북을 치고 每更에 鉦人은 鉦을 치며 그 아래 平地에는 十二神이 있어 每時가 이르면 그 時神이 나오게 하였으며 또 나무를 깎아 人物 鳥獸 草木等의 物形을 만들어 그 節候를 따라 四圍에 排置하였다。 이 여러가지 機械가 모두 人力을 빌지아니하고 自由로 廻轉運動함은 실로 造化를 뺏았었다 할것이며 그것이 自行自擊에 天日의 度數와 晷漏의 刻點이 毫釐도 差錯이 없이 꼭꼭 맞는것은 과연 科學의 極致라 할것이다。 當時 사람으로 하여금 이것을 보고 鬼神의 일이라 하여 다들 혀를 빼물었을것은 물론이지마는 科學文明이 發達된 現代 사람으로도 이에 대하여 미상불 驚異를 느끼지 아니할수 없을것이다。

三、測雨器의 發明。

大王께서 또 測雨器를 發明하시니 이것은 銅으로 만든 圓筒에 雨水를 받아서 周尺으로 計量하게 하는것이니 中央 및 各地方에 꼭 같은것을 備置하여서 그 各處의 雨量을 한데 모아 統計를 만들었다。 이것이 지금으로부터 四百九十三年前(西紀一四四二年)에 發明된것으로 西洋에서는 西紀 一六三九年에 伊太利 나라의 한 學者가 처음으로 雨量計란것을 發明한것에 비하면 測雨器의 發明이 우리가 西洋보다 二百年이나 앞선것을 알것이다。

四、雅樂의 大成。

大王께서 또 樂律에 마음을 두사 여러 신하들로 더부러 古樂을 釐正하기를 의논하며 또 儀禮詳定所를 두어 樂理를 講義하였다。 그런데 在來의 樂器란 대개 支那로서 輸入된것으로 律聲이 도무지 맞지 아니하고 八音이 아직 갖후지 못하므로 모처럼 使

用할수 없고 그대로 버려두었을 뿐이었다。마침 이때 南陽에서 磬石이 나고 海州에서 秬黍가 나매 정히 天時에 應한지라 이에 磬石을 캐어다가 編磬을 지으며 秬黍로 分寸을 정하여 黃鍾(律管名)을 만드니 비로소 律聲이 諧協하여 支那의 樂보다 훨신 나을 뿐 아니라 그 新製한 樂器는 聲音의 淸美한것이 意表에 뛰어나 前代에 없는 처음으로 바른 樂律을 얻게 되었다。新製한 樂器로 奏曲하는것을 大王께서 들으시고 말슴하시기를 『이제야 처음으로 아름다운 소리를 들으매 기쁘기 한량없다。그러나 그중에 夷則(曲名) 一枚가 잘 맞지 않는것은 무슨 일인까』하시매 朴堧이 곧 樂器를 살펴보고 말하기를 『다만 여기에 墨痕이 다 지워지지 아니하여 조금 남아 있을뿐이외다』하고 그 墨痕을 다 지운 뒤에 소리가 조금도 틀림이 없이 잘 맞았다。大王께서는 이와같이 樂理에 精通하시였으며 그밖에 樂聖 朴堧 같은이가 補佐하여 이렇게 完成하기에 이른것이다。朴堧은 世宗 같은 知遇를 맞나 全心力을 다하여 여기에 바치였다。

保太平之樂合奏圖 祭禮堂

世宗 十五年(西紀 一四三三年)에 朝祭에 비로소 雅樂을 썼으며 祖宗의 功德을 讚頌하는 定大業 與民樂等 樂曲을 지었다。이것이 오늘날까지 오래도록 傳하여 世界에서 오직 朝鮮에만 있는 古樂이며 外人으로도 이 雅樂에 대하여 世界에 第一이라는 讚聲을 發하게 하는것이다。지금 雅樂部에 있는것은 樂器의 數로 모두 五十四種(絃樂器 十一種、管樂器 十六種、打樂器 二十七種)이 된다 하며 老練한 樂官이 있어 徒弟에게 이를 傳授하고 있다 한다。

五、한글의 創制。

大王께서 일즉 『모든 나라는 다 文字가 있어서 각기 그 國語를 적되 독히 우리나라만 없다』고 嘆言을 發하시였다。사실 그때 우리에게는 自國의 말을 적을 글이 없고 純全히 漢文만을 썼으며 혹 吏讀를 쓰는 일도 있으나 역시 漢字를 假借하는것으로 그 使用과 [illegible]는 말로 할수 없었다。그러므로 大王께서 國字 制定에 設意하시어 宮內에 諺文[illegible]을 베풀고 字學에 造詣가 있는 鄭麟趾 成三問 申叔舟 崔恒等으로 하여금 [illegible]

은 硏究를 쌓아서 字母 二十八字를 만들어 訓民正音이라 이름하여 二十八年(西紀一四四六年) 九月에 이를 國中에 頒布하시니 곧

初聲
牙音 ㄱㅋㆁ 並書 ㄲ
舌音 ㄷㅌㄴ 並書 ㄸ
脣音 ㅂㅍㅁ 並書 ㅃ
齒音 ㅈㅊㅅ 並書 ㅉㅆ
喉音 ㆆㅎㅇ 並書 ㆅ
半舌音 ㄹ
半齒音 ㅿ
中聲
ㆍㅡㅣㅗㅏㅜㅓㅛㅑㅠㅕ

이와 같이 많지 않은 글자로 變換無窮하여 天下事物에 못 적을 말이 없고 못 적을 소리가 없다。한글은 한 記音文字로 世界文字中 가장 優越한 地位에 있음은 勿論이요 이것이 朝鮮의 國寶이며 朝鮮民族의 文化的 遺産으로 天地와 한가지 永遠할것이다。大王께서 이를 만드시기에 얼마나한 努力이 드시었는가를 한번 생각하지 않을수 없다。이를 完成하기까지에는 결코 열은 時日로서 된것이 아니라 거의 一代의 畢生事業일지며 參考로는 世界各國의 文字와 音韻을 하나도 빼지 않고 다 比較硏究하신것이며 當時 遼東에 귀양와 있는 明나라 學者 黃瓚에게 音韻을 質問하기 위하여 成三問을 遼東에 十三度나 往復하게 하였으며 大王께서 眼疾을 患하사 療養次로 淸州 椒井에 幸行하실적에도 許多한 公文書를 다 두고 가시면서 한글 硏究에 關한 書類만은 携帶하시었다。이 몇가지만 보더라도 한글이 결코 一朝一夕으로서 容易히 된것 아님을 가히알것이다。

六、書籍의 纂述。

大王께서 근본 學問을 좋아하시므로 深奧한 學理를 闡明하고저 勸學養士하시는 一邊 여러 신하들을 勅命하사 各方面에 關한 書籍을 纂述하시었으니 그 대강을 적어보면

一、教化에 關한것으로
孝行錄
三綱行實
五禮儀
明皇誡鑑

二、史學에 關한것으로
資治通鑑訓義
治平要覽
高麗史

三、文學에 關한것으로
龍飛御天歌
月印千江之曲

四、法律에 關한것으로
增修無冤錄

五、農業에 關한것으로
農事直說

六、兵學에 關한것으로
歷代兵要

七、天文에 關한것으로
七政算內外篇
新法天文圖(石刻)

八、地理에 關한것으로
海東諸國記

九、字書에 關한것으로
東國正韻
四聲通攷

十、音樂에 關한것으로
朝祭雅樂譜

等等이며 이밖에도 물론 많으나 다 들지못한다。이러한 모든 書籍은 어떠한것이거나 모두 大王의 睿裁로서 된것이매 하루에 數十卷씩 御覽하시었으며 또 印刷하는 書籍을 親自 讎校까지 하시어 거위 徹夜하는적도 가끔 있었다。

大王께서 御一代에 끼치신 偉大한 功績이 어찌 이에 그치랴 이짜른 붓끝으로 그 萬分之一도 그려낼수 없는것이요 다만 그 光輝와 恩澤을 길이길이 사모할뿐이다。

新年 丙子를 맞이하여 오늘날 世界의 情勢를 돌아보매 정히 多事多端한 秋를 당하였다想像하리니 이 앞으로 어떠한 별별신기한 일이 展開된는지를 吟味해보는것이 한 興味있는 일이겠으나 이것을랑 따루이 말할것으로 하여 밀어두고 여기에서는 前期의 丙子 곧 六十年前의 歷史的事實을 뒤저보기로 하자。前期의 丙子라 하면 누구라도 丙子修好條規(江華條約)아란것을 얼른생각할것이다。物換星移 이에 半世紀에 隔한지라 무론 滄桑의 바꾸임이야 없지 아니하였으련마는 오늘날의 우리로서 當時의 일을 한번 回想하게 될 때에 미상불 感慨함을 금하기 어렵도다。

丙子修好條規는 朝鮮과 日本과의 國際親善의 길을 여는 자물쇠가 되는 同時에 閉關自守로써 國是를 삼단 朝鮮은 이로부터 바로소 國際舞臺에 서게 되며 장차올 東亞의 風雲을 捲起하게할 여러가지 複雜한 事端을 지어낸 大活劇을 演出할 序幕이 열리었다。이 點으로 보아 이것이 朝鮮 最近世史上에 얼마나 重大한 意味를 갖게 되는것임을 알겠으며 내가 이제 쓰려하는 本意도 실상 여기에 있는것이다。

朝鮮과 一葦帶水에 隔한 日本은 멀리 上古時代로부터 文化的 政治的으로 彼我의 交通이 頻繁하였음은 勿論, 近世에 이르러서 갈수록 더욱 密接하게 된것은 歷史上에 나타난 事實이다。아케本問題에 들어가기 前에 먼저 修好條規 締結 以前의 對日本 關係의 事實을 畧述하리라。

麗末에서는 境內를 자주 侵擾하는 日本邊民과 紅頭賊의 청화로「南梗北頑」이라고까지하여 日本과의 交通이 아주 疎遠하여졌다。國初에 이르러 좀 괴자누룩하기는 하였으나 世宗大王께서는 그 使冦의 原因이 彼土의 生活上 必要한 物資의 不足에서 생긴것임을 살피시고 그들에게 平和的 貿易을 터주는것이 膺懲策을 쓰는것보다 차라리 나으리라 하야 同王 二十五年(西紀一四四三年)에 通信使 卞仲文 書狀官 申叔舟를 日本으로 보내어서 三浦(熊川의 薺浦、東萊의 釜山浦 蔚山의 鹽浦)를 互市場으로 開放함을 許하였다。이 뒤로 一百五十年間은 이대로 繼續하였으며 壬辰亂으로 因하야 一時 頓挫되었던 國交가 德川家康의 平和政策에 의지하야 다시 恢復되고 兩國의 聘禮가 서로 끊이지 아니하였다。이제 한 參考로 宣祖朝로부터 朝鮮 信使의 日本에 渡航한것을 아래에 적겠다。

年代	使節	到着地	接見
宣祖四十年 丁未五月	正使呂祐吉、副使慶暹、從事官丁好寬、已下二百六十九人	江月城	秀忠

丙子修好條約

年月	使節	場所	將軍
光海君九年 丁巳八月	正使吳允謙、副使朴梓、從事官李景稷、已下四百餘人	伏見城	秀忠
仁祖二年 甲子十二月	正使鄭岦、副使姜弘重、從事官辛啓榮、已下三百餘人	江戶城	家光
仁祖十四年 丙子十二月	正使任絖、副使金世濂、從事官黃㦿、已下三百六十餘人	江戶城	家光
仁祖二十一年 癸未七月	正使尹順之、副使趙絅、從事官申濡、已下四百餘人	江戶城	家光
孝宗六年 乙未十月	正使趙珩、副使兪瑒、從事官南龍翼、已下四百八十人	江戶城	家綱
肅宗八年 壬戌八月	正使尹趾完、副使李彦綱、從事官朴慶俊、已下三百六十二人	江戶城	綱吉
肅宗三十七年 辛卯十一月	正使趙泰億、副使任守幹、從事官李邦彦、已下四百九十一人	江戶城	家宣
肅宗四十五年 己亥十月	正使洪致中、副使黃璿、從事官李明彦、已下四百七十五人	江戶城	吉宗
英祖二十四年 戊辰六月	正使洪啓禧、副使南泰耆、從事官曹命采、已下四百七十五人	江戶城	家重
英祖四十年 甲申二月	正使趙曮、副使李仁培、從事官金相翊、已下四百八十人	江戶城	家治
純祖十一年 辛未五月	正使金履喬、副使李勉求、從事官未詳	對馬島	小笠原 脇坂

이와 같이 宣祖朝로부터 純祖朝까지 二百 十年間 使節의 來往이 前後 十二回에 미치어 交好가 特別히 두터웠었다。그리더니 日本이 德川氏의 末에 西洋과 通商하게 되므로 朝鮮은 그 心事를 의심하야 알은체 아니하며 日本도 國內가 시끄러워 外交에 손이 미치지 아니하야 자연 國交가 끊어지고 말었다。高宗 五年(戊辰)곧 明治元年에 德川幕府가 壞倒하고 王政이 維新하매 新政府에서 그事緣을 朝鮮政府에 告하고 舊交를繼續하야 다시 修好하기를 求하였다。大差使 宗義達이 釜山에 와서 日本政府의 國書를 東萊 訓導(日本에 對하야 外交를 말아보는 벼슬) 安東畯에게 交附하였으나 그 文辭가 前日과 같이 恭遜하지 아니하다 하야 곧 拒却하고 받지 아니하야 크게 日本의 感情을 傷하였을뿐더러 朝鮮 官吏의 倭館에 對한 處置가 갑작이 冷酷하야 薪炭食料等의 供給까지 停止함에 이르렀다。이로 하야 日本은 朝野에 激論이 沸騰하야 하마트면 큰일이 일어날 번하였다。그러나 鎖國攘夷의 政策을 固執하는 大院君이 執政하고 있는 동안 도저히 交通이 恢復될 소망이 없었다。

그러자 大院君이 高宗 十年(癸酉)으로써 下野하고 閔氏 一派가 當路하매 이에 對外方針이 一變하였다。政府에서는 먼저 外交에 障礙되던 邊疆의 官吏를 免黜하고 倭館 駐在의 日本 官吏에게 締盟修交의 意思를 表示하야 日本의 感情의 融和하게 하니 이와 같이 形勢가 자못 順調로 나아가 外交上 一轉機를 보게 되었다。

이러던 지음에 또 意外의 事件이 突發하였다。高宗 十二年(乙亥) 九月에 日本 軍艦 雲揚號가 對馬海灣과 朝鮮 東南岸의 測量을 마치고 다시 朝鮮 西海岸을 거쳐 淸國 牛莊으로 向하는 途中 同月 二十日(陰曆 八月二十一日)에 江華島의 東南인 永宗島 附近 嘐島에 닻을 던지고 近海의 航路를 測量하기 위하야 艦長 井上良馨 以下 水兵 二十餘名이 端艇을 옮겨 타고 漢江의 水路를 거슬러 올라왔다。第三砲臺(草芝鎭砲臺)에서는 異樣船이 올을 보고 砲擊을 試하였다。雲揚號는 일이 너무 倉卒임에 놀내어 그 翌日에 永宗島를 砲擊하야 彼我의 若干 死傷의 내고 雲揚號는 大砲 其他를 捕獲하야 二十四日에 닻을 거두어 돌아갔다。그리하야 곧 長崎에 歸着하야 이 狀況을 東京政府에 電致하였다。當時 日本에는 年前 國書拒絶事件으로 憤怒가 아직 가라앉지 않던 남아에 이번 事件이 또 發生하매 輿論이 더욱 紛紜하였다。十一月에 森有禮를 駐淸全權公使로 任命하야 永宗島事件에 關하야 朝鮮의 直接交涉할 旨를 淸國政府에 通告하게 하고 일변 陸軍中將兼參議開拓長官 黑

丙子修好條約

田淸隆을 特命全權 辨理大臣으로 元老院議官 井上馨을 同 副大官으로 任命하야 朝鮮에 派遣하야 多年朝鮮이 日本國書를 拒絕한 理由 및 今回 雲揚號를 砲擊한理由를 詰問하게 하였다。이 兩使는 運送船 玄武號를 타고 軍艦 二隻、運送船 三隻、士卒 約一百六十名을 引率하고 이듬해 곧高宗十三年(丙子)一月 三十日에 江華島海上에 到着하였다。

日本 軍艦 來泊의 報가 江華留守로 通津府使로 永宗鳥僉使로 하야 漢城에 急報하여 왔다。政府에서는 中樞府事 申櫶을 接見大官으로 都總府 副總管 尹滋承을 同副官으로 任命하야 江華府로 派遣하였다。그리하야 兩國의 使臣은 二月十一日(陰曆 正月初五日) 江華府 練武臺에서 初次의 接見이 있었다。

이 談判은 前記 二箇條의 理由를 目的으로 하나 朝鮮에 對하야 결코 어떠한强硬한 行動을 取하려는것이 아니라 기실 그眞意는 이것을 기틀로 하야 修好通商條約을 맺으려는데에 있었다 朝鮮을 보드라도 이때는 斥和를 徹底히 勵行하던 大院君은 이미 隱退하야 國王이 親政하고 있으며 日本과 修交함이 좋다는 李鴻章의 訓飭을 받은 淸國使臣 吉和 一行이 世子 冊封의 賀禮使로서 바로 이때 來朝하였던것이다。그러므로 이 談判은 容易히 進步될것으로 보이였다。그러나御前會議에서 이問題가 일어날 때에 年前 佛艦과 米軍을 擊退한것처럼 擧國一致 日本에 反抗하자 絶呼하는 反對論者가 많었다 이중에도 左議政 金炳國、中樞府中洪淳穆같은 元老重臣들이 더욱 不可를 唱하므로 十日이 지나도록 逡巡하야 決定되지 못하였다

이때 右議政 朴珪壽、譯官 吳慶錫等이 世界大勢를 살피어 排外主義가 도리어 禍源이 됨을 깨닫고 領議政 李最應等을 說得하며 淸國使臣의 修交를 勸告함도 있고 하야 十一日 以來 前後四回의 交涉을 거듭하야 二十七日(陰曆 二月初二日)에 드디어 兩國의 修好條規가 成立함에 이르렀다。이것을 江華條約이라도 일컬으니 朝鮮이 近世에 國際的條約으로는 이것이 始初이다。

이 條規는 全文이 十二款에서 朝鮮이 自主國으로 日本과 平等權갖었음을 밝히고 第二款에서서로 使臣은 派遣할것을 정하였으며 第三款에는 公文의 用語에 關한 件을 定하며 第四款에는 釜山外에 다시 二港을 얻어 日本人民의 往來通商을 許하는것 第五款에는 前款의 二港은 京畿、忠情、全羅、慶尙、咸興 五道에서 擇定할것 第六款에는 日本 船舶의 朝鮮沿海에서 大風을 만나거나 薪糧에 窮竭을 당할 경우에 關한 件 第七款에는 日本船舶이 自由로 朝鮮 沿海를 測量할수 있는것 第八款에는 日本 政府가 朝鮮 開港場에 管理官을두는것 第九款에는 彼我 人民의 貿易에 官吏의 干與못할것 및 貿易에制限을 세우거나 혹은 이를 禁沮하지 못할것 第十款에는 朝鮮에 在留하는 日本人으로서 罪科를犯하는者에 對하야 日本政府의 官吏는 그 裁判權을 有하는것 第十一款에는 通商章程을 따루이議定할것 第十二款에는 以上 條項의 實施 期日에 關한 件等이다。同年三月二十二日에 批准을 終了하였다。

이제 이 修好條規의 原文을아래에 적는다。

大朝鮮國
大日本國 修好條規

大日本國與
大朝鮮國素敦友誼歷有年所今因視兩國情意未洽欲重修舊好以固親睦是以日本國政府簡特命全權辨理大臣陸軍中將兼參議開拓長官黑田淸隆特命副全權辨理大臣議官井上馨詣朝鮮國江華府朝鮮國政府簡判中總府事申櫶副總管尹滋承各遵所奉諭旨立條款開列于左

第一款

朝鮮國自主之邦保有與日本國平等之權嗣後兩國欲表和親之實須以彼此同等之禮相待不可毫有侵越猜嫌

丙子修好條約

宜先將從前爲交情阻塞之患諸例規一切革除務開擴寬裕弘通之法以期永遠相安

第二款

日本國政府自今十五箇月後隨時派使臣到朝鮮國京城得親接禮曹判書商議交際事務該使臣駐留久暫共任時宜朝鮮國政府亦隨時派使臣到日本國東京得親接外務卿商議交際事務該使臣駐留久暫亦任時宜

第三款

嗣後兩國往來公文日本用其國文自今十年間別具譯漢文一本朝鮮用眞文

第四款

朝鮮國釜山草梁項立有日本公館久已爲兩國人民通商之區今應革除從前慣例及歲遣船等事憑準新立條款措辦貿易事務且朝鮮國政府須別開第五款所載之二口准聽日本國人民往來通商就該地賃借地基造營家屋或僑寓所在人民屋宅各隨其便

第五款

京城忠淸全羅慶尙咸鏡五道中沿海擇便通商之港口二處指定地名開口之期日本曆自明治九年二月朝鮮自丙子年二月起算共爲二十箇月

第六款

嗣後日本國船隻在朝鮮國沿海或遭大風或薪糧窮竭不能達指定港口即得入隨處沿岸支港避險補缺修繕船具買求柴炭等其在地方供給費用必由船主賠償凡是等事地方官民須特別加意憐恤救援無不至補給勿敢吝惜倘兩國船隻在洋破壞舟人漂至隨處地方人民即時救恤保全稟地方官該官護還其本國或交付其就近駐留本國官員

第七款

朝鮮國沿海島嶼巖礁從前無經審檢極爲危險准聽日本國航海者隨時測量海岸審其位置深淺編製圖志俾兩國船客以得危就安

第八款

嗣後日本國政府於朝鮮國指定各口隨時設置管理日本國商民之官遇有兩國交涉案件會商所在地方長官辦理

第九款

兩國既經通好彼此人民各自任意貿易兩國官吏毫無干預又不得限制禁沮倘有兩國商民欺罔衒賣貸借不償等事兩國官吏嚴拿該逋商民俾追辦債缺但兩國政府不能代償

第十款

日本國人民在朝鮮指定各口如其犯罪交涉朝鮮國人民皆歸日本官審斷如朝鮮國人民犯罪交涉日本國人民均歸朝鮮官查辦各據其國律訊斷毫無回護袒庇務昭公平允當

第十一款

兩國既經通好須另設立通商章程以便兩國商民且併現下議立各條款中更應補添細目以便遵照條件自今不出六箇月兩國另派委員會朝鮮國京城或江華府商議定立

第十二款

右十一款議定條約以此日爲兩國信守遵行之始兩國政府不得變革之永遠信遵以敦和好矣爲此作約書二本兩國委任大臣各鈐印互相交付以昭憑信

大朝鮮開國四百八十五年
丙子二月初二日
大朝鮮國大官判中樞府事 申 櫶[印]
大朝鮮 副官都總府副總管尹滋承[印]

大日本國紀元二千五百三十六年
明治九年二月二十六日
大日本國特命全權辦理大臣
陸軍中將兼參議開拓長官
黑 田 淸 隆[印]
大日本特命副全權辦理大臣
井 上 馨[印]

이結果로 同年 六月에 禮曹參判 金綺秀를 修信使로 日本에 報聘하였으며 日本 外務大丞 宮本小一이 理事官으로 와서 八月二十四日에 議政府堂上 趙寅熙와 다시 修好條規 附錄 및 通商章程을 議定 調印하였다。이로써 純祖朝 以來 中絶되였던 國交가 完全히 回復되였다。

逸話 토정선생 ……◇한메、

음력 정초가 되면 시골서는 일년 신수를 보너라고 오행점을 치느니 토정비결을 보느니 하여 야단들이다。이 토정비결은 사람의 생년 생월 생일을 가지고 수를 놓아서 일년간 길흉을 미리 알아보는 한 권서 책인데、그 책의 저자는 이제 여기서 말하려하는 토정선생(土亭先生)이다。선생의 성은 이(李)요、이름은 지함(之菡)이요、토정은 그 호다。선생은 한 사백년전(중종 십이년에 나서 선조 십일년에 죽다)의 사람으로 이러한 점서 책만 후세 남기었을뿐만 아니라、평생에 남들이 하지 못할 특별히 기이한 행장을 많이 남기었었다。

▲토실 생활하고 호를 토정

첫재 선생의 호가 토정인것부터 기괴한 일이다。일즉 삼개(麻浦)에 살 때에 강가에서 순전히 진흙을 가지고 토실 하나를 지었는데、높이가 백여척이나 되어、위는 평면이요 아래는 방을 만들어놓아서、낮이면 위에 올라가서 한종일 지나고、밤이면 아래로 내려와서 잠을 자곤 한다。그리하여 그 집을 토정이라 하고、뒤에 이것으로써 호로 행하게 된것이다。선생은 또 독서를 좋아하여 성경현전에 무불통달이요、온갖 잡술까지도 모르는것이 없었다。

▲도포 한벌로 거지 셋에게

선생이 나이 어릴적에 그 형님 지번(之蕃)을 따라 모산수(毛山守)의 집으로 가서 글공부를 할 때에、하루는 밖에 나갔다가 돌아오는데、입었던 옷은 어찌 하였든지、그냥 동저고리 바람으로 들어오는 것을 집안 사람들이 보고 놀라서 물으니、대답 하기를『내가 밖에 나가본즉、길거리에 거지아이 셋이 있는데、오늘같이 추운 때에 헐벗고 있는것을 참아 볼수 없어서 내 입었던 옷을 벗어 가지고 서쪽으로 찢어서 그 아이들의 몸에 감아주었다」 한다。이 말을 들은 집안사람들은 참 기특한 일이라 하여 칭찬하기를 말지 아니하였다。

▲할래 삼백리 길은 예사로

청양(靑陽) 사는 이생(李生)이란 사람하고 알음이 있더니、하루는 선생이 이생의 집에 와서 「내가 조권에 서울서 떠나왔는데、혹 요기할것이 있겠는가」하고 물으니、「아침에 지은 밥은 다 농군들을 먹였고 새로 지은 밥 한말어치가 있으나 그리 좋지 못하다」하니、선생이 「아무것이고 가져오라」하여 그것을 다 먹고 일어서며 「지금 보령(保寧)으로 가겠다」한다。이생도 함께 가기로 하고 나섰다가、도저히 그 뒤를 따라갈수가 없어 기진맥진하여 뒤에 떨어졌으며、선생 혼자서만 갔었는데、그날 간 이수가 삼백여리가 넘었다。

▲돈 버는 재간으로도 첫재

선생의 선산이 보령 해안에 있는데、조수가 부딪쳐 그 언덕이 자꾸 문어져서 점점 묘에 가까워가되、돈이 없으므로 그것을 방축할 여력이 없었다。혼자 무인 도중에 들어가서、콩씨와 호박씨를 심어두었더니、이것이 저절로 무성하여 추수 때에 콩과 호박을 큰 배 세척이나 실어내어다가、팔아서 산역에 쓰고、남아지 돈은 다 빈민에게 노나주었다。이때뿐 아니라、선생은 남달리 돈버는 재간이 있어서、한번 움죽이기만 하면 수만금의 재물이 오락가락하되、도무지 재리에는 관심이 없었다。

▲빈민 위해 수만금을 흩어

조그마한 배로써 큰 바다를 저어갈 때에 배의 넷 귀에 큰 바가지 서너개씩 매어단것은 풍랑의 위험을 막으려는것이다。선생이 이렇게 하여 가지고 제주도를 안온하게 건너갔다。거기서 실지로 장사하여 취리하며 일변으로 그곳 사람들에게 장사하는 이치를 가르쳐 주었다。

선생은 수년간에 번 돈이 수만금의 거액에 달하였다。이때에 선생은 말하기를 「세상 사람들 가운데는 돈이 없어서 고생하며 어렵게 지내는자가 수없이 있겠거늘, 어찌하여 이렇게 많은 돈을 다만 나 개인의 소유로만 삼음이 옳을 일이랴」하고, 곧 있는대로 곡식 수만석을 내어서 원근친소를 물론하고 빈민들에게 다 노나주었다。

▲바가지 장사로 쌀 수천석

이와 같이, 그 천 재산을 다 헤치어버리고, 그 후년에는 적수공권으로 또 해도중으로 들어가서 참박씨를 심었더니, 굵은 참박 수만덩이가 맺어서 온 섬이 참박 천지로 되었다。일군 수십명을 데리어다가 그것을 짜개어 박아지를 만들어서 내어다 팔아 쌀 수천석을 사서 배에 실고 서울 삼개로 운전하여 왔다。역시 이것을 하나도 남기지 아니하고 어려운 사람에게 죄다 노나주었다。 그리고 자기는 여전히 폐의 파립에 거지 행색으로 지내며, 집안 식구들은 매양 시량에 군박하여, 간혹 끼니를 궐하는적도 없지 아니하였다。

▲포의 초혜로 귀족파, 뚯렬

세상에서 선생의 이름을 모를이가 없으리만큼 명망이 높았건마는, 선생은 조금도 그 지조를 고치지 아니하고, 어느때든지 항상 한모양으로 지내어, 의관 같은것도 굵은 뵈 옷을 몸에 감으며, 신발은 짚신을 끌며, 머리에는 패랭이를 쓰고, 큰 주머니 하나를 어깨에 메고, 어슬렁어슬렁 다니는 꼴은 누가 보든지 거지로 알기 쉽다。그리고도 비위좋게 화미한 복색을 한 귀족 양반들 서슬에 섞이어 놀기를 예사로 한다。

▲갓으로 밥짓는 솥을 겸용

일상 거처하는대라고는 처음에는 다만 토실 하나뿐이었으나, 나중에는 그것까지도 귀찮다는 생각이 났든지, 그만 다 내어버리고 홑몸으로 돌아단기기 시작하였다。집 한간 없이 떠돌아다니는고로, 늘 솥을 질머지고 다니면서 시장하면 쌀을 얻어다가 밥을 지어 먹곤 한다。그러더니, 인제는 이것까지도 매우 거추장스럽다 하여, 또 솜을 내어버리고 쇠로 갓을 만들어서 머리에 쓰고 다니며, 또 거기에다가 밥을 지어 먹고, 청하게 씻어서 도루 머리에 쓰곤 한다. 한번 시험하여보고는 『옳다 일거양득이로구나. 이렇게 편리할때가 어디 또 있단 말이냐』라 하여, 혼자서 찬탄하기 말지 아니하였다. 선생은 이렇게 간이생활을 하여가며 조선팔도를 두루 돌아다니며 강산풍경을 구경하였다.

▲매맞아보려다가 내쫓기어

선생은 당대에 유수한 학자이건마는, 지위 높은 상류인물과는 도무지 상종하지 아니하고, 특별히 천한 사람으로 자처하여, 하류계급에 추종하기를 좋아한다. 그리고 또 어떠한 어려운 일이라도 꼭 자기가 몸소 체험하여보고야 만다. 하류배들이 항상 서로 싸우며 또 남에게 매맞는것을 보고, 이런것도 한번 체험하여보리라는 생각으로, 한번은 일부러 남의 집 내정에 침입하여 젊은 부인 곁에 썩 다가 앉았다. 그 집 주인이 보고 놀라 뛰어와서 『이런 경칠놈 보아, 죽고싶으냐』하며, 끄뎅이를 잡아 끌고 나와서 때리려다가, 나이 많은 까닭으로 하여 때리지 않고 그냥 밖으로 내어쫓고 말았다.

▲볼기 한번 얻어맞기가 원

또 백성들이 무슨 죄를 짓고 관가로 잡혀가서 볼기 맞는것을 보고, 자기도 이것을 한번 체험하여보려고 생각하였다. 그러나 볼기맞을만한 일을 작만하기도 그리 쉬운 일은 못되었다. 한번은 일부러 고을 원님이 행차할 때에 그 앞에 덤썩 뛰어들어서 길을 가로 막았다. 원님이 노하여 사령을 시켜서 관가에 잡아들이어 치죄하려고 문초하니, 그 얼굴이 예사 사람 같지 않은고로, 마음에 의심하고 그냥 돌리어 보냈다. 그러므로 선생은 종시 볼기맞겠다는 원을 이루지 못하였다.

▲한서와 기갈에도 다 체험

또 선생은 무엇에든지 참을성이 대단하다. 아무리 춥고 떠울 때나

주리고 목마름지라도 그것을 조금도 어려움으로 생각지 않는다。그리고 생각하기를 세상사람들이 제일 견디기 어려운것은 추위와 배고픈것인데, 이것이 과연 어떠한가 한번 체험하여보려고 하여, 겨울날 혹독히 추운 때에 일부러 벌거벗고 몇시간동안 밖앝 바람바지에 서서 있어본다。또 어떤 때에는 한 십여일씩이나 밥을 먹지 않고 굶어본다。이렇게 참고 견디는것을 스스로 시험하여본다。

▲재앙은 내가 당하고 싶어

그 조부의 장례 때에 장지를 보는데, 풍수가 말하기를 『여기에다가 묘러를 잡으면 자손에게는 좋으나 오직 당신 아들에게는 좋지 못하외다』하니, 선생이 『그러면 좋소。재앙은 내가 당하고싶으니, 나는 일부러 이러한대를 구하던터이오』하여 여러 사람이 말리는것도 도무지 듣지 아니하고 기여이 혼자 우겨서 거기에 묘를 썼다。과연 그 후에 풍수의 말대로 형의 아들은 높은 벼슬을 하고, 자기의 아들은 다。극히 흉운에 빠지었다。

▲천하 절색에도 까딱 않어

선생이 일즉 제주도로 건너갔을 때 그곳 관장이 선생의 훌륭하다는 명망을 들었던고로 선생을 영접하여 들이며, 관관(官館)에 유하게 하였다。관장은 선생의 마음이 얼마나 던던한가를 한번 시험하고저 하여, 그 고을에서 제일간다는 명기 하나를 골라서, 선생의 처소로 보내며 말하기를 『네가 만일 그 어른께 고이 뵈기만 하면, 저 곡간에 쌓여 있는 곡식을 다 네게 주겠다』하였다。기생은 청장을 하고, 깊은 밤에 선생의 침소로 가서, 갖은 수단을 다 써서 유인하였으나, 선생은 의연히 까딱도 아니하므로, 기생은 하는수없이 낙심천만으로 돌아가고 말았다。이로써 관장은 선생을 더욱 존경하였다。

▲공자 맹자도 거짓말장이

한번은 율곡선생 댁에 여러 명사들이 많이 모였었다。그때 율곡이 대간(臺諫) 벼슬에 있으면서 병을 칭탁하고 사임하려는것을 선생

—(26)—

이 들고『홍 예적 성인이란게 잔득 후폐만 끼치고 말았군』한다。울속이『선생은 또 무슨 이상한 말슴을 하시려는지오』하니, 선생이 웃으며『공자가 병들었다 칭탁하고 유비(孺悲)를 보지 아니하였고, 맹자도 재선왕(齊宣王)이 부를 때에 칭질부조(稱疾不朝)하였는데, 후세에 소위 선비란것들은 얼핏하면 공중 병있다 칭탁하고 일부러 그것을 본받는것이야말로 참 우습지 않는가。대개 병을 칭탁하고 웃사람을 속이는것은 남의 집 게으른 종놈들이나 할 용렬스런 행습이어늘, 어찌하여 소위 선비로서야 참아 그따위 짓을 한단말이냐。공맹 같은이도 그리하였는데, 그게 무슨 관계있으랴 하지마는, 성현 그분들이 무슨 심술로 후인들에게 이렇게 큰 폐해를 끼치었든고』하니, 좌중이 모두 껄껄 웃었다。

▲규모가 극히 묘한 빈민굴

서울 같은 큰 도시에는 직업 없이 유리개걸하는 궁민들이 퍽 많았다。선생은 그들을 구제할 방책으로 집을 널리 짓고, 그들을 다 한데 수용하며, 또 수업(手業)을 가르쳐 매일 작업하게 하여, 그것으로써 의식을 얻게 하고, 손재주 없는자에게는 볏짚을 사다주어서 짚신을 삼게 하고, 선생이 매일 거기에 있어 엄히 일을 등독하니 하루에 신 열켜레를 삼게 되었다。이것을 팔아서 나날이 각인에게 공전을 쳐주어서 쌀을 사게 하고, 그 남은 돈은 따루 저축하였다가 뒤에 의복을 사주니, 수월지간에 그들은 모두 의식이 풍족하게 되었다。그러나 그 노역을 견디기 어려워하여 몰래 도망하는자가 있는것을 보고,『백성들이 이렇게 게을르니, 어찌 빈궁을 면할것이냐』하고 스스로 탄식하였다。

▲음식 드리는 아전이 혼나

만년에는 관계에 출각하여 포천현감(抱川縣監)이 되었었다。선생은 여전히 뵈옷과 짚신과 파립으로 부임하였다。고을 아전이 진지상을 올리매, 선생은 아무것도 먹지 아니하고 그냥 내보낸다。아전은 잘 못 채려서 그런가 하고, 정성을 다하여 고쳐 채려서 올리니, 선생은 또 먹지 아니하고 그냥 내보낸다。아전은 어찌할수 없어서 뜰 아래에 엎디어『진지를 그 이상은 더 채릴수 없사오니 죽여 줍소사』하고 빌었다. 선생은 온화한 얼굴로『거게 무슨 소리냐。내가 어디 잘 먹겠다고 그랬니? 우리 나라 백성이 오늘날 이다지 곤고하게 된 형편을 아직도 너희들은 모르는구나。이는 다만 이러한 음식 같은데까지 절제가 없기때문이 아니냐。나는 평생 제일 싫어하는것이 이렇게 채린 밥상이다。그러니 어찌 이런것을 먹을수 있겠니。나는 오직 잡곡밥과 나물국만이면 그만이다。그것이 아니면 결코 먹지 않겠다』하였다。

▲우거지 국죽으로 손대접

도임한 익일에 읍중 아전들이 다 모이어 들어왔다。선생은 밥을 가치 먹기로 하였다。조금있더니, 밥이상 들어오는데, 밥상 위에는 다만 우거지 국죽 한그릇씩만 놓여 있다。아전들은 그것을 보고, 하도 어이가 없어 고개를 푹 숙이고 아무 말도 못하더니, 겨우 숫가락을 들어서 떠 먹다가 그만 구토증이 나서 배앝아버리었다。그러나 선생은 혼자서 그것을 맛있게 다 먹었다。

포천 고을 온지 얼마 아니 되어 사임하고 돌아가매, 온 고을 백성들은 이러한 어진 관원의 가는것을 애석히 여기어 길을 막으며 만류하나 할수가 없었다。

▲아전의 징벌이 최후 운명

그뒤에 또 아산현감(牙山縣監)으로 전직하여 갔다。그 고을 어떤 늙은 아전 하나가 죄를 범하거늘, 선생이 그이더러『네가 겉은 비록 늙었으나, 속인즉 아직 어린애나 다름이 없구나』하고, 그 머리에 쓴 갓을 벗기고 센 머리를 풀어 땋아내려서 아이 모양으로 만들고, 필연을 들려 곁에 세워 두었다。그리하였더니, 그 아전이 징벌 당한것을 부끄러워하며, 속에 앙기를 품고, 몰레 술에다가 지네의 집을 타서 드리었더니, 선생이 그것을 먹고 중독이 되어 무참히 이 세상을 하직하였다。

(28)

大倧敎와 朝鮮人

李 允 宰

大倧敎라 하면 얼른 보기에 요새 새로 생긴 무슨 敎이니 무슨 敎이니 하는것처럼 치기도 쉬우나 실상 그러한것이 아닙니다. 이것이 우리 疆域에있어서 가장 오랜 傳統과 깊은 根基를 가진것임은 微하여 밝히 알것입니다. 곧 扶餘의 迎鼓와 濊의 舞天과 馬韓의 天君과 高句麗의 東盟과 百濟의 郊天과 新羅의 隧神祭와 및 高麗의 八關이 그 名稱은 비록 다를망정 國民的 祭天大會의 典禮는 다 同源異流일것입니다. 그리고 이것이 轉化 또 轉化하여近代에 이르러는 혹 天王祭, 혹 太白祭, 혹 龍王굿, 혹 堂山祭, 왓 時祭, 혹 고사, 이렇게 곳을 따라다르고 때를따라 변하야 이렇듯 처음에는 全國的 全民的 最大 儀祭이던것이 뒤에 와서 一部落으로 一家庭으로 乃至 一혹人으로에 그치고 만것입니다. 그나그뿐인가. 八關會란 儀式으로서 佛敎에 攝取도되고 天倧이니 仙郞이니 하는 名目으로서 道敎에 歸도屬되고 風月主이니 府君이니 하는 稱號로서 儒學에同化도 되어 年久歲深하매 不知不覺 이대도록 여러군대로 換形變相하기에 이른것입니다. 그러나 그本源과 本體는 어느때든지 至高至上인양 獨特한 敎門 그대로 있었읍니다. 이것이 곧 大倧敎 그것입니다.

그 本源으로 말하면, 남에게서와 같이 自然物 崇拜의 그것도 아니요 抽象的의 神을 崇仰하는 그것도 아니니, 과연 大存在요 大實相이며 또 남의것아니요 내것인것입니다. 太初 鴻濛의 世에 檀君王儉께서 人間을 弘益하시려고 太伯山 壇場에 나리사, 建邦設都하고 神敎를 베풀어 民物을 理化하셧스니, 이곧 天地의 大主宰시요 國家의 建造者시며 일제 生命의 源泉이요 모든 文化의 出發입니다. 全人類的全世界的으로 반듯이 이를 追求하며 精修하여야 할

일이어든 그의 直孫이요 嫡派인 朝鮮人으로서야 이
에 歸依하며 歸誠함이 더욱 當然하지 아니하리까.
이는 결코 國粹的 政治的 어떠한 意味에서 말하는
것이 아니라, 理論上으로는 사람치고 반듯이 없지못
할 祖先을 奉事하는 報本의 誠이 있어야 한것임과
歷史上으로는 진작부터 根底가 깊이 박인 國民祭天
倫가 흘러온 實在 事實임에야 어찌하겠읍니까.
그런데 上古에 있어서는 이 倧道로써 國體가 정
하고 民風이 일어, 진실로 朝鮮我의 훌륭한 思想 基
調가 確立하여, 文明의 꽃이 燦爛하였읍니다. 그러더
니, 中世에 이르러 덕없이 外來文化에 浸潤하여 自
己沒覺의 思想을 馴致하게 되었읍니다. 이로하여 倧
門이 닫기어 祖神의 祭祀가 끊이었으며, 經籍이 災
厄을 當하여 聖祖의 遺蹟이 湮滅되었읍니다. 이러구
러 우리 겨레는 그 갸륵한 本性을 喪失하고 奴隷
性만 誘致되어, 결국 拜外思想으로 事大主義에 이르
고 支離滅裂로 骨肉相殘에 이르러 그 慘毒한 情狀
을 어찌 筆舌로 다하오리까.
皇祖 在天의 靈이 默佑하심인지, 이제로부터 二十
八年前 己酉(開天四千三百六十六年)正月十五日(陰曆)에
漢城 一隅 萊甕亭下 茅屋에서 倧門을 再開하니 지
금까지에 晦冥하였던 倧의 빛이 비로소 重光을 얻
었읍니다. 그러나 우리 겨레는 一向 執迷에 조금도
悔悟와 反省이 없고 忘本背源하여 迷路에 彷徨하고
있지 아니합니까 그러므로 倧門은 依然히 萎靡不振
하며 祖神의 依托할때가 없고, 民生의 歸依할바이 없
게 되었으니, 어찌 慨嘆을 禁하리오. 끝으로 羅弘岩
以下 金茂國 姜湖石 여러 어른의 殉敎한 지극한정
성을 그리어 말지 아니합니다.

大倧敎 弘範

一曰 敎名. 敎名은 大倧이니
한배 檀帝의 設하신 敎이니라
二曰 敎司. 敎司는 總本司, 道本司, 支司, 施敎堂으로
稱하니라
三曰 天宮. 天宮은
한배께서 陟降하시는 處이니 敎人은 宮內에 入하
거든 必히 威儀를 敬愼할지니라
四曰 天殿. 天殿은
天眞을 奉安한 處이니 敎人은 殿內에 入하야 敬
虔하게 瞻謁할지니라
五曰 天旗. 天旗는 本敎의 標章이니 色靑體圓하고 中
心에 ㊉字를 白書하니라

六日 覺解。覺解는

한배께 默禱하는 令辭니 敎人은 當時 誦念할자이니라

「神靈在上 天視天聽 生我活我 萬萬世降衷」

七日 宗旨。宗旨는 本敎의 綱領이니 敎人의 一心服膺할자이니라

一、敬奉 天神

一、誠修靈性

一、愛合種族

一、靜求利福

一、勤務產業

八日 敬日。敬日

한배께 敬拜하는 日이니 一星期에 一日식行하나니라

九日 慶節。慶節은 倧門의 大紀念으로 慶 하는 日이니라

一、開天節

一、御天節

一、重光節

一、嘉慶節

十日 靈戒。靈戒는 敎人의 資格을 作成하는 禮式이니 敎理는 篤信하며 敎人의 義務를 恪守한 人에게 授與하는자이니라

十一日 天籙。天籙은

神府에 入籍하는 靈業이니 靈戒를 受한人을 登載하는자이니라

十二日 敎主。敎主는 都司敎라 稱하나니 全敎를 管理하며 敎務를 總裁하나니다

十三日 經閣。經閣은 都司敎의 修道聽事하는所이니라

十四日 敎職。敎職은 敎人의 榮秩이니 名稱은 秩制로 定하니라

十五日 任職。任職은 敎務를 辨理하는 職任이니 名稱은 職制로 定하니라

十六日 令諭。令諭는 敎令과 敎諭니 令은 倧令이라 하고 諭는 倧諭라 하나니라

十七日 特權。特權은 都司敎의 親裁에 屬하나니라

一、令諭發佈

一、規制認施

一、敎職進陞

一、職員任員

一、敎籍檢定

一、黜復處分

一、敎統傳授

十八日 權利。權利는敎人된 資格으로 享有하는자이니라

조선의 이름난 임금들

李允宰

朝鮮 五千年 歷史를 通觀하면, 그 爀爀한 文化와 轟轟한 武烈은 가히 記錄할것이 많다。이제 各朝의 帝王에 對하여 그 事蹟을 간단히 뽑아 적어서, 斷片的으로 대강의 史實을 아는데에 한 도움이 되려한다。한 王朝에 對하여 있는대로 다 들려면 限이 없는고로, 될수있는대로 煩碎를 避하며, 가장 들어난 事實 또는 光輝있는것에만 置重하였다。形便上 三國時代 以後로 시작하고, 駕洛, 泰封等도 이 範圍에 넣지 아니하였다。

高句麗

○**東明聖王** (第一世 前三七―前一九) 鴨綠谷地에서 堀起하여 大帝國을 肇建하였다。鴨綠, 松花 두流域에 있는 여러 나라들을 服屬하고, 大同江 流域에 있는 漢人의 樂浪을 角逐하여, 民族의 大統一을 도모하였다。

○**琉璃明王** (第二世 前一九―後一八) 皇考의 創業을 繼承하여, 四方을 征服하여 國威를 크게 떨치게 하였다。

○**太祖王** (第六世 五三―一四六) 大武神, 閔中, 慕本의 三代를지나 나라의 基礎가 더욱 굳었으며, 王의 代에 이르러는 夫餘, 沃沮等 强國을 한때 服屬하며, 또 遼西의 漢郡을 攻略하고, 韓, 濊, 貊等을 이끌어 樂浪, 玄菟等 勢力 밀어내는등 外競力이 더욱 强하였다。

○故國川王(第九世 一九七—二二七) 次大、新大의 二代를 지나 밖으로는 强敵이 틈을 엿보고, 안으로는 左可慮等의 逆變이 있어, 非常히 難局에 處하여, 王은 處士 乙巴素를 起用하여 國相을 삼아 仁政을 행하므로, 國家가 크게 昇平을 이루었다。

○美川王(第十五世 三〇〇—三三一) 山上을 지나, 東川의 代에는 魏將 毋丘儉에게 國都 丸都城이 크게 焚掠되고, 그뒤 中山、西川、烽上의 代에는 慕容燕(鮮卑族)의 侵寇가 잦아, 이렇듯 外寇가 그치지 아니하는 때에, 王은 一擧에 遼東의 西安平을 攻取하고, 돌아서서 樂浪郡을 滅하니 四百二十一年의 굳은 樂浪의 根據가 마지막 驅逐을 당하고, 우리 域內에 外族의 勢力이 아주 없어졌다。

○小獸林王(第十七世 三七一—三八四) 故國原代의 큰 國難을 겪은 끝이라, 王은 文治에 더욱 힘써서 太學을 세우고 律令을 반포하며, 秦王 符堅이 僧 順道、阿道를 보내어 佛像과 經文을 來獻하매, 이로부터 佛法이 震域에 있기 비롯하였다。

○廣開土王(第十九世 三九一—四一三) 故國壤을 지나, 王은 十八歲에 即位하여, 在位 二十二年間에 六十四城 一千四百村을 攻破하여, 특히 半島 안에 있는 高句麗의 疆土가 크게 늘고, 國威가 四方에 떨치었다。

○長壽王(第二十世 四一三—四九一) 父業을 繼承하여, 在位 七十九年間에, 北으로 魏와 聯合하여 宿年 仇敵인 慕容燕을 滅하고 그 遼東의 땅을 거두며, 北으로 百濟를 쳐서 王을 죽이고 國都를 빼앗아 다시 恢復하기 어려울 致命傷을 입히었다。

○文咨明王(第二十一世 四九二—五一九) 北으로 母國이던 扶餘를 완전히 併合하여 北滿州가 다 그 版圖에 들고, 南으로 百濟、新羅의 北境을 빼앗아 半島의 三分之二 以上이 그 所有로 돌아와서, 疆土가 크게 늘었다。

○嬰陽王(第二十六世 五九〇—六一八) 安藏、安原、陽原、平原 四代를 지나, 王의 代에는 博士 李文眞으로 하여금 國初 以來의 記事 百卷을 刪修하여 新集 五卷을 만들었으며 隋煬帝가 水陸 百萬軍으로 入寇하거늘, 王은 乙支文德을 보내어 薩水에 싸워 크게 破하여 겨우 二千七百人만 生還하게 하였다。

百濟

○溫祚王(第一世 前一八—後二八) 百濟의 國祖로, 처음에 馬韓의 西部에 있는 작은 나라들을 漸次로 統合하고, 뒤에 馬韓을 왼통 併合하며, 또 漢人의 樂浪郡의 南쪽을 베어먹어서 큰 나라를 이룩하였다。

○多婁王(第二世 二八—七七) 疆土를 廣拓하고 産業을 奬勵하여, 國力이 充實하였다。稻田을 始作함이 王의 代의 일이다。

○**古爾王**(第八世 二三四—二八六)其後 五代를 지나, 王의 代에는 官制를 고치어 十六品을 정하고, 公服의 制를 정하였다。縫衣女를 日本에 보내니 이것이 그 服色의 비롯이요, 博士 王仁으로 하여금 論語와 千字文을 가지고 日本으로 가게 하니 이것이 그 文宗의 비롯이었다。이렇게 我士의 文化를 海外에 傳播한것이다。

○**聖明王**(第二十六世 五二三—五五四)其後 十七代 二百餘年 동안은 高句麗하고 衝突이 쉬지 아니하였으며, 더욱이 第二十一代 蓋鹵王때에는 高句麗 長壽王에게 國都 漢城을 빼앗기고, 王이 달아나다가 잡혀죽기까지 한 일이 있었다。그리하여 百濟가 南으로 熊津(公州)에 도읍을 옮기고, 勢力을 挽回하기에 애썼더니, 王의 代에 이르러 泗沘城(扶餘)에 도읍을 옮기고, 王이 親히 大軍을 거느리고 高句麗를 쳐서 漢城과 南平壤(京城)等 漢江 流域의 잃었던땅을 다 찾았다。

○**武王**(第三十世 六〇〇—六四五)威德, 惠, 法 三代를 지나, 王의 代에는 武力으로써 新羅의 서쪽 邊地를 처빼앗은것이 많았으며, 文化도 이때 크게 發達되었으니, 僧 觀勒이 曆書와 天文 其他 方術書를 가지고 日本으로 가서 傳한것이 王의 代의 일이다。

新羅

○**赫居世居西干**(第一世 前五七—後四)六村을 結束하여 徐羅代(곧新羅)이란 나라를 세웠으니, 이것이 처음에 조그마한 고을에서 일어나서 辰韓 十二國을 統一하고, 또 弁韓 十二國을 服屬하여 제법 큰 나라를 이루게 된것이다。王은 神德이 있으므로, 倭가 來侵하다가 自退하였고, 또 樂浪이 侵入하다가 夜戶를 잠그지 않고 露積이 들에 있는것을 보고 道德國이라 하여 引還하였다。國人은 王后 閼英과 한가지 二聖으로 높이었다。

○**儒理尼斯今**(第三世 二四—五七)南解를 지나, 王의 代에는 六部를 고치고, 官制를 정하며, 紡績을 勸하고 四窮을 存問하여, 泰平을 이루었다。

○**炤智麻立干**(第二十一世 四七九—五〇〇)其後 十七代를 지나, 王의 代로부터 國勢가 漸次 擴張하였다。처음으로 京師에 市를 열고, 四方의 物貨를 通하여, 經濟의 潤澤을 꾀하였다。

○**智證王**(第二十二世 五〇〇—五一四)殉葬을 禁하고, 牛耕을 始用하고 舟楫의 利를 始制하고, 州郡縣을 정하고, 國號와 王號를 漢文으로 일컫다。

○**法興王**(第二十三世 五一四—五四〇)律令을 반포하고, 百官의 公服을 制定하고, 佛法을 始行하고, 年號를 始建하였으며, 駕洛國을 併合하여 國土가 넓어졌다。

○**眞興王**(第二十四世 五四〇—五七八)七歲에 登極하여, 在位 三十七年間에, 모든 文教方面에 끼친 功績이 많으니, 居漆夫를 命하여 비로소 國史를 修撰하고, 花郎道를 세워

서 國民精神을 振作하였으며, 興輪寺 皇龍寺 같은 名刹과 丈六佛像 伽倻琴 같은 國寶가 다 이때에 있었다。高句麗의 十城을 攻取한 때는 王의 나이 겨우 十八歲였으니, 이렇게 新羅가 霸業을 이룬 뒤에 新領土를 巡視하니, 그 巡狩碑가 오늘날까지 우뚝하게 서있다。

○**眞平王**(第二十六世 五七九—六三二) 앞서 新羅가 霸業을 얻어 크게 活躍을 試할 때에, 한편으로 高句麗와 百濟의 누름을 받아 孤立한 處地를 면하기 어려우므로, 부득이 交唐策의 새 外交로 구을게 된것이 王의 代에 비롯한것이다。融天師가 지은 彗星歌는 鄕歌의 現存한 最古의것으로 이때에 있은것이며, 유명한 元曉의 난것도 또한 이때임을 알것이다。

○**善德王**(第二十七世 六三二—六四八) 眞平의 王女로 天性이 寬仁明敏하여, 父王을 이어 王位에 나아가고, 聖祖皇姑라 號하니, 이가 我域에서 女王의 처음이다。內外多事한 때에 一國의 元首가 되어 治績이 들어났으며, 또 王은 未來의 일을 豫言하는 能이 있었다。東洋 最古 天文臺인 瞻星臺와 皇龍寺의 九層塔이 다 王의 代에 이룩된것이다。

○**太宗武烈王**(第二十九世 六五四—六六一) 王은 곧 金春秋니, 外交에 長하여, 國家 自衛的 統一運動으로 唐나라를 불러들여, 힘을 가치하여, 百濟를 滅하다。

○**文武王**(第三十世 六六一—六八一) 唐나라의 힘을 빌어 高句麗를 滅하여, 三國의 統一을 完成하다. 당초에 新羅가 唐나라를 끌어들인것은 一時 外交術策을 써서 自國護衛上 잠간 그의 힘을 利用함에 있었기때문에, 三國統一을 이룬 다음에는, 도루 唐나라 군사의 占據한 땅을 쳐서, 大小 二十餘戰에 다 勝利를 얻고, 唐나라의 勢力을 驅逐하기에 애썼다。

○**神文王**(第三十一世 六八一—六九二) 統一 新羅의 처음 임금으로 武를 쉬고 文을 닦았다。國學을 세워 敎育을 振興하니, 强首, 金仁問, 薛聰 같은 碩學이 다 이때의 사람이다。

○**聖德王**(第三十三世 七〇二—七三七) 孝昭를 지나 王의 代에는 文化가 크게 發達되었다。統一以後 濟麗의 舊疆이 形式上 唐나라로 돌아간것을 新羅가 次第로 그 版圖에 거두어들이다가, 六十餘年만인 이때에 비로소 唐나라의 公認을 얻어 浿江 以南이 新羅의 領土로 돌아왔다。五天竺을 踏破한 高僧 慧超와 名筆 金生이 다 이때의 사람이다。

○**憲康王**(第四十九世 八七五—八八六) 그뒤 十五代에는 明哲한 임금이 나지 아니하므로 內亂이 相繼하여, 一世英傑 張保皐의 海上活動이 있은 以外에 볼만한것이 없었으며, 王의 代에 이르러 크게 隆盛을 이루었으니, 人民의 生活이 潤澤하여, 京都로부터 海內에 이르기까지 比屋連

★沔川(忠)=㮊郡●㮊城●馬山●海宗●沔州

墻에 草屋이 없고, 歌吹가 길에 널리어서 晝夜로 끊이지 아니하였다。支那에까지 이름을 높이 날린 崔致遠(孤雲)같은이가 이 時期의 사람이다。

渤海

○**高王**(第一世 六九九—七一九) 본더 高句麗의 遺臣으로, 祖國을 光復하려고 血戰 三十年만에 舊土를 回復하여 나라를 세우고, 國號를 『震』이라 하였다。(唐나라에서 渤海로 불러서 이것이 後世의 通名이 되었다) 그 功業이 얼마나 갸륵한가。

○**武王**(第二世 七一九—七三七) 武略으로써 크게 領土를 擴張하였는데, 멀리 唐나라의 登州(山東省)를 쳐서 陷落한 일이 있었으며, 日本에 貿易이 盛行하였다。

○**文王**(第三世 七三七—七九三) 守成的 君主로 크게 文敎를 振興하였다

○**宣王**(第十世 八一八—八三〇) 六代를 지나, 王의 代에는 크게 境宇를 開大하여, 五京 十二州의 地方制를 썼다。國勢가 富强을 極하여, 唐人이 海東盛國으로 일컬었다。

高麗

○**太祖**(第一世 九一八—九四三) 新羅를 倂合하고 後百濟를 滅하여 統三의 業을 이루고, 더욱 大高句麗의 옛땅을 恢復함으로써 國策을 삼아서, 北方에 새로 일어난 契丹을 積極 抗爭하기 위하여 여러 方面으로 準備를 행하였다。臨終에 訓要十條를 親製하여 後王으로 하여금 範規를 삼게 하였다。

○**定宗**(第三世 九四六—九四九) 惠宗을 지나, 王은 精兵 三十萬을 뽑아서 光軍司를 두고 써 契丹을 備하였다。

○**光宗**(第四世 九五〇—九七五) 周로써 歸化한 翰林學士 雙冀를 登用하여, 詩, 賦, 頌과 時務策으로써 進士를 試取하니 科擧의 法이 이에 비롯하다。

○**成宗**(第六世 九八二—九九七) 景宗을 지나, 王의 代에는 百官의 官號와 州, 府, 郡, 縣 및 關驛, 江浦等의 號를 고치며, 東北面과 西北面에 兵馬使를 두는등 制度를 一新하니, 이것이 近世에까지 施行하는 準則이 되었다。契丹 장수 蕭遜寧이 八十萬 大軍으로 八寇하는것을 徐熙의 辯舌로써 撤退하게 한것도 이때의 일이다。

○**顯宗**(第八世 一〇一〇—一〇三一) 穆宗을 지나, 契丹의 侵寇가 連續하였으며, 後에 契丹 장수 蕭排押이 二十萬軍으로써 來侵하다가, 우리 姜邯贊에게 大敗되어 겨우 數千名만 남겨가지고 돌아갔다。大藏經의 처음 彫刻이 이때에 시작되었다。

○**德宗**(第九世 一〇三二—一〇三四) 高麗의 北進이 쉬지 아니하는 反面에, 契丹의 侵擾가 잦고, 또 새로 일어나는 女眞(靺鞨遺種)이 强盛하여가므로, 王은 柳韶를 命하여, 鴨綠江으로부터 定州를 거쳐서 定平의 都連浦에까지 돌

로 長城을 쌓아, 그 侵入을 防備하다. 이것은 千里石城이라 하니, 그 놀라운 工役은 歷史上에 드문것이다.

○**文宗**(第十一世 一〇四六~一〇八三) 靖宗을 지나, 王의 代에는 文敎가 크게 열리어, 國學 以外에 私學이 곳곳이 일고 그중에도 海東孔子라 일컫는 崔沖의 門庭이 가장 著名하였다. 멀리 薩摩州와 對馬島의 來貢이 있었다. 興王寺 二千八百間과 金塔이 다 王의 代에 建造된것으로, 그 宏大한 建築에 놀라지 아니할수 없다.

○**睿宗**(第十六世 一一〇六―一一二二) 그사이 女眞이 我北境에서 猖獗하므로, 그 禍根을 뽑아버리기 위하여, 尹瓘 吳延寵等으로 이를 驅逐하여 長城을 넘었으며, 咸興 以北에 九城을 쌓고, 南方의 백성을 거기에 옮기어 살게 하니, 疆土가 많이 늘었다.

○**高宗**(第二十三世 一二一四―一二五九) 그뒤 七代의 間은 權臣의 內訌이 끊이지 아니하였으며, 王의 代에 이르러 蒙古와 衝突이 일어나, 事勢가 危急하매, 將軍 崔瑀가 王을 끌고 江華에 들어가서 蒙古의 禍를 避하였다. 蒙古는 當時 亞細亞 全局을 거의 席捲하고 歐洲에 들어가 마음대로 蹂躪하던 餘威로 이렇게 來侵하는것이언마는, 高麗는 조금도 이에 屈하지 아니하고, 끝까지 抗爭하려던것이다. 이와 같이, 王의 一代처럼 몹시 남에게 몰려지낸 때가 없었건마는, 文化가 더욱 發達하였으니, 活字의 發明과 大藏經板의 再彫刻이 다 王의 代에 된것으로, 世界文化史上에 特筆할 事業이다.

○**恭愍王**(第三十一世 一三五二―一三七四) 그후 七代 九十餘年間은 形式上으로 元(蒙古)의 保護國으로 있다가, 王의 代에 이르러, 自主의 實을 얻고저 元의 勢力을 排斥하여 마침내 元과의 關係를 끊었으며, 紅頭賊과 倭寇의 抄掠으로 한때 성가시었으나, 진작 다 掃盪하였다. 유명한 崔瑩과 鄭夢周가 이때에 났다.

李氏朝鮮

○**太祖**(第一世 一三九二―一三九八) 일즉 高麗의 將臣으로 戰功이 많았으며, 高麗 禑王의 命을 받들어, 右軍都統使로써 征明의 길을 떠나다가, 딴뜻을 품고, 威化島에서 回軍하여, 먼저 崔瑩을 몰아내고, 王을 廢立하기 二次요 愛國黨 鄭夢周等을 죽이고, 無事히 高麗王의 讓位를 받았다.

○**太宗**(第三世 一四〇一―一四一八) 定宗을 지나, 王은 文治에 힘써서, 國學 밖에 四學(中學、東學、南學、西學)을 두어 儒生 講學의 길을 넓히었다. 鑄字所를 두고 銅으로 活字를 만들어서 書籍을 박아 廣布하니, 이것이 世界에 있는 金屬活字의 처음이다.

○**世宗**(第四世 一四一九―一四五〇) 天資가 聰明하고 學問을 좋아하며, 闕內에 集賢殿을 두어 文人學者를 뽑아 學術의 硏究討論으로써 顧問에 備하며, 纂述에 마음을 두

어、文臣을 命하여 政治、法律、倫理、文學、天文、農學、兵學、韻書等에 關한 書籍을 撰하고、制作에는 더욱 精巧를 극하였으니、蔣英實等을 데리고 大小簡儀、渾儀、渾象、仰釜日晷、日星定時儀等 天文測驗의 儀器를 만들고、또 樂理에 밝으사、朴堧으로 더부러 雅樂을 制定하고、銅으로 測雨器를 만드니、世界에 있는 雨量觀測器械의 처음이며、더욱이 偉大한 事業은 한글(訓民正音)의 制作이니、그 科學的 構造와 豐富한 音韻은 世界 文字中 가장 優秀한 地位에 있다。이와 같이、그 갸륵한 모든 文化的 建設은 실로 前古에 비할데 없었다。이뿐 아니라、王은 또 武威를 海外에 날치었으니、李從茂로 對馬島를 征伐하여 그 巢窟을 엎질르고 黃潤德으로 鴨綠江 上流의 女眞을 쳐서 그 要寨를 무찔러서、四郡(茂昌、閭延、虞芮、慈城)을 두고、金宗瑞를 豆滿江 方面에 보내어 六鎭(鍾城、會寧、慶源、慶興、穩城、富寧)을 베풀어 胡人을 防備하였다。또 仁政으로 백성을 다스리니、그 聖德은 말로 다 할수 없다。

○世祖(第七世 一四五六—一四六八) 文宗 端宗二代를 지나、王은 世宗의 偉業을 繼述하여 文化와 武略에 아울러 많은 功績을 남기었다。가장 들어난것은、刋經都監을 두고、佛敎의 經典을 한글로 飜譯 注解하여 刊行함으로써 한글의 普及 및 佛敎의 民衆化를 힘썼다。窺衡과 印地儀를 親히 發明하니、이것은 곧 測量器械이다。시방 탑골公園에 있는 十三層 舍利塔도 王의 代에 된것이다。

○成宗(第九世 一四七〇—一四九四) 睿宗을 지나、王의 代에는 文運이 크게 隆盛하여、『經國大典』이 이루니、이것은 太祖 開國 以來 修撰하던 法典이 이에 完成되어、五百年間 國家 政治의 準則이 된것이다。東國通鑑、東國輿地勝覽、東文選、樂學軌範、五禮儀 같은 代表的 名著가 다 王의 代에 刊行되었다。

○宣祖(第十四世 一五六八—一六〇八) 그뒤 燕山때에 士禍가 시작되어 中宗 仁宗 明宗때에 이르러 여러번 일어난 士禍와 外戚의 專橫으로 暗黑時代를 이루었고、王의 代에는 東人 西人이 分立하여 黨論이 시작되고、壬亂이 일어 國家가 擾亂하였다。이와 같은 가운대에도、金宏弼(寒暄堂) 鄭汝昌(一蠹) 趙光祖(靜庵) 金安國(慕齋) 李彦迪(晦齋) 李滉(退溪) 李珥(栗谷) 徐敬德(花潭) 曺植(南冥) 柳希春(眉岩) 金麟厚(河西) 成渾(牛溪) 鄭磏(北窓) 같은 名士가 輩出하여 敎學이 크게 蔚興함은 한 異彩였다。

○英祖(第二十一世 一七一五—一七七六) 그후 六代 一百二十年間은 黨爭이 激烈하여 幾多의 慘劇을 演하였으며、王이 卽位하자、蕩平主義를 써서、黨爭을 쉬게 하며、또 文治에 힘써서、農業을 奬勵하고 均稅法을 施行하고 惡刑을 除去하고 奢侈를 嚴禁하는등 仁政을 많이 베풀었다。

巨星의 臨終語錄

統三의偉業이룬 ⑨

高麗太祖王建

三國을統一하고 半島에 主人이되엇든 新羅는 그末期에 이르러 國勢가 날로기울기시작하야 後百濟와 泰封으로分裂되어 다시 三國鼎峙의형勢를 이루엇다. 이 時代의 要求에 應하야 大人物이出現하니 그는곧 高麗太祖 王建이엇다.

王建(西紀八七七─九四三)은 新羅憲康王三年正月에 武將 王隆의아들로 松嶽郡(시방開城)에 誕生하엿다.

처음에 泰封國王 弓裔의部下가되어 戰功으로써 鐵圓(시방鐵原郡) 太守가되니 이때 그의나이 十九歲의 꽃다운少年時節이엇다. 그翌年에 勃禦塹城(금松嶽東部)城主가되고 이어서 精騎大監의榮職에 올라 이로부터 廣州、忠州、淸州等地에轉戰하야 점점 武人의 活躍할地步를 얻엇다. 그리고 沙火鎭役과 錦城郡役의二大戰捷으로써 그는 聲望이날로 높아가고 따라서一國의人心을 收攬하엿다 그리하야 그主上인 弓裔를몰아내고王位에 올라高麗國의 太祖가되니 이때에 그는四十二歲의한창때엇다.

그는 더욱武威를 날치어제일强敵인 後百濟國을 滅하고 新羅를 倂하야 統一의大業을 完成하엿다.

이와같이 그는歷史上 가장 赫赫한 功烈을남기엇다 그리고그가 崩逝하기전 한달을前期하야 大臣朴述希를 內殿에 불러 訓要十條를 親授하니이것이 後世治國의 範典이되엇다 그뒤病勢가 매우危篤하매 重臣들을불러 옆에 侍坐하게하고 이러케 말슴하엿다.

「天下萬物이 태이나면죽지안는것이없다. 죽는것은天地의 理致요 物의自然이니 그다지 슬퍼할것이 무엇이랴. 옛적 哲王의 秉心함이 이러한지라, 내가이제 病이二旬이 지낫는데、 視死如歸하거니、 다시무슨 근심이잇으리오. 이것이곧나의뜻이다…」

그리고 臨終때에 이르러는 遺詔를草하게하야、 쓰기를마친 뒤에다시말를 못하므로、 左右가失聲痛哭하엿다. 그는

「이것이 무슨소리냐」

하고물는다. 대답하기를

「聖上께옵서 백성의父母가되섯거늘、 오늘에 群臣을버리고저하시매、 臣等이哀痛함을 이루견디지 못하겟나이다」

그는 이말을 듣고웃으며

「허、 浮生이예로부터 그러한것이야」

이러케最後로 이한마디의 말을남기고다시는말이 없엇다

(李 允 宰)

捨生就義로 一貫 (十一)

都統使 崔瑩

武愍公 崔瑩(西紀一三一六─一三八八)은 高麗 恭愍王 때의 사람으로 生前에 끼친 偉勳은 이루 여기에서 다 말하기 어렵거니와 그 성품이 剛直하고 忠淸한것은 아래의 몇가지의 事實로써 잘 알것이다。

「金을 보기를 돌뎅이와 갈이하라」는 그 아버지의 遺誡를 終身토록 佩服하야, 살림살이에는 전혀 뜻을 두지 아니하기때문에 邸宅이 몹시 隘陋하되 조금도 介意하지 아니하고 衣食은 극히 儉素하야 끼니를 궐하는적도 여러번 잇엇다。그리고 고운 입성을 입고 살진 말을 타고 다니는자들을 볼때 개와 도야지 보듯하엿다。일을 處理하는데에는 大體만 살필뿐이요 細瑣엔 도모지 간섭이 없음으로 一平生에 軍兵을 거느리고 지냇건마는 麾下의 군사로서 그 얼굴을 아는자가 數十人에 不過하엿다。臨陣對敵하면 神氣가 安閑하야 矢石이 左右에서 비오듯 쏟아지되 조금도 두려운 빛이 없엇다。政堂에 들어서는 正色하고 아무 거침이 없이 直言을 하되 左右에 應하는자가 없으매 公은 혼자서 한숨만 할뿐이다。「내가 國事를 위하야 밤중에 생각을 하고서 翌日 아침에 同列의 宰相들과 말하면 더불어 뜻을 가치할자가 하나도없다」라는 嘆聲을 發하는때가 종종 잇엇다。

一生에 품고 잇는 雄遠한 抱負를 한번 시원히 펼어보려고 禑王을 움즉여 征明의 師를 이르킬때 八道都統使가 되어 全軍을 指揮 하다가, 李太祖(成桂)의 威化島回軍으로써 그만 失敗에 돌아가서, 高峯縣에 流配되엇다가, 마침내 斬刑을 當하게 되엿다。公은 刑場에 다달아 神色이 自若하며

「내가 平生에 貪慾을 짓지 아니하엿노랑 만일 내가 조금이라도 貪慾이 잇엇다면, 무덤우에 풀이 날것이요그러치아니하면 풀이 나지 아니하리니 이것으로써 나의마음을 알리라」

하엿다。公은 七十三歲의 享年으로써 恨만흔 一生을마치엇으며 죽은 뒤에 과연 그무덤에는 풀이나지 아니하므로 세상사람들이 이것을紅墳이라이름하엿다。

(李 允 宰)

巨星의 臨終語錄

精忠大節곧은뜻 (十二)

圃隱 鄭夢周

鄭夢周(西紀一三三七一三九二)는 高麗 肅王 後六年에 慶尙道永川에나니 崔瑩과 한가지 麗末에 두 柱石이 되엇다。性理學을 唱하매 오늘까지 儒家의 높임을받으며、大司成의 職에잇으나 차차 當國의 機務에 參劃할새 爲人이 豪邁絶倫하야 大事에 處하고 大疑를決하되 辭色을 움즉이지아니하며、左酬右唱에 處理가 明快하엿다。안으로 經綸을 扶植하며 밖으로 海外에出使하야 다 功이 잇엇다。

이와같이 忠義한이다。

이때 李成桂(太祖)가 딴뜻을품고 國王의 廢立과 朝臣의 黜陟을 마음대로 하야 高麗의 天下가 오롱 李氏의 손으로 들어갓다。崔瑩을 비롯하야 그反對派인 忠良正義의 士를 次第로 없애버리고、오즉 鄭夢周 한사람이 敵手로 高麗를 받들고 잇을뿐이다。李氏의 편에서 처음에는될수잇는대로 그를 自己의 黨으로 끌어들이기에 무척 애도썻으나 精忠大節을 굽히지아니한 그의 앞에는 어찌할수없엇던 것이다。그리하여 恭讓王 四年四月四日로써 그는 마침내 善竹橋變에서 李黨에게 擊殺을 당하고 그義로운 피흔적만남기엇다。

그가 國家를 爲하야 忠義를다하고 목숨을 버리기까지에이른데 對하여는 자세한事實을 다말하지 안커니와그가 最後로 남긴 丹心歌의로써 그의 全貌를 알수 잇는 것이다。

太祖의 第五子 芳遠(太宗)이그의 마음을 알아보기爲하야 끝自黨으로 끌어들이기爲한 手段으로 이와같은 詩를 지어 그에게 주엇다。

이런들 어떠하리
저런들 어떠하리
萬壽山 드렁칡이
얽어진들 어떠하리
우리도 이같이 얽어저서
百年까지 하리라

그는 이것을 보고 가슴속에 忠義의 불이 붙어 곧 아래와같은 詩를 지어 그에게 和答하엿다。

이 몸이 죽어 죽어
一百번 고처 죽어
白骨이 塵土되어
넋이라도 잇고 없고
임 향한 一片丹心이야
가실줄이 잇으랴

이것이 곧 그의 絶筆이다

(李尤宰)

一死報國의最後遺囑 (十五)

盟山誓海의 忠武公 李舜臣

李舜臣(西紀 一五四五─一五九八)은 仁宗元年 三月 初八日 漢城 乾川洞에 나서, 卅二歲때에 武科하고, 宣祖 卄五年 壬辰에 이르러 全羅左水使가 되니 時年이 四十八이다.

때에 壬亂이 일매, 公이 水師를 거느리고 慶尙道에 赴援하야, 閑山島 前洋에서 敵의 艦隊를 全滅하고 制海의 權을 쥐엇다.

公은 이로써 三道水軍統制使가 되어 全水軍을 統率하게 되엇으며, 閑山島를 鎭를 베풀고 잇은지 四年동안 敵을 防備하는 一邊, 軍士를 訓練하고 軍器를 製造하고 軍糧을 蓄貯하는等 여러가지 施設이잇엇다.

그리다가 敵의 反間으로 丁酉年 二月에 公이 罷免되엇다 이틈을 타서 敵이 大擧入侵하매, 我軍이 大敗하야 水將가 온통 敵에게 돌아갓다. 朝廷이 크게 驚駭하야, 다시公을 起用하야 白衣從軍하게 하엿다. 公은 單騎로 먼저 湖南沿海岸의 敵情을 살피고, 碧波津에 머물러 잇엇다. 이때에 敵船 六七百隻이 몰려오거늘, 公은 破殘한 兵船 十三隻을 거두어서, 그만흔 敵船의 속으로 들어가 大激戰하야 敵船의 거의 全部를 엎질러버리니, 이것이 有名한 鳴梁海戰이오, 이뒤로 우리 海上에는 敵船의 그림자도 볼수 없게되엇다

이와같이 李舜臣이 잇는곳에 勝利가 잇고, 李舜臣이 없기만하면 敗績이 잇엇다. 亂이일어난지 며칠이못되어 擧國이 板蕩하야 말이 못되던판에 오직 隻手擎天의 李舜臣한 사람이 잇음이다. 저 倨傲自大하는 明將 陳璘의 입에서 저절로 壯哉「經天緯地의 才와 補天浴日의 功이 잇다」는 一語를 讚歎하다할것이다.

宣祖三十一年 十一月十九日 새벽 露梁海上에서 最後의 大決戰으로, 公은 敵의 流丸에맞아 五十四歲를 一期로 돌아가셧다.

그 전날밤 三更에 公이 船頭에 서서 焚香하고 하느님께 祈禱하기를

「만일 이 수적을 멸하면죽어도 한됨이 없겟나이다」

하엿다. 이것이 公의 一死報國을 맹세하는 最後의 굳은 決心이엇다. 그리고 그 翌朝에 彈丸이 가슴을 뚫어 넘어진것을 左右가 帳中으로 붓들어들이니 公은 從容히 말하기를

「시방 戰事가 바야흐로 急하니 나의 죽은것을 發說하지말라」

하고 가만히 눈을 감앗다.

(李 允 宰)

高僧의 臨終語錄 (13)

壬辰亂에 倡義勤王
寂滅하며 焚香說法한 西山大師

休靜(西山) 一五二〇－一六〇四은 中宗 十五年 三月에 安州에서 나니 號는 淸虛子이며 妙香山에 만히 잇엇으므로 또 西山이라 號한당. 俗姓은 崔氏요 이름은 汝信이니 어려서 父母를 여의고 依怙할 곳이 없더니, 원을 따라 서울로 올라와서 공부를 하다가 갑갑하다 하야 아주 집어치고 同學 數人으로 더부러 智異山으로 가서 놀다가 靈觀大師의 說法을 듣고 곧중이 되엇당. 그리고 七八年間은 各處의 名山을 遍路하고 나이 三十에 禪科에 中選되엇당.

그는 글씨 잘 쓰고 詩文에도 能하엿으니 그가 지은것으로 有名한 三夢詞는

主人夢說客 客夢說主人
今說二夢客 亦是夢中人

인데 이 얼마나 奇拔한 詩句인가. 또 金剛山 香爐峯에 올라

萬國都城如垤蟻 千秋豪傑等醯鷄
一窓明月淸虛枕 無限松風韵不齊

라한 그의 心境을 그린것도 잇다.

壬辰亂에 大駕가 龍灣(義州)으로 蒙塵하시옴을 듣고 관行在所로 進謁한즉, 宣祖 大王께서

「이러한 難局을 당하야 자히 弘濟할 법이 없을가」

下問하시니 그는 울면서 아뢰를

「國內의 중들로 老病한자는 절에잇어 焚修하야 神助를 빌게 하옵고 밖의것은 臣이다 統率하고 軍前에 달아가서 忠誠을 다하고저 하옵나이다」

하엿당. 王은 그를 八道十六宗都摠攝을 삼엇당. 그의 命令이 한번 내리자 松雲은 百餘僧軍을 거느리고 關東에서 일어나고 處英은 一千餘僧軍을 거느리고 湖南에서 일어낫당. 그는 스스로 一千五百의 僧軍을 거느리고 順興寺에 모아 明軍과 先後하야 勢를 돕고 牡丹峯에 싸워서 크게 勝利하엿으며 平壤開城과 京城을 次第로 回收하고 勇士 百人으로써 大駕를 맞어 京城으로 還御하게 하엿당. 이때 그의 나이 八十이매 이미 筋力이 다햇으므로 軍事를 그 弟子 惟政과 處英에게 맡기고 香山으로 돌아와 閑養하엿으며, 國一都大禪師禪敎都摠攝扶宗樹敎普濟登階尊者의 賜號를 받아 德望이 더욱 높앗당.

宣祖三十七年 甲辰正月二十三日에 弟子들을 圓寂庵에 모고 焚香說法하며 자기 影幀에

「八十年前渠是我, 八十年後我是渠」(번역하면, 八十年前에는 저것이 나일러니, 八十年뒤에는 내가저것이로구나」

한것이당. 이러케써서 松雲 處英에게주고 그냥도사리고 앉아서 長逝하니 享年이 八十五.

(李 尤 宰)

(14)

三國統一의 元勳

國家安泰를 遺言한 金庾信

金庾信(西紀 五九五~六七三)은 新羅眞平王建福十二年에 新羅王京(慶州)에서 나니, 駕洛國 末王仇衡의 曾孫이며 祖父 武力과 父 舒玄은 다 新羅에 벼슬하니 武力은 新州道行軍摠管으로, 舒玄은 大梁州都督으로 國家에 殊勳이 있었다. 庾信은 十五歲때에 花郞이 되어 龍華香徒라 號하였다

이때 新羅는 高句麗와 百濟의 侵略을 받아 國勢가 몹시 孤危하게 되었다. 그는 當時 十七歲의 少年으로 鬱憤을 못하는 愛國의 熱情을 걷잡을수없어 猛獸과 怪獸의 危害도 생각지아니하고 홀로中嶽 石窟속에 들어가, 하느님께 이러케 빌었다.

「敵國이 無道하야 우리疆域을 侵擾하기 거의 쉴새가 없는지라, 제가 材力을 헤지 아니하고 禍亂을 肅淸하기로 뜻하오니 하느님께서 下鑑하사 제게 能力을 내려주시옵소서」

이러케 하기를 나흘동안을 계속하야 天啓를 받아, 이로부터 나라를 위하야 몸바치기로 굳게 맹세하였다.

그는 高句麗 및 百濟와 싸워서 여러번 戰功을 세웠으며, 더욱 內政에 밝으므로 이러한 非常時를 당하야 國家가 無事하였다. 그는 이와같이 國家의 柱石이 되었고 이뒤 三國統一의 元勳이 되었다.

文武王十三年 七月에 그가 病勢가 危篤하므로, 王이 親臨하야 慰問하매 그는

「臣이 陛下를 위하야 股肱의힘을 다하기를 願하옵던바, 오늘 이후로는 다시 龍顔을 뵈올수없게 되겠읍니다」

王이 말씀하기를

「나와 卿의 사이는 고기에 물이 있음과 같거늘, 만약 卿이 없고보면 人民을 위하야 社稷을 위하야 어찌하리오」하며 눈물을 흘리며운다.

그는

「臣의 愚見은 不肖한자로서 國家에 무슨 有益이 있사오리까마는 다행히 聖明을 만나 疑心아니하고 써주시므로 三韓이 一家가되고 百姓이 二心이 없게 되었으니 비록 太平에까지는 이르지못하였으나 小康이라고는 할수있읍니다. 臣이 繼體의 君主를 보오니 처음을 잘 마치는일이 적은지라 累世의 功績을 一朝에 隳壞하니 어찌 痛惜하지 아니하리오. 願하옵건대 陛下는 成功이 쉽지 않은것만큼 守成이 어렵다는것을 아시와 小人을 疎遠하고 君子를 親近하소서. 우으로 朝廷이 和睦하고 아래로 民物이 安泰하야 禍亂이 일지 아니하고 基業이 無窮하오리니 이러하오면 臣이 죽어도 遺憾이 없겠나이다」

이 말을 남기고 七十九歲로써 逝去하였다

(李允宰)

巨星의 臨終語錄 (15)

大耶城役에 殉節한

歲寒不凋의 節槪지킨 竹竹

竹竹은 新羅 善德王때 사람이니, 舍知(十三等)의 벼슬로 大耶城 都督 金品釋 麾(陣)下에屬하다.

善德王十一年(西紀六四二年)八月에 百濟 將軍 允忠이 군사를 거느리고 와서 大耶城을 攻擊하엿다. 城中은 갑자기 크게 騷動을 일으켜 장차 陷落될 危機에 빠지엇다. 이것은 品釋의 部下인黔日이 私憤으로써 가만히 敵과 內應이 되어 城中에잇는 倉庫를 燒燼한 까닭이엇다. 品釋이 그幕佐 西川의 말을 믿고, 곧 出城하려하니, 이것은 西川이 이미 敵將 允忠하고 서로妥協하기로 작정하엿던것이다. 그러나, 竹竹이 굳이 말리며 말하기를

「百濟는 본디 巧詐反覆 하는 나라이라, 도저히 믿을수 없는것이요, 그들의 말이 우리에게 有利할뜻하나 필시우리를 꾀이려는것이외다. 만일 우리가 城門밖을 나가면, 반듯이 敵에게 사로잡히고 말리니, 쥐같이 옹송그려서 살기를 도모하는것보다 범같이싸워서 죽음에이르는편이 낫지 아니합니까」

하엿다. 그러나品釋은 이 말을 듣지아니하고 城門을열어 군사들로 먼저나가게하엿더니, 百濟가 伏兵을 設하야 그군사를 다죽여버렷다. 品釋이 나가려다가 이러케됨을듣고, 어찌할 도리가 없으므로 妻子를죽이고 自決하엿다.

竹竹이 남은 군사들모아서 城門을 굳게닫고 스스로抗拒하야 苦戰奮鬪한끝에 城이 敵軍에게 陷落하게되고 竹竹은 힘이 다하야 壯烈한最後를遂하엿다.

竹竹이 죽기전에 이러한일이 잇엇다. 同僚中 龍石이라는이의

「지금事勢가 이미 이러케되엿으니 아무러하여도 온전할수는 없을것인즉 一時 그에게 降服하엿다가 後日에 成功이 잇기를 도모하는것만 못할것이다」에

「그대 말이 그러하기도 하나 내 아버지가 내 이름을 竹竹이라 한것은 추운 철에도 이울지 아니하고 부러질지나 굽힐수 없음을意味함이니 나로하여금이것을지키게함이라 어찌 죽는것을 두려워하야 살아서 降服한단 말이냐」하야 勇氣를 더욱 激勵하엿다. 이것이 竹竹의 最後의 一言으로 新羅 武士道의 氣風을 가히 想見할것이다.

(李 允 宰)

(16)

碎心粉骨의 그 精誠

白骨되어王을忠諫한 金后稷

金后稷은 新羅의 眞骨(眞族으로眞平王때에 伊湌(二等爵으로써 兵部令 벼슬에 잇엇다。

眞平王은 英傑한 임금이다 半島 一隅의 小國이던新羅가 그前代 眞興王代에 韓土를開拓하야、그 生命線인 漢江을 거두어들여、一躍 覇權을 다투기까지 이르럿다。 그러나 그 背後에는 큰 强敵인 高句麗와 百濟가 엿보고 잇으므로、新羅는 자연孤立한 處地에잇게 되엇다。이때야 말로 大覺悟과 大努力이없어서는 안될것이다。 이러한 當面에 處한 王은 攻守兩方으로 미상불 用力함이 크지아니함이 아니나、한가지 큰弊端은 王이비상히 田獵을 즐기므로나날이 鷹犬들데리고 사냥하러 나가며、政務는 별로 돌아보지 아니한것이다。

金后稷이 이것을 보고、國事를 위하야 거정을할지아니하야 王께 나아가

「이것은 나라 망할 장본이니 맙소서」

하며 諫하엿으나 듣지아니하므로 卒再卒三 痛切히諫하되 종시 듣지아니하고 사냥다니는일이 더욱심하엿다。

그뒤 金后稷이 병들어 죽을때에 그아들 셋을불러 이러케遺言하엿다。

「내가 남의 신하가되어 임금의 허물을 匡救하지못하엿으니 크게 恨될 일이다。두렵건대 大王께서 盤遊娛樂을 度에 지나게 하다가 장차 우리나라로 敗亡의 지경에 이르게 하고말리니 이것이 나의더할수없는 근심이다。내가 비록 죽어서도 우리임금의 悔悟하는날이 잇기를 기다리라니、내 죽은뒤에 나를 大王께서사냥다니시는 길가에다 묻어다오」

하루는 王이 사냥하러나가는데 별안간 어디서

「가시지 마소성 가시지마소서」

하는 소리가 들리엇다。王이 이상히여기어 돌아보며무슨소리냐 고 물으니、한 신하가 아뢰되

「저것이 后稷伊湌의 무덤에온데、그 속으로부터 나오는 소리외다」

하고、后稷이 臨終할 때의 일을 다 갖후어 아뢰엇다。王은 이 말을 듣고 눈물을 줄줄흘리며

「先生의 忠諫은 죽어서도 잊지 아니하니、얼마나 나를 사랑하는것인고。내가 끝끝내 고치지 아니하면、幽明사이엔들 무슨面目이잇으리오」

이러케 말하고 수레를 돌리어 還宮하며、이뒤로는 終身토록 사냥다니는 일이 없엇다。

(李 允 宰)

巨星의 臨終錄 (17)

觀時察變의 先見

獄中에서 餓死한 愛國家 成 忠

成忠은 百濟 義慈王때의 사람이나 佐平(一品) 벼슬에 있었다.

이때는 百濟의 末年, 三國이 서로 興亡을 다투어 戰爭이 쉬지 아니하였다. 百濟는 高句麗와 合力하야 新羅를 끌려주었다. 新羅는 그 地位가 매우 孤立하게 된 까닭으로 가만히 唐나라를 이끌어 그 힘을 빌어서 먼저 自國을 공擊할것과 다음으로 覇業을 掌握할것을 計劃하려는 것이었다. 當時의 國際情勢는 이러하였든것이다.

그리고 百濟에 義慈王이란 임금은 孝誠과 友愛로 古今에 드문 美德이 잇고 또 武勇이 絶倫하였다. 王이 卽位하자 親히 군사를 거느리고 新羅를 처서 三十餘城을 빼앗고 이어서 新羅의 큰 要塞인 大耶城(陜川)을 빼앗고, 또 高句麗와 聯合하야 漢江沿岸인 棠項城을 빼앗아 新羅의 唐과 交通의 길을 막아버렸다. 이러케 훌륭한 임금이다. 그러나 王은 自負心이 만하 賢臣의 忠諫을 듣지 아니하다가, 필경 敗亡의 지경에 이르고 만것이다.

義慈王이 晩年에 이르러나 날이 宮女들을 데리고 宴樂을 일삼아 政事와 國防을 밟지 아니하였다. 成忠은 慨然한 愛國者라, 이것을 참아보고 잇을수없어 王께 諫하기를 여러번이엇으나 듣지 아니하므로, 죽기를 限하고 忠諫하기를 말지 아니하다가, 마지막에는 王께 震怒한바되어 獄에 가치몸이되엇다. 이것이 王의 十六年 (西紀六五六年)의 일이다.

成忠은 생각하기를 오늘날같이 國家 多事多難한 때에 마땅히 精神을 振作하야 이 非常한 時局을 打開 함이 옳거늘, 王은 도무지 悔悟할줄 모르니, 우리나라의 將來가 어찌될것인가. 차라리 일즉 죽는것만같지못하다 하고 斷食하고 마침내 獄中에서 죽었다.

그가 臨終할때에 아래와같은 上書를 써서 王께 올리엇다.

「忠臣은 죽어도 임금을 잊지 아니하나니, 願컨대 한말씀만 더하옵고 죽겟소이다. 臣이 時勢를 보옵고 變兆를 살피온즉, 오래지 아니하여 장차 國家에 兵亂이 잇을지라. 대개 用兵함에는 반드시 그 地勢부터 살펴서 敵을 對應하여야하리니, 만일 敵國의 군사가 오거든, 陸路로는 沈峴(金州炭峴)을 지나지 말게 하고 水路로는 伎伐浦(白江, 곧 錦江下流)를 들어오지못하게하야, 그 險隘를 웅거하야 防禦에 힘쓰도록하소서」

(李 允 宰)

巨星의 臨終語錄 (18

秘史짓고遺言한

高麗末年의志士 元天錫

元天錫은 號를 耘谷이라 하니 高麗末年에 文章과 博學으로 이름난이다. 當時에 政治가 紊亂한것을 보고 原州 雉岳山으로 들어가 隱遁生活를 하며 世事에는 도모지 뜻이 없고 몸소 耕作하야 어버이를 奉養하고 지내엇다

太宗大王(李氏朝 第三世)이 어렷을적에 그에게 受業하엿던고로 임금이 된 뒤에는 여러번 불럿으나 가지 아니하엿으며 한번은 太宗이 일부러 그의 집으로 찾어오기까지 하엿으나 어디로 避하고 보지 안흠므로 太宗은 할수 없이 그 근방 溪石上에 臨御하야 종을 불러 먹을것을 주고 돌아간 일이 잇엇다

그리고 牧隱 李穡같은 節義잇는 선비들과 항상 交遊하야 傷時慨世로써 서로 酬唱할뿐이엇다.

어느때인가 古都를 지나다가

興亡이 有數하니 滿月臺도 秋草로다
五百年 王業이 牧笛에 붓엇으니
夕陽에 지나는 客이 눈물겨워 하노라

이러한 詩를 지어 그 애끓한悲傷을 그리엇다.

그는 親히 見聞한바 恭愍王 以後의 史料를 蒐集하야 조금도 隱諱함이 없이 秘史 一卷을 著述하야 櫃中에 너코 鐵鎖으로 잠거 鐵字 셋을 붙여두엇다가 臨終할 때에 遺言하기를

「이 櫃속에 소중한것이 들어잇으니, 마땅이 家廟에 감추어두어 삼가히 지켜란」 하고, 또

「吾子孫不如我則不可開見」(내子孫이 나보다 못하거든 열어보지 말란)

이러케 써서 櫃의 뚜겅에 붙이엇다.

그 집에서는 이 遺戒를 지키어 아들로 손자때까지는 열어보지 못하엿다. 曾孫때에 이르러 時祀를 行하는데 宗族들이 다 모이엇다. 이때에 엇던이 말하기를

「先祖께서 비록 遺言이 게시엇으나 歲月이 이미 오래되엇으니 지금은 열어보아도 관찮을것 이다」

하고 櫃를 열어보니 그 속에 책 한권이 잇는데 그것은 麗末의 記錄으로 言言句句이 直言無諱하야 國史하고는 아주 딴판으로 다르다. 모두 깜짝 놀라며

「이것은 우리를 滅族하게 할물건이라 우리가 이미 보앗은즉 몸까지 숨겨두기는 어려울것이다」 하고 불에 살러 버리엇다.

(李 允 宰)

巨星의 臨終語錄 (19)

北邊方略의 六條를 最後로啓達한 李栗谷

李珥(西紀 一五三六—一五八四)는 字는 叔獻, 號는 栗谷이니 江原道 江陵에서 낫다. 본디 英明한 자질이잇어 三歲적부터 文字를 다 알고 七歲에는 四書三經에 無不達通하엿다.

十九歲에 俗塵를 싫어하는 생각이 나서 金剛山에 들어가 佛戒를 받앗으나 飜然히 悔悟하야 禪學을 버리고 집으로 돌아와 儒學에 專心하엿다. 그리하야 牛溪(成渾)에게 從遊하야 道義의 交를 맺고 退溪(李滉)에게나아가 理氣論을 質問하매 退溪가 심히 推重하엿다. 뒤에 海州石潭에 卜居하야 學徒를 訓誨하엿으며 著書로는 聖學輯要, 擊蒙要訣, 四書諺解, 小學集註 및 栗谷全書가 잇다.

벼슬은 大提學으로 吏曹判書로 兵曹判書를 지나고 宣祖十七年 正月에 四十九歲를 一期로卒逝하엿다。

그가 臨終할 때에 다만 입을 열어

「北邊方略 六條를 상감께올리라」

하고 다시는 말이 없엇다

이 北邊方略 六條啓는 宣祖十六年 二月에 野人(女眞)의 酋長 尼湯介가 그무리를 거느리고 入寇하야 慶源府使 金璲를 敗死하게 하엿는데, 我軍이 이를 擊退하야 다행히 大事에는 이르지 아니하엿으나, 將來에도 이러한 邊患이 없지 못하리니 이를 根本的 防備策을 講究 하지 아니하면 안될것이라 생각하고, 이에 北邊方略에 대하야 上疏한것이다。 그 六條는

(一) 任賢能 (二) 養軍民 (四) 固邊屛 (五) 備戰馬 (六) 明敎化

인데, 每條에 詳細히 說明을 붙인것이다.

이때뿐 아니라, 그는 어느때든지 機會잇는대로 항상 兵力을 充實할것을 主張한것이다. 朝鮮은 累百年來 國內에 昇平이 日久하야 人民은 戰爭이 무엇인지 잊어버리게되엿음으써이다. 한번은 宣祖께 十萬兵을 養成하기를 奏請하엿다。 西厓(柳成龍)가 일없이 養兵하는것은 禍根을장만하는것이라하여 激烈히 反對하엿다. 그가 물러나와 西厓더러 俗儒란것은 본디 時宜를 모르는것이지만, 大監도 역시 그런말을 하는가 하며 한숨하엿다。 그뒤 몇해가 못가서 壬辰亂이 일매, 西厓가

「李文成(栗谷의 謚號)은참聖人이엇다」

하며 恨嘆을 말지 아니하엿다。

(李 尤 宰)

巨星의 臨終語錄 (20)

碑石勿用을 遺言한

朝鮮第一의儒宗 李退溪

李滉(西紀一五〇一—一五七〇)은 字는 景浩요 號는 退溪니 慶尙道 禮安에서 낫다. 天資가 穎悟하야 六歲적부터 능히 讀書할줄을 알엇다. 어려서 그 叔父 松齋(李堣)에게 受業하는데 재주가 凡常치 아니하므로 松齋는 「門戶를 빛낼이는 반드시 이아이리라」고까지 말한일이 잇엇다. 學問을 힘쓰매 더욱 스스로 刻苦하야 經典을 博通하고 道德이 純備하엿다.

그는 性理의 學에 가장 硏究가 깊어 古今에 모든 學說을 綜合하야 모두 朱子에게로 折衷하고 그 未及한 바를 發明하니 실로 程朱學의 大成이요 卓然히 理學의 宗이 되엇다.

著書는 退溪集, 三經釋義, 理學通錄, 朱書節要, 啓蒙集傳, 四書釋義, 心經釋義, 聖學十圖等이 잇으며 이것이 또 日本에 傳하야 飜刻하고 紹述하는자가 만히 생기엇다.

벼슬은 처음에 丹陽, 豐基의 外職에 잇엇으나, 身病이 잇고 또 마음에 마땅치 안는 바도 잇어 鄕里인 禮安에 물러앉아 陶山書堂을 이룩하고 門人으로 더부러 오로지 講學을 일삼앗다. 明宗朝에 工曹判書로 불렷으나, 여러번 辭讓하고 이르지 아니하엿으며, 宣祖初에는 禮曹判書가 되엇으나 赴任한지 몃날이못되어 辭退하엿고, 그뒤에 右贊成으로 大提學에 이르럿으나, 다오래 잇지 아니하고 鄕里에 돌아가 [illegible]하엿다.

그는 이와 같이 官界에는 도시 뜻이 없엇나니, 이는 그가 어려서부터 陶淵明의 詩에 「露草夭夭遶水涯, 小塘淸活淨無沙, 雲飛鳥過無相管, 只怕時時燕蹴波」를 愛誦하며 또 그 爲人을 崇慕하엿던 때문이다.

그는 宣祖 三年 庚午에 七十歲의 高齡으로 卒逝하니 諡는 文純이라 하엿다.

一生에 高潔을 숭상 하고 淸儉을 좋아하던 그는 臨終할때에 遺言하기를

「내 무덤에는 부대 碑石을 쓰지 말고, 다만 조그만 돌에다가 退陶晩隱眞城李公之墓라고만 쓰라」

하고, 또 이러케 말하엿다

「이런 일을 만약 남에게 부탁하야 만들게 되면, 서로아는이중에 奇高峯(大升) 같은이는 반드시實相 없는 일을 張皇히 벌여노하 세상에 웃음거리를 사게 될것이므로, 내뜻을 마땅히 내가스스로밝하고저 하는것이다」

(李允宰)

巨星의臨終語錄 (21)

愛國愛君의 至誠

己卯士禍에犧牲한 趙光祖

趙光祖(西紀一四八二―一五一九)는 字는 孝直, 號는 靜庵이니 어려서 寒暄堂「金宏弼」에게 受業하엿다.

二十九歲때에 進士하고 三十四歲때에 造紙署 司紙를除하고 六品의 職을 拜함이 되니 그는「蔭職으로 벼슬을 얻음은 실로 나의 본뜻이아니다」하고즐겨하지 아니하엿다. 그러더니 그해 가을에 謁聖文科에 中하엿다. 벼슬은 司諫院正言으로, 應敎로, 副提學으로, 大司憲까지 이르렀다.

이때로 말하면, 燕山朝에 戊午士禍와 甲子士禍가 잇는지 오래지 아니하엿으며 中宗反正後 오히려 그餘毒이사라지지 아니하야 항상 士林과 勳臣사이에는 不安한空氣가 서리어잇엇다.

그는 中宗大王에게 重用한 바됨을 機會로 政治의更新을 작정하고 所信이 잇는일이면 조금도 讓步하지 아니하고 徹底히 實行하려는것이다. 곧 大司練 수行을 勵勸하는 일이며, 賢良科를 設置하는 일이며, 北逡出兵을 沮止하는 일이며, 昭格署를 革罷하는 일이며, 靖國功臣濫錄者를 追削하는 일들이니, 勳戚의 事情을 도무지 돌아보지아니하고 하는일이 너무過激하엿다 일로 말미암아 敵이 만히 생기고 王이또한 이를 厭苦 하기에 이르럿다.

그가 民間에 얼마나 崇仰을 받앗는가 함은 그가 매양 出入할적에 市井의 小民들이 길가에 죽 버러서서 절하며「우리 上典께서 오신다」한것이다. 그럴수록 反對派의 憎惡는 더욱 심하엿다. 그리하야 그들은 讒言을 지어 내어「民心이 다 趙光祖에게로 돌아간다」하며 또 宮人을 시켜 木葉에 甘汁으로「走肖爲王」이란 글자를 써서 그 자리에 蟲蝕하게 하고 이것을 王께 드리어 그마음을 움직이게 한일까지 잇엇다.

마지막에는 이것으로써 己卯士禍가 일어나게 된것이다 中宗十四年(己卯)十一月에 南袞、沈貞、高荊山、洪景舟等 重臣이 神武門外에서 密議하고 王께 密告하야 그를 잡아 下獄하엿다가 綾州에安置하고 十二月에 賜死하니 그의 나이 三十八이다.

都事가 敎旨를 傳하매 그는 神色이 自若하며 하는말이「상감께서 臣에게 죽음을 주실때는 무슨罪名이 잇올터이니 恭聽하고저 하오」하니 都事는 아무 대답이 없다. 그는 沐浴하고 새옷을 갈아입으며 바루 앉아서 아래와같이 所懷를 썻다.

「愛君如愛父、憂國若憂家白日臨下土、昭昭照丹衷」

이것이 그의 絶命詩다.

(李 允 宰)

巨星의 臨終語錄 (22)

丈夫臨難不苟活

七百義士로 效節한 趙憲

趙憲(西紀 一五四四—一五九二)은 字는 汝式, 號는 重峯이다. 家勢가 몹시 貧寒하야 몸소 밭갈아서 生計를 도모하엿다. 그러므로 밭에서 일하면서 조그만 겨를을 얻어 讀書하엿던것이다. 예의 聖賢으로써 스스로 目標를 삼아 항상 말하기를 「하늘이 男子를 내신 뜻이 어찌 偶然이리오」 하엿다.

나이 二十三歲때에 訓導로써 文科에 오르고 벼슬은 坡州敎授, 洪州敎授, 全羅都事 公州敎授를 지나고 뒤에 戰功으로 奉常寺僉正에 이르렀다.

그가 公州敎授로 잇슬적에 時弊를 들어 여러번 上疏하엿으나 採允되지 못하므로 벼슬을 버리고 沃川에 돌아와 살엇다. 이때 日本이 使臣을 보내어 和親을 請한다 함을 듣고 徒步로 上京하야 絶和하는 上疏를 하엿으며 또 그뒤에 日本이 朝鮮에 假道를 請하거늘 그는 白衣로 詣闕하야 그 使臣을 斬하기를 請하나 좇지 아니하므로 그는 머리로 石階에 뚜드려 피가 흘러 얼굴에 덮이엇다. 이것을 보고 嘲笑하는자에게 對하야 너희들이 明年에 山谷으로 도망질할때에 반드시 내말을 생각하리라 하엿다.

壬辰亂이 일매 그는 檄文을 發하야 義兵을 募集하야 [illegible]을 받아 敵을 물리치고 또 檄文을 八道에 날리니 義士가 구름같이 모이엇다. 淸州로 進軍하야 禰將, 靈圭로 더불어 敵을 破하고 北上하야 勤王하기로 決意하고 올라오다가 溫陽에 이르러 敵이 錦山에 잇다함을 듣고 군사를 돌리어 錦山으로 向하엿다. 「敵을 가벼이하지 못할것이라」하는 이가 잇거늘 그는 울며 대답하기를 「君父가 어디 계시기에 감히 利鈍을 말할것가. 임금이 辱되면 신하가 죽는법이라. 나는 이적한번 죽는대 어르고 말뿐이다」 하엿다. 錦山에서 十里 거리되는땅에 이르러 敵의 逆襲을 받앗다. 기다리던 援兵은 이르지 아니하고 三方面으로 에워싸서 몰려오는 敵軍의勢力은 더욱 컷다. 그는 軍中에 令을 내려

「오늘에 다만 한번 죽음이 잇을뿐이로다. 죽든지 살든지 나아가든지 물러가든지간에 義字에 부끄러움이 없게 할지라」

하엿다. 그리고 苦戰하기 여러시간에 힘이 부치고 화살이 다하여 더싸울수 없게되엇다. 敵兵이 陣中으로 들어올을보고 어떤 군사가 그를 당기며 뛰어나가기를 懇請하매, 그는 웃으며

「丈夫가 難을 다다라 苟且히살기를 구하지 안느니라」

하고 그대로 奮戰하엿다. 그리하여 그는 七百義士로 더불어 效節하엿다.

(李 允 宰)

臣의 臨終語錄

灼鐵도 차다하는

死六臣의한사람 成 三 問

成三問(西紀 一四一八—一四五六)은 字는 謹甫, 號는 梅竹軒이다. 世宗朝에 集賢殿에 들어 申叔舟와 한가지 上의 顧問에 備하엿으며 世宗께서 訓民正音(한글)을 創製하실때에 가장 힘씀이 만핫다.

그가 지은 詩가운데 「이몸이 죽어가서, 무엇이될고 하니, 蓬萊山 第一峯에, 落落長松 되어잇어, 白雪이 滿乾坤할제, 獨也靑靑하리라」한 것을 보아 그 높고 큰 節槪를 생각할수 잇다.

端宗 癸酉에 首陽大君(世祖)이 金宗瑞等 重臣을 죽이고 集賢殿 諸臣에게 靖難功臣의 勳號를 주고 賜宴하매, 그는 이를 부끄러운 일이라 하야 술로 취하지 아니하엿다. 端宗이 世祖에게 禪位할때는 그는 國璽로써 [illegible]을 안고 慟哭하니 世祖가 우러러 諦觀하다가 머리를 들어 노려보앗다.

端宗이 遜位한 그 翌年 丙子 五月에 同志들과 함께 上王復位運動을 密謀하고 明國使臣을 請宴하는날을 期하야 擧事하기로 하엿던바 同志中 한사람인 金礩이 世祖에게 告變하므로 그는 잡히어 鞫問을 받앗다. 이때에 朴彭年, 河緯地, 俞應孚, 李塏, 柳誠源等에 다 가치 鞫問을 받앗다. 이들을 成三問과 한가지 死六臣이라 한다.

鞫問을 받을 때에 임금을 上監이라 하지 아니하고 그 전 王族으로 잇을때에 부르던 모양으로 나으리(進賜)라 하엿다.

「내게 祿을 먹으면서 나를 背叛하니 反逆하는자이로다」하는 말에 대답하기를 「上王이 계시거늘, 나으리가 어찌 나를 신하라하오. 그리고나으리의 주는 祿은 먹지아니하엿으니 내집을 [illegible]에 모두 갓다쓰오」하엿다. 世祖는 더욱 怒하야 灼鐵로써 그 다리를 뚫으며 팔을끈흣다. 그러나 그는 얼굴빛을 變하지 아니하고 「다만 나으리의 刑罰이 慘毒하오」할뿐이다. 조금뒤에 灼鐵을 빼어던지면서 「이 鐵이 식엇으니 다시 불에 구워오라」하엿다.

이와 같이 그 忠과 義를 조금도 굽히지 아니하고 視死如歸하는 마음으로 한결같이 나아간것이다. 그가 수레에 실리어 門으로 나갈 때에 從容自若하며 左右를 돌아보고 「너희들은 賢主를 도와서 太平을 이루어라 三問은 돌아가서 先王을 地下에서 뵈오리라」하고, 刑場에 다다라서 웃으며 監刑官 金命重더러 「이게 무슨 일이오」하엿다. 그리고

「擊鼓催人命, 西風日欲斜。
黃泉無客店, 今夜宿誰家。」

라고 絶命詩 一首를 썻다.

(李 允 宰)

巨星의 臨終語錄 (24)

辛壬士禍의 四大臣

就死自勉을覺悟한 金昌集

金昌集(西紀 一六四八ㅡ一七二二)은 字는 汝成、號는 夢窩니、西人派의 領袖이던 金壽恒의 아들이다。그 어머니 羅氏는 識鑑이 잇엇으니、아우 金昌協이 科擧에 及第하고 들어가 보니、어머니는 눈섭을 찌프리며 하는 말이「어째서 山林處士의 꼴 같으냐」하더니、그뒤에 昌集이 登第하야 들어가 본즉、방그레웃으며 相臣이 낫다 하엿다。이 말대로 그는 五十九歲때에 右議政으로 領議政에까지 이르럿다。

이때는 黨論의 다툼이 絶頂에 達하엿다。肅宗大王 末年에 老論이 일어서고 少論이 물리침을 받앗더니、少論의 含怨이 다음 임금 景宗大王의 即位와 한가지 爆發되어 未曾有의 大慘禍가 생기엇다。景宗은 疾病이 잇어王子를 나흘 소망이 없으매 그시 當路한 老論들이 王弟 延礽君(뒤 英祖)을 世子로 冊封하야 國政을 代理하게 하기를 主張하고、그反面에 少論側에서는 激烈히 이를 反對하야 이러쿵저러쿵 하다가、필경에는 老論의 무리가 弑逆을 꾀한다는 累名을 뒤집어써서 金昌集은 李頤命、李健命、趙泰采와 한가지 죽고、이밖에 連累者 數百人이 다 誅戮과 竄逐을 입엇다。이 獄事가 景宗元年 辛丑으로부터 이듬해 壬寅에 걸치엇으므로 이를 辛壬士禍라 한다。그뒤 景宗이 돌아가시고 英祖가 即位하심에 미처 辛壬士禍에 걸렷던이들은 다 伸冤하고、그때 죽은 金昌集等 四大臣은 旌褒 四忠祠에 享하엿다。

金昌集이 巨濟에 竄謫하엿다가 賜死될 때에 丹齋 閔鎭遠하고 서로 訣別하는 書信이 잇엇으니、이것이 그의 絶筆이다。끝에 閔鎭遠의 答書에「死生之際、可無辭告、惟以先大爺臨命不亂、仰勉、呈四言詩。

死生常理、惟義之適、刀鋸在前、從容受戮、惟公一生只知有國、歸拜明陵、庶幾無怍。(註 明陵은 肅宗大王의 陵)

그는 아래와 같이 答書를 보내엇다。

「子里被逮、偕卽偷生、反不如死、死之爲榮、今到星山、始聞有後命、其亦幸矣、何待台敎而自勉於就死之際乎、適台來在近地、可收吾骨、豈非幸耶、次四言詩回呈

繫髻莫及、曉我從逝、斷斷危衷、夷險不撓、報効曾護一死殉國、先王鑑臨、實無愧怍。

(李 允 宰)

巨星의 臨終語錄 (完)

四夷六蠻이다帝國인데 홀로自立못함을恨한 林悌

林悌(西紀 一五四九—一五八九)의 字는 子順이오 號는 白湖요 또 謙齋, 嘯痴라 號한다.

二十九歲에 文科에 오르고 벼슬은 吏曹正郞으로 北評事까지 이르렀다.

그는 天才가 絶倫하야 날로 數千言을 외고 文章이 豪宕하며 더욱 詩에 長하엿다. 그著 花史는 四名花의 花卉로써 國家君臣의 制度에 擬하고 끗에 興亡한 故事에 依하야 治亂興亡의 歷史를 假作한것으로 一種 小說의 體裁를 이루엇다.

性質이 名山大澤에 遊覽하기를 조하하며 일즉 俗離山에 들어가 大谷成運을 師事하엿다. 그리고 하는 일이 매양 浴帆에 벗은 일이 만흐므로 李栗谷、李白沙 같은이는 다 그를 奇男子라고 稱하엿다.

그는 宣祖 二十年에 三十九歲를 一期로 長逝하엿다.

그가 臨終에 그妻子더러 말하되

「四夷와八蠻이 다 帝國이 되엿거늘 惟獨朝鮮이 능히自立하지 못하고 中國에 入主하엿으니 내가살들 무엇을하며 내가죽은들 무엇이 恨되리오」 하엿다

◎

本欄 第廿四李退溪라 題한 글 가운대에 誤譯處가 잇엇으므로 아래와갈이 訂正한다

그가 어려서부터 陶淵明의 詩를 愛誦하고 그 爲人을 崇慕하엿든것이다. 그리고 그의 蘇軒塘이라 題한 詩의

「露草夭夭繞水涯、小塘淸活淨無沙、雲飛鳥過無相管 只怕時時燕蹴波」

를보아 그뜻을 알수잇다.

(李 允 宰)

北京時代의 丹齋

李 允 宰

十五年前의 일이다。내가 北京에 가 있을적에 누구보다도 제일 먼저 만나본이가 申丹齋였다。그때 내가 東安公寓란대에 旅宿하고 있었는데 잠간 밖에나갔다가 돌아온즉 책상위에 조그마한 종이쪽이 얹혀 있었는데 거기에 「오늘 아침에 豫王府에 갔더니 李與天氏에게서 先生의 來燕을 承聞하였나이다 이제 拜顔하지 못하옵은 실로 慊仄하는바외다。後日 再訪하기로하오니 惠諒하소서」라 썼으며 끝에 「北城 炒豆胡同 ××號 申寀浩」라는 署名이 있었다。

申寀浩氏의 이름은 일즉 大韓每日申報에서와 大韓協會月報에서와 勸業新聞(海蔘威에 發刊)에서와 天鼓(北京에서 發刊)에서 익히알았고 乙支文德傳、泉蓋蘇文傳 崔都統傳、其他 歷史論文等을 읽어 그性格을잘알았을뿐이요 아직 面識한일은없었다 이렇게 일즉 서로 面分이 없는터에 친절하게도 먼저 찾아줌에는 무어라고 形容할수 없는 고마운情을 스스로 禁할수없었다。

나는 곧 洋車를불러 炒豆胡同으로 찾아갔다。門前에 다달아 나는 조선에서하던 버릇으로 큰소리로 두어번 불렀다。별안간 中國 巡警하나가 내앞에 내닫더니 무어라고 자꾸 툴툴거린다。나는 한마디도 알아듣지못하고 그저 멀뚱멀뚱하고 섰노라니까 안으로부터(婦人 丹齋婦人 朴慈惠氏)이 나와서 巡警하고 몇마디 말을하여 그를 돌려보내고 나를인도하여 집안으로들어간다。뒤에 알고보니 그 巡警의말은 어떤사람이건대 문을두드리지 않고 마구들어가려하니 그런 無禮한짓이 어디있느냐하는것이라한다。나는 속으로 스스로 우습기도하고 미안하기도 그지없었다。

이때 丹齋는 방에누워서 책을보고있다가 나의명함을 받고 일어나 반가이맞으며 서로 굳은握手를하였다。例의 인사의 말을바꾼뒤에 나는

「내가 이번에 여기에 오기는 다만 學術 硏究를目的하는것입니다 東洋文化를 硏究하는데는 中國이 가장 좋을것이다 생각하였던것입니다 앞으로 先生께서 많이 指導하여주시기를 바랍니다」

하여 北京온 趣意를 말하였다。丹齋는 매우기뻐하며

「매우 좋소이다。지금 조선사람은 무엇을 硏究하든지 西洋이나 日本으로 가기들은 잘 하지마는中國땅에 오는이는 별로없는모양입니다。中國이 東洋의 大部分을 차지하고있으니 東洋文化를 硏究하려면 中國을떠날수없을것이지오 그러고 中國은 우리조선의史料를 探索할것

이 얼마나 많은지 이것이 다 우리가 몰일이아닙니까
하여 漸漸 史論으로 들어갔다。
「先生은 그새 새 史料를 많이發見하셨겠지오」
「내가 俄領方面과 滿洲方面에있었을때에는 우리의史
蹟을 찾기에 거의 專力을다하다싶이하였는데 여간많은
것이아닙디다。그중에는 우리의 자랑이되는 훌륭한것도
많았는데 저 無知한 中國人의손에서 자꾸자꾸없어저가
고맙니다。이를 생각하면 과연 痛哭할밖에없읍니다」
「어느나라든지 다 그러하겠지마는 우리조선은 古代史
에는 文獻이 너무도 缺乏하여있는事實을가지고도 그眞
假를 분변하지못할것도 퍽많으니 一例를들면 檀君의發
祥地를 寧邊妙香山이니 白頭山이니 하여 갈피를정하기
어려운處地입니다。그러니 이제 先生의말슴과같이 內外
各地에 홑어져 있는史蹟을 一一이〝實地踏査하며 文獻
의不足을깁고 錯誤를바루잡아야하리니 朝鮮史 硏究家들
은 오늘로부터 이廣漠한 歷史의處女地를 開拓함에서부
터 出發하지아니하면 안되겠읍니다」
「참 그렇습니다。北京 東郊에도 훌륭한 조선古蹟이있
건마는 누가 그것을 찾아볼생각이나듭니까。그리고 이
왕 事大主義者들의 眼孔이 좁기가 한정없어 밤낮史料
들半島안에서만 찾으려고 헤매고 一步도 그밖을나가본
적이 없었읍니다。그러기때문에 史上에는 牽强附會한事
實이 한두가지가아니지요。檀君의 發祥地같은것도 그러
하거니와 阿斯達을 黃海道 九月山에견주는것도 엄청나
게 틀리니 실상 阿斯達은 시방 哈爾濱 阿近完達山인
것이 明確히 徵明된것입니다。箕子가 平壤에 도읍하였
느니 東明聖王의 도읍 卒本이 平安道成川이라니 하는
터문이도없는 이러한 일이 얼마는 많습니까。이런것은
오랜 옛적의일이다 容或無怪라 치드라도 아주 가까운
近世史에도 제 하라버지 빛내기위하여 換父易祖한事實
도적지않읍니다」
이렇게 말하면서 書架에서 책을 냅내어 九月山、平
壤、浿水에 대하여 地圖를 그려가면서 한시간이넘도록
懸河같이 말하였다。그 다음에 나는 다시 묻기를
「先生은 朝鮮歷史를 하나 著述하시지아니하시렵니까」
「내가 數年前부터 조금 써둔것이 있는데 아직 좀
더러 된것이 있읍니다마는 쉬 끝내려고합니다」
하며 原稿뭉텅이를 고내어보인다。
이 原稿는 모두 다섯책으로 되었는데 첫재권은 朝
鮮史通論、둘재권은 文化篇、셋재권은 思想變遷篇、넷재
권은 疆域考、다섯재권은 人物考、이밖에 또 附錄이었
을듯하다고 한다。
「이것을 얼른 出版하도록 하십시다」
「아직 더 修補할것이있우니 다 끝난 다음에 하며
고합니다」
「이것을 修正하는 때에는 이왕이면 綴字法까지 다

고처서 했오면 어떨가요」

「물론 좋지요。그것을랑 先生이말아서 全部 고처주시오」

「그런데 印刷는 內地에 들여다가하는수밖에 없읍니다 첫재 朝鮮文 活字가 있으니 印刷하기 便利한것이요 다음으로 海外의 出版物이 朝鮮으로 들어가는것은 取締가 심하니 朝鮮안에서 發行되어야 널리 普及될것이아닙니까」

「그것은 그럴必要가없읍니다 여기는 石版印刷가 鉛版印刷보다 값이싸니 印刷費가 훨신 덜들것이요 아무래 그네들의 取締가 심하다기론 宣言書나 檄文이아니요 단순히 學術로된 書籍까지 그렇게 할리가 있겠읍니까」

나는 이말에는 더 옥이지 못하고 出版費는 힘당는데까지 내가 힘써보겠다하였다。그리고 그 뒤에 出版費로써 不多의 金額을 周旋하였던바 如意하지 못하였던것이다。그 原稿가 그뒤에 어떻게되었는지 알수없으며 中外日報와 朝鮮日報 紙上에 丹齋의 朝鮮史論文이 가끔가끔 실리는것이며 單行本으로된 朝鮮史 研究草가 그 原稿의 一部가 아니었든가 의심한다。先生의 入獄後에 그 藏書全部가 天津某氏에게 任置되어있다 하니 그 原稿도 아마 그속에있을것같이 생각된다。

이뻐구뎌 내가 北京있는동안은 유달리 가까이지내었다。

한번은 내게찾아와서 놀다가 책상위에있는 英文으로쓴책을 집어들고읽는데 구절구절이 「하여슬탐」소리를석어가며 너무 느리게읽는것을보고

「先生은 英文을 어찌 漢文읽듯키 읽소」

한즉 丹齋는 웃으며

「英文이나 漢文이나 글은 마찬가지가아니요」

하며 농하며 이야기하던것도 지금생각난다。

내가 돌아오기전 얼마를앞두고 찾아가서

「先生은 언제나 돌아가시겠읍니가」

「설따 돌아갈 그날이 오겠지오」

하며 얼굴에 愀然한빛을보이던것이 지금까지도 눈에선하다 아아 오늘 이렇게 遺骨로서 故土에 돌아올줄이야 어찌 꿈엔들 생각하였으랴。

2

한글연구와 한글운동

訓民正音第八回甲記念

우리國文에對한모든徑路와疑問은 以下專問諸先生의高論에依하야明瞭히解釋될줄밋는라 本社의다만遺憾으로하는바는 맛츰 隆熙皇帝의昇遐하심으로因하야 本誌一週年紀念에對한講演其他諸豫定事項을 不得已停止하기된것이다 이것은 次々다음機會를기다릴수밧에업다

正音頒布八回甲을當하야 鄭烈模

世宗大王의偉業一斑 李丙燾

조선글은조선뎍으로 李允宰

正音頒布以後의概歷 權悳奎

朝鮮文의史的研究 司空桓

諺文發生前後의記錄法 安自山

漢文字音 李秉岐

崔明谷의學說紹介 李能和

周時經先生傳 六堂

記念投稿欄 諸應募家

附「世宗大王御製訓民正音」

조선글은 조선적으로

李允宰

근래에 듯기어렵은 우리 정음 긔념의소리가 「신민」지의 첫돌로서 일어남에 대하여 우리는 이를 더욱 의미깊은 긔념임을앎다。

우리에겐 아름답은말이 있건만 이를아름답음으로 알지아니하며 훌륭한글씨가 있건만 이를 훌륭하다 치지 아니한다。남들은 제것아닌것으로 가지고도 제것처럼 남의것에서 반쪽씩이나 떼어가지고도 오히려세계에 첫재임을 자랑하여 한껏 사랑하지아니하는가 우리는 그러하긴커녕 돌이혀그에대하여 박대하기를 어느외국사람이 하는것보다 더심히하는적도 없지아니하다。보통학교에 단기는 어린아이들도 「가갸거겨」보다 「アイウエオ」를 더욱 많이 읽게되며 중등학교학생들도 우리말배우기보다 영어같은것 배우기에 더욱 재미붙이는것이 오늘날 우리 조선학생의 경향이다。그뿐아니라 중학교나 대학교를 마친자라도 우리말로써 쉽은편지 한장이라도 문체에 틀림없이 쓰는자가 드물것이다。여간국문으로 말 만들어쓰는이라도 열이면열 백이면백 다각기 저멋대로 이렇게 저렇게 쓰는일도있다。적이학식이 있다는자라도 신문지사회면을 볼때에 맨국문으로 쓴 긔사에이르러는 누구나 다 진즈리를낸다。이러한 모든원인은 우리나라사람이 이미 몇천 몇백년으로 남의글인 한문글씨를 퍽 애중히녀기어 오았고 우리글인 정음글씨라면 여지없이 하대하여온 악한버릇이 아직도 우리 머리속에 남아있기때문이다。

우리정음의 글씨됨이 소리가 갖호고 모양이 고르고 쓰기에편리하고 보기에이뿌어서 문자로의완전한 자격이있고 귀중한 가치가있어 세계어느나라 문자하고도 서로견주어 말할수없는 독특한 문ㅅ자임은 내외국사람을물론하고 칭도하지아니하는자없다。우리가 이를 잘 만들어쓰기에 조금도 불족함이 없을것이어늘 우리가 근본 맘이나약하고 뜻이든든하지못한 탓으로 잘못인줄 알면서도 그를 버릴용긔가없고 옳은줄알면서도 그대로행하여쓸 성의가없다。먼저사람의 그릇을 지금사람이 따르며 지금사람의 그릇을 또 뒤ㅅ사람이 본받아서 그불규측한 서법과 불통일한 문체가 갈쓰록 더욱 혼돈잡답하여 필경 정리될날이 없을것이다。누구나 적이 이에 뜻이있는사람이면 우리글을 바른본으로 잡아쓰어야겠다는 생각이 절실할것이다。이에대하여 않은말을 할필요가없고 이제 우리글을 씀에관하여 몇가지생각한바를 들어 간단히 말하려한다。

첫재、표준글을 쓸것 현금에 우리 조선사람의 행용하는 글은 여러가지법이있다 (가)맨한문으로 쓰는 순한문법 (나)구결(口訣)이나 국문으로써 한문아래에 토를 달아쓰는 현토법 (다)한문과국문을 섞어쓰는 국한문혼용법 (라)조선말로 쓰면서도 한문으로된말에만 한ㅅ자로쓰는 소위 언문일치법 (마)순전히 조선말로만쓰는 순국문법들이다。순한문법과 현토법은 예전 한문만쓰던 시대의글로 지금은 자연쓰지않게될것이니 이에대하여는 말할것없겠고 국한문혼용법은 지금도 어떠한대든지 많이들쓰나 가장웃읍게된 문체다。가령「봄에꽃이열다」라는 말을 한문음에 좇아서「춘에 화가 개한다」라 읽으면 이는 조선말도아니요 중국말도아니니 이러한문체를 우리가 늘쓰게되면 장래에는 우리의말까지도 왼통그리되고 말것이니 이러한것이 국어발전상에 막대한저장을 주게될것이다。언문일치법이란것은 근래에 깨 많이쓰어오는것으로 국한문혼용법에 비하면 훨신 진보된것으로 볼수있으나 이를쓰는대 다소 모순되는 점이없지아니하다。우리말에 한문음으로 된 말을 한ㅅ자로쓴다면 일어로된것은 일문으로 영어로된것은 영ㅅ자로 쓰어야 할것이아닌가。가령「나는 점심밥과 우유와 차를먹었다」라는 말을쓸때에 「나는 ベントウ와 Milk와 茶를 먹었다」라 쓰어야할지니 이무손긔괴한 글일가。조선말에 한문만을 넣는것이나 일문 영문까지 아울러 넣는

것이나 마치한가지러니 한문만넣는것을 무관하다하는것이 마치 오십보로백보를 웃는셈이다。순국문법이란것은 여태까지 하류사회에서만 쓰는 일종 하등문체로 알아오는것이나 이것이과연 조선말을본위로삼는 순전한 조선글이다。우리가 표준글을 정하려고할진댄 반듯이 이순국문법을쓸것이다。

둘재 말소리 되는대로 글을쓸것 말을쓰는대는 말의소리에 맞게쓰는것이 원측이다。예컨소리를 쓰는것이라든지 한문말을 많이쓰는것이라든지 외국말을 람용하는것이라든지 이러한것은 절대로 옳지못한일이다。「소래」를「소리」로 「일홈」을「이름」으로 「아해」를「아이」로 곰히어쓰어야 할것이며 비록 한문으로된 말이라도 이미 우리말로된것은 또한 우리말소리에 맞게쓸것이니 곳 「텬디」를「천지」로 「됴선」을「조선」으로 「뎐챠」를「전차」로 곰히어쓰는것이 좋은줄안다。

셋재 어근(語根)에 맞게 글을쓸것 말을 어근에 맞게쓰는것은 문법을정리하는대 가장필요한것일뿐더러 긔음문(記音文)을쓰는 우리에게 더욱필요한 것이라한다。가령「사람이집에서 일을하오」라는말을 「사라미 지베서 이를하오」라 쓰어도 말이안되는 것이아니요 둘다 말소리에도 틀림이없이 꼭 같을것이다。그러나이것을 뒤에것과 같이쓴다면 그말의 사(詞)를 문법적으로 도저히 난흡수없을것이며 또 이를 읽기에도 얼마나거북할것인가。그러나 누구나다 먼저것 같이 쓰는것이 옳은줄안다。그러면서도 얼마는 어근에맞게쓰고 얼마는 어근에 맞지않게 쓰는 모순도있다。가령 「달이밝아서」란 말에「밝」이란대 일불어 받힘 둘씩까지하여 어근되는것을 똑々히표하면서 만일「산이놉하서」란말에는「놉」아래에 있는토「아서」가「하서」로 변하니 차라리 이럴진댄 「밝아서」도 「발가서」라쓰는것이 무방하지아니한가。다같이 어근에 맞게쓰려면 「밝아서」「높아서」라쓰는것이 옳은줄안다。우리가정음글씨의 받힘이라는것을 다만 ㄱㄴㄹㅁㅂㅅㅇ에만 한하고 그밖에 ㄷㅈㅊㅋㅍㅌㅎ들은 다받힘으로 쓰지아니하나 어근에맞게 글을쓰려고하면 그것도 다받힘으로 쓰어야될것이다。

正音의 起源 (承前)

李 允 宰

正音字의 創作된 由來는 前號에 이미 大綱 말하였거니와, 이제는 正音字의 創製 當時에 쓴 訓民正音을, 그原文에 翻譯을 붙이어 이아래에 쓰어서 讀者의 한번 叅考를 삼게 하고저 한다。

訓民正音의 原文 幷 譯文

國之語音 異乎中國 與文字 不相流通故 愚民 有所欲言 而終不得 伸其情者 多矣 予 爲此憫然 新製二十八字 欲使人人易習 便於日用耳

우리나라의 말소리가 중국과 닮아서, 그 나라의 글씨와 서로 트이쓰지못하므로, 어리석은 백성은 말하려 해도 그 뜻을 펴지 못하는 자가 많다。내가 이를 딱하기 생각하여, 새로 글씨 스물 여듧자를 만들어서, 사람 마다 익하기 쉽고 날로 쓰기에 편하게 하려 한다。

ㄱ 牙音 如君字初發聲 幷書 如 蝌字 初發聲

ㄱ은 어금니소리。「군」의 첫소리와 갈고 갈쓰면「꽈」의 첫소리와 같다。

(註)어금니 소리란 말은 우리 國文의 發音機關이 다섯이 있는데, 곳 牙、舌、唇、齒、喉니, ㄱ은 어금니로서 나는 소리란 말이다。「군」의 첫소리란 말은 ㄱ이「군」에「ㅜㄴ」을 떼어버리면 다만「ㄱ」만 남게 되는데, ㄱ은 홀로만 있었어는 소리가 나지 아니하고 반듯이 中聲 곳 母音이 붙어야 소리가 날수 있는 것이다。갈쓴(幷書)단 말은 ㄱ두개를 갈쓰란 말인데, 곳 지금에 쓰는 所謂 된시옷 이란 소리와 갈다。여긔에 붙이어 말할것은 된시옷 곳 ㅺ、ㅼ、ㅽ、ㅆ、ㅾ란 것이 본대 訓民正音에는 없는

것인데 이것이 어느때 붙어 생기었으며、누가 만든 것인지는 상고할 대가 없다。音理로나 體裁로나 그리잘 된것이라고 할수없으니、訓民正音에 幷書하라는 例를 좇아 ㄲ、ㄸ、ㅃ、ㅆ、ㅉ로 쓰는 것이 어느편으로 보든지 옳은 것으로 앎다。

ㅋ 牙音 如快子 初發聲

ㅋ은 어금니 소리。「쾌」의 첫 소리와 같다。

ㆁ 牙音 如業字 初發聲

ㆁ는 어금니 소리。「업」의 첫 소리와 같다。

ㄷ 舌音 如斗字 初發聲 並書 如覃字 初發聲

ㄷ는 혀소리。「두」의 첫 소리와같다。갈쓰면「땀」의 첫소리와 같다。

ㅌ 舌音 如呑字 初發聲

ㅌ은 혀소리。「툰」의 첫 소리와 같다。

ㄴ 舌音 如那字 初發聲

ㄴ는 혀소리。「나」의 첫 소리와 같다。

ㅂ 脣音 如彆字 初發聲 並書 如步字 初發聲

ㅂ은 입술 소리。「별」의 첫 소리와 같다。갈쓰면「뽀」의 첫 소리와 같다。

ㅍ 脣音 如漂字 初發聲

ㅍ는 입술 소리。「표」의 첫 소리와 같다。

ㅁ 脣音 如彌字 初發聲

ㅁ은 입술 소리。「미」의 첫 소리와 같다。

ㅈ 齒音 如即字 初發聲 並書 如慈字 初發聲

ㅈ는 니소리。「즉」의 첫 소리와 같다。 갈쓰면「짜」의 첫 소리와 같다。

ㅊ 齒音 如侵字 初發聲

ㅊ는 니소리。「침」의 첫 소리와 같다。

ㅅ 齒音 如戌字 初發聲 並書 如邪字 初發聲

ㅅ는 니소리。「술」의 첫 소리와 같다。 갈쓰면「싸」의 첫 소리와 같다。

ㆆ 喉音 如挹字 初發聲

ㆆ은 목소리。「흡」의 첫 소리와 같다

ㅎ 喉音 如虛字 初發聲 並書 如洪字 初發聲

ㅎ는 목소리。「허」의 첫 소리와 같다。 갈쓰면 ᅘᅩᆼ의 첫 소리와 같다。

ㅇ 喉音 如欲字 初發聲

ㅇ는 목소리。「욕」 첫 소리와 같다。

ㄹ 半舌音 如閭字 初發聲

ㄹ는 반 혀소리。「려」의 첫 소리와 같다。

ㅿ 半齒音 如穰字 初發聲

ㅿ는 반 니소리。 상의 첫 소리와 같다。

● 如呑字 中聲

—(31)—

ㆍ는「ᄐᆞᆫ」의 가온대 소리와 같다

(註) 「ᄐᆞᆫ」의 가온대 소리란 말은 ᄐᆞᆫ에 初聲인 ㅌ와 끝소리 ㄴ을 떼어 버리면 그 가온대 ㆍ만 남아서 ㆍ소리가 된다。ㆍ를 世上에서 흔히 아래 ㅅ아字 라하여 ㅏ와 混同하는 弊가 있으나、이는 큰 誤解다。ㆍ는 ㅣ와 ㅡ의 모인 소리로 된 것이요、ㅏ와는 아주 딴판이다。例하면「하ᄂᆞ님」「아ᄎᆞᆷ」이란 말을 하나님」「아참」이라는 것보다「하느님」「아츰」이라 하는 것이 音에 맞을 것이다。그런즉 ㆍ소리는 現今에 없고 또 ㅏ와 같다 한대도、같은 字를 둘씩이나 둘 必要가 없으리니、차라리 ㆍ는 아주 廢用으로 하는 것이 좋을 것이다。

ㅡ 如即字 中聲

ㅡ는「즉」의 가온대 소리와 같다。

ㅣ 如侵字 中聲

ㅣ는「침」의 가온대 소리와 같다。

ㅗ 如洪字 中聲

ㅗ는「ᅘᅩᆼ」의 가온대 소리와 같다。

ㅏ 如覃字 中聲

ㅏ는「땀」의 가온대 소리와 같다。

ㅜ 如君字 中聲

ㅜ는「군」의 가온대 소리와 같다。

ㅓ 如業字 中聲

ㅓ는「업」의 가온대 소리와 같다。

ㅛ 如欲字 中聲

ㅛ는「욕」의 가온대 소리와 같다。

ㅑ 如穰字 中聲

ㅑ는「샹」의 가온대 소리와 같다。

ㅠ 如戌字 中聲

ㅠ는「슐」의 가온대 소리와 같다。

ㅕ 如彆字 中聲

ㅕ는「별」의 가온대 소리와 같다。

終聲復用初聲 ○連書唇音之下則爲唇輕音 初聲合用則並書 終聲同 ˙ㅡㅗㅜㅛㅠ附書初聲之下 ㅣㅏㅓㅑㅕ附書於右 凡字必合而成音 左加一點則去聲 二則上聲 無則平聲 入聲加點同而促急

終聲은(即받침)初聲을 다시 쓰고 ○를 唇音 아래에 쓰면 唇輕音이 되고(ㅸㆄㅱ等같음)初聲을 어우를 때에는 갈쓰되 終聲도 같이 할것이요 (ㄲㄸㅃㅆㅉㆅ等같음) ˙ㅡㅗㅜㅛㅠ들은 初聲아래에 붙이어 쓰고(마그고구교규……같이)ㅣㅏㅓㅑㅕ 들은 첫 소리 올은쪽에 붙이어 쓰되(기가거갸겨……같이)무릇 글씨는 반듯이 어우르어야 될 것이요、왼쪽 한 점을 두면 去聲(길고 가는 소리)이요、두점을 두면 上聲(세고 높은 소리)이요、점이 없으면 平聲(예사소리)이요、入聲(빠르게 걷우는 소리)은 점 두기를 같이 하되 받고 빠르니라。

筆不精의 恥

李允宰

世界를 통털어 놓고 말할찌라도 우리 朝鮮사람처럼 筆不精의 國民은 다시 없으리라 한다。그러고도 우리들은 오히려 이것이 한 羞恥임을 깨닷지 못한다。

獨逸이나 英國같은 나라에서들은 文字(스펠링)의 誤가 小學校의 二年級兒童쯤에나 그치고 맛나 만일 그 以上 程度의 兒童으로 文字를 틀리게 쓰는 者가 있으면 그를 低能兒로 본다 한다。우리 朝鮮에는 小學生은 且置하고 所謂 中學程度를 마치었다는 者나 專門學校를 치어나았다는 者라도 우리 글을 제법 말되게 만들어 쓰지 못할뿐더러 말의 토 하나까지라도 옳게 달아 쓰지를 못한다。即『을』과『를』을 가리지 못하고『에』와『의』를 분변하지 못하는 例다。더욱 웃읍(可笑)은 것은 所謂 博士의 稱號가 있다는 어떤 한분이 쓴 글에『하나』라 하는 말을『ᄒᆞᆫ이』『한이』『ᄒᆞ니』로 같은 意味인 한글가운대 이렇게 셋식이나 變體로 쓴 것을 보았다。그가 外國의 文字를 쓸 때에는 그러하게 亂雜한 筆法을 敢行하지 아니하였을 것이다。相當한 敎育을 받았다는 者로도 이러하거던 하물며 그以下에야 다지 말해 무엇하리오。

어떠한 西洋婦人이 일쯕 내게 대하여 말한것을 나는 어느때던지 이를 잊지않고 항상記憶하여 둔다。『내가 하로에朝鮮사람의편지를 평균 十餘張씩 받아보는데 朝鮮사람에국문쓰는법이 다 각기 다르오。이것을 보기에 참말머리가 아프어요。웨 그런지를 모르겠소。우리나라에서는 그렇지 않는데요』이것이 얼마나 朝鮮사람의筆不精을 권잔하는말이 아닌가

新聞한장을 펴어놓고 보자。漢文과 우리글을 섞어쓰는 面도있고 純全히 우리글로만 쓰는面도 있고 日本말에다가 우리글의토만 달아쓰는대도 있고 말은 우리말이로되 英語文法的으로 쓰는대도 있고 같은 朝鮮말이로되 여기서는 이렇게 저기서는 저렇게 갖은각색異樣各體의 文字가 많아서 實로 千態萬像의觀이 있다。그러나 이것은 根本的으로 語文의教育이 없는 朝鮮이기 때문에 標準의文字를 定함이 없고 統一의 文體를 쓰지못한것이 原因이겠으나 우리가 우리글을넘우나賤蔑히 보아아주 踈略에 붙이어비리고 마는것이 가장 큰原因일것이다。○○日報의 社說欄에 『되엿고』라 쓰다가 두어줄을건너가서는 『되얏고』라 쓰고 또몇줄아래에는『되엇스니』라 쓴것을 보았다。이것이 글쓰는이의 一時不注意한탓이라하여 重大視하지아니한다면 근어니와 그이의 한번 立論으로써 全社會에輿論을 부르며 또 그이의 一擧手一投足이 全般 民衆에게 莫大한影響을 주거늘 어찌 一點一畫인덜 輕々히 보아 그러한 不注意의 文字를 쓰기에 참아하리오。

가 學者論文을 쓴다。文士가作品을낸다。그것이 다 雄篇이고傑作이라치더라도 그것의 根本材料인 文字가 精一하지못하면 돌이어 無價値가 되고마는것이다。或은 말하기를 글쓰는자가 글만쓰었겠지 文字의 拘束까지는 받을까닭이없다한다。그러나 이는 甚한誤解다。家屋을 建築하는者가 다만 외양치레만 주장하고 材木을 고르지 아니하겠는가。器具를 製造하는者가 다만걸모양만 꾸미고 原料를 돌아보지 아니하겠는가。文字는 글의材木이요 原料다 좋은 材木이 있고라야 좋은家屋이 될수있으며 좋은原料가 있고라야 좋은 器具가 될수있을것이다 이와같이좋은 文字가있고라야좋은 글이 될수있다 하는것도 또한否定하지못할것이다。

學者야 雄篇 쓰기를조금 밀우고

(54)

라도 좋은 法의 文字를 알기에먼저 힘쓰자。文士야 傑作짓기를아직두고라도 좋은法의文字를 알기에 먼저 힘쓰자。그러고 筆不精이人生으로서의莫大한 羞耻임을알자。標準삼을 文字를쓰자。統一할文生를 정하자。 우리에게는 좋은말이잇다。 世界에짝이없는 좋은글이잇다。

한글 토론 (二)

安廓君의 妄論을 駁함

한뫼

「東光」十二月號에 실린 安廓君의 『朝鮮語의實題』를 읽었다。細書로 三頁에 近한 論文을 條條이 들어 對質할 겨를도 없고 할 까닭도 없다。그 글의 大意를 보건대 무엇 한가지 모잡아 쓴 것이 아니요 다만 橫說竪說體로 糊塗朦朧한 홑은 수작뿐이요 겨다가 句語마다 은근히 누구를 中傷하려는 感情的의 말끝이 包含되어 있음이다。

얼른 보매 君은 한 文法學에 精通한 것 같이 보인다。그러나 君은 某國人의 지은 幾卷의 文法 책이나 보았다고 아주 그것만을 金科玉律처럼알고 남이 이렇게하니 우리도 이렇게하자는 斷案을 함은 넘우나 盲從的이요 沒覺的이다。徒能讀其父書傳이라 함이 君을 두고 한말이 아닌가 한다。좀 더 研究하고 좀 더 考慮하여서 語文 變遷엔 古今이 틀리고 語文 原理엔 彼我가 다르다 함을 充分히 살핀 뒤에 이러한 論文을 쓰었스면 좋겠다。

이와 같이 理論에 맞지 아니한 君의 글엔 一駁할 價値도 없다。그러나 이제 君에게 反問할것 하나가 있다。君의 論文 첫 머리에 『그 研究란 것은 다 感情的이요 學術的이 아니야』라 함은 무엇을 意味한 말인지 어둔밤에 홍두깨도 분수가 있지。그따위 말은 갑아 말하지 않다치고라도 끝에 이르러『近來 文法이라면 依例件 받힘 잘 쓰는 것으로 써 主張을 삼나니 이것이 文法과 文字을 混同한 亂狀이라』云云하니 이 말은 누구를 對象으로 하여 한 말인가。누구 한사람을 對象하여 말한 것이 아니라면 朝鮮語 研究者 全體를 들어 한 말인가。나 보기에는 朝鮮에 있어서 아직 標準삼을 만한 文法 책이 없다 하여도 過言이 아니다。그런데 君은 어떠한 文法 책에서 그러한 것을 發見하였는가。자못 訝惑할 일이다。다만 金科奉氏의 著「조선말본」에 聲音篇(소리갈)·品詞篇(씨갈)·文章篇(월갈)의 三部로 난우어 聲音篇에 發音器官 및 聲音의 種類를 쓴 것이 있을뿐이요 故 李奎榮氏의 著「現今朝鮮文典」에 文字의 種類를 약간 들은 것이 있고 李奎昉氏의 著「朝鮮語法」에 吏讀文과 朝鮮文(訓民正音)의 說明이 있을 뿐이니 이와같이 文法이란 책에는 다만 音聲 혹은 文字의 定義를 쓴 일은 약간식 있어도 받힘 잘 쓰는 것이 文法이라고 쓴 대는 도모지 볼수 없다。그러고 그 밖에 權悳奎氏의 著「朝鮮語文經緯」는 文法 책이 아니요 다만 朝鮮語에 關한 常識을 補與하는 한 參考書인데 여긔에 文字의 이야기와 語根 語源의 이야기가 있으니 君은 혹시 이것을 文法 책으로 誤認함인가。이러한 책들을 除한 外에는 君의 말한 文法과 文字를 混同한 亂狀이란 것을 아무대도 볼수 없다。지금 各處에서 우리글을 바루 잡아 쓰자、받힘을 끈히어 쓰자 하는 것이 文法에 關한 것이 아니요 다만 綴字 改良에 關한 말이다。이것은 오직 朝鮮에만 있는 것이 아니라 西洋에나 日本에도 있지 아니한가。綴字法이 改良되면 딸아서 文法도 조곰 變則이 생길 것은 依例히 있는 일이라 하겠으나 文法과 文字를 混同하여 하자는 뜻은 아니다。그러하거늘 君은 덮어놓고『近來 文法이라 하면 의례 뻔……』이란 等說을 無忌無憚하게 함부로 弄함은 그게 무슨 말버릇이냐。君은 現今 朝鮮語 研究者를 다 멍텅이로 아는가。朝鮮語 研究者라 하면 그래도 그만한 識見은 가진 者들이다。文法學·音

聲學·言語學·文字學等의 基礎的 智識을 닦은 자가 오직 君 혼자뿐인줄 君은 自信하는가. 君의 이러한 말따위는 妄論 中에도 妄言이다.

또 君은 오늘날 우리네들의 쓰는 글이 잘 整理되어 있는줄 아는가. 이미 잘 整理되어 원 朝鮮사람이 다 같은 文體 같은 綴字法에 依하여 쓴다면 다시 떠 問題될 것이 없을 것이다. 그 쓰는 法이 옳고 그르고 勿論하고 따로히 새 法을 낼 것이 없이 지금까지 쓰던대로 쓰자 하는 君의 意見도 一理가 있는 말이겠다. 그러나 君은 보지 아니하는가. 現今 우리네들의 쓰는 글씨는 열이면 열 백이면 백, 다 各體各樣으로 쓰지 않는가. 이렇게 混沌雜錯한 不規則의 綴法을 바른 法으로 써 끈히어 統一하게 쓸 길이 있다면 그를 좇는 것이 더욱 좋을 일이 아닌가. 그런즉 우리는 이러한 主張 곳 綴字法 統一 運動이 있어야 하겠다. 요새에 비롯오 우리글의 運動이 일어나는 것을 나는 매우 기쁘어하는 바다. 그러나 이 運動은 다만 지금까지의 우리 神聖한 文字가 깊이 塵垢 中에 묻히어 있던 것을 파아 내는대 지나지 아니하고 綴字法이니 文法이니 하는 것은 아직도 말하는 이가 썩 稀少하다. 우리는 하로바삐 이 運動이 있어야 할 것이다. 運動이 있어서 진실로 綴字法을 統一하며 標準的 文法을 세우고저 할찐댄 同價紅裳으로 第一着으로 在來의 그른 것을 끈히고 새것의 옳은 것을 끎아서 그것으로 써 標準을 삼재하며 統一을 세우는 것이 더욱 좋지 아니한가. 가령 요새 쓰지 아니하는 ㄷㅈㅊㅋㅌㅍㅎ들을 다 받힘으로 쓰자는 것이라던가, 또 ㅺㅼㅽㅾ들을 ㄲㄸㅃㅉ들의 並書體로 끈히어 쓰자는 것이라던가, 母音 中「、」를 廢用하자던가 함이 다 合理하고 보면 그를 쓰는 것도 無妨하겠는데 何必 反對까지 하잘 理由는 무엇인가. 참 딱한 일이다.

君은 또 생각하라. 君은 말하기를 『現今에 우리 民衆이 우리글을 不規則하게 쓰는 것이 이미 文法이 되었거늘 綴字法을 改良하며 文體를 統一하자는 것이다 쓸대 없는 것이라』하니 不規則하게 쓰는대에 무슨 文法이 있겠는가. 君의 말대로 예전에 한번 있던 것이나 이미 習慣으로 된 것을 도모지 變更하지 말고 고대로만 꼭 墨守하는 것이 科學的이요 學理的 이라면 이는 큰 矛盾이다. 뉴톤의 引力論이 있었다 하여 아인스타인의 相對性論을 否認할 것인가. 天動說이 있었다 하여 地動說을 反對할 것인가. 天圓地方說이 있었다 하여 地球의 圓體를 不信할터인가. 峨冠博帶가 古來에 있었던 法이라하여 短帽窄袖를 쓰지 아니할 것인가. 學理라던지 習慣이라던지 刻刻으로 變遷하여 가는 것이 原則이다. 더 좋은대 나아가고 더 새롭은 것을 찾는 것이 今日의 科學이다. 그럼으로 學者들은 밤낮 머리를 썩히어가며 學理를 研究하는 것도 이 때문이다. 온갖 物質界로나 精神界로나 新奇한 것이 날로 많이 發明되어 燦爛한 文明을 꾸미게 되는 것도 다 이 때문이다. 君은 科學이란 것을 어떻게 解釋하는가. 아무 定律이 없이 自然的으로 일은 因襲 그것을 科學的이라 하는가. 保守的 思想으로 現時 그릇된 習慣을 그냥으로 지키어가며 太古時代로 還元하는 것을 科學的이라 하는가. 이는 큰 誤解라. 정말 우리 글을 科學的으로 하려면 별수없이 從來의 因襲을 벗어버리고 法則에 맞고 義理에 닿게 쓰어야 한다. 語根·語源에도 맞고 音理·字體에도 좋게 쓰어야 한다. 그리하면 우리글의 價値는 몇 百倍·千倍나 들어날 것이 아니냐. 君의 主張하는 바 現今에 一般이 쓰는 이 不規則한 綴法과 不統一한 文體로서는 이야말로 非科學이요 不合理的이다. 이에 對하여는 더 길게 말할 必要가 없다. 君은 예전 호랑이 당배 먹던 時代에 與也賦也나 외이고 天皇氏 以木德으로 王이나 읽으며 鎖國主義·事大主義나 高談하던 적의 양반으로 본다면 無怪하겠지마는 오늘날 文明이 進步하고 科學이 彰明한 新時代의 사람으로 보아서는 크게 틀린다.

다시 말하노니 君이여 君은 좀 自重하기를 바란다. (十二月十二日 發)

한글整理에對한

諸家의意見 (七)

李允宰

一、한글整理에 關하여

(一)現在使用法을存續할가함에對하여는어떠한使用法을가리치어하는말인지 理解할수없읍니다 現在에한글使用法이란 어느한가지의標準이있읍니까그중에서도各各自家의主張을세워서저의끼리만고대로使用하고있는것을친다면普通學校敎科書式、耶蘇敎聖經式、新聞紙式、文法家式、이몇가지가있는데 이중에서어느式을골라잡아使用하잔말입니까。그러고現在에 이와같이여러가지의使用法이있는채存續할터이면 애초에整理란말부터가不當입니다

(二)한글을整理하지아니하고지금같이混淆不統一하게쓰는요대로두어버린다면모르되만일한번整理에着手하려고한다면 무릇全部를完善하도록改良함이있어야하겠읍니다 當局에서도이에對하여焦心한다하니 고맙거니와 全朝鮮의民衆的으로이運動이있어야될줄압니다。한글을整理함에다달아서는

a 綴字法의改正
b 標準語의制定
c 漢字音의處理

이몇가지의問題에對하여 가장合理的으로整理함이必要합니다 이에關한細項한說明은第二問中에그몇이若干包含되어있는까닭에 그重複됨을避하여 여기에는쓰지아니합니다。

한글整理에對한

諸家의意見 (八)

李 允 宰

二、左記諸問題에對하여

(1)並書가可합니다. 訓民正音에ㄱㄷㅂㅈㅅㅎ에並書하라는例가있고 音理上으로도되게내는소리에 ㅅ과ㄱ이合한것보다좋은ㄱ이거듭하여내는편이며나을것입니다. 지금에쓰는所謂된시옷이라는것은아무歷史的根據도없고 音理에도맞지아니하니 한글整理하는때는 이것까지도改正하여 ㅆㄸㅃ……ㅆㄸㅃ로써야할것입니다.

(2)漢音에對하여는 지금에없어진古音이나남의글인漢字音에拘束을받아서 일부러我時의國音을고치려고하는것은絕對로不可하다생각합니다.

(a)쇼셜(小說)을 소설로
(b)긔디(基地)를 긔지로
싀탄(柴炭)을 시탄으로
(c)ᄉᆞ샹(思想)을 사상으로
뎨ᄉᆞ(第四)를 뎨사로
(d)텬디(天地)를 텬지로
(e)도리(桃李)를 도리로
려모(李某)를 려모로
라쥬(羅州)를 라주로
젼라(全羅)를 젼라로
(f)십월(十月)을 시월로
륙월(六月)을 뉴월로
재녕(載寧)을 재령으로
회녕(會寧)을 회령으로
(g)첫여름 옷이
이여름 새이

以上에對하여 一一히그理由를說明하려면 넘우張遠하겟음으로 이에省略하고다음機會로밉니다

(3)初聲複用終聲을使用함이可합니다 이것은訓民正音에서그렇게定하였을뿐더러 文法上原則으로꼭그러하게 쓰지아니할수없읍니다 지금에받침으로쓰지안는ㄷㅈㅊㅋㅌㅍㅎ들도다받침으로써야합니다

體言으로―끝(端)낮(晝)빛(光)볕(方)밭(田)앞(前)밖(外)넋(魄)낡(木)

用言으로―받(受)좇(從)같(如)높(高)좋(好)닦(修)얇(薄)많(多)짧(短)읊(詠)옮(移)(可)없(無)있(有)

만일使用하지아니할때는 나제(晝에)아피(前이) 꼬치(花가)바트니(受하니)조타(好하다)가틈이어지럽다할것입니다

第四百八十三回訓民正音頒布紀念

舊曆으로 九月 二十九日(今年은 新曆으로 十一月 十一日에 當함)은 訓民正音頒布紀念日이라 합니다。올은 우리 한글이 世上에 난지가 四百八十三年째되는 해입니다。한글을 사랑하는 우리 겨레들이 數年前붙어 이날을 紀念하는 일이 있었읍니다。이는 매우 意味있는 일입니다。우리 한글이 世界文字上에 특히 優越한 點을 가진 것으로 보던지 우리 겨레가 그에게 無限히 恩浴에 젖은 것으로 보던지 우리는 그를 讚美하지 아니할수 없읍니다。

訓民正音의 난 것으로 말하면 李朝 第四代 世宗 莊獻大王(一三九七—一四五〇) 二十五年(癸亥)十一月에 局을 禁中에 열고 鄭麟趾 申叔舟 成三問 崔恒等으로 더불어 苦心精力으로 研究하며 當時 支那 學者로 遼東에 귀양와 있는 黃瓚에게 成三問을 보내어 音理를 質問하기에 十三度나 往還한 일이 있었읍니다。이와같이하여 訓民正音 二十八字를 지으시고 그후 二十八年(丙寅)九月에 이를 頒布하였읍니다。그때에 썩은 선비 崔萬理 鄭昌孫 辛碩祖 金汶 河緯地·宋處儉 趙瑾 따위의 正音을 反對하는 뜻으로 抗疏極論하는 일까지 있었으나 大王께서 大英斷으로 그들을 嚴罰하시고 기어히 이를 實施하도록 애썼읍니다。正音을 實用할 첫 試驗으로 龍飛御天歌와 月印千江之曲을 이 글로 썼으며 또 그때에 公文書까지에도 다 이 글을 쓰게 하였으며 吏典取才(文官試驗)에도 반듯이 이 글을 科目에 넣었읍니다。이와같이 千古不朽의 大事業을 完成하였읍니다。

우리 이때를 當하여 더욱 世宗의 높으신 聖德을 우럴으며 正音의 絶大한 價値를 기리기를 말지 아니하여 이에 극히 疎畧하나마 한말이 없지 못합니다。(桓山)

訓民正音

國之語音이異乎中國ᄒᆞ야與文字로不相流通ᄒᆞᆯᄊᆡ故로愚民이有所欲言ᄒᆞ야도而終不得伸其情者ㅣ多矣라予ㅣ爲此憫然ᄒᆞ야新制二十八字ᄒᆞ노니欲使人人으로易習ᄒᆞ야便於日用耳니라

ㄱᄂᆞᆫ牙音이니如君ㄷ字初發聲ᄒᆞ니並書ᄒᆞ면如虯ㅸ字初發聲ᄒᆞ니라

ㅋᄂᆞᆫ牙音이니如快ㆆ字初發聲ᄒᆞ니라

ㆁᄂᆞᆫ牙音이니如業字初發聲ᄒᆞ니라

ㄷᄂᆞᆫ舌音이니如斗ㅸ字初發聲ᄒᆞ니並書ᄒᆞ면如覃ㅂ字初發聲ᄒᆞ니라

ㅌᄂᆞᆫ舌音이니如呑ㄷ字初發聲ᄒᆞ니라

ㄴᄂᆞᆫ舌音이니如那ㆆ字初發聲ᄒᆞ니라

ㅂᄂᆞᆫ脣音이니如彆字初發聲ᄒᆞ니並書ᄒᆞ면如步ㆆ字初發聲ᄒᆞ니라

ㅍᄂᆞᆫ脣音이니如漂ㅸ字初發聲ᄒᆞ니라

ㅁᄂᆞᆫ脣音이니如彌ㆆ字初發聲ᄒᆞ니라

ㅈᄂᆞᆫ齒音이니如卽字初發聲ᄒᆞ니라

ㅊᄂᆞᆫ齒音이니如侵ㅂ字初發聲ᄒᆞ니라

ㅅᄂᆞᆫ齒音이니如戌字初發聲ᄒᆞ니並書ᄒᆞ면如邪ㆆ字初發聲ᄒᆞ니라

ㆆᄂᆞᆫ喉音이니如挹字初發聲ᄒᆞ니라

ㅎᄂᆞᆫ喉音이니如虛ㆆ字初發聲ᄒᆞ니並書ᄒᆞ면如洪ㄱ字初發聲ᄒᆞ니라

ㅇᄂᆞᆫ喉音이니如欲字初發聲ᄒᆞ니라

ㄹᄂᆞᆫ半舌音이니如閭ㆆ字初發聲ᄒᆞ니라

ㅿᄂᆞᆫ半齒音이니如穰ㄱ字初發聲ᄒᆞ니라

ㆍᄂᆞᆫ如呑ㄷ字中聲ᄒᆞ니라

ㅡᄂᆞᆫ如卽字中聲ᄒᆞ니라

ㅣᄂᆞᆫ如侵ㅂ字中聲ᄒᆞ니라

ㅗᄂᆞᆫ如洪ㄱ字中聲ᄒᆞ니라

ㅏᄂᆞᆫ如覃ㅂ字中聲ᄒᆞ니라

ㅜᄂᆞᆫ如君ㄷ字中聲ᄒᆞ니라

ㅓᄂᆞᆫ如業字中聲ᄒᆞ니라

ㅛᄂᆞᆫ如欲字中聲ᄒᆞ니라

ㅑᄂᆞᆫ如穰ㄱ字中聲ᄒᆞ니라

ㅠᄂᆞᆫ如戌字中聲ᄒᆞ니라

ㅕᄂᆞᆫ如彆字中聲ᄒᆞ니라

終聲은復用初聲ᄒᆞᄂᆞ니라。ㅇ를連書脣音之下ᄒᆞ면則爲脣輕音ᄒᆞᄂᆞ니라初聲을合用ᄒᆞᆯ디면並書ᄒᆞ라終聲도同ᄒᆞ니라。ㆍㅡㅗㅜㅛㅠ란附書初聲之下ᄒᆞ고ㅣㅏㅓㅑㅕ란附書於右ᄒᆞ라凡字ㅣ必合而成音ᄒᆞᄂᆞ니左加一點ᄒᆞ면則去聲이오二則上聲이오無則平聲이오入聲은加點이同而促急ᄒᆞ니라

混亂한 한글整理는 어떻게 할가 (五)

斯界專門家의 意見

儆新學校 李允宰

한글강의

李允宰

一講 한글의 말뜻

우리 조선글을 한글이라함은 무슨 뜻입니까? 이것부터 먼저 말하고싶읍니다。아니 한글이란 것을 말하기 전에 그 밖에 여러가지로 일컫는 것에 대하여 먼저 말하여야 하겠읍니다。

조선글의 명칭을 거의 일반적으로 통용하는 것은 언문입니다。이 언문이란 말은 한문 글자로 諺文이니 그 글자의 뜻과 마찬가지로 「상말글」이 아닙니까。상말글이건 무슨 글이건 이미 명칭이 명칭인 바에야 무슨 관계 있으랴마는 하고나 많은 글자에 이러하게 명칭을 정하기는 한 이유(理由)가 없지 아니 할것입니다。우리 사람이 예로붙이 지나의 문화를 받게되자 무엇이든지 그 나라의 것이라면 한껏 존숭하고 자기 나라의 것이라면 턱없이 낮비보는 그 더러운 사대주의(事大主義)의 사상이 침염하여 있었던 터임으로 무론 조선글을 높이어 이름 지었을리는 만무하였을 것입니다。그리하여 지나의 글인 한문은 그저 「글」이라고만 하여 문자(文字)로의 유일무이한 총명칭(總名稱)의 이름을 갖게 되었고 조선의 글은 특히 언문—상말글—이란 야비(野鄙)한 명칭을 붙이어 부르게 된 것입니다。이렇듯 예전 사람들이 남의 나라 글인 한문을 넘우 존중하고 자기 나라 글인 이것을 넘우 천대한 것을 생각하면 실로 분함을 견되지 못할것입니다。

또 어떤이는 조선글을 반절이라고도 합니다마는 이것도 한문 글자의 「反切」입니다。이 말의 생긴 것에 대하여 말하면 옛적 지나 한(漢)나라 말년(末年)에 손염(孫炎)이란 사람이 한문의 음을 달기위하여 반어(反語)란것을 만들었고 그뒤에 반절법(反切法)이라 일컬어 쓰게 된것입니다。그 법은 대개 이러하니 가령 한일(一)자를 「於悉切」이라 하였으면 「於」자 곧 「어」에서 처음소리 「ㅇ」을 떼고 「悉」자 곧 「실」에서 뒷소리 「ㄹ」을 떼어 ㅇ와 ㄹ을 한대 합하면 「일」이 됨을 안다는 것입니다。우리글의 자모(字母)가 한문의 반절과 비슷하다 하여 흔히 반절이라고 하지마는 대단히 틀린 뜻입니다。

또 조선글을 본문(本文)이라고도 합니다 이 말의 뜻은 「본국문자」를 줄이어 일컫는 것으로 매우 적당한 말인줄 압니다 그러나 이 말이 다만 삼남(三南)지방에서만 행하게 된뿐임으로 다른 지방 사람들은 이를 모릅니다。

또 조선글을 정음(正音)이라고도 합니다。이 말은 훈민정음(訓民正音)의 줄인 말로 된 것이나 글의 이름으로는 좀 합당하지 아니합니다。이 밖에 국문(國文)이란 말도 있으나 이는 한국시대(韓國時代)에 정부에서 이 명칭을 제정하여 시행하게 한것입니다。

이와 같이 우리글의 명칭이 여러가지가 됩니다。어떤이는 언문이란 말이 재미 없으니 정음이라 하자하고 또 어떤이는 정음이란 말이 재미 없으니 반절이라 하자 하여 쓸대없는 의론이 많읍니다。그러면 한글이란 말은 무슨 뜻입니까。이 말이 생기기는 지금으로 십오년전에 돌아가신 주시경(周時經) 선생이 「한글배곧」이란것을 세우니 이것이 「조선어강습소」란 말입니다。그뒤로 조선글을 「한글」이라 하게되어 지금까지 일컬어 온 것입니다。한글 두 글자의 뜻은 이러합니다。역사(歷史)를 상고하면 조선 고대민족이 환족(桓族)이며 나라의 이름이 환국(桓國)이었읍니다。「환」의 말뜻은 곧 「한울」입니다 조선사람의 시조 단군(檀君)이 한울로 붙어 나려 오시었다는 뜻으로 모도 한울로써 명칭이 된것입니다。그래서 「환」은 「한」과 같은 소리로 한울의 줄인말이 되었고 그만 「한」이란 것이 조선을 대표하는 명칭이 된 것입니다。고대에 삼한(三韓)이란 명칭도 이에서 난 것이요 근세에 한국(韓國)이란 명칭도 또한 이에서 난 것이었읍니다。또 「한」이란 말의 뜻으로 보아도 「크다」(大) 「하나」(一)라 「한울」(天)이란 말로 된것입니다 이러한 의미로 우리글을 한글이라 하게 된 것입니다。한글은 「한」이란 겨레의 글, 「한」이란 나라의 글 곧 조선의 글이란 말입니다。

요사이에는 한글이라 하면 흔히 문법식(文法式)으로 쓰는 글에만 한하여 쓰는 명칭이 된것 같으나 실상은 그런 것이 아니요 예전에 언문이니 반절이니 하던 명칭의 대용(代用)으로 하는 조선글의 명칭이 된것임을 알아야 할것입니다。

한글강의

李 允 宰

二講 정음으로 언문에 언문으로 한글에 (上)

세계에 어느 나라 글이든지 연대(年代)가 오래면 오랠쓰록 자연히 변천(變遷)이 많은 것입니다。우리 조선 글은 연대가 그다지 오랜 것은 아니나 글의 생긴지가 지금에 사백팔십여년에 이를었은즉 그사이에 다소 변천이란 것이 없지 아니하였을 것입니다。그래서 우리글의 표기법(表記法)은 이왕에 쓴것과 지금에 쓰는 것을 비교하여 볼지라도 크게 다름을 알것입니다。이제 그 변천되어온 내력을 말하려함에 먼저 간단히 셋 시기로 난우어

一、정음(正音)시대

二、언문(諺文)시대

三、한글 시대

라 합니다。

정음시대는 이조(李朝) 세종대왕(世宗大王)께서 훈민정음(訓民正音)을 지어서 민간에 [illegible] 한글이 [illegible]칠십여년까지에 이르는 때입니다。이때는 표기법(表記法)이 순전히 훈민정음에 정한 법에 의지하여 썼음으로 지금에 쓰는 것과는 대단히 달랐읍니다。이 아래에 그 때에 쓰던 것의 몇가지 전례를 들어 보이겠읍니다。

龍飛御天歌 五卷三十四章에

城높고 ᄃᆞ리 업건마ᄅᆞᆫ 하ᄂᆞᆯ히 도ᄫᆞ실ᄊᆡ 몰토자히ᄂᆞ리시니이다

同 三十六章에

ᄆᆞᄅᆞᆯ 채텨 뵈시니 三賊이 좃ᄌᆞᆸ거늘 길버서 쏘샤 세사래 다ᄃᆞ니

月印千江之曲 二十一卷에

乳含汁잡이 이베 드르샤 世界옛 [illegible]

法華經諺解 卷三에

聖人은 平等ᄒᆞᆫ 慈悲를 行ᄒᆞ시며 至極ᄒᆞᆫ 精誠으로 物을 接ᄒᆞ야 待ᄒᆞ샤 [illegible] 大衆에 便安ᄒᆞᆫ

訓民正音에

故로 愚ᄒᆞᆫ 民이 有ᄒᆞᆯ 배 欲言ᄒᆞ야도

이렇게 적었읍니다。이것으로써 예적의 표기법의 대개를 밀우어 알수 있읍니다。우에 적은 것을 가지고 한대 종합하여 한가지씩 말하겠읍니다。

첫재 「城높고」란 높에 ㅍ받힘을 달았고 「三賊이 좃ᄌᆞᆸ거늘」이란 좃에 ㅅ받힘을 단것을 보면 훈민정음에 종성(終聲)은 초성(初聲)을 다 쓰라 한 법에 의지한 것입니다。

또 「乳含」、「人신」、「여ᅀᆞᄫᆞ니」와 「安ᄒᆞᆫ」 「物믈」이며 「慈ᄍᆞᆼ」、「言언」을 보면 △、ㆁ、ㆆ을 다 썼으니 이도 다 훈민정음에 있는 글자로 지금은 쓰지 아니하나 그때에는 많이 쓴 것입니다。

또 「도ᄫᆞ실써」、「여ᅀᆞᄫᆞ니」와 「有ᇢ」를 보면 훈민정음에 순경음(脣輕音) 곳 ㅸ、ㅱ、ㆄ를 쓴 것입니다。

또 「極끅」、「待ᄯᆡ」、「平뼝」、「慈ᄍᆞᆼ」、「誠쎵」、「行ᅘᆡᆼ」을 보면 훈민정음에 ㄱ、ㄷ、ㅂ、ㅅ、ㅈ、ㅎ에는 병서(並書)하여 ㄲ、ㄸ、ㅃ、ㅆ、ㅉ、ㆅ로 쓰라는 법에 의지한 것입니다

왼쪽에 한점 혹 두점을 찍어서 상성(上聲)과 거성(去聲)을 표한 것도 훈민정음에 정한 것입니다。

그러고 또 이때에는 우리말을 순전한 표음식(表音式)으로 쓴 것이니 ᄆᆞᄅᆞᆯ(馬를)、버서(脫하여)、세사래(三箭에)、이베(口에)이렇게 썼으며 한문의 음역(音譯)은 매우 주밀한 방식으로 썼으니 심지어 받힘없는 글자에는 ㅇ(ㅇ과 다름)을 단 것까지 있으니 「世솅」、「界갱」、「至징」、「大땡」따위외다。

◇한글質疑欄新設

本誌가 創刊號로붙어 文法式綴字法을 實行하여 오는것은 江湖讀者의 아시는바어니와 이에 來號붙어는 한글綴字에 [illegible] 讀者의 質問과 斯界專門學者의 解答을 같이실어 좀더 直接的으로 얻음이 있재하겠사오니 누구시나 한글에對하여 疑訝스러운 點이 있거든 조곰도 忌憚없이 質問하여 주시기를 바랍니다

한글강의

李允宰

三講 정음으로 언문에 언문으로 한글에 (下)

우에 말한 정음시대는 우리글을 순전히 훈민정음식으로 쓰던 시기를 말함이나 그후로붙어 점점 변천하여 오늘까지 이를었으니 그 표기(表記)하는것이란 무슨 일정한 표준이 없이 함부로 쓰고싶은대로 쓰어오았읍니다。이렇게 규측 없이 쓰는 것을 우리는 언문식(諺文式)이라고 합니다。이 언문식의 글을 쓰는 시기를 언문시대라고 하겠읍니다

우리가 이 언문식의 글을 쓰기는 한 사백여년이나 지나오았읍니다。이때로 말하면 한문학을 높이는 사상이 더욱 많았음으로 조선글을 대소롭지않게 보아 천대하기 비할대 없었읍니다。우리글을 『암글』이라는 별명을 쓰었읍니다。이는 암(雌)사람 곳 여자(女子)들이 배울 글이란 것이니 욕으로 일컫는 말입니다。그뿐인가 이왕에 연산군(燕山君)이란 임검은 나라가운대 교서(敎書)를 나리어 언문을 금지하고 심하면 언문 쓰는 사람을 잡아다가 극형(極刑)에 처한 일까지 있었읍니다。이 일을 생각하면 우리글이 그때에 아주 없어지지 아니하고 오히려 그 명맥이라도 보전하여온 것이 한가지 다행한일이라고 아니할수 없읍니다。

그런즉 우리글이 이처럼 지독한 천대와 무참한 학대 속에 지내어오았은즉 족음이라도 발달되기는 새로에 여지없이 혼란함에이르게된 것도 사실입니다。누구 한사람도 여기에 손 대어 본이가 없었고 생각이라도 하여본 이가 없었읍니다。그런데 지금으로 불어 사백년전 중종대왕(中宗大王)때에 한문학자로 유명한 최세진(崔世珍)이라 하는 사람이 훈몽자회(訓蒙字會)란 책을 저술할 때에 그 책의 범례(凡例)에 우리글 법을 약간 쓴 것이 있으니

初聲終聲通用八字

ㄱ其役 ㄴ尼隱 ㄷ池(末) ㄹ梨乙 ㅁ眉音 ㅂ非邑 ㅅ時(衣) ㆁ異凝

(末)(衣)兩字只取本字之釋俚語爲聲

其尼池梨眉非時異八音用於初聲

役隱(末)乙音邑(衣)凝八音用於終聲

初聲獨用八字

ㅋ(箕)ㅌ治ㅍ皮ㅈ之ㅊ齒ㅿ而ㅇ伊ㅎ屎

箕字亦取本字之釋俚語爲聲

中聲獨用十一字

ㅏ阿ㅑ也ㅓ於ㅕ余ㅗ吾ㅛ要ㅜ牛ㅠ由ㅡ應(不用終聲)ㅣ伊(只用中聲)ㆍ思(不用初聲)

이렇게 정하였읍니다。이것을 보면 재래에 쓰던 받힘의 수를 줄이어 ㄱㄴㄷㄹㅁㅂㅅㆁ이 여듧자란 받힘으로 쓰고 그 밖의 여듧자는 받힘으로 쓰지 아니하게된 것이 한 준례가 된 것입니다。그리하여 의례히 받힘으로 쓰어야할 ㅈㅊㅋㅌㅍㅎ을 쓰지 아니하게 되었으며 근년에는 또 ㄷ받힘까지 쓰지 아니하게 되었읍니다。이 훈몽자회의 범례가 우리글의 큰 변동을 일으키었으며 오늘날까지 큰 병통을 장만하게 된 것입니다。

그러나 그 반면에 이 시기에는 정음시대보다 한가지 나은 점이 있었으니 곳 정음시대에는 순 표음식(表音式)으로 쓰었으며 언문시대에는 어간(語幹)과 토를 구별하여 쓴 것입니다。가령 그전에 『ᄃᆞ리 ᄇᆞᆯᄀᆞ니』(月明)라 쓰던 것을 그후에는 『ᄃᆞᆯ이 ᄇᆞᆰ으니』라 쓰어서 어간인 「ᄃᆞᆯ」「ᄇᆞᆰ」과 토인 「이」「으니」를 구별하여 쓴다는 것입니다。그러나 무슨 말에든지 다 이와 같이 일정하게 쓰는것이 아니요 어떤 말에는 어간과 토를 구별하지 못하게 쓰는 것도 많읍니다。이는 다만 받힘을 있는대로 다 쓰지 아니한 때문입니다。이야말로 멀정한 성한 육신을가지고 일부러 귀형을 만들려함과 다름이 없읍니다。

지금으로붙어 한 이십여년전에 우리말 연구에 애를 많이쓰던 주시경(周時經)씨가 우리글 씀의 바르지 못함을 걱정하여 수십년의 심혈을 다하여 「국어문법」(國語文法)과 「말의소리」를 짓고 또 한글학교를 채리어 여러 사람을 가르치었으며 이어서 김두봉(金科奉)씨가 「조선말본」을 지었으며 또 이를이어 여러 학자들이 일어나서 우리글은동을 일으키기 시작하였읍니다。우리는 주시경씨 때로붙어 그후를 한글시대라고합니다。

한글강의

李允宰

四講 우리글을 어떻게 쓸까

우리글의 변천에 대하여 셋 시대가 있다 함은 우에 대개 말하였거니와 이를 다시 간단히 말하면 정음시대(正音時代)는 순 표음식(表音式)으로 쓰는 것인것, 언문시대(諺文時代)는 불규축하게 쓰는 것인것, 한글시대는 말소리와 말법을 맞게 쓰는 것임을 말함이외다.

그런즉 우리가 오늘날에 있어서 이 세가지 가운대 어느것을 적용하여야 가합니까。얼른보면 표음식이 아주 쉬운것 같으나 실상 그러하지 안습니다。가령 예전에 쓰던 정음식(正音式)대로 『빋두사는죠셔내인ᄂᆞ니라』이렇게 씀과 또 지금에 쓰는 법대로『백두산은 조선에 잇나니라』이렇게 쓴것을 비교하여 보면 어느것이 읽기에 편리하고 뜻을 알기에 용이한지 자연 알수 있을것이 아닙니까。이는 먼저의 것은 관념(觀念)이 없는 글이며 뒤의 것은 관념이 있는 글이기 때문입니다。그러기에 일본에서는 순「가나」(假名)만으로는 말을 쓰지 못하고 반듯이 한문을 섞어야 쓸수 있고 읽을수 있게 됩니다 그와 반대로 관념문자(觀念文字)인 한문보기가 우리글 보기보다 몇배이상 나은것도 우리가 늘 경험하는 바가 아닙니까。그런데 더구나 우리글을 순 표음식으로 쓸수 없다는 것은 이로써 넉넉히 증명될 것입니다。

파거에 우리글의 표기법(表記法)이 처음에는 순 표음식으로 되었다가 시대를 딸아 점점 어근(語根)을 찾아 쓰는대까지 이른것을 보아도 우리는 자연적 경험에 의지하여 얼마나 문법적(文法的) 관념이 늘어가게 되는 파정(過程)임을 알수가 있읍니다。이것을 좀 자세히 말하면

『바블머거서』가 『밥을 먹어서』로
『카를가라서』가 『칼을 갈아서』로
『씨를시머서』가 『씨를 심어서』로
『오슬니버서』가 『옷을 닙어서』로
『그를닐거서』가 『글을 닑어서』로
『홀글발바서』가 『흙을 밟아서』로
『달글살마서』가 『닭을 삶아서』로

되었읍니다。이와같이 순 표음식이던 것이 문법식으로 변한 것이며 또

『ᄀᆞᄐᆞ서』(如)가 『갓하서』로
『노파서』(高)가 『놉하서』로
『조차서』(從)가 『좃차서』로
『어더서』(得)가 『엇어서』로

이와 같은 것은 표음식도 아니며 문법식도 아니요 다만 재래에 쓰던 것을 얼마쯤 개량하였다 하나 불규축하기 전파 별로 다룰것 없읍니다。이러한 것을 절충식(折衷式)이라 하겠읍니다。그러고

『나저서』(低)
『노라서』(遊)
『버서서』(脫)
『조하서』(好)
『낙가서』(釣)
『안저서』(坐)
『만하서』(多)
『일허서』(失)
『할타서』(舐)
『울퍼서』(詠)
『업서서』(無)
「잇서서」(有)

이와 같은 것은 예전에 쓰던 그대로 표음식으로 씁니다。

우에 말한 것과 같이 문법식、절충식、표음식 이세가지를 뒤죽박죽한대 섞어서 쓰는 것이 이른바 언문식입니다。이렇게 쓰는 것으로서는 어느때까지던지 귀중한 우리글의 참 가치(價値)를 들어내지 못하고 말것입니다。무릇 우리글를 사랑할 마음이 있는 이로써 어찌 이에 한번 생각이 없을 것입니까

그러면 우리글을 어떻게 쓸까。이것이 오늘날 한 큰 문제입니다。더욱이 지금같이 조선사람의 온갖일이 모도 불충일하는 이 처지에 있어서 글 쓰기를 한번 곧히자는 것이 한가지 어려운 일이 아닌것도 아닙니다。그러나 우리는 우리글을 한번 합리적으로 곧히기에 주저하지 맙시다。

한글강의

李允宰

五講 한글배렬은 어떤가

한글 글씨의 배렬(排列)을 지금 쓰는대로 보면 닿소리(子音)를 「ㄱㄴㄷㄹㅁㅂㅅㅇㅈㅊㅋㅌㅍㅎ」 어렇게 하고 홀소리(母音)를 「ㅏㅑㅓㅕㅗㅛㅜㅠㅡㅣ」 이렇게 하는 것이 보통이나 처음에는 그렇게 된 것이 아닙니다。 훈민정음(訓民正音)에 정하여있는 배렬을 보면 아래와 같습니다。

ㄱㅋㆁ 아음(牙音)=엄소리
ㄷㅌㄴ 설음(舌音)=혀소리
ㅂㅍㅁ 순음(脣音)=입술소리
ㅈㅊㅅ 치음(齒音)=이소리
ㆆㅎㅇ 후음(喉音)=목소리
ㅿ 반치음(半齒音)=반이소리
ㄹ 반설음(半舌音)=반혀소리

이것을 초성(初聲)이라 하여 모도 열일곱자가 있읍니다。 이 열일곱자를 다섯종류로 난우어 그 소리 내는 자리 곳 입안의 여러 기관을 가지고 명칭하여 곳 엄ㅅ니에서 나는 소리를 아음(牙音)이라하고 혀에서 나는 소리를 설음(舌音)이라하고 입술에서 나는 소리를 순음(脣音)이라하고 이에서 나는 소리를 치음(齒音)이라하고 목구녁에서 나는 소리를 후음(喉音)이라하고 절반만 이에서 나는 소리를 반치음(半齒音)이라하고 절반만 혀에서 나는 소리를 반설음(半舌音)이라 하는 것입니다。

이와같이 같은 종류의 소리끼리는 글자의 모양이 서로 비슷하게 같습니다。 획수의 가감이 있어서 조끔식 다를뿐이요 으뜸 글자의 형체는 한 종류의 소리끼리에 변함이 없읍니다。 그렇다면 아음으로 ㄱㅋㆁ중에 ㆁ이 ㄱㅋ과 갈지 아니한듯 보이나 더 자세히 따지어보면 서로 같은 점이 있으며 설음으로 ㄷㅌㄴ은 물을것 없이 모양이 서로같으며 순음으로 ㅂㅍㅁ라던지 (ㅍ는 ㅍ 이렇게 씀것) 처음으로 ㅈㅊㅅ라던지 후음으로 ㆆㅎㅇ들도 모도 모양이 갈으며 반치음에 ㅿ은 치음의 ㅅ과 갈고 반설음(半舌音)에 ㄹ은 설음의 ㄴ과 같은 것입니다。

그뿐아니라 우에 말한 다섯소리는 제각금 그위차(位次)가 있어 서로 섞이지 못할만큼 되었으니 가령 이른바 격음(激音)이라는 곳 섞임소리인 ㅋㅌㅍㅊㅎ가 각기 가운대를 차지하고 그 왼쪽에는 경(輕)한 소리인 ㆁㄴㅁㅅㅇ가 있고 그 올혼쪽에는 중(重)한 소리인 ㄱㄷㅂㅈㆆ가 있읍니다。(웃단에 죽 벌이어쓴 훈민정음의 배렬을 자세히 보시오)

또 중성(中聲)이라하는 곳홀소리(母音)도

、ㅡㅣㅗㅏㅜㅓㅛㅑㅠㅕ

이렇게 배렬되었읍니다。 그중 가장 경한 소리인 、가 첫머리로 되고 여러 중성글자의 터전이 될만한 ㅡㅣ가 그 다음으로 되고 ㅗㅏ와 ㅜㅓ가 차례로 그 아래에 붙고 겹홀소리(複母音)인 ㅛㅑㅠㅕ가 맨 끝으로 된 것입니다。

우에 말한 훈민정음의 초성 중성의 조직이란 과연 놀랄만치 완전하게 된 것입니다。 음리(音理)에 따라 자획(字畫)에 따라 그순차가 일호의 어김이 없이 가장 정연(整然)하게 배렬된 것입니다。 이 점으로 보아 우리 한글이 과학적(科學的)으로 조직된 문짜임을 알 것이며 세계의 어느 문짜하고도 비교할수 없을 것입니다。

그러면 지금에 쓰는 한글의 배렬은 어떻게 생긴것인가 이는 아마 한 사백년전에 최세진(崔世珍)이 훈몽자회(訓蒙字會)의 범례(凡例)에 쓴 것을 따른 것인가 합니다。(이것은 전호(前號=三講)를 참고하시오) 그리고 대소롭지 안는 글짜의 배렬 같은 것으로 길게 말할 필요가 없음으로 그만 긋칩니다。

한글 강의

李 允 宰

六講 한글 글씨의 소리

한글은 소리 적는 글씨(記音文字)로 홑소리와 닿소리의 두가지가 있읍니다。

홑소리는 발음기관(發音機關)에 막음을 받지 아니하고 다만 입의 모양만 달리하여 소리청(聲帶)으로 부터 불어내는 소립니다。

그런데 이 홑소리가 단 한가지로만 된 것이 아니라 홋으로 된 홋홑소리(單母音)와 겹으로 된 겹홑소리(複母音)의 두가지가 있읍니다。 홋홑소리는

ㅏㅓㅗㅜㅡㅣ

이렇게 여섯자가 있읍니다。 이것은 순전히 한가지로만 된 홋소리(單音)가 된 것입니다 그런데 ㅐㅔ 이 두자는 그 소리 내는 것은 짝 홋홑소리로 되지마는 글씨의 모양을 보면 ㅐ는 ㅏ와 ㅣ의 거듭으로、ㅔ는 ㅓ와 ㅣ의 거듭으로 되어 겹홑소리와 같이 되었으니 이것을 어떻게 처리하면 좋을지 생각하여야 할것입니다。 그러나 말 적는 것을 소리로 으뜸을 삼는다면 ㅐㅔ 이 두자는 맞당히 홋홑소리에 넣을것입니다。 그러고

ㅑㅕㅛㅠㅘㅝㅟㅢㅒㅖᆈᆔㅙㅞ……

이러한 것은 다 겹소립니다。 이것은 둘 혹 셋의 홋홑소리가 어울어서 된 겹소리(複音)니 소리로만 그런 것이 아니라 그 글씨의 형체로도 그러하게 생긴 것입니다。 가령 ㅑ로 두고 말하면 원 형체인 ㅏ가 있고 거기에 한획을 더하여 ㅑ가 된 것인데 다른것 또 다 그러하게 되었으며 ㅘ 같은 것은 글씨 그대로 ㅗ와 ㅏ가 어우른 것이 아닙니까。 이것을더 자세히 말하면

ㅑ는 ㅣㅏ의 거듭
ㅕ는 ㅣㅓ의 거듭
ㅛ는 ㅣㅗ의 거듭
ㅠ는 ㅣㅜ의 거듭
ㅘ는 ㅗㅏ의 거듭
ㅝ는 ㅜㅓ의 거듭
ㅟ는 ㅜㅣ의 거듭
ㅢ는 ㅡㅣ의 거듭
ㅒ는 ㅣㅏㅣ의 거듭
ㅖ는 ㅣㅓㅣ의 거듭
ᆈ는 ㅣㅗㅣ의 거듭
ᆔ는 ㅣㅜㅣ의 거듭
ㅙ는 ㅗㅏㅣ의 거듭
ㅞ는 ㅜㅓㅣ의 거듭

닿소리는 발음기관의 각 자리에 어느 한군대의 막음을 받아서 생기는 소립니다。 이 닿소리에도 또한 홋으로 된 홋닿소리(單子音)와 겹으로된 겹닿소리(複子音)의 두가지가 있읍니다。 홋닿소리는

ㄱㄴ ㅂㅅㅇㅈㅎ

이렇게 연 있읍니다。 이것은 단순히 한가지로만 소리가 된 것입니다。 그러고

ㅋㅌㅍㅊ

이 넉자는 겹닿소립니다。 이것은 두 소리가 어울어서 된 겹소리니 서로 섞이어 된 것임으로 섞임소리라고 합니다。 이것도 소리로만 그런 것이 아니라 그 글씨의 형체로도 그러하게 생긴 것입니다。 곳 ㅋㅌㅍㅊ는 ㄱㄴㅂㅊ에다 다른 소리 하나를 더한 것이니 그 원 형체가 다 거기에 들어 있읍니다。 이것을 더 자세히 말하면

ㅋ는 ㄱㅎ의 거듭、 또는 ㅎㄱ의 거듭
ㅌ는 ㄷㅎ의 거듭、 또는 ㅎㄷ의 거듭
ㅍ는 ㅂㅎ의 거듭、 또는 ㅎㄷ의 거듭
ㅊ는 ㅈㅎ의 거듭、 또는 ㅎㅈ의 거듭

이와 같이 ㅎ란 글자가 먼저 잇거나 뒤에 잇거나 섞이기는 마찬가집니다。 어찌하여 ㄱㄷㅂㅈ에 ㅎ가 들어서 ㅋㅌㅍㅊ로 된는가 아래의 증명을 보면 알것입니다。 가령 「착하」는 「차카」와 같고 「좋고」는 「조코」와 같고、「몯하」는 「모타」와 같고 「수닭」은 「수탉」과 같고、「급하」는 「그파」와같고 「좁밥」은 「조팝」과 같고 「낮히」는 「나치」와 같고 「좋지」는 「조치」와 같음입니다。

또 두개의 같은 글씨끼리 어울어서 된 짝소리란 것이 있으니 곳

ㄲㄸㅃㅆㅉ

이러한 것입니다。 이것은 글씨 그대로 ㄱㄷㅂㅅㅈ의 글씨가 두자씩 짝지어 된 겹소립니다。 이에 대하여는 다음에 더 자세히 말할 때가 잇겟읍니다。

한글강의

李允宰

七講 된시옷이냐 병서냐 (上)

닿소리(子音) 열넉자 가운데 ㄱㄷㅂㅅㅈ의 다섯자에는 특별히 되게 나는 소리가 잇어 이것을 ㅅ 하나를 여러자의 왼쪽 어깨에 붙이어 써서 「된시옷」이라고도 하고 또 같은 글자를 짝지어 써서 병서(並書)라고도 합니다。 곳

된시옷 자체 ㅺ ㅼ ㅽ ㅆ ㅾ

병서 자체 ㄲ ㄸ ㅃ ㅆ ㅉ

이제 이 두가지의 자체에 어느것을 써야 하며 어느것을 폐하여야 할것을 말하겟습니다。 먼저 소위 「된시옷」이란 것을 폐하자는 것부터 말합시다。 이제 「된시옷」을 폐하여 버리자는 대에 몃가지 리유가 잇습니다。

첫재 력사상(歷史上)으로 아무 근거가 없다는 것입니다。「된시옷」이란 말은 세종대왕의 훈민정음(訓民正音)에도 정한 일이 없고 그 뒤에도 어느 시대에 누구가 작정하여 시행하라는 일도 없엇습니다。룡비어천가(龍飛御天歌=世宗 때에 지은 책)나 훈몽자회(訓蒙字會=中宗 때에 지는 책)에는 ᄠᅳᆮ(志)、ᄡᆞᆯ(米)、ᄢᅦ니(時)、ᄯᅡ(地)、ᄢᅯᆼ(雉)……이렇게 여러가지 쳐로 쓴 일도 잇고 또 다른 책에는 ㄱㄷㅅ를 왼편에 붙이어 쓰는 일도 잇엇습니다。이를 보면 이왕에는 우리 글 쓰는 법이 아주 혼란하여 일정한 법측에 의지하지 아니한 것입니다。위에 말한 것과 같이 본대는 병서로 쓰게 된 것을 ㅳ、ㅄ、ㅼ、ㅺ、ㅴ……여러가지로 쓰게 되엇습니다。 그러나 일정하게 ㅅ 한가지로만 쓰는 소위「된시옷」으로만 쓴 것은 아무대도 볼 수 없습니다。 그런데 요새 와서는「된시옷」법이 널리 쓰게 되어 한 습관이 이루어젓습니다。 참 옷으운 일입니다。

둘재 음리상(音理上)으로 틀린 것입니다。ㅅ이란 소리가 원래 마찰음(摩擦音)이니(훈민정음에는 치음—齒音—이라함) ㄱ、ㄷ、ㅂ、ㅈ에 비교하여 소리의 남이 극히 엷음으로 된소리(硬音)가 되기 어렵습니다。 어떤이는 ㅅ을 경음(硬音)이라 말하는이도 잇지마는 그는 음리(音理)에 어두운 것입니다。ㄱ、ㄷ、ㅂ、ㅈ등의 소리 내는 것을 보면

ㄱ은 혀뿌리와 목젖을 단단히 대어 내는 소리。

ㄷ은 혀를 입웅에 단단히 대어 내는 소리

ㅂ는 위아래 입술을 단단히 대어 내는 소리。

ㅈ은 같은 마찰음이나 ㅅ보담은 되게 나는 소리。

그리고 ㅅ은 혀끝을 입웅에 대이락 마락하여 내쉬는 숨으로 갈아서 내는 소리입니다。 이를 좇아 보면 ㅅ이 결코 된소리의 대표될만한 자격이 없는 것입니다。 그런데 ㅅ하나로써 ㄱ에나 ㄷ에나 ㅂ에나 ㅈ에 붙이어서 된소리를 만든단 것은 더욱 옷으운 일입니다。

셋재 글자의 모양으로도「된시옷」자체가 병서 자체보다 미(美)가 적은 것입니다。요새 인쇄하는대 활자(活字)가 없는관계로 서툴은 조각하는이들이 함부로 글써 체를 만들어서 미(美)가 없게한 것은 가통한 일입니다。

넷재 사전(辭典)의 어휘(語彙) 배렬(排列)에 불편이 잇는 것입니다。 아직 조선은 사전이 없으니 이런 것은 문제도 삼지 안습니다 마는 만일 사전을 꾸밀 때에는「ᄭᅡ치」「ᄶᅢ」、「ᄲᅧ리」등을 어느 부(部)에 넣어야 할가 함입니다。음순(音順)을 딸아 순서를 정한다면 무론 그것이 다 ㅅ부에 들어야 할것입니다。어욱이 장래에 우리글을 가로쓸(橫書) 경우에 잇어서 어찌 하겟습니까。 가령「ᄭᅡ치」혹은「ᄭᅡ치」를 ㄱ부에 넣는 것은 음순대로 보면 크게 틀린 것이 아닙니까。 또 ㅅ부에 넣는 것도 소리의 판계로 찾기에 어려울 것이 아닙니까。

한글강의

李 允 宰

八講 된시옷이냐 병서냐 (下)

우에 말한 바와 같이 소위「된시옷」이란 것은 어느 편으로 보든지 쓰기에 합당하지 아니합니다。요새에「된시옷」쓰기를 절대로 주장하는 자도 있습니다 마는 그 주장하는바 리유를 들을것 같으면 별 신통한 리유가 없고 다만 여태까지 써오든 것을 달리 고칠 필요가 없다는 것이 오직 한가지의 리유입니다。만일 그 말대로 한다면 하필「된시옷」뿐이겠습니까。어떤 것이든지 도모지 고치지 말고 되나 안되나 그대로 두어버리자는 말이겠지오? 그것은 말이 안될 소리입니다。예전에 ㅄ、ㅄ、ㅆ、ㅆ、ㅴ……이렇게 여러가지로 쓰든 법을 전부「된시옷」으로 고치어 쓰게 된 것은 일종 편리한 것을 좇은 것이 아닙니까 지금 또「된시옷」을 병서로 고치자는 것도 역시 편리한 우에 또 리치에 맞는 것을 좇자 하는 것입니다。또 어떤이는「된시옷」의 ㅅ을 부호(符號)로 쓰면 그만이지 하는 자도 있습니다 마는 그것도 매우 구차한 소리에 지나지 아니한 것입니다。만일 된소리의 부호로 쓴다면 ㅅ보다 더 되게 나는 ㄱ도 있고 ㄷ도 있고 ㅂ도 있는데 하필 ㅅ을 된소리의 부호로 쓸 무슨 리유도 없는 것입니다。부호라니 말이지마는 만일에 꼭 부호로 쓰고싶거든 이십오개 자모(字母)이외에 다른 형체를 부호로 정하게 쓰는 것이 차라리 나을 편이라 하겠습니다。딴 형체의 부호를 정하여 쓸진대 이왕 더욱 좋지 아니합니까。훈민정음에는 병서하는 법을 이렇게 정하엿습니다。

ㄱ、牙音如君字初發聲並書如虯字初發聲

ㄷ、舌音如斗字初發聲並書如覃字初發聲

ㅂ、脣音如彆字初發聲並書如步字初發聲

ㅈ、齒音如卽字初發聲並書如慈字初發聲

ㅅ、齒音如戌字初發聲並書如邪字初發聲

ㅎ、喉音如虛字初發聲並書如洪字初發聲

이것을 보면 분명히 병서하라는 것이 있었는데 그것을 어떻게 쓰라는 것인가 합에 대하여는 그 아래에

初聲合用則 並書終聲同

이라하여 초성 곳 ㄱ、ㄷ、ㅂ、ㅈ、ㅅ、ㅎ를 어울러 쓰라는 뜻입니다。그러고 한자(漢字)의 고음(古音)을 상고하여보면 君은「군」으로、斗는「두」로、彆은「별」로 卽은「즉」으로、戌은「슐」로、虛는「허」로 되었고 병서에 쓴 虯는「뀨」로、覃은「딴」으로、步는「뽀」로、慈는「쯔」로 邪는「싸」로、洪은「ᅘᅩᆼ」으로 되었습니다。이것이 지금의 소리와는 다소 차이가 있다 하지마는 옛적에는 그같이 소리가 났든 것이 사실입니다。또 이렇게 말하는 이도 있습니다。병서란 것이 옛적에 한문 글씨에만 썻고 속어는 쓴 일이 없었다고。그는 자기가 보지 못하엿다고 말할 것이지 없었다고는 못할 것입니다。

法華經諺解에『無色은어루볼꺼시아닐써』, 또『能히민디몯홀빼라』, 또『내부텨돌조쯧와든조오라』

楞嚴經諺解에『미쯧와』, 또『얼굴이살찌니』, 또『눈쯧시곰죽디아니ᄒᆞ야』

華語類抄에『文書를빼너다(抄文書)』, 또『명박이에더핀뼈(天靈蓋)』, 또『가리뼈(肋條)』、『옷빼다(洗衣裳)』

字類注釋에『따디(地)』, 또『따끈(坤)』

譯語類解에『한뽐(一拃)』

이와 같이 옛적 책에 병서 쓰인 것을 많이 볼수있고또 최근에 판각된 경서(論語、孟子等)언해에도 많이 있습니다。

또 소리로 비교하여 본지라도「된시옷」인「옷가、옷다、옷바、옷자」와 병서인「옥가、읃다、읍바、읒자」를 비교하여 어느 것이 발음하기에 편리합니까。

이러한 여러가지 리유에서「된시옷」쓰기를 폐하고 병서로 쓰기를 주장하는 바외다。

在外名士訪問記

한글大家金枓奉氏訪問記

李 允 宰

내가 上海埠頭에 내리기는 지난 八月八日 下午一時엇다。馬車를 타고 法界에 들어서 서울로치면 鍾路와 가튼 霞飛路를 거치어 다시 麥賽而帶羅路로 싸저 元昌公司를 차젓다。主人 趙君을 반가이 맛나 寒暄을 叙한뒤에 그이와함께 金枓奉氏를 찾기로 하엿다。

거기서 西편쪽으로 족음 돌아가니 곳金枓奉氏의宅이잇는마을 望志路다。집을 가까이 갈때에 내가 오는줄을 어떠케 알앗든지 길거리까지 쫓차나와서 나게 뜨거운 握手를 하여준다。洋屋 二層우의 한간이 氏의 살림살이하고 잇는家庭이다。우리가 짐작만 해도 알알이지마는 海外에 淪落하여잇는 同胞는 누구나 다 마찬가지로 넉넉한 살림을하고잇는이가 별양 드물것이지마는 더욱이 氏는 단순히 學者生活을 하고잇는고로 貧窮과 싸와가며 다만 그 婦人과 五歲에 난어린딸이잇서 여기에다 사랑과 위로를 부티어 그날그날을지내는 것이 어느덧 電光石火가티 十年이란歲月을 보낸 것이다。

氏는 바루 며칠전에 湖南省 長沙까지 旅行하고 돌아온고로 녀름旅路에 몹시시달리엇든지 얼굴에 아직 疲勞한 빗이 남아잇는듯하다。房으로 돌어가 내게 자리를 사양하며 얼굴에 微笑를띄우고 나를 대하여

「내가傳便으로나 新聞紙上으로 先生께서 여러 方面으로 만이 애쓰심을 들어왓엇습니다。」

「千萬에。그리 말슴하시니 아무 한것도 업시 돌이어 부끄러울것뿐입니다。」

어렇케 인사의 말로 비롯하여 또 뭇기를

「이번 오실때에 별로 어려운 일이나업섯습니까。」

「네, 아무 어려운 일이업섯습니다。 海上이 극히 平穩하고 지경지경에 警官나아리님들의 각근한 保護로……」

「네 그러시겟습니다。그분들은 上海라면 공연히 이상하게만 보기 때문에」

「權(悳奎)、崔(鉉培)、申(明均)、張(志暎)……諸兄은 다 잘잇습니다。」

「네、다들 잘 잇습니다。또 「한글」을 위하여 애를 뭇처 만이 씁니다。」

「네、만이들엇습니다。참 고마운 일입니다。」

金枓奉氏

가티 왓든 趙君은 일이밧부다면서 일어서서 집으로 돌아간다。둘이 마주 안저서 다시 이애기를繼續하엿다。

「海外에 여러해동안 계셧스니 무든 고생이 만엇겟습니다。」

「뭘요。內地에게신이들이 고생이지。여기잇는내야 어렇케 自由로 지내니 고생될것이야 무엇잇습니까。」

「지금 무얼로 消日 하십니까。」

「몃해전부터 仁成學校(上海에 잇는 朝鮮人의 小學校)를 마라봅니다。名色이 校長이라는 이름이 잇서서……」

「참 재미가 조으시겟습니다。그런데 職員은 여러분이 잇습니까。」

—(13)—

「男女教師가 五六人됩니다。」

「學生은?」

「百餘名됩니다。」

「學校의 維持는 든든한가요」

「뭘요。우리 僑民들의 弱小한 힘으로 해가는것이니 무슨 維持가 든든할수가 잇슴니까。」

「우리 僑民들의 힘이적잔켓슴니다 그려。」

「그럿슴니다。이 學校가 刱立된지 十餘年에 요만큼이라도 돼가는것은 순전히 僑民들의 힘이지요。그러고 上海에 居留하는 우리나라 사람들이 千餘名이나 됨니다。아이들만해도 數百名이되는데 아이들을 中國사람의 小學校에보내면 中國의 教育을 밧게됨으로 母國말을 다이저버리고 中國말만 하게됨니다。어쩌 朝鮮사람의 구실을 할수잇슴니까。이러한 關係로해서 더욱이 學校에 힘을 쓰지 아니할수 업게 됨니다。그런데 이것보세요 이런 일도 잇슴니까。」

하고 책상우에서 印刷物 한장을 내어보인다。그것은 學校理事會의 名義로 쓴 聲明書다。나는 그것을 밧아서 읽어보고

「하、學校를 反對하는者도 잇슴니다그려。」

「네、數日前에 共產黨사람들이 우리 仁成學校聲討文을 돌린일이 잇섯슴니다。이것은 그것을 辯明하려는 聲明書입니다。」

「아、그럿슴니까。그네들이 웨 學校를聲討할가요? 참 이상합니다。」

「글세올시다。그네들은 學校의 教室을 그들의 集會場所로 빌리지 안는다는것이 理由라고 햇지마는여기 聲明書에 쓰인말과 가티 神聖한 教育場所를一般集會로 쓰는것이 不合할뿐더러 天眞한 兒童의머리속에 그런 政治的鬪爭의 惡習慣을 길러주는 것이참아못할일요 또 남의 租界안에 붓터잇스면서 租界政策에違反되는짓을 함부로하다가 外國官憲에게 注目을밧게되면 그로말미에암아 學校에 不利할일이 생길는지도알수업서 그들의 集會함을 허락지 아니햇던것입니다。그렷타고 聲討를 하니 참 딱함니다」

「이聲明書를 보면 그네들도 짐작이 잇겟지요。이뿐아니라 여러가지로 어려운일이만켓슴니다。그런데基本金은 얼마나 잇슴니까」

「基本金이 잇슬수 잇슴니까。다만 僑民有志의 月捐金과 學徒의 月謝金이 한 基本財產입니다。어쩌케해서라도 基本金을 좀장만해야 하겟슴니다。그래서 이번에도 朝鮮魔術團이 이곳으로온 機會로 仁成學校의 主催로 法國사람의 俱樂部會館을빌어가지고 하로밤游藝會를 하엿던바 費用이 넘어 마니든 關係로 收入은 커녕 不足이 만이 나서 재미를 보지못햇슴니다。운수사나운놈는 잡바저도 코를 깬다고 하하」

—(14)—

「그러면 學校의 維持는 전수히 先生의 努力 如何에달리엿습니다。」

「千萬에, 나는 장차 校長을 辭職하려고합니다。誠力도 不足하고 다른 일도 잇고해서。」

「그러면 學校일은 낭패님다。先生 가는이가 學校의 關係를 끈으시고 보면」

「아니오。더 能力잇는이가 맛게되면 學校가 더 잘될것이자오。그리고 내가 비록 校長의 일은 내노앗다 할지라도 間接으로는 만이 도우려고 합니다。」

「그러면 先生은 무엇을 經營하십니까。」

「아직 말하기 어렵습니다。그러고 또 五六年間 힘써오던 朝鮮語辭典도 얼는 끄를 내어볼가합니다。」

「辭典요? 내가 先生의 편지를보고그동안 辭典編纂에 무한히 애쓰시는줄 알앗습니다。어떠케나되엿습니까。」

「대강이라도 보시겟습니까。자, 이리 좀 오십시오。」

하고 다락 구앙으로 올나간다。본지가 캐캐 묵은 책광속에 색 차잇는「카드」쪽을 몃장 끄러내어 내게보이며

「이것보서요。위선 이러케 됏습니다。」

「整理까지 다됏습니까。」

「整理가 다 됏스면 무슨 걱정이겟습니다。生活이 安全하지 못하니 이것을 어대다 벌이어노코 손을 댈수 잇습니까。그동안해온 것은 다만 語彙蒐集과 解說에만 專力하엿습니다。」

「얼마까지나 더하시면 整理까지 다 되겟습니까。」

「今後로는 一年만더하면 이것의 整理는 대강이라도될것 갓습니다。그러고 여기에 아직 不足하여잇는 古語、方言、新語……도 더 補充하면 그러구로 辭典이 하나 될것 갓기도 합니다。」

「이것이 다脫稿가 되면 어대서 出版을 하시겟습니까。」

「어대서든지 出版하겟다하면 맛기어줄 작정입니다。報酬라든지 原稿料도 一切辭却하고 책만 나게하겟습니다。」

「매우 고마우신 뜻입니다。이러케 精力을 쓰시고도 그러케 말씀을하시니……」

「들으니 內地에서도 어대선지 辭典을 編纂한다더니 그것은 어떠케 되여는지오。」

「啓明俱樂部에서 한다고 [illegible]습니다。」

「啓明俱樂部란 무엇하는대[illegible]니까。」

「그 名稱과 가티 一箇 俱樂部입니다 뭇 資產階級의 크럽으로 修養과 娛樂을 爲主하는 곳입니다。」

「그런대서 어쐬 辭典編纂하는 일을 시작하게 되엿든가요。」

「멋멋 熱誠 잇는분이 잇서서 시작된 것입니다。」

「어떤 분들이 執筆하엿습니다。」

「처음에 崔南善、鄭寅普、林圭、卞榮魯、梁建植、韓澄、나 모도 일곱사람이 햇습니다。」

「아、先生도 [illegible]가티 햇섯습니까。」

「네、여태까지 해왓습니다。」

「지금까지 일곱분이 줄곳 하여옵니까。」

「編纂을 시작하기는 再昨年 六月부터입니다。몃달이 못가서 한분씩 떨어지고 지금은 林圭氏와 韓澄氏만 남아잇습니다。」

「그러면 先生도 나왓습니까。」

「네、나도 몃칠전부터 그만 두엇습니다。」

「되기는 얼마나 됏습니까。」

「무던히 됏다고도 할수잇습니다마는 역시 語彙蒐集만하고 整理는 못하엿스며 그 만은 漢文熟語와 學藝語 가든 것은 도무지 손도 대지 아니하엿스니 아직도 相當한 時日이 걸리어야 辭典의꼴이 될수잇겟습니다。그나마 지금형편으로 보아서는 過則 一二箇月동안더 繼續하고 그만두게 될것갓습니다。」

「하、우리 일이 모도 이럿케 끗이업는것이참慨嘆할 일입니다。」

「辭典에 쓸 文法은 어떠케 작정하엿습니까。」

「네、文法에 대하여는 간단히 말하기 어렵습니다。나는 여기 대하여 數十年동안 苦心하여온 것입니다。……

(여기에 이르러서는 여러 時間問答이 잇섯스나 文法上 理論임으로 따로히 發表코저 하며 여기에는 略함)

이후로 二週日間 上海에 滯留하는 동안 朝鮮語辭典問題에關하여 만은 意見을 交換하엿다。나는 지금까지 氏의 健康과 아울러 그事業이 完成되기를비는바이다。

—(16)—

한글研究家諸氏의 感想과提議

사백여든넷재돌날맞으며

세분에게 치하한다

李允宰

한글이 난지 사백팔십사년재 한글운동을 시작한지 삼십여년 쟁。오늘날에 이르러 비로소 환한 빛을 나타내게 됨을 보겠다 교파서에서 철자를 정리、신문지에서 표준글씨 실행을 준비、각처에서 한글강습회 개최 이렇듯 한글이 가속도로 진보됨은 실로 초유한 현상이다。나는 오늘에 가장 느기는 바는 세종대왕께서 이를 만드시기에 애쓰심과 주시경 선생의 이를 연구하기에 애쓰심과 조선어연구회에서 이를 실행하기에 애씀이 다혔던데 돌아가지 아니할을 치하하여 말지 아니한다

한글質疑欄

【問】ㆆ를 英文 ng 와같은 終聲으로 쓰지않고 웨ㅇ를 ng 終聲으로 씁니까。(한글欲知生)

【答】ㆆ와 ㅇ을 訓民正音에 다같이 喉音으로 ㆆ은挹字初發聲、ㅇ은欲字初發聲이라하엿습니다。이 두 音이 다 이응바침 ng 로 될수없습니다。먼저 ㆆ에 대하여 좀 상고하여 봅시다。崔世珍(中宗時人)의 정한 諺文字母 二十七字中에는 ㆆ이 들지 아니하엿고(訓民正音二十八字中에 ㆆ을 뺀것) 周時經은 ㆆ이 조선에는 없는소리라하엿습니다。옛적에는 이것을漢字音다는데 많이 썻으니 곳 音ᅙᅳᆷ、於ᅙᅥ、一ᅙᅵᇙ(主로訓民正音의 例를들며 以下에도)等 初聲으로 쓰며 바침에는 ㄹ옆에 붙이는것이 通例니 곳 八밣、不붏、必빓、發벓、別볋等이며 ㄹ 없이 單獨으로 ㆆ바침만 단것은朴通事諺解에 不부ᇹ、六류ᇹ을 漢音으로 단것 밖에는絕對로볼수 없습니다。조선말에도 ㆆ을 바침으로 쓴것은 간혹잇으니 보ᇙ것、ᄒᆞᇙ디면、ᄋᆞᇙ디면等이잇습니다。이것은 ㅅ바침 같이 된소리처럼 쓴것 같습니다。ㆆ을 쓰는 期間은 오래지 아니하엿나니 初聲의 ㆆ은ㅇ으로 變하고 바침은 아주 廢하엿습니다。그 發音은 어떠하엿는지 분명히 알수 없으나 訓民正音 初聲排列法으로 보아 ㆆ보다 軟하고 ㅇ보다 硬한 것이라고 생각됩니다。다음으로 ㅇ은 周時經은『有若無』라 하엿습니다。이것을 만일『아』라고 發音하면 母音이 될것이즉 子音으로서는 ㅇ字 두는것이 不必要합니다。다만 初聲과 中聲을合用하는데 虛位를 채워주는 것에 不過한 것입니다。지금에 ㅇ을 이응바침으로 誤認하는 弊도잇지마는 실상 이응바침 ng 로卷字는ㆁ입니다。ㆁ을 訓民正音에『牙音이니 業字初發聲이라』하여 곳 喉鼻音이 된것입니다。옛적에는 ㅇ과ㆁ을 判히區別하여 썻으니 ᄆᆡ강、亢강으로、또는 곤항、곳앙로 쓴것을 보아 알것입니다。지금은 ㅇ도 아니요 ㆁ도 아닌 ㅇ字를 씁니다。이것이 ㅇㆁ의 折衷으로 한 字가 되어 도리어 쓰기에 便利하다 합니다

(李允宰)

◇訂正 本欄 前回 古書引用語中에 誤植과 落書가 잇엇기로 아래 같이 訂正함

四聲通攷에『我音、則淺音、一之間』

諺文志에『俚俗不明於、多混ㅏ(如兒亞等字從、今俗誤呼如阿些) 亦或混一(如흠士今讀爲흠土) 由其聲本在ㅏ一之間』

한글質疑欄

【問】웨 貴報가 아직 新綴字法대로 못 씁니까? 혹 쓰는데가 잇서또 우리는 그 錯誤點을 많이 發見하게 됩니다 이후로는 錯誤없이 써주시가를 바랍니다(開城生)

【答】新活字 完成을 거다려 新綴字法으로 쓰게 될것입니다。

錯誤點이란 것은 인쇄에 誤植인지? 혹 주장이 다른것인지? 알수 없으니 그럴때마다 늘 붙어주시오。(李允宰)

【問】올(옳)다는 말을「옳니다」「옮니다」둘중에 어느것이 옳은지。또「깃브다」「깁으다」는 어느것이 옳습니까。(開城生)

【答】첫재는「옳」이 語幹이 되는 까닭으로 조금도 그것을 다치지 말고 그대로 쓰는 것이 原則이나 어떤때에 語幹의 바침이 죽는(사일렌트) 때가 잇나니 곳「나」「느」와 토를 달 때에「올니」「올은」이라 하지 않고「우니」「운」이라 합니다。이 例에 의지하여「니다」란 토를 달때에도 ㄹ을 빼고「옵니다」라고 할것입니다。혹「옮」을 쓸때도 잇으나 꼿 임씨(名詞)로 바꾸일때에「옮이」「옮으로」라 쓰는것입니다。이것은 다 文法上 必然에 잇는줄 압니다。

둘재는「깃브다」가 옳습니다 혹「기쁘다」라고 쓰는 것도 좋습니다。그러나 애초에「깃」이 語幹입니다。「깃고」「깃사외다」라는 말을 古書 가운데에서 많이 봅니다。그렇다고 古語를 주장하자는 뜻은 아닙니다。지금 누구나「다깃브다」라고 쓰는 것이 習慣이되어잇는 것을 더구나 歷史的 原因이 잇는것을 일부러 고치어서 별로 리익이 없다 할입니다。(李允宰)

【問】貴報에 連載한「사랑의다각형」가운데「쌍、끊、싫、뿐」가튼 글자가 잇스며 또「뜻」을「끝」이라 하얏스니 어려한 번이 이왕에도 잇섯습니까。 朴團先生의 研究한것입니까。(沙里院銀波日아지못할生)

【答】당신이 아즉 우리글의 新綴字法을 모르시는 모양입니다。이왕에는 그렇게 쓰는법이 없었으며 朴團先生뿐 아니라 文法學者들이 研究한바입니다。어찌하야 그렇게 써야 할것을 말하자면 퍽 멀어야 하겠기 다만 漢字翻譯으로 그 말의 뜻을 알게합니다

쌍‖雙、樂
끊‖絶
싫‖厭
뿐‖말의도
끝‖末

한글質疑欄

【問】子音ㄱㄴㄷ等을 기윽, 니은 디읃等 二重三重으로 複雜하고 어렵게함은 그 理由가 어데 잇습니까。 내생각에는 그,느,드等으로 하엿스면 좋겟는데요。(한글欲知生)

【答】訓民正音에 ㄱ을君字 初發聲, ㄴ을 那字初發聲, ㄷ을 覃字初發聲이라 하엿슬뿐이오 무엇이라고 이름지은 것은 없습니다。그러나 初聲(곳(子音)字母 아래에 토단것「ㄱ는,ㄴ는,ㄷ는」이라한 것을 보면 반듯이 무엇이라고 읽은 音이 잇는듯한데 다만 기윽, 니은……이라고아니한것만은 알수 잇습니다。

지금 우리가 읽는 稱呼法 곳 기윽, 니은等은 어느때부터 시작되엇느냐하면 中宗때崔世珍氏가 訓蒙字會凡例에 ㄱ(其役)ㄴ(尼隱)ㄷ(池末) ㄹ(梨乙) ㅁ(眉音) ㅂ(非邑)ㅅ(時衣)ㆁ(異凝)이라하며 其,尼,池等은初聲에쓰게하고役,隱,(末)等은終聲(바침)에쓰게하엿스며 그以下 ㅋ(箕)ㅌ(治) ㅍ(皮)ㅈ(之) ㅊ(齒)ㅿ(而)ㅇ(伊)ㆆ(屎)等은다만 初聲 에만 쓰게한 것입니다。近來한글硏究家로서 정한것은 이러합니다。

周時經氏의 말의소리에는 ㄱ(그)ㄴ(느)ㄷ(드)ㄹ(르)ㅁ(므) ㅂ(브)ㅅ(스) ㅇ(으)ㅈ(즈)ㅊ(츠)ㅋ(크)ㅌ(트) ㅍ(프)ㅎ(흐)

金枓奉氏의 조선말본에는 ㄱ(기윽) ㄴ(니은) ㄹ(리을) ㅁ(미음)ㅂ(비읍)ㅅ(시읏)ㆁ(이응) ㅈ(지읒)ㅊ(치읓) ㅋ(키읔) ㅌ(티읕)ㅍ(피읖) ㅎ(히읗)

權悳奎氏의 語文綴緯에는 ㄱ(그윽)ㄴ(느은)ㄷ(드읃)ㄹ(르을) ㅁ(므음)ㅂ(브읍) ㅅ(스읏) ㅇ(으응)ㅈ(즈읒) ㅋ(크읔) ㅌ(트읕)ㅍ(프읖) ㅎ(흐읗)

이와같이 여러가지가 잇는데 다 適切한 理由가잇스니깐 ㄱ을(그)라하거나 (기윽) 이라하거나(그윽)이라하거나아무 관계가 없습니다마는 어느것이든지 하나로 정하는편이좋을줄압니다。내생각에는 이미 數百年間習慣이된「기윽, 니은……」이란것을 고치어읽기가쉽지아니하니 그것이 한 글자의名稱이 되엇다는意識으로 그대로 두는것도 좋을가합니다 그러한다하여도 外英字의稱呼法같은데 비하면 오히려 낫지 안습니까 그러므로 나는金枓奉氏의主張을 좇고싶습니다(李允宰)

한글質疑欄

【問】「합니다、함니다」「봅니다、봅니다」가겠읍니다、가겠읍니다」「있다、잇다」等말가운데 어느것이 맞습니까。 그 理由를 가르켜주시오。

(晋州한글硏究生)

【答】「합니다」「봅니다」「가겟습니다」「잇다」로 쓰는것이 좋습니다。 理由는 한가지쒸 말하겟습니다。 첫재「합니다、봅니다」가 口音대로는 잘 맞오나 語法上으로 따지어보면 ㅂ바침이 尊敬辭에 공통으로 쓰이는 例가 잇습니다。 곳

합。 합데다

합。 합소서

합。 합시오

하십。시오

하옵。고

하엿삽。고

等이니「합。니다、함。니까」도 여기에 같이 處理되는것이 좋습니다。 그러고 口音으로도「합니다」나「함니다」가 꼭 같이 發音이 됩니다。둘재「겠」「있」等字의 ㅆ바침을 나는 아니 쓰기로 주장합니다。(文法家로 이것을 쓰는이가 많지마는) ㅆ바침되는「있으니」의 소리가 京城에는 잇으나 또 地方에는 없는데가 많으며 또 古書에도「이시니」「이셔셔」라 썻습니다。 이를 보아도「있」이 우리의 原音이 아님을 알것입니다。 여기에 關하여는 다음에 따로이 말할 機會가 잇겟습니다。 또「읍니다」보다「습니다」로 쓰는 것이 도리어 편리합니다。 이것은 닿소리(子音)로 끝맺는 말 아래 맺씨(終止辭)가 대개「습니다」로 되는 까닭입니다

먹습。니다

잡습。니다

읽습。니다

라고 쓰는 例에 의지하여

잇습。니다

없습。니다

하겟습。니다

라고 쓰는 것이 語法處理上 편리하다 합니다。 만일「먹읍。니다、잡읍。니다、읽읍。니다」라고 쓰는 경우면 역시「잇읍。니다、없읍。니다、하겟읍。니다」라고 써야 될줄압니다。하여간 一致한 법을 취하는 편이 좋겟지오。(李允宰)

만능

한글質疑欄

【問】「한글」이란 意味가 무엇입나까。前에 使用하든 諺文은 한글이 아닌가요。
(晋州한글硏究生)

【答】당신의 御字가 한글硏究生이신데 한글이란 意味를 모르실 리가 없겟습니다。한글이란 별 意味가 없고 곳 「조선글」이란 말입니다。諺文이 조선글이면 便是 한글이지오。요새와서 흔히 文法學者들의 쓰는 改正綴字法을 特殊한 名稱으로 불러 한글이라 함은 一種 誤解로 아십시오。한글인 由來를 말하자면 한 二十餘年前에 한글大家 周時經氏의 命名으로 지금까지 씨웁니다。우리의 온갖것이 다 漢文名稱으로 된가운데 우리글의 이름까지 우리말로 못되고 漢文名稱으로 諺文이니 反切이니 하는것아 퍽 지커분하다하여 우리말로 그렁게 지은 것입니다。그 뜻은 「한」이란 말이 우리 歷史上에 조선이란 意義를 가지엇습니다。곳「桓國」「箭人」「三韓」이란 桓、箭、韓이 다 原音이「한」으로 조선이란 뜻입니다。그語源으로는 하늘(天) 하나(一)、한(大)이란 뜻이 包含된 말입니다。어느편으로 보든지 조선을「한」이라 하기에 적당하며 또한 美稱이 되는 것입니다。一部에서 反對하는이는 사람이 어찌하여 말을 짓느냐 하자마는 諺文이니 反切이니 하는 것도 사람이 짓지 아니하고 무엇이 지엇습니까。(李允宰)

【問】近日 [illegible]綴字法 改正으로 漢字가 表音式으로 되엇는데 貴紙에서도 이에 좇아 대개는 表音式이오나 회녕(회령)·평북(평북)·북행(북행)으로되엇으니 地名만은 歷史音으로 記하나요(市內一讀生)

【答】本報가 아즉 全部를 改正된 綴字法을 쓰지아니하고 第五面에 一部에만 씁니다。그러므로 아즉은 全紙面에 綴字의 不統一을 免키 어려울 것입니다。地名이라고 歷史音을 쓸까닭은 없습니다。(李允宰)

한글質疑欄

(問) 우리의 常用하는 말이 漢文音으로 된 것이 太半인데 左記와 같은 語의 區別을 表하는 記法이 잇슴니까。

정당(正當)、정당(政黨)、정월 성인(聖人)、성인(成人)

(東萊西面朴生)

(答) 소리의 높낮이를 表하는 법이 잇엇슴니다。訓民正音에 『左加一點則去聲、二則上聲、無則平聲、入聲加點同而促急』이라하엿으니 글짜의 왼쪽옆에 한점 혹 두점을 찍어서 긴소리를 표하라는 뜻입니다

例를 들면 ·(靑) ᄃ(斗) 말(馬) 이렇게 쓰는 것입니다。그러나 이것을 글 쓸때에 一一이 붙이어 쓰기가 여간 귀찮은 일이 아니므로 뒤에 와서는 그만 쓰지 않게 되엇습니다。지금이라도 이것을 도루 썻으면 편리할때가 많겟습니다。더욱이 말 辭典에는 꼭 쓸 必要가 잇습니다。그런데 이것을 쓴다면 당소리(子音)옆에 붙이는것보다 홀소리(母音) 옆에 붙이는것이 도리어 낫겟습니다。그것은 길게 나는 소리가 당소리(子音)에 잇지 아니하고 홀소리에 잇는 까닭입니다。또 조선말에는 上聲、去聲을 분별할 必要가 없으니 좋이 한점씩으로 하는 것이 좋을줄 압니다。곳

장당(正當) 정당(政黨)

상인(聖人) 성인(成人)

(李允宰)

【問】 우리한글의 文法이나 綴字法에 관한것을 배우려면어떠한 書籍이 좋습니까。

(論山李周喆、耽羅曙任、金山願知生)

【答】 아직은 이에관하여 標準삼을 책이 없습니다。參考하기에 必要한 책은많습니다。一一이 다 적지 못하고 다만 몇만 아래에적습니다。

▲文法에關한것

깁더조선말본 金科奉氏著 (定價二圓五十錢)

朝鮮語文法 李常春氏著 (定價一圓五十錢)

現今朝鮮文典 李奎榮氏著 (定價五十錢)

▲聲音學에關한것

우리말본 崔鉉培氏著 (定價九十錢)

▲綴字法에關한것

朝鮮語綴字法 張志暎氏著 (定價一圓)

以上은 모도 京城府堅志洞漢城圖書株式會社에서 販賣합니다

【問】 한글硏究會는 어대 잇습니까。한글을 배우기 좋고 아무나 보든지 그 音(소리갈오것)을 알수잇는 冊子가 잇슴니까。(論山 李周喆)

【答】 한글을 硏究하는 機關은 京城府水標町四十二番地 朝鮮敎育協會內에 朝鮮語硏究會가 잇고 또 그構內에 朝鮮語辭典編纂會가 잇습니다。한글의 聲音에 關한것을 아시려거든 (崔鉉培氏著 『우리말본』(定價九十錢、延禧專門學校出版部發行)을 한번 읽으십시오。(李允宰)

한글質疑欄

【問】一、初聲 十七字中 ㆆㆁㅿ에對하여 그使用法을 묻습니다。二、重母音되는 것을 묻습니다。三、反切과 訓民正音의 子音聲表가 달습니까

(水原初學生)

【答】一、ㆆㆁ에 관한것은 지난 十一月二十六日 紙上에 한번 대답한 일이 잇으니 거기에 참고하시기 바라며 ㅿ에대하여서만 말하겟습니다。ㅿ은 訓民正音에『半齒音이니 如穰字初發聲』이라하엿습니다。이것이 現今 朝鮮音에는 없으나 中國 官話音에는잇으니곳 人을신、日을시 하는類입니다。또ㅿ을己音에 가까운것이라 한이도 잇으나 실상은 ㅅ音에 가까운소리가 됩니가。朴性源의 正音通釋에 보면『華音ㅿ者수우之間』이라하엿고 柳僖의 諺文志에 보면『夫ㅿ固ㅅㅇ之間』이라하엿는데 이 兩說이 다 ㅿ이 ㅅ과 ㅇ의間音임을 밝히 말한것입니다。

이왕에는 我語에 ㅿ을 많이 썻으며 發音까지도 낸것이 분명합니다마는 뒤에 ㅇ으로 變하고 혹ㅅ으로도 變하엿습니다。지금地方語(慶尙、全羅、咸鏡等 諸道)에는 ㅿ이 ㅅ으로 된것이잇습니다。이제 ㅿ이 ㅇ 혹ㅅ으로 變하엿다는 것을 例를 들어봅시다。

古語	現今語
ᄆᆞᅀᆞᆷ(心)	마음
처ᅀᅥᆷ(初)	처음
지ᅀᅥ(作)	지어

以上은 ㅇ으로 變한것

古語	現今語
새ᅀᅡᆷ(綠)	새삼
부ᅀᅳ름	부스럼
우ᅀᅥ(笑)	우서

以上은 ㅅ으로 變한것

古語	現今語	地方語
ᄀᆞᅀᆞᆯ(秋)	가을	가슬
ᄆᆞᅀᆞᆯ(村)	마을	마슬
모ᅀᅵ(飼)	모이	모시
거ᅀᅵ(蚯)	거위	거시
ᄀᆞᅀᆡ(鋏)	가위	가새
기ᅀᅳᆷ(耘)	김	기슴
나ᅀᅡ(進)	나아	나사
니ᅀᅥ(續)	이어	이서

以上은 ㅇ、ㅅ으로 變한것

二、重母音은 母音 곳 홀소리를 거듭한다는 뜻입니다。重母音을 複母音이라고도 하니 곳 單母音의 對語입니다。單母音과 複母音을 나누어적으면

單母音 ㅏㅓㅗㅜㅡㅣ

複母音 ㅑㅕㅛㅠㅘㅝㅟㅢ

ㅒㅖㅙㅞㅐㅔ

그 거듭되는 것을 算式 같이 풀면

ㅑ=ㅣ+ㅏ. ㅕ=ㅣ+ㅓ. ㅛ=ㅣ+ㅗ. ㅠ=ㅣ+ㅜ. ㅘ=ㅗ+ㅏ. ㅝ=ㅜ+ㅓ. ㅟ=ㅜ+ㅣ. ㅢ=ㅡ+ㅣ. ㅐ=ㅏ+ㅣ. ㅔ=ㅓ+ㅣ. ㅒ=ㅣ+ㅏ+ㅣ. ㅖ=ㅣ+ㅓ+ㅣ. ㅙ=ㅗ+ㅏ+ㅣ. ㅞ=ㅜ+ㅓ+ㅣ.

이중에 ㅐㅔ는單母音의性質을 가지엇습니다。아직 從前의慣例로 複母音中 붙엇으나 고쳐질줄 압니다。

三、問은 묻는 뜻을 잘 알수없 뒤에습니다。

(李允宰)

한글質疑欄

【問】初聲中 ㅈㅊㅋㅌㅍㅎ을 어떻게 읽습니까。또 ㄱㅋㆁㄷㅌㄴㅂㅍㅁㅈㅊㅅㆆㅎㆁㄹㅿ의 읽는법을 글자로 달아주시오。(延白 崔臥凡)

【答】ㄱㄴㄷ……을 가옥 니은 디읃……이라 읽거든 그것도 ㅈ(지읒)ㅊ(치읓) ㅋ(키읔)ㅌ(티읕)ㅍ(피읖)ㅎ(히읗)이라 읽으면 그만입니다 이것을 더자세히 아시려거든 十一月二十九日 紙上의 本欄을 參考하십시오。뒤에 물으신 것은 訓民正音 初聲 十七字를 쓴것인데 읽는 법을 따루 말할것 없이 ㅈㅊㅋ等 읽는 법에의지하여 스스로 알 것입니다。(李允宰)

【問】만일 持의 語幹을「갖」閉의 語幹을「닫」이라 한다면『갖이고오너라』「문을닫치시오」의 文中에서「갖이」『닫치』를 文法上 어떻게 說明하며 또 이러한 文은「갖고오너라」「문을닫으시오」와 相異한 點이 무엇입니까。(奈良縣天理中學校黃彩淵)

【答】「갖」은 語幹이 되나「갖」은 완전한 語幹이 못됩니다 持의語幹은 『가지』 입니다 혹시『갖』으로 쓰는때도있으나 어것은 다만줄인말 (略語)인 경우에 限하여씁니다 『갖이고오너라』는틀리니 『가지고오너라』라고써야하며「문을닫치시오」는 틀리니 『문을닫히시오』라고 써야합니다。文法上으로는 『가지』는 두개의 音綴로 하語幹을 이룬 것이요 『닫히』는 語根「닫」아래에「히」가 붙어서 被動詞가 되거나 혹 他動詞로 自動詞가 되게한 것입니다 또「갖고 오너라」와 「문을닫으시오」의 相異한 點을 말하면 前者는 줄인말이요 後者는 줄인말이 아닌것입니다。곳「갖고오너라」는 『가지고오너라』의 줄인말이며 『갖다주어라』는『가지어다주어라』의 줄인말입니다。그리고 持와 閉와 및 同種類인말의 語幹을 비교하여 아래에 적습니다

(持)	(飮)	(閉)	(食)
가지다	마시다	닫다	먹다
가지고	마시고	닫고	먹고
가지니	마시니	닫으니	먹으니
가지시오	마시시오	닫으시오	먹으시오
가지어서	마시어서	닫아서	먹어서

닫ㅡ히ㅡ다 먹ㅡ히ㅡ다

우에 말틀의 線上은 語幹이요 線下는 活用되는 토(助詞)니 이것으로써 語幹과 語尾의 關係를 분명히 아십시오。(李允宰)

▲注意 本欄에 관하여 물으실 때에는 返信料를 보내지마시오。對答은 다만 紙上에만 發表하고 編輯部로서 個人에게는 絕對로 回答할수없습니다。

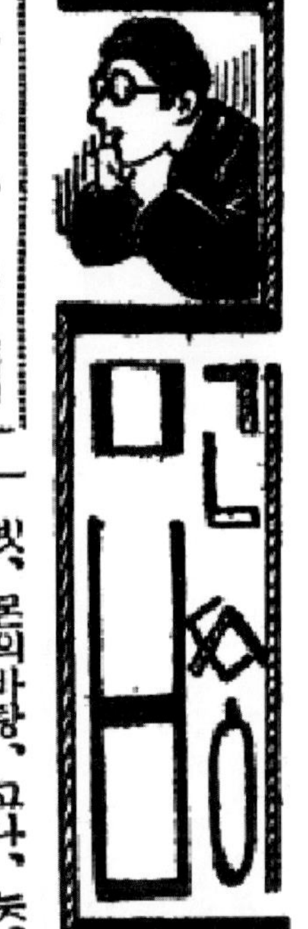

한글質疑欄

【問】周時經先生著「말의소리」中에 左記한 모든말의 뜻을 모르겟으니 거기 該當한 漢字를써주시오.

몬의옹즉임、 노의걷、 소리의빗、 몬의바탕、 고나、 늣、 홋거듭홀소리、홋거듭닷소리、거듭소리、우리고나、보기、잡이、풀이(金一坡)

【答】몬의옹즉임(物의動作)、노의걷(空氣의波)、소리의빗(音色)、몬의바탕(物의性質)고나(字)、늣(代)、홋홀소리 (單母音)、겹홀소리(複母音)、홋닷소리(單子音)、겹닷소리(複子音)、우리고나(我字)、보기(例)、잡이(注意)、풀이(說明)

이중에 몬(物)、노(氣)等은 古語요늣(代)、홀소리(母音)、닷소리(子音)고나(字)、보기(例)、잡이(注意)、풀이(說明) 等은 대개 新造語입니다。

(李允宰)

【問】 一、한글을 연구하는 團體가 몃인지? 그 名稱과 位置를 가르켜주시오。 二、한글을 연구할 參考書는 지금 몃이나 잇는지? 冊名、發行所、定價等을 가르켜주시오。(金一坡)

【答】 一、한글을 硏究하는 團體는 단 한군데뿐이니 京城府水標町四十二番地 朝鮮教育協會內에 朝鮮語硏究會가 잇습니다。 二、十二月三日紙上에 보십시오。但 發行所는 다 각기 다릅니다。 京城府堅志洞 漢城圖書株式會社에 注文하면 다 살수잇습니다。

(李允宰)

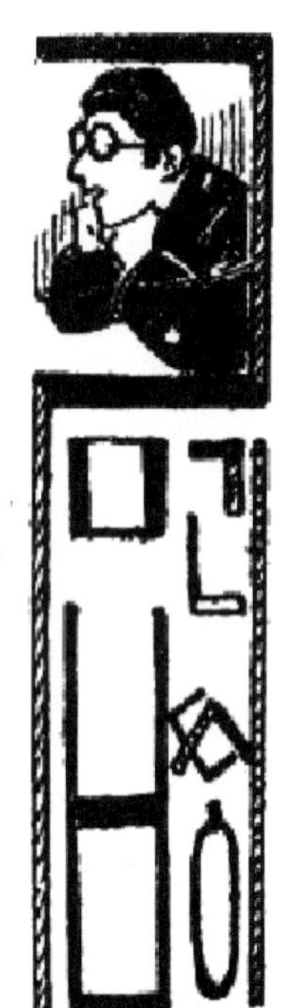

한글質疑欄

【問】 改正하여 쓰는 新綴字中에『있었나』『없었다』『하겠다』『하였다』라고 하엿으니『있』『없』等의 二重바침은 單語標準으로 보아 좋을줄 아오나『었』『겠』『였』等에 二重바침 곳 ㅆ을 쓸은 무슨 理由인지 알수 없으니 자세히 가르켜주시오。

(일본에서한글말고쥐生)

【答】 옳은 말슴입니다。『있』『없』等은 單語標準으로 그렇게 쓰는것이 좋으나 時相에 관한 말『었』『였』『겠』等을 그렇게 쓸 까닭이 없다는 당신의 의견에 크게 贊同합니다。여기에한가지 난처한 것은 서울말의 口音에는 분명히 ㅆ이 잇습니다。서울말을 標準한다면『하였으니』『하겠으니』라고 쓰는 것이 옳습니다。 그러나 全國的으로標準한다면『하엿으니』『하겟으니』라고 쓰는것이 옳습니다。ㅆ의 소리 나는 데를 아직 精確히 調査하여보지는 못 하엿으나 머게로는 京畿 忠淸等 地方을 除한 外에는 거외 全部가 ㅆ소리를 내지 아니 하는대로 볼수 잇습니다。만일 조선말의 標準語 정하자면 京城語로만 標準語를 삼을것이 아니요 全國의 口音을 調査하여 多數가 쓰는 것을 標準語를 삼는 것이 가장 合理的일 것입니다。 그러므로 ㅆ소리가 비록 京城에는 잇다하드라도 그 소리가 없는 많은대를 標準삼지 아니할수없다는 말입니다。또 ㅆ바침을 쓰는대는 여간 귀찮은 일이 아닙니다。았、었、였、겠等이 제일 많이 쓰이는 字이므로 얼마나 쓰기에 번거하고 보기에 지저번합니다。 더욱『하였었었다』같은것을 볼때는 不快를느낍니다。또 歷史的으로 상고하여보면 ㅆ소리가 본대 잇든것이 아니니 옛적에『이시니』『이셔셔』라쓴것을보아알것입니다。 이러한 여러가지 理由로 ㅆ바침을 쓰지아니하는것이 좋을줄 압니다。한편에서는 ㅆ바침을 아조없애버리지 말고 有에만限하여『있다』라고 쓰자 하는이가 잇오니그것은 韓의『잇』과 분간하자함입니다。 그러나 發音이 꼭 같은바에는 하필 두가지로 쓸 理由가 없다고 생각합니다。(李允宰)

◇注意 一、편지의 到着하는 順序에 따라 차례대로 대답하는 것이니 좀 늦드라도 그리 짐작하여 주실일。二、한분으로서 一時에 여러가지를 물으시는 것은 一二問만 먼저 대답하고 다른분이 너무 기다리지 않게 그것을 대답한 뒤에 다시 그 남은 것에 대하여 마저 대답하기로 함。三、한번 대답한 것이면 다시 대답하지 아니하기로함 四、대답한것가운대혹시未詳할곧이 잇으면 그未詳하다는 것만 들어서 다시물어주서도 좋음。

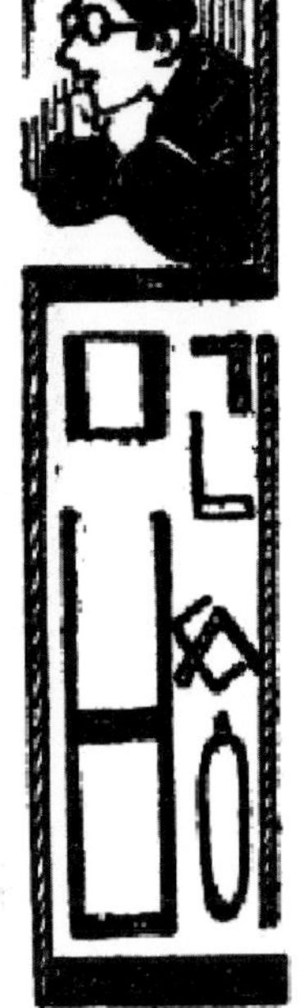

한글質疑欄

「한글」四百八十四週年記念日에 貴報에 發表된 權悳奎氏의 論說「한말·한글」이라는 題에서 처음 보아 알앗거니와 대저 그 「한글」이란 名詞는 어느때 누가 지은 것입니까 또 「한」의 意味와 來歷과 語源을 자세히 說明하여주시오

(한말·한글배는生)

【答】그것은 十二月 二日 紙上에 자세히 말한 일이 잇오니 그것을 참고하시오 (李允宰)

【問】周時經氏의 지은 國語文法과 말의소리等의 發行所와 책값을 알으켜 주시오

(시골欲知生)

【答】國語文法은 뒤에 朝鮮語文法이라 改題하여 新舊書林發行, 定價四十錢이요 말의소리는 新文館 發行, 定價四十錢입니다。이책들은 絶版된지가 오래이므로 어대서든지 살수는없습니다 (李允宰)

【問】母音이 十一字, 子音이 十四字인데 訓民正音에 二十八字라 하니 三字의 대한 것을 알고저합니다。(시골欲知生)

【答】三字의 대한 것은 初聲中에 ㆁ,ㆆ,ㅿ입니다。그 音에 관하여는 먼저 한번 말한 일이 잇습니다。十一月 二十六日과 十二月 五日 紙上을 참고하시오。(李允宰)

【問】「한글」이란 名詞는 이번

한글質疑欄

[問]朝鮮語 品詞는 어떻게 定합니까。(奈良天理中學校 黃彰淵)

[答]標準삼을 文法에 관한 책이 아직 없으므로 品詞分類에 대하야 어떠하다고 말하기 어렵습니다。우리 조선의 語文이 다른나라의 그것과 갈지 아니한 것을 생각하지 아니하고 걸핏하면 日本의 것이나 西洋의 것을 고대로 따다가 쓰서 品詞分類法이나 文章組織法까지 왼통 남의것을 흉내내려고 하는이도 없지 아니합니다 당신이 물으시는 品詞에 대하여 그저모른다고만 하고 잇을수 없으므로 過去 二十餘年 以來 여러 學者들의 쓴 文法書中에 잇는 品詞分類法을 順次로 적어서 한 參考를 삼으시게 합니다。

大韓文典(崔光玉氏著隆熙二年刊行)—名詞、代名詞、動詞、形容詞、副詞、後詞(토)、接續詞、感歎詞。

大韓文典(兪吉濬氏著隆熙三年刊行)八品詞로定한 것인데 아직 상고하지못하엿음。

初等國語語典(金熙祥氏著隆熙三年刊行)—名詞、代名詞、動詞、形容詞、副詞、感歎詞、吐

國語文法(周時經氏著 隆熙四年刊行)——임、엇、움、겻、잇、언、억、놀、끗。

조선말본(金枓奉氏著 大正五年刊行)——임、엇、움、겻、잇、멋、언、억、늑。

現今朝鮮文典(李奎榮氏著大正九年刊行)——임씨、얻씨、움씨、겻씨、잇씨、맺씨、언씨、억씨、늑씨。

修正朝鮮文法(安廓氏著 大正六年刊行)——名詞、代名詞、數詞、副詞、接續詞、感動詞、動詞、形容詞、助詞、助動詞。

朝鮮正音文典(金元祐 氏著大正十一年刊行)——名詞、代名詞、動詞、形容詞、副詞、關係詞、接續詞、感歎詞、完結詞。

朝鮮語法(李奎昉氏著 大正十二年刊行)——名詞、動詞、形容詞、助動詞、助詞、副詞、接續詞及感歎詞。

정음문전(李弼秀氏著 大正十二年刊行)——名詞、代名詞、數詞、動詞、形容詞、副詞、接續詞、感歎詞、助詞。

朝鮮語文法(李常春氏著 大正十四年刊行)——名詞、代名詞、動詞、形容詞、助詞、接續詞、終止詞、冠詞、副詞、感歎詞。

간짧은조선말본(姜邁氏著大正十四年刊行)——이름말、꿈임말、움즉임말、꿈임말、또움말、잇우말、늑임말。

朝鮮語發音及 文法(李完應氏著 大正十五年刊行)——名詞、數詞、代名詞、動詞、形容詞、存在詞、助用詞、助詞、接續詞、感動詞。

울이말본(金熙祥氏著 昭和二年刊行)——名詞、代名詞、動詞、形容詞、副詞、感動詞、토。

朝鮮語成分의分解(朴勝彬氏著昭和三年刊行)—本名詞、代名詞、數詞、存在詞、指定詞、形容詞、動詞、助●、表敬、時制、體言助詞、用言助詞、副詞、感歎詞。

朝鮮語文硏究(崔鉉培氏著 昭和五年刊行)—어름씨、대이름씨、셈씨、움즉씨、어떻씨、씨ㄷ잡움씨、어떤씨、어찌씨、느낌씨、토씨。

以上은 이미 發表된 것에만 限하여 뽑아쓴 것이요 이밖에 아직 發表되지 아니한 것으로 여러가지가 잇습니다。나는 지금까지는 金枓奉氏品詞分類法을 써왓습니다。이제 그것을 漢字對譯으로 쓰면 아래와 갈습니다。

- 으뜸씨
  - 몸씨……임씨(名詞)
  - 씀씨
    - 얻씨(形容詞)
    - 움씨(動詞)
- 토씨……
  - 겻씨(助詞)
  - 잇씨(接續詞)
  - 맺씨(終止詞)
- 모임씨……
  - 언씨(冠詞)
  - 억씨(副詞)
  - 늑씨(感歎詞)

또 한가지 붙이어 말할것은 近日에 發表한 崔鉉培氏의品詞分類表가朝鮮語로의體系가 이루엇다 볼수 잇으나 아직 여기에는 詳細한 部分을 들어서 말하지 아니합니다。마는 다음날 機會 잇는대로 한번 紹介하겟습니다。(李允宰)

한글質疑欄

【問】 重終聲의 用法과 여러가지 用例를가르켜주시옵。 (金生)

【答】 語法을 정하는대에 잇어서 語幹과 語尾活用을 一致하게 하려면 바침 들을 달아쓰는것이 없지 못하리니 이때한 판게로 重終聲을 쓰게됩니다。만일重終聲을쓰지않고

먹 { 다 / 고 / 으니 / 어서 / 어라 }

(讀) { 익다 / 익고 / 일으니 / 일거서 / 일거라 }

라고 쓴다면 우엣말 먹(食)은 語幹과 토가다 一致하게 되엇지마는 아랫말 讀은語幹과 토를區別할수 없어서 語法을정하기 不便합니다。終重聲『읽』으로써서

먹 { 다 / 고 / 으니 / 어서 / 어라 }

읽 { 다 / 고 / 으니 / 어서 / 어라 }

라고 쓰면 우엣말과아랫말이 다 같이 語幹과 토의一致하게 됨을 얻습니다。이왕에는 重終聲을 다만 ㄺ ㄻ ㄼ、이세개밖에 쓴것이 없엇습니다。그러므로 어떠한 말은語法에 맞게 쓸수 잇고 어떠한말은 語法에 틀리게 쓸수잇게됩니다。重終聲이란것을 좋이 아니 쓴다면 말할것 없거니와 이왕 쓰는바에는 몇개만떼서서 바른語法을 세우는것이좋지 아니합니까。重終聲 으로 쓸 말을 이아래에모도 적어봅니다。

ㄺ바침—긁(搔)、늙(生)、늙(老)、맑(淸)、밝(明)、읽(讀) ㄻ바침—굶、(飢)、닮(模)、삶(烹)、젊(少)

ㄼ바침—넓(廣)、[illegible](盜) 엷(薄)、밟(踏)

ㄲ바침—깎(削)、꺾 (折) 겪(經)、낚(釣)、닦(拭) 묶(束)、볶(炒)、섞(混)엮(編)

ㄵ바침—앉(坐)、얹(加)

ㄶ바침—[illegible](批)、끊(絕)、많(多)、점잖(偉)

ㄾ바침—핥(舐)、훑(拔)

ㄿ바침—읊(詠)

ㅀ바침—꿇(跪)、닳(耗)、뚫(穿)、싫(厭)、앓(痛)、옳(可)、잃(失)、[illegible](服佩)

ㅄ바침—없(無)、가엾(憐)

以上 各個의語幹下에『다、고、으니、어서、어라』等 토를 달아서 읽어보시옵 또 임씨(名詞)에도 重終聲이 쓰이는 것이 잇습니다。

ㄲ바침—밖(外)

ㄳ바침—넋(魄)、[illegible](?)

ㄽ바침—곬(谿)、돐(朞)

ㄺ바침—굵(穴)、낡(木)

ㅄ바침—값(價)

以上 各個의 語幹下에는『이、은、을、에、으로、이라』等 토를 달아서 읽어보시옵。여기 한가지 注意할 것은 어느 語幹下에든지 여러가지 토를달아보아서 다 맞는 것이면 쓰고 하나라도 맞지 아니하는 데가 잇거든 쓰지 말라는 것입니다。하나 例를 들면 "삶"을『삶이』라고 쓰는 따위니 이런 것은『살피』의두音綴이 한개의 語幹이 되는 까닭입니다。 (李允宰)

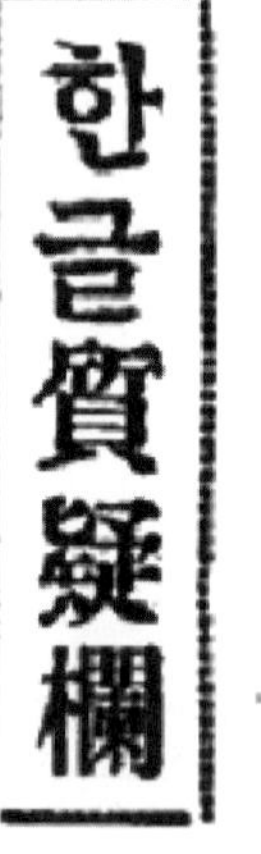

【問】갈(同)다는 말에 토로「이」가 붙을 때에는 이것을 어떻게 發音합니까. 「갈이」라 쓰고 「가티」라고 읽습니까. 從來의 習慣音 「가치」로 읽습니까 (金生)

【答】「갈이」라고 쓰고 「가치」로 읽습니다. 그러나 平安道에서는 本音대로 「가티」로 읽습니다. 될수만잇으면 모도다 平安道와 같이 本音대로 「가티」로 發音하엿으면 적이 좋으라마는 도저히 그러하기가 어려우리니 이러한 때는 조선의 習慣音이란것을 돌아보지 아니할수 없습니다. 우리 語音에 舌音ㄷㅌㄴ가 複母音ㅑㅕㅛㅠ와 ㅣ를 만나면 口蓋音으로 化하는것이 한法則이되어 잇습니다. 例를 들면 「다뎌됴듀디」를 「자저조주지」로 「타텨툐튜티」를 「차처초추치」로 읽게되고 「냐녀뇨뉴니」는 그를 代用할 것이 없으므로 그대로 놓려 읽고 맙니다. 그러기때문에 「뎐디」(田地)라 쓰고 「전지」로 읽으며 「텬톄」(天體)라 쓰고 「천체」로 읽는 것입니다. 도대체 이러한 習慣音이 우리말에만 잇는 것이 아니라 다른나라말에도 많습니다. 그런즉 「갈이」라고 쓰고 「가치」로 읽는 것을 習慣音으로 정하는 것이 별로 문제될 것이 없습니다. 이 아래에 몇가지 例를 들고 쓰는법과 읽는법을 비교하여보겟습니다.

쓰는법	읽는법
밭이(田에)	바치
끝이(末이)	끄치
밑이(底가)	미치
볕이(陽이)	벼치
솥이(鼎이)	소치
붙이다	부치다
굳이(强)	구지
곧이(信)	고지
걷히(捲)	거치
닫히(閉)	다치
묻히(埋)	무치
뻗치(延)	뻐치

(李允宰)

한글質疑欄

【問】한글을 無順으로 배워서 子母音을 不辨합니다。이것을 가르처 주시오。(水原尹萬榮)

【答】漢字로 子母音이라고 배워섯으니 잘 分辨하지 못하신단 것이 無怪한 일입니다。直接 意味에 맞는 우리말로 배워섯드면 벌서 잘 分辨하섯을줄 압니다。그러면 子母音이란 말부터 잘 알수잇는 우리말로 배우고 그것을 分辨하여 보십시다。子音은 우리말로「당소리」、母音은 우리말로「홀소리」라합니다。그뜻은 당소리는 입안 모든 機關에 당이는 소리라 함이오 홀소리는 아무대도 당인대 없이 홀로 내는 소리라 함입니다。지금 쓰는 글자로는

당소리 ㄱㄴㄷㄹㅁㅂㅅㅇㅈㅊㅋㅌㅍㅎ

홀소리 ㅏㅑㅓㅕㅗㅛㅜㅠㅡㅣ

이렇게 분변하여 씀니다。(李允宰)

【問】우리 洞里에서 어떤 先生을 청하여 한글강습회를 開催하려면 될수잇습니까。또 費用은 얼마나 들가요。(水原尹萬榮)

【答】될수 잇고말고요。費用이래야 별로 들것이 없겟습니다。請한 講師가 他地方사람이면 車費나 보내고 寢食事나 대접하엿으면 그만이겟지요。(李允宰)

【問】改正된 한글 綴字法이 徹底的으로 整理되엿나요。以後로도 硏究할 點이 잇나요。ㅿㆆㆁ等의 音을 알수잇슬가요 (해산농교한글책)

【答】글세요 徹底的이라고는 責任잇는 대답을 할수 없으나 잘 整理된 것이라고 생각합니다。어느때라고 硏究할것이 없겟습니까。어느나라든지 國語硏究는 장원 잇는 것입니다。ㅿㆆㆁ等의 音은 전에 몃번 말하엿습니다。(李允宰)

한글質疑欄

【問】 [illegible]을 읕, [illegible]을 읓으로 記함이 如何(咸錫璜)

【答】 [illegible]을 옐릎, [illegible]을 옐쇠로 記함이 좋습니다. 만일 長音인 것을 표하려면 訓民正音에 정한 왼쪽에 點을 찍는 법을 쓰는 것은 좋으나 일부러 새글자를 만들 必要는 없다고 생각합니다.(李允宰)

【問】 萬里를 만리, 便利를 편리로 쓰나 實地語音은 普通의 ㄹ이 아니오 卽 舌腰音 ㄹ입니다. 字音 一行을 增加함이 如何.(咸錫璜)

【答】 ㄹ이 같은 ㄹ이나 ㄴ과 ㄹ이 連接한 때에 側面摩擦音 ㄹ이 되어 그 소리 내는 자리가 혀끝(舌端)에 잇으나 아래 글자의 ㄹ이나 ㄴ이 홀소리(母音)——와 어울을 때에는 그 소리 내는 자리가 조음 바뀌어 당신의 말씀한 舌腰音이 됩니다. 이것은 그 發音器官을 조사하여 보면 ㅣ의 發音이 혀의 前部를 높이어 口蓋에 매우 가까이하게 하는 作用이 잇으므로 자연 그러하게 되는 것입니다. 따라서 겹홀소리인 ㅑㅕㅛㅠ도 근본 ㅣ 그것이 어울은 소리이기 때문에 그것도 역시 ㅣ와 마찬가지로 됩니다. 이것은 비단 ㄹ뿐 아니라 다른 닿소리(子音)도 ㅣ와 어울을 때에 많이 그러하게 됩니다. 이러한 것을 聲音學上에서 口蓋音化한 것이라 일컫습니다. 이것을 詳細히 말하려면 理論이 많습니다. 煩瑣를 避하여 여기에는 그만큼만 말하고 그 두 소리의 發音關係를 비교하여 보면

一例

몰라(不知) 물려(退) 빨래(洗濯) 물론(勿論) ― ㄹ、ㄹ의 合

괄내(關內) 실농(失農) 확실하는지…… ― ㄹ、ㄴ의 合

신라(新羅) 언론(言論) 문루(門樓) ― ㄴ、ㄹ의 合

二例

살림(生道) 설립(設立) 불량(不良) 필력(筆力) ― ㄹ、ㄹ의 合

일년(一年) 열뇨(熱鬧) ― ㄹ、ㄴ의 合

만리(萬里) 인력(人力) 관료(官僚) 인류(人類) ― ㄴ、ㄹ의 合

以上에 依하여 一例는 普通으로 側面摩擦音이 된것이요 二例는 口蓋音化한 側面摩擦音이 된것입니다. 그 소리 내는 자리를 본다면 아서는 대단히 差異가 잇다 하겠으나 이미 習慣化한 것이요 또 다른 닿소리에도 그런것이 많으니 글자를 創加하기는 매우 어려울줄 압니다.(李允宰)

한글質疑欄

【問】一、우리글 改正된 綴字法을 좀 가르켜주시오。新綴字法의 要領을 알기쉽게 說明하여 주시오。二、漢字音은 우리의 語音과 틀리는것이 많은데 漢文모르는 農村婦人같은이에게 어떻게 잘 분별하여줄수 잇습니까。(市內林町欲知生)

【答】一、이 작은 紙面을 빌어서 綴字法 全體를 다 말하기 어렵습니다。綴字法에 關한 書冊이나 이 新聞에 나날이 나는 改正綴字法으로 쓴 글(童話、童謠等)들을 많이 읽으시면 자연 아시게 될것입니다。新綴字法의 要領은 간단히말하자면 口音에 맞게 쓰며 語法에 맞게 쓰자 함이니 그렇게 하자면 첫재는 바침을 잇는대로 다 쓸것、둘재는 歷史的音을 쓰지말고 表音式을쓸것、셋재는「된시옷」을 쓰지말고 並書法(ㄲㄸㅃㅆㅉ)을 쓸것 이러한것이 가장 大要한것입니다。二、漢字音같은것은더군다나 表音式으로 써야합니다。例를들면

뎐디(田地)를 전지로
쇼셜(小說)을 소설로
뎐쥬(全州)를 전주로
텬톄(天體)를 천체로

이와같이 그 썩고 낡은 歷史的音을 쓰지말고 現今우리口語에 맞도록 쓰고보면 農村婦人 아니라 누구에겐들 분別못할者가 잇겟습니까(李允宰)

【問】「永」「英」과「御」「魚」等은 그 發音이 다른데 국문으로쓰면 모도「영」과「어」로되니 이것을 좀달리쓸 법이 잇습니까(綴字法欲知生)

【答】「영」이나「어」가 發音은 다 마찬가지인데 다만 높낮이가 잇을뿐입니다 訓民正音에 左加點하는 例에 의지하면 永은「·영」、英은「영」으로 쓰며 御는「·어」、魚는「어」로씁니다 그러나 이것을 글자마다 一一이 符號를 붙이어 쓰는것이 매우 성가시는일이므로 지금은 쓰지 아니하는것입니다

(李允宰)

한글質疑欄

【問】反切順에 ㅡ應(不用終聲) ㅣ伊(只用中聲)、思(不用初聲)은 무엇을말함입니까。(金一波)

【答】이것은 訓蒙字會 凡例의 諺文字母에 잇는것입니다。中聲讀法을 ㅓ阿ㅑ也ㅕ於ㅕ余ㅗ吾ㅛ要ㅜ牛ㅠ由ㅡ應(不用終聲)ㅣ伊(只用中聲)、思(不用初聲)라하엿으니 ㅏ에서ㅠ까지는 漢文으로 그냥表記할수 잇으나 ㅡ같은것은漢字에 그音과 該當한 글자가 없는고로 그렇게 한것이니 곳 應字의音『응』에서 終聲(바침) ㅇ을 쓰지 말고『으』만 쓰라는것이며 ㅣ는伊字의音 ㅣ만 쓰라는것이며 ㆍ는 思字의音 ᄉᆞ에서 初聲ㅅ을 쓰지 말고 『ㆍ』만 쓰라는것입니다。(李允宰)

【問】지읒、치읓、키읔、티읕、히읗等의 發音은 어떻게합니까。(한글欲知生)

【答】글자 대로 發音하시오。ㅈㅊㅋㅌ 및 ㅅㄷ이 바침으로 달릴때에는 꼭같이 發音되는 때가 잇습니다。곳

•낮(晝)도 기오
•낯(顏)도 희오
낫(鎌)도 잘드오

할때에는 꼭같이 發音이 되나 만일

•낮이 기오
•낯이 희오
낫이 잘드오

할때에는 ㅈㅊㅅ의 소리가 다각기 납니다。치읓、치읓等도 이에 의지하여 發音하게하시오。(李允宰)

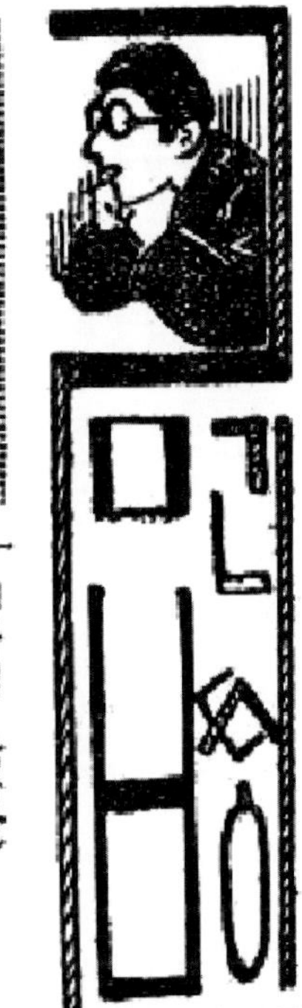

한글質疑欄

【問】終聲、重終聲을 잇는대로 다 적어뵈어주시오。

(黃州一讀者)

【答】終聲을 잇는대로 다 적으려면 한이 없겟으므로 從來에 늘 쓰는 바침 ㄱㄴㄹㅁㅂㅇㄺㄻㄼ 等은 除하고 새로 쓸 바침만 아래에 적어 드립니다。

몸말(體言)

ㄷ바침=곧(處)맏(昆)

ㅈ바침=낮(晝)젖(乳)

ㅊ바침=꽃(花)낯(面)돛(棹)몇(幾)빛(光)숯(實)팣(荳)

ㅌ바침=겉(表)곁(傍)끝(末)덭(罠)돝(豚)뭍(陸)밭(田)볕(陽)샅(股)솥(鼎)숱(炭)

ㅍ바침=늪(沼)섶(薪)숲(藪)앞(前)옆(側)잎(葉)짚(藁)

ㅋ바침=녘(方)부엌(廚)

ㄲ바침=밖(外)

ㄳ바침=넋(魄)몫(項)삯(賃)싻(苗)섟(㨿)

ㄽ바침=곬(谿)돐(朞)

ㄺ바침=굵(穴)낡(木)

ㅄ바침=값(價)

씀말(用言)

ㄷ바침=걷(捲)곧(直)굳(堅)닫(閉)돋(昇)뜯(扯)묻(埋)믿(信)받(受)벋(延)뻗(伸)쏟(瀉)、얻(得)

ㅈ바침= 갖(具)꽂 (伸)궂(惡)낮(低)늦(晚) 맞(迎) 맺(結) 빚(釀) 잊(忘)잦(凋)젖(濕) 짖(吠) 찢(裂) 찾(尋) 부르짖(叫)꾸짖(叱)

ㅊ바침=및(及)좇(從)쫓(逐)

ㅌ바침=같(如)맡(任)밭(漉)뱉(吐) 붙(粘) 얕(淺) 옅(淺) 짙(濃)흩(散)

ㅍ바침=갚(報)깊(深)높(高)덮(蓋)싶(欲)엎(覆)짚(仗)

ㅎ바침=낳(產)넣(八)놓(放)닿(接)땋(辮)빻(碎)쌓(積)찧(舂)

ㄲ바침=깎(削)꺾(折)겪(經)낚(釣)닦(拭)묶(束)볶(炒)섞(雜)솎(間拔)엮(編)

ㄵ바침=앉(坐)얹(加)

ㄶ바침=꼲(批)끊(絶)많(多)점잖(偉)귀찮(煩)

ㄾ바침=핥(舐)훑(扱)

ㄿ바침=읊(詠)

ㅀ바침=끓(沸)꿇(跪)닳(耗)뚫(注)뚫(穿)쓿(精)싫(厭)앓(痛)옳(可)잃(失)[illegible](嫌)

ㅄ바침=없(無)가엾(憐)

이밖에 또 이왕에 ㅅ바침으로 쓰든것을 ㄷ바침을 달아쓸 것이 많습니다。몇가지 例를 들면

갇옷(裘) 낟알(穀粒) 웃옷(上衣)핟옷(綿衣)

이라든지 또

걷다(步)긷다(汲)듣다(聞)묻다(問) 붇다(殖)

와 같은것은 ㅅ바침보다 ㄷ바침으로 쓰는것이 發音의 便으로 보아서 도리어 나을 것입니다。(李允宰)

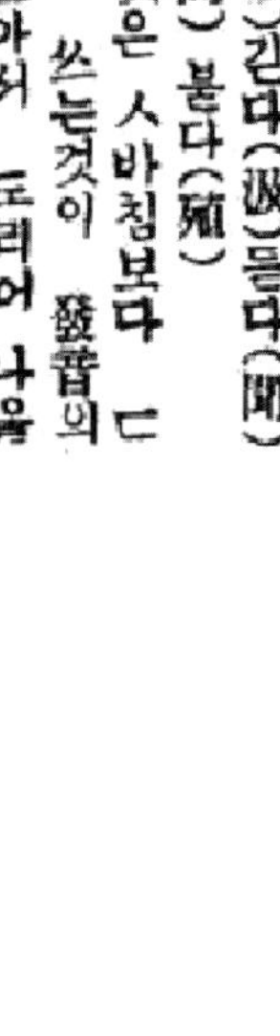

한글質疑欄

【問】吏讀란 무엇입니까. 具體的 實例를 들어 알으켜주시오. (原州 一疑問生)

【答】吏讀(리두)는 吏道, 吏吐, 吏套라는 여러 名稱이 잇으나 다 같은 말이며 吏文의 句讀 혹 토(助詞)로 쓰다는 뜻인듯합니다. 一千二百四十年前 新羅 神文王代에 薛聰이란이가 吏讀를 처음 지엇다 하나 실상은 그 이전부터 잇엇든 것이라 합니다. 그러하여 最近까지 上言, 訴狀, 契約文等에 使用하여왓습니다. 그러나 古代에는 鄕諺 곳 鄕歌며 人名, 地名, 官名까지에 다 吏讀로 使用하엿습니다. 吏讀의 생긴지가 年代가 오래므로 時代를 따라 變遷된 일이 잇엇습니다마는 近世에 쓰는 吏讀는 大明律(李氏朝太祖四年出版)부터의 것입니다 그러고 吏讀를 輯錄한 것으로는 具允明(正祖時人)의 著한 典律通編과 李義鳳(正祖時人) 의著한 古今釋林과 儒胥必知(著者未詳)와 吏讀便覽(著者未詳)等이 잇엇습니다 吏讀의 語彙는 三百三十餘나 됩니다 一一히 다 들수 없고 아래에 몃가지의 特例된것만 버려어 적습니다

吏讀	讀法	意義
聽	은	은
乙	을	을

과 같이 漢文音으로 된것도 잇고

是置	이두	하여도
爲乎所	하온바	하온바
爲臥乎	하누온	하는

과 같이 漢文訓으로 된것도 잇고

是如	이다	이다
爲遣	하고	하고
是喩	인지	인지
敎事	이산일	하신일
白等	삷든	사뢰든
向前	안젼	지난번
進賜	나으리	나으리

와 같이 古語로 된것도 잇습니다. 또 아래에 그 用例를 들겟습니다.

持是遣。 가지고。

永爲放賣是矣。——이되。

玆以仰訴爲去乎。——하거온。

大有異爲分叱除良。——뿐더려와 같이 쓰이는데 대개는 말의 토(助辭)로 쓰이는 것이 많앗습니다. 그 어려운 漢文을 이것으로 쒀 얼마쯤 쉽게 하는 方便이 된것입니다. 지금『한글』이 發達되는 이 時代에는 吏讀가 쓸데 없습니다. 다만 文字沿革을 알아보는데 必要할뿐입니다.

(李允宰)

한글質疑欄

【問】 아래말에 어느것이 옳습니까

밧부다——밧브다、부르짖으며——부르짖이며、빨내——빨래、있는데——잇는데、배곱하우네——배고파우네——배고푸아우네、흝느다——흝르다——흝으다——흝으다

(原州一疑問生)

【答】 밧브다、부르짖으며、빨래 잇는데、배고프네、흝르다(흝르다로 말할때에는 그러쓴것도 좋음)로 쓰는것이 좋겟습니다。이것을 一一히 理由를 붙이어 말하려면 매우 길겟습니다。간단히 말하면 口音과 語法을 爲主함이니다。(李允宰)

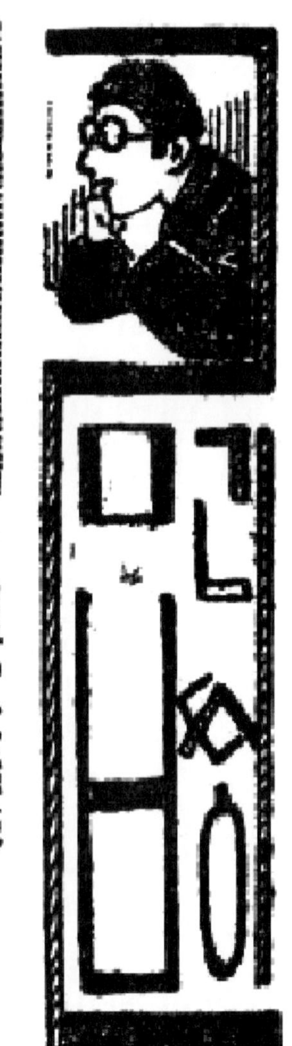

한글質疑欄

【問】貴紙 한글書法에 의심되는 것을 묻습니다。

빛(色)을 빛이라하며
맞춰(合)를 맞혀라하며
좋타(好)를 좋—다라하며
살피어(察)를 삶히어라하는
等이니 꼭 그렇게써야 옳습니까。(金種元)

【答】빛은 新聞에 誤植인듯하나 본대는빛으로 써야옳습니다 맞혀는 「맞」이라는 語根이 있기때문에 그렇게 써야합니다。좋다에는 ㅣ는 없고좋다。라고 쓸것입니다。삶히어란 것은 新聞에잘못쓴것이니 살피어로쓰는것이 옳습니다。 (李允宰)

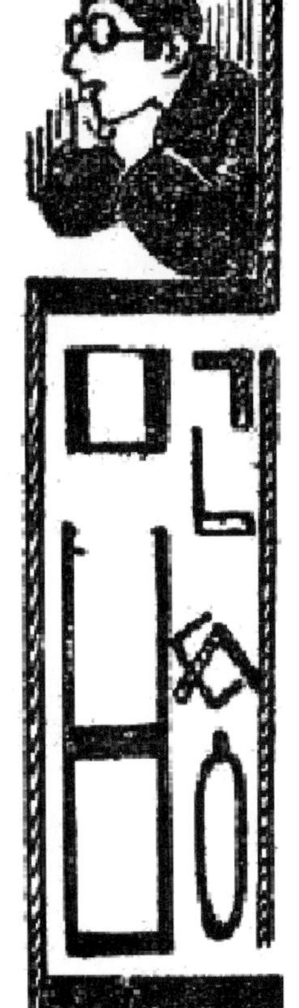

한글質疑欄

【問】『不』의 語幹은 무엇입니가。『않』『아니』의 用法을 가르켜주시오(奈良 黃彩淵)

【答】『아니』가 語幹입니다。『않』은 『아니하』의 줄인말(略語)입니다。 않과 아니의 用法을 아래에 例를 들면

語幹	略語
아니하다	않다
아니하고	않고
아니하게	않게
아니하든	않든
아니하지마는	않지마는
아니하면	않오면
아니하니	않으니
아니한것	않은것

이렇게 됩니다。 이런理由가 잇는줄 모르는이는 그저『않』을 語幹이 되는것같이 생각하여『않이하다』『않하고』라 쓰는이가 잇으나 그것은 크게 잘못입니다。 또 『안이하다』라고 쓰는것도 틀리니 『안』이 곳『아니』의 줄인말인 것을 알아야 할것입니다 (李允宰)

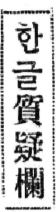

한글質疑欄

【問】「받히어、받치어、바쳐、바처」와「곧히어 곧치어、고쳐、고처」와「딸어、따르어、따러」는 각기 어느것이 옳습니까。그리고 또「줄이어「늘이어」와「줄여」「늘여」에는 어느것이 옳습니까。(한글몰라生)

【答】받히어는 두가지가 잇겟습니다。攴하는것과 貢하는것인때어느것을 말한것이지 모르겟습니다。 攴는 받히다로、貢은 바치다로 쓰는것이 좋을듯하며 곧히 다란것은 무론改한다는것인즉 고치어로 쓰는것이 좋으며 따르는 따리로 쓰는것이 좋습니다。그리고 줄이어를 略하여 줄여。그로늘이어를 略하여 늘여라고 쓸적도 잇습니다。(李允宰)

한글質疑欄

【問】아웁、아읍、아옵、아홉、아홉……等 十二種이나 잇는때 어느것이 바릅니까

(한글永佑生)

(答)發音에 가장 맞는 것이 바른것입니다。아마 아홉이 바를 것입니다。(李允宰)

한글質疑欄

【問】 助詞『오』와『요』의 用處는 어떠합니까。『오』의 用處는 動詞、形容詞下 곳『가오』『죄으오』로、『요』의 用處는 名詞下 곳『누구요』『사람이요』로 斷定할수 잇을가요。또는『요』의 토는 全廢하고『오』토만 專用함이 어떠합니까。(奈良 黃彩淵)

【答】『오』토와『요』토를 金科奉氏의 文法에는 이렇케 분간하엿습니다。『오』는 맺씨(終止詞)下에、『요』는 잇씨(接續詞)下에 쓰기를 하엿습니다。例를 들면

接續詞	終止詞
소리요	소리오
책이요	책이오
밥이요	밥이오

이렇게 하엿습니다。이것이 動詞形容詞와 名詞로 분간하여 쓰는것보다 낫습니다。그러고 또『오』와『요』가 口音에 따라 달리 쓸수도 잇습니다。곳 같은『옳씨』지마는『가오』『보오』『쓰오』『하오』와같이『오』토로 쓰이기도하며『하나요』『하시요』『하여요』『할가요』『할걸요』와 같이『요』토로 쓰이기도합니다。또같은 임씨(名詞)지마는『머리오』『고기오』『아이오』와 같이『오』로 쓰이기도하고『기차요』『무궁화요』『조선어요』『대포요』『누구요』『잉크요』와 같이『요』토가 쓰이기도합니다。이것을 보면『오』토로만 專用하기도 어렵습니다。

(李允宰)

한글質疑欄

【問】「잇다」「없다」는 何品詞에 關합니까오 (宗良 高彩淵)

【答】「잇다」「없다」는 얻씨(形容詞)에 屬합니다. 이것은 그 活用法이 다른 얻씨와 조금 다르기 때문에 얻씨가운데에 또 좀 달리 나눌수 잇겟습니다。

하나 參考로 말할것은 日本學者 高橋亨氏의 韓語文典(明治四十二年著作)에는「잇다」「없다」를指定詞라하며 딴 品詞로 定하엿습니다。 그것을 李完應氏가 따라서 자긔著作한文法에 쓰으며 近日에는 또 朴勝彬氏가 指定詞로 定한것은 자긔가 요새 新發明한것이라고 합니다. 何如間 이것은 文法界에 한 問題되는것이니 아직 具體案을 말하기 어려우나 다음날 文法全體를 完全히 發表할 때에 자세한 說明이 잇겟습니다(李允宰)

한글質疑欄

【問】 一、『그렇지만』 『어떻게』等의 例에서 『ㅎ』字의 作用과 어떤경우에 使用하는지를 모르겟습니다。二、맞난다(逢) 묻는다(問) 붙든다(扶) 밟브다(忙)等의 『ㅈ』 『ㄷ』 『ㄹ』等의 바침을 『ㅅ』바침으로나 일반같이 생각됩니다。또『늦후엇다』가 어찌하여『늦추엇다』로 읽게 되는지를 說明하여주시오。

(新義州一讀者)

【答】 一、『ㅎ』은 喉頭內擦音이니 그소리를낼때에 聲帶에서 불어내는 소리를 목구녁에서 갈아내는것입니다 ㅎ이 다른 당소리 곳 ㄱㄷㅈㅂ等을 만나면 섞입소리(混音)가 됩니다。곳

ㄱ이 ㅎ을 만나면 ㅋ으로
ㄷ이 ㅎ을 만나면 ㅌ으로
ㅈ이 ㅎ을 만나면 ㅊ으로
ㅂ이 ㅎ을 만나면 ㅍ으로

로 됩니다。例를 들면

착하다＝차카다
몯하다＝모타다
낮후다＝나추다
잡히다＝자피다

이와같이 두 소리가 꼭 같이 된것을 보면 분명히 알것입니다。또 섞입소리는 먼저 잇으나 뒤에 [illegible]나 그 소리내는것은 마찬가지니 곳

ㅎ이 ㄱ을 만나면 ㅋ으로
ㅎ이 ㄷ을 만나면 ㅌ으로
ㅎ이 ㅈ을 만나면 ㅊ으로
ㅎ이 ㅂ을 만나면 ㅍ으로

右의 法則에 의지하여보면 『그렇지만』은 『ㅎ』에 ㅈ이 합하여 ㅊ으로 되니 『그러치만』이라 發音하게되며 『어떻게』는 『ㅎ』에 ㄱ이 합하여 ㅋ으로 되니 『어떠케』라發音하게됩니다 또 『그렇지만』은 『그러하지만』의 줄인말로『어떻게』는 『어떠하게』의 줄인말인것을 알아야 합니다。

二、『맞나다』에는 맞이 語根이 된다는 것인데『맞다』(合) 『맞서다』(對立) 『맞걸리다』 『맞닥치다』 『맞인편』『맞우』等이 다 『맞』으로 語根을 삼는것입니다。그러나 그것이 이미 한 單語가 되므로 『만나다』라고 쓰는것도 좋겟습니다。『묻는다』는 『어서』의 토를 달때에는 『ㄹ』바침이 되어 『물어서』라 하리니 語尾活用上 단순히 ㅅ바침으로만 되는것이 아님을 알것입니다。이러한것은 모도 ㄷ바침을 다는것이 좋다하니 音理上으로 ㄷ이 ㅅ보다 더단단하여 바침으로 쓸때에 더욱 緊着하게하는 性質이 잇다합입니다。『붙드다』는 붙다(付)라는 語根이 잇다함이며 『밟브다』는 밟다(切迫)라는 語根이 잇다함입니다。그러나 이러한 것은 꼭 그렇게 써야 할지 아직은 좀 疑問이 없지 아니합니다。『늦후다』는 늦다(晩)라는 語幹이 잇음이니 ㅈ과ㅎ이 합하여 ㅊ으로 된다는것은 第一問에 이미 말한 바가 잇습니다。(李允宰)

한글質疑欄

【問】 獻身、電氣와같은것은 원글자는 헌(獻) 던(電)이지마는 實際發音은 『혼』『즌』으로되니 어떻게 써야 옳으며 또 命令、永遠、競爭도 우리의 實際發音은『미융명』『이융원』『기융쟁』으로되니 어떻게 써야 옳습니까

(水原初學生)

【答】 獻身을 『헌신』、電氣를 『전기』라 하는것은 實際發音이아니라 訛音입니다 되도록 원 소리대로 바로 쓸것이요 그런 訛音을 좇을까닭이 없습니다。 그런데 電의音은 뎐으로 하지말고 전으로 하는것이 좋습니다 命令、永遠、競爭은『명、영、정』等이 다만 소리의 높낮이 곳 악센트로 因하야 그러된것인즉 일부러 『미융、이융、기융』으로 쓰는것이 옳지안습니다。 꼭 그소리대로 表示하려고하면 訓民正音에 의지하야 左加點하는 법을 쓰는것은 오히려옳은일이라고생각합니다 곳『명령、영원、경쟁』입니다。 그러나 글자마다 一一히 그렇게 쓰기에는 너무 번거한일이니 從來대로 쓰고 읽기에 注意를 두는것이 도리어 좋치아니할가합니다(李允宰)

◇訂正 一月二十八日 黃彩淵氏의問에 對하야 高橋亨氏의 鮮語文典에『잇다』『없다』를 ●指定詞●라함은●存在詞●의 誤임이므로 이에 訂正합니다。

한글質疑欄

【問】 一, 貴報에 近日使用되는 한글은 總督府制定의 改定綴字法에 依함입니까。 또 다른 綴字法입니까。 二, 終聲 ㅎ等이 普通學校朝鮮語讀本에는 쓰지아니하엿는데 이것을 만히쓰니 무슨 까닭입니까。 (한글硏究生)

【答】 一, 本紙에서 現時 使用하는 한글綴字法은 아즉은 一部는俗音體로된 在來의 綴字法이요 一部는 文法體로된 改正 綴字法입니다。장차는 全部를 改正된 綴字法 (우리의 語法과 音理에 가장 適當한)에 依하여 統一할 작정입니다。 二, ㅎ바침을 朝鮮語讀本에는 아니 썻습니다마는 ㅎ바침을 써야할 몃가지 理由가 잇습니다。첫재는 ㅎ이 聲帶摩擦音으로 다른 닿소리 곳 ㄱㄷㅈㅂ等을 만나면 ㅋㅌㅊㅍ等의 석임소리로 된다는 例는 前者에 한번 말한 일이 잇엇습니다 이것이 우리 조선의 習慣으로된 語音法입니다。또 語法을 맞게쓰는때 잇어서도 ㅎ바침을 쓰는것이 얼마나요긴한지 말할수없습니다。곳 語幹 아래에 토를 一致하게 써야 하리니 가령

먹으니 먹고 먹다
입으니 입고 입다
맑으니 맑고-맑다
젊으니 젊고 젊다

와 같이 『으니』 『고』 『다』의 토가 一致하게 쓰이는데 만일 ㅎ바침을 쓰지아니하면 好, 入, 多, 可等을 쓸때에 그 토로써 어쩌 말을 만들어 쓸수 잇습니까。

그런므로

좋으니 좋고 좋다
넣으니 넣고 넣다
많으니 많고 많다
옳으니 옳고 옳다

이렇게 쓰면 語音에도 꼭 맞고 語法에도 꼭 맞아 매우 合理的일 것입니다。이 理由로 ㅎ바침을 써야합니다。 (李允宰)

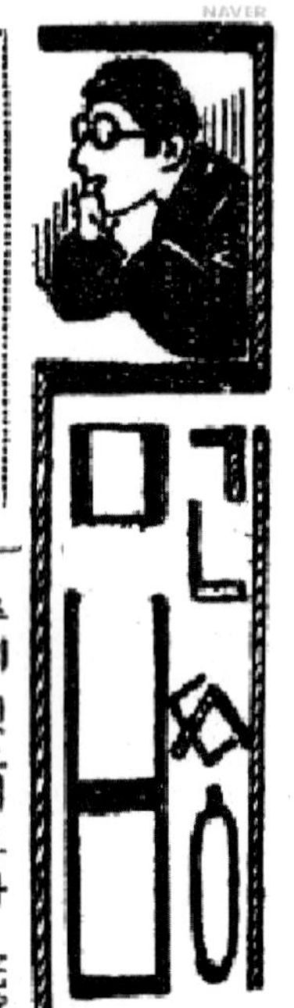

한글質疑欄

【問】 Moderngirl, boat 等濁音을『모—떤껄, 뽀—트』의 並書로써도 適當한 發音이됩니까。(大阪P生)

【答】適當한 發音이 될수없습니다。朝鮮과 西洋은 근본부터 語音이 달랏기때문에 한글로써 西洋語音에 꼭 맞게 表記하기는 도저히 어려울것입니다。그音에 外國語音을 한글로 表記하는法에 대하여는 近日 朝鮮語學會에서 各國語學 專門家 數十人의 會合한일이 잇엇는데 世界各國語音을 調査審覈하야 外國語音表記法을 制定하기로 되엇으니 오래지 아니하여 그것이 發表될것입니다。그때까지 기다리심이 좋겟습니다。(李允宰)

【問】한글 辭典은 언제쯤이나 完成될가요。(大阪P生)

【答】지금 朝鮮語辭典 編纂會에서 心血을 다하며 編輯하는중에 잇으니 아마 完成될날이 잇겟지오。꼭 언제라고 가리처말하기는 어렵습니다。辭典이란것이 다른것과 달라서 그리 容易하게、또 短時日로써 되는 事業이 아닙니다。普通俗語、漢文熟語、學術語、制度語、風俗語、古語、地方語、外來語、流行語等 무릇 各方面에 걸처서 關係되지아닌것이 없은이만큼 語彙의 蒐集과 注解의 精辭에 여간 苦心이 드는것이 아닙니다。그러므로 十餘年前에 光文會에서 辭典編纂을 한일이 잇엇고 또 다른 團體 혹은 個人으로서 編纂을 한일도 잇엇오나 다 繼續하여 가지못하고 마는일도 잇습니다。그리고 外國에서 辭典의 例를 보면 米國사람의 辭典 Webster dictionary 갈은것은 數百名 學者의 執筆로 百年에 가까운 時日에 完成되엇고 佛蘭西政府에서 지금 編纂中에 잇는 辭典은 起稿한지 지금 三十餘年에 거우 三分之一도 못되엇다하며 日本의 國語大辭典도 三十餘年만에 되엇고 金澤庄三郞의 辭林도 前後 二十年이나 걸리엇고 大槻文彦의 言海도 十七年을 허비하여 完成되엇고 朝鮮總督府에서만든 朝鮮語辭典만해도 十一年만에 完成된것이 아닙니까。이와같이 辭典이란 결코 輕忽히 볼수없는것인줄 압니다。우리 朝鮮語 辭典編纂에서 編纂하는 辭典은 米國이나 佛蘭西의 것과같이 그리 큰것을 하자는것은 아닙니다 마는 이미 두어분의 各히 七八年間 이에 努力한 功績이 잇엇고 그밖에 外國學者들의 우리 辭典에 관한材料를 좀이 적지아니하므로 우리의 辭典은 그리 오랜 時日이 걸리지 아니할것입니다 또權威잇는 數十名專門學者의 執筆함이 잇오며 十餘名文法家의 言語體系를 세우기에 밤낫 努力中이며 有力한이의 物質後援도 잇으므로 이것이 完成되는날이면、標準辭典됨에 사양치 아니할것입니다。(李允宰)

한글質疑欄

【問】一、平安道音 냐녀(舌端)와 京畿道音 냐녀(舌根)가 相異하니 字音 一行 增加함이 如何? 二、英文R과 L의 區別이 우리語音에도 잇으면서 한글로는 並用하니 字音一行 創加함이 如何? 三、한글은 字音 몇字만 創加하면 全世界語音을 總記할수잇으니 不足字音을 補充하야 한글世界化를 動議함이 如何?(咸鏡讀者)

【答】一、냐녀뇨뉴니를 平安道에서처럼 舌端音으로 하는것은 가장 바른音입니다 그러나 京畿에서는그것을口蓋音으로發音하게됩니다 본래는 京畿나 其他地方에서도 다 本音대로 發音하엿을듯하나後에와서漸漸 그 本音을 喪失하고 지금같이 된줄로 압니다。이러한 것을 習慣音이라합니다。聲音學上으로 보면 ㄴ이ㅣ를 만날때에 口蓋音化하는 것이한 法則이·되엇습니다。(냐녀뇨뉴도 다ㅣ의 化合된 것이므로 다만 ㅣ만 든것)ㄴ이 ㅣ를 만나 口蓋音化하는 것이 京畿뿐 아니라 平安道를 除한外에는 全部가 다 그렇게 됩니다。또 그것이 우리나라뿐 아니라 歐語에도 그렇게 됩니다。그러므로 萬國聲音學會에서는 普通 N과 口蓋音化하는 N을 區別하기 위하여 符號로 써서 識別하는 일까지 잇으니 곳 口蓋音化하는 N字를 ɲ으로 씁니다。이렇게 習慣音이 어느 나라에든지 다 잇는것이며 냐녀가 또한 一個習慣音으로 그 本音이 단지 一地方에만 남아 잇을뿐이즉 절로 標準音이될수 없읍니다。標準音이 못된 以上에는 그字音을 두기 위하여 別字를 創加함은 옳지 못합니다。우리나라 語音에 그렇게 된것이 많으니 가령 咸鏡道에서 아行을 모도喉頭破裂音으로 發音하는 것이라든지 全羅道에서 하字를 달리 發音하는 것이라든지 그밖에 곧을 따라 語感上多少差異되는語音을 죄다 字音創加를한다 限이 없겟습니다。그러나 냐녀같은 音을 꼭 두어야할 必要로 아는 境遇에는 일부러 別字를 創加하는이보다 萬國聲音學會符號처럼 우리의 ㄴ에도 무슨符號를 붙이어서 그것을 區別하게함이 도리어좋을가합니다。

二、우리나라 語音에는 R과 L의 區別될 音이 없습니다。만일 잇다면 『불러(招)』의ㄹ과『불어(吹)』의ㄹ이 다르다는 것이겟지오。이것이 英音의 R、L의關係와 매우 다르다고 생각합니다。그러므로字音을 創加할 必要가 없는줄 압니다。그리고 外國音을 表記할 때에는 L의音을 쓸수 잇으니 그럴 때는 ㄹ을 並書하여 ㄹㄹ 이렇게 쓰면 그만이겟습니다。

三、여기에 대하여는 金科奉氏(現在上海)를 紹介합니다。氏가 多年 心血을 傾注하여 研究한 結果 한글을 多少改良을 加하야 한 理想的 文字를 만들엇는데 朝鮮語音은 勿論、全世界 各國語音에 하군데도 不足이 없이 된것입니다。그러므로 이것을 이대로 國際語音學會에서 採用한다하여도 조금도 不足이 없으리라고 믿는다는 氏의 한말이 참입니다。

(李允宰)

한글質疑欄

【問】一「한글」「한ㅅ글」어느것이 옳습니까。二「ㄱㄴㄷㄹ」을 그느드르라고 읽는다면 바침은 어떻게 읽게 됩니까。

(水原 一 惕初學生)

【答】一「한글」이 옳습니다。二「ㄱㄴㄷㄹ」을「그느드르」라 하기보다 이미 慣習이 된「기윽 니은 디읃 리을」이라 하는것이 좋을것 갈습니다。訓蒙字會凡例에는 初聲외 讀法을 ㄱ(其役) ㄴ(尼隱) ㄷ(池末) ㄹ(梨乙) ㅁ(眉音) ㅂ(非邑) ㅅ(時衣) ㅇ(異凝)이라 하며 其尼池梨眉非時異는 初聲에 쓰고 役隱末乙音邑衣凝은 終聲(바침)에 쓰라 하엿습니다。그러고로「그느드르」라 하거나「기역 니은 지읒 리을」이라 하거나「기윽 니은 디읃 리을」이라 하거나 다만 그 글자의 稱號인것으로만 안다면 아무렇게 읽어도 관계없는줄 압니다 가령 ㄱ하면 이것 하나로서는 아무 소리도 낼수 없고 다만 舌根과 軟口蓋를 閉塞하여잇을뿐이요 홀소리(母音)의 ㅏ란것이 와야 비로소 閉塞되엇든 舌根과 軟口蓋를 헤치어「가」소리가 나게 됩니다。그러므로 ㄱ을 무어라고 名稱하기 어려우며 읽을때에「기윽」이라 함은 한 글자의 稱號에 지나지 안는것입니다 (李允宰)

한글質疑欄

【問】ㅋ終聲이 現時 조선말에는 없는지오? 만일 있다면 「새벽녘에」 「날샐녘에」 「부엌에」와 같은것은 어떻게 쓰겟습니까 (嶺南生)

【答】그렇게 쓸수잇습니다 그밖에는 ㅋ바침을 쓸데가 별로 없습니다 (李允宰)

【問】朝鮮語에 對한 歷史的 由來와 그 發展을 系統的으로 論述하여 주실수 없습니까。(市內一讀者)

【答】조금만 기다리십시오。방금 그와같은것을 준비중에 잇오니 몇달뒤에는 나오게되겟습니다。위선이라도 아시려고 하면 昨年 한글記念日(陰曆 十月二十九日)의 各紙(朝鮮日報, 東亞日報)에 실린 한글에 關한 여러 專門家의 論文을 읽으시오。(李允宰)

한글質疑欄

【問】 一, 맡(任)어서가 옳은지 맡허서가 옳은지(붙附, 뱉吐, 흩散等) 二, 덮(蓋)어서가 옳은지 덮허가 옳은지(엎覆, 깊深, 앞前等) 三, 좇(從)아서가 옳은지 좇하서가 옳은지(쫓逐, 및及等) 四, 동녘에가 옳은지 동녘헤가 옳은지 이러한 말들의 바침은 어떻게 잘 알게 됩니까 (間島龍井村安明吉)

【答】 各問에 먼저쓴 것이 다 옳습니다, 語幹下에 連用되는 토(助詞 로)「어서」나「아서」가 動詞, 形容詞에서는 어떠한 말에든지 다 쓰이지마는「허서」나「하서」는 도모지 될수없습니다. 가령

먹(食)어서
입(衣)어서
읽(讀)어서
막(防)아서
뽑(選)아서

같은것이 다「어서」나「아서」로 되지안습니까 거기다가「허서」나「하서」의토를 달아써서는 될수없습니다. 이것을 미루어서 다른말도 다 그렇게되는것임을 잘 알것입니다 (李允宰)

【問】한글 終聲에 ㅊ과 ㅌ의 區別을하기 어려울 때가 잇으니 낯,낮(顏,晝)같은것을 어떻게 區別합니까 (嶺南生)

【答】그렇습니다. ㅊ과 ㅌ이 바침으로쓸때잘區別하기어려운때가잇습니다. 가령「이」토를 달때에는 모도 ㅊ바침이되며 다른 토를 달때에는 ㅊ도 되고 ㅌ도 됩니다. 또 쉬울말에는 모도 ㅅ바침으로도 됩니다. 이러할때에는 한가지 標準을 세우는것이 좋으니 그말아래에 여러가지 토를 달아서 많이 쓰이게되는 그것을 바침으로 쓰는것이 좋겟습니다. ㅊ바침과 ㅌ바침을 이렇게 區別해봅시다.

ㅊ바침‖꽃(花) 낯(顏) 돛(檣) 빛(光) 숯(數量) 팥(豆)

ㅌ바침‖겉(表) 곁(側) 끝(末) 돝(豚) 뭍(陸) 밑(底) 밭(田) 볕(陽) 솥(鼎) 숯(炭) (李允宰)

【問】한글 模範習字帖이 잇으면 發行所 販賣所를 敎示하여주시오. (公州山中生)

【答】아즉 그런 책이 나지 아니하였습니다. (李允宰)

한글質疑欄

【問】국문으로 날자 쓰는 법을 諭다는것을 가르켜주시오。(駱山밑에알구싶어하는사람)

【答】하로、이틀、사흘、나흘、닷세、엿세、일헤、여들헤、아홉헤、열흘、보름날、스무날、그믐날 이라고 쓰는것이 現時의標準입니다。하로를『하루』라고 소리내는 때도 잇으나 요새 홀소리(母音) ㅗ가 많이 ㅜ로 變하야 심지어 돈(錢)을『둔』이라고까지 하니 하루같은것도 아직 고처 쓸수 없습니다 이틀을『잇흘』이라고 쓰기도 하니 이는 二年을『잇해』라하며『잇』이라는 語根이 잇다는 것을 意味하나 그것이 한 獨立한 單語로 이룬것으로보아『이틀』이라고 쓰는 것이좋습니다。또 사흘、나흘、일헤 여들헤、아홉헤、열흘 같은것도 사올、나올、이레、이드레、아으레、여들이라고 써도 무방하다합니다。이는 아히(兒)가『아이』로、나히(年)가『나이』로 된것을 빛우어서 그러하다 함입니다。날자같은 말은 語法에는 관계가 없으니 다만 語音대로만 쓰면 그만일 것입니다。(李允宰)

한글質疑欄

【問】「하엿습니다」「없습니다」와「습니다」가 文法上 存在합니까. 「하엿읍니다」「없읍니다」「있읍니다」라고 쓰면 어떻슴니가요. 그러고「있스나」와「스나」도 「으나」로 한가지로 쓰는것이 어떠합니까. 또「습니다」「습」의 바침은 ㅂ이 맞습니까. ·이 맞습니까. (智利山下 종달새)

【答】「습니다와」「읍니다」가다 쓰입니다. 곳

습으로쓸때	읍으로쓸때
먹(食)습니다	먹읍니다
입(衣)습니다	입읍니다
얻(得)습니다	얻읍니다
높(高)습니다	높읍니다
낮(低)습니다	낮읍니다
좋(好)습니다	좋읍니다
읽(讀)습니다	읽읍니다
젊(少)습니다	젊읍니다
깎(削)습니다	깎읍니다
옳(可)습니다	옳읍니다

이 두가지가 토의 性質上으로는 조곰도 다름이 없습니다. 본래는 「읍니다」라 하는것이 옳으나 「습니다」를 「읍니다」보다 더 많이 쓰는것을 보면 「습니다」를 폐하여버릴수 없습니다. 그 두가지중 한가지만 쓰려고하면 많이 쓰는것을 취하는것이 좋겟으므로 「습니다」를 쓰게됩니다

「…니다」를 한 單字로 處世하는 경우면 文法上에 存在與否를 말할것없습니다. 「스나」라는 토는 쓸수없습니다. 「먹스나」「입스나」라고 할수없으니깐요. 「습」의 바침을 ㅂ으로 쓰는것은 ㅂ이 從前辭에 共通되는 뜻이 잇다합니다. 곳

하옵소서

합니다

합시고

와 같이 「합니다」도 여기에 같이 되는것이 매우 좋을줄 생각합니다. (李允宰)

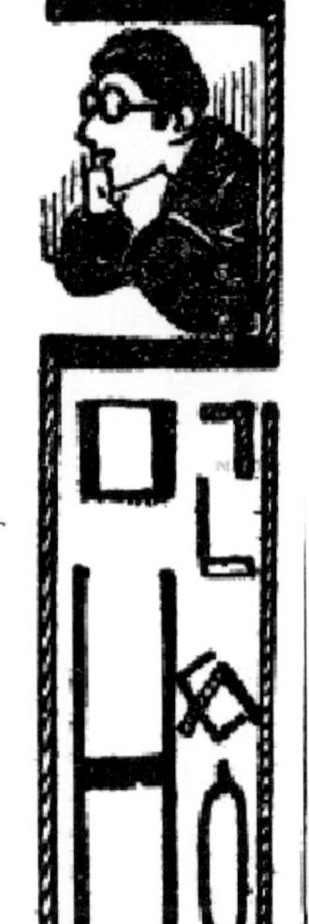

한글質疑欄

【問】 『밧게』(外)는 밨에? 밖에? 밖에? 『잇소(有)는 있소? 있오? 『싯고』(載)는 싫고? 싦고? 실고? 어느것이 옳은가요。(李丙濟)

【答】 내가 지금 쓰는 대로는 『밖에』『잇소』『실고』로 씁니다

다시 이것을 하나씩 말하면 『밖』이라 쓰는것은 이왕에 『밧긔』라 썼고 또 문밧(門外)이라할 때에도 ㅅ이 붙는 것이라 함이요 『밖』이라 쓰는것은 소리를 强하게하는것은 摩擦音인 ㅅ보다 ㄷ을 쓰는편이 낫다 함입니다。그러고 『밖』이라 쓰는것은 다만 發音의 便利를 쫓자함이니 『밖이、밖은、밖에、밖을 밖으로』가 『박기、박근、박게、박글、박그로』와 꼭 같이 發音이 된다는 것입니다。『문밧』이라 쓴다하여도 ㅅ소리는 ㄱ소리에 和合되어버렸으므로 ㅅ소리 만으로 낼수 없이되리니 亦是 『문밖』이라 하여도 관계없을것 같습니다。ㅆ바침을 쓴다면 있소라 써야 합니다。이것은 語幹끝이 바침 있는 때는 『소』토가 달리고 바침 없는때는 『오』토가 달리는것이니 例를 들면

『소』의 토	『오』의 토
먹소(食)	하오(爲)
받소(受)	주오(與)
읽소(讀)	보오(見)
있소(有)	가오(去)

이렇게 『소』의토와 『오』의 토가 그 쓰이는법이 다르다는말입니다。『실고』는 혹시 싯고라고할때도 있으니 그럴때는 『싣고』라고 쓰는것이 좋습니다。이 『실고』의 ㄹ이 普通 다른ㄹ과는 特別히 다르다고 봅니다。갈고(耕)、날고(飛)、살고(居)라할때에는 ㄹ아 그대로나 『실고』(載)라할때에는 『실고』로 發音됩니다。그렇다고 만일 『싫고』라고 쓴다면 『싫으니』『싫어서』할때에 어찌되겠습니까。이렇게 處理하기 어려운것은 아직 從前대로 쓰는것이 도리어 좋겠습니다。(李允宰)

한글質疑欄

【問】 子音을 몇식 겹치어 發音할수있을가요 例하면『있는』의『ㅅㅅ ㄴ』같은것인데 만약할수잇다면(ㅅ ㄴ)과의 差異가 如何?(李丙轍)

【答】 子音을 셋까지는 겹칠수가 잇습니다。例를 들면
밝다 (ㄹㄱㄷ의 겹친것)
넓다 (ㄹㅂㄷ의 겹친것)
깎고 (ㄱㄱㄱ의 겹친것)
앉고 (ㄴㅈㄱ의 겹친것)
많고 (ㄴㅎㄱ의 겹친것)
옳지 (ㄹㅎㅈ의 겹친것)
없지 (ㅂㅅㅈ의 겹친것)
가령『깎고』라 쓸때에 ㄱ하나는 없어도 좋을것 같이 생각되나『깎』이 한번 語幹이 된以上에는 고칠수 없고『고』는 토이니 또고칠수 없습니다 그러므로『깎고』라 쓰는것이 옳습니다。우리가 말을 씀에는 다만 發音만 주장할것이 아니라 語法도 봏아보아야합니다。나는『있』을 쓰지 않기때문에『깎』을 대신하여 말한것입니다 (李允宰)

【問】 한글을 改正하여 쓸때에 밖에(外) 엇이(何) 까닭(理由)이라고 쓰니 發音 그대로 박게、엇지、까닥이라 쓰는것이 어떤가요。(北만주中東線九江泡李生)

【答】『박게』라 쓴다면 語幹과 語尾를 어떻게 분간할수잇습니까。안에(内)란 말도『아네』라 써야 할것인가요。밖(外) 안(内)이 語幹이요『에』가 토니『밖에』『안에』로 쓰는것이 文法上 바른 法則입니다。『엇이』는 틀린것 입니다。『엇지』라 쓴다면『엇』에 무슨 뜻이 없으므로 이런것은 다만 發音대로만 쓰는것이 좋으니『어찌』라씁니다。『까닭』은 發音이 그대로 되니 그렇게 쓰는것이 좋습니다。(李允宰)

한글質疑欄

【問】 左記의 正誤를 청합니다 안이되여(非) 뜻(뜯) 몰은다(모른다) 직히여(지키여) 밖(밖) 따(땅) 우(웋) 못하(몯하) (한글生)

【答】 아니되어, 뜻, 모른다, 지키어(혹 직히어) 밖, 땅, 우, 못하가 옳습니다。(李允宰)

【問】 初聲을 終聲으로 쓰지 않는 경우를 例示하여주시요。(한글生)

【答】 初聲을 終聲으로 쓰지 않을것이 하나도 없습니다 이왕에는 ㄱㄴㄹㅁㅂㅅㅇ만 바침으로 썻지마는 지금은 다 써야합니다。(李允宰)

한글質疑欄

【問】 一, 訓民正音에 音의 長短을 表하는 法이 없습니까。『鏡城』는 『京城』을 어떻게 區別할가요。 二, 動詞의 語幹은 각기 말마다 記憶하여야 합니까 또는 그를 檢別하는 무슨 秘法이 잇습니까(李龍濬)

【答】 一, 訓民正音에 『左加一點,則去聲,二則上聲,無則平聲,入聲加點同而促急』이라하엿으니 이것은 글자의 왼쪽에 한점 혹 두점을 찍어서 長音을 表한다는 뜻입니다。上聲과 去聲을 漢字音에는 쓰는것이 可하나 우리나라말에는 쓸 必要가 없으니 다만 한점으로만 쓰는것이 便利하겟습니다。그러고 왼쪽에 찍을 찍는것보다 오른쪽에 찍는것이 좋습니다 그러면 鏡城은 『경:성』, 京城은 『경성』으로 써서 區別하는것이 좋습니다 二, 動詞의 語幹은 檢別하는 秘法이랄것이 없습니다。또 말마다 記憶할까닭도 없습니다。다만 語法만 잘 알면 절로 檢別하게 되고 記憶하게도 됩니다。語幹을 찾는 簡便한法이 잇습니다 아래에 몇개의 例를들면

먹(食) 다 고 어서 으니
얻(得) 다 고 어서 으니
갚([illegible]) 다 고 어서 으니
붙(粘) 다 고 어서 으니
덮(蓋) 다 고 어서 으니
넣(入) 다 고 어서 으니
읽(讀) 다 고 어서 으니
씻([illegible]) 다 고 어서 으니
굶(餓) 다 고 어서 으니
잃(失) 고 다 어서 으니
없(無) 다 고 어서 으니

와 같이 語幹에 바침잇는때는 그 아래 語尾로 活用되는 토(助詞) 『으니』 『어서』 『고』 『다』가 어떠한데든지 共通하여 쓰입니다。만일 그 토가 한군데에만 맞게 쓰이고 다른 여러군데에 맞게 쓰이지 아니하면 그것은 語幹이 될수 없습니다。가령 『풀으니』라고 쓰면 『으니』토를 달때에는 그대로되나 『고』토를 달아 『풀고』라하면 뒤수잇습니까。이런것은 『푸르』가 語幹인것을 알아야 합니다。그러므로 바침을 濫用하는 弊端이 많게됩니다。또 이밖게

가(去) 다 고 서 니
서(立) 다 고 서 니
사(買) 다 고 서 니
가지(持) 다 고 어서 니 ……(略하여 가져서로 씀)
마시(飮) 다 고 어서 니 ……(略하여 마셔서로 씀)
쓰(書) 다 고 어서 니 ……(略하여 써서로 씀)
뜨(浮) 다 고 어서 니 ……(略하여 떠서로 씀)

와 같이 語幹에 바침없는데는 『으니』, 『어서』의 토가 『니』, 『서』로, 혹 略하기도합니다。이렇게 같은 토로써 活用하게되는 말몸(語身)이 곳 語幹입니다。혹시 같은 토로써 活用되지 아니한 말몸도 잇으니 이것은 語幹의 變化 혹은 不規則動詞라하여 特別히 處理할것입니다 無一하고 動詞의 語幹을 말마다 다 記憶하려고 하지말고 토(助詞)만 잘記憶하면 語幹은 절로 記憶하게 됩니다(李允宰)

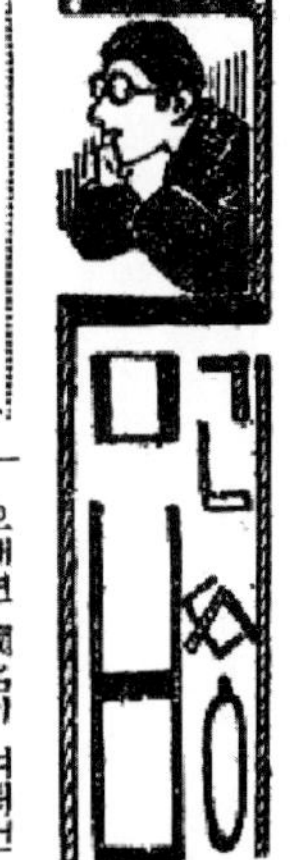

한글質疑欄

【問】一『한글』이란 이름은 桓, 駢, 韓이며 또 天, 一, 大等의 意義가 잇다고 그것이 조선글이란 말과 무슨 關聯이 잇을가요。二, 우리글의 이름을 歷史的意義가 깊고 또 一般的으로 使用되는 『訓民正音』이라든지 『朝鮮文』이라든지 또는 『조선글』이라함은 어떨가요。 (昭格洞 金振東)

【答】一, 그 나라든지 歷史가 오래면 國名이 여러번 變改함이 잇으므로 代表的名稱을 쓰는법이 잇습니다。例를들면 支那에서 唐, 虞, 夏, 殷, 周, 秦, 漢, 魏, 晉, 隋, 唐, 宋, 元, 明, 淸等 以外 無數한 國名의 代表的 總名稱을 自國에서는 『中國』『中華』『漢』으로 이르며 外國에서는 『支那』(China)의 譯으로 이릅니다。이와같이 우리朝鮮에서는 檀國, 扶餘, 濊貊, 沃沮, 濊, 貊, 馬韓, 辰韓, 弁韓, 高句麗, 百濟, 新羅, 駕洛, 渤海, 泰封, 後百濟, 高麗, 朝鮮, 韓等國名이 많은데 代表的名稱이 잇어야 합니다。지금 行用하는 『朝鮮』이란것이 最近까지 國名이 되엇든關係로 또 法定으로 施行케되는것이므로 아즉 그대로 행하나 사실 따저본다면 이왕에 事大主義者들의 口吻에서나온 所謂 箕子朝鮮이니 衛滿朝鮮이니 하는것을 자랑거리로 삼는것으로 보든지 또 李氏朝鮮五百年歷史란 우리民族에게 그리 빛날만한 일을 끼친것이 없는것으로보든지 將來에는 朝鮮이란것이 代表的名稱으로 하기 어려울줄압니다。또 外國人은 Korea 라하나 이것은 高麗란말에서오는것이니 뜻이 朝鮮이란것보다 차라리 나은줄압니다。그러고 桓國이라함은 三國遺事에 記錄되어잇어 檀君時節부터 잇든 國號요 三韓이라 함은 우리가 익히 아는바요 駢은 東夷의 別種으로 곳 韓과 音同而字異라고 古史에 잇습니다。그런즉 桓, 駢, 韓이 다 같은意義로 上古의 國名이 된것은 조금도 의심 없습니다。이러한 理由로서 『한』을 우리 江山, 또는 우리 民族의 代表的名稱으로 하자는것입니다。이와같이 『한』을 朝鮮이란 말로代用하게 되는 바에 『한글』이 조선글이란말과 꼭 같다고 합니다。二, 우리글을 訓民正音이라고 하는 것이 무론맞당합니다마는 그것이 一般으로 使用되지아니하얏으며 또 漢文의 뜻이요 너무 길므로 幼蒙에게는 그리 언하기 어렵습니다。朝鮮文 조선글이라는것도 틀린것은 아닙니다 마는 하필 꼭 그렇게 하잘 理由가 없겟습니다。다른나라의 例를 들어보면 中華民國 國文이라 하지아니하고 漢文이라 하며 日本國文이라 하지아니하고 假名或和文이라하며 『잉글렌드』Letter of England라하지 아니하고『알파뻬트』Alphabet라합니다。그러므로 朝鮮國文이라할것을『한글』이라하는 것도 괜찮은것으로 압니다。우리조선사람으로한가지좋지못한병통이 잇습니다。어떤말이든지 조선말된것을 漢文으로 쓰면 예사로 알되 만일 그것을 조선말로 쓰면 말성을 부리는 따윕니다。가령 『雪濃湯』이라 쓰면 예사로 보며 『飛行船』을 『날으는배』라하면 말성을 부리는 것입니다。이와같이 우리글도 『諺文』이라하면 예사로 보면서 『한글』이라하면 좋아하지아니함은 무슨 까닭인지요。或者는 말하기를 사람이 말을 짓지못한다 하지마는 訓民正音이니 朝鮮文이니 諺文이니하는것은 사람이 아니 짓고 무엇이 지엇단말이오? 어떤 말이든지다 사람의 입으로 命名하여 된것으로 압니다。『한글』이란 말을 꼭 쓰자고 우기는 것은 아닙니다마는 그 말이 最近에 와서 많이 행용하여 거이 一般化하게 되엇거늘 기어히 그 말을 拒斥까지할 까닭은 없을 [illegible]다。(李允宰)

문답

한글質疑欄

【問】一、한글을 橫書體로(例 ㅎㅏㄴㄱㅡㄹ)이 같이 研究한 것이 잇으면 가르처주시오。二、速記에 必要한 連續的 字體가 잇습니까。三、한글 綴字法이 徹底的으로 整理된 것에 依하여 쓰는 機關이 잇습니까。(東京李汶浩)

【答】一、한글 橫書體에 對하여는 朝鮮語 硏究機關인 朝鮮語學會에서 방금 研究中에 잇으나 오래지아니하여 發表될것입니다。이미 發表된 것으로는 金科奉氏著『집더조선말본』에 橫書字體에 對하여 자세히 적은것이 잇으니 그것을 參考하시오。二、連續字體는 橫書字體가 작정 됨을 따라 草書體까지 同時에될것입니다。이것도 『집더 조선말본』 책 가운데 흘림글씨란것이 잇습니다。三、한글 綴字法은 아직徹底的으로 整理된것이 없습니다 지금 朝鮮語學會에서 標準될 綴字法을 制定하는中에 잇습니다。改正綴字法에 依하여 徹底히 實行하는데는 雜誌로는 新生、東光等이 잇고 書籍으로는 端宗哀史、農民讀本、朝鮮史話集(近刊)等이 잇습니다。(李允宰)

【問】訓民正音의 이름(한글、諺文、反切等……)等)과 그 由來를 가르처주시오 (淸州疑問生)

【答】訓民正音은 世宗大王께서 지으신 우리글의 名稱입니다。우리가 그 名稱을 行用하는것이 옳으나 말이 길므로 쓰기 不便할때가 흔히 잇으며 그것을 줄여서 正音이라고 하면 좋겟으나 音律의 名稱같이 들리며 또 文字라는 뜻이 잇지아니하다하는 이가 잇습니다。그러나 그것을 글자뜻을 意味삼지 말고 다만 『훈민정음』이란것이 歷史的 名稱이라는것만 意味하엿으면 아무 관계 없을줄 압니다。한글이라함은 한 二十餘年前에 周時經先生이 지어서 使用하든 우리글의 名稱입니다 이것은 곳 조선 글이란 뜻이며 또 순조선말로 된 것이므로 다른 名稱보다 좋다 생각합니다。諺文은 녯적부터 일컬어오는것인데 漢學者들이 우리글을 賤稱하는데서 나온名稱입니다。反切은 支那 魏(曹)나라 時代에 孫炎이 지은것입니다。그나라에서 漢字의 音을 달때에 쓰는 法인데 곳(東)字의 音을 달때에 『德紅切』이라 하는 따위니 곳 德字의 첫소리 ㄷ과 紅字의 끝소리 ㅇ을 合하여 홍이 된다는 것입니다。우리글도 支那의 反切처럼 두개以上의 소리가 合하여 字母가 된다고 反切이라 합니다마는 우리글의 組織이 反切法과는 全然히 다를뿐더러 남의 글의 名稱을 그대로 쓰는것은 웃어운 일이며 無識한 짓입니다。(李允宰)

한글質疑欄

【問】「그러케, 이러케, 저러케, 엇더케」를「그렇게, 이렇게, 저렇게, 어떻게」라 쓰니 그 發音은 엇더하며 또 그러케 쓸 理由는 무엇입니까。(公州한글趣味갖어生)

【答】「그[illegible]게」가 그러케」로 發音됩니다。이는 ㄱ과 ㅎ이 합하거나 ㅎ과 ㄱ이 합하면 ㅋ의 겹소리로 나는 때문입니다。「그렇게」라 쓰는 理由는 원말「그러하게」를 줄이어 쓰는 관계입니다。곳「그러하」란「하」에 홑소리(母音)ㅏ를 줄이고 남는 ㅎ을 便宜上 우으로 올려어「러」밑에 바침으로 쓰게 된것입니다。그러나 이러한것은 이미 줄인말(省約語)라 하며「그러케」로 쓰는것을 文法上 한道理에 맞기는 것도좋은가 합니다。

(李允宰)

【問】「좃타, 만타」를「좋다, 많다」로 쓰면 發音이「조다, 만다」로 됩니까「조타, 만타」로 됩니까。

(公州한글趣味갖어生)

【答】「좋다, 많다」의 發音이「조타, 만타」로 됩니다。그 理由는 우에도 말하엿거니와 ㄷ과 ㅎ이 합하거나 ㅎ과 ㄷ이 합하면 ㅌ의 겹소리로 나게 되는 때문입니다。參考로 닿소리(子音)의 석입거듭되는法則을 알아두시오。

ㅋ=ㄱ+ㅎ, ㅎ+ㄱ
ㅌ=ㄷ+ㅎ, ㅎ+ㄷ
ㅊ=ㅈ+ㅎ, ㅎ+ㅈ
ㅍ=ㅂ+ㅎ, ㅎ+ㅂ

(李允宰)

【問】「합니까, 습니까」는「합닛가, 습닛가」와 무엇이 달습니까(公州한글趣味갖어生)

【答】그러한것을 語法上으로는 아무 관계가 없고 다만 發音에 맞게만 쓰면 그만입니다。곳「ㅂ니까」가 한명이 말이니 中間바침「ㅅ」으로 쓸것이아니요 發音대로「ㅂ니까」로쓰는것이 도리어 便利합니다。

(李允宰)

한글質疑欄

【問】一、ㆆㆁ○ㆆ◇△、ㆍ(等을어떻게 發音합니까。二、옛적책에『힝(影)할(曉)햏(匣)뽕(奉)징(日)뚱(透)等을 쓴데가 잇으니어떻게發音합니까。「東萊宋邁」

【答】一、그 音들은 訓民正音에

ㆁ 牙音 如業字初發聲

ㆆ 喉音 如挹字初發聲

○ 喉音 如欲字初發聲

△ 半齒音 如穰字初發聲

、如呑字中聲

이라하엿습니다。◇은 正音에는 없고 正音通釋(朴性源의著)에 쓰기 시작하엿는데 唇輕音 ㅱ를 ◇으로 쓴것입니다。이 글자들에 관하여 자세한 說明은 전에 한번 말한 일이 잇엇으므로 거듭 말하지 아니하려하며 여기에는 간단히 그 發音에 대하여서만 말하겟습니다。ㆁ은 ㄱ에 가까운 鼻音이요 ㆆ은 ㅎ보다 軟하고 ○보다는 좀 强한 소리요 ○은 지금 쓰는 아行 그대로 發音되는것이요 △은 ㅅ○의 間音이요 ◇은 ㅁ의 唇輕音이요 、는 ㅏㅡ의 間音입니다。이것은 거이다 廢用된 死字가 되어 버렷으므로 다만 參考로 나 알아 둘뿐이요 實際使用으로는 알 필요는 없다고 생각합니다。二、이것은 洪武正韻 字母에 쓰인것인데 明나라의 字音인가합니다。그렇게 쓰는것이 訓民正音、月印千江之曲、蒙山法語、其他 佛經諺解같은데 많이 잇습니다。이를 보면 國初에는 漢字의 原音(곳 明나라의 音)을 밝히기에 무든히 애쓴것갈습니다。그 發音은 지금 漢字의 音과 대단히 다릅니다。影은 잉으로、曉는 할로、匣은 햫로、奉은 뽕으로、日은 에로、透는 텋로하면 거기에 좀가까운 소리가 되리라고합니다。(李允宰)

【問】一、우리글자의 △은 英字 R、ㅸ은V、ㆄ은F와 近似한듯한데 어떠한지오。

二、한글의 글자가 梵字에서 나왓다하는이가 잇으니 참말입니까。梵字란무엇입니까。

(東萊 宋邁)

【答】△은 은이라기보다 차라리J가 近似한 편입니다。ㅸ과 ㆄ R 그러하다할수 잇습니다。二、한글의 梵字) 起源說은 成俔(成宗朝人)의 慵齋叢話에『其字體依梵字爲之』라함과 또 李睟光(宣祖朝人)의 芝峯類說에『我國諺書字樣全倣梵字』라함으로서 우리글이 梵字에서 나왓다고하며 요새日本人 學者들中에서도 이 說에 加擔하여 梵字起源을 主張하는 者도 잇습니다。그러나 梵字와 우리글과를 맞추어보면 字樣이 조금도 같지아니하니 그들의 본것이 아주 틀린것으로 압니다。訓民正音을 지을때에 힘을같이하든 鄭麟趾의 訓民正音序文中에『正音之作、無所祖述、成於自然』이라함을 보면 世宗께서 한글을 지으실제 梵字뿐아니라 어느글이든 模倣하여 맨든것이 아니요 純然히 創作하신것임이 의심없습니다。梵字는 Sanscrit(산스커리트)인데 印度文字입니다 佛經飜譯의 關係로 옛적에는 이 글을 배운일이 잇엇습니다

(李允宰)

한글質疑欄

【問】 一、ㄱㄴㄷㄹㅁㅂㅅㅣㅇ으로 씻오니 여기의 ㅣ가 母音ㅣ와 무슨 분간이 잇습니까。

二、中間ㅅ의 用法(故鄕ㅅ山川、한밤ㅅ중、山ㅅ길、물ㅅ고운、배ㅅ속、밤ㅅ언덕等)을어떻게 쓰는것이 좋습니까。

(鐵山月峯 金一坡)

【答】 ㅣ는 홑소리(母音)인것밖에 [illegible]리 쓰이는 일이 없습니다 [illegible]에는 ㅣ를 받침에 쓰인다하여 닿소리(子音) 속에 넣었으니 이는 크게 誤謬입니다。가령「개」字는「가」에 ㅣ바침을 한것이 아니요 ㄱ에 ㅐ라는 겹홀소리(複母音)를 붙인것입니다。여기에 한가지 더 붙여말할 것은 ㅣ는 讀音을「이」로 하며 또 複母音인때에 흔히「애」로 發音되는것입니다。요새 글쓰는이들이 日本글에서 많이 쓰는 長音符號 그것을 본받아서 우리글에도 함부로 쓰는 弊가있습니다。곳 感嘆詞에「아ㅣ」는자ㅣ」로 쓰면 이것은「아이」는자이「라거나 혹「애」는재「라거나 發音하여야 할것이요 결코 長音으로 보기 어려운 것입니다。日本은 ㅣ가 假名에 없으므로 그것을 符號로 정하여써도 關係없으나 우리나라는 ㅣ가 原字母에 잇는것이므로 딴符號로 삼기 어려울 것이올습니다。

二、中間ㅅ은 二個의 單語가 連結되는 때에 그 中間에 音이 세게 나는 때가 잇으므로 ㅅ을 中間에 넣어 音을 調和하게 하는것입니다。그러나 아무 말이든지 一定한 法則으로 그리되는 것이 아니므로 處理上 대단히 不便하게 됩니다。가령 같은 擴過엣 말이언마는 中間ㅅ되는것도잇고아니되는것도잇습니다。곳

배ㅅ길(船路) 배ㅅ사공 배

같은 것은 中間ㅅ이되고 배

다리(船橋) 배짐(船荷物) 갈

은것은 아니되며

아래ㅅ방 아래ㅅ사람

같은 것은 中間ㅅ이되나

아래채(下屋) 아래층(下層)

같은것은 아니되며

고기ㅅ덩이(肉塊)

같은것은 中間ㅅ이 되나

고기밥 고기잡이

같은것은 아니되며

돌ㅅ구멍 돌ㅅ덩이

돌ㅅ자갈 돌ㅅ비눌

같은것은 中間ㅅ이 되나

돌기와(石瓦) 돌다리(石橋)

돌담(石垣) 돌비(石碑)

같은것은 아니됩니다。이 어떠한 까닭인지 알수없습니다。이렇게 一定한 法則이 없고 또 ㅅ濫用이 弊됨을 생각하여 中間ㅅ을 롱이 쓰지 말앗으면 좋겟습니다。만일 일일이 쓰게된다하드라도「漢ㅅ字、八ㅅ道、人ㅅ格、理ㅅ科、決ㅅ定、代ㅅ數、散ㅅ步、千ㅅ里、文ㅅ科」로 쓰는것이 얼마나 지커본한 일입니까。이러한 말들은 中間ㅅ이 없어도 잘 읽지 아니합니까。이 例에 의지하며 우리말에도 中間ㅅ을 쓰지 아니하고도 읽는 習慣을 기르는것이 차라리 좋지 아니할가 합니다。여기에 대하여는 달리 더 좋은 方便이 잇을것을 硏究하여보십시다。

(李允宰)

한글質疑欄

【問】「노래」를「놀애」로「아래」를「알에」로 쓸은 무슨 까닭입니까。(수산)

【答】「놀애」「알에」로 쓰는 것을 贊成하고싶지 안습니다。二個以上의 單語가 合成한 單語에는 그 語根을 밝히기 위하여 中間에 바침을 다는것이 좋으나 아무 意味없이 여러 音綴로 이룬 單語에는 쓸데없이 中間에 바침을 달아 쓰는 따위는 絕對不可합니다。例를 들면「늙은이」「빛나다」같은것은 二個以上 單語의 合成이니 그렇게 쓸수잇으나「슬호다」「삶히다」같은것은 다만 여러 音綴로 이룬말이니「슬프다」「살피다」고쓰는것이 좋습니다 그런데「놀애」라 쓰는 까닭은 古書에 많이 그렇게 썻다는것입니다 龍飛御天歌, 月印千江之曲, 杜詩諺解, 佛經諺解, 訓蒙字會等 여러 책에 다「놀애」로 씌어잇습니다。어찌하여 그렇게 썻는지는 알수 없습니다 或은 말하기를「놀애는 놀(遊)다는語源으로된말이기 때문에 그렇게 쓴것이라」하나 이것은 한 曲論에 지나지 아니합니다。예적에 우리글 쓰는것이란 다만 表音式뿐이요 무슨 語源이나 語根을 밝히는 일이 없었습니다。가령「달이 밝으니」라는것을 예적에는「ᄃᆞ리 ᄇᆞᆯᄀᆞ니」로 썻으며 또「有하나니」를「인ᄂᆞ니」로 썻거늘 다만「노래」에만 語源을 밝히려는 뜻으로「놀애」라 썻을 까닭이 잇을 리가 없을 것입니다。또 古語에 그렇게 썻으니 그대로 따르는 것이 좋다 한다면 古語에 水를「믈」이라하며 海를「바랄」이라하며 土를「ᄒᆞᆰ」이라 하며 沙를「몰애」라하며 女를「겨집」이라하며 龜를「거붑」이라하며 獐을「노ᄅᆞ」라하며 狐를「여으」라하며 上去를「올아간다」라 하엿으니 이것을 다 그대로 따를것인가。이런 한 理由에서 따저본다면「놀애」로 쓰는것이 無意味한 짓이라 할수밖에 없습니다。「알에」로 쓰는 까닭은 上下를「우알」하는 때가 잇다는것인듯 합니다。그러나 알은 아래의 준말(略語)이니「아래」가 원 語幹이며「알은」준말인 것을 분간하는것이 좋습니다。가령「아래사람」을「알사람」이라 할수없으며「아래녁」을「알녁」이라 할수없으며「아래층」을「알층」이라 할수없으며「아래턱」을「알턱」이라할수 없는 까닭입니다 (李允宰)

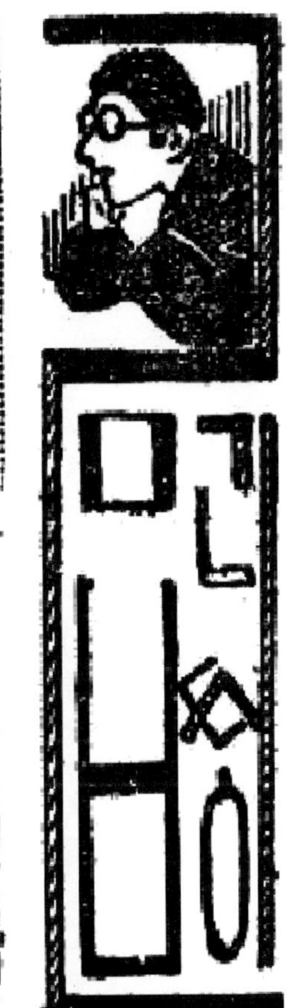

는『게』가 어찌하여『케』소리로 나게 되며 또 좋다는 다가 어찌하여『란』소리로 나게 됩니까。(文川欲知生)

【答】ㄱㄷㅂㅈ이 ㅎ과 合하면 ㅋㅌㅍㅊ으로 되는 까닭입니다。이것을 전에 한번 자세히 말한일이 잇엇습니다。

(李允宰)

한글質疑欄

【問】흠――함、하얏다――하엿다、하갯다――하겟다는 어떤것이 옳습니까。

(文川欲知生)

【答】함、하엿다、하겟다 가 옳습니다。『하엿다』는『하얏다』로 쓰는것이 좋다 하는이도 잇으나 이것은『하야』란 토와 一致하게 하자함입니다『하얏다』로 쓴다 하여도 語法上 꼭 맞다기는 어렵습니다。그런즉 이런한것은 다만 發音의 便으로나 取하는것이 좋을가 합니다(李允宰)

【問】그렇게、이렇게、어떻게

문답

【問】 아래와같은 것은 어느것이 맞습니까。

1 하십니까、하십닛가、하십니가。

어떠한것、얻떠한것、엇떠한것。

2 모짜리(苗代)、모ㅅ자리、모자리。

코끼리(象)、코ㅅ기리、코기리。

3 올리다、오니다。

를렷소、를렷소。

롤리다、롤니다。

(一問生)

【答】 1 하십니까、어떠한것이 맞습니다。「닛」이나 「니」또는「얻」이나「엇」이 무슨意味잇는 語根이되지못하고 반듯이「니까」「어떠」하와 여러 音綴식이 어우러저 한 單字를 이루는 때문입니다。

2 못자리、콧길이로 쓰기는 합니다마는 象을 콧길이라고 쓰는 것은 코가길게생긴것이라(鼻長者)는 그 뜻을 取한것이나 그것이 이미한덩이의 單語가 된것으로 본다면 「코끼리」로 써도 좋音을 압니다 中間ㅅ은 될수잇는대로 아니쓰는편이 좋겟습니다。

3、올리라、를렷소、롤리다가맞습니다。이것은 音理上으로 ㄹ소리가 거듭나는 것이요 ㄹ과 ㄴ의 混音으로 된것이 아니기 때문입니다。

(李允宰)

한글質疑欄

【問】 아래 쓴 말에 어느것이 옳은지 알려주시오
따라서? 딸아서?(隨)
부터? 붙어(自)
가져서? 갖어서?(持)
낫다? 낳다?(優)
일어나다? 이러나다?(起)
발은다? 바르다?(塗)
몰은다? 모르다?(不知)
(水原한글硏究會)

【答】 「따라서、부터、가져서、낫다、바르다、일어나다、모르다」로 쓰는것이 옳습니다 理由는 하나씩 말하겠습니다 隨는 「따르」가 語幹이 되어 「따르다、따르고、따르니」라 할때에는 다같이 活用이되나 「아서」의 토를 달 경우에는 말끝에 홀소리(母音) 「ㅡ」가 줄어서「따라서」로 變합니다 이런것을 不規則動詞라 합니다 그러고 「땋고、땋다」로 쓸때도 잇으니 이는 같은 뜻의 말을 두가지로 쓰는 例가 우리 말에 많은것입니다 自는 그 말의 근원을 따져 보면 「붙어」와 「붙」이 어데서 시작 한다는 뜻이니 「붙어」로 쓰는 것도 한 理由는 되지마는 「부터」란 두 音節이 한 單語로 이룬것으로 본다면 「부터」로 「붙어도」 좋으며 또 「粘」의 붙과 區別하는 변으로도 「부터」로 쓰는것이 좋을줄 압니다。 持는 「가지」가 語幹이니 「가져서」로 쓰는것은 「가지어서」의 줄인말이것입니다。 흔히「갖고」라든지 「갖다주다」라든지 이렇게 쓰는것도 다 줄인말입니다。 優는 「낫」이 語幹이나 이것도 不規則動詞이기 때문에 「아서」와 토를 달 경우에는 ㅅ 바침이 줄어서 「나아서」로 變합니다。 「낳다」는 發音이 「나타」로 되는고로 더구나 안됩니다。 起는 「일」과 「난」가 語根이 되며 中間에 「언」란 토가 들어서 「일어나」란 한개의 말이 된것입니다。 塗와 不知는 우에 말한 隨와같이 不規則動詞입니다。「바르、모르」가 語幹이나 「아서」의 토를 달 경우에는 말끝에 홀소리 ㅡ가 줄고 ㄹ이 더하여 「발라서、몰라서」로 變합니다。 혹「밟아서、몲아서」로 쓰는이도 잇으나 이렇케 쓰면 「아서」란 토는 變할이 없으나 원語幹이 되는그것은 依然히 不規則이 되고 마는것이니 그렇케 쓰는것이 그다지 큰 必要가 잇다고 생각되지 안습니다。(李允宰)

(李允宰)

한글質疑欄

【問】外國語를 한글로 쓸때에 ○을 左邊에 붙이어 ᅋ、ᄬ等을 쓰니 前에 없는 法을 지금 쓰는것은 무슨 까닭입니까。(初步한글生)

【答】ᅋ、ᄬ等은歐米語로F字의 音입니다。現時 우리語音에는 歐米語音F와 같은것이 없습니다。따라서 그音을 記할 글자가 없습니다。그러므로 ○를 左邊에 붙이는 ᅋ、ᄬ等을 써서 그 音과 相似하게 하려는 것입니다。그러고 이것이 前에 없는 法이 아닙니다。脣音(ㅁㅂㅍㅁ等)下에 ○을 連書하면 脣輕音 ㅱㅸㅹ이 된다는것이 訓民正音에 있습니다。지금 쓰는 것은 脣音下에 있든 것을左邊으로 옮기어 써든이 퓽이 없으로 됨에 지나지않습니다。예적 책에는 이脣輕音을 많이 썻오니 우리나라語音에도 예적에는 그脣輕音이 있엇는듯합니다。요새 外國의 固有名詞를 쓸때에 그편 것을 많이 쓰나 실상 생각하면 우리글을 쓸때에 꼭 外國의 語音 고대로 表記할것이 아니요 우리의 어떠한 標準下에서 쓰는것이 가장 좋을줄 압니다。우리글자에 없는 것을 일부러 새글자를 만들어 써서 外國語音을 表記하잘 理由까지는 없겟습니다。다만 現在 우리글 잇는 그대로를 가지고 거기에 비슷하게 쓰기만 하면 그만일것입니다。ᅋ를 프로、ᄬ를 뷔로 써도 괜찮겟다는 말입니다。그러나 어느 有力한 語學機關에서 外國語音에 對하여 表記法을 定한것이 잇다면 그대로 따라할 따름입니다。(李允宰)

【問】당소리와 홑소리가 합하여된 「가갸거겨」를 무엇이라고 부르는지오。어떤이의 쓴 것에는 「반절」이라 하엿으니 그것이 옳습니까。옳다면 그 뜻을 자세히 가르쳐주시오。(南滿培英校鄭在甲)

【答】한글 硏究의 元祖되는 周時經氏는 홑소리와 당소리를 通稱하여 「고나」라 하며 漢文말에 字母라는것을 대신하고 여러 고나가 합하여 된 것을 「낱내」라 하여 漢文말에 反切이라는 것을 대신하였습니다。고나와 낱내가 다 새로 지은 말이므로 처음 보기에는 좀 야릇하게 생각되나 漢文말로 하는것보다 우리말로 하는것이 더욱 좋을줄 압니다。더구나 「반절」이란 것은 漢字로 反切이니 支那 晉나라때에 孫炎이란사람이 만든 法인데 漢字의 音을 다는데에 쓰는것입니다。그 法이 우리글에는 아주 理論에 닷지 아니하므로 (反切法에 對하여는 먼저 한번 말한 일이 잇음) 그 말을 쓰는 것이 옳지 못합니다。그 없는 말을 일부러 새로 定하는 이 보다 이미 周氏의 定한 「낱내」란 말을 쓰는것이 좋을가 합니다。(李允宰)

한글質疑欄

【問】普通學校朝鮮語讀本 改正된 綴字에 『볕이』를 『볕치』로 『같이』를 『갓치』로、『없느냐』를 『업느냐』로 『않다』를 『안타』로 쓰는 것이며 또ㅎ바침을 아니 쓰는等 錯誤된 것이 많습니다。 이것을 訂正하며 가르켜도 無妨합니까。 또 홀소리『ㆍ』는 아니 쓰기로 하엿는데 讀本 첫페지에는 マ、ト、……等을 쓴것이 잇으니 矛盾이 아닙니까。 이런것을 普通學校先生들이 어떠케들 指導하는지오。

(南滿田平街培英校鄭在甲)

【答】글세요。 그러한 綴字를 어떠케 햇으면? 敎科書를 訂正하야 敎授한다는 것은좀생각할일입니다。 그 敎科書를 쓰지아니한다면 말할것도 없거니와 이미 쓰는바에는 誤謬된것을 자꾸 訂正하기로하면 兒童에게 敎科書를 不信用하는 心理를 일으키어 점점 惰怠心을 기르게될 念慮가 없지 아니할 것입니다。 내 생각에는 讀本은 그대로 가르치고 作文이나 書取時間을 利用하여 綴字法을 자세히 說明하여주는것이 五十步笑百步인 셈은되나 直接 敎科書책에서 訂正하는것보다는 나으리라고 생각합니다。 廢用된 マ、ト、……를 거기 쓴것은 將來에는 아주 없어지고말것이나 아직도 一部에서 (더욱이 耶蘇敎會에서는) 使用하는 데도 잇으니 實際使用은 아니하나 남이 써논것을 알아보기나 하라는 뜻인듯합니다。 그것을 다음에 어대서든지 다 使用하지 아니하는 때에는 아주 빼버리고말것이겟지오。 (李允宰)

【問】습니다? 읍니다? 어느것이 옳습니까。 (博川한글몰라生)

【答】두가지가 다 쓰이는줄 압니다。 語法上으로는 『읍니다』가 옳으나 널리 쓰이기는 『습니다』니 두가지중에 하나만 쓸지면 『습니다』만 쓰는것이 좋겟습니다。 아래에 비교하여보겟습니다。

먹읍니다　먹습니다
입읍니다　입습니다
갈읍니다　갈습니다
읽읍니다　읽습니다
많읍니다　많습니다

(李允宰)

【問】한글辭典은 언제나 나옵니까。 (博川한글몰라生)

【答】辭典의 編纂은 容易한일이 아닙니다。 지금 朝鮮語辭典編纂會에서 年前부터 編纂에 着手하여 그동안 많이 進行되엇는데 編輯員以外 各專門家數十人이 執筆을 分擔하엿으며 또 朝鮮語學會에서는 辭典에 適用할 文法、綴字、表準語等을 制定하기에 汲汲하는中입니다。 그리 오래지 아니하여 完全될것입니다。

(李允宰)

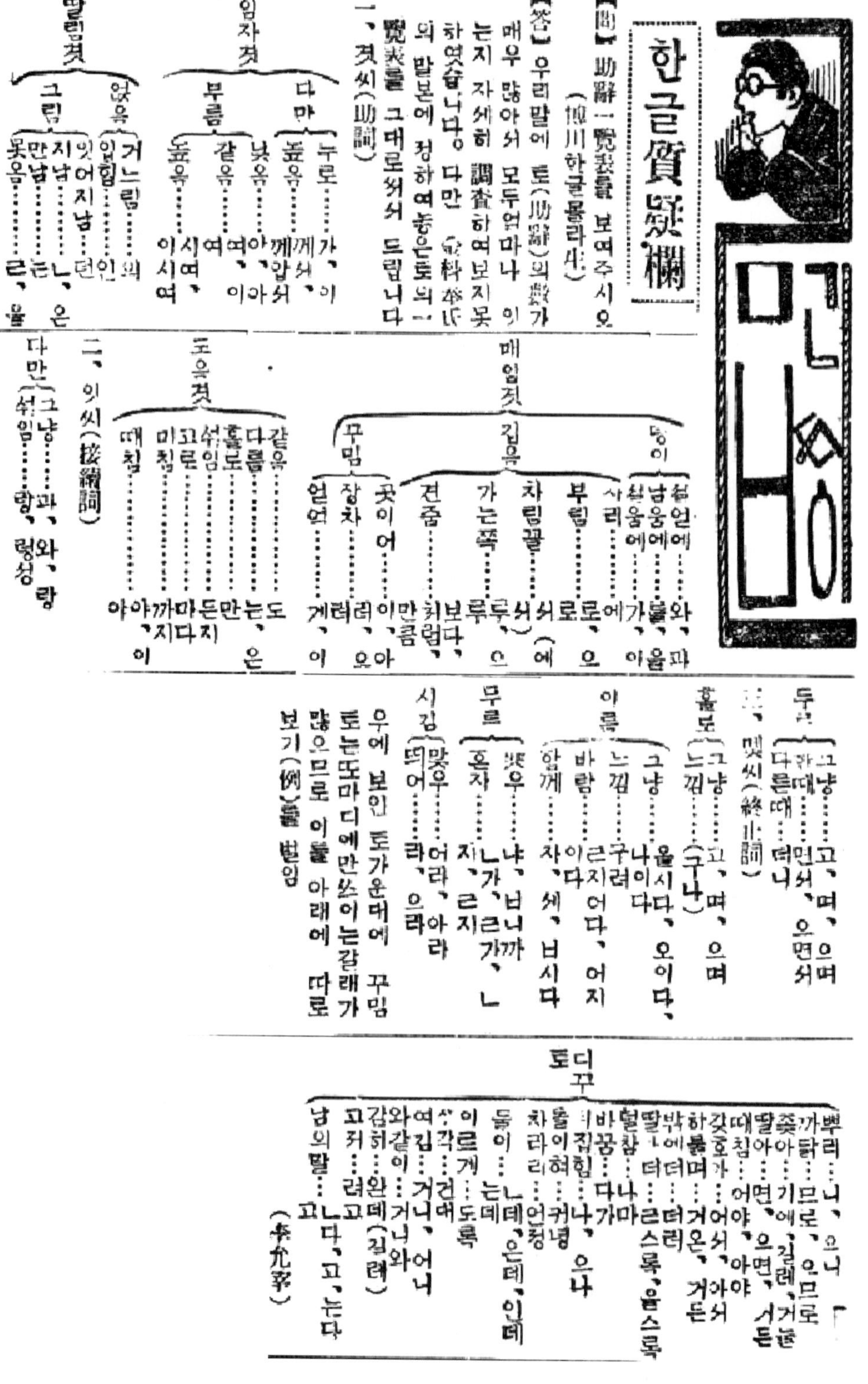

한글質疑欄

【問】 助辭一覽表를 보여주시오 (撫川 한글물라生)

【答】 우리말에 토(助辭)의數가 매우 많아서 모두얼마나 이는지 자세히 調査하여보지못하였읍니다。 다만 (參考)의 말본에 정하여놓은토의一覽表를 그대로써서 드립니다

一、겻씨(助詞)

- 임자겻
  - 다만
    - 누로……가、이
    - 높음……께、께서、께압서
  - 부름
    - 낮음……아、야、이아
    - 같음……여、
    - 높음……이시여、시여
- 딸림겻
  - 얹음
    - 거느림……의
    - 입힘……인
  - 그림
    - 잇어지남……던
    - 지남……ㄴ、은
    - 만남……는
    - 못옴……ㄹ、을
- 매임겻
  - 몸이
    - 섞엄에……와、과
    - 남움에……를、을
    - 살움에……가、이
  - 집음
    - 사리……에
    - 부림……로、으로
    - 차림꼴……서(에서)
    - 가는쪽……루、두、으
    - 견줌……보다、처럼、만큼
  - 꾸밈
    - 곳이어……이、아
    - 장차……려、요
    - 얼연……게、이
- 돕음겻
  - 같음……도
  - 다름……는、은
  - 홑로……만
  - 섞임……든지
  - 고름……마다
  - 미침……까지
  - 때침……야、아、이

二、잇씨(接續詞)

- 다만
  - 그냥……과、와、랑
  - 섞임……랑、령성

三、맺씨(終止詞)

- 두루
  - 그냥……고、며、으며
  - 같은때……면서、으면서
  - 다른때……더니
- 홀로
  - 그냥……고、며、으며
  - 느낌……(구나)
- 이름
  - 그냥……올시다、오이다、나이다
  - 느낌……구려、ㄹ지어다、어지
  - 바람……이다
  - 합게……자、세、ㅂ시다
- 무름
  - 낮우……냐、ㅂ니까
  - 혼자……ㄴ가、ㄹ가、지、ㄹ지、ㄴ
- 시김
  - 맞우……어라、아라
  - 뜨어……라、으라

우에 보인 토가운데에 꾸밈토는또마디에만쓰이는갈래가 많으므로 이를 아래에 따로 보기(例)를 벌임

토디꾸

- 뿌리……니、으니
- 까닭……므로、으므로
- 좇아……기에、길래、거늘
- 딸아……면、으면、거든
- 때침……어야、아야、야
- 갖호가……어서、아서
- 하물며……거온、거든
- 박에더……더러
- 딸나더……ㄹ수록、을수록
- 헐참……나마
- 바꿈……다가
- 집힘……나、으나
- 들이혀……커녕
- 차라리……언정
- 들이……ㄴ데、은데、인데
- 이르게……도록
- 생각……건대
- 여짐……거나、어니
- 와같이……거니와
- 감히……완데(길래)
- 꼬치……려고
- 남의말……고、ㄴ다고、는다

(李允宰)

한글質疑欄

【問】 一、ㅊㅌㅋㅍ이 名詞바침、動詞바침에 適用되는 例를 알려주시오。二、ㅋㅌㅍㅊ이 ㄱㅎ、ㄷㅎ、ㅂㅎ、ㅈㅎ와 같다는 根據를 모르겟습니다。(交川雲林S生)

【答】 一、그러한 바침을 다는 데 대하여 먼저 한가지 알아야할것은 語尾 곳 토가 무엇인것을 아는것입니다。곳 名詞에 달리는 토와 動詞에 달리는 토가 다르니 名詞의토 이、은、에、을 動詞의토 으니、어서、고、다 이 몃가지의 토를 가지고 各語幹아래에 붙이어보면 바침이 무엇이 되는지 다 절로 나타나게됩니다。그러므로바침을 各個字마다 例를 들면 必要는 없으나 우에 말한 토를 應用하기 위하여 아래에 몃을 적습니다。

ㅊ { 名—꽃(花)낯(顔)몇(幾)빛(光)숯(炭)팥(豆)
　 動—좇(從)쫓(逐)

ㅌ { 名—겉(表)곁(側)끝(末)뭍(陸)밑(底)밭(田)볕(陽)솥(鼎)
　 動—맡(任)붙(粘)뱉(吐)옅(淺)흩(散)

ㅋ { 名—녘(方)부엌(廚)
　 動—無

ㅍ { 名—늪(沼)섶(薪)숲(藪)앞(前)옆(側)잎(葉)짚(藁)
　 動—갚(報)덮(蓋)짚(杖)

二、ㅋㅌㅍㅊ은 섞임거듭소리입니다。ㅋ이 ㄱㅎ의거듭된것은 「족하」를 조카로、「착하다」를「차카다」로 發音되는것이며 ㅌ이 ㄷㅎ의거듭되는것은 「굳하여」가 「구타여」로 發音 되는 것이며 ㅍ이 ㅂㅎ의 거듭된것은 「잡히다」가 「자피다」로 發音되는 것이며 ㅊ이 ㅈㅎ의 거듭된것은 「낮히다」가 「나치다」로 發音되는것입니다。이런것들은 다 섞이어 거듭되기 때문에 ㅎ가 먼저 잇으나 뒤에 잇으나 마찬가지로 같은 소리가 나게됩니다。곳 ㅎ이 ㄱ먼저잇서서「좋고」를할때에도 發音은「조코」로 된다는것이니 이것뿐아니라 ㄷㅂㅈ도 다 그러케됩니다。이것이 우리에게 잇는 한 習慣音입니다。이것을 가지고 다른것에다 比較하여보시오。(李允宰)

한글質疑欄

【問】 一、『못하』가 옳고 『몯하』가 옳다는 理由。二、『다르』『닯』『닮』中에 어느것이 옳은지 가르켜주시오。(間島 安明吉)

【答】 『몯하』를 옳다고 하지는 아니합니다。 옛적에는 어떠튼지 모두 『몯하』로 썻고 또 音理上으로 보면 더욱이 『몯하』로 써야 適合합니다。 그러나 『잘못은』『잘못이다』라 할때에 끝소리가 ㄷ으로 나지않고 ㅅ으로 나며 또 『못하』라 써놓고 『몯하』로 發音하는것이 一般으로 習慣化하엿으니 그만 본대대로 두는것도 좋다는것입니다。

二、『다르』는 같은 뜻으로 두가지 발몸이 잇습니다。 곳 『다르다』로 쓸 때도 잇고 『닮다』로쓸때도 잇습니다。 어떠한이는 『닮』 하나로만 쓰고 『다르』는 쓰지 아니하기로 주장하는이가 잇으나 우리말에 이러한 말이 많으니

답으다(積) 답그다
심다(植) 심그다
만들다(造) 맹굴다
넓다(廣) 너르다
날다(飛) 나르다
그르다(誤) 긇다
따르다(隨) 딿다

이러한것을 다 한가지로만 말하지아니하고 두가지로말하니 言語整理를 行하여 한가지 法則을 완전히 세우기 전에는 도저히 實行하기 어려울줄 압니다。 그러고 또 『다르』란 말은 不規則語幹이니 語尾의 活用이 달리 되는 法則이잇습니다。 곳 『다르다、다르니、다르고、다르면、다른、다르더라』할때에는 『다、니、고、면、ㄴ、더라』의 토가 다른 語幹아래에 쓰이는것과같으나 다른語幹아래에 쓰이는 토『아서』를 달때에는 『달라서』로 쓰는것입니다。 혹은 『닯아서』로쓰는이도잇으나 『아서』란토는 그대로잇으나 으뜸되는語幹은 變하엿으니 이미 不規則語幹이 된바에는 複雜한바침을 달아서 그러케 어렵도록 쓸 必要가 없습니다。 그런고로 『달라서』로 쓰는한 法則을 文法에 定하야 두는것도 無妨하다 생각합니다。 이런한 말의 例가 많습니다

가르다(分) 갈라서
고르다(調) 골라서
나르다(飛) 날라서
마르다(乾) 말라서
모르다(不知) 몰라서
바르다(正) 발라서
오르다(登) 올라서
자르다(斷) 잘라서

이러한 變化되는 例가 많으므로 이것이 한法則이 될수 잇습니다。(李允宰)

한글質疑欄

【問】「밖(外)에、밝에」「있다、잇다」「합닛가、합니까」는 다 똑씩 쓰니 그중에 어느것이 옳습니까.(孟山ㅎ、ㅁㅇ生)

【答】밖에、있다、합니까로 씁니다。

「밖에」로 쓰는것은 이왕에 「밧긔」라 써서 바에ㅅ바침을 단것이 잇으니 그버릇을 廢할 수없다는것과 또 門外를 「문밧」이라 發音하니 분명히 ㅅ소리가 난다 하는것입니다。그러나 우리가 지금 말을 歷史的語音을 標準을 삼는다면 限이없겠습니다。또「문밖」이라 쓴다하야도「문밧」이라고 끝소리 ㅅ을 별수없을것이오 도리어ㅅㄱ異類의 글로 바침다는것이 不必要한것이니 꼭 發音되는대로「밖에」로 쓰는것이 좋다함입니다

「잇다」는「있다」로 쓰는이가 많습니다。그러나 끝소리 ㅆ으로되는것이 京畿 忠淸 全羅 몇道에는 잇으나 그밖에는 거의 없스며 또 본래는 우리소리에 ㅆ끝소리가 全혀없엇습니다。만일 京城語를 標準語로 定한다면「있으니、있어서」로 쓰는것이 옳으나 全國의口音을 調査하야 多數하편을 取하여 標準語를 定하다면 그러케 쓸 까닭이 없겟습니다。「합니까」로 쓸 理由는 한개語綴로되는말은 될수있는대로 表音式으로 쓰자는것입니다。(李允宰)

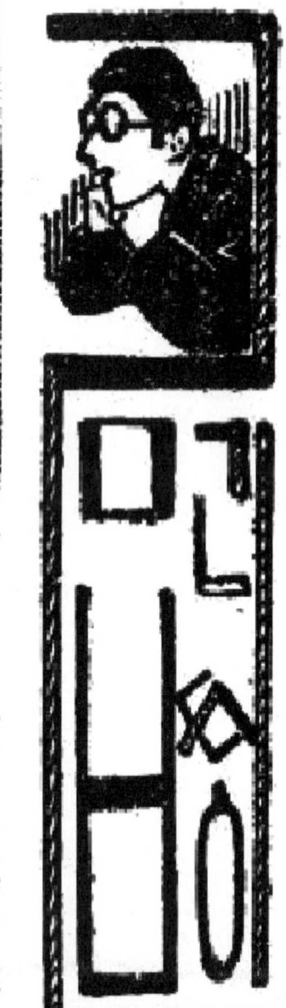

한글質疑欄

【問】 左記 讀過의 토는 어떠케 活用됩니까

{아 {아서 {아도 {아라
어 어서 어도 어라

(龍仁白岩任生)

【答】 이것은 움씨(動詞)나 얻씨(形容詞)아래에 쓰이는 토입니다. 『아』나 『어』가 꼭 같은 것으로 그 活用되는 것엔 조곰도 다름이 없읍니다. 다만 이러한 法則이 하나잇습니다. 語幹끝에 홀소리(母音)가 『ㅏ ㅗ』일적에는 『아』토로 쓰이고 『ㅓ ㅜ ㅡ ㅣ』일적에는 『어』토로 쓰인다는 것입니다. 알에에 그 두가지를 비교하야 봅시다.

『아』 토로 쓰이는것

갈아 갈아서 갈아도 갈아라
높아 높아서 높아도 높아라

『어』 토로 쓰이는것

먹어 먹어서 먹어도 먹어라
굳어 굳어서 굳어도 굳어라
들어 들어서 들어도 들어라
읽어 읽어서 읽어도 읽어라

이것이 꼭 그 法則대로만되는 것이 아니라고 할수도잇오니 곳 『갈아서』를 『갈어서』 『갈아라』 『갈어라』로 할수도 잇다는것이나 만일 그러한 法則이라도 없으면 文法上에 어떠케 處理되어야 할것인지요. 『어』하나만 쓰고 『아』는 廢할수도 없으리니 『돌아가다』라 든지 『와서』라든지 이런것은 到底히 『어』토로 쓸수 없는 때문입니다. 내 생각에는 우에 말한 그 法則이 혹시 口音에는 조곰 어떠한 點이 잇다하더라도 그대로 準用하는것이 좋을가합니다. (李允宰)

한글 마당

한글質疑欄

【問】一、現今에 朝鮮文學에對한 史的研究에는 何書가 제일좋습니까。 二、朝鮮文典中에는 何書가 제일 內容이 豊富하가 알기쉽습니까。(禮山 姜生)

【答】一、朝鮮文學을 史的으로研究할 좋은책은 延禧專門學校文科研究集第一輯『朝鮮語文研究』가잇습니다。그책中에는 同校敎授 鄭寅普氏의 朝鮮文學源流란 論文이 실리엇는데 上古로三國時代까지의文藝와 思想의 變遷된것을 詳述하엿으며 또 續篇도 不遠에 날것이니 과연 一字千金의 價値가 잇습니다。(定價는一圓、京城延禧專門學校 出版部發行 振京八七六一番)

二、朝鮮文典中에 內容이豊富하고 알기쉬운 책으로는 金枓奉氏著『깁더조선말본』(定價二圓五十錢、中國 上海새글집發行 京城堅志洞 漢城圖書株式會社에서販賣함)이 잇습니다。그밖에 여러種類가잇으나 전에 한번發表한일이잇엇스므로 略합니다。그러고 一問에말한『朝鮮語文研究』에 鄭寅普敎授의 論文外에 崔鉉培敎授의『朝鮮語品詞分類論』이란論文이 잇는데 朝鮮文典研究에 寶玉이 됩니다。(李允宰)

【問】一、狂人을 밋친사람、밀인사람、밌인사람、밑인사람

二、顏、晝、鎌을 한글로 어떠케區別? (서울 狂夢)

【答】一、『다릇렷습니다。이런것은 아주쉽게『미친사람』이라고 쓰시오。무엇때문에 그런複雜한 바침을 달려고 하는지오。語幹의活用이나 語根의 意義가잇는것以外에는 中間에바침을 다는것이 不必要하니 다만 音便을 좇아 쓰는것이 좋습니다。

二、顏은 낯、晝는 낮、鎌은 낫으로 區別됩니다(李允宰)

【問】一、地는 땅、따、어느것이 좋습니까。二、漢字 呂의音은? (市內 一讀者)

【答】一、땅이 옳습니다。토를 쓸때는『땅을、땅은』이 됩니다。

二、呂의音은 려입니다。呂氏는 여씨로 律呂는 율려로 쓰이좋음을 압니다 (이윤재)

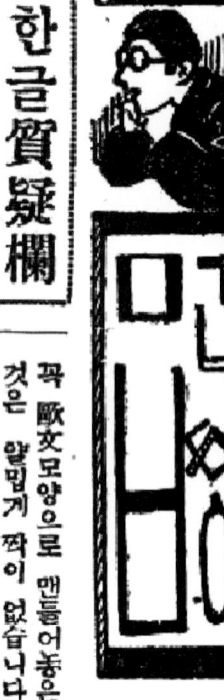

한글質疑欄

【問】一、朝鮮語學會에서 우리
글 橫書體를今年內로判定한
다는것을新聞上으로 보앗는
데 印刷用? 흘림글씨? 둘
다인지오? 二、橫書 草書를
研究하는이는 모도 몃분이며
參考할만한 書籍을 가르켜주
시오。三、崔鉉培氏가 橫草
研究하는줄 아나 單行本으로
冊子가 잇습니까。

(橫草半成生)

【答】다 되어보아야 알겟지오。
우리글의 橫書字體를 꼭 歐
文모양으로 大草니 小草니
大正이니 小正이니 여러가지
字體를 둘 必要는 없을것입
니다。그러나 印刷體와 筆記
體 두가지는 따로 잇어야 될
줄 압니다。어떤이는 우리
의 橫書體를 일부러 原字
體에 틀리게까지 하여가면서
꼭 歐文모양으로 맨들어놓은
것은 알밉게 짝이 없습니다
내 생각에는 原字體(곳訓民
正音)를 그냥두고 다만 綴法
에 調和되게(美觀上으로)약
간修飾만더하면그만일것이오
또 흘림 글씨도 正字인 原字
體에 따라 差異가 없이하게
하는 것이 좋겟습니다。參考
할 책은 깁더 조선말본(金科
奉著)에 『좋흔글』이 잇습니
다。

二、橫書字體 研究하는이는
따로이 잇지 않습니다。朝鮮
語學會가 모도 그이요 또 당
신도 研究하는이의 한분이됩
니다。

三、없습니다。

부탁할 말슴은 당신이 橫書
를 研究하시어서 成案된것이
거나 혹 參考材料가 될만한
것이 잇거든 朝鮮語學會로나
本社學藝部로 보내 주시기를
바랍니다。(李允宰)

한글質疑欄

【問】一、新綴字法으로된 한글讀本이 잇슴니까? 定價와 發行所? 二、한글을 無順으로 배워서 音順을 잘 區別하지 못하니 圖解로써 說明하여주시오. 三、徐白甫派와 周時經派의 異點? (長淵盤龍山 丌ㅎㄴ生)

【答】一、新綴字法으로 된 한글 讀本은 拙著『文藝讀本』이란것이 요새 再版되엇는데 全部 新綴字法으로 엮고 한글綴字一覽表 數十頁을 附錄하여 自習과 應用의 便이 될듯하나 貴意에 어떠하실는지오. (定價 六十五錢, 送料書留十二錢, 京城西大門町二丁目二番地 東光社 發行, 振替京城四番)

二、한글 글자의 排列은 지금대로 하는것이 좋습니다. 곳 당소리(子音)을 ㄱㄴㄷㄹㅁㅂㅅㅇㅈㅊㅋㅌㅍㅎ로, 홀소리를 ㅏㅑㅓㅕㅗㅛㅜㅠㅡㅣ로 하는것입니다. 歷史的으로 한글 글자의 排列法을 訓民正音에 쓴대로 이러합니다.

ㄱㅋㆁ 牙音　ㄷㅌㄴ 舌音
ㅂㅍㅁ 脣音　ㅈㅊㅅ 齒音
ㆆㅎㅇ 喉音
ㄹ 半舌音
ㅿ 半齒音
以上은初聲
ㆍㅡㅣㅗㅏㅜㅓㅛㅑㅠㅕ
以上은中聲

이밖에 並書(ㄲㄸㅃㅆㅉㆅ)와 脣輕音(ㅸㅱㆄㅹ)이 잇엇습니다.

三、徐白甫派라니? 모릅니다. 한글硏究家로 그러한이가 잇다는것을 당초에 듣지 못하엿습니다. 周時經派라하니 그런 말슴마시오. 우리한글 硏究에는 무슨派別이 잇지안습니다. 이왕에는 우리글을 막 되는대로 쓰기만하엿는데 周時經先生이 우리글을 徹底히 硏究하여 在來에 不規則하게 쓰든것을 文法에 맞도록 바로 잡아 쓰려함에 지나지 아니한것입니다. 우리는 다만 그 先生의 努力함을 이어 言語學上으로나 聲音學上으로나 文法上으로나 가장適合한 方法을 取하여 標準文을 만들어 쓰자함입니다. 여기에 무슨 派別이 잇습니까 말하자면 文法學派와, 非文法派로나 눌수 잇습니다. (李允宰)

한글質疑欄

【問】一、고쳐서(改) 곧혀서 어느것이 옳습니까 二、있어서(有)를 잇어서 쓰는것은무슨까닭입니까(市外破竹生)

【答】一、『고쳐서』가 옳습니다 으ㄴ 혀『곧히다』로 쓰는이 거 나 이것은 그 語源이 본대『곧(直)다』라는 데서 생기었다는 뜻입니다。 그러나 꼭 그렇게 된 말이라고 할수 없습니다。 그러니 고치가 獨立으로된 한개 單語로 되어 잇는 以上 다만 소리대로 쓰면 고만일 것입니다。

二、『잇어서』로 쓰는 까닭은 『잇』이 語幹이요 『어서』가 助詞)로 되어『잇어서』가 되는것입니다。(있)으로 쓰는것은 소리가 쉬게 나서 『잇서서』로 쓰는것을 ㅅ을 우로치켜올려 語幹을 『있』으로 만들고 助詞는『어서』로 쓰게된다는 것입니다。 내가 ㅆ바침을 쓰지아니하는 理由는 ㅆ바침 드는 말이 有라는데와 過去詞와 未來詞에 많이쓰이는데 말로도 그것이 제일 만히 쓰이어 글쓰는데 여간 煩幣가 되지안는고로 아니쓰는것이 좋을것 같고 또 京畿 忠淸、全羅에는 대개 ㅆ바침의 소리가 잇오나 그밖에는 별로 없는모양 같으니 그렇게 標準音을 삼는것이 그게 無理가 아닌줄 앎이며 또서울사람은 ㅆ바침없이 읽기가 거북하다 치나 『안고(抱)、담고(盛)、심고(植)、문자(文字)、팔도(八道)、할것이라、할수잇다』를 實際發音으로 『안꼬、담꼬、심꼬、문짜、팔또、할꺼이라、할쑤잇다』로 되지마는 이미 習慣化하여 쓰기는 前者와 같이하고 읽기는 後者와 같이하는 例가 잇는것과 마찬가지로 『잇어서』도 이러한 例에 붙었으면 합니다。말을 글로 쓰는데는 絶對 表音式으로 할수없나니 習慣的發音이 없을수없다는것을 알아야하겠습니다。(李允宰)

한글質疑欄

【問】一、關係는『관게、관계』繼續은『게속、계속』誡命은『게명、계명』어느것이 옳습니까。

二、記者는『긔자、기자』機會는『긔회、기회』記錄은『긔록、기록』勇氣는『용긔、용기』希望은『희망、히망』어느것이 옳습니까。

三、너희(汝等) 너의(汝之) 저희(彼等) 저의(彼之)는 어떠케 씁니까。(淸凉里한글生)

【答】一、係、繼、誡가 原音(字典에 잇는대로)은『계』입니다。그러나 지금의 發音은『게』로 됩니다。어떤이는 그것이 확실히 "계"로 發音된다 하나 揭載란 揭가 "게"인즉 係、繼等과 揭와의 音이 大差가 없는듯하나 그런것을 서로 區別하기에 어렵지 안습니까。그러므로 내 생각에는 漢字의 原音에 拘束받을것 없이 다만 지금 語音의 標準으로서『게』나로만 써으면 좋겟습니다。

二、記、機、氣等의 原音은『긔』입니다。그러나 지금의 口音으로『기』가 되니 그것도 口音대로 쓰는것이 좋겟습니다。希의 音 희는 아직 그 소리가 많이 잇으니 그대로 쓰는것도 좋습니다。

三、그대로 씁니다。그런데 너이(汝等) 저이(彼等)로 쓰는것이 더좋겟습니다。(李允宰)

【問】우리글을 쓸때에 歷史的音을 쓰지않고 表音式으로만 쓴다하면 아래와 같은 글자는 어떠한 경우에 사용합니까。

다뎌됴듀디

타텨툐튜티

(江西一讀者)

【答】꼭 歷史的音을 쓸 必要가 없습니다。다른 나라에서는 歷史的音을 쓰든것을 表音式으로 고쳐쓰려고 애쓰는 판에 우리는 일부러 歷史的音을 쓰려고 하는 까닭을 알수 없습니다。글이란것이 첫재 쓰기 쉽고 읽기 쉬워야 하지 안습니까。아무 소용없이 그런 不必要한 글을 아니 쓰도록 하여야 하겟습니다。(李允宰)

【問】서울말을 標準한 新綴字法에는『뎌、됴、텨、툐』等이 아주 無用하게 되엇으니 國文學上으로 웃으운일이 아닙니까 (중산生)

【答】아무 웃으울것도 없습니다。發音은 못하면서 글자만 그러케 쓰자는것이 도리어 웃으운 일입니다。(李允宰)

한글質疑欄

【問】一、普通學校 朝鮮語改正 綴字法에는『갈치』로 쓰고 外他에는『같이』로 쓰니 어떤 것이 理論上 옳습니까。우리가『같이』로 쓰고 習慣變音으로『가치』로 發音하여 어떨가요 또 平安道에서는『가티』로 發音하니 그것도『가치』로 고처어야 할가요。

二、또 거기에『없이』를『업시』로 썻으며 또『ㅎ』『ㅋ』의 의 바침을 안 썻음은 무슨 까닭입니까。(陜州一疑問生)

【答】一、理論上으로는 물론『같이』가 옳습니다。첫재 文法上으로 보면『같』이 언씨(形容詞)의 語幹,『이』가 토(助詞)。이러케 두 말이 어울려서 엇씨(副詞)『같이』가 되것입니다。다음으로 習慣上으로 보면 우리말에 혀소리(舌音)가 홀소리(母音)ㅣ를 만나면 口蓋音化하여 變하는 規則 잇습니다。곳

ㄷ(舌音)—디가 지로
ㅌ(舌音)—티가 치로
ㄴ(舌音)—니가 ㄴ니로

되는것입니다。이런것을 習慣音이라하여 書法과 讀法이 조금 달리되는 까닭입니다。이러한 習慣音은 다른 나라말에도 많이 잇으니 英語에 t(ㅌ)를 첫소리에 ch(ㅊ)와 같이 發音하고 끝소리에 흔히 d(ㄷ)로 發音하며 f(ㅍ)를 v(ㅂ)로 發音하는 때도 잇으며 그밖에도 習慣音이 많이 잇으나 들지못합니다。또 日本語에도 ハヒフヘホ가 アイウエオ로 變하는때가 잇습니다。이런것이 모도 習慣音입니다。普通學校 朝鮮語綴字法에『갈치』로 쓴것은 단순히 表音式을 주장하는것이요 조선말에 그러한 習慣音이 잇는것을 살피지아니한듯합니다。만일 단순히 表音式으로 한다면 차라리『가치』로 쓰는것이 더좋을것이 아닙니까。將來에는 다 고치어질것으로 압니다。

二、무슨 까닭인지 나도 모릅니다 갑(價)은 ㅂ바침을 쓰면서 없(無)다라는 말에는 어찌하며 ㅄ바침을 아니 썻는지? 파면 모를 일입니다 토를 달아 活用하여 보아도 자연 알일입니다。

먹어서 먹으면
얻어서 얻으면
읽어서 읽으면
읊어서 읊으면
없어서 없으면

이러한 理由도 잇거니와 말을 분간하여 될수 잇는대로 다른뜻의 말이 서로 섞이지 아니하도록 하는데에 잇어서도『없』으로 쓰는 것이좋습니다。그저『업다』라 써놓으면 業? 貧? 無? 어느것 인지 識別하기 어렵지마는 없다(業)업다(貧)없다(無)로 쓰면 얼른 분간하여볼수 잇습니다。『ㅎ』『ㅋ』의 바침을 안 쓴것은 이 두개의 바침이 많이 쓰이지아니하며 또 아니 써도 不足이없다 생각한듯합니다。『ㅎ』바침은 임씨(名詞)에는 도모지 쓰이지 아니하고『ㅋ』바침은 움씨(動詞)나 얻씨(形容詞)에는 도모지 쓰이지 아니합니다。그런데『ㅋ』바침은 아니써도 별로 큰 관계가없겟으나 ㅎ바침은 아무리 하여도 아니 쓸수 없습니다。그 理由는 전에 한번 말한 일이 잇엇음으로 再言하지안습니다。이러한것도 將來에는 다 고치어질것이지오。(李允宰)

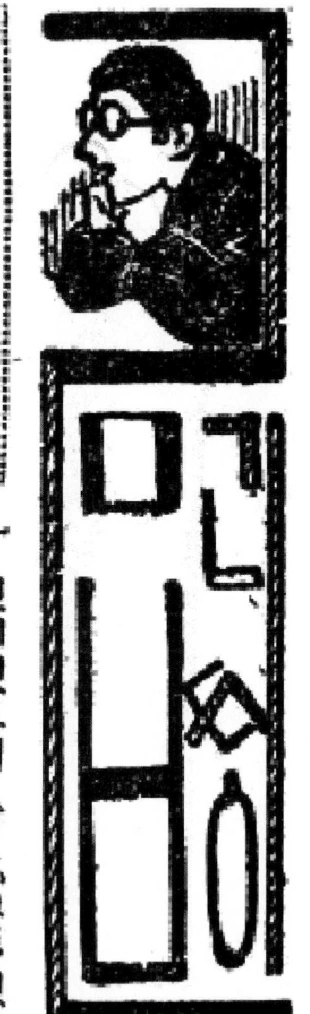

한글質疑欄

【問】 [illegible]……等은 今後一切所用이 없이된 모양이니 그것을 가르치거나 배울 必要까지 없을것인즉 한글가운데에서 아주 빼어버림이 어떠할가요。(송산생)

【答】 그렇습니다。예전에는、의發音을 하게되므로 그런글자를 썼지마는 지금은 아주 없어졌으니 쓸 必要가 없습니다。아직 一部(耶蘇敎 같은데)에서 간혹쓴다하여 朝鮮語讀本 中聲에 붙어두기만하것입니다。장차 그 一部에서까지 통이 아니 쓰는 때에는 아주 빼어버리게 되겠지요。그러고 한글을 研究하는 專門家들은 어느때든지 그런것을 잘알아볼 必要는 있다고 생각합니다。(李允宰)

한글質疑欄

【問】 完全히 統一된 標準말을 「한글」이 速히 制定되어 發表한뒤에 一般人의 質疑를받음이 어떨가요。

(중산한글生)

【答】 옳은 말슴입니다。 完全히 統一될 標準말을 글을 制定하기는 그리 容易한 일이 아닙니다。 文字改良이란 본대 一時一人의 獨斷的主張으로 到底히될수 없는일입니다。 여기에 한글質疑欄을두는것은처음에 말한것과 같이 讀者 여러분께서 한글에 대하여 의심되는 일을 묻게하여 한 研究의 資料를 돕고저함입니다。 讀者께서는 이 答案을한參考로만 보실뿐입니다。朝鮮語學會에서 지난 一月부터 新綴字案을 制定하기위하여 委員여사람이 나서 每日모이어 審議하는中이니 今年內로는 標準될한글綴字法과 文法이 다制定될줄로 믿습니다。

(李允宰)

한글質疑欄

【問】 一, 遠은「먼」이 옳으나 너무 번거하니「먼」으로 쓰고 읽기에만 注意를 둔다고 하지만「멀」으로 씀이 어떠합니까。

二, 아래말은 어떤것이 옳습니까。

식히다? 시키다?
하므로? 함으로?
어떠하? 엇떠하?
빨리? 빨이?
가첫다? 가쳤다?

(原州一疑生)

【答】 一, 옳은 뜻입니다。그러나 우리가 이왕에 쓰든 綴字法을 고치어 쓰는데 대하여 한가지 注意할일이 잇습니다 歷史的語源이나 文法的理論에만 拘泥하여 너무 어려운方法을 쓰기로만 주장하는것은 도리어 한글 發達에 큰 混亂을 주게될것입니다。우리 글의 語法과 音理에 파히矛盾되지 않는 限度에서 되도록 쉽게 쓰자는 것을 나는주장합니다。그러므로 歷史的表記法에는 上聲、去聲、入聲、平聲等을 다 따로 분간하여 左傍에 點을 찍는 법이 잇엇으나 뒤에 쓰지 않게 되엇습니다。소리의 악센트를 낱낱이 다 符號를 붙이어 쓸수 없는것이니「먼」으로 쓰는것이 좋습니다。그러고「멀」이라 쓰는것은 본대「멀」이 語幹이요 ㄴ이 토라는 것입니다。그러나 ㄹ받침의 語幹이 語尾 ㄴ우에서 소리를 내지 못하는 때가 잇습니다。곳「멀고」할 때에 ㄹ소리가 나고「머니」「먼」할 때에 ㄹ소리가 아니 난다는 것입니다。이러한것을 우리 文法上 語幹活用의 不規則이라 하는 것입니다。그런것을 억지로 文法에만 맞추기 위하여 그러케 어렵게 쓸 理由가 없다고 생각합니다。

二, 시키다、하므로、어떠하、빨리 가첫다가 옳습니다。(李允宰)

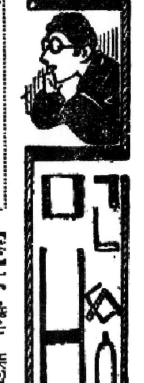

한글質疑欄

【問】子音 ㄱㄴㄷ……等을「기윽,니은,디읃……」으로 읽는다면 母音 ㅏ와 合할때에「ㄱ+ㅏ=가」가 안됩니까。그러므로「ㄱㄴㄷ」를「그윽, 느은 드읃」으로 읽음이 좋을듯 합니다。어떠한지요。

(黃州疑問生)

【答】理論으로는 그러케하는것이 무론 옳습니다。그러나「기역,니은……」等이 이미 글자의 이름(名稱)이 되엇고 벌서 數百年동안 익히 쓰든 것이니 그대로 두는것도 좋습니다。당신은 ㄱ을「기윽」이라 하면「기+아=가」 된다 말슴하시지마는 실상 그런게아닙니다。닿소리(子音)는 獨立音이 아닙니다。그러므로「기윽」의「기」를 한 代表的音으로써하여 어떠한 홀소리(母音)를 만나든지 그홀소리의 音에 接化하여 소리가 나게 되는것입니다。닿소리(子音)의 稱號에 對하여 여러學者들의 말한바도 잇습니다마는 내 생각에는 닿소리 읽는법을 예전대로 두고 약간만 고치어 이대로 하엿으면 좋겟습니다。

ㄱ(기윽)ㄴ(니은)ㄷ(디읃)ㄹ(리을)ㅁ(미음)ㅂ(비읍)ㅅ(시읏)ㅇ(이응)ㅈ(지읒)ㅊ(치읓)ㅋ(키읔)ㅌ(티읕)ㅍ(피읖)ㅎ(히읗) (李允宰)

한글質疑欄

【問】 現實에 立脚하여 普通學校 卒業程度의 學生에게 適合한「한글及漢文讀本」(合本)과 이에 作한 課外讀本을 알으켜주시오。(河東一讀者)

【答】 한글及漢文讀本은 合本으로된 책은 업습니다。마는 한글讀本이요 課外讀本이 될 것으로는「文藝讀本」(定價六十五錢。發行所京城西大門町一丁目二番地 東光社。振替京城四番)이 잇습니다。이것이 한글을 習讀 하기에 도움이 되겟으며 또 거기에 한글綴字法一覽表가 附錄으로 되어 잇어 오는날 改正綴字를 쓰는데 한參考도 될가합니다。

(李允宰)

한글質疑欄

【問】李光洙씨의『群像』에『몯한다』『옿에』『땋에』라쓴것이 잇는데 그러케 쓸까닭은 무엇입니까。(한글自習生)

【答】『몯한다』는 歷史的으로보나 音理로 보나 그러케 쓰는것도 理由는 잇는 일입니다。그러나『잘못이다』『잘못은』이라고 할때에는 人소리가 나며 또 人바침을 달아쓸지라도『못하』를『몯하』로 發音하는것은 역시 習慣으로 볼수잇는것인즉『못하다』로 써도 괜찮을줄 압니다。『옿에』와『땋에』는 아마 잘 못쓴것이겟지오。(李允宰)

【問】거번 本欄에쓰인『……理論이 닷지아니하므로』란 말에『닷』은『당』으로 쓸이 좋지 않은가요(姜生)

【答】聲音은『닷지』로 되나 실상『당』으로 써야 할것입니다

【問】『그렇게』를『그렇에』 갓는『그렇에』로 쓰면 어떠합니까

(雲林初步生)

【答】안됩니다。그것은『그러케』로 써도 좋습니다。아무 까닭 없이 공연히 바침만 이상스럽게 쓰는것으로써 文法式이라 할수없습니다。오늘날綴字를 改良하는 過渡期에이러한 폐단 없을수도 없지마는 크게 注意하여 글자를 함부로 고처쓰는 惡弊를 絕對로 하지말아야 할것입니다

(李允宰)

한글質疑欄

【問】一、「노」「마」의 意味는 무엇입니까。二、名詞를「임씨」라고 한것이「이름」에서「름」를 줄여 된것이라 하며「겻씨」「억씨」는 무엇을 取하여 된말입니까。三、李奎榮氏 文法에「……우리의것은 따로 짓은것이니……」라 말에「짓」이 무엇입니까(初步生)

【答】一、古語니 지금말로 對照하면「노」는 北이요「마」는 南입니다。

二、「겻」은「겻는다」곳 漢字로 編組 交叉等의 뜻이오「억씨」는「어떠하게」를 代表하는 말입니다。그러나 그런 語源을 따질 必要가 없이 다만 助詞가「겻씨」로 副詞가「억씨」로 된것임을 알기만하면 그만일것입니다 가령「사람」이란 말이 근본 무엇으로 되엇다는、곳 그 語源을 따질것 없이 다 그 말을 쓰는것처럼「겻씨」「억씨」도 그러케 알앗으면 하는말입니다。

三、「짓」은 作입니다。이러한 말은 ㅅ바침이「은、을、으니、어서」等의 토우에서는 소리가 나지 아니합니다。語幹絶對不變主義로 흔히 그러케 쓰기도 합니다。그러나 어느나라 말이든지 다 不規則으로 된 語幹과 語尾變化의 例가 잇는데 일부러 發音하지 못할 거북한 글을 쓸 까닭이 없습니다。다만 소리에 맞도록 쓰고 文法組織에 統一될수 없는것은 따로 處理하여 法則을 세우는 것이 도리어 좋을가 합니다

(李允宰)

한글質疑欄

【問】一、感歎詞『아ㅣ』는 音理上으로보아 『애』가 되므로 『앤』 이렇게 적음이 좋을것 같습니다。二、外를『밖』『받』『밝』 이렇게 여러스승님들주장이 다르나 어느것이 文法上 合理的일가요。三、寒、易、辛、憎、艶들은 춥、쉽、맵、밉、곱들의 한 語幹으로 活用하여 쓰는 地方이 잇으니 文法整理上으로 보아 一個標準을 삼아 씀이 어떻습니까

(秦仁 한뫼)

【答】一、『아ㅣ』가 音理上『애』된다는 것은 잘못 아심입니다。홑소리(母音)ㅐ가 ㅏ와ㅣ의 合한것이라 함은 다만 字形上으로만 그러케 된것이지、音理上으로는 도저히 ㅐ를 ㅏㅣ의 合한것이라고 할수 없습니다。그리하여 ㅐㅔ等은 겹홑소리 (複母音)로볼수 없을것인즉 ㅏㅓㅗㅜㅡㅣ와한가지 홑홑소리 (單母音)으로 處理되어야 맞당합니다 그러고 『아ㅣ』로 쓰는것은ㅣ가 홑소리가 아니라 日本글에서 쓰는 長音符號로 쓰는 것을 우리가 그대로 襲用하는 것입니다。요새글 쓰는이들이 그것을 많이들 씁니다。마는 옳지못한줄로 압니다。

二、『밖』은 예적에 『밧긔』라 썻다하여 그 歷史的原因을보존하자함이요 『밝』은 ㅅ보다 ㄷ이 音理上으로 더適合하다 함이요 『밖』은 發音의 便利와 記法의 容易함을 주장하는것입니다。文法上으로는 어떠케 쓰든 아무關係가 없습니다。

三、『춥다、쉽다……』等의 바침이 본래는 ㅂ의 脣輕音 곳 뷩이엇습니다。지금은 우리 語音에 脣輕音이 없어젓기 때문에 어떤 地方에는 ㅂ소리로만 내고 어떤 地方에는 ㅜ소리를 냅니다。

이러한 말을 文法上으로는 語幹不規則이라하여 쓸수잇습니다。

ㅂ소리나는것 ㅜ소리나는것
춥다 춥고 추우니 추워서
쉽다 쉽고 쉬우니 쉬워서
맵다 맵고 매우니 매워서
밉다 밉고 미우니 미워서
곱다 곱고 고우니 고워서

이렇케 標準삼는것이 가장合理的일것입니다。(李允宰)

한글質疑欄

【問】 一、母音中에 、를 어떠케 應用하여야 합니까。

二、美、姸、汲、殖의 語幹은무엇입니까。

(北滿中東線九江泡李生)

【答】 一、、를 周時經氏의 文法에는 ㅣㅡ의 間音이라하엿습니다。이왕에는 이 소리가 잇엇으나 지금은 아주 없어젓습니다。그러므로 、를 使用하지 아니하는것입니다。혹 一部에서 使用하기는 하면서도 發音은 도모지 제대로 하지 아니합니다。그러고 또、 、를 使用하지 않기로하고 다른것으로 代用하는대서 잇어서는 全部 ㅏ로만 써서 가령 『ᄂᆞᆫ』을 『나난』으로、『하ᄂᆞᆯ』을 『하날』로、『아ᄃᆞᆯ』을 『아달』로、『말ᄉᆞᆷ』을 『말삼』으로、『아ᄎᆞᆷ』을 『아참』으로 쓰는 이러한 誤謬가 많습니다。이갓은 、의 原音이 무엇인지 모르고 ㅏ와같다는、곳、를 『아래아字』로 알든 까닭이라고 합니다。그런즉 、를 使用하지 아니하고 그를 代用할것은 다순히 ㅏ로만 쓸것이 아니요 ㅓㅣㅡ等이 다 갓이 代用될수 잇습니다。

ㅏ로되는것
ᄂᆞᆯ(日) 날
ᄃᆞᆯ(月) 달
사ᄅᆞᆷ(人) 사람
ᄉᆞ랑(愛) 사랑

ㅓ로되는것
ᄃᆞ러(土) 더러
ᄃᆞ리고(率) 더러고
ᄇᆞ리다(棄) 버리고
일ᄏᆞᆺ다(稱) 일컫다

ㅣ로되는것
아ᄎᆞᆷ(朝) 아침
마ᄎᆞᆷ(竟) 마침

ㅡ로되는것
거ᄂᆞ리다 거느리
며ᄂᆞ리(婦) 며느리
오ᄂᆞᆯ 오늘
하ᄂᆞᆯ(天) 하늘
바ᄃᆞ시(必) 반드시
아ᄃᆞᆯ(子) 아들
다ᄉᆞ리다 다스리
ᄉᆞᄉᆞ로(自) 스스로
가ᄉᆞᆷ(胸) 가슴
말ᄉᆞᆷ(言) 말슴

ㅏㅣㄹ되는거
ᄀᆞᄅᆞ치다 가르치
ᄆᆞᅀᆞᆷ(心) 마음
ᄆᆞᆫᄃᆞᆯ과 만들

ㅏㅣ로되는것
ᄆᆞᄌᆞ막 마지막
ᄆᆞᄎᆞᆷ니 마침내

이러케 각가 그 發音되는것에따라 쓰는것이 좋은줄 생각합니다。

二、美、姸、汲、殖等은 모도 不規則語幹입니다。語尾에 活用되는 토를따라 語幹의 變化를 생기게 하는것을 文法上不規則法이라합니다 꼿

(美) 아름답다 아름다와서
(姸) 곱다 고와서
(汲) 긷다 길어서
(殖) 붇다 불어서

이와같이 美、姸은 ㅂ이 ㅗ로 變하고 汲、殖은 ㄷ이 ㄹ로 變하는 것입니다

(李 允 宰)

한글質疑欄

【問】「높이」와「높히」,「깊이」와「깊히」의 분간이 잇어 쓰이는 경우를 따라서 달리 쓰일줄 아옵는바 貴見如何?

(例) {높이가 몇자다
높히 떳다}
{깊이가 몇자다
깊히 생각하여라}

(權 堂)

【答】그와같이 말을각기달리쓰는것이 분간하는편으로는 매우 좋을줄압니다。그러나얻씨(形容詞)로써 억씨(副詞)를 만들게하는것은 그 얻씨 아래에 붙는 語尾가단순히「히」하나만으로 되는것이 아니요「이」도 되며「리」도 되며「게」도 됩니다。

정히,놓히,족히,극히,흔히,넉넉히,똑똑히,섭섭히
할 때에는「히」가 되지마는
많이,가까이,같이,없이,잇어,가만이,외로에,높이,깊이
할 때에는「이」가 되며
멀리,널리
할 때에는「리」가 되며
크게,적게,가늘게,굵게,허게,검게,둥글게
할 때에는「게」가 됩니다。이 가운데「리」「게」는 特例니 그만 두고「이」와「히」의 다른 점을 말하겠습니다。얻씨의 語尾가 근본「이」만이 쓰이게 되는 것이며「히」는 곳「ᄒ이」의 줄인것입니다。

정히는 「정하」 다로써
놓히는 「놓하」 다로써
족히는 「족하」 다로써
극히는 「극하」 다로써
흔히는 「흔하」 다로써
대단히는 「대단하」 다로써
특별히는 「특별하」 다로써
넉넉히는 「넉넉하」 다로써
똑똑히는 「똑똑하」 다로써
섭섭히는 「섭섭하」 다로써

이와같이 끝에「하」가붙어서 되는 말은 다「히」로 變形된 것입니다。그런즉 이러한말들도 실상은「히」가 아니요「이」의 變形인것임을 알진대 그러치 아니한것까지 일부러「히」를 만들어 쓸 까닭이 없으리라고 생각합니다。만일 꼭 임씨(名詞)와 억씨(副詞)를 분간하여 쓰기로 주장하고싶으면

임씨로 노피,기피
억씨로 높이,깊이

라 쓰는것이 차라리 나을것이라합니다。 (李允宰)

【問】 아래에 쓴것을 어떤것이 옳습니까

볶다(入) 넛다
아프다(痛) 압흐다
갖호다(備) 가추다
난호다(分) 난우다
일홈(名) 일옹
지즌다(吠) 짓오다
이(齒) 니
살피다(察) 살히다
짐승(獸) 짐생
다니다(行) 당기다
것다(步) 걸오다
삶다(生) 살다

(金一用)

【答】 아래와 같이 쓰는것이 좋습니다。 볶다、 아푸다、 가추다、 나누다、 이름、 지지다、 이、 살피다、 짐승、 다니다、걷다、산다、 이가운데 이(齒)는 앞니 웃니로 쓸때에 니로쓰일때도잇오며 다니다는「댕기다」와 두가지가 다 쓰이며「걷다」는不規則動詞로「걸오니」로쓰일때도잇오며「산다」는現在時相으로 쓰이는 말입니다。 ―(李允宰)

한글質疑欄

【問】 一, 바침 ㅇ파 ㅁ의 아래 『하지』의 略音『치』로 發音케 됨을 어떠케 使用합니까。감당치 (감당하지의略) 락심치 (락심하지의略)는 써서 안됩니까。

二, 어떠한 한글강좌에 다,사,자,차,라 五行에 두컴글자를 쓰지말라 하엿으니 보쟎고(보지아니하고의略)그렇쟎고(그러하지아니하고의略) 같은 말을 어떠케 써야합니까。 (한글欲知生)

【答】『하지』의 略音 『치』로 쓰는 것이 ㅇ파ㅁ바침 아래에서만 되는것이아닙니다。긴치(緊하지의略),말치(말하지의略)같은데에도 다쓰게됩니다。줄인말(略語)로 쓰는때에는 어대든지 다『치』로 쓸수잇습니다。줄이지 않고 쓸때에 감당하지,낙심하지, 말하지로 쓰고 줄이어서 쓸때에 감당치,낙심치,말치, 긴치로 써야 합니다。흔히『감당ㅎ지』『그렇지』로 쓰는이도 잇으나 이미 줄인말로쓴다면서 그러케 쓸 까닭이 없는줄 압니다。ㅎ을 따로 쓰는것이나 ㅎ바침을 달아쓰는것이 얼마나 지리한 일입니까。

二, ㄷㅅㅈㅊ은 五行에 거듭홀소리(複母音)ㅑㅕㅛㅠ를습用하는것이 現時 우리말에 쓰이지아니합니다。그러나 아래와같은경[illegible] 쓸수잇습니다

게셔서(게시어서의略)
마셔서(마시어서의略)
모셔서(모시어서의略)
하셔서(하시어서의略)
가쳐서(가치어서의略)
던져서(던지어서의略)
만져서(만지어서의略)
빠져서(빠지어서의略)
쳐서 (치어서의略)
끼쳐서(끼치어서의略)
고쳐서(고치어서의略)
마쳐서(마치어서의略)

그런즉『보쟎고』『그렇쟎고』도 쓸수잇습니다。이것도 다 줄인말(略語)로 된것이니『보쟎코』『그렇쟎코』로 써도 좋을줄 압니다。 (李允宰)

한글質疑

【問】 또 朝鮮語讀本 改正綴字에는 ㅎ바침이 없으니 무슨 까닭입니까

(江界立館金鎭濟)

【答】 글세요 웨 ㅎ바침을 아니 썻는지요 아마 이러한 理由가 잇는듯합니다 一、發音上 어렵다는것。 二、조선習慣音을 否認한것。 三、歷史上 그러한 바침을 쓴일이 없엇다는것입니다 그러나 『좋다、옳다』를 『조타、올타』로 소리내는것이 얼른보면 좀 어려운듯하나 ㅌ 소리가 근본 ㅎ과 ㄷ의 섞기어 거듭된것임을 알면 조금도 어려울것이 없을것이며 ㄱㅎ이 ㅋ、ㄷㅎ이 ㅌ、ㅂㅎ의 ㅍ、ㅈㅎ이 ㅊ、이러케 섞이어 거듭되는것이 오직 조선에만 잇는 習慣音이니 조선의 語音으로 『각한』을 『가카』라 할수잇으나 外國의 語音 혹은 カクハ 『가카』라 發音하지못하는것입니다 어찌하여 外國語音을 標準삼아 自國의 習慣音을 無視하리오。 예적에 그러한 바침을 아니 쓴것은 事實이나 비단 ㅎ바침뿐아니라 ㅌ 바침도 아니 썻습니다。 語法에 맞게 쓰면 그만이오 거기에 歷史的意味를 주장할 까닭은 없습니다。 (李允宰)

한글質疑

【問】 普通學校 朝鮮語 讀本에 있다를「잇다」, 없다를「업다」, 옳다를「올라」, 같이를「갈치」, 많이를「만이」, 좋은을「조은」, 곧에를「곳에」, 않이를「아니」, 그렇다를「그러라」로 썻으니 그것을 좇아야 합니까

(江界竝舘金鑛滴)

【答】 朝鮮語讀本에 쓴 綴字는 年前에 發表한 朝鮮語綴字法 改正案에 依한것입니다 그改正案에 語法上으로는 若干틀림이 잇다할지라도 그敎科書를 使用 하는데에 잇어서는 그대로 좇지아니할수 없을것입니다 그러나 한글을 따로이 쓸 때에는 語法에 틀린것만은 좇을必要가 없을것입니다 「있다」는 잇다로 써도 좋을것이며(있으니는 잇으니로 써도 좋음) 「않이」로 쓰는것은 틀리나 예전대로「아니」로 쓰는것이 좋을것이며 「그렇다」는 「그러하다」의 略語다 「그러라」로 써도 괜찮을것이니다 그러고「올라」,「갈치」,「만이」「조은」,「곳에」는「옳다」,「같이」,「많이」,「좋은」,「곧에」로 고쳐써야합니다 (李允宰)

한글質疑

【問】 一、「어떠하게」의 줄인말「어떻게」를「어떠케」로 써도 좋다하면「아니하다」의 줄인말「않다」도「안타」로 써도 좋습니까。

二、우리말에「므로」의 토가 잇습니까。

【答】 一、「어떻게」로 쓰나「어떠케」로 쓰나 다 같은줄인말이니 별로 큰差異가 없읍니다。다만「어떻게」로 쓰는것은 토의「게」를 완전히 하자는 주장뿐입니다。그러나「어떻」라고 써도 語尾의 活用이 一般으로 되지못하고 一部만 되는 것이기때문에 꼭 그러케 쓰는것을 옳다고만 할수없읍니다。이에 反하야「않다」는「아니하다」의 줄인말이면서 全部로 活用이 됩니다。곳

않 { 다 / 고 / 게 / 으니 / 아서 }

이러케 됩니다。그러므로「아니하다」의 줄인말은「않다」로 써도 좋은줄 압니다。

二、「므로」란 토를 쓸수 잇습니다。그러고「으로」와「므로」를 분간하야 쓰는 것이 한가지 理由가 잇다고 봅니다。「으로」는 主語아레에 쓰고「므로」는 說明語 아레에 쓰으면 좋겟습니다。

으로의例 { 감(材料)으로 / 밥(食)으로 / 책으로 / 붓으로 / 사람으로 / 마음으로 }

므로의例 { 가(往)므로 / 보(見)므로 / 놀(遊)므로 / 하시므로 / 먹으므로 / 읽으므로 }

(李允宰)

한글質疑

【問】 促音中에 『장ㅅ군』『롤ㅅ닭』같은것은 무방하지마는 『바다ㅅ가』 같은것은 『바다까』로 發音되는데 『ㅅ』을 쓸이 音理上 無理가 아닐가요. 그러라고 『바다가』로 쓰기도 問題고요 (중산한글生)

【答】 이런 中間ㅅ에 對하여는 이왕에 한번 자세한 뜻으로 대답한일이 잇섯습니다 重複을 避하기 위하여 간단히 말하겟습니다. 두개의 單語로써 된 말 곳 集合名詞가 되는 때는 의례히 中間ㅅ이 들어 우아래의 두 單語를 連絡시키어주는 곳 所有格『의』를 意味한것이라 하지마는 실상 그러치 않습니다. 같은 대(竹)언마는 『대ㅅ수풀』(竹藪)할 때에는 中間ㅅ이 들고 『대소쿠리』(竹簣) 할때에는 들지아니하며 같은 솔(松)이언마는 『솔ㅅ방울』(松毬)할 때에는 中間ㅅ이 들고『솔밭』(松田)할때에는 들지아니합니다.

또 漢字로 보드라도 같은 『八』이언마는 『八道』할때에는 『팔ㅅ도』라하며 中間ㅅ이 들고 『八都』할때에는 『팔군』이라하여 들지 아니하며 또 같은 『文字』언마는 『문ㅅ자』라 할때도 잇고 『문자』라 할때도 잇습니다. 以上 여러가지를 比較하여본다면 中間ㅅ法이 一律로 아무말에든지 다 드는것이 아님을 알것입니다. 두개 單語가 모이어 한개 單語를 이루는데는 따로따로 그 語根을 밝히어주는 것도 좋지마는 이미 一個單語化한 한 덩이의 말을 거북스럽게 分析的으로 각기 논아놓을 必要가 없다고 생각합니다.

가령 소되앙(鼎蓋)같은 말이 솥(鼎)에서나왓다고『솥의앙』이라 쓰며 『보료』 (毛褥)가 요(褥)에서 나왓다고 『보요』라 쓸것인가 이러케된 말이 심히 많으니 여간 여려운 일이 아닙니다. 그러므로 여러 單語가 모이어 한單語를 이룬것은 混合하여 發音 그대로 써서 一個單語化하는것이 가장 좋은 處理라고생각합니다. 곳『장군』『바다까』로 쓰자는것입니다 (李允宰)

한글質疑

【問】「ㅎ」字를읽을때 hiheu라이
라합니까hiheu라 합니까。

(玉女峯下生)

【答】 ㅎ을 읽을 때는 「히읗」
(hieuh)이라 하는것이 옳습
니다。ㅎ을 訓民正音에 「如虛
字初發聲」이라 하엿으나 읽
을 때에 무엇이라 하엿는지
알수없고 訓蒙字會에는 ㅎ
에 屎를 달앗으니 읽을 때에
「히」라 한것이 분명합니다。
이것은 ㅈㅊㅋㅌㅍㅎ等을 終
聲(바침)에 쓰지아니하고 初
聲에만 쓴다는 理由로 ㅎ을
「히」로 읽은것입니다。그러
나 지금은 ㅎ도 바침에 쓰게
된것인즉 ㄱ(기윽) ㄴ(니은)
……과 같이 ㅎ을「히읗」이라
하는것이 一致되는 點으로보
아 좋다는것입니다。닿소리
(子音)의 읽는 법을 아래와
같이 정한것이 잇습니다。

ㄱ(기윽) ㄴ(니은) ㄷ(디읃)
ㄹ(리을) ㅁ(미음) ㅂ(비읍)
ㅅ(시읏) ㅇ(이응) ㅈ(지읒)
ㅊ(치읓) ㅋ(키읔) ㅌ(티읕)
ㅍ(피읖) ㅎ(히읗)

(李允宰)

한글質疑

【問】 계몽며「한글교안」에 당소리를 「ㄱ(기윽)……ㅎ(하웅)」이라하엿고 웅을 읏파같이 읽어도 좋다하엿으니 「어떻게」도 「어떳게」로 발음될수 잇을가요。

(寧邊ㅎ•ㄴ•ㅇ生)

【答】 「한글교안」에 그러케 적은것이 잇습니까。 그러타면 단순히 「히읗」할 때에는 「히읏」비슷하게 발음되나 그아래에 토를 달때에는 ㅎ의 소리를 내라는 말인듯합니다。

가령

「이것이 히읗(ㅎ)」

할때에는

「이것이 히읏」

이러케 소리가 되고

「히읗(ㅎ)을 써라」

「히읗(ㅎ)은 이러하다」

할때에는

「히으흘 써라」

「히으흔 이러하다」

이러케 소리가 됩니다。

또 이런 理由도 잇는것 같습니다。ㅅ라 ㅎ이 다 같은 摩擦音인데 ㅅ는 淸摩擦되는것이 혀끝(舌端)에 잇고 ㅎ은 摩擦되는것이 목구멍(喉頭)에 잇으니 ㅅ을 促音으로 쓴다면 ㅎ도 促音으로 쓰는것이 無妨하다는 것인듯합니다。「어떻게」는 「어떠케」 발음되지아니합니다。또 그러케 쓸수도 업는 것입니다。

(李允宰)

한글質疑

【問】「어떠하게」의 줄인말「어떻게」를「어떠케」로 써도 좋다하면「아니하다」의 줄인말「않다」도「안타」로 쓰는것이 좋지 않습니까。또「그러하오」의 줄인말은 어떠케 씁니까。

(寧邊OO·ㄴ·ㅇ生)

【答】「어떻게」나「어떠케」나 다 같이 줄인말입니다。「어떻게」는 홀소리(母音)ㅏ 한개만줄고「어떠케」는 닿소리(子音) ㅎ「ㅣ」이 줄어서 ㅋ으로 變한 입니다。이미 줄이는 바에는 하나를 줄이나 둘을 줄이나 원말에서 떠나기는 일반이니 어느편으로 쓰든지 다 좋을 줄 압니다。만일 語幹이나 토나 絶對不變의 法則을 주장할지면 어떠한 境遇라도 꼭「어떠하게」로만 써야 할것입니다。「않다」는 무룻「아니하다」의 줄인말이지마는 語尾의 活用이 특별히 다른말과 같지아니합니다 가령「어떻다」와 비교하야 보면

않 { 고 / 다 / 든지 / 지 / 아도 / 아서 / 으니 / 으면 / 은 / 을 }

이와같이 여러개의 토가 다 달려어 쓰일수 있으나

어떻 { 고 / 다 / 든지 }

「어떻」下에는 이와같이 몇개의 토가 달려어 쓰일뿐이요 그밖에는 하나 달아 쓸수없습니다。이러한 關係를 보아「않다」와「어떠타」를 좀달려 處理하는것도 可하다하는것입다「그러하오」의 줄인말은「그렇소」겟습니다。

(李允宰)

한글質疑

【問】 아러말에『므로』의 토가잇습니까。(寧邊喬·ㄴ·○生)

【答】 잇습니다。지금 흔히 『으로』의 토로 쓰나 『으로』와 『므로』를 각가 區別하야 쓰는것이 觀念上 좋을것갈이 생각됩니다。꼭 『으로』는 가지고란 뜻의 토로, 『므로』는 까닭으로란 토로 썻으면 좋겟습니다。

밥(食)으로=밥을가지고
책(冊)으로=책을가지고
물(水)로=물을가지고
가(往)므로=가는까닭에
하(爲)므로=하는까닭에
놀(遊)므로=노는까닭에

(李允宰)

【問】一、「므로」란 토가 잇다
고 하면「미」란 토도 잇을뜻
이 생각 되는데 어떠한지오
例 가(往)미 보(見)미 놓
(選)미 하시미
二、「그럼으로」는「한」一字
가 省略된것이 아닌가요。
(沙里院 一讀者生)
【答】「므로、으므로」는 씀말(用
言)아래에 달리는 토로서니、
으니、혹 매、으매와 갈
이 活用되는 것이어요「로、으
로」는 임씨(名詞)아래에 달
리는 토입니다。이러케「므
로」와「로」를 각기 區別하며
쓰는 것이 觀念上으로도 좋
을것 같습니다。가령
소로 밭을 간다
붓으로 글씨를 쓴다
라 쓸 때의「로、으로」와 토
와 또
비가 오므로 못가겠다
밥을 먹으므로 배가 부르다
라 쓸 때의「므로、으므로」를
비교하야 보면 그 쓰이는 법
이 아주 다르지 안습니까。
또 文法上으로 보면「로」는 기
움토(補足助辭)요「므로」는
꾸밈토(修飾助辭)입니다。

기움토 — 로、으로 / 에 / 에서 / 에게 / 보다

꾸밈토 — 니、으니 / 매、으매 / 면、으면 / 거늘 / 기에 / 므로、으므로

우에 表에 의지하여 기움
토에는 임씨(名詞)를、꾸밈
토에는 움씨(動詞)나 얻씨
(形容詞)를 붙이어서 活用하
여보시오。文法上 性質로도
그것이 자연 區別되어 있습
니다。「가미、보미、놓미、하
시미」는「감이、봄이、놈이、
화심이」로 써야 합니다。「미」
란 토는 없습니다。이것은
「가、보、놓、하시」등의 움
씨(動詞)에 ㅁ이 붙어서 임
씨(名詞)로 變하여진 것입
니다。
꿈(夢)은「꾸」에 ㅁ
춤(舞)은「추」에 ㅁ
잠(睡)은「자」에 ㅁ
을 붙이어 아주 名詞化하게
됨도 잇습니다。그러면「가므
로」도 움씨「가」를 名詞化하
여 쓸어 어떠냐고 反問하실
것입니다。그러나 그 쓰이는
법이 서로 다르다는 것을
아미 우에 보이엇기에 더 말
하지 안습니다。
二、「그럼으로」는「그러하
므로」로 쓰는 것이 좋으니
흘「하」一字가 省略되어 그럼
므로」로 써도 잇습니다。
(李允宰)

문답

【問】 ㄹ이 ㅏㅓㅗㅜㅡ와 合하는 境遇, 첫字에 ㄴ으로 發音되고 ㅑㅕㅛㅠㅣ와 合하는 境遇, 첫字에 ㅇ으로 發音되나니 이것을 發音의 如何는 不問하고 항상 ㄹ로만 쓰려나, 혹 發音標準으로 쓰리까。

【答】 그것은 무슨 發音標準으로 써야합니다. 첫字에 ㄹ이 붙는것은 원래 순 조선말에는 없고 다만 漢字로된 말에만 잇는것입니다. 우리가 이왕처럼 國音을 輕視하고 漢字만 崇拜한다면 發音의 如何를 물을것없이 漢字의 原音에 의지하여 쓴다는 것이 理由겟지마는 우리는 말소리를 基本으로삼아 新綴文字의 音을 쓰는데는 그러할까닭이 업겟습니다. 아우러 漢文學者라도 아레와 갓흔 말은 漢字의 原音을 버리고 俗音으로 씨지아니할수 없을 것입니다. 곳

砂糖이 사당이나 사탕으로
白銅이 백수이나 백통으로
分錢이 분전이나 푼전으로
紐眼이 뉴현이나 추현으로
許諾이 허낙이나 허락으로
惹鬧가 야뇨나 야료로
宅內가 택내나 댁내로
鮒魚가 부어나 붕어로
丑時가 츅시나 축시로
一秒가 일묘나 일초로

ㄹ이 漢字에 잇슬 때에 ㄴ 혹 ㅇ으로 發音되는것은 그 發音되는대로 쓰는것이 가장 옳은일입니다. 우리 조선말뿐 아니라 土耳其語, 蒙古語, 滿洲語, 日本語가 모도 漢字에 ㄹ行이 쓰이지아니합니다 이는 以上 各國語가 다 같은 우랄알타이語族인 關係입니다 日本語는 ㄹ行이 漢字에 잇다하자마는 다만 漢字에만 限하여 잇습니다。 그러고 日本은 ㄹ을 俊音까지 하게되므로 ㄹ行을 漢字에 쓰지마는 조선은 發音도 못하면서 구태어 쓰기로만 주장하는것은 무슨 까닭인지요。 그러므로 朝鮮語의 本質로 보든지 口音의 關係로 보든지 ㄹ은 發音標準으로 쓸것입니다。 ㄹ을 ㅏㅓㅗㅜㅡ와 合할때 ㄴ으로 쓰고 ㅑㅕㅛㅠㅣ와 合할때 ㅇ으로 쓰고 홀소리(母音)와 닿소리(子音) 아래에서는 ㄹ로 쓰는것이 옳으니 아래와 갓습니다。

ㄴ으로 쓰는例

(나주 羅州) 기라 綺羅 실라 新羅
(내일 來日) 거래 去來 장래 將來
(노인 老人) 부로 父老 연로 年老
(뇌성 雷聲) 수뢰 水雷 지뢰 地雷
(누각 樓閣) 고루 高樓 청루 靑樓
(능침 陵寢) 구릉 丘陵 왕릉 王陵

ㅇ으로 쓰는例

(양식 糧食) 시량 柴糧 식량 食糧
(역사 力士) 수력 水力 협력 協力
(예배 禮拜) 사례 謝禮 실례 失禮
(요리 料理) 재료 材料 원료 原料
(육십 六十) 오륙 五六 십륙 十六

(李允宰)

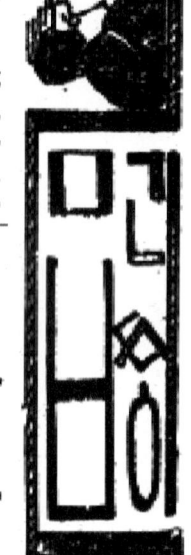

【問】 一、個의 語幹(값)을「값」으로 써도 發音上 何等 差別이 없음에 不拘하고「값」으로만 쓰는 까닭은 무엇입니까。

二、「항께」「한께」「항께」이 세중에 어느것이 옳습니까。

三、「암탉」을 암닭으로 發音하게되니 理由입니다

(李鍾淳、ㄴ、ㅇ、生)

【答】 一、먼저 ㅂ과 ㅍ의 音理의 다른 關係부터 말하겠습니다。

끝소리(終音)로 닿소리 (子音)우에서는 發音도 같이 되어「입는」「잎도」가 같으되 홀소리(母音)우에서는 發音을 각가 달리하여「입이」「잎이」로 (ㅎ은 有氣音)됩니다。그런데 ㅂ은 홑소리(單音)지마는 ㅍ은 ㅂ과ㅎ의 두 소리가 合한 겹소리 (複音)니 곧 ㅂ은 平鋪한 소리요 ㅍ은 쉬임소리 입니다。ㅂ과 ㅍ이 홀소리 우에서는 의례히 다르려니와 닿소리우에서는 꼭 같이 發音되나니 例를 들면 밥(飯) 밭(田)은 다른 것이요 업는(背負) 없는(無)은 같은 것입니다。그러나 이 두 소리는 그 쓰이는것이 각가 다르므로 결코 서로 混同하여 쓸수없는 것입니다。지금 물으시는「값」은 平鋪한 소리인 ㅂ을 쓰면 그만일 것을 일부러 ㅂ ㅎ의 두 소리가 섞여있는 ㅍ을 쓰는 것은 아무 必要가 없는 일입니다。또 어떤데서는「값」을「갑」이라고 말하는데도 있으니 더구나「값」으로 쓰는 것이 옳습니다。

二、「항께、한께、항께」이 셋중에는「한께」가 옳은가 합니다。한가지란「한」도 좋으려니와 古語에는「한께」라 이 보는 것입니다。우리말에 ㄴ과 ㅁ이 ㄱ우에서 ㅇ으로 變하는 習慣音이 있으니 한강(漢江)을「항강」、감기(感氣)를「강기」로 發音합니다 이와같이 한께나 한께가 항께로 發音되는 것도 어 習慣音인 關係입니다

三、암탉을 암닭으로 發音하는 것은 習慣音인듯합니다。或은「암닭」으로 쓰는 것이 좋다하나 만일「암여호」「암은행나무」로 쓸 때에는「암허호」「암흔행나무」로 發音되지 아니하니 그러케 쓸 까닭이 없습니다。그러므로 이러한 말은 모도 習慣音으로 處理하야「암탉」이라 쓰고「암닭」으로 發音하면 좋을것 같습니다。「수탉、암캐、수캐、어팡、초팡、안팎」같은 것도 모도 그와 같은 것입니다 (李允宰)

[問] 一、即은 「곳」「곧」「곶」中에「곳」로만 쓰는理由。

二、悲는 「슳으다」「슳어서」「슳어」로 쓰는것이 옳은지? 「슯브다」「슯버서」「슯비」로 쓰는것이 옳은지?

三、앓브다(痛)를 alp봇、곯브다(飢)를 kolp로 發音합니까。한다면 어느 地方에서 그러케하며 만일 그러 쓰지 안는다면 어떠케 써야 합니까。(宜寧日生)

[答] 一、即은 文法上 억씨(副詞)가 되는 말로 語尾活用이 없는 것이니 어떠한 바침을 달아써도 괜찮습니다。그러므로 이왕에 쓰든 그대로「곳」이라고 쓰는 것입니다。같은 語音을 가진 말은 될수있는대로 각각 서로 區別하게쓰는 것이 좋을것같으니「곳」「곧」「곶」을 區別하야쓴다면

「곳」은 即으로
「곧」은 直으로
「곶」은 串으로

쓰는것이 좋겠습니다。

二、悲는「슳으다」로 쓰는것은 絶對로 틀린것입니다。「슯브다」로 쓰는것은

깃브다
밭브다
낮브다
믿브다
입브다
곯브다
앓브다

와 같이 엇씨(形容詞)를 돕는다는 意味의「브」가 一致하게 붙어 한덩이 말이 된다는것이라하여 그러케 쓰는이가 있으나「슯브다」와「곯브다」의 두 말의 發音이 共鳴되지 아니하는 點으로 보아 矛盾되는 理由도 없지아니하니 이러한 말은 單語獨立으로 그 밑말(語源)의 무엇임을 가릴것 없이 發音式으로 쓰는 것이 가장 簡便한 處理로 생각합니다。곳「슬프다」「슬퍼서」「슬피」로 쓰자는 말입니다。

三、글세올시다。「앓브다」「곯브다」로 쓰는것이 그밑말(語源)「앓」과「곯」이 있는것을 보면 꼭 그러케 써야 할것입니다。그러나 發音은 'Alp kolp'로 하지 안습니다。어디든지 그러케 發音하는 때는 없습니다。發音하지 못하는것만 가지고 말할것이 아니라 그같은 바침을 가지고 發音을 각각 달리내게 쓰지못할 理由입니다。곳

슯브다

라 할때에는「슬프다」로 發音되지마는

앓브다
곯브다

라 할때에는「아프다」「고프다」로 發音되니 前者는 큰소리가 나고 後者는 큰소리가 나지안습니다。이런 矛盾이 어디 있습니까。그러나 이러한 말은 우에로 이미 말하였거니와 그 밑말의「앓」「곯」의 意味 살을것 없이 순전히 單語獨立으로「아프다」「고프다」로 쓰는것이 가장 좋다고 생각합니다。(李允宰)

문답

【問】 가지(持)는 갓과 같이 소리를 내는 것으로 보아 『갖이』라고 쓰는것이 어떠합니까(例를 들면『갖다준다』『갖지 않는다』따위) (水原李生)

【答】 이것은『가지』두 音節이 한 갈말(語幹)로 된것입니다

곳

가지고
가지니
가지면
가진
가질
가지어
가지엇다
가지시오
가지드라

어와 같이 『가지』가 語幹이 되고 『고,니,면,ㄴ,ㄹ,어,이다,시오,드라』가 다 토로 되는 것입니다。그러고 『갖다준다』『갖지않는다』는줄인말(略語)로 쓸때에 쓰는 것입니다

곳

갖다주어라는 가지어다주어라의 줄인말
갖지않는다는 가지지않는다의 줄인말

이러케『가지』와『갖』을 區別할수 없는 것입니다。만일『갖이』로 쓴다 합시다。그런즉『갖』아래에『이』가 무슨 意味 잇는 것입니까。어떠케 되는 말이(많으니)아니하다」를 흔히「안하다」로 쓸 때도 잇고「흔하다」를 흔히「흖다」로 쓸 때도 잇고「되엇다」를「됏다」로「하엿다」를「햇다」로 쓸때도 잇습니다。 그러타고「아니」를「안」,「흔하」를「흖」,「되어」를「되」,「하여」를「해」로 쓰는것이 꼭 옳다고 우길 까닭이 없겠습니다。 普通으로 쓰는 것과 줄이어서 쓰는 것을 또뚝히 분간하여 쓰는 것이 좋습니다。(李允宰)

【問】 또 묻습니다 한글 硏究家로 이름이 높으며 많이 努力하는이로 申明均、李允宰、李克魯、權悳奎、李常春、李秉岐、李東赫、金允經、鄭烈模、崔鉉培、金?琪諸氏는 朝鮮語學會會員입니까。硏究하는 方面이 같습니까。(開城한글生)

(答) 그렇습니다。硏究하는 方面도 다 같습니다。(李允宰)

한글質疑

【問】 아래의 말을 똑바루쓰는 것을 가르켜주시오。

여들해(八日)

이흔날(翌日)

흩은(散)

앉여(使坐)

맞한가지(一般)

(永興李生)

【答】 여드렛、이튿날、흩은、앉혀、마찬가지로 쓰는것이 좋습니다。여드레는 여들헤로 쓰기도하며 이튿날은 읻흔날로 쓰기도하며 마찬가지는 맞한가지로 쓰기도합니다。이러케 쓰는것이다 그으뜸말인 語源을 밝히는意味에서 매우 좋은것입니다。그러나한 熟語로 된 말은 각기그 個體로서 語源가 關然한것은 무론 그 으뜸말의 原形을 보존케하는것이 좋오나 한熟語가운데에 한편만 뜻이 잇고 한편은 무엇인지 잘 알수 없는것이나 또 깊은 歷史的 語源이 잇는것은 구태어 그 으뜸말의 뜻을 밝히 잇다고 생각합니다。가령 八日을 소리대로 써서「여들에」라 쓰면「여들」은 八이겟지마는「에」는 무엇인가、翌日을「읻흔날」이라 쓰면「흔」은 사흘、나흘、열흘하는말들의「흘」와 一致하는 뜻이 잇겟으나「읻」은 무엇인가、(翌年을 이듬해라하여「이」아래에「ㄷ」이 잇다는 것을 본다면 그러할듯도 하지마는) 一般은 (맞혀 한가지「맞한가지」라는 말을 줄이어「맞한가지」로 써야한다하지마는 그 語源을 가리기에 너무 어렵지않는가 하는것입니다。

(李允宰)

[問] 이미 오랜전부터 新聞報道를 通하여 京城水標町四二番地朝鮮敎育協會內에 朝鮮語學會가 잇다는것을 알고잇엇는데 요새 어떤 新聞에 紹介한것을 보니 啓明俱樂部朝鮮語硏究會가 잇다하니 이것이 朝鮮語學會와 趣意가 갈은가요? 만일 한글을 바로 硏究하려면 어느편에 入會하는것이 좋을가요

(關西한글生)

[答] 朝鮮敎育協會內에 잇는 朝鮮語學會는 이미 數十年의 歷史가 잇고 또 知名한 한글硏究者가 모도 이 會에 會員으로 朝鮮語學者의 總集合한 機關이라하여도可합니다그러므로 朝鮮語學會의 이름이 널리 各方面에 알리우게 되것입니다 啓明俱樂部朝鮮語硏究會는 요새 새로 組織된듯한데 그 會의 趣意는 아직 잘 모르겟으므로 말하기 어려우나 대개 짐작으로는 이 會에서 한글에 對한 主張이 朝鮮語學會와 딴판으로 다를줄 압니다 오늘날 混亂狀態에 잇는 우리 한글을 하로바삐 整理하며 統一하려는 이때에 各派各別로 主張만 다리하면 어느때에 한글統一의 完成을 기약하리오 이것이 한글의 前途를 위하여 크게 憂慮되는 바입니다 어느會에 入會하든지 그것은 당신의 意思에 잇습니다

(李允宰)

한글 質疑

【問】 普通學校 朝鮮語讀本에 「八月한가위」라는 말이 잇는 바 이는 秋夕을 意味한 말인데 그「한가위」의 由來와 意義를 자세히 알려주시오。

(平壤上需里高重玉)

【答】 「한가위」의 由來는 지금으로부터 一千九百年前 곳新羅 第三世 儒理尼斯今 九年(西紀三二年)에 王이 新羅서울의 六部를 그 絶半식 들로 나누고 王女 二人으로 하여곰 각기 그部內의 女子들을 거느리게하여 편을가르고 七月十六日부터 每日 일즉 大部의 庭에 모아서 깊은 밤까지 길쌈(績麻)을 시켜서 八月十五日에 이르러는 그 길쌈한 成績을 상고하여 진편에서 酒食을 장만하여 이긴편에 謝禮하고 歌舞와 百戱로 즐거이 놀아 이날을 嘉俳(혹嘉排)라 이름하엿습니다 嘉俳의 漢字音이 「가뵈」일지니 그것이 뒤에 「가위」로 된 것입니다。이는 우리古音에 唇輕音 붕이 ㅜ로 變한 까닭입니다。가령 「서블」(京이 「서울」로 된것이라든지 또 「더버서」(暑)가 「더워서」로 된것으로 보아 알것이 아닙니까。「한가위」란 「한」오 「큰」(大한)이란 말인데 한가위가 곳 大嘉俳입니다。이것은 新羅時代의 方言이므로 무슨 뜻인지 자세히 알수 없으나 아마 가운대란 뜻인듯합니다。지금에 秋夕을 中秋라 하는 것과 같은 것으로 볼수 잇습니다。우리 朝鮮에서 一年中 지키는 많은 名節가운대 어 한가위 처럼 朝鮮固有의 名節이요 歷史가 오래고 가장 意味깊고 또 철족은 때 되는 名節은 이밖에 없는줄 생각합니다。

(李允宰)

한글質疑

【問】 한글辭典이 何時에나 發刊될가요。一刻이 如一秋외다 (固城M生)

【答】 한글辭典 말입니까? 적이나 조선사람이 제나라말에 誠意가 잇엇고보면 辭典의 發刊이 여태 없을리가 잇엇겟습니까。말이 잇고 글이 잇는 우리에게 辭典 하나가 없다는것은 남에게 대하여도 크게 부끄러운 일입니다。당신이 말슴하신 一刻이 如三秋라함이 이뜻이 아닙니까 매우 고마우운 걱정입니다。朝鮮語辭典編纂會에서 年前부터 編纂에 着手하야 지금 많이 進行되엇으나 장차 完成될 날이 잇겟지오。(李允宰)

【問】 綴字法改正한것을 알에려면 어떠케 하여야 합니까 (固城M生)

【答】 먼저 文法을 알어야 합니다。그리고 新綴字法으로 쓴 글을 많이 읽으시면 자연 慣熟하여집니다。文法은 自習하기 좀 어려우시거든 한글講習會같은데 한번 參席하심이 좋을듯합니다。參考로 左에 書名을 몃種類 紹介합니다。

文法에 關한것

김더조선말본 金枓奉氏著
우리말본 崔鉉培氏著
朝鮮語文法 李常春氏著
現今朝鮮文典 李奎榮氏著

新綴字로쓴書籍雜誌

朝鮮語文經緯 權悳奎氏著
朝鮮留記略 同人著
綴字法講座 張志暎氏著
朝鮮民族更生의道 崔鉉培氏著
端宗哀史 李光洙氏著
革命家의안해 同人著
現代科學과基督教 柳瀅基氏著
農民讀本 李成煥氏著
朝鮮料理製法 白信榮氏著
聖雄李舜臣 李允宰氏著
修正文藝讀本 同人著
模範書翰文 金億氏著
한글綴字自習書 金克培氏著
東光(雜誌) 鍾路二東光社
新生(雜誌) 鍾路二新生社
延禧(雜誌) 延禧專門學校
桂友(雜誌) 中央高普校
徽文(雜誌) 徽文高普校
松友(雜誌) 松都高普校

이밖에 新綴字法으로 쓴 책이 많으나 위선 생각히는 대로 얼마만 적은 것입니다。發行所는 다 각기 다르므로 일일이 적지못하엿으니 京城府堅志洞 漢城圖書株式會社로 通信하여 圖書總目錄(無料로 드림)을 求하여 보시오。 李允宰

한글質疑

【問】 一、「하엿다」와「하엿다」「되엇다」와 「되엿다」 와正誤를 묻습니다。
二、 各品詞를 우리말로 무엇이라 합니까。『임씨』와 같이
(한글生ㄱㅇㅅ)

【答】 一、「하엿다」「되엇다」로 쓰는것이 좋겟습니다。「하엿다」는文法에 맞게쓰려면「하얏다」하여야 옳지마는 發音이 그러되지 못하므로 이것만은不得已 不規則的의 토를 쓸수밖에 없습니다。혹「하얏다」로쓰기도 하지마는 이것이 이미不規則이 된바에는 단순히發音의 便宜를 보아「하엿다」로 쓰는것이 도리어便利하다 생각합니다。「되엇다」는發音의 正確한것을 본다면「되엿다」가 옳습니다。그러나「되엇다」나「되엿다」가 發音上 그리 過多한 差異가 없는 고로 文法에 맞는 그대로 쓰는 것이 좋다고 생각합니다。
二、 우리말의 文法에 쓰는術語는 될수있는대로 우리말로 쓰는 것이 좋습니다。文法上 術語가 예적 에는 없었으니 이를 새로 지어서 쓰는 것이 可합니다。名詞、動詞、副詞하는것도 다 日本서 지이서 쓰는 것입니다。우리말 文法上 術語는 周時經氏案이 잇습니다。이제 그 것을 몇개만 日本語와 對照하여 적습니다。

우리말	日本語
닿소리	子音
홀소리	母音
씨	品詞
임씨	名詞
언씨	形容詞
움씨	動詞
겻씨	助詞
잇씨	接續詞
맺씨	終止詞
엇씨	副詞
언씨	冠形詞
늑씨	感嘆詞
월	文章
말본	語法

(李允宰)

【問】 우랄알타이 語族이란 무엇인니까。(한글生ㄱㅇㅅ)

【答】 世界 各國 言語를 類別하여 그 같은 系統의 言語를 語族이라 하는데 그 分布된 區域을 따라 여러 語族이 잇습니다。우랄알타이語族도 그中에 하나이니 인도유로피안語族(印歐語)과 한가지 二大語族으로 치게되는것입니다。우랄알타이語族(Ural-altaic group.)은 우랄山 알타이山脈 地方에 行하는 語族이란 뜻이니 大別하여 우랄語族·알타이語族의 둘로 되며 또 한께 처서 투라니안語族(Turanian)이라고도 합니다。이 語族에 屬한 者를 大略 左表에 記합니다。
(李允宰)

우랄、알타이語族
- 우랄語
  - 핀語
    - 芬蘭(핀란드)語
    - 라프란드語
  - 우그리아語
    - 오스차크語
    - 보굴語
    - 匈牙利語
  - 사모이드語
- 알타이語
  - 土耳其語
    - 야쿠트語
    - 위굴語
    - 길기스語
    - 우수베크語
    - 컬만語
    - 오스만語
  - 蒙古語
    - 東蒙古語
    - 西蒙古語
    - 北蒙古語
  - 通古斯語
    - 通古斯語
    - 滿洲語
  - 日本語
    - 日本語
    - 琉球語
  - 朝鮮語

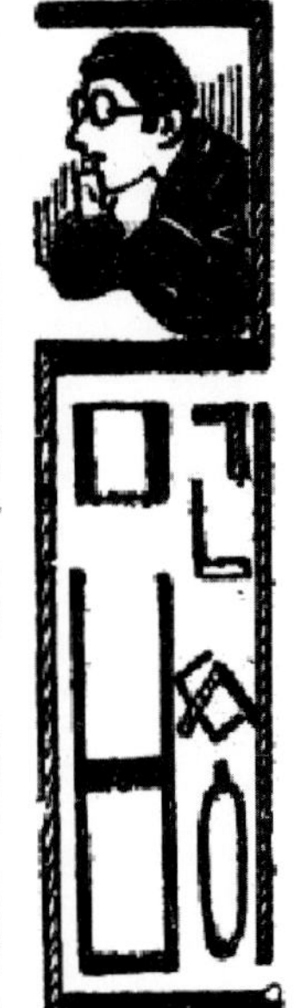

한글質疑

【問】 한글質疑欄 第五十八項에 적은 中聲의 ㅋ字가 第三한글欄에 新制二十八字라 하신 聲表中에도 없고 第二한글質疑欄에 崔世珍의 諺文二十七字에 ㆆ字가 들지아니한것을 상고하여보면 그 ㅋ字使用이 分明합니다。그런데 그 中聲讀法에는 웨 빠젓습니까。그 理由를 묻습니다。

(質疑欄愛讀生)

【答】 묻는 말슴의 뜻을 잘 모르겟습니다。ㅋ과 ㆆ은 다 中聲이 아니요 初聲입니다。지금 다시 初聲 中聲 終聲을적어드리겟습니다。

世宗大王의 訓民正音

初聲은 ㄱㅋㆁㄷㅌㄴㅂㅍㅁ
ㅈㅊㅅㆆㅎㅇㄹㅿ

中聲은 ᆞㅡㅣㅗㅏㅜㅓㅛㅑ
ㅠㅕ

終聲은 復用初聲ᄋ곳 바침은 初聲十七字를 다 쓰라 하는 뜻

崔世珍의 訓蒙字會

初聲과 終聲에 通用하는것
ㄱㄴㄷㄹㅁㅂㅅㆁ

初聲에만 홀로 쓰는것
ㅋㅌㅍㅈㅊㅿㅇㅎ

中聲은 ㅏㅑㅓㅕㅗㅛㅜㅠㅡ
ㅣᆞ

訓民正音에 二十八字요 訓蒙字會에 二十七字니 그 한字 빠진것은 ㆆ입니다。여기에서 한가지 붙이어 말할것은 訓民正音에 初聲을 바침에 다 쓰라 하엿거늘 오늘날 우리가 그 법을 좇지아니하고 다만 몇개만 바침으로 쓰게되는것은 다만 崔世珍의 뜻을 世宗大王보다 더 尊重히 아는것이니 이것이 우리의 잘못이 아닙니까。더구나 바른 文法의 글을 쓰려면 訓民正音에 정한「終聲復用初聲」이란 것을 철저히 시행하여야 될줄 압니다。(李允宰)

한글 質疑

(問) 普通學校의 第一學年生에게 한글敎授上 特히 參考될만한 書籍이 없을는지요。(朴斗陽)

(答) 그러한 書籍이 없습니다 普通學校 一學年程度의 敎授에는 參考書보다 그 敎科書에 잇는 敎材를 가지고 敎案을 작만들어 가르치는것이 좋을것입니다。 그러고 普通學校에서 朝鮮語를 敎授하는데 쓰는 朝鮮語讀本編纂趣意書와 改正綴字法案이 잇을터이니 그것을 參考하는 것이 더욱 좋을 것입니다。 물으신 따옴은 아마 한글 新綴字를 아이들에게 가르치기가 거북하다는 뜻인듯합니다。 그러나 그 新綴字法이란 것이 在來에 쓰오든 어른에게는 눈설어 보이어 좀 거북하게 될는지는 모르나 아무것도 모르는 어린 兒童 곳 一學年生에게는 新綴字라고 더 어렵게 알 이치가 없습니다。 新綴字는 그 말의 語幹과 語尾가 一定하여서 單純한 아이들의 머리에는 도리어 그것을 쉽게 깨닫게 될는지 모릅니다。 또 처음 배우는아이들은 新綴字인지 舊綴字인지 분간하여 알지 못합니다。 그런고로 가르칠 때에 新綴字라고 特別히 取扱하여서 말고 그러한 말은 꼭 그러하게 써야 된다는 觀念을 불어주도록 하시오。

朝鮮語讀本에 쓰는 新綴字法에 세가지 要點이 잇습니다。 곳

一、終聲(바침) 初聲(子音) 全部를 쓰는것과

二、「된시옷」은 並書로 고처 쓰는것과

三、「ㅣ」重音은 表音的으로 쓰는것

입니다。 이 세가지 要點을 잘 아시면 조금도 어려울것이 없겟습니다。普通學校用朝鮮語讀本一卷中에 新綴字된 글자의 數가 그리 많지못합니다마는 이에 參考되시기위하여 아래에 적어드리니 文法上 處理도 活用하여 보시오

【終聲】 죄벽볕 二〇頁
풀잎 三〇頁
앞산 三一頁
몇사람 四一頁
밭 四六頁
낮 五一頁
(以上은 몸말(體言)로 된것)

받으오 二九頁
밭아 三九頁
돋은 四九頁
같은 四八頁
(以上은 씀말(用言)로 된것)

【並書】 수수꺼기 五三頁
까닭 五三頁
코끼리 五四頁
때 五四頁
(以上은 몸말(體言)로 된것)

반짝거리다 三〇頁
꺾소 三三頁
꺼서 三九頁
뗏다 四四頁
빠졋다 四五頁
딸아가오 四六頁
끝고 四六頁
뜯 五二頁
깨서(토) 六一頁
뿐(토) 六五頁

(李允宰)

한글質疑

【問】否定언씨(副詞)『아니』를 『안이』로 못쓸가요。또 『빨리』를『빠리』『각하』(閣下)를 『가카』로쓰는것이 어떨가요。

(한글몰라生)

【答】『안이』로 쓰는것은 아무 理由가 없습니다。『아니』란 두 音節이 한개의 單語로 된 以上 쓸대없이 中間에 바침을 달아 『안이』로 쓸까닭이 없습니다。혹 이러케생각하는지 모릅니다。『안간다』(不去)、『안본다』(不見)、『안한다』(不爲)로 쓰는수도 잇으니 『안』이 한 語幹이 될수 없느냐고。그러나 이것은 잘못 생각한것입니다。즉『안』은 아니의 줄인말(略語)이니

안•간다는 아•니•간다의略

안•본다는 아•니•본다의略

안한다는 아•니•한다의 略

또이밖에도 줄이어 쓰는 例가많으니

갖•(持)고는 가•지•의 略

맞•(終)고는 마•치•고의 略

및•(及)고는 미•치•고의 略

이어놓은 흔히 『가지고』를 『갖이고』、『마치고』를 맞이고』、『미치고』를 『및이고』로 쓰는이가잇습니다。이것은 대단히 잘못입니다。줄이어서 쓰는 以外에는 原語 그대로

아니

가지고

마치고

미치고

로만 쓰시오。

『빠리』로 쓰자는 것은 無係한 일이나 우리말을 쓰는대는 ㄹㄹ을 쓰지 아니하는 고로 여기에만 특별히 쓸수 없으니『빨리』로 쓰는 것이좋습니다。

閣下는『가카』로 못 씁니다。이는 漢字와 閣(각)과 下(하)로 된 말인 까닭입니다。『각하』로 써도 發音은 『가카』로 되는 것어니 아무 관계 없습니다。(李允宰)

한글 質疑

問】 一, 文藝讀本 九九頁에 「그으기」라한것과 「고즈너긴」라한것이 잇는데 그것은 「그윽이」와「고즈넉이」의 잘못이 아닙니까。「그윽하겐」「고즈넉하겐」로 보아서 「그윽」과「고즈넉」이 語根으로생각되는데 貴見이 如何

二, 同 九六頁에 「아름다올」어잇는데 이것은 「아름다운」혹은 「아름답은」의 잘못이아닙니까?。

三, 同 九一頁에 「방앙으론」「좌명」(那家)은 경상도 사토리로되, 표준어로서는 바야오로「좌엽」으로 생각하는데 貴見 如何?(金生)

答】 一, 「그으기」「고즈너기」로 쓴것은 잘못이 아닙니다。 이것은 다만 당신과 文法的見解가 다를뿐입니다。 대개 여러개의 音節이 모이어 한 語幹으로 組織되는 때는 그 語幹가운데 따로 獨立한 語根이 잇지 아니하면 그대로 表音式으로 쓰는것이 좋은줄 아는것입니다。 가령

깊어
높어
넓이
많이
없이

와 같은것은 「깊」「높」「넓」「많」「없」등와 다 보매 얼씨(形容詞)로써 「이」한 토가붙어서 어찌씨(副詞)로 되엇기때문에 그아래에 어떠한 토를붙도라도 活用이 될수잇읍니다。 곳

깊 — 다 / 고 / 오니 / 어서

이밖에 「높」「넓」「많」「없」등도 다 이와 같이 活用됩니다。 그러나「그윽」「고즈넉」같은것은 그아래에 어떠한 토를달드라도 도저히 活用되기 어렵습니다。 即「그윽다」「그윽오니」「그윽아서」라하여말이되지아니합니다。 이 例를 보면 前者와 後者가 共通的 活用이 될수 없는것이 證明됩니다。 그러면「그윽하게」「고즈넉하게」는 어찌된 말이냐 하면 이것은「그윽하」「고즈넉하」가 한 語幹이오「게」가 토로 된것입니다。 이러케「그으기」와「그윽하」「고즈너기」와「고즈넉하」를 각각 달리 처리하여 나누는것이 좋을가 합니다。 이와 같은것이 많지아니합니까。 만일 語幹을 絶對不變하기로만 한다면「빠르다」로써 된 말「빨리」는「빠르이」로 써야 옳것고「바쁘다」로써 된 말「바삐」도「바쁘아」로써야 옳겟고「멀리」도「멀어」로 써야 옳겟지마는「빠르다」와「빨리」,「바쁘다」와「바삐」,「멀다」와「멀리」를 다 각기 다르게 처리하는것이 아닙니까。 第一問하고「그으기」「고즈너기」가 각기 한덩어리 單語로 되엇다는것만 알면 그러케 쓰기를 아무 疑問할바가 없을것입니다。「반드시」「비로소」도 다 그러합니다。 너무 길어지므로 第二問, 第三問은 次回로 밉니다。 (李允宰)

(前回 二問, 三問의 答)『아름다운』이라 쓴것은 홀소리의 고룸(母音調和)을 위하여 그러케 아니 쓸수 없게됩니다. 곳 홀소리(母音)『ㅏ ㅗ』아래에 ㅏ로, 『ㅓ ㅜ ㅡ ㅣ』아래에 ㅓ로 쓰이는것입니다. 例를들면

갑아서(如)
알아서(知)
보아서(見)
와서(來)

와 같은 것은 『갑, 알, 보, 오』등의 홀소리가 다 ㅏ와ㅗ로 되엇으므로 그아래 붙는 토가 다『아』로 된것이며

먹어서(食)
주어서(與)
들어서(擧)
읽어서(讀)

와 같은 것은 『먹, 주, 들, 읽』등의 홀소리가 다 ㅓ와ㅜ와 ㅡ와 ㅣ로 되엇으므로 그아래 붙는 토가 다『어』로 된것입니다. 이것을 홀소리의 고룸이라 합니다. 그러고『아름다운』은 얻씨(形容詞)『아름답다』로써 꼴바꿈할 임씨(名詞)가 된것이니 ㅂ이 빠진대신에 ㅗ가 온것입니다. 『아름다옹』이라고 發音되기도하나 語法上統一을 위하여는 『운』보다 『웅』이 좋나올것같이 생각됩니다. 곳이를 케됩니다.

돕다(助)	도와	도온
곱다(姸)	고와	고온
반갑다	반가와	반가온
사납다	사나와	사나온
덥다(暑)	더워	더운
춥다(寒)	추워	추운
눕다(臥)	누워	누운
밉다(憎)	미워	미운

『아름다운』도이 例에 붙습니다. 만일 이것을 한면으로만 統一하려고 모도 『워』로 쓴다면 『도워』(助)『고워』(姸)로 쓰기 재미없겟고 音便으로만 쓴다면 『도아』『도운』(助)『고흔』(姸)『누어』『눈』(臥)으로 쳐서 不統一이 심할것이니 語法處理上 여간한 困難이 아니겟습니다. 아름다운이라 쓴다하여도 發音에는 크게 틀리지 아니합니다. 우리말에 ㅗ와 ㅜ가 共通되는 點이 많으니 『배온』가 『배우』로, 『도온』가 『도운』로, 『가론』가 『가루』로, 심지어 쉬을 사뿐리 하는 것을 『돈』을 『둔』까지 하는 것을 보아 알것에 아닙니까. 여기에 對하여 古語와 今語의 比較를 말할 것도 잇오나 너무 지리하므로 그만둡니다.

『반양으로』와 『차반논』은 慶尙道 사투리가 아닙니다. 이왕에는 『바야흐로』로 쓰지마는 實際發音으로는 『ㅎ』소리가 나지 않고 다만 語勢上으로 『앙』소리가 조금 나는듯합니다. 慶尙道 사투리는 『바야으로』입니다.

『차렵(紗衾)』도 慶尙道 사투리가 아닙니다. 漢字의 原音에 의지하면 『차엽』입니다. 그러나 平安道를 除하고 어디든지 다 『차렵』이라고 發音합니다. 우리가 구태여 漢字의 原音을 固執할 必要가 없습니다. 漢字音을 순전히 表音式으로 써야하겟습니다. 여기에 對하여 文藝讀本 附錄 『한글 綴字法一覽表』에 例를든 것이 많으니 그것은 한번 參考하시기를 바랍니다. (李允宰)

한글 質疑

[問]「극히」를「그키」로 쓰는것
이 [illegible]「극히」로만 쓰
니「극」은 무엇이며「히」는 무
엇입니까。(한글 愛讀生)

[答]「극히」를「그키」로 씀은
옳지못합니다。「극」이 漢字
「極」으로 된 것이며 또「극하
다」라는「극하」에서 홑소리
(單音)「ㅏ」가 略되고 엇씨
(副詞)의 토「이」가 붙어서 꼿
「극히」로 된것을 便宜上
「극이」와 合한 소리 곳「히」
가 된것입니다。漢字로 된 엇
씨(副詞)에는 다 그와 같어
됩니다。例를 들면

엇 씨(副詞) 얻씨(形容詞)
속히 (速) 속하다
족히 (足) 족하다
간신히(艱辛) 간신하다
온전히(穩全) 온전하다
착실히(着實) 착실하다
활발히(活潑) 활발하다
심히 (甚) 심하다
엄히 (嚴) 엄하다
급히 (急) 급하다
능히 (能) 능하다
정히 (精) 정하다

漢字로 된 것 밖에 아레와
같은 말도 역시 그렇게 되나

고요히 고요하다
넉넉히 넉넉하다
똑똑히 똑똑하다
단단히 단단하다
흔히 흔하다
첩첩히 첩첩하다

이와 같이 아레「하」가 붙어
서 엇씨(副詞)가 됩니다。그
레고 아레와 같은 말은「하」
가 붙지 아니한 것이므로 그
저「어」가 붙어서 되니

꾀어 꾀다
굳어 굳다
같이 같다
높어 높다
깊어 깊다
많이 많다
없이 없다

와 같어「꾀다」가「꾀하다」로
못되는 것을 말우어보면 알
말이며 또 임씨(名詞)로 된
말 아레에도 역시「이」가 붙
어서 됩니다。

나날이
연년이
곰곰이
점점이
집집이
봉봉이

그레고 엇씨(副詞)끝에 달린
는것(「극히」어)를 쓰는 이외에
아레와 같은 말은 어레케 쓰
기도 하니

갑자기
모름지기
가마니
벌떡
바삐

이에 대하여는「갑작이」「모
름지어」……로 쓰는 것이 옳
다고 생각 하겠지마는 우에
例에 의지하여 비추어보면
엇씨아레「이」붙는 경우가 딴
판으로 다르다고 보는 것입
니다。혹「갑작 스럽다」는「갑잡
갑작」이라는 말을 쓰는고로
「갑하」어 한 語根어 될수 잇
은즉「갑하어」로 쓰는 것이
옳다고 합니다。그러면「얼른」
도「얼이」로「빨리」도「빠르이」
로「바삐」도「바쁘이」로 쓸수
잇습니까。「갑작」은 語幹이
되고「얼」「빠르」「바쁘」는
語根이 안됩니까。그런 法則
이 어디 잇습니까。그러므로
같은 엇씨(副詞)지마는 딴되
경우를 따라 조곰씩 달리할
수 있는 것이라고 생각합니
다。이밖에 또 꾀따 하기 언
렵은 것이 잇오니

반드시
때때시
꼬꼬시

이것을 원 法典이 맞도록 쓰
자면「반듯이」「때때이」「꼽
꼽이」로 써야 할터인데
그러케 거북하게 쓰지못한다
하면 차라리 우에와 같이 規
式으로「반드시」「때때시」
「꼬꼬시」로 쓰는것이 좋다함
입니다。 (李允宰)

한글質疑

[問]一、조선어학회의 조직과 사업을 알려주시고 그기관을 통하여 조선어를 연구하려면 무슨 수속과 어떠케 연락을 하여야 될가요. 혹사법과 갈은 연구과는 없습니까.

二、조선어학회에서는 철자법과 문법을 정리한다드니 이제 어떠케되엇습니까. 더욱이 조선어사전은 다편찬되엇습니까. (새말飛園生)

[答]一、조선어학회의 조직은 일반 조선의남녀로 누구나할것없이 조선어문(朝鮮語文)을 연구하는이 또는연구하려는이들의 모임입니다. 본회는 서울에잇고 지방에회원이 많은 곧에는 지회를두기도합니다. 사업은 강연회 강습회 및조선어문에 관계되는 서적의출판입니다. 이기관을통하여 조선어를 연구하실의향이 게시거든 먼저 이 회에 입회하시오. 조선사람이면 아무라도 입회할수잇습니다. 특별한 수속이랄것이없고 입회를원거하는이만 잇으면 되며 입회할때에입회금一원과회비 매년二원식뿐입니다. 만일 사정으로인하야입회하시지못하는경우에는본회 매월월례회(둘재토요일오후三시개회)에 늘방청으로오시는것도 환영합니다. 그때는 조선어 연구에관한 강연도잇고 토의도 잇습니다. 사법과같은 연구과는 장차하려고합니다. 그대신 금월하순쯤 조선어학회의 기관잡지「한글」이 발행되겟습니다. 구독하시는것이좋겟습니다.

二、철자법과 문법을 정리케정하는일은 매우신중히 하여야할것이므로 이미 원안까지정하여두기도하엿으나 좀더심리하여야될것도 잇어서 아직세상에 발표는 못합니다. 그러나 오래지아니하여 심리가완성되면 발표하여 통일하도록하겟습니다. 조선어사전은 지금 편찬중에 잇으니 아직도 상당한 시일이걸려야 끝나겟습니다. (李允宰)

한글質疑

(새말能鬪生)

【問】 조선어학회에서 이미 한글의 체계를 정하엿음듯하온데 품사의 분류를 어떠케 정하엿는지 가르처주시오。또풀이씨、임자씨란말은 역사적 이유가 잇는지요?

【答】 조선어학회에서는 품사의부류를 정한 것이 없습니다。벌서부터 표준될 글(文法)을 제정하자고 작정은 하엿으나 그것보다 먼저 할일이 하도 많으므로 아직 못된 것입니다。일즉 周時經씨가 품사를 분류한 것이 잇어서 지금 우리가 쓰어오는것입니다 곳 이러합니다。

임씨 얻씨 움씨
겻씨 잇씨 맺씨
언씨 억씨 늑씨

이러케 아홉씨로 나눕니다。이것을 요새 흔히 쓰는 日本語로 옮겨쓴다면 名詞、形容詞、動詞、助詞、接續詞、終止詞、冠詞、副詞、感歎詞입니다。풀이씨와 임자씨는 문법에 의례이 잇는 것으로 거기에 특별히 역사적 이유가 없을것입니다。다만 한문으로 임자씨는 主辭、풀이씨는 說明辭인것을 알면 그만이겟지요 (李允宰)

한글質疑

(李允宰)

【問】 一、新羅,新式을 쉬나,신식 이러케 씀니까。

二、金谷里、三牌里、里長을 금곡니,삼패리, 이장 이러케 씀니까。

三、닭(鷄),굶는다(飢),삶는다(烹),젊다(少)등은 바른편 바침만 발음되고 앉는다(坐)、앓는다(痛)、[illegible]는다(考試)、[illegible](周券)등은 왼편 바침만 발음되니 불규측이 아닙니까

(金谷一讀者)

【答】 一、新羅는 신라로,新式은 신식으로 씀이 옳습니다。新羅가 실라로 발음되나 우리 語音에 接變하는 소리가 잇어 ㄴ이 ㄹ우에서나 ㄹ이 아레에서 ㄹ로 變하는 法則이 잇습니다。

二、다른것은 다 옳으며 金谷里만 금곡리로 쓰시오。이것도 接變法에 依한 것으로 ㄹ이 ㄱ아레에서 ㄴ이로 變하는 것입니다。

三、이것은 불규측이 아닙니다。도리어 그러케 아니 쓰는 것이 불규측일 것입니다。이 모든 말 아레에 여러가지 토를 달아보시오。어디든지 다 들어 맞을 것입니다。글자의 바침이 아레 글자의 첫소리와 어울일 때에 서로 섞이가도 하고,[illegible]기도 하여 變音되기도 하고 合音되기도 합니다。비록 그러케 될 경우라도 으뜸말의 本形을 變하지 아니하고 쓰는 것을 文法的 규측에 맞는 글이라 하겟습니다。만일 소리만표준을 삼아 表音式으로만 쓴다면 먹다(食)를 쓸 때에 먹으라를 머그라로 먹는다를 멍는다로 먹히다를 머키다로 써야 할지니 이야말로 불규측이 아닙니까。그러므로 말을 쓰는데는 순 表音式으로 쓰지 못하는 것입니다。

(李允宰)

한글質疑

【問】 一、「찹벼」(糯稻)、「찹쌀」(糯米)을 「찰벼」、「찰쌀」로 쓰는 것이 어떠한가요?
二、「이렇건」을 「이렇게」로、「잇다」를 「있다」、또 「잇으니」를 「있으니」로 아니 쓰는 理由?
三、先生님의 한글質疑解答을 單行本으로 刊行하실 意思가 없으십니까。

(水原 한글生)

【答】 一、찹쌀은 써도 무방하나 찹벼는 써서 안됩니다。찹쌀은 發音에는 그다지 큰 障碍됨이 없지마는 찹벼는 찹뼈로 發音이 되기때문입니다。찹쌀의 말 된 것이 찰진 쌀인 즉 찰쌀이라 하여야 옳겠지마는 큰바침이 ㅂ으로 변하게 되는것은 이러한 理由가 있습니다。古語에 米를 발(稻)를 차발이라 하엿으니 찰에 큰바침이 빠지고 찹쌀의 찻소리 ㅂ이 우으로 올라 붙어서 「찹」으로 된것입니다。「찰」을 語根으로 쓰자 함은 「찰」이란 語根을 근본삼자 하여지마는 구태어 그러할 必要까지 없습니다。두개 以上의 單語가 한씨(品詞)로 이룰 때는 흔히 中間에 있는 바침이 줄어지기도 하고 변하기도 합니다。곧

마소 (馬牛)
부나비 (火蛾)
소나무 (松木)
따님 (令孃)

과 같이 ㄹ이 줄어지는 것도 있고

웃옷 (上衣)
나막신 (木履)
뼈다귀 (骨獻)
곳집 (庫家)
촛불 (燭火)

와 같이 中間에 'ㄷ' 바침이 添加하여 되는것도 있고

안팎 (內外)
수탉 (牝鷄)
당묘 (韓貓)
앞니 (前齒)

와 같이 아래의 말을 변하여 되는것도 있고

오누 (오랍누의)
대엿 (다섯여섯)

과 같이 글자가 줄어지는것도 있습니다。이러한 말들을 다 語根의 으뜸말을 그대로 쓰기로만 주장한다면 말이 되겠습니까。그런즉 그 소리 나는대로 쓰는것이 좋습니다。찹은 「찰」이지 마는

찰벼 (糯稻)
찰떡 (糯餠)
찹쌀 (糯米)
차조 (糯粟)

이렇게 쓰는것이 좋습니다。

二、「이렇건」는 「이러하건」의 줄인말(略語)이라 하여 그와 같이 쓰는것이며 「잇으니」는 發音를 除하고는 各道에서 다 그와 같이 發音되니 多數의 標準으로 그리 쓰는 것도 좋습니다。여기에 대하여는 먼저 한번자세히 발한 일이 있엇으므로 그만 둡니다。

三、한글 質疑解答은 다만 讀者諸氏의 便宜를 위하여 隨時應答함에 不過한 것이므로 單行本이 될 性質이 못됩니다。장차 한글에 關한 學理를 論述한 書籍이 있을 것입니다。(李允宰)

【問】 다음 말에 어느 것이 옳습니까。
햇빛만、햇빋만、햇빗만。부끄러으니、붓그러오니、붓그러으니。(高敞 음생이 生)

【答】 햇빛만이 옳으니 이는 漢字로 千?이기 때문이며 부끄러우니가 옳으니 이는 소리를 표준한 것입니다。

사백팔십사회의

한글기념날을맞으며

李允宰

해마다 한번씩 당하는 음력으로 구월 이십구일은 글의 명절——세종대왕께서 훈민정음을 민중의 물건으로 내어놓으신 곳 훈민정음반포기념일 (訓民正音頒布紀念日)이다 금년이 사백팔십사년재 되는 기념이다。

우리가 이때에 우리 글 훈민정음에 대하여 한번 생각하는 것이 의미 잇는 일이며 기념하는 뜻이다 그러므로 내가 이제 훈민정음의 발생과 조직에 관하여 그 번쇄한 사설을 피하고 평이하게 몃가지만 들어 말하고저한다。

첫재 훈민정음을 지은 동기는 무엇인가? 우리 나라는 상고시대로 부터 고유한 문짜가 잇엇지마는 내 것을 천히하고 남의 것을 귀히 하는 조선사람의 습관이라 내 나라의 글보다 남의 나라의 글을 더욱 숭상하기 때문에 우리 글은 자연히 사문짜(死文字)가 되어버리고 말앗다 그 대신에 지나의 글 곳 한문이 아주 조선의 글로화하여 버러엇다 그러나 그 쓰기 어렵고 읽기 어려운 한문이란 것이 우리 민중에게 얼마나한 곤난을 주엇으며 불편을 끼치게 하엿는가 이를 생각하면 하로밧비 쓰기 쉽고 읽기 쉬운 좋은 글이 하나 나서 이 난관을 근본적으로 깨뜨려버리어야하겟다는 것이 당시 일반 민중의 의사일 것이다。또 외국의 글짜를 가지고 본국의 어음을 적음에 글과 말이 서로 류통되지 못하므로 그 말의 뜻을 나타내기 어려울 것이니 우리의 말을 쓰기에 적합한 국자(國字)잇음이 더욱 필요하다 함을 느끼게 된것이다 또 당시에 인도라든가 몽고라든가 서장이라든가 일본이라든가 여러 나라에는 다 각기 제 나라의 문짜가 잇으나 우리 나라에만 없게 된 것이 무엇보다도 유감됨을 앎이다 세종께서는 이미 이러한 것을 살피어 아시고 조선사람이 쓸 조선글을 지으시기로 한 것이다。

둘재 훈민정음을 짓기에 얼마나한 시일이 걸리엇는가? 실록(實錄)에 보면 계해(癸亥)년 겨울에 친히 이십팔자를 지으시고 이름을 훈민정음이라 하엿다 하며 또 병인(丙寅)년 구월에 어제(御製) 훈민정음을 반포하엿다 함이 잇다。계해년이라 함은 세종 이십오년(서역一四四三년)이니 훈민정음이 이해로서 다 완성된 것으로 알지니 그 이전으로 몇해나 걸리엇는지는 알수 없다。세종께서 본대 어떠한 일에든지 정려하고 주밀하심이 지극하므로 훈민정음을 지으심에도 단시일에 얼른 마친 것이 아니요 필시 장구한 시일이 걸리엇음이 의심없다 병인년이라 함은 계해년에서 삼년후인 세종 이십팔년(서역一四四六년)이니 이미 다 지어놓은 훈민정음을 즉시 발포하지 아니하고 삼년이란 시일을 두고 수정에 수정을 더하고 시험에 시험을 더하여 아주 완전무결한 줄을 안 후에야 발포하게 된 것이다。

셋재 훈민정음을 지음에 얼마나한 노력이 들엇는가? 세종께서는 천성이 총명예지하여 일백 임금에 으뜸가는 임금으로 어일대에 창작과 발명이 많앗섯지마는 이 훈민정음을 지으심에는 더욱 많은 노력이 들엿음을 알 것이다 정음국(正音局)을 금중(禁中=궐내)에 설치하고 문신중에 한문학이나 외국어학에 능통하다는 정린지(鄭麟趾)・신숙주(申叔舟)・성삼문(成三問)・최항(崔恒) 등에게 명하여 자세히 해석을 더하엿으며 료동(遼東)에 귀양가잇는 황찬(黃瓚)에게 어음에 대하여 질문하기 위하여 성삼문을 료동으로 열세번이나 왕복하게 하엿으며 세종께서 안질이 잇어 청주(淸州) 약수 초정(椒井)으로 거동하실 때에도 다른 공문서는 다 밀치어놓으면서 오직훈민정음의 원고만은 가지고 가시엇다 하며 첫 시험으로 룡비어천가(龍飛御天歌)를 정음으로 번역하엿으며 훈민정음의 제작이 거의다 끝낫을 때에는 이를 반대하는 썩은 선비 최만리(崔萬理)무리의 항소극론(抗疏極論)에 그 마음을 썩히심이 어떠하엿을가。이와 같이 여러 방면으로 애쓰심이 많앗섯다。

넷재 훈민정음의 조직은 어떠한가?훈민정음은 서양의 알빠베트(Alphabet)와 한가지 긔음문짜(記音文字)의 하나로 그 자형의 정재함과 음리의 구

—〔24〕—

비함이 극히 령묘하고 완전하여 세계각국의 문짜에 가장 우월한 지위에 잇음은 말할것도 없다 훈민정음도해(訓民正音圖解)를 지은 신경준(申景濬—英祖때 사람)『그 글씨 된 것이 많지 아니하되 그 쓰임이 극히 넓도다 쓰기 편하고 배우기 쉬워서 천만가지 말에 아무리 세밀한 것이라도 다 그려낼수 잇다……이는 예적 성인이 생각하여보지도 못한 것이며 왼 천하를 통하여 도모지 없는 바이다』라 한것이 과찬한 말이 아님을 알 것이다。훈민정음의 조직은 초성(初聲)·중성(中聲)·종성(終聲)의 이십팔개의 자모로 이루엇다。이제 이를 분류하여 적으면 아래와 같다。

초성
- 엄니소리(牙音) ㄱㅋㆁ
- 혀소리(舌音) ㄷㅌㄴ
- 입술소리(唇音) ㅂㅍㅁ
- 니소리(齒音) ㅈㅊㅅ
- 목구녁소리(喉音) ㆆㅎㅇ
- 반혀소리(半舌音) ㄹ
- 큰반니소리(半齒音) ㅿ

중성 ㆍㅡㅣㅗㅏㅜㅓㅛㅑㅠㅕ

종성 (초성을 다시 씀。)

이 밖에 병서(並書)「ㄲㄸㅃㅉㅆㆅ」와 순경음(唇輕音)「ㅸㆄㅱ」와 상성(上聲)·거성(去聲)·입성(入聲)·평성(平聲) 등의 왼편에 점을 두어 표하는 것을 정한 것이 잇다。

朝鮮古典解題 (三)

方便子柳僖의 諺文誌

朝鮮文字研究必讀古書

◇朝鮮語研究會 李允宰

諺文志는 距今 百八年前 純祖 二十四年 甲申(西歷 一八二四年)에 方便子 柳僖의 著로 그리 크지아니한 단지 一卷의 書로 되엇는데 朝鮮文字 研究에 반듯이 없지 못할것이다。 이것이 본대 印本으로 나지아니하엿기 때문에 아직 世上에 널리 알리워지지 아니한 것으로 다만 李能和氏와 佛教通史中 若干 例示함이 잇엇을뿐에 그 그原本을얻어서 한번 閱讀한 일이잇엇다。

돌아보건대 訓民正音 發表以後 오늘까지 이르도록 우리는 오히려 漢文만 崇尙하고 我文을賤視하는 流弊에 젖어서 이를 硏修하는이 극히적고 行用되는데 심히 좁으므로 年代의 久遠을따라서 자연音韻의 變易과字形의 錯誤가 없지 못할 것이어늘 이를 바루잡는이 없 … 謬그대로 襲用하야 심지어 ㅣ、ㆍ의 混讀과 ㆁ○의 不辨한에 이르러 마침내 正音創制의 그 眞義와 本旨를 하주 잃어버리는 지경에 이르고만 것이다。 崔世珍의 訓蒙字會凡例에 한번 整理의 손을 내렷다는 것이 도리어 後來에 큰 病弊를 장만하엿으며 朴性源의 正音通釋과 申景濬의 訓民正音圖解가 잇엇으나 成所成에 그 詳奧한데까지 理會하기에는 모자라는 것이다。

諺文志는 그 序文에 이른바와 같이 그의 師丈 鄭東愈에게 就하야 正音에 對한 疑義를 數個月間 講辨한바를 記述한것인데 初聲、中聲、終聲의 沿革으로부터 시작하야 이어서 自己의 立論을、主張하엿고 끝으로 全字의 立成을 論하엿다。

初聲例에서는 廣韻、三十六字母와 通解集韻 三十六字韻 三十一字母와 訓民正音 十五初聲과 正音通釋 十七初聲을 順次로 列擧하야 比較를 보이고 柳氏의 校定으로 初聲 二十五字母를 論斷하엿다。 여기에서 舉頭、捲頭의 變音과 淸濁音의 分別과 ㆁ○ㆆ와 異同 及 ㅿ의 兩音에 對하야 詳述하엿고 더욱이 特記할 것은 「된시옷」法을 否認하고 雙形(即 竝書法)으로 쓰는 것이 正則이라고 主張하야 이렇게 說 다。

今俗婦女、若諺讀、皆從左邊之人、獨於心母、遂成雙形、而加日左邊、共聞道理、不成形乎、日非雙形也、訓民本意也、亦理之所有爾、獨發作於全濁、承本音之終者、『如각가爲가마、갑바爲가빠』若以承心母之終、亦生濁聲、如갓가爲갓外、갓바爲갓빠』心無之初則以承變母之終、亦生濁聲、如갑사爲갑싸』然其承本音者、上終添下、初爲雙形(觀上註可知矣) 此承心母者、上終自在而下初有發生者故、今從雙形爲正理

라 하엿다

中聲例에서는 正音通釋 中聲 十一形을 擧하고 柳氏의 校定으로 中聲正例 十五形과 變例 一形을 論斷하엿다 여기에서 ㅣ、ㆍ의分別을 論述하엿으며 疊韻、稀音에까지 論及함이 잇다。

終聲例에서는 正音通釋 終聲 八韻을 擧하고 柳氏의 校定으로 終聲正例 六韻과 變例 一韻을 論斷하엿다。여기에서 人ㄷ의 分別과 ㅇㆁ의 混用을論述하엿다。

全字例에서는 한 統計的 數字로써 正音字의 總數가 一萬零二百五十이 된다 함을 論述하엿다。

方便子는 이밖에도 物名考등 여러가지 著術가 많다。 未嘗에서 이를 다 出刊한다 함을 들엇다。멀지아니하여 우리의 案頭에 대어오기를 바랏고 말지아니한다。

〔附錄〕 한글 綴字 一覽表

一、된시옷은 쓰지 아니함。(ㄲㄸㅃㅉ등으로 대신 씀)

바름	틀림
까치 鵲	ᄭᅡ치
꼬리 尾	ᄭᅩ리
따오기 鵠	ᄯᅡ오기
뜻 志	ᄯᅳᆺ
뼈 骨	ᄲᅧ
뿌리 根	ᄲᅮ리
짜다 織	ᄶᅡ다
쪽 藍	ᄶᅩᆨ

二、、는 쓰지 아니함。(ㅏㅓㅡㅣ등으로 대신 씀)

바름	틀림
ㅏ로씀	
가리다 蔽	ᄀᆞ리다
나리다 下	ᄂᆞ리다
다리 脚	ᄃᆞ리
사람 人	사ᄅᆞᆷ
말 馬	ᄆᆞᆯ
바라다 望	ᄇᆞ라다
사랑 愛	ᄉᆞ랑
아이 見	ᄋᆞ희
자랑 誇	ᄌᆞ랑
차다 滿	ᄎᆞ다
ㅓ로씀	
감감하다 暗	ᄀᆞᆷᄀᆞᆷ하다
타다 乘	ᄐᆞ다
팥 豆	ᄑᆞᆺ
하다 爲	ᄒᆞ다
더러 토	ᄃᆞ려
더리다 與	ᄃᆞ리다
버리다 棄	ᄇᆞ리다
다섯 五	다ᄉᆞᆺ
여섯 六	여ᄉᆞᆺ
일컫다 稱	일ᄏᆞᆮ다
ㅡ로씀	
거느리다 率	거ᄂᆞ리다
며느리 婦	며ᄂᆞ리,
는 토	ᄂᆞᆫ
오늘 今日	오ᄂᆞᆯ
하늘 天	하ᄂᆞᆯ
반드시 必	반ᄃᆞ시
아들 子	아ᄃᆞᆯ
큰스록 토	큰ᄉᆞ록
다스리다 治	다ᄉᆞ리다
스스로 自	스ᄉᆞ로
ㅣ로씀	
벼슬 官	벼ᄉᆞᆯ
가슴 胸	가ᄉᆞᆷ
말씀 言	말ᄉᆞᆷ
마침 竟	마ᄎᆞᆷ
아침 朝	아ᄎᆞᆷ
ㅏㅡ、ㅏㅣ로씀	
가르치다 教	ᄀᆞᄅᆞ치다
마음 心	ᄆᆞᄋᆞᆷ
만들다 造	ᄆᆞᆫᄃᆞᆯ다
마지막 終	ᄆᆞᄌᆞ막

—〔 1 〕—

三, 바침 (ㄱㄴㄹㅁㅂㅅㅇㄺㄻㄼ 밖에 더 써야 할 바침)

홑 바침

ㄷ

몸말 ― 곧處 맏昆 빋債

씀말 ― 걷다捲 곧다直 굳다堅 닫다閉
돋다昇 돋다出 뜯다扯 딛다踏
몯다會 묻다埋 묻다染 믿다信
받다受 벋다延 뻗다伸 쏟다瀉
얻다得

결없는움 ― 걷다步 겯다編 긷다汲 닫다走
듣다聞 묻다問 붇다殖 싣다載
깨닫다覺 일컫다稱

ㅈ

몸말 ― 낮晝 젖乳

씀말 ― 갖다備 꽂다揷 궂다惡 낮다低
늦다晚 맞다迎 맞다合 맞다被打
맺다結 빚다釀 잊다忘 잦다涸
젖다濕 짖다吠 찢다裂 찾다尋
버릊다爬 꾸짖다叱 부르짖다呼

ㅊ

몸말 ― 갗腐 꽃花 낯錯 낯顔 돛棹
몇幾 빛光 빛色 숯炭 숯量
옻漆 팣荳

씀말 ― 좇다從 쫓다逐

ㅋ

몸말 ― 녘方 부엌廚

ㅌ

몸말 ― 겉表 곁傍 끝末 낱個 덭
돝豚 뭍陸 밑底 밭田 볕陽
샅股間 솥鼎 머리맡枕邊

씀말 ― 같다如 맡다任 맡다嗅 밭다漉
밭다迫 뱉다吐 붙다粘 얕다淺
엹다淺 짙다濃 흩다散 부릍다腫

ㅍ

몸말 ― 늪沼 섶薪 숲藪 앞前 옆側
잎葉 짚藁 무릎膝 헝겊布片

씀말 ― 갚다報 깊다深 높다高 덮다蓋
싶다欲 엎다覆 짚다仗

ㅎ

쓰말: 낳다 產　넣다 入　놓다 放　닿다 接
땋다 辮　빻다 碎　쌓다 積　쌓다 築
찧다 舂

결없는언:
커닿다 大　곱다랗다 姸　굵다랗다 大
기다랗다 長　깊다랗다 深　넓다랗다 廣
높다랗다 高　새파랗다 綠　커다랗다 大
파랗다 綠　누렇다 黃　시누렇다 黃
시퍼렇다 青　퍼렇다 青　깜앟다 黑
새캄앟다 黑　동글앟다 圓　맑앟다 淸
밝앟다 紅　새빩앟다 紅　뽀얗다 灰色
하얗다 白　껌엏다 黑　둥글엏다 圓
밝엏다 淡　붉엏다 紅　시뻙엏다 紅
서늘엏다 凉　부옇다 灰色　허옇다 白

거듭바침

ㄲ

몸말: 밖 外

쓰말: 깎다 削　꺾다 挫　겪다 經　낚다 釣
닦다 拭　볶다 熬　묶다 束　볶다 炒
섞다 混　솎다 間拔　엮다 編

ㄳ

몸말: 넋 魄　몫 配　삯 賃　섟 繫船處

ㄵ

쓰말: 앉다 坐　얹다 加

ㄶ

쓰말: 끊다 批　끊다 斷　많다 多　않다 不
언잖다　점잖다　괜찮다　귀찮다

ㄽ

몸말: 곬 谿徑　돐 朞

ㄾ

쓰말: 핥다 舐　훑다 扱

ㄿ

쓰말: 읊다 詠

ㅀ

쓰말: 곯다 餒　곯다 誤　끓다 沸　닳다 耗
뚫다 注　뚫다 隨　뚫다 穿　쓿다 磨
싫다 厭　앓다 痛　옳다 可　잃다 失

ㅁㄱ

몸말: 굼ㄱ 穴　남ㄱ 木

쓰말: 담ㄱ다 漬　심ㄱ다 植

ㅄ

몸말: 값 價

쓰말: 없다 無　객없다　실없다　열없다
가없다

ㅆ 있、었、겠、였、았、ㅆ(었、았이 줄어지는 때 쓰임)

—[3]—

四、語幹의 不規則。

(가) 몸말의 不規則。

나는 我	나를	나도
내가	내게	낸들
너는 爾	너를	너도
네가	네게	넨들

(나) 씀말의 不規則。

ㄹ의 줄음

줄지않는것			주는것		
길다 長	길고	길어서	가니	긴	가오
멀다 遠	멀고	멀어서	머니	먼	머오
놀다 遊	놀고	놀아서	노니	노는	노오
알다 知	알고	알아서	아니	아는	아오
울다 鳴	울고	울어서	우니	우는	우오

ㅅ의 줄음

줄지않는것			주는것		
긋다 畫	긋고	긋는	그으니	그은	그어서
낫다 癒	낫고	낫는	나으니	나은	나아서
붓다 腫	붓고	붓는	부으니	부은	부어서
잇다 續	잇고	잇는	이으니	이은	이어서
짓다 作	짓고	짓는	지으니	지은	지어서
젓다 攪	젓고	젓는	저으니	저은	저어서

ㅂ이(ㅗ)ㅜ로바꾸임

바꾸지않는것			바꾸는것	
곱다 美	곱고	곱지	고오니	고와서
덥다 暑	덥고	덥지	더우니	더워서
눕다 臥	눕고	눕지	누우니	누워서
돕다 助	돕고	돕지	도오니	도와서

ㄷ이ㄹ로바꾸임

바꾸지않는것			바꾸는것	
걷다 步	걷고	걷는	걸으니	걸어서
긷다 汲	긷고	긷는	길으니	길어서
듣다 聞	듣고	듣는	들으니	들어서
묻다 問	묻고	묻는	물으니	물어서
붇다 殖	붇고	붇는	불으니	불어서
깨닫다	깨닫고	깨닫는	깨달으니	깨달아서
일컫다	일컫고	일컫는	일컬으니	일컬어서

—〔 4 〕—

ㅡ로 됨			ㅓ(ㅏ)로 됨	
끄다 滅	끄니	끈	꺼서	껏다
뜨다 浮	뜨니	뜬	떠서	떳다
쓰다 書	쓰니	쓴	써서	썻다
크다 大	크니	큰	커서	컷다
트다 通	트니	튼	터서	텃다
다그다 逼	다그니	다근	다가서	다갓다
잠그다 鎖	잠그니	잠근	잠거서	잠것다
따르다 隨	따르니	따른	따라서	따랏다
치르다 經	치르니	치른	치러서	치렷다
다다르다	다다르니	다다른	다다라서	다다랏다
곶브다 食慾	곶브니	곶븐	곶버서	곶벗다
낮브다 卑	낮브니	낮븐	낮바서	낮밧다
믿브다 信	믿브니	믿븐	믿버서	믿벗다

ㅡ가 ㅓ(ㅏ)로 바꾸임

ㅡ로 됨			ㅓ(ㅏ)로 됨	
기쁘다 喜	기쁘니	기쁜	기뻐서	기뻣다
바쁘다 忙	바쁘니	바쁜	바빠서	바빳다
에쁘다 美	에쁘니	에쁜	에뻐서	에뻣다
고프다 飢	고프니	고픈	고파서	고팟다
슬프다 悲	슬프니	슬픈	슬퍼서	슬펏다
아프다 痛	아프니	아픈	아파서	아팟다

ㅡ가 러(라)로 바꾸임

ㅡ로 됨			러(라)로 됨	
너르다 廣	너르니	너른	널러서	널럿다
다르다 異	다르니	다른	달라서	달랏다
빠르다 速	빠르니	빠른	빨라서	빨랏다
고르다 調	고르니	고른	골라서	골랏다
오르다 登	오르니	오른	올라서	올랏다
흐르다 流	흐르니	흐른	흘러서	흘럿다

五、語尾의 不規則。

몸말	홀소리아래	가 는 를 와 면 요 라
	닿소리아래	이 은 을 과 이면 이요 이라
씀말	홀소리아래	니 면 ㄴ다 ㄹ가 오 ㅂ니다
	닿소리아래	으니 으면 는다 을가 소 습니다

어의 바꿈

이르다 至	이르니	이른	이르러	이르럿다
누르다 黃	누르니	누른	누르러	누르럿다
푸르다 靑	푸르니	푸른	푸르러	푸르럿다
하다 爲	하니	한	하여	하엿다

六、語根。

語根法(一)

간막이 間隔	먹이 食物	판박이 印刷
갓난이 赤子	애꾸눈이 瞎	조막손이 攣
가로닫이	내리닫이	미닫이
해돋이 日出	뼈뜯이 肉	바람받이 風向
하로갈이	옷걸이 衣架	꽃놀이 花遊
나들이 出入	절뚝발이 跛	벌이 勞働
살림살이	품팔이 傭	뒤풀이 後解
막잡이 粗品	손잡이 把手	앞잡이 前導
높낮이 高低	달맞이 迎月	꽃맺이 實
금붙이 金屬	털붙이 毛製	속앓이 胃腹痛
놀음 遊	설음 悲	울음 泣
졸음 眠	걸음 步	웃음 笑
낟알 穀粒	돋보기 老鏡	몯거지 會
낮참 晝食	늦벼 晩稻	맞돈 現金
꽃숭이 花朶	돛대 棹	옷칠 漆
겉곡 皮穀	끝장 末	밑둥 根
잎새 葉	짚신 草鞋	옆댕이 傍
밖앝 外	넋두리	삯군 傭人

語根法(二)

굳세다 剛	맛보다 味	맞서다 對立
꽃답다 芳	낯설다 生面	빛나다 華
겉돌다 不和合	끝내다 完	얕잡다 冷待
앞서다 先頭	옆들다 傍助	높직하다 高
값지다 價	섞바꾸다	읊조리다 詠
긎브다 食慾	낮브다 卑	믿브다 信
덮이다 蓋	엎이다 覆	놓이다 放
쌓이다 積	깎이다 削	닦이다 拭
먹이다 食	속이다 欺	늘이다 擴
붙이다 付	높이다 崇	끊이다 斷
긎기다 惱	닫기다 閉	뜯기다 裂
찢기다 裂	쫓기다 逐	끊기다 綻
맡기다 任	굶기다 飢	옮기다 移
막히다 阻	걷히다 捲	묻히다 埋
뻗히다 延	잡히다 執	맺히다 結
닫히다 閉	맞히다 中	굳히다 固
입히다 衣	앉지다 坐	밝히다 明
낮후다 低	맞후다 合	솟후다 聳

—〔 6 〕—

(三) 法根語

묻어지다 壞	걷어치다 捲	쏟아지다 瀉
걷어가다 步行	꿇어앉다 跪	늦어지다 延緩
달아나다 走	떨어지다 落	돌아가다 歸
들어가다 入去	몰아내다 逐出	물어떼다 嚙
벋어지다 拆	슬어지다 靡	알아듣다 會得
일어나다 起	넘어지다 倒	잡아먹다 捕食
벗어나다 免	붓어지다 毁	솟아나다 發
잊어버리다 忘	잦아들다 涸	쫓아내다 逐出
흩어지다 散	놓어두다 放任	좋아하다 好
꺾어지다 折	닦아세다 叱責	끊어지다 絕
훑어보다	없어지다 亡	잃어버리다 失
없애다 廢	붓우다 碎	웃읍다 可笑
객없다 無益	덧없다 無常	실없다 諧謔
열없다 小膽	속절없다 無望	철없다 無知覺

(四) 法根語

굳이 固	좋이 好	많이 多
깊이 深	높이 高	넓이 廣
같이 如	잇이 有	없이 無
낱낱이 箇箇	못못이 每每	앞앞이 每人前
앞서 前者	끝끝내 畢竟	맞당히 當

法音表

거멍(검엉) 고랑(골앙) 노래(놀애) 마개(막애)
무덤(묻엄) 메칠(몇일) 사냥(산양) 수풀(숲울)
시렁(실엉) 이불(입울) 주먹(줌억) 하늘(한울)
기러기(기럭이) 비들기(비듥이) 코끼리(콧길이)
지팽이(짚앵이) 올개미(옭앰이) 소디앙(솓의앙)
겨드랑이(겯으랑이) 끄트러기(끝으러기)
다물다(담울다) 머금다(먹음다) 쪼개다(쪽애다)
움지기다(움즉이다) 사로잡다(살오잡다)
가마니(가만이) 반드시(반듯이) 비로소(비롯오)

七、홀소리(母音)의 고름。

	ㅏ아레에	ㅗ아레에	ㅓ아레에	ㅜ아레에	ㅡ아레에	ㅣ아레에
홀소리아레	나아 癒	모아 會 보아 見	저어 搖	두어 置 주어 與	그어 畫	이어 續 지어 作
닿소리아레	갈아 耕 앉아 坐	좋아 好 옳아 可	먹어 食 젊어 少	웃어 笑 붉어 紅	들어 聞 늙어 老	믿어 信 읽어 讀

八、닿소리(子音)의 고름。

ㄱㄷㅂㅈ의 거듭

바름	틀림
가깝다 近	갓갑다
아깝다 可惜	앗갑다
꺼꾸러지다	엇구러지다
바꾸다 換	밧고다
자꾸 數	잣고
깨끗하다 潔	깩긋하다
느끼다 感	늣기다
토끼 兎	톳기

바름	틀림
이따금 間或	잇다금
어떠하다 如何	엇더하다
거떡거리다	것덕거리다
귀뚜라미 蟋蟀	귓두람이
부뚜막 竈臺	붓두막
가뜩하다	갓득하다
부뜰다 扶	붓들다
따뜻하다 溫	ᄯᅡ듯하다

바름	틀림
자빠지다 沛	잣바지다
고뿔 感冒	곳불
고삐 轡	곳비
바삐 忙	밧비
바쁘다 忙	밧브다
예쁘다 美	엣브다
어찌 何	엇지
여쭙다 告	엿줍다

ㄹ의 거듭

바름	틀림
갈랙질 見戱	갈랙질
달래 野蒜	달내
빨래 洗濯	빨내
설렁탕	설넝탕
걸레 拭布	걸네
굴레 勒	굴네
얼레 繰車	얼네
살림 生活	살님

바름	틀림
갈라지다 岐	갈나지다
달라다 請求	달나다
날래다 勇	날내다
놀래다 驚	놀내다
달리다 馳	달니다
돌리다 歸	돌니다
올리다 上	올니다
훌륭하다 善美	훌늉하다

바름	틀림
몰래 密히	몰내
절로 自然	절노
홀로 獨	홀노
얼른 速	얼는
널리 廣	널니
멀리 遠	멀니
빨리 迅	빨니
출렁출렁	출넝출넝

九、줄인말

홀소리의 어우름

줄어	안줄어
와서 來	오아서
봐서 見	보아서
배워서 學	배우어서
져서 負	지어서
쳐서 打	치어서
이겨서 勝	이기어서
다녀서 行	다니어서
그려서 畫	그리어서
꾸며서 飾	꾸미어서
부벼서 揉	부비어서
마셔서 飮	마시어서
붙여서 粘	붙이어서
가져서 持	가지어서
고쳐서 改	고치어서
시켜서 使	시키어서
살펴서 察	살피어서
막혀서 滯	막히어서

홀소리의 어우름

줄어	안줄어
됏다	되엇다
햇다	하엿다
그랫다	그리하엿다
갖다 持	가지어다
안하다 不爲	아니하다
맞도록 終	마치도록
및는대로 及	미치는대로

닿소리의 어우름

줄어	안줄어
그러코、그렇고	그러하고
이러코、이렇고	이러하고
저러코、저렇고	저러하고
어떠코、어떻고	어떠하고
그러케、그렇게	그러하게
그러치、그렇지	그러하지
그러타、그렇다	그러하다
그러토다、그렇도다	그러하도다
그러튼지、그렇든지	그러하든지

아(어)의 빠짐

줄어	안줄어
가서 去	가아서
나서 生	나아서
따서 摘	따아서
사서 買	사아서
서서 立	서어서
자서 宿	자아서
차서 蹴	차아서
타서 乘	타아서
파서 掘	파아서
펴서 布	펴어서

하의 빠짐

줄어	안줄어
그러니	그러하니
이러니	이러하니
저러니	저러하니
그러면	그러하면
그러나	그러하나
그러냐	그러하냐
그런	그러한
그럴	그러할

十、漢字音을 表音的으로 씀。

俗音化한漢字音

原音	現音
個 가	개인 個人
廓 곽	확청 廓淸
叩 구	고두 叩頭
詬 구	후욕 詬辱
龜 귀	구선 龜船
腦 노	뇌수 腦髓
杻 뉴	축현 杻峴
隷 례	노예 奴隷
累 류	루차 累次
壘 류	진루 陣壘
淚 뤼	체루 涕淚
墓 모	분묘 墳墓
秒 묘	일초 一秒
母 무	부모 父母
幅 복	폭원 幅圓
撫 부	무마 撫摩
扱 삽	취급 取扱
硝 쇼	초자 硝子
氏 시	김씨 金氏
刷 솰	인쇄 印刷
涯 아	생애 生涯
豫 여	예비 豫備
譽 여	명예 名譽
倭 와	왜지 倭紙
區 우	구역 區域
滓 즈	거재 去滓
狀 장	상태 狀態
除 저	제감 除減
諸 저	제반 諸般
簇 죡	석족 石簇
昭 죠	소상 昭詳
卒 졸	졸업 卒業
丑 츄	축시 丑時
就 츄	성취 成就
取 츄	취용 取用
趣 츄	취미 趣味
臭 츄	향취 香臭
驟 츄	취우 驟雨
笞 치	태벌 笞罰
厠 치	측간 厠間
拓 탁	개척 開拓
套 토	투식 套式
鍮 루	유기 鍮器
覇 파	패권 覇權
派 패	파송 派送
繃 펑	붕대 繃帶
芐 하	숙변 熟芐
況 황	황차 況且
畫 홰	화가 畫家
嚆 효	호시 嚆矢

고처쓸漢字音

漢字	바름	틀림
鷄卵	게란	계란
田地	전지	뎐디
調停	조정	됴뎡
邪術	사술	샤슐
書寫	서사	셔샤
世上	세상	셰샹
小說	소설	쇼셜
水石	수석	슈셕
章程	장정	쟝졍
種子	종자	죵ᄌᆞ
主掌	주장	쥬쟝
着着	착착	챡챡
靑春	청춘	쳥츈
觸處	촉처	쵹쳐
推薦	추천	츄쳔
天聽	천청	텬텽
疊疊	첩첩	텹텹
體貼	체첩	톄텹
貂皮	초피	됴피
汽車	기차	긔챠
猜忌	시기	싀긔
輜重	치중	츼즁
默想	묵상	믁샹
北方	북방	븍방
朋友	붕우	붕우
品性	품성	픔셩
懇切	간절	ᄀᆞᆫ졀
私事	사사	ᄉᆞᄉᆞ
自在	자재	ᄌᆞ지
次次	차차	ᄎᆞᄎᆞ

—〔 10 〕—

	ㄹ의첫소리(一)							ㄹ의첫소리(二)							ㄴ의첫소리			
原音	羅 라	樂 락	來 래	老 로	賴 뢰	樓 루	陵 릉	良 량	旅 려	力 력	禮 례	料 료	留 류	李 리	女 녀	年 년	鐃 뇨	泥 니
첫소리에	나사 羅紗	낙원 樂園	내일 來日	노인 老人	뇌력 賴力	누각 樓閣	능행 陵幸	양심 良心	여행 旅行	역사 力士	예배 禮拜	요리 料理	유학 留學	이화 李花	여자 女子	연세 年歲	요령 鐃鈴	이토 泥土
홑소리아래	기라 綺羅	쾌락 快樂	거래 去來	쇠로 衰老	의뢰 依賴	고루 高樓	구릉 丘陵	개량 改良	기려 羈旅	기력 氣力	가례 嘉禮	재료 材料	체류 滯留	도리 桃李	부녀 婦人	소년 少年	대요 大鐃	구이 拘泥
닿소리아래	삼라 森羅	일락 逸樂	박래 舶來	연로 年老	신뢰 信賴	층루 層樓	왕릉 王陵	불량 不良	역려 逆旅	협력 協力	경례 敬禮	원료 原料	억류 抑留	행리 行李	남녀 男女	백년 百年	금뇨 金鐃	금니 金泥

原音	念 념	寧 녕	鬧 뇨
첫소리에	염려 念慮	영변 寧邊	요종 鬧鍾
홑소리아래	기렴 記念	회령 會寧	야료 惹鬧
닿소리아래	관렴 觀念	안령 安寧	열료 熱鬧

(一)音轉

原音	轉音
瓜滿 파만	冬瓜 동아
承諾 승낙	許諾 허락
內外 내외	內人 나인
糖分 당분	砂糖 사탕
銅錢 동전	白銅 백통
冊曆 책력	西曆 서력
理論 이론	議論 의논
轍鮒 철부	鮒魚 붕어
分別 분별	分錢 푼전
人 인	四人轎 사린교
船遊 선유	花遊 화류
誓約 서약	盟誓 맹세
携提 휴제	菩提 보리
男子 남자	鍾子 종주
聚斂 추렴	聚軍 취군
錢文 전문	錢糧 천량
山椒 산초	胡椒 후추
家宅 가택	宅內 댁내
筩契 통계	箭筩 전동
隍 황	城隍堂 성앙당

(二)音轉

原音	轉音
菊花 국화	菊花 구화
木棉 목면	木瓜 모과
牧童 목동	牧丹 모란
白色 백색	白川 배천
不可 불가	不足 부족
五六 오륙	六月 유월
十里 십리	十月 시월
從來 종래	從容 조용
花燭 화촉	蜜燭 밀초
八月 팔월	八朔 파삭

—〔 11 〕—

十一、句讀點。

英語에 쓰는 법 (參考로)

符號	이름	原語
.	온점(끝점)	Full stop or Period
,	반점	Comma
:	포갤점	Colon
;	포갤반점	Semicolon
" "	끄어옴표	Quotation mark or Inverted comma
!	느낌표	Exclamation mark or Note of exclamation
?	물음표	Question mark or Note of interrogative
—	줄표	Dash
-	붙임표	Hyphen
( )	반달표	Parenthesis or Round brackets
[ ]	거멀표	Brackets

이 책에 쓸 것

符號	이름	쓰는 법
◦	동그랑이	말 끝맺을 때
、	점	말 더더 끝맺을 때
•	동글점	두 單語 사이에
?	물음표	묻는말 끝에
!	느낌표	느낌말 끝에
( )	괄호	說明하는 말
「 」	꺾괄호	單語의 引用
『 』	겹꺾괄호	文章의 引用
——	줄표	윗 글의 뜻을 이을 때
……	점줄	아레 글을 줄일 때

十二、句節 떼는 법。

음정민훈

나라의 말 소리가 중국과 달라 그 글씨와 서로 트어 쓰지 못하므로 어리석은 백성은 말하려도 그 뜻을 펴지 못하는 이가 많은지라、 내 이를 민망히 여기어 새로 스물여듧 글씨를 지어 사람마다 익히기 쉽고 쓰기 편하게 하려 하노라。

第一回 朝鮮語講習消息 ①

◇關西方面◇

講師 李允宰

第一講 宣川

編輯局長 足下

二十八日 밤 車中에서 편히 쉬고 翌日 午前十時에 여기에 無事抵達하엿나이다。나는 어느때나 關西地方을 밟게되는 때에는 옛날 高句麗의 性蹟을 다시금 懷想하게 됩니다……고을에 들때에 먼저 눈에 띄우는 것은 山腰에 커다랗게 새겨세운 「금주단연」이란 넉자입니다。이러한 것을 다른데서는 도모지 보지못하든 것입니다。日人의 廣告『地下タビ』니 『サッポロビール』니 하는것은 흔히 보는것이지마는……

支局長 李英學君과 欣握한 後 少歇하고 午後一時부터 信聖學校 講堂에서 開講하얏는데 會員이 六七十名의 大滿員으로 多數가 敎員 西洋人도 잇엇스며 郡守 邑長까지 參席하야 盛況을 이루엇습니다 連續五時間으로 講話하되 이같은 苦炎에 모도가 조금도 支離하다는 感이없이 始終으로 傾聽하는데는 우리글에 向하여 얼마나 熱心誠意를 가지엇섯는지 미상불 이에 感服하지 아니할수 없엇습니다 八月一日까지 마추고 平壤으로 가려합니다。

宣川에서

李允宰

第一回

朝鮮語講習消息 ③

◇關西方面◇ 講師 李允宰

第二講 平壤

編輯局長 足下

八月四日 午後四時頃에 宜川을 떠낫습니다. 밤내 퍼붓는 豪雨에 혹시 鐵道浸水나 아니되엿나 하고 퍽시 焦慮하엿더니 다행으로 그런케까지되지 아니하여 無事히 오게 됩니다.

雨後의 牧丹峯은 그 蒼翠의 色이 한층더 새로워지어 眼前에 가로 놓입니다. 한참 그 당시에 島山先生의

「獨立한 내 모란봉아
네가 내 사랑이라」

한 노래가락이 부지중에 입으로서 나오게 됩니다. 征明의 大經略으로 大本營을 여기에다 차려놓든 八道都統使 楊鎬의 그때 일을 생각하고 淸溪를 다 거두어들일번하다가 까닭없이 勝利를 밟든 西北兵馬使 印璫의 그때 일을 생각하고, 大爲帝國의 큰 배만을 꾸미고 일어서든 大爲宮主人 妙淸의 그때 일을 생각하고, 乙支將軍의 그때 일, 長壽大帝의 그때일, 이런 것, 저런것이 머리 속에 빙빙 돌때 汽車는 어느새 平壤驛에 닿엇습니다. 때는 八時四十分.

마중나온 支局長 金性業氏를 따라 中央旅館에 들엇습니다. 비는 다시 계속합니다.

翌日 午前九時부터 白善行記念館에서 曺晩植氏의 開會辭로 講習會가 열리엇습니다 會員이 날은 五六十名되든 것이 뒤에 百名이 가까웟는데 한글에 造詣가 많은 平壤한글硏究會員과 實際敎育에 從事하는분들이 多數하며 婦人도 十數名의 參席이 잇엇습니다. 每日 四時間씩의 講義로 一週間에 끝내기로 합니다. 講義中間에 約十五分間 休息時間을 두어 從事擔任教授의 口令으로 會員全體가 室內體操를 하는것은 더욱 趣味가 많앗습니다.

金興大氏의 懇曲한 請에 드되어 寓所를 公會內 金氏의 舍廊으로 옮기엇습니다. 金氏는 英國 牛津大學 出身으로 現今 公會 副祭의 聖職에 잇으며 宗教以外에 美術과 文學에도 많은 趣味를 가진이입니다. 여기가 幽閑靜寂하야 心神을 怡悅하기에 絶好한 곳으로 이것이 나에게 眞個 分外福인가 합니다.

오는 十一日까지 여기서 마치고 곳 定州로 가려합니다.

平壤에서 李允宰

第三回

朝鮮語講習消息 ⑦

◇關西方面◇ 講師 李允宰

第三講 定州

編輯局長 足下

내가 平壤을 떠나기는 八月十日, 거기 머믄지 八日만이엇습니다。

午後三時頃에 西平壤驛에서 車에 올랏습니다。 [illegible]하고 驛頭에까지 나와주는 여러 知友에게 못내 고마웟습니다。

濟川江을 채못미처서 어떤자의 惡戱인지 鐵道線路에다 大石을 놓앗음으로 車는 不時停車로 五分間이나 하고 數百 乘客은 一時 大騷擾을 하더이다。

定州驛에 나려 바로 支局으로 들어갓습니다。 여기는 내가 七八年前 五山學校에 가르칠 때에 여러번 來往이 잇엇든 곧으로 퍽히 설지는 안습니다。 그러나 지금은 그때보다 市街가 달라진 것이 많습니다。

定州는 古戰場으로 有名한 고장입니다。 우리가 잊히 아는바로 洪景來 革命軍의 最後의 幕을 닫든 것이 곡 一百二十年前 임, 嘉山 多福洞에서 한번 革命의 旗발을 날리자 淸北七邑이 一時에 陷落되고 疾風迅霆같이 漢陽城을 向하여 長驅直擣하려든 當年의 그 壯圖! 아아, 時勢의 不利로 定州籠城 四個月에 필경 大事休矣를 한탄하고 어데로인지 그 形迹도 찾아볼수 없이 된 英雄의 末路야말로 못내 설어하나이다。 李成桂의 元나라 군사를 殲滅하든 達川江도 그데로 잇고 日俄戰爭때 日本 군사의 招魂碑도 잇습니다。

定州는 또 人物의 輩出로도 이름이 잇습니다。 歷史上人物은 장황히 말할수 없으니 그만두고라도 去年에 作故한 南岡 李昇薰氏같은 大敎育家도 이 고을의 産出이요 現 文壇에 巨星이라 할만한이도 이 고을의 産出이 많은 것입니다。

지금은 協同組合이 새로생기어 良好한 成績을 거두며 또 農民運動도 여간치 아니하여 全郡各處에 九十餘個所나 되는 農民啓蒙機關이 벌려잇다 합니다。 과연 新興氣分이 橫溢한듯합니다。 이곧人士의 生活意識의 自覺이 얼마나 많은가를 이에서 볼것입니다。 바라노니 이 事業이 더욱 健全케되어지이다

豫定대로 十一日 午後一時부터 公立普通學校 講堂에서 支局長 白明濟氏의 開講辭로 講習會가 열리엇습니다 會員은 四十餘名인데 거의 全部가 敎員이 엇습니다 한가지 이상한것은 本處사람보다 他地方사람이 많은것입니다 北으로는 龍川, 南으로 博川서도 많이와오며 멀리 三百里밖인 鏡城과 三百餘里밖인 熙川서까지 온이들도 여럿이며 汽車로 通學하는이도 不少하더이다 每日 四時間씩 五日間 講義를 곧마치기로 하얏습니다

이곧基督敎靑年會에서 따로이 夜間에 한글講習을 하겟다는 의론이 잇어 每日午後八時부터 禮拜堂에서 三四時間씩 講話하게 되엇습니다 聽講者는 男女一百三十餘名이 多數로 자못盛況을 이루엇습니다 『이러케 晝夜兼行하면 過勞하지않는냐』고 慰勞的의 인삿말을 하여주는이도 잇습니다마는 이곧人士들의 우리 한글에 대하여 어[illegible]熱中하는것을 보매나의 가슴속에는 自然눈물이 흐르도록 고마운 熱情이 솟아오를뿐 이엇습니다 이제 [illegible]市(熙川)로향하여가면서 李允宰

第一回

朝鮮語講習消息 (二)

◇關西方面◇ 講師 李允宰

第四講

運餉

朝鮮局長 足下

十七日 午前十一時頃에 北行車로 南市驛에 到着하니 運餉靑年會代表 鄭賢奎氏와 南市公普校訓導白根燮氏의 出迎이 잇엇슴니다 여기서 運餉市까지가 四十里, 自動車로 가게 되엇슴니다 요새 長霖으로 道路가 어쩌나 險한지 車體가 몹시 들석거리어서 꼭 暴方飛行을 하는듯 합데다

零時三十分, 自動車가 運餉市에 다엇때에 分局長朴應淳氏와 및 靑年會員數十人이 맞아줍니다

이運餉市는 龍岩浦가 十里距離에잇고 新義州가 六十里距離에잇는 龍川郡府羅面의 한거리입니다 본대는 人家라고하나도 업엇고 다만 바다의 潮水만 들고나고하는 진펄이엇슴니다 距今 二十餘年前에 不二興業株式會社(京城府黃金町에 本店이잇음)에서 여기에다 土地開墾을 目標하고 海岳防築工事를 着手하여 約五千町步나되는 大農場을 經營함으로부터 漸漸 小作人들이 모아 듣기를 시작하여 一九二四年 곳 八年前부터 비로소 이運餉이란 거리가 建設된것이라 합니다

一望無際의 너른 水田은 海天을 連하여잇슴니다 과연 큰 農場입니다 이農場은 八百町步는 會社가 直營으로 耕作하는데 現今 小作人의 數가 二千六百人이나 된다 합니다 이곧이 小作爭議로 有名한 곧임은 新聞紙上에 자주 報道되는것을 보아 알것이며 警察當局에서도 크게 頭痛거리로 삼아 여기를 第二塩川이라고까지 하여 非常히 注意를 하는것은 더 말할것도 없읍니다

運餉市는 그附近에 點綴한村落을 아울러 六百餘戶나 되는 그러치지 아니한 市街입니다 날로 繁昌하여가는중이며 또將來發展上으로도 자못 有望합니다 지금 多獅島築港의 第一期工事가 끝나고 不遠에 第二期工事에 着手할터이며 만일 이것이 竣工되면 여기가 不凍港으로 西海岸에 有數한良港이 될것이라하며 또昭和製鋼所의 候補地가 新義州, 鞍山, 全州로 되어잇으나 만일 新義州로 完定되면 運餉市가 그衝을 當하려라 합니다 何如間 이곧는 不遠한 將來에 面目이 一新될 것을 믿습니다

여기와서 잠이 늣긴것은 靑年의 活動입니다 靑年會員들의 農村文化의 建立과 自我意識을 覺醒하기에 크게 努力함은 과연 드물게보는바이며 分分粒粒을 모아서 幼稚園과 男女夜學校를 經營하여가는것도 여간熱誠이 아니더이다 이번講習會도 실상 靑年會가 主催인셈입니다

講習會場所는 不二公立普通學校講堂, 每日午後一時부터 六時까지 講習하게되엇습니다 靑年會長李固根氏의 開講辭로 시작되엇는데 講習員은 約五十名 他地方人은 한사람도없고 全部가 다 靑年會員뿐이엇습니다。이는 이러케된 까닭이 잇습니다。여기는 요지음와서 思想鼓吹을 염려함인지 어떠한 集會라도 不許하게 되는 關係로 이번 한글講習會도 警察署로서는 許하지 아니하는것을 當地 駐在所 白井氏의 斡旋으로 特히 府羅面 以外人에게는 絶對로 聽講을 謝絶하라는 條件下에 겨우 講習會의 許諾이 된것입니다。當地 公普校長 森山貞平氏의 親切한 援助는 다른데서 例가 없는 特有한 일입니다。

二十日까지 講習을 마치고 지금 黃州로 갑니다。

運餉市에서 李允宰

第一回

朝鮮語講習消息 ⑩

◇海西方面◇ 講師 李允宰

第三講 黃州

[illegible]局長 足下

二十一日 아침에 運輸市를 떠나 南市驛에 이르러 南行車에 올랏읍니다。實川驛에서 오르는 湖岩 文一平氏를 意外에 만나 서로 談話하기에 때가 옴기는줄 몰랏읍니다。이것이 偶然치 아니하 同行이며 月波樓 구경하겸 湖岩도 나와 함께 黃州에 나리기로 하엿읍니다。

午後三時가 좀 지나 黃州驛에 나려 뻐스를 갈아타고 邑으로 들어가 支局을 찾앗읍니다。支局長의 인도로 旅館에 가서 행장을 나려놓고 바로 月波樓도 갓읍니다。

月波樓는 一名 湖金亭。徹月山을 지고 赤壁江을 다다른 名樓입니다。이것이 高麗때에 創建한 것으로 그새 여러번 重修의 손을 거치엇으며 또 三四年前에는 當地 有志諸氏의 發起로 數千圓의 巨額을 던지어 大修繕을 加하얏는데 古雅한 그대로 金壁이 一層 새로왓읍니다。아무리 떠울 때라도 여기에만 한번 오르면 淸爽을 외심할만큼 시원하[illegible]다。파면 나는 한여름내 무[illegible]에 홀린 땀을 오늘 여기에서 다 씻어버리는듯합니다。

黃州의 名物은 苹果입니다。近來 苹果栽培熱이 더욱 높어서 現在 苹果의 全面積이 八百町步나 [illegible]百人의것 二百町步를 除한 外에는 모도 全部가 우리 사람의 所有라 합니다。昨年은 苹果가 凶作이요 더욱 數價低落으로 생긴 恐慌때임에도 不拘하고 外處로서 二十萬圓이란 적지아니한 金錢을 吸收하엿다는 것은 實로 놀랄만한 일입니다。그러므로 經濟恐慌이 極度에 達한 이때언마는 이곳 사람들은 生活難을 도모지 모르고 지내는듯합니다 그 反面에는 이곳 人士들이 우리 社會를 爲하여서는 좀 無關心하지 않는가 하는 부질없은 생각도 없지 아니합니다。어쨋든 黃州의 富源은 苹果에 잇습니다。

翌日 午後二時에 公立普通學校 敎室에서 支局長 金成麗氏의 뜻깊은 開講辭로 講習會가 시작되엇읍니다。會員은 四五十人 가의 業務를 全廢하다십이 하면서 오로지 이에만 熱中하는 분도 잇엇읍니다。每日 五時間씩 五日間으로 終了하엿읍니다 밤마다 湖岩先生의 朝鮮歷史講話會가 잇어 이것이 黃州에서는 처음인것만큼 大盛況이엇읍니다。

講習을 마친 翌日午後에 古賢 李正方山城과 古戰場 隋城平野를 左右로 指點하면서 黃州를 떠낫읍니다。車中에서 海西方面 巡講을 마치고 돌아오는 李克魯氏와 및 知友數人을 반가이 만낫읍니다。

나는 이것으로써 第一回 朝鮮語講習會의 關西方面의 巡講을 마치엇읍니다。때는 집을 떠난지 꼭 一個月만인 八月二十七日午後九時엇읍니다。

李允宰

自習書發刊
綴字統一努力

培材高普 李允宰氏

내가 참가하야잇는 조선어학회에서는 작년에 개정철자안통일 표준문법 외래어(外來語)소화 행용자체개정 사전편찬등을 계획하고 나왓스나 아즉완성되지못하엿슴으로 이를 계속하고저합니다 그리고 내게인계획으로는 조선말을자습하고저하는 사람들을위하야 독수강습서(獨修講習書)를간행하고십습니다

문자보급운동에 대해서는 좀더 교수방법을 통일하고 각처에서 협조하야 나아가는동시에 적어도귀향학생이 가기전에 먼저한곳에 모아놋코 교수기술을가르처보내는것이 필요 하겟습니다 나는 배재(培材)중앙(中央) 경신(儆新)세학교에서조선어를가르치는데 제일시간적은것이 유감이요 문법에리론과 실제철자법을 주의통일하야 학생으로하여금 취미를가저서 스스로배우고저노력하도록하여왓습니다 금후도이방침대로나아가겟습니다

한글綴字法講座 (一回)

李 允 宰

제一장 한글의 글씨

一. 글씨의 종류

낱내 한글은 소리글씨(記音文字)니 두개 이상의 글씨가 한데 합하여 한낱의 소리를 나타내게 된다。이를터면

가——ㄱ과 ㅏ의 합한 것

손——ㅅ과 ㅗ와 ㄴ의 합한 것

흙——ㅎ과 ㅡ와 ㄹ과 ㄱ의 합한 것

이와 같이 ㄱ, ㅏ, ㅅ, ㅗ, ㄴ, ㅎ, ㅡ, ㄹ, ㄱ들을 **고나** (字母)라 하고 가, 손, 흙들을 **낱내**(音節)라 한다。또 여러 낱개가 모이어 한 **낱말**(單語)을 이루게 된다。오늘날 쓰는 한글은 낱내로써 글씨의 단위를 정하여 쓰므로 이 철자법은 아직 그를 표준삼는다。

홀소리·닿소리 소리는 그 내는 바탕(質)의 다름을 따라 두가지 종류가 있으니 하나는 홀소리요 하나는 닿소리다。(홀소리는 일본말로 母音, 닿소리는 子音) 이것을 각기 나누어 적으면

홀소리
- ㅏ ㅓ ㅗ ㅜ ㅡ ㅣ ㅐ ㅔ……홑홀소리
- ㅘ ㅙ ㅚ ㅝ ㅞ ㅟ ㅢ / ㅑ ㅒ ㅕ ㅖ ㅛ ㅠ……} 거듭홀소리

닿소리
- ㄱㄴㄷㄹㅁㅂㅅㅇㅈㅊ……홑닿소리
- ㅋ ㅌ ㅍ ㅊ……………섞임거듭 } 거듭닿소리
- ㄲ ㄸ ㅃ ㅆ ㅉ……………짝거듭 } 거듭닿소리
- ㄳ ㄵ ㄶ ㄺ ㄻ ㄼ ㄽ / ㄾ ㄿ ㅀ ㅁㄱ ㅄ…} 덧거듭 } 거듭닿소리

우에 보인 홀소리와 닿소리에는 각각 홑(單)과 거듭(複)이 있으니 홑소리는 제 홑로된 소리요 거듭소리는 여러 홑소리가 모이어 한 덩이로 된 소리다。이제 거듭소리에 거듭되는 이치를 알리기 위하여 이 아래 그것을 풀어 적는다。

거듭소리

ㅘ=ㅗ+ㅏ. ㅙ=ㅗ+ㅐ. ㅚ=ㅗ+ㅣ.. ㅝ=ㅜ+ㅓ.

ㅞ=ㅜ+ㅔ. ㅟ=ㅜ+ㅣ. ㅢ=ㅡ+ㅣ. ㅑ=ㅣ+ㅏ.

ㅒ=ㅣ+ㅐ. ㅕ=ㅣ+ㅓ. ㅖ=ㅣ+ㅔ. ㅛ=ㅣ+ㅗ.
ㅠ=ㅣ+ㅜ.

섞임거듭소리

ㅋ=ㄱ+ㅎ, ㅎ+ㄱ. ㅌ=ㄷ+ㅎ, ㅎ+ㄷ.

ㅍ=ㅂ+ㅎ, ㅎ+ㅂ. ㅊ=ㅈ+ㅎ, ㅎ+ㅈ.

짝거듭과 덧거듭은 글씨 그대로 거듭한 것이다。

二. 글씨의 합함

글씨의수 한글 글씨의 수는 세종대왕(世宗大王)의 지으신 훈민정음(訓民正音)에는 수물여듧자(처음소리 ㄱㅋㆁㄷㅌㄴㅂㅍㅁㅈㅊㅅㆆㅎㅇㄹㅿ, 가운대소리 ㆍㅡㅣㅗㅏㅜㅓㅛㅑㅠㅕ)로 정하엿으나 시방은 스믈다섯자로 쓰니 아레와 같다。

닿소리 ㄱㄴㄷㄹㅁㅂㅅㅇㅈㅊㅋㅌㅍㅎ

홀소리 ㅏㅑㅓㅕㅗㅛㅜㅠㅡㅣㆍ

글씨의벌임 요사이 쓰는 글은 소위 『반절』이라 하여 아레와 같이 벌이어(排列하) 쓴다。

	ㅏ	ㅑ	ㅓ	ㅕ	ㅗ	ㅛ	ㅜ	ㅠ	ㅡ	ㅣ	ㆍ
ㄱ	가	갸	거	겨	고	교	구	규	그	기	ᄀᆞ
ㄴ	나	냐	너	녀	노	뇨	누	뉴	느	니	ᄂᆞ
ㄷ	다	댜	더	뎌	도	됴	두	듀	드	디	ᄃᆞ
ㄹ	라	랴	러	려	로	료	루	류	르	리	ᄅᆞ
ㅁ	마	먀	머	며	모	묘	무	뮤	므	미	ᄆᆞ
ㅂ	바	뱌	버	벼	보	뵤	부	뷰	브	비	ᄇᆞ
ㅅ	사	샤	서	셔	소	쇼	수	슈	스	시	ᄉᆞ
ㅇ	아	야	어	여	오	요	우	유	으	이	ᄋᆞ
ㅈ	자	쟈	저	져	조	죠	주	쥬	즈	지	ᄌᆞ
ㅊ	차	챠	처	쳐	초	쵸	추	츄	츠	치	ᄎᆞ
ㅋ	카	캬	커	켜	코	쿄	쿠	큐	크	키	ᄏᆞ
ㅌ	타	탸	터	텨	토	툐	투	튜	트	티	ᄐᆞ
ㅍ	파	퍄	퍼	펴	포	표	푸	퓨	프	피	ᄑᆞ
ㅎ	하	햐	허	혀	호	효	후	휴	흐	히	ᄒᆞ

이러케 벌이어놓은 것을 잘된 것이라 할수 없으나 요사이 많이 쓰는 것이므로 그대로 의지하여 쓸것이며 또 이 밖에 거듭홀소리와 짝거듭소리와 바침들을 써서 한 낱내 한 낱내 씩 벌이어놓을 것이면그수가 실로 한이 없을 것이다。

한글綴字法講座 (二回)

李 允 宰

제二장 철자의 정리

一 홀소리의 고침

ㅏ와ㆍ 홀소리 가운대 ㆍ가 잇어, 이왕에는 이것을 많이 썻으나, 지금은 그 소리가 무엇인지 잘 알지 못하게 되고, 다만 ㅏ와 같이 소리 내어,「아래아짜」니「마지막아짜」니 함은 대단히 틀린 것이다。본디 글씨 만드는 이가 부질없이 똑 같은 소리를 둘씩이나 두어, 우의 ㅏ니 아래의 ㅏ니 하엿을 리가 없엇을 것이다。처음에는 ㆍ와 ㅏ의 두 소리가 딴판으로 달랏지마는, 지금은 그것이 서로 섞이어 분간하지 못할만큼 되엇다。그러나, ㆍ가 들어 잇는 말에는 다소간 소리의 같지 아니한 점이 없지 아니하니, 곳「하ᄂᆞᆯ」「아ᄎᆞᆷ」으로 쓰든 것을「하늘」「아츰」,혹은「하놀」「아침」으로 소리 내며, 옛적 말에도「ᄒᆞᆰ」을「흙」「기ᄅᆞᆷ」을「기름」으로 쓴 때위다。

ㆍ의소리 ㆍ를 어떠케 소리 내어야 좋을는지 알 수 없다。옛적 신경준(申景濬)은「ㆍ는 소리 낼 때, 혀를 조금만 움지기고, 입술을 조금만 열어서, 그 기운이 썩 짧고, 그 소리가 썩 가벼이 하게 하라」하엿다。그러나, 이것만으로는 소리가 무엇인 것은 알기 어렵다。그리고 주시경(周時經)은 **ㆍ를 ㅣ와 ㅡ의 중간 소리라** 고 하엿다。곳 ㅣ에도 가깝고 ㅡ에도 가깝게 ㅡㅣ를 합하여 한 소리가 되게 하라 하는 뜻이다。이러한 소리가 지금은 아주 없어지엇으며, 오직 전라남도 제주 지방에 남아 잇을뿐이다。

ㆍ를폐함 ㆍ를 요새는 많이 쓰지 아니하나, 쓰기를 폐하는 것이 좋다。지금 소리에 없고, ㅏ와 ㆍ가 섞갈리고, ㆍ가 없어도 우리 말 쓰는대 조금도 모자람이 없다。우의 세가지 이유로 아주 폐하는 것이 좋다。

ㆍ의대신에 ㆍ를 쓰지 아니한다 하면 무엇으로 써 그를 대신하여 쓸가。요새 흔히 ㅏ로 대신하여 쓰는 폐단이 잇으나, 그것은 잘못이다。그것이 단순히 ㅏ의 소리로만 되는 것이 아니므로, **그 소리 나는대로 보람을 삼을 것이다。** ㆍ의 대신으로 고치어 쓸 것은 아래와 같다。

고치어쓸것	예전에쓴것
가리다 (蔽)	ᄀᆞ리다
나리다 (下)	ᄂᆞ리다
다리 (脚)	ᄃᆞ리
사람 (人)	사ᄅᆞᆷ
말 (馬)	ᄆᆞᆯ
바라다 (望)	ᄇᆞ라다
사랑 (愛)	ᄉᆞ랑
아이 (兒)	ᄋᆞᄒᆡ
자랑 (誇)	ᄌᆞ랑
차다 (滿)	ᄎᆞ다
캄캄하다 (黑暗)	ᄏᆞᆷᄏᆞᆷ하다
타다 (乘)	ᄐᆞ다
팣 (荳)	ᄑᆞᆺ
하다 (爲)	ᄒᆞ다
	(이상은 ㅏ로 쓰는것)
더러 (토)	ᄃᆞ려
더리다 (與)	ᄃᆞ리다
버리다 (棄)	ᄇᆞ리다
다섯 (五)	다ᄉᆞᆺ
여섯 (六)	여ᄉᆞᆺ
일컫다 (稱)	일ᄏᆞᆮ다
	(이상은 ㅓ로 쓰는것)
거느리다 (率)	거ᄂᆞ리다
며느리 (婦)	며ᄂᆞ리
는 (토)	ᄂᆞᆫ
오늘 (今日)	오ᄂᆞᆯ
하늘 (天)	하ᄂᆞᆯ
반드시 (必)	반ᄃᆞ시
아들 (子)	아ᄃᆞᆯ
큰스록 (토)	큰ᄉᆞ록
다스리다 (治)	다ᄉᆞ리다
스스로 (自)	스ᄉᆞ로
벼슬 (官)	벼ᄉᆞᆯ
가슴 (胸)	가ᄉᆞᆷ
말슴 (言)	말ᄉᆞᆷ
	(이상은 ㅡ로 쓰는것)
마침 (竟)	마ᄎᆞᆷ
아침 (朝)	아ᄎᆞᆷ
	(이상은 ㅣ로 쓰는것)
가르치다 (敎)	ᄀᆞᄅᆞ치다
마음 (心)	ᄆᆞᄋᆞᆷ
만들다 (造)	ᄆᆞᆫᄃᆞᆯ다
	(이상은 ㅏㅡ로 쓰는것)
마지막	ᄆᆞᄌᆞ막
	(이상은 ㅏㅣ로 쓰는것)

37

한글綴字에 對한 新異論檢討

朝鮮語文法은 아직 統一되지 못하야 한글 表現에 對한 異論은 분분하고 그統一될바를 아지 못한다。이것은 統一過程의 一現象으로 不可避한 일이나 우리는 實地에 則한 眞摯한 硏究로 이解決을 爲하야 最大의 努力을 繼續하야 하겟다。이제 한글에 對한 異論의 中心問題中 左記 二三을 提示하고 斯界篤學者諸位의 嚴正한 意見을 求하엿으니 이것을 비롯하야 한글 統一運動의 促進을 期하고저 한다。

一、ㄲㄸㅃㅉ等幷書가 不可하고 된시옷을 符號化하야 使用함이 可하다는說。

二、「ㅎ」를 바침으로 쓸수가 없다는意見。

三、「먹」(食)「믿」(信)을 語根으로 看做할것이아니라「머그」「미드」를 語根으로 看做하고「먹、머거」「믿、미더」를 그 變化로 看做할것이라는 意見。

四、其他의意見。

右에 대하야 朴勝彬、金允經、李常春、白南奎、李克魯、崔鉉培、趙潤濟、金在喆、李秉防、申明均、權悳奎、金台俊、李允宰、李熙昇等 諸氏(無順)에게 嚴正한 批判을 求하얏는데 回答을 주신 分만 左에 揭載하기로 한다。斯界의 先輩、篤學者諸氏에게 미처 一一이 批判을 求하지 못하엿으나 日後라도 한글에 對하야 많은 意見과 批判을寄稿하여 주시기를 바라 마지안는다。

〔原稿到着順〕

對答할나위도없다

李 允 宰

뜻밖에 이건 무슨 쓸대 없는 수작이야。당초에 理由에 닿지도 않는걸 가지고 話題로하여 이러냐 커러냐고 하는구려。공연히 아무 소용도 없는 事實을 늘여놓아 雜誌의 頁數나 채워가지고 讀者들의 好奇心을 끌려하는 것이 본대 雜誌業者의 常套임을 알지마는 아마 貴誌에도 原稿가 많이 모자라는 모양인것 같다。한글을 이왕처럼 아무러케나 그저 되는대로 쓴다면 모르되 規則 잇고 條理 잇게 바로잡아 쓰기로 한다면 이런 것이야 아여 입에 걸지도 않을 것이다。더구나 오늘날은 어떠한 學術이든지 科學的 根據의 論理가 아니면 立論하지 못함에서랴。또 우리 한글이 이제 와서 言語學的 文法學的 基礎 우에서 合理的 整理를 이루고 바야흐로 統一期에 들어가려는 이때에 한글 硏究界中에서는 그러한 異論이 잇을리가 없다。설혹 잇다 하드라도 그것이야 一部에서 어떤 個人의 獨自主張일지니 그따위 異論 같은 것이 世間에 擡頭될리가 없으리라고 믿는다。그러므로 이제 여기에 例示함과 같은 따위는 도모지 批判할 價値도 없다。만일 꼭 그러케 써야 한다는 理由를 늘여놓을것 같으면 그것을 逐條하여 하나씩 들어서 眞確한 學理的 理論으로 痛棒을 내리겟지마는 그저 어리뻥뻥하게 이러케 묻는대 대하여서야 무엇을 批判할 것이 잇느냐말이다。그러나 모처럼 물음에 대하여 아주 쓸어덮어두기도 어려우므로 대강이라도 몇마디만 그 不可를 論하고 그치려 한다。이것을 全體的으로 理論하려면 매우 걸어야 하겟지마는 紙面의 制限도 잇고 또 여기에서 그러케 할까닭도 없으므로 다만 간단히 그 要領만 말하기로 한다。

一、並書法은 音理에 맞고 世宗의 訓民正音에 도 이미 정하여 둔 것이니 그대로 하는 것이 옳다。ㅅ이 근본 닿소리(子音)中에 한字로 되어잇은즉 符號로 看做하기 어렵다。우리글 硬音은 並書면 그만일걸 가지고 일부러 그러케 거북하게 符號까지 쓸 아무 理由도 없다。日本 假名에는 濁音符號「丶丶」을 カサタハ 各行에 共通하여 쓰는 例가 잇지마는 文字의 性質이 다른 以上、구태어 그것을 본받자는 것은 얄미운 것 같다。(된시옷 쓰자 主張하는자 中에 흔히 이러케 말하는이가 잇는고로)

二、요새 쓰는 글과 같이 崔世珍의 主張대로 初聲 終聲을 八字로 通用하자는 例를 좇아 쓴다면 모르되 지금 닿소리(子音)를 바침으로 다 쓰게 된 바에는 하필 「ㆁ」바침만 빼어들 까닭이 무엇인가。語法整理上 또 朝鮮語의 習慣音을 위하여서는 「ㆁ」바침을 쓰지 아니할수 없을 것이다。여기에 대하여는 다음에 別論이 잇겟기로 이에 理論은 略한다。

三、古代綴字는 그러케 쓰는수도 잇엇다。時代의 進步를 따라 綴字法이 차차 發達하여가므로 語幹과 語尾를 區別하여 쓰는 것이 漸漸 具體化하여가거늘 더 發達하기는 새로에 도루 退化하여 古代綴字로 돌아가잘 것은 없을 것이다。그리고 純表音式으로 그러케 쓰면 읽기에 여간 不便하지 않을 것이다。가령 이러케 써놓고 比較하여보자。

A、수나마학교에갈시가니느저쓰니소키바블머거라
B、그사라믄무어시나소기지아니하니그마를미더라
a、수남아학교에갈시간이늦엇으니속히밥을먹어라
b、그사람은무엇이나속이지아니하니그말을믿어라

이우에 잇는 말에 ab는 AB에 比하여 單語의 觀念이 또려시 들어나므로 읽기 쉬운 것이다。모든 理論은 다 略한다。

한글을 처음 내면서

李 允 宰

一

오늘날 이 시대에 날로날로 진보 발달하여가는 온갖 과학, 온갖 학술, 또 사회의 모든 문화도 우리의 일상생활에 이르러, 어느것 한가지 말과 글의 힘을 빌지 아니하고 된 것이 없다。말과 글이 이러틋 우리 인생에게 잠시도 없지 못할 가장 귀중하고 요긴한 것이 된다 함은, 여기에서 새삼스러 떠들 필요가 없을 것이다。그러므로, 어느 나라 사람이든지 각기 제 나라의 말과 글이 잇어, 모두 여기에 대하여 끔찍이 사랑을 주는 것이다。

二

우리 조선 민족에게는 좋은 말, 좋은 글이 잇다。더욱이 우리글── 한글은 소리가 갖고, 모양이 곱고, 배우기 쉽고, 쓰기 편한 훌륭한 글이다。우리는 여태까지 도리어 이것을 푸대접하고 짓밟아버렷으므로, 매우 좋앗어야 할 한글이 지금에 이대도록 자지른하여, 아주 볼모양 없이 된 것이다。한 사십여년 전에 우리 한힌샘 스승이 바른 길을 열어 주므로부터, 그 뒤를 따르는 이가 적지 않앗고, 또 이를 위하여 구준히 일하려는 이가 많이 일어나기에 이른 것은, 우리 한글의 앞 길을 위하여 크게 기뻐하는 바이다。

三

우리가 우리 글을 잘 알자 하는 소리가 근년에 와서 더욱 높아간다。우리는 하로바삐 묵정밭 같이 거칠은 우리 한글을 잘 다스리어, 옳고 바르고 깨끗하게 만들어놓지 아니하면 안될 것이다。이 때문에 사년전에 몇분의 뜻 같은 이들끼리 「한글」 잡지를 내기 비롯하여 일년 남아나 하여오다가, 온갖 것이 다 침체되는 우리의 일인지라, 이것 마저 이어갈 힘이 모자라서, 지금까지 쉬게 된 것은 크게 유감되는 바이다。우리는 이제 시대의 요구에 맞후며 본회의 사명을 다 하고저 하여 이 「한글」 잡지를 내게 된다。이로써 우리 한글의 정리와 통일이 완성하는 지경에 이를 것을 믿는다。무릇 조선 말을 하고, 조선 글을 쓰는 이로써。누가 이에 공명하지 아니할 이 잇으랴。오직 뜻을 같이하고 힘을 어우러 우리의 말과 글이 더욱 환한 빛을 내기로 하자。이에 「한글」을 냄에 대하여 한 말을 하는 바이다。

【 79 】

ㅊㅓㅅㅈㅐ ㄱㅏㄹ　　ㅎㅏㄴㄱㅡㄹ　　ㅅㅓㅅㅈㅐ ㅎㅐ

머　리　말

오는 칠월 스무닐헤날은 우리 한힌샘 스승의 흰으로 돌아가신 열여듧재 되는 날입니다。오늘에 우리의 스승을 그리워 생각함이 그지없으며, 더욱이 이 『한글』을 박아내자 처음으로 맞게 되는 이 때를 다다라, 오로지 이로 하여 한 뉘를 바치신 스승의 그 적의 일을 돌아보매, 우러의 우러러 느낌이 다시금 새로워집니다。

이제 우리는 스승을 생각하는 한 보람으로, 여기에서 『한글 글씨 맞힘』을 따로이 실으기로 한것입니다。이는 첫재로 스승의 끼치신 뜻을 이으려 함이며, 다음으로 오늘날 여러 사람들이 모두 알고 싶어하는 뜻을 맞후려 함입니다。

이 한 말로 써 이 달 치 『한글』을 박아내는 대강의 뜻을 적습니다。(이윤재)

變格活用의 例

이 윤 재

마음 같아서는 말이란 모두가 일정한 법칙에 딱 들어맞아서, 천인일률 文字 그대로의 편의를 얻었으면 작히나 좋으련만, 그러치 못함이 큰 유감이다。 그러나, 원래 말이란 누구나 다 아다싶이 어떤 理論的 規律 밑에서 요리조리 맞춰 가며 意識的으로 만들어 놓은 물건이 아니다。 따라서, 文法이란 것은 어느 나라의 例를 보드라도, 自然에서 생기어서, 自然에서 발달된 散漫한 말들 중에서, 어떤 공통되는 규칙을 발견하여 놓고, 거기에다 이러저러 갈래 붙여서, 한 법칙을 세워 놓은 것에 지나지 못한 것이다。

그러므로, 數多단 말 가운데 흔히 잇는 語法의 不規則을 과도히 근심한다든가, 또는 이 不規則 語法을 없이하기 위하여, 무리하게 어떤 법에 들여대어서 實際 語法과 音理에 拘束을 준다든가 하는 것은 애초부터가 杞憂며 誤謬일 것이다。 이를테면, 우리 先輩들 中에서도, 實際 音理에 떠나서, 「이어며」(續)를 「잇으며」로, 「더우니」(熱)를 「덥으니」로와 같이 쓴 일이 잇엇다。 그것이 무론 全羅道나 慶尙道에서 그러케 發音한다 치드라도, 一部 地方에서만 잇는 것으로, 全 朝鮮的으로 통행하기 어려우리니, 어떤 말이거나 大多數를 좇아 표준잡지 않을 수 없을 것이다, 또 「듣다」(聞)란 말에 대하여서도, 平安道에서는 「듣으니」「듣어서」「듣고」와 같이 發音하고, 咸鏡道에서는 「들고」「둘는다」「들어서」로 發音한다。 이것도 역시 우엣 것과 마찬가지로 어느 한가지만 표준잡지 못할 것이다.

우리는 너무 單調로운 事實에 흔히 倦怠를 느끼기 쉬운 것이다。 文法에 잇어서도, 가다가 더러 不規則이 잇는 것을 되도록 趣味로 對하지 않으면 안되겟다。 우리들의 말이 본시 自然語인 그 本質에 따라서…………。 무론 그러라고 일부러 不規則을 맨들어 놓자거나, 또는 不規則 問題를 解決치 말자는 말은 아니다。 될수만 잇으면, 口音에 어그러져, 말의 拘束을 주지 않는 限에서, 이 不規則을 없이하기에 努力하여야 할 것은 물론이다。 그러나, 그러치 못한 바에는, 차라리 그 不規則을 好意로 對해 주며, 그것과 정들임이 消極的이나마 도리어 良策이란 말이다。 하물며, 우리 말의 不規則은 다른 나라의 그것과 같지 아니하여, 그리 많지 아니하며, 또 몹시 복잡하지 아니하야, 不規則으로서도 一種 不規則의 規則이 잇어서, 깨닫기에 그리 힘들지 않음에랴。

더구나 우리 말의 不規則은 대개가 말의 生長 發達 해 오는 동안에, 口音의 變遷으로 인하여 된 것이니, 만일 이 歷史的 原因을 거슬러 올라가, 옛 말의 音을 좇아 쓴다면, 「作」은 「짓」으로, 「續」은 「잇」으로, 「熱」는 「덥」으로 써야 한지니, 이와 같이 하면, 現代 語音과는 전연 딴 語音이 되어서, 흡사히 外國語 배우는 셈이 될지며, 言語發達의 自然性을 拘束하는 意味로 보아, 言語의 生命을 꺾는 일이 되고 말 것이다。 그뿐 아니라, 가령 「炙」를 「굽어서」와 같이 써 놓고 「구워서」로 發音한다면, 「曲」을 「굽어서」로 써 놓고 이것도 「구워서」로 發音할 것인가。 이은 音理上 대단한 모순이다。 또 「戀」를 「그립다」의 語根에서 온 것이라 하여 「그립브」로, 「痛」을 「앓다」의 語根에서 온 것이

마 하여 「앓브」로, 「飢」를, 「곯다」의 語根에서 온 것이라 하여 「곯브」로 쓴다면, 이 역시 音理上 모순이다。곧 「슳브」를 「슬프」로 發音할 때에, 「앓브」「곯브」가 「알프」「골프」로 發音될 것이요, ㄹ받침이 略된다 하여, 「앓브」「곯브」를 「아프」「고프」로 發音된다면, 「슳브」가 「스프」로 發音될 것인가。이것이 무론 語源 表示로는 좋으나, 語音으로는 그러한 모순이 있어서, 배우는 자에게 막대한 곤난을 주게 될 것이다。만일 語源 表示로만 주장을 삼는다면, 갖옷(皮衣), 솜씨(手巧), 무게(重量), 빨리(迅速), 멀리(遠), 즐기다(娛), 재우다(使寢), 세우다(使立)와 같은 말도 <u>가</u>죽옷, <u>손</u>씨, <u>무</u>겁이, 빠<u>르</u>이, <u>멀</u>이, <u>즐</u>겁이다, <u>자</u>이우다, <u>서</u>이우다로 써서, 각기 그 말의 語源을 꼭꼭 表示할 것인가。또 極端으로 수물(二十), 설흔(三十), 마흔(四十), 쉰(五十)…이란 말들을 다 폐지하고, 둘열, 셋열, 넷열, 다섯열……이란 말을 지어 쓸 수 있을가。

또 분연히 不規則인 줄 알면서도, 아쉰대로 그 一部나마 規則에 맞게 쓰자는 것이 있으니, 「따르다」(隨)란 말을 다른 토를 달아 쓸 때 「땋으니」「땋아서」로 쓰고, 「아프다」(痛)를 「앓아서」「앓으니」로 쓰며, 또 오르다(登)를 「옳아서」로, 「흐르다」(流)를 「흟어서」로 쓰는 따위다。만일 이와 같이 一部의 不規則을 면하기로 한다면, 「깃브다」(喜), 「밧브다」(忙), 「곶브다」(食慾) 「낮브다」(卑) 「믿브다」(可信)와 같은 말들도 다 「깄으니」, 「밨으니」, 「곺으니」, 「낮으니」, 「밒으니」로 써야만 될 것이다。이것이 얼마나 지저분한 짓이냐。우에 것이나 아래 것이나 다 마찬가지의 一部 不規則일진대, 우에 것은 그리 쓸 수 있고 아래 것은 그리 못 쓴다는 무슨 理由도 없을 것이다。그런즉, 이러한 말들은 一部이고 全部이고 물을것 없이 모두 不規則으로 몰아 넣어서, 다만 表音式으로 적는 것이 가장 合理한 처리라 한 다。

이제 우리 말의 不規則 變格活用의 例를 벌이어 적으면 아래와 같다。

(ㄱ) ㄹ의 줄은

줄지 않는것			주 는 것		
갈다(耕)	갈고	갈아서	가니	간	가오
길다(長)	길고	길어서	기니	긴	기오
놀다(遊)	놀고	놀아서	노니	논	노오
달다(甘)	달고	달아서	다니	단	다오
덜다(減)	덜고	덜어서	더니	던	더오
말다(勿)	말고	말아서	마니	만	마오
멀다(遠)	멀고	멀어서	머니	먼	머오
불다(吹)	불고	불어서	부니	분	부오
살다(生)	살고	살아서	사니	산	사오
알다(知)	알고	알아서	아니	안	아오
얼다(凍)	얼고	얼어서	어니	언	어오
울다(鳴)	울고	울어서	우니	운	우오
잘다(小)	잘고	잘아서	자니	잔	자오
졸다(眠)	졸고	졸아서	조니	존	조오
줄다(縮)	줄고	줄어서	주니	준	주오

질다(泥)	질고	질어서	지니	진	지오
팔다(賣)	팔고	팔아서	파니	판	파오

(ㄴ) ㅅ의 줄음

줄지 않는것			주는 것		
긋다(畫)	긋고	긋는	그으니	그은	그어서
낫다(癒)	낫고	낫는	나으니	나은	나아서
붓다(腫)	붓고	붓는	부으니	부은	부어서
잇다(續)	잇고	잇는	이으니	이은	이어서
젓다(攪)	젓고	젓는	저으니	저은	저어서
짓다(作)	짓고	짓는	지으니	지은	지어서
짓다(抹)	짓고	짓는	지으니	지은	지어서

(ㄷ) ㅂ이 ㅜ(ㅗ)로 바뀜

바뀌지 않는것				바뀌는 것		
곱다(美)	곱다	곱지	곱게	고오니	고와서	고운
덥다(暑)	덥고	덥지	덥게	더우니	더워서	더운
눕다(臥)	눕고	눕지	눕게	누우니	누워서	누운
돕다(助)	돕고	돕지	돕게	도오니	도와서	도온
춥다(寒)	춥고	춥지	춥게	추우니	추워서	추운
맵다(辛)	맵고	맵지	맵게	매우니	매워서	매운
냅다(烟)	냅고	냅지	냅게	내우니	내워서	내운
고맙다(謝)	고맙고	고맙지	고맙게	고마우니	고마워서	고마운
반갑다(喜)	반갑고	반갑지	반갑게	반가오니	반가와서	반가온
무겁다(重)	무겁고	무겁지	무겁게	무거우니	무거워서	무거운
가볍다(輕)	가볍고	가볍지	가볍게	가벼우니	가벼워서	가벼운
더럽다(醜)	더럽고	더럽지	더럽게	더러우니	더러워서	더러운
어렵다(難)	어렵고	어렵지	어렵게	어려우니	어려워서	어려운
새롭다(新)	새롭고	새롭지	새롭게	새로오니	새로와서	새로온
외롭다(孤)	외롭고	외롭지	외롭게	외로우니	외로와서	외로운
웃읍다(笑)	웃읍고	웃읍지	웃읍게	웃으우니	웃으워서	웃으운

(ㄹ) ㄷ이 ㄹ로 바뀌임

바뀌지 않는것			바뀌는 것		
걷다(步)	걷고	걷는	걸으니	걸어서	걸은
걷다(撈)	걷고	걷는	걸으니	걸어서	걸은
긷다(汲)	긷고	긷는	길으니	길어서	길은
듣다(聞)	듣고	듣는	들으니	들어서	들은
묻다(問)	묻고	묻는	물으니	물어서	물은
붇다(殖)	붇고	붇는	불으니	불어서	불은

깨닫다(覺)	깨닫고	깨닫는	깨달으니	깨달아서	깨달은
일컫다(稱)	일컫고	일컫는	일컬으니	일컬어서	일컬은

(ㅁ) ㅡ가 줄음.

끄다(消火)	끄니	끈	꺼서	꺼도	껐다
뜨다(浮)	뜨니	뜬	떠서	떠도	떴다
쓰다(書)	쓰니	쓴	써서	써도	썼다
크다(大)	크니	큰	커서	커도	컸다
트다(通)	트니	튼	터서	터도	텄다
다그다(迫)	다그니	다근	다가서	다가도	다갔다
잠그다(鎖)	잠그니	잠근	잠가서	잠가도	잠갔다
따르다(隨)	따르니	따른	따라서	따라도	따랐다
치르다(經)	치르니	치른	치러서	치러도	치렀다
다다르다(臨)	다다르니	다다른	다다라서	다다라도	다다랐다
궂브다(食慾)	궂브니	궂븐	궂버서	궂버도	궂벘다
낮브다(卑)	낮브니	낮븐	낮바서	낮바도	낮밨다
믿브다(信)	믿브니	믿븐	믿버서	믿버도	믿벘다
기쁘다(喜)	기쁘니	기쁜	기뻐서	기뻐도	기뻤다
바쁘다(忙)	바쁘니	바쁜	바빠서	바빠도	바빴다
예쁘다(美)	예쁘니	예쁜	예뻐서	예뻐도	예뻤다
고프다(飢)	고프니	고픈	고파서	고파도	고팠다
슬프다(悲)	슬프니	슬픈	슬퍼서	슬퍼도	슬펐다
아프다(痛)	아프니	아픈	아파서	아파도	아팠다

(ㅂ) ㅡ가 줄고 ㄹ이 더함

가르다(分)	가르니	가른	갈라서	갈라도	갈랐다
고르다(調)	고르니	고른	골라서	골라도	골랐다
그르다(誤)	그르니	그른	글러서	글러도	글렀다
나르다(飛)	나르니	나른	날라서	날라도	날랐다
너르다(廣)	너르니	너른	널러서	널러도	널렀다
누르다(壓)	누르니	누른	눌러서	눌러도	눌렀다
다르다(異)	다르니	다른	달라서	달라도	달랐다
두르다(繞)	두르니	두른	둘러서	둘러도	둘렀다
마르다(乾)	마르니	마른	말라서	말라도	말랐다
모르다(不知)	모르니	모른	몰라서	몰라도	몰랐다
무르다(軟)	무르니	무른	물러서	물러도	물렀다
바르다(正)	바르니	바른	발라서	발라도	발랐다
부르다(飽)	부르니	부른	불러서	불러도	불렀다
오르다(登)	오르니	오른	올라서	올라도	올랐다
이르다(謂)	이르고	이른	일러서	일러도	일렀다

짜르다(短)	짜르니	짜른	짤라서	짤라도	짤랐다
찌르다(刺)	찌르니	찌른	찔러서	찔러도	찔렀다
흐르다(流)	흐르니	흐른	흘러서	흘러도	흘렀다

語幹의 不規則 變格活用은 대개 이와 같다。번가함을 피하여, 다만 實例만 들고 說明은 略하였다。그리고, 「이르다」(至), 「푸르다」(靑), 「누르다」(黃)와 같은 말은 語尾에 「어」를 쓰지 아니하고, 「러」를 써서, 「이르러」, 「푸르러」, 「누르러」로 쓰니, 이것은 語尾의 不規則이요, 「하야」 를 「하여」로 쓰는 것도 語尾의 不規則인 것이다。이 밖에 줄인말(略語) 되는 경우도 있어, 「가아서」(往하야) 「사아서」(買하야)를 「가서」 「사서」로, 「그리어서」(畵하야) 「돌리어서」(歸하야)를 「그려서」 「돌려서」로, 「오아서」(來하야)를 「와서」로 쓰는 것과, 「이러하다」 「이러하고」 「이러하게」를 「이러타」 「이러코」 「이러케」로 쓰는 것도 다 같은 줄인말이다。그런데, 「이러타」를 흔히 「이렇다」로 쓰는이가 있으니, 이것도 一部不規則을 면하자는 데 不過하다。

튀르크의 文字革命

李 允 宰

一. 튀르크 衰退의 原因

유로파의 한 老大帝國으로, 한때 강성이 극하든 튀르크(土耳其)나라는 世界大戰 끝으로 그만 土崩瓦解하여, 여지없이 衰退한 지경에 이르럿다。이러츳 튀르크를 멸망으로 끌어넘게 된 한가지 큰 원인은 오로지 그들이 쓰는 아라비아 文字에 잇다 할 것이다。

튀르크 나라는 그 민족의 五分之四는 글을 배우지 못한 無識階級으로, 자연히 有識階級과의 사이에 큰 장벽을 쌓아서, 서로 融合되지 못하고, 저이들끼리 항상 투쟁이 끊이지 아니하엿다。이 틈을 타서, 유로파의 여러 나라들은 모두 각기 제 利權을 伸張하려고, 손을 내밀기 시작하엿다。그리하여, 튀르크 사람 중으로서 도이츠黨, 프랑스黨, 영국黨이란 명칭이 생기어, 私利를 위하여 서로 물고 젖으므로, 國運이 날로 기울어젓다。

그러므로, 외국 사람은 무한히 特權을 가지게 되어, 콘스탄티노플의 住民에 약 三十萬의 그리시아 사람이 살고 잇엇으나, 튀르크 政府에서는 그들에게 課稅하는 권리가 없고, 또 마케도니아州에는 여러 민족이 무수히 살앗건마는, 一切 施設의 費用은 전부 튀르크 사람만이 부담할뿐이요, 다른 민족에게는 한푼의 稅金도 받지 못하엿다。그러므로, 政府는 財政이 자꾸 궁핍하여, 國力이 점점 쇠약함에 이른 것이다。항상 기회를 대망하고 잇든 그 屬地 알바니아 민족은 자주 叛亂을 일으키엇으나, 그를 진압할 수 없고, 또 화평적 해결책으로 알바니아人의 要求를 應許할 수도 없는 것이니, 곧 그 要求 中에는 튀키 文字 곧 아라비아 글을 撤廢하고, 그 民族語인 알바니아語 학교를 설치하겠다는 조건이 있은 것이다。그러나, 뿔경 政府는 강경히 그 要求에 거절치는 못하였다。이로써 政府의 權威가 떨어지게 되어, 그 무능력한 것이 여실히 폭로되었다。이것을 본 말성 많은 발칸 반도의 여러 나라 그러시아, 불가리아, 스트비아등은 일지에 덤비어, 뒤르크 나라에 대하여 각기 그 領土와 利權의 확장을 주장하였다。뒤르크는 부득이 이 여러 나라들을 상대로 戰爭하지 아니할 수 없게 되었다。이로 인하여, 뒤르크는 몹시 부대끼어, 國土가 날로 깎이고 세력이 아주 쭈구러지고 말았다。그 결과, 伊土戰爭으로써 뒤르크는 아주 납작하였고, 뒤미처 世界大戰 사품에 그만 오늘날의 꼴이 되고 만 것이다。

만일 우리가 공정한 눈으로 볼 것이면, 뒤르크 나라를 멸망케 한 무서운 怪物은 뒤르크의 言語와 文字라 함을 누구나 否定치 못할 것이다。

二. 뒤르크의 言語와 文字란 어떤 것인가

현금 뒤르크 국민이 쓰는 言語는 아라비아, 페르시아, 뒤르크등 각국의 말로 성립되어, 그 말 된 것이 극히 혼잡하여, 敎養 있는 뒤르크사람일지라도 잘 理解하기 어렵다거든, 더구나 외국 사람으로 그것을 배우기에는 얼마나 곤난을 느낄 것이냐。新聞社의 編輯員으로 뒤르크말을 숙달하기 위하여, 十二年이란 오랜 시일에 徒弟 奉公을 계속하였다는 사실로 써, 말 배우기가 얼마나 어려운가를 증명한다。어떤 新聞 記者가 콘스탄티노플 市街 중앙에서 뒤르크 말로 쓴 電報 한장을 번역하여 줄 사람을 찾기에 한 시간 이상을 허비하였다 한다。이것으로 써 거기에 무식한 사람이 얼마나 많은지 가히 짐작할 것이다。여간 정도가 높다는 사람으로도, 말 배우는 데 일생을 바치고 만다。그러므로, 그 국민의 대다수는 평생에 그 祖國의 말을 배워보지 못하고 죽었으리라。이와같이 무식계급이 유식계급보다 몇 배로 많아, 두 사이에 융화가 되지 못하고, 늘 서로 충돌이 있게 된 것이다。또 뒤르크 말에는 外來語가 굉장히 많아서 더욱 복잡하게 되었으니, 六割이 아라비아語, 二割이 페르시아語, 一割이 프랑스語요, 실상 뒤르크말은 겨우 一割도 못된 셈이다。일부 民族主義者들은 이 많은 外來語를 다 구축하고 國語를 純化케 하자는 운동이 일어난 일까지 있었다。

言語가 이러케 복잡하니, 文字인들 어찌 단순키를 바라랴。뒤르크 나라의 쓰는 글은 아라비아 文字다。지금으로부터 한 六百年前부터 써 오는 것으로, 그 歷史가 상당히 오래다。그 글의 字數는 四百八十二 個의 다수가 되며, 綴法은 몹시 복잡하여, 홑소리(母音)를 빼고 쓰는 경우가 많으며, 發音과 文字가 꼭 일치되지 못하여, 처음 배우는 이에게는 여간 곤난한 것이 아니다。

زيرا الله دنيايي بو قدر سودي كه كندي ابن وحيديني و
بردي تا كه اكا هر ايمان ايدن هلاك اولميوب آبدي ادي حياته
مالك اوله ٭

—뒤르크 나라의 文字—
☆ 글의 번역=하느님이 세상을 이처럼 사랑하사. 獨生子를 주셨으니, 누구든지 저를 믿으면 滅亡하지 아니하고 永生을 얻으리라

三. 케말 파샤의 一大英斷

쇠퇴에 쇠퇴를 거듭하여, 장차 멸망에 빠진 뒤르크 나라가 一大 英傑 케말 파샤의 손에서 다시 흥복되어, 파거 오스만 帝國의 隆盛으로 다시 돌아가게 하려는 것은 진실로 壯烈하기 짝이 없는 歷史的 一大

事變인 것이다。케말 파샤는 新興의 大氣焰으로 建國의 大業을 이룩할새, 튀르크의 一切 舊制度를 근본적으로 改革하기로 하여, 오랜 歷史를 가진 콘스탄티노플을 버리고, 앙고라에다 中央政府를 건설하는 그 웅대한 계획으로 부터, 온갖 施設을 一新케 하였다。케말 파샤는 과연 二十世紀에 난 世界的 英雄이라 할만하도다。이 영웅의 눈에 한번 띄우는 것은 무엇이든지 한가지도 예사로 보이는 것이 없다。

튀르크 나라를 오늘날 요러케도 몹시 망쳐놓은 것은 더 말할 것 없이 아라비아 文字라는 것을 알게 되었다。그래서 그는 이러케 생각하였다。우리가 오늘날 튀르크의 富强을 위하여, 아무리 애쓸지라도, 文字를 이대로 두고는, 뒤에 도무 이왕 쇠퇴한 길을 밟게 될 것이다。튀르크를 완전히 革命하려면, 文字 革命부터 하지 아니하면 안될 것이라 하였다。조금도 주저하지 않고, 종래에 써 오든 아라비아 文字를 버리고 로마 字를 採用하기로 결심하였다。이것이야말로, 世界的 大英雄이 아니고는, 도저히 미칠 수 없는 一大 果斷이라 하겠다。과연 六百年 以來 歷史가 있는 아라비아 文字를 일조에 아주 폐지해 버리고 새 文字를 쓴다는 것은 歷史와 習慣을 존중히하는 보통 사람의 常情으로는 도저히 想像도 못할 일이라 아니할 수 없을 것이다。

四. 로마字 採用의 一大運動

이와 같이, 케말 파샤의 大改革이 착착 進行함에 따라, 國字問題가 일어나, 정부에서는 一九二八年에 콘스탄티노플 國立大學 文科 部長 핫드氏를 委員長으로 하고, 외국의 專門家와 및 튀르크의 각 학교장과 그 밖의 여러 名士들로 된 로마字 採用에 관한 調査委員會를 조직하고, 調查審議를 진행한 결과, 그 해 五月 二十日에 法律로 발표하였고, 六月 一日부터 우선 數字부터 로마字를 採用하기로 하였다。八月 十五日에 모인 調査委員會에서 國字로 채용된 로마字 選定을 마치고, 그것을 大統領 케말 파샤 및 首相 이스메트에게 報告하여, 승인을 구하였다。케말 파샤는 調査委員에게 될수있는대로 簡明을 主로 하라고 처음부터 부탁한 일이 있었다。이 때에 選定된 새 튀르크 文字는 모두 二十七 개의 字母라, 그 중 홀소리(母音)가 八字, 닿소리(子音)가 二十一字며, Q X와 같은 것은 별로 소용이 없으므로, 아주 빼어 버린 것이다。새로 制定된 文字는 아래하다。

홀소리 a o u e i ö ü ï

닿소리 b c d f g ğ h j k l m n p r s ş t v w y z

五. 로마字 實行에 對한 烈熱한 活動

調査委員會에서 재출된 新定國字 로마字 채용에 대하여는 무론 大統領 케말 파샤와 首相 이스메트의 熱心으로 實施를 보게 된 것이다。특히 케말 大統領은 八月 한달 동안에 로마字 채용에 關하여, 民衆에게 三回나 演說을 試하였다。첫번에는 舊都 公園에서 행하였는데, 튀르크 國民은 上下를 통하여 로마字를 배우지 아니하면 안된다고 力說하였고, 둘재번에는 로드스로 가서, 연설을 하였는데, 우리는 과거에 있어서, 얼마나한 곤난을 겪어 왔는지, 여기다가 비교한다면, 오늘날 로마字를 배우는 것은 결코 어려울 것이 없을 것이다。로마字의 채용이 실로 튀르크에 가장 큰 革命인 줄 모르는가 여기 비추어 본다면, 재래의 政治的 革命와 같은 것과는 비교하여 언론할 수도 없는 것이다。

그런즉, 이로 부터서의 튀르크는 장래의 발달에 대하여 크게 期待할 수 있는 것이라고 絕叫하엿다。그러고, 노상에 통행하는 男女老幼를 모주리 잡아서, 로마字를 배웟느냐고 묻기까지 하므로, 이 운동이 더욱 활기를 띄엇다。그 다음으로 셋재번의 연설은 고뭇사에서 행하엿다。大統領은 여기에서도 地方官吏와 市民들을 모두 모아놓고 로마字를 다 배웟느냐 어떠냐 개별적으로 물으에, 모두 그것을 배운다고 대답하므로, 그는 매우 만족의 뜻을 가지엇다。그 후 大統領의 명령으로, 돌마, 바크체, 살라이에 代議士들을 召集하여, 三回나 로마字를 敎授하고, 八月 二十九日에는 代議士, 文學者 및 新聞記者 기타 로마字會 委員等을 초대하고, 각 사람의 이에 대한 의견을 물엇는바, 二三의 質問이 잇은 이외에는 한 사람의 반대도 없엇다。

이러케 新定한 튀르크 文字는 一千九百二十八年 앙고라에 열린 國會에 의논하여, 새 法律이 제정되엇고, 實行上 여러가지 준비가 다 마치어, 一千九百三十一年 一月 一日부터 一般에게 使用되엇다。튀르크 國民은 이로부터 눈을 떳다。인제는 정거장, 길거리, 상점에 쓰여 잇는 광고, 게시, 간판 같은 것을 용이히 읽어 알 수가 잇엇다。

夏期一週日한글講習敎案

李 允 宰

肉體的으로 굶는 이에게 밥이 必要함과 같이 精神的으로 주리는 이에게 智識이 必要할 것이다

조선사람은 큰 주림에 빠졋다 肉體的으로도 그러하지마는 精神的으로는 더욱 그러하다 그러므로 오늘날 우리에게서 아우성치고 일어나는『文盲打破』의 이 부르짖음은 本能的이요 必然的의 그것이 아니라 할 수 없는 것이다 따라서 이에 對한 우리 先覺者들의 짐은 바야으로 크고 무거운 것이다

文盲打破! 이것은 무론 ㅏㅓ ㄱㄴ의 몇字만을 깨치게 하는 간단한 것으로 그 目的을 다하는 것은아니다 곧 文字普及 그것으로 우리의 滿足을 얻는 것은 아니다 그러나 人生 必要의 智的糧食을 얻음에는 먼저 文字解得의 土臺的 階級을 밟지 않고는 不可能한것이다 그러므로 해마다 各 言論機關의 主張에 依하야 일어나는 文字普及運動이라든가 브나로드運動이라든가 예수敎會의 夏期兒童聖經學校는 정히 이 첱階級을 걷고 잇는 것이다 그 運動의 各 統計들을 보면 數年來에 과연 놀랄만큼 顯著한 成績을 내엇다 이러구로 幾個年을 지날 것이면 朝鮮 안에서 文盲은一掃되고 말 것을 믿는다

그런데 우리 한글은 다른 나라의 글에 比하여 學習하기 매우 쉬운 것이나 만약 그 가르치는 方法을 잃으면 한갓 時日만 허비할뿐이오 큰 效果를 거두지 못하리니 文字普及에 힘쓰는 이는 특별히 이에 留心함이 없어서는 안될 것이다 文盲을 打破하는 것은 學校敎育처럼 汗漫하게 幾個年으로 뻗어가는 것이 아니요 극히 短小한 期間으로써 글자를 능히 읽고 능히 쓰게 하도록 하는 것인즉 이에 對하야 適宜한 考案

이 必要할 것이다

그런즉 初學者에게 한글을 가르치려면 幾個時間이나 要할것인가 나는 아직 이에 對한 實地上 體驗이 없으나 대략 七八時間으로써 可能하리라 생각한다 곧

第一日 홀소리(母音)
第二日 닿소리(子音)
第三日 綴法―ㅣㄱㄴㄷㄹ
第四日 綴法―ㅣㅁㅂㅅㅇㅈ
第五日 綴法―ㅣㅊㅋㅌㅍㅎ
第六日 짝거듭소리(並書)
第七日 거듭홀소리(複母音)
第八日 바침

이러케 進度를 정하여 한가지씩 가르칠 것이다 敎授에 특별히 注意할 것은 從來의 反切式(가갸거겨……)을 버리고 닿소리와 홀소리가 合하여 한개의 音節을 이룬다는 것을 取할 것이다 所謂 反切式이란 그 數 많은 字形을 따루따루 익히어 오이지 않으면 아니되므로 學習上 能率이 낮을뿐 아니라 우리 한글이 그 性質上 홀닿소리(子母音)本位의 合音式을 取하지 않으면 안되게 되엇으며 또는 이 合音式은 홀소리와 닿소리만 깨치고 合音法만 알면 어떠한 形體의 글자이고 다 읽을 수 잇어서 學習의 能率이 높을 것이다 닿소리와 홀소리의 合音法을 例示하는 것은

ㄱ∨ㅏ 가(기윽 아가 가°)
ㄱ∨ㅓ 거(기윽 어가 거°)
ㄱ∨ㅗ 고(기윽 오가 고°)
ㄱ∨ㅜ 구(기윽 우가 구°)

또 거듭홀소리(複母音)의 合音法은 이러케 할 것이다

ㅗ∨ㅏ ㅘ(오아가 ㅘ°) ㄱ∨ㅘ 과(ㄱ와가 과°)

또 바침의 綴法은 이러케 할 것이다

가∨ㄱ 각(가에 기윽하면 각°)

이러케 例示하여 字音을 表明케 하고 그 다음에 練習欄에 잇는 것을 그 綴法에 의지하여 學生으로 하여금 붙여보게 하여 한 單語씩 읽게 할 것이다。練習欄은 敎師가 읽어주거나 學生으로 通讀케하는 것은 絶對로 하지 말고 다만 學生이 스스로 깨달아 읽게 할 것이다

홀소리와 닿소리의 읽는 법은 이러하다。

ㅏ(아) ㅑ(야) ㅓ(어) ㅕ(여) ㅗ(오) ㅛ(요) ㅜ(우)
ㅠ(유) ㅡ(으) ㅣ(이)

ㄱ(기윽) ㄴ(니은) ㄷ(디읃) ㄹ(리을) ㅁ(미음)
ㅂ(비읍) ㅅ(시읏) ㅇ(이응) ㅈ(지읒) ㅊ(치읓)
ㅋ(키읔) ㅌ(티읕) ㅍ(피읖) ㅎ(히읗)

한글課本

一、홀소리(母音)

ㅏ ㅑ ㅓ ㅕ ㅗ ㅛ ㅜ ㅠ ㅡ ㅣ

二、닿소리(子音)

ㄱ ㄴ ㄷ ㄹ ㅁ ㅂ ㅅ ㅇ ㅈ ㅊ
ㅋ ㅌ ㅍ ㅎ

三、ㄱㄴㄷㄹ

	ㅏ	ㅑ	ㅓ	ㅕ	ㅗ	ㅛ	ㅜ	ㅠ	ㅡ	ㅣ
ㄱ	가	갸	거	겨	고	교	구	규	그	기
ㄴ	나	냐	너	녀	노	뇨	누	뉴	느	니
ㄷ	다	댜	더	뎌	도	됴	두	듀	드	디
ㄹ	라	랴	러	려	로	료	루	류	르	리

(연습) 가가。 고기。 구두。 나라。 노루。 누더기。 다리。 가드라。 노느냐。 누르다。 다르다。 나려가다。

四、ㅁㅂㅅㅇㅈ

	ㅏ	ㅑ	ㅓ	ㅕ	ㅗ	ㅛ	ㅜ	ㅠ	ㅡ	ㅣ
ㅁ	마	먀	머	며	모	묘	무	뮤	므	미
ㅂ	바	뱌	버	벼	보	뵤	부	뷰	브	비
ㅅ	사	샤	서	셔	소	쇼	수	슈	스	시
ㅇ	아	야	어	여	오	요	우	유	으	이
ㅈ	자	쟈	저	져	조	죠	주	쥬	즈	지

(연습) 마루。머리。모기。나무。보리。비누。사자。서리。소나기。수수。시루。아기。어머니。오라비。유자나무。이마。자라。저고리。주머니。아이가 자오。모가 자라오。비가 오오。

五、ㅊㅋㅍㅎ

	ㅏ	ㅑ	ㅓ	ㅕ	ㅗ	ㅛ	ㅜ	ㅠ	ㅡ	ㅣ
ㅊ	차	챠	처	쳐	초	쵸	추	츄	츠	치
ㅋ	카	캬	커	켜	코	쿄	쿠	큐	크	키
ㅌ	타	탸	터	텨	토	톼	투	튜	트	티
ㅍ	파	퍄	퍼	펴	포	표	푸	퓨	프	피
ㅎ	하	햐	허	혀	호	효	후	휴	흐	히

(연습) 차조。고추。치마。조카。코타구。토수。투구。파리。포도。푸주。피리。하나。허리。호미。후추。

六、짝거듭소리 (並書)

	ㅏ	ㅑ	ㅓ	ㅕ	ㅗ	ㅛ	ㅜ	ㅠ	ㅡ	ㅣ
ㄲ	까	꺄	꺼	껴	꼬	꾜	꾸	뀨	끄	끼
ㄸ	따	땨	떠	뗘	또	뚀	뚜	뜌	뜨	띠
ㅃ	빠	뺘	뻐	뼈	뽀	뾰	뿌	쀼	쁘	삐
ㅆ	싸	쌰	써	쎠	쏘	쑈	쑤	쓔	쓰	씨
ㅉ	짜	쨔	쩌	쪄	쪼	쬬	쭈	쮸	쯔	찌

(연습) 까치。끄리。끼니。토끼。따비。또。오빠。뼈。뿌리。싸리。쏘야기。씨。어찌。

七、거듭홀소리 (複母音)

개	내	대	래	매	배	새	애	재	채	캐	태	패	해
게	네	데	레	메	베	세	에	제	체	케	테	페	헤
괴	뇌	되	뢰	뫼	뵈	쇠	외	죄	최	쾨	퇴	푀	회
귀	뉘	뒤	뤼	뮈	뷔	쉬	위	쥐	취	퀴	튀	퓌	휘
긔	늬	듸	릐	믜	븨	싀	의	즤	츼	킈	틔	픠	희
과	놔	돠	롸	뫄	봐	솨	와	좌	촤	콰	톼	퐈	화
궈	눠	둬	뤄	뭐	붜	숴	워	줘	춰	쿼	퉈	풔	훠

(연습) 개。대。배。새。해。시계。세수대야。체。쇠。귀。쉬파리。쥐。
과자。개와。화로。

八、바침

악	안	앋	알	암	압	앗	앙						

(以上)

한글巡禮

永興에서 李允宰

小伏을 지내지도 겨우사흘째 되는 때라면 제일더운 때로 찌는 듯한 무더위가 정히사람을 熱殺焗殺하려드는 七月三十一日밤이엇습니다。車中에는 元山의 海水浴場과 三防의 藥水로 凉味를 찾아가는 멀숙한 乘客들로 가득 차서거의 容膝할수없엇습니다。오늘날 우리네들의 生活難으로 잔뜩 부대끼어 혹은間島로 혹은 日本으로 살길을 찾아 헤매는 판이며 더욱이 요새같이 南旱北潦에 죽느니 사느니 呼苦하는 소리가하늘에 사모처듯한 이 시절이 언제는 오히려 一方으로 行樂하는 風流客들이 이처럼 많음은 진실로 생각밖이이라 하면 社會의 現象이 이와같이 正反比例인가 하고 혼자스스로 한탄을 발하면서 한쪽 어느구석 부비대고 앉아 그냥 꿈으러지엇습니다 밤새도록 車輪의 震動이며 喧噪한 三防의 峽谷도 다 꿈속에 묻혀버리고 말앗습니다

×

八月一日 아침에 永興驛에 나려섯습니다。맞아나온 本社支局顧問 李命燮氏와 金鎔鉉氏를 따라 自動車로 京城旅館에 들엇습니다。支局長劉永鎭氏는 時局關係의 어떤 事件으로 不幸히 檢束되어 잇기때문에 맞나보지못하게 됨을 못내 섭섭하엿습니다。朝飯後에 市街로나갓습니다 어제는 마침市日로市場에 장꾼이 그리 많지 아니함은 요새가農繁期인까닭이며 物貨는 依然히 山積하여 잇습니다。永興이 明太의 産地로 유명하다함은 익히아는바이지마는 파연와서 보니 邑內 一千三百餘戶에 거의 집집마다 뵈틀 없는데가 없으며 年産額이 七萬疋에 達한다 하니 織業의 盛行이 여기를 띄울데가 없으리라고 합니다。따라서 人民의 生活程度도 대체로 裕足한 생입니다。

×

永興은 李太祖의 潛興地입을 알지마는 산의 秀麗함과 들의 肥沃함을 보드라도 半島에 君臨하야 宗業垂統이 五百年에 이르게할 大人物이 날만 모자람이 없음을 알앗습니다。邑에서 東으로 한 二十里 밖인 黑石里는 옛적 桓祖(太祖의 父)의 私邸가 잇엇든 곳으로 高麗 忠肅王 後四年 乙亥(西紀 一三三五年)十月十一日에 太祖가 여기에서 誕降하셧다 합니다。朴郡守의 紹介로 太祖의 睟容을 奉安한 濬源殿과 『太祖高皇帝誕降舊址』란 碑石이 있는 碑閣을 拜觀하엿습니다。太祖의 御極이 壬申 七月 十六日인데 오늘이 역시 壬申七月 一日(陰曆)인즉 追感의 情이 不堪에 젓음바 아니엇습니다。이 境內에 잇는 老松은 近日에 죄다 採伐을 당하고 겨우 稚松만 드문드문 서잇어 自然의 景色을 죽인 것이 한가지 遺憾입니다。

×

豫定 한대로 한글講習은 一日 下午 四時부터 公立普通學校 敎室에서 열리엇습니다。金鎔鉉氏의 開會辭로 비롯하야 한글 講義를 시작 하엿습니다。聽講員은 男女 七十餘名으로 官吏、敎員、醫師、銀行員 들이 多數이며 百餘里 밖에서온이도 잇엇습니다。모두 專門學校以上의 程度이므로 講義하기에 크게 便利를 얻엇습니다。支局長이 없엇으나 當地有志 崔南權 金鎔鉉 李命燮 諸氏의 盡力 斡旋으로 이와 같이 意外의 大盛況을 이루엇습니다。永興은 한글 講習이 이번이 처음인것만큼 특별히 여기에 興味를 가진이가 많은 모양입니다。본래는 每日 四時間식만하기로 하엿든바 첫날의 講義를 마치자 講習員으로 부터 日字短促 의問題가 일어나서 매우 난처하게 되엇습니다 여러가지로의 논한끝에 不得已 밤時間을 利用하기로 하야 臨時電燈을 架設하고 夜間에 다시 二時間식 더하기로 하야 겨우 그 問題를 막아버렷습니다 나는 病後衰弱으로 公衆業務가 좀 어려울줄 생각하엿으나 여러분들의 熱心誠意에 너무나 感服되어 조금도 疲勞를 느끼지 아니하엿습니다 오늘까지 여기에서 마치고 래일은 咸興으로 가려 합니다。

八月二日 永興에서

한글巡禮

鏡城에서 李允宰 (六信)

八月二十日 上午 十時 鏡城을 떠낫습니다. 自動車로서 와든 길로 도루 가 淸津에 이르니 上午 十一時. 여기에서 淸津支局長 張[illegible]氏를 다시 맛나 款待를 고맙게 받고 旅館에 돌아와 쉬엇습니다. 내일은 마침 一日의 閑隙이 잇으므로 가는 길에 富寧 附近 村落에 잇는 시방은 在[illegible]이라 이름하는 옛적의 女眞族의 部落을 한번 探訪하자고 張兄과 約서 언약한바가 잇엇으나 앞의 講演時間의 不及을 慮하야 後期로 두고 그만 雄基로 直行하기로 하엿습니다.

×

自動車는 北으로 향하여 綠樹茂林이 [illegible]한 山川의 골자기로, 白沙靑松이 [illegible]한 [illegible]海의 언저리로, 疾風같이 빨리를 아 二百八十里되는 險惡한 길을 우렁차게 달아나는 것이 마치 敵陣을 征服하고 勇猛있게 나아가는 氣槪와 같읍니다. 여기에 이르러 옛날 金節齋의

朔風은 나무끝에 불고
明月은 눈속에 찬데
萬里 邊城에
一長劍 짚고 서서
긴파람 큰 한 소리에
거칠 것이 없어라

하든 當時의 그 威風을 仰想케 됩니다. 아마 節齋가 一長劍으로 野人을 殲滅하고 六鎭을 이룩하실제 衛天의 [illegible]氣가 自發하여 이러한 詩를 읊조린 것이 여기가 아니엇든가 합니다. 장차 大都市의 [illegible]으로 實現이 不遠에 잇을 雄羅港과 數千戶의 [illegible]川 [illegible]을 眼下하는 [illegible]部落을 지나고 나니 여기가 곧 나의 이번 길의 最終目的地인 雄基港.

×

雄基에 닿기는 下午 六時 半. 支局長 金[illegible]氏와 뜨거운 握手를 하고 京城旅館에 들어 행장을 풀고 먼저 市街를 一巡하엿습니다. 旅館마다 旅客이 大滿員, 料理집 自動車店은 來客을 謝絶할 지경. 길거리에는 밤이 깊도록 사람들이 밀려 들어 人氣의 相接, 活氣 大活氣! 요새 京城같으면 무슨 博覽會인지 하는 것이 생기어서 시골 觀光客들이 無數히 몰려 드는 [illegible]이겟지마는 여기에도 혹시 그런 것이나 잇나 외심하엿드니 알고보니 多年 [illegible]의 吉會線 終端港問題가 필경 雄羅으로 落着되엇다 하여 시방 土地賣買가 한창으로 土地의 時價가 刻一刻 [illegible]하매 누구는 一夜之間에 [illegible]萬圓을 벌엇느니, 누구는 一時에 幾百萬圓이 생기엇느니 하여 야단들이므로 一攫千金을 꿈꾸는 投機客들이 큰 수가 터졋다고 와짝 몰어 덤비며 轉買에 轉買로 이 바닥에 떨어진 돈이 數日之內에 四百萬圓이러라고. 이곳 사람들은 방금 돈 벼락을 맞는 판입니다. 아아 [illegible]에 [illegible]하는 이 時代에 오직 雄基만은 黃金世界가 되어 잇는 모양입니다.

×

이 反面에 우리 한글 講習會는 이것으로 하여 여간한 打擊이 아니라 합니다. 講習員의 數는 男女 七十餘名이라 하지마는 出席이 無常하여 每日 不過 三四十名에 不過하니 原因은 말 아니하여도 자연 알일. 여기의 講習會도 본래의 豫定地는 아니엇으나 雄基支局의 金[illegible]氏를 淸津서 맛나 臨時로 작정한 것입니다. 이와같이 미처 廣告할 새도 없이 不意에 열게됨과 또 外面의 事情이 紛雜함에도 不拘하고 이만큼 모이게된것을 보면 이곳 人士들이 얼마나 우리 한글을 사랑하는 熱誠이 잇는것을 가히 짐작할것입니다. 講習會는 二十二日 下午 七時부터 [illegible]聯合會會館인 雄一學校 講堂에서 열리엇습니다. 支局長 金[illegible]氏의 開會辭로 비롯하여 講習을 시작하여 每日 三時間씩으로 二十五日까지에 마치엇습니다. 講義가 다 끝난 뒤에는 支局招待의 宴席에 赴하엿습니다. 나는 今回 講習에 별로 [illegible]된 이 없이 [illegible]의 結果가 잇은것을 自愧하는 뜻으로 [illegible]書를 얻엇습니다. 이러케 [illegible]에 들어가 여러 同好人과 함께 [illegible]으로 밤을 새엇습니다.

×

나의 가장 사모하는 李忠武公의 偉蹟 戰勝지와 및 李氏朝 [illegible]의 遺址인 赤池, 赤島가 모두 여기에서 멀지아니한 地點에 잇건마는 내가 떠나온지 거의 一個月 本家에서 [illegible]지와 學校에서의 電報로 一日이라도 遲延할수 없게된 형편이므로 [illegible]이나마 역시 다음 機會로 밀우엇습니다.

×

二十六日 下午 一時 [illegible]丸 편에 多數人士의 [illegible]에 [illegible] 新松丸의 一等船客이 되엇습니다. (끝)

조선글은 어떠케 낫는가

李 允 宰

옛적 기록을 상고하면, 우리 조선은 상고시대부터 이미 여러 종류의 글이 잇엇다 한다。그러나, 그것이 다 오늘날까지 전하지 아니하고, 다만 기록만 남아 잇을 뿐이다。그리고, 우리 조선사람은 남의 나라 글인 한문만 글로 알아서, 장구한 기간에 그것을 자기 나라 글처럼 사용하여 왓다。十四세기 시대에 이르러, 비로소 조선의 국자(國字)가 확정되어 지금까지 쓰게 되니, 이것이 곧 우리가 언문이라 일컫는 훈민정음(訓民正音)이다。

이 훈민정음은 세계 문자 발달사상(世界文字發達史上)에 가장 탁월한 지위에 잇는 음표문자(音標文字=Alphabet)로, 자형(字形)이 정제하고 음리(音理)가 구비하여, 가장 과학적(科學的) 조직을 이룬 세계에 유일무이한 문자이다。제작자는 이씨조선(李氏朝鮮) 제四세 세종대왕(1397—1450 A.D.)이니, 그의 一대에 끼치신 거륵한 행적이 실로 많앗섯는데, 이것이 또한 그 가운데 하나가 되는 것이다。그러므로, 여기에서 먼저 세종대왕의 행적에 대하여 대강 소개하는 것이 좋으리라 한다。

세종대왕은 고금에 견줄데 없는 큰 성인으로, 그 자질과 성행이 무리에 훨신 뛰어나서, 총명하고 관후하엿든 것은 그의 행한 모든 일로도 넉넉히 헤아릴 바이며, 또 창작적 천재가 잇어, 정치•법률•문학으로부터 천문•지리•수학•음악에 이르기까지 이러한 모든 학술의 오묘한 이치를 연구하여, 많은 저술이 잇을뿐더러, 이에 관한 기게의 발명과 제작이 잇어서, 오늘날 과학문명에 취한 후인들로도 미상불 흠모와 경탄을 말지 않게 하는 것이다。세종께서 학술을 연구하는 최고 기관인 집현전(集賢殿)을 창설하여 대궐 안에 두고, 많은 학자들을 양성하는 일변으로, 각 방면에 관한 서

적을 찬술하엿으니, 효행록(孝行錄)•삼강행실(三綱行實)•오례의(五禮儀)•자치통감훈의(資治通鑑訓義)•치평요람(治平要覽)•고려사(高麗史)•역대병요(歷代兵要)•용비어천가(龍飛御天歌)•증수무원록(增修無寃錄)•농사직설(農事直說)•명황계감(明皇誡鑑)들은 어느것 하나가 다 정치와 교화에 긴절한 보전(寶典) 아닌 것이 없다。또 음악의 이치를 연구하여 아악(雅樂)을 제정하니, 이것이 세게에 짝이 없는 유명한 음악이 되엇다。그리고, 천문학에 관하여는, 북극의 고도를 측정하여, 내정산내외편(內政算內外篇)을 지어 역서의 이치를 밝히고, 천문도(天文圖)를 만들어 돌에 사기엇으며, 이 밖에 대소간의(大小簡儀=觀測器)•혼의(渾儀=天球儀)•일구(日晷=日時計)•자격루(自擊漏=水時計)•측우기(測雨器)들과 같은 천문 기게를 만들엇는데, 그 가운대 흠경각혼상(欽敬閣渾象)는 그 구조가 극히 정교하여, 옥루기륜(玉漏機輪)•사신(四神)•십이신(十二神)•고인(鼓人)•사신옥녀(司辰玉女)들의 모든 기게가 사람의 힘을 빌지 아니하고 자유로 활동하여, 과연 신공을 빼앗앗다 할만큼 과학(科學)의 극치를 다하엿다。이 모든 것을 제작함에는 음악대가 박연(朴堧)•수학대가 윤사웅(尹士雄)•기사(技師)•장영실(蔣英實) 같은 이의 협찬함이 없지 아니하엿으나, 그 고안과 의장은 모두 세종의 생각으로부터 나왓으므로, 당시의 학자들과 공인들은 이것이 무슨 이치로 좇아 나온 것인지 아는 사람이 한 사람도 없엇다 한다。세종은 문치(文治)에만 이러케 용심함이 아니라, 무공(武功)에도 크게 주중하여, 남으로 일본을 쳐서 대마도를 소탕하며, 북으로 야인(野人)을 물리치고 사군(四郡)과 육진(六鎭)을 설치하여, 국위를 크게 날치엇다。이러틋 문치와 무공에 위대한 공업을 많이 세운 가운대 우리에게 영원히 은택을 미치게한 것은 이 훈민정음의 창작이다。정음이야말로, 조선의 국보(國寶)요, 우리 민족에게 오직 하나인 재산이다。이러케 귀중한 정음이 어떠케 낫는가。

세종께서 훈민정음을 지으신 동기는, 첫재 다른 나라에서는 다 각기 글자를 지어서 그 나라의 방언을 적거늘 어찌 우리 나라만 없느냐 함이요, 둘재 우리 나라의 말소리가 중국하고 같지 아니하므로 한문으로써 우리 말을 여실히 쓸 수 없다 함이요, 셋재 우리에게는 반드시 배우기 쉽고 쓰기 편리한 우리 어음에 맞는 글이 잇어야 하겟다 함이다。그리하여, 정음국(正音局)을 궁중에 설치하고、정린지(鄭麟趾)•신숙주(申叔舟)•성삼문(成三問)•최항(崔恒)등으로 더불어 밤낫으로 연구하며 토론하여、세종 二十五년(1443 A. D.)에 이르러 비로소 완성한 것이다。

세종께서 이것을 지으신 것은 결코 일조일석에 우연히 된 것이 아니라、허구한 시일에 노심초사하여 필생의 정력으로 이 사업을 완성한 것으로 알지니、한문은 물론이요、몽고문(蒙古文)•여진문자(女眞文字)•범서(梵書)•일본말로 유구(琉球)말•안남(安南)말에 이르기까지 말이란 말 글이란 글을 잇는대로 모두 상고하여 가장 본되고 완전한 글을 만들려 하심이다。그리하자니、그 재료를 수집함에나 음운(音韻)을 비교함에 얼마나한 노력이 들엇을가、명(明)나라 한림학사 황찬(黃瓚)이 요동(遼東)으로 귀양와 잇는 것을 기회로、음리(音理)를 질문하기 위하여 성삼문을 요동까지 열세번이나 왕복하게。한 것이라든지、세종께서 안질을 치료하기 위하여 청주(淸州) 초정(椒井)으로 거동하실 적에、허다한 공문서류는 다 두고 가시면서 오직 정음연구에 참고할 서적만은 가지고 가셧다는 것을 보아、세종께서 오로지 이 일에 대하여 얼마나 마음을 쓰섯는지 알 것이다。훈민정음이 완성된 뒤에 즉시 발표하지 아니하고 혹시 조금이라도 부족처가 잇을가 엽려하여、두고두고、살펴보며 여러가지로 시험하여 수정에 수정을 가하엿다。마침 이때 문신중에서 용비어천가(龍飛御天歌)를 지어 올리매、세종께서 그것을 우리말로 번역하며 정음으로 써라 명령하엿다。용비어천가는 이태조(李太祖)의 四대조 목조(穆祖)로부터 제三대 태종(太宗)때까지 전후 七대의 성덕과 창업의 간난한 사실을 영탄(詠嘆)하는 노래 一백 二十五장으로 되엇는데、이것이 조선어 연구에 크게 가치 잇는 것이며、정음으로 쓴 것은 이것이 첫 시험이라 할 것이다。이려케 만반 준비가 다 되엇으므로、장차 이것을 발표하려고 할 지음에、한문사상에 마취한 썩은 머리를 가진 완고 학자들의 반대의 소리가 일어나기 시작하여、최만리(崔萬理)등 십수명의 항소극론(抗疏極論)하는 일까지 잇엇다。그러나、세종께서는 대영단(大英斷)으로 이를 기어히 실시하려하여、반대하는 무리들을 엄중히 치죄하고、세종 二十八년(1446 A. D.) 九월 二十九일로써 훈민정음을 국내에 반포하여、일반 민중으로 하여금 다 사용하게 하엿다。그리고、이것을 더욱 장려하기 위하여、이뎐취재(吏典取才＝문관시험)에 반드시 정음을 한 과정으로 넣엇으며、한문서적을 많이 정음으로 번역하엿다。이로써 정음이 젼 사회에 늘리 보급하게 되엿다。

훈민정음 글자의 조직은 어떠한가。모두 二十八 자모로 되어、처음소리(初聲＝Cosonant) 가운데소리(中聲＝Vowel) 내종소리(終聲＝바침)로 나누고、자모를 어울어서 소리를 내게 된다。한 음절(Syllable)이 반드시 한 덩이의 글자가 되어、무엇이든지 자유로 쓰게 되는 것이다。훈민정음에 배렬된대로 적으면 아래와 같다。

처음소리(初聲)
- ㄱ ㅋ ㆁ——엄니소리(牙音)
- ㄷ ㅌ ㄴ——혀소리(舌音)
- ㅂ ㅍ ㅁ——입술소리(脣音)
- ㅈ ㅊ ㅅ——이소리(齒音)
- ㆆ ㅎ ㅇ——목구멍소리(喉音)
- ㄹ——반혀소리(半舌音)
- ㅿ——반니소리(半齒音)

가운데소리(中聲)
- ㆍ
- ㅡ ㅣ
- ㅗ ㅏ ㅜ ㅓ
- ㅛ ㅑ ㅠ ㅕ

내종소리(終聲) 終聲復用初聲
- ㄱ ㅋ ㆁ
- ㄷ ㅌ ㄴ
- ㅂ ㅍ ㅁ
- ㅈ ㅊ ㅅ
- ㆆ ㅎ ㅇ

ㄲ ㄸ ㅃ ㅆ ㅉ ㆅ……갈씀(並書)

ㅱ ㅸ ㆄ……입술가벼운소리(脣輕音)

한글運動의回顧【二】

李允宰

大聖 世宗께서 朝鮮의 文字 訓民正音을 發布하신지 이에 四百八十六週를 당하엿도다。이 光輝잇는 業績이 朝鮮 文化史上에 永遠히 남아잇어 우리가 두고두고 이것을 記念하게 되는 것이다。그러 짜르지 아니한 半千年의 歷史를 가진 이 한글의 消長盛衰의 지나간 자취를 回顧하매 미상불 感慨를 禁치 못하겟도다。그러므로 우리가 오늘에 이것을 한번 생각하는 것이 결코 無意味한 일이 아님을 안다。내가 이제 우리글의 發生으로부터 여러번 變遷을 지나 오늘까지에 이르는 期間을 아래와 같이

一、正音時代 (創定期)
二、諺文時代 (沈滯期)
三、國文時代 (復興期)
四、한글時代 (整理期)

等 四期로 나누어 그 概要를 간단히 말하고저 한다。

第一期 正音時代

조선글이 처음으로 創定되어 訓民正音이라 일컬어 施行한 世宗 二十八年으로 비롯하야 成宗朝까지 이르는 五十年間(1446―1494A.D.)을 正音時代라 이른다。곧 우리글이 創定된 時期다。이것을 지은 經過에 대하야 녯적의 기록을 상고하면 世宗二十五年癸亥(1443A.D.) 겨울에 임금께서 諸國은 각기 文字를 지어서 그나라의 方言을 적거늘 홀로 우리나라에만 없다 하시고 드디어 字母 二十八字를 만드사 이름을 訓民正音이라 하시고 局을 禁中에 여사 鄭麟趾、申叔舟、成三問、崔恒等을 시기어 자세히 解釋을 달라 하시엇으며 三年을 지나、二十八年丙寅(1446A.D) 九月二十九日(陰曆)에 이것을 中外에 頒布하시엇다。한당 世宗께서 正音을 創하심에 얼마나한 努力과 用心이 잇은 것은 여기에 장황히 말하지 아니하기로 하며、다만 그 文字의 構造에 대하야 概括的으로 보면、

【初聲 及 終聲】 ㄱㅋㆁㄷㅌㄴㅂㅍㅁㅈㅊㅅㆆㅎㅇㄹㅿ

【中聲】 ·ㅡㅣㅗㅏㅜㅓㅛㅑㅠㅕ

【並書字】 ㄲㄸㅃㅆㅉㆅ

【脣輕音】 ㅸㆄㅹㅱ

【齒頭音】 ᅎᅔᅏᄼᄽ ｝漢音用

【正齒音】 ᅐᅕᅑᄾᄿ

【上去聲】 左에 一點을 加하면 去聲、二點이면 上聲、

이러케 되엇다。이것이 完成되매、世宗께서 먼저、龍飛御天歌(鄭麟趾、權踶、安止等 撰)、東國正韻(崔恒 撰)、四聲通考(申叔舟 撰)를 撰述하사 그 實用의 例를 보이시고、吏典取才(文官試驗)에 正音을 한 科目으로 붙오사 一般 公用文에도 널리 쓰게 하시엇다。이로써 文學、宗敎、倫理、政治에 관한 書籍이 많이 우리말로 쓰게 되어 朝鮮文學 獨立의 一機運을 지엇다。그리고 이 期에 正音으로 된 많은 著述이 잇엇으나、그중 重要한 것 몇만 들면、月印千江之曲(世宗二十九年)、妙法蓮華經諺解(世祖八年)、圓覺經諺解(世祖十年)、金剛經諺解(世祖十年)、楞嚴經諺解(世祖朝)、杜詩諺解(成宗十二年)、黃山谷詩諺解(成宗十四年)等은 다 名文 巨篇으로 오늘날 우리 朝鮮語文 硏究에 莫大한 貢獻이 되는 것이다。

한글運動의 回顧 【三】

李 允 宰

第二期 諺文時代

이때 朝鮮은 文化의 꽃이 한창 爛漫하여 함께 이런곳 國學이 벌써 놓어갓섯다. 그러나 事大主義를 방법으로 삼는 儒賢 沒覺한 漢學派는 抵死코 이를 꺼어버리려하엿다. 그러하여 우리글은 文字로 承認하지 아니하므로, 그리 좋은 正音이란 이름까지 諺文이란 鄙俗한 名稱으로 바꾸어버리엇다. (漢字에는 眞書란 尊號를 올리엇다) 이때를 諺文時代라 하야, 燕山朝로부터 高宗 三十年까지 四百年間(1496——1898A. D)을 이름이니, 이가 한글史上에 가장 長久한

期

間으로, 惡音 迫害와 깊은 凌蔑을 받든때엿다. 燕山君 같은 暴君은 諺文 使用하는 者에게 制書를 亂律을 써서 死刑에 處하야 이를 撲滅코저하엿오니, 文字의 災厄이 이에서 더 甚할이 없을 것이다. 이와같이 逆境에 들어잇는 우리글은 다행히 滅絶함에 이르지 아니하고 殘命을 겨우 보전하엿을 뿐이러니, 中宗朝에 이르러 崔世珍의 손에서 한번 修正함을 받으니, 이것이 도리어 큰

病

의 뿌리를 깊이 박은 것이 되엇다. 소위修正이란 것은 그의著 訓蒙字會(1527A.D.)의 凡例가운데「諺文字母(俗所謂反切二十七字)」란 欄下에 이러케 적혀잇다.

初聲終聲通用八字
ㄱ其役 ㄴ尼隱 ㄷ池(末) ㄹ梨乙 ㅁ眉音 ㅂ非邑
ㅅ時(衣) ㅇ異凝 =初聲에 쓰음 =終聲에 쓰음
初聲獨用八字
ㅋ(箕) ㅌ治 ㅍ皮 ㅈ之 ㅊ齒 ㅿ而
ㅇ伊 ㅎ屎
中聲獨用八字
ㅏ阿 ㅑ也 ㅓ於 ㅕ余 ㅗ吾 ㅛ要 ㅜ
牛 ㅠ由 ㅡ(應) ㅣ(伊) ㆍ(思)

以下 略

이를 보면, 訓民正音에 定한 初聲 中聲의

排

列을 바꾸어 놓앗고 終聲(바침)에는 ㄱㄴㄷㄹㅁㅂㅅㅇ의 八字만 쓰고 ㅈㅊㅋㅌㅍㅎ들은 바침으로 쓰는 것을 撤廢하엿으니, 이것이 世宗께서 『初聲復用終聲』하라는 뜻에 크게 어그러질뿐 아니라, 오늘날 文法의 體系를 세움에 크게 障碍이 되는 것이다.

이러틋 우리글이 燕山君에게 된서리를 맞고, 崔世珍이란 庸醫에게 서툴은 手術을 받아, 글자로의

本

質을 잃고 假僞를 더러 드러어 아무 規則이 없고 統一이 없이 混亂無狀하게 쓰는 글자가 되고 말은 것이다. 그나마 上下 全般이 다 쓰는 것이 아니라, 一部 婦女와 下流階級에 限하야 약간 行用함에 그치엇다. 그리고 좀 高級이래야 譯書諺解와 漢語, 滿洲語, 蒙古語, 日本語等의 辭書와 및 學術에 關한책들이 잇엇을뿐이다.

이러케 우리글이 머리를 들수 없고 여지없이 흩러서 오랜

歲

月을 지내어왓다.

이때에 朝鮮에는 미상불 鴻儒碩學이 많지 아님이 아니언마는 모두 우리글엔 度外視하엿다. 이러구러 우리글은 沈滯에서 衰退로 向하여 갈뿐이엇다. 그러나 申景濬(旅菴)의 訓民正音圖解(英祖二十六年=1760A.D.)와 柳僖(方便子)의 諺文志(純祖二十四年=1824A.D)와 姜瑋(秋琴)의 國文字母分解(高宗六年=1869A.D.)는 다 이 時代에 난 것으로, 이것이 한글 研究의 寶玉이며, 한글 復興의 새 빛을 비치어줄이 되는 것이다

한글運動의 回顧 【三】

李允宰

第三期국문時代

甲午更張 以後 朝鮮社會에는 世界의 新風潮가 몰려들어와 國民의 思想을 一變케 되매、國政을 大端이라 고치고 모든 制度를 改革하엿다。이로써 朝鮮人은 五百年의 迷夢을 覺醒하야、支那學에 心醉한 自我沒覺의 精神을 벗어버리고 朝鮮心의 勃興하는 一轉機에 이르럿다。기에 따라 우리글에 대한 自覺이 생기므로、여태까지 불려오든 諺文이라는 鄙俗한 名稱을 國文이라 고치어 施行케 되엇다。그러므로 이 時代를 國文時代라 하니、

이는 甲午更張으로부터 隆熙까지 十七年間(1894—1910 A.D.)을 이름이다。

이로부터 公文私牘며 敎科讀本이며 新聞雜誌 等類가 모두 우리글을 交用하게 되어 우리社會에 普遍化하엿으며、李能和氏는 字典、辭典의 編纂에 관한 意見書를 學部에 提出하야 文字의 思想을 高調하엿으며 周時經氏는 國文講習所를 새로 設立하야 敎育에 盡力하엿다。또 池錫永氏(當時 大韓醫學校校長)는 新訂國文을 編成하야 上疏하야、

學部의 承認을 지나、光武九年七月에 新訂國文實施件을 公布하니、그 槪要를 들면、

一、新訂國文五音象形辨 이는 우리글의 字母가 牙、舌、脣、齒、喉等의 發音器官의 形象에 依하엿다는것。

二、新訂國文初終中三聲辨 이는 初聲、中聲、終聲의 用法이 崔世珍의 說을 좇은것。

三、新訂國文合字辨 이는 初中終 三聲을 合用하는 例를 든것。

四、新訂國文高低辨 이는 上聲去聲은 각기 右加一點으로 하는것。

五、新訂國文疊音刪正辨 이는 中聲 、를 廢止하는것。

六、新訂國文重聲釐正辨 이는 重聲을 ㄲㄸㅃㅆㅉ로 쓰는것이 옳으나、便宜를 좇아 ㅺㅼㅽㅆㅾ로 쓰는것。

이것이 우리글 綴法 整理의 一面으로 完善하다고는 볼수없오나、이 時期에 잇어서 첫번재

整理의 손을 대인 것이다。이 新訂國文이 動機로、光武十一年 七月에는 國文研究所를 學部 안에 設置하고、委員長 尹致旿(當時學務局長)以下 十數人의 委員이 잇어、約 三年間 十三回의 會議를 거듭하야、여러가지 問題에 대하야 硏究를 쌓앗는데、

一、國文의 淵源 및 字體、發音의 沿革。

二、初聲 ·ㆆㆁㅿ◇ㅱㅸㆄㅹ 八字 復用의 當否。

三、初聲에서 ㄱㄷㅂㅅㅈㅎ 字 竝書의 書法一定。

四、中聲 ᆢ字를 創製하야、ㆍ字를 廢止함의 當否。

五、終聲 ㄷㅅ 二字의 用法및 ㅈㅊㅋㅌㅍㅎ 六字를 終聲에도 通用함의 當否。

六、字母의 七音과 淸濁과의 區別 如何。

七、字母의 音讀 一定。

八、字順 行順의 一定。

九、綴字法。

이같이 意見이 作成되어、內閣에 提出되엇오나、그때 마침 政界의 波瀾으로 말미암아、그만 이 問題가 유야무야 중에 묻혀버리고 말앗다。

우리 조선사람은 워낙 오래동안 漢文에 中毒되어 잇으므로 하야、우리글의 整理와 統一이 이렇게 順調로 되어 가기 어려우나、數百年으로 屈辱中에 呻吟하든 우리글이 이제야 再生의 榮을 얻게된것은 진실로 기뻐하지아니할수 없다。

한글運動의回顧 【四】

李允宰

第四期 한글時代

『공든 塔이 문어지랴』하는 속담이 잇다。과연 世宗께서 머리를 애써서 만들어 놓으신 한글이 十生九死의 波瀾많은 歷史를 지나、이러케 復興함에 이르렀고、한글 硏究의 先驅者 周時經같은 큰 學者가 일어나서、犧牲的 努力을 다하야 우리글 바루잡는 첫 길을 열어 世宗의 끼치신 뜻을 이어가려 하니、이로서 깊이 묻히엇든 보배가 파냄을 얻어 光輝를 다시 發揮하게 되엇다。從來의 漢文中毒을 깨트려버리고 될수 잇는대로 조선말을 많히 쓰자는 動機에서 우리글의 名稱을 한글이라 하엿다。

周時經氏의 한글運動으로부터 지금까지 한 二十餘年間 (1911—1928A.D.)을한글時代라한다 前期에 잇는 國文硏究所는 단순히 政府의 機關으로 된 것이며、그 전에도 그러하엿지마는、이 時期부터는 한글運動이 民衆으로 옮아왓다。周時經氏의 朝鮮語文法 (1918A.C.)과 말의소리 (1914A.D.)가 出刊되자、이것이 오로지 한글 연구에 土臺가 되엇다。世宗의 訓民正音의 原則에 의지하야 初聲 全部를 終聲으로 쓰며 된시옷을

並書로 고쳐쓰는것과、歷史的綴音을 表音式으로 고쳐쓰는 것은 우리글의 空前의 大革命을 일으킨 것이다。金枓奉、李奎榮、權悳奎、張志暎、權德奎、李秉岐、李奎昉、申明均、鄭烈模、李常春、金允經、李允宰、諸氏가 그 뒤를 이어 奮闘努力하야 오늘까지 이른다。

權悳奎氏 經營의 新文館과 朝鮮光文會며 李承乾氏 經營의 新少年社는 多數한 書籍과 雜誌를 刊行하는중 우리 語文에 더욱이 많은 貢獻이 잇엇으며 東亞日報가 創刊되면서부터 가장 簡易化한 綴字를 使用하야、各種 出版物에 典型이 되엇다。朝鮮語文 硏究의 唯一한 機關으로 京城 水標町 敎育協會內에 잇는 朝鮮語硏究會는 十餘年前에 創立된 한글 硏究大家의 總網羅한 團體로、每月 例會를 열어 硏究를 發表하며、月刊雜誌『한글』을 發行하고 잇다。

辭典 編纂에 대하여는、金枓奉氏의『말모이』와 李常春氏의 辭典이 다 여러해로 苦心함이 적지 아니하엿으나 完成함에는 이르지 못하엿고、鄭寅普、權悳奎 諸氏의 發起로 啓明俱樂部內에서 辭典 編纂을 시작하엿으나、역시 完成을 못하야 버려두엇는데、지금 몇몇분이 그것을 繼續 整理中이라 하며、再昨年부터 全朝鮮의 有志 百餘人의 發起로 朝鮮語辭典編纂會를 組織하고、지금까지 編纂에 熱中하고 잇다。

當局에서는 이 時期中에 前後三回에 亘하야 綴字案을 作成하야 朝鮮語讀本에 使用하엿다。지금 使用하는 綴字改正案은 三年前(1928A.D.)부터 施行하는 것으로、지금 [illegible] 效果를 奏한다。一般 民衆에게 普及하는것으로는、東亞日報社 主催로 全朝鮮 九六十處에 夏期 한글講習會를 열어 昨今 兩間에 成績이 자못 良好하엿으며、啓蒙運動으로、朝鮮日報社 主催의 文字普及班과、東亞日報社 主催의 브나로드는 莫大한 效果를 거두엇다。

한글 運動을 말함에 耶蘇敎를 내놓을수 없다。四十萬 敎徒의 日日 誦讀하는 聖經이 우리글로 飜譯되어、各種 發行部數가 또 으뜸될 것이다。一字無識의 사람이라도 敎會에 幾週間만 다니면 聖經을 능히 讀破할수 잇다。한글 普及의 速度는 耶蘇에서 지날 것이 없을 것이다。

以上은 이 時期中 한글 發達의 槪要를 말한 것이다。이 앞으로 더욱 우리의 努力 쉬지아니하야、한글이 完全히 整理되고 統一함에 이를것을 믿는다。(끝)

□□ 訓民正音頒布第四百八十六回記念 □□

訓民正音의 創定

李 允 宰

우리는 또 오는 十月 二十九 日로서 第 四百 八十六 回의 訓民正音頒布記念日을 맞게 되엇다。본시는 舊로 九月 二十九 日이엇으나, 陽歷으로 換算하여 施行케 되므로, 今年부터는 비로소 이 날에 記念하게 된 것이다。

돌아보건대, 世宗大王은 百王에 뛰어난 天縱의 大聖人이시라。御極 三十二 年 間에, 나라를 위하여 疆域을 넓히며 文化를 베프사, 실로 前古에 없는 文明과 富强의 偉業을 이루셧다。

그 一代에 끼치신 纂述과 制作은 各方面에 걸쳐서 精華를 극하지 아님이 없엇다。그 중에도 더욱 우리가 눈물이 흐르도록 고마운 것은 이, 訓民正音의 制作이다。

訓民正音은 世宗 二十五年(A.D.1443) 癸亥 十二月에 制定하여, 三年을 지난 二十八年(1446A.D.) 丙寅 九月 二十九日(다 舊歷)에 中外에 頒布하여, 國人으로 하여금 使用하게 하신 것이다。世宗께서는 一國 自然의 語音을 적음에는 반드시 그 나라에서 만든 文字로 써야 할것이라 하사, 宮中에 正音廳을 두고, 鄭麟趾, 三成問, 申叔舟, 崔恒 等여러 學者들로 하여금 研究를 더 하여, 二十八 字母를 만드시엇다。이는 실로 世界 文字 中 가장 靈妙하고 完全하다 하는것이다。이것을 完成하기 까지에 얼마나한 苦心과 努力이 들엇다는 것은 여기에 다 말

〔訓民正音原本〕

하지 않거니와, 그 때에 漢文學에 魔醉한 頑寘한 腐儒輩의 抗疏極論하는 일도 없지 아니하엿으나, 世宗께서 大英斷으로 이를 實施하기에 이르렷다。

이에 대하여 여러 분의 高論이 잇겟기로 특히 煩瑣한 理論은 避하기로 하고, 다만 御製 訓民正音의 原文만을 아래에 적는다。

訓 民 正 音

國之語音이 異乎中國ᄒᆞ야 與文字로 不相流通홀ᄊᆡ 故로 愚民이 有所欲言ᄒᆞ야도 而終不得伸其情者ㅣ多矣라 予ㅣ爲此憫然ᄒᆞ야 新制二十八字ᄒᆞ노니 欲使人人으로 易習ᄒᆞ야便於日用耳니라

ㄱ는 牙音이니, 如君字初發聲ᄒᆞ니라 並書ᄒᆞ면 如虯字初發聲ᄒᆞ니라
ㅋ는 牙音이니, 如快字初發聲ᄒᆞ니라
ㆁ는 牙音이니, 如業字初發聲ᄒᆞ니라
ㄷ는 舌音이니, 如斗字初發聲ᄒᆞ니라 並書ᄒᆞ면 如覃字初發聲ᄒᆞ니라
ㅌ는 舌音이니, 如呑字初發聲ᄒᆞ니라
ㄴ는 舌音이니, 如那字初發聲ᄒᆞ니라
ㅂ는 唇音이니, 如彆字初發聲ᄒᆞ니라 並書ᄒᆞ면 如步字初發聲ᄒᆞ니라
ㅍ는 唇音이니, 如漂字初發聲ᄒᆞ니라
ㅁ는 唇音이니, 如彌字初發聲ᄒᆞ니라
ㅈ는 齒音이니, 如即字初發聲ᄒᆞ니라 並書ᄒᆞ면 如慈字初發聲ᄒᆞ니라
ㅊ는 齒音이니, 如侵字初發聲ᄒᆞ니라
ㅅ는 齒音이니, 如戌字初發聲ᄒᆞ니라
ㆆ는 喉音이니, 如把字初發聲ᄒᆞ니라
ㅎ는 喉音이니, 如虛字初發聲ᄒᆞ니라 並書ᄒᆞ면 如洪字初發聲ᄒᆞ니라
ㅇ는 喉音이니, 如欲字初發聲ᄒᆞ니라
ㄹ는 半舌音이니, 如閭字初發聲ᄒᆞ니라
ㅿ는 半齒音이니, 如穰字初發聲ᄒᆞ니라
ㆍ는 如呑字中聲ᄒᆞ니라
ㅡ는 如即字中聲ᄒᆞ니라
ㅣ는 如侵字中聲ᄒᆞ니라
ㅗ는 如洪字中聲ᄒᆞ니라
ㅏ는 如覃字中聲ᄒᆞ니라
ㅜ는 如君字中聲ᄒᆞ니라
ㅓ는 如業字中聲ᄒᆞ니라
ㅛ는 如欲字中聲ᄒᆞ니라
ㅑ는 如穰字中聲ᄒᆞ니라
ㅠ는 如戌字中聲ᄒᆞ니라
ㅕ는 如彆字中聲ᄒᆞ니라

終聲은 復用初聲ᄒᆞᄂᆞ니 ㅇ를 連書唇音之下ᄒᆞ면 則爲唇輕音ᄒᆞᄂᆞ니라 初聲을 合用홇디면 則並書ᄒᆞ라 終聲도 同ᄒᆞ니라 ㆍㅡㅗㅜㅛㅠ란 附書初聲之下ᄒᆞ고 ㅣㅏㅓㅑㅕ란 附書於右ᄒᆞ라 凡字ㅣ必合而成ᄒᆞᄂᆞ니 左加一点ᄒᆞ면 則去聲이오 二則上聲이오 無則平聲이오

入聲은 加点이 同而促急ᄒᆞ니라

御制訓民正音序

有天地自然之聲，則必有天地自然之文，所以，古人因聲制字，以通萬物之情，以載三才之道，而後世不能易也。然，四方風土區別，聲氣亦隨而異焉。蓋外國之語，有其聲，而無其字，假中國之字，以通其用，是猶枘鑿之鉏鋙也，豈能達而無礙乎。要皆各隨所處而安，不可强之使同也。吾東方，禮樂文物，侔擬中夏，但方言俚語，不與之同 學書者，患其旨趣之難曉，治獄者，病其曲折之難通。昔新羅薛聰，始作吏讀，官府民間，至今行之，然皆，假字而用，或澁或窒，非但鄙陋無稽而已，至於言語之間，即不能達其萬一焉。癸亥冬，我 殿下創制正音二十八字，略揭例義以示之，名曰，訓民正音，象形而字倣古篆，因聲而音協七調，三極之義，二氣之妙，莫不該括，以二十八字．而轉換無窮，簡而要，精而通，故智者不崇朝而通，愚者可浹旬而學，以是解書，可以知其義，以是聽訟，可以得其情，字韻，則淸濁之能辨，樂歌，則律呂之克諧，無所用而不備，無所往而不達，雖風聲鶴唳鷄鳴狗吠，皆可得而書焉。遂命臣等，詳加解釋，以喩諸人，庶使觀者，不師而自悟，若其淵源義精之妙，則非臣等之所能發揮也。恭惟我 殿下，以天縱之聖，制度施爲，超越百王，正音之作，無所祖述，而成於自然，豈以其至理之無所不在，而非人爲之私也。夫東方有國，不爲不久，而開物成務之大智，蓋有待於今日也歟。

禮曹判書 臣鄭麟趾謹序

한글綴字法

「新綴字便覽」의 解說

【一】 李允宰

허두

言語·文字의 整理統一이란 다만 나라의 關係 보다라도 決然히 一朝一夕으로써 그리 쉽게 되는 것이 아니다。 數百年이란 長久한 時日과 數千萬이란 多數한 人衆이 아무 整然한 法則이 없이 함부로 써오든 말의 表記法을 갑작 없이 꼭 齊이맞게 맞후어 가리면 여간 힘든 일이 아닐 것이다。

더구나 우리 한글 같이 이미 數百年 동안 悲慘한 運命으로 지내어온 것은 말할 것도 없다。 政治的으로 權威의 아래에서 거의 없어지려도 하였으며 全社會的으로 賤待의 속에서 머리를 처들지 못하였거든 하물며 어기에 한번이라도 整理의 손을 대어본 적이 있기를 바랐으랴。

그러므로 우리글은 散漫한 그대로 버려두고 混亂한 그대로 멋지써서 오늘날 이대로 不規則不統一한 文字가 되어 各人各體의 奇怪한 現象을 이루었다。 뜻있는 자로써 누가 慨嘆하지 아니할가。

統一한 새 綴字法이 나기를 바라는 世人의 期待는 切迫하다。 朝鮮語 研究의 唯一한 機關인 朝鮮語學會에서 이미 여러 해를 두고 研究에 研究를 쌓아 統一한 綴字案을 制定하기에 努力하는 中이다。 客年 十二月 開城會議에서 綴字法에 關하여 充分히 討議를 遂하고 萬無一失을 期하야 더욱 愼重히 審議를 지난 후에 世間에 發表하려는 것이니 不遠한 將來에 完全한 統一案이 나올 것을 믿는다。

東亞日報가 이제 十二段制를 實施함과 한가지 全紙面을 新綴字法으로 쓰며, 讀者에게 萬一이라도 不便이 있을 것을 慮하야 新綴字便覽을 配布하였으니, 이것이 과연 한글 整理의 先鞭을 들었으며, 朝鮮文化運動에 莫大한 貢獻이 되는바이다。

이 新綴字便覽은 다만 新舊綴字를 比較對照함에 그치었고 理論的 說明을 붙이지 아니하였다。 그러므로 이에 대한 理解가 없는 이에게는 도리어 疑惑을 일으킬 弊가 있겠으므로 간단한 解說을 붙이어 讀者의 一覽에 供코저 한다。

한글綴字法

「新綴字便覽」의解說

【三】 李 允 宰

한글을 新綴字法대로 쓰라 하면 누구나 다 어렵다는 말부터 먼저 하게 된다. 이것은 새 글자꼴 이왕에 쓰지 아니하든 처음보는 새 바침 글자를 쓰는 것이 그 어렵다는 理由의 하나요, 또 한가지 理由는 在來에 아무러케나 썼어도 관계치 않든 것을 一定한 規則에 의지하야 쓰기가 힘들다는 것이다.

새 바침으로 쓰는 글자라 해야 그 種類는 이왕에 쓰든 것에 比하면 좀 많다 하겟다. 실상 쓸 글자는 그리 많은 것이 아니며, 語幹과 토의 區別이 없이 混雜하게 쓰든 그것보다 一定한 語幹과 一定한 토를 맞후어 쓰는 것을 미루어 생각한다면 그대지 어려운 것이 아니요 도리어 쉬울는지도 모를 것이다. 우리 말을 語法에 맞는 바른 글을 쓰려면 어느 때든지 반드시 이 새 바침을 쓰지 않고는 아니될 것이다.

一定한 規則에 의지하야 쓰기가 힘든다는 것은 과연 事實이다. 대개 어떠한 것이든지 아무 一定한 法則이 없이 되는대로 하기는 쉬워도 한가지 法則을 마련하여가지고 꼭 그것을 標準으로 삼아 施行하기는 어려운 것이다. 더욱이 한글은 過去 數百年間 무슨 작정도 없이 말소리에 따라 그대로 적어오든 것을 一朝에 바루잡아 쓰려면 여태까지의 慣習에 얽매인 탓으로 얼른 고쳐지지 아니하야 多少의 不便을 느낄 것은 勿論이다. 이 新綴字法은 그만두고라도 現今 吾人이 各個로 쓰는 그 中으로서 從來에 自己가 쓰든 법을 拋棄하고 다른 법을 좇아 쓰려면 역시 힘든지 아니하고 될수 없을 것이다. 그러니 기왕 글을 고쳐쓰기로하는바에는 본때 잇는 바른 글로써 고치는 것이 옳을 것이다.

우리 글의 表記法이 不徹底하나마 全民族的으로 이미 統一한 것이 잇엇다면 이제 구태여 고치자할 必要까지 없겟지마는, 오늘날 우리 글의 쓰는 것이 여러 갈래가 잇으니, 대강 나누어 본다라도 學校의 朝鮮語讀本式, 耶蘇敎의 聖經式, 新聞雜誌式, 文法硏究家의 한글式이 잇고, 이밖에도 無數한 갈래가 잇다. 이러케 混亂紛雜한 것을 크게 한번 整理하야 統一한 文字를 이루게 하는 것이 더욱 좋지 아니한가

한글綴字法

「新綴字便覽」의 解說

(三)

李允宰

그러면 우리 글을 어떠게 整理하여야 하는가. 여러 말 할것없이 바른 글을 쓰자 하는 단 한마디 말에 그치고 말 것이다.

요새 흔히 쓰는, 보기 싫은 새 바침이다 썻다고 해서 우리글의 整理가 다 完成된 것으로 볼 수 없다. 이것이 本 整理의 一部分이라고는 할지 모르나……진실로 우리 글을 完全히 整理하야 바른 글을 쓰게 하려면, 먼저 嚴正한 科學的 根據 우에서 가장 合理的 論法을 正確로 하지 아니하면 아니될 것이다.

말하자면, 우리가 말을 적을 때에 語法을 全然히 돌아보지 아니하고 마우 되는대로 쓰는 것도 안된 것이요, 케케 묵은 옛 사람의 쓰든 것을 덮어놓고 그대로만 따르자는 것도 無用의 것이요, 터없이 自己의 主觀으로만 맘대로 세워서 생판 어렵게 만들어 쓰자는 것도 不可한 것이다. 이것을 좀 자세히 말하자면,

첫재 語法에 맞게 쓰기를 주장할 할것이다. 우리 조선말의 組織은 單語가 따로따로 區別되어 文法上 法則이 自然 나타나 있음에도 不拘하고, 먹으니를 머그니로 쓰고 같으니를 갓흐니 혹 가트니로 쓴다면, 語幹과 語尾를 어떠게 區別할수 있을가. 그 混亂한 것은 말할것도 없을 것이다.

둘재 現代 發音을 주장할 것이다. 오늘날 우리가 쓰는 實際的 口音과 아주 틀리는 歷史的 綴音을 쓸 必要가 없다. 곳 소(牛)를 쇼로, 지(彼)를 뎌로, 무(何)를 무삿으로, 이미(旣)를 임의로 하다야 니하다 하지아니하다로 쓰는 것이라든지, 또 漢字音에 이르러도 所謂字典에 쓰인대로 쓰다 하야 쇼(小)를 소로, 천(天)을 텬으로, 인쇄(印刷)를 인쇄로, 유기(鍮器)를 뉴기로 쓰는 따위다. 이것이 어찌나 現代發音에 어그러진 것인가.

셋재 平易化를 주장할 것이다. 文字란 원래 言語를 대신하는 符號에 지나지 아니한 것이니, 實際運用에 過多히 어려워서는 안될 것이다. 한글을 지으신 어른께서도 「사람마다 이기 쉽고 날로 씀에 편하고저 할따름이라」는 것을 밝히 말하시엿다. 이럼으로라도 한글은 特別히 쉽게 쓰는 것이 한 特色이 되는 것이다. 그러므로 漢文이라든지 英語스펠처럼 어렵게 쓸 까닭이 없는 것이다. 꼿 배우기(學), 읽기(讀), 쓰기(書), 박기(印刷)이 네가지에 다 쉬워야 할 것이다.

以上에 말한 세가지가 우리글 整理에 가장 主眼點이 된다 한다.

지금으로부터 本文에 들어가 「新綴字法便覽」을 原本으로 하고 그것을 講解하기로 하려다.

한글綴字法

「新綴字便覽」의 解說

【四】 李允宰

本論

新綴字便覽은 창졸간에 編成한 것이므로 完全한 體系를 이루엇다고는 스스로 허락하기 어렵다. 그러나 이것이 대체에 잇서서 改正하여야 할 新綴字의 一覽을 보인 것으로 모두 十八項으로 나누엇으며 다시 이것을 分類하면 아래와 같다.

소리(聲音) 一―六
말본(語法) 七―十
표준말 十一―十五
漢字音 十六
떼어쓰기 十七
符號 十八

이제 처음부터 한가지씩 말하겟다.

一、、의 使用을 廢하고 ㅏㅓㅜㅡㅣ等으로 代用함。

、를 오늘날 우리가 普通 아래ㅏ라 하야 ㅏ와 같은 소리로 아는 것은 매우 잘못이다. 예전에 ㅏ밖에 또 ㅏ와 같은 音을 만들어 같은 소리의 글자를 둘씩이나 무엇하러가 苦心한 것이다. 이는 뒤에 와서 그 本音을 잃어버리고 ㅏ와 混同하야 ㅏ 아래에 잇는 것이라고 그저 「아래ㅏ字」라고 이름하야 마침내 ㅏ에 同化시키고 만 것이다.

좀 한만하지마는 、에 關하야 옛 사람의 學說을 들어 조금 상고하여보고저 한다. 世宗大王의 訓民正音에는 「呑字의 가운데 소리와 같다」 하엿고, 訓蒙字會(中宗 二十二年 崔世珍의 지은것) 凡例에는 「、를 첫소리를 쓰지 아니한다」 하엿는데, 이것으로는 무엇이라고 소리를 내어야 할지 모를 것이요, 訓民正音解(英祖 二十六年 申景濬의 지은것)에 「、의 소리를 낼 때에 혀를 조금만 옴지기고 입을 조금만 열어서, 그 소리는 써 가볍고 그 기운은 써 짜르게 할지라」는 、를 같은 것이니 그 소리는 ㅏ보다 좀 무겁고 그 기운은 ㅏ보다 좀 기니 대개 、는 소리의 처음 난 것이라」(原文一、呼時、舌微動、而其聲至輕、其氣至短。…其聲化、…其氣比…長、…聲之始生者也)함을 보면 그 소리의 性質을 넉넉이 짐작할 것이다. 四聲通攷(世宗二十一年 申叔舟의 지은것) 凡例에는 「우리 소리의 、는 漢音 ㅏㅡ의 中間소리라」 하엿고, 또 四聲通解(中宗十二年에 崔世珍의 지은것)에도 역시 「、와 ㅏ、ㅡ의 中間소리로 읽으면 거의 時音에 합한다」 하야 四聲通解에 말한 것과 같으며, 諺文志(純祖 二十四年에 柳僖의 지은것)에는 그 소리가 본시 ㅏㅡ의 中間소리로 되엇다 하엿고, 國文法(周時經의 지은것)에는 ㅣㅡ의 中間소리라 하엿다. 이 모든 말을 綜合하여보면 、가 단순히 ㅏ로만 소리나지 않는 것이 확실히 闡明된다.

한글綴字法

「新綴字便覽」의 解說

(四) 李允宰

、를 근대에는 [illegible]의 말에 쏫아 ㅣ의 關音이라 하는 것을 누구나 다 肯定하게 됨다. 、가 ㅣ의 關音이 됨다 하는 것을 그는 이러케 闡明하엿다. 우리 글의 쏫소리(母音)에 홋소리(單音)와 거듭소리(複音)가 잇으니 ㅏㅓㅗㅜㅡㅣ……는 홋소리요 ㅑㅕㅛㅠ……는 거듭소리라. 그 거듭되는 이치는 ㅑ는 ㅏ의 거듭, ㅕ는 ㅓ의 거듭, ㅛ는 ㅗ의 거듭, ㅠ는 ㅜ의 거듭이 된 것이며 그러고 、는 ㅣ의 거듭으로 된 것이다. 이것을 또 字形으로만 보면 그 거듭소리인 ㅑㅕㅛㅠ는 쏫소리인 ㅏㅓㅗㅜ에 각기 한 획씩 더하야 ㅑㅕㅛㅠ로 되엿는데, 그 한 획이 곳 ㅣ를 代表한 것이며, 、는 ㅣ와 ㅡ를 한데 겹쳐서 [illegible]로 ㅜ의 形을 이루므로 그 交叉되는 中心의 點인 、가 된 것이라 하엿다.

또 古書에 쓰인 것을 보면,

흙(土)을 흙으로
기름(油)을 기ᄅᆞᆷ으로
그늘(蔭)을 그ᄂᆞᆯ로
나물(菜)을 ᄂᆞ물로
마루(宗)을 ᄆᆞᄅᆞ로
자루(柄)를 ᄌᆞᄅᆞ로

되엿다. 만일 、가 ㅏ와 같다는 意味로써 이것을 고쳐 쓴다면 흙(土) 기람(油)、가날(蔭)、나말(菜)、마라(宗)、자라(柄)로 써야 하리니 이것이 얼마나 現今實際發音과는 가오. 또 이왕에 、로 쓰든 것을 ㅏ로만 고쳐 쓰기로 한다면, 다섯(五)、하늘(天)、머리(髮)、아침(朝)같은 말들도 다삿、하날、마나리、아참으로 써야 하리니 이것이 얼마나 不自然스러운 소리가 되는가. 그러므로 大韓國文說(池錫永의 지은것)에 「、는 ㅏ와 섞이기 쉬우므로 二로 고쳐 쓰는 것이 좋다」하는것도 이러한 理由일 것이다. 하여간 、는 우리가 소리를 낼수 없는 것으로 그 音價가 매우 낫부하게 되며 [illegible]方面 더욱이 濟州島 같은데서는 대개 이 소리가 보전되어 잇는듯하다.

그런데 、의 소리가 옛적에는 잇엇지마는 지금에는 아주 없어진 것이다. 곳 [illegible]된 소리 가운데 하나이다. 어떤이는 、가 한 [illegible]으로 變한이 無難하다 하야 古書를 전부 、를 使用하기로 主張하며, 또 어떤 이는 이미 잇는 것을 廢止할까닭이 없다. 그 原音을 찾아서 쓰는 것이 좋다 한다. 그러나 이것은 다 謬見이라 하노니 비록 古語일지라도 現代音化한 것은 그대로 쓰는 것이 옳은 것이오 구태여 되지 아니한 글자를 쓰는 것이 아무 必要가 없는 일이다. 이미 없어진 것이라도 지금 우리가 그 原音을 찾기 어렵고 설혹 原音을 찾다손 치드라도 우리의 시방하는 말소리를 적다 고칠수 없는 以上 그것이 한 잠꼬대에 지나지 못한 말이 되고 말 것이다. 이러한 見地에서 、는 當然히 廢함 것이라 한다.

한글綴字法

「新綴字便覽」의 解說

【六】 李 允 宰

ㆍ를 廢하야 쓰지 아니하기로 한즉 반드시 그것을 대신하야 쓸 글자가 잇어야 하리니, 요새 사람들은 덮어놓고 ㅏ로만 고처 쓰는 버릇이 잇다. 이것은 글을 쓸 때에 아무 생각도 없이 여태까지에 、를 아래ㅏ字라 하는 錯覺한 생각에서 나온 것이다. ㆍ를 대신하야 쓸 것은 ㅏ뿐이 아니라, ㅜ로도 쓰이고 ㅓ로도 쓰이고 ㅡ로도 쓰이고 ㅣ로도 쓰이는 것이다. 이는 다른 理由가 없고 다만 우리의 입으로 써 나오는 소리가 그러하게 되기 때문이다. 말하자면 「하날」이라 하기보다 「하날」이라 하는 것이 더욱 우리 口音에 맞아서 말하기 좋다는 것이다. 아래와 같은 말들은 舊綴을 버리고 新綴을 취할 것이다.

【一】 ㅏ로 고처 쓸 것

新	舊
사람(人)	사ᄅᆞᆷ
남(他人)	ᄂᆞᆷ
사랑(愛)	ᄉᆞ랑
하다(爲)	ᄒᆞ다

이러한 말들은 다 남, 람, 사, 하 等으로 소리가 나서 말하기에나 듣기에 매우 좋다. 혹시 남(他人)을 「ᄂᆞᆷ」으로, 하다(爲)를 「ᄒᆞ다」로 말하는 데도 잇다. 이것은 一部에서만 쓰는 말이므로 널리 쓰는 말과 「하다」等으로 표준을 삼는 것이다. 漢字音에, 、가 된 것은 一律로 ㅏ로 고처 쓸 것이다.

【二】 ㅓ로 고처 쓸 것

新	舊
더러(或)	ᄃᆞ러
더리다(陋)	ᄃᆞ리다
버리다(棄)	ᄇᆞ리다
다섯(五)	다ᄉᆞᆺ
여섯(六)	여ᄉᆞᆺ
일컷다(稱)	닐ᄏᆞᆺ다

이러한 말들은 다 더, 버, 섯, 컷 等으로 소리가 나기 때문이다.

【三】 ㅜ로 고처 쓸 것

新	舊
며누리(婦)	며ᄂᆞ리
하누님(上帝)	하ᄂᆞ님
바눌(針)	바ᄂᆞᆯ
하눌(天)	하ᄂᆞᆯ

이러한 말들은 다 「누、눌」等으로 소리가 나기 때문이다. 「며누리, 하누님, 바눌, 하눌」이 「며ᄂᆞ리, 하ᄂᆞ님, 바ᄂᆞᆯ, 하ᄂᆞᆯ」로 發音되기도 하나 이러케 두가지가 다 잇는 때에는 그 중에서도 더욱 말하기 便利한 것을 좇은 것이다.

【四】 ㅡ로 고처 쓸 것

新	舊
건느다(渡)	건ᄂᆞ다
는(은)	ᄂᆞᆫ
오늘(今日)	오ᄂᆞᆯ
반드시(必)	반ᄃᆞ시
아들(子)	아ᄃᆞᆯ
거스리다(逆)	거ᄉᆞ리다
다스리다(治)	다ᄉᆞ리다
스스로(自)	ᄉᆞᄉᆞ로
할스록(益)	ᄒᆞᆯᄉᆞ록
가슴(胸)	가ᄉᆞᆷ
말슴(言)	말ᄉᆞᆷ
습니다(是)	ᄉᆞᆸᄂᆞ이다
벼슬(官)	벼ᄉᆞᆯ

이러한 말들은 다 「느、늑、드、득、스、슥、슴、슬」等으로 소리가 나기 때문이다.

【五】 ㅣ로 고처 쓸 것

新	舊
아침(朝)	아ᄎᆞᆷ
마침(恰)	마ᄎᆞᆷ

이러한 말들을 다 「침」으로 소리가 나기 때문이다. 「아침, 마침」이 「아ᄎᆞᆷ, 마ᄎᆞᆷ」으로 發音되기도 하나 그 두가지 중에 말하기 더욱 便利한 것을 좇은 것이다.

(ㆎ)와 ㅡ

新	舊
마음(心)	ᄆᆞᄋᆞᆷ
가르치다(敎)	ᄀᆞᄅᆞ치다
만들다(造)	ᄆᆞᆫᄃᆞᆯ다

이러한 말들은 한뭉이로 된 말 가운데에도 우의 글자와 아래의 글자가 각기 소리가 달리 나게 되므로 그 소리나는대로 각기 달리 쓰게 되는 것이다.

한글綴字法

「新綴字便覽」의 解說

(七) 李允宰

二、ㅑㅕㅛㅠ 等을 ㄷㅅㅈㅊㅌ 等 닿소리(初聲)에 合用 함을 쓰지 아니함。

ㄷㅅㅈㅊㅌ等 닿소리에 ㅑㅕㅛㅠ等 겹홀소리(複母音)를 合하면、

댜뎌됴듀
샤셔쇼슈
쟈져죠쥬
챠쳐쵸츄
탸텨툐튜

이러케 써서 發音도 그 글자대로 本音을 밧침이야 할 것이다。平安道에서는 대개 그 本音대로 읽으나 그 밧게 다른 地方에서는 어데든지 그 本音대로 읽는데가 업다。곳 댜뎌됴듀와 쟈져죠쥬를 모두 자저조주로 읽고、챠쳐쵸츄와 탸텨툐튜를 모두 차처초추로 읽고、샤셔쇼슈는 사서소수로 읽는 것이다。그러므로 이번 이는 우리들 字母에서 ㅈㅊ 무 字를 廢止하자고 主張하는 일까지 잇엇다。곳 ㄷ으로써 ㅈ을 兼用할수 잇고 ㅌ으로써 ㅊ을 兼用할수 잇다는 뜻이다。여기에 나는 賛意를 가지지는 아니하나 一部 稍理가 잇어야 할것은 勿論이다。

그런데 그것이 옛적에는 그 本音대로 發音하엿기 때문에 다 썻지마는 지금에는 다 다른소리로 變하엿으니 마땅히 지금 소리대로 쓰는 것이 옳을 것이다。歷史的 綴音을 버리고 表音式으로 쓰는 것을 現代 言學者들이 많이 高調하는 것이다。아래와 같은 單語는 舊를 버리고 新을 취할것이다。

新	舊
저기(彼處)	뎌긔
점심(午飯)	뎜심
좋다(好)	됴타
섬(島)	셤
소경(盲)	쇼경
수수꺼기(謎)	슈슈겨끼
저고리(上衣)	져고리
종(奴)	죵
중(僧)	즁
천천이(徐)	쳔쳔히
초(醋)	쵸
축축하다(濕)	츅츅하다

語幹에 토를 붙이어서 줄이어 쓸 경우에는 「뎌、셔、져、쳐、텨」等을 쓸수 잇다。普通 原語대로 쓰는 것이나 혹시 경우를 따라 略語를 쓰는 때도 잇으니 例를 들면、

略語	原語
더뎌(遲하야)	더디어
마셔(飮하야)	마시어
하셧다	하시엇다
져(負하야)	지어
가져(持하야)	가지어
빠져(溺하야)	빠지어
쳐(打하야)	치어
고쳐(改하야)	고치어
미쳐(及하야)	미치어
버텨(抗하야)	버티어

【注意】「더뎌」「버텨」를 「더저」「버처」로 읽기 쉬우나 여기에는 반듯이 그本音대로 읽을 것이다。이런 소리는 口蓋音化한 習慣으로 쓸경우도 잇으나 그것은 例外로하고 항상 그本音대로 읽기로 할것이다。外國音으로 쓸 때에 반드시 이를 써야 할 것이다。例를 들면、

아인슈타인
류튼

파 같은 것이다。

한글綴字法

「新綴字便覽」의解說

【八】 李允宰

三、ㅖ는 ㄹㅇ을 除한外에 一般 닿소리(子音)와 合用 함을 쓰지 아니함。

이것은 前項에 이미 말함과 갈이 우리 口音으로 잘 나지 아니하기 때문이다. ㅖ는 홑소리(單音)ㅣ와 ㅔ의 合한 거듭소리(複音)로 그 우에 또 다른 무슨 소리든지 合하고 보면 외래히 區劃하지 못하야 그 發音하기가 平順하지 못할 것은 自然의 이치라。ㅖ를 ㄹㅇ等 닿소리와 合하야 례,예로 쓰면 아무 拘礙가 없이 소리가 잘 나되,ㄱㄴㄷㅁㅂㅅㅈㅊㅋㅌㅍㅎ等 닿소리와 合하야 계,뎨,몌,볘,셰,졔,쳬,켸,폐,혜로 쓰면 發音하기 극히 거북한 것이다. 우리말을 가장 平易하게 적으면 이러한 發音하기 거북한 글자를 쓰지 아니하는 것이 옳다。

이것은 두가지로 나눌수 잇으니,「뎨,몌,볘,셰,졔,쳬,톄」等은 아주 없어진 소리요,「계,켸,폐,혜」等은 장차 없어질 소리다. 아주 없어진 소리는 이제 問題삼을 것이 없으나 장차 없어질 소리에 對하야 조금 말하여보자.「계,켸」는 서울에서는 그 소리가 잇으나 地方에는 거의 다 없는 모양이다. 그러고「계집(女)、계시다(居)」等을 古語에는「겨집、겨시다」라 하엿는데,이것이 變하야 계집,계시다로 되고 또 이것이 變하야「게집,게시다」로 된 것이다.「켸」는 대답하는 말 「켸」[illegible]뿐 밧에 다른 말에는 別로 쓰이지 아니한다. 이것도 서울말이요 地方에는 거의 없다.「폐,혜」는 순소리말에 [illegible]는 쓰이지 아니하고 漢字音에만 쓰엿을 뿐이다.「혜」는「惠澤」이라 할 때에는「헤택」으로 읽게 되고「은혜(恩惠)」라 할 때에는「혜」라는 本音이 아직 남아 잇는듯하다. 이와 갈이 옛적에는 잇엇지마는 지금에는 아주 없어젓거나 또 없어질 歷史的 發音을 쓰지 말고 가장 純化한 現代的 發音을 좇는 것이 必要한 것이다。아래와 같은 말은 ㅖ를 버리고 ㅔ를 取할 것이다。

新	舊
게집(女)	계집
게시다(居)	계시다
세간(家什)	셰간
제비(燕)	졔비
체(篩)	쳬
케([illegible])	켸

四、ㅢ는 ㅇㅎ을 除한 外에 一般 닿소리(子音)와 合用함을 쓰지 아니함。

ㅇㅎ等 닿소리에 홑소리 ㅢ를 合하야「의、희」로 쓰면 소리가 잘 되나、ㄱㄴㄷㄹㅁㅂㅅㅈㅊㅋㅌㅍ等 닿소리와 合하야「긔늬듸릐믜븨싀즤츼킈틔픠」로 쓰면 發音하기 매우 거북한 것이다. 이에 對한 說明은 이미 前項에 말한것과 같으므로 여기에는 說明을 略한다。이 여러 소리 中에는 다만「긔」가 아직 좀 남아 잇는듯하다。꼭이 소리는 年老한이가 많이 쓰고 잇다。「汽車、空氣」같은 말을 누구나 다「기차、공긔」라고 發音한다。또「희」도 소리를 잘 내지 못하는데가 잇으나 아직 많이 쓰는 것이므로 그대로 두기로 한다。아래와 같은 말들은 ㅢ를 버리고 ㅣ를 취할 것이다。

新	舊
여기(此處)	여긔
기운(氣)	긔운
[illegible]	[illegible]
마디(節)	마듸
어디(何處)	어듸
더디다(遲)	더듸다
거미(蜘蛛)	거믜
이미(旣)	이믜
나비(蝶)	나븨
빈집(空家)	븬집
시집(嫁)	싀집
키(身長)	킈
티(疾)	틔
티눈(肉刺)	틔눈
피다(發)	픠다
피우다(燃)	픠우다

◇訂正 前回 本欄 四段에 수수거기는 수수거끼의 誤。

한글綴字法

「新綴字便覽」의解說

【九】 李允宰

十、한개의낱말(單語)가운대 두 音節사이에 각기아무 語源의 뜻이 없이 된 소리(硬音)로 나는 것은 같은 땅소리(子音)로 連記함。

한개의 낱말(單語) 가운대에는 어러개의 낱말이 모이어서 된 것도 잇고 그러하지 아니한 것도 잇다. 가령 「옷감이」(衣料)라 하면 옷(衣)、감(料)、이(者)、이러케 세개의 낱말이 한대 모이어서 한덩이의 큰 낱말을 이룬 것이오、「오뚝긴」(不倒翁)이란 말을 가지고 오뚝、기、이러케 셋을 각기때어 놓고 보면 어느 것이나 다 아무 뜻이 없이 낱말의 性質이 포함되어 잇지 아니하며、또 「오뚝인」로 써놓고 보든지라도 역시오뚝、이、이것에 [illegible]히 잇지아니하고、혹 「오뚝이란」하면 오뚝(兀然)、이(者)로 씨 낱말의 性質이 잇을 것이다。이와같이 한 큰 덩이의 낱말 속에 어러개의 낱말이 포함되어 잇는 것을 語源이라 하고、그러하지 아니한 것은 한개의 音節(syllable)로 볼 것이다。그러므로 「옷감인」을 「오깜인」로 써서 소리가 되지 않는 것이 아니로되 그 語源이 똑똑이 表示되어 잇는 것이니로 반드시 「옷감인」로만 써야 하고、「오뚝긴」을 「옷뚝인」로 써서 소리가 되지 않는 것이 아니로되 그 말 가운대에는 語源이 포함되어 잇지 아니하고 단순히 音節로만 된 것이기 때문에 「오뚝기」라고 쓰는 것이 좋다는 것이다。그리고 우리가 말을 적을 때에 될수 잇는대로 純化를 위주할 것이다。곳 한 낱말 가운대에 아무 소용 없이 공연히 지지는 하게 바침을 달더거나 소리에 맞지 않는 글자를 써서 複雜을 일으킬 까닭이 없다。그러니로 이왕에 「갓갑다」(近) 「앗갑다」(惜)라 써서 두 音節 사이에 ㅅ바침을 두든 것을 아래로 내리켜서 「가깝다」「아깝다」로 쓰는 것이 매우 便利하고 좋다는 것이다。

어떠한 말이 든지 처음 볼 때에 반드시 거기에 語源이 포함되어 잇나 혹 단순히 音節로만 된 것인가를 먼저 살펴서 거기에 적당한 바침을 달든지 바침될 것을 내리켜 아래의 땅소리(子音)에 붙여서 連書를 맨드다든지 할 것이다。그러한 關係가 없이 막 쓰게 되면 「맙기다」(任)를 「매끼다」로、「갓기다」를 「까끼다」로 쓰는 큰 誤謬가 잇을 것이다。그러니로 이러한 말은 서로 混同이 되지 아니하게 항상 注意를 가지는 것이 必要하다。

한글綴字法

『新綴字便覽』의 解說

【十】 李 允 宰

그밖에 아무 關係의 뜻이 없이 그저 한 뎅이로 된 낱말(單語)은 소리의 性質이 다른 닿소리(子音)끼리 合하야 쓰는 것보다 같은 닿소리끼리 合하야 쓰는 편이 音理에 맞고 쓰기에도 편한 것이다. 이것을 處理함에는 이왕에 ㅅ바침을 덜아서 ㄱㄷㅂㅅㅈ等과 대어 쓰든 것은 그 ㅅ바침을 아래로 내리켜서 ㄸ거듭씨(並書)를 만든 것과 ㅅ바침을 ㄴ과 대어 쓰든 것은 ㄴ 우에 바침을 ㄴ으로 고치어 ㄴ끼리 서로 대이게 하는 것과 ㄹ바침을 ㄴ과 대어 쓰든 것은 ㄹ 아래의 ㄴ을 ㄹ로 고치어 ㄹ끼리 서로 대이게 하는 것 이 세가지 方法으로 할 것이다

이제 例를 들면 아래와 같다

一、ㄱㄷㅂㅅㅈ等 첫소리가 ㅅ 바침 아래에 있는 것은 ㅅ 바침을 떼고 그 아래에 ㄲㄸㅃㅆㅉ等으로 쓸 것

新 舊

가깝다 (近) 갓갑다
가까스로 (僅) 갓가스로
아깝다 (可惜) 앗갑다
어깨 (肩) 엇개
도깨비 (魍魎) 돗개비
무겁다 (厚) 뭇겁다
그저께 (再昨日) 그젓게
거꾸러지다 (倒) 것구러지다
바꾸다 (換) 밧구다
자꾸 (數) 잣구
깨끗하다 (潔) 깻긋하다
갈굄 ([illegible]) 갈굄
느끼다 (感) 늣기다
도끼 (斧) 돗기
이끼 (苔) 잇기
토끼 (兎) 톳기
이따금 (間或) 잇다금
어떠하다 (如何) 엇더하다
거떡거리다 것덕거리다
귀뚜라미 (蟋蟀) 귓두람이
부뚜막 (竈突) 붓두막
우뚝 (兀然) 웃뚝
갑북하다 ([illegible]) 갓북하다
울뚝 (元) 울뚝
따뜻하다 (溫) 땃듯하다
떳떳이 ([illegible]) 떳덧이
자빠지다 (沛) 잣바지다
고뿔 (感冒) 곳불
고삐 (轡) 곳비
기쁘다 (喜) 깃브다
바쁘다 (忙) 밧브다
이쁘다 (美) 잇브다
바삐 (忙) 밧비
바싹 (緊縮) 밧삭
부썩 (急) 붓석
다짜고짜 닷자곳자
어쨌든 엇재든
부쩍 붓적
여쭙다 (告) 엿줍다
어찌 (何) 엇지
무찌르라 ([illegible]) 뭇지르라

한글綴字法

「新綴字便覽」의 解說

【十二】 李允宰

이와 같이 ㅅ받침이 모두 나려와 그 아래의 첫소리와 어울러 쓰거나 된ㅅ(硬音)가 되는 것이다. 혹 어떤 이는 이러한 말들 가운데 에도 되도록 語源을 찾아 쓰는 것이 좋다 하는 이도 잇다. 꽂아 갑다는 「아쉽다」란는 말이 잇다 하야 「잇갑다」로 쓰고, 「따숫하다」는 「따수하다」는 말이 잇다 하야 「뭉웃하다」로 쓰고, 「자꾸」는 「잣다(頻)」라는 말이 잇다 하야 「잣구」로 쓰고, 「가깝다」라는 말이 잇다 하야 「갓갑다」로 쓰고, 「저다」 지다는 「저치다 (反上)」이라는 말이 잇다 하야 「자빠지다」로 쓰고, 「바쁘다」는 「가찹다」라는 말이 잇다 하야 「밟다」는 「가찹다」라는 古語에 로 쓰고, 「기쁘다」는 古語에 「깃다(喜)」라는 말이 잇다 하야 「깃브다」로 쓰자 하는 것이다. 그러나 조금 비슷한 말을 끌어대거나 실방 쓰지 아니하는 古語를 갖다가 語源을 삼아 이와 같이 어렵게 쓰는 것이 별로 必要가 없다. 이에 對하여는 이 다음 語源의 項目에 또 말하겟기로 여기에는 그만 둔다.

【二】 ㄴ첫소리 우에 ㅅ받침을 쓰든 것은 같은 ㄴ으로 고치어 씀.

新	舊
만나다(逢)	맛나다
잔나비(猿)	잣납이
전나무(檜)	젓나무
몬내(?)	못내
건너다(渡)	것너다

이와같이 ㅅ받침이 모두 ㄴ으로 되는 것이다. 우에말 가운데 「만나다」는 「맞(對立)」이라는 語源이 잇음으로 「맞나다」로 쓰는것이 좋다 하며, 「잔나비」「전나무」「건너다」도 다 歷史的 語源을 의지하야 「잣납이」「젓나무」「것내」 쓰는 것이 좋다 하나, 이도 그다지 큰 별로 必要가 없다.

【三】 ㄹ받침 아래에 ㄴ을 쓰는 것은 같은 ㄹ로 고치어 씀.

新	舊
달라다(請求)	달나다
날래다(勇)	날내다
놀래다(驚)	놀내다
물레(紡)	물내
빨래(洗濯)	빨내
설렁탕	설넝탕
걸레(拭布)	걸네
굴레(羈)	굴네
절로(自然)	절노
홀로(獨)	홀노
홀롱하다(?)	홀농하다
얼른(速)	얼는
달리다(懸)	달니다
흘리다(?)	흘니다
말리다(止)	말니다
올리다(上)	올니다
흘리다(流)	흘니다
살림(生涯)	살님
얼리(?)	얼니
빨리(速)	빨니
갈리(地名)	갈니
뭇솔리니(人名)	뭇솔니니

이와 같이 ㄹ받침 아래에 ㄴ이 모두 ㄹ로 되는 것이다. 이것은 音理上으로 ㄹ과 ㄴ이 合하야 到底히 소리를 낼수 없는 것이다. 끗 ㄹ은 狹窄音으로 혀끝을 振動하야 내는 소리요, ㄴ은 閉鎖音으로 혀끝을 이몸에 딱 붙이고 코로 내는 소리다. 이와 같이 發音하는 現象이 다른 소리를 한대 合하야 한개의 소리를 내기 어렵다는 것이다. 그러므로 ㄹ이면 같은 ㄹ을 한대 合하야 쓰는것이 매우 좋다. 그러나 두개의 낱말로써 되는 것은 ㄹㄴ 혹 ㄴㄹ로 合하야 쓰는 경우도 잇으니 이것은 習慣音으로 處理할것이다. 例하면 「칼날(劍刃)」「천리(千里)」와 같은 것이다.

한글綴字法

「新綴字便覽」의解說

【十二】 李 允 宰

六、된시옷이라 하는 ㅺ ㅼ ㅽ ㅆ ㅾ 等은 ㄲ ㄸ ㅃ ㅆ ㅉ 等의 並書法으로 고치어 씀。

닿소리(子音) 가운데 ㄱㄷㅂㅅㅈ에는 分明히 원 소리 밖에 一種 된소리(硬音)가 잇다。ㅅ이란 닿소리를 그 앞에 붙이어써서 이것을 된시옷이라 名稱한다。이 된시옷이 본대부터 잇엇든것이아니요 近年에 생긴 법이다。지금은 이것이 한 습관이 되어 누구든지 된소리를 쓸 때에는 아무 의심없이 의례히 된시옷으로만 쓰게 된다。이 된시옷이란 것이 애초에 歷史上으로나 發音上으로나 아무 根據가 없이 되는대로 그저 無理하게 쓰는 것인즉、이것가지고 긴 이야기 거리를 삼은것이 한 부질없는 것인줄 아나 아직도 된시옷 쓰기를 굳이 우기는 이가 잇는듯 하므로 그 無知蒙昧 [illegible] 된시옷의 絶對不可하다는 理由를 간단히 말하려한다。

世宗大王께서 지으신 訓民正音에는 된시옷이란 말이 도모지 없다。다만 된소리에 對하여는 어떠한 規定이 잇을 따름이다。

ㄱ 並書 如虯字初發聲
ㄷ 並書 如覃字初發聲
ㅂ 並書 如步字初發聲
ㅅ 並書 如邪字初發聲
ㅈ 並書 如慈字初發聲
ㅎ 並書 如洪字初發聲

그러고 그 解例文에 虯는 「끈」로、覃은 「땀」으로、步는 「뽀」로、邪는 「쌰」로、慈는 「쯔」로 「洪은 「뽕」으로 그 때의 漢音대로 달앗으며 並書는 「갈바쓰라」 하엿으니 이것은 같은 글자를 나란히 쓰란 말이며、訓蒙字會(崔世珍著)에 此字를 「갈봐쓴」 雙字를 「갈바쓴」로 달앗으니、곳 「갈바쓰다」와 「갈와쓰다」가 같은 말로、並書란 말이 같은 글자를 짝지어서 쓰라는 말인 것은 조금도 의심할 餘地가 없다。

옛적에 된소리를 어떠케 적엇는가、歷史的으로 살펴보자。된소리를 쓰는 것이 一定치 아니하야 並書로도 쓰고、된ㅂ音으로도 쓰고、된시옷으로도 썻다。옛적 책에는 된시옷보다 된ㅂ音을 쓴 것이 도리어 많음을 본다。

1 쌀(米) 씨(種) 싹(芽)
 때(垢) 쓰다(用) 쏘다(射)
2 때(時) 뜻(意) 딸기(莓)
 뜨다(隔離) 뜨다(浮) 따다(摘)
3 짝(對) 쪽(片) 짜다(鹹)
 짜다(織) 찌르다(刺)
또 많지는 아니하지마는
4 찌다(蒸)
5 때다(焚)
도 잇고、좀 보기어상하지마는
6 때(時) 뻬다(?)
7 쌀리(?) 때리다(打)

이러케 쓴 것도 잇다。이것은 아무 意味가 없이 그러케 쓴것이 아니요 반드시 語音上 그러할만한 理由가 잇어서 쓴 것이다。요새 말로 본다드라도 「맵쌀、입쌀、찹쌀、좁쌀、볍씨、댑싸리」같은 말은 본대 「쌀、씨、싸리」이란 것의 ㅂ이 우으로 올라간 것이요、「입때、접때、부끄럽다、합다、남뿌다」같은 말들은 본대 「때、뽀、뜨」이란것의 ㅂ이 우으로 올라간 것이요、「입짝、입쪽」같은 말은 본대 「짝、쪽」이란 것의 ㅂ이 우으로 올라간 것이다。「ㅄ、ㅄ、ㅄ」같은 것도 다 語音上으로 關係가 잇는듯하다。

한글綴字法

「新綴字便覽」의解說

【十三】 李允宰

그러고 된시옷으로 쓴 것은 싸(㗉) 새(鰓) 쌔(嗏) 쌈(澀) 같은 말들이다. 이것도 단순히 된소리로만 볼 것이 아니라 語音上으로 꼭 ㅅ하고 關係가 잇어서 그러케 쓴 것으로 안다. 한가지 例를 들어본다면, 倭漢三才圖會란 책에 朝鮮 古代語를 日本 假名으로 對譯한 가운데, 地字를「スタ゛」라 달엇다. 시방 말로는 땅을「스다구」라 하는데는 아무래도 없다. 이것이 곳「ㅅ다ㆁ」의 合綴 곳「ᄯᅡᆼ」이 된 것이라 한다. (ゞ)는 우리글에 ㆁ에 該當함) 이왕이니 그 책에 잇는 말을 하나 더 들어보자. 米字를「ボサリ」라 달앗는데, 이것도 곳「ㅂ사ㄹ」의 合綴 곳「ᄡᆞᆯ」이 된 것이다. 또「ᄯᅥᆨ」에 對하어서도 日本 말에 神의 앞에 供하는 떡을「シトギ(粢)」라하며, 朝鮮에도 平安北道 地方에서 떡을「시도기」라 하는 데가 잇다. 그래서 日本 學者는 シトギ가 朝鮮말 에서 건너 온 것이라고 한다. 아마 옛적에는 떡을「시도기」라 하여 널리 쓰이든 것인데 이것이 뒤에 ㅂ音으로「ㄱ」이 된 것인가 한다. 이밖에 다른 말들도 다 이러한 理由가 잇엇을 것이나, 아직 우리의 考證이 不足하야 一一이 그를 闡明하야 밝히지 못함이다. 이를 미루어보면, 된비읍이거나 된시옷 이거나 모두 다 語音上으로 相當히 뜻이 잇이 된 것이요, 그저 단순히 된소리를 表하기만 위하야 쓴 것이 아닌 것은 더 말할 것도 없다.

이밖에 [illegible]도 많이 써오니, [illegible], [illegible], [illegible] 其他 이러한 類例에 많이 본다. 語例는 너무 많음으로 들지 아니한다.

이와 같이 된비읍과 된시옷과 및 [illegible]를 써오든것을 섞가 시다 하야, 된시옷 한편으로 통일하게 된 것이다. 이것은 어느 때에 누구의 주장으로 그러게 쓰기로 하엿든지 알수없다. 또 聲音上으로 본다라도 ㅅ은 혀끝 [illegible]音이요, ㄱ은 혀뿌리 破裂音, ㄷ은 혀끝 破裂音, ㅂ은 입술 破裂音이며, 또 [illegible]音은 狹窄音은 붙은것이요 破裂音은 閉鎖音에 붙은것인즉, 이루 소리가 合하야 된소리(硬音)가 된다는것은 到底히 承認할수 없다. 적이 聲音學에 知識이 잇는이면 반드시 이를 肯定하지 아니 할것이다.

◇訂正: 本欄第十一回第二段三行(接近)下에「가깝다」라는 말이 잇다 하야 놓은 第一段 第十行「가깝다」下에 들것입니다. 同 第十五行 第五字 갓은「갓」誤植입니다.

한글綴字法

『新綴字便覽』의 解說

【十四】 李允宰

또 前者法과 된시옷법의 發音上 關係를 比較하야 보더라도 「각가」는 「갓가」보다, 「갑다」는 「갓다」보다, 「갑바」는 「갓바」보다, 「갖자」는 「갓자」보다 매우 明利하고 自然的인 것을 알 것이니, 곳 「각가」는 「가까」, 「갑다」는 「가따」, 「갑바」는 「가빠」, 「갖자」는 「가짜」 이와같이 前者法으로 된 것이요, 「갓가」는 「가까」, 「갓다」는 「가따」, 「갓바」는 「가빠」, 「갓자」는 「가짜」 이와 같이 된시옷법으로 된 것이다. 이러한 것은 學理를 밝지 아니하고 常識으로도 스스로 判斷되는 것이다.

그러므로 國學으로 有名한 旅庵 申景濬(英祖時人)과 方便子 柳僖(純祖時人)같은 學者들도 다 일즉 된시옷이나 된비읍의 不可를 말하였다. 訓民正音圖解(申景濬著)에는 「正音二十三母中, 今俗所習, 只曉見等十三母, 至於那邪等全濁聲, 乃以心人字附於左, 如時邪, 以心爲之, 定邪以止邪之類也」라 하였고, 諺文志(柳僖著)에는 「全濁聲於鬪久矣, 今俗婦女, 若遇濁聲, 皆從左添之人, 獨於心母, 變成重聲, 而加ㅅ於左, 是則濁聲不成形乎, 日非也, 訓民本然也, 亦非之所有也, 蓋濁聲, 生於全淸本音之緊者(如가合가까, 갑바合가빠), 心母之初, 則以系聲母之終, 亦生濁聲(如갓다合가따), 然其系本音者, 上終本從下初聲同形(如聲上聲何知), 其系心聲者, 上終自在而下初有餘生者(亦聲上聲何知矣), 故今從變形爲正理」라 하였다. 이를 보더라도 旅庵이나 方便子가 다 正音에 對하야 硏究가 깊은이 만치 함부로 말하였을 理가 없다. 더욱이 方便子는 聲形 곳 前者法을 正理라 斷定하였다.

지금에 어떤이는 人을 된소리로 쓰는 것이 옳지 않은 줄을 알면서, 從來의 習慣을 버리기 어렵다 하야, 된시옷의 人을 一種 符號로 씀이 좋겠다 하나, 두려시 人字가 된 것을 가지고 何必符號로 쓸 理由가 없는 것이 아닌가. 또 어떤이는 所謂 重音論이니 하야 ㅣ의 符號를 만들어 된소리로 쓰자 하니, 곳 「까」字를 쓸 때에 「가ㅣ」 이러케 쓰자는 것이다. 이것이 무슨 怪異한 것이냐! 世宗께서 訓民正音에 이미 前者의 規定을 定하야 된소리를 遺漏없이 表記하도록 한 것이 잇으니, 엇지하야 그것을 襲用하는 것이 옳을 것이어늘, 괴벽하게 ㅣ를 그따위 딴 符號를 新造하야 쓰자 함은 대체 무슨 心理일가.

要컨대 簡하고 歷史的 根據가 깊고 言語學的 理論이 바른 前者法을 쓰는 것이 좋다 하는 것이다.

新聞의 關係는 省略한다.

한글綴字法

「新綴字便覽」의解說

【十五】 李允宰

(註釋) 지금 나오는 第七項은 新綴字便覽 第十二項엣 것을 이리로 옮기어온 것이다。 이는 聲音에 關한 것은 한데 뫼아놓기 위함이다。 이 아래로부터는 番號가 하나씩 느리어갈 것이다。

七、두개의 낱말이 어울러서 複合語가 되는 때에 그 사이의 된소리를 中間ㅅ으로 쓰든 것을 아래와 같이 씀。

複合語에는 낱말과 낱말 사이에 흔히 된소리로 내는 경우가 많으니, 이것을 소리에 맞도록 쓰려고 뒤소리 나는 그 자리 곳 두 낱말 사이에 ㅅ을 끼어 붙여 써서 이것을 中間ㅅ이라 하니, 곳 「모ㅅ자리」(秧板) 「봄ㅅ바람」(春風) 같은 것들이다。

이 中間ㅅ에 對하야 어떤이는 말하기를 中間ㅅ이 所有格으로 「의」의 略形으로 어떠한 말이든지 두 이름씨(名詞) 사이에 끼인다든지 된소리가 나게 되는 것이며, 그 된소리가 곳 「의」의 자리로 中間ㅅ이 된 것이니 「모ㅅ자리」는 「모의 자리」, 「봄ㅅ바람」은 「봄의 바람」이란 뜻이라 한다。 그러나 꼭 그리된다고 할수 없으니, 다 같은 複合語이지마는 中間에 된소리 되는 것도 잇고 아니 되는 것도 잇다。 例를 들면,

표기ㅅ병이	표기밥
귀ㅅ구녁	귀걸이
귀ㅅ문	귀밥
나무ㅅ잎	나무가래
나무ㅅ군	나무광이
눈ㅅ방울	눈부처(瞳)
눈ㅅ병	눈비음
눈ㅅ살	눈시위
대ㅅ가지	대그릇
대ㅅ속	대소쿠리
대ㅅ숲	대밭
돌ㅅ구멍	돌기와
돌ㅅ담불	돌탑
돌ㅅ덩이	돌다리
돌ㅅ비늘	돌비(石碑)
돌ㅅ자갈	돌집
물ㅅ지게	물장수
밀ㅅ가루	밀국수
바람ㅅ벽	바람받이
발ㅅ가락	발감개
발ㅅ등	발돋음
배ㅅ사공	배짐
배ㅅ길	배다리
술ㅅ방울	술밥
술ㅅ잔	술집
아래ㅅ방	아래층
콩ㅅ가루	콩기름
콩ㅅ국	콩밥
코ㅅ물	코피
八ㅅ道	八都

이와 같이 웃 말과 아랫말을 比較하여 보면 같은 뜻의 複合語로써 中間ㅅ이 드는 것도 잇고 아니 드는 것도 잇다。 또 같은 집이로되 「고ㅅ집」、 새집(鳥巢)이 잇고 같은 불이로되 太ㅅ불、 산불(山火)이 잇고 같은 군이로되 장ㅅ군、 농군이 잇다。

한글綴字法

「新綴字便覽」의 解說

【十六】 李允宰

이와 같이 中間ㅅ이 어떠한 말에나 다 드는 것이 아니요 다만 中間에 뒤소리 나는 때에만 쓰게 되는 것이다。어떠이는 이 中間ㅅ을 어떠한 말에나 다 써서 所有格의 토를 表示하는 것이 좋다 하야 사이ㅅ이 뒤소리와 아무 관계가 없는 「뒤를」 「꽃가지」같은 말에도 일부러 中間ㅅ을 넣어 「뒷ㅅ를」 「꽃ㅅ가지」이러케 쓰는 이도 있다。어디든지 다 中間ㅅ을 쓸수 없다는것은 우에 比較表를 보아도 넉넉히 알것이어니와, 가령 「대ㅅ가지를」 「대의가지」로 본다면 「대ㅅ그릇」은 「대의그릇」이 아닌가, 이도 「대ㅅ그릇」으로 써야하리니, 이것이 [illegible]의 얼마나 混亂이 생기는가。아무리 하여도 中間ㅅ이 所有格의 토가 된다는 것은 좀 의심스러운 問題다。

이 中間ㅅ을 옛적에는 다못ㅅ 하나로만 쓴것이 아니요 다른 닿소리(子音)도 많이 썼든 것이다。이제 歷史的으로 좀 살피어보자。

먼저 訓民正音에 쓴 것을 들면、

1 洪ㄱ字、穰ㄱ字
2 君ㄷ字、呑ㄷ字
3 侵ㅂ字、覃ㅂ字
4 斗ㅸ字와 步ㅸ字、漂ㅸ字
5 快ㆆ字、那ㆆ字、彌ㆆ字、閭ㆆ字、閭ㆆ字
6 [illegible]、[illegible]、[illegible]다면
7 [illegible]ㅅ소리、正齒ㅅ소리
나랏말쌈미(國之語音)
8 소리엣字
9 終聲ㄱ소리

이러케 ㄱㄷㅂㅸㆆ와 ㅅ의 여덟가지의 種類가 있다。

또 龍飛御天歌에 쓴 것을 들면

1 平生ㄱ쁟 (十二章)
遮陽ㄱ셔쥐 (八十八章)
兄ㄱ뜨들 (九十九章)
2 몃間ㄷ지븨 (一百十章)
3 사ᄅᆞᆷ디디 (十五章)
4 狄人ㅅ서리 (四章)
東海ㅅᄀᆞᅀᅵ (六章)
[illegible]ㅅ마애 (五十八章)
하ᄂᆞᆳ벼리 (五十章)
셔ᇦ使者 (十八章)
아바ᇝ뒤 (二十八章)
ᄀᆞᄅᆞᇝ(江邊) (六十八章)
5 英主△알ᄑᆡ (十六章)
太子△位 (一百一章)
나랏寶器 (八十五章)
눉므리(淚가) (九十一章)
오ᄂᆞᆳ나래 (十六章)
하ᄂᆞᆳ ᄠᅳ든 (八十五章)
님긊ᄡᅳ미 (二十九章)
6 先考ᇹᄠᅳᆮ (十二章)
하ᄂᆞᇙᄠᅳ디시니 (四章)
잘ᄯᅢ업더시니 (十九章)
7 楚國엣天子 (三十九章)
8 [illegible]엣 [illegible] (六十五章)
9 [illegible] (百章)

이러케 ㄱㄷㅂㅅ△ㆆ에 엣、[illegible] 아홉가지가 있다。

또 蒙山法語에는

눈ㅅ시우흘、先ㅅ조쉬

이러케 ㄷ 쓴것도 있다。

또 圓覺經諺解에는 姓ㅅ字、相ㅅ字

이러케 ㅈ으로 쓴것도 있고

그러고 杜詩諺解에는

1 旅ㅅ비치、中原ㅅ消息、初生ㅅᄃᆞ리、西ㅅ녁
2 歲ㅅ、歲ㅅ、살ᄃᆡ(箭)、戍字、ㅅ歲집(居屋)、歲비지、歲비층、하ᄂᆞᆳ비치、우숪믈、[illegible]、잣간、[illegible]
3 [illegible](瀾)
4 [illegible](山頂)

이러케 ㅅ으로만 썼다。

한글綴字法

『新綴字便覽』의 解說

【十七】 李允宰

以上 여러 책에서 中間에 된소리로 쓰는 것이란 이러케 여러가지로 써서, 읽는 보기에 심히 複雜하기만 하다고 생각하겟으나, 대체로는 그것이 웃글자의 바침과 아랫 글자의 첫소리와의 사이에서 連續케 하는 이따한 音韻的 關係로 말미암아 그러케 된 것이다. 그 어째서 까닭인 것을 말하려면 너무 지리하겟으므로 자세한 說明은 여기에서는 그만 두기로 한다.

그러케 여러가지로 쓰는 것을 좀 煩雜하게 생각하엿든지 뒤에 이르러는 그 여러가지 [illegible] 가 차차 줄어가서 ㅅ 하나로 많이 쓰이게 되엇다. 이것은 우에 例를 든 것을 보아도 짐작할수 잇으리니, 곳 訓民正音과 龍飛御天歌와 圓覺經諺解갈은 책에는 ㄱㄷㅂㅸㅅㅿㅈㆆ等 이러케 여러가지로 썻으며, 杜詩諺解에는 ㅅ을 많이 쓴 것이다. 訓民正音과 龍飛御天歌等은 한가지 制作하든 當時에 쓴 것이요, 杜詩諺解는 成宗 十二年 곳 訓民正音 以後 四十年에 된것이다. 그러다 그후 또 三十餘年을 지나, 中宗때에 崔世珍의 지은 訓蒙字會에는 中間에 된소리 나는 것을 다 이러케 적엇다.

[illegible]ㅅ[illegible]리롱 [illegible]ㅅ부리강
[illegible]ㅅ[illegible]자 [illegible]ㅅ[illegible]료
[illegible]허[illegible]뎌 [illegible]ㅅ[illegible]
[illegible]ㅅ[illegible] [illegible]ㅅ[illegible]부
[illegible]ㅅ가쥬 [illegible]ㅅ[illegible]파
[illegible]ㅅ[illegible]부 [illegible]ㅅ[illegible]계
[illegible]ㅅ계 [illegible]미ㅅ화[illegible]
[illegible]ㅅ[illegible] [illegible]ㅅ[illegible]
[illegible]ㅅ[illegible] [illegible]ㅅ[illegible]
[illegible]화ㅅ[illegible] [illegible]ㅅ지
[illegible] [illegible]
[illegible] [illegible]
[illegible] [illegible]
爪[illegible]ㅅ[illegible] [illegible]
[illegible] [illegible]
[illegible]가[illegible] [illegible]
[illegible] [illegible]
[illegible] [illegible]
[illegible] [illegible]
[illegible] [illegible]
[illegible] [illegible]
[illegible] [illegible]ㅅ人슈

이와 같이 다른 것은 하나도 없고 다만 ㅅ으로만 썻다. 이것이 한 준례가 되어 뒤에는 다 ㅅ만 쓰게 되고, 또 오늘날 文法的 [illegible]으로 中間ㅅ을 쓰게 된 까닭이다. 이를 보건대 처음에는 音韻에 의지하여 그 경우를 따라 각기 그 자를 달리 쓴 것이나, 뒤에는 그것을 매우 不便하게 생각하야 一種 平易하게 쓰자는 主旨로써 다만 ㅅ 한가지로만 쓰게 된 것이다. 곳 音韻에서 [illegible]으로 옮기어온 것에 [illegible]이 없다

한글綴字法

「新綴字便覽」의 解說

【三十】 李 允 宰

八、바침은 在來에 쓰든 ㄱㄴㄹㅁㅂㅅㅇㄺㄻㄼ等 以外에 ㄷㅈㅊㅋㅌㅍㅎㄲㄳㄵㄶㄽㄾㄿㅀㅄ等을 더 써야 함。

바침은 본래 따로 잇는 것이 아니요 닿소리(子音) 밧지를 利用하는 것이니, 다 같은 닿소리로 바침에 쓰면 다 쓸 것이요 特별히 그 가운데로써 몇몇字만 골라내어 쓸 까닭이 없다。 訓正에는 ㄱㄴㄷㄹㅁㅂㅅㅇ等 八字만 바침으로 쓰고 ㄷㅈㅊㅋㅌㅍㅎ等 일곱字는 바침으로 쓰지 아니한다。 거듭 바침에도 ㄺㄻㄼ 以外에는 다 쓰지 아니한다。 그러나 이것은 대단히 잘못이다。 닿소리를 다 바침에 쓰라는 것은 우리글이 처음 났을 때부터 잇은 것이요, 지금 새삼스러 작정하야 쓰자는 것이 아니다。

訓民正音에 이러케 定하여잇다。 ㄱㅋㆁㄷㅌㄴㅂㅍㅁㅈㅊㅅㆆㅎㅇㄹㅿ等 十七字를 初聲이라 하고、ㆍㅡㅣㅗㅏㅜㅓㅛㅑㅠㅕ等 十一字를 中聲이라하고、 終聲은 復用初聲하라 하야, 初聲 十七字 全部를 終聲 곳 바침으로 쓰라 한 것이다。

그때 바침으로 쓰든 글자의 몇가지의 實例를 보이기 위하야 龍飛御天歌에 잇는 것만 찾아보면,

곶(花) 二章
하ᄂᆞᆯᄒᆞᆯ(天을) 四章
[illegible] ([illegible]하니) 六章
[illegible]더니 ([illegible]하더니) 九章
몯ᄒᆞ야 (不能) 十二章
첫 (初) 十六章
오ᄂᆞᆳ날 (今日) 十六章
[illegible] ([illegible]) 十六章
오실제 (來하실때) 十八章
알ᄑᆡ (前에) 二十五章
없ᄉᆞᄫᆞ와 ([illegible]하와) 二十七章
[illegible]다 ([illegible]하다) 二十九章
깊고 (深하고) 三十四章
높고 (高하고) 同
좇거늘 (從하거늘) 三十六章
[illegible] ([illegible]) 三十九章
좇ᄌᆞᄫᆞ니 ([illegible]하옵나니) 五十五章
받ᄌᆞᄫᆞ니 (受하오니) 六十三章
솘마ᄋᆞᆯ (松子) 八十九章
[illegible]ᄌᆞᄫᆞ와 ([illegible]하와) 九十七章

이와 같이 지금에 쓰지 아니하는 바침들은 많이 쓴 것을 본다。 龍飛御天歌란 책은 世宗大王께서 鄭麟趾, 權踶, 安止等에게 命하신 것이니, 李氏朝鮮의 創業을 歌頌하는 것으로 모두 一百二十五章으로 되엇으며, 이것이 訓民正音이 完成한지 一年後, 頒布하기 一年前에 撰定한 것이므로, 한글의 綴法은 가장 訓民正音의 法에 맞후어 쓰인 것이다。 그후에 이어서 나온 月印千江之曲、釋譜詳節, 모든 佛經諺解等이 모두 이에 의지하야 그 綴法이 거의 一致하엿다。 그러나 後時에 漢文을 崇尙하고 自國의 글을 凡然히 아는 소위 선비무리는 한글을 行用하지 아니하며, 혹시 行用한다할지라도 學者들이 나서 訓民正音에 規定한 것을 全然 살펴보지 아니하고 제 맛대로만 쓰기로만 爲主하엿다。 그리하야 한글의 綴法은 極度로 混亂함에 일르렀다。

한글綴字法

「新綴字便覽」의解說

【三十二】 李 允 宰

그러한 中에 더구나 赤山寺갈은 寺刹의 華[illegible]에 걸리어 거의 없어질번한 경우도 잇엇다. 이러틋 우리글을 愛用하는 識者가 없자 紀法으로 散亂하기 까지 되매, 그후 數十年間은 이것을 알리고도 아니하며 쓰리고도 아니하야, 나종에는 初聲 中聲 終聲을 分別하지 못할만큼 되고 말엇다. 中宗大王 때에 崔世珍이 訓蒙字會를 짓고, 그책의 凡例中에 諺文字母라 題한 一節을 적으면 아래와 같다.

初聲終聲通用八字

ㄱ其役 ㄴ尼隱 ㄷ池(末) ㄹ梨乙 ㅁ眉音 ㅂ非邑 ㅅ時(衣) ㆁ異凝

(末)(衣)兩字, 只取本字之釋俚語爲聲

其尼池梨眉非時異八音, 用於初聲

役隱(末)乙音邑(衣)凝八音, 用於終聲

初聲獨用八字

ㅋ(箕) ㅌ治 ㅍ皮 ㅈ之 ㅊ齒 ㅿ而 ㅇ伊 ㅎ屎

(箕)字, 亦取本字之釋俚語爲聲

中聲獨用十一字

ㅏ阿 ㅑ也 ㅓ於 ㅕ余 ㅗ吾 ㅛ要 ㅜ牛 ㅠ由 ㅡ應(不用終聲) ㅣ伊(只用中聲) ㆍ思(不用初聲)以下略

이렇게 보면 ㄱㄴㄷㄹㅁㅂㅅㆁ등 八字는 初聲과 終聲에 共通하게 使用하게 되니 곳 같은 ㄱ字를 가지고 「가」와 같이 初聲으로 쓸수도 잇고 「악」과 같이 終聲(바침)으로도 쓸수 잇다는 것이요, ㅋㅌㅍㅈㅊㅿㅇㅎ등 八字는 單獨히 初聲에만 限하야 쓰고 바침으로는 쓰지 말라 한것이니, 이것이 訓民正音에 規定한 것과는 크게 다른 것이요, 또 中聲의 字順도 訓民正音과 달리 되엇다. 이것이 崔世珍의 우리글 整理의 한 手法으로, 일른 보기에는 좀 簡便한듯하나, 우리글의 바른 본을 잃게 된 病源이 이기에서 비롯된 것이다. 그 뒤로는 崔世珍의 案을 좇아서 모두 ㄱㄴㄷㄹㅁㅂㅅㆁ만 바침으로 썻으며 ㄷ바침까지 廢해버려서 이제 와서는 다만 ㄱㄴㄹㅁㅂㅅㆁ등 七字만 바침으로 쓰게 되어, 訓民正音의 원 법을 아주 잊어버리고 말앗다.

한글綴字法

「新綴字便覽」의 解說

(二十三) 李 允 宰

訓民正音이라고 해서 絶對無條件으로 꼭 그대로만 墨守的으로 盲從하자는 것은 아니다. 비록 訓民正音에 잇는 것 이라도 現時 使用에 不必要하다든지 또 音理에 맞지 아니한 것은 얼마 고처서라도 써야 한 것이다. 말하자면, ㄱㅋㆁ을 訓民正音에는 牙音이라 하엿지마는, 지금은 舌根破裂音이라함이 더 옳고, ㅅㅈㅊㅿ을 訓民正音에는 齒音이라 하엿지마는, 지금은 舌端摩擦音이라 함이 더 좋으며, 初聲中에 ㆆㅿ와 中聲中에 ㆍ도 지금은 아주 廢해 버려 쓰지 않기로 한 것이다. 그러나 訓民正音에 規定한 「終聲復用初聲」이라 함은 언제 까지 든지 變易이 없을 規範이 되는 것이다.

대제 소리라 하는 것은 제각금 그 소리의 特質을 가젓기 때문에, 우리의 聽覺으로는 다 같이 들릴 지라도, 그 用法에 잇어서는 다 각기 다를 것이다 끗

甲	乙
죽[illegible]는다	죽[illegible]는다
[illegible]	[illegible]
옷입는다	옫닙는다
돋이엇느냐	도디엇느냐
날리잣다	날리잣다

이와 같이 甲과 乙은 소리나는 것이 같다. 곳 소리 나는대로만 한다면 乙이 甲보다 도리어 낫지 아니한가. 그러나 말을 적는데에는 단순이 소리만 보는것이 아니요, 語法도 밝혀보지 아니하여서는 아니될 것이다. 그러하므로 우리가 다 乙을쓰지 아니하고 甲을 쓰기로 주장 하는 것이다. ㄱㅋ, ㅂㅍ, ㄴㄷㅅㅈㅊ이, 첫소리로 쓰일 때에는 「가카, 바파, 다타사자차」이러케 소리가 다 달리 나고, 바침으로 쓰일 때에는 「악악, 압압, 앋안앗앚앛」이러케 되어 그 아래에 홀소리(子音)가 없는 경우에는 「아악」이 「악」으로, 「압압」이 「압」으로, 「아학하앗앗앗」이 앋으로 되고, 홀소리 (母音) 받는 경우에는 소리가 다 좋어나니 끗아래의 表와 같다.

이와 같이 받침소리 우에서는 각기 分別되지 못하지라도, 그 聲音이 아주 없어진 것이 아니라, 그 속에 自然 包含되어 잇는 것이다. 譬하면 · 太陽光線이 七色이 잇으나 그냥 보아서는 도모지 分別할수 없는 것과 같다.

第七室 한글科

한글은어떤것인가

李允宰

한글이란 말의 뜻

우리글의 명칭을 지금은 보통 어문(諺文)이라 혹 반절(反切)이라 합니다。 그러나 세종대왕(世宗大王)께서 우리글을 처음 지으실 때에는 훈민정음(訓民正音)이라 하엿지마는 뒤에 이르러 한문글을 높이고 우리글을 천대하는 뜻으로 언문(諺文)이라고 이름을 정한 것입니다 반절이란 말은 더구나 한문글의 음(音)을 다는대 쓰는 것이므로 우리글에다 그 이름을 덮치어 쓰는 것은 아주 부적당합니다。

요새는 한글이란 말이 새로 생기어서 일부에서 많이들 사용하고 잇습니다。 이것은 한 一二三十년전에 우리글 연구의 대가 주시경(周時經)씨가 지은 말인데 「한」은 옛적 조선의 나라 이름으로써 우리 역사상에 환국(桓國)、삼한(三韓)、대한(大韓)으로 드러낫은즉 「한」이란 것이 조선을 대표할 글자가 된다는 것입니다 그러므로 한글이란 것은 곧 조선글이란 말과 같은 것이요 다른 뜻은 없습니다。 우리는 언문 반절하든 대신에 반드시 한글이라고 할것입니다。

한글은 어떠케 생겻나

우리가 다 알다싶이 한글은 대성인 세종대왕께서 지으신 것입니다。 지금으로부터 四백八十七년전(서역 一천六백六十四년)에 세종대왕께서 그 신하가운대 정린지(鄭麟趾)、성삼문(成三問)、신숙주(申叔舟)、최항(崔恒)등으로 더부러 여러해를 두고 연구하야 훈민정음(訓民正音)이라고 하는 것을 지으섯습니다 이것이 곳 우리가 쓰는 한글입니다 한글에는 처음소리(初聲)와 가운대소리(中聲)와 내중소리(終聲)로 나누엇는데 곳 아래와 같습니다。

처음소리 열일곱자

ㄱ、ㅋ、ㆁ 엄이소리(牙音)
ㄷ、ㅌ、ㄴ 혀소리(舌音)
ㅂ、ㅍ、ㅁ 입술소리(脣音)
ㅈ、ㅊ、ㅅ 이소리(齒音)
ㆆ、ㅎ、ㅇ 목구넉소리(喉音)
ㄲ、ㄸ、ㅃ、ㅆ、ㅉ、ㆅ 갈쓸(並書)

가운대소리 열한자

ㆍ ㅡ ㅣ ㅗ ㅏ ㅜ ㅓ ㅛ ㅑ ㅠ ㅕ

내중소리

내중소리(바침)는 처음소리를 모두 다시 쓰라。

이러케 처음소리와 가운대 소리를 가로도 합하며 세로도 합하며 또내중소리를 밑에다 바치어서 수없는 여러 글자를 만들게 되는 것입니다。이것이 훈민정음의 대요한 것입니다。

만일 오늘날 우리 조선 사람에게 이 글이 없엇드면 그 어렵고 어려운 한문글만 쓰게되엇을 것이요 그렇지 아니하면 남의 나라 글이라도 빌려 쓰지 아니하지못하게되엇을 것이니 우리는 얼마나 답답하게 지냇을 것입니까。세종대왕은 우리 조선민족의 가장 큰 은인(恩人)이요 한글은 우리 조선민족의 둘도없는 귀한 보물입니다。

우리글 운동의 첫기빨

이와 같이 좋은 글이언마는 우리들은 우리글을 여지없이 푸대접하고 천대하엿을뿐만 아니라 도모지 쓰지 아니하고 여전히 한문만 쓰게 되엇습니다。그리고 이 글이 다만 하류계급(下流階級)에서만 약간 썻을 뿐이요 또 부녀들 가운대에서 많이 쓰게 되엇습니다。이 글은 「암글」(雌文)이라고 별명

街頭風景 其二 (4)

노하지마세요! 누구나 다 그렇다는것은 결코아닙니다。

혹 거리에서보면 빙수점앞에 우둑하니서서 그안을 물끄럼이 드려다보고는 입을벌리고서서 방금 침방울이 떠러질듯한 표정을하고잇는 부인들이 잇습니다。

여름에 볼수잇는 거리의 풍경중에서는 제일 미운것이 이것이외다。

— 44 —

을 부르게된 것도 이때문입니다。하여간 이 한글은 몇백년 동안 여자의 전유물(專有物)로 되어 잇엇습니다。

지금으로부터 한四十년전부터 우리조선사람이 좀 자각(自覺)하는 청신이 생겨서 비로서 우리글을 쓰기로 주장하는 일이 잇엇습니다。그러나 워낙 오래동안 한문만 글로 알든 완고한 머리들이 되어서 아직도 우리글을 그리 대수롭지 않게 여겨서 이것을 바로잡아 쓰기로 힘쓰지 아니하고 그저 되는대로 쓰기로만 주창하여왓습니다。

이러케 천대받고 혼란하게 된 우리글을 끝없이 사랑하며 바른 문법으로 쓰자고 첫 소리를 부르짖은이는 주시경(周時經)선생입니다。선생은 일생을 오로지 우리글 연구에 바치어 많은 공헌을 끼첫습니다。오늘날 우리가 바른 문법을 쓰게 되는것도 실상 다 이 선생의 힘입니다。

철자법을 고쳐야함

우리글은 어느때든지 한번 정리(整理)하야 전민족적으로 통일(統一)한 글을 쓰는 날이 잇어야 할 것입니다。여기에 대하야 혹 어떤이는 한번 시험해보지도 아니하고 공연히 어렵다는 말만 합니다。그러나 그것은 큰 오해입니다。다른 나라의 전례를 보드라도 그나라의 문자(文字)를 정리하며 통일하기에 얼마나 노력이 드는지 보지 않습니까。조선사람은 어찌하야 우리글을 그러케 경히 봅니까 바른 문법에 맞후어 쓰자는 것을 어렵다 하야 쓰기를 꺼리는자는 이왕에 우리글을 천대하든 그 인습에서 아직 벗어나지 못한 것이라 하겟습니다。우리는 어느때든지 글을 막 되는대로 써서 열사람이면 열가지체로 백사람이면 백가지체로 통일하지 않게 쓰고만 말터입니까 무론 자기가 종래에 아무 일정한 법칙이 없이 써오든 것을 버리고 규칙에 맞게 쓰려면 아무리 쉽게 [illegible] 것[illegible] 힘드지 않은 것은 아닙니다。아[illegible] 선입주견(先入主見)이 잇어서 고쳐지지 [illegible]다。그[illegible] 우리글 새 [illegible]이 어[illegible]는이에게는 [illegible] 말하고 [illegible] 것이 어려운 [illegible] 엄주권은 버[illegible] 한글을 연구하[illegible]도도 무론 이에 [illegible] 아닙니다。곳 배우기[illegible](讀書)쉽고 박기(印刷)[illegible] 다시 말하면 가장 평이화(平[illegible]게 글을 쓰자는 것이 [illegible] 여러 한글연구가의 [illegible] 무리 우리가 평이화하게 쓴다 [illegible]라도 말본(語法)에 어그러지거나 [illegible]리결(音理)에 맞지않게 쓸수는 [illegible] 것입니다。지금 새 철자법의 가장 주요점은 평이화하게 쓸것과 말본과 소리결에 맞게 쓸것입니다。

—끝—

母語運動의 概觀

―主로 文字 改正에 對하야―

【一】 李允宰

한글 마춤법 통일안이 이 한글날로써 發表된것은매우意味잇는일이다. 世宗大王께서한글을 制作하신 以後, 幾多의 曲折파 變遷을 지나, 한힌샘(周時經)의 손에서 비로소 바루잡히엇으며, 이를 이어 朝鮮語學會에서 不斷의 努力으로 硏究에 硏究를 거듭하야, 이제에 이르러 겨우 이 統一案이 完成된것이다. 이것으로써 우리는 한글 運動의 第一線에 이르럿다 할수 잇다. 다시 말하면 우리의 母語運動의 시작이라 할것이다. 그러고 [illegible] 母語運動이 어떠하엿든가를 이때에 한번 생각하는것이 우리에게 他山之石이 될줄 안다. 이제 [illegible] 母語運動에 對하야 간단히 敍述하고저한다.

日本

日本에서 母語運動이 시작되기는 이미 百餘年前 德川時代로 잡겟다. 煩雜을 避하야 다만 明治維新 前後로부터 그 大要를 들어보리라. 日本은 國字問題와 表記法論(假名遣論)이 이 運動에 거의 中心이 되어잇다. 國字改善運動에는 漢字全廢論·漢字節用論·羅馬字專用論·假名專用論·新國字論等 여러가지가 잇엇고, 表記法論에는 歷史的 表記法·表音的 表記法等이잇엇다. 이것을 차례로 들어 말하겟다.

日本에서 漢字廢止의 烽火를 든이는 前島密이로, 慶應二年에「漢字御廢之議」를 德川將軍에게 올리고, 또 明治二年에「國漢字私見」을 集議院에 提出하야, 烈히 漢字全廢를

主張

하엿으며, 이를 이어서 南部義籌·西周이 諸氏를 비롯하야 假名論者와 羅馬字論者들이 잇어나, 모루 漢字全廢의 急務를 痛切히 主張하엿당. 이 反面에는 漢字全廢의 不可論者도 약간 잇엇으나, 이는 다만 漢學者를 中心으로한 幾個人에 지나지 못한것이당.

漢字全廢는 事實에 잇어서 到底히 不可能한줄 알고, 漢字를 그대로 存用하고 다만 字數를 節減하야 쓰자는 運動이 잇엇다. 明治五年에 文部省 大木喬任氏가 字書를 編纂하야 漢字의 節減을 實施하엿고, 矢野文雄氏는「文字ノ敎」를 著述하야 平易한 漢字 九百字를 選擇하엿으며, 그後 國定敎科書에서 漢字를 年年이

減少

시킨일도 잇엇으며 大正十二年에는 國語調査會에서 漢字를 制限하야 常用漢字 一千九百六十二字와 略字一百五十四字를 發表하야 現今 實行하고 잇당.

漢字全廢에 伴한 新運動은 假名專用論이다. 이것은 벌서 德川時代부터 떠들어오던 問題로, 慶應年間에 前島, 柳川 諸氏의 主唱으로부터 明治初年에 이에 對主張하는자가 매우 많앗으며, 明治十六年에는「カナノクワイ」가 成立되어, 이에 關한 機關雜誌와 著書가 많고, 假名學校까지 設立되어 이를 普及하기에 努力하엿당.

이 假名專用運動과 한가지 일어난것은 羅馬字專用運動이다. 明治二年에 南部義籌氏가 羅馬字 採用을

主唱

하엿으며 其後로부터 여러學者들이 많이 이것을 主張하엿는데, 심지어 明治六年에 當時 文部大臣으로 森有禮氏라는이는 日本語를 아주 廢棄하고 英語로써 日本의 新國語로 採用하자는 엄청난 主張까지 하다가, 米國人 휘트니氏의 論駁을 받고 그만 둔일이 잇엇당. 明治八年에는「羅馬字會」가 成立되어 機關雜誌의 發行과 講習會의 開催等으로써 相當한 活動이 잇엇으며, 同 三十八年에는 또 羅馬字ヒロメ會가 成立되어, 努力이 더욱 旺盛하엿당.

그 다음으로 漢字를 全廢하는 때에는 이에 代用할 文字로 假名專用論과 羅馬字專用論이 다 有力하지마는, 그런것들이 이것 저것 다 그만두고 따로이 一種의 새 文字를

創作

하거나 舊來의것을 改作하거나 하자는 運動이다.

表記法論은 明治二十年頃에 言文一致와 및 國語改良論이 일어나자부터 漸漸 이를 硏究할 길이 열리엇당. 明治二十六年에는 文部大臣 井上毅氏가 文科大學과 第一高等學校에 假名遣에 關한 意見을 諮問한 일이 잇엇으며, 其後 日淸戰爭의 動機로 國字論이 盛起하야 漢字全廢論이 자못 떳엇당. 이에 따라서 國語 및 字音에 假名遣을 全廢하고 發音대로 쓰기로 작정되엇으며, 明治三十八年으로부터 同 三十九年까지 二個年을 亘하야 國語調査委員會에서 假名遣改正案을 起草하야 이를 調査 審議하며, 全國 各府縣 師範學校와 高等敎育會議에

諮問

[illegible] 決을 지나 되엇다. 改案이 大正三年에 帝國敎育會에서 開催한 敎育大會에 字音假名遣改正案의 建議案이 可決되엇는데 그要旨는 假名遣의 現狀으로는 國語敎育의 進步를 妨害함이 不少하니 從來의 歷史的假名遣을 廢棄하고 表音的假名遣을쓰자는것이당.

母語運動槪觀

主로 文字改正에 對하야【三】

李允宰

中國

中國은 원낙 疆土가 廣大하고 여러 民族이 雜居하므로 言語도 따라서 統一치 아니하엿다. 곳 漢族에게는 漢語, 滿洲族에게는 滿洲語, 蒙古族에게는 蒙古語, 西藏族에게는 西藏語, 土耳其族에게는 土耳其語, 또 그밧에 苗族에게는 苗語가 잇고, 이 語들은 文字까지도 모두 달랏다. 그러나 다 갓흔 漢語中에도 官話와 方言의 區別이 잇으며, 官話에도 北京官話, 南京官話의 別이 잇고 方言도 地方을 따라 다르니, 浙江方言, 福建方言, 廣東方言 等 여러가지가 잇고, 그 가운데에도 또 여러 方言을 나홀수도 잇다. 이와같이 中國은 言語가 不統一한 나라다. 中國이 歷史上으로 [illegible]王朝의 變革이 유달리 많앗고, 또 現今에 國內가 不統一하야 [illegible]와 갓이 어지러워 [illegible]에까지 잇어서 外憂와 內亂이 그칠새 없게 된것도 실상 이 言語의 不統一에 말미암음이라 할것이다.

中國의 標準語는 北京官話로 정하엿다. (지금은 國語이지마는) 이를 일러 「중궈화」(中國話)[illegible]라 한다. 그 [illegible]하는 區域은 가장 넓어서 漢土의 거의 五分의 四나 차지하엿고, 또 過去에 塞外 民族 곳 蒙古人(元)이나 滿洲人(淸)들이 漢族을 征服하고 中國에 入主하야 幾百年씩 漢族을 統治하엿엇다. 그네의 言語는 도로 漢語에게 征服되어 필경 自己의 言語까지 消失하고 마는데 이르럿다. 이미 [illegible] 정한 官話는 지금은 國語라 名稱하며, 學界에나 上流社會 交際語에는 다 이 國語를 쓰기로 한다.

日淸戰爭에 敗北한 中國은 政治革新과 敎育普及의 必要를 깨닷게 되엿다. [illegible]

漢字

는 도저히 國民敎育 普及에 [illegible]하지 못할것을 알아서 漢字를 廢棄하고 新文字를 製作하여 쓰자는 소리가 漸漸 높아갓다. 이에 對하야 宋恕, [illegible], [illegible] 等은 [illegible]으로써 [illegible]을 主唱하고, [illegible], [illegible], 王照 等은 각기 拼音字를 製作하야 漢字를 代用하기로 하엿다. 이 모든 音標中에는 혹은 漢字의 近音을 [illegible]하야 全字의 一二劃씩 摘取한것도 잇고, 혹은 羅馬字를 採用하야 따로 音標를 정한것도 잇으며, 그밧에도 許多한 種類가 잇엇다. 그러고 그중에 가장 勢力을 占한것은 王照의 「官話字母」란것이니, 五十個의 音母와 十二個의 韻母으로 된것인데 역시 漢字의 形象을 取한것이다. 王氏의 官話字母가 發表된 뒤에 이어서 勞乃宣이 그것을 약간 修正하며 그것을 [illegible]하야 어떤 [illegible]字는 고치엇다.

民國

이 되어 元年에 政府 敎育部(文部)에서 「讀音統一會」를 [illegible]하고 먼저 國音을 審定하며 다음에 字母를 製作하기로 작정 하엿다. 그리하야 民國二年에 敎育部에서 三十九字의 「注音字母」를 製作하엿다. 그후에 [illegible]가 [illegible]하며, 一時 注音字母를 [illegible]하엿다가, 袁氏가 [illegible]한, 후에 다시 [illegible]을 請하야 [illegible]運動이 와짝 [illegible]하엿다. 一[illegible]으로 新文學家 胡適之, 陳獨秀 等이 「文學革命」「國語文學」을 부르짖으며, 一般으로 [illegible]하엿고, [illegible], 國文國學은 小學校의 國文科를 國語로 改用하자고 主唱하엿다. 民國七年에 敎育部長 傅增湘氏로서 注音字母(뒤에 注音符號로 고치다.)를 公布하엿다. 그러고 이것을 實行하기 위하야, 國語[illegible]會와 國語[illegible]學校(?)의 [illegible]에 이것을 붙어서 가르치엇다. 又民國十九年에는 國民政府中央執行委員이 常務會議에서 注音符號 普及案을 決議하고, 各 黨部, 政府의 機關에서 모두 注音符號를 學習하야 實行하게 되엿다. 民國으로는 이

運動

이 더욱 커서 民國元年부터 北京에 國語 民國國語研究會가 成立되어 [illegible] 「國語月刊」을 發行하며, 國語[illegible], 國語의 [illegible]을 印刷頒布하고, 一般 民衆에게 널리 普及하게 하며, 上海에는 [illegible]學校를 設立하엿다. 民國十六年에 上海에 全國國語敎育促進會가 成立되고, 各地方에 分會를 두어 盛大히 運動하고 잇다.

母語運動概觀

主로 文字改正에 對하야

【三】 李允宰

伊太利國

이태리 나라는 十三世紀初에 有名한 단테(Dante)가 나서 國語統一에 힘을 오로지 한것이 効驗가 되었다. 단테는 라틴語로 記錄된 各州의 方言 가운데에 가장 普通한것을 골라서 한 標準語를 制定하고 이것을 적음에는 각 精確히 그 發音을 [illegible]하였다. 그러므로 여러 學者들이 表音的 綴字法을 만들기에 무한히 애썼으므로 十八世紀初에 이르러 대개 그 目的을 達하야 오늘날 와서는 아주 完成함에 이르렀다.

西班牙國

스페인 나라는 表記法 改良運動이 一四九二年에 시작되었으니, 먼저 [illegible]의 制定이 必要함을 알아서 一七一四年에 西班牙國의 아카데미 (Academia de la Lengua Española)를 設立하야 그 研究의 結果를 싣고 一七四四年에 第一回의 改良案을 提起함으로 부터 一八一五年 第八回의 改良案이 끝나기까지는 아카데미에서 適宜히 變更함을 認定하고 그로부터 二十五年을 지나서 그 綴字法이 비로소 完成되어 全國이 一般으로 使用함에 이르렀다.

葡萄牙國

포루갈 나라는 처음에 [illegible] 學者들이 表記法 改良論을 자주 唱導하였는데, 그들로써 組織된 特別委員은 여러가지로 [illegible]한 結果, 一八七七年에 그 改良案을 決行하기로 작정되어 곳 王立學士會院에 同意를 求하야 이 運動이 더욱 有力하게 進展되었다.

佛蘭西國

프랑쓰 나라는 表記法 改革運動이 十六世紀때부터 시작되었으나, 별로 이에 實行하는 자가 적었었다. 一九○三年에 이르러 文部(文部省)에서 高等教育會議員, 學士會院, 巴里大學 教授 및 [illegible]으로써 組織한 佛蘭西 綴字法 改正案 [illegible]을 두고 綴字法 改正에 對하야 討議하였으나 表音的으로 完成함에 이르지 못하고 다만 部分的 改正에 그치고 말았다.

荷蘭國

홀란드 나라는 表記法이 十八世紀初까지는 대단히 混亂이 있었으나, 一八○四年에 이르러 봉지겐베크 (Prof—von Siegenbeck) 教授의 論文이 한번 發表되자 여러 改革論者들이 모두 이를 中心으로하야 한데로 합하게 되었으며, 一八七三年에는 드·부스리(De Vries)와 테윈켈 (Tewinkel) 兩氏의 簡便한 改革案을 政府에서 採用하였다.

獨逸國

도이츠 나라 말의 表記法은 유럽의 다른 나라 말에 比하야 퍽 完全한 편이라 하겠으나 政府에서는 그것을 더욱 整理하기 위하야, 一八五四年에 한노버(Hannover)와 라이프치히(Leipzig)에서 [illegible] 없이 改良하여야 할 것을 [illegible]하고, 그후에 뷔르템베르그 (Wurtemberg)와 오스트리아(Austria)와 바바리아 (Bavaria)에서 [illegible]이 있었다. 그러고 이 나라의 말은 各州마다 다른點이 있음으로 그것을 統一하기 위하야 一八七三年 十月에는 各州의 代表를 드레스덴(Dresden)에 召集하야, 改良案을 討議하고, 一八七六年에 改良案을 修正하야 一般國民에게 發表하야 그 批評을 求하였으나 [illegible] 中 겨우 二,三個條만 實施할 뿐임에 그치었다. 그후에 또 [illegible] 學者들의 學會가 하나 생기어서 그 勢力이 매우 크게되었다. (續)

母語運動概觀

主로 文字改正에 對하야

【四】 李允宰

英國

英國은 綴字改良運動이 지금에 새삼스리 일어난것이 아니었지마는 最近에 이르러 一九〇八年에 簡易綴字協會(The Simplified Spelling Socity)가 되옥 이運動의 中心이 되었다. 그 協會에서 一種의 改良案을 公表하였는데 그要旨는 대개 이러하다. 이 改良案대로 쓰면 綴字法 學習 때문으로하야 敎師나 生徒나 모두 多大한 時間과 勞力을 省略하게 될것이다. 現在의 綴字法대로 하면 發音과 文字가 一致하지 못하므로 正確한 綴字法을 兒童에게 가르치기 어려울것이다. 그러고 發音의 變遷에 따라 毎年이 發達한 綴字法을 機械的으로 배우게 됨이니, 이로하야 規定한 學年中에 一年半이나 二年은 아주 損失이라 하여도 過言이아닐것이다. 그러므로 改良綴字法을 採用하면 敎育이 費用의 節約에 特殊한 綴字法을 機械的으로 學習하는 대신에, 國語에 一定한 發音을 標準하야 正確히 發生되는것을 배우며, 다음으로 이것을 代表하는 文字와 符號를 가지고 그 發音하는대로 쓰게 하는것이니 극히 容易하다는것은 말할것도 없다는 것이다. 그러나 英國은 이改正案이 언제나 實現될는지 아직 杳然하다.

米國

米國에서 綴字改良運動은 누욕에있는 簡易綴字協會(The Sinplified Spelling Board)가 中心이 되어 있다. 이 協會는 카네기(Carnegie)氏의 出資와 各方面 有力者를 役員으로 하야 組織된것이다. 一九〇六年에 三百餘의 綴字를 簡易하게 改良한것을 社會에 發表하였다. 當時 大統領 루스벨트氏(Roosevelt)가 이것을 贊成하야 公用文書에이것을 使用하려는 訓令을 發表하였으나 특별히 여러가지의 故障으로 말미암아 결국 實行함에 이르지는 못하게 된것이다. 그러나 그 協會에서는 꾸준히 더욱 活動을 쉬지 아니하야 다시 改良綴字案을 社會에 發表하였는데 綴字數가 이미 一千餘以上에 達하였다. 그뿐만 아니라 이 簡易綴字案이 漸次 社會에 많이 慣用되어 있다.

土耳其國

튀르크 나라는 본대 言語가 심히 複雜하야 아라비아語가 六割, 페르시아語가 二割, 프랑스語가 一割이고 실상 그 母語인 튀르크語가 一割도 못되는 셈이다. 그러므로 一部 民族主義者側에서는 外來語를 다 驅逐하고 國語를 純化케 하자는 運動까지 있었다. 그러고 그 國民이 使用하는 文字는 아라비아字로 그 字數가 四百八十二個의 多數이며 綴法은 심히 複雜하야 音소리(母音)을 表示하는 記號가 많으며, 發音과 文字가 꼭 일치되지 아니하야 배우기에 여간 곤란한것이 아니다. 튀르크가 國勢이 자꾸 衰退하게 된 原因은 다른데에 있지 아니하고 오로지 그 言語와 文字의 不完全함에 있다 할것이다. 世界大戰 끝에 土耳其는 거의 滅亡에 빠진 튀르크는 大英雄 케말 파샤의 손에서 다시 復興하게 되었다. 케말 파샤는 나라의 衰頹의 原因을 覺悟하야 政治革命과 함께 文字革命을 하지 아니하면 안되리라 하고 어떠하여던 아라비아字를 廢棄하고 羅馬字를 採用하자는 一大 決斷을 내었다. 一九二八年에 콘스탄티노플에서 敎育關係者와 여러 名士들로써 調查委員會를 組織하고 羅馬字 採用에 關한것을 調查研究한 後에, 政府에서 法令으로 羅馬字 採用을 發布하였다. 그러고 大統領 케말파샤는 民間으로 돌아다니며 三回다 演說을 試하고, 各地方官吏와 代議士들을 모아서 羅馬字 講習을 三回다 開催하야, 熱烈한 活動을 하였다.

이러게 實行上 여러가지 準備가 끝나매, 一九三一年 一月 一日부터 一般 國民에게 羅馬字의 使用을 實施하였다. 이와같이 六百年이란 긴 歷史를 가진 아라비아字는 아주 없어져버리고, 羅馬字가 新國字로 작정된것이다. (끝)

紙上講習

한글마춤법 統一案解說 (1)

李允宰 述

朝鮮語學會가 多年 苦心研究한 結果로 이번에 한글마춤법 統一案을 發表하게 된것은 實로 朝鮮文 發達史上에 잇서서 劃時期의 일이라고 할것이다。앞으로 모든 出版物은 우선 이法으로 統一되어야 될것을 우리는 確信하거니와 이에 對하야 一般的으로 未詳한이도 있을 것이요 또 理論上으로 一見不得當하다고 생각할이도 있을듯하므로 이에 한글 大家요綴字法委員의 한사람인 李允宰先生을 請하야 紙上 講習會를 開催하기로 하였다。

總論

【原文】

一、한글 마춤법(綴字法)은 표준말을 그 소리대로 적되, 語法에 맞도록 함으로써 原則을 삼는다。

【講解】

글은 말의 소리를 적는 符號이므로 물론 소리대로 적는것이 옳으니, 만일 소리에 틀리면 말이 될수 없는것입니다。또 소리대로 적는 同時에 語法에도 잘 맞아야 할것이니, 만일 소리에만 맞고 語法에 맞지 아니하면 글이 한정없이 不規則하게 되어 말의 뜻을 잘 나타내지 못할것입니다。例를 들면,

甲	乙
바블머것다	밥을먹었다
오슬입는다	옷을입는다
꼬치운는다	꽃이웃는다
다리밝다	달이밝다

우의 말에서 단순히 소리대로만 쓰기로 주장하면, 甲과 같이 써도 좋을것이나, 語法을 보아서 마땅히 乙과 같이 써야할것입니다。또

甲	乙
바람이 불는다	바람이분다
글을지엇다	글을지었다
글씨를쓰었다	글씨를썼다
오르오가다	올라가다

우의 말에서 단순히 語法에 맞도록만 쓰기로 주장하면, 甲과 같이 써도 좋을것이나, 소리에 맞지 아니하므로 이것은 乙과 같이 쓰는 것이 좋을것입니다。前者의 甲의 例를 表音式(Phonetic)이라 하고, 後者의 甲의 例를 文法式(Grammatic)이라 합니다。古昔에는 다 表音式으로만 썼으며(前者의 甲과 같이) 現今에는 研究者中에서 흔히 文法式으로만 쓰는이가 있읍니다(後者의 甲과 같이)。이제 한글의 마춤법을 整理함에 있어서는 그 표준말을 적음적에 表音式이거나 文法式이거나 한편으로만 흘러가지 말고 適宜히 取捨함이 있어야 가장 合調的 處理라 하겠읍니다。그러므로 이 統一案은 全體를 通하야

一、소리대로

二、語法에 맞도록

이 두가지의 要點에 가장 置重한것입니다。

紙上講習

한글마춤법 統一案解說 (2)

李 允 宰 述

【原 文】

二、표준말은 大體로 現在 中流 社會에서 쓰는 서울 말로 한다。

【譯 解】

표준말이라 함은 본디 英•美의 Standard speech 에서 온 말입니다。獨•佛에서는 이것을 Meinsprache Langue Commune 이라는 곳 共通語라는 意味의 名稱을 使用하나、우리는 표준말이란것을 쓰기로 합니다。한 나라의 말에는 다 標準語와 方言이 있는데、그 나라의 中央 곳 首府의 말을 標準語로 삼는것이 보통이요、그 밖의 말은 다 方言으로 칩니다。이것은 어느 나라든지 首府는 政治的 文化的 中心이며、또 物資와 人衆이 集散하는데이므로、그곳의 言語는 모든 方言의 混成이요 中和이기 때문입니다。朝鮮의 方言은 地方을 따라 각기 다르나、그 分布된 區域을 大別하면 다섯으로 나눌수 있으니、

一、關北方言 (咸北•咸南)
二、關西方言 (平北•平南)
三、中部方言 (黃海•江原•京畿•忠淸)
四、湖南方言 (全北•全南)
五、嶺南方言 (慶北•慶南)

입니다。그러고 표준말은 中部方言 가운대에 서울말로 정하는것이 좋으며、서울말 가운대에도 中流 社會에서 쓰는 말을 취하는것이 더욱 좋을것입니다。이것은 上流 社會의 말은 少數의 特殊階級인것과 거지반 漢文化인것과 語態가 自然性을 잃는것이므로 표준말이 됨에 적당하지 아니하고、下流 社會의 말은 品位가 낮는것과 變化하기 쉬운것이므로 또한 표준말이 됨에 적당하지 아니합니다。그러즉 以上 여러가지의 缺陷이 比較的 적고、一般的이 되는 中流 社會의 말을 표준말을 삼자 하는것입니다。표준말을 정하는것은 그리 쉬운 問題가 아니니、이 뒤에 充分히 調査하야 따루 작정함이 있어야 할것을 여기에 붙여서 말하여 둡니다。

【原文】

三、文章의 각 單語는 띄어 쓰되、토는 그 웃 말에 붙여 쓴다。

【講解】

이 項目은 이 아래 第七章(六一項)에 자세히 말하겠기로 여기에는 略합니다。

紙上講習

한글 마춤법 統一案 解說 (7)

李允宰

第二章 音聲에關한것

第一節 된소리

【原文】

第三項 한 單語 안에서 아무 뜻이 없는 두 音節 사이에서 나는 된소리는 모두 아래 音節의 첫소리를 된소리로 적는다.

【講解】

한개의 單語는 音節(Syllable) 하나로 된것도 있고, 여럿으로 된것도 있읍니다. 가령

아|이|가|무|지|개|이|ᄎᆞ|ᄂᆞ|하|오

이러한 말에는 다섯개의 單語와 열한개의 音節이 모이어 된것입니다. (左邊線은 單語를, 字間線은 音節을 表示한것)

한개의 單語로서 된 말 가운데 두 音節 사이 끝 웃 音節의 끝소리와 아래 音節의 첫소리가 ㄱ ㄷ ㅂ ㅅ ㅈ으로 되어 서로 만나는 때는 그 中間에 자연 된소리가 나게 됩니다. 이것을 이왕에는 어떠한 뜻의 있고 없고를 불론하고 그저 웃 音節에다 ㄱ ㅂ ㅅ 等 바침을 달아서 促音의 現像을 이루게 하고, 그 아래의 音節은 그대로 썼읍니다. 例를 들면,

갓금 깨끗하다

울바 꿈벅거리다

밧삭 웃슥하다

이와 같이 中間에 된소리를 ㄱ ㅂ ㅅ 等을 같은 글자끼리 맞후어 쓰기도 하고, 또

앗가 늣기다

웃듬 엇더하다

곳블 잇브다

엇지 엿줍다

이와 같이 어떤때든지 다 ㅅ 바침으로만 쓰기도 합니다. 그러나 前者나 後者나 發音上으로는 조금도 差異가 있는것이 아닙니다. 곧 「깨끗하다」나 「깻긋하다」가 같고, 「앗가」나 「아까」가 같고, 「잇브다」나 「이쁘다」가 같읍니다. 그럴진댄 웃 音節에 있는 바침을 치다 내리켜서 「깨끗하다」「아까」「이쁘다」로 쓰면, 在來에 「ㄱ 바침이냐 ㅂ바침이냐 ㅅ 바침이냐 하던 그 錯亂한 폐단을 一掃하고, 아주 純化하게 되어 배우기도 퍽 쉬울것입니다.

그러고 한 單語 가운데 무슨 語源的 意味가 包含되었고보면 결코 그렇게 쓰지 못합니다. 가령 적게(小하게), 석가(釋迦), 밖에(外에), 돋기다, 쫓기다, 맑기다, 밥벌이, 접붙이다, 짚방석, 잇대어, 낮잠 같은 말들은 다 語義이 뚜렷이 있는것이므로, 저께, 서까, 바께, 도끼다, 조끼다, 마끼다, 바뻐리, 저뿌리다, 지빵석, 이때여, 나짬과 같이 쓰는것을 絶對로 허락하지 아니합니다. 그러므로 아무 뜻이 없는 두 音節 사이에서 나는 된소리는 아래 音節의 첫소리를 된소리로 적기로 한것입니다. 例는 여기에 따루 쓰지 않기로 합니다. 原文의 甲乙 兩欄을 比較하여보시오.

紙上講習

한글 마춤법 統一案 解說 (8)

李允宰 述

第二節 舌側音 ㄹ

【原文】

第四項 在來에 舌側音 ㄹ을 ㄹㄴ으로 적던것을 ㄹㄹ로 적기로 한다。

【講解】

우리가 소리를 낼적에 發音器官의 一部를 狹窄하게 하면서 그 사이로 흘러내는 소리를 聲音學上 流音(Liquid sound)이라 합니다。流音을 또 그 發音狀態에 의지하야 振動音(Trilled sound) 側音(Lateral sound) 두가지로 나누게 됩니다。振動音은 혀를 振動함뿐으로 氣流가 正面으로 나오고, 側音은 狹窄의 程度가 지나서 前面이 막히게 되므로 氣流가 혀의 양옆으로 나옵니다。여기에 舌側音 ㄹ이란것이 곧 이것입니다。

流音{振動音……R 側音……L

이와 같이 R은 振動音이요, L은 側音입니다。外國 音에는 이렇게 流音 가운대에 R L 두가지가 있으나, 우리 朝鮮 音에는 ㄹ 하나 밖에 없읍니다。이 ㄹ은 西洋의 R도 아니요, L도 아닌, 두가지의 性質을 가진 特別한 소리라 하겠읍니다。가령 오리(鴨)라 할적에 Ori로 써서 R 소리가 나고, 물(水)이라 할적에 Mul로 써서 L 소리가 나는것으로써 證明할 수 있읍니다。그리고 또 ㄹ은 달리 變하는 때도 많으니, 가령 리화(李花)를 「이화」로, 라팔(喇叭)을 「나팔」로 發音하야, ㄹ이 頭音으로 될적에는 그 本音을 잃어버리게 되는것입니다。ㄹ이란 이렇게 複雜하게 된 소리입니다。

朝鮮 音에는 본디 舌側音이 없으나, ㄹㄹ을 連音하는 경우에는 자연 舌側音의 狀態를 이루게 됩니다。곧 우리말의 「갈라」를 羅馬字로 Kalla 로 쓰는것입니다。이로써 우리音에 ㄹ이 羅馬字 音의 L과 같은 音價가 있다 함을 알것입니다。

그런데, 요사이 흔히 ㄹ을 ㄴ으로 써서 舌側音 ㄹ과 같이 아는이가 있읍니다。그러나 이것은 聲音의 이치를 잘 모르는 까닭입니다。이제 ㄹ과 ㄴ의 두 소리가 얼마나 다른가를 비교하야 보이겠읍니다。

	ㄹ	ㄴ
1	狹窄音이므로 조금 띄어준다。	閉鎖音이므로 아주 막아버린다。
2	입밖으로 나온다。	코구멍으로 나온다。
3	혀를 구부려서。	혀를펴서。
4	硬口蓋의 좀 뒤쪽으로。	硬口蓋의 좀 앞쪽으로。
5	떨어 난다。	떨지 않는다。

이와 같이 아주 딴판으로 다른 두 소리가 하여 합하면 어떠한 소리가 되겠읍니까。「솔나무」「불날리다」와 같은 말은 ㄹ 받침이 벗어져서, 「소나무」「드날리다」로 소리 내기도 합니다。또 漢字語에 「권리(權利)」「인류(人類)」 같은 말은 ㄴ이 ㄹ로 變하야 「궐리」「일류」로 소리 냅니다。이렇듯 ㄹ ㄴ이 서로 합하기 어려운것임을 알것입니다。그러므로 아무 뜻이 없는 한 單語 안에 舌側音 ㄹ 소리로 나는것은 ㄹㄹ로 적는것이 좋읍니다。

紙上講習

한글 마춤법 統一案 解說 (9)

李允宰 述

第三節 口蓋音化

【原文】

第五項 한글의 字母는 다 제 音價대로 읽음을 原則으로 한다。「댜 뎌 됴 듀 디」를 「자 저 조 주 지」로와 「탸 텨 툐 튜 티」를 「차 처 초 추 치」로 읽음을 認定하지 아니한다。

【附記 二】 ㄷ ㅌ으로 끝난 말 아래에 從屬的 關係를 가진 「이」나 「히」가 올적에는 그 ㄷ ㅌ이 口蓋音化 되는것을 例外로 認定한다。

例 밭이 굳이 붙이다
걷히다 묻히다 닫히다

【附記 三】 ㄴ은 ㅣ(ㅑ ㅕ ㅛ ㅠ) 우에서 口蓋音化되는것을 認定한다。

例 저녁 바구니 누구뇨 가더냐

【講解】

ㄷ ㅌ等에 홀소리 ㅣ를 어울러서 「디 티」로 쓰고 「지 치」로 읽는 習慣이 있읍니다。이것은 ㄷ ㅌ의 發音 位置에 變更을 일으키게 되는것입니다。곧 원 發音 位置보다 조금 뒤쪽으로 옮기어 소리를 낸다는것입니다。다시 말하면、ㄷ ㅌ이 ㅣ를 어울렀적에 혀끝(舌端)과 이몸(齒槽突起) 사이가 막히었던것을 뒤쪽으로 좀 옮기어서 혓바닥(舌面)과 입천장(前口蓋) 사이에 狹窄을 形成하기에 이르는것입니다。 그리하야 「디」를 「지」로、「티」를 치로 소리 내게 됩니다。이렇게 口蓋部로 子音의 位置를 轉換하는 現像을 語音學上으로 口蓋音化(palatalization)라 합니다。이밖에 「니」를 「은니」와 가까운 소리로 내는것이나、「넓다」와 같은 舌側音 ㄹ 소리나、ㄱ을 ㅈ으로 내는、「길」을 「질」로、「기름」을 「지름」으로 하는것들도 다 口蓋音化되는것입니다。

ㅑ ㅕ ㅛ ㅠ에도 모두 ㅣ가 들어 있으므로(ㅑ는 ㅣㅏ의 거듭、ㅕ는 ㅣㅓ의 거듭、ㅛ는 ㅣㅗ의거듭、ㅠ는 ㅣㅜ의 거듭) 이것이 ㄷ이나 ㅌ을 만나면 역시 口蓋音化됩니다。 곧

댜 뎌 됴 듀 디를
자 저 조 주 지로
탸 텨 툐 튜 티를
차 처 초 추 치로

읽는것입니다。그러나 이것은 결코 原音이 아닙니다。平安道 地方에서는 口蓋音化의 影響을 받지 아니하는고로 이것을 거의 原音에 가깝게 읽으나、京城을위시하야 其他 地方은 모두 口蓋音化되기 때문에 그 原音을 아주 잃어버린 모양입니다。(此項未完)

紙上講習

한글 마춤법 統一案 解說 (10)

李允宰 述

한글의 字母는 어느것이든지 다 각기 제 音價가 있으니, 그 正確한 소리대로 읽기로 하는것이 當然할것입니다. ㄷ의 소리가 분명히 있거늘 이것을 ㅈ으로 고치어 읽으며, ㅌ의 소리가 분명히 있거늘 이것을 ㅊ으로 고치어 읽음은 옳지 못합니다. 우에 이미 말한바와 같이 「댜 뎌 됴 듀 디」를 「자 저 조 주 지」로, 「탸 텨 툐 튜 티」를 「차 처 초 추 치」로 읽는것은 口蓋音化의 關係로 그리 된것이나, 이것을 原則上으로는 認定할수 없는것입니다. 그러므로 그것은모두 그 原音을 찾아서 본 音價대로 바루 읽어야 할것입니다.

그런데 그것을 모두 제 音價대로 읽는 때는 이러한 處理를 있어야 할것입니다. 끝 소리 나는것은 나는대로, 변한것은 변한대로 쓸것입니다. 例를 들면,

더뎌(더디어 의 略語——遲)
마듸(節)
어듸(何處)
떠(帶)
버텨(버티어 의 略語——撑)
티(疵)

와 같이 (이왕에 「마디」를 「마듸」또, 「티」를 「틔」로 쓸은 잘못이다) 소리가 되는것은 그대로 쓰고,

뎌것→저것
됴타→좋다
텬하→천하(天下)
됴피→초피(貂皮)

와 같이 소리가 변한것은 변한대로 아래와 같이 쓰는것입니다.

附記 一에 ㄷ ㅌ으로 끝난 말 아래에 「이」나 「히」가 붙는 경우에는 口蓋音化되는것을 例外로 認定한다 하였는데, 이것은 이름씨(名詞)에 있어서는 이름씨와 토를 각기 區別하야 밝혀주며, 또 他詞로 轉成하거나 또 움즉씨(動詞)나 어떻씨(形容詞)에 있어서는 그 語根과 變化相을 각기 區別하야 밝혀주려는 까닭입니다. 가령

밭이(田이)

이렇게 쓸 理由는 「밭」은 이름씨요 「이」는 토가 되기 때문에 이러한 경우에는 부득이 口蓋音化되는것을 認定하지 아니할수 없는것입니다. 만일 表音主義를 固執하야, 「바치다」「밭친」로 쓰는것은 絶對로 옳지 않다 생각합니다. 또

붙이다
걷이다
굳히다

이렇게 쓸 理由는 「붙」은 움즉씨의 語根이요 「이」는 使役이 되므로 「붙이다」로 쓰며, 「걷」은 움즉씨의 語根이요 「히」는 接辭이 되므로 「걷히다」로 쓰며, 「굳」은 어떻씨의 語根이요 「히」는 接辭이 되어 움즉씨를 이루므로 「굳히다」로 쓸것입니다. 이것도 모두 一種 口蓋音化를 認定하게 되는것입니다. 그러므로 「부치다」나 「붙치다」로 쓴다든지 「거치다」나 「걷치다」로 쓴다든지 하는것은 語法上으로는 도저히 허락할수 없는것입니다.

附記 二의 例에 「커녀」「가녀냐」와 같은 말들은 역시 제 音價대로 發音하기 어렵습니다. 이것은 「밥니」「굳이」와도 달라, 다르게 쓸수도 없습니다. ㄴ이 ㅣ와 어울려서 口蓋音化된다는것을 부득이 認定하지 아니할수 없게 됩니다.

紙上講習

한글 마춤법 統一案 解說 (11)

李允宰

第四節 ㄷ바침 소리

【原文】

第六項 아무 까닭이 없이 ㄷ바침으로 나는 말 가운데 ㄷ으로만 나는것이나 ㅅ으로도 나는것이나를 勿論하고 在來의 버릇을따라 ㅅ으로 統一하야 적는다。

【講解】

ㄷ바침 소리란것은 끝소리가 되게 나는 소리를 이름입니다。끝 혀끝과 잇몸사이를 閉鎖하야 破裂하기 直前까지의 소리의 現象이니, 가령 「끝아」라 하면, 웃 音節 끝소리 ㄷ이 即時 閉鎖되어 그 동안이 얼마 繼續하다가 뒤에 차차 「아」로 옮겨갑니다。그 閉鎖하는 동안이 얼마로 오래 가든지 그 사이는 소리가 아주 없어지는 때입니다。이러한 現象을 聲音學上 소리의 休止(Pause)라 하니, 된소리란것이 끝 이것입니다。ㅌ도 바침일 때에는 무론 이와 같으며, ㅂㅍㄱㅋ들도 모두 그러한데, 다만 ㅂㅍ는 兩脣에서, ㄱㅋ은 喉頭에서 休止되어 그 發音의 位置가 다릅니다。그러고 ㄷㅌ과 ㅂㅍ과 ㄱㅋ이 다 각기, 發音의 位置는 같되, 다만 ㅌ과 ㅍ과 ㅋ은 特히 有氣音(Aspirate)이 되는고로 소리가 다른것입니다。

이러한 소리들은 다 속에서 불어내는 기운이 發音器官 어느 一部에 닿을적에 딱 막히어 一時 停止狀態를 보전하다가 갑작이 그 閉鎖한것을 突破하고 그 기운이 밖으로 나옵니다。이 現象을 聲音學上으로 破裂音(Explosive sound)이라 하니, ㄷㅌ ㅂㅍㄱㅋ들이 다 여기에 屬합니다。

그러고 우리가 떼어놓고 된소리로만 쓰면 ㅅ은 ㄷ과 대단히 다릅니다。혀끝(舌端)과 입천장(前口蓋) 사이를 狹窄하게 하고 氣流가 거기 通하는적에 그 자리에서 摩擦이 생깁니다。이것을 摩擦音(Fricative sound)이라 하니, ㅅㅈㅊ들이 끝 이것입니다。이제 參考로 닿소리의 分類表를 아래에 보이겠읍니다。이 중에서 ㄷ과 ㅅ 두 소리의 다른것을 比較하여 보시오。

닿소리			兩脣	舌端	舌根	喉頭
狹窄音	摩擦音			ㅅㅈㅊ		ㅎ
	流音	顫音		ㄹ		
		側音		(ㄹ)		
閉鎖音	鼻音		ㅁ	ㄴ	ㅇ	
	破裂音		ㅂㅍ	ㄷㅌ	ㄱㅋ	

(此項未完)

紙上講習

한글 마춤법 統一案 解說 (12)

李允宰

上表에 의지하야 좀 자세히 말하면, ㄷ은 閉鎖音이니, 혀끝과 잇몸 사이를 꽉 붙이어 아주 막아버리므로 소리가 休止의 現象을 이루는것이요, ㅅ은 狹窄音이니, 혀끝과 잇몸 사이를 좁시 좁이어 조금 띄어주므로 소리가 持續의 現象을 이루는것입니다. 또 ㄷ은 다른 홀소리를 만날 때에는 그閉鎖하였던것을 힘있게 급작스레 열어서 破裂音이 되는것이요, ㅅ은 다른 홀소리를 만날 때에는 그 狹窄한 자리를 그양으로 천천히 벌려서 摩擦音이 되는것입니다. 이로써 ㄷ과 ㅅ의 發音의 現象이 얼마나 다르다는 關係를 알것입니다.

그런데, ㄷ과 ㅅ이 첫소리로 될적에 다른것만치 끝소리로 될적에도 무론 다른것입니다. 우리 글의 바침이란 본디 그 끝소리를 급히 收藏하야 한 音節을 만들어버리는것입니다. 더구나 된소리를 적는데에 있어서 ㅅ과 같은 持續性이 있는 소리를 바침으로 쓴다는것이 혹 어떨가 생각합니다.

그러므로 옛적에는 이러한 된소리를 表記하는 바침에 ㅅ보다 ㄷ을 더 많이 썼읍니다. 訓民正音·龍飛御天歌·杜詩諺解·訓蒙字會 및 모든 佛經諺解等 古書에는 지금에 ㅅ바침으로 쓰는것을 ㄷ바침으로 쓴것이 있음을 더욱 많이 볼수있읍니다,

옷(衣)

것(者)

솟다(湧)

씻다(洗)

잇다(有)

와 같이 그 아래에 從屬的 關係를 가진 말이 올적에 ㅅ으로 소리 나는것은 이렇게 다 ㅅ바침을 달아 썼으나, 그밖에것은 대개 ㄷ바침을 달아 썼으니,

곧(處)

뜯(志)

받(田)

몯나(知)

몯한다(不能)

닫다(閉)

받다(受)

와 같은것들입니다.

그런데 근래에는 우리가 ㅅ을 ㄷ과 같이 된소리로 아는 習慣이 있어, 옛적에 ㄷ바침으로 쓰던것까지도 一律로 ㅅ으로 고치어 씁니다. 그러고 심지어 ㅅ을 글자의 왼쪽에 붙이어 써서, 소위 「된시옷」이라 하야 ㅺ ㅼ ㅽ으로 써놓고 된소리로 읽는따위는 더욱 우스운 일입니다. 요사이 또 어떠이는 ㄹ에까지 왼쪽에 ㅅ을 붙이어 ㅅㄹ로 쓰고, 이것을 ㄹ의 된소리라 하야 舌側音으로 쓴다는것은 그 發音에 素昧한것은 족히 責할것도없거니와, 膽大하게도 新字를 濫造함에 一驚을 喫하지 아니할수없읍니다 (此項未完)

紙上講習

한글 마춤법 統一案解說 (13)

李允宰 述

閑話는 休題하기로하자。語源的 關係가 있는 말이나 從屬的 關係가 있는 말 가운데 분명히 ㅅ소리나 ㄷ소리가 묻어 있는것은 떠말할것없이 ㅅ바침이나 ㄷ바침을 써야 할것입니다。

옷감(衣次)
붓대(筆管)
맛보다(嘗)
웃음(笑)
잘못이다(誤)
솟히다(聳上)

와 같은 말들은 「옷붓, 맛, 웃, 못, 솟」들이 본디 ㅅ바침으로 된 말이기때문에 그 아래에 어떠한 말이 붙어 있을지라도 이것은 다 ㅅ바침을 써야 할것이요,

낟우다(殺)
굳세다(强)
맏옹것(借用)
해돋이(日出時)
묻히다(埋)

와 같은 말들은 「낟, 굳, 맏, 돋, 묻」들이 본디 ㄷ바침으로 된 말이기때문에 그 아래에 어떠한 말이 붙어 있을지라도 이것은 다 ㄷ바침으로 써야 할것입니다。

그러고 아무 이러한 關係가 없는 말로, 副詞的 接頭語의 「업더다나」, 冠形詞의 「울」이나 副詞의 「사뭇」파 같은 말들은 조금도 ㅅ소리가 나지 아니하니, 그 音韻의 原理에 비추어본다면, 當然히 ㄷ바침을 써서 原文 乙號를 좇지 아니하면 안될것입니다。그러나 우리가 단순히 音韻의 原理만 嚴格하게 主張하고, 一般 사람의 使用의 不便을 도모지 생각하지 아니할수도 없는것입니다。在來대로 그양 ㅅ바침을 쓰면 다 예사로 알되 ㄷ바침을 쓰다면 좀 이상하게 알아 어렵다는 생각을 가지게 되는 까닭입니다 또 이러한 말들은 무슨 語源으로나 從屬的으로나 꼭 ㄷ이 連[illegible]的 關係가 있는것도 아니요, 또 朝鮮 語音에 이파 바침으로 될적에는 ㄷ 같ㅅ은 소리를 내는 일이 있읍니다。그리하야 끝소리를 되게 낼적에는 반듯이 ㅅ으로 쓰는것이 이미 習慣이 되었읍니다。外來語에 벧(Bed) 뱉(Bat) 라켓(Racket)들의 아래에 「이」토를 달아 말할적에 모두 「시」로 하야 「배시」「라케시」다고까지 하는것입니다。이와 같이 ㅅ이 ㄷ을 대신하게 되는것을 알것입니다。그러므로 여기에는 다만 習慣만을 그대로 좇아서 甲을 取하자는것입니다。

例語에 ㄷ으로만 나는 바침과 ㅅ으로도 나는 바침 두가지로 나누었는데, 前者는 ㅅ소리가 한번도 나지 아니하는고로 이것은 단순히 ㄷ소리의 音價만 있는것이요, 後者는 혹시 ㅅ소리가 나는 때도 있으니 그 말 아래에 「하다」를 빼고 「이」를 붙일적에 ㅅ소리를 내어, 「깨끗이」「버릇이」와 같이 되는것입니다。

原文 例語中에 「빗나다」는 혹「빛나다(輝)」란 말로 誤解할 虞가 있읍니다。이것은 「빗가다」로 고치어 보시오。

紙上講習

한글 마춤법 ·統一案 解說 (14)

李 允 宰 述

第二章 文法에關한것

第一節 語言과 토.

【原文】

第七項 語音과 토가 어우를적에는 소리가 變하거나 아니하거나를 勿論하고 다 제 原形을 바꾸지 아니한다.

【講解】

語言이라 함은 文法上에 써 흔히 쓰는 말입니다. 우리들이 하는 말은 여러개의 單語가 모이어 하나의 文章(Setanee)이 構成되어 있읍니다. 그 각각 單語는 그 性質과 用法을 따라, 이름이 여러가지가 있으니, 그 分類法은 文法家의 主見에 의지하야 多少 다른 點도 없지 아니하나, 그중에 가장 共通的인것을 들면,

이름씨(名詞)
어떻씨(形容詞)
움즉씨(動詞)
어떤씨(冠形詞)
어찌씨(副詞)
느낌씨(感歎詞)
토씨(助詞)

等 여러 씨(品詞)로 나누게 됩니다. (文法上 術語는 달리 일컫는것도 몇이 있으나 여기에는 崔鉉培氏의「우리말본」의것을 대개 適用하였으며, 이것이 아직 一般에게 잘 익지 못할가 하야, 부득이 그 아래 括弧內에 日本말을 對照하였다) 이 가운데에 이름씨가 體言이오, 어떻씨·움즉씨가 用言입니다. 이 둘이 文章組織에 가장 重要한 骨子가 된것이므로, 이것을 比較하야 다시 말하겠읍니다. 體言은 事物의 主體가 되어 그 槪念을 나타내는 말이니 語尾의 活用이 없는것이오, 用言은 事物에 대하야 說明하는 作用을 가진 말이니 語尾의 活用이 있는것입니다. 이것을 우리말로 임자씨(主語) 풀이씨(說明語)라 하면 더욱 適切하리라 합니다.

봄에 꽃이 피오.
아이가 밥을 먹소.
지구는 [illegible]어 [illegible]보다. 삼분지이가 배 크다.

어떠한 말 가운데「봄·꽃·아이·밥·지구·[illegible]·[illegible]·삼분지이」가 다 體言이오,「피오·먹소·크다」가 다 用言입니다. 그러고 그 밖에의「에·이·가·을·는·보다」들은 다 토입니다. 이러한 토는 語言에 붙는것으로 어떠한 말이든지 반듯이 이것이 붙어서 語言의 關係를 엮게됩니다. 用言語尾에「오·소·다」같은것도 다 토입니다. 그러나 用言에는 토를 빼고「피·먹·크」라고만 써놓으면 이것이 무엇인지 도무지 뜻을 알지 못할것입니다(此項未完)

【訂正】 前回(十三回) 三段 第十二行「로 朝鮮 語音에」下에「ㅅ이 바침으로 될적에는 ㄷ과 같은 소리를」로 訂正함.

紙上講習

한글 마춤법 통일안 해설 (15)

李允宰

이와 같이 토는 體言이나 用言이나 혹 어찌씨(副詞)같은데 붙어서 그 말들의 關係를 밝히어주는것입니다。우리말에 토의 수효가 상당히 많고 쓰이는 範圍도 매우 넓어서 어떤 말이든지 이 토가 없이는 되는 말이 없읍니다。이렇게 토가 우리말에 특별히 重要한 特性이 있으니、우리말이 中國말이나 西洋말과 아주 다른 點은 주요히 이 토에 말미암음이라 할것입니다。言語學者가 世界의 言語를 그 形態上으로 보아 세가지로 나누니、

一、孤立語
(Isolating language)

二、屈折語
(Inflexional language)

三、膠着語
(Agglutinative language)

입니다。孤立語는 單語에 形式上 變化가 없고 다만 그 位置로써 文法上 關係를 나타내는 말이니 中國말과 같은것이요、屈折語는 單語 그것의 變化 곧 屈折로 因하야 文法上 關係를 나타내는 말이니 西洋말과 같은것이오、膠着語는 文法上의 形式을 나타내는 쪄는 말(곧 토)이 있어 이를 다른 말에 붙이어 쓰는 말이니 조선말 일본말 蒙古말 土耳其말 같은것입니다。그런즉 우리 조선말은 膠着語로써 토란것이 한 特性을 가지어 있어、中國語·英語·佛語·獨語하고 서로 共通되지 못하는 點이 실로 여기에 있다 하겠읍니다。

토는 우게도 갈[illegible]이 항상 다른 씨(品詞)에 붙어서 그 文法上의 職能을 완전히 표며내는것입니다。그러므로 말의 性質에 따라 그 토를 여러 種類로 나눌수도 있으나、여기에는 다만 體言과 用言에 關한것을 말하기로 하며、體言의 토에도 또한 몇種類가 있으나、그 煩瑣를 避하야 一般 文法的으로 細分하지 아니하고、오로지 마춤법에 關係되는것만 들어서 말하기로 합니다。

體言에 붙는 토를 여기에는 대개「이·은·의·을·으로·에·에서·이니·이오·과·도」等 몇가지만 가지고 쓰기로합시다。이 여러가지 토를 어떠한 말에 붙이든지 무릇、이름씨(名詞)이고보면 이것이 똑같이 쓰이어 規則이 썩 整然하게 됩니다。

밥 { 이 은 의 을 으로 에 에서 이니 이오 과 도

물 { 이 은 의 을 로 에 에서 이니 이오 과 도

흙 { 이 은 의 을 으로 에 에서 이니 이오 과 도

(此項未完)

紙上講習

한글 마춤법 統一案 解說 (16)

李允宰

體言의 토에 대하야 한가지 알아둘것은 우에 말한 곧 이름씨(名詞)와 끝音節이 닿소리로 끝난것과 홀소리로 끝난것에 곧 바침이 있고 바침이 없는데를 따라 다 같은 意味의 토로써 다르게 쓰이는 경우가 있읍니다。우에 例를 든것은 「밥・물・흙」이 무른 바침이 있는 말이므로 그러한 토들이 쓰이었지마는、바침이 없는 말 아래에는 그 대신 「가・는・를・로・니・오・와」의 토들이 쓰이게 됩니다。다만 그 가운데 「의・에・에서・도」같은 토만 두군데에 다 共通으로 쓰입니다。바침 없는 말의 例를 들면

	가	는	를	로	니	오	와
소	가	는	를	로	니	오	와
개	가	는	를	로	니	오	와
토끼	가	는	를	로	니	오	와

이러합니다。또 이것을 다시 對照하여보면

이 은 의 을 으로 에서 이나 이오 과 도

가 는 의 를 로 에서 나 오 와 도

이렇게 됩니다。欄上는 바침 있는 말에 쓰이는 토요、欄下는 바침 없는 말에 쓰이는 토니、어떠한 말이든지 하나식 각기 그 우에 넣어서 읽어보아 되고 안되는것을 비교하여 보시오。(但 큰바침만은 「로」의 토로 되지 않고 바침 없는 말에서와 같이 「로」의 토로 쓰입니다)

이와 같이 體言과 토는 각각 그 自體가 나누어있어 조금도 變動할수 없으며 또 서로 뒤섞일수도 없는것입니다。가령 「밥이、밥을、물이、물을」할것을 「바비、바블、무리、무를」이라고 쓴다면、體言과 토가 서로 섞이어 당초에 어떻게 되는말인지 알수 없는것이오、또 극히 混亂하야 보기에도 매우 어려울것이 아닙니까。그러므로 말은 體言과 토가 이미 確然히 區別된 그대로 나누어 쓰는것이 좋습니다。

여기에 「값」「밥」「꽃」은 體言이오、「이」「에」는 토이므로、이것이 어우러져 에 소리에는 多少間 變하는 데가 있을지라도 결코 그 原形을 바꾸어서는 안됩니다。만일 「값노」다 할 때에 설혹 ㅅ소리가 아니 날지라도、반듯이 켜 原形 곧 「값」을 보전하여야 하며、「밥이」다 할 때에 「밥친」로 發音이 되나、이것은 口蓋音化됨을 認定하야 반듯이 켜 原形인 「밥이」로 써야 하며、「꽃이」를 혹시 「꽃에」나 「꼬헤」로 發音하는 때가 있을지라도 반듯이 켜 原形을 보전하야 달리 쓰지 못한다는것입니다。

紙上講習

한글 마춤법 統一案 解說 (17)

李允宰

第二節 語幹과 語尾

【原文】

第八項 用言의 語幹과 語尾는 區別하야 적는다。

例 먹다 먹고 먹으니 먹어서 먹은 먹을 할가 할고 할지

【附記】 다음과 같은 말들은 그 語源이 分明한것은 본 語幹과 語尾를 區別하야 적고、그 語源이 分明하지 아니한것은 본 語幹과 語尾를 區別하야 적지 아니한다。(甲을 取하고 乙을 버린다)

例(1) 그 語源이 分明한것

甲	乙
넘어지다	너머지다
늘어지다	느러지다
떨어지다	떠러지다
돌아가다	도라가다
들어가다	드러가다
엎어지다	어퍼지다
흩어지다	흐터지다

(2) 그 語源이 分明하지 아니한것

甲	乙
나타나다	낱아나다
부러지다	붏어지다
불거지다	붉어지다
자빠지다	잡바지다
쓰러지다	쓿어지다

【講解】 用言이 무엇이라 함은 이미 前項에서 대개 말하였으므로 여기에서 다시 말하지 아니하거니와、用言이 體言과 달라 活用하는것이 特徵이 된다는것을 알것입니다。그러하야 그 말 가운데에는 두가지의 部分이 있으니、하나는 語幹(Stem)이요、하나는 語尾 (Termination)입니다。語幹은 그말의 實質的 뜻을 나타내는것이니 固定하야 바꾸이지 아니하는 部分이요、語尾는 그 말의 形式的 뜻을 나타내는것이니 文法的 關係를 맺기 위하야 여러가지로 바꾸이는 部分입니다。語幹과 語尾의 자리를 區別하면 다음과 같이 됩니다。

語幹	語尾
먹	다
밝	다
착하	다
부르짖	다

이렇게 어떠한 말이든지 그 語幹에 語尾 「다」가 붙어서、그 말의 뜻을 나타냅니다。

그러고 語尾가 文法的 關係를 맺기 위하야、여러가지로 그 形狀을 바꾸게 되니、이것을 語尾 活用이라 합니다。이제 「먹다」 라는 말을 가지고 活用하는것을 보이면 아래와 같습니다。

語幹	語尾
먹	다
먹	고
먹	으니
먹	어서
먹	은
먹	을

이와 같이 語幹 「먹」 아래에 「다、고、으니、어서、은、을」 등의 語尾가 붙어서 여러가지로 活用하게됩니다。이 여러 語尾를 通稱하야 活用部라 합니다。

(此項未完)

紙上講習

한글 마춤법 統一案 解說 (18)

李允宰

用言이란것이 근본 單一한 中心 觀念으로 되는것이 그 原形이지마는 다른 말이 와서 그 語幹에 붙어서 그것을 돕는것이 있읍니다. 이것을 補助語幹이라 합니다. 例를 들면,

잡으시다
잡히다
잡았다
잡겠다

와 같은 말들에 「으시, 히, 았, 겠」들이 다 補助語幹입니다. 이와 같이 補助語幹은 原語幹에 包含되어, 한 낱의 語幹이 되는것입니다. 이것이 語尾活用으로 말미암아 바꾸이지 아니하고, 固定的 形態를 가집니다. 그 가운데 하나만 가지고 例를 들면,

語幹	語尾
잡으시	기어니고다

이러합니다. 補助語幹을 어떤이는 助動詞라 하나, 우리의 補助語幹이 日本의 助動詞나 英語의 Auxiliary verb과 그 쓰이는것이 다른고로 특별히 이 名稱을 쓰는것입니다.

이렇게 用言은 簡單한것이나 複雜한것이나 다 마찬가지로 한 語幹과 한 語尾와의 두 部分으로 되었읍니다.

用言의 活用法에 대하야 여러 種類로 나눌수 있으나, 이것을 大別하면 대개 세가지로 나누게 되리니, 곧 終止法·資格法·接續法입니다.

終止法은 월(文章)을 終結하는것이니, 例를 들면,

먹다 먹는다……敍述形
먹느냐……疑問形
먹어라……命令形
먹자……勸誘形
먹구나……感嘆形

와 같은것입니다.

資格法은 用言이 여러 獨立的으로, 다른 品詞의 資格을 바꾸어서 혹은 어찌씨(副詞)같이 되고, 혹은 어떤씨(冠形詞)같이 되고, 혹은 이름씨(名詞)같이 되는것이니, 例를 들면,

먹어, 먹게, 먹지……副詞形
먹는, 먹은, 먹을……冠形詞形
먹음, 먹기……名詞形

와 같은것입니다.

接續法은 用言이 월의 終止가 되어서, 그것을 終結하지 아니하고, 다시 다른 用言이나 월에 連續시키는 것이니, 例를 들면,

먹으니
먹으면
먹고
먹어도

이 밖에 여러가지가 있읍니다. (此項未完)

紙上講習

한글 마춤법 統一案 解說 (19)

李允宰 述

요새 朴勝彬씨라는이가 自己 獨創의 文法說을 말한 일이 있는데, 그 迷妄한 異說은 不足與論이어니와, 用言의 活用法에 있어서 더욱 奇怪罔測하야 말할수도 없읍니다。 그는 語幹과 語尾의 나누는것을 이렇게 합니다。 곧 「바라다(望)」는 「바」가 語幹, 「라」가 語尾라는둥, 「높으니(高)」는 「노」가 語幹, 「프」가 語尾라는둥, 또「먹다(食)」는 말에는 「미그」가 原段, 「머거」가 變動段, 「먹다, 먹고」들은 略音이라는둥, 또 「가다(去)」의 「가」는 아段活用, 「서다(立)」의 「서」는 어段活用 「펴다(敷)」의 「펴」는 여段活用, 「오다(來)」의 「오」는 오段活用, 「꾸다(借)」의 「꾸」는 우段活用, 「크다(大)」의 「크」는 으段活用, 「지다(負)」의 「지」는 이段活用, 이따위의 소위 段活用이란것을 지저분하게 벌려놓아서 日本 文法에서 이른바 四段活用法을 따온 모양입니다。 그러고 그는 段活用法이란것을 主張하야 이렇게 글을 씁니다。

보아쓰오 (보았소)

보나여쓰오 (보내였소)

날이가이개쓰오 (날이 개겠소)

밥맛이이서잘머거씁니다 (밥맛이 있어 잘 먹었읍니다)

소리를높히여갈히날읍시다 (소리를 높이어 같이 읽읍시다)

만일 이렇게 쓴다면, 「보았소」를 「보아쓰오」로 쓰면, 누구나 다 「보(見)아」와 「쓰(書)오」 곧 보면서 쓰는것으로 밖에 아니 볼것이며, 「보내였소」를 「보내여쓰오」로 쓰면, 누구나 다 「보내(送)여」와 「쓰(用)오」 곧 보내여 쓴다는것으로 밖에 아니 알것이며, 「가이개쓰오」와 같은것은 애초에 무슨 뜻인지를 모를것이 아닙니까。

말을 이렇게 부질없이 어렵고 混亂하게 쓸 까닭이 무엇입니까。 우리글이 가장 쉽고 簡單하게 文法으로 整理될것을 그렇게 어렵고 複雜하게 되는것은 오로지 語幹과 語尾의 나누는 方法을 그릇되었다고 할수밖에 없읍니다。 우리가 먼저 言語와 文字의 本質을 살펴서 그것이 서로 矛盾되지 아니할 範圍에서 文法을 定하는것이 文法家의 態度라하겠거늘, 朴氏의 段活用法이란것은 당초에 우리 한글의 本質을 떠나서, 日本 假名(音節文字)으로 쓰는 그活用法을 우리 文法에 適用하자는데 지나지 아니하니, 과연 寒心하다 할밖에 없읍니다。 (此項未完)

紙上講習

한글 마춤법 統一案 解說 (20)

李允宰

閑話休題 이제 여기에 用言의 語幹과 語尾를 區別하야「먹다、먹고、먹으니、먹어서、먹은、먹을」로 쓰니、이중에「먹」이 語幹이요、「다、고、으니、어서、은、을」이 語尾라는것은 우에 이미 말 하였으므로 다시 말할것 없읍니다。

「할고、할가、할지」는「하」가 語幹이요、「ㄹ고、ㄹ가、ㄹ지」가 語尾입니다。語幹 끝 音節에 바침이 없는 말에는 아래 토에「으」가 없고 ㄹ만 남게 되므로、이것을 웃 말에 붙여 씁니다。이것을 比較하여보면、

을지 | 먹을고 | 먹을가 | 먹을지
ㄹ지 | 할고 | 할가 | 할지

이렇게 됩니다。이것을 더 좀 자세히 말하면、바침 있는 말 아래에 쓰이는 토「으니、으매、으면、으므로、은、을」이 바침 없는 말 아래에서는「니、매、면、므로、ㄴ、ㄹ」로 쓰입니다。(ㄴ、ㄹ은 웃말에 바침으로 붙는다) 例를 들면

가 — 니、매、면、므로、ㄴ、ㄹ
보 — 니、매、면、므로、ㄴ、ㄹ
잡히 — 니、매、면、므로、ㄴ、ㄹ

이런합니다。이것을 다시 對照하여보면、

[illegible]

[illegible]

이렇게 됩니다。欄上은 바침 있는 말의 토요、欄下는 바침 없는 말의 토니、어떠한 말이든지 하나식 그 우에 얹어서 비교하여보시오。(但 ㄹ 바침만은 例外로 된다)

또「할고、할가、할지」를「할꼬、할까、할찌」로 쓰는 것이 좋겠다 하는이도 있으나、이것은 複合語로 되는 때에 舌頭音 ㄹ이 絕音이 되는 때에 나는 소리를 내어 喉頭나 舌端으로 옮기어갈적에 그 中間에서 흔히 된소리로 나는 일이 있읍니다。이러한것을 ㅡㅡ이 다 그 된소리로 적기로 하면 한정이 없겠읍니다。여기에 對하여는 이다음에 다시 말할 機會가 있겠으므로 위선 이만 하여둡니다。

한 單辭로서 複合語的 性質을 가진 말은 무릇 다 語源이 들어있어 뜻이 分明한것은 본 語幹과 語尾를 區別하야 적는것이 옳으니、아래의 말들은 어떠한 語源이 있읍니다。

넘어지다——넘다(越)와 지다(落)와 語源이 있고、
쏟어지다——쏟다(瀉)와 지다와 語源이 있고、
떨어지다——떨다(拂)와 지다와 語源이 있고、
돌아가다——돌다(回)와 가다(去)와 語源이 있었고、
들어가다——들다(入)와 가다와 語源이 있고、
엎어지다——엎다(覆)와 지
흩어지다——흩다(散)와 지다와 語源이 있다。

이와 같이 각각 語源이 있는것은 그 語源을 밝힐 必要가 있지마는、「나타나다、붉거지다、부러지다、자빠지다、쓰러지다」와 같은 말들은 아무 語源이 없고、혹 있는듯하여도 分明하지 못하니、이러한것은 모두 소리대로만 쓰는것이 좋다는것입니다。「붉거지다」는 빛같에는「붉어지다」로 쓰는것이 옳으며、여기에는 凸出하다는것입니다。

紙上講習

한글 마춤법 統一案 解說 (21)

李允宰 述

第三節 規則 用言

【原文】

第九項 다음과 같은 動詞는 그 語幹 아래에 다른 소리가 붙어서 그 뜻을 바꿀적에 소리가 變하거나 아니하거나를 물지 아니하고 다 그 原形을 밝히어 적는다。(甲을 取하고 乙을 버린다)

例

甲	乙
맡기다	맛기다
쫓기다	조끼다
솟구다	소꾸다
갈리다	갈니다
걸리다	걸니다
먹이다	머기다
보이다	보히다
낚이다	낙기다
핥이다	할치다
돋우다	도두다
닫히다	다치다
잡히다	자피다
묻히다	무치다

【講解】

움죽씨(動詞)의 語幹 아래에 다른 소리「기, 리, 이, 히, 치, 구, 우, 추」 등의 補助語幹이 붙어서 原語幹의 뜻을 바꾸어 줍니다。

自動詞와 他動詞가 서로 바꾸이기도 하니,「기, 리, 이, 히」 등은 他動詞가 自動詞로,「구, 우」 등은 自動詞가 他動詞로 바꾸입니다。이 두가지를 比較하야 보이겠읍니다。

語幹	自動詞	他動詞
쫓다	쫓기다	쫓다
맡다	맡기다(被	맡다
		맡기다(使)
솟다	솟다	솟구다
갈다	갈리다	갈다
걸다	걸리다	걸다
보다	보이다(被	보다
		보이다(使)
낚다	낚이다	낚다
핥다	핥이다	핥다
돋다	돋다	돋우다
먹다	먹히다(被)	먹다
		먹이다(使)
닫다	닫히다(被)	닫다
		닫기다(使)
잡다	잡히다	잡다
묻다	묻히다	묻다

또 이와 같은 말들을 가지고 시킴(使役)과 입음(被動)으로 나누기도 하나「이, 히, 기, 리」 등의 補助語幹이 共通으로 쓰이게 됩니다。

使役
1 먹이다 보이다
2 솟구다
3 돋우다
4 잡히다
5 맡기다
6 갈리다 걸리다

被動
1 먹히다 묻히다
2 보이다 낚이다
3 핥이다
4 갈리다
5 쫓기다

이 가운데「보이다」「갈리다」 등은 使役도 되고 被動도 되나, 그 쓰이는것이 다릅니다, 가령「아이에게 그림을 보이다」라 하면, 이것은 使役이요, 「그렇게 잔 글자도 내 눈에 잘 보인다」라 하면, 이것은 被動이며, 또「그이에게 먹을 갈리고」라 하면, 使役이 되고,「이 벼루에는 먹이 잘 갈린다」라 하면 被動이 되는것입니다。

이와 같이 原語幹과 補助語幹이 어울려서 한 움죽씨로 된것은 다 그 原形을 밝히어 써야 하니,「먹이다, 맡기다, 핥이다」 같은것은「메기다, 매끼다, 할치다」로 소리난다 할지라도 결코 그렇게 써서는 안됩니다。

紙上講習

한글 마춤법 統一案 解說 (22)

李允宰 述

第四節 變格 用言

【原文】

第一○項 다음과 같은 變格 用言을 認定하고,각각 그 特有한 變則을 좇아서 語幹과 語尾가 變함을 認定하고 變한대로 적는다。

(이 項目은 여러 줄거리로 되어 있으므로 한가지식 들어서 講解하기로 한다)

【講解】

用言에는 語幹과 語尾가 規則的으로 된것도 있고, 不規則으로 된것도 있읍니다. 우리말에는 다른 나라 말처럼 不規則으로 된것이 그리 많거나 복잡 하거나 하지 아니하야 다만 몇種類가 있을뿐입니다。

一、語幹이 原則에 벗어난 것

A 語幹의 끝소리가 줄어지는것
ㄹ變格用言
ㅅ變格用言
으變格用言
ㅎ變格用言

B 語幹의 끝소리가 다른 소리로 바꾸이는 것
ㄷ變格用言
ㅂ變格用言

二、語尾가 原則에 벗어난 것
여變格用言
러變格用言

三、語幹과 語尾가 함께 原則에 벗어난것
르變格用言

[illegible]게 이러한것이 있읍니다。

이왕에는 혹 이렇게 變格 用言이 된것을 認定하지 아니하고 꼭 規則 用言과 같이 쓰려고 애쓰던 일도 있었읍니다。가령 「노(遊)니」를 「놀니」로,「더워(暑)」를 「덥어」로,「이르러(至)」를 「이르어」로,「길렀다(養)」를 「기르었다」로 쓰기까지 하였읍니다。이렇게 語幹과 語尾를 區別하야 적는것이 文法 整理上으로는 여간 좋은것이 아니지마는, 말의 소리가 너무 틀리어 言語의 自然性을 잃게 될것이요, 또 一般이 學習하는데나 實用하기에 얼마나 不便할것입니까。말이란 반듯이 法則에만 拘束을 받게 될것이 아닙니다。우리가 文法을 整理할 때에 어느 限度까지는 法則을 準用할 수도 있겠지마는,소리가 워낙 딴판으로 틀리는 때에는 法則만으로는 도저히 될 수 없는것입니다。그런고로 이러한 경우에 이르러는 부득이 變格 用言이란것을 쓰지 아니할수 없게 됩니다。그리하야 여기에는 變格 用言을 認定하고,語幹이나 語尾나 變한것이 있는 것은 그 變한대로 써서, 특별히 그 原形을 相關하지 않기로 된것입니다 (此項未完)

紙上講習

한글 마춤법 統一案 解說 (23)

李允宰 述

【原文】

(一) 語幹의 끝 ㄹ이 ㄴ ㅂ과 「오」 우에서 주는 말

例 (1) ㄴ 우에서

울다 우나 우니
길다 기나 기니

(2) ㅂ 우에서

놀다 놉니다
갈다 갑니다

(3) 「오」 우에서

놀다 노오니
갈다 가오니

(附記) ㄹ ㄷ ㅅ ㅈ 우에서도 주는 일이 있지마는 안 주는것으로 原則을 삼되, 尊敬의 「시」와 未來의 ㄹ 우에서는 도무지 나지 아니하는것으로 한다。

例 놀다(遊) 노시다 놀사람
알다(知) 아시다 알사람

【講解】

ㄹ을 體言 끝에 써서 從屬語와 어우를적에는 절대로 줄어지는 일은 없으니, 가령 「술」이란 말 아래에 어떠한 토를 달든지 ㄹ소리가 나지 아니하는 때는 조금도 없으며, 다만 複合語도 되는 경우에는 ㄹ소리가 나기도 하고 아니 나기도 하니, 「솔나무」「소나무」도 하는것입니다。그러나 用言에서는 語幹 끝 ㄹ이 그 아래 토의 첫소리 ㄴ이나 ㅂ이나 또 「오」 우에서는 반듯이 줄어지는 것이 보통입니다。

이것을 語法에만 맞도록 쓰자면, 「우나(鳴)」를 「울으나」 혹 「울나」로, 「우니」를 「울으니」 혹 「울니」로, 「기나(長)」를 「길으나」 혹 「길나」로, 「기니」를 「길으니」 혹 「길니」로 써야 하겠고 「놉니다(遊)」를 「놀읍니다」 혹 「놂니다」로, 갑니다(耕)」를 「갈읍니다」 혹 「갊니다」로 써야 하겠고, 「노오니」를 「놀으오니」 혹 「놀오니」로, 「가오니」를 「갈으오니」 혹 「갈오니」로 써야 할것이니, 이것이 實際 語音하고 너무 틀리어, 말을 改造하기 以前에는 결코 實行하기 不可能일것입니다。

그런고로 이러한 말들은 다 그 語幹 끝에 ㄹ이 준것을 認定하야, 아니 쓰는 것이 좋습니다。 혹 어떤이는 이렇게 준 말에는 英語에서 쓰는 사일렌트(Silent)를 써서라도, 될수 있는대로 變則이 되지 않도록 하는것이 좋으리라고 하나, 우리글에는 在來도 그러한것을 쓰지 않던것을 지금에 새삼스러 그것을 쓴다면 매우 어려운 일이 되어, 이른바 巧欲反拙이 되지 아니할가 하는것입니다

附則에 있는 例에 「놀다」와 「알다」는 흔히 「노다」 「아다」로 말하는 때도 있으나, 「놀다」 「알다」로만 쓰자는것이며, 「놀지」 「알지」를 「노지」 「아지」로 말하는 때도 있으나, 이것도 「놀지」 「알지」로만 쓰자는 것입니다。 「놀사람」 「알사람」은 그 ㄹ이 語幹의 ㄹ이 아니라, 토의 ㄹ로 치는것이니, 이것이 끝 바침 있는 말 아래에 「을」과 같은것입니다。이것을 比較하여보면,

노ㄹ—사람 아ㄹ—사람
잡—을—사람 믿—을—사람

이렇게 原語의 ㄹ은 준것이 되고, 토의 ㄹ이 그 자리에 들어 있게 됩니다。 「노세」 「아세」도 다 ㄹ이 준것을 보면, ㅅ 우에서도 ㄹ이 주는것으로 알수 밖에 없읍니다

紙上講習

한글 마춤법 統一案 解說 (24)

李允宰 述

【原文】

(二) 語幹의 끝 ㅅ이 홀소리(母音) 우에서 줄어질적

例 잇다(續) 이어 이으니

낫다(癒) 나아 나으니

【講解】

語幹의 끝 ㅅ은 우에 말한 ㄷ과 달라서, 주는것도 있고 줄지 아니하는것도 있읍니다. 「벗다(脫)」「빗다(梳)」「솟다(湧)」「씻다(洗)」「앗다(取)」「웃다(笑)」등은 그 語幹 끝 ㅅ이 줄지 아니 하야, 어떠한 경우에도 變動이 없이 規則用言과 같이 되나, 여기에 「잇다(續)」「낫다(癒)」와 같은 말은 홀소리 우에서만 줄어집니다. 이것이 웨 줄어지는가. 그 原因을 한번 따지어봅시다. ㅅ이 주는 말의 ㅅ바침은 본디 ㅅ이 아니라, 실상은 ㅿ입니다. 끝 「잇다」「낭다」로 쓰던것입니다. ㅿ는 도대체 무엇입니까. 訓民正音에는 그 소리를 「半齒音이니 穰字의 初發聲과 같다」라 하였는데, 이것만 보아서는 ㅿ을 어떻게 소리를 내어야 옳을지 모를것입니다. 그러나 正音解釋(英祖時 朴性源 撰)에는 「漢音의 수는 수우의 間音이니 淺喉音이라」하였고, 三韻聲彙(英祖時 洪啓禧 撰)에는 「ㅿ는 곧 ㅅㅇ의 間音이니, 我國에서는 成音하기어려운故로 여기에 적지 아니한다」하였으며, 또 諺文志(純祖時 柳僖 著)에도 ㅿ이 ㅅㅇ의 間音임을 분명히 말하였습니다. 이것을 의지하면, ㅿ이 ㅅ 비슷한 소리인것을 알것입니다. 古書에 보면, 마을(村)을 「마을」로, 가을(秋)을 「가을」로, 가위(剪刀)를 「가새」로, 처엄(初)도 「처엄」으로, 마음(心)「마음」으로 썼는데, 지금 시골말에는 마슬(村) 가슬(秋) 가새(剪刀)란 말이 있읍니다. 또 漢字音에도 人을 「인」으로, 日을 「일」로 如를 「여」로 썼읍니다. 이러한것을 보면, ㅿ이 ㅅ에 가까운 소리로 뒤에 ㅇ로 變한 經路를 밝히 알수 있읍니다. 여기에 「잇다」「낫다」와 같은 말도 본디 「잇」「낭」 이던것을, 닿소리 우에서는 ㅅ으로 되고, 홀소리 우에서는 줄어저 ㅇ로 되는것이 또한 이러한 關係가 있는것입니다. 시골말에는 「이어, 이으니」를 「잇어, 잇으니」다 하며 「나아, 나으니」를 「낫아, 낫으니」다 합니다.

이러한 말에 ㅅ이 준것은 준것을 認定하야, 아니 쓰기로 된것입니다. 「잇다」「낫다」밖에 「긋다(畫)」「붓다(注)」「젓다(拌)」「짓다(作)」들도 다 이러한 類입니다.

紙上講習

한글 마춤법 統一案解說 (25)

李允宰 述

【原文】

(三) 語幹의 끝 ㅎ이 줄어질적

例 하얗다 하야니 하얀 하야면

【講解】

ㅎ바침이 드는 말 가운데 「좋다」「않다」와 같은 것은 어떠한 경우에서도 ㅎ이 결코 줄어지는 일이 없지마는, 「하얗다」와 같은 것은 「하얗으니, 하얗아서…」라 하지 못하고, 「하야니, 하야서……」라 하야, ㅎ바침이 줄이는 때가 있읍니다. 그렇게 된 原因을 따지어보면, 「하얗나」는 古語에 「하야ᄒᆞ나」가 줄어서 된 말입니다. 이렇게 줄어서 된 말에 「은니, 은, 으면」이란 토들이 올적에는 ㅎ마저 줄어지고, 홀소리 아래 달리는 토 「니, ㄴ, 면」들이 붙게 되는것이니, 이러한것을 ㅎ變格 用言이라 합니다。

여기에 比較하야 하나 생각할것은, 「그러하다」란 말이 줄어서 「그렇다」로 되었는데, 이 말 아래에 「으니, 은, 으면」이란 토들이 올적에 역시 ㅎ이 줄어서 「그러니, 그런, 그러면」으로 쓰게 되는것과 같읍니다。 요새 흔히 「그렇니, 그렇난」 따위로 쓰는것은 크게 잘못입니다。 이것은 이다음 第十 첫項에 이르러 자세히 말하겠습니다。

여기에 하나 알것은 語幹 끝音節의 홀소리 ㅏ ㅓ (ㅑ ㅕ도 包含)가 ㅎ과 連接한 말로써 語尾 첫音節 홀소리를 만날적에는 ㅎ이 주는 現像입니다。 다시 말하면, 語幹 끝 ㅎ이 닿소리 토 우에서는 줄지 아니하고, 홀소리 토 우에서만 주는것입니다。

차얗게
차얗겠나
하얗고
차얗구나
차얗기
하얗는데
하얗다
하얗던
하얗도다
하얗는지
하얗소
하얗지

이와 같이 ㄱ, ㄴ, ㄷ, ㅅ 들의 닿소리 우에서는 줄지 아니하며,

하야서 (하얗아서의 준것)
하야니 (하얗으니의 준것)
하야면 (하얗으면의 준것)
하야리 (하얗으리의 준것)
하얀 (하얗은의 준것)
하얄 (하얗을의 준것)

이와 같이 「아서, 으니, 으면, 으리, 은, 을」들의 홀소리 (ㅇ는 없는것으로 치는것) 우에서는 다 줄어지는것입니다。

아래은 같은 말들은 다 ㅎ이 주는것입니다。

가맣다 거멓다
곱다랗나 굵다랗다
기다랗다 길다랗다
넓다랗다 높다랗다
노랗다 누렇다
동그랗다 동그렇다
말갛나 멀겋다
발갛나 빨갛나
벌겋다 뻘겋나
뽀얗나 뿌옇다
새까맣다 새누렇다
새빨갛다 새카맣나
새파랗다 새하얗다
시누렇다 시뻘겋나
시커멓나 시퍼렇나
커다랗다 파랗다
퍼렇다 허옇나

紙上講習

한글 마춤법 統一案 解說

(26)

李允宰

【原文】

(四) 語幹의 끝 ㄷ이 홀소리우에서 ㄹ로 變할적

例 듣다(聽) 들어 들으니
묻다(問) 물어 물으니

【講解】

이것은 우에 말한 다른 變格 用音과 달라서 語幹의 몸 전체가 바꾸이는것입니다 「듣다」란 말이 닿소리의 토 우에서는 ㄷ바침으로 되고, 홀소리의 토 우에서는 ㄹ바침으로 되어, 같은 뜻의 말로서 두가지의 語幹을 가지게 되니, 이것을 ㄷ變格用音이라 합니다。

어찌하야 그렇게 된 까닭은 자세히 알수 없으나, 지금 咸鏡道地方에서 「듣다, 묻다」 등을 「듣떠, 묻떠」도 發音하는것을 보면, 혹 처음에는 ㄹ로만 되던것이 뒤에 차차 된소리인 ㄷ으로 變形된것이 아닌가 합니다。하여간 現音은 그 原音을 찾는대야 소용이 없으니, 이미 소리된대로 쓰는것이 좋습니다。

듣: 게 겠다 고 기 느냐 는 니 다 더니 던 든지 네 소 지

들: 어라 어서 었나 으면 으니 은 을

여기에 하나 붙이어 말할것은, 우에 第六項에 있는 「ㄷ으로만 나는것이나 ㅅ으로도 나는것이나를 물론하고 在來의 버릇을 따라 ㅅ으로 統一하야 적는다」 라는것에 의지하야, 이것도 다 ㅅ으로 써야 할것인데, ㄷ으로 쓰는것이 그것과 좀 矛盾이 아닌가 하는 의심이 있을것입니다。그러나 여기에는 이러한 理由가 있읍니다。

「붙다, 붙다」란 말들은 接續詞나 形容詞와 달라서 用音이 되기 때문에 더욱 實[illegible] 그 原因을 살피어 될수 있는대로 바르게 쓰는것이 좋으리니, 첫재 語音上으로도 보아, ㄷ이 ㄹ과 共通하는 性質이 있으니, 例를 들면

1 목단(牧丹)——모란
계단(契丹)——계란(글란)
2 이더니——이러니
이더라——이러라
3 하도다——하로다

이렇게 ㄷ과 ㄹ이 共通됨을 알것이오, 다른 나라의 音에도 많이 그렇게 되며, 그 다음으로 歷史的 因緣을 보아, 訓民正音에 ㄷ과 ㄹ을 함께 舌音 種類에 놓되, 그 字形도 그 基本 되는 ㄴ에 의지한것이 분명하며, 또 예적에는, 이러한 말을 다 ㄷ바침으로 썼으며, 그 다음으로는 語法上으로 보아, ㅅ變格用音이 두種類가 있게 되면——곧 잇다(續)와 듯다(謂)를 다 같이 ㅅ變格用音이라 하면, 그 說明上 整理上 심히 不便할것입니다。이러한 여러가지의 理由로써 이것만은 특히 ㄷ으로쓰게된것입니다。

아래와 같은 말들은 다 語幹 끝 ㄷ이 ㄹ로 變하는것입니다。

깨닫다(覺) 듣다(聽)
걷다(步) 묻다(問)
겯다(編) 붇다(殖)
긷다(汲) 일컫다(稱)
닫다(走)

紙上講習

한글 마춤법 統一案 解說 (27)

李允宰 述

【原文】

(五) 語幹 끝 ㅂ이 홀소리 우에서 「우」나 「오」로 變할적

例 돕다(助) 도와 도우니
곱다(姸) 고와 고우니
눕다(臥) 누워 누우니
춥다(寒) 추워 추우니

【講解】

語幹 끝 ㅂ이 되는 말 가운데 「굽다(曲)」 「뽑다(選)」 「접다(摺)」 「업다(負)」 「입다(被)」 「잡다(執)」 「접다(疊)」 「좁다(狹)」 「집다(拾)」 「찝다(挾)」 들은 어떠한 경우에서도 그 語幹이 바꾸이는 일이 없으나, 여기에 「돕다(助)」 「눕다(臥)」 와 같은 말은 그 아래에 붙는 語尾의 關係로 語幹의 變動을 일으키게 됩니다. 곧 語幹 끝 ㅂ이 닿소리 토 우에서는 ㅂ소리가 제대로 나지마는, 홀소리 토 우에서는 그 ㅂ이 「우」로 變하는것이니, 이것을 變格用言이라 합니다.

「굽다(曲)」와 「굽다(炙)」의 語幹은 다 같은 「굽」이지마는, 語尾의 活用으로써 서로 같지 아니함을 볼수 있으니, 이를 比較하여보면

굽(曲) { 어 / 으니 / 는 }　구(炙) { 워 / 우니 / 는 }

이러합니다. 이것이 무슨 까닭인가, 그 原因에 대하야 좀 따지어봅시다. 지금 녀기에는 이것이 다 ㅂ바침이나, 본디는 다르게 써서 하나는 ㅂ이요 하나는 ㅸ이었던것입니다. ㅸ은 訓民正音에 「ㅇ를 脣音 아래에 이어 쓰면 脣輕音이 되나니라」 하였으니, ㅂ ㅍ ㅁ 아래에 ㅇ를 써서 ㅸ ㆄ ㅱ가 된다 함입니다. 그 소리는 어떠가 하면, 四聲通解(中宗時 崔世珍 撰)에 「입술을 合하야 소리를 내어 ㅂ을 하는것을 脣重音이라 하고, ㅂ을 할적에 입술을 合할락말락하며 김을 불어 소리를 내어 ㅂ을 하는것을 脣輕音이라 하나니, 이 字形 空圈을 ㅂ 아래에 加함이 곧 입술을 虛히 하야 소리를 내라는 뜻이니, ㅸ ㅱ도 또한 같으니라」 한것을 보면, 대강 그 소리가 어떠함을 알것입니다.

또 이것이 西洋音 脣齒摩擦音에 ㅸ은 V, ㆄ은 F와 같은것입니다. 지금은 우리 語音에 ㅸ ㆄ 등을 전연히 아니 쓰나, 예적에는 그것을 많이 썼읍니다. 한 두어개의 例를 들면, 「쉬ᄫᅵ(容易)히」 「더ᄫᅥ(暑)」 「가ᄫᆞᆫ디(中)」 「서ᄫᅳᆯ(京)」도 쓴것이 있읍니다(此項未完)

紙上講習

한글 마춤법 統一案 解說 (28)

李允宰

이와 같이 歷史的으로 이러한 關係가 있으며, 또 지금 시골에서는 「고와, 고우니」를 「곱아, 곱으니」로, 「더워, 더우니」를 「덥어, 덥으니」로 말하는데가 있읍니다. 이는 脣輕音 ㅸ이 脣重音 ㅂ으로 變한것입니다. 하여간 ㅂ에는 볽디 무가지 種類가 있어 그 쓰이는것이 각기 달랐던것을 분명히 알것입니다. 그런즉 지금이라도 ㅸ字를 도루 찾아 써서 變格 用言이 되지 않게 하는것이 좋지 아니할가 하는이도 있을것입니다. 그러나 오늘날 우리 語音에, 脣輕音이 아주 없어져서 한군데도 쓰이지 않는것을 이러한 말의 바침에만 쓰는것이 매우 어려울것입니다. 그러므로 이러한것도 變則으로 認定하는것이 도리어 좋을것이라 합니다。

그러면 ㅂ이 「우」로 變하는까닭은 무엇입니까。여기는 이러한 理由가 있읍니다。脣輕音 ㅸ을 낼적에 四聲通解에 쓰인대로 입술을 합할락말락하여 숨을 불어 ㅂ 소리를 낸즉, 音 V와 같은 소리를 낼적에 입술을 앞쪽으로 내밀었다가 열든 때에 되면 자연 「우」 소리가 나게 되는것입니다。그리하야 그것이 닿소리 우에서는 입술을 합하야 ㅂ으로 되고, 홀소리 우에서는 입술이 떼어져서 「우」로 됩니다。

눕	누
게	워
겠다	워라
기	워서
네	웠다
느냐	우니
는다	우면
다	운
더니	울
던	
든지	
소	
지	

그러고 「곱다」에는 「고와」로 쓰는것이 우에 法則에 맞을것이나, 이것은 文字 慣例에 의지하야 「고와」로 써야 하나, 語幹 끝 홀소리가 ㅏ나 ㅗ로 되는 때에는 대개 「와」가 되기 때문입니다。

여기에 한가지 注意할것은 「누워서, 도와서」를 흔히 「누어서, 도와서」로 쓰는것입니다。만일 이렇게 쓰면, 또 二重 變則이 생기어, 處理가 매우 困難하게 됩니다。아래의 말로써 比較하여보면 자연 알것입니다。

덥다(暑) 더워서
쉽다(易) 쉬워서
칩다(寒) 치워서

이러한 말은 다만 ㅂ이 줄어진것뿐이 아니요, 「우」가 ㅂ의 대신 들어간것임을 알아야 할것입니다。어떠한것이든지 다 이 法則에 의지하야 同一하게 處理되어야할것입니다。

ㅂ 變格 用言은 매우 많으니, 그중에 몇만 들어봅시다。

가깝다 반갑다
살갑다 아깝다
떠겁다 두껍다
무겁다 즐겁다
아니꼽다 깁다(補)
꽃답다 아름답다
덥다(暑) 어둡다
놀랍다 다랍다
날카롭다 더럽다
보드럽다 부드럽다
시끄럽다 어지럽다
상스럽다 좀스럽다
두렵다 어렵다
괴롭다 새롭다
아쉽다 외롭다
고맙다 밉다
가볍다 무섭다
춥다 우습다
묻잡다 여쭙다

紙上講習

한글 마춤법 統一案 解說 (29)

李 允 宰

【原文】

(大) 語尾「아」나 語幹의 아래에 오는「았」나 「여」나 「였」으로도 날쳐

例 하다 하여 하여도 하여야 하였으니 하였다

【附記】 하야의 경우 하나만은 또한「야」도 認定한다。(甲形은 認定하되, 乙形은 모두 認定하지 아니한다。)

例甲 乙

그리하야 하야도 하였으니 하였다

【講解】

用言의 活用으로서 語幹 아래에 붙는 토가 대개 一定하게 되어, 그 副詞形 語尾에「아」나「어」로, 過去 時間辭에「았」이나「었」으로 쓰는것이 原則입니다。

그런데「아, 았」한가지로만 되지 아니하고,「아, 았」「어, 었」이렇게 두 가지로 되느냐 하는 疑問이 있을것입니다。이것은 이 다음에 자세히 말할것이나, 用言의 活用의 경우에 이것을 많이 쓰게 되는것이므로, 여기에서 잠간 먼저 말하고 지나가겠습니다。

이것은 語幹 끝 音節 홀소리의 關係로 一種의 變化가 생기는것인데, 이것을 홀소리의 調和(Vocal harmony)라 하나, 므릇 우랄알타이語族 (Ural-altaic group)에 屬한 言語에 特有한 音現象입니다。語幹 끝 홀소리가 ㅏ나 ㅗ (ㅑ ㅛ도 包含)일적에는 그 아래에「아」가 되고, ㅓ ㅜ ㅡ ㅣ (ㅕ ㅠ ㅐ ㅔ ㅚ ㅢ 등도 包含)일적에는 그 아래에「어」가 씁니다。例를 들면,

「아」가 되는 경우

나아 갈아 보아 좋아

「어」가 되는 경우

쥐어 떠어 두어 옥어

그어 뚫어 이어 읽어

이렇게 씁니다。이러한 關係로 같은 意味의 토로서 「안」도 있고 「어」도 적도 있는것입니다。

이 法則에 의지하여 보면, 옛적 씨(動詞)「한」야 에 와서는 외떠히 語尾「안」가 붙어야 할것이 아닙니까。그러나, 여기에는 「야」를 써서 「하야」로 하게 씁니다。「야」로 統一되는것이 여럿이 있지 아니하고 단지 이것 하나뿐으로 어떻게 된 理由인지 자세히는 알수 없으나, 옛적씨 「한」을 예적에는 「女」로 [illegible] 이것이 「허오」와 合한 소리인 音韻的에 「허오안」 혹 「허와」로 내려온것이 차차 「하안」 혹 「하여」로 轉訛된것이나 아닌가 합니다。

「하야」를 이왕에 漢文 口訣(토)에 많이 써오던 토, 지금도 모두 「하야」도 쓰나, 우리의 實際 말에는 「하여」를 더 많이 쓰는듯 하니, (실상은 「하여」보다도 「해」「해서」「했다」로 하지마는) 「하야」보다도 「하여」도 쓰는것이 좋은것이며 더욱이 複合 토「하야도, 하야야, 하였나」보다 「하여도, 하여야, 하였나」로 하는것이 떠 낫지아니합니까。그러고 在來에 漢文의 토에 쓰던 習慣에 의지하야 단독이 「하야」로만 될 경우에 限하야 「야」로 쓰는것도 認定하는것입니다。

紙上講習

한글 마춤법 統一案 解說 (80)

李允宰

【原文】

(七) 語尾 「어와」 語幹 아래에 오는 「었」이 「러」나 「렀」으로 變함

例 이르다 이르러 이르렀다
푸르다 푸르러 푸르렀다
누르다 누르러 누르렀다

【解說】

前項에서도 이미 말한것과 같이 語幹 아래에 의례히 「어」와 「었」이 붙는것이니, 곧

주어(與) 주었다
지어(作) 지었다
먹어(食) 먹었다
물어(問) 물었다
없어(無) 없었다

이렇게 모두 「어」 「었」이 쓰이나니, 이 法則에 의지하면, 이것도, 「이르어, 이르었다 「푸르어, 푸르었다」 「누르어, 누르었다」로 쓰는것이 고와 一致하야 語法에도 딱 맞다 할것이나, 말소리에 워낙 틀리는고로 그렇게 쓸수 없고, 「어, 었」을로 쓸것을 「러, 렀」으로 써서 變則됨을 認定하는것이니, 이것을 러變格用言이라 합니다。

이것은 어떠한 理由로 그렇게 된것인지 그 原因을 도무지 상고할수 없읍니다。 다 같이 語幹 끝音節이「르」로 되는 경우에도, 그 쓰이기가 각기 다른것을 보면 여기에는 반듯이 무슨 理由가 있었는것으로 생각합니다。

치르다(給) 치러 치렀다
기르다(養) 길러 길렀다
이르다(至) 이르러 이르렀다

이 세가지를 각기 比較하여 보시오。 語幹 끝 音節이 다 같은 「르」로써, 「치르다」에는 홀소리 ㅡ가 줄어지고, 「기르다」에는 홀소리 ㅡ가 르로 바꾸이고, 「이르다」에는 語尾 첫音節에 르이 더 붙어서 되었읍니다。 이렇게 된것을 어찌 同一하게 處理할수 있겠읍니까。 이것이 文法 處理上 가장 困難한 點입니다。그러므로 이러한 말들은 다 그 소리 되는대로 적을수밖에 없는것입니다。

어떤이는 「이르다」란 말 아래에 「어」나 「었」이 올적에는 語幹 「르」 「르」에 ㄹ받침을 달아서 「이를어」 「이를었다」로 쓰는것이 좋을터라 합니다마는, 그렇게 하면 語幹에 變格이 되고, 이렇게 하면 語尾에 變格이 되려니, 어떠나 커[illegible]나 다 마찬가지의 뜻이 아닙니까。 이왕이면 語尾에 變則을 두는것이 도리어 나을것이라 합니다。

이러한 말은 많지 아니하야, 다만 여기에 例를 든것 밖에 별로 더 없는것이며, 혹시 더 있다면, 여기에 별딘 말로 「노르다(黃)」란 말이 「노르러, 노르렀다」로 하는것이 있을뿐인가합니다。

紙上講習

한글 마춤법 統一案 解說 (31)

李允宰

【原文】

(ㅈ) 語幹의 끝 音節 「르」외 다음에 語尾「어」와 語幹 아래에 「았」이 올적에 「ㅡ」가 줄고 ㄹ이 ㄹ르로 날적

例

고르다 골라 골랐다
오르다 올라 올랐다
구르다 굴러 굴렀다
흐르다 흘러 흘렀다

【解說】

이것도 語幹 아래에 「어」나 「었」이 올적에 語幹위 [illegible] 고 「고르어」 「고르었다」 「오르어」 「오르었다」 「구르어」 「구르었다」 「흐르어」 「흐르었다」로만 쓴다면, 語法에 맞았을것이나, 아무 關係도 없을것이나, 이것이 발소리에 여간 틀리는것이 아닙니다. 너무 語法에만 치우쳐서 무슨 말인지 잘 알지 못하도록 쓰는것은 도리어 言語의 資格을 잃게 하는것입니다.

다음 變格 用言은 語幹에나 혹 語尾에나 한군데에만 變動이 있는것이지마는, 이것은 그와 性質이 달라서 語幹과 語尾에 다 變動이 되는것입니다. 「흐르다」란 말 語幹 「흐르」의 아래에 從屬的 「어」나 「었다」 올적에는, 語幹 끝 音節의 홀소리 「ㅡ」가 줄고, ㄹ이 더하야 ㄹㄹ이 됩니다. 그래서 ㄹ 하나는 語幹에 ㄹ하나는 從屬語에 각각 붙어 씁니다. 다시 말하면 「흐르」는 ㅡ이 없어서 「흘」로, 새로 온 ㄹ은 그 아래 말에 和合시키어 「러, 렀다」로 쓰는것입니다. 이것을 르 變格 用言이라 합니다.

이것이 어찌 이렇게 된 것인지 자서히 알수 없으나, 訓民正音이나 月印千江曲이나 龍飛御天歌等 其他 古書에 「흘러」(流)를 「흘어」로, 「올라가다」를 「올아가다」로, 이렇게 르變格은 모두 한모양으로 썼습니다. 이것을 보면, 「다르단」나 「오르단」의 속에 있던 ㄹ이 音節을 ㄹ인가 하며, 지금도 「흘르단」 「올르단」로 發音하는것을 보아 며옥 그러한가 합니다. 만일 音節을 ㄹ르면, 「흘란」 「올란」로 쓸것인데, 무슨 까닭으로 「흘어」 「올아」로 썼는지를 알수 없읍니다. 하여간 이것이 어떠한 音의 現象이 있었든것은 의심 없읍니다.

「흘러」를 「흘어」로 써서 이러한 말은 다 고쳐 쓰는이가 있으나, 이것이 語尾 하나만이라도 變格을 死하는것으로는 매우 좋으나, 아무리하여도, 語幹에 變格이 되는 以上, 그렇게 할 까닭이 없다 생각합니다.

이러한 變格 用言은 매우 많습니다. 여기에 몇만 적어봅시다.

가다르다 까지르다
갈르다(分) 갈파르다
거르다(濾) 거우르다
겸어지르다 거우르다
구르다(轉) 그르다
끄르다(解) 기르다
나르다(飛) 너르다(廣)
다지르다(斷) 다르다
도르다 들썽부르다
두르다 마르다
마지르다 무르다
문지르다 못지르다
바르다 반지바르다
배부르다 버르다
부르다 싸지르다
사르다(燒) 서투르다
시지르다 아우르다
어우르다 어르다
오르다 이르다
자르다 짜르다
재바르다 저바르다
[illegible] 조르다
지지르다 찌르다
지지르다 [illegible]

(本講座는 [illegible] 現代으로 因하야 [illegible] 休載하야, 오늘부터 [illegible] 休載하겠다가, [illegible]에 따라서 [illegible] 休載하겠습니다. 미안한 [illegible] 安[illegible])

— 李允宰 —

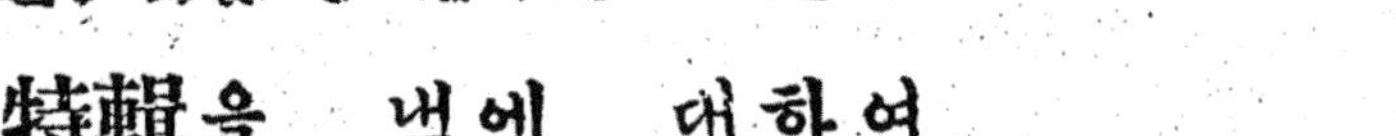

特輯을 냄에 대하여

우리 朝鮮語學會에서 豫定한 事業中의 하나로, 한글 마춤법 통일안을 完成하여 세상에 發表한것은 朝鮮語學史上에 新記錄을 지었다 하리니, 특히 이를 記念삼기 위하여, 이 案을 制定한 經過事況과 統一案 全文 및 當時 一般 輿論을 蒐集하여, 이 特輯을 내는것이다。

한글 마춤법 통일안 제정의 경과 기략

(朝鮮語 綴字法 統一案 制定의 經過 記略)

李 允 宰

우리 조선에서 한글 운동이 일어난것이 이럭저럭 四十여년을 지나았다。 이를 다른 나라에서의 그것에 견주면, 여간 뒤떨어진 일이 아니며, 세력도 머 말할수 없이 미미하였다고 볼수 있다。 그러므로 우리는 그사이에 한것에서 무슨 신통한 것 한가지라도 들추어내어놓을만한것이 없다。 다만 수백년동안 우리로서 우리 글을 무한히 멸시하고 천대하여 전연 돌아보지도 아니하던것을, 지금 와서는 이와 아주 딴판으로, 서적에나, 신문에나, 잡지에나, 기타 일용행문에까지 모두 한글을 쓰게 되며, 전 민중이 새삼스럽게 이것을 무쌍의 보물로 알고 더욱더욱 이것의 애용(愛用)을 주장하기까지에 이르게 되었다。 이것을 우리는 한글 운동의 한 보람이라고 할는지?

우리 글이란 훈민정음(訓民正音) 이후 그못된 그대로 정리 못된 그대로 버려두어 오늘날까지 내려왔으매, 지금은 각 사람 각자가 제멋대로 쓰는것이 각기 법이 되어 종작을 잡을수 없으며, 오늘날 이렇게 불규칙 무통일한 글이 되고말았다。 이에 대하여 뜻 있는이로서 누가 통탄하지 아니할이가 있으랴。 그사이 관변으로서는 교과서에 쓸 마춤법(綴字法)을 개정함이 이미 三四차에 이르렀고, 민간으로서는 표음식(表音式) 혹 문법식(文法式)의 마춤법을 쓰기 시험하고 있다。 이로 말미암아 우리 글이 전보다 더욱 혼란하기 우심하여, 한 통일한 새 방법의 글이 하루바삐 이 세상에 나오기를 일반 사회에서 기대함이 더욱 깊었다。

이렇듯 세상사람의 요구가 절박한것은 물론이어니와, 보다더 一九二九년 한글날로써 각계 인사의 발기로 조선어 사전 편찬회(朝鮮語 辭典 編纂會)가 성립되고, 이를 이어 마춤법, 말본(文法), 가로쓰기(横

書綴), 한문글씨 줄임(漢字制限), 외국 말소리 적기(外國 語音 表記)등 여러가지를 재정하자는것이 조선어학회의 세 계획으로 작정되었다。이중에 사전 편찬에 직접 관련되는 마춤법이 무엇보다도 더욱 긴급함을 알았다。그리하여 一九三〇년 십이월 十三일 조선어학회 총회에서 마춤법 통일안 위원을 내어, 이로부터 마춤법 재정을 착수하게 되었다。그 경과 사항은 대개 아래와 같다。

1. 총회에서 뽑힌 권덕규, 김윤경, 박현식, 신명균, 이극로, 이병기, 이윤재, 이희승, 장지영, 정열모, 정인섭, 최현배등 十二인의 통일안 위원은 一九三〇년 십이월부터 초안 작성을 시작하여, 一九三一년 七월 九일까지에 초고(草稿) 六十 一항목이 탈고되었으며, 그것을 다시 보유증정하여 一九三二년 십이월에 이르러 초안 九十 一항목이 작성되었다。여기까지의 위원들의 모인 회수는 六十 九회요, 허비한 시간은 二백 十 一시었다。

2. 이렇게 작성된 초안으로 토의하기로 작정하고, 一九三二년 십이월 二十 六일부터 一九三三년 일월 四일까지 개성(開城)에서 회의를 열고, 원 위원 十二인과 증선된 위원 김선기, 이갑, 이만규, 이상춘, 이세정, 이탁 제씨를 더하여 모두 十八인의 위원으로써 토의하여 제一독회를 마치고, 이를 다시 수정하기 위하여, 권덕규, 김선기, 김윤경, 신명균, 이극로, 이윤재, 이희승, 장지영, 정인섭, 최현배등 十인을 수정위원으로 뽑아 맡기었다。여기에서 모인 회수는 十七회요, 토의 시간은 五十 九시었다。또 이뒤에 수정위원회로 모인것이 六회, 四十 四시간과, 소위원회로 四회, 二十 二시간이니, 전후 二十 七회, 一백 二十 五시간이 되었다。

개성 회의 때에는 전 위원의 十일간 유련비와 왕래 차비까지 전부를 공탁(孔濯)씨께서 자담하여 주시었음을 감사하여 마지 아니한다。

3. 개성회의 이후 수정위원회의 수정으로 七十 八항목으로 되었으며, 소위원회에서 (이미 의론하여 작정된것을 정리하는데까지 다수인이 매번매번 모이기 어려운고로 그것을 三四인의 소위원을 내어 맡긴것) 다시 수정하여 七十항목으로 고치었다。이것을 다시 토의하기 위하여, 一九三三년 七월 二十 五일부터 八월 三일까지 화계사(華溪寺)에서 제二독회를 열고, 十五인(박현식, 이극로, 장지영 三씨는 특별한 사정으로 참예하지 못하였다。)으로 토의를 마치고, 이를 마지막으로 정리하기 위하여, 정리위원 권덕규, 김선기, 김윤경, 신명균, 이극로, 이윤재, 이희승, 정인섭, 최현배등 九인을 뽑아, 안 전체를 정리하게 하였다。여기에서 모인 회수는 十六회요, 토의 시간은 五十 四시었다。그뒤 정리위원회로 모인것이 六회, 二十시간이며, 또 소위원회로 모인것이 六회, 十八시간이니, 전후 二十 八회, 九十 二시간이 된다。

화계사 회의 때에는 송진우(宋鎭禹), 김성수(金性洙)및 무명씨 이 세분께서 많이 힘써 주심을 입었다。

4. 화계사 회의의 안을 정리위원회에서 원안 四十 五항목, 부록 十항목으로 작정하고, 다시 소위원회에서 원안 六十 五항목, 부록 九항목으로 고치었으며, 이것을 가지고 정리위원들은 여러군데의 오유처와 모순점이 있는것을 발견하고, 전 위원 三분지二의 동의(同意)로써 문제삼기로 하고, 통일안 위원 전체에 투표식(投票式)을 행하여 그중 다수점을 취하여 개정하였다。

5. 정리위원의 정리까지가 끝났으므로, 통일안 위원은 이 통일안을 一九三三년 시월 十 九일에 열린 임시총회에 제출하

어, 一二차의 수정으로써 통과되었다。 이로써 한글 마춤법 통일안이 완전히 제정된것이다。

이 사이에 위원들의 토의용(討議用)으로 등사본(謄寫本)으로 六회, 인쇄본(印刷本)으로 四회나 배부한 일이 있었다。 인쇄본은 한성도서주식회사(漢城圖書株式會社)의 신세를 진것을 감사히여긴다。

이와 같이 전후 三개년동안에 모인 회수가 一百 二十 五회, 허비한 시간수가 四百 三十 三시간, 실로 적지 아니한 노력으로써 이 통일안이 나게 된것이다。

오늘전대 우리는 세종대왕(世宗大王)의 창의적(創意的) 정신과 한힌샘(周時經) 스승의 희생적 노력을 체득(體得)하여, 가장 신중히 고려하며 가장 엄밀히 처리한 것이 이 통일안의 정신이요, 결코 어느 일개인의 독단적 의사를 맹종(盲從)하였거나 몇개인의 우물우물하여 만든것과는 딸라서, 학리적(學理的) 기초 우에서 다수인의 의견을 종합하여 이룬것이다。 즉 위원 十八인 중에도 그 연구의 태도와 문법적 견해가 각기 다른것만큼, 의견의 불일치한 때가 많아서, 토의중에는 십지어 피차에 정의를 손상할 정도까지의 격론도 없지 아니하였다。 이러한것을 모두 조화하고 절충하여 가장 합리적(合理的)으로 성안한것이니, 이것은 전체를 통하여 어느 한편에만 치우친 일이 절대로 없는것이다。 이 의미에서 통일안이란 이름이 매우 적당하다 한다。

우리가 영구히 기념할 세종대왕께서 훈민정음을 민간에 발표하시던 제 四백 八十 七회의 한글날 이러한 명절로써 한글 마춤법 통일안을 우리 일반 사회에 발표하게 됨을 더욱 기뻐하는바이다。 이것으로써 우리의 사업이 완성된것이 아니다. 만리장정에 겨우 一보를 내어놓은데 지나지 않는다 생각한다。 우리는 더욱 앞으로 꾸준히 힘써서 나아갈뿐이다。

(一九三三年 十月 二十 九日 한글 마춤법 통일안 發表時 經過報告의 草稿)

한글 마춤법 통일안 全文

머 리 말

本會는 한글 마춤법 통일안을 制定하여 이에 一般 社會에 發表한다。

이 統一案이 이루어짐에 대하여 그 經過의 槪略을 말하면, 一九三〇年 十二月 十三日 本會 總會의 決議로 한글 마춤법의 統一案을 制定하기로 되어, 처음에 委員 十二人(權悳奎, 金允經, 朴顯植, 申明均, 李克魯, 李秉岐, 李允宰, 李熙昇, 張志暎, 鄭烈模, 鄭寅燮, 崔鉉培)으로써 二個年間 審議를 거듭하여, 一九三二年 十二月에 이르러 마춤법 原案의 作成을 마치었다。 그리고 또 委員 六人(金善琪, 李鍾?, 李萬珪, 李常春, 李世楨, 李鐸)을 增選하여 모두 十八人의 委員으로써 開城에서 會議(一九三二年 十二月 二十五日—一九三三年 一月 四日)를 열어 그 原案을 逐條討議하여 第一讀會를 마치고, 이를 다시 修正하기 위하여, 修正委員 十人(權悳奎, 金善琪, 金允經, 申明均, 李克魯, 李允宰, 李熙昇, 張志暎, 鄭寅燮, 崔鉉培)에게 맡기었다。 그후 六個月을 지나 대체의 修正이 끝났으므로, 또 委員 全體로써 다시 華溪寺에서 會議(一九三三年 七月 二十五日——八月 三日)를 열어 그 修正案을 다시 檢討하여 第二讀會를 마치고, 또 이를 全體的으로 整理하기 위하여 整理委員

九人(權悳奎, 金善琪, 金允經, 申明均, 李克魯, 李允宰, 李熙昇, 鄭寅燮, 崔鉉培)에게 맡기어 最終의 整理가 다 마치었으며, 本年 十月 十 九日 本會 臨時總會를 거치어 이를 施行하기로 決議되니, 이로써 이 한글 마춤법 통일안이 비로소 完成을 告하게 되었다。

이와 같이 이 統一案이 完成하기까지에 三個年의 時日을 걸치어, 一百 二十 五回의 會議가 있었으며, 그 所要의 時間數로는 실로 四百 三十 三時間이란 적지 아니한 時間에 미치었으니; 과연 文字 整理란 그리 容易한 일이 아님을 알겠다。 우리는 이러ㅎ듯 가장 嚴正한 態度와 가장 愼重한 處理로써 끝까지 最善의 努力을 다하여, 이제 이 統一案을 만들어서 우리 民衆의 앞에 내어 놓기를 躊躇하지 아니하는 바이다。 그러나 이것이 다만 오늘날까지 混亂하게 써오던 우리글을 한번 整理하는 첫 試驗으로 아나니, 여기에는 또한 不備한 點이 아주 없으리라고 스스로 斷定하기 어려울것이다。 더구나 時代의 進步로 여러가지 學術이 날로 달라감을 따라, 이 한글에 있어서도 그 影響이 없지 아니할 것이다。 그러므로 本會는 앞으로 더욱 이에 留意를 더하고저 하는것이니, 一般 社會에서도 때로 많은 가르침이 있기를 바란다。

끝으로 이 統一案이 完成함에 이르기까지 精神的 乃至 物質的으로 많은 聲援과 두터운 襄助를 주신 京鄕 有志人士에게, 특히 孔濯 宋鎭禹 金性洙 其他 諸氏와 各 報道機關 및 漢城圖書株式會社에 對하여 깊이 感謝의 뜻을 表한다。

한글 頒布 第 四百 八十 七回 紀念日

朝鮮語學會

새해 특별 부록 한글마춤법

李允宰

이 한글 마춤법은 조선어학회(朝鮮語學會)에서 발표한 『한글 마춤법 통일안』중에서 실지 사용에 필요한것을 뽑아 알아보기 쉽게 간단히 설명을 붙인것이다。

이것이 우리 조선사람으로 통일하게 쓸 글이니、독자 제씨는 이것을 잘 보고 익히자。『아이생활』에도 이후로는 꼭 이대로 쓰겠으니、더욱 연습이 될줄 안다。「甲대로쓰고 乙은버린다」

一、중간 된소리

甲 乙

아빠 압바

오빠 옵바

어깨 억개

토끼 톳기

새끼 삿기

깨끗하다 깩긋하다

어떠하다 엇더하다

어찌하다 엇지하다

여쭙다 엿줍다

나부끼다 나붓기다

아끼다 앗기다

부끄럽다 붓글업다

거꾸루 것구루

〔설명〕 두 글자 중간에 된소리로 나는것은 각기 무슨 뜻으로 된것이 아니면、모두 아랫자의 당소리(子音)를 된소리로 쓴다(甲과 같이)。다만 「학교」「옷고름」같은 것은 다 각기 뜻이 있는 두개의 말로 된것이므로 그렇게 못 쓴다

二、ㄹ 된소리

甲 乙

걸레 걸네

날린다 날닌다

흘려 흘너

빨리 빨니

얼른 얼는

〔설명〕 두 글자 중간에 ㄹㄴ으로 연해 쓰던것은 ㄹㄹ로 써야 한다(甲과 같이)。다만 「달님」「일년」「잘났다」와 같은것은 그렇게 못 쓴다。

三、어원(語源)과 어미(語尾)

甲 乙

넘어지다 너머지다

늘어지다 느러지다

떨어지다 떠러지다

돌아가다 도라가다

들어가다 드러가다

엎어지다 어퍼지다

흩어지다 흐터지다

〔설명〕 이러한 말들은 말의 근원 곧 어원(語源)이 똑똑히 있는고로 바침을 달아 쓴다(甲과 같이)

甲 乙

나타나다 낟아나다

불거지다(凸出) 붉어지다

부러지다 붏어지다

자빠지다 잡바지다

쓰러지다 쓸어지다

〔설명〕 이러한 말들은 어원(語源)이 분명하지 못한고로 바침을 다 내려쳐 쓴다(甲과 같이)

四、규측으로 되는 말

甲 乙

맡기다 맛기다

쫓기다 쪼끼다

솟구다 소꾸다

갈리다 갈니다

걸리다 걸니다

먹이다 머기다

낚이다 낙기다

핥이다 할치다

돋우다 도두다

(다닫히閉) 다치다

잡히다 자피다

묻히다 무치다

〔설명〕 「맡기다」에는 「맡으니、맡아서」할 때에 「맡」이란 어간(語幹)이 되므로、그 말 아래에 「기다」가 붙어서 뜻이 달리 나갈지라도、그 어간의 원 형체를 변하지 못한다(甲과 같이)。그 밖에 다른 말도 다 이와 같다。

五、바침

ㄷ바침 낟(穀) 맏(昆)

ㅈ바침 낮(晝) 빚(債) 젖(乳)

ㅊ바침 살갗(皮膚) 꽃(花) 낯(顔) 닻(錨) 돛(帆) 몇(幾) 빛(光) 숯(炭) 옻(漆)

ㅋ바침 녘(方) 부엌(廚)

ㅌ바침 겉(表) 곁(傍) 끝(末) 낱(個) 돝(猪) 머리맡(枕邊) 뭍(陸) 밑(底) 밭(田) 볕(陽) 샅(股間) 솥(鼎) 돝(量) 팥(豆)

ㅍ바침 늪(沼) 무릎(膝)

—〔 55 〕—

섶(薪) 숲(林)
앞(前) 옆(側)
잎(葉) 짚(藁)
헝겊(布片)
ㄲ바침 밖(外)
ㄳ바침 넋(魄) 몫(配)
삯(賃) 섟(결)
ㄽ바침 곬(向方) 돐(朞)
옰(代償)
ㄻ바침 굶(穴) 낡(木)
ㅄ바침 값(價)

〔설명〕 이러한 바침들을 써야 말법에 잘 맞는다。이것은 다 이름씨(名詞)인데、그 말들 아래에 「이、은、을、에」들 토를 붙이어서 읽으면 꼭꼭 들어맞을것이다。이 밖에 말들은 다 예전대로 쓰면 그만이다。

ㄷ바침 걷다(收) 곧다(直)
굳다(固) 닫다(閉)
돋다(昇) 뜯다(摘)
묻다(埋) 믿다(信)
받다(受) 벋다(延)
뻗다(伸) 쏟다(瀉)
얻다(得)
ㅈ바침 갖다(備) 꽂다(揷)
궂다(凶) 꾸짖다(叱)
낮다(低) 늦다(晩)
맞다(迎) 버릇다(爬)
부르짖다(呌) 빚다(釀)
맺다(結) 애꿎다
잊다(忘) 잦다(涸)
젖다(濕) 짖다(吠)
찢다(裂) 찾다(尋)
ㅊ바침 좇다(從) 쫓다(逐)
ㅌ바침 같다(如) 맡다(任)
밭다(迫) 배앝다(吐)
부릍다(腫) 붙다(付)
얕다(淺) 옅다(淺)
흩다(散)
ㅍ바침 갚다(報) 깊다(深)
높다(高) 덮다(蓋)
싶다(欲) 엎다(覆)
짚다(杖)
ㅎ바침 낳다(產) 넣다(入)
놓다(放) 닿다(接)
땋다(辮) 빻다(碎)
쌓다(積) 좋다(好)
찧다(舂)
ㄲ바침 깎다(削) 꺾다(折)
겪다(經) 낚다(釣)
닦다(拭) 덖다(垢)
묶다(束) 볶다(炒)
섞다(混) 솎다(抄)
엮다(編)
ㅆ바침 겠다(未來) 았다(過去)
였다(過去) 있다(有)
ㄵ바침 끼얹다(撒) 앉다(坐)
얹다(置上)
ㄶ바침 꼲다(訂) 끊다(絕)
귀찮다 괜찮다
많다(多) 언짢다
ㅀ바침 곯다(未滿) 꿇다(跪)
끓다(沸) 닳다(耗)
뚫다(穿) 싫다(厭)
앓다(病) 옳다(可)
잃다(失)
ㄾ바침 핥다(舐) 훑다
ㄿ바침 읊다(詠)
ㅄ바침 가엾다(憐) 없다(無)
실없다(不實)

〔설명〕 이것도 이러한 바침들이라야 다 말법에 맞는다。이것은 다 활용(活用)하는 말로、가령 「건다」란 말에 「건」이 어간(語幹)이요、「다」가 어미(語尾)인데、그 어간 아래에 「으니、으면、어서、고」들의 토를 붙이어서 읽으면 꼭꼭 들어맞을것이다。다른것도 다 이와 같다。그러고 이 법에 맞지 아니한 말들은 다 말법에 맞지 아니한 말로 알것이다。곧 「길다(長)、기니」「짓다(作)、지으니」「듣다(聞)、들으니」「덥다(暑)、더우니」「이르다(至)、이르러」「오르다(登)、올라」같은 말들은 다 말법에 맞지 아니하는 변격활용(變格活用)이니、다 소리대로 써야 한다。

六、어원(語源)을 밝힐 말

먹이 벌이 길이 같이
울음 웃음 걸음 미닫이
개구멍받아 쇠붙이 굳이
같이

〔설명〕 「먹이」란 말은 「먹는다」란 말에서 온것이므로、그 말 가운대 「먹」을 어원(語源)이라 한다。이 아래에 다른것도 그러하다。이러한 말들은 다 그 어원을 밝히기로 한다。

집집이 곳곳이 샅샅이
곰배팔이 애꾸눈이

〔설명〕 이름씨(名詞) 아래에 「이」가 붙어서 되는 말들은 다 그 이름씨의 원 형체를 변하지 아니한다。다만 이름씨 아래에 「이」가 붙는것만은 어원을 밝힌다。

낚시 옆댕이 잎사귀
옮기다 굵직하다 넓적하다
얽둑얽둑하다 얽죽얽죽하다

〔설명〕 「옮기다」는 「옮아간다」라는 「옮」이 어원이 되기때문에 이렇게 쓴다。다른것도 다 이와 같다。다만 둘재글 자의 첫소리

가닿소리(子音)될 때에만 웃 글자에 어원을 밝힌다。

甲 乙

받치다(支) 밧치다

덮치다 덥치다

뻗치다 뻣치다

놓치다 놋치다 노치다

엎치다 업치다

〔설명〕 어간 아래에 「치」가 붙어서 되는것은 그 어원을 밝히어 쓴다(甲과 같이)。

甲 乙

잦히다 차치다

높이다 노피다

낮히다 나치다

갖후다 가추다

좁히다 조피다

낮후다 나추다

밝히다 발키다

늦후다 느추다

넓히다 널피다

맞후다 마추다

〔설명〕 어간 아래에 「이」나 「히」나 「후」가 붙어서 된 말들은 다 그 어원을 밝히어 쓴다 (甲과 같이)。

甲 乙

답답히 답다피

답답이 답다비

꼼꼼이 꼼고미

넉넉이 넉너기

반듯이 반드시

반듯반듯이 반듯반드시

〔설명〕 「답답하다」「꼼꼼하다」「반듯하다」라는 말이 잇으므로, 이렇게 끝에 「하다」가 붙을 말은 그 어원을 밝히고, 아래에 「히」나 「이」를 붙이어 쓴다 (甲과 같이)。 그러나 「군더더기」「오라기」란 말은 「군더덕」「오락」 아래에 「하다」가 붙을 말이 아니므로 소리대로만 쓴다。

甲 乙

먹이다 멕이다

박이다 백이다

속이다 쇡이다

죽이다 쥑이다

뜨이다 띄이다

잡히다 잽히다

먹히다 멕히다

맡기다 맽기다

벗기다 벳기다

쫓기다 쬧기다

숨기다 쉼기다

뜯기다 띋기다

〔설명〕 말 소리는 乙과 같으나, 어원 「먹다」「박다」「속다」「죽다」「뜨다」「잡다」「맡다」「벗다」「쫓다」「숨다」「뜯다」란 말로 된것이므로 그 어원을 변하지 못한다(甲과 같이)。

甲 乙

움즉이다 움즈기다

번득이다 번드기다

번적이다 번저기다

〔설명〕 「움즉움즉하다」란 말이 있어 「움즉」이 어근(語根)이 된다。 어근 아래에 「이다」가 붙어서 될 말은 그 어근을 밝히어 쓴다。

七、어원(語源)을 밝히지 아니할 말

주검 무덤 마개 올개미

귀머거리 너무 비로소

〔설명〕 「주검」이란 말을 「죽엄」으로 쓰는것이 좋을듯하나, 그 말 가운대 「죽」은 어원(語源)의 뜻이 있으나 「엄」은 아무 뜻이 없으니, 이러한 한쪽에만 어원이 있는 것은 그 어원을 밝히지 말고, 그만 소리 대로만 쓰는것이다。

지붕 끄트머리 지프래기

이파리 수풀 며칠

〔설명〕 「지붕」이란 말을 「집웅」으로 쓰는것이 좋을듯하나, 그 말 가운대에 「집」은 어원의 뜻이 있으나, 「웅」은 아무 뜻이 없으므로, 이런것은 다만 소리대로만 쓰는것이다。

甲 乙

슬프다 슳브다

아프다 앓브다

고프다 곯브다

미쁘다 믿브다

나쁘다 낮브다

구쁘다 궂브다

바쁘다 밭브다

기쁘다 깃브다

이쁘다 잇브다

가쁘다 갇브다

〔설명〕 어간 아래에 「브」가 붙어서 한 낱말(單語)로 이룬것은 어원이 있거나 없거나를 물론하고, 다만 소리대로만 쓴다(甲과같이)

기러기 뻐꾸기 빼꾸기

따짜구리 귀뜨라미 개구리

코끼리 가마귀 삽사리

더퍼리 빼쭈기 얼두기

떠버리

〔설명〕 「기러기」의 우는 소리가 「기럭기럭」한다고 「기럭이」로 쓰고, 「코끼리」는 모양이 「코가 길다」하여 「코길이」로 쓰나, 이러한 것은 그 어원을 밝히지 말고, 다만 소리대로만 쓴다。

바치다(納) 드리다(獻)

부치다(送)　이루다(成)

〔설명〕 이러한 말은 어원이 있는듯하나 아주 딴 말로 변한것이니, 소리대로만 쓴다。「받히다(支)」와 「들이다(入)」와 「붙이다(付)」로 쓰는것과 區別하여야 한다。

조차　부터　마저

〔설명〕 본디 어원이 있는것이라도 토로써 쓰이는 말들은 본 어원을 밝히지 아니한다。

甲	乙
발갛다	밝앟다
노랗다	놀앟다
파랗다	팔앟다
가맣다	감앟다
벌겋다	벍엏다
누렇다	눌엏다
퍼렇다	펄엏다
거멓다	검엏다

〔설명〕 어간이나 어근 아래에 「앟다」나 「엏다」의 접미사(接尾辭)가 붙을 말은 소리대로 쓴다(甲과 같이)。

甲	乙
미덥다	믿업다
무섭다	뭇업다
우습다	웃읍다
드럽다	들업다
부드럽다	부들업다
무겁다	묵업다
부끄럽다	부끌업다
시끄럽다	시끌업다
간지럽다	간질업다
징그럽다	징글업다
서느럽다	서늘업다
어지럽다	어질업다

〔설명〕 어간이나 어근 아래에 「업다」나 「읍다」의 접미사가 붙을 말은 소리대로 쓴다(甲과 같이) 다만 「객없다」「시름없다」「부질없다」「상없다」만은 각기 갈라 쓴다。

八、어울어 된 말

甲	乙
갓양	갓냥
잣엿	잣녓
담요	담뇨
편윷	편늇
앞일	앞닐
밭일	밭닐
집일	집닐
공일	공닐

〔설명〕 말 소리는 乙과 같으나, 이것은 두개의 낱말(單語)이 합하여 된것이므로 말을 각기 변하지 못하고 갈라 쓴다。

뒷간　곳집　잇몸　깃발　나룻배　담뱃대

〔설명〕 두개의 낱말이 합하여 한 이름씨(名詞)가 되고, 그 중간에 된소리 나는것은 웃 글자에 바침을 달아 쓴다。그러나 이미 웃 글자에 바침이 있는것이면 ㅅ바침을 아니 단다。「물결」「봄바람」 같은것이다。

좁쌀　찹쌀　맵쌀　햅쌀

〔설명〕 두개의 낱말이 합하여 한 이름씨가 된것으로, 그 중간에 ㅂ소리가 나는것은 아무 뜻이 없으나, 그 소리를 따라 ㅂ 바침을 단다。

수캐　암캐　조팝　안팍

〔설명〕 두개의 낱말로 한 이름씨가 된말로, 아래 글자의 소리가 세게 나는것은, 말의 원 형체를 변 하나, 부득이 소리대로 쓴다。

九、한문 글자의 음

甲	乙
사상(思想)	ᄉᆞ샹
자녀(子女)	ᄌᆞ녀
매일(每日)	ᄆᆡ일
책자(冊子)	ᄎᆡᆨᄌᆞ
해변(海邊)	ᄒᆡ변
사회(社會)	샤회
소년(少年)	쇼년
조선(朝鮮)	죠션
세계(世界)	셰계
제도(制度)	졔도
북극(北極)	븍극
품질(品質)	픔질
기차(汽車)	긔챠
시탄(柴炭)	싀탄
전답(田畓)	뎐답
제자(弟子)	뎨ᄌᆞ
지구(地球)	디구
천지(天地)	텬디
철도(鐵道)	텰도
체조(體操)	톄조

〔설명〕 한문 음으로 된 말은 종래에 옥편에 있는 글자의 음을 취하지 아니하고, 모두 우리말의 소리에 맞도록 쓴다(甲과 같이)。

양심(良心)　개량(改良)
역사(歷史)　내력(來歷)
이화(李花)　도리(桃李)
예배(禮拜)　사례(謝禮)
낙원(樂園)　희락(喜樂)
노인(老人)　부로(父老)
누각(樓閣)　고루(高樓)
내일(來日)　거래(去來)

〔설명〕 같은 한문 글자로써 우에 있을 때와 아래에 있을 때에 달리 쓰는것이다。ㄹ이 글자의 머리에서는 ㅇ이나 ㄴ으로 되고, 아래

에서는 제 소리대로 된다。 선량(善良) 장로(長老)와 같은 말도 다 ㄹ을 그대로 쓴다。

여자(女子) 자녀(子女)
연세(年歲) 금년(今年)

〔설명〕 이것도 우에것과 같이 같은 한문 글자로 우 아래에서 다 달리 나는것이다。 ㄴ이 글자 머리에서는 ㅇ으로, 아래에서는 제 소리대로 된다。

十、줄인말(略言)

본말	준말
아기야	악아
기러기야	기럭아
애꾸눈이야	애꾸눈아
어께커텩	엇커텩
가지고	갖고
미치고	및고
디디고	딛고
온가지	온갖
나는	난
나를	날
무엇을	무얼
무엇은	무언
그것은	그건
그것을	그걸
뜨이다	띄다
쓰이다	씌다
보이다	뵈다
남기어	남겨
그리어	그려
달리어가다	달려가다
모이어	모여
가하다	가ㅎ다
	갛다
정결하다	정결ㅎ다
	정겷다
부지런하다	부지런ㅎ다
	부지럲다
오시어(來)	오셔
	오서
가지어(持)	가져
	가저
치어(打)	쳐
	처

〔설명〕 본말대로 쓰는것이 당연하나, 혹시 말을 줄이어서 쓸 경우도 있으리니, 그때는 준말을 이대로 쓴다。

본말	준말
건느어(渡)	건너
크어(大)	커
쓰어(書)	써
기쁘어	기뻐
건느었다	건넜다
쓰었다	썼다
크었다	컸다
기쁘었다	기뻤다
가아서(去)	가서
가아야	가야
오아(來)	와
오았다	왔다

〔설명〕 이것은 다 본말이 있으나 도무지 쓰이지 아니하고, 항상 줄이어서 쓰니, 준말대로 쓰는것이다。

十一、표준말(標準語)

甲	乙
가까스루	갓가스로
가로(橫)	가루
가루(粉)	가로
가슴(胸)	가심
가로되	가르데
가만히	가마니
가운데	가온데
가진(各色)	가즌
갈모	갓모
거꾸루	것구로
거두다(收)	걷우다
거든	거던
걸(表)	것
겨우	겨오
계시다	게시다
계집	게집
고루(均)	고로
고저(欲)	모자
골고루	골고로
곳(處)	곧
꽃(花)	꼿
구름	구름
궂은	굿인
나누다	노느다
너무	너모
(넘어)	
너희	너이
놓치다	노치다
다음	다암
(담)	
대(處)	데
더니	드니
더라	드라
더라도	드라도
더려	다려
던(토)	든
덮치다	덥치다
데리고	다리고
데치다	뎃치다
도루	돌오
도리어	도로혀
되우(심히)	되오
든지(토)	던지
려(보려 가다)	라

려고　랴고
마땅히　맞당이
마디　마듸
마음(맘)　마암
마저　마자
마주　마조
마침(適)　마춤
만나다　맛나다
맞은　맞인
매우　매오
먼저　몬저
먼지　몬지
며느리　며누리
며칠(幾日)　몇일
모두　모다
바늘　바눌
배우다　배호다
뺨　빰
버선　보선
뻗치다　뻐치다
베다(枕)　비다
베다(切)　버히다
베(布)　뵈
벼(稻)　베
뼈(骨)　뼤
보리(麥)　버리
비다(空)　뷔다
비로소　비롯오
비추다(他動)　빛우다
비취다(被動)　빛의다
비치다(自動)　빛이다
사뢰다　살외다
사슴　사심
싸우다　싸호다
새로　새루
서다(立)　스다
섬기다(事)　성기다
세로(縱)　세루
세우(힘써)　세어
소금　소곰
소서　쇼셔
심다(植)　심다
(시므다)
아래　아레
아뢰다　알외다
아버지　아바지
아직　아즉
아침　아츰
않으니　않이니
어디　어듸
어머니　어마니
어찌　으찌
얼굴　얼골
여기　여거
여덟　여듧
여우　여호
오늘　오날
오줌　오좀
오직　오즉
오히려　오이려
외다(誦)　오이다
위(上)　웋
(우)
읍니다　음니다
(습니다)
이루　이로
자루(柄)　자로
자주　자조
자취(跡)　지최
저희　저의
전혀　젼여
절루　절로
종이(紙)　조희
처음　처엄
(첨)
켜　켜
키(높이)　킈
팥(豆)　팣
하는　하난
하늘　하날
하랴(反問)
하루　하로
하매　함애
하므로(接續토)　함으로
합니다　합니다
홀로　홀루
(하는)데　대
행여　행혀
혹여　혹혀

〔설명〕 같은 뜻으로 된 말로 써 여러가지로 쓰이는것이 있으나、이런것은 표준말을 정하여 한가지로만 쓰는것이다(甲과 같이)。괄호 안에 말은 그렇게도 쓸수 있다는 것이다。

十二、띄어 쓰기

한글은 사백 팔십 팔년 전에 세종대왕께서 지으신것이다。마춤법은조선어학회에서 마련한것으로、작년 가을에 발표되었다。(十月十九日)

우리는 다 이대로 써야 할 것이다。그리하고 이것을 모르는이에게도 가르쳐 주자。새로 된 마춤법을 처음 볼 때에는 어려운듯 하나、이치를 알고 보면 그리 어려운 것이 아니요、도리어 그전것보다 쉬울것이다。

〔설명〕 이렇게 우리글을 띄어 써야 할것이니、토를 웃말에 붙이어 쓰는 것이다。

五課 바침

李允宰

一、바침의 성질

한글은 소리글씨(音標文字)로 닿소리가 먼저 오고 홀소리가 뒤에 와서 한낱의 소리가 되며, 또 닿소리가 하나 혹 둘이 그 끝에 붙어서 한낱의 소리가 된다. (각, 핫, 밝, ……) 이와 같이 홀소리 아래에 붙는 닿소리를 우리는 바침이라 이름한다. 우리 조선 말소리에 바침은 아래와 같은 몇가지 특징(特徵)이 있다.

1、바침이 있는 글씨는 어떠한 경우든지 다만 한 소리로만 그치는것

2、홀소리의 우에서만 그 소리를 끌러내리(轄下)는것

3、닿소리의 우에서는 흔히 그 소리를 이어바꾸(接變)는것

4、바침이 둘인 때에는 다만 그중에 하나만 소리를 내게 되는것

5、첫소리와 바침이 같은 글씨로되 소리내는 결이 다르니, 끝 따열음(破裂音)이 때쇄음(閉鎖音)의 작용을 하는것

6、진동음(振動音) ㄹ이 바침으로 될 때에는 설측음(舌側音)으로 되는것

7、마찰음(摩擦音) ㅅ이 바침으로 될 때에는 폐쇄음(閉鎖音) ㄷ이 되는것

8、ㄱㅋ이 끝맺을 때나 닿소리 우에서는 같은 값(音價)을 가지는것

9、ㅂㅍ이 끝맺을 때나 닿소리 우에서는 같은 값을 가지는것

10、ㄷㅅㅈㅊㅌㅎ들이 끝맺을 때나 닿소리 우에서는 같은 값을 가지는것

二、바침의 변천

세종대왕의 훈민정음에는 「終聲復用初聲」이라 곧 바침은 처음소리(곧 닿소리)를 다시 쓰라 하여 닿소리를 모조리 다 바침으로 쓰라는 뜻이며, 또 그때에 쓴 글에 보면 지금 아니 쓰는 바침을 많이 쓴것이 있었다. 그뒤 한 팔십년을 지나 중종대왕(中宗大王) 때에 최세진(崔世珍)씨가 「初聲終聲通用八字」하라 곧 첫소리와 바침을 여덟자(ㄱㄴㄷㄹㅁㅂㅅㅇ)만 공통으로 쓰라 하며 그 여덟자 이외에는 바침으로 쓰는것을 허락하지 아니한것이니, 이로부터 세상에서 모두 이 최씨의 학설을 좇아 ㅈㅊㅋㅌㅍ ㅎ등의 바침 쓰기를 폐하여버렸으며, 더구나 근년에는 또 「ㄷ」 바침까지 쓰지 아니하게 되어 다만 일곱자(ㄱㄴㄹㅁㅂㅅㅇ)만 바침으로 써서 ㄷㅈ ㅊㅌㅍ등을 이왕에 바침으로 썼던 기억조차 없어지고 만것이다. 한 삼십년 전에 우리말 연구에 바른 길을 열어준 주시경(周時經)씨가 우리글의 문법을 바루 정하기 위하여 「終聲復用初聲」을 부합시켜서 닿소리 열 네자를 모두 다 바침으로 쓰게 하였다. 이에 비로소 우리글이 문법적 체계(文法的體系)를 얻게 되었다.

三、바침을 다 씀의 이유

이와 같이 바침을 모두 다 쓰게 됨에 대하여 여러가지 편익이 있다.

첫재 문법적으로 말의 토와 어미활용(語尾活用)을 자유자재로 하게 할 편이가 있다. 곧 「밥」(食)이란 말을 가지고 여러 토를 달아

밥 — 이 은 에 을 도

와 같이 낮(晝) 젖(乳) 꽃(花) 빛(光) 밭(田) 끝(末) 앞(前) 잎(葉) 밖(外) 삯(賃) 값(價)들도 다 어떠한 토를 달아서 쓰드래도 안될것이 없으며, 또 「먹다」란 말을 가지고 여러 토를 달아

먹 — 다 고 어 으니 기

와 같이 곧다(直) 얻(得) 늦다(晩) 찾다(尋) 쫓다(逐) 갚다(報) 꺾다(折) 쉽다(洪) 앉다(坐) 많다(多) 옳다(可) 핥다(舐) 없다(無)들도 다 어떠한 토를 달아서 쓰드래도 안될것이 없을 것이다. 곧 이렇게 쓰면 우리글에 불규칙(不規則)이 없게 되어 아야말로 정연(整然)한 질서를 보게 될것이다.

둘재 우리글은 본래 소리글씨지마는 바침을 여럿을 쓰므로, 말미암아 말의 단위를 또렷이 나타내어 자연히 표의화(表意化)하게 되므로 보는때에는 마따한 편이를 주게 될것이다. 곧 입(口) 잎(葉)。

집(家) 짚(藁)
옷(衣) 옻(漆)
맛(味) 맏(昆)
빗(梳) 빚(債) 빛(光)
낫(鎌) 낮(晝) 낯(顔) 낟(個)
굳다(堅) 궂다(凶)
벗다(脫) 벋다(延)
집다(持) 짚다(杖)
갖다(備) 같다(如)
맞다(迎) 맡다(任)
안다(抱) 앉다(坐)
막다(防) 맑다(淸)
삭다(蝕) 삶다(烝)
잇다(續) 있다(有) 잊다(忘)
업다(負) 엎다(覆) 없다(無)

이와 같이 소리는 각가 서로 같으되 말과 뜻이 다른것은 바침이 각기 다르게 되었으므로, 한번 보아 얼른 구별하게 된다. 같은 소리의 말이 항상 서로 혼동되기 쉬우나 될수있는데까지 그 혼동되는 점을 피하게 하는것이 좋은것이다.

재래에 쓰지 아니하던 바침을 쓰는데 대하여 어렵다 하는이가 있으나, 실상 그렇게 쉬야할 말이 그리 많은것이 아요 또 원만하면 스스로 해독하여 알만큼 쉬운것이어늘, 한번 쓰기를 시험해보지도 아니하고 또 알기를 힘써보지도 아니하고, 다만 말성만 부리는것들은 아직도 우리글을 천대하는 더러운 습관이 남음이요, 아무것도 하기 싫다고 하는 게으른자의 실리에서 나온것이라 하겠다.

學藝

訓民正音의 創定

第四百八十八周年記念日에

朝鮮語學會 李允宰

昭和九年四月十四日 第三種郵便物認可
昭和九年十一月一日發行(每月一回一日發行)

한글

第二卷·第八號
【十一月號】
1934

— 값 —
一部 金 五 錢
六個月 金 三十錢
一個年 金 五十五錢

發行所
京城府花洞一二九
朝鮮語學會出版部
振替京城一〇三六番

한글마춤법통일안실행제일년기념

한글마춤법통일안解說號

한글 마춤법 통일안의 발포가 이제 한돌을 맞게 되었다. 이 통일안이 세상에 한번 나오자, 전사회가 이에 대한 지지가 열렬하였고, 각종 인쇄물이 거의 다 이를 실행하기에 급급함을 본다. 우리가 오늘을 당하여 지난 일년간에 한글 마춤법이 상상 이상으로 이렇듯 발달되어감을 보매, 이 앞으로 한글 통일의 성공의 희망이 목첩(目睫)에 있을것을 믿는다.

그러나 우리는 과거에 우리글을 씀에 대하여 너무도 표준이 없었고, 또 글(文字)에 대한 교양이 도무지 없었는지라, 그러하므로 이 통일안을 일조에 실행하게 되는 때는 다소의 불편을 느낄것은 면하지 못할 일이다. 이는 단순히 통일안 그 자체가 어렵다기보다 선입주견이 깊은 자기 종래의 습관을 버리지 못함에 말미암음이다. 아닌재아니라, 지금 각처에서 이 통일안을 얼른 보아 이해하기 어려운 점이 있으므로 그에 대한 해석을 요구하는 소리가 날로 높아감을 본다.

그러므로 이제 한글 마춤법 통일안 실행 제일년의 기념으로, 통일안 원문에 약간의 해석을 붙여서, 이 한글 마춤법 통일안 해설호를 내게 되는것이다.

한글 마춤법 통일안

― 制定의 經路 ―

一九三〇年 十二月 十三日 朝鮮語學會 總會에서 選定된 마춤법 制定委員 權悳奎、金允經、朴顯植、申明均、李克魯、李秉岐、李允宰、李熙昇、張志暎、鄭烈模、鄭寅燮、崔鉉培等 十二人이 二個年동안 審議하여、一九三二年 十二月에 이르러 마춤법 草案을 作成하였다。그리고 또 金善琪、李鍾李萬珪、李常春、李世楨、李鍾等 六人의 委員을 增選하여 모두 十八人의 委員으로써 開城 高麗青年會에서 一九三二年 十二月 二十五日부터 一九三三年 一月 四日까지 그 草案을 逐條 討議하여 第一讀會를 마치었다。

이것이 또 修正委員의 손을 거치어、一九三三年 七月 二十五日부터 八月 三日까지 高陽郡 華溪寺에서 討議하여 第二讀會를 마치었다。

最後로 整理委員 權悳奎、金善琪、金允經、申明均、李克魯、李允宰、李熙昇、鄭寅燮、崔鉉培等 九人의 最終整理를 마치고、同 十月 十九日 朝鮮語學會의 臨時總會에서 이를 採擇한다는 決議를 얻고、同 十月 二十九日에 이를 全社會에 發表하였다。

이 統一案이 前後 三個年의 時日을 걸치어、四百 三十 三時間에 一百二十 五回의 會議로써 겨우 完成된 것이다。이것이 단순히 우리의 努力의 結晶인것을 말할뿐이다。

한글 마춤법 통일안 目次

◇解說을 쓰어는 아래와 같다。

總論、및 第一章 字母 李允宰
第二章 聲音에 關한것 李熙昇
第三章 文法에 關한것 崔鉉培
第四章 漢字語 金允經
第五章、第六章、第七章、附錄 李克魯

그리고 中間中間이 編輯者로서 解說을 多少 補充함이 있다。

한글 마춤법 통일안 解說

總論

一、한글 마춤법(綴字法)은 표준말을 그 소리대로 적되, 語法에 맞도록 함으로써 原則을 삼는다。

【解說】 지금까지에 쓰는 우리 글의 마춤법이란 한가지 표준이 없어 제가끔 쓰기 좋을대로만 써왔다。그러나 마춤법은 반드시 표준말을 써서 그로써 통일하여야 할것이다。그러며 표준말은 現時의 發音을 本位로 하여 되도록 거기에 어김이 없도록 할것은 물론이나, 말이란 다만 소리로만 된것이 아니라, 言語 組織에 자연 法則이 있는것이니, 이 法則 곧 語法을 전연 無視할수 없는터인즉, 소리에 크게 틀리지 않는 範圍에서 語法에 맞게 쓰기로 할것이다。

二、표준말은 大體로 現在 中流 社會에서 쓰는 서울말로 한다。

【解說】 한 나라의 말 가운데 곳을 따라 조금씩 다른것이 있나니, 그 가운데 한군데의 말을 표준말로 정하고 그 밖의 말들은 다 무슨 사투리(方言)가 된다。어느 나라든지 표준말을 대개 그 나라 首府의 말로 정하는것이 보통이다。이는 首府는 한 나라의 中央으로 政治 經濟 文化의 中心이며, 또 物資와 人衆이 集散하는 대이므로, 그 곳의 言語는 모든 方言의 混成이요 中和이기 때문이다。그런즉 서울말을 표준말로 삼음이 좋으며, 서울말 가운데에도 階級을 따라 다소 다르므로, 中流 社會의 말을 취하는것이 매우 좋다는것이다。이는 上流 社會의 말은 少數의 特殊階級인것과 語調가 自然스럽지 않는것이므로 표준말이 되어 적당하지 못하고, 下流 社會의 말은 品位가 낮은것과 訛化이 많은것이므로 또한 표준말이 됨에 떠당하지 못하다。그러나 以上 여러가지의 缺點이 비교적 적고 가장 一般的이 되는것은 中流 社會의 말일지니, 이로 인하여 특히 現在 中流 社會에서 쓰는 서울말을 표준말로 정한것이다。

三、文章의 各 單語는 띠어 쓰되, 토는 그 웃 말에 붙여 쓴다。

【解說】 한 文章은 여러개의 單語가 모이어서 되는것이다。그런데 單語를 띠어 쓰지 아니하고 전부 연해 쓰면, 여러 같은 소리의 말로 뜻이 混同되기 쉽고, 또 讀書 能率이 매우 떨어질것이다。띠어 쓰는데도 한가지 표준을 세워야 할것인즉, 한 單語의 標準으로 하고 그 從屬되는 토는 웃 말에 붙여 쓰는것이 가장 표준하기 좋다는것이다。세상에는 띠어 쓰는것을 그다지 대수롭지 않게 생각하나, 이 마춤법에서는 이것을 가장 重要히 친다。그 쓰는 方法에 대하여는 六一項에서 六五項까지를 보라。

各論

第一章 字母

第一節 字母의 數와 그 順序

第一項 한글의 字母의 數는 二十四字로 하고, 그 順序는 다음과 같이 定한다。

「ㄱㄴㄷㄹㅁㅂㅅㅇㅈㅊㅋㅌㅍㅎ
ㅏㅑㅓㅕㅗㅛㅜㅠㅡㅣ」

【解說】 字母의 順序를 合理的 分類로 排列하려면 많이 바꾸어야 할수도 있으나, 다만 在來 習慣에 의지하여 이와 같이 정한것이다。

【附記】 前記 字母로 적을수 없는 소리는 두개 以上의 字母를 어울러서 적기로 한다。

ㄲㄸㅃㅆㅉㅐㅔㅚㅟㅒㅖㅘㅝㅙㅞㅢ

【解說】 ㄲ이 ㄱㄱ으로, ㅐ가 ㅏㅣ로, ㅘ가 ㅗㅏ로, 이렇게 두개 以上의 字母가 어울려서 된것은 그 字形을 보아 분명한것이다。긴 說明은 略한다。

第二節 字母의 이름

第二項 字母의 이름은 다음과 같이 定한다。

ㄱ 기역 ㄴ 니은 ㄷ 디귿 ㄹ 리을 ㅁ 미음
ㅂ 비읍 ㅅ 시옷 ㅇ 이응 ㅈ 지읒 ㅊ 치읓
ㅋ 키읔 ㅌ 티읕 ㅍ 피읖 ㅎ 히읗 ㅏ 아
ㅑ 야 ㅓ 어 ㅕ 여 ㅗ 오 ㅛ 요 ㅜ 우
ㅠ 유 ㅡ 으 ㅣ 이

【附記】 다음의 글자들은 아래와 같이 이름을 定한다。

ㄲ 쌍기역 ㄸ 쌍디귿 ㅃ 쌍비읍 ㅆ 쌍시옷
ㅉ 쌍지읒

【解說】 字母의 이름에 대하여 學者들이 정한 理想的으로 된것도 있으나, ㄱ에서 ㅇ까지는 이미 一般的으로 習慣이 되어 있는것을 구태여 다른 이름으로 고치어 여러 사람에게 眩亂함을 일으키게 할 까닭이 없다。그리고 ㅈ 以下는 이왕에는 바침으로 쓰지 않는다 하여 특별한 名稱이 없고, 다만 「ㅈ지 ㅊ치 ㅋ키……」라 할뿐이었으나, 다 같은 字母를 그와 같이 差別할 理由가 없으므로, 역시 우의 字母와 같은 道理로 한것에 지나지 아니한것이다。

물음과 대답

一, 물음은 한글에 관한것에만 그침。
一, 물음을 한번에 셋 이상은 하지 말일。
一, 책 가운데 있는것이면, 그 책 이름 및 몇재 페지인것을 똑똑히 쓸일。

【물음】 나는 한글 연구에 눈이 뜨이어, 어디든지 그러한 강습이 있으면 잘 찾아다니는자입니다。 지난번에 휘문고보 강당에서 열린 박승빈씨의 한글 강습회에 참례하였던바, 그분은 아마 새로운 연구가 없는지, 부득요령의 말만 하므로, 좀 실증이 났읍니다。 그리고 전판 한글파(주시경 선생의 학설) 반대하는것뿐으로 듣기가 몹시 거슬리오며, (중략) 둘바침 반대하는 말 가운데 「값아홉돈」을 「갑사홉돈」이라 할수 없다는것과 또 「낡이, 낡은, 낡에, 낡을」은 할수 있어도 「낡과」「낡도」는 할수 없다는 말따위는 좀 유리한듯 하더군요。 선생님들은 어떻게 생각하십니까。(계동 답답생)

【답대】 당신이 한글 연구에 뜻을 두신다니 참 감사합니다。 무엇이거나 다 들어두시는것은 연구에 크게 도움이 되리라 생각합니다。 우리글에 둘바침을 쓰지 아니한다는것은 어법적(語法的) 관계와 역사적(歷史的) 사실을 무시하는것입니다。 먼저 어법적 관계로 보면,

먹다(食) 먹고 먹으니 먹어
잡다(執) 잡고 잡으니 잡어
검다(黑) 검고 검으니 검어
읽다(讀) 읽고 읽으니 읽어
넓다(廣) 넓고 넓으니 넓어
젊다(少) 젊고 젊으니 젊어
앉다(坐) 앉고 앉으니 앉어

이와 같이 「먹, 잡, 검, 읽, 넓, 젊, 앉」들은 다 어간(語幹)이요, 그 아래에 붙는 「다, 고, 으니, 어」들은 다 어미(語尾)입니다。 이렇게 어떠한 말이든지 그 어간의 아래 어미가 붙어서 여러가지 형태로 활용(活用)한다는것은 다른 나라 말에도 다 있는 공통한 언어법칙을 이루어 있읍니다。

그런데 박승빈씨는 두개의 바침뿐 아니라, 한개의 바침도 쓰지 아니한적 있어,

먹으니를 머그니로
잡으니를 자브니로
검으니를 거므니로

쓰는것이 맞다고 주장 하니, 그렇진대

읽으니를 이ꥤᅳ니로
젊으니를 저ꥨᅳ니로
넓으니를 너ꥩᅳ니로
앉으니를 아ᅜᅳ니로

써야 전후의것이 서로 부합하여 조금도 모순이 없이 같은 처리로 될것이 아닙니까。 그 근본부터가 이렇게 틀리었으니, 어법(語法)으로는 애초부터 언론할 여지가 없으니까, 이건 그만 두기로 하겠읍니다。 그리하고, 역사적(歷史的) 사실로 보드라도 둘바침 쓰는것이 요새 와서 새삼스럽게 창작한것이 아니요, 재래에도 많이 썼으니, 가령

ㄺ바침=갉 굵 긁 낡 늙 넑 닭

돍 맑 멁 뭀 몲 밝 벍 볽 붉
볽 삵 슭 읽. 옭 욹 윍 흙 턹
핥 훑
ㄻ바침=갊 젊 곪 굶 곪 놂 닮
돎 듦 맒 멂 밟 붊 빎 삶
섦 싫 앎 엚 옮 욺 잃 젊 졺
짊 흶
ㄼ바침=갋 넓 닯 덟 듧 돏 밟
볿 삷 섧 숇 옯 잛 젋
로 쓰지 아니하였읍니까。또 훈민정
음(訓民正音)에는
「不붏、홇배、몯홇노미、여듧字、發
벓、舌쎯、彆볋、戌슗、必빓、一읋、
別볋」로 쓴것이 있고、
용비어천가(龍飛御天歌)에도
「하놇뜨디、사룺뜨디、갌길히、셔봃
使者、오싫제、건너싫제、도라옳軍
士、아드닚긔、避仇홇소닋마리、님
금ᄋ수미、죩ᄆ색、ᄆ롮ᄆ색、도ᄋ거
니、받ᄌ봃제、아바닚梓宮、孝道홇아
돌、거슳도ᄌ골」
이렇게 많이 쓴것도 있읍니다。그렇다
고 지금 꼭 이대로 쓰자는 뜻은 아닙

니다。다만 역사적 사실을 말하대에
지나지 아니합니다。 박승빈씨 자신
도 둘바침을 부인하면서 「밨」 같은것
은 씁니다。한개를 쓰나 여러개를 쓰
나 무슨 차이가 있읍니까。 이것은
자가모순의 짓입니다。이러한 여러가
지 사실을 들어보드라도 구태어 둘
바침을 반대할 근거가 없는것입니다。
그리고 「값아홉돈」을 「갑사홉돈」이라
할수 없다는 그런 논법은 그이가 성
음학(聲音學)의 원리를 모르는 한 추
상론입니다。여기에 대하여 성음의 원
리를 말하려면 너무 장황하겠으므
로 그만두기로하고、여기에는 간단히
그리된 이유만 말하겠읍니다。 두개
의 뜻을 가진 한 낱말(單語) 가운대
는 종속적(從屬的) 관계와 대립적(對
立的) 관계로 된것이 있읍니다。 가령
「먹어서」「없으니」「굶기다」와 같은 말
들은 그 말의 어간(語幹)아래에 있
는 「어서、으니、기다」는 다 종속적
관계를 가진것이므로、웃 말의 소리
에 동화(同化)가 되거나 섞이어버리

거나 하여 그 웃 말의 어세(語勢)
를 강하게 하는 관계상 아랫 말에 거
기에 딸리어버립니다。 그러나 지금 물
으시는바 「값 아홉돈」과 같은것은 「값」
과 「아홉돈」이 각각 독립된 품사로
대립적 관계를 가진것입니다。 그리하
여 그 둘중에 아랫 말의 어세(語
勢)를 더 강하게 하는 관계상 자
연 웃 말의 끝소리를 바꾸는 경우
가 가끔 있는것입니다。그러므로 「값」
에 ㅅ이 묵살되나 그 원형(原形)은
절대로 변할수 없읍니다。 박승빈씨
가 「값 아홉돈」이라 쓴것을 꼭 갑사
홉돈」으로 읽어야 한다니、그러면 「옷
안에(衣內에)」를 그는 「오산에」라 하며
「꽃우에(花上에)」를 그는 「꼬추에」라
하는지오? 만일 발음되는대로만 글
을 쓴다면 「옷이」、「옷도」 할적에는
그렇게 쓰고、「옷안에」 할적에는 「온
안에」나 「오단에」로 써야 할것이며、꽃
이」「꽃과」 할적에는 그렇게 쓰고 「꽃
우에」 할적에는 「끝우에」나 「꼬두에」
로 써야 할것이니、 이것이 얼마나

혼란한」노릇이겠읍니까。이러한 까닭으로 우리가 그러한 음리적(音理的) 관계를 돌아보지 아니할수 없읍니다。박승빈로서 무슨 그러한 말슴을 하였을것 같지 아니합니다。

「낡」이란것은 그들이 툭하면 내세우거가 일수입니다마는、이것은 일부이설파(異說派)에서 취호맥자로 트집을 잡는 유일의 재료입니다。 그러나 「낡」이란 말을 홑일안에 ㄲ바침 아래에 다만 한 어례(語例)로 넣었을 뿐이요、이것을 표준어(標準語)로는 인정하지 아니하는것입니다。(표준어는「나무」) 만일「낡」이라고 꼭 써야 할 경우에 그 아래에 붙는 토를 다른 명사의 토와 같이「이、은、을、에」를 쓰는것이 좋다는 뜻으로「낡」으로 된것입니다。곧「낡이、낡은、낡을、낡에」와 같이 할수는 있으나「과、도」와 같은 토가 붙을 경우에는 잘 쓰이지 아니합니다。「남구와、남구도」라고 할수 있는데、그것은 예외로 칠 것입니다。우리 조선말에는 이러한것이 많이 있읍니다。가령「다오」(給我=「주시오」의 下待語)란 말은 같은 동사(動詞)이건마는、동사 아래에 붙는 토로 활용할수 없는것이니、「다다、다니、다서」라 하여 도무지 쓸수 없는 말입니다。그리고 또 같은 명사에도「나(我)」라는 말을「나는 나를、나도、나와」하지마는、「가、게、니」의 토들을 달아 쓸 때에는「내가、내게、내니」라 하여 그 말의 원형이 변하는것도 있읍니다。어찌 꼭 일정한 법칙으로 공동되게만 쓴다 할수 있읍니까。우리가 말을 만들지 못하는 것인즉、말 되어있는 그대로를 가지고 문법을 논할것뿐이라 생각합니다。이와 같이 말이 불규칙으로 되어 가끔 처리하기 어려운것도 많습니다。도대체 이러고 저러고 할것 없이 이미 되어 있는 표준어인「나무」로만 썼으면 그만이 아닙니까。(이윤재)

물음과 대답

一、물음은 한글에 관한것에만 그침。
一、물음은 한번에 셋 이상은 하지 말일。
一、그 책 가운데 있는것이면 그 책 이름 및 몇재 페지인것을 똑똑히 쓸일。

【물음】 一、「희다(白)」、「가로되」、「가운대」、「…던」들을 「히다」、「가로대」、「…든」으로 쓰지 않음은 무슨 근거가 있읍니까。 써놓으면 구별하여 발음하겠지마는、발음으로부터는 그리 정확히 구별하여 쓰기는 어렵지 않겠읍니까。 다만 역사적 철법입니까。

二、셋집(貰價)입니까? 세ㅅ집입니까? 중간ㅅ은 어떤 경우에 씁니까。

三、조선말의 소리갈(音聲學)의 좋은 책을 알려주시오。 (ㅈ、ㅅ、ㅎ)

【대답】 一、「희다? 히다?」는 마춤법 통일안에는 아직 어느편으로나 작정된것이 없읍니다。 그런데 서울말에는 분명히 「희다」로 발음되나、그것이 의례히 표준말이 될수 있으나、주시경 선생의 쓴 책과 김두봉님과 최현배님의 쓴 말본에는 모두 「히다」로 썼읍니다。 이것은 권조선적으로 치면 「희다」보다 「히다」로 발음하는 곳이 많으니 다수를 표준삼은듯 합니다。 「가로되」、「가운대」、「…던」으로 쓰는것은 우리말의 소리가 꼭 그렇게 된다는것이요。 다른 근거가 있지 아니합니다。 다만 「가운대」가、「가운데」로 가깝게 발음되나 별로 큰 차이가 없으므로 이것은 다만 역사적 철법을 좇음이요、그 밖에는 다 정확한 발음에 말미암음입니다。 요새들 웨 「가로대」、「…든」으로 쓰는가 하면、대는 「하건대」 같은 말의 끝과 서로 공통성이 있으며、「든」은 「하든」 같은 말의 끝과 서로 공통성이 있다는 이유로 약간의 발음의 차이는 있지마는 그렇게 쓰는것인가 합니다。 그것도 무론 좋은 뜻이나、말마다 다 그와 같이 간련을 시키면 너무 법에 얽매여 자연의 어음을 손상하게 하는 일도 없지 않겠으므로、이러한 말들은 그 자체를 따루 독립하여 발음하는대로만 적는것이 도리어 좋다는것입니다。

二、「셋집」이 좋습니다。 마춤법 통일안 제 三〇항을 참고하시오。 중간 ㅅ은 권혀 쓰지 않기로 되었읍니다。 이에 대하여는 벌서 여러번 한글에 논문으로 발표한 일이 있었읍니다。

三、소리갈의 좋은 책은 최현배님의 지은 「우리말본 첫재매」(정가 구십전、연희전문학교 문과 연구부 발행)가 좋습니다。 또 지금 인쇄중에 있는 최현배님 지은 「우리말본」은 먼저 지은것을 자세히 해석하여 강의체로 되었으니、이것이 더 좋을것 같습니다。 그 밖에는 별로 없으며、요새 조선음성학회(朝鮮音聲學會)가 새로 발기되었으니、장차 거기에서 연구하기에 좋은 책들이 나올것을 예기합니다。 (이윤재)

【물음】 다음의 표준어를 가르쳐 주

—(10)—

시오。

그리고、그러고。 아주머니、아즈머니。김치、김채。씻으려、시츠며(洗)、붉어지다、불거지다(紅)、땋아가다、따라가다。 스리사리、슬이살이。두부찌게、두부찌개。 캄캄、컴컴。아려고、알려고。 있것만、있건만。거믄옷、검은옷。 떠오르다、떠올으다。네、비、예(대답)。 가자미、가재미。천엽、천렵、천녑(소의내장)。어쩌면、어찌면。오너라、오나라。고은 꽃、고운 꽃。사라지다살아지다。일깜、일감(일의 재료)。갈매기、갈메기。 어즈럽다、어지럽다。마츰내、마침내。 (池鳳旭)

【대답】 표준어는 지금 조선어학회에서 조선어 표준어사정위원(朝鮮語標準語査定委員)을 내어 처리하는 중에 있으니、오래지 아니하여 그 작정된 표준어의 어휘가 발표될것입니다。 이미 통일안에서는 「붉어지다、따라가다、검은 옷、떠오르다、고운 꽃、일감、마침내」가 마춤법으로 작정되어 있읍니다。「그리고、고러고」와 「캄캄、컴컴」은 각각 말의 뜻이 다르므로 표준어로 써 논할것이 아니며、그 밖의것은 뒤에 표준어 사정(査定)에 따라 알게 될것입니다。 (이윤재)

【물음】 一、「ㄵ、ㄶ、ㄺ、ㄻ、ㄼ、ㄽ、ㄾ、ㄿ、ㅀ、ᇚ、ㅄ、ㅆ、ㄳ」 이것의 읽는법을 가르쳐주시오

二、「외、왜」의 발음 분간을 가르쳐주시오。 (碧潼 張芝用)

【대답】 一、이것은 대개 두개의 자모(子母)가 어울려서 된것이며 항상 끝소리(바침)로만 쓰이는것이므로、따루이 이름이 있을 까닭이 없고、다만 글자된 그대로를 이름하는것이 좋겠습니다。곧 ㄵ(니은지읒) ㄶ(니은히읗)、ㄺ(리을기역)、ㄻ(리을미음)、ㄼ(리을비읍)、ㄽ 리을시옷)ㄾ(리을티읕)、ㄿ(리을피읖)지ㅀ(리을히읗)、ᇚ(미음기역)、ㅄ(비읍시옷)、ㄳ(기역시옷)이라 하는것이며、ㄲ、ㅆ들은 첫소리와 끝소리에 두루쓰이고 이미 작정한 이름이 있으니、그에 의지하여 「쌍기역、쌍시옷」 이라 할것입니다。

二、「외、왜」는 아주 다른 소리입니다。「외」는 우리말소리에 두가지로 내는데、홑소리로는 혀의 자리를 「ㅔ」와 같이 혀의 앞을 높이고 입술을 오무려 앞으로 내밀고 한가지 꼴로 내는 소리요、거듭소리로는 한 소리덩이(音節)를 이루는데 먼저 입술을 오무리었다가 벌리면서 그 다음에 홑소리(母音)「ㅔ」를 내는것입니다。(왜)는 다만 한 소리덩이인데 먼저입술을 오무리었다가 열면서 그 다음에 홑소리「ㅐ」를 내는것입니다。그런데 평안북도 지방에서는 「외、왜」를 꼭 같이 소리내는데가 있읍니다。그 소리냄에 다른 점을 자세히 살펴서 서로 섞이지 아니하게 바루 잡아가는것이 좋습니다。(이윤재)

물음과 대답

【물음】 一、귀회에서는 한글 대자(大字)의 필요는 느끼지 않는지요。

二、한글 횡서식에 관하여는 어떠한 의견을 가지고 계신지요。

1、횡서 가능? 2、찬성? 3、반대?

三、한문자(漢文字)에 관한 방침은 어떠하온지。

1、전폐? 2、제한? 3、전폐 가능?

(金秉浩)

【대답】 一、한글을 지금같이 쓰는데 대하여는 로마글자처럼 대자와 소자의 구별을 둘수도 없고、그리할 필요도 없읍니다。그러하므로 조선어학회에서 그러한것은 당초에 생각도 아니합니다。

二、한글 횡서식은 크게 찬성입니다。그러나 실행에는 가능하다기 어렵습니다。그 이유는 우리 조선사람은 본래 우리글을 몹시 천대하는 못된 습관이 있어 전연 돌아보지도 아니하다가、근래에 와서 우리글을 많이 쓰게 되는데、여전히 천대하던 습관이 남아 있으므로 해서、조금이라도 힘든 일이면 싫어하여、아무 법이 없이 되는대로 쓰기를 위주하면서 과학적으로 정리된 통일한 철자법이 나매、그것을 한번 알아보려는 생각이 없이 공중 그것이 어려우니 어떠니 하여 떠드는자들도 있지 않습니까。 그런데 더군다나 횡서식같은것을 내놓았다가는、막 덤벼들어 별별 야단들이 일어날것이 아닙니까。그러므로 이 문제는 아직 덮어 두기로 하는것입니다。

三、한문자는 원칙으로는 전폐하는것이 옳습니다。그러나 워낙 뿌리가 깊이 박인것이니까、일시에 철폐하기는 어렵습니다。조선에서 한자제한은 의미 없는 일입니다。아무리 제한한대야 제한될리가 없을것입니다。그러니 우리 각자가 자각하는 정신에서 될수있는대로 한문자를 적게 쓰도록 힘써 나아갈뿐입니다。(이윤재)

물음과 대답

(물음) 一、다음 글들이 마춤법에 맞읍니까。그리된 이유를 알기 쉽게 말슴하여 주시오。(조선일보사 발행 『문자보급교재』에서 본것)

없습니다
왔습니다
됐습니다
있습니다
섰습니다
겠습니다

二、『구루마』란 말은 우리말로 없읍니까。

(吉州郡 東海面「新湖洞」金麗珍)

(대답) 一、맞다고 봅니다。그런데、물으신 뜻을 잘 알수 없읍니다。어간(語幹)에 대하여 묻는지 어미(語尾)「습니다」에 대하여 묻는지요? 어간으로는 거기에 ㅄ과 ㅆ의 바침을 달지 않으면 말이 되지 않으니、꼭 그렇게 써야 된다는것은 더 말할나위가 없읍니다。그리고 어미「습니다」에 대하여는 좀 생각할 문제입니다。원채는『읍니다』가 옳지마는、ㅄ이나 ㅆ바침이 없는 말 아래에도 항용『습니다』가 쓰이는것을 보면、『습니다』가 엄연히 단독으로 한 낱말의 특질을 가지고 있는줄 압니다。곧

먹습니다。
안습니다。
받습니다。
감습니다。
잡습니다。

와 같은 말들입니다。그런데、이것을『먹읍니다。안읍니다。… 』라 하여도 말이 안되는것이 아닌즉、내 생각에는、『습니다』는 와전된 말또、『읍니다』는 표준말로 정하여 썼으면 좋을가 생각합니다。곧

없읍니다。
왔읍니다。
됐읍니다。
있읍니다。
섰읍니다。
겠읍니다。

로 쓰자 함입니다。

二、『구루마』는 우리말로 『수레』라 합니다。그러나 이 말을 근래에 많이 쓰지 아니하므로 『수레』라 하면 좀 서툴러보이는 느낌이 있읍니다。우리가 될수있는대로 우리의 재래에 있던 말들을 다시 살려 썼으면 좋겠읍니다。당신 계신 지방에서는 『술기』란 말이 있지 아니합니까。이것이 『수레』와 사투리이니、그것을 『수레』도 고치어서 쓰면 어떠할가요。 (이윤재)

물음 과 대답

〔물음〕 一、다음 말의 구별。

그러하므로와 그러함으로

놓지다 와 놓치다

二、다음 말은 어느편이 맞읍니까。

잊지말라 잊어말라

왜

(ㅎ、ㅇ、人生)

〔대답〕 一、『하므로』와 『함으로』가 소리는 다 같으나、쓰이는 곳은 다르다 생각합니다。 문법상으로 보면、『므로』는 대개 풀이씨(說明語)에 붙는 씨끝(語尾)에 쓰고、『으로』는 임자씨(主語) 아래에 달리는 토(助詞)에 씁니다。 말의 보기를 들면

ㄱ 붓으로 글씨 쓴다

마음으로 기뻐한다

이것은 『으로』의 보기

ㄴ 비가 오므로 모가 자란다

길이 멀므로 가기 어렵다

이것은 『므로』의 보기

이렇게 달리 쓰이는데、곧 『으로』는 무엇무엇을 가지고란 뜻이나、남의 말에 with나 by와 で와 같은것이요、『므로』는 까닭이란 뜻이니、be cause와 カラ와 같은것입니다。 또 같은 소리로되 『함으로』라 쓸 때도 있고、『하므로』라 쓸 때도 있읍니다。『함으로』라 하면 『하다』라는 움직씨(動詞)에 ㅁ이 붙어서 이름씨(名詞)로 바꾸인것이므로 위에 보기의 ㄱ에 해당합니다。

이러한 예를 들면

ㄱ 저 사람은 밤낮 공부 「함으로」 일삼는다

ㄴ 그는 공부「하므로」 높은 사람이 되었다

ㄱ 동무들아 「기쁨으로」 노래 부르세

ㄴ 마음이 「기쁘므로」 춤추며 노래한다

위의 말에 『공부함으로』『공부하므로』나 『기쁨으로』 『기쁘므로』가 소리는 꼭 같으나 그 말의 쓰이는 법이 각기 다름을 살피어 보시오。 그러하여도 잘 모르겠거든 다른 나라말을 번역하여 비교하여보면 잘 구별될것입니다。

『놓지』와 『놓치』가 역시 소리는 같으되 그 쓰이는 곳은 다릅니다。『놓지 아니한다』할 때에는 『놓지』로 쓰고 『놓치어버렸다』할 때에는 『놓치』로 쓰는것이 좋겠읍니다。『놓지』의 『지』의 유취되는 말로는

가지● 아니한다

먹지 아니한다

와 같은것이요 『놓치』의 『치』에 유취되는말로는

받치●다(支)

뻗치●다

엎치다、

와 같은것입니다。

二、『잊지 말라』가 맞읍니다。『잊어말라』라는것은 (二十四頁에 續)

(15)

(十五頁에서 續) 첫째 발음이 틀리니, 이것은 말이 아닙니다。

『웨』와 『왜』는 표준어로써 작정할것인데, 아마 『웨』로 작정된듯합니다。(이윤재)

〔물음〕 귀회 회원 李克魯씨의 주소를 한글 지상으로 좀 알려주시오。(唐珠洞 李貞姓)

〔대답〕 주소는 京城府 鍾岩里 四○번지입니다。

물음과 대답

〔물음〕 지난번에 발표한 표준어는 일반이 사용하도록 책으로 만들어 내놓지 아니하고 다만 신문지에 기재한것으로만 그칩니까.

(ㄱ. ㅅ. ㅈ生)

〔대답〕 여기에 대하여 지난 십이월호 (제사권 십일호)가운데 "표준말 모음" 에 관한 기사를 쓴 일이 있었는데, 당신은 아마 그것을 보시지 못하였던것입니다. "표준말 모음" 은 단행본으로 다시 발행하기로 하는데, 거기에 또 삭인(索引)을 붙이어 일반이 말을 찾아보기에 편리하도록 하며, 방금 인쇄중에 있으니, 오래지 아니하여 책이 나오게 될것입니다. 그리고, "표준말 모음" 이 신문에 매일 연재된것은 틀린 곳과 글자의 오식이 많아서 도무지 준용하기 어려운것입니다. (이윤재)

〔물음〕 우리 한글이 횡서식 곧 자모식(字母式) 마춤법으로 된다면, 발음이 어기게 되는것은 없을가요? 다음의 말들을 자모식으로 배열하고 붙여보니, 여러가지로 읽게 되는데, 표준을 잡아 말씀하여 주십시오.

(ㄱ) ㄲㅏㅁㅏㄱㅜㅣ(까마귀) 깜아귀=까막위, 깜악위.

(ㄴ) ㄱㅏㄱㅜㄹㅣ(가구리) 각우리=가굴이.

(ㄷ) ㄱㅏㄲㅏㅅㅡㄹㅗ(가까스로) 가깠을오=각갓으로, 가깠으로. (金麗珍)

〔대답〕 우리글을 자모식 횡서를 한다고 하여서, 발음에 어기게 될리가 없읍니다. 음절식(音節式)으로 쓸적에 음절에 바침을 붙일 때에나 또 그 바침이 아래로 내려가서 첫소리로 될 때에나 발음은 꼭 같은것입니다. 이것은 웃소리가 아래로 내려가게 되는 자연의 법칙이니, 이것을 연음(連音)이라 합니다. 곧 "까마귀"나 "깜아귀"나 "까막위"나 발음은 꼭 같은것입니다. 이와 같이, 같은 발음으로 되는것을 여러가지로 쓰게 되는것이 지금 쓰는 음절식입니다. 그래서 이것은 바침이 올라가느냐 내려가느냐 하여, 말썽거리가 많은 글이 된것입니다. 만일 우리글을 자모식 횡서를 쓰게 되면, 이러한 번잡한 폐단은 아주 없어지고 말것입니다. 이러한 의미에서 우리는 더욱 횡서식을 주장하고싶습니다. 말이 너무 옆길로 가서 미안합니다. 당신이 물으신 ㄲㅏㅁㅏㄱㅜㅣ, ㄱㅏㄱㅜㄹㅣ, ㄱㅏㄲㅏㅅㅡㄹㅗ들은 다만 자모의 차례대로 위에서 끝까지 죽 읽으시고 이왕에 음절식 읽을 때와 같이 중간을 끊어가며 읽지 마시오. 그리하면, 발음이 가장 순편할것입니다. 더 자세한것은 이번호에 실린 최현배(崔鉉培)씨의 논문을 참고하시오. (이윤재)

물음 과 대답

〔물음〕 올봄 연희전문학교의 입학 시험 문제 조선어과 중에 다음 단어의 뜻을 설명하여 주시오.

(ㄱ) 꽃새암 (ㄴ) 고지곳대로

(ㄷ) 붙좇다 (ㄹ) 조촐하다

(ㅁ) 조아팔다

(義州 ㄱ. ㅇ. ㅅ)

〔대답〕 (ㄱ)"꽃새암"은 "꽃샘"의 틀린 말(표준어에 의하여)인데, 꽃 필 때의 추위(花時寒氣)요, (ㄴ) "고지곳대로"는 순직(純直)하여 조금도 권변(權變)이 없는 모양. 마춤법대로는 "곧이곧대로"로 쓰는것이 좋겠으며, (ㄷ)"붙좇다"는 간절히 생각하는 뜻으로 남에게 따르는것. 곧 부수(附隨)하는것. "붙좇다"로 쓰는 것이 옳으니, 곧 "붙다"(附)와 "좇다"(從)의 합성어인 까닭. (ㄹ)"조촐하다"는 깨끗하고 아담한것. (ㅁ) "조아팔다"는 요샛말로 소매(小賣)의 뜻인데, 이 말을 근래에는 별로 쓰지 아니하나, 될수 있는대로 이러한 말을 많이 쓰도록 함이 좋겠읍니다. (이윤재)

〔물음〕 1. "조선어 표준말 모음"은 언제나 나옵니까? 2. 가로글씨의 흘림글씨를 얼른 한글 지상에 발표하여 주시오. 3. 물음란의 투서 규정? (하동 일독자)

〔대답〕 1. 지금 인쇄중이니, 곧 나오게 되겠읍니다. 2. 한글 가로글씨의 흘림글씨는 아직 작정된것이 없읍니다. 3. 물음란의 투서는 별로 규정이 없고, 다만 한글에 관하여 의심된것이 있을 때에 질문하는것입니다.

〔물음〕 言語의 起源에 對하여 말씀하여주시오. (羅南市外 松亭義塾)

〔대답〕 이달호 "한글"에 실린 이극로씨의 "言語의 起源說"을 참조하시오.

反對者側의 이모저모

필경 學生까지 煽動하느냐

正音誌의 輕妄을 戒함

이윤재

朝鮮語學雜誌란 美名을 붙이고 正音이라 題號한 소위 反對側의 機關誌는 겉으로는 學術研究를 標榜하나, 기실 그 內容을 들여다보면, 研究的 價値라고는 터럭끝만치도 보이지 아니하고, 그 句句節節이 詬辱悖說과 構捏詆毁뿐으로도, 다만 全紙面에 派閥的 鬪爭的 氣分이 横溢하야, 그 무리들의 惡性心理가 如實히 發露되어 있다。

우리는 오직 學術의 權威를 仗하야 正當한 論理와 眞摯한 信念으로 한결같이 나아갈뿐인지라, 결코 么麼한 葉小의 喧噪에 귀기우릴바 아니니, 吾謹避之主義로 一向 置之度外하였다。來後로도 우리는 그리할 작정이다。그런데 그 무리들은 이제와서 窮餘一策으로 한 奇拔的 新計劃을 捻出한것이 있으니, 그것은 별것이 아니라, 이런 學生들을 찾아다니며 그들을 策動하야 한글 攪亂을 陰謀한 術策이다。여태까지 그 무리들의 써오던 術策中 가장 鄙陋하고 賤劣한 짓이다。그렇게 보고만 말것이 아니라, 그 裏面에는 最大 危險性을 가진 重大問題가 伏在하여 있음을 알겠다。그러하다는 理由는 잠간 뒤로 밀고、먼저 그 무리들의 陰謀와 나의 調査한바를 말하겠다。

正音(물론 異說派 雜誌) 第六號에 「市內中等學生巡訪記」라 題하고 韓東作氏를 내세워 쓴것인데, 그가 巡訪한 곳은 徽文高普、中央高普、中東、大東商業、公立高普、徽新、普成高普、女子高普、女子商業、進明女高等 十校의 學生 十三人이다。먼저 五題의 短文을 불러주어 받아쓰게 하고、다음에 覆面記者가 하듯이 몇마디 感想을 물어、되는대로 적어서 學生의 말인것 같이 꾸미어 쓴것이다。欺瞞도 欺瞞이려니와、그 術策이 퍽 巧妙하다。

다른 學校의 學生은 모르거니와、내가 지금 關係하고 있는 中央高普와 徽新學校에 對하여는 나 個人의 名譽上 業務上에도 關係됨이 적다 못하겠는고로, 何如間 그 事實 如何나 한번 알아보기로 한것이 이 事實을 調査하는 動機다. 그따위 賤薄한 짓 더욱이 그런 無名한 한사람을 對象할것인가. 차라리 一笑에 붙이고 애초에 問題삼지 않으려 하였으나, 調査하여본즉, 雜誌의 記事가 엄청나게 다를뿐더러, 學園에도 影響됨이 적지 아니한지라, 이에 부득이 그 調査한 바를 여기에 적기로 한것이다.

웬셈인지, 어린 아이들에게 무슨 K生이니 S生이니 하는 隱名을 쓰는것부터 不正當한 짓이다. 莫顯乎隱이라, 그를 嚴密히 調査한 결과, 그 숨기었던 學生의 本名이 다 判明되었다. 그리하여 雜誌에 쓰인 感想文을 아이들에게 보이고, 이렇게 말한 일이 있었느냐고 물은즉, 다 자기의 말한것과는 사뭇 다르다 대답하며, 글뜻조차 모른다는 아이까지 있었다. 아이들더러 正音 記者를 만났을 때에 꼭 말한대로 써오게 하였다. 이를 正音 記事와 對照하야 아래에 적는다.

첫재 中央高普 第一學年生 S生이라 한것은 一學年 乙班 宋錫鎬인데,

正音에 쓴것──朝鮮語 時間에는 가끔 新綴字法으로 時間을 보내게 됩니다. 앉(坐) 값(價) 이렇게 외이라고 합니다. 試驗問題도 漢字를 써놓고 朝鮮語로 고처라고 하는수가 있읍니다. 그리고 우리 一學年은 「한글」 雜誌를 每月 全部 사보게 하는데, 모를것이 많습니다. 그리고 試驗때의 綴字法은 敎科대로 써도 좋고 統一案대로 써도 좋은데, 統一案에 맞게 쓰면 敎科書대로 쓴것보다 點數가 많습니다.

宋錫鎬의 告白──우리 一年生은 試驗때에 한글 綴字에서 五十點, 漢字 熟語(解釋하는것)에서 五十點, 이렇게 點數를 받습니다. 그이가 「한글」雜誌를 보고, 「이 책은 學校에서 사보라는것이냐」고 묻기에 나는 「아니올시다. 사보고싶으면 사보는것이나, 제 自由로 하는것이지요」라고 말한것뿐입니다.

다음으로 中央高普 第二學年 K生이라 함은 二學年 甲班 金奎湜인데,

正音에 쓴것──別로 感想이라고 있겠읍니까. 어려운것뿐입니다. 그리고 文法規則이 整然치를 못하야 「マル暗記」할것이 많습니다. 例하면 지금 採取한 中에 있는 「미덥다」「믿었다」「미단이」 等은 지금 가르켜주시니 말이지, 「마춤법 통일안」이 그렇게 된줄은 몰랐읍니다.

金奎湜의 告白──저는 지금까지 마춤법 통일안을 배우지 못하였지마는, 당신 말과 같이 옛날 쓰던것보다는 좀 어렵고 또 따루 외야 할것도 있겠읍니다. 지금 쓴 글 가운데 「미닫이」「민었다」 같은 말은 지금 당신이 말슴하시니 알았지, 마춤법 통일안이 이렇게 된줄은 몰랐읍니다.

또 그 다음으로 儆新學校 第二學年 K生이라 함은 二學年 乙組 金得熙인데,

正音에 쓴것──어떤 때는 바침을 올[illegible]붙이고 어떤 때는 내뻐다 쓰는지 헐돌어서 쓸수가 없어요. 저이는 第一學年부터 新綴字法으로 배우고 있읍니다마는, 아직도 눈을 뜨지 못하야 씁니다. 一學年때에 新綴字法으로 試驗을 본

結果 全部가 丙이었읍니다。지금도 모르지만요。何如튼 全生徒가 어렵다고 떠듬니다。

金得熙의 告白——어느날 어떤이가 와서(뒤에 알고보니 韓東作氏) 자기는 語學硏究會 사람이라하고、미안하지만 내가 부르는대로 쓰라고 하기에 그대로 써 주었읍니다。쓴것을 보고 웨 이렇게 썼는가 하기에、대답할수가 없어서 이것이 어떤것은 바침을 올려붙이고 어떤것은 내려다 쓰는데 이런것은 좀 쓰기 힘든다 하였읍니다。그러면 언제부터 新綴字를 배우는가 하기에、一學年 二學期때부터 배운다고 하였더니、처음 배울적에 어렵지 않든가 하기에、입때까지 그전것만 익혀온 관계로 처음에는 좀 어려웠지마는、차차 배우니까 지금와서는 아주 괜찮다고 하였읍니다。試驗에는 어떻하였는가 한기에、내가 처음으로 新綴字 배울 때에는 아마 丙인듯 합니다。(무론 全班 學生을 말한것은 아님) 또 그런데 學生들이 新綴字法이 어렵다고 떠들지 않든가 하기에、一學年 때에는 좀 어렵다고 하였지마는、지금은 아무 말도 아니합니다。

以上과 같이 正音에 記載된 事實과 學生의 告白한것과를 比較하여보면、正音의 記事가 얼마나 虛僞揑造한것인지 넉넉히 살필수 있으며、이 數三人의 事實을 밀우어 全部가 다 이와 같을것은 明若觀火이다。

그렇다고 하여 내가 구태어 그 黑白을 가리어 그들을 筆誅하려는것이 아니다。그러나 그 索隱行恠的 얄미운 짓은 그들의 常習的 버릇이라 그만 두기로 하고、어린 아이들을 煽動하야 장래에 큰 禍源을 장만하려는 그 輕妄한 行動에 對하여는 한번 警戒함이 없지 못할것이다。이제 간단히 몇가지만 들어 말하리라。

一、學生들로 하여금 朝鮮語 學科에 對한 輕妄心을 일으키게 하려는것。아이들의 마음은 가장 天眞한지라、가르치면 가르치는대로 指導하면 指導하는대로 따르는것이다。만약 學校에서 先生에게 배운것을 家庭 혹 社會에서 指導하는 方式이 그와 背馳되면 어린 마음에 첨첨 懷疑心을 일으키어 先生이 가르친것에 대하여 輕侮心을 내는 惡影響을 招來하기 쉬우리니、이것은 敎育上 大禁物이다。그러함에도 不拘하고 그들은 漫然히 아이들에게 學校에서 배운 朝鮮語科에 對하야 잘 되었느니 못되었느니 批評을 더하는 따위는 확실히 學生의 머리속에 朝鮮語科에 對한 輕侮心을 注入하려는 그릇된 생각이다。그 輕妄이 太甚하다。

二、學生으로 하여금 敎師에게 對하야 反感心을 일으키게 하려는것。學生들이 敎師에게 對하야 가장 憎惡하는바는 試驗制度로 因함이다。그러므로 요새 學園에 種種 不祥事가 일어나는것도 그 原因은 太半이 여기에 있다 한다。그들은 機敏하게도 이것을 잘 利用하려고 든것이다。그리하여 아이들에게 반듯이 朝鮮語 試驗을 어떻게 하더냐、또 試驗본 結果 成績이 어떻더냐고 물은것이다。만일 아이들의 입에서 朝鮮語 成績이 나쁘다 하는 말이 나오게 되면、그것봐라 여북 어렵고야 그렇겠니 하

아、隱然히 先生 排斥할 惡感心을 暗示하였다。이것은 아이들의 告白한 것으로써 넉넉히 짐작할수 있다。그러나 그들은 여기에는 成功을 못한 것이 매우 가까울 일이다。마지막에는 一般 學生界에 衝動을 줄 心事로 아이들이 陳述하지 아니한 事實까지 揑造하야「一學年 때 試驗본 結果 全部 丙이었다」(金得熙의 말이라 한것) 라고까지 적어서 學生들로 하여금 무한한 恐怖心을 일으키게 하였다。나는 全部 丙이라 하는데 놀래어 곧 學籍簿를 뒤져보았던바、그 學級 四十 七名中 甲(九十點 以上)이 九人、乙 (六十點 以上)이 三十七人이요、丙(四十點 以上)은 中間補缺入學者 但 一人이 있을뿐이다。그리고 그 아이(金得熙)의 朝鮮語 成績은 一、二、三學期가 모두 七十點 以上 곧 乙이며、정작 丙은 英語 實業等 數科目에 있을뿐이다。 그들은 그와같이 大膽하게도 事實無根의 記事를 함부로 써서 世人을 眩惑시키는 一邊、學生으로 하여금 先生 排斥의 惡心을 助長하여 後日 큰 禍端을 釀成하려는것은 매우 輕妄한 짓이다。

三、學生으로 하여금 教科書에 對한 厭忌心을 내게 하려는것。學生에게 教科書의 缺點을 자주 말하면、자연 教科書를 不信用하야 複習을 게을리하는 弊가 없지 않을것이다。그러고로 學生에게는 될수있는대로 教科書에 對한 尊敬心을 가지게 하는 것이 옳을 일이다。그들은 新綴字로 된 教科書에 對하야 무한히 不滿을 품고、아이들을 찾아다니며 暗暗裏에 教科書를 不信用하게 하는 思想을 鼓吹한것이다。아는 그들이 이번 書取의 課題를 高等普通學校朝鮮語讀本 卷一 十六頁 및 十八頁에서 取하야、아이들에게 書取시켜、어찌다가 몇군대 틀린것이 있으면、그것을 指摘하여가지고、어렇게 어려운것을 배우느냐 하는 毒舌를 放하야 아이들의 머리속에 教科書에 對한 厭忌心을 注射하려는것으로써 족히 明證이 된다。더욱 우스운것은 그들이 書取한 것을 가지고 錯誤分類統計表란 것을 만들고 잘못 쓴것과 바르게 쓴 것을 비교하여 놓은것이다。무론 아이들이 教科書 標準의 綴字에 對하여 잘못 쓸것이 많을것은 정한 일이다。과연 一學年 때의 朝鮮語 程度를 보면 말못된다。언제인가 내가 一學年 一學期初에 한번 書取를 시켜 보았더니、그야말로 金剛山 萬物草 以上의 形形色色이다。심지어 이렇게 쓴 아이까지 있었다。「내가 오늘 이 학교에 입학을 하였으니……」라 쓸 것을 「닉가 요널イ핵고エ 이파케셔닌」로 쓴것이다。다 가치 普通學校에서 같은 책으로 (무론 舊綴字로 된것) 배웠건마는、웨 그다지 千差萬別로 쓸가。웨 책에서 배운대로 쓰지 못할가? 여기에 對하여는 原因이 없는것도 아니나、張皇을 避하야 그만두기로 하자。그리고 아이들은 이미 잘 아는 조선말이라 하여 별로 關心도 하지 않거니와、

朝鮮語 敎授時數가 一週日 겨우 一時間、게다가 때때로 눈에 띄우는 新聞 雜誌、온갖 책들이 모두 各樣不同으로 되는 이 現象下에서 겨우 一二年동안 배워가지고 그들의 書取한 그만큼이라도 쓴것은 과연 大大的 進步라고 아니할수 없다。朝鮮語 말고 英語나 數學이나 理科나 其他 各科에 對하야 아이들에게 그와 같이 한번 물어보라。그렇게 많은 時間으로 充足히 배우는것이 언마는、千篇一律로 꼭꼭 맞게 다 잘 알줄 아느냐。무론 朝鮮語 書取 以上으로 틀릴것이 많을것이다。그렇다고 그 科目을 다 어려운것이라 하여 撤廢하기로 主張할것이냐。그들은 또 六十歲 老婦人에게까지 書取시켜 「이슬빗줄」을 「이슬비줄」로 「옴즉이는것을」을 「옴즈기는것슬」로 「짓밟힌」을 「짓발핀」으로 「믿었다」를 「밋덧다」로 쓴것을 질질히 唆服하며 글은 이렇렇게 써야 된다고 하니、대저 그무슨 主旨인가。그들은 敎科書 綴字를 고치게 하려고 當局에 提呈할 建議書에 圖章을 받으러 地方遊說하는 것으로써 外的活動을 하고 中等學生을 巡訪하는것으로써 內的活動을 하는 그 技巧한 術策은 무던히 組織的이라 아니할수 없다。그러나 어린 아이들을 煽動하는 行動은 더 말할수 없이 輕妄한 짓이다。

이밖에도 二三個 條項을 들어 더 말할것도 있으나、쓸데없는 이따윗것을 가지고 공연히 紙面만 허비하게 되는것이 아까워서 그만두기로 하거니와、그들은 이번 輕妄한 擧措를 스스로 뉘우치고 한번 크게 反省이 있기를 바라는것이다。혹시 好戰者의 辯이 있는 그들이、옳다 하나 없어 만났다 하고 다시 무슨 辨駁이 있을지라도、나의 말할것은 오직 여기에 그치고 만다。

내가 말하기를 좋아하는자가 아니라、부득이함임을 알라。

한글運動의 先驅者周時經先生

李 允 宰

「야、 언문쟁이 온다!」

「주텃대 맞을놈!」(周時經이란 漢字를 순조선말로 쓰면 「두루、때、글」인대 이것이 「주텃대」와 近音이 되는고로 이렇게말한것)

이란 동무들의 侮蔑的 譏笑를 받으며、

「얘야、 너같은 才質로써 英語나 漢語같은것을 잘공부하면 장래에 돈벌이라도 착실히 할것인대 그까짓 언문은 무엇하자고 밤낮 들여다보고있어? 에이 미련한것 보겠지!」

하는 어른들의 訓戒的 꾸중을 듯는것을 조곰도 상관하지 아니하고 밤낮 쉴새없이 「기역니은」을 口誦하며 犧牲的精神으로 그一生을 오로지 朝鮮語文 研究에 바친것은 한힌샘 周時經 先生이다。

先生은 지금으로부터 六十年前 丙子年十一月七日에 黃海道 鳳山고을에서 나시었으며、二十一年前 甲寅年 七月二十七日에 三十九歲를 一期로 棄世하시엇다。

先生은 이같이 짧은 一生이었으나, 그같이 긴 業蹟을 남긴것은 무론 朝鮮語文의 硏究이다。 硏究中에도 결코 單純한 生活을 한것이 아니라, 줄곳 貧苦와 싸우며 不遇를 한탄하야 혹은 남의 집屈傭살이로 혹 印刷所의 雜役으로 혹 航海術의 練習으로 혹 測量所의 硏究로 혹 鄕里에서 살림살이로 혹 學校에서 學生生活로 혹 新聞記者로 혹 敎育家로 혹 政治運動으로 이렇케 變化 많은 生活을 하여왔다。

先生이 朝鮮語 硏究에 뜻을 두기는 十七歲적이니 그때 스승에게 漢文을 배울새 매양 그글 뜻을 解釋할적마다 반듯이 우리말로 번역함을 보고, 속으로 생각하기를「글이란것은 말을 적으면 그만이러라 그러나 적은 方法과 符號가 이 漢字같이 거북하고 어렵고야 知識을 언기에 어찌 지극히 어렵지 않으리요。이제 만일 우리의 글로 이를 대신하면 그야말로 事半功倍하리로다。그러나 이는 琢磨의 功을 加하지 아니하면 어찌 능히 實効을 거두리오」하고 이에 불끈 憤을 發하야 우리 言文으로 硏究하기로 굳게 뜻을 세우고 먼저우리글의 本源을 찾으며 이어서 文法을 究明하기에 着手하니 이것이 실로 우리땅에 말과글이 있은 뒤 처음있은 일이요 朝鮮人 스스로 科學的으도 自家의 言文을 밝히는 비롯이라。과연 朝鮮語 復興의 新機運이 이사람 이때의 自覺과 決心으로 말미암아 싹틈이로다。

이렇게 한번 뜻을 세운 先生은 어떠한 어려움과 어떠한 괴로움이 있을지라도 더욱이 沒理解한 世人의 譏評이 있어도、도리어 이것을 最大한 快樂으로 알아 二十年은 하로같이 하야 꾸준히 苦心과 費力을 쌓음은 이루 다 말할수 없을것이다。先生은 다만 研究에만 그치지 아니하고 또 實際運動에도 얼마나 힘을 다하였음을 볼수 있으니、培材學堂 在學時에는 同門生으로 더부러 協成會를 組織하였고 獨立新聞社 在職中에는 同業者와 한가지 同文同式會를 經營하였고 尙洞에 學院이 設立되매朝鮮語文法科를 特設하게 하였고 醫學校內에朝鮮語研究所를 設行하며 밤에는 夜學講習所 日曜에는 日曜講習所를 設行하였고 學部內에 朝鮮文研究所가開設되매 그研究에 中樞가 되며 外人間에朝鮮語研究會가 設立되매 그 辨難의 標準이 되였고 公私立學校에朝鮮語科程을 敎授하게 하야 그任을 自擔하였고 朝鮮光文會가 設立되매 朝鮮文에 關한 文書校正과 辭典編纂의 指導에 致力하였고 朝鮮語講習院을 刱立하야 한글 普及을 도모하였다。이와 같이 온갖 事力을 모두 朝鮮言文을 위하야 犧牲하며、온갖 機會를 모두 朝鮮語文을 위하야 利用하였다。

先生의 遺著로는朝鮮語文典音學、朝鮮語文法、말의소리、이셋책이 있을 뿐이다、오늘날 우리

말의 文法과 聲音學을 研究하는대에 基礎가 된것이다。

先生이 가신지 二十餘年인 오늘에 이르러 한글科學運動이 漸漸 더욱 늘어가며 統一의 完成이 가까이 오게됨은 오로지 先生의 끼치신 恩澤임을 잊을수 없으리니 先生의 勳業은 朝鮮語가 存在하는 때까지 永遠히 빛날것이다。

한글創製의 苦心

◇李允宰

우리는 오늘로써 第四百九十九回의 한글날(訓民正音頒布紀念日)을 맞는다. 우리가 해마다 이때를 당하면, 우리 世宗大王의 聖德과 集賢殿學者들의 功績을 讚頌하여 마지 아니하여 어찌 무엇에 比하랴.

한글이 文字로서의 科學的價値가 잇음과 世界文字中 가장 優秀한 地位에 잇음은 이제 새삼스러이 말할 것도 없거니와, 이러한것을 創製하기에 얼마나한 努力과 苦心이 잇엇음을 이제우리로서 다시금 한번 생각하지 아니할수 없게 된다.

대저 事物의 크고적음을 물론하고 이를 創作함에는 반듯이 여러가지 用意와 苦心을 要하는바어니와, 더욱이 우리文化生活에 直接關係되어 한때도 떠날수 없는 文字, 곧 民衆이 永遠無窮토록 使用하게되는 萬世의 法이될 國字를

創定함 이 어찌 一旦一夕으로써 無難히 될수가 잇으랴. 혹은 이러케 생각하리라. 그까짓 二十八字란 字數가적고 또 배우기쉽고 쓰기 쉬운것이니, 이것을 만들기에 무슨힘이 들엇겟느냐고. 아니 그러치 아니하다. 世宗께서 경연에서 [illegible] 만들으셧다(李圭景의 五洲衍文長箋에 「世宗莊憲大王 [illegible] 以諭臣僚, 命成 三問等[illegible]」)하는이도 잇으며, [illegible]을 보고 [illegible]的으로 생각하여 만들으셧다 하는이도 잇으며, 外國의 文字를 模倣하여 만들으셧다 하는이도 잇다.

이것이 얼마나 한글의 價値를 떨어트리는 말이며, 世宗大王께 對하여 無禮한 것이냐. 世宗大王께서 한글을 創製하여 頒布하기까지에 여러가지의 苦心하신것은 이루 다 말할수 없거니와, 다만 記錄에 남아잇는 事實만으로도 족히 우리가 想像하는 困難을 족히 莫大하다는 뜻이다. 이 얼마나 苦心으로 하신 말씀인가.

첫재 世宗께서 正音廳을 闕內에 設置하신것을 보면, 한글의 創作이 다만 一時의 興味에 그치지 아니하고, 이와 같이 새 官廳을 新設하기까지 하여 永續的으로 研究의 機關을 삼앗음이며, 또 研究員으로 鄭麟趾, 成三問, 申叔舟, 崔恒, 朴彭年等 學者들을 거기에 두어 밤낮

研究를 쉬지 안케 하시엇으니, 한글의 創作이 國家 政治에 重大性이 잇음을 아시엇음이다.

셋재 世宗께서 當時 明나라 學者 黃瓚이 遼東에 謫居하다함을 들으시고, 成三問을 보내어 音韻을 質問하게 하엿는데, 遼東의 往返이 무릇 十三度에 이르럿다. 그와같

여섯재 한글을 創製함에 얼마나한 時日이 걸리엇는지 자세히 알수 없으나, 世宗 二十五年 癸亥 冬에 訓民正音이 成이라 하고, 二十八年 丙寅 九月에 頒布하엿다 하니, 그 사이가 三個年이 지낫지마는 이를 보드라도, 그를 制作함에는 응당 相當한 時日이 걸리엇을 것을 推測하겟으며, 또 이를 即時 頒布하지 아니하고 三個年이나 두고 研究를 거듭하며, 혹 龍飛御天歌를 지어 實用의 例를 보이어, 萬全을 안뒤에 비로소 發布하엿으니, 그 愼重한 態度와

周到한 用心에는 과연 感服하지 아니할수 없다.

이와 같이 만흔 苦心을 싸하서 한글을 完成한것이다. 우리가 이를 생각할 때에 感淚를 스스로 禁할수 없도다.

한글날에 대하여

(訓民正音頒布紀念日)

이 윤 재

이미 지난 일이지마는, 한글날의 날자를 가지고 이러구저런구 떠드는 어떤 호사자(好事者)의 작난 같은 일이 며칠전에 있었다. 우리는 그것을 구태여 밝히려고 할것까지는 없지마는, 이것으로 인하여 혹시 세상 사람의 현혹을 일으킬가 하여, 여기에 그 날자의 유래에 대하여 간단히 말하련다.

애초에 한글날이 생기어지기는 지금으로부터 만 구년전 병인(丙寅)년 음력 구월 이십구일인데, 이 해는 다행히 세종대왕께서 한글을 지어 펴시던 그 해와 병인하고 해의 이름이 같고, 세종 병인년에서 사백 팔십년째되는 곧 팔회갑(八回甲)을 당하는 해였다. 이것을 세종실록(世宗實錄)에서 찾아 알고, 그때 조선어연구회(朝鮮語研究會=朝鮮語學會의 前身)에서 국일관(國一舘)에 모이어 제일차의 축하 기념을 행하였다. 그 자리에서 이 날을 무엇이라 할가 하는 의논이 날때에 어떤분이 「가갸날」이라 함이 어떠냐고 하는것을 질력 신문지상에 「가갸날」 이라고, 쓴 까닭에 몇해까지는 「가갸날」이란 말까지 유행되었었다. 그리고 이와 동시에 또 신민사(新民社) 주최로 식도원(食道園)에서 한글 팔회갑 잔치를 성대히 베풀었는데, 거기에는 사회의 명사들과 관료계급과 및 외국사람까지 모인수가 실로 사백여명의 다수로 자못 훌륭한 기념식이었다. 이로써 세상에 널리 알리어졌으며, 그때부터 해마다 음력 구월 이십구일로서 한글날을 정하여 축하 기념을 하여오던터이다.

한글날이 음력 구월 이십구일이라 함에 대하여, 먼저 어윤적(魚允迪)씨가 그 적확함을 증명하였고, 이어서 김문식(金汶植)씨는 한글날이 십일월 초팔일이라는 이론(異論)을 주장하다가, 어윤적씨에게 도루 반박을 받고 다시는 말하는이가 없었다. 그리하여 한 육년까지는 아무말없이 그대로 지내어왔다.

이 중대한 명절이 음력으로 되어있는것이 모든 점으로보아 좋지 못함을 알고, 우리는 이에 음력 일자를 양력으로 환산하여 고치기로 작정하고, 이명칠(李命七)씨 권상로(權相老)씨 두분의 환산한 일자가 꼭 같이 양력 시월 이십구일이 되므로 (換算表는 그 해 각신문지와 한글 제일권 제오호에 발표되었음) 그후부터 양력 시월 이십구일을 한글날로 정하여, 그 다음해까지 두해동안은 이 날에 기념식을 행하였다.

그러다가 작년에 이르러서 음양력 환산 방법에 다소

— — 458 — —

외아되는 점이 일어나게 되니, 그것은 처음에 양력으로 계산할 때에 세종대왕 당시 서양에 시행되던 율리우스 역서(曆書)를 기준삼아 환산한것인데, 그것보다 서력 一五八二년 이후로 오늘날까지 사용되는 끄레꼬리 역서를 좇는것이 더욱 좋다는 뜻으로 고쳐 환산한 결과, 다만 하루의 차의로 양력 시월 이십칠일이 되었다. 이에 대하여 만일의 오착이나 있지 않을가 염려하여, 사계 각 전문대가(專門大家) 이명칠(李命七)씨, 권상로(權相老)씨, 연희전문학교 교수 이원철(李源喆)박사, 인천 있는 조선총독부관측소(朝鮮總督府觀測所), 경성 있는 경기도립측후소(京畿道立測候所), 및 만주국립중앙관상대(滿洲國立中央觀象臺)에 근무하고 있는 김시중(金時中)씨에게 촉탁하여 문의하였던바, 다 의견이 일치하므로, 우리는 세종대왕 이십팔년 병인 구월 이십구일이 양력으로 시월 이십팔일인것을 확실히 믿어 다시 의심할것이 없었다. 그리하여 작년에 비로소 한글날을 시월 이십팔일로 정하여 기념식을 행하였으며, 금후로는 영영 변하지 않고, 이 날을 지키기로 한것이다.

우리는 이만큼 신중히 작정하여 시행하는 때에, 평소에 항상 기괴한 이설(異說)을 주장하던 박승빈(朴勝彬)씨를 중심으로 하는 몇몇 사람으로서 뚱딴나게 또 딴 소리를 내어 말성거리를 만들려드니, 그것은 실록(實錄)에 세종대왕 병인년 구월 이십구일 날자 아래에 「是月訓民正音成」이라 씌였으니, 꼭 그 날이 아닌즉, 그 달의 대표되는 일자를 초일일로 정함이 옳다는것이다. 그리하여 그들은 새삼스러 한글날을 구월 일일로 정하고, 지난 구월 삼십일(양력으로 환산한)에 소위 훈민정음반포기념식을 한다 명칭하고, 모모 인사를 요리집으로 청요하여, 일자 개정에 대한 의론을 내었으나, 이론(異論)이 백출하여 아무 신통한 결정이 없이 유야무야중에 흩어지고 만 일이 있었다.

한글을 반포한 날자에 대하여는 실록(實錄)에 「是月」이라 한것이 문제가 되었으니, 곧 나라에서 그달동안 행한 일을 나날이 적어가다가, 남은것은 대개 그달 그믐의 날자 아래에 적고, 첫머리에 「是月」이라고 쓴것이 보통이다. 우리 역시 이에 대하여 생각하지 아니한바도 아니나, 그 정확한 일자는 어떠한 문헌에도 찾을수 없는것이니, 꼭 그 날이 아니라 하여 그만 둔다면 어어니와, 이미 기념할 날을 정하는데에 있어서는 한가지 표준이 없지 아니할것이다. 곧 실록에 실린 구월 이십구일 아래에 그 사실이 나타난것이며, 또 그 때의 구월이 적은달 끝 이십구일이 그믐날이니 그 날이 족히 그 달의 대표 날자가 될수 있는것이며, 또 근 십년동안이나 구월 이십구일로 지켜와서 이미 전 민중적으로 깊이 인식이 된것을 새삼스리 새 날자로 고치어 현란을 일으킬 필요가 없는것이다. 이와같이 옴력 구월 이십구일 곧 양력 시월 이십팔일로 정하는것이 사리에 어긴 일이 없겠거늘、공연히 아무 근거없이 딴것을 벌릴 까닭이 없을것이다。

그러나 우리는 다시 신중하게 할 의사로 다시 사학가(史學家) 모든 권위를 망라한 진단학회(震檀學會)와 그 밖의 여러 사학(史學) 전문가에 대하여 훈민정음 반포한 날자에 관한 실록의 해석을 질정하였더니、진단학회에서 다음과 같은 회답이 왔으며、다른 학자도 다 의견이 일치하였다。

그 회답을 적요하면 다음과 같다。

(1)史錄 記載例에 依하면、日字가 未詳한 事件은 그 月末에 記錄하고、달까지 未詳한 境遇에는 그 年末에 記錄하는것이 例規가 되었은즉、달이 未詳한 記事를 正月에 包入시킬수 없는것과 마찬가지로、日字가 未詳한 記事를 一日에 몰아넣을수 없다。

(2)어느 달을 代表하는 날을 정하려 할 때에는 一日이나 十五日보다 晦日이 가장 妥當하니、그 理由로는 訓民正音 頒布와 같은 紀念할만한 事件을 追慕하고 祝賀하는 날은 그 事件이 發生한 以後 日이라야만 될것이다。그러므로 晦日은 그 달 어느 날 發生된 事件일지라도 發生 當日이거나 그렇지 않으면 그 以後의 日이 될수 밖에 없다。만일 一日로써 어떠한 事件을 記念한다면 그 날이 그 事件의 發生 當日에 該當한 蓋然率은 三十分의 一、후 二十八分의 一 밖에 아니되고、그외에는 모두 一日 以後에 發生되었을것인즉、事件이 發生된 以前의 날로써 그 事件을 紀念하는것은 事理에 너무도 어그러진다。

(3)벌써 十個年이나 九月 二十九日에 紀念祝賀式을 擧行하여왔은즉、이것은 벌써 相當한 歷史性을 가지게 되었다。어떠한 文化領域에 있어서든지 그 歷史性을 無視하여서는 안된다。지금 九月 一日로써 紀念을 삼는다 假定하면、一日도 精確한 그 事件 發生日이 못되는 以上、무슨 까닭으로 十年間의 歷史를 無視하여 가면서 새삼스럽게 또 다른 날로 改定하려는가。

우리는 이와같이 신중히 하여 한글날을 음력 구월 이십구일로 지켜왔고、또 다시 양력으로 환산하여 시월 이십팔일로 확정하였다。그들은 걸핏하면、조선어학회에서 작정한 기념일은 틀렸느니、실록을 잘못 해석하였느니 하지마는、기념일을 정한것도 조선어학회가 아니요、실록을 해석한것도 조선어학회가 아니다。우리는 우리가 분담한 조선어학 연구의 영역(領域)에 포함된 직분도 이루 감당하기 어렵거든、해가에 역사를 평석하며 계산에 손을 대랴。역사의 해석과 양력 일자 환산을 모두 사계 전문대가들에게 위탁하여 한것임을 다시 말하여 둔다。그러므로 이것은 일개 조선어학회의 기념일이 아니요、조선인 전체의 명절이다。(十二頁에 續)

(六頁에서 繼續)

무슨 까닭으로 그들이 달리 기념일을 정하려하는지、우리는 그 심리를 알수 없다。네가 장이야 하니까 나도 군이야 하는 셈인지? 네가 동에 서니까 나는 서에 서겠다 하여、은연히 어느 기관하고 대립되어지기를 스스로 바라며 즐기려 함인지? 그 얇은 술책을 버리고 대동일치하려는 아량(雅量)을 가질 생각이 없는가。

朝鮮語辭典編纂은 어떠케進行되는가 (上)

李 允 宰

「朝鮮語辭典이 언제나 나는가?」

이것은 누구나 다 알고저 하는 心願이다. 그리하여 누구든지 만나기만하면 받듯이 인사하는 말처럼, 이것을 우리에게 먼저 묻는다. 이 묻는 말 가운데는 辭典이 없는 낫으면? 하는 希望條件이 붙어잇음을 알겟다. 또 이제는 해가 바꾸게 되엇으니 인제는 辭典刊行이 하마 되엇으려니 하는 期待心이 더욱 되엇으리라. 시원 우리 조선사람에게는 떳떳한 말이 잇고 完全한 글이 잇건마는 여태까지 辭典 하나 없이 살아왓든가 하는 남모를 설음과 부끄러움이 절로 복받치어 나오는 듯하겟이나, 아무리 오늘날의 文化처럼 文化가 퍼뜨러지고 生活이 쪼들려저가는 이 판세기로니 여태 이것 하나 내노흘수 없디는것이 말이 되느냐. 그러므로 조선사람치고 누구든지 이에 關心하지 아니할수없게되는 必然한 事實일것이다.

보라, 우리 땅에 잡긴 손 되어온 外國사람으로서 벌서 中世紀以前부터 辭典의 刊行을 비롯하엿나니, 프랑쓰말로 쓴 韓佛字典과 法韓字典이 잇고, 英語로 쓴 韓英字典과 英韓字典이 잇고, 라텐말로 쓴 拉韓字典이 잇고, 일본말로 쓴 朝鮮語辭典과 國語辭典이 잇지 아니한가. 이와 같이 남의 손에서 된 辭典이 七八種이나 되고, 이 밖에 우리의 語文을 硏究하는 書籍이 또한 不少하다.

그러면 우리의 辭典 編纂의 事業은 어떠한가. 지금으로부터 한 二十餘年前에 朝鮮 光文會에서 맨처음으로 辭典 編纂을 시작하고 四,五年間의 長歲月로 語彙 蒐集에서 註解에까지 상당히 進行하여가는중 여기에 努力하던 金枓奉氏가 海外에 나가게 되고 其他 여러가지의 事情으로 하여 그만 中止된것이 지금까지 이르럿으매 그原稿 말모이는 모두 散佚되고 남은것이 얼마잇지아니하다. 七年前에 啓明俱樂部에서 朝鮮語辭典編纂部를두고, 編纂員으로 專門學者에 崔南善氏, 漢文學者에 鄭寅普氏, 用語學者에 林圭氏, 外來語學者에 卞榮魯氏, 新語學者에 梁建植氏, 古語學者에 李重乾氏, 이러케 各部門을 맡게되고 註解에는 韓澄氏 및 寫字者가 말고, 沈友燮氏가 幹事가되어 제법規模잇게進行하야가다가 겨우 二個年을 지나 出資者의 資金關係로 끈키므로 부득이 中止되고 말앗다. 그리고 個人으로는 開城의 李常春氏와 上海에 留居하는 金枓奉氏가 각기 數年을 辛苦하여 十萬에 가까운 語彙를 蒐集한바이 잇엇으나 李常春氏는 이것이 도저히 個人으로서 完成할수 없는것이라 하여, 原稿全部를 들어 朝鮮語硏究會에 提供하엿으므로, 그 原稿는 지금 同會에 保管되어잇다. 그 밖에도 또 두분이 辭典을 編纂하고 잇는데 한분은 시작한지 十年이 되엇건마는 아직 完成하기까지는 이르지 못하엿다 하고, 한분은 시작한지 겨우 一年半만에 完成되엇다 한다. 이것의 完全 不完全은 그만두고라도 個人 單獨으로 二年 未滿의 時日로써 辭典이 完成되엇다는것은 아무리 생각하여도 이 巨大한 事業이 時間能率上으로 보면 도저히 不可能의 일일것이나 그 編纂者의 努力만은 感服하지 아니할수 없다.

朝鮮語辭典編纂은

어떠케進行되는가

(下) 李 允 宰

지금으로부터 五年前 곧 一九三C年 한글날(十月廿九日) 記念式을 擧行한 席上에서 有志 百餘人의 發起로 朝鮮語辭典編纂會가 成立되어 오늘까지 꾸준히 [illegible]하여 進行하고 잇다. 이 編纂會야 말로 어떤 한 團體에 매인 事業이 아닌것도 아니며 어느 個人으로 [illegible]하는것도 아니요 朝鮮社會의 發起人이 各團體의 代表되는 人物 및 京鄕 各方面 知名人士의 總網羅로 된것을 보아 알것이다. 그 發起人中으로 [illegible] 委員은 [illegible], 金[illegible], 金[illegible], 金[illegible], 金允經, 金[illegible], 李光洙, 李[illegible], 李[illegible], 李[illegible], 李[illegible], 李[illegible], 李[illegible], 李允宰, 李[illegible], 李[illegible], 李[illegible], 明[illegible], 方定煥, 白[illegible], 申[illegible], 安在鴻, [illegible], 尹[illegible], 張志暎, [illegible], [illegible], [illegible], 朱[illegible], [illegible], [illegible] 等 諸氏요 李[illegible]氏가 會長으로 推薦되엇다. 또 이 委員中으로써 李[illegible], 李[illegible], 申明[illegible], [illegible] 및 執筆者 幹事로 選任되어 事務進行을 맡게되고, 編纂事務所는 京城 水標町 朝鮮敎育協會內에 두엇으며, 그 翌年 一月六日부터 編纂事務를 開始하고, 李[illegible], [illegible], [illegible], 李允宰 및 [illegible]가 各部分을 分擔執筆하엿다.

이와같이 至今 [illegible] 歲月을 지낫는데, 豫想보다 훨신 速하게 進行되엇다. 이것은 무론 編纂者의 [illegible]한바에도 잇엇지마는, [illegible] 이미 여러 사람의 努力을 [illegible]中하여 [illegible]로 삼은 까닭이다. 이대로 가면 그다지 오랜 時日을 要하지 안코 이 事業이 完成될것을 짐작하엿섯다. 그러나 우리 朝鮮은 다른 나라와 달라, 말의 整理 統一이 아직되지 못하엿는지라, 설사 辭典이 된다기로 뒤죽박죽되는 것을 면할것인가. 그러므로 編纂의 일은 잠시뒤로 미는편이 잇더라도 위선 그 基礎工事인 綴字法, 標準語, 外國語表記法 등이 確定되어야 할것이다. 이런 것은 一個人에서 쓰는것만도 아닌 되고, 적어도 全朝鮮的으로 거의 統一에 가까운것이라야 비로소 辭典에서 採用하게 될것이다. 그러므로 朝鮮語辭典編纂會에서는 우리 말글의 硏究機關인 朝鮮語學會의 [illegible]에게 일즉 委囑하여 이모든것을 早速히 完成하기로 하엿던바 第一着으로 再昨年 十月에 「한글 마춤법 통일안」이 發表되엇으며 이어서 또 標準語의 査定이 거의 끝나게되고, 外國語表記法도 얼마전부터 시작하여 방금 審議中이며, 語法도 不遠에 작정될것이다. 그런즉 늦어도 來年안으로는 이 基礎工事 곧 [illegible]整理만은 다 完成의 域에 이를것으로 확실히 믿는다.

그리고 또 辭典은 다른 [illegible]와 달라, 高等學과 一切 常識을 모두 包括하게 된것이므로, 한가지의 專門知識만 가지고는 도저히 成果를 얻을수 없는것이다. 곧 辭典에 收錄되는 語彙는

一般語
專門語
特殊語

이 셋으로 나눌수 잇다. 一般語라 함은 우리가 日常 使用하는 말들이오, 專門語라 함은 歷史語, 制度語, 風俗語, 典故語, 哲學語, 宗敎語, [illegible]語, 考古語, [illegible]語, 工藝語, 博物語, 天文語, 數學語, 理化語, [illegible]語, [illegible]語, 法學語, 產業語, [illegible]語, 音樂語, 印刷語, 其他 專門 學術에 關係된 말들이오, 特殊語라 함은 古語, 地方語, 사투리, [illegible]等과 같이 常用하지 아니한 特殊方面에서 使用하는 말들이다. 이것이 어찌 한사람의 힘으로써 능히 될수 잇는 일이랴. 그러므로 朝鮮語辭典編纂會에서는 一般語는 編纂員이 註解하고, 專門語는 [illegible], [illegible] 其他 各界에 註解를 委囑하고, 特殊語는 夏期休暇에 歸鄕하는 各 中學校 學生에게 맡기어 地方語를 蒐集하게 하며 古書 數百冊中으로써 古語를 찾게 되엇다.

이와같이 하여 語彙의 蒐集과 註解는 거의 마친 셈이다. 이제로부터 남은것은 修正과 整理가 잇을뿐이다. 그리고 全部 完成될것은 꼭 언제라고 斷定하기 어려우나, 다만 얼마라도 物質의 도움이 잇엇드면 좀더 이 事業이 促進되지 아니하엿을가 함을 말하여 둔다. 우리는 처음부터 物質의 힘이란 조금도 없엇다. 다만 誠과 血이 잇을뿐이다.

이다。그러므로 朝鮮語辭典編纂會에서는 우리 語文 研究의 唯一機關인 朝鮮語學會의 權威에게 委囑하여 이 모든 것을 早速히 完成하기로 하였던바, 第一着으로 再昨年 十月에 「한글 마춤법 통일안」이 發表되었으며, 이어서 또 標準語의 査定이 거의 끝나게 되고, 外國音 表記法도 얼마전부터 시작하여 방금 審議中이며, 語法도 不遠에 작정될것이다。그런즉 늦어도 來年안으로는 이 基礎工事 곧 語文 整理만은 다 完成의 域에 이를것으로 확실히 믿는다。

그리고 또 辭典은 다른 著書와 달라, 萬般 科學과 一切 常識을 모두 包括收藏하게 된것이므로, 한가지의 專門知識만 가지고는 도저히 成果를 얻을수 없는것이다。곧 辭典에 收容되는 語彙는 一般語, 專門語, 特殊語 이 셋으로 나눌수 있다。一般語라 함은 우리가 日常 使用하는 말이요, 專門語라 함은 歷史語, 制度語, 風俗語, 典故語, 哲學語, 宗敎語, 藝術語, 考古語, 美術語, 工藝語, 博物語, 天文語, 數學語, 理化語, 機械語, 經濟語, 法學語, 産業語, 醫藥語, 音樂語, 印刷語, 建築語 其他 專門 學術에 關係된 말들이요, 特殊語라 함은 古語, 地方語(사투리), 隱語等과 같이 常用하지 아니한 特殊方面에서 使用하는 말들이다。이것이 어찌 한사람의 힘으로써 능히 될수 있는 일이랴。그러므로 朝鮮語辭典編纂會에서는 一般語는 編纂員이 註解하고, 專門語는 延專, 普專 其他 各學界에 註解를 委囑하고, 特殊語는 夏期休暇에 歸鄕하는 各 中等學校 學生에게 맡기어 地方語를 蒐集하게 하며, 古書 數百冊中으로서 古語를 찾게 되었다。

이와 같이 하여, 語彙의 蒐集과 註解는 거의 마친 셈이다。이제로부터 남은것은 修正과 整理가 있을뿐이다。그리고 全部 完成될것은 꼭 언제라고 斷定하기 어려우나, 다만 얼마라도 物質의 도움이 있었드면 좀더 이 事業이 促進되지 아니하였을가 함을 말하여 둔다。우리는 처음부터 物質의 힘이란 조금도 없었다。다만 誠과 血이 있을뿐이다。(東亞日報에서 轉載)

聖經 綴字를 改正하라

李 允 宰

一、한글 統一의 使命

우리 한글이 世界 文字中에 가장 優秀한 地位에 있음에도 不拘하고 오늘날 같이 各人各書의 不統一한 方式으로 쓰는것은 우리의 크다란 羞恥의 하나이라 아니할수 없다。

이렇듯 混亂 不統一한 우리글이 하루바삐 科學的 硏究와 學理的 整理에 의지한 完全한 綴字法이 나서、全民族이 統一한 글을 쓰게 되는것이 무엇보다도 우리의 急務일것이다。

오직 이를 天職으로 삼는 朝鮮語學會는 許久한 時日에 最善의 努力을 다하야、年前에 비로소 한글 綴字法 統一案을 制定하야 世上에 公布한바이 있었다。

二、한글 統一의 曙光

이 統一案이 한번 世上에 나오자、新聞 雜誌 書籍等 一般 刊行物이 燎原의 火와 같이 이에 趨向하는 現象을 이루며、나날이 박아내는 無數한 印刷物이 一律

로 이 統一案 新綴字를 쓰는것을 보아、우리는 이제 우리글 統一의 曙光이 비침에 對하야 진실로 欣悅을 말지 아니한다。

이뿐아니라、現在 全朝鮮 數百萬 兒童을 가르치고 있는 敎科書 卽 普通學校 高等普通學校의 朝鮮語讀本이 온통 新綴字로 되어、敎育으로써 이렇게 實施하는것을 보아、한글 統一의 完成이 指日可圖할것을 믿는다。

三、一部 反對 云云은 問題가 안된다

일이 잘 되는 때 매양 魔戱가 따름은 어느 때나 있는 일이라。이렇듯 우리글이 바야흐로 統一의 途程에로 나아가는 이때에、一部 異說派 및 全然 語文 硏究에 無關係한 少數人의 反對도 若干 있으나、新綴字 統一로써 이미 大勢가 定하여진바에 그따위 正當한 學理的 根據가 없는 幾個人의 反動은 時日의 經過를 따라 결국 自消自滅에 돌아가고 말것이다。

또 新綴字에 對하야 어렵다는 懷疑를 가진이가 있으나、이는 自己 在來의 習慣에 젖은 先入見을 卒然히 廢하기 어려우며、또 從來 不規則 無標準으로 되는대로 쓰던것이 一定한 法則下에 얽매이게 됨이 좀 힘든다는것이다。지금 普通學校의 幼稚한 兒童들이 新綴字로 된 敎科書를 배움에는 조금도 어렵다는 생각이 없이 잘 배우고 있음을 보지 아니하는가。一絲不亂의 整然한 科學的 法則으로 된 新綴字法은 混亂無狀한 非文法的 非學理的 舊綴字法에 比하야 도리어 幾倍로 쉬운것이다。우리글을 文字敎育에 의지하자 아니하고 自然 習得으로 알자 하는것은、우리의 머리속에는 아직 舊日에 우리글을 한껏 賤待하고 蔑視하던 惡孽이 남아있는 까닭인가 한다。

四、聖經 綴字의 缺點

우리 한글의 普及과 發達에 對한 예수敎會의 偉大한 功績은 다만 過去 五十年으로만 滿足할것이 아니라、앞으로 永久한 將來에 있어서 加一層의 期待를 아니할수 없는바이다。이 倍加의 期待를 達成하려면、모름지기 聖經과 讚頌歌의 用語와 綴字를 더욱 時代에 適切한 合理的의것으로 修正하여서 새로운 出發을 해야만 한다。그런데、그 用語의 修正에 關하여는 敎會에서 이미 많은 努力이 있음을 우리가 잘 아는바이다。그러나、다만 그 綴字法에 關하여는 四五十年前에 쓰던 그때의 그것을 아직 그대로 쓰고있어서 一般에게 不便을 줌이 여간이 아니다。이제 그 綴字法의 缺點을 들면 대략 아래와 같다。

一、聖經에 쓴 綴字는、한 歷史的 典古的의것으로、도무지 實用에 맞지 아니할뿐더러、音理上으로나 語法上으로나 準則할수 없는것。

—(5)—

二、聖經에 쓴 綴字는、現代人이 쓰는것과 全然 背馳되어、一般社會에 流布되는 書籍 新聞 雜誌等 한군데도 얻어볼수 없는 偏曲한 綴法이어서、도저히 大衆 一般的 通用이 되기 어려운것。

三、聖經에 쓴 綴字는、現今 各學校에서 使用하는 敎科書의 綴字와 크게 相反되어、兒童으로 하여금 그 純眞한 頭腦를 眩亂하게 할 慮가 있으므로、敎育上에 莫大한 障碍가 되는것。

四、聖經의 綴字는、音理上 語法上 不合한것이 많으며、또 學校敎育과도 一致하지 아니하기때문에、오늘의 少年 靑年의 眼目에 비친 聖經의 綴字의 誤謬는 聖經의 神聖한 內容의 權威를 損傷할 憂慮가 없지 않는것。

이러한 見地에서 朝鮮語學會에서는 再昨年에 大英聖書公會에 聖經 綴字 改正을 請願하였고、또 昨年에 長老會總會에 聖經과 讚頌歌의 綴字 改正을 請願하야 早日 實施하여주기를 冀望하고 있다。

五、聖經 綴字 改正의 必然的 條件

聖經 綴字를 改正하여야 할것은 더 말할라위도 없거니와、예수敎의 根本精神으로나 傳道의 方法으로나 切實히 必要한것이다。이제 그 理由를 가단히 아래에 적겠다。

一、예수교의 根本精神上으로 보아。 예수교는 世人의 嚮導者的 任務가 있다。결코 追從者나 落伍者를 踏襲하는자가 아니다。예수께서 敎人을 소금과 빛에 比하신것을 생각하더라도、基督 聖徒는 언제든지 世人에게 嚮導者 또 模範者의 任務가 없다 못할것이다。聖經 綴字의 改正쯤은 의례히 예수敎會가 누구보다도 首先하야 實行함이 宜當하거늘、도리어 세상에서 이미 다 實行하고 있음에도 不拘하고 오히려 因循 躊躇하려함은 과연 지금까지의 예수敎會가 善과 眞의 實現을 爲하야 奮鬪하는 犧牲的 精神에 適應하다 할가。

二、傳道의 方法으로 보아。 過去 五十年間 예수교가 朝鮮社會에서 活潑한 氣勢로 傳播된 所以는、그것이 항상 社會的 文化的으로 先導者的 活動이 盛大한것이 한 原因이 된것이다。그리고 將來는 靑年의 所有이다。예수敎會에서는 將來의 朝鮮社會에 主人公이 될 靑年을 爲하야 豫備할 遠慮가 있어야 한다。그러한데、한갓 舊習에만 拘泥하야 캐캐묵은 典故的의것으로 新進 靑年을 引導하려하면、이는 도무지 時代의 科學的 精神과 靑年의 進取的 心理에 不合하기때문에 도저히 그 可觀할 効果를 거두지 못하리라고 斷言할수 있다。그러므로、基督敎敎育聯盟에서 聖經敎科書를 編纂함에 新綴字採用을 決議한것이 敎育者的 思量에서 나온 至當한 處事라 할것이다。그러므로 우리의 要求하는바는、聖經의

舊版을 全廢함이 아니요, 다만 新版本 一種을 增加하여달라 함이다。科學的으로 整理된 新綴字를 新進 青年이 愛讀하게 되는것은 그것이 新進 青年의 科學的 精神에 符合된 所以인즉, 이로 因하야 聖經에 親接하는 青年學徒를 多得하게 될것이니, 傳道上 이에서 더 큰 効果가 없을것이다。

◇성경의 철자를 고친다면?

(오른쪽 옆점 권점 찍은것이 고칠 글자이니, 아래의것과 비교하여 보시요)

【그전대로】 여호와씌셔 나의 목쟈시니 내게 부족ᄒᆞᆷ이 업스리로다 나의 령혼을 회복ᄒᆞ시고 ᄌᆞ긔 일홈을 위ᄒᆞ샤 공의 길노 인도ᄒᆞ시도다 ᄯᅩᄒᆞᆫ 내가 비록 ᄉᆞ망의 음침ᄒᆞᆫ 골ᄶᆞᆨ이로 ᄃᆞᆫ닐지라도 해 밧음을 두려워ᄒᆞ지 아니ᄒᆞᆷ은 쥬씌셔 나와 ᄒᆞᆷ씌 계심이라 쥬의 막닥이와 쥬의 집힝이가 나를 안위ᄒᆞ시ᄂᆞ이다 쥬씌셔 나를 위ᄒᆞ샤 내 원슈 압헤 샹을 베프시고 기름으로 내머리에 부으시니 나의 잔이 넘치ᄂᆞ이다 진실노 션ᄒᆞᆷ과 인ᄌᆞᄒᆞ심이 나의 사ᄂᆞᆫ 날ᄭᆞ지 나를 ᄯᆞ르리니 내가 여호와의 뎐에 영원토록 거ᄒᆞ리로다

(시편 二十三장)

【고쳐쓰면】 여호와께서 나의 목자시니, 내게 부족함이 없으리로다。 나의 영혼을 회복하시고, 자기 이름을 위하사 공의 길로 인도하시도다。 또한 내가 비록 사망의 음침한 골짜기로 다닐지라도, 해 받음을 두려워하지 아니함은, 주께서 나와 함께 계심이라。 주의 막대기와 주의 지팽이가 나를 안위하시나이다。 주께서 나를 위하사, 내 원수 앞에 상을 베프시고, 기름으로 내 머리에 부으시니, 나의 잔이 넘치나이다。 진실로 선함과 인자하심이 나의 사는 날까지 나를 따르리니, 내가 여호와의 전에 영원토록 거하리로다。

(시편 二十三장)

【설명】 우에 글 가운데 『씌또ᄯᆞᄭᆞ』의 된시옷은 『께또따까』로 고치며, 『ᄒᆞᄒᆞᆫᄒᆞᆷᄂᆞᄂᆞᆫᄃᆞᆫᄉᆞᄌᆞ』의 아랫자는 『하한함나난단사자』로 고치며, 『샤샹셔셩슈쥬쟈뎐』의 거북한 발음을 『사상서선수주자전』으로 고치며, 『일홈, 령혼, 골ᄶᆞᆨ이, 막닥이, 집힝이』와 같이 까닭없이 어렵게 쓴것은 『이름, 영혼, 골짜기, 막대기, 지팽이』로 고치며, 『업스리로다, 밧음, 압헤』와 같이 어법(語法)에 틀린것은 『없으리로다, 받음, 앞에』로 고치며, 『길노, 진실노』와 같이 어음과 문법에 틀린것은 『길로, 진실로』로 고친것이다。 신철자법이란 대개 이러한것이다。

『사정한 조선어 표준말 모음』의 내용

—표준어 발포식 석상에서 설명한것—

李 允 宰

이제 발표하는 『사정한 조선어 표준말 모음』은, 조선어학회에서 삼년전부터 조선어표준어사정 위원회를 조직하고, 이래 사정(査定)에 애써오던것입니다. 나는 이제 이 책의 내용에 대하여 간단히 말씀드리고저 합니다.

여기에 실려있는 낱말(單語)은 대개 상용어(常用語)를 수집한것이며, 그중에도 특별히 유어(類語)의 관계가 있는 곧 한 사물에 대하여 여러가지로 부르게 되는것으로, 어느것이나 하나로 선택하여야 한다는 말들에만 한한것입니다. 그리고, 그러하지 아니한것은 여기에 오르지 아니하였으니, 곧 『봄』(春), 『물』(水), 『나라』(國), 『사람』(人)과 같은 말들은 꼭 한가지로만 부르게 되는것이기때문에, 그것은 제대로 표준어가 되어 있어 선택 문제에 들 까닭이 없는것입니다.

이 책은 모두 세 부분으로 나누[illegible] 하나는 같은말(同義語), 둘째는 비슷한말([illegible]), [illegible] 語)이며, 이 밖에 또 부록으로 두개가 있어, 하나는 한결로 처리된 말떼(語群), 하나는 한문 글자의 전음(轉音)입니다. 책을 보시면 잘 아실것이므로 자세히 설명할 필요가 없거니와, 이 책에서 가장 중대히 처리되어 있는 『같은말』과 『비슷한말』에 대하여서만 말씀하겠읍니다.

『같은말』이라 함은, 한 사물에 꼭 같은 뜻이 있어 이렇게도 쓰고 저렇게도 쓰는것이니, 이것을 전동어(全等語)라 하여, 그 여러개 가운데서 하나만 뽑아 표준어로 정하고, 남은것은 다 버린다는것인데, 가령 『하눌, 하날』, 『하늘』, 이 세개가 전동어인데, 『하늘』이 표준어로 작정될 때는 그 밖의것은 비표준어 즉 사투리로 돌아가 장차 어느 시기에는 다 도태를 받게 될것입니다. 또 『갈구리, 갈고리, 갈쿠리, 갈코리, 갈구지, 갈쿠지, 갈고랑이, 갈구랑이, 갈코장이, 갈쿠장이』 이렇게 십여개나 되는 전동어도 있으나, 그중에서 한개만 표준어로 세우고 그 밖의것은 다 처어버리는것입니다. 이렇게 어음으로 조금 차이가 되는것만 있는것이 아니라, 『범, 호랑이』라든지, 『옥수수, 강냉이』와 같이 소리가 아주 다르면서 뜻이 같은 말도 있읍니다.

『비슷한말』은 얼른 보아서는 전동어로 보기 쉬우나,

실지 그 내용을 자세히 따지어보면, 거의 같다가도 어느 점으로든지 다른것을 발견할수 있고, 또 달리 쓰이는 때도 있으니, 이것을 각립어(各立語)라 합니다。 가령 『잔말, 잔사설, 잔소리』 이 세개가 다 같은 말인듯하나, 『잔말』은 보통으로 쓰는 쓸데없는 말이요, 『잔사설』은 늘여놓은 쓸데없는 말이요, 『잔소리』는 듣기 싫은 쓸데없는 말이라고 각기 달리 해석할수 있다는것이며, 또 『데익다, 설익다』가 같이 쓰이는수도 있으나, 『데익다』는 익은듯하되 익지 아니한것이요, 『설익다』는 반쯤 익은것으로 분간이 되는것입니다。 그러므로, 이러한 말들은 어느것이나 다 제가끔 표준어의 자격이 있는것입니다。 그중에도 처리하기 곤란한것은 이렇게 같으면서도 다른 말이 둘 이상으로 이십, 삼십에 넘는것이 많은것입니다。 이것을 일일이 분석하여 그 다른 점을 나타내기에는 여간 고심(苦心)이 아닙니다。 한가지 예를 들면,

아롱아롱
알롱알롱
아로롱아로롱
알룩알룩
알로룩알로룩
알락알락
알쏭알쏭
아롱다롱
알롱달롱
아로롱다로롱
알룩달룩
알로룩달로룩
알락달락
알쏭달쏭
어롱어롱
얼롱얼롱
어루롱어루롱
얼룩얼룩
얼루룩얼루룩
얼럭얼럭
얼쑹얼쑹
어롱더롱
얼롱덜롱
어루롱더루롱
얼룩덜룩
얼루룩덜루룩
얼럭덜럭
얼쑹덜쑹

이러한 말에 다 각기 해석을 붙인다면, 반문(班紋)의 모양이란 뜻 밖에는 다른 뜻이 없으리니, 이것은 다

만 개념(槪念)뿐이요, 완전한 해석으로는 보기 어려울것입니다. 우리와 사정(査定)에는 특별히 그것이 다 다르다는 뜻을 밝히었읍니다. 이를 보면, 조선말이 얼마나 복잡하는 말의 갈래가 많아 그 미묘한 뜻을 나타내었는가를 가히 살필수 있읍니다. 조선말에는 이러한것이 수없이 많아, 그 말 가운데에는, 모두 대소(大小)、후박(厚薄)、추세(麁細)、심천(深淺)、강약(强弱)、경중(輕重)、완급(緩急)、정조(精粗)등 여러가지로 정도(程度)의 차이와 어감(語感)의 차이가 포함되어 있읍니다. 우리가 이러한 말들을 처리하는때는 보통말보다 백배와 노력이 드는것입니다. 그런데, 조선어 사전이란데는 조금만 뜻이 근사한것이면 묶어놓고 전동어로 처리하여, 위에 예를 든「아롱아롱」에 관계된 말 삼십에 가까운것을 전부 같다고 하여놓았을뿐입니다. 마는, 우리가 여기에서 표준어를 사정한것은 이것이 다 각기 다르다는것을 찾아내어 낱낱이 그 뜻을 밝힌것입니다. 무릇 이것이 이담에 나올 사전(辭典)에는 그 매 단어의 아래에 각각 달리 해석이 붙게 될것입니다. 그러므로, 표준어가 확립되기 전에는 완전한 사전을 만든다는 말을 할수 없을것입니다. 그리하여, 이 표준어의 사정은 마춤법(綴字法)과 한가지 사전 편찬 사업중에 두가지의 큰 기초공작(基礎工作)이라고 할수 있읍니다.

여기에 실려있는 어휘(語彙)수는 아래와 같읍니다.

같은말 어휘	五、二六三 (말때 二、一八四)
비슷한말 어휘	三、九一五
약어 어휘	一三四
한자(漢字) 전음	一〇〇
합계	九、四一二
(비표준어 三、〇七九 한자음 一〇〇 제감)	
표준어 총계	六、一一一

이와 같이, 사정의 범위에 든 어휘수가 모두 구천 사백 십 이개이며, 이중으로 표준어로 확정된것이 육천 일백 십 일개어입니다. 여기에 빠진것도 물론 많을것이나, 그것은 다음날 사전에서 다 규정할 작정입니다.

표준어를 될수만 있으면, 전조선 각 지방의 사투리(方言)를 있는대로 다 조사하여, 여기에 대조하여 놓는것이 명명한 일이겠으나, 이것은 간단한 시일에 도저히 성취할수 없는것일뿐더러, 분량이 너무 많아 인쇄에도 곤난을 편하기 어려울것이므로, 그리 못된것을 매우 유감으로 생각하는바이며, 여기에 유어(類語)로 대조한것은 다만 서울에서 유행하는 즉 서울 사람으로서 여러가지를 쓰는 서울 사투리만을 수용함에 그치었읍니다. 그리고, 각 지방의 사투리 전부를 조사 수집하는것은 이후에 별개의 사업으로 할 작정입니다.

다음으로, 말떼(語群) 배열 순서에 대하여 말슴하겠읍니다. 여기에 배열하여 놓은 순서를 처음 보시는이는 좀 이상하다는 감이 있을것입니다。 이것은 우리가 종래에 써오던 「가나다」의, 음절식(音節式) 순서로 한것이 아니요, 「ㄱㄴㄷ」의 자모식(字母式) 순서로 한것입니다。 말의 배열 순서에 관하여는 한글 제 사권 제 칠호에 「조선어 사전에서의 어휘 배열의 순서 문제」라는 제목으로 최현배(崔鉉培)씨의 논문에서 자세히 설명한바가 있으므로, 여기에는 장황한 이론을 피하거니와, 음절문자(音節文字)가 아니요 순연한 알파베트식 문자의 특질을 가진 우리 한글은 반드시 자모식 순서의 배열을 쓰는것이 가장 합리하다는것입니다。 그리하여, 이번에 특별히 첫 시험으로 그것을 여기에 쓴것입니다。

끝으로 한마디 붙이어 말씀할것은, 우리가 이것을 꼭 오월에 발포할양으로 지난 두달 동안은 낮이나 밤이나 조금도 쉬지 아니하고, 이것을 정리하기에 전력을 다하였읍니다。 그러나, 그 수 많은 말중에는 잘못된것이 없으리라고 단언하기 어려운즉, 이 점에 대하여는 특히 용서를 비는바이며, 잘못된 점이 발견되는대로 그것을 지적하여 가르침을 주시면, 매우 고맙겠읍니다。

알기 쉬운 신철자법 〔一〕

이윤재

一, 여기 말하는 새로운 신철자법은 개정된 철자법에 대하여 통속적으로 극히 간단하게 설명하였다.

一, 이것은 철자법 전부가 아니고, 다만 철자법중에 가장 중요한 새바침과 변격에만 한하여 든것이다.

一, 이거에 대하여 자세히 알수 없는것이 있거든, 본사로 물어주시면 그 해답을 잡지에 실어서 여기의 부족을 보충하고자 한다.

새바침

바침은 재래에 ㄱㄴㄹㅁㅂㅅㅇㄺㄻㄼ만 썼으나 이밖에 ㄷㅈㅊㅋㅌㅍㅎㄲㄳㄵㄶㄾㄿㅀㅄㅆ들을 더 써야 한다.

재래에는 바침을 쓰는데에 있어서 ㅋ을 ㄱ과 같이, ㅍ을 ㅂ과 같이, ㄷㅈㅊㅌ을 ㅅ과 같이 혼동하여 다만 ㄱㅂㅅ을 쓰고 그 밖의 것을 아니 썼으나, 크게 잘못이다. 글자마다 다 각기 다른 음가(音價)가 있나니 될수 있는대로 그것을 밝히 구별하여 써야 할것이다.

바침의 성질을 알려면 먼저 연음(連音)의 법측을 알아야 한다. 연음이란것은 웃 글자에 바침이 있고 그 아래에 『아』 자줄의 글자가 있을 때에는 위에 있는 바침의 소리가 아래로 내려오는것이니, 바침이 한개일 경우에는 그 소리가 그대로 내려오고 두개일 경우에는 처음의 것은 웃 글자에 바침으로 되고 끝의것만 아래로 내려오는것이다.

한가지 주의할것은 ㅎ이 ㄱ, ㄷ, ㅂ, ㅈ들을 만나면 격음(激音)으로 되는것이다.

ㅎ과 ㄱ이 합하면 ㅋ 좋고——조코

ㅎ과 ㄷ이 합하면 ㅌ 좋다——조타

ㅎ과 ㅈ이 합하면 ㅊ 좋지——조치

또 ㄷ과 ㅌ이 『이』 위에서 『지』나 『치』로 소리내는 때가 있다.

ㄷ이 『이』 위에서 지 미닫이——미다지

ㅌ이 『이』 위에서 치 밭이——바치

이제 연음과 발음을 비교하면 아래와 같다.

연음				발음		
떡(餠)	떡이	떡을	떡에	떠기	떠글	떠게
눈(眼)	눈이	눈을	눈에	누니	누늘	누네
물(水)	물이	물을	물에	무리	무를	무레
봄(春)	봄이	봄을	봄에	보미	보믈	보메
밥(食)	밥이	밥을	밥에	바비	바블	바베
옷(衣)	옷이	옷을	옷에	오시	오슬	오세
낮(午)	낮이	낮을	낮에	나지	나즐	나제
꽃(花)	꽃이	꽃을	꽃에	꼬치	꼬츨	꼬체

——(계속)——

알기 쉬운 신철자법 [二]

이윤재

새바침

안 음				발 음		
밭(田)	밭이	밭을	밭에	바치	바틀	바테
앞(前)	앞이	앞을	앞에	아피	아플	아페
밖(外)	밖이	밖을	밖에	바끼	바끌	바께
흙(土)	흙이	흙을	흙에	흘기	흘글	흘게
돐(朞)	돐이	돐을	돐에	돌시	돌슬	돌세
값(價)	값이	값을	값에	갑시	갑슬	갑세

「이, 을, 에」가 주어(主語) 아래에 달리는 토가 되는고로 쓰기는 위와 같이 쓰고 소리내기는 아래와 같이 하는것이다。

주어(主語)는 명사(名詞)요、설명어(說明語)는 형용사(形容詞)、동사(動詞)를 이름이다。

또 설명어에도 그와 같이 되니 곧

연 음				발 음		
먹다(飮)	먹어	먹으니	먹은	머거	머그니	머근
안다(抱)	안아	안으니	안은	아나	아느니	아는
얻다(得)	얻어	얻으니	얻은	어더	어드니	어든
검다(黑)	검어	검으니	검은	거머	거므니	거믄
잡다(執)	잡아	잡으니	잡은	자바	자브니	자븐
씻다(洗)	씻어	씻으니	씻은	씨서	씨스니	씨슨
젖다(濕)	젖어	젖으니	젖은	저저	저즈니	저즌
쫓다(逐)	쫓아	쫓으니	쫓은	쪼차	쪼츠니	쪼츤
같다(如)	같아	같으니	같은	가타	가트니	가튼
높다(高)	높아	높으니	높은	노파	노프니	노픈
좋다(好)	좋아	좋으니	좋은	조하	조흐니	조흔
깎다(削)	깎아	깎으니	깎은	까까	까끄니	까끈
앉다(座)	앉아	앉으니	앉은	안자	안즈니	안즌
많다(多)	많아	많으니	많은	만하	만흐니	만흔
읽다(讀)	읽어	읽으니	읽은	일거	일그니	일근
넓다(廣)	넓어	넓으니	넓은	널버	널브니	널븐
젊다(少)	젊어	젊으니	젊은	절머	절므니	절믄
핥다(舐)	핥아	핥으니	핥은	할타	할트니	할튼
옳다(可)	옳아	옳으니	옳은	올하	올흐니	올흔
없다(無)	없어	없으니	없은	업서	업스니	업슨
있다(有)	있어	있으니	있은	잇서	잇스니	잇슨

(웃글자의 모음이 ㅏ나 ㅗ가 될때에는 아래에 「아」가 되고 ㅓ、ㅜ、ㅡ、ㅣ가 될때에는 「어」가 된다)

이러한것인데, 「아、으니、은」이 설명어(說明語)의 어간(語幹) 아래에 붙는 어미(語尾)가 되는고로 쓰기는 위와 같이 쓰고 소리내기는 아래와 같이 하는것이다。——계속——

—20—

알기 쉬운 신철자법 〔三〕

이 윤 재

새바침

바침을 쉽게 알아보는 법은 먼저 그 말이 주어(主語)인가 설명어(說明語)인가를 안뒤에 그것이 주어이면 처음에 『도』나 『파』의 토를 그 아래에 달아보고 다음에 『이』나 『에』의 토를 달아보아서 발음에 틀림이 없어야 맞는것이요 그것이 설명어이면 처음에 『다』나 『고』의 어미를 붙여보고 다음에 『어』나 『으니』의 어미를 붙여보아서 발음에 틀림이 없어야 맞는것임을 알것이다。예를 들면

주어인때에

1 『도』『파』를 달아——잎도 잎파

2 『이』『에』를 달아——잎이 잎에

설명어인 때에

1 『다』『고』를 달아——믿다 믿고

2 『어』『으니』를 달아——믿어 믿으니

이렇게 하여 그 말이 ㅍ바침이나 ㄷ바침이 되는줄을 알것이다。

그런데 흔히 바침을 그릇 달아 쓰는 일이 많으니 그것은 위에 말한 의미를 잘 모르기 때문이다。가령 『아프다』(痛)라 쓸것을 『앞으다』라 쓰며 『가지다』(持)라 쓸것을 『갖이다』라 쓰는따위는 매우 잘못이다。이는 『앞아, 앞으니』는 할수 있으되 『앞다, 앞고』는 할수 없고 『갖다, 갖고』는 할수 있으되 『갖아, 갖으니』는 할수 없기때문이다。그러므로 이러한 말은 『아프다, 아프니, 아파』『가지다, 가지니, 가지어』로 쓰면 그만일것이다。그런즉 새 바침을 쓰려고 할 때에 반드시 위에 말한 (1) (2)에 대하여 비교하여서 한편에만 맞고 한편에는 맞지 아니하는것이면 절대로 쓰지 말것이다。

새 바침으로 쓸 말을 아래에 버려 적었으니 이것을 깊이 기억하여 둘것이며 이 밖에 새 바침 씀에 대하여는 특별히 주의할것이다。

ㄷ바침——걷다(빨래를) 곧다(대가) 굳다(쇠가) 닫다(문을) 돋다(해가) 뜯다(종이를) 묻다(흙에, 물이) 믿다(예수를) 받다(침례를) 벋다(가지가) 뻗다(다리를) 쏟다(물을) 얻다(구원을)

ㅈ바침——낮(밤과) 빚(지다) 젖(먹다) 낮다(높고) 늦다(시간이) 맞다(손님을, 뜻에, 매를) 맺다(열매가) 젖다(물에) 잊다(깜박) 찾다(잃은양을) 구짖다(노하여) 부르짖다(소리높여)

ㅊ바침——꽃(피다) 낯(얼굴) 닻(배의) 돛(배의) 몇(얼마) 빛(햇—) 숯(—불) 쫓(절하다) 좇다

(진리를) 좇다(사귀를)
ㅋ바침——녘(동—, 해질—) 부엌
ㅌ바침——겉(안과) 곁(옆) 끝(처음과) 밑(—바닥) 밭(논과) 볕(해양—) 솥(가마) 팥(콩과) 같다(꼭) 맡다(책임을) 뱉다(물이) 얕다(물이) 흩다(헤침)
ㅍ바침——늪(못과) 무릎(무르팍) 섶(나무) 숲(수풀) 앞(뒤와) 옆(곁) 잎(나무의) 짚(볏—) 헌겊(베) 갚다(은혜를) 깊다(우물이) 높다(하늘이) 덮다(이불을) 싶다(하고—) 엎다(뒤집어) 짚다(지팡이를)
ㅎ바침——낳다(아이를) 넣다(안에) 놓다(죄인을) 닿다(손에) 땋다(머리를) 빻다(가루를) 쌓다(나무를, 담을) 좋다(뜻이) 찧다(방아를)
ㄲ바침——밖(안과) 깎다(머리를) 꺾다(가지를) 겪다(고생을) 닦다(때를) 묶다(새끼로) 볶다(콩을) 섞다(한데) 솎다(열무를) 엮다(가마니를)
ㄳ바침——넋(혼백) 몫(몫몫이) 삯(—전)
ㄵ바침——앉다(의자에) 얹다(시렁에)
ㄶ바침——끊다(끈을) 괜찮다 귀찮다 끊다(칼로) 않다(사람이) 언짢다(마음이) 점잖다(행실이)
ㄺ바침——닭(한—, 통—) 흙(한—)
ㅀ바침——곯다 꿇다(무릎을) 끓다(국이) 닳다(붓끝이) 뚫다(구멍을) 싫다(술먹기) 앓다(병으로) 옳다(말씀이) 잃다(물건을)
ㄾ바침——핥다(혀로) 훑다(손으로)

ㅄ바침——값(물건—) 가없다(죄인이) 실없다(그자가) 없다(죄가)
ㅆ바침——있다(믿음이) 겠다(하—) 았다(보—) 었다(주—) 였다(하—)

변 격

말이란 천이나 만이나 꼭꼭 규측적으로만 되는것이 아니라 간혹 규측에 벗어나서 어간(語幹)이나 어미(語尾)에 변측을 생기게 하는것이 있으니 이것을 변격(變格)이라 한다。 변격으로 되는 말은 여덟 종류가 있다。

一, ㄹ 변 격

알다(知) 알아 —— 아니 아오니 압니다
길다(長) 길어 —— 기니 기오니 깁니다

ㄹ변격은 어간(語幹) 끝의 ㄹ이 『니, 오니, ㅂ니다』 위에서는 소리를 내지 아니하는것을 이름이다。 이러한 말은 설명어(說明語)에는 일률로 그리 된다。

二, ㅅ 변 격

잇다(續) 잇고 —— 이어 이으니
낫다(癒) 낫고 —— 나아 나으니

ㅅ변격은 어간(語幹)끝의 ㅅ이 『어, 으니』 위에서는 소리를 내지 아니하는것을 이름이다。 이러한 말은 그리 많지아니하니 이밖에 『긋다(획을) 붓다(물을) 젓다(노를) 짓다(집을)』와 같은것이 있다。

알기 쉬운 신철자법 〔四〕

이윤재

변격

三、ㅎ 변격

하얗다(白) 하얗고 ― 하야니 하얀 하야면
커당다(大) 커당고 ― 커다니 커단 커다면

ㅎ 변격은 어간(語幹)의 ㅎ이 『니、ㄴ、면』위에서는 소리를 내지 아니하는것을 이름이다。이러한 말은 빛이나 형체에 대하여 좀 더 심한것을 의미하는 말에 많이 쓰인다。

四、ㄷ 변격

듣다(聞) 듣고 ― 들어 들으니
묻다(問) 묻고 ― 물어 물으니

ㄷ 변격은 어간(語幹)끝의 ㄷ바침이 ㄹ바침으로 변하는것을 이름이다。이러한 말은 그리 많지 아니하나 이밖에 『걷다(걸음을)、겯다(대깨비를)、긷다(물을)、닫다(달아나는것)、붇다(불어가는것)、깨닫다、일컫다』와 같은것이 있을뿐이다。

五、ㅂ 변격

눕다(臥) 눕고 ― 누워 누우니
곱다(美) 곱고 ― 고와 고우니

ㅂ 변격은 어간(語幹)끝의 ㅂ바침이 『우』나 『오』로 변하는것을 이름이다。이러한 말은 심히 많으니 『춥다、덥다、무겁다、가볍다、쉽다、어렵다、맵다、슴겁다、아름답다、꽃답다、반갑다、고맙다』이밖에도 많이 있다。

六、여 변격

하다(爲) 하고 ― 하여야 하여도 하였다

여 변격은 『아』나 『어』가 어미(語尾)로 쓰이는것이 보통이나 이 『여』는 다만 『하』아래에만 쓰인다。

七、러 변격

이르다(至) ― 이르러 이르렀다
누르다(黃) ― 누르러 누르렀다
푸르다(靑) ― 푸르러 푸르렀다

러 변격은 『아』나 『어』가 어미(語尾)로 쓰이는것이 보통이나 이 『러』는 다만 이러한 말들에만 쓰인다。

八、르 변격

오르다(登) 오르고 ― 올라 올랐다
흐르다(流) 흐르고 ― 흘러 흘렀다

르 변격은 어간(語幹)끝의 『르』에 ―가 빠지고 그 대신 ㄹ이 와서 붙는것이다。이러한 말은 그 수가 매우 많다。

― 끝 ―

—18—

3

수양동맹운동

주 장

우리의 설자리

나무 한 주 풀한 포기라도 맛당히 설 자리에 서어야 잘 생장한다 함은 식물학의 지식을 빌지 아니하고라도 다 알는 것이다。사람으로서 이 복잡하고 분요한 인생 사회에 처하여 잘 살아 가려고 하면서 어찌 그 설 자리를 잘 고르지 아니하여야 할까보냐。

먼저 우리가 오늘날 어떠한 처지에 있으며 어떠한 경우를 당하고 있는가를 한번 돌아보아서 우리가 꼭 어떠한 자리에 서어서 어떠한 경로를 밟아 나아갈까 함을 작정하여야 하겠다。

미국의 떼모크라씨가 아무리 좋다 하여도 우리가 고대로 옮기어다 쓰기 어렵을 것이요 러시아의 공산주의가 비록 볼업다 하여도 우리가 따우 가지어다 행하지 못할 것이다。이는 그 처지 그 경우가 우리하고 그네들하고 서로 같지 아니한 소이다。현대 우리 사회에서는 자긔의 처지와 환경을 살피지 아니하고 뚝하면 깡충뛰어 남들이 하는 그것만 선망(羨望)하고 있는 자가 얼마나 많은지。

이렇게 말하면 일부에서 혹 오해할이도 없지 아니할것 같다。그러나 우리는 떼모크라씨라던지 공산주의라던지 그러한 외래 사상의 그 본체가 좋지 못하다 함을 말한 것이 아니다。밥이 근본 사람에게 유익한 것이로되 그 것을 먹을 때에 먹지 아니하거나 넘우 과식하거나 하면 돌이어 몸에 해되는 것과 마챤가지로 그러한 외래 사상이 비록 좋은 것이로되 적당한 시긔와 완전한 게획이 없이 남들이 한다고 그냥 맹종적(盲從的)으로만 하면 돌이어 우리 사회에 리익점을 주지 못할 것이라 함을 말함이다。

폐일언하고 우리가 어떠한 자리에 설까? 어떠한 경로를 밟아 나아갈까? 이것이 우리에게 선결 문제ㄴ 것이다。현금 우리 사회에 결함이 무엇무엇인가 우리 개인의 부족이 무엇무엇인가를 죄다 툻아 보아서 그 결함、그 부족을 보충하도록 완전한 인격、공고한 단결을 일울만한 일을 하지 아니하여서는 일보라도 앞을 향하여 나아갈 수 없을 것이다。

자、우리의 설 자리가 어댄가(윤재)

수양이 웃읍은(可笑) 것이냐

우리 조선 사람은 수양(修養)을 한 웃읍은 것으로 앎다。소학생이 학교에서 글 배우는것、젊은이가 선배에게 교훈의 말슴을 듯는것、이따위로만 수양으로 알는 때문이다。우리가 일쯕 누구더러 수양하자、수양하는 뎡어리를 맺자 말하였더니 그가 이 말에 랭소를하고 대답도 아니하는 것은 자긔를 한 유치한 정도의 사람으로 녀기어 무시하는 말인줄 앎이다。아아 수양이 파연 웃읍은 것이냐。

수양이 결농고 소학생·젊은이에게만 있는 것이 아니다。유년에는 유년이 할 수양, 소년에는 소년이 할수양, 청년에는 청년이 할 수양, 장년에는 장년이 할 수양, 로년에는 로년이 할 수양。인생의 한 평생이 수양 아닌 시기가 없다。 공자의 「七十 縱心所欲 不踰規」라 함을 보면 그가 칠십세까지 간단없이 수양의 힘을 쌓았음을 앎 것이요 예수가 광야에서 사십일을 단식하며 악마를 이진 것을 보면 그가 큰사업의 준비로 얼마나 많은 수양을 하였음을 앎 것이 아니냐。

우리 조선 사람은 특별히 다른나라 사람보다 다르다 함을 깨달아야 할것이다。 우리는 남 달리 진실한 그 도덕도 있어야 하겠고 튼튼한 그 신체도 가지어야 하겠고 탁월한 그 지식도 갖후어야 하겠다。 이러한 수양의 힘으로라야 기울어진 우리 사회를 바루잡으며 리산하여 있는 우리 민족을 인도할 자가 그가온대로서 나아올 것이다。 오늘에 있어서 남들이 하는 것을 우리는 웨 하지못하는가 우리는 웨 이렇게 패부자가 되었나 웨 이렇게 락오자가 되었나 그려고도 오히려 수양이 웃읍은 것으로 알느냐。(윤재)

자조와 호조

「우리 인민에게 자조(自助)의 정신·호조(互助)의 정신을 환기하여 자조력과 호조력이 있는 인민을 맨들자 함이외다。 전전인격·공고단결(原作 신성단결)이 곳 이 것을 이름이외다。 웨? 지식의 결핍·자본의 결핍으로 자립자조(自立自助)할 능력이 없고 환산결렬(渙散決裂)에 골육상잔으로 호조할 능력이 없는 때문에 파괴나 건설이나 아무 것이나 입으로는 할찌라도 실제로는 행하지 못하고 멸망을 면할수 없이 되었음을 살핀 때문 입니다。」

이것은 우리의 현재의 형편을 대담히 관찰하고 장래의 방침을 말할 때에 어떤 선배가 한 말이다。 자조의 정신과 호조의 정신 —— 말은간단하나 우리의 근본 방침이 거기 있다。 스스로 한낮의 일꾼답은 일꾼이 되자, 지식으로나 귀움으로나 인격으로나 우리사업의 한 부분을 떼어 맡을만한 독립한 인격자가 되자。 이것이 자조의 정신이다。

우리는 뭉치자 힘을 합하고 재주를 합하고 정성을 합하자。 합하기 위하여는 할만한 회생도 하자。 동포끼리는 절때로 무저항주의를 쓰자。 신용을 지키자。 의리를 알자。 일만 위하여 모이자。 이 것이 호조의 정신이다。

자조의 정신과 호조의 정신은 우리의 원동력이요 근본책이다。

자조의 정신、곳 전전한 인격이요 호조의 정신、곳 공고한 단결이다。 건전 인격 공고 단결 —— 이 것이 조선 청년 수양운동의 표어가 될 것이다。

이를 한번 경계

사람의 일생이 귀중하다。 이 귀중한 일생을 아무 빛난 보람 없이 헛되히 보내는 것도 아깝거던 하믈며 귀중한 일생을 아무 소용 없는대다 회생하고 마는것처럼 더 어리석은 일은 없다。

얼마 전에 일본 연락선에서 괴이한 일이 생기었다。 백주(白晝)에 남부끄럽은줄도 생각 아니하고 사내 계집끼리 서로 껴안고 바다에 몸을 던지어 고기의 미끼를 보태어 준 자가 있었다 한다。 소위 정사라던가。

우리는 그러한 말을 입에 대기도 더럽어 말하고저 아니하였다。 마는 이 세상이 하도 불안한 세상이라서 다음이라도 행여나 우리 사회에 그러한 자가 또 생길까 두렵어하여 이에 경계삼아 한번 말하여 둔다。(윤재)

우리주장

불망기본(不忘其本)

개천절을 당하여

천지만엽(千枝萬葉)이로되 그 근본은 오직 한 덩걸에서 납이요 대해장강(大海長江)이로되 그 시초는 다만 한 원천(源泉)에서 발함이로다。지엽이 무성하다하여 능히 그 덩걸을 떠날수 있으며 해양이 광대하다하여 능히 그 원천을 버릴수 있을까。한 한배의 혈계(血系)로 일운 백자천손(百子千孫)이 이같이 번영(繁榮)하다하여 어찌 그 한배를 잊을수 있을것이냐。

하등동물 검수(禽獸)같은것은 제 아비가 누구ㄴ지를 모른다。심지어 그 어미의 젖이 떨어지면 그 어미까지도 잊어버리고 만다。어찌 검수뿐이리오. 아ᄧᅳ리카주의 흑인이나 남양군도의 야만족들은 역시 그 선조의 이름을 알지못하며 자긔의 내력좇아 모른다。그럼으로 그들은 문화상 긔록도 없고 민족적 의식도 없다。

우리가 오늘날 질상하여 입으며 농사하여 먹으며 집을 지어 살고 기타 일용에 편리한 온갖 기구들은 모도 우리 선조의 땀과 피를 적시어가며 노력하여 발명하신 공로가 아닌가。또 우리는 이렇게 높은 도덕이 있어 인종으로 우등지위에 이르엇음도 다 우리 선철의 고심정력으로 교화를 베풀으심이 아닌가。또 현금 사회에 갖갖이로 있는 모든 문화의 시설이란것도 다 나의 전대(前代)의 유풍여속(遺風餘俗)을 받음이 얼마나 많은고? 우리는 문명한 민족이라 결코 예전의 문명을 돌아보지 아니할수 없을것이다。동시에 우리 겨래의 근본체인 우리한배를 길이 생각하지 아니할수 없을것이다。(윤재)

심은후덕(深恩厚德)

이 산하(山河)를 정하십이여 나라의 터전을 굳게 세우십이로다。이 인민(人民)을 택하십이여 겨래의 덩이를 크게 일우어십이로다。아 아! 그이의 경륜이 얼마나 크십인가。

문화론 우리가 세계 륙대문명개창자(六大文明開創者)의 하나다。무강으론 훌륭하게도 궁대인(弓大人)의 이름을 가지었다。대인(大人)·선인(善人)·군자(君子)·불사(不死)란것도 오직 우리에게만 있게됨을 자랑한다。이 어찌 그이의 홍익인간(弘益人間)의 원도(願禱)하십에서 된것이 아닌가。

정교(政敎)의 거룩함이며 례의(禮義)의 밝음이며 문물(文物)의 빛남이며 제도(制度)의 갖훔이며 산업의 열림이며 학술의 나아감이며 무릇 인간 천백가지의 어느것 하나라도 다 그이의 재세리화(在世理化)하신 크신 힘을 입지아니함이 없었음이다。

그 은혜 큽도다, 우리는 위하여 노래하자。그 덕택이 크도다, 우리는 위하여 춤추자。(윤재)

생활의식(生活意識)

인류가 땅우에 생존하여 있는 이상에는 다 각기 생활을 도모하는것이 원측이다。생활을 경영하여 나아가는 대는 사람사람이 다 각기 닮아서 실로 천차만별일 것이다。

세상에는 고귀한 생활을 하는 사람도 있고 저렬한 생활을 하는 사람도 있다。그러나 다만 입고 먹고 거처하는것만으로써 충족한생활을하였다기 불능할것이다。웨? 이는 의식(意識)이 없는 생활이기 때문이다 다만 입고 먹고 거처하는것만으로써 충족한 생활이라 할찐댄 짐승도 입고 먹고 거처하니 이를 충족한생활이라할까。 그러면 사람과 짐승은 똑 같은 생활을하고 있다는 뜻이 아니냐。이러하게 주장하는자에게는 너도 짐승이다하는말을욕으로 알아서는 아니 될것이다。 무론 자긔도 짐승임을 승인할것이다。

만일 사람의 생활과 짐승의 생활을 구별한다하면 먼저 의식이 없는 짐승의 생활을 하지말고 의식이 있는 사람의 생활을 하지 아니하여서는 아니 될것이다。

우리는 생활의식을 알자。 우리의 오늘날의 생활이 파연 어느 정도에 있으며 어떠한 처지에 있는지를 깨닷자 우리가 파거에는 어떠한 생활을 하여 오았으며 현재에는 어떠한 생활을 하고 있으며 장래에는 어떠하게 생활을 하여야 할것을 각기 스스로 살피자。 만일 파거의 생활이 충족하다면 그를 얻도록 힘쓸것이요 현재의 생활이 충족하지 못한줄 알면 그를 면하려고 힘쓸것이다。 그리하여 장래에는 우리에게는 좋은 생활이 있기를 바라아야할 것이다。이에 대하여 말하려면 한이 없겠으나 그러나 간단히 한마디로써 말하겠다。 우리는 이미 여러번 말하였거니와 인격의 완성과 단결의 훈련 곳 이것이다。 이것이 비록 평범한 말 같으나 일개인으로붙어 전사회에 이르어 조고만한 결합이 없고라야 우리 사회는 복리가 올것이요 우리 민족은 부활이 있을것이다。

우리는 이에있어서 참된 생활 곳 생활의 의식을 알자함을 주장하는 바다。(윤재)

조선사람이거던

어느 외국 사람이 우리더러 너는 어느나라 사람이냐고 묻을것 같으면 우리가 얼른 대답하기를 나는 조선사람이다라고할것이 아니냐。 그러면 우리는 분명한 조선 사람이다。 또 누구던지 조선을 칭찬하여주면 우리가 듯기좋고 조선을 욕하면 우리가 싫어할것이다。 또 조선사람을 리롭게 하는 자가 있으면 우리는 그를 고맙게 알고 조선사람을 해롭게 하는 자가 있으면 우리는 그를 밉게 보지아니하는가。이는 우리가 조선 사람이기 때문이다。 이것이 곳 조선 사람의 공통 심리인 것이다。

그렇고 보니 우리는 면하려야 면할 수 없는 조선 사람이다。 조선과 나와는 언제던지 서로 분리할수 없는것이다。 조선이 나를 떠나서 있지못하고 내가 조선을 떠나서 살지못할것이다。

내가 이미 조선 사람이 되었거던 조선사람인 마음을 먹으라 조선 사람인 긔운을 내어라。 그리하여 조선의 일을하자 조선을 잘되게 하자。 이는 우리가 공중 남의 일을 돌아볼것이 없이 우리일부터 먼저하자는 말이다。 보라 우리 사회에는 무엇 한가지 남보다 낫게하여 놓은것이 있는가。 낫기는 고사하고 남이 하는 그것을 딸아가지도 못하는 형편에 있지아니하는가。 이러하고도 오히려 남과같이 잘 살겠다고 들떠드는가。 우리가 이러하게 된 원인을 잠깐 말하면 우리 사회에서 여태까지 하여온 일이란 순전히 허위(虛僞)·공상(空想)·휼사(譎詐)·겁나(怯懦)로만 지내어 오았기 때문에 사업의 한가지도 된것이 없고 되었다는 것이라도 오래 지속하지못하여 수이 실패에 마치고 말은것은 파거의 경험으로 족히 증명할수있다。 오늘날까지 지내어온 일이 잘못된줄 모른다면 어어니와 만일 잘못된줄 알거던 한번 거긔서 옮기어 부실(務實)·력행(力行)·신의(信義)·용긔(勇氣)로 바꾸어서앞으로 나아갈 길을 취하여 보자。 이것을 오직 오늘날 우리로서 새조선을 건설할 유일의 요결(要訣)이라 한다。(윤재)

우리주장

영세불망비(永世不忘碑)

병인년! 우리 민족적으로 가장 깊은 의미 있는 해, 정치사상(政治史上) 문화사상(文化史上)으로 천고에 갈리지 아니할 위대한 사실(史實)을 남긴 이 병인의 해를 우리가 이제 전송함에 다달아 한번 더 생각하지 아니할수 없을것이다。

병인양요(丙寅洋擾)라 하면 가까이 륙십년전의 일이니까 아직도 우리 머리ㅅ속에 깊이 인상되어 있는 바어니와 세계에 막강이라 치는 저 쁘란쓰제국(그때의)의 함대(艦隊)를 우리의 정용한 장졸이 한번 싸움에 섬멸하던 일을 우리가 지금에 이르러 곰곰 생각하면 꿈결 같기도 하지마는 우리는 오늘날 이러한 처지면서도 오히려 옛날의 강성을 이야기하지 아니하는가。

좀 멀리 거슬리어 사백팔십년 전의 병인은 우리 세종대왕께서 조선의 국자(國字) 훈민정음을 반포 실시하신 해가 된다함을 지금은 거의 모를이가 없게 되었다。 우리가 남달리 이렇게 고귀하고 미묘한 글을 쓰는것으로는 세계 어느 나라에던지 자랑ㅅ거리가 아니된다 하지못할것이다。 더욱이 금년은 병인인데다가 그 반포한 날이 음력 구월 이십구일임을 알아내여서 특별히 글의 기념의 명절을 정하게된 것으로도 실로 세계에 그 례가 없는것이다。

아아 우리가 무공(武功)으로써 알아들 병인, 또 문렬(文烈)로써 알아들 병인, 무공과 문렬이 이렇듯 혁혁(赫赫) 빈빈(彬彬)한 이 병인의 해는 어느새 다가고 말았다。 그러나 병인이란 해는 우리 조선 민족사(民族史) 우에 영세불망비(永世不忘碑)가 된다한다。(윤재)

무겁을 버리자

우리 조선 사람에게는 요구되는 것이 퍽 많다。 그런 동시에 버릴것도 많다。 버릴것을 먼저 버리고라야 우리 요구할것을 얻을수가 있을것이다。 버리어야 할것은 버리지 아니하고 한갓 얻을것만 얻으려 하는것은 마치 돈은 내지아니하고 남의 물건만 받으려 하는것과 다름이 없다。 이러한 사람을 무엇이라 명칭할는지? 그러니 우리는 버리어야 할것붙어 먼저 버리자。 그리하고서 우리의 마땅히 얻어야 할것을 얻도록 힘쓰자。

어느 나라 어느 민족이고 다 그 공통한 폐해되는 습관이 없지 아니하다 더욱이 우리 조선민족의 오늘날 형편에 의지하여 하로라도 끈히지 아니하면 안될것 네가지가 있다。

一、허언위행(虛言僞行)을 하는것
二、공상공론(空想空論)을 하는것
三、교사반복(狡詐反覆)을 하는것
四、겁유퇴굴(怯懦退屈)을 하는것

이것이 비록 쉬운말, 작은것 같으나 개인에 있어서는 일신을 탕패하게하며 사회에 있어서는 한 사회를 쇠패하게하며 국가에 있어서는 한 나라를 멸망하게하는 가장 큰 원소가 된다。 우리가 파거 력사를 상고하던지 현시 상태를 살피건대 우리는 여태 이것만으로만 지내어 오았고 지금도 이것만으로 지내고 있다。

우리가 새해를 맞으려할 때에는 옛 무겁을 모도버리려고 아니하는가。우리를 랑패하게하며 쇠패하게하여 멸망하게한 이 무겁을 버리자。새 복을 얻자。(윤재)

비관? 락관?

우리 조선 사회에 오늘의 현상을 비관이라할까? 락관이라할까? 도회로 가던지 향촌으로 가던지 어대로 가던지 조선사람으로는 누구할것 없이『아이고 못 살겠다。』『우리 조선사람이 이리 가다가는……』라는 한숨 소리만 들릴뿐이다。이것만 보아도 우리 사회와 현시 상태는 락관이 아니요 순전히 비관이라 할것이다。그러니 우리는 어느 때까지던지 이와같이 비관에만 잦아지고 말까?

우리는 이렇게 말하고 싶다。『오늘까지의 비관을 내일붙어의 락관으로 바꾸자。』하는 맘이다。그러자면 우리가 반듯이 지금까지는 무엇으로 해서 비관하여 오았으며 앞으로는 무엇으로 해서 락관할수 있을 것인가를 맨먼저 생각하지 아니할수 없을 것이다

과거에 우리 조상 또는 내 자신으로서의 줄곳 실패하여온 허다한 사실을 지금 여긔서 말하여 쓸대없고 다만 우리는 과거의 그것으로 거울을 삼아 현재에 빗외여 보아서 일호라도 오ㅅ점(汚點)이 있거던 시각으로 지체말고 즉시 끝히어 나아갈것뿐이다。만일 한꺼번에 다 끝히기 어렵거던 하로에 한가지씩이라도 끝히어 나아가도록 힘쓰자。남들은 늘 락관으로 지내는데 하필 우리만으로 비관으로 지내라 할 법이 없다。우리는 무엇이던지 남더러 해주기로만 기다리지 말고 내 몸소로 하기붙어 먼저하자。우리는 캄캄한 끌작이로 들어가기로만 하지말고 환한 새빛으로 향하여 가기로 하자。우리는 눈물 흘린것만으로 족하다 하지말고 웃을 감을 작만하자。

우리는 이제 또 한해를 보내는 이때를 당하여 과거를 돌아보며 현재를 살피며 장래를 헤아리매 스스로 이말을 하게 된다。아아! 장래의 조선은 비관? 락관?(윤재)

아아 세월!

아아 세월! 세월은 간다。자꾸 간다。빨리 간다。사정없이 간다。조금도 간단없이 간다。가고 또 간다。한번 가면 다시 돌아오지 않는다。누구라 이 가는 세월을 막을수 있으며 이미 간 세월을 돌이킬수 있을까。아아 세월! 세월은 간다。

엇그재 홍안소년(紅顔少年)이 오늘에 백발옹(白髮翁)이로구나。오늘에 청춘을 자랑하는 꽃다운 자질이 또한 몇날이나 갈꼬。아아 세월! 세월은 이렇게도 사람을 늙게하는가。

세월의 감에 대하여 슬퍼하지 아니할자 누구 있으랴마는 더욱이 우리 조선에 있어서는 우리들의 할일이 하도 많으니 오늘의 조선 사람으로는 일분 일초라도 보내어 버리기가 과연 아깝거던 하물며 우리의 사업이란 한가지도 일운것이 없는 오늘의 경우에서랴?

아아 세월의 감은 빠르고 사업의 일움은 더디도다。우리네의 사업이야 일우거나 말거나 세월 그는 저대로 가고 말뿐이다。

아아 발서 또 한해가 다 갔다。금년도 이 한달로써 끝을 막는다。우리의 사업가들은 늙는다。애국자들은 늙는다。(윤재)

우리 주장

우리의 신년

오늘은 원단(元旦)이다。 일년중 제일 가는 명절이다。 홀로 조선뿐 아니라 온세계가 다 큰 명절로 치는 날이다

이제 우리가 송구영신(送舊迎新)하는 이때를 당하면 의례히 『환세 안녕』이라는 세배인사를 하러 다니며 또 『공하신년』이라는 연하편지를 보내기도 하지 아니하는가。 이러한 예속이 어느 한 나라 어느 한 민족에게만 한하여 있는 것이 아니라 만국만민이 거의 다 공통한 규례일 것이다。 이같이 온 세계가 다 함께 이날을 경사롭고 기쁘어할 날로 안다。

우리가 이러한 큰 명절을 당하였다 하여 과연 경사스럽을 것이 무엇이며 기쁘어할 것이 무엇일까。 현금 우리가 당하고 있는 경우가 어찌 남의 그것과 같으랴。 형제여 알(知)는냐 모르느냐。 남들이 웃는다고 우리가 같이 딸아서 웃을 처지가 아니며 남들이 뛰고 춤춘다고 우리가 같이 딸아서 뛰고 춤출 처지가 아니다。 남들이 웃거던 우리는 먼저 우리 눈에 눈물 마르기를 기다릴 것이요 남들이 뛰고 춤추거던 우리는 먼저 버드덩거리어 일어날 생각붙어 하여야 할건이다。 우리의 이 경우、 남들의 그 경우、 과연 그 경사롭고 기쁨을 함께할 것이냐?

대개 남들이 새해를 맞아 경사롭고 기쁘다 하는 의미는 다른대 있지아니하다。 가장 만족하게 가장 행복스럽게 일년을 잘 지내었으니 더 만족하고 더 행복스럽게 될 신년을 맛자 하는 뜻이 아닌가。 그러나 오직 우리에게 있어서는 오는 일년동안이 행여나 우리에게 만족하고 행복스럽어질는지는 모르되 지나아간 일년이란것은 우리에게 조곰도 만족을 주지 못하였고 행복이 되지 못하였다。 다시 말하자면 우리는 여지 없이 어렵음·아픔·슬픔·욕됨·빼앗김·눌림·쫓김·죽임 이것만으로 지내어 오았다。 우리가 이러구러 하여서 지내어 오는 것이 일년 이년……발서 몇해나 되었나。 우리는 이에서 벗어날 길이 상기도 멀다。 뿐만 아니라 한해가 가면 갈쓰록 더욱 견되지 못할 경우만 당할뿐이다。 그러하기 때문에 이같이 경사스럽고 기쁜 명절이건마는 우리는 돌이어 염녀스럽고 걱정됨이 없지 아니하다。

아아 우리에겐 참 경사스럽고 기쁘어할 신년이 과연 언제나 올꼬?

(윤재)

과거를 회고

과거 일년、 아니 근년이래 우리 조선사람의 개인의 생활로나 사회의 상태로나 시원스런것 무엇 한가지나 있는가 보자。

종로 거리상에 간판 좋은 무슨 회사 무슨 상점이란것 개시한지 불과 기일에 해산 경매로 끝을 마치는 것을 거의 날날이 보게 된다。 시골 농민들의 여간 남아있다는 비전박토ㅅ떼이도 날로날로 전당품으로 화하거나 남의 손으로 이동되고 만다。 우리는 무엇이거나 한번 시작하기만 하면 의례히 손해 실패란 것은 딸으는 것이다。 요새 우리 사람들의 유일의 벌이로는 미두취인소니 주식장(株式場)이니 하는 투기사업인데 불로이득(不勞而得)으로 일확천금의 요행수나 바라고 돌아다니다가 금시에 거지가 된들 텃할대 어댄가。 그 끝에는 협잡군·놀음군·부랑자·도적들만 늘어 나아서 부패한 사회를 빚어낸다。 그도 저도 못하는 자는 생활난에 잔뜩 부닥기어서 세상을 비관하고 한강 철교로 나가아 비참한 일생을 마치기 일수다。 그나마 살아보자고 무슨 삶구멍이나 있는듯이 남부여대하고 서북간도로 건너가아 헤

부르짖는다。그러면 우리가 새 조선을 위하여 노력할만한 힘을 길우는「건전인격」운동의 내용이 무엇인가。곳 우리 수양의 근저는 어떠한가。

一、명예나 지위나 허영을 딸아 헤매지 말고 무슨 일에 임하거나 실속을 찾아 분투노력하는 습관을 비상한 결심을 가지고 지금붙어 길우자。

二、모이어 앉아서 공연히 이렇다 저렇다 떠들지만 말고 공담공논 쓸대없이 비싼밥 썩이기를 그치고 옳을줄 아는 일이 있거던 수굿하고『해보자』하는 정신을 수양하자。곳 산이 높느니 낮느니 그저 산 밑턱에 앉아서 토론만 말고 올아가아 보자。『오르고 또 오르면 못 오를리 없으리라』함을 생각하여 힘자라는대까지 한걸음씩 나아가자。

三、내가 큰 일을 위하여 어떤 단체에 내 몸을 허락하였는가。죽도록 지키는 정성을 길우자。그 단체의 비밀 그 단체의 규약을 목숨과 내기하여 확수하는 습관을 길우자。○○운동 성공의 비결이 무엇이더냐。곳 내가 허락한 단체의 목숨을 들이어 받히는대 있다。또 내가 내 친구로 더불어 약속한 일이 있는가。천하가 문어진대도 지키라。그래서 지금붙어 신용(信用)을 쌓아 두자。『아무게는 신용이 있으니까 이 일을 맡기면 어김 없이 꼭 하렸다』하는 말을 들을수 있도록 지금붙어 노력하자。서로 의심하고 서로 믿지 못하는 사람들끼리 모이어서 ○○사업한다는 말도 못 들었거니와 성공은 더욱 문제 밖일다。

四、백절불굴하는 확호한 긔개(慨槪)와 정신으로 오래 참으며 넘어지면 또 일어서는 긔상을 수양하자。

우에 말한 바를 다시 알기 쉽게 간단히 말하자면 무실(務實)。역행(力行)。신의(信義)。용긔(勇氣) 이것이다。이 네가지 정신이야말로 오늘날 조선 청년의 필수(必須)한 우리 민족 전도(前途)대업에 상판된 비상한 수양이다。이 비상한 수양을 쌓아진 한 건전인격자가 되고 또 그 인격자들이 모이어 공고단체로 뭉친단 말이다。아무런 곤난 아무런 핍박이 있더라도 우리 큰 사업을 성공시킬 가능성이 있을줄로 믿어지는가。그렇거면 모이어 들자。손들어 굳세게 맹서하고 같이 나아가자。

우리의 수양운동(三)

덕·체·지 삼육(三育)이 우리의 항다반하는 말이 되어 아주 법속화(凡俗化)하였지마는 오늘 경우에 처한우리 조선사람으로서는 더욱 이것이필요한줄 절감(切感)한다。그럼으로 우리는 이것을 한 실무(實務)로 정하여 간단없이 실행하기를 힘쓰어야 하겠다。

一、덕성을 길우자。우리가 사회적 생활을 하고저하거던 먼저 거긔에 판한 덕성을 닦아야 하리니 곳 우에 말한 무실·역행·신의·용긔의 정신으로라야 한다。

二、신체를 강장히하자。우리가 연약한 신체로서는 당초에 사회의 일이나 개인의 일을 하겠다는 소망을 두지도 말자。

三、지식을 닦자。우리는 각개인이 무엇이던지 다 한가지식의 전문적 학술이나 기예를 배우어 얻자。

이상 세가지의 수련(修練)이야말로 장차 새 조선을 건설하는대 가감할일꾼을 예비하기에 적당한 수양이겠다。(윤재)

朝鮮靑年은 農閑期를 如何히 利用할가

——一致點을 發見한 有志의 意見——

科學的修養이 必要

東光社 李允宰

농한기는 농민의휴양긔입니다 다시말하면 一년동안 밤낫을 가리지안코 피땀을 흘녀가며 일하든결과 이제는 두다리를페고 쉬여야될때입니다 一년동안을두고보면 성공긔라고도할수잇습니다 그러나 래년일이 또닥처옴을보아 농한긔는 농민의준비긔라고하겟습니다 우리농민 더욱농촌청년이겨울에 농업에관한서적을 만히보아 래년 농사가잘될도리를 강구하는것이 가장필요할줄압니다 이때까지 우리농업은 전혀경험뿐이오 새로운연구라고는 업섯습니다 때문에 텬시(天時)만밋는농업이엇습니다 이제부터는 인화(人和)로써 텬시를 이기는도리 다시말하면 과학뎍(科學的)수양을 열심으로하여야될것이니 이겨울에 농사에관한여러가지 서적을읽는것을 가장조흔리용방법이라고생각합니다 (文責在記者)

우리靑年의進路

理論보다實際로나가자

李允宰

말로만떠들지말고 그저實地로나가야 됨니다。敎育을밧은靑年이거나 또는敎育을밧지못한靑年이거나를不問하고 各々그處地와形便에딸아서 붓을잡을이는 붓을잡고 광이를들분은광이를들어서 무엇이거나 實地로나아가야하겟습니다 그러나지금까지의 우리朝鮮靑年의現狀을보면 高等敎育을밧은분은勿論이오 저오普通學校라도맛친사람이면 無條件하고都市로만모여들여고함니다 이것이 큰병통임니다 그분들이都市로모여드는것은 反對하려고하지안습니다만 都市로와서 突然히 아모하는일업시돌아다니다가 末境에는墮落의구렁이로 몰녀드는것이可憐함니다

우리는아모도원망할곳이업습니다 다만 우리의살道理는 우리스서로가하지안으면아니된다는것밧게 아모理論도업습니다 만약 살겟다는맘이잇고 그맘으로넘처흘으는動作이잇다하면 그偉大한힘이야말로 누가妨止하려고한다하드래도 될수업슬것임니다 朝鮮의靑年諸君! 그대들의압길은 다만 努力、作爲、建設이잇슬뿐임니다

最近朝鮮社會에서 感激된일

「조선을알자!」는 社會의부르짖임을듣고

李允宰

조선은 最近 三一以後 急激한 變化를 보게 되엇다 民族運動、社會運動、文化運動、勞農運動、女性運動、少年運動等이 소리를 가지런히하여일어나 조선 같이 남달리 어려운 처지임에도 不拘하고 雄飛의 氣勢로 꾸준히 나아가는 것은 과연 조선 有史以來 처음 잇는 新現象일것이다。이에 대하여 어느것이나 할것 없이 우리로 하여금 感激하지 않는 것이 없다。

나는 요지음 조선사람으로서『조선을 알자』하는 傾向이 잇음을 본다。과연 조선사람은 過去에 조선이무엇인지를 모르고 살아왓다。哲學을 말할 때에는 孔孟程朱、史學을 말할때에는 通鑑史略、兵學을 말할 때에는 六韜三略、文學을 말할 때에는 漢唐宋詩文、그러고 유명한 山이면 의례히 泰山、江이면 黃河水를 찾을뿐이요 조선의 그것은 혀끝에 걸어볼 생각도 없엇다。이따위들은 다 腐儒輩들의 因襲의 버릇이니 차라리無怪라 하드라도 요새 所謂 開化人이니 外來思潮에 젖은이들까지도 西洋崇拜熱이 너무나 심하여 全然 自我沒覺이엇다。그러드니 지금 와서는『조선을 알자』하는 새싹이 트기 시작한다。新聞紙에 실리는 小說도 歷史小說이면 유달리 여럿의 人氣를 끄는듯하다。이것이무슨 作者의 筆致와 讀者의 好奇心에도 관계됨이 적지 아니하지마는 하여간 一般이 더욱 여기여 뜻을 붙이는것만은 事實이다。雜誌의 記事 資料도 朝鮮의實情方面에 많이 置重하는 것도 근래에 와서 많이 보는것이다。中學生들도 朝鮮歷史를 알고싶다。朝鮮語文을더배우고 싶다 하는 渴求도 잇어보인다。이러케 民衆은모도『조선을 알자』는데 熱中하고 잇다。

아려한것도 最近 朝鮮民族 思想變遷의 一端으로 내가 더욱 感激하여 말지 아니하는 바이다。

금년은 이러케 합시다

(各界諸氏)

朝鮮語學會 李允宰

한글에대하야 몃마듸 바라는것을 말하겟습니다 우선 일전에 동아일보사(東亞日報社) 주최로 「한글討論會」라는것이잇섯는대 압호로는 이러한것이 다시두번업섯스면하고 희망합니다。 다수한청중(聽衆)을모하노코 가부(可否)양편으로난호아진 변사(辯士)가 그압헤서 열변을토한다고해야 그것은 아무것도안됩니다。 전연무의미한노릇닙니다。 그러케짜른 동안에 우리글을 무슨재판(裁判)이나하듯 시비를가릴수가 불가능한 일이요 또게서 일시적의무슨결과를 어덧다해도 그것은지금우리가 쌋준 한노력을 차코잇는 한글법의 정리(整理)통일(統一)에 도음이되기는커녕 도리혀 그의전의대립성(對立性)만을 자극식히고 분명하게맨들어놋는것밧게 업슬것입니다。 그러니그것은 유해하고 무익한일입니다 압호로우리가 진정한 한글의정리 또민중에의 침투(浸透)를 바란다면 단연히 이런종류의 경조부박(輕佻浮薄)한것을 배격하고 어디까지정중(鄭重)한회합(會合)을통하야 한글학자들의 여유(餘裕)잇는 연구발표(研究發表)급 이에대한 진실한토의를기다릴수박게업는것입니다。 이것은 지금도 우리어학회(語學會)의몃몃이늘 실행하고잇는것인대 압호로의 이러한회합와 왕성을 희망합니다。

그리고 특별히바랄것이 몃이가지잇는대 우리한글의 보급을위하야처처에 강습회(講習會)가튼것을 만히맨들엇스면합니다 재래조선일보(朝鮮日報)의 문자보급(文字普及) 동아일보(東亞日報)의 「브나로드」운동가튼것은 그효과가조코 공적이만습니다마는 그것은 학생들의 화긔휴가(夏期休暇)의 일시적일뿐임으로 유감이며 일시적이아닌 상설의긔관을 바랍니다。 또압호로는 우리가갓는출판물(出版物)전부가 신철자법(新綴字法)을 써주엇스면 대단히 반갑겟습니다。 우리 조선어학회(朝鮮語學會)의 몃몃사람이 늘서로이야기한일이지마는 개벽사(開闢社)가튼가장역사가깁고 유력한잡지사에서 그다섯가지잡지를통하야 일체 신철자법을 사용하여주엇스면 그야말로큰도음이되리라생각해서 일간한번 방문을하고 우리의희망을 말해보고저햇든바입니다。 비단 개벽사잡지뿐만아니라 모든 우리의출판물이 전부한글운동의 보조가되도록 힘을써주어 이러한것을 실행해주엇스면 참으로 감사한일이라고생각합니다。 인쇄소(印刷所)의 활자(活字)관게로부득이한일이잇스면 부분적(部分的)으로래도 착수해 주엇스면하며 교정(校正)에잇서서는 우리가 조곰도보수를 바라지안코 조력하기로하겟습니다 우리는 늘이것을희망하며 이만한성의와준비가잇스니 오직압호로 출판당자칙(出版當者側)의용단을 바라마지안습니다。

■八字病■

八字믿고 失望말아 奮鬪하면살수잇다

個人의活動이 社會의 生命線

◇朝鮮語學會 李允宰氏談

이러한

첫재로

그러나

한민족

◇李允宰

4

중국신문화운동

中國에새文字【上】

◆漢族도겨워녀기어廢止하기로運動하는漢字를◆
◆우리는쓰기조흔白文을두고도오히려이를偏愛◆

北京 李允宰

中國의文字라하면 누구나漢字로말할것이다。東洋에서現用하는이漢字以外에는 다시文字가업다。滿洲에滿文、蒙古에蒙文이잇스나、이는다各其一區域에限하야使用됨에不過한것이오、全國을通하야行用하는것이아니니、中國의文字라고는할수업다。대개漢字가생긴지五千餘年에(史蒼頡의造字로말하면) 史乘이이로말미암아傳하엿고、敎化가이로말미암아進하엿스매、中國古代의燦爛한文明은實로이漢字의賜됨이라할것이다。그런즉中國人된者로는맛당히이漢字를神聖視할것이며、勿論愛之重之하야、그를함부로改用한다든지 外他文字를借用한다든지할까닭이업슬것이다。그뿐아니라 이漢字가우리나라로流入한지이미二千餘年에 가즌文獻파온갓記錄이 다그에依賴치아니함이업섯스며、甚之於五百年以前에産出한 우리正音가티 習讀키易하고日用에使한것이다시업거늘、우리는이를생각도아니하고、依然히漢字專用으로써能事를삼아옴으로、漢字는거의國字化로되엇다。우리뿐아니라、日本이나暹羅나其他東方諸國도다그리하엿다。그러코보니漢字는차라리東亞의文字라도할수잇다。이와가티歷史가久하고通用이廣한文字를어찌輕輕히視할바리요。

그러나現時中國에서는一般學者들의漢字存廢問題에對하야議論이紛紜하다。文學革命運動이일어난다、國語統一運動이일어난다、漢字改良運動이일어난다、國字改用運動이일어난다、이러한許多問題가層生疊出하야、甚함에至하여는漢字를아조廢止하여버리고、新字를製成하야使用하자고까지하엿다。아아漢字의前途運命이將次何境에歸할는지只今에可히揣摩키難하도다。이말을들을째에浩浩蕩蕩한太古를夢하는호랑이담배적우리나라漢學者先生님네들은「어그재무순어림업는소리야、『漢文을업새다니、그런駭怪할일이어대잇슬가보냐」라하야、大驚失色할것이아닌가。그러나나는中國에서最高學府라할北京大學國文講座에서耳聆한바요、方今有識한先覺와新進한學者들의高調로提唱함을目擊한바이다。어쨋든中國에將來할國字改用實行問題는여간한일이아닐다。내가이제말하려하는이漢字廢止의先鋒으로나선 中國에 새文字곳「注音字母」란것(字樣은次號에)이出生하엿다。

朝鮮가로면、從來使用하던漢字를廢止하여고、新字를製用한다하면「一非先王之法言不可語」이란固陋한觀念을가진學究님네들이뫃등이를들고 내덥뷔며야단을할것이지마는、中國은 그러치아니하야、注音字母가한번發表하매、反對論者보다贊成論者가훨이어만흠은참異常한일이다。敎育部에서는 코재이를獎勵하야、小學校用國語讀本用字를이로써하게하며、高等師範學校에特히이一科를設하엿스며、各處에國語專修學校와 國語講習所等을 設置하야、이를普及하기에盡力하엿다。宣敎師들온이것이布敎上에唯一無二한利器라하야、敎會에서主日學校의課本온이로使用하게한다。機關誌의刊行과講演會의開催로 이를大大的으로宣傳한다。벌서數十種의字典辭書가지낫다。또將次各種書籍이나新聞雜志까지도이文字를使用하자는議論도잇다。이와가티新造文字의發展을産出의時日이稍遲할을不鬪하고、長足으로進步함을見하게되엿다。文字硏究上에한參考가되기爲하야、이제注音字母의來歷의大略을말하고저하노라。

慶大한老大帝國으로써蕞爾小島國인日本에게甲午役에敗北한것이크게뇌憔한일임을깨달은當時의爲政者層에서들은盜賊맛고외양간수축한다는생각으로、今時에政治를改革하며敎育을普及하지안코는到底히世界에自存할수업스리라생각하엿다。그런데敎育普及에至하여는一大問題가생기엇다。곳漢字된것이難解難習하야、이것으로는到底히國民敎育普及에成功할수업다함이다 이問題를解決하자면別수업시記符에便易한新字를製作하지아니하면안될것이다。이것이별서問題에올랏다。當時新字를製作하자主張하는宋衡、譚嗣同、梁啓超諸氏는言論으로써輿論을鼓吹하엿스며、沈學、蔡毅若、盧戇章、邢島、王照諸氏는各其音標를製作하야、漢字를代用하기로하엿다。이모든音標中에는或은 漢字의近音을借하야、全字에一二畫을摘取한것、곳日本의假名字와비슷한것도잇스며、或은羅馬字를採用하야、써로讀音을定한것도잇스며、그外에도許多한標式이잇섯스나、就中에가장勢力을佔한者는王照氏의「官話字母」란것이니、五十個의音母와 十二個의音韻으로써 이룬것인데、亦是漢字의形式을取한것이다。王氏의官話字母가發表된後얼마아니되어 勞乃宣氏가또그것을 若干修正하며그不足을添附하야、이름을「簡字」라 고치엇다。注音字母가製成하기前싸지는이簡字가比較的適用할一種의音標가되엇다。

民國이成立한後에敎育部에서淸末의簡字運動을繼續하야「讀音統一會」를設置하고、먼저國音을制定하며、다음에字母를製作하기로작정하엿다。이字母인즉漢字의傍邊에注標하야、國音을統一하는工具를삼게하는것이고、獨立으로施用하야、敎育을普及하는利器를삼게하는것이그要旨이다。民國二年二月로五月까지開會한讀音統一會에서알에와가티 三項을決議하엿다。【一】普通官音을國音으로함【二】三十九個의注音字母를製成함。【三】前淸李光地의「音韻闡微」에選擇한六千餘字와白話에常用하는字(們•哈•擱等가튼것)와新造字(鉀•櫃•氫等가튼것)約六百餘字를그의標準한讀音으로써、注音字母로注함。그後에該會會員吳敬恒氏의提議로日用에緊切한漢字一萬五千餘字를康熙字典의首部의排列에依하야「國音字典」을編纂하며、注音字母로써이를注標케하엿다。(續)

中國에새文字【下】

北京 李允宰

‖注音字母의話‖

◆그네들은인제야文字를新造하야漢字를代用◆
◆우리겐盡善盡美한正音잇슴이民族의큰자랑◆

三十九字의注音字母가막製成되자、이째는袁氏가民黨을虐殺하고、共和를破壞하기로害謀하는때라 그後로政治가突變하야、新思想을壓迫하며、復古를厲行하매、모든遺老遺少들이그의文學侍從의臣이되어、여러가지의禮制作樂으로、朝儀를定하며、孔敎를尊崇하야、小學校敎育에까지經學을課케하엿다。대개學校에서이때讀經하게된以上에는國語敎育이니平民敎育이니하는것이自然驅迫을입을것은已無可論이요、注音字母가된것이야더군다나재각이라도하여볼餘地가잇섯슬가보냐。그러니깐注音字母의草稿뭉텅이는저대로敎育部의書類櫃속에深深히藏置되어버렷다。

民國五年(우리의四二四九年)에 袁氏가病歿하매、이로부터政治와敎育에다시新機를萌芽하엿다。이때에야말로國語運動이다시일어나기시작하엿다。各處에서國語！國語！라부르짓는소리가날로더욱놉하갓다。一邊으로新思想家의胡適之·陳獨秀諸氏는「文學革命」「國語文學」의旗幟를高揭하엿다。一邊으로國語運動者의陳懋治·黎錦熙·錢玄同諸氏는小學校國文科를國語로改用하자고絕對主唱하엿다。이러하자民國七年(우리의四二五一年)十一月二十三日에敎育總長傅增湘氏가注音字母施行案을部令으로써發布하엿다。하마트면休紙籠으로들어갈번한注音字母가다시世上에出現하게되엇다。

注音字母의字形은어떠한가。子母에난홈과音順의벌림은恰似히우리나라의訓民正音을模倣한것갓다。그러나結搆의整然함을보든지外觀의美를보든지우리訓民正音에比하면아조霄壤의懸隔이잇다。그네들은그나마아숩은대로이것이라도가지고艱澁難寫의弊잇는漢字를代用코저하며、今日의新文化를傳導하는利器를삼으려고한다。이에그文字의어떠케생긴것임을알에벌이어적으며、아울러우리正音으로겨겨마추어發音의어떠함을보이노라。

聲母(子音)二十四

字母	音	發音	正音
ㄅ	脣音	Pao	正音의ㅂ
ㄆ	脣音	P'u	正音의ㅍ
ㄇ	脣音	Ni	正音의ㅁ
ㄈ	脣音	Fung	正音의ㅸ
ㄪ	脣音	Veu	正音의ㅱ
ㄉ	舌頭音	Tao	正音의ㄷ
ㄊ	舌頭音	T'u	正音의ㅌ
ㄋ	舌頭音	Nai	正音의ㄴ
ㄌ	舌頭音	Li	正音의ㄹ
ㄍ	舌根音	Kui	正音의ㄱ
ㄎ	舌根音	K'uo	正音의ㅋ
ㄫ	舌根音	U	正音의ㆁ
ㄏ	舌根音	Haug	正音의ㅎ
ㄐ	舌前音	Chou	正音의ㅈ
ㄑ	舌前音	C'hün	正音의ㅊ
ㄬ	舌前音	In	正音의○
ㄒ	舌前音	Hsi	正音의ㅅ
ㄓ	舌葉音	Chi	正音의ㅈ
ㄔ	舌葉音	C'hi	正音의ㅊ
ㄕ	舌葉音	Shi	正音의ㅅ
ㄖ	舌葉音	Ji	正音의△
ㄗ	齒音	Tse	正音의ㅉ
ㄘ	齒音	T'se	正音의ㅊㅊ
ㄙ	齒音	Si	正音의ㅆ

韻母(母音)十五

字母	發音	正音
ㄧ	I	正音의ㅣ
ㄨ	U	正音의ㅜ
ㄩ	Chyu	正音의ㅠ
ㄚ	À	正音의ㅏ
ㄛ	Ho	正音의ㅓ
ㄝ	Eh	正音의ㅕ
ㄞ	Hai	正音의ㅐ
ㄟ	Ei	正音의ㅔ
ㄠ	Ao	正音의아ㅗ
ㄡ	Ou	正音의어ㅜ
ㄢ	Han	正音의안
ㄣ	Ên	正音의언
ㄤ	Ang	正音의앙
ㄥ	Kêng	正音의엉
ㄦ	Ern	正音의얼

이와가려三十九個의字母는單獨字로發音하는것도잇스며、數字를綴合하야 發音하는것도잇다。곳「務」字를「ㄨ」로韻母·母音만쓰며「師」字를「ㄕ」로聲母 子音)만쓰며、「韓」字를「ㄏㄢ」으로二字를綴하며「國字」를「ㄍㄨㄛ」로三字를綴한다。그使用하는方法은두가지니 하나는漢字의傍邊에이것으로注標하는것이요、하나는獨立으로字母만使用하는것이다。前者는日文갓고、後者는歐文갓다。大抵文字改用이一朝一夕의事가아니다。아즉은그不完備한點이업지아니하나、年이久하고歲가深하면、自然그完璧할날이잇슬가하노라。

自로魏時代에孫炎의創作한反切法을取하며、他로西洋의「알파베로」를倣하야製成한이四十未滿의新字로써十萬에近한漢字를能히代用할수잇다。將次그勢力을壓倒할것이다。非但中國뿐아니라、西洋에서도歐洲人이埃及의古代文明을取하여옴이만호되、그象形文字는取하여쓰지아니하엿다。이로조차보면 音符文字가 象形文字보다훨신方式이發達되며勢力이强盛함을可히밋우어알것이다。(끗)

現下中露國際問題의焦點

蒙古民族의獨立運動 【1】

◎被征服者로强權者의壓迫蹂躪을밧긴◎
◎古今東西를勿論하고其揆는一이로다◎

北京 李允宰

一、過去의蒙古民族

東으로 滿洲大陸을延하야 西으로「알키쓰탄」山地에及하며 北으로「쏘뷔에트」遠東共和國의交界地에起하야、南으로西藏山脈의起點處에至하는 萬餘里의廣大한版圖를 領有한大陸은곳蒙古이다。 질펀한高地의平原으로、樹木이蔚密한山林도잇스며、滴水寸木도어더볼수업는沙漠도잇다。 이地方은河川이極乏하고、降雨가稀少하야氣候는항상乾燥하얏나니、이는마치天이定하야준一大牧畜場으로 된것갓다、그러기에只今까지도牧畜이란것은蒙古人民의唯一한産業으로알것이다。 十二世紀에이르기까지는이곳이 질펀 各游牧民族의交替하는一舞臺로이루어왓다現今은그여러民族을그地境에서볼수업스며、다만殘餘한者로는겨우阿古士•烏以古爾•愛穫爾特等몃몃族屬이잇슴에不過하다。 그民族의歷史를一一이考究키는어렵으나、오즉許多한碑銘을據하야、그大槪를可히차저볼수잇슬것이다。

十二世紀初葉에亞•歐兩大洲를席捲하야、世界를거의다統一하다십히한絶世英雄成吉斯汗은이民族의代表人物의하나이다。 그가建設한大元帝國(一二〇六年至一三六七年)은中國印度•中央亞細亞•歐洲東部의茫茫한大地가다그의版圖이엇스며、一百六十餘年間、世界活舞臺에서 駐絶快絶한大活劇을演出하야、그爀爀한光輝를歷史우에남기엇다。 그럼으로歐洲人들은우리幾億萬의黃色人種을蒙古人으로代表하야「몽골」이라부른다。 그뿐아니라、오늘날까지白人種中에流行하는「黃禍」라하는말은當時그들이蒙古의鐵騎下에魂膽이놀래일때에術語이다。後에大帝國은漸漸瓦解되어、그民族은無數한小部落으로난후엇스며、또한亞洲中部와歐洲東部로驅逐하얏스며、漸次로他民族의同化를바다、自己의言語•文字•風俗•歷史를모다忘却하고、그先祖의偉功盛蹟을記億하지도아니한것은참可惜한일이다。 東部及南部一帶地에住居한人民은十七世紀末까지長久한期間에幾多의競爭을試하야오다가、마츰내中國의征服한바되어、一六九一年곳淸朝聖祖三十年時節에이르러蒙古는드듸어政治의自由를다조喪失하고、中國에隸屬하야、只今까지에이르럿다。

二、滿淸治下의蒙古

淸朝에서 蒙古를占有한後、그統治에關한種種의法律은蒙古民族의政治上•經濟上•精神上에一種壓迫을與하는政策이될쌘이요、蒙民을保護한다는것이毫도이어自己의勢力을더욱鞏固코저하는手段에不過한故로、蒙古는終乃어쩐方面으로든지도모지發展할希望이업고、다만帝國主義國家의한殖民地로變成하얏슬쌘이다。 첫재로淸廷은蒙古에封建制度를擴張코저하야、蒙古各王族으로하야곰中央政府에서派駐케한科布多•烏里阿蘇台等各要塞의都統의管轄을밧게하얏다。 王族은長城內蒙古邊境을近한滿洲及中國城邑에까지도잇섯다。 이여러王은그後中國革命時節에이르러內外蒙古로난후엇스니、外蒙古는露境과鄰接한西北蒙古、곳哈爾哈•科布多等으로써組織함이요、內蒙古는東南을聯合한小部分의各王族의新疆及中國西部各省을加入한것으로써 組織함이라。 그後淸廷에서漸漸蒙古王公의好感을엇게되어、大封建制度의統轄을徹廢하고、蒙民에게親族의意를加하얏스며、이밧게또小王公에게一體로平等의權利를許하고、大王公에게는恩賜金及爵位를授與함과、公主도嫁婚하는等懷柔的誘策을用하야、그들을賄買하얏다이여러王公들은蒙古人民을奴隷로맨드는有力한器械가되엇다。

第二로淸政府는佛敎의奬勵로써 蒙古統治의 한政策을삼앗다。 근본佛敎의敎義는戰爭과流血을否定하고、人道主義와無抵抗의善事를主張하는것이다。淸廷은이를利用하야、蒙民에게尙武精神을滅殺하야、다만生殺興奪의政權에服從함에便케하얏스며、또이로써活佛까지賄買하얏다。「康熙•雍正乾隆」여러皇帝는만흔土地와金品을敎父에게給與하야、人民을愚弄함에幇助케하얏다。또敎權을擴張키爲하야「삼뛰스코이 바담스트보」란것을組織하야、蒙古의一切宗敎事務를管理케하매、이는儼然히獨立한政府와가튼으로、佛敎寺院은蒙古에서國家中의國家처럼되엇다佛敎寺院은非常히發展하야、幾千幾萬의僧徒를管理케되엇나니、이는곳幾千幾萬의奴隷를蓄하나조금도다름이업섯다 이와가티神聖한宗敎의美名을빌어가지고、人民의獨立精神을抹殺하며自由思想을束縛하는利器를삼앗다。

第三으로中國實業家는 經濟壓迫으로써蒙古人民의權利를剝奪하얏다。 본래中國의經濟를蒙古의牧場에比하면훨신發展되엇나니、아즉그政權을잡기前부터蒙古의産業權이거의中國人의掌中에잇섯다이미政權을奪得한後에는駐蒙古中國官吏와蒙古의王公及一部의喇嘛가中國人의賄賂를바다는고、中國野心實業家의幇助軍이되엇다또中國의實業家들은蒙古王公에게多大한金錢을貸附하기를질겨하얏나니、이는王公이그借金을、自辦으로償還키不能함으로、그管轄하는人民으로하야금이를徵出케함이다。 後에法律을制定하얏스니、곳王公의債款은그管轄하는勞働人民이반듯이이를負擔하는義務가잇다함이다。 그럼으로다만一身의安逸만생각하는王公들은그民族의膏血을짜서貪狼가튼中國商人의배를채워주기를躊躇치아니하얏다。

三、露日覬覦의蒙古

以上은 蒙古가滿淸政府에 壓迫的統治를밧든大略의情形이나十九世紀中葉以後로는 蒙古가 歷史上으로한新時代를形成하얏다。 이때帝國主義의勃勃한野心으로 東方經營에 한참全力을다하든 露西帝國은 東南으로큰通路가될蒙古를그냥비켜노흘싸닭이업다。 이에政治家와實業家들은蒙古의利權을獲得하려고 구름갓흠이 해매기를시작하얏다。露國商人은일즉부터中國物貨를歐洲로運輸貿易하려고、一縱의道路를틔우기로하매、自然히蒙古를注意할밧게업섯다。 張家口•庫倫•恰克圖等의要地가 다그의經路가되며 主要輸出品은茶이다。 이로因하야露國政府에서는 蒙古를國際資本의勢力下에 放置하얏다。 一八六〇年以後부터露國商人은 처음으로「알타이」山•烏梁海의附近으로조차 西蒙古에이르럿스며 그後로漸漸外蒙古에까지 그勢力을 仲張하게되엇다。 (續)

現下中露國際問題의焦點

蒙古民族의獨立運動 【2】

◎歷史的運命을決하려고奮鬪하는蒙古◎
◎民族運動의狀態는果然어떠하얏는가◎

北京 李允宰

三、露·日覬覦의蒙古

露國政府에서는蒙古를一個良好한市場으로알아, 限업슨侵略하기를일삼앗스며, 日露戰爭以後로는그利害關係가더욱커젓다. 그들이가장注目하는곳은烏梁海의境地인데, 그곳은天然的으로農産物이豐富하야, 蒙古에서가장適宜한農業地가될이다. 十九世紀中八十年동안은露國이다만殖民政策의目標를그곳으로定하야왓스나, 一九○六年以來로는아조武力的侵略을逞하야, 마츰내그곳에行政機關까지設置하게되엇다. 日露戰爭에露國이戰敗한後로南滿·東蒙이한꺼번에日本의勢力範圍로돌아가고, 東亞의門戶가크게開放되매, 그豐富하기로無盡藏인蒙古의天然礦産原料가할길업서그의手中에돌어가서, 다시日本帝國主義의侵略을밧게되엇다. 이로부터日本의政治經濟의勢力이南滿洲鐵道로조차東蒙古에侵入하얏슬뿐아니라, 不知不覺間에蒙古其他區域으로潛進하게되엇다. 이와가티日露戰爭後에蒙古侵略은이미國際帝國主義의遠東問題中重要한하나로되엇다. 美國資本家도次次여기參加가되엇다.

清代專制政治下에오래束縛된蒙古는文化上으로絲毫의進步도업섯스나, 經濟·政治·社會各方面의制度는오늘에이르도록二百五十年前時代와똑마치한가지다. 科學이發達된二十世紀文明한時代에도蒙古는아즉遊牧民으로, 「上古世의態度를그대로가저잇다. 農業이란것은본대天然的關係로因하야發展되기어려우며, 工業은좀이업슴과갓다. 그나마다만中·露兩國資本主義의侵蝕함을바닷나니, 兩國資本主義말로죄다國際帝國主義의土地를侵略하는仲介者이다. 清朝가滅亡한後로行政權은全혀少數의王公에게돌아갓나니, 哈爾哈四區中에잇는王族은겨우人民總數百分之一에不過하다. 喇嘛敎徒는甚히만하서, 人民總數百分之四十이나되어, 그들은經濟上·政治上으로가장勢力을占하얏스나, 普通勞働人民에至하야는絕對로權利가업고, 「짝王公의奴隸가되어, 그들의租稅及債務까지負擔하는義務가잇섯나니, 이와가티人民은다만國家·寺院·王族을爲하야牛馬의服役을할뿐이다.

四、一回獨立의蒙古

前述함과가티清廷의惡辣한束縛과隣强의橫暴한侵略을견딀수업는蒙古民族으로自由와解放을要求하야, 한번蹶起함도決코無理타할수업다. 이에關하야는우에대강말한바어니와, 清代에歷任한邊吏와理藩院官員이外蒙古各扎薩克王公과一般人民에對하야苛斂誅求가無所不至하얏스며, 清末時節에庫倫에駐한辦事大臣三多가新政의善蹟을自誇하얏스나, 其實은蒙民을虐待勒索함이尤甚하얏다. 當時인즉露國이蒙古의勢力을伸張하려하야, 各扎薩克王公을聯結하야, 「中國을威壓하얏나니, 이로써各王公은二派로난호여, 하나는親露派가되고, 하나는親華派가되엇다. 그러자中國의革命亂이일어나매, 이를機會로하야, 「露蒙이서로結合하야, 蒙古의獨立運動을시작하얏다. 親露派의領袖三音諾顏汗과活佛에親近한有力한喇嘛가極力으로活佛을慫慂하야, 드되어獨立宣言을斷行하얏다. 이에獨立軍은露國으로부터需應하는軍資金과軍械로써, 「血戰을演하야, 三多를驅逐하고, 中國과의關係를斷絕하얏다. 一九一一年十月十八日에活佛을推戴하야, 首都庫倫에서皇帝位에即케하고, 獨立運動에贊同치아니한庫爾根王及和碩旗貝子等을罷職하고, 其他獨立을反對하든王公들을모다逮捕懲罰하며, 또親華派王公들도이에이르러다一網打盡하얏다.

蒙古가이미獨立을宣布하매, 蒙古의王公及喇嘛는一大新帝國을完全히建設하고저하야, 露國政府에後援을仰하얏다. 露國은이것이蒙古의利權을掌握케하는好機라하야, 다시新活動을또하얏다. 一九一一年十一月에露國政府는清廷에對하야鐵道·軍事·政治等에關한五箇條를要求하얏다. 이때에中國은革命亂이한참激烈하야, 國情이沸騰하는故로, 이에對하야交涉을未遑하얏다. 그러나露國은依然히蒙古로더불어十七箇條의協約을締結하야, 露人이蒙古에서特殊한權利를享하게되엇다. 이와가티蒙古는비록獨立하얏스나事實上露國의一保護國으로되엇다.

五、獨立으로自治에

露國은이와가티蒙古擁護에자못得策하야, 그十七箇條의露蒙協約은履行하야, 蒙古內에次次企業을圖하얏다. 一九一二年以後로中露交涉이開始되어, 이미여러번談辦을擧하얏스나, 露國은終始露蒙協約을取消할意思를두지아니하고, 더욱堅持하는故로, 그會議는結局要領을엇지못하얏다. 一九一三年五月에이르러雙方으로六項을提出하니, 그大要는外蒙古에自治를許與함과, 露國이外蒙古에서商務利益을承認한다는等이다. 中國政府는이를國會에提出하매, 國會에서는이것이主權에侵害된다는條件으로써通過하지아니하얏다. 이後로中露의關係는드되어懸案이되고, 露蒙의關係는더욱接密하게되엇다. 是年十一月에이르러中國政府는露國政府에對하야五箇條約을締結하니, 이는곳外蒙古에自治를許한다함이며, 또繼續하야蒙古는確實히中華民國領土의一部임을聲明하다. 이로부터蒙古의政體는自治制로變更되매, 中國은蒙古의宗主權을가지게되엇다.

中國政府에서發表한그聲明書인즉실상은中·露·蒙三方에서妥協한結果이다. 그러나外蒙古가中國領土의一部라함에는中蒙의關係가자못不分明하얏다. 一九一四年以來로數年間은蒙古邊地에駐屯한中國軍隊는蒙兵과여러번衝突이잇섯스나, 항상戰敗하얏다. 一九一五年에이르러露國이이를調停하고, 드되어恰克圖에서三方會議를開하야, 「三方條約을定하니, 곳前年中露條約을履行하야, 外蒙古에獨立을取消하고中國이宗主國됨을承認하며, 中國도또한外蒙古에自治를承認한다함이다. 이때로부터外蒙古에自治政府를設立하얏다. 是年六月에中央政府에서都護府를庫倫에設하고, 烏里雅蘇台·恰克圖·科布多等地에都護副使를設立하얏나니, 「이는다만該區域內에華商의一切事項을管理할뿐이요, 蒙古內政에는都護各使에게조금도干涉하는權이업섯다. (續)

現下中露國際問題의焦點

蒙古民族의獨立運動【3】

◇親露派를壓倒하랴는親華派의大運動◆
◆三種原因에말미암아自治는結局取消◇

北京 李允宰

六、돌우中國에隷屬

當初에蒙古의獨立은全혀露國의勢力을빌어서된것이며、그後恰克圖의三方協約이成立되매、蒙古가獨立으로一轉하야、自治로變한것도、또한露國의使然함이다。露人은蒙古가興하나亡하나自己에게何等關係가업는것이요、오즉그獲取할利益이나獲取하엿스면 그만이라생각하엿다。그럼으로獨立時代에나 自治時代에나 露人의蒙古에어든勢力은조곰도減損되지아니하엿다。마츰歐洲大戰以後로 露國은外로戰爭에敗하며、內로革命이起하야、國內가擾亂이極함으로 이제는다시 遠東을經營할實力이업섯다。이로因하야親露派의王公들은 그依賴할곳을일허버림으로、갑작이그勢力이크게衰殘하여젓다。이때에야말로一時勢力을일코、이미潛伏하여잇든親華派의扎薩克王公들이다시活動을開始하엿스며、自治의種種不利益한것을鑑하야、一九一七年十二月에드되어自治를取消하기로主張하엿다。

自治를取消코저함에는몃가지理由가잇다。(一)經濟困難이니 蒙古가自治政府를成立한後에政治施設에 經用은漸漸增加하고、歲入經常費뿐것은 다만商稅一欵뿐이니、이로는自然入不敷出케된모양임으로、그不足額을各旗王公에게勒徵케되매、王公은볼우그負擔額을 그旗衆에게勒徵하엿다。이로말미암아 生計가날로蹶縮하야、上下를勿論하고 怨聲이嗷嗷하엿다。이에扎薩克王公들은모다 自治를取消하야、그負擔額을免하려고하엿다。(二)外債의過重이니、蒙古는獨立時代로부터 露國政府로부터巨額의借欵을내어서、軍費에充用하엿다。露國은그債欵을剋扣히高利로算하야、벌서數百萬元에達하엿다。蒙古政府의財力으로는到底히이를償還할수업게됨으로、얼흔自治를取消하야、그債欵을中央政府로넘기려하엿다。(三)活佛의濫權이니、從來蒙古의各扎薩克王公은 그爵位의承襲함에 一定한譜系가잇서、前淸時代에는理藩院에서이를辦理하야、조곰도濫起하는일이업섯더니、獨立以後로는 活佛이그黜陟을任意로하야、그職任을無故히罷免或褫奪하고、活佛의戚黨을封함으로、모든王公으로하여곰無限한不平을惹起케하엿다。이에扎薩克王公들은自治를取消하야、活佛의政權을奪함으로、그前承襲의制를다시恢復하려하엿다。

以上三種의原因은蒙古의王公으로부터人民에게까지一般의感情을訴하게되어、自治를取消하자는議論이激起하엿다。그러나活佛의左右에는有力한喇嘛가잇서、極力으로이를反對함으로、이問題가一時中止되엇다。一九一八年에이르러 그問題가 다시發生되어、解決할바를아지못하더니、都護使陳毅氏가仲裁가되어、經年로로蒙人과妥協한結果、一九一九年夏에이르러六十三條의善後方策을定하고、將次自治를取消하기로準備하매、只今까지의紛爭이이에結束을告하엿다。이때에安福系의領袖徐樹錚將軍이西北籌邊使의職權으로、軍隊를거느리고、庫倫에들어와서、武力으로써 蒙古政府를脅迫하야、蒙古軍隊의武裝解除를命하고、都護使陳毅氏를監禁하야、六十三條의協約을毁棄하고、蒙民을强迫하야、無條件으로自治를取消하고、써로辦法七條를制定頒布하니、活佛과그親幸官들은이를敢히反抗할餘力이업스며、一般蒙古人民은다만中央政府를向하야怨恨하얏슬뿐이다。(續)

現下中露國際問題의焦點

蒙古民族의獨立運動【4】

◇民族運動을줄곳進行하는今日의蒙族◆
◆大元帝國의往迹을今에復睹치못할가◇

北京 李允宰

七、二回獨立의蒙古

徐樹錚이蒙古人을威脅하야、自治를取消한後로、活佛과王公及喇嘛는 이를憤恨하야 時로報復을謀하며、가만히外力을藉하야 再擧를圖하려고 積心蓄慮하엿다。마츰 中國內地에는 安福의亂이起하야 徐樹錚이敗倒하매、活佛은이를適好한機會로하야 當時蒙邊에駐한 露國反過激派「새미노후」의部下「웅겐」을連結하야 獨立恢復을圖하엿다。一九二〇年十月에「웅겐」은 드되어車臣汗으로부터進入하야 攻擊을開始하엿다。이때에中國의軍隊로庫倫에駐屯한者가萬餘人이나、勢力이자못强盛하는故로、「웅겐」은屢戰屢敗에 志를得치못하엿다。翌年二月에 이르러 中國軍隊는 突然히內部衝突이생기어、前敵軍士는紛紛히退却하고 鎭撫使陳毅도 自動車를驅하야 脫走하니 士氣가크게沮喪하야 다시 鬪志가업섯다。機會만엿보고잇던「웅겐」은即時로다시隊伍를整하야 長驅直衝하야、庫倫을占領하엿다。이때에 蒙古는 이를依賴하야 第二回의獨立을 宣佈하게되엇다。

蒙古가이미獨立을宣言하매、蒙古國은 다시 露國白軍의勢力根據地로되엇다。露國境內에서勢力을失하고 接續할곳이업게된白軍은 이러한絶好한機會를맛낫스매、이제는全蒙을囊括하야、將次여긔서 一帝國을建設하야 赤軍을反抗하고 그勢力을恢復하기로計劃하엿다。露國赤軍은白軍으로더불어 그主義가 相容치못하는故로『치다』政府에서 庫倫에出兵하야 白軍을攻하매、『모스코바』政府에서도 이를應援하야、드되어『웅겐』을驅逐하고、庫倫을占領하엿다。및『웅겐』이竄死하고 徒衆이潰散하야 白軍의勢力이蒙古內에서絶滅하게되엇다。이와가티 蒙古는 一時白軍과赤軍의 交替의當頭에處하야、人民은搶奪擾攘을被함이만핫스며、國內에다시革命이일어나、紛亂이極하엿다。蒙古는다시赤軍의勢力根據地로이루어 今日까지에 이르럿다。

八、獨立後蒙古政象

이와가티 蒙古가 第二回의獨立을圖得하매、蒙人은그대로活佛哲布尊丹巴氏를 君主로推戴하고 政治機關인즉 民政府를組織하야 國務總理의下에 內務·外交·陸軍·財政·司法의五部를設置하고 各部에는 總長一人씩置하며、또露國人顧問二人씩雇聘하야 政務를監督케하고 參議院을別設하야 立法機關을삼오니 現今議員은 다民黨及靑年會黨에 屬한者며 一切政治는 반듯이 參議院의議決을經하여야비롯오 各部에分交辦理케한다。現任國務總理는 森汴僧胡圖克圖氏니、그는 원래 舊派에屬한者로 王公及人民側으로부터 信望을밧던者인故로 民黨에서特히 그를總理로選擧하엿스며、外交·內務·司法의三部總長도 다舊派이나、오즉 陸軍總長蘇克巴圖爾氏와 財務總長丹僧氏는 民黨의領袖로 革命의首領되는人物이다。그러나舊黨은實로民黨의指揮를聽從하고잇다。

蒙古人의政黨으로現今三派가잇스니 (一)舊黨은곳王公喇嘛等으로舊日勢力이잇던者요 (二)民黨은 곳國民革命黨이니 勢力이가장强旺한者요 (三)靑年黨은 곳過激主義를提唱하는者니 黨員이不過二百餘人이될뿐이다。

地方行政은 極히簡單하야 內務部直轄을除한外에 西庫倫에一箇所의警察廳을 設置하엿슬뿐이니、行政과司法을兼管하며、商民이入境할때는 檢査가極히嚴密하며 警兵은大約二百餘人이잇다 또買賣鎭에地方管理司一處를設함이잇서、該鎭에一切政務를管理한다。交通機關과電燈電話等事業은 다官營으로하나니、그技師와工夫等은 모다露人을採用하며 管理權도다露人의手中에잇다。

獨立以後政費는 갈스록더욱 巨大하야지나니、이는다收稅金으로써充用한다。東西에各各一處의稅局을設하야、出境하는物貨는 반듯이稅金을課하며、또營業稅、人頭稅、紅利稅等의名目이잇스니、稅額의負擔은太過하야、蒙民僑民을勿論하고 다苦痛을不堪하며 中國商人은 往往이이로因하야 營業을廢하고 撤歸하는者도不少하엿다。

軍隊編制는馬兵團·步兵團·砲兵團及機關銃隊가잇스며、露國敎練法을쓰며、露國軍官을聘하야、械도다露國式이다。現今에 大砲五門 機關銃二十架、連珠鎗三萬柄이잇스며 軍隊는總計가萬餘人이니、其外에民兵이萬餘에達한다。이제最近軍事調査의統計를依하면、外蒙古의軍備는알에와갓다。

活佛部下	蒙古兵三千五百人
勞農露軍	第十六旅團四千餘人
	第二十五旅團二千餘人
	騎兵旅團一千三百餘人
王公親兵	蒙兵四千五百餘人
外蒙陸軍	一旅團二千八百餘人

九、蒙古國民革命黨

自治를取消하고武斷政治下에呻吟하는蒙古人民은一時대단크게覺醒하야、愛國運動과革命運動이일어나기시작하엿다。그動機로써 一九二〇年에 비롯오蒙古國民革命黨이 出生하엿다 이黨에서主張하는바인즉、眞正한獨立을要求함에는 所謂 國際帝國主義의假仁假義的援助를待할것이아니며 美國大統領『윌손』氏의十四箇條로될바가아니니、蒙古의獨立은純然한蒙古人의自發的精神에基함이라하엿다 그런故로 當時『윌손』氏의民族自決이主唱되던때에 日本野心政治家가 이를利用하야、蒙古에民族運動을起하라고煽動하엿스며、또巴里講和會議에蒙古代表를派遣하야 獨立을要求하라 勸誘함이잇섯스나、國民革命黨에서는이에別로注意하지아니하는故로、日本의計策은畢竟烏有에歸하고말앗다。그러나國民革命黨이 其後에는 다만勞農露細亞의援助를利用하엿나니、이는그의標榜上에『東西洋에被壓迫民族을聯合하야、帝國主義의國家를翻倒한다』함을 大書特筆로써슴이다。

國民革命黨은 그後로 더욱活動을逞하얏나니 蒙古內에 政治上經濟上一切外國人에게侵奪된바잇던封建制度를取消하려함이며、國民의權利를擴張함이며、國家의財寶를保護함이며、國內에生産力을增殖케함이며、西洋文化를輸入하는等에盡力하엿다。그後에革命黨으로組織된新政府에서는完全히 法律改善을實行하엿나니、그主要한點은 選擧法을用함과 自治를改革함과 人民이法律上으로均히 平等權을享有케함과 笞刑을廢止함과 各種天然產에當한稅를免除함과 外國의租借地를回收함과 王公喇嘛에게도徵稅함과 消費公社를組織함과 喇嘛及其他有權者에對한一切法律을 撤消하는等이니、이는모다 各地代表者가大會席上에서 議決한바이다。이와가티國民革命黨은實로民衆事業에著大한貢獻이잇섯다。

十、赤色旗下의蒙古

勞農露國에서 最初에는 다만白軍의勢力을 驅逐할뿐으로 庫倫에出兵하엿스나、白軍의勢力이完全히絶滅한뒤에도 撤兵하지아니하고 依然히 赤軍은庫倫을占據하엿다 처음에는 數千의軍人이 蒙人의各商店에分住하야 一切食料品을 다各商人으로부터供給케하더니、그後에二里半灘이란地方으로移駐하엿다。이때에는露軍이아조軍紀가紊亂하야、蒙民에게困苦를貽함이不少하엿다。그러나蒙古國民革命黨은 어대까지든지赤軍을信賴하야 獨立을鞏固코저하엿스며、赤軍도또한白軍을防禦하자면、蒙古를勢力根據地로삼지아니할수업슴으로蒙古의獨立을絶對로庇護하게되엇다。

中國政府에서는 이를 輕輕히視하고 蒙古問題를 解決할方針을取하지아니하엿다。다만張作霖이蒙疆을經略한다는 名을假하야 軍備를增加하야、畢竟內亂에資하엿슬뿐이다。이는中國政府에서 蒙古가비록 獨立을宣言하엿스나、다만露國을依恃하지아니하면 蒙古의自力으로는 獨立을維持할수업슬지오、또露國으로말하면바야흐로 波蘭과兵을構하며 佛國에戰敗하고、英露協約도아즉落着치아니하엿스매、東顧키未遑하리니、蒙古問題가큰것은 別로이注目할價値도업다 생각하엿슴이다。이러구로 時日이 悠久토록 蒙古問題를 念頭에두지아니하고 尋常에付하엿다。그러나 勞農露國은 漸漸勢力을收拾하게되어 蒙人의外 援을結托하는關係가 날로더욱 密切하엿다。中國政府는 이제야비롯오 蒙古問題가容易히解決하기어려움을覺悟하고、이에李垣을 庫哈接收專使로派遣하야 勞農政府代表『파이케쓰』氏로더불어

會議를開하엿다。一九二一年十二月로 今年四月까지 雙方으로 談判을開하기 五回에亘하엿스나、그結局은 겨우露代表로써『만일 中國政府가 蒙古政府와單獨히 協議를開할지면 勞農政府에서도 派人할수잇스리라』하야 이를允諾하엿슬뿐이며 撤兵問題에至하여는 露代表가 終始支吾하야、다만 白軍이中國地境으로부터 侵入하야 赤軍을反抗하리라하야、撤兵의時期를明白히表示하지아니하며、또말하되『中蒙會議가잇슨後에야 반듯이 撤兵하리라』하나 中蒙會議란것은 언제될는지期必할수업다。最近에『요페』氏가 勞農政府의代表로 北京에來함을際하야 지난十一月中旬에 中露會議를開하고 이를解決하려하엿스나、아즉一次의會議가업섯고、다만時日만 遷延할뿐이다。이러구로 蒙古는 赤旗下에서 그대로獨立을維持하고잇스나、將來局面이어떠케될는지 推測하기어렵도다。

——(完)——

波瀾重疊六閱星霜에法統이重新、

中華民國議會小史【1】

現今開會中—制憲에沒頭

北京 李允宰

三代 盛時로舊淸宣統에이르기까지上下五千載에、改朝易姓은여러번잇섯슬망정、一人의君主를奉戴하야、大權을集中한專制政體는同一하엿다。自由思想이孫唱되고民治主義가實現되는 今日에잇서서、舊時代에遺物인專制政治곳君權萬能의帝國主義가現代人類社會에相容치못할것임을自覺한中國國民은、奮然一起에滿朝를顚倒하고共和를樹立하엿다。原來根이深한君主獨裁의積弊가驀히滋한官僚專橫의餘孽이매。그러하고단바에이를革袪하기容易치못한은 事實이니、民國을肇造함이이미十有餘載에이르럿스되、只今것政界는亂麻와가티混沌한狀態에잇서서、國是가아즉完善에就치못하엿다。따라서

議會도 累起累伏하며 南遷北徙에飄搖無定함이、마치한葉中樞閣파가탓다。그러나、愛時의士는遠猶奮鬪하며奔走呼號에、幾多의心血을拋灑하며莫大한頭腦를耗費하야、저反民主的軍閥官僚로더불어作戰을累試하얏다 그러구로護法의輿論이四百州에彌滿하야、兩次나非法解散의厄運을遭한議會는今年(民國十一年)八月一日에北京에서重復開會함을어덧다。이야말로이미中斷되엇던法統이다시重光을生하얏다 這間에輾轉曲折파艱難辛苦의情形은이루形喩할수업섯슬지니、이에十年以來의中華民國議會의變遷하여온大略을左에敍述하야、讀者의한參考에供하려한다。

一、臨時約法의制定 辛亥年에革命軍政府를南京에設하얏슬때에、各省都督으로부터選派한代表로써組織한

參議院에서民國元年(우리의四二三五年)一月二十八日에南京에大會를開하고、臨時約法을制定하야、共和의基礎를鞏固케하엿다。同年三月十五日에臨時大總統袁世凱로부터이를頒布하니、이가곳立憲共和制의呱呱墮地한第一聲이엇다。

二、正式議會의成立 南京參議院에서이미約法과밋官制를議決한後、四月四日에開院式을行하고、南京政府를北京으로遷移하엿다。四月二十九日에다시重議를繼續하야、正式議會의組織法과밋議員選擧法等을議決하고、十二月二十八日에閉院하엿다。二年二月初旬에參議院과衆議院의議員選擧가告終하매、兩院의議員은先後로北京에서集會하야、四月八日로써第一回의

正式議會의開院式을擧行하니、이가곳中國五千年以來歷史上에 未曾有한大盛典이며、民國民衆의民權創立한新紀元이엇다

三、第一回議會의解散 正式議會가이미成立되매、이로조차發生한重大問題는憲法制定과正式總統選擧의問題니이에關하야、政府와그與黨은、먼저總統을選擧한後에憲法을制定하자主張하고이에反하야、國民黨은、먼저憲法을制定하야、民國의基礎를確固한後에、그憲法을準據하야 總統을選擧하자主張하야、兩派가各各爭執不下에、이를解決하기자못어려웟다。 그러자、第二回의革命이일어나매、革命軍의勢力이甚히孤立하야、마츰내袁軍에게挫敗케되엇다。엇야서

國民黨所屬議員의勢力이크게挫折되엇슴으로、이에이르러、憲法制定의主張이그리强硬할수업게되엇다。民國二年十月四日에議會에서大總統選擧法을通過하야、十月五日에이를頒布하고、十月六日에正式大總統의選擧를行하니、袁世凱氏가當選되어、第一代大總統으로就任케되고 黎元洪氏가副總統으로被選되니、總統選擧問題는이로써結束되엇다。이제殘餘하여잇는것은다만憲法制定問題다

이때에 國民黨에서는 袁氏가비록大總統으로被選되엇스나、만일一種完全한憲法이업스면그의野心을制遏할수업스리라하야、依然히憲法制定을督促하엿다。그後參衆兩議院의會議에서兩議員中으로써 憲法起草委員을組織하야、天壇에서憲法을起草하기로決定되엇다十月三十一日에憲法草案十一章一百二十條를決議케되니、이가곳

天壇憲法이라는것이라、翌日에바로 憲法會議로 提交하야이를審議케하엿다。 그러나袁氏는이와가티自己를不利케할憲法그것이一朝에正式發布되는날에는自己의行動을非常히束縛케되리라하야、이에

淸朝三百年舊夢이

依俙한北京의天壇

그惡辣한手段을써서、今回의革命은實로國民黨이主謀된다는口實로、드듸어命을發하야、國民黨을解散하고、또參衆兩議院에잇는國民黨員三百九十餘人에게議員資格을一槪剝奪하니、議會는절로그法定人數의不足으로、事實上無形消滅의狀態에陷하야、不攻自破로스스로解散케되엇다。

四、帝政醞釀時代의議會 正式議會가이미解散되어、政府를監督할機關이업게되매、袁氏는이에그欲望대로된것이라하야、아무忌憚이업지

帝政運動의準備를積極進行하엿다 民國二年十一月二十六日에中央政治會議를組織하야、이로써國會의職務를執行케하엿스며、三年一月二十六日에는또約法會議를組織하고、袁家御用新約法을制定하야、五月一日에이를頒布하엿스며、五月二十四日에는또立法院을代行한다는參政院組織法을頒布하엿스며、六月二十日에參政院을召集하엿스며、四年四月十日에는參政院으로하여곰所謂國民代表會議를召集하엿다。그밧게또私黨으로組織한籌安會가잇섯다。이와가티袁氏가許多한名義로會議를組織하엿스나이는모다民意를背逆하고、다만그頭上에榮光잇는冕旒冠을戴하며、子子孫孫의帝王萬世의基業을樹하려하는野心에不過하엿다。

五、議會第一回의復活 그後로帝政運動이漸漸成熟되어、民國四年十二月十一日에袁氏의機關인國民代表會의推戴로、袁氏는드듸어洪憲皇帝의尊號를어덧다。이때南方은輿論이一層激昂하야、十二月二十五日에蔡鍔이雲南에서

革命을起하야、共和를擁護하며獨立을宣言하엿다。不久에貴州가響應하며、廣西·四川湖南·廣東等諸省이 相繼獨立하야、風起水湧의勢로帝政을反對하고 討袁의聲이白熱化하엿다。이에이르러、大事已去하고衆怒難犯함을 自度하는袁氏는、不得已民國五年三月二十三日에이르러帝制를取消하는一紙의空文으로써、輿論을緩和하며 人心을安緝하려하엿다。그러나、그릴스록全國人民은袁氏를反抗하는熱度가前보다더옥高調하엿다。이러구로恐怖와憂悶에싸힌洪憲皇帝는一百七十餘日의아새운寶座를내여노코六月十六日에薨去하엿다。袁이이미死하매、副總統黎元洪氏가 그翌日로서大總統으로就任케되엇다。六月二十九日에命令을發布하야、新約法의無效를宣言하고舊約法을恢復케하니、於是乎無形的消滅되엇던正式議會가다시復活의曙光을어더며、八月一日에北京에서開院式을擧行하엿다。

—(續)—

波瀾重疊六閱星霜에法統이重新한

中華民國議會小史

現在開會中―制憲에沒頭

北京 李允宰

六、議會의第二回解散 民國五年八月一日에復活된議會는北京에서開會되어、一方으로馮國璋氏를大總統으로選擧하며、一方으로憲法會議를續開하야天壇憲法草案을審議하다。이때에마츰歐戰이方濃하매

對獨 問題가發生되어、總理段祺瑞氏가獨逸에對하야國交斷絕을主張하엿나니、三月十一日에는全體國務員이參衆兩院에出席하야、外交의方針을報告하야 兩院으로부터多數의贊成을어덧스나、對獨宣戰案에至하야는、段氏는議會가이를同意하지아니할줄豫料하고、公民團을敎唆하야、議會를脅迫하얏다。그러나議會는段氏를排斥하야、宣戰案을度外로視하야、審査에付치아니하얏스며、黎元洪氏는命令을發하야段氏의官職을免하니、이에段氏를擁護하던各督軍은一時에爭起하야獨立을宣言하고、中央政府를反對하얏다。이러한境遇에處한黎氏는周圍의形勢가甚히危急함을보고慌忙히張勳氏를北召하야、調停策을講할새

天津 에서會議한結果、드듸어督軍團의主張대로落着되어、民國六年六月十二日에命令을發하야議會를解散하는不得已함에至하얏다。이로말미암아憲法會議도天壇草案의大部分을겨우二讀會까지通過되고、議會解散의大打擊으로因하야不得已停會케되엇다。이後에張勳은漸漸勢力을圖得하야、兵을引率하고北京을進入하야、復辟을實行케됨으로禍亂이愈盛하얏다。

七、南北對立의議會 黎元洪氏가議會를解散한後에南方各省은擧起反對하야、護法의運動이시작하얏나니、兩廣(廣東廣西)이率先하야獨立을宣言하고、雲南・貴州・四川・湖南이相繼響應하얏다。一部分議員等은陸續南下하야

廣東 에서議會를召集하얏스나、法定人數의不足으로써正式開會를하지못하엿더니、그러자八月三十一日에一次非常會議를召集하야、軍政府의組織大綱을制定하고、仍하야孫逸仙氏를大元帥로選擧하얏다。民國七年五月十八日에다시그組織法大綱을修正하고、二十日에唐紹儀・唐繼堯・孫逸仙・伍廷芳・林葆澤・陸榮廷・岑春煊諸氏를總裁로選擧하야政務會議를組織하다。六月十二日에廣州에잇는議員은三月十八日兩院議員談話會의決議한바에依하야第二回常會의會期를繼續함을宣告하고、廣州에서正式會議를開하얏다。그러나이때에會議에參席한議員이法定人數에未備함으로써形式上으로開會를宣告하얏스나

實際 上으로는아즉議會가成立되지못하얏다。이에欠席한議員을除名하고다시候補議員으로써補充하려하얏스나、亦是事勢에依하야除名하는規定을適用하지못하게되엇다。七月十二日에至하야斷然히議院法第七條「開會後滿一個月以內에到院치못한者는그職을解免함」이라는規定을準하야、參議員五十一人과衆議員一百四十七人을解職하고、또八月十二日에同條「但不得已한故障이잇서到院하기를報告할時는院議로써二個月까지의延期함을得함」이라는規定에依하야、參議員五十八人과衆議員六十九人을解職하고、그後에또陸續解職케된者가不少하얏다。이多數議員의欠缺에對하야先後로그候補議員으로써遞補하야、억지로法定人數를補充케하얏다。그리하고會議를繼續하며、憲法會議도繼續開會하엿다。그後에

政務 總裁岑春煊・陸榮廷等이北方을句連하야分贓의和議를作하기로計劃하다가、護法國會議員에게反對를밧게됨으로써、岑陸兩氏는莫榮新等을唆使하야議員의行動을監視하며、議會의經費를抑留하야支撥치아니하고、甚至於軍人을派하야兩院의秘書廳을搜索하니、兩院의議員은事實上廣州에서다시會合할수업게되엇다。民國八年十一月二十四日에第三十一回의兩院聯合會議를經한後岑派의議員을除한外에一般議員은紛紛히廣州를離去하니正式議會란것이自然히無形的消滅에歸하얏다。이가곳一般의이르는바「民八議員」의下塲이다。이와가티廣州를離한議員들은

雲南 에到하야、다시集會를行하고、民國九年七月十日에成立會를開하얏스며、八月十四日에第三十五回의非常會議를開하얏스며、八月十七日에또第三十六回의兩院聯合會議를開하얏다。이때에雲南에서一個新政府를組織하려고運動이잇섯스나、마츰唐繼堯氏의贊同을表치아니함을因하야不得已議會軍政府를重慶으로移하기로主張하고、議員들은다시雲南을離하야四川으로往하얏다。九月十四日에議員全部가重慶에抵하니、이때에四川省은軍人間에內訌이起하야紛擾가極甚한故로、議員들은到底히이에久留할수업게됨으로써、民國九年十月十四日에宣言을發表하야四川省父老를惜別하고、써로他處에開會를繼續할一安全地를探求하얏다。이때에마츰廣西軍閥이廣州로서驅逐한바되어、岑・陸等의勢力이一掃하얏스매、民國十年一月十二日에議員들은돌우

廣州 에到하야、드듸어兩院聯合會議를續開히게되엇다。四月七日에至하야다시非常會議를開하고、北方의非法總統을抵制하며、中華民國政府組織大綱을議決하고、이에孫逸仙氏를選擧하야大總統으로就任케하니、이로부터南方護法機關이完成되어、北方非法政府와서로分立對峙의勢를이루엇다。

南方에서民國六年八月에議會로서非常會議를開하고軍政府를組織하얏슬때에北方에서도同年十一月十日에臨時參政院을召集하며、一面으로御用黨과安福俱樂部를組織하야「選擧를操縱하니」、清一色安福新國會가畢竟民國七年八月十二日에北京에서開會케되어、徐世昌氏를大總統으로選擧하얏다。이와가티徐氏가非法國會의推戴로

元首 의位를得하매、만일一旦에舊國會가復活되면自己의地位가穩固치못할가恐하야、各樣의計較로舊國會의復活을極力阻遏할새、民國九年十月三十日에는民國元年八月十日公布한議會組織法및參衆兩院選擧法을依據한다는美名으로써御用議員一般의이르는바新新國會의議員을選擧하야、이로써自己를擁護케하는機械를삼고저하며、또한舊國會復活을防止하는口實을삼으려하얏다. 그러나이計劃은마츰내無效에歸하야그後에그의僞命令을聽한者가다만十一省뿐이요、畢竟이로써크게失敗를遭하게되엇다(續)

波瀾重疊六閱星霜에法統이重新한

中華民國議會小史

現在開會中—制憲에沒頭

北京 李允宰

八、議會의第二回復活 前述함과가티北方議會는본래民意로된것이아니요、一時의非法手段으로任意製出된것이매、新國會로新新國會로變動이無常하야、決코國家大事를籌劃하려함이아니요。다만個人의權威保障에 止하얏슬뿐이며、南方議會도爾來流離播遷에東逐西奔하야、事實上圓滿히會議를開할機會를엇지못하얏다。이와가티

法統을繫維할수업게됨으로擧國은모다그趨嚮할바를알지못하고、오즉彷徨模屑하얏슬뿐이다。이에一般國人은모다하로라도速히舊國會가正式恢復되어、憲法을制定하며、時局을解決하야、民國의基礎를鞏固케하기로 大旱에雲霓를 望하듯하얏다。대저民心의嚮하는바에어써한堅牢라도 能히이를 破치못하며大勢의趨하는바에 무슨頑强인들敢히이를禦하랴。이러틋擧國一致로舊國會를恢復하려하는熱望이早晩에實現될것은 旣定한事實이다。果然이지最近奉直一戰이야말로舊國會를恢復하는導火線이되엿도다

奉直戰爭의前에張作霖氏가北方政府의政權을 操하얏슬째에 이미舊國會를接近하는傾向이잇섯스나奉直戰爭으로因하야그進行을中止하얏스며、밋戰爭의結果、奉軍이敗하고直軍이勝함에至하야는直隷系軍人으로써또한舊國會恢復을主張하는通電을發하게되엿다。이에舊國會의議員들은此機를乘하야、爭起主唱하얏나니、民國十一年五月二十五日에議會를準備할

籌備處成立會를天津에開하고、通電을發하야、依法自行集會함을主張하얏다。六月一日에參議院議長王家襄氏와 衆議院議長吳景濂氏가 北京天津間에잇는議員二百三十人을召集하야、天津에서開會하고、民國六年六月十二日議會解散令은當然히無効임을聲明하며、國會가即日로職權을行使함을 發表하얏스며、또徐世昌의非法竊位의無効임을聲明하얏다。이에徐氏는六月二日에天津으로出走하고、黎元洪氏가六月十一日에入京하얏스며、天津에잇는舊國會議員은參衆兩院議長을同伴하야、十二日에入京하얏다。先後로來京하는議員은마츰내法定人數에達하야八月一日로서正式開院式을擧行하얏다。이곳民國六年六月十二日解散된議會가다시繼續케되엿다。

이와가티議會가第二回로復活되어、이미中斷되엿든國民代議機關이이에完成을告하야、六個年間이나天昏地暗에거의形跡도볼수업든法統이다시重新케되엿다이어찌中華民國國民을爲하야慶賀할바아니리요。그러나開會中에一大怪象이라할것은

民八議員四十餘人이上海로부터陸續上京하야、八月三十日에議院에서一大活劇을演하야、議場은자못混亂이極하얏다。民八議員이라함은곳民國八年에廣州에서召集된護法議員이니、絶對로北方非法議會를否認하고、尙今까지極端의爭執을取하는中에잇다。이번議會에서幾多의議案을通過함이잇섯스나、就中가장注重하는바는 憲法制定이다。憲法起草委員會에서그前天壇憲法草案을基礎로하야、그討議를進行하는바、現今에國權章•地方章의二章은이미完全히脫稿되엿스며、수後二三個月後에는全部完成되리라한다。이에參考에供키爲하야、中華民國憲法制定의範圍에對하야一言을附코저한다。近一年來로各團體로나私人으로의考擬한바各種憲法草案을綜合하야盡善盡美한法案을作成케되엿나니、該草案의精神인즉中央事權은列擧主義를取하고地方事權은 賅括主義를取함이다。中央事權을二十八項의列擧로하야其中으로써다시十五項은完全히中央立法或은中央執行으로分割하고其餘十三項은中央立法或은執行으로말미암아地方執行에任케함이다이제

中央立法이라함은곳(一)外交(二)國防(三)國籍法(四)刑事及商事의法律(五)監獄制度(六)度量衡(七)貨幣制及國立銀行(八)關稅鹽稅印花稅烟酒稅其他消費稅及全國租率應行劃一의租稅(九)郵政電報及航空(十)國有鐵道及國道(十一)國有財産(十二)國債(十三)專賣及特許(十四)國家文武官員의銓試任用糾察及保障(十五)其他本憲에依하야定한바國家에屬한事項等이며、地方執行으로는(一)農工礦業及森林(二)學制(三)銀行及交易所의制度(四)航空及沿海漁業(五)兩省以上의水利及河道(六)市制通則(七)公用徵收(八)全國戶口調査及統計(九)移民及墾殖(十)警察制度(十一)公衆衛生(十二)救恤及失業者의管理(十三)文化에關한古籍古貨及古蹟의保存等이다。

九、最近各政黨의活動 議會가復活한後、舊日各政黨은모다七零八落하야、그活動이一時沈寂하는狀態에잇더니、總統問題가發生되며 內閣更迭이頻煩하매、따하서各派의活動이漸漸盛大하여저서、各各旗幟를張하야、壬戌俱樂部、化石橋某號等의小政黨이이미四五十餘箇體에至하야 各方面으로運動을試하나、모다別로主定한政見이업는故로政黨이라稱키難하다舊日의領袖들은議會를開한

政黨三四箇月에完全한政黨의組織이업슴에크게不便함을鑑하고、이에紛紛히이를組織하기를시작하얏다。現時에이미成立된者가幾箇處에至하야、비록그目標는各各殊異하나、대개政黨의性質은失치아니하얏다。이에最近各政黨의內容을調査한바、그大略을左에述하려한다。(未完)

波瀾重疊六閱星霜에法統이重新한

中華民國議會小史

現在開會中——制憲에沒頭

北京 李允宰

▲民憲同志會 이派는곳益友社의後身으로, 現衆議院議長吳景濂氏의一手로組織한것이다。그目的은總統과內閣을包括코저함에잇나니, 最大政黨이라自稱한다。益友社의舊分子는본래一百五十에至하얏스나, 近頃에至하야는江西浙江等省의出身議員이紛紛히脫黨함으로, 그根柢가스스로動搖케되엿다。吳氏는黨務를改組코저하야, 그名義써지變更하고, 反對分子를挽留하얏스며, 去十一月下旬에一次成立會를開하매, 參會한者가겨우二十八人에不過함으로, 吳氏의經營은奇妙히狼狽하얏다。그러나吳氏는一邊으로褚輔成·馬驥·劉奇瑤·趙世珏諸氏로더부러謀하야舊黨員을太平湖飯店(호텔)에서連日宴請하며, 一邊으로雲南의唐繼堯氏及廣東의陳炯明氏에게經費의補助를請求하얏다。最近에는總統과內閣을包括하는政策을貫徹하려하얏스나, 돌이어各派로부터惡感을激起케하야, 크게그勢力을失하얏나니, 그目的을達하기는到底히容易하지못하리라한다。

▲全民社 이派는直隸出身議員溫世霖氏의組織에係한바로, 全民主義로써標榜한다。그目的은孫逸仙氏와曹錕氏를推戴하려함에잇다社員은大約一百人이니, 거의舊民黨에屬한分子다。溫氏는保定系에有力者와聯絡이甚히密接하는故로天津派로더부러서로對峙할만하게되엿다。

▲民治社 이派는곳小孫派(孫洪伊氏)로, 中立各議員을聯絡하야組織된것이니, 王湘·吳宗慈·牟琳諸氏가그中堅이되엇다。그目的은純粹한民治主義를實行함에잇다去十一月下旬에中央公園內에서成立會를開하매到會者가一百五十餘人의多數에至하얏스며, 現時社員이二百餘人에達한다。그組織의方法은온전히委員制를쓰며, 社員十人마다一組로하야, 每組에二人씩委員으로選하고, 써로全體委員으로서政務委員會를組織하얏나니, 곳勞農露國의制度를採用한것이다。

▲中國國民黨 이派는革命家孫逸仙氏의오랜前부터組織한바舊革命黨이니, 現時議會內에純粹한分子가大約三百餘人이다。議會가恢復한後에謝持·鄒魯兩氏間에感情이不好함을因하야, 一部護法을力爭함을除한外에는오로지그領袖孫逸仙氏의意旨를承順하얏스며, 時局에對하야는아조冷靜한態度를取하고잇다。近頃에上海本部에서黨憲을制定함을因하야, 이派의中堅으로周震鱗·馮自由·黃杭時·王用賓·彭養光諸氏가駐京特別辦事處를商設하얏다。이派는近日政界에關하야游渦에加入하기를不肯하고, 一齊히公正한旁觀的態度를取할뿐이며, 오즉三民主義(民族主義·民生主義·民權主義)와五權憲法(立法權·司法權·行政權·監察權考試權)을宣傳하는事業에만注重할뿐이다。

▲政學會 이派는곳舊日의政學會로, 그分子는좀을도變更함이업고, 議會에서大約四五十名의議席을占有하얏다。公府의左右에서도여러가지로活動이잇섯는바, 新舊閣員中張耀曾·李根源·彭允彝諸氏가卽其一例며, 近日參議院議長逐鹿界에勝利한楊永泰氏도다이派에屬한者다。現時吳景濂氏의政見과크게反對의態度를取하고잇다。

▲研究系 이派는近頃에二派로分裂되어, 一은王家襄氏一系에屬한者니保定系頭領曹錕氏와極히關係가密接하야, 現時議會中에서吳景濂氏의一附屬品으로活氣가微微하얏스며, 一은梁啓超一系에屬한者니, 議會中蒲伯英·藍公武諸氏가그中堅이다。前番汪大燮內閣의失敗後로더욱零落한狀態를이루엇다

—(끗)—

◇第四頁插畵說明

『마하토마·안듸』의偉大한人格을完成케하야 그로하야곰 非協同運動의障碍에설만한偉力을엇게한것은 印度最高의神『또올가아』를비롯하야 諸賢哲과밋民衆의힘이니, 卽『또올가아』(最後方)는 勇氣를稟賦하고, 基督(右로一)은慈愛를주고, 釋迦(二)는 寬容을, 『크리슈나』(三, [illegible])는 敵을擊破할偉力을, 卽「조크로」 古代印度의武器……를, 『라아마』(五——印度古代神)는 謙讓의花環을, 『산갈』(六……印度의聖人)은 法典을, 『나나가』(七……二三百年前의印度聖人)는「스와라지」를成就할秘法인和協의 精神을주엇스며, 富者는 그倉廩을開放하고 貧者는그『알리』의母는 그兩子를주엇고, 富子姪을그의足下에바치어幸福을빌며, 婦人들은 自己의貴重한寶玉을바치고 僧侶들도 그를祝福하는모양이다。 이가티하야 賤한사람들(英政府)의모든逼迫과奸策과銃劍은, 그의眞理의大河가 奔走하는洪水압헤는 아모힘업시打破되고 永遠히不滅하는者가 荊棘업는길로非協同)로猛進한다는意趣이니 이것은『슈크라』氏가『안듸』氏의思想과運動의眞相을解剖하고考察한것이다。

◇ ◇

第三으로 現在『안듸』의名聲과그勢力을證明하는것은 最近英政府가採用하는바抑壓政策이다 이러한危機에處하야 어떠한政府든지 어찌하야 壓迫手段을取치안코면아니되느냐는것은 모든政府가歷史와人心에無智할뿐아니라, 그經驗에서 아모것도엇지못하얏다는想像으로서 解釋할수가 잇는것이다。웨그러냐하면 壓迫이라는것은決코成功한前例가업기째문이다 歷史上古今을勿論하고 壓迫으로써 그適用된目的을 成就한일을立證한一例라도잇슬진대 나에게指摘하라, 나는누구에게든지挑戰할것이다。이政策은 確實히英國에서取한것만으로도 成功은아니엇다 그것은一七七五年亞米利加에서失敗하얏고, 前世紀의二十年으로四十年에亘하야 英國國內의事件에도失敗하얏스며「뽀아」戰爭後의南亞에서도失敗하얏다。昨日에는愛蘭에서失敗하고 來日에는印度에서 失敗할것이다。萬一壓迫이어떠한形式으로든지 成功한다하면, 그것은慾의主義를 廣告하는點에쓰칠것이다。

「우리는 우리의親友로말미암아廣告된다」고 『쉐스피어』는말하얏지만, 나는 거긔에 이러케附言하라한다, 우리는 우리의恐慄할만한敵으로말미암아 또한 廣告된다고。印度人이 그獨立運動에關하야 世人에게알리우고 또한同情을博하기爲하야取하는바 어떠한方法보다도 爾來數朔間의英國官憲이取한바政策이有效하얏다。

例컨대『알리』兄弟가 逮捕되엿슬째 該事件의報道는 世界中全回回敎國에 周知케되엇고 모든回回敎徒로하야금 印度를爲하야 自由의選手가되게하얏스며,『라지파드·라이』가捕縛되어禁錮에處하얏슬때도 幾千의英米人은 翕然히好奇의눈으로 注目하게되엇다。웨그러냐하면 그가學者이며 紳士이란것을 그들은知悉하는바이나, 그를監禁할必要가有케한事情을推知할수업섯기째문이다。그다음 이번에『안듸』自身의境遇에도 亦是 그와가튼事情이니, 世界의幾百萬人은오늘날의그를 다아는지라 그들은帝國主義의專制로因하야 殉死할運命을지고나선聖人을보고將來에『안듸』를 衷心으로 信愛할것이다

北京大學을 中心으로 한

學界와 政界의 큰 衝突

□衆議院門前에 鮮血을 染한 大慘劇□
□敎育總長을 排斥하고 國會를 否認□

北京 李允宰

一國의 興替는 靑年志氣의 消長에 잇다。靑年의 志氣가 活潑하면 그 國이 興盛하고 靑年의 志氣가 脆弱하면 그 國이 衰亡함은 古今歷史를 考하든지 東西大地를 據하야 同一한 證例일것이다。數千年來 專制政治下에 蟄伏한 中國靑年으로써 어찌 一毫인들 活動할 餘地가 잇섯스리오。다만 生殺興衰을 擅行하는 君命에 한갓 惟命是從 四字로써 唯一한 國民의 天職으로 알아왓슬지니, 中國今日 衰弱은 實로 이에 基因함이라 할것이다。

辛亥革命의 一聲은 中國靑年으로 하여곰 精神的 大覺醒을 與하얏나니, 이로 말미암아 民族主義가 發生되며 國家思想이 進步되어, 愛國保種의 觀念이 牢不可破로 胸裏에 深刻하얏다。이에 이르러 五千年의 頑夢을 覺破한 中國靑年은 前淸季부터 政治腐敗로 因하야 이미 喪失한 國權을 恢復하며 장차 傾倒할 大勢를 挽回하려고, 熱血을 披瀝하며 苦衷을 殫竭하야, 大聲疾呼하고 揚臂奮鬪에, 幾多의

學生愛國運動을 演出함에 至하얏다。往年 五四運動(民國八年 山東問題의 失敗로, 五月四日에 北京學生이 憤起하야, 親日派 曹汝霖·章宗祥·陸宗輿 等을 打倒한 運動)과 六三運動(五四運動을 繼하야, 六月三日에 北京全體學生이 大示威運動을 行하야, 國民의 覺醒을 促케한 運動)가튼것은 中國有史以來가장 轟轟烈烈히 民氣를 發揚함이며, 千古不磨할 光輝잇는 大愛國運動이엇다。이 影響으로 國民의 自覺心이 더욱 더욱 勃發하야, 革命精神이 靑年各個의 胸裏에 깁히 浸潤되엇다。爾後로 學生愛國運動이 許多하얏스나, 一一이 玆에 記載하기 未遑하겟스며, 最近 幾個月間에 생긴것만 보드래도, 去年 雙十節(十月十日 곳 中華民國革命紀念日)에 擧行한 裁兵運動大會는 實로 北京各校學生이 主體인것이며 全國學生의 贖路運動(山東鐵道를 贖還키 爲하야 金錢을 捐出하는 것)과 湖北學生의 排日運動(漢口日本警察이 租界를 超하야 朝鮮人 金基彰氏를 不法逮捕한 事로)과 雲南學生의 排英運動(國境片馬地方에 英國이 駐兵한 事로)과 山東學生의 示威運動(靑島回收時에 中國側에서 讓步한 事로)과 近日 吉林學生의 旅大回收運動과 現時 長辛店勞動者 援助會 等은 모다 最著한것이니, 이와 가티

國事에 奔走하며 社會에 奉公하기에 汲汲함은 現下中國에 생긴 新現像이니, 그 前途를 爲하야 慶賀할 바이다。

이제 말하려하는 政學兩界에 衝突이 起함도 또한 이 餘波다。그 原因인즉 簡單히 國立北京大學校長의 辭職으로 引起된 것이다、內幕에는 複雜한 事端도 업지 안커니와 最初에 黎總統은 一國의 元首의 位에 在하야, 다만 國會議員 吳景濂·張伯烈 等의 彈劾으로 司法의 手를 經치 아니하고, 스스로 軍警을 派하야, 財務總長 羅文幹氏를 捕禁한것이 一般國人의 輿論을 喚起하얏스며, 그러치 아니하야도 司法制度의 完善치 못한 緣故로 外人에게 注目을 밧는 中國司法界야 말로 이로써 笑柄을 貫하게 되엇다 더구나 現敎育總長 彭允彝氏는 一個 敎育行政長官으로써 職權을 濫越하야, 이 事件에 干涉을 加하려하얏다 또 彭氏는 일즉 廣東護法國會의 議員으로 岑春煊·陸榮廷 等으로 더불어 通함과 趙恒惕에게 賄買되엇다는 嫌疑가 잇섯고, 또 現時 政學會에 黨籍을 둔 政黨出身이다。今番事件도 議員幾個人의 現內閣을 推倒하려는 陰謀로 發生된것이다。國立北京大學校長 蔡元培氏는 彭氏의 이 人權을 蹂躪하며 司法을 破壞하는 擧動에 痛憤하야, 遂然히 「中國政治淸明의 無望을 痛心하며, 此等 敎育當局下에 在함을 不忍한다」는 理由로 總統에게 辭表를 提呈하고, 또 印度聖雄 「깐듸」式의

非協同主義로 宣言을 發布하고、卽日로 鄕第에 歸臥하얏다。卒地에 이러한 境遇를 當한 三千이나 넘는 莘莘學子는 嗚呼失望하고、校門에 負笈彷徨하는 現像은 마치 朝夕依戀하는 慈母를 失한 幼子와 가티 歸依할것이 업섯다。이에 이로 應取할 一途는 不得已 國民의 資格으로 國會에 赴하야 嘆願할것이다。一月十九日 下午에는 北京大學으로 비롯하야 法政專門學校·工業專門學校·醫學專門學校(모다 國立)의 男女學生 一千五百餘人이 象坊橋 衆議院門前에 齊進하야, 請願書를 國會에 提呈하려하얏다。이때에 院門을 守衛하는 軍警은 一幷驅逐하며, 畢竟 武器로써 攻擊을 加하야, 鮮血이 淋漓에 二百餘人의 負傷者를 出하야、一大修羅場으로 化하얏다。대저 人民으로 國會에 請願함은 立憲國에 例有한 通則이며, 더욱 民國約法에 昭在함이어늘, 國會가 이와 가튼 擧動을 行함은 그 可함을 알지 못하겟도다。마츰내 國會에서 閣員同意案을 投票함에 當하야, 彭氏가 一百十三票의 多點으로 通過케 되어, 敎育總長의 椅子가 더욱 鞏固케 되엇슴에, 蔡校長의 復職은 아조 絶望되고 말앗다。事勢가 이미 이러하매、一般學生의 悲憤冤抑은 다시 무어라 形喩할수 업섯다。이로 因하야 學界政界사이에 宣戰이 시작하야、그 形勢가 愈往愈烈하얏다。이가 北京全體

學界에 影響이 波及됨으로 卽日로 北京學生聯合大會가 成立되니、參加의 數가 三十餘校에 至하야、共同一致의 行動을 取하기로 決議하고、彭氏의 罪狀을 發討하며 國會의 違法을 攻擊하얏다。國內各地에 通電하며、宣言書를 發布하며、「示威運動을 行하며、街上演說을 行하며、「宣傳書를 撒布하며、日刊新聞을 刊行하며、新聞記者를 招待하야、이로써 널리 宣傳할 計로 하며、또 代表를 天津·濟南·南京·上海 및 鄭州·開封·武昌·漢口 等地에 派遣하야、罷校을 籲하얏다。不旬日에 全國學界가 一致響應하고 各社團이 奮起하야、挽蔡驅彭의 聲이 더욱 高調하얏다。이로 因하야 司法官廳의 吏員은 彭氏의 司法權侵害를 憤하야 一齊히 同盟罷業이 起하고、女子高等師範學校·醫學專門學校·工業專門學校·美術專門學校 等 校長도 彭氏의 敎育蔑視를 憤하야 辭職을 斷行하얏다。이와 가티 事件이 漸漸 더욱 擴大하여저서、

革命의 氣分이 甚히 緊張하야 畢竟 國會를 否認함에 至하야、民意를 違反하며 人權을 蹂躪하는 罪惡을 聲討하는 宣言을 發表하얏다。現今의 形勢로 보아서는 事態가 날로 險惡에 赴하야、이 風潮가 何日에 終息될는지 斯必할수 업스며、장차 重大한 事端을 釀成케 될지 未知하겟도다。

今番이와 가튼 運動은 決코 些細한 一時的 感情에서 逸出함이 아니요、現下中國政界에 重疊한 黑幕을 根本的으로 打破하려함에 잇다。官僚가 專政하며、軍閥이 跋扈하며、政客이 橫行에、內爭이 不息하고 外交에 失敗하야、國弱民疲가 極度에 達함이 곳 中國政界의 現像이니、國民된 者 맛당히 孰不可忍의 嘆을 發치 아니할수 업슬것이다 더구나 장차 邦家를 建造하며 祖國을 守護할 未來의 主人翁될 靑年學子에게리오。一方面에서 學生의 越軌行動을 責하는 일도 잇스나、이 運動이 當初부터 政治干涉의 意味에서 난것이 아니니 처음에 恩師를 擁護하는 求學運動으로 시작하야、마츰내 人權을 擁護하는 愛國運動에 이르럿다。그런데 今番運動을 表面上으로 보면 蔡校長·彭敎長 兩人의 進退問題에 한 關係된것 가트나、實際上으로 보면 그 中에는

敎育獨立問題와 司法獨立問題와 國會違法問題가 包含되엇다。設使 只今으로 彭이 去하고 蔡가 來한다 해도 表面上問題는 若干 解決을 볼수 잇스나、實際上問題에 就하야는 解決할 바가 아니다。中國現時政治를 完善히 改造하기 前에는 到底히 이 問題를 解決하얏다 할수 업슬것이니、「이어찌 一朝一夕의 事리오」。이는 蔡校長의 辭表中에 「政治淸明의 無望을 痛心한다」함이 진실로 이를 因함이다。

回顧하건대、今番運動이 前年 五四運動 以後에 有한 大愛國運動이다。五四運動은 外交를 力爭하야、賣國賊을 驅去함이 根本的 精神이요、今番運動은 內政을 革新하야、官僚軍閥의 弊毒을 杜絶함이 根本的 精神이다。改造로써 脚色을 삼은 中國活舞臺에 五四運動의 第一幕이 지난 後로、一般國民의 自覺的 精神으로 革新에 用力하야、社會方面과 文化方面에 長足進步를 보게 되엇스니、그 功效ㅣ 어찌 적다 하랴。다시 今番運動의 第二幕이 열리어、流血의 慘劇을 演하며、拚命의 活動을 試함은 가장 悲絶壯絶한 大活劇이다。己往의 五四運動의 影響과 가튼 現像이 업지 아니할것은 只今에 잇서서 能히 觀測할수 잇다。그뿐 아니다. 나는 이재 國家를 爲하야 奔走하며、人權을 爲하야 奮鬪하는 活躍한 志氣 가진 中國靑年을 맘껏 恭敬하려 한다。

——(二月八日)——

轟轟烈烈한中國의勞働運動

京漢鐵從業員總同盟罷工의顚末

中國勞働運動에紀念이될二七事件 人權擁護로써激起하는全國의輿論

北京 李允宰

北京大學學生의國會門前에서流血慘劇이아직채가시지아니하야서、京漢線路의鄭州·江岸·長辛店等地에서勞働者의流血慘劇이또發生하얏다。學生界의運動과勞働界의運動은近來中國에서생긴新現象이다。現下中國의政治方面으로나社會方面으로나아즉秩序가整然치못하야亂麻가如히混沌狀態에陷한事情에잇서서、이와가튼種種의事端이發生케됨은決코意外로볼수업는것이다。學界의運動에關하야는일즉本紙로써若干紹介한바가잇섯거니와、이제는그와連鎖的關係가잇는中國勞働運動 곳京漢鐵道從業員同盟罷工의顚末을左에略述하려고한다。

이번京漢鐵道從業員의同盟罷工은中國勞働運動史上에서음보는大規模의行動이다。今日世界新潮流의渦旋中에잇는中國勞働者야말로한번크게覺醒하야全地球上에澎湃한勞働運動의趨勢로蹶然蹶起하야、數千年以來로資本主義의專橫下에한갓奴隷의酷遇와牛馬의苦役으로만自甘하든그不合理한階級制度를打破하고、人格의完全과人權의自由를力圖하려하얏다。이目的을貫徹코저함에는、무엇보담도먼저한

組織的團結 의必要를알고、二個年이나넘도록許多한心力을焦盡하야活動을繼續한結果、겨우一部京漢鐵道職工으로써工人俱樂部란大團體를組織함에이르럿다。一九二一年四月九日에長辛店에서全線路의代表를第一回로召集하야、總工會를組織하기로決議하얏다。八月十日에또鄭州에서開會하야、總會開會의位置를全線路의中心인鄭州로定함과、成立大會의開會하기前에는總工會籌備處로써그職務를行使케함과먼저全線路가名稱을統一한後에는權力集中과經濟集中의二原則에據하야一個有系統有實力한組織을促成한다는事項을決議하얏다。이와가티進行하야、四個月동안에모든準備가着着히整頓되엇는故로、今年一月五日總工會委員長會議에서京漢鐵道總工會成立大會를鄭州에開하기로決定하고、各勞働團體及社會團體를請邀하며、또京漢鐵道總工會成立大會紀念冊을刊行하야、그組織된經過狀況을詳述하다。대개人民의集會結社의自由는全體國民의應有할權利니누구나이를沮遏할者업슬것이다、그러나이번勞働階級의集團이장차

具體的完成 의途에就케됨을샘하、一方으로또한그進路를障害하려하는일이업지아니하얏다。京漢鐵道의當局趙繼賢·馮澐等諸氏로서京漢線從業員의今番此擧가장차不利益한事端을釀成케되리라는理由로直魯豫巡閱使吳佩孚氏에게報告한것이根據가되어總工會의集會를嚴禁하며、必要한時는武力으로써解決하라는命令을發하얏다。意外에이報道를接한總工會의一般會員은從忙히代表五人을洛陽에派送하야、吳巡閱使에게諒解를要求하얏스나、終始要領을不得케되고、이로말미암아勞働群衆의激怒와憤慨이더욱高調하얏다。그러구러이미豫定한大會의期日이到하매全國各地의代表者는目前에禍亂이臨할것을도모지不拘하고、擧皆萬天喜地에揚揚自得하는氣勢로大會에爭赴하얏다。

京漢線路의方面으로는長辛店·琉璃河·高碑店·保定·正定·順德·彰德·新鄉·黃河·鄭州·許州·郾城·駐馬店·信陽州·廣水·江岸等、各分會의代表六十五人과其他各線路의方面으로는京奉線·津浦線·道清線·正太線·京綏線·隴海線·粵漢線等에서代表六十人과、武漢方面으로는漢冶萍總工會·漢陽鋼鐵廠工會·漢冶萍輪駁工會·[illegible]工會·人力車夫工會·香煙廠工會·揚子機器廠工會·武漢輪駁工會·[illegible]路總工會·徐家棚粵漢鐵路分工會·武昌模範工廠工會·機器總工會·[illegible]工會·湖北紡織工會·西式皮鞋工會·洋服工會·武漢電話工會·武漢[illegible]工會·建築工會等

三十餘團體에代表一百三十餘人이沿途各驛에不絶하는「勞働神聖!」「勞働階級萬歲!」의高喊하는聲裏에鱗次로鄭州停車場에到着하얏다。二月一日은豫定과가티發會式을擧行하는날이니、會場은鄭州普樂園大劇場으로定하고、諸般設備에奔忙하얏다。이때에警眼鄭州一境에緊急戒嚴令이下하야、實彈裝銃을携帶한軍警이坊坊曲曲에密佈하매、路上에行人의跡이거의絶하얏다。이와가티武力으로人民의

自由를干涉 함이가장苛酷한일이로되、이로하야그初志를좀음도挫折치안코、百折不屈하는勇氣를더욱奮發하야、勿論此後에如何한事端이생길지라도어대까지든지그目的을貫徹하기까지奮鬪하리라는決心으로當日에開會를遂行케되엇다。軍樂을先頭로하고、各分會로써送贈한額子對聯等을高揭하며各代表者는各團體의名義를記한紅旗를手執하고、秩序整然히會場으로赴하는光景은자못壯觀을이루엇다。途中에서不意에軍警에게包圍한바되엇스나、死力으로抗爭하야、그危險한障線을突破하고、艱辛히會場에到하얏다。먼저主席으로부터大會組織의宗旨를宣言하며强權無理의壓迫이痛憤하다는旨를述하고、仍하야京漢路總工會의正式成立됨을宣布하매、群衆은一齊히「京漢鐵路總工會萬歲!」와「勞働階級勝利萬歲!」를高呼하야、祝意를表하얏다。이때에會場四周는이미武裝軍警의包圍中에들어잇고、警察署長黃殿辰氏가臨塲하야百般으로威嚇하얏스나、非常히開會하며、이러할스록

羣情은一層 더욱激昂하야奏樂歡呼로激勵를益增하얏다。同日午後부터各代表의宿泊하는旅館에巡警이把守하야、各酒食店에賣買를禁止하야、그困窮을不堪함으로스스로散歸케하얏다重兵으로總工會會館을占駐하야、會員의出入을嚴禁하며、室內에一切書類와什物을破碎하고、各團體로써送贈한禮物까지모다毁棄하얏다。이에全體會員은이러한情形으로는차라리迅히散會하야外他人民에게까지騷擾를波及치안케함이可하다하야、即時各代表는鄭州를離去하기로決議하고、모다含憤怨恨하며、飲恨懷怒하고各各歸程에登하얏다各代表者는臨發時에告別辭를代하야、「京漢鐵路總工會의健在하고、健在치못함은實로우리全國勞働界에共同問題가되는지라、우리들은어대까지든지總工會를幇助하야自由와人格을爭回하여努力코저하노라」이곳將來우리들의重要한使命이로다」라하얏다。

盛況한大會는驅逐을當하야、그火力이더욱猛烈하야지며、奔騰하는赤源은防할수록그赤勢가더욱激昂하[illegible]처노코말할수업는自然한法則이다。民衆의自覺的急志를어떠한强權이라도能히壓迫치못할것이며、民衆의自覺的活動을아무런暴力이라도이를防遏치못할것이다。中原大地의中部를貫通하야、南北四千餘里를길게뻐치어、全國의大動脈을이룬京漢鐵道는中心交通機關의中心이될뿐아니라 全國活動潮流의 集中處가될 이京漢鐵道總工會가

武力의壓迫 下에封鎖를當하야數年積功이거의水泡에歸케되엇다。이를온全線路에三萬이나넘는從業員의激昂하는形勢는熾烈하는火보다더急流하는水보다더甚하얏다。이제는이절수업다생각하는全線路各分會의代表가善後策을討究할새、最後의一途로할에와가티決議文을發表케되엇다。「우리가이번壓迫을橫遭함은다만한京漢線從業員의奇恥大辱이될뿐아니라、實로우리全體勞働階級의奇恥大辱이되도다。우리는自由와人格을爲하야抗爭키로、이에四日午正부터京漢鐵道全線總同盟大罷工을宣布하노라。便宜上總工會事務所는當分間江岸으로移置하기로決하얏스니무릇罷工期間內에全線一切行動은全혀總工會의命令으로써定할지라。이로부터우리들은다만自由를爲하야作戰할지며人權을爲하야作戰할지니、우리에겐다만前進이잇슬뿐이요、決코退後는업슬진저」라하얏스며、또五項의要求를議決하얏스니、

一、交通部는京漢局長趙繼賢과南段處長馮澐等을罷免할것과、吳巡閱使佩孚 靳師長(雲鶚)及河南省當局은鄭州警察署長黃殿辰을懲辦케할것을要求함。

二、鐵路局은成立大會의損害된金額六千元을賠償하기를要求함。

三、當日軍警에게被奪된一切禮物等을鄭州地方官이軍樂隊로써總工會로回送케하며、鄭州總工會會館을占領한軍警을即時로撤退케하며、鄭州地方長官은鄭州分會에到하야謝過케하는等을要求함。

四、每日曜日은반드시休息을許하되、賃金은如常히支撥할것。

五、陰曆歲暮에는一週間休假를許하고、賃金은如常히支撥케할것。

이와가티嚴重한決議文과要求書를發表한後、二月四日에이르러京漢全線從業員一同은 오즉 한命令下에步調를가티하야、一致團結로

總同盟罷工 을實行하얏다。鄭州는上午十時부터、江岸은오十時부터、長辛店은十一時부터一致停工하야、不過一二時間內에全線路에客車貨車軍車가한꺼번에그行進을停止하얏스며、從業員全體는가장紀律이肅然하고、秩序가整然하야、조금도騷動함이업섯다 湖北督軍蕭耀南氏는江岸警察官으로하여곰京漢鐵道從業員을威脅하야復業케하얏스나、一向强硬한態度로對抗하며、또二千餘의群衆이一時에集合하야、軍警의警備線을衝破하고、이미拘拿된工友數人을奪還하매、이로써氣勢가더욱振興하얏다。武昌漢口各工團代表는勞働者對軍閥作戰에第一次勝利함을慶祝하기爲하야、萬餘人의群衆은各各手旗를가지고江岸에到하야慰問大會를擧行하얏다。主席의報告와各代表數十人의激切한演說이잇슨後에、總工會의代表로써알에와가티痛快한答辭가잇섯다「吾人의今番大罷業은我等全勞働階級運命에一大關鍵이될지니、我等은賃金이나時間을爲하야爭할것이아니요、

自由와人格 을爲하야爭할지로다。工友여、工友여、我京漢鐵道從業員의責任이얼마나重大한지를아는가。저麻木不仁한社會는我等赤血의渲染을需要하는도다。工友여、工友여、吾人은맛당히軍閥의火線上에先鋒이될지어다。前進하라。決코退却치말라」後에萬餘羣衆은소리를가티하야「京漢鐵道總工會萬歲!」와「湖北全省工團聯合會萬歲!」와「全世界勞働聯合會萬歲!萬歲!」를高呼하고드듸어散會하얏다。이後로京漢全線從業員은勇氣를더욱鼓舞하야死를睹하고一致한行動으로抗爭하매、罷工後이미四晝夜에及하도록、全線路에汽車가開通치못하고、交通이아조杜絶하얏다。

漢口에在한蕭耀南、洛陽에在한吳佩孚、保定에在한曹錕諸氏는서로이에如干한일이아니라하야、百般의手段으로威脅과誘惑을하며威脅을發하나、到底히解決할希望이업슴으로畢竟武力으로써解決함에이르럿다。勞働者에게攻擊을開始하야、即時死傷者로江岸에一百三十餘人、鄭州에百餘人、長辛店에四十餘人을出하고、또被捕된者數百으로算하며、沿路各處에도紛擾가無數하야殘酷無道함이已極하얏나니、이實로勞働運動史上에紀念될二月七日의慘劇이다。이慘變을들은全中國勞働階級은모다憤慨하야、罷工의同情의團結로이에同情을表하얏다。道淸線·津浦線·京奉線·京綏線의鐵道從業員들도逐次로同盟罷業을宣言하야、그와後援을作하얏다。非但勞働界뿐아니라、그影響이全國各社會에波及하야一時輿論이激昂하얏나니、北京大學學生으로京漢鐵道工人後援會를組織하며、國會議員吳宗濂氏外數十人으로衆議院에質問書를提出하며、北京專門以上各學校教職員으로大總統에게長書를呈하며、全國律士聯合會에서辯護士施洋氏의鐵工煽動의嫌疑로銃殺을當한事로軍閥의非法行爲를各討하며、또國際的으로勞農政府에서慘殺者遺族을爲하야、慰恤金을送致하며、各國勞働團體로서同情의致電하는다正義의抗助이다。自由와人格을爲하야決死奮鬪하는三萬人의京漢鐵道從業員은軍閥의壓迫下에空前의慘劇을演出한後、오히려그志氣를損挫치아니하고、이에將來를期하야、系統的組織的인勞働運動을益益擴張코저하야、上海에全國勞働聯合會를設置하고、自由와生存을爲하야奮鬪遂行中이다。이로써中國社會의命史上에一頁을添할것이다。……(完)……

胡適氏의 建設的文學革命論

國語의文學—文學의國語

北京 李允宰 抄譯

이論文은 中華民國의 新思想家로 著名한 現時 國立北京大學教授哲學博士胡適氏의 著作인「新青年」上으로써發表한「建設的文學革命論」을譯出한것이다。[illegible] 中國의舊文學者界에 [illegible] 누구나이를否定치못할바이아닌가。그러나 胡氏의 이文學革命論이世에一出하매 全國이一時에風靡하야、二千年迷夢을覺破하고、積弊한步武로 또다그革命의旗를들게 되얏다。더욱이것이 腐敗한舊文學을 [illegible] 하는우리에게가장 深刻한刺戟을與할듯하기로、特히이를抄譯하야、諸君에게參考에供코자한다。譯者씀

一

내가앞서「文學改良芻議」라는一文을 發表한後로 이問題가 어쩌한程度까지는價値잇슬만한討論꺼리가되어、不知不覺에 一般에게 樂觀的響應을만히밧게되엇다。나는 이제 文學革命을提唱하는者로 맛당히破壞의 一方面으로부터 下手하지아니할수업스리라한다。보라、저桐城派文學이란것은 實로一駁할價値도업나니、무슨桐城派의古文이라든가 文選派의文學이라든가 江西派의詩라든가 夢窓派의詞라든가 聊齋志異派의小說이라든가――하는種類는하나도破壞할價値도업다。그러한것이 오늘까지 오히려國中에存在하게되도 眞相은그의 位置를代用할만한 참으로價値잇고生氣잇는一種의文學的新文學이란것이업섯기때문이다。此種眞文學과活文學이한번나게되면 그써위假文學과 死文學은自然히消滅되고말것이다。그럼으로 우리文學革命을提唱하는者는 그러한腐敗文學에對하야個個이「彼可取而代也」란心理를품은것이오、個個이建設의一方面으로부터用力하여야할것이다。그리하야 三四十年以內로 中國에一派新中國의活文學을造出케할것이다 그러한데 이제이一篇을發表하는宗旨는나의新文學建設에對한意見을貢獻하려함이어니와、나는먼저從來로 主張하야오는바 破壞할것八部를좇어서 한參考의資料를삼게하려한다。

一、「言之無物」의文字를不作함
二、「無病呻吟」의文字를不作함
三、典故를不用함
四、套語와爛調를不用함
五、對偶를不重함――文엔駢體와詩엔律詩를全然히廢止할것
六、文法에틀리는文字를不作함
七、古人의摹倣을不爲함
八、俗語와俗字를不避함

이를「八不主義」라이르나니、다만消極的의意味로破壞의一方面이될것이다

내가去年에 歸國한後로 文學革命에對하야 두루各處에서演說할때에이「八不主義」를 다肯定의口氣로改作하엿스며、다시 이를總括하야 알에와가티四條로定하얏스니、

一、할말이잇고야말할것。이는「言之無物의文字를不作하라」는一條의變相이며、
二、무슨말이거나말된대로만할것、이는第二、第三、第四、第五、第六條의變相이며、
三、自己의말만하고他人의말은하지말것。이는「古人의摹倣을不爲하라」는一條의變相이며、
四、어느時代의사람이거나그時代의일을말할것。이는「俗語와俗字를不避하라」는것의變相이라。

이는折半은消極으로折半은積極으로主張한바이다。이제는 本論에들어가 말하려한다。

北京大學敎授 博士 胡適氏

二

나의「新文學建設論」에唯一의宗旨인즉 簡單히「國語의文學·文學의國語」란 十個字에넘지안는것이다。우리가文學革命을 提唱하는것은 다만中國으로하야금 一種國語의文學을 創造코저함에잇나니、國語의文學이잇서야 文學의國語가잇슬것이며、文學의國語가잇서야 우리의國語가眞正한國語로 될수잇슬것이요、國語에 文學이업스면、生命이업고價値가업고 成立될수업고 發達할수업슬것이다。이것이곳 나의一篇文學革命論의大旨다。

中國은 近二千年來로 어찌하야眞價値眞生命잇는「文言의文學」이업섯는가。나는이에對하야 이러케答辯하려한다 「近二千年間 文人의맨들어둔文學이란것이 죄다死物이니、이는모다死言死文字를使用하얏기때문이다。死文字는決코活文學을産出하지못하나니中國에 近二千年來로幾多의 死文學만잇섯다、幾多의無價値한 死文學만잇섯슬뿐이다」라고。

우리는웨「木蘭辭」「孔雀東南飛」를愛讀하는가。이二首의詩를白話로썻기때문이다。웨陶淵明의詩와李後主의詞를愛讀하는가。이詩詞를白話로썻기때문이다。웨杜甫의「石壕吏」「兵車行」을 愛讀하는가。이모든詩는다白話로썻기때문이다。웨韓愈의「南山」을不愛하는가、그는死字死語로썻기때문이다。……簡單히말하면 三百篇으로부터 只今에이르도록 中國의文學으로 얼마만큼價値잇고 얼마만큼 生命잇다할것은대개白話로 된것이거나 白話에近한것일지요 그밧게는죄다無生氣한古物骨董뿐으로博物館中에陳列品으로나될것이다。

다시近代의 文學을보건대 어쩌하여水滸志·儒林外史·西遊記·紅樓夢等을活文學이라할가、이것이모다一種活文字로써기때문이다。만일施耐菴·邱長春·吳敬梓·曹雪芹諸氏가文言으로써 이것을썻드래면、이모든小說은斷定코 그와가튼生命이잇지못하얏슬것이며斷定코그와가튼價値가잇지못하얏슬것이다。

讀者는 誤解하지말기를바란다。내가白話로쓴글이면 무어든지 다價値잇고生命잇다는것이아니라、다만죽은文言으로쓴것은決코 生命잇고價値잇는 文學을수업다함을말하엿노라。近千餘年來로 眞正한文學의價値가 잇다할만한것은 대개한白話의 性質을帶하엿거나 이白話性質의幫助에依치아니한것이업섯도다。換言하면、白話가價値잇는文學을産出할수도잇스며、價値업는文學을産出할수도잇다。곳儒林外史를産出케도하며、肉蒲團을産出케도한다。그죽은文言은 다만價値업고生命업는 文學만産出할가하오、決코價値잇고生命잇는文學을産出할수업스리니、다만幾篇의韓退之의「原道」를擬作하거나 陸士衡의「擬古」를擬作하거나할수는잇서도、決코一部의儒林外史는지어낼수업슬것이다。누구나 이말을밋지안커든먼저明朝의古文大家宋濂의王冕傳을읽은뒤에 다시 儒林外史中第一回의王冕傳을 읽을것가트면、死文學과活文學의分別을 的確히알것이다。

어찌하여 死文字가活文學을 産出치못한다는가、이는文學의性質로그리된것이다。一切語言文字의作用은 達意와表情에잇나니、達意에達히기妙하며 表情에表하기好한것이 곳文學이다。여러死文言을使用하는 사람을볼것가트면、머저텁잇는 意思를가지고도 幾千年前의典故를驅成하며、머저텁잇는感情을가지고도 幾千年前의 文言을換譯하기를일삼는다。뚝뚝히 客子思家라할것을그들은「王粲登樓」라니「仲宣作賦」라니하며、뚝뚝히 送別이라할것을 그들은「陽關三疊」이라니「一曲渭城」이라니하며、뚝뚝히 陳寶琛七十歲生日을 賀한다할것을 그들은 伊尹周公傅說을賀한다하고、더욱웃음은것은 뚝뚝히 시골老婆를말할대다가 그들은 唐宋八家의古文套투맘을어대려하며、뚝뚝히 最下流의妓女를말할대다가 그들은 胡天游洪亮吉의 駢文調子부텀 옴어대려하도다……곳노니、이러케쓴文章으로어찌達意하며表情할수잇슬가。이미達意하지못하고이미表情하지못하는바에야 文學이어대로서생기게될가。儒林外史속에王冕을보라、어쩌케感情잇고血氣잇서 生動도하며 談笑하는生人 이엇는지、이는그作者가活言語와活文字를使用하야그의生活神情을描寫하얏슴이다。그런데 저宋濂集子中의王冕으로 한生氣업고 活動못하는死人이뇜은 무슨까닭인가、이는宋濂이 二千年前의 死文字를가지고 二千年後의 生人을描寫하려니 벗수업시 이生人을二千年前의木偶로變作케됨이니、「그리하여야 古文家法에마즐것이다」、古文家法에 맛도록하자王冕도그만「作古」하고말을것이다。

그러기에 나는「死文은決코活文學을 産出하지못하리라」한다。누구든지中國에活文學잇기를바라거든반듯이白話를使用할것이며반듯이國語를使用할것이며、반듯이國語의文學을著作할것이다。

胡適氏의 建設的文學革命論

國語의文學—文學의國語

北京 李允宰 抄譯

三

上述함과가티 文學의 一方面부터보면、活文學을要함에는 반듯이國語를使用하여야할것이며、또國語의一方面부터보면、國語의文學이무엇보담도 重要한것이될것이다。

或이말하기를「國語로 文學을맨들려하면먼저國語가잇서야하겟는데、只今標準國語가업거늘、어찌國語의文學이잇게될가?」라한다。어떤意味에서보면이말이혹有理한듯도하나、실상은그러치아니하나니、「國語」란것이 근온幾個人의言語學專門家로서만造成될바가아니요、또幾卷의 國語敎科書나 幾部의國語字典으로서만 造成될바가아니다。만일國語를 造成하려거든 먼저國語의文學을 造成하여야하리니、國語의文學이잇슨즉 절로國語가잇슬것이다。이말은 얼른 理解하기어려울듯하나、좀더仔細히생각하면 알게될것이다。天下의사람으로 누구가國語敎科書와國語字典속으로써 國語學習하기를 肯從할것인가、이는國語敎科書와國語字典이아무리要緊하다해도 決코國語를 造成할利器는될수업는것이다。참으로功效잇고勢力잇는 國語敎科書는 國語의文學、곳國語로쓴 小說·詩文·脚本일것이다。國語의 小說·詩文·脚本이通行하는날이곳中國國語의成立되는때다。우리가이제 幾篇의白話文章을 쓰랴고하면、自然히數百個의 白話字를쓰게되리니、이것을 어떠한白話敎科書上에서學得하얏슬가。대개水滸誌·西游記·紅樓夢·儒林外史等諸書上으로써學得한것이아닌가。이러한白話文學이字典·敎科書가튼것보다는 그勢力이 幾百倍나더클것이다。이字典에는「這」字를「魚蓋反」이라하얏스나 우리는다그것을「者個」의者字로쓰며、字典에는「麽」字를「細小」라하얏나 우리는다그것을「什麽」「那麽」의麽字로쓰며、字典에는「沒」字를「沈也」「盡也」라하얏스나、우리는다그것을「無有」의無字로쓰며、字典에는「的」字에 許多의意義가잇스되 우리는다 그것을 文言의「之」「者」「所」及「徐徐爾縱縱爾」의爾字로代用하게된다……總而言之하면、우리의오늘날使用하는「標準白話」가모다이幾部의白話文學으로된것이라할것이다。

그런고로 만일우리가 오늘 一種의「標準國語」를새로規定코저할진대、먼저 이無數한 國語의水滸誌·西游記·儒林外史·紅樓夢을造出하여야할것이다。

그런故로 나는 이제新文學을提唱하는者가부질업시 오늘中國에標準國語업슴을 근심할것이아니요、다만우리가白話의文學을만들기에 努力할것이라한다。우리가힘껏水滸誌·西游記·儒林外史·紅樓夢의白話를採用하다가、現用에不合하거든 다른것도쓸것이요、그리하야도不足하거든 現用하는白話로補用할것이요、또文言으로써야 할때에도 文言으로補用도할수잇다。그리하면、決코語言文字使用上에不足의嫌이업슬것이요、標準白話업슴을恨할것도업슬것이다。中國將來의新文學에使用할白話가 곳將來中國의標準國語일것이요、中國將來의 白話文學을맨들者가 곳標準國語를製定할사람일것이다。

海上神仙圖……〔書畫協會第三回展覽會出品中參考畫〕……

心田 安中植氏筆

나의이와가튼議論이 鑿壁虛造로 한것이아니다。내가幾年間 歐洲各國國語의歷史를 硏究하매、어떤國語를勿論하고 이러케造成되지아니한것이업다。國語란國語는 하나이라도 敎育部의命令으로서 造成될것이아니며、言語學專門家로서 造成될것이아니다。나는이제 몃가지의例를들어 밝히이를證據하려한다。

一、伊太利。五百年前의 歐洲各國은方言만잇고 國語는업섯다 歐洲에서가장오래된國語는 伊太利語인데、當時에歐洲各國人은 거진「라텐」語로써著書와通信에使用하더니、十四世紀初葉에이르러、伊太利의大文學家「싼테」Dante」氏가 伊太利語로써「라텐」語를代用하자고 極力主張하얏나니、그는「라텐」語는한死文字임은 本國俗話의 優美한것만못하다하야。自己의傑作(喜劇)을全혀「터쓰케늬」Tuscany (伊太利北部에잇는一小邦)의俗語를使用하얏다。이喜劇이 一世에風行하매 世人은모다 이것을『神聖喜劇』이라稱道하얏다。「神聖喜劇」의白話가畢竟伊太利의標準國語로이루엇다。그後에文學家「색케치오」Boccacio(1313－1375)「로렌쪼·쎄·메듸치」Lorenzo de Medici 諸氏도모다 白話로써文學을맨들엇다。이러구러一百年이못되어 伊太利의國語는 完全히成立되엇다。

二、英國「잉글랜드」는비록한小島國이나、無數한方言이잇섯다。現今全世界에通行하는英語는 五百年前 倫敦附近一帶에만 通行하든方言 곳中部土話라하는것이다。十四世紀時代에는 여러사람이著書함에 모다各處의方言을使用케되엿스나、十四世紀末葉에이르러「쵸우서」Chauser 1340－1400,「위클리쁘」Wycliff(1320－1384)의二大文豪가出現하야、許多한詩歌散文을著作함에 다中部土話를使用하며、耶蘇敎經典新約舊約을 翻譯함에도 다이中部土話를使用하얏다。이二人의文學이생기자 中部土話가英國의標準國語로發成케되엇스며 그後十五世紀에이르러印刷術이英國에輸入되매 諸般印刷物은 거진中部土話로使用케되어、國語의標準이確定되엇스며、十六七世紀에이르러有名한「엘리사베트」時代에 無數한文學大家가 모다國語로써文學을 創造하얏나니、이로부터겨우一部分이든 中部土話가 英國의標準國語로만되엇슬뿐아니라、거의원地球上의世界語라할만큼되엇다。

이밧게佛蘭西·獨逸및其他各國의國語도다 이러케發生된것이니、모다文學의勢力을빌어서 標準을 發成한것임으로 나는 이에一一이說明할必要가업슬것이라한다。

伊太利의 國語成立의歷史는 가장中國人의研究에供케될것이다。어찌그러냐하면「歐洲西部와北部의新國으로英吉利·佛蘭西·獨逸가튼데서는 본래그들의方言이『라텐』語와 크게差異가잇섯기때문에、그들이漸漸國語로써文學을著作함에 그다지稀奇타 할것이업섯겟지마는、伊太利인즉 當年羅馬帝國의京畿近地에處하야、「라텐」語의故鄕이되엇고 各處의方言이 또한「라텐」語와最近하얏나니、伊太利에서 白話로「라텐」語를代用하자提唱함이 꼭中國에서白話로漢文을 代用하자提唱함과 마찬가지로 艱難이잇섯다。그럼으로 英·佛獨各國語는 한번文學의 發達을經過한後에 不知不覺에 國語가完成되엇지마는、「伊太利인즉그러치아니하야、當時에反對하는 사람이꽤만핫슴으로 그때新文學家들이 一邊으로 國語文學創造에努力하며、一邊으로文章에古文을廢止하고 白話를써야함을鼓吹하얏다。이때케有意한主張(가장有力한者는「싼테」Dante 와「알베르티」Alberti의二人)이잇섯고、多數한價値잇는文學이잇섯슴으로하야、伊太利의「文學의國語」가造出케된것이다。

나는항상 이러케 自問自答을한다。「施耐菴氏以後에도 極히風行하는白話文學이 꽤만핫거늘 어찌하야 아즉도中國에 一種標準國語가 나지아니하얏는가」함에 對하야、「近一千年來로 中國에本是價値잇는白話文學이적지아니하얏지마는、白話로써中國의「文學의國語」를맨들자고 明目張膽하고 徹底히主張하는者는한사람도업섯다。或陸放翁이興致로 一二首의白話詩를짓기나하며、或柳耆卿이 興致로 一首의白話詞를짓기나하며、或朱晦菴이興致로몃장白話信이나몃줄白話札記를쓰기나하며、或施耐菴·吳敬梓가興致로 一二部의 小說을쓰기나하얏슬뿐이니 이것이 모다 不知不覺間에 自然히産出된것이오、하나도有意하게主張한것이 아니다。有意하게主張함이 업섯기때문에 白話를짓든지古文을짓든지 八股를짓든지 各各그白話·古文·八股에만相關이되엇슬뿐이다。有意하게 主張함이 업섯기때문에白話文學이 그만흔 死文學으로더부러그「文學正宗」의位置를 抗爭하지못하얏다。白話文學이文學正宗을이루지못하얏는故로 白話가일즉 標準國語로되지못한것이다。」한다。

우리가 이제 國語의文學을提唱함은이것이有意의主張이다。「國語의文學」과「文學의國語」로造成하려함이다。文學의國語가잇서야標準의國語가생길것이다。

……(完)……

胡適氏의 建設的文學革命論

國語의文學—文學의國語

北京 李允宰 抄譯

四

上文에이미말한「國語의文學•文學의國語」가 곳우리의根本主張이다。이제는 이根本主張을實行하려함에 맛당히 어써케 進行하여야할것임을 말하려한다。

나는 新文學을創造함에 그進行하는順序는 大約三步가잇다하나니 (一)用具 (二)方法 (三)創造 곳이것이다。第一步第二步는 豫備的이요、第三步는 實行的이다。다시 次例로 이를說明하겟노라。

(一)用具●● 古語에「工匠이 일을잘하고저하면 利한연장부텀 장만하여야쓴다」는말도잇거니와 寫字에는 붓이조하야하고 殺猪에는 칼이들어야하는것처럼、우리가 新文學을創造함에도 맛당히 新文學을創造케할 用具부터豫備하여야할것이다。우리의用具는 곳白話다。우리가 國語文學을 造成할사람되기로願하거든、무엇보다도먼저 이一刻이라도 업서선안될用具를 豫備하여야할것이다。그豫備하는方法은大約알에의 二種으로난혼다。

(가) 模範的白話文學을多讀할것 例컨대 水滸志•西遊記•儒林外史•紅樓夢•宋儒語錄•白話信札가튼것이니、元人戱曲과 明淸傳奇의說白과 唐宋의白話詩詞도選讀할만한것이다。

(나) 白話로써各種의文學을著作할것。 우리가 新文學을造成한 사람되기를願하거든 斷定코文言의作文을 使用치안키로 盟誓하여야할지니 勿論通信이나 作詩나 譯書나 筆記나 報館에文章을記載하거나 學校에講義를 編述하거나 死人을爲하거나 墓誌를짓는것이나 生人을爲하야條陳을쓰는것이나……어데든지 다白話로할것이다。우리는 어띠어서부터 모다그文言의作文을 使用하야 이것이한버릇이되엿슴으로 어느때든지 항상 산사람으로서 죽은사람의文字만 짓게되엿나니 만일한번크게 勇氣를내어 얼마만큼 功勞를들이지아니하면 白話를使用함에 到底히圓轉如意하게되기를 바라지못할것이다。만일「新靑年」(雜志名)上에서나 間或白話文字를쓰고 外他에는 예전대로 文言의文字를쓸것가트면 이야말로「一日暴之十日寒之」의政策이아닐가 이러하면 決斷코 白話의文學家노릇을 할수업슬것이다。

이는 우리白話文學을提唱하는者에만限하야 이러케하라는것이아니라、이 白話文學을 反對하는者에게도 白話로써 文章을著作하라고強勸하노라。웨그러나하면、누구나 白話文字를 지을줄모르면 白話文學을 反對할수업슬것이다。譬喩하전대 一字無識한中國人으로 漢文廢止를主張할것가트면、이말을 밋겟는가、 야단을하야 그러한소리를 입밧제도 내지못하재할것이아닌가 만일 우리친구錢玄同君이 漢文廢止를主張한다하면 나는이에對하야 敢히그로하야끔 그런말을못하재할 能力이업슬것이다。白話文字지을줄모르는者로써 白話文學을反對하는것은 마치 漢文無識한者로 漢文을廢止하자는것과 그荒謬는 족음도다를것이업슬것이다。그럼으로 나는 白話文學을反對하는者열스독 더욱白話文字를 [illegible]할必要가잇다하노니、白話의詩歌를더욱만히지어보아서、白話에果然文學의價値가잇는가업는가를試驗하고 또試驗하야 幾個年으로 試驗할지라도 終乃白話가文言만못한줄알거든 그때와서 우리를攻擊함도그리늣지안흘것이다。

한層더나아가서 혼히「白話를짓기도 그다지容易한일이아니니、文言을짓는것과마찬가지로힘이든다。」라하는이가잇스나、이는그中毒을過히바듬으로病根이 이미기피바히엇스니、速히 이를고치지아니하면、장차救治할道가업슬것이다。실상인즉 白話란것이 그리어려운것이아니다。나재한姪兒가잇서올에나히十五歲인데、在徽州(安徽省)에잇서 別로門밧出入도업는아이로、去番에는 내게白話로쓴편지한장을 보내엇는데、무던히잘맨들엇더라、우리徽州語가官話(北京語)와딴판으로다르지마는 姪兒는겨우 幾冊의白話小說을읽고 이러케白話文字를쓰게된것이다。이를미루어보면 白話가 그리어려운것이아니라、다만人性의懶惰로말미암아「高文典冊」의死文字를 참아내어버리기앗가워함에不過한것이다。

(二)方法●● 中國近時의文學이이러듯腐敗케됨은 이를適用할만한 用具가업섯슴이 한原因이라하겟스나 用具만잇고 方法이업서서도 新文學을造成할수업슬것이다。木工이 좁쌀 송곳 대패만잇고 規矩의法則이업스면 決코一個木器를製成하지못하리니、文學도이와갓다。만일白話이것만 憑藉하야 新文學을造成할것이라고 鄭孝胥•陳三立의詩를 白話로飜成하면 이가新文學이될수잇슬가。또白話로된 新華春夢記와九尾龜가튼것도 新文學이 될수잇슬가。現今國內에 새로생긴 一班文人의病源은 高明한文學方法의缺乏함에잇다。

이제 小說한가지를들어말하면 現今中國小說(中國人의지은것만가르침)을 二派로난홀수잇다。一派는 最下流 곳「聊齋志異」의劄記小說가튼것을 모뜬것이니、每篇마다 모다「某生某處人、生有異禀、下筆千言、…… 一日於某地遇一女郞、……好事多魔、……遂爲情死」라거나、「某地某生遊某地、眷某妓、情好綦篤、遂訂白頭之約、……而大婦妬甚、不能相容、女抑鬱以死……生撫尸一慟幾絶」……이라는等文字뿐이니、이러한것은 그냥冊床우에서 抹消되고말것이니、一駁할價値도업슬것이다。第二派는「儒林外史」나「官場現形記」의白話小說을모뜬것이니、上等으로는「廣陵潮」、下等으로는「九尾龜」가튼것도 잇나니、이派의小說은 대개 儒林外史의良好한處를본바든것이아니라、다만欠缺한處만본바든것이다。儒林外史의欠缺處에는 體裁와結構가 甚히緊嚴치아니하야 全篇이雜沓케된嫌이잇나니、곳婁府一羣人이 一段으로되엇고、杜府兩公子가一段으로되엇고、馬二先生이또一段으로되엇고、虞博士가또一段으로되엇고、蕭雲仙、郭孝子가또各其一段으로되엇다。이를分割하면、無數한劄記小說이될수잇고、接續하면、無窮無盡하야 官場現形記처럼 길게이를수도잇다。지금에章파回를별인小說은 거의 다結搆와布局이업는것이病이다。그러나儒林外史를 文學의價値로치는것은 그本領이 全혀人物을 그리는畫工으로되엿슴이다。내가十年동안이나 이冊을 보지아니하얏거늘 지금이라도 가만히눈을감고생각하면、書中의人物이宛然히그대로잇서、嚴貢生、馬二先生、杜少卿、權勿用……等이 낫낫치다 산人物로나라난다。이와가티 水滸志를 한번읽은사람은 二三十年이지날지라도 오히려魯智深、李逵、武松、石秀、……모든人物이항상記憶되어이 닛수업재된다。

그러치만 누구나廣陵潮와 九尾龜를읽는사람으로는 二三個月도못되어 그心目中에 겨우한「文武全才」의章秋谷을내어노코는 活靈活現하는 人物며치나記憶되겟는가。…… 그럼으로 現今의新小說이란것은 모다文學의方法을 알지못하는것이라하노니、當初에布局할줄모로며、結搆할줄모로며、人物을描寫할줄도모르면서、여러가지로내절하고범새나는文字를맨들뿐이니、이는다만新聞紙餘白에 줄수나재울싸름이요 족음도新文學上에 位置를 차지할수업재된것이다。……小說을 中國近年으로써 比較하야보매、文學中發達의一門이라하겟거늘、小說이아즉도이러한바에야 다른種類의文學으로 詩歌戱曲 가튼것이야 더구나말할것이잇스랴。

그런데、文學의方法이란 무엇인가。이問題에는 容易히 對答할수업슬뿐더러 이글의本題가 또한이것이아니다。그러나 나는이에對하야 簡單히몃마듸만말하려한다。

무릇文學의方法은 알에와가터 三類로난홀수잇다。

(1) 材料收集의方法●●●●●● 中國의文學은 그큰病源이材料缺乏에잇다。여러古文家로 墓誌、壽序、家傳을除한外에는 거의하나이라도 材料될만한것이업나니、그러기때문에 그들은 아무쓸때도업는「漢高祖斬丁公論」「漢文帝唐太宗優劣論」가튼것이나 쓰게된것이다。近時人의詩詞에이르러는 더욱 아무材料를말할것도업다。近時人의小說材料는다만三種이잇스니、一種은仕宦界요、一種은妓女요、一種은不官而官非妓而妓인中等社會요、그밧게는別로材料될것이업다。廣告하야小說을募集하면 最下流로이러한材料만 募集에應케되나니、廣告하야 材料를募集하는것이 곳文學家의破産을宣告하는徵證이라한다 나는將來의文學家가 材料收集의方法을 알에와가티定할것이라한다。

(가) 材料의區域을擴大할것 官府妓樓와齷齪한社會의三個區域만으로는 決코材料를採用함에 不足할지니 今日의貧民社會나 工場의 勞働男女나 人力車夫나 시골農家나 各種褓負商及小賣店의 一切苦痛情形의모든것이 일즉文學上에 한位置를차지하지아니하얏다。또今日新舊文明이서로接觸하는一切家庭의慘變과 婚姻의苦痛과 女子의地位와 敎育의不適宜……等 種種問題가다文學의材料로供할것이다。

(나) 實地의觀察과個人의經驗을注重할것。 現今文人의材料는거의다架虛構空하는것으로 間接으로나 間接에서 빌어온것뿐이니、우리가 어떠한 小說을읽으매、浮泛하고敷衍하야 不痛不癢의感이잇고、一毫도精采가업다。眞正한文學家는 누구나다 實地의觀察과 個人自身의經驗을 根底로삼나니、實際의觀察을못하는者는 文學家가 될수업슬것이며 온전히 個人의經驗이업서서도 文學家가될수업슬것이다。

(다) 周密한理想으로써經驗을觀察하는補助를삼재할것 實地의觀察과 個人의經驗이極히 重要하지아니한것이아니로되、다만이것만으로써完全하다할수업슬지니、이를트면 施耐菴이만일觀察과經驗만依支하엿드면 決코一部의水滸志를지어내지못하얏슬것이다。個人의經驗하는바와 觀察하는바는 究竟에限度가잇슴으로 반듯이 活潑精密한理想 Imagination 이잇서、經驗을觀察할材料를 個個이體會하며 整理하며組織하기를 完善히하여야하리니 旣知의推想에서 未知에이로며 經驗한推想에서 未經驗에이로며、觀察할수잇는대서 觀察할수업슴에이를것이다。이것이 果然文學家의本領일것이다。(續)

胡適氏의 建設的文學革命論

國語의 文學—文學의 國語

北京 李允宰 抄譯

五

(2) 結構의方法 材料가있게된후한걸음더나서서 結構를講究하여야 할것이다。結構란總名詞에는 그中에 包含된意味가甚廣하나, 이를簡單히말하면 翦裁와布局의二步로난홀수잇다。

(가) 翦裁 材料가 잇게되면 먼저 翦裁를要하리니, 譬컨대재봉師가 먼저 저 이감으로두루막을맨들어야할가 저고리를맨들어야할가함을 보아서, 設計가 다作定되어야 바야흐로가위질을할것이다。 文學家의材料도 이와가트니 먼저 이材料로短詩를지을가 長歌를지을가 長篇小說을지을가 短篇小說을지을가 戱曲을지을가 脚本을지을가를보와서, 計畫이다作定되어야, 바야흐로 그쓸材料만翦取하고, 쓰지못할材料는 投棄하리니, 그리한뒤에비롯오 어째한體裁의文字를 製作하기를 決定할것이다。

(나) 布局 翦裁가 이미定하면 또 布局을講究할것이다。翦裁를한뒤에 무엇을지을가함을決定할것이요, 布局을한뒤에 어쩌케지을가함을 決定할것이다。材料가翦定되거든 어材料를 어쩌케하여야 가장得當하게 가장有效하게 쓸것을計畫하리니, 이를테면 唐朝 天寶時代의兵禍와 百姓의苦痛이 다 材料가되는데 이러한材料가 한번杜甫의 손에들어가서, 詩의原料를어두엇나니 이제 그가지은「石壕吏」一篇을보건대 布局의例도지은것으로, 이詩가簡單히 한길가는行人이 어쩐날밤에 누구의집에서 엿듯는다는것이 事實이며, 字數는 一百二十에不過하나, 그一家 祖孫 三代의歷史를 낫나치헛슬쭌더러, 그時代의 兵禍의慘狀과 壯丁死亡의多數와 官吏에橫行과 小民의苦痛을남김업시 그眞相과 活現을實寫하야, 이를읽는者로하여곰 無限한感慨를 일오키게하얏나니, 이것이上品의布局法이다。

또古詩에「上山採蘼蕪, 下山逢故夫」의一篇가든것은 一家夫婦의慘劇을쓴것인데,「某人娶妻甚賢, 後別有所懽, 遂出妻再娶」라는初頭로부터 쓰지아니하고, 다만그前妻가山上에서 下來하다가 故夫를逢着하얏다는때로부터 下筆하얏스되, 그一家의家庭情形을充分圓滿히寫盡하얏나니 이亦是神品의 布局法이다。——近時의文人은 도모지布局을講究하지아니하고 다만 多少字를주어모아 幾圓의金錢에 팔아먹을생이요 材料쓰기에得當한지 得當치안흔지 動人하는지 動人치못하는지를 全然히생각도아니한다。그들은 오눈에 上回의文章을쓰면서도, 下回의材料가어대에잇는지를알지못하는도다。이러한文人으로 어찌하야 價値잇는新文學을造出할수잇술것인가。

(3) 描寫의方法 布局이定하거든이재는 描寫의方法을講究할것이다。描寫의方法은 實로千頭萬緖가잇스나, 그大要는 四條에지나지안는다。

(一) 人物의描寫
(二) 環境의描寫
(三) 事實의描寫
(四) 情感의描寫

人物의描寫는 擧動 口氣 身分 才情……에 모다個性의 區別이잇술것이니, 件件이 다林黛玉이요, 決코 薛寶釵가아닐지며, 件件이다 武松이요 決코李逵가아닐것이다。 環境의描寫는 一動一靜 一石 一山 一雲 一鳥……에도다 個性의區別이잇술것이니, 老殘遊記中의大明湖는 決코 西湖가 아닐것이요 洞庭湖도아닐것이며, 紅樓夢中의家庭은 決코金瓶梅中의家庭이아닐것이다。事實의描寫는 線索이分明하고 頭緖가淸楚하야 情에近하고 理에近하며, 正하기도하고, 奇하기도한것이다。情感의描寫는 細微하고婉轉하며, 淋漓하고盡致한것이다。——或時環境으로써 人物을描寫하고 情感으로써 人物을描寫하고 事實로써 人物을描寫하기도하며 或時 人物로써 環境을 描寫하고 事實로써 人物을 描寫하고 情感으로써 環境을描寫하기도하야……이內面에잇는 千變萬化는 實로 一言難盡할바로다。

이제는 本文에들어가 말하리니, 新文學을創造하는데에 第一步는 用具요 第二步는 方法이라함은 上文에이미詳述한바어니와, 이제는 어쩌케하여야 한高明한文學의 方法을 엇재될가함에 對하야는 한가지方針이잇나니 이는곳 西洋의 文學名著를 더욱만히飜譯하야 그것으로써 우리의模範을 삼울것이다 이러케主張함에對하야 두가지의 理由가잇다。

第一의理由는 中國의文學은 아조完備치못함으로, 우리가 이를 模範삼을수업다。體裁를말하면, 散文에는短篇만잇술생이요, 布置의 周密함과 論理의精嚴함과 首尾의明斷한 長篇은업스며, 韻文에는 다만 抒情詩만잇술생이요, 紀事詩는 보기드물며, 脚本은 아주幼穉한時期에잇나니, 紀事文體가普通이오 全然히結構는 모르는것이며, 小說은 볼만한것으로 三四種에不過하나, 이三四種中에도 여러가지로 疵病이잇고 더욱 가장精采한것으로 短篇小說과 單幕劇가든것은 도모지볼수업다。또材料에對하야 말하면 中國의文學은 죽음도 模範될만한價値가업나니 才子佳人과 封王掛帥의 小說이라든지 風花雪月과 塗脂抹粉의詩라든지 理를말하지안코 情을쓰지안는 古文이라든지 여귀저귀서 주어모은 一切文學은 이써위文字를 一毫도材料로 言論할수업다。이재또, 布局에이르러말하면 색잘지은詩發首를除한外에는 거의이布局二字에得當하다 할것이 한個도업다 이러하기때문에 나는 이文學方法의한가지만보드래도 中國의 文學이라고는 實로 우리의模範삼을것이 못될것이라한다。

第二의理由는 西洋의文學方法이 우리의文學보다 훨신完備하기도하며 高明하기도함으로 우리는 아무리하야도 그方式을取하지아니할수 업슬것이다。散文에對하야말하면 우리의 古文家도 대개英國의「베콘」(Bacon) 및佛國의「몬테녜」(Montesan)와 比較할수는잇스나, 만일「후막로」의「主客體」라든지「헉슬레」(Huxley)의 科學文章이라든지「뽀쓰•웰」(Bos Well)「몰레」(Morley)의長篇傳記라든지「밀」(Mill)「프랭클린」(Franklin)「깁뽄」(Giddon)의「自叙傳」이라든지「테인」(Taine)「빡클」(Bukle)의史論……가튼것에이르러는, 도모지中國에는 當初에꿈에도보지못하얏든體裁다。또劇에對하야말하면, 二千五百年前의希臘戱曲으로 그一切結構法이라든지 描寫法이라든지 훨신「元」曲에뛰어나기 十倍로도 言論할수 업거늘, 近代의「세스피아」(Shakespear)와「몰리어」(Moliere) 허고야 더구나 말할것이잇스랴。最近六十年來에歐洲의散文과 脚本은 實로千變萬化며, 古代에比하야 훨신나앗스며, 體裁도 더욱 發達되엇나니, 가장重要한것으로 問題劇은온전히 社會의種種重要問題를 硏究하는것이며 寄託劇은 온전히 美術的手腕으로써「意在言外」의脚本을 짓는것이며, 心理劇은 온전히 種種複雜한心境을 描寫하야 極히精密한解剖를 짓는것이며 諷刺劇은嬉笑怒罵의文章으로써 憤世救世의 苦心에遞하재하는것이다。또小說에對하야 말하면, 그材料의精確, 體裁의完備, 命意의高超, 描寫의工切, 心理解剖의細密, 社會問題討論의透切……한것은참으로 그完美한것을 이루말할수업다。近百年동안에 創作한短篇小說인즉 마치 芥子속에 六千世界를包藏함과가트며, 또한百鍊한精金과가타서 曲折委婉에 두루닷지안는데가업나니, 이야말로 千古未有의創局을開拓하며 百世不竭의寶藏을 掘出함이아닌가。——以上에말한바뜻은 西洋文學이 참으로우리의 模範삼을만한 조흔點이만흠으로써 그方法의完備한것을 若干表明한바니, 그럼으로 우리가 진실로文學의方法을 硏究코저할진대 쌀리西洋의文學名著를飜譯하여야할것이다。 그러하야 그것으로써 우리의模範을 삼울것이라한다。

現今中國에서 西洋文學書를 飜譯한것으로는 거의다 그方法에得當치못한故로 奕劭함이極히적다할것이다。나는 이제 西洋의文學名著를, 飜譯함에맛당히하여야할것몃가지를 압에쓰려한다。

(1) 名家著作만飜譯하고 第二流以下의著作은飜譯하지아니할것 내意見으로는 國內에西洋文學을 通曉하는學者全數로서 한會議를開設하야, 第一流의文學名著로 不可不 飜譯하여야할것 幾種을選擇하야 飜譯에着手하리니, 그數는 大約一百種의長篇小說, 五百種의短篇小說, 三百篇의劇, 五十家의散文을第一部 西洋文學叢書로定하고, 五年을期하야 飜譯을完成케할지며 이러케하야 第二部를또選定할것이다。이미譯成한原稿는 명學者의審査를經하야 一一이長序및著者의略傳을부친後에付印케할것이며, 第二流以下의文學書는할수잇는대로 選擇하지아니함이 조흘것이다。詩歌의類는容易히飜譯할수업는것이니, 이는 천천하하야도 無妨할것이다。

(2) 白話로만할것이나 韻文의戱曲도 모다白話散文으로飜譯할것 古文으로써譯書함에는 항상原文의조흔뜻을 일키쉬우니, 林琴南의譯書中에「其女珠其母下之」와가튼것은 한웃음꺼리가될오도 다시言論할必要가업거니와 日前에 한偵探小說圓室案이란冊을본즉 그中에 어쩐偵探이「勃然大怒拂袖而去」라쓴데가잇스니 이偵探의입은것이「겹옷터치」大學의廣袖闊服이아닌줄 몰랏든가 이러케譯書함은 차라리 飜譯치아니함만못할것이다。또林琴南의「헴스페야」戱曲은 記敍體의古文으로 譯成하얏것도다。이야말로「헴스페아」의 大罪人이다。 罪는圓室案譯者에게잇다。

(三) 創造 旣述한바 用具와方法의 二項은 아울러新文學創造에 豫備가되나니 用具를쓰기에自然純熟하고 方法도잘알게되면 이제는 中國의新文學을 創造하재될것이다。新文學創造를어쩌케하여야할가함에이르러는 나는 國語을할수업다。이는現今中國은아직新文學을創造하려고 豫備하는地步에도 到達치못하얏거늘 創造의方法과 創造의手段을 空談할必要가업슬때다。우리는現今에 먼저 第一步第二步의豫備의길로나아가努力할것이라한다。(完)

民衆革命化하는中國의學生運動

□現時全國學生大會의決議□
□政治改革運動이根本問題□

北京 李允宰

「求學不忘愛國、愛國不忘求學」이라함은、中國學生의 항상口誦하는말이다。年來로 中國에許多한 學生愛國運動이잇섯슴은 全혀이精神의 結晶이라할것이다。그런데、中國學生運動中가장名擧잇는「五四運動」가튼것은 歷史上에그爀爀한光彩를나타내엇다。이運動은一九一九年 곳우리의「三一運動」과거의한때에된것으로、우리의民族的自覺이 그로말미암아 한번새롭게됨과가티 中國은 그影響으로 國民으로 國家에對한義務를切實히覺悟하얏슬뿐아니라、全般社會는 날로날로며욱向上發達하게되엇다。 그런즉、이運動이中國學生運動史에 新紀元이될것임으로 먼저이에對하야 若干敍述코저한다。

一八九八年(戊戌)에 獨逸이 宣敎師殺害事件을口實로삼아 暴力으로 威脅하야、淸國政府로부터 割讓케한膠州灣은 一九一四年(甲寅)에 문득日本의手中에들어가버렷다。中國도亦是參戰國中에하나로 獨逸에對하야 宣戰하엿슨즉、獨逸로부터 奪還한膠州灣은宜當히中國에還附할것이어늘、日本은

獨逸을承繼하 야依然히이를占領하며、게다가 最後通牒으로 强迫하야 二十一個條를締結하기에 이르럿다

中國人은 이로써擴夢國事을 大恥辱하야、或時示威運動을擧하며 或時日貨排斥을行하는等 百般手段을盡하야、그不合理한條約을廢棄하려 自己頭上을回收하기에熱中하얏섯다。그러자、歐戰이告終하고「쌔야유」平和會가開幕되게。中國은 그寃抑한事情을萬國에訴할 千載一遇의 조흔機會를어덧다。이에여가 吾親日派曹汝霖•章宗祥•陸宗輿等의中間幻弄으로 中國專使는아주此談會議席上에서 一言의開口도못하게되어、國民의憤怒이 그러한失敗에돌아가버렷다。 이報道를들은一般國民의悲憤痛惜이더욱激昂하야、一瀉千里의勢로 賣國賊討罪의聲이高調되엇다。여기서 義血이沸騰한北京大學學生全體는五月三日夜에 緊急會議를開하고、積極進行할方針을討議한結果、드디어 五月四日午前에 北京高等以上學校學生五千餘人은 軍警의警備線을突破하고、一齊히天安門前에會集하야、壯烈한

大示威運動을 行하며宣傳文을撒布하야 國民의注意를促하며、各國使館에陳詞를送하야 外交의援助를 請하

며、怒焰萬丈한群衆은 趙家樓로馳往하야 當時外交總長曹汝霖과 駐日公使章宗祥을毆打殺死케하고、曹氏의邸宅을焚燒하얏다。政府의取締가嚴厲苛酷하기極하얏스나、火가더熾烈하는愛國心은 조금도挫折치안코、愈往愈烈에以後已라는決心이 더욱鞏固하얏다。此後로 北京中等以上學校는 一齊히同盟休學을斷行하야、外로國仇를對하며 內로國賊을除하기를期하고、몃가지의實地로進行할辦法을定하니、곳(一)講演團의組織、(二)日刊新聞의發行(三)國貨維持會의擴張(四)護從義勇團及十人團의編成等이다。이와가티萬般準備가다完就되매、六月四日에이르러 犧牲的大擧를다시시작하얏다。街上에서 流涕滂沱하며 悲憤慷慨의演說로 賣國賊을痛罵하다가 軍警에게逮捕된 男女千餘人은 收容할處所가업슴으로 北京大學法科講堂을臨時監房으로使用함에이르렷다。이影響이 一時全國에波及하매、

急轉直下의勢 로思潮가一變하야、擧國이同聲相應하얏다。 政府도이에이르러 다시어쩔수업슴을깨닷고、드디어 拘引한學生全數를放釋하고、曹汝霖•章宗祥•陸宗輿等의官職을罷免하야國民의忿怒를柔和케하얏다。그러나、這同의風潮가다만一部分對內方針에는若干成功을達하얏다할수잇스나、對外方針에는些毫도効果를奏치못하얏는故로오히려 滿足의意를表치아니하고 그럴스록 더욱繼續的進行할方策을 講究하야、種種의新計劃을作出함에이르럿다。中國이今番에、青島를回收함과 山東鐵道를贖還함은 決코偶然한事가아니니、于今四五年間 조음도間斷이업시 前仆後繼의徹底한精神으로 誓死力爭한 結果가아닌가。 이가果然「五四運動」째에播種한收穫이로다。

上述함과가티 그壯烈한「五四」의一擧가 그처럼偉大한功績을나타내엇슬뿐아니라、中國前途에자못其好한希望이잇섯도다。一大國體를組織하야、共同一致로 國恥에對抗하며 ... 愛國學生은一時에響應하야、

外로國權을爭 하며內로國賊을

除한다는 宗旨下에서 全國學生聯合會가成立되어、爾來四個年間同一한目標下에서活動하야왓다。 現下中國衰弱의原因은 軍閥의專橫과 國際帝國主義의侵略에잇나니、이를일주부터防止하지아니하면、國內는항상兵連禍結에 治平할날이업슬지며、眈眈虎視者의宰割에맛기어 亡國의慘禍를免치못할지니、聚國의士맛당히한번奮起하야、軍閥을推翻하며 國際帝國主義를打倒하야、民主政治를實現하며 民族國家를 完成함이잇지아니하야선안될것이다。더구나、오늘날中國政治는黑幕이重疊하야、秩序를維持할수업는 이現象에잇서서、人民의利害休戚이 關係되는바에 國民된者로서 누구나이에對하야 袖手傍觀의態度를取할수업슬것이다。 그럼으로學生界는 根本的으로 政治改革運動을着手케되는不得已함에이르럿다。過去의「五四運動」은한狹義的不徹底한愛國運動이엇슴에 不過하다생각하는 一般學界는 範圍를더욱擴大하야、이政治改革運動을加速進行하자고絕叫하얏다。 그들의主張은一切民衆을結合하야、民主

革命의旗幟下 에서聯合戰線을結成하야 國家에亂源이되는 軍閥을打倒하고、進하야 一切被壓迫의 各民族各階級을聯合하야、民族生存과 國家獨立과 世界平和와 人類解放에魔障이되는 國際帝國主義를 打倒하자는것이다全國學生聯合會는 北京政府로부터 學生干政이 不穩當하다는理由로 이미解散命令을 바듬을不拘하고、今年三月十七日에 全國各地代表를召集하고、擇地集會하야、十餘日間討論商榷함으로 그의政治態度와運動方面에對하야、圓滿히決定되엇다。今番大會에서全國各代表로서提出한議案十條件은一一이通過되엇는데、政治•勞動•敎育等問題가大部分이요、其他一般社會問題에도다重要한 決議가잇섯다。이제 參考키爲하야該大會의 決議案數種을 左에摘記하겟노라。

(二) 中國學生聯合會의活動範圍案

이는大會에通過된 北京代表의 提出한議案이니、 그槪要는알에와갓다。

(一)政治澄淸

吾人은政治의澄淸이不徹底하고는、其他 敎育이나實業도발하서着手할수업슬것임을相信한다。이는旣往의事實로써 足히證明이될것임으로、一一이例를들必要가업다。 그러기에吾人은다만이와가티主張한다。

一 裁兵
二 廢督
三 違法被選한國會를否認할
四 違法被選한政府를推翻할
五 軍閥을打倒할
六 眞正한民主主義를實現할

(二)人權擁護

軍閥政治下에서人民의自由는 그들의犧牲品이되엇다。最近에漢口江岸에喋血과 長辛店의 屠殺과施洋의銃殺과 林祥謙의梟首는 이것이다勞苦同胞의不自由다。衆議院門前의大流血과 前門橋頭의大流血과 講演의禁止와 報館의閉鎖와 新聞記者의非法逮捕는 이것이다知識界의不自由다。그러기에吾人은다만이와가티主張한다

一 人民은集會•結社•言論•出版•身體等에絶對自由權을享有할
二 治安警察條例를取消할
三 罷工刑律을廢止할
四 司法獨立을擁護할

(三)外交力爭

喪權辱國은軍閥과그卵翼이되는政府의獨一成績이되엇나니、그런故로

外交를力爭함 에當하야爭得者로하야금 蹂躪을不遭케하려면、政治의澄淸과軍閥의打倒를實現함을除한外에는 別로良圖가 업슬것이다。그러기에外交를 力爭하는方針은 이와가티할것이다。

革命的民族自決主義로根據를삼을
帝國主義의打倒로써歸宿을삼을
旅大回收와二十一個條廢棄問題에對하야는 맛당히全國同胞를喚起하야、가장有力한組織을이루어 上述의旨吾를宣示하야 實現을力圖케할

(四)敎育獨立

敎育은立國의本이요、人才出產의地어늘、近年에政治의影響으로 敎育事業이거의破産에瀕하얏스며、더욱이 官僚•政客•軍閥의蹂躪을바듬으로 그進路를沮障함은 筆舌로다할바아니니、 敎育의獨立을力爭함이吾輩의切身한任務가될것이다。 그러나이에對하야 至善한方法은 內政을澄淸하며 軍閥을打倒하는것이 敎育獨立을實現케함에 惟一한途徑이될것이다。이에吾人의主張은이와갓다

一 敎育基本의獨立
二 敎育行政의獨立
三 彭允彝(現敎育總長)를驅去할

(二) 中國學生聯合會의進行方針案

이는 大會에通過된 湖南代表의提出한議案이니、 그綱要는알에와갓다。

一、國際化

我等은國際帝國主義가世界上에서 이미根深蔕固하야、홀로中國하나로는到底히反抗키不能할것임을알아야할것이다。我等은 또帝國主義가方今에

國際的團結을 이루어「파리」會議의 國際聯盟 華盛頓……곳明確한證據니……어대까지든지反抗하지아니하면안될것임을알아야할것이다。狹義的國家主義로의我等은 다만征服者와被征服者•壓迫者와被壓迫者잇슴을알뿐이다。

「日本의帝國主義가 中國과朝鮮의敵이됨은勿論이오、日本의平民이게도敵이됨다。我等은一切被壓迫民族을聯合하야、國際帝國主義에向하야宣戰할지니、그럼으로 我等은 被壓迫民族의獨立運動을高呼聲合할지니다!」

二、民衆化

外國勢力과國內軍閥의二重壓迫下에잇는民衆은 이미그革命思想을激發하얏도다。近年來勞働運動의發展과 商界에서裁兵運動의 進行을보드래도 中國의民衆이벌서 覺悟하얏슴을알것이아닌가。我等은이때가正히中國에革命時期가이르럿슴을深信하지마는、다만資產階級•勞動階級•知識階級할것업시 一齊히合聯하야 共同으로 共同의大敵――軍閥과 國際帝國主義를打倒할것이다。我等學生? 오즉

廣大한民衆의 活動이잇슬것이다。「民間으로가자」하는呼聲은 이것이露國革命成功의一大原因이다。全露學生中央委員會로부터 일즉我等에게告하지아니하얏는가、露國의學生은勞働者와農民의群衆으로조차왓다하얏도다。이가한가지의크게艱苦한 奮鬪를經驗한것으로 우리良友의忠告善憫이 되엇나니、吾人은맛당히이를取法할것이다

三、宣傳

我等의力作(일)은 主要로實際的奮鬪에잇지마는、主張的宣傳을等閑視할수업슬것이다。 이는大多數人이我等의意義를了解하지못하리니、이로하야 我等은大失敗일것이다。軍人

(第八頁로續함)

中國民意測量

李允宰

【三】

去年十二月十七日 北京大學第二十五週年紀念日을 機하야, 北京大學에서 民意測量을 行한일이 잇섯다. 總投票數一千七百中 學界가 最多하고, 商界, 工界, 軍界, 政界, 記者等도 多數하엿다. 投票者의 年齡은 十六歲以上 四十歲以下者니, 平均 二十六歲에 相當하야, 新代 中國靑年의 標準이 될것이며, 問題는 政治問題로 個人問題에 至하야 十個問題를 提出하엿스니 이로써 大略 中國一般 思想界를 可히 窺見할것이다. 이것이 中國問題를 硏究하는 者에게 가장 趣味잇는 材料가 될가한다. 이에 그 問題 및 投票結果의 大槪를 記하노라.

◆第一問 너는 曹錕의 大總統選擧에 對하야 어떤 感想이 잇는가?

▲贊成者十九票—(內譯)—
△學界(男)一三 △軍界一 △政界三

▲反對者七百八十二票—(內譯)
△學界(男)五四八(女)四四 △商界八 △工界七 △軍界七 △記者二一 △政界七 △新聞界二 △廢棄票 一九二

投票紙의 記載를 보건대 贊成者로는 「[illegible]」이 아수흔데로 統一을 할수이다 하며 現今 中國의 國內的 統一을 維持하려면 …… 」 說明가 잇스며, 反對者로는 가의 다 「非法賄賂으로 政治의 腐敗가 엇더 民主政의 原則人이란 「問題는 [illegible]」이라 하는 說明가 잇고, 이밧게 혹은 誠意하기를 「그大總統選擧[illegible]」 「그가 總統되는날로 [illegible]」 剝奪者에게 被投된것이라 하고 [illegible] 수밧게 엇다」 따위 것도 數票가 잇섯다.

◆第二問 너는 現今의 國會를 [illegible] 信賴하는가 或은 [illegible]하야 [illegible]하는가?

▲信賴者三票—(內譯)—
△學界(男)二 △政界一

▲不信賴者六百六十六—(內譯)
△學界(男)三八一(女)四三 △商界七 △工界六 △軍界四 △記者一一 △政界九 △新聞界二 △廢棄票 一九八

信賴와 不信賴의 比例는 不信賴의 投數가 百分之九十九以上으로 되엿다. 不信賴者로는 解散을 主張하는 者가 約五分之三요, 根本的으로 否認하고 職業團體로 代하자 主張하는 者가 約五分之二이다. 改選에 對하여 논의 打破을 主張하는 「[illegible]」 一般에 對하는 不評論이만하다.

◆第三問 너는 이 현 政府에 對하야 어떠한 態度를 取하랴는가?

▲擁護者六十二票—(內譯)—
△學界(男)三七 △工界一 △軍界一 △政界四

▲不擁護者五百五票—(內譯)—
△學界(男)二七四(女)四○ △商界六 △工界六 △軍界六 △記者一一 △政界四 △新聞界三 △廢棄票 一五六

▲修正者五十三票—(內譯)—
△學界(男)四二 △政界一 △廢棄票 一○

不擁護者가 不擁護者에 比하야 百分之三十以上이 되며, 擁護者中에도 「政府가 能히 實行치 못한다」 註明한것이 十一票이다. 그밧게 「나는 모르다」 「關係치 아니하리라 한것이」 三十票오, 「不知」 二字를 쓴것이 一票오, 「全國國民이 한번 決한後에 兵力으로 打倒하리라」 쓴 것이 二票도 가잇섯다

中國留學

極히느러가는趨勢

가는이의알아둘일

(一)

李 允 宰

요사이中國方面으로留學가는이가만타。무엇을배울것이며어떠한學校에들것이며、學費는얼마는가져야할것이며、어떠케가야할것인지、이모든것을잘알지못하고건너가는이도적지안타。이는공연히갓다왓다하는동안에다만時間上經濟上損失만끼치고말것이다。우리兄弟中에행여나이러한이가잇슬가하야、이알에나의아는대까지簡單히말하려한다。

무엇을배울가

◇첫재무엇을배울것인가함이留學가는이의가장먼저작정할것이다。이작정이업스면、목的地업시旅行하는것과마찬가지다。中國은現時文化程度로본든지、科學方面으로보든지、그리稱道할만한것이업다、中國學곳中國文學、東洋哲學가튼것을硏究하기엔가장適切하나、그밧게는別로顯著하달것이업스며、더구나우리의가장만히힘쓰는法科商科가튼것은더욱이中國에서배울必要가업스리라한다。

中國學校制

◇中國學校의學制가朝鮮하고서로連絡이되지아니할것은勿論이다。朝鮮은普通學校六年、高等普通學校五年이지마는、中國은初等教育에初級小學三年、高級小學三年이며、中等教育에初級中學三年、高級中學三年이니、이는近年教育部에서制定한新學制곳「三三制」란것이다。이三三制의中等教育을마치면、大學이나專門學校의本科에入學資格이잇다그러나우리나라의高普卒業程度로는豫科에도入學되기어려울것이다。그런즉여기서高等普通學校를完備하얏다할지라도따로히二三年以上의受驗豫備를要할것이다。入學豫備中特殊히힘쓸것은漢文·英語·中國말이다中國學校에서는教授用語는中國말과英語를並用하고、教科書는漢文과英文을並用하는까닭에漢文·英語·中國말이세가지를반듯이熟達하여야할것이다。入學할만한學校는이다음學校案內에讓하노라

學費는어썬가

◇學費는勿論日本이나다른外國에留學하는學費에比하면아조적게드는셈이다。學校의修業料와寄宿費等은學校마다各各다름으로이다음學校案內에詳細히말하겟거니와、入學하지안코旅館에잇스면、每月二十圓(金貨로)이라도生活費는될것이며、被服費書籍費其他雜費까지너허도、한三四十圓이면될줄안다。苦學이란것은絕對로안될줄알아야할것이다。만일苦學하려中國가는이는참苦生하려가는것이다。

遊學가는路程

◇中國方面으로가려면、旅行證明가튼것은들지아니하나、國境에서調査는極히苛酷하다。旅費는京城서北京까지車費가二十五圓假量이며、上海南京方面으로가려면、仁川서直航하든지長崎로들어가든지할것이니、旅費는大約二十圓假量이될것이다。여기잇서서먼저그곳事情을한번仔細히알아본뒤에가는거시가장妥當하다한다。만일그러하지아니하고가면、뒤에目的에틀리어돌우돌아오는일도잇슬것이며、言語와風俗다른外國에가서실컨고생만하고말것이다。만일거기에知面이업스면、北京이나南京이나上海에다우리나라留學生이잇슬터이니、그리로라도通信하여알만한것을물어보는것도조흘것이다。北京이면「北京大學轉交朝鮮留學生會貴中」으로、南京이면「南京金陵大學轉交 朝鮮留學生貴會中」으로하면혹指導하는분도잇슬다 가한(未完)

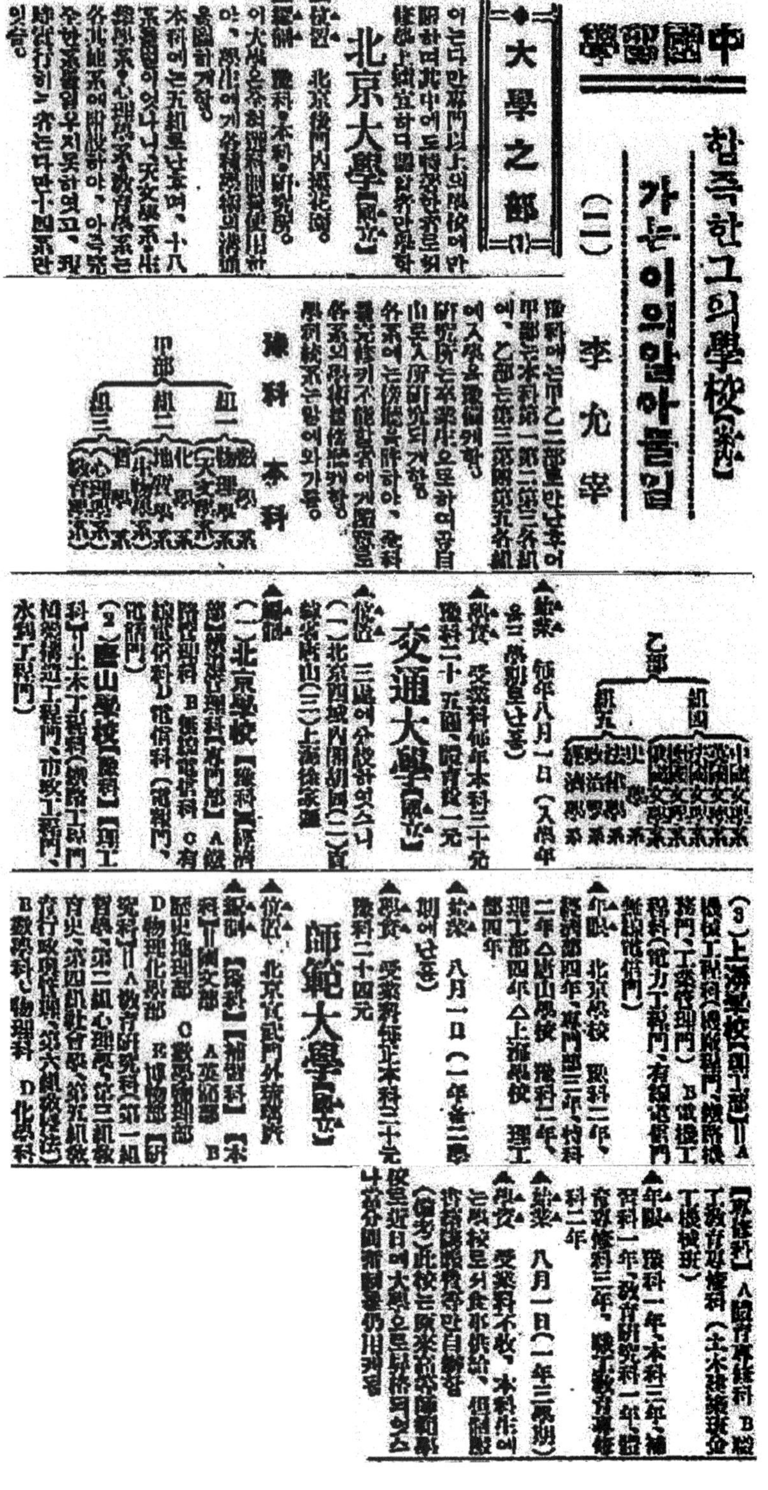

中國留學

합즉한 그의 學校(紹介) 가는 이의 알아둘 일 (二)

李允宰

大學之部 (1)

北京大學(國立)

交通大學(國立)

師範大學(國立)

中國留學

합즉한그외學校(三)

가는이의알아둘일

李允宰

大學之部(2)

北京 醫科大學【國立】

北京 農業大學【國立】

北京 工業大學【國立】

民國大學【私立】

中國大學【私立】

朝陽大學【私立】

平民大學【私立】

燕京大學

中國留學

힘즉한 그외學校(案內)

가는이의알아둘일 (四)

李允宰

大學之部 (3)

北洋大學 (國立)

▲位置 天津西沽武庫 ▲學制 預科、[illegible]科 A土木工科 [illegible] ▲年限 預科二年、本科三年 ▲始業 九月一日 ▲學費 [illegible]本科三十元、[illegible]二元、[illegible]十二元、[illegible]五元

南開學校

大學部 (私立)

▲位置 天津城西南開 ▲編制 【文理科】A [illegible]門 (國文學部、英文學部、[illegible]學部、政法學部) [illegible]門 (化學部、物理學部、[illegible]) [illegible]

▲年限 本科四年、[illegible]科四年 ▲始業 九月一日 (一年二學期) ▲學費 [illegible]二十四元、[illegible]五元

河北大學 (私立)

▲位置 [illegible] ▲編制 【預科】【本科】A法科、[illegible]科 ▲年限 預科二年、本科四年 ▲始業 八月一日 (一年二學期) ▲學費 [illegible]本科三十六元、預科二十四元 [illegible]

齊魯大學 (Shantung Christian University)

(基督敎會立)

▲位置 山東省濟南府[illegible] ▲編制 【預科】A文預科 B醫預科 【本科】A文科 B神科 C醫科 [illegible]

山西大學 (省立)

▲年限 預科二年、文科三年、[illegible]科三年、[illegible]科六年 ▲始業 九月一日 (一年二學期) ▲學費 [illegible]文科三十元、[illegible]科二十五元 [illegible]

▲位置 山西省太原府[illegible]門內 ▲編制 【預科】A第一部 B第二部 C第三部 【大學部】A理科 (數理門、化學門、物理門) B法科 (法律門、政治門、經濟門) C工科 (土木工學門、採礦冶金門) [illegible] ▲年限 預科二年、[illegible] ▲始業 八月一日 (一年二學期) ▲學費 [illegible]本科二十元、[illegible]

西北大學 (國立)

▲位置 [illegible] ▲編制 【預科】【本科】A文學院 (中國文學系、外國文學系、[illegible]) B社會科學院 (史學系、[illegible]) C自然科學院 (數理化系、[illegible]) D醫科學院 [illegible] E工學院 [illegible] ▲年限 預科二年、本科四年 ▲始業 八月一日 (一年二學期)

東南大學 (國立)

▲學費 授業料每學年三十元、[illegible]一元

▲位置 南京城內北極閣前 ▲編制 【預科】【本科】A文理科 (國文系、英文系、[illegible]、哲學系、政法經濟系、史地系、數學系、物理系、化學系、天文系、地學系、生物系、心理系、[illegible]) B教育科 C農科 D工科 E商科 [illegible] ▲年限 本大學는學分制를採用하야 一百六十學分에[illegible] ▲始業 九月一日 (一年二學期) ▲學費 授業料每學期十元、[illegible]一元

金陵大學 (University of Nanking)

(基督敎會立)

▲位置 南京鼓樓 ▲編制 【預科】A文預科 B理預科 【本科】A農林科 B文理科 C醫科 [illegible] ▲年限 預科二年、本科三年、[illegible]科各三年 ▲始業 九月一日 (一年二學期)

上海商科大學 (國立)

▲學費 授業料每學年九十元、食費及雜費[illegible]八十元、[illegible]八元

▲位置 上海法租界[illegible]路 ▲編制 【預科】【本科】A銀行理財系 B會計學系 C國際貿易系 D保險學系 [illegible]交通運輸系 [illegible]商業學系 [illegible] ▲年限 學分制를採用하야 一百六十分에[illegible] ▲始業 九月一日 (一年二學期) ▲學費 授業料每學期三十元、[illegible]食費及雜費約五十元、[illegible]三元

上海大學

▲位置 上海閘北青島路 ▲編制 【社會科學院】A社會學系 B政治學系 C經濟學系 D史學系 E法律學系 F哲學系 G心理學系 【文藝院】A中國文學系 B英國文學系 C[illegible]國文學系 D法國文學系 E[illegible]國文學系 F繪畫系 G音樂系 [illegible]系

▲年限 四年 ▲始業 九月 ▲學費 未詳

中國留學

함즉한 그외學校(案內)

가는이의알아둘일 (五)

李允宰

大學之部 (十)

大同學校(私立)

▲位置 上海[illegible]北首
▲編制 【預科】【大學部】A文科 B理科 C商科 D教育科 (大學別科)【英文專修科】【數理專修科】【普通科】
▲年限 大學部各科九年、大學別科三年、專修科五年、普通科五年
▲始業 二月
▲學費 授業料每學期大學部四十元、英文專修科五十元、數理專修科四十五元、普通科四十元

聖約翰大學 (St. John University)(教會立)

▲位置 上海梵皇渡
▲編制 【文科及理科】A近世方言部(法文科、德文科) B數理科部(工程科、[illegible]) C天然科學部(天文科、生理學科、化學科、地質學科、物理學科) D社會學部(經濟學科、政治學科、史學科、社會學科) E英文部(作文科、文學科) F哲學教育部(教育學科、哲學科) G宗教學部(道學科) H中文部(中國文學科、經學科) 【道學科】【醫科】【大學院】
▲年限 文學及理科四年、道學科三年、醫科五年、大學院一年
▲學費 授業料每年百元、宿舍及食費百元、運動費四元

震旦大學 (University de Changhai)(教會立)

▲位置 上海[illegible]
▲編制 【預科】【法科】A正科 B博士科【工科】A正科 B博士科【醫科】A正科 B博士科【特設法國語專修科】
▲年限 豫科二年、法科正科三年、同博士科二年、工科正科三年、同博士科二年、醫科正科四年、同博士科一年。博士科에卒業한者는博士의學位를授與하며成績이特優한者는法國政府의給費로法國大學에派送入學케함
▲始業 九月一日
▲學費 授業料每學期三十元、宿舍費每學期十五元、實驗費每學期一元、食費每月六元

東吳大學法律科 (Law Department of Soochow University)(教會立)

▲位置 上海崑山路二十號
▲編制 法科
▲年限 三年
▲學費 授業料每學年八十元、食費七十元、宿舍費十六元

滬江大學 (Shanghai College)

▲位置 上海楊樹浦
▲編制 【預科】【本科】A普通組 B教育組 C社會科組 D自然科學組(醫預科系、科學教員系、化學工業系、普通科系) E中國文學組 F宗教組 G商業組
▲年限 豫科二年、本科三年
▲始業 六月(一年二學期)
▲學費 授業料每學年六十五元、食費及宿舍費六十元、體育費五元

三育大學 (Shanghai Missionary College)(教會立)

▲位置 上海[illegible]路十七號
▲編制 【大學科】【特科】A傳道師科 B女傳道科【專科】A神學專修科 B國文專修科【師範科】A高等師範科 B初級師範科【商業科】
▲年限 大學三年、特科三年、專科三年、師範科二年、商科二年
▲始業 九月初(一年二學期)
▲學費 授業料每月二元、食費男每月四元七角五分、女每月四元二角五分、宿舍費七角五分

中國留學

합즉한그외學校(續)

가는이의알아둘일 (六)

李允宰

大學之部

復旦大學【私立】

明智大學【私立】

東吳大學 (Soochow University)【敎會立】

南通大學【私立】

厦門大學【私立】

協和大學 (Fukien Christian University)【敎會立】

之江大學 (Hangchow Christian College)【敎會立】

中國留學

합즉한 그의 學校(續)

가는이의 알아둘일 (九)

李允宰

師範學校之部 (1)

上海私立 **師範學校**(私立)

▲位置 上海西門外

▲科目 【高等師範科】=A國語部 B體育部 D國語手工部 【師範專修科】

▲年限 高師科三年、專修科三年

▲始業 八月一日(一年二學期)

▲學費 授業料高師科一學期二十四元、專修科十八元、宿食費三十元、雜費二元

成都高等 **師範學校**(國立)

▲位置 四川省成都省城內

▲科目 【豫科】【本科】=A國文史地部 B英語部 C數學物理部 D物理化學部 F博物部 【專修科】=A工藝圖畫專修科 D體育教練專修科

▲年限 豫科一年、本科三年、專修科三年

▲始業 八月一日(一年三學期)

▲學費 授業料不收、豫科와 專修科에는 食費만 納入함

廣東高等 **師範學校**(國立)

▲位置 廣東省廣州小北門內

▲科目 【豫科】【本科】=A國文史地部 B英語部 C數理部 D博物部 【專修科】

▲年限 豫科一年、本科三年、專修科三年

▲始業 八月一日(一年二學期)

▲學費 授業料와 食費는 不收함 但一學年은 宿食費만 自辦하고、制服費는 七元、校友會費八元

北京女子高等 **師範學校**(國立)

南京高等 **師範學校**(國立)

武昌高等 **師範學校**(國立)

右三校는 說明을 略함

專門學校之部 (1)

醫學에 關한 것

協和醫科 **專門學校**(教會立)

▲位置 北京東單牌樓三條胡同

▲科目 【醫科】【豫科】【看護科】

▲年限 豫科三年、醫科五年、看護科四年

▲始業 九月一日(一年三學期)

▲學費 豫科醫科는 授業料每學年一百元 保證金七元、寄宿舍費一學年八十元、食費每月六元 看護科는 第一年만 授業料一百元이오(以後는 免除함) [illegible]外지 안스며、[illegible] 醫도 學校에서 供給하며 寄宿費도 免除함

北京協和 **女醫學校**(教會立)

▲位置 北京崇文門內孝順胡同

▲科目 【醫科】

▲年限 五年

▲始業 九月

▲學費 授業料每學年五十元 食費每月四元

陸軍軍醫學校(國立)

▲位置 北京東[illegible]門內[illegible]

▲科目 【醫科】【藥科】

▲始業 八月一日

▲學費 授業料 宿舍費 全部不收 被服費 食費는 官費로 하며、每月雜費三元外지 給與함

海軍醫學校(國立)

▲位置 天津法租界海大道

▲科目 【豫科】【本科】

▲年限 豫科一年、本科四年

▲始業 一月一日(一年二學期)

▲學費 一切學費는 不收함

中國留學

함즉한 그의 學校【案內】

가는이의 알아둘일 (十)

李允宰

專門學校之部 (1)

奉天醫科專門學校(私立)

▲位置 奉天大東關小河沿

▲編制【豫科】【正科】

▲年限 五年

▲學費 每學年授業料宿舍費并九十元(奉天小洋)

山東醫學專門學校(公立)

▲位置 濟南省北關白鶴莊

▲編制【本科】【研究科】

▲年限 本科四年、研究科一年

▲始業 八月一日(一年三學期)

▲學費 授業料每學年三十元

江蘇醫學專門學校(蘇州)

浙江醫學專門學校(杭州)

四川醫學專門學校(成都)

廣東醫學專門學校(廣州)

以上諸學校는 그內容이 山東醫學專門學校와 大同小異함으로 省略함

同德醫學專門學校(私立)

▲位置 上海北浙江路[illegible]

▲編制【豫科】【正科】【研究科】

▲年限 豫科一年、正科四年、研究科三年

▲始業 八月一日(一年三學期)

▲學費 授業料每學期二十元、宿舍費三十三元(中國貨十元)、膳費十元、雜費五元

南洋醫學專門學校(私立)

▲位置 上海小南門內

▲編制【本科】【研究科】

▲年限 本科三年、研究科二年

▲始業 八月一日(一年三學期)

▲學費 授業料每學年六十元、宿舍費七十六元(中國貨二十五元)、講義費四元、僕役費二元、體育金五元

同濟醫工專門學校(私立)

▲位置 上海吳淞衛路九十五號

▲編制【德文科】、豫備科【醫科】【工科】

A豫科 B本科【工科】=A豫科 B機械科 C土木科

▲年限 德文科四年、豫備科二年、醫科五年(豫二年本三年)、工科四年半、機械科四年

▲始業 八月一日(一年二學期)

▲學費 每學年授業料德文科豫備科一百二十元、醫科工科一百四十元、宿舍費二十元(食事는自辦)、體育費二元、機械科는授業料宿舍費合九十六元、體育費一元、工科에는保證金二十元을另加함

同德醫學專門學校(私立)

▲位置 上海新閘路[illegible]

▲編制【豫科】【正科】

▲年限 豫科二年、正科三年

▲始業 八月一日(一年三學期)

▲學費 授業料每學年六十元、宿舍食費每學期七十元

上海中國醫學專門學校(私立)

▲位置 上海城內石皮弄十四

▲編制【豫科】【本科】【專門科】

A新科 B舊科

▲年限 豫科三年、本科三年、專科五年

▲始業 秋季(一年二學期)

▲學費 授業料每學期二十八元、宿舍費八元、食費二十五元

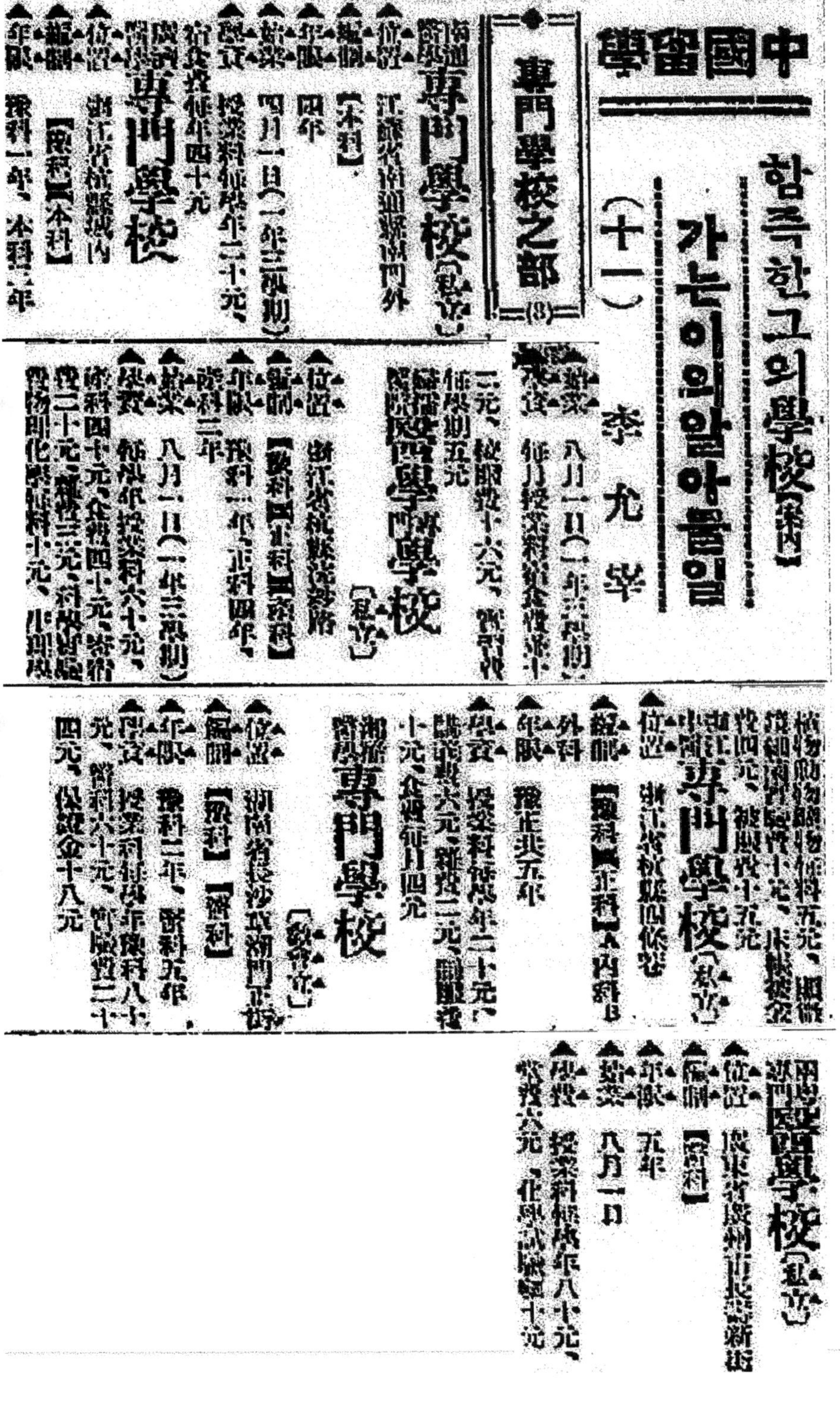

中國留學

함즉한 고외學校(案內) 가는이의 알아둘일 (十一)

李允宰

專門學校之部 (8)

南通醫學專門學校(私立)
▲位置 江蘇省南通縣南門外
▲編制 【本科】
▲年限 四年
▲始業 四月一日(一年三學期)
▲學費 授業料每年二十元、宿食費每年四十元

浙江公立醫藥專門學校
▲位置 浙江省杭縣城內
▲編制 【預科】【本科】
▲年限 預科一年、本科三年
▲始業 八月一日(一年三學期)
▲學費 每月授業料[illegible]
三元、校服費十六元、[illegible]
預學期五元

浙江[illegible]醫學專門學校(私立)
▲位置 浙江省杭縣[illegible]
▲編制 【預科四年】【正科】【研究科】
▲年限 預科一年、正科四年、研究科三年
▲始業 八月一日(一年三學期)
▲學費 每學年授業料六十元、宿費四十元、[illegible]藥科四十元、[illegible]費二十元、雜費三元、[illegible]實物理化學實驗料十元、[illegible]植物動物學實習料五元、顯微鏡[illegible]校四元、被服費十五元

浙江[illegible]專門學校(私立)
▲位置 浙江省杭縣[illegible]
▲編制 【預科】【正科】【內科】
▲外科
▲年限 預正共五年
▲學費 授業料每學年二十元、講義費六元、雜費二元、[illegible]十元、食費每月四元

湘雅醫學專門學校(教會立)
▲位置 湖南省長沙[illegible]門正街
▲編制 【預科】【醫科】
▲年限 預科二年、醫科五年
▲學費 授業料每年預科八十元、醫科八十元、實驗費二十四元、保證金十八元

[illegible]醫學校(私立)
▲位置 廣東省廣州市長堤新街
▲編制 【醫科】
▲年限 五年
▲始業 八月一日
▲學費 授業料每年八十元、宿費六元、化學試驗費十元

中國留學 합즉한그의學校(續)

가는이의알아둘일 (十二)

李允宰

專門學校之部(續)

光華醫學專門學校(私立)

▲位置 廣東省廣州市泰康路

▲學制 【甲種】【乙種】

▲年限 五年

▲學費 授業料每學年八十元、實習費六元、寄宿費及雜費每月四元、(一年生)化學試驗費十元、顯微鏡實習費三元、機械費三元、解剖實習費三元、雜費五元、校金十元、校役七角、(二年生)醫化學實習費五元、病理實習費五元、(三年生)[illegible]實習費十元、雜費五元、八角、(四年生)臨診費五元

公醫醫科專門學校(私立)

▲位置 廣東省廣州城內[illegible]

▲學制 【本科】

▲年限 二年

▲學費 授業料每學年五十元、實驗費二十四元、宿費五元、化學實驗費九元、食費每月五元

工業에關한것

直隸公立工業專門學校(公立)

▲位置 天津河北[illegible]

▲學制 【預科】【本科】A應用化學科 B機械科(附屬[illegible])

▲始業 八月一日(一年三學期)

山東公立工業專門學校(濟南)

山西公立工業專門學校(太原)

福建公立工業專門學校(福州)

浙江公立工業專門學校(杭州)

湖北公立工業專門學校(武昌)

四川公立工業專門學校(成都)

河海工科專門學校(國立)

▲位置 南京城內[illegible]街

▲學制 【正科】A預科 B本科 【特科】

▲年限 正科四年、特科二年

▲學費 授業料每學年四十元、宿舍費四十元、體育費及雜費六十元、[illegible]費十五元

南洋工商學校(私立)

▲位置 上海法租界[illegible]路

▲學制 【工科】A預科 B正科(機械科、土木科)【商科】

▲年限 工預科二年、工正科三年、商科三年

▲學費 授業料每學年工預科四十元、工正科六十元、商科五十元、[illegible]料各五元、膳費六十元

中華工業專門學校(私立)

▲位置 上海[illegible]路[illegible]花園

▲學制 【預科】【土木工程科】

▲年限 預科一年、專科三年

▲始業 八月一日(一年二學期)

▲學費 授業料每學年九十二元、實驗費十二元、宿食費七十二元

中華工業化學專門學校(私立)

▲位置 上海西門外方斜路

▲學制 【本科】【選科】【特科】 及短期速成科附設

▲年限 本科一年、特科半年(肄業三個月、實習及工場經驗三個月)選成科二個月

▲學費 本科授業料每年六十元、實習費四十元、宿食費八十元、選科의學費는如左

香水	授業料十元	實習費八元
牙粉	同十元	同六元
香粉	同八元	同五元
石鹼	同廿元	同十元
髮油	同八元	同五元
露花精	同廿元	同十元
衛生品	同五元	同三元
學校用品	同六元	同六元
特科授業料廿元		同廿元

宿食費每月八元

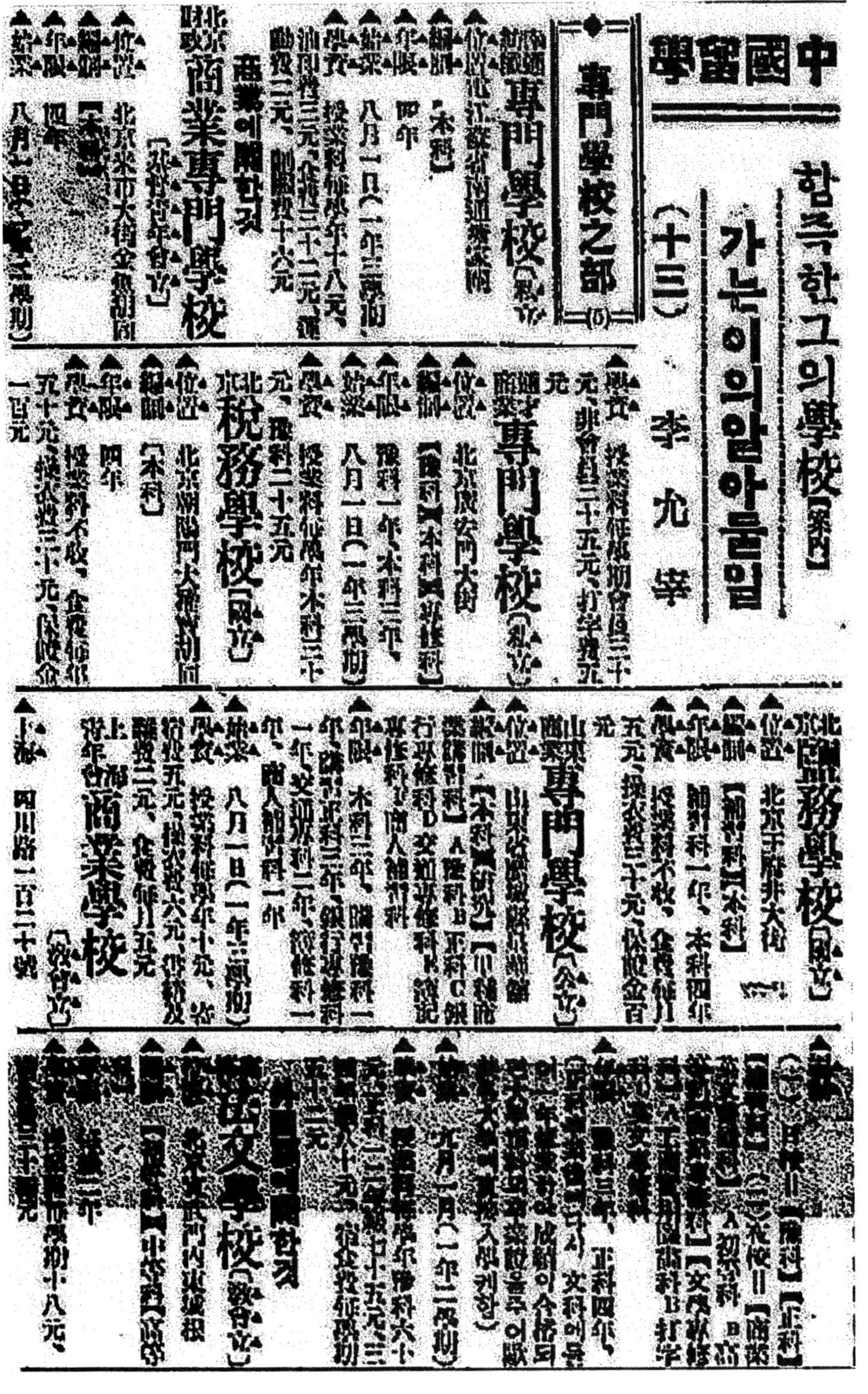

中國留學

가는이의알아둘일 (十三)

李允宰

함즉한그의學校(案內)

專門學校之部 (五)

專門學校(私立)

▲年限 四年

▲始業 八月一日(一年三學期)

商業專門學校

商業에關한것

▲位置 北京米市大街

▲編制 【本科】

▲年限 四年

專門學校(私立)

▲位置 北京廣安門大街

▲始業 八月一日(一年三學期)

稅務學校(國立)

▲位置 北京

▲編制 【本科】

▲年限 四年

鹽務學校(國立)

▲位置 北京

▲始業 八月一日(一年三學期)

專門學校(公立)

▲始業 八月一日(一年三學期)

上海 **商業學校**

▲位置 上海 四川路一百二十號

文學校

▲始業 九月一日(一年二學期)

中國留學 가는이의알아둘일 (十四)

李允宰

함즉한그외學校(續)

專門學校之部 (8)

豫備學校(私立)

▲位置 河南省開封城內
▲組織 【英文科】【法文科】
▲年限 六年
▲始業 九月初(一年二學期)

麥倫書院(教會立)

▲位置 上海兆豐路七十號
▲組織 【國文部】【英文部】
▲年限 正四年

專修學校(私立)

▲位置 上海南市外灘
▲組織 【豫科】【正科】
▲年限 豫科一年、正科四年
▲始業 九月(一學年二學期)

中西女塾(教會立)

▲位置 上海
▲組織 【豫科】【正科】
▲年限 豫科四年、正科四年
▲始業 九月(一年二學期)

英文學校(私立)

博學書院(私立)

▲位置 湖北省漢口
▲組織 【英文六班】

專門學校

▲年限 中學科二年、正科三年
▲始業 九月(一年二學期)

專門學校

▲位置 福建
▲組織 【豫科】【本科】
▲年限 豫科一年、本科三年
▲始業 八月一日(一年三學期)

湖北公立外國語專門學校

▲組織 【豫科】【正科】
(英·德·法·俄)
▲年限 豫科二年、本科三年
▲始業 八月一日(一年三學期)

北京私立專門學校(私立)

▲位置 北京
▲年限 中學合豫一年、本三年
▲始業 八月一日(一年三學期)

中國留學

항주한그의學校【案內】

가는이의알아둘일 (十五)

李允宰

(完)

專門學校之部 (7)

▲上海美術專門學校(私立) ▲位置 二馬路 三馬路 上海[illegible] 西門白雲觀 ▲編制【國畫科】【西洋畫科】【音樂】【雕刻科】【工藝圖案科】【高等師範科】【普通師範科】 ▲年限 國畫科三年、西洋畫科四年、雕刻科四年、此外各三年 ▲始業 三月一日(一年二學期) ▲學費 授業料每年五十二元、宿食費及雜費每年四十元、講習費二元、課業用具費五元、旅行寫生費三元、寫生教員費六元、學費[illegible]二元、手工教員費四元、[illegible]二元、校友會費一元

▲上海美術學校(私立) ▲位置 上海西門外貝勒路 ▲編制【中等部】A豫科B師範科C圖案科【高等部】A豫科B中國畫科C西洋畫科D圖案科【第一部工藝圖案、第二部建築裝飾圖案】E圖畫手工師範科F選科G研究科【研究科、速成科】 ▲年限 中等豫科各一年、本科各三年、速成科二三年 ▲始業 八月一日(一年二學期) ▲學費 授業料每學年中等部各科四十元、高等部各科六十元、課業用具宿食費每年七十元、[illegible]及制服費初次十五元、以後每學期五元

▲南洋路礦學校(私立) 鐵路及礦業에關한것 ▲位置 上海康腦脫路十八號 ▲編制【土木工程科】【採礦冶金科】 ▲年限 各三年 ▲始業 八月(一年二學期) ▲學費 授業料每學期五十元、宿食費每學期三十八元

▲山東公立礦業專門學校(公立) ▲位置 山東省濟南山水溝街 ▲編制【本科】【豫科】【礦冶科】 ▲年限 本科三年、豫科各一年 ▲始業 九月一日(一年三學年) ▲學費 授業料不收

▲湖南公立中華礦務專門學校(公立) ▲位置 湖南省[illegible] ▲編制【預科】【本科】 ▲學費 授業料每學年二十二元 ▲實驗費每學期五元 【備考】此校는近日大學으로昇格되어湘中礦務大學이라함

▲廣東鐵路專門學校 ▲位置 廣東省廣州西關 ▲編制【鐵路工程科】【鐵路管理科】 ▲年限 各科三年 ▲學費 授業料每學期四十五元、宿食費四十三元、運動費二元

▲上海體育專門學校(私立) 體育에關한것 ▲位置 上海[illegible]安寺路[illegible]花園 ▲編制【本科】A學科B術科【別科】 ▲年限 一年半 ▲始業 未詳(一年二學期) ▲學費 授業料每學期二十元、宿食費四十元、雜費五元、操衣費二十五元

▲浙江公立醫藥專門學校(公立) ▲位置 浙江省杭縣[illegible] ▲編制【本科】A學科B術科【選科】 ▲年限 本科三年 選科[illegible] ▲始業 未詳(一年三學期) ▲學費 授業料每月二元、操衣費十二元、[illegible]

이밧게法政과農業에關한것도數十校가잇스나、可히들만한것이업슴으로略하며、또大學과各種專門學校가아즉도만흐나、一一이다들지못하고、그中에도規模가적음이[illegible] 우리로[illegible] 學校의[illegible]

中國劇發達小史 (上)

李 允 宰

東洋에서 文明이 가장오래요 더욱이 우리와도 예로부터 思想上融通이 썩만이되엿다는 中國의文明곳中國學이란것을 研究함이 어느한편으로는 우리의文化的史實을 아는點에서 한補助物이될것이라한다 우리나라學者란 幾千幾百年來로 오로지 漢學에熱中하여 漢土의文物이라면 덥허놋코 그대로攝取하여 거긔에 莫大한中毒까지 밧아오면서도 그나라의 社會思潮라고는 익히아는者가 極히드믈엇다 이는 漢學者그들이 다만글그대로만 읽엇슬뿐이요 研究란것이 조금도 없엇기때문이다 過去는勿論 未來에도 한결가치 늘 精神的方面으로나 物質的方面으로나 그들하고 서로接觸되는일이 업지못할것이니 決코 中國學이란것을 凡忽에붓치고말수도업슬것이다。

一國의思想 文學 風俗 人情을表徵케되는것이 演劇일것이다 그럼으로 그나라의社會와民族에對하여 研究하려함에는 반듯이 劇그것을 내어노을수도 업슬것이다 中國劇이라하면 新劇과舊劇이잇다 新劇이란것은 아직幼稚한程度에잇서말할價値도 업지마는 가장發達된것은 舊劇이다 이것이모도 史劇과歌劇으로된것이기때문에 中國劇을 文學的으로 藝術的으로 말하기보다도차라리 歷史的事實이라할수잇다 그럼으로 東洋學을研究하는者로는 中國劇을 한번研究하는것이 한適好한材料가될가 한다。

이제 中國劇이 어떠한形式으로 變遷되여왓는지 史的으로考察하여본바로 그沿革源流를 簡單히 敍述하여 그發達된徑路를 대강이라도 알게하는것이 必要할줄안다 이에對하야 上古로부터 現代까지에이르는사이에 中國劇發達의時期를 아래와갓치 난훌수잇다。

一、中國劇의發生時代 漢以前의世

二、中國劇의漸盛時代 六朝—唐宋間

三、中國劇의極盛時代 元金—明淸間

四、新劇의勃興時代 民國以後의世

첫재로 中國劇發生부터 말하려함에對하야 어느때부터 劇이생기기 시작하엿는지는 자세히 상고할수업다 그러나 中國이 발서 四千年前부터 古詩歌가생기엇스며 그後로 차차 詩歌가 發達케되엿슴은 確的히아는事實이다 지금까지도 中國劇이 통이歌劇으로된것도 실상은 이까닭인것이다 그런즉 歌曲이생기자 劇도 이에딸아서 생기엿슴을 알수잇다 史記列傳滑稽篇가운대 優孟 優旃이라쓴것을 보리니 優字를 흔히 姓으로 보기쉬우나 실상 姓이아니요 俳優라는意味며 孟이라 旃이라는 것은 이름으로된것이다 그들의履歷을 대강 말하건대 孟은 楚國을섬기어 莊王을感悟케하며 孫叔敖의子를 救하엿다는 珍異한이야기써리를남기엇스매 지금까지도「優孟衣冠」이라면 劇을 말하는者가 흔히쓰는文字로되엿고 旃은 秦國을섬기어 別로 들어난事實이라고는 업스나 當時에 名聲이 錚錚한俳優인것은 알수잇는事實이다 孟이고 旃이고 다 有名한俳優로 응당 自己의作品인脚本도만이섯겟지만은 記錄이업슴으로해서 어떠한演劇을 하엿는지는 알수업스나 異常스런衣冠을 꾸미고 여러가지歌曲을부르며 滑稽風流로 演戲를지엇슴을 알것이다 優孟이 衣冠을着하고 主를諫하엿다는것으로써 現代戲劇의濫觴이라말하는者도잇다 孟과旃이 함께春秋時代의사람인즉 그쌔부터 발서 演劇이盛行하엿다함은 조금도 容疑할바가아니다。

梁人任昉의撰한책으로 述異記란데보면 冀州에는 蚩尤劇이란것이잇서 四五人이 서로 맛대여 頭上에 牛頭을부티고 량편이 함께怒吼하며 다툰다 는것이잇다 漢代에도 角觝劇이란것이잇는데 이를곳蚩尤劇의遺制라볼수잇다 三國時代에 吳將周瑜가 音律에精通하엿는데 그때에 曲有誤周郞顧라는말이잇섯슴으로해서「周郞顧曲」이라면 演劇에 絕好한代名詞처럼알아온다 周郞돌아본다는것이 別意가업는듯하되 何如間周瑜가 音律에精通하엿슬쌔는 歌曲도잘하엿슬것은勿論이요 딸아서 演劇에도얼마만한素養이잇섯슴을聯想할것이다。

中國劇이 漸漸 體裁를가초게되는쌔는 六朝時代라北齊의世에이르러는 무슨劇을하든지 반듯이 舞臺와背景을쓰게되엿다한다 그러나 이러한것은 오히려 眞正한 劇發達史의 한過程을作하엿슴에 不過할것이라한다。

唐의 玄宗쌔에이르러 朝廷에서 坐部伎의弟子三百人을뽑아서 梨園에모아두고 歌曲을가르치어 皇帝로서 이를 梨園弟子라命名하엿스며 또宮女數百人을宜春北院에두어 이도 梨園弟子라일칼엇다 斯道의奬勵를 이대도록하엿슴으로 아주 舊日의面目을고치게되여有名한傳奇라하는것이나서 中國劇의 한新紀元을劃하기에이르럿다 唐書禮樂志에「明皇旣知音律 又酷愛法曲……聲有誤者 帝必覺而正之」云云하엿스니 玄宗이 이미曲律을解하여 親히伶人을指導하는일까지잇섯던것을 보아도, 그쌔에 劇界가얼마만큼發達되엿슴을 살피어볼수잇다 白樂天의詩에「梨園弟子白髮新」이란것도 梨園子弟의特意의情狀을描寫함에 妙를得하엿다할것이다 詩聖杜甫의絕句「岐王宅裏尋常見 崔九堂前幾度聞 正是江南好風景 落花時節又逢君」으로써 有名한李龜年이야말로 梨園弟子의第一人임을알것이다 敎坊은 唐以後로 歷代가다仍用하더니 淸의世宗(雍正)쌔에 이르러 廢止되고 말앗스며 이가變하야 和聲署란것이設置하게되엿는데 이것이 곳 오늘날女優의濫觴이다。 唐代의傳奇를이여 宋代의「戲曲謳詞」도잇섯스나 이를奬勵할者가업슴으로해서 斯道가날로衰勢에赴하게될뿐아니라 宋代에는 羣儒들이 다토아가며 性理硏究에만沒頭하기쌔문에 閑文字갓튼것을弄하기에 겨를이업섯다。

中國劇發達小史〔中〕

李 允 宰

이러틋 一時 衰運에 들어잇던 中國劇이 金元時代에 이르러 漸漸 復興을 形하게되엇다。이時代에는 院本雜劇이란 모든 宮調가 잇섯다。——院本이란것은 行院의本이란말인데 金元人이 倡伎두는대를 行院아라하기때왜 그演唱하는 本을 일칼어 院本이라한다。——元來 雜劇의名稱인즉 宋代로부터 롯한것으로 그時 春秋佳節의三大宴에는 반듯이 各雜劇을 進하엿다는것을 宋史樂志와 東京夢華錄이란冊에 昭詳히 記錄됨을 볼것이다。그러고 또 當時 民間宴會갓흔데서도 이것으로써 賓客을娛樂케하는데 흔히 써왓다。

金代에는 絃索調란것이 잇섯는데 이것은 한사람으로서 琵琶를 타며 歌唱을하는것이요 이에딸아서連廂이란것도 잇섯는데 이것은 金人이 遼의大樂을 摹倣하여 지은것이라한다。이로써 비롯오 演劇의形을 備하엿다 할것이다。이러한劇에는 舞臺가잇스며 樂器로는 琵琶, 笙, 笛갓흔것을 쓰며 男役者를 末이라하고 女役者를 旦兒라하며 歌曲도 잇고 台詞도 잇섯다。아마 이것이 男女合演을 한갓인게지?——이에 부치어말할것은 男役者가 女形으로 演하기가 唐代를 가장 먼첨이라할것이다。要컨대 도대톄 中國劇의 組織이 아주完成되기는 金代부터라할것이다。그래서 元代에 이르러 가장 發達을 보게된것이다。

金元時代에 流行되는 時曲은 둘로 난호아 北曲과南曲이라한다。이北曲과 南曲의 來源이 어떠냐하면 金과元이 다 塞外에서 들어와 中原땅을 차지하여 中國에 主人이된後 政治는勿論, 一般 風俗 習慣까지도 다 그들의 즐기는바를 崇尙케되엇다。그럼으로 그들은 본래 嘈雜凄緊한 胡樂을 즐기던터임으로 中國固有의詞갓흔것이 의레히 그들의 귀에 서틀엇켯다。그러기때문에 胡人들 듯기에 조흔 新曲을 지엇스니 이것이곳 北曲이요 이것만으로는 또한 南方사람에게 실혀하는바가 닛으로 달리 또 新體를 變하여 지은것이 곳南曲이다。이두가지의 新曲이 當代에 盛히 流行하엿다。이제 暫間 北曲과 南曲의 서로 다른 點을 比較하여보리라。

	北曲		南曲
	北曲의 特色은 勁切雄麗하다。		南曲의 特色은 淸峭柔遠하다。
北─	北은 字數가 만고 調는 促促한데 眼을 볼수잇다。	南─	南은 字數가 적고 調는 緩緩한데 筋을 볼수잇다。
	北은 辭情이 만고 聲情이 적다。		南은 辭情이 적고 聲情이 만다。
曲─	北의 力은 絃으로。	曲─	南의 力은 板으로。
	北은 和唱하기에 適宜하다。		南은 獨奏하기에 適宜하다。(王元美 魏叔子兩氏의說에據함)

王實甫의 西廂記는 北曲의 開山이요 高則誠의 琵琶記는 南曲의 鼻祖라할것이다。王氏고 高氏고 다갓치 元代(高氏는 元末사람으로 明初에 죽엇는데이를 明代의 作家로 치는사람도 잇지마는) 의사람이다。그러고 元人의 만든作曲으로 그數가 千餘에 不下하여 이밧게 지금 傳하지 못하여 알지못하는것도 五百餘種에 미치엇스니 이만보아도 當代에 藝術이 얼마나 發達되엿슴을 알것이다。雜劇의種類도 甚히 만앗스나 그볼만한것은 대개「元曲百種」(明代의臧晉叔이編한것)에 실이어잇섯다 曲界中에 巨擘이되엿다。그러나 이百種以外에도 오히려 幾多의 名作이 잇섯겟지마는 이루다搜羅하려고 들면 여간困難이안일것이다。얼마前에 日本 京都大學에서 刻版한 元曲十餘種이 잇섯는데 이것은 그百種中에서 볼수업는 아주貴한것이라한다。金人의作으로는 董解元의 西廂을 除한外에는 別로 볼만한것이업다。그리고 現時 中國劇의 脚本은元曲으로된것이 不少하여 그와서로 떤으례야 떤을수업는 密接한關係가잇다。 元代의 俗文學 發達에 對하여는 여러學者들의 觀察하는點이 各히 다르나 日本에 有名한 學者로 笹川氏의 말에 依하면 아래와갓치 몃가지 理由가잇다。(一)朔北의 野人이 硬文學엔 맛들이지 못한까닭(二)元人은 근본 樂을 즐기는 癖이 잇는까닭(三)思想의 一轉化로인까닭 (四)當世에 幾多의 不遇者들이 그不平을 此間에 삭히어버리는 까닭 等에因함이라 한다 이를가장 適當한 觀察이라한다。 明代에 와서도 또한 多少의 傳奇、雜劇의 作品을 出함이 잇섯지마는 曲으로서는 南北調를 混沌하엿슴으로해서 종두리채인종 古調를 잃어버리고 맛첫다。그後 晩明에 이르러는 各히 地域을따라 腔을 난호게되엿스니 江西地方에서는 弋陽腔이란것이 나서 南京、湖南、福建等地에 流行되고 會稽에서는 餘姚腔이란것이 나서 常、潤、池、太、揚、徐等各地에 流行되엿스며 海鹽腔은 嘉、湖、溫、台等地에 流行되고 吳에는 崑腔이낫다。이를보면 明代에는 새作品이 그리만히 난것이아니요 다만曲의變遷이 잇섯슴을 알것이다。(續)

中國劇發達小史〔下〕

李允宰

中國劇發達의 二大紀元으로하여 元과淸으로 칠것이다。元代에서 그種目이 만흔것만큼 淸代에는 그體裁가 더욱完全히 갓초앗다할것이다。淸代에 戱曲上大傑作을出한것도 만핫다。이를 다 들어말할수업스나 何如間 이에 特筆할것은 歌劇的 現中國劇은 온전히 이時代에서 大成이라할것이 다。이는 當時碩學 提撕라는 劇家의힘이라할것이나 其實은當時의政府、더욱이 皇室에서 온전히 奬勵하엿슴에 잇다할것이다。英明한君主로 乾隆帝갓흔이는 宮中에다가 四大徽班이라는 劇社를 設置하고 斯道의 改善을 圖하엿스니 의례히 發達進步를 極하엿슬것이다。

淸朝時代에 생긴 有名한劇曲으로 二簧、西皮의調가잇다。二簧、西皮 이兩種을 合稱하여 皮簧이라도하나니 荊楚記에는 이를 湖北省 黃陂、黃崗에서 생긴 一種의 曲이라하엿다。이에對하여는 자세히 말할 겨를이 업스나 대개로 二簧의 一種만해도 얼마 變遷으로 되엇다한다。이것이 근본湖廣調(湖廣은 湖南、湖北兩省을 이름)이던것이으로서 徽腔(徽는 安徽省을 이름)하고 合하여 北京에 流行되더니 차차 變하여 京調가 되고 또 衛調가 되엇다。이는 대개 地方俗語로 因하여 이러케 變化된것으로 안다。京調는 卽北曲이니 西皮와 二簧으로 되어 淸朝에서 오는날까지 이르는동안 劇界에서 가장 큰勢力을 占하여잇다。秦腔(秦은陝西를이름)은 湖廣腔(襄陽腔) 徽腔(樅陽腔)과 함께 弦索(元人院本의後에 曼綽、弦索이란 二種의戱曲이잇슴)으로부터 나온것으로 地方을따아 이러케난호아진것이다。秦腔은 陝西의調인데 唐宋元明以來로 音은 依然히 가탓다 한다。——竹木을 使用하여 樂을節한故로 俗에 梆子라 이른다——어떤이는 秦腔을 옛적에 直隸에서 생긴것이라하는데 옛적 荊軻가燕太子丹을 爲하여 秦始皇帝를 刺殺하려고 西으로 向할제 易水에 이르러 祖道의席上에서 筑을 和하며 노래하던「風蕭蕭兮易水寒、

壯士一去兮不復還」이라는 古詩야말로 지금의 秦腔이 아니던가 하는者도 잇지만 어찌 足히 取信할바이랴。崑腔은 淸朝에서 잘 流行되는것으로 各地의曲은 엇던것이고 다 崑腔에서 난호아진것이라해도 可하다。崑腔은 弋陽、海鹽等 故調를 變하여된 것이며 絃板、定眼의調를 使用한다。

辛亥革命以後 社會一般制度가 크게 變遷하엿나니 時代의 趨勢에 조차 俳優된者의 人格尊重을 注重케되엿는데 像姑와 가튼 賤業의 廢止가 特例일것이요 前淸時代에는 婦女의 觀劇까지도 嚴禁혓거늘 國體一變과함께 女優를 作出하기에 이르럿슴은 懸殊한 事實이다。그리하야 新劇의 勃興은 더욱 이時代에 特記할만한것의 하나이다。新劇에 至하여는 그勃興이 아직 日淺하매 幾千年의 오랜 歷史를 둔 舊劇에比하야 서로言論할수 업게된다。

마지막으로 現代 中國劇으로 各劇場에서 가장만히 興行되는 劇의 幾種을 아래에 적어서 讀者의 한 參考에 供코저하노라。

劇名	別稱	劇歌	人物	時代	地方
桑園會	秋胡戱妻、馬蹄金、辭楚歸魯	西皮	秋胡、靑衣、柯氏	周	山東兗州府
文昭關	一夜白鬚	二簧、西皮	伍員、東皐公、皇甫訥、米南适	春秋	安徽廬州附近
魚腸劍	子胥救吳、吹簫乞食	二簧	伍子胥、專諸、牛二、闔閭	春秋	江蘇蘇州府
浣紗記	子胥投吳、蘆中人	西皮	伍員、漁師、洗濯女	春秋	江蘇蘇州府
八義圖	搜孤救孤、程嬰捨子	二簧	程嬰、公孫杵臼、屠岸賈	春秋	山西太原府
黃金台	田單救主、搜府盤關、樂毅伐齊	二簧	田單、齊太子、伊立、田夫人	戰國	山東靑州府
孟母三遷			孟子、孟母其他	戰國	山東兗州府
博浪椎			張良、滄海力士其他	秦	河南開封府
宇宙峯	金殿裝瘋	西皮、二簧	二世胡亥、趙高、趙娘	秦	陝西西安府
盜宗卷	興漢圖、樊宗卷		張蒼、陳平、田子春、張秀玉	西漢	陝西西安府
昭君出塞			王昭君、胡人其他	西漢	蒙古
上天台		二簧	光武帝、姚期、郭后、姚剛	東漢	河南河南府
戰蒲關	吃人肉、殺妻犒軍	二簧	王霸、徐艶貞、劉忠	東漢	河南河南府

轅門射戟	奪小沛	二簧、西皮	呂布、劉備、紀靈、關羽、張飛	東漢	河南河南府
逍遙津	搜詔逼宮	二簧、西皮	獻帝、曹操、伏后、曹妃、穆順	東漢	河南河南府
捉放曹	陳宮計、中牟縣	西皮、二簧	陳宮、曹操、呂伯奢	東漢	河南中牟縣
白門樓		西皮	呂布、貂蟬、陳宮、張遼、曹操、劉備其他	東漢	河南河南府
打鼓罵曹	群臣宴	西皮	彌衡、曹操、張遼、孔融	三國	河南河南府
取成都	石伏岩		劉璋、劉玉、王累、劉備、諸葛亮	三國	四川成都府
戰北原	斬鄭文	西皮	諸葛孔明、鄭文、假秦娘	三國	甘肅鞏昌府
群英會	蔣幹中計、諸葛借箭	西皮	周瑜、諸葛亮、曹操、蔣幹、魯肅	三國	江蘇江寧府
定軍山	老將得勝、取東川	西皮	黃忠、諸葛亮、劉備、嚴顏	三國	四川?
華容道		西皮	關羽、曹操	三國	湖北武昌府
柴桑江	孔明吊喪	二簧、西皮	諸葛亮、魯肅、趙雲、周循、龐統、張飛	三國	江西九江
祭長江		二簧	孫尙香、宮女	三國	江蘇江寧府
天水關	初出祁山、取三郡	二簧、西皮	劉禪、諸葛亮、姜維、趙雲、馬遵	三國	四川天水縣
七星燈	孔明求壽	二簧	諸葛亮、司馬懿、姜維、魏延	三國	甘肅鞏昌府
七擒孟獲			諸葛亮、孟獲	三國	雲南瀘江
空城計	扶琴退兵	西皮	諸葛亮、司馬懿、趙雲、司馬師、司馬昭	三國	四川成都府
桑園寄子	黑水國	二簧	鄧伯道、鄧伯倹의 遺妻	晉	河南陜州府
賣馬	當鐧賣馬、天堂州	西皮	秦瓊、王老好、單通、王伯黨、謝雲登	隋	山東歷城縣
紅鸞關	伯黨招親、替天報仇	西皮	辛文禮、東方氏、丫環、王伯黨	隋	未詳
紅拂記			李靖、李世民、紅拂、蓋蘇文	隋	江蘇揚州府
取帥印			唐太宗、秦瓊、秦懷玉、程咬金、尉遲恭、徐勣	唐	陝西西安府
獨木關	薛禮歎月	西皮、二簧	薛禮、張士貴、安殿寶、何宗憲、張志龍	唐	直隷?
貴妃醉酒	百花亭	二簧	楊貴妃、高裏兩力士、宮女	唐	陝西西安府

劇名	別名	曲調	人物	時代	地點
徐策跑城	薛剛反朝	二簧	薛蛟、紀鸞英、薛剛、徐策、薛魁	唐	陝西西安府
法場換子		二簧	徐策、徐夫人、張泰	唐	陝西西安府
雙獅圖	擧鼎觀畫、薛咬頒兵		徐策、薛咬、學僕	唐	陝西西安府
探寒窰	母女會	西皮	王陳氏、王寶川	唐	陝西西安府
彩樓配		西皮	王寶川、薛平貴	唐	陝西西安府
五家坡	平貴回窰、跑坡	西皮	薛平貴、王寶川	唐	甘肅?
趕三關		西皮	薛平貴、代戰公主、莫老將、馬達、江海	唐	甘肅?
落花園	杏花和番、二度梅	二簧、西皮	陳杏元、鄒令嬢、鄒夫人	唐	山西鴈門關
淸官冊	陞官圖、提寇陰審	二簧	寇準、八賢王趙德芳、潘洪其他	宋	河南開封府
瓊林宴	打棍出箱、黑驢告狀	二簧	范仲淹、文登雲	宋	河南開封府
探陰山		二簧	包拯、油流鬼、柳金蟬	宋	河南開封府
斷太后	趙州橋、天齊廟	二簧	李后、包拯其他	宋	河南開封府
打龍袍		西皮	仁宗、包拯、李后、王延齡、陳琳	宋	河南開封府
烏龍院	坐樓殺惜	二簧、西皮	宋江、閻婆惜、張文遠	宋	鄆城縣
打魚殺家	慶頂珠、討魚稅	二簧	阮小五、李俊、倪榮、桂英、丁員外、郭先生	宋	梁山泊
翠屛山	殺嫂投梁	梆子、西皮	楊雄、潘巧雲、海闍黎、石秀	宋	直隷薊州
三娘敎子		西皮	王春娥、薛保、薛倚	宋	江蘇鎭江
奇寃報	烏盆計、定遠縣	二簧	張別古、劉世昌의死魂、趙大、包公	宋	湖北南陽
借宋鑑		西皮、二簧	岳飛、宋砒狀、金人等	宋	直隷順天府
獨占花魁		二簧	王瑤琴、春仲、妓女王九媽	南宋	浙江杭州府
紅鸞禧		西皮	莫稽、玉奴、金松	南宋	浙江杭州府
轅門斬子	白虎堂	西皮	楊延昭、楊宗保、穆桂英、余太君、孟良	南宋	山東穆柯寨
四郎探母	四盤山	西皮	楊四郎、鐵鏡公主、余太君、楊六郎	南宋	蒙古

李陵碑	蘇武廟、兩狼山	二簧	楊繼業、楊七郎、楊六郎、楊宗保、耶律休	南宋	山西大同府
洪羊洞	孟良盜骨、三星歸位	二簧、西皮	楊繼業의死魂、楊六郎、楊宗保、八王、孟良	南宋	山西大同府
硃砂痣	行善得子	二簧	韓員外、江乡姣、吳惠泉、丑旦	南宋	四川成都府
斬黃袍	斬鄭恩	二簧	趙匡胤、鄭恩、苗順、韓素梅、韓龍、其他	五代	河南開封府
忠孝全	斬秦洪、金鰲島	二簧、西皮	秦季龍、秦洪、王振	明	山東
梅龍鎭	遊龍戲鳳、下河南	二簧	武宗帝、李鳳姐	明	山西大同府
大保國	忠心保國、李氏篡位	二簧、西皮	李艶妃、李良、徐延昭、楊波	明	江蘇江寧府
三疑計	拾繡鞋	二簧	李月英、唐寅、唐子其、王先生、翠花	明	江蘇江寧府
南天門	曹福登仙、廣華山	西皮	曹玉蓮、曹福其他	明	山西大同府
牧羊巻	席棚會妻、雙槐樹	西皮、二簧	朱春登、朱春科、春登의母、趙錦棠	淸	山東
四進士		二簧、西皮	毛朋、楊素貞、楊春、宋士杰、宋의妻其他	淸	河南上蔡縣
女起解	蘇三起解、玉堂春	秦腔	蘇三……玉堂春其他	淸	山西太原府
小放牛	杏花村		村女、牧童	淸	直隷北京
新安驛	女強盜		殺人酒稼의娘、其母李氏、雞雁、趙美容	淸	江蘇新安縣
小上墳	祿祿祭歸		劉祿村、蕭素貞其他	淸	山東即墨縣

—(完)—

5

역사기행, 지리

南漢山城遊記 (上)

桓 山

上ㅅ달 열하로날이다。開天節을 지난 지도 이럭저럭 一週日이다。한배님을 追慕하는 지극한 정성이 없는 탓으로 멀리 不咸山 阿斯達山까지 巡禮는 못 가나마 近畿의 史蹟이라도 한번 더듬어 보는 것이 가장 意味있을 일로 생각하였다。北漢에 오르랴 南漢에 오르랴 혼자서 몇칠을 두고 벼르기만하다가 偶然히 어날에 同好人 六堂·天風·曉蒼·夢隣·曙海·又熏·경묵·나 모도 八人으로서 南漢山城의 探勝客을 지었다。

× × ×

때가 小春節候요 요새에도 얻기 드믄 清明한 日氣다。떠날 때가 정낮이 훨신 지났건마는 쬐는 볕은 오히려 길것는 사람으로 하여끔 더움을 느끼게한다。天空에는 十五六隻의 飛行機가 마치 잔자리 모양으로 떼를 지어 날아다닌다。나는 이렇게 많이 뜬 飛行機은 처음 보았다。이것이 日本 軍隊에서 무슨 紀念인가한 끝에 演習飛行을 하는 것이라 한다。電車로 自働車로 津船으로 徒步로 下午三時를 지나 松坡 장거리까지 닿았다。

× × ×

거기서 참대고 걸음을 재촉하여 안직도 十里나 더 가야할 南漢山의 바로 山밑턱(여기서 山城까지가 五里라 하나 山ㅅ길임으로 十里를 잡음)에 이르니 해는 이미 西ㅅ녁재를 넘어가고 달이 두렷이 中天에 달리었다。끌작이로 흘어내리는 시내ㅅ물 소래를 들으면서 한시가량이나 읊아 至和門(廣州南門)에 이르다。古色이 蒼然한 城堞과 樓門은 依然히 그대로 있어 달ㅅ그림자에 한층더 빛을 돌어 내는듯하다。이렇듯 純然한 朝鮮의 옛情調를 對할 때에 새삼스러운 感想이 일어나 보고 볼쓰록 사랑스럽기 그지없다。멀리 바라보는 夜景도 그럴듯하다。

× × ×

읊아와보니 豫想보다는 그리 險峻한 山은 아니다。그래도 예가 옛날 우리의 한창 時節에 要塞으로 有名하였고 丙子

胡亂 같은 때에 淸兵 十萬의 힘으로도 能히 이 城을 빼지 못하였던 일을 생각하여서는 南漢山城이라 하면 사람이 좀처럼 오르기 어려울만한 險惡한 곧으로만 녀기어왔던 터이다。山城 밖에서 보면 鐵壁을 깎아 세운듯한 우뚝 솟은 山峯이던 것이 山城 안에서 보면 數千戶를 可容할 平闊한 市街다。어떻던 形勝地로 이를만한 곧이다。一行은 거리로 달려가 旅館에 投宿하다。

× × ×

오늘도 如前히 날시가 溫和하다。아홉시 좀 지나서 古蹟을 찾아보려 나섰다。旅館 主人 李景來氏는 고맙게도 우리를 위하여 길인도로 나선다。그는 나이 六十이나 되어보이는데 自己 當代뿐 아니라 七代로 이곧에 世居하였음으로 이 山城의 來歷에는 퍽 嫺熟하다。지난밤에 六堂 崔南善氏의 南漢山城에 關한 歷史이야기가 있어서 參考의 材料를 많이 얻은 우에다 오늘 또 이런 適好한 案內者를 얻음을 더욱 幸으로 알았다。

× × ×

먼저 西將臺에 오르자하여 길 서쪽으로 나서니 높고 낮은 밭ㅅ언덕은 모도 예전의 집터라 한다。往時 牧使 留守守禦使 總攝이란 長官들이 이 城을 직히고 있었을제는 民家二千餘戶나 되는 大邑이었으나 時勢의 變遷으로 그것이 다 廢하였고 그나마 얼마前에 또 郡廳以下 모든 官衙까지 慶安面으로 옮아간 後로 여긔는 자꾸 荒廢하여가서 지금은 人家가 겨우二百餘戶밖에 아니된다 한다。길엽 荒草속으로서는 留守兼守禦使 某某去思碑라고 새긴 數十個의 碑石만 우뚝우뚝 서있어 오히려 옛일을 말하는듯하다。

× × ×

가다가 옳은편쪽 좁은길로 들어서서 조곰가니 여긔는 百濟의 國祖 溫祚於羅瑕를 모신 崇烈殿이다。幾百年 이르도록 사람손이라고는 대본 적이 없었던지 墻垣은 崩壞되고 殿宇는 頹落하여 모도가 滿目悽然한 光景뿐이다。만일 大成殿이나 關王廟 같았더면 決ㅎ고 이렇게 하여 두었을 리가 萬無하였을 테지。말들으니 어제야 막 郡吏 數人이 와서 이를 修理할 뜻으로 돌아보고 갔다 하니 멀지아니한 때에 반듯이 奐然更新할 것을 믿는다。殿 안에 들어가서 「百濟始祖溫王之神」 앞에 절하다。

× × ×

여긔에서 나는 二千年前적의 알울생각하였다。거룩하시도다 溫祚於羅瑕。아아 當年 高句麗 帝室에서 容納되지 못한 몸으로써 苟且히 人下에 屈하여 無意味하게 一生을 지내는 이보다 차라리 나의 素志 그대로를 한번 發揮하여 가장 光輝있고 價値있는 生涯을 지어보리라는 큰뜻을 세워서 親兄 沸流 및 近侍 몇사람으로 더불어 奮然히 南녁땅으로 내려와서 여긔에서 建邦設都하여 七百年의 빛난 歷史를 드리우게한 그 雄圖壯畧을 못내 欽仰하노라。

× × ×

溫祚王께서 도읍한 河南慰禮城은 稷山이라 혹 廣州라 하여 잘 상고하기 어려우나 어제 六堂의 考證한 바를 듯건대 慰禮의 語源이 「울이」니 이것이「얼」「알」과 共通되어 神聖이란 뜻이라。옛적에 國都 가까운대 있는 江河의 이름은 모도 이 語源이 있음을 앎지니 高句麗의 淹㴲水、鴨綠江、百濟의 阿里水(漢江의 古名) 新羅의 알내(곳 閼川)等을 보아 의심 없고 또「알」이 神聖이라 함을 따져보면 新羅 南解王 때에 神宮의 職인 무당을 阿老라 한 것으로써 족히 證明된다。그런즉 慰禮城 곳 울이城은 神聖城일찌며 또 廣開大王 碑文에 漢江을 郁利江이라 하였는데 郁利와「울이」가 近音으로 漢江이 울이江 곳 慰禮江이니 百濟의 도읍이 漢江 近處임은 이로써 앎것이요 뒤에「한울」의 語源으로 漢山이 되고 또 北漢山의 對稱으로 南漢山이된 것이라 한다。

× × ×

崇烈殿의 東廡에는 完豐府院君總戎使 李曙公을 配享하였다。公은 仁祖二年에 總戎使로 이끝에 있어서 八道 僧軍을 召募하여 山城을 쌓은 일이 있었으며 또 仁祖께서 이리로 蒙塵하시었을 적에도 이 城을 직히고 있어서 東門으로 犯入하는 敵兵三百을 鏖殺한 奇功이 있었다 한다。特히 이 殿에 配享하게된 것은 溫祚王께서 仁祖께 現夢하되『李曙를 내게 侍臣으로 보내어달라』하였는데 그날밤으로 곳 公이 殞命하였음으로 命하여 여긔에 配享하라 한것이라 한다。公은 살아서 나라를 守護하였고 죽어서까지 於羅瑕를 모시는 그 忠勤을 우럴어 사모하지 아니할수 없다。

× × ×

거긔서 松林속으로 들어서서「눈씻는물」이라 하는 藥泉에 다달아 눈을 씻고 山동성이에 오르니 높이 두어길 넓이 서너간 되는 큰 바위가 있는데 한 面에는 무슨 글ㅅ자를 새긴 것이 있으나 風磨雨洗로 字樣은 희미하여 알아볼수 없고 그 모양이 꼭 屛風처럼 생기었다 하여 屛風岩이라 이름한다。여긔서 城堞을 끼고 멀리 漢陽城을 指點하면서 西將臺에 올았다。(續)

南漢山城遊記 (下)

桓 山

오르려던 西將臺에 올랐다。近處 모든 山들이 다 내려다보이듯하다。그러나 여기가 특별히 높아서 그런 것은 아니다。紅塵萬丈裏에 埋頭沒身하던 이몸으로 예만 한번 올아보아도 얼마로 心神이 爽然한지 形言할수 없다。여기가 山城서 제일 높은 끝으로 날씨만 좋고 보면 漢城은 물론이요 仁川 近海까지 眺望할수 있는 끝이라 한다。그러나 꽁교히 이날은 아지랑이가 끼었음으로 하여 遠景을 바라보지 못함을 여럿은 모도 遺憾되는 일이라고 말한다。

× × ×

西將臺의 집은 방금 重修하는 중이다 數百年 옴으로 風風雨雨에 집이 많이 頹落하여 그대로 두면 뒤에는 아주 문어지고 말아서 다시는 이 歷史的 紀念物을 얻어볼수 없을 것을 아까워하는 城內 몇분 有志의 發起로 그곳 住民들에게 巨額의 金錢을 募捐하여 이 西將臺로 爲始하여 여러군대의 古蹟을 一一히 重修하게 된 것이다。이렇게 歷史를 愛好하는 마음으로 民間으로서 이러한 事業을 하는 그 誠意에 크게 感服하였다。그러나 다락우에다 四面에 壁을 만들고 琉璃窓을 달아서 마치 예전 公廨로 郡廳이나 面事務所 만들듯한 것은 古蹟이라고 보기 좀 어려운 것이다。

× × ×

樓에 오르니 눈에 언뜻 보이는 것은 「無忘樓」라고 새긴 懸板이다。이것은 仁祖께서 命名한 것이라는데 무엇을 잊지 말라는 뜻인가。二百九十二年 前 丙子의 겨울에 大駕가 倉皇히 이곳에 다달아 四十五日이란 支離한 날을 敵에게 包圍되어 許多한 艱苦를 맛보던것、最後까지 孤城을 死守하다가 衆寡難敵으로 필경 敵에게 城下盟을 맺어 千古 歷史우에 씻지 못할 汚點을 물들인 그 徹骨의 恨、子孫 萬世에 행여 이를 잊을세라 하는 紀念의 文字일 것이다。나는 이를 볼때에 未嘗不 懷古를 禁ㅎ지 못하였다。

× × ×

淸兵 入寇에 대하여 별로 말하고싶지 아니하지마는 이에 이르러 한번 當年을 追想하지 아니할수 없다。淸太宗은 朝鮮

이 예전 盟約을 破壞하였다는 것을 理由로 하여 十三萬군사를 거느리고 十二月九日에 鴨綠江을 건너 열흘이 못되어 漢城에 肉薄하였다。朝廷은 이를 防禦할만한 準備가 없었다。仁祖께서 不得已十二月 十四日로서 南漢으로 蒙塵하였다。清兵은 十六日붙어 山城을 包圍하고 開城을 재촉하였다。城中에 守備하는 군사는 一萬二千名에 不過하고 粮米가 一萬四千三百餘石、醬이 二百二十餘甕인즉 이것으로써 五十日은 可히 버텨갈수 있었다。御前에서는 每日 主和派와 斥和派의 爭論이 있었으나 필경 百計無策으로 和約하는 것으로써 解決되어 翌年正月 三十日에 開城하는 不得已에 이르렀다。

× × ×

어제까지도 兄弟의 誼로써 지내던 朝清兩國의 關係가 오늘에 一飜하여 君臣의 禮로써 보게되는 것이야말로 한 劇的 變化라고 보지 아니할수 없다。대저 清國으로말하면 본대 古朝鮮의 遺族(女眞族)으로 檀祖의 舊疆인 滿洲에서 掘起한 金國의 後身이어늘 民族的 關係로 본다면 맞당히 그와 한가지 提携함이 있을찌요 또 清國은 新興帝國으로 東征西伐에 그 氣勢를 당할이 없고 더욱이 우리와 接界하여 있으니 國際的 關係로 보더라도 반듯이 그와 憾情을 傷할 까닭이 없을 것이 아닌가。何必 우리와 아무 血緣의 關係도 없고 또 極度의 衰敗로 인하여 亡하기만 기다리고 있는 明國만 기어히 支持하려다가 마침내 이와같은 꼴을 보게 됨은 그 무슨 心事이었던고?

× × ×

將臺의 西편쪽으로 한 神堂이 있으니 곳 清涼堂이다。여기는 南漢山主神李天王과 南漢城隍夫人 兩位를 모신 대다。李天王은 누군고 하니 高麗 恭愍王 朝의 사람 李晦라는데 그는 廣州留守로 三十六年間 여긔에 있어서 治蹟이 매우 들어났으며 또 이 山城을 쌓기로 시작하여 役費에 自己의 家産을 蕩盡까지 하고도 不足하여서 그 夫人이 백성의 집마다 찾아 다니면서 錢穀을 求乞하여다가 役費에 보태어 이러구로 長久한 歲月을 허비하여 畢役을 하였다한다。나라에서 이러한 功勞를 생각하여 주기는 姑捨하고 어떤 幾臣이 構陷으로 死刑에 處하였다 그 夫人은 江華로서 돌아오다가 公의 受刑하였다는 말을 듯고 또 漢江에 몸을 던지어 죽었다 한다。이 神堂은 이끝 巫

硯돌이 직히고 있는데 神堂 치고는 이렇게 깨끗하게 된 것을 과시 처음 보는 것이다。

× × ×

將臺의 앞에 한길쯤 되는 바위가 있는데 이것을 매바위(鷹巖)라 이름한다。 그 매바위인 來歷을 들으니 우에 말한 南漢山 主神 李晦公이 이 將臺 앞에서 斬刑을 당하였는데 公이 刑場에 다달아 泰然自若하여 하는 말이 『내가 平生에 나라를 위하였고 백성을 사랑하였은즉 惡이 없도다。 이제 내가 죽은들 무엇이 恨되리오。 내 마음을 하늘이 아시리니 죽은 뒤에 반듯이 證據가 있으리라』하였다。 목을 베니 갑작이 왼 天地가 캄캄하여지며 목으로붙어 매(鷹)가 한마리 날아나와 이 바위 우에 기뜨리었는데 그 자리에 매의 발자욱이 박이었음으로 바위의 이름은 매바위라 하였고 뒤에 清國 乾隆帝가 사람을 보내어 그것을 떠갔다는 傳說이 있다。 바위 우에 옳아서 보니 매의 발자욱 떠갔다는 자리에는 한자 기장 되는 長方形의 홈이 파이어 있다。

× × ×

거긔서 내려오다가 兄弟井 맑은 물에 목을 축이고 玉翠亭 옛터에 앉아서 옛날 이야기를 한참 하다가 발끝로 라서 내려오니 지금은 터만 남은 宗廟·行宮(仁祖臨御處)·宣化堂(留守治所)·坐勝堂·耳明亭은 모도 桑田으로 化하였고 다만 破瓦殘礎가 여긔저긔 헐어지어 있을뿐이나 當年 繁華하던 자최를 想見하게 된다。 그리로서 街路를 지나 演武館에 갔다。 여긔는 예전 武士들이 武藝를 익히던 대、첨아 끝에 鳥雀의 지저귀는 소리만 들릴뿐이다。 바로 뒤는 예전 氣勢堂堂하던 廣州判官의 있던 곧이라 하나 주초ㅅ돌 하나도 구경할수 없다。

× × ×

거긔서 地水堂이라 하는 亭子에 가서 疲困한 다리를 쉬고 顯節祠에 이르렀다。 여긔는 예전사람들이 그 大義名分을 놀랍게알던 三學士를 모신 곧이다。三學士라 하면 丙子의 變에 向明排金하던 그 豪氣로 마지막 犧牲까지한 斥和臣 洪翼漢·尹集·吳達濟로 다 않다。 三學士의 斥和를 主張하던 근본 뜻이 무엇인가。 과연 순전히 나라를 사랑하는 熱情에서 나옴이었던가? 오로지 明國을 嚮慕한 精誠에서 나옴이었던가? 이에 對하여는 區區히 論難을 하고저 아니하며 다만 그 죽음에 다달아도 變節하지 아니하고 오직 그 主義에 貫徹한 壯한 뜻만은 感服할 일이라고 아니할수 없다。

× × ×

旅舍에 돌아와 점심요기를 맛있게 하고 一行은 그 끝을 떠나 발길을 돌리나

때는 下午二時。들에는 벼ㅅ가리가 무덕무덕 城을 쌓았고 집집이 집장에 한창 바쁘다。松坡에 이르러 좁은 밭길로 들어서 세밭나루(三田渡)밭가운대 우뚝 서있는「汗이碑」를 보았다。이것은 꾀큰 碑로 우에는「大淸皇帝功德碑」라는 篆書요 아래는 蒙·滿·漢 三國文으로써 한껏 卑屈한 文句를 새기었다。여긔가 예전 우리 仁祖大王께서 屈辱을 밭던 이른바 受降壇 자리로 淸太宗의 强迫에 못이기어 이것을 세운게 된 것이다。무슨 큰 자랑인듯이 乙未以後 오늘까지도 잘 保存되어 있다。파연 夕陽에 지나는 客이 눈물 겨워할뿐이로다。거긔서 扁舟를 띄어 漢江을 거슬리어 두時間만에 둑섬에 대이고 自動車를 몰아 밤 九時에 집으로 돌아왔다。이번 南漢 놀음은 썩 愉快하였다。 (끝)

漢城史蹟 (1)

城壁의이야기

紅峴學人

헐릴대로 다 헐리고 지금은 겨우 허만 남게된 漢陽의 동웁을 빅 두른 그 雄偉를 자랑하던 漢陽의 城壁은 그래도 이왕 우리 國都에 保障이 되어 都內의 백성과 休戚을 한가지하며 波瀾重疊한 五百年이란 진 歷史를 겪어 왔읍니다。우리가 이제 한번 옛날을 追憶하매 미상불 感慨가 없지 못합니다。

李太祖가 革命을 일으키어 高麗朝를 엎어버리고 舊都 開城에 그대로 눌어있는 것이 좀 재미 없는 것으로 알아 처음에는 도읍을 鷄龍山에 옮기려다가 反對하는 자가 있는 고로 여러가지로 의론한 끝에 漢陽으로 정하게 되었읍니다。그래서 太祖 五年(五百三十三年前) 正月불어 이 城을 쌓기 시작하였으나 단번에 다 마친 것이 아니요 兩回에 亘하여 완전히 畢役을 한 것입니다。여기에 얼마나한 時日과 얼마나한 役軍이 들었느냐 하면

第一回 (正月十九日불어 二月二十八日까지) 三十九日間 役軍 十一萬八千七十人

第二回 (八月六日불어 九月九日까지) 三十四日間 役軍 七萬九千四百八人

合計 七十三日間 十九萬七千四百七十八

役軍은 모도 民丁의 賦役으로 하기 때문에 食糧 밖에 삯돈을 줄 必要가 없었고 時期도 兩回가 다 農閒期를 利用한 것입니다。役事하는 區域은 千字文 글자의 順으로 하여 天ㅅ字에서 吊ㅅ字까지 모도 九十七區로 난우었으며 每字 사이는 營造尺으로 六百尺씩을 정하였읍니다。그러고 이것을 모도 五區에 난우어 每道에 각기 一區씩 맡기어 일하게 하였읍니다。

(一)天ㅅ字↓日ㅅ字 九字(北岳의 頂點에서 肅靖門附近까지) 東北面

(二)月ㅅ字↓寒ㅅ字 八字(肅靖門에서 舊東小門附近까지) 江原道

(三)來ㅅ字↓珍ㅅ字 四十一字(舊東小門에서 南山蠶頭岩까지) 慶尙道

(四)李ㅅ字↓龍ㅅ字 十五字(南山蠶頭岩에서 現京城中學附近까지) 全羅道

(五)師ㅅ字↓吊ㅅ字 二十四字(京城中學後面에서 北岳頂上附近까지) 西北面

東北面은 지금 咸鏡道요 西北面은 지금 平安道를 이름입니다。天ㅅ字를 北岳 딱다기에서 시작하여 東으로 돌아서 가게 되며 各區域의 갈피마다 郡名 役名을 사기어 혹 不備한 個所가 있을 때는 몇번이라도 고처 修理하게 하였읍니다。그 周圍는 얼마나 되느냐 하면 東國輿地勝覽에 城廓周圍가 九千九百七十五步라고 적히었읍니다。이를 換算하면 一萬七千九百二十二米突요 朝鮮里數로 四十里가 相當합니다。周圍全體가 딱 正圓形으로 되지 아니하고 南北이 좀 길하게 된 모양이니 南北의 最長距離 곳 南山과 北岳의 間이 (十七頁에 續)

人種을 땅속에서 파내어 二十五萬年前에 살았던 用火人의 遺骨을 發見하고 적어도 五十萬年前에 살았던 類人骨을 採掘하여 人生의 過去가 長久하였다는 것을 證明하고 있읍니다。또 吾人의 다 首肯하는 進化論은 이 地球에 生物이 생겨난지가 벌서 十億萬年이나 되었으리라 합니다。

× × ×

이렇게 急激한 變遷을 對하는 우리는 前보다 더욱 勇氣를 내어 無限한 所望을 가지고 앞으로 나아가야 겠읍니다。一時世上을 놀래인 所謂 進化論은 吾人의 信仰을 더욱 힘있게 만듭니다。

生物이 地上에 나타나기까지 數百萬年이 걸리었으며 우리의 人形을 쓸 때까지 또 다른 數百萬年을 費하였고 사람이 自己의 일을 記錄할 때까지 여러 十萬年을 더 要하였다 하면 神의 大計劃과 人生의 價値는 創世紀第一章에 있는 어떤 古代宗敎詩人의 名詩에 比할 바 아닙니다。그리하여 反對와 憎惡를 가추어 받던 進化의 原理는 돌이어 우리에게 새로운 宇宙觀과 뜻있는 人生觀을 가지어왔읍니다。

× × ×

우리中 或은 過去의 黃金時代를 回顧하며 變遷의 神이 얼마나 不滿足한 今日을 만들어 놓은듯이 嘆息하기를 말지 안습니다。그렇나 變하는 것은 宇宙의 常道임을 記憶하여 虛望을 품지 말 것이올시다。

變遷이 進步도 뜻하며 退步도 뜻함임은 歷史의 證明하는 바올시다。어느 方向으로던지 變하여 나가는 것만은 어쩔수없는 事實입니다。우리의 生은 산 生인 까닭으로 이 宇宙는 산 宇宙인 까닭으로 앞으로 앞으로 나가는 것이올시다。만일 그 걸음을 멈춘다 하면 우리의 生은 死로 變할 것이요 우리의 宇宙는 死滅로 化할 것이올시다。生이 있는 곧에는 不休의 變遷이 있으며 意가 있는 곧에는 不斷의 向上이 있읍니다。

우리는 지금 過度期에 있어 옛것을 흘어버리고 새것을 낳으려는 時代의 努力을 하고 있읍니다。만일 變遷은 宇宙와 人生의 進行하는 惟一의 方式이라 確信하진대 우리도 勇氣를 내어 變遷의 길을 밟아 나가며 죽은것을 버리고 살것을 取하여 高潔한 理想下에 「新生」을 지으십시다。

漢城史蹟(2) 景福宮이야기

紅峴人

蒼松이 鬱鬱한 白岳의 南麓、놉다란 宮墻어벼 둘렀고 넓은 엄안을 차지하고 있는 곳은 朝鮮서 가장 有名하다는 景福宮입니다。 오늘은 五層洋館이 숨이 막히도록 앞을 꽉 틀어막았으며 그 正門인 光化門조차 어대로인지 비끼오 앉고 상검은 철장대가 울타리로 가리워 있어 지금은 어대가 어대인지를 거의 분간하기 어려울만큼 되어 있지마는 한창때에 여기에서 太平의 꿈을 꾸던 옛 자취를 한번 생각할 때에 미상불 感慨가 없지 아니한 것입니다。

松都에서 漢陽의 새 도읍으로 옮기어오기는 지금으로붙어 五百三十五年前 곧 李朝 太祖高皇帝 三年(西一三九四) 甲戌 十月 二十三日이었읍니다。먼저 宗廟를 이룩하고 그 翌年 乙亥 二月에 役事를 시작하여 일곱 달을 지난 九月에 畢役한 대궐을 景福宮이라 이름하니 이는 鄭道傳의 命名으로 詩傳에「旣醉以酒 旣飽以德 君子萬年 介爾景福」이란 뜻을 取한 것입니다。 과연 子孫萬世에 이르도록 이 집에서 잘 놀고 잘 지내자는 생각이 아니었던 것입니까。

第二世 定宗 元年에는 暫時 舊都 開城으로 옮기어 갔다가 第三世 太宗 五年에 돌우 漢陽으로 옮기어와서 그후로는 영영 여기에 命이있게 되어 줄곳 二百年동안 이집속에서 昇平歲月을 누리어 온 것입니다。第十四世 宣祖 二十五年 四月에 壬辰亂으로 都城이 거의 危殆할번 하매 宣祖가 倉皇히 義州까지 蒙塵하였을 때에 不幸히(八字缺削) 灰燼으로 化하게 되어 그 莊嚴을 極하던 宮殿이 그만 이만 남게 되고 歷代傳來의 國寶까지 왼통 잃어버리고 말았으니(十二字削除)

宣祖 以後 二百七十餘年 동안은 아주 荒廢에 버려두어 凄慘한 꼴을 참아 볼수 없음에 이르렀더니 光武帝 登極하던 初年에 원天下를 풀석거리던 有名한 興宣大院君의 一命之下에 다시 重建하게 되었읍니다。納錢을 걷우는등 八道의 民丁을 뽑는등하여 二年(西一八六五年) 乙丑으로붙어 四年(西一八六七年) 丁卯까지 三年 동안에 役事를 마치고 그 翌年으로서 皇居를 昌德宮으로붙어 이리로 옮기게 되니 이때는 今年이 한 回甲이 되는 곧 六十年前 戊辰年이었읍니다。이 宮城 안에 있는 勤政殿·思政殿·修政殿·慶會樓며 光化門·建春門·迎秋門·神武門은 다 當時에 建築한 것으로 現存한 朝鮮 建築物中에 代表될만한 것으로 알 것입니다。

그후 二十四年 동안은 政令이 이 宮闕에서 나왔었으나 지금으로붙어 三十三年前 곧 光武帝 三十三年(丙申)에 大政變으로 임김께서 한번 俄館(露國公使館)으로 播遷하게 된 뒤로 돌우 거기 들어가지 아니하고 인에 德壽宮(곧 慶運宮)으로 移御하게 된 以後로 景福宮은 아주 廢宮이 되어 秋草萋萋한 속에 埋沒된채로 그 容姿까지 아주 감추어버리고 말았읍니다。

이 宮城 안에 있는 殿廊은 지난 隆熙三年頃에 그 大部分을 毁撤하고 皇帝와 皇后의 계시던 正寢인 康寧殿·交泰殿은 八九年前에 昌德宮 안으로 移建하게 되었고 지금은 그 後庭이던 峨眉山과 慈慶殿의 굴뚝만 우뚝하게 솟아 있을뿐입니다。

景福宮의 周圍는 그 延長이 一千八百十三步요 石築으로한 墻垣의 높이가 二十一尺一寸이라하며 그 面積은 神武門 以南까지만해서 十三萬坪이 되나 또 宮北 後苑은 神武門 밖의 景武臺와 背後의 山林까지 다 여기에 든 것입니다。

光化門＝正門인데 접때 建春門 右편으로 移轉됨

建春門＝東門이니 이 앞에 東宮의 殿閣이 여러 나란히 잇섯스며 이리로 出入하는 사람은 宗臣(王族)·政臣(外臣)·駙馬·女官에만 限함。

迎秋門＝西門이니 이 앞에 承政院·弘文館·奎章閣 가튼 官府가 여긔에 대어잇고 大小一般官吏가 다 이 門으로 出入함。

神武門＝北門이니 이것은 普通으로 通行하는 門이 아니고 다만 임검에서 景武臺의 科擧場으로 가실때에만 限하여 開門함。

勤政殿＝正殿이니 임검의 即位 其他 公式大禮를 行하던 곳。

思政殿＝便殿이니 임검에서 每朝政事를 보던 곳。

修政殿＝임검의 聽政하는 宮殿인데 韓國時代에 內閣으로 使用하던 곳。

慶會樓＝君臣宴會하던 곳。

馬에 關한 地名

桓山 抄

歷史上地名

◇國名

- 馬韓 三韓의一
- 蓋馬國 高句麗에幷합

◇山名

- 馬頭山 義州에잇슴
- 馬邑山 平壤에잇슴
- 蓋馬大山 白頭山

◇水名

- 馬訾水 鴨綠江의古名
- 白馬江

現時地名

◇府名

- 馬山府 慶南

◇面名

- 馬山面 忠南舒川
- 馬山面 全南求禮
- 馬山面 黃海平山
- 馬山面 黃海甕津
- 馬山面 平南江東
- 馬山面 平北定州
- 馬岩面 忠南唐津
- 馬岩面 慶南固城
- 馬川面 慶南咸陽
- 馬利面 慶北居昌
- 馬老面 忠南報恩
- 馬東面 忠南舒川
- 馬靈面 全南鎭安
- 金馬面 忠南洪城
- 金馬面 全北益山
- 助馬面 慶北金泉
- 大馬面 全南靈光
- 白馬面 全北堤川
- 鐵馬面 慶南東萊
- 突馬面 京畿廣州

◇山名 (標高九百米突以上)

- 馬城山 沃川
- 馬間峙 槐山
- 馬尾山 堤川
- 馬耳山 鎭安
- 馬耳山 錦山
- 馬伏山 高興
- 馬鞍山 新興
- 馬乳山 鏡城
- 馬坐山 咸興
- 馬坐山 寧越
- 馬山 北靑
- 馬山 杆城
- 馬岩山 德源
- 馬龍山 淮陽
- 馬峰山 淮陽
- 馬蹄山 春川
- 馬頭山 安州
- 馬項山 遂安
- 馬嶺 陝川
- 白馬山 永同
- 白馬山 金泉
- 白馬山 甲山
- 白馬山 義州
- 玉馬山 保寧
- 馳馬山 任實
- 天馬山 求禮
- 天馬山 南原
- 天馬山 旅菴
- 天馬山 靑松
- 驛馬山 靑松
- 鐵馬山 東萊
- 鐵馬山 密陽
- 鐵馬山 山淸
- 鐵馬嶺 淮陽
- 走馬山 醴泉
- 望馬岩山 淮陽
- 可馬山 麟蹄
- 加馬山 德川
- 靑馬山 遂安

◇水名

- 馬灘江 孟山
- 白馬江 扶餘

◇島嶼名

- 馬島 瑞山
- 馬島 務安
- 馬島 河東
- 馬島 泗川
- 馬島 珍島
- 馬山島 務安
- 馬項島 務安
- 馬養島 北靑
- 馬鞍島 龍川
- 馬鞍島 莞島
- 馬羅島 濟州
- 馬津島 珍島
- 馬朔島 莞島
- 放馬島 金浦
- 鞍馬島 瑞山
- 鞍馬島 靈光
- 雁馬島 麗水
- 池馬島 麗水
- 五馬島 高興
- 叩馬島 長興
- 上馬島 海南
- 中馬島 海南
- 下馬島 海南
- 古馬島 靈光
- 小馬津島 務安
- 渦馬島 務安
- 黃馬島 務安
- 安馬島 務安
- 外馬島 務安
- 柰馬島 昌原
- 大馬島 金海
- 大馬島 莞島
- 大馬島 珍島
- 玄馬島 珍島
- 小馬島 珍島
- 小馬島 莞島
- 吉馬島 珍島
- 賀馬島 莞島
- 葛馬島 莞島
- 古馬島 莞島
- 小馬朔島 莞島
- 大馳馬島 務安
- 小馳馬島 務安

楊口行

—日記에서—

李允宰

이번 冬期放學은 例年보다 좀일오게 되었다。겨우 小閒을 얻어 무엇을 좀 해보려다가 몸이 우연이 關東一隅인 楊口로 끌리게 되었다。

◇　◇

十二月 二十七日 午前八時에 京城驛에서 咸興行 汽車에 오르다。沈鬱과 恐怖에 싸인 서울의 거리는 푹푹 뿜어내는 黑煙속에 漸漸 묻히어버리고 동녁하늘에 솟오래 오르는 해빛에 淸爽한 긔운을 새로이 느끼게 되었다。때가 放學이니 다른때 같으면 歸鄕하는 學生으로 자리가 몹시 좁았을것이지만 오늘은 車간에 學生이라고는 하나 구경할수도 없다。이는 말 아니해도 자연 알일이다。나는 널직한 자리를 차지하여 혼자서 시름없이 이런 생각 저런 생각해가면서 車窓에 몸을 기대어 아츰 햇발이 반만 얼은 漢江의 흐르는 물에 빛외는것과 흰눈이 덮은 들에 뵈인것을 아무 意識 없이 보고있을 때에 汽車는 어느덧 鐵原驛에 대었다。

◇　◇

여기 와서 나는 千前年 옛일이 回想된다 옛날의 鐵圓으로 摩震國의 서울: 아마 진실로 一世의 英雄이던 摩震皇帝 弓裔는 어대있는가。廢土에 달아나는 사슴을 쫓아 群雄이 다투어 일어나는 틈바귀에 緇流의 몸으로써 大高句麗를 光復하리라는 소리를 크게 웨치고 일어나서 방양으로 北原에서 勢力을 펴던 梁吉을 넘어 떠리고 南으로 新羅를 누로며 西으로 後百濟의 甄萱과 싸홈하여 일이 한창 잘되던판에 그 臣下 王建에게 쫓기어 水德萬歲의 正朔이 겨우 十八年이란 一期로 바꾸이고 말았다。(弓裔의 年號는 武泰·聖冊·水德萬歲·政冊의 四次로 改稱함이 있었으나 그중에 하나만 든것이며 國號도 泰封이나 改稱함이 있었으나 처음의것을 仍用함) 當年의 雄圖는 꿈결같이 살아지고 依舊한 山川만 그대로 남아있어 옛일을 말하는듯。

◇　◇

驛에 내리니 때는 正히 十二時다。모처럼

온걸음이니 여기서 史蹟을 좀 더듬어볼가하다가 時間의 餘裕가 없음으로 回程으로 밀우고 驛의 構內에서 約 一時間 기다리어서 金剛山電車를 타다。世界의 靈山으로 推奬을 받는 金剛山을 世界에내 놓으려고 이 電車가 생긴것이다。이 線路는 아직 工事中에 있어 방금 斷髮嶺까지 이를었다 한다。이것이 완전히 開通되는 날이면 金剛山은 아주 우리집 門前이 될것이며『願生高麗國、一見金剛山』이라는 世界 사람의 원풀이를 이루어줄것이다。

◇ ◇ ◇

下午 一時에 金化驛에 내리어서 自動車部로 뛰어가 楊口行 自動車를 타려고 하였다 楊口 直行은 없고 華川邑까지 가서 다시 갈아타야한다고 한다。市街를 一巡한 後에 自動車의 떠나기를 기다리었으나 二時에 出發한다는 自動車가 四時가 넘도록 오지 아니하고 五時가 거진 되어 오기는 하였으나 日暮라는 理由로 떠나지 못한다。當日로 楊口邑에 到着하자는 노릇이 그만 여기 와서 狼狽가 되었다。할수없이 海東旅館에 投宿하기로 하였다。여기서 普成高普先生 兪亨稙君을 맞나 십십풀이로 지났다。

◇ ◇

밤은 깊었다。방금 잠이 들려고 할때에 旅館使喚이 와서 밖에서 누가 찾는다고 하는 말에 잠이 얼듯 깨어 어떤 반가운 친구가 아닌가 하고 벌떡 일어나 門을 열고보니 名啣을주며『나는 警察에 있는 사람이오』하고 例套의 住所·姓名·職業等을 비롯하여 무슨 일로 어대로 가느냐고 물어 수작이 좀 길것갈음으로 들어오라고 하여 이야기를 시작하였다。刑事는 光州學生事件이 어떻게 되었는가 京城學生運動이 어찌 되었는가 하여 여러가지로 묻는다。나는 본대로 들은대로 말하여주었다。이번에 일어나는 學生動搖로 말미암아 各地에서 警戒가 이렇게 甚한것입을 알았다。

◇ ◇ ◇

翌日 正午에 自動車로 華川을 向하였다。心配가 甚히 險峻한 山路 더욱이 積雪로 땅바닥이 묻히어 길인지 비탈인지 분간하기 어려운 곧이다。運轉手도 往往히 運轉을 그치고 進行을 멈추는 때까지 있다。나는 잔뜩 冒險이나 하는것처럼 마음이 선듯선듯하였다。下午二時가 거진 되자 華川邑에 대이니 여기서도 오히려 楊口邑이 百餘里。普通때에는 여기서 連絡하는 自動車가 있어서 定期發着하는 時間이 있었으나 江물이 반만 얼었기 때문에 二三日前부터 交通이 杜絕되었다한다。하기는 當日로 꼭 거기에 到着하여야 할 사세인데 進退維谷으로 어찌할수 없이 헤매게 되어 마음이 焦燥할뿐이다。생각다 못하여 警察에 交涉까지하여 겨우 自動車를 내몰게되어 그곧을 떠났다。(繼續)

楊口紀行 (二)

—日記에서—

李允宰

×

自動車 안은 風流郞 二人、妓生 四人으로 滿員이다。나는 한구석에 끼어앉아 누구 더리고 이애기할 사람은 없었으나 적이 破寂은 되었다。靈山會上、방아타령、愁心歌…주고받고하여 不時의 音樂演奏會가 벌어지엇다。百萬長者라 稱하는 富豪家 子弟들은 이 世上이 내 世上이라고 挾娼豪飮으로 職業을 삼아 四時行樂을 다하는법이니 지금은 겨울 추운 때언마는 이렇게 多數한 妓生들을 自動車에 실고 이러한 산ㅅ골로 다니면서 노루 산양을 하는 것이다。그러고 밖에는 나이 한 八十이나 넘어보이는 老婆 하나가 누더기 같은 것을 몸에 걸치고 큰 보퉁이를 머리에 이고 어린것을 앞세우고 눈이 와서 쌓인 산길을 달달 떨며 걸어가는 양을 보곤 人生의 正反比例를 이로써 알것이라고 생각하엿다。

×

下午 七時가 넘어서 楊口에 대엇다。自動車가 막 서자마자 밖으로붙어『서울서 오신 리윤재씨가 게시오』하는 말에 얼핏 내다보니 그는 安光翊君이다。安光翊氏라면 梨園에 이름둔이는 勿論、조선안에서 연만한 사람으로는 그의 이름을 모를이가 없을 것이다。한번 舞臺에 오르면 萬人을 울리고 웃기고 하여 人氣焦點의 藝苑의 人으로 더욱 印像이 깊었던이다。安君은 본대 조선 舊制에 所謂 兩班閥의 出身──더욱이 그 父親은 現職을 띤 官界에 이름이 높은이──을 家計도 相當히 富裕한 편이면서 그때만해도 俳優라면 一種 賤役으로 알아 世上이 잘 理解해주지 않건마는 한번 몸을 빼어 劇界에 던진 것이야말로 한 傑出한 뜻이라 보지 아니할수 없는 것이다。이제는 갑작이 神仙님으로 化身하였는지 僻地에도 僻地인 이러한 곳에 들어와서 治産하고 잇는 것은 참 意外다。地方 文化事業을 위함인지 지금은 朝鮮日報支局長의 職啣을 가자고 잇다。나는 安君과 얼굴은 [illegible]로 익었으나 通姓名은 이번이 처음이다。

×

나는 安君을 딸아 金剛旅館으로 들어갔다 내게 握手를 먼저하여 주는이는 예전 面識이 잇던 李渠錫氏다。氏는 美監理會의 牧師로 派送되어 몇달전붙어 이끈으로 옴기어왔다 한다。나를 기다리고잇던 여러분들은 한분씩 두분씩 모이었다。모도 一面如舊의 사굄을 얻었다。그 가운대 白髮이 星星한 中老나 되어보이는 이는 任基準氏다。氏는 滿

身정성덩이로 무슨 일이던지 우리 民衆에게 유익되는 것이라면 水火를 不避하고 나서서 勞力을 아끼지 안는이로 楊口뿐 아니라 江原全道에 일즉 이름이 들어낫으며 우리 民衆事業으로 어느 機關에 이름두지 안는대가 없엇지마는 現今은 楊口幼稚園 園長으로 어린이 養育에 특별한 趣味를 가지고 잇다 한다。인사가 다 끝나자 저녁밥상이 들어오는데 서울 같은대서는 얻어볼수도 없는 갖은 山菜와 노루고기의 전골은 특별한 風味를 더하여 비위가 열린다。여러분의 재미잇는 이애기를 들어가면서 혼자서 맛엇게 먹엇다。밥상을 물리자 오늘은 일즉이 쉬라는듯이 다 돌아간다。

×

한글講習會를 본대의 豫定으로는 二十六日붙어엿으나 道當局의 承認으로 하로、交通의 不便으로 하로、日曜日로 또 하로、이렇게 자꾸자꾸 延期되어 三十日붙어 시작하게 되엇다。요새는 時期가 時期라는 理由로 道當局으로붙어 許可하기 어렵다는 問題까지 잇엇으나 郡守 蔡麟氏의 斡旋으로 無事히 承認된것이다。蔡郡守는 이 고을에 赴任한 以來 顯著한 治蹟도 많앗지마는 더욱이 地方敎化事業에 힘쓴 일이 많다 한다。楊口邑은 三百戶에 未滿하건마는 新聞讀者(朝鮮日報만)가 百餘名이오 雜誌讀者(新生만)가 七十餘名이 된다는것만 보아도 文化鄕이라고 볼 수 잇다。

×

이날 下午三時에 公立普通學校講堂에서 開講式이 잇엇다。講習會와 會員으로 參席한이가 男女 一百三十餘名이나 되엇다。이렇게 많이 모인것은 實로 像想의 밖이다。이는 전수히 蔡郡守의 名義로 管下 各面 各校에 講習을 勸誘한는 公函을 보내엇다는것이 原因이지마는 이 地方人士의 조선말을 사랑하는 精誠에는 衷心으로 感謝하지 아니할수 없다。每日 四時間 乃至 六時間씩 晝夜兼行으로 越年하여 一月四日까지에 圓滿히 마치고 마지막으로 會員諸氏의 款曲한 餞別式과 紀念撮影이 잇엇다。이번 講習會는 楊口엡웟靑年會의 主催와 郡內有志 및 朝鮮日報支局의 後援인만큼大盛況이엇다。

×

五日 아츰 九時發 自動車로 楊口를 떠낫다。그동안 며칠 連續하여 포근하던 日氣는 오늘로 갑작이 추워지엇다。산길로 산길로 四時間을 繼續하엿다。昭陽江을 건느면서 예적 三國時代로붙어 勝槩로 이름잇다는 江岸에 우뚝 솟은 昭陽亭을 바라보며 淸平山麓을 휘어돌아 春川에 대었다。때는 正午。春川은 옛적의 牛首州、歷史上 著名地다。古朝鮮先民으로 南下한 貊人의 建立한 貊國의 城址는 지금까지 宛然히 淸平山에 있어 三千年前 古都로 알것이다。近來 日本學者들의 云云하는 素盞鳴尊이 이 땅야 와서 半島의 權利를 잡앗다 하는 말들은 넘우 아득한 옛일이라서 믿기 어려운 일이다。날씨만 좋앗드면 여기에 하로를 머물어서 鳳儀山에 올아 貊人의 손으로 맨들어놓은 烽燧臺도 만지어보고 鐵原平野도 바라보며 淸平山에 올아 一千七百年前 建物인 淸平寺(二百年前에 僧 普雨가 重修함)도 구경하고 麒麟塚、牛頭坪도 찾아보며 昭陽亭에 올아서 消暢이라도 하고싶엇다。그러나 이것저것 다 그만두고 겨우 一時間을 기다리어 뻐스를 타고 밤 七時에 着京하엿다。(끝)

乙支文德墓參拜記

李允宰

江西라면 藥水로 有名한 고장이다。新舊藥水坪에 가즌 病客들이 모여들며 遊冶郞・美姬들外지 逐逐往來하여 自然 繁華한 熱鬧를 이루엇다。또 江西는 史蹟의 地로도 有名하다。千年遺蹟인 古墳은 史學・美術學・考古學의 硏究에 重要한 參考材料가 되므로 內外學者들의 修築하는 일이 만타。

×

지난 여름에 내가 江西로 가서 몃날동안 留할 機會를 어더섯다。藥水坪에 다달아 淸爽늘맛보앗스며 세무덤(三墓)안에 들어가 壁畵의 偉觀도 우럴엇다。이만하면 江西 왓든 보람은 다한듯 십헛다。그러나 이번 여기 왓든 길에 꼭 한번 차자보고저 하는 것은 발서 여러해를 두고 그리웟든 乙支文德將軍의 墓엿다 그 墓라하여 무슨 古蹟誌 가튼 대 뚜렷이 적히어잇는 것도 아니요 세상사람들이 허다히 가보는 일이 잇는것도 아니다。그러니 지금 가보지안아도 자연 알것은 그 墓가 두드러지게 옛날 그대로의 形體가 보존되엿슬것갓지 아니하고 필시 累累塚속에서 기어 잇거나 혹 平土葬으로 되엇거나 할것이다。그러나 우리가 이즈려해야 이즐수 업고 브르려해야 모를수 업는 우리 英雄와 누어게시든 자리나마 한번 내손으로 만저라도 보는것이 얼마나 快활 일이랴 하는 생각이 난것이다。

×

青年學校長 金玄涉君을 東道主로하고 이튿아침에 自動車를 몰아 郡의 西南 約二十里인 太平洞으로 왓다。이 太平洞이라는 名稱의 由來가 한가지 趣味의 材料가 되겟슴으로 여기에 紹介하겟다。이 洞里의 初名은 馬糞인데 壬辰亂에 宣祖大王이 西道로 蒙塵하든 길에 여기를 지난즉家家에 絃誦聲이요 들에는 擊壤歌라 朝鮮八道가 들석들석하는 판에 이러케 太平歲月로 지내는 곳도 잇든가 생각하는 王은 村民더러「여기가 어대냐」고 물으니「馬糞洞이와요」라 대답하매 王은「그 이름이 더러우니 太平洞으로

하다』함으로 그때부터 太平洞이라 부르게 되엿다 한다.

×

여기까지 오기는 왓스나 墓가 어대인지를 알수 업서 좀 彷徨할 판이다. 묻듯 이왕에 들어두엇든 것이 記憶된다. 乙支文德의 後孫이 頓氏로 墓의 附近에 산다함이다. 이에 金君과 의론하고 頓氏부터 찻기로 하엿다. 그리하여 이름은 모르고 그저『頓書房의 댁이 어대오』하고 한집 두집 물어가서 마침내 頓氏 한분을맛낫다. 서로 名啣을 交換하니 그는 頓宗珽氏! 내가 乙支公의 墓所에 參拜하러 왓다는 뜻을 말한즉 그는 얼굴에 넘치는듯한깃븜으로 우리를 마자준다. 一面如舊로 이야기를 시작하엿다.

『乙支公의 後孫이 어찌하여 頓氏로 되엿슴니까』

『네 그는 우리 木川頓氏의 族譜에 그렇케된 來歷이잇슴니다』

『그러면 어느때부터 乙支氏가頓氏로 되엿나요』

『高麗 仁宗때인가봅니다. 公의十七代孫 乙支淼와 그 아우 達이 妙淸의 亂에 戰功이 잇슴으로頓氏伯을 封하고 賜姓頓하엿는데 그때부터 頓哥가 되엿슴니다』

『頓氏의 姓을 다른데서는 매우 보기 드문데 아마 이 동리에는 여러 댁이 사시겟지오?』

『이 동리에는 不過 다섯집 밧게 업슴니다. 모도 農事나 하고 지내고 형세가 매우微賤함니다』

(乙支文德將軍)

『乙支公의 墓所가 여기서 멀라잇슴니까』

『멀지 안슴니다. 저 玄巖山이야요. 가보서야 아무것도 볼것이업슴니다』

『미안하지마는 墓所까지 좀 가티 가주시면 어떠합니까』

『네, 가고말고요』

하고 곳 일어서서 길인도를하여준다.

×

乙支文德의 墓가 잇는 玄巖山은 江西·大同 두고을을 接境한 江西郡荐次面二里에 屬한 양이다 과히 놉지 아니한 나즈막한 山인데 東은 白楊山이 마주 보이고 北은 太平洞을 사이하여 大寶山이 건너다 보이고 西는 天津山이 가리워 잇고 南은 二里란 洞里가 잇다. 人跡不到인것처럼 길이 업슴으로 콩밧골로, 松

林사이로 헤매어우에까지 올랏다 아니나다를가 乙支公의 墓는간곳이업고 바로 그자리라는 곳에웬 쌴사람의 墓만우뚝솟아잇다。어허 참 숨이막히어 말이나오지안는다 그床石에 刻字한것을보니『全州李氏之墓』라 大字가씨어잇고 그아래에『諱延愚生于壬寅卒于辛未七月』이라하엿스며 그엿헤는 子孫들의 이름을버리어적엇다。나는 顧君을 돌아보며

『이건어씨 이럿케되엿소?』

하고 물으니 그는 한숨을 쉬며

『우리先山을 우리가잘守護하지못하여 이꼴을만들어노앗스니 祖上께罪되는것은 말할수업거니와 세상사람압헤서도부끄러워 얼굴을들고 다닐수업습니다』

『이일이비단당신네의 羞恥로만알것이아니라 우리全朝鮮사람의羞恥되는바임니다。대관절이墓를 여기쓸쌔에웨가만이들 게시엇든가요!』

『웨가만이잇섯겟습니까。이墓를쓴지는 한四十年前인데 우리宗中에서는 積極的抵抗할작정으로 代表두사람을뽑아 墓主李氏가잇는 平壤으로 보냇드랍니다。그러나 간사람들은죽도록 볼기만엇어맛고아무效果도업시 돌아오고말앗스며또申訴할수도업시 지금까지 지내온것임니다。그쌔時代만해도 우리가더勢力업고 微賤한사람으로 兩班이란사람들에게 눌려지내는것이의레선일이니안요』

『여기에무슨 憑考될만한遺物이나업습니까』

『내가 어렷슬쌔에 여기碑石도잇고 將軍石도여러개가잇섯다는 말을들엇습니다。지금은 다업서지고 다만 將軍石한개만 남아잇는데그나마 땅속에깁히뭇치어잇고 머리만조금들어난것을 往年에郡守가와서보고 그것을파내어 이아래空地에다가 세워두엇습니다』

『이山이 누구의 所有로되어잇습니까』

『여러사람의 所有로되엇습니다。저것이 金氏의산소、저것이 玄氏의 산소、저것이張氏의 산소이니각기 제所有가된것입니다』

『古蹟調査會에서나 혹은官府에서알아보는 일은업습니까』

『徵樂國 隆熙三年에 純宗皇帝께서 北狩하실 쌔에 先烈들의墳墓와 祠宇를 죄다차즈셧는데 그쌔 觀察使가 사람을보내어 乙支公의 墓를調査하엿스나 이럿케된것만보고『模糊』라는 두자로 回報한까닭에 결국 乙支公의墓가世上에認定되지못하고 말앗습니다。그밧게는 古蹟調査會에서라든지官府에서라든지 물어보는 일도업섯습니다』

이럿케 서로 이야기할쌔에 별안간 하늘로서굵은 빗방울이 돗는다。나는 이에서잠간 머리를숙여 沈默하엿다。아아 當年乙支公의 偉功을 생각하고 大高句麗의 雄圖를 생각하니 心緖가 자못不平하여 진정하기 어려웟다。나는 一掬의 눈물을 뿌리어 公의 在天의 英靈을 吊하고 천천히 걸음을옴기엇다。

—(끗)—

舊宮

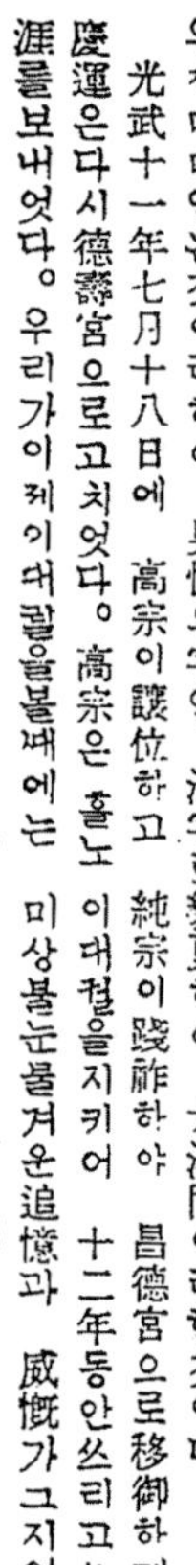

가을의德壽宮

李 允 宰

德壽宮 高宗의 賓天하신후 主人일흔 이대궐은 深々閉鎖되어 어느덧 春風秋雨 十三年을 지나왓도다。

돌아보건대 이대궐은 본대 朝鮮第九世 成宗大王의兄 月山大君 李婷(世祖의孫、德宗의子)의 邸宅인데 月山大君이王位에오르지못한대신으로 만흔財産을타고이宮집을엇어서 여러代로 여기에살은것이다。이것이지금으로부터 四百六十年前의일 그때에서 한 百餘年을지나 壬辰亂때에 서울안 宮闕이란 죄다燒燼되엇으되 오직이집만은그냥남아잇엇다。서울에駐屯하엿든 日軍이撤退하고 宣祖大王이 龍灣(義州)으로부터 回鑾하며 여기에臨御하엿으므로 그때 時御所라는 名稱이잇게된것이다 .이것이 대궐된것의 비롯으로 곳 三百三十八年前(西紀一五九三年)의 일이엇다。

그뒤 第十六世 光海君은 그父君宣祖大王의 后 仁穆王后(金悌男의女)를여기에幽閉하야 西宮이라 일컬엇으며 光海君이 廢位되고 第十六世中宗大王이 이宮의卽祚堂에서 卽位式을 行하고 明禮宮이라 命名하엿다。

지금으로부터 三十五年前 乙未事變(八月二十日에 亂兵이景福宮에들어와 明成皇后를 弑한事)이 잇으므로하야(翌年建陽元年)二月에 高宗이 太子를 더불어俄館(露國公使館)에 播遷하야 一年남아 거기에 게시다 그 翌年二月二十日에 여기에移御하시니 이는 그런대궐景福宮이란대는 往事를생각하면 너무나끔직하야 자연다음이 편할수가업섯음이다。다시 慶運宮이라 命名하고 그해여름에 役事를시작하야 規模를더욱크게하고 永住의計를삼으니 이로부터 十一年間은 一國의政令이 다 여기로부터나왓으며 波瀾重疊한韓末風雲을 捲起케하는 大滿悲劇의 舞臺가되엇섯다。

이대궐안에는 正殿인中和殿과 寢殿인 咸寧殿과 觀明殿、卽祚堂、壽仁堂、靜觀軒景孝殿이다 重要한建物이며 中和殿은 光武八年에燒失된것을 重建하엿으며 咸寧殿西에잇는 石造殿은 英國人데비슨氏의 設計로 建築된것인데 이것이 純루네산스式(文藝復興)의 代表的建築이다。그西北에잇는 九成軒、敦德殿三다洋式의建築이다。

대궐의正門은 처음에敦禮門이라하더니 뒤에大安門으로고치엇다가 安字된것이 冠머리아래女字를쓴것이니 이것은女子가 男子와가튼 權利를가지게된다는 意味인즉 매우재미미업는것이라하야 男性의字인 漢字로變更하야 大漢門이라한것이다。

光武十一年七月十八日에 高宗이讓位하고 純宗이踐祚하야 昌德宮으로移御하게되매 慶運은다시德壽宮으로고치엇다。高宗은 홀노 이대궐을지키어 十二年동안쓰리고쓰린生涯를보내엇다。우리가이제이대궐을볼때에는 미상불눈물겨운追憶과 感慨가그지업다。

羅津灣의 황금비

李允宰

나는 이번 여름 行脚이 우연히 關北地方으로 불리엇다。關北이란 곳는 내가 이왕부터 많이 憧憬하엿다。그것은 거기가 옛날 우리 先民의 끼친 史蹟도 많으려니와 汽車沿路의 경치가 다른곳보다 유달리 아름답다는 것이다。또 한가지 理由는 咸鏡線의 開通이 아직 얼마 오래지 아니하엿으며 거기에는 응당 新開拓으로의 趣味잇는 좋은 材料가 많을 것이라함이다。

◇

내가 永興 咸興等地를 거치어 淸津에 到着하기는 八月 中旬。그리고 鏡城에 갓다가 一週日쯤 뒤에 도루 淸津을 들러 雄基港에 이르럿다。이때 雄基의 全市街는

『땅!』

『돈!』

하는 소리로 가득 찻다。몇해를 두고 淸津이냐 雄基냐 羅津이냐 하여 수수께끼로 되어오든 吉會線 終端港 問題가 필경 羅津으로 決定되어 八月 二十五日로서 正式發表가된 것이다。이로하여 갑작이 土地熱의 大旋風이 捲起하엿다。『자 인젠 됏다!』하고 와글와글 모여드는 것은 뿌로커 무리다。旅館마다 大滿員 街路에는 밤낮없이 人肩이相磨、實로 空前의 大活氣!

◇

羅津은 雄基에서 南쪽 三十里 거리에 잇는 조그마한 浦口로 산이 左右에 둘려잇고 人家가 稀少한 荒地에 지나지 못하다。얼마전만해도 거기의 土地 市價가 一坪에 불과 二錢,혹 三錢이든 것이 지금은 一躍 十圓、二十圓까지 올랏다。『아아 요지음 羅津 근처에 땅마지기나 잇엇든덜 두말할것없이 富者는 떼어놓은 것을』하며 탄식을 발하는 사람이 적지 않다。아닌게 아니라 거기에 數十萬坪씩이나 가진 淸津의 全某、羅南의 洪某、慶興의 金某 같은 幸運의 大地主들은 오늘날 어떠케 되엇겟는가?그네들이 그만한 土地를 장만할 적에는 그리 큰 힘이 든 것도 아니다。萬坪이라 해야 十餘圓 가량이면 족하엿든것이다。또 그곳 窮農들이 地稅 滯納으로 말미암아 差押을 당하게 될 때 幾十錢 되는 地稅額이나 물고 그저 가질 수도 잇엇다。이러든 것이 오늘날 와서 萬倍、十萬倍나 오를 줄이야 꿈엔들 어찌 생각하엿으랴。

◇

여기에서는 미상불 허다한 悲喜劇을 演하는 일도 잇다。들은대로 다 말하기는 어려우나 대강 一二의 例만 들어보자。어떤이는 數年前에 羅津에다 數萬坪되는 밭을 사두엇드니 收穫은 적고 地稅만 물게 되는 것을 성가시게 생각하엿든지 終端港되

기 바루 數月前 原價에서 얼마 밋지기까지 하여 다 팔아버리엇다。그것이 지금市街計劃圖中 가장 重要地로 最高價이며 뒤에는 每坪 貳百圓식 될는지도 모른다 한다。그 사람은 追悔莫及이라 하며 가슴을 치고 통곡하엿다 한다。이러한 悲劇이 잇는 反面에 또 活喜劇도 잇다。어떤 뿌로커가 한 千坪 땅을 가진 사람을 찾아가 땅을 팔라고 권하며 每坪 八圓식 주겟다 하는 것을 땅임자는 모두 八圓이라는 줄 그릇알고 快諾하엿든 것이다。(그 땅이 밭이 아니고 山坂이므로 비싼값으로도 每坪 五厘될 것이다) 땅임자가 땅값을 찾으려 것을 때에 八千圓을 내어주는고로 하도어이없어 『무엇을 이려케주오?』하고 물으매 대답하기를『여보 아까 한坪에 八圓씩으로 작정하지 아니햇소? 그래 모두 八千圓이면 맞지 않소?』이 말을 들은 땅임자는 넋 잃은 사람같이 아무 말도 못하고 돈을가지고 덜덜 떨기만하다가 돌아가서 이내 失眞한 사람이 되고 말앗다 한다。저우 三十圓의 資金으로 一週間에 二十萬圓이나되는 巨金을 벌엇다는 靑年이 잇다는것은 거짓말 같은 참말,이것도 한 재미잇는 이야기 거리가 되어잇다。

終端港이 確定되엇다는 飛報가 한번 몰매 가까이론 淸津 羅南으로 元山 京城 멀리론 大阪 東京 大連으로부터 日本人 뿌로커들이 눈에 불을 켜가지고 羅津! 羅津! 하고 몰켜들어와 미쳐 덤빈다。그리하여 土地買賣의 白熱戰이 시작되엇다。靑色 地面圖 몇장만 가지면 作戰計劃이 넉넉하다。大本營은 물론 雄基港이다。장차 市街地 中心이 될 羅津과 그 接屬地가 될 新安面 全幅圓이 모두 그 渦中에 든 것이다。이러구저러구 하는 사이에 그중 重要한 곳은 벌서 다 日本人 財閥들의 손으로 들어가고 말앗으며 남아지 얼마도 또 土地收用令 區域에 들어갓다。이에 따라 各處로부터 金錢이 集中되는데 단순히 土地關係로서 殖産銀行雄基支店에서 取扱하는 金錢이 二百五十萬圓 他方으로 現金去來가 二百萬圓 모두 四百五十萬圓이란 巨額이 雄基바닥에 떨어지엇다。오늘날 全世界的으로 恐慌! 恐慌! 하고 야단하는판에 여기 사람들은 돈 벼락을 맞고잇다。과연 雄基는 黃金의 都市로 이루엇다。

◇

이러케 세상사람의 耳目을 끄으는 羅津이란 데는 대체 어떠한 곳인가。지금까지 地理책에는 羅津이란 이름이 없고 다만 「地境」이라든지 「新安」이라 하여 적혀어 잇을뿐이다。이같이 이름도 없든 羅津이 이 앞으로는 크게 벌어저서 이 附近一帶가 왼통 羅津으로 행세될 것이다。그런데 羅津은 咸鏡北道 慶興郡 新安面 一隅에處하여 잇다。海灣이 東北으로 灣入하기 六浬 그 前面에 小草島 大草島가 가루 놓여 잇어 海上에 어떠한 激潮와 暴風이 잇드라도 港內는 조금도 危險함을 입을염려가 없고아주 安穩靜謐하게 지낼수 잇다。(以下九行略)

◇

昨年 겨울 滿洲事變의 契機로 極東의 形勢가 一變하엿다。二十五年이나 두고 經營하든 (二字略) 線鐵道는 이미 着手되어 不遠에 竣工을 볼것이다。(中略)

여태까지는 大連,海蔘威(浦鹽斯德)釜山等이 그 任에 當하엿으나 여러가지 點으로보아 北部地方의 一港으로 함이 더욱 必要함을 안 것이다。淸津,雄基,羅津이 다 그 有力한 候補地로 將來 이 三港의 榮枯가 실로 여기에 달닌 것이다。淸津과 雄基는 這間에 猛烈한 終端港 爭奪戰이 없은 것도 아니엇으나 最後의 榮冠은 필경

羅津으로 돌아가고 淸津 雄基 二港併用說이 條件이 된 것이다。哈爾賓에서 東支東部線으로써 海蔘威 經由로 敦賀에 達하기와 南滿鐵道로써 大連 經由로 長崎에 達하기를 羅津 敦賀(伏木?)에 比하여 時間이 短縮하므로 今後 大陸과 日本과의 交通은 羅津이 中心이 될지오 또羅津이 창차 大連 海蔘威等의 繁榮을 빼앗을것이다。

◇

羅津 終端港 計劃이 一朝一夕의 일이아니라 벌서 十年前부터 이미 調査가 되엇고 港灣協會에서는 築港과 都市計劃圖까지 하여 두엇섯다。다만 이번××線 工事着手가 이 일을 促進케된 것이다。

그리고 羅津을 三十萬 人口의 大都市로 計劃中이다。그곳의 平地 面積은 불과 七百町步요 또 그 半數가 土地收用令에 들어갓은 즉 이것만으로는 너무 狹窄하다는 嫌이 없지 않다 하겟으나 北으로 寬谷의 種馬所 官有地가 拂下되고 南으로 梨津方面까지 뻗어 갈것 같으면 그러하기에 넉넉하리라 한다。여태까지 이러틋 空閑地 그대로 버려두엇든 오늘의 羅津이 不遠한 將來에 東洋 有數의 大都市로 化할 것을 생각하면 미상불 興味잇는 일이다。

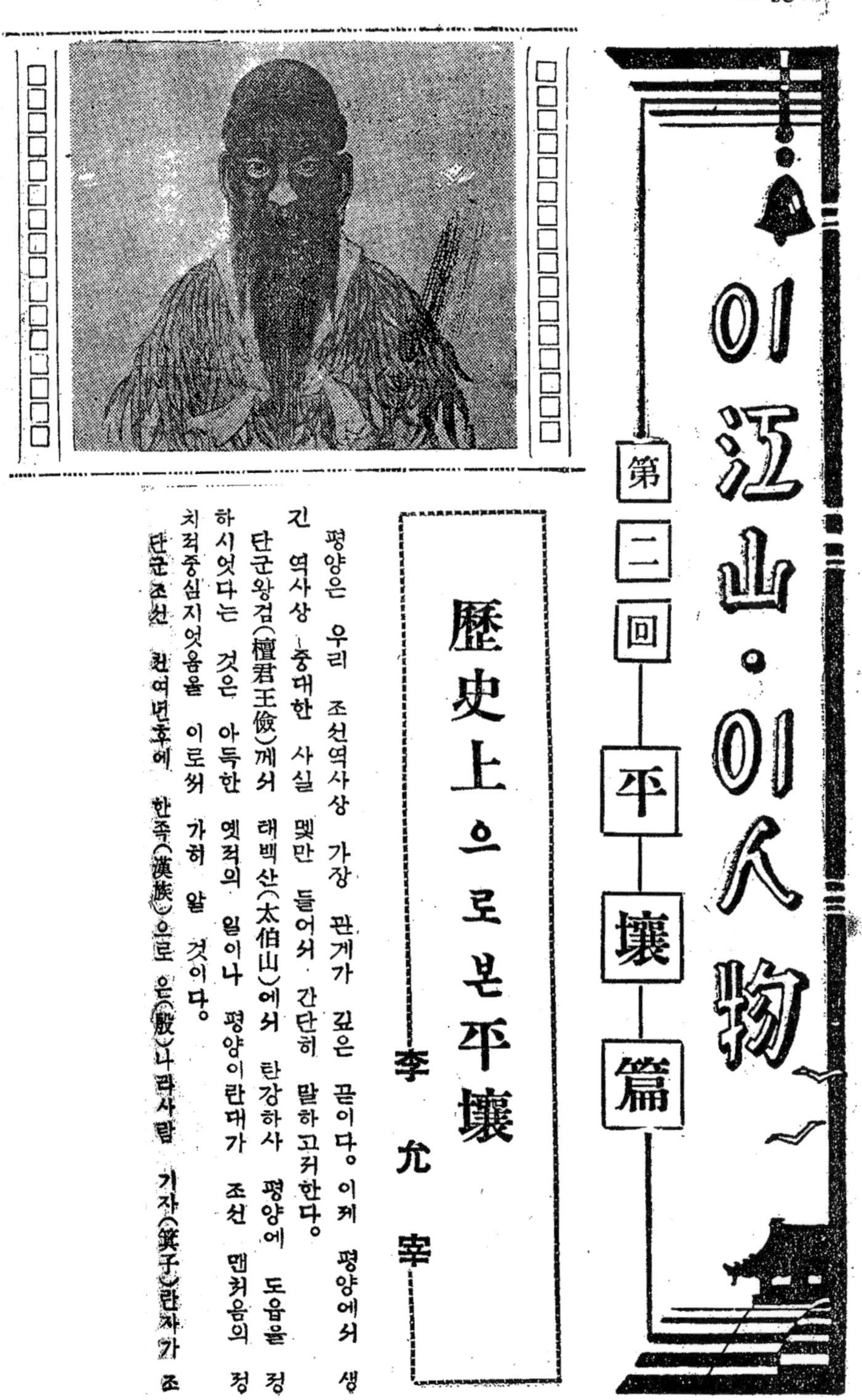

이江山·이人物

第二回 平壤篇

歷史上으로 본平壤

李允宰

평양은 우리 조선역사상 가장 관계가 깊은 곧이다。이제 평양에서 생긴 역사상 중대한 사실 몇만 들어서 간단히 말하고저한다。

단군왕검(檀君王儉)께서 태백산(太伯山)에서 탄강하사 평양에 도읍을 정하시엇다는 것은 아득한 옛적의 일이나 평양이란대가 조선 맨처음의 정치적중심지엇음을 이로써 가히 알 것이다。

단군조선 천여년후에 한족(漢族)으로 은(殷)나라사람 기자(箕子)란자가 조선으로 들어와 평양에서 입금노릇하엿다는 것은 도무지 믿지 못할 일이니 지금 평양에 잇는 기자릉(箕子陵)이란 것은 본대 잇엇든 것이 아니라 한 八백년전 고려 숙종대왕(肅宗大王)때에 적당한 자리를 택하여 만들어놓은 것이요 또 기자정전(箕子井田)이니 하는것도 근래 실측한바에 의지하여 옛적 고구려시대에 시가(市街)의 구획인 것으로 판명되엇다。 기실은 대동강유역(大同江流域)에 부여족(扶餘族)의 一파가 내려와 자치민방(自治民邦)을 세운것을 지나사상(支那思想)에 취한 한문학자들이 그것을 지나의 기자에 부회(附會)한 것이다。

지금으로부터 二천백여년전에는 역시 한족으로 연나라(燕)사람 위만(衛滿)이란자가 망명하여 들어와 음흉한 도적놈의 심사로 당시 평양에 잇는 준왕(準王)을 속이어 쫓아내고 제가스스로 입금이 되엇다。 이것이 우리 국토에 다른 민족이 입거(入據)한 것의 처음 일이다。 그러나 그때에 우리조선이 북쪽에는 부여국(扶餘國)、남쪽에는 삼한(三韓)이 강성한 그대로 잇엇고 오직평양을 중심으로한 평안도만이 위만이란놈에게 도적맞은셈이다、

위만왕조(衛滿王朝)는 겨우 八十七년을 지나 한(漢)나라에 망하고 그 땅이 소위 사군(四郡)으로 나누일 때에 평양은 낙랑군(樂浪郡)으로 되엇다、그후로 한나라사람들이 자꾸 들어오기 시작하여 대동강 근처에는 군대군대 한나라 거류민의 부락을 이루엇다。 이로써 그들과 우리들 사이에 민족적 충돌이 생기어 우리 민족은 한나라사람을 몰아내려고 격렬한 운동이 일어낫다。 이러구러 멫해가 못가서 한나라에서는 할수없이 사군을 철폐함에 이르고 오직 낙랑에만 한나라사람의 근거가 그대로 남아잇엇으나 四백여년의 장구한 시일을 지나 필경은 우리 민족에게 못 견디어 낙랑까지 아주 쫓겨나고 말앗다。 지금도 평양 부근에서 땅속에 묻힌 고대의 유물(遺物)을 가끔 파낼 때에 덮어놓고 그것을 낙랑유물(樂浪遺物)이라는

이름을 붙이는 것은 역시 이 까닭이다。

고구려 동천왕(東川王)때에는 위(魏)나라 장수 관구검(毌丘儉)이 군사를 거느리고 쳐들어와 고구려 서울 환도(丸都)를 함락하고 임금을 남옥저(南沃沮)로 달아나게한 큰 난리를 겪은 후에 도읍을 평양으로 옮기어 한 九十년간 지낫으며 고국원왕(故國原王) 때에 도루 예전 도읍 환도로 옮기어 갓더니 연(燕)나라 임금 모용황(慕容皝)이 쳐들어와 또 환도를 함락하고 막대한 손해를 주엇으므로 고구려는 다시 도읍을 평양 동황성(東黃城)으로 옮기어 八十여년간 거기에 잇엇다。

고구려는 이와같이 두번이나 큰 국난(國難)을 당하매 북방으로 뻗어나가려든 정책을 변개하여 다시 남방으로 향하여 나아가기로하였다。곳 먼저 반도를 통일하고 뒤에 대륙을 경영하자는 뜻이다。그러고 이때는 광개토왕(廣開土王)、장수왕(長壽王)같은 훌륭한 임금이 나서 그 위무(威武)로써 四방을 정복하여 국토를 크게 넓히엇다。더욱이 장수왕은 그 증조부되는 고국원왕(故國原王)이 백제나라사람에게 죽은 원수를 갚고저하여 백제를 내려눌럿다。이러한 관게로 고구려는 평양에 도읍을 하지아니할수 없게되엇다。그리하여 평양은 장수왕 이후 끝까지 二백四十년간 도읍지가 된것이다。

고구려 七백년 역사에 가장 부강한 때는 평양에 도읍한 이후라 할것이다。남으로 백제를 쳐서 남쪽으로 몰아붙이고 보은(報恩)、직산(稷山)까지를 경계를 정하였으며 서으로 연(燕)나라를 멸하여 요동(遼東)을 거두어들엿으며 북으로 북부여(北扶餘)를 합병하였으며 또 수(隋)나라와 당(唐)나라가 침입하다가 모두 패해 돌아갓다。이뿐아니라 지금 평양、강서(江西)、용강(龍岡)등지에 흩어저잇는 고대의 분묘는 다 고구려시대의 것으로 당시의 문화가 얼마나 발달하였든 것을 미루어 알것이다。

歷史的으로 본 慶州

李允宰

「나라는 망하였으되 산과 내는 그대로 잇다(國破山河在)」라한 예사람의 시구(詩句)도 잇거니와 옛날의 서라벌(徐羅伐), 오늘의 경주(慶州)! 과연 장구한 천년 동안의 신라국(新羅國) 서울로 한찬 변화가 극하든 옛날의 자취는 이제에 다시 찾을 길이 없고 다만 저 토함산(吐含山)의 높은 봉과 알내(閼川)의 흐르는 물만 옛 형태를 변하지 않고 잇을뿐이로다。

경주가 처음에 사로국(斯盧國)이란 이름으로 진한(辰韓) 十二방(邦)의 종주국(宗主國)이 된 것은 지금으로부터 三천년 내지 二천년전 삼한시대(三韓時代)의 일이엇다。이 같은 그때로부터 문화가 크게 나아가서 백성들은 누에치는법과 베짜는법이 발달되엇고 또 예의(禮儀)를 숭상하야 장가가고 시집가는 것에 다 예법으로써하며 행인은 길을 서로 사양하엿다 한다。

그뒤 반도의 북방으로부터 단군조선의 후손들이 내려와 동해변 산곡사이에 여기저기 흩어저 살아서 여섯 촌락(六村)을 이루엇다。그 여섯 촌락은 이러하다。

지 혐	촌이름	촌 장	성(姓)	위치
알천(閼川)	양산촌(楊山村)	알평(謁平)	이씨(李氏)	중
돌산(突山)	고허촌(高墟村)	소벌도리(蘇伐都利)	정씨(鄭氏)	남
무산(茂山)	대수촌(大樹村)	구례마(俱禮馬)	손씨(孫氏)	서

佛國寺紫霞門
경덕왕때에 웅장한 불국사!
불국사에도 자하문! 자하문밖에
잠겨있는 석제(石梯)——靑雲橋(上)、白
雲橋(下)——

鮑石亭址石渠
이곳은 옛날 신라人적에 포석
정이 잇든곳으로 돌홈을 파돌리
고 잔을 띄워놓든 자린데 과연
신라멸망은 여기와들어야 한다。

취산(觜山) 진지촌(珍支村) 지백무(智伯武) 최씨(崔氏) 동남
금산(金山) 가리촌(加利村) 지타(祇沱) 배씨(裵氏) 동
명활산(明活山)고야촌(高耶村) 무진(武珍) 설씨(薛氏) 동북

이와같이 여섯 촌의 촌장이 각각 그 촌안의 백성들을 다스리고 잇엇
다。 촌장들은 중대한 일이 잇을 때면 항상 한데 모이어 나라일을 의론하
엿는데 한번은 촌장들이 알내(閼川)우에서 회의를 열고 지금까지는 그저
이렇케 지내왓으나 아무리 하여도 一국을 통치할 한사람의 임금을 둠이
좋다는데에 의견이 일치하야 박혁거세(朴赫居世)란이를 맞아서 임금을 삼
앗다。 혁거세가 당시 十三세의 소년으로 거서간(居西干이란 王이란말)이 되
어 나라이름을 서라벌(徐羅伐)이라 하니 서라벌이라 함은 곳 신라(新羅)
와 같은 말로 본래는 경주 한 지방의 이름이든 것이 이와같이 나라의 이
름으로 된것이다。 이것이 지금으로부터 一천九백九十년전의 일로 반도 남
부에서 군주제(君主制)의 바롯이라 할것이다。

제四세 탈해이사금(脫解尼師今)이란 임금 때에는 왕성(王城) 서쪽 시림
(始林)이란 숲사이에서 닭울음 소리를 듣고 뛰어가서 금궤속에 들어잇는
아이 곳 경주김씨의 시조되는 김알지(金閼智)를 얻어 이것을 기렴으로 나
라이름을 계림(鷄林)이라고 고치어 한 二백五十년간이나 시행하다가 제十
五세 기림이사금(基臨尼師今)때에 도루 신라로 고치엇으며 제二十二세 지증
왕(智證王) 때에 이르러는 이때까지에 신라의 나라 이름을 동음이역(同音
異譯)으로 서벌, 서라벌, 서야벌, 서나벌, 사로, 사라, 신로, 설라, 신라(徐伐
徐羅伐, 徐耶伐, 徐那伐, 斯盧, 斯羅, 新盧, 薛羅, 新羅) 등 이와같이 여러가
지로 써오든것을 한문글짜로 「新羅」라고 고정하며 완기로 작정된것이다。

이때 신라는 사방 여러 나라에게 몹시 시달림을 받앗으니 동쪽으로는

— 110 —

石氷庫

석빙고의외면 長은 스물두자、높이 여섯자、입구의 廣이 여섯자 일곱치、흙속에 묻힌것 빼고도 돌의 개수는 약일천개。

외국에게 종종 집쳐김을 받으며 서쪽으로 백제에게 침략을 당하고 북쪽으로 강대한 고구려의 내려누림을 입어 정신없이 지내다가 지금으로부터 一천二백六十여년 전에 백제와 고구려가 전후하야 모두 멸망하고 신라가 제三十세 문무왕(文武王)의때 완전히 반도를 통일하게 되엇다。이로써 반도의 정치의 중심지는 이곧 경주가 된것이다。

신라가 통일한 이후로는 나라의 문화가 장족진보하야 가히 놀랄만한 발달을 이루엇으니 한창시대에는 신라 서울 성내의 호수(戶數)가 十七만八천九백三十六호요 동리는 一천三백六十방(坊)、五十五리(里)라 하니 十七만호고보면 지금 경성의 호수 七만호에 비하야 약三배가량이나 되는것을 알것이다。이러케 많은 집에 초가집은 한채도 없고 죄다 와가뿐이며 밥짓는데는 나무를 쓰지않고 숯으로만 썻으며 노래소리와 음악소리는 길에 가득하며 낮과 밤으로 끊이지 아니하엿다。이를보면 그때에는 백성들이 얼마나 부유하게 지내며 안락한 생활을 하엿든지 가히 미루어 알것이 아닌가。

신라가 통일후 二백六十여년을 지나 제五十六세 경순왕(敬順王)이 고려태조에게 항복하니 신라가 이로써 망하엿다。신라가 건국한 이후 한번도 도읍은 옮긴 일이 없고 九백九十二년이나 되는 장구한 시일에 처음부터 끝까지 죽곳 한군데에만 잇은 것은 다른 나라에서는 도무지 보기 어려운 일이며 또 한 왕조(王朝)로써 박、석、김(朴、昔、金) 세 성이 서로 이어 왕위를 전한 것이라든지 더구나 동양에서는 매우 드문 여왕(女王)이 세분까지 잇은 것은 한가지 특색이라 아니할수 없는 것이다。

그러케 번화하든 신라나라의 서울은 신라가 망함과 한가지 아주 황폐하여젓다。지금으로부터 고려 태조때에 신라서울이란 이름을 경주(慶州)로 고치엇으나 경주란 지명이 이때로부터 처음 생긴 것이다。그러고 거기에

寺石佛

토함산 그림자 떠호르는 명지! 경덕왕(景德王)때의 재상 김대성(金大城)의 손으로 새긴 눈물겨운 걸작이 들어잇는 불상이다。

대도독부(大都督府)를 설치하엿으며 그뒤 성종대왕(成宗大王)때에는 동경유수(東京留守)로 고치고 유수사(留守使)를 두어 영동도(嶺東道)에 붙이엿으니 이로써 고려삼경(高麗三京)의 하나로 되엇다。三경이라함은 평양을 서경(西京)、한양을 남경(南京)、경주를 동경(東京)이라 하는 것이다。현종대왕(顯宗大王) 때에는 경주방어사(慶州防禦使)라니 안동대도호부(安東大都護府)라니 하다가 도루 동경유수를 두엇으며 신종대왕(神宗大王)때에는 여기에 야별초란(夜別抄亂)이 잇엇고 또 동경사람으로 신라를 복국한다는 이유로서 각처에 격문을 뿌린 사건이 생기므로 강급(降級)하야 경주지사(慶州知事)를 두엇다가 고종대왕(高宗大王)때에 도루 유수로 회복하엿으며 경효대왕(恭孝大王)때에는 계림부(鷄林府)로 고치엇으며 또 우왕(禑王)때에는 낙랑부(樂浪府)라 일컬엇으며 이씨조선(李氏朝鮮) 태종대왕(太宗大王)때에 옛 이름 경주로 고치어 오늘까지 이르럿다。

경주가 신라 이후로는 이러케 변천이 많앗다。옛날 고루거각(高樓巨閣) 十七만호가 걸려잇든 곧이 오늘날 겨우 一千호 미만의 황량(荒涼)한 벽촌으로 화하엿음을 볼 때에 진실로 감개무량하다。그러나 고적(古蹟)과 유물(遺物)이 오히려 남아잇어 참으로 옛날 역사를 말하는듯。

(市街全景)

歷史로 본 大邱

李允宰

팔공산(八公山)이 뒤로 우뚝 솟고 금호강(琴湖江)이 앞을 가루막아 아늑한 맛이 잇으며 경상 북도의 한가운데를 자리잡고 앉아, 경부가도(京釜街道)에 가장 요긴한 통로가 되어 경성 이남으로는 둘도 없는 웅주대읍(雄州大邑)으로 이름이 잇음은 물론, 충청 전라 여러 도의 중요한 각 고을과도 교통의 중추가 되어 사통오달로 된것은 과연 형승(形勝)의 땅이라 아닐수 없다。이러틋 지리상으로 범상치 아니한 대구연마는 역사상으로는 별로 드러날만한 사실이 잇지 아니한 것이 좀 한되는 일이다。그러므로 대구에 대하여는 조금만 적어보자。

대구는 본래 달구불(達句火)이란 이름으로 신라(新羅)의 영토가 되엇다 달구불이란 말의 뜻을 따저보면 「달」은 우리 고어(古語)에 높다라는 뜻이오 「불」은 벌(廣野) 곳 고을(郡)이라는 뜻이다。불(火)자를 불(弗)자로 써서 대구의 지명을 달불성(達弗城)으로 쓰기도 하엿으며 또 벌(伐)

(達成公園)

과도 공통되엇다。그런즉 「달구불」이란 말이 높은 벌판이란 뜻인데 뒤에 한문 글자로 고을이름을 쓸때에 구(邱)짜로 써서 높다는 것을 의미하엿고 「달구」가 「대구」와 소리가 서로 비슷하기 때문에 한문 글자로 대구(大邱)로 된것이다。이러한 골치 아플 이야기는 그만 두기로 하자。

그런데 대구라는 이름이 생기기는 지금으로부터 一천一백八十여년전 신라 경덕왕(景德王)시절이엇다。이러케 이름이 되기는 옛적에 우리가 무엇이든지 지나(支那)의 것이면 막 그대로 땋으려고만 하든 때엿으므로 지나에 대구(大丘)라는 지명이 잇는 것을 그대로 따다가 쓰게 된 것이다 그리고 또 구(丘)짜가 구(邱)짜로 된 것도 지나 나라에 큰 선비(大儒) 공구(孔丘) 곳 우리가 노상 말하는 공자(孔子)라는 사람의 이름을 함부로 땅이름 같은데 쓰는 것이 불경이라 하야 그것을 기휘(忌諱)하자는 리유로 그 글자를 좀 달라 써야 한다면서 구(丘)를 구(邱)로 고치게 된것이다。이러틋 우리 선조들이 너무도 외국을 숭배하는 그 썩고 더러운 사상이란 과연 기가 막힐 지경이다。

이러케 경덕왕때에 대구라고 이름을 고치어서 수창군(壽昌郡)에 붙이게 하엿고 고려시대에 들어서는 현종대왕(顯宗大王)때에 경산부(京山府)로 이속(移屬)케 하엿고 인종대왕(仁宗大王)때에는 대구를 현(縣)으로 만들어 현령(縣令)을 두기 시작하엿다。현은 군(郡)보다 작은 고을이다。

이와같이 고려때까지는 대구란게 그리 놀랍지 않게 한 소읍으로만 지내어 왓을뿐이엇으나 리씨조선(李氏朝鮮)에 이르러서는 차차 커지게 된 것이다。

여태까지 미미하게 현(縣)으로만 잇든 대구는 세종대왕(世宗大王)때에 군(郡)으로 승격하야 판관(判官)을 두엇으며 세조대왕(世祖大王)때에는 도호부(都護府)로 또 승격되엇고 또 관찰부(觀察府)로 승격되어 감사(監司)를

(刀水園池)

두었다。이로써 경상도 七十一군이 다 여기에 매이어 그 관할을 받게 되어 한 도의 정치의 중심지가 되었다。이러구러 대구는 자꾸자꾸 발전하야 四백여년을 지나온 것이다。시국이 바꾸인 뒤 행정구역(行政區域)을 변경할때에 대구에다가 현풍(玄風)고을을 집어넣어서 대구부(大邱府)와 달성군(達城郡)들로 짜개었다。

이것은 한국말년(韓國末年)에 생긴 일이다。대구의 한 자랑이라 할가。한국정부에서 일본정부에 갚아야 할 국채(國債) 一천三백만원을 민중의 힘으로 갚자 하는 자각(自覺)으로 단연국채보상(斷煙國債報償)이라는 운동이 일어나서 왼 민중이 한번 떠든 일이 잇었다。곳 담배를 끊고 나라의 빗을 갚자 하는 것이니 애국열성에서 울어난 부르짖음이다。이 부르짖음의 첫 소리가 대구에서 시작된 것으로(최초 발기인이 대구 사람徐相敦 金光濟씨등이다)끝에 성공은 못하엿으나마 전조선적으로 한 큰 애국운동이 된다는 것만은 놀랍지 않다 할수 없을 것이다。

한가지 또 알아둘 것은 김충선(金忠善)의 사적이다。김충선은 본대 일본사람으로 본명은 사야가(沙也可)라 하엿다。임진난에 당시 二十二세의 청년으로 일본 장수 가등청정(加藤淸正)부하의 한 장수로 선봉장이 되어 조선으로 건너와 의관문물이 정제한 것을 보고 조선사람이 되고저하야 절도사(節度使)김응서(金應瑞)에게 글을 보내어 그 거느린 군사 三천명으로 우리 진에 항복하야 조선을 위하야 공을 많이 세웠다。조정에서도 그 공을생각하야 「김충선」이라 성명을 주고 정이품가선대부(正二品嘉善大夫)의 벼슬을 주엇다。그는 일평생 조선을 위하야 몸을 바치엇으며 또 글을 잘하야 그가 끼친 모하당문집(慕夏堂文集)이 잇다。지금도 대구부 상수남면 우록동(大邱府上守南面友鹿洞)에 모하당의 사당이 잇으니 거기가 김충선의 사든 곧이오 그 자손들도 지금 많이 잇다。

幸州山城

權惠奎

慶州鮑石亭

文一平

江南燕子樓

車相瓚

智異山遠征

李允宰

扶餘落花巖

閔麟範

靈岩月出山

李秉岐

妙香山記

金道泰

智異山의 追想

李允宰

지금으로부터 한 二十二년전인가 한다。一九一一년(신해)에 내가 경남 마산항(馬山港)에잇는 창신학교(昌信學校)에서가르치고 잇섯슬때엇다。

학교에서 의례히잇는 수학여행의 문제가 낫다。신라의 녯 도읍 경주로갈가 이충무공(李忠武公)의유적이잇는 한산도(閑山島)로갈가 여행떠나기 사흘을 압헤두고 오히려갈곳을 작정하지 못하엿다。경주이고 한산도이고 다 우리가 한번씩은꼭 가야할곳이지마는 이번에는 특별히 지이산(智異山)으로가자고 내가 주창하야 그러케작정되엿다。이는 지이산이경상도에서는 제일 큰산이요 전조선으로도 유명한 산이언마는찻는이가 극히 적음으로써이다。

출발하든때가 꼭 어느날이엇든지는 기억할수업스나 녹음이바야으로 우거지려하는 첫여름 곳오월달인듯하다。일행이 六十여명 직원 및학부형이 十여명 모두 七十여명이며 단하로의준비로 수백리의 장도여행(長途旅行)을 하게됨을 지금생각하면도저히어림도 못할것갓다。그러고 지이산원정대(智異山遠征隊)라는 이름을붓처가지고 군대식 행진을하엿다。대원전부를 일소대로 편성하고 사령관참모부로부터 척후 보초까지 부서를정하야 호남(湖南)에잇는 가상적을진격(進擊)하는모양을하며 나플레온이 알프스의험준한고개를넘는것갓치 지이산을향하고 가는것이엇다。이것이심상의 한유희적에불과하나 원체나약하고 무기력한 조선청년에게 용감쾌활한 기풍을한번훈련시켜보자함이엇다。

함안・의령・진주・산청등 여러고을을거처 떠난지 사흘만에 대원사(大院寺)란절에 당도하엿다。이절은 지이산 여러절가운대하나로 그리크든아니하지만 상당히 오랜 고찰이엇다。

너무오래여서 이름은기억되지아니하나 그절에잇는중으로 썩 훌륭한이가한분잇섯다。그는 불교의교리를 능통한것은물론이요 현대의과학에도 대단히 능통하엿다。우리가 사흘이나거기머물고잇는동안 밤마다 강연회를열고 철학과 과학에관한문제로 우리에게강화를하여주어 만흔 흥미를일으킨일이잇섯다。

첫날은 우리일행이 지이산상봉을 향하고 중턱쯤 오르다가 갑작이대우를만나 지척을분별하기어려우므로 할수업시 도루내려오고말엇다。그익일은 하눌이 활짝 개이므로다시오르기로하엿다 나는 이때 신체의불건강으로 갓치가지못하고 떨어저잇다가 곰곰생각하기를 머처럼여기쓰지왓다가 상봉까지못오르는것이 얼마나 유감된일인가하고 간신히용기를내어 두시간뒤에야 혼자 더덕더덕걸어서 심림속으로 헤매며층암절벽을더듬어 그들의뒤를따랏다。그리하야 필경 지이산의상봉인 천왕봉(天王峯)에 올랏다。

여기 오르고보니 나는우화(羽化)란사람처럼 완연히 천게(天界)에오른것갓다。그아름다운 경게는 엇지말과붓으로써 형용할수잇섯스랴 중첩한청산은 모두 발아래 쌀려잇고 창망한 대해는 멀리 눈압헤펴어잇다。과연 놉흔산이다。나는 이와갓치 놉흔산에오르는것이 이번이처음이다。

여기가 우리의상고시대에마한(馬韓)과 신한(辰韓)두나라의국경이엇스며 그뒤로 신라(新羅)와 백제(百濟)가서로 맛서서수백년동안엄중히서로지켜가든곳이다。이 천왕봉에 추성(楸城)이라고도하고 박서성(朴西城)이라고도하는 녯성터가 잇는데 이것이백제에서 싸흔것으로 신라를 방어하기에쓰든 큰 요색이라한것을 보아도 알것이다。고려말년(高麗末年)에 왜구(倭寇)를 크게무찔르고 이태조(李太祖)로 득의케한 운봉(雲峯)과 임진란에 이충무공(李忠武公)이대기(待機)하고 잇든 전라좌수영(全羅左水營)이든 여수(麗水)를 전후로바라볼수가잇섯다。

지이산은 녯 이름이 지리산(地理山)이요 또 두류산(頭流山)이며 방장산(方丈山)이란 별명이잇다。방장산이라 함은 삼신산(三神山)가운데 하나로 금강산을 봉래(蓬萊)라하고 한나산(漢拏山)을 영주(瀛洲)라하고 지이산을 방장이라하는것이다。이삼신산에는 장생불사하는 신선이잇고 불사약과 불로초가잇다하야 녯적에 진시황(秦始皇)이불사약을 구하려고 동남동녀오백인을 삼신산으로 보냇다는것이 곳 여기다。지이산은 이러케신령한산이다。

이와갓치 이름난산이다 녯 사람의자취인들 업슬것인가。신라의 음악대가(大家)옥보고(玉寶高)가여기에 들어와 오십년이란장구한세월을 오로지 악리(樂理)연구를한끗에 대성(大成)하게되엇다는것이 가장 두드러진것이요 신라의대문장가인 최고운(崔孤雲)과 근대의대학자 조남명(曹南冥)이며 최근에 지사(志士)요 시인(詩人)으로 이름이놉흔 황매천(黃梅泉)갓흔이의 일즉 지나간자취가잇섯스며 또 원효(元曉)의상(義湘) 도선(道詵)이하 수업는 고승(高僧)들의 순석(巡錫)이끗치지아니하엿다。

나는 이때 할수만잇섯스면 가락국시대에 창건하엿다는 쌍게사(雙溪寺)를찻고 화게(花開)에들러 섬진강(蟾津江)을쒸고 나려 바다에떠서우리 충무공의 당년에 크게활동하든 명량(鳴梁) 노량(露梁) 한산양(閑山洋)의전적(戰跡)을 두루두루살펴보고십헛다。그러나 나는 그때그리한시간을 가지지 못한것을 한하엿다。

아아 이 지의등산(智異登山)이야 말로 나의일생에 가장 추억(追憶) 되는것이다。

古都古蹟巡禮 (其八)

大駕洛國古都金海

李 允 宰

金海는 내가 일즉 生長하든 고장이다。그러나 나의 世居之地가 아니므로 거기는 先塋도 없고 親戚도 없다。그러고 내가 떠나나온지가 이미 二十餘年이 훨신 지낫으며 또 그후에도 자주 來往이 없엇으매 金海란 것이 全然히 記憶조차 남아 잇지 아니하리만큼 되엇다。그러므로 내가 이제 여기에 쓰는 것은 巡禮記라하기보다 차라리 印像記라 하여 可하다

×

첫재로 말할것은 여기에서 金海로가자면 두가지의 길이잇다。하나는 여기에서 京釜線 南行列車를타고 잇어버리고 한참 가면 釜山서 두어 停車場 남겨놓고 洛東江岸에 대어잇는龜浦라는 停車場이잇다。여기에 내리면 金海邑이 西北으로 한 三十里며 每日 十餘次 往復 自動車가 잇어서 半時間 만이면 可히 達할수잇다。또 하나는 三浪津驛에 내려서 馬山線汽車를 갈아타고 楡林亭驛에 내리면 거기는 金海가 二十里 남짓한데 역시 自動車便이 잇다。이러케 하야 金海에 갈수가 잇다。

×

三叉江이 東南으로 가로 놓이고 七點山이 西南으로 벋혀 잇어서 질펀한 沃野를 包擁하엿고 뒤쪽으로는 壯山들이 둘러 잇어서 옛적으로 이르면 金城湯池의 險固라 할만하게 생겻으며 또 江과 山이 곱고 아름다워서 예로부터 「江南佳麗州」라 하야 支那의 金陵(곳 南京)에 比하엿으나 실상은 金陵이 金海보다 나앗는지 金海가 金陵보다 나앗는지 알수 없는 것이다。그뿐인가 金海에 썩 들어서면 옛적 古佛 孟思誠(世宗大王時 相臣)의 詩에

駕洛遺墟幾見春
首王文物亦隨塵
可憐燕子如懷古
來訪古樓喚主人

이라 한 것도 잇거니와 아아 여기가 과연 옛날 이름난 帝王州이든가 하는 感懷를 想起케 할 것이다。滄桑이 덧없어 一千五百年前 옛 繁華의 자취도 이제와서 다시 찾을 길이 없이 夢中에 依稀할뿐이요 오직 盆城臺의 古槐와 納陵의 楊柳만 그대로 푸른 빛을 띠어 옛날 歷史를 말하는듯。

×

이제 大駕洛國의 建國傳說에 對하야 대강 말하리라。金海는

上은駕洛王妃許后陵 下右는駕洛王降誕址 下左는駕洛國宮址

古色蒼然한 金海駕洛王陵全景

본대 弁韓 十二國中의 하나인 狗邪國으로 十二國의 統帥가 잇엇든 곧이니 我刀干、汝刀干、彼刀干、五刀干、留水干、留天干、神天下、五天干、神鬼干等 九干이 잇엇다 지금으로부터 一千八百九十年前 新羅儒理王 十九年(西紀四二年) 三月 어느날에 龜旨峰 金海邑 北方三里에잇는 小岡)에 異常한 소리가 들리고 하늘로부터 紫繩이나려와 드리윗으며 거기에 붉은 보로 싼 金色의 盒子가 잇엇다。九干들이 그

金首露王陵柵內一部

것을 보고 가서 盒子를 열어보니 그속에 黃金의 卵이 여섯개가
잇엇다。여럿이 크게 놀래어 다 가치 敬拜하엿다。그러고 그것을
我刀干의 집에 가저와서 榻上에 얹어두엇다가 그 翌日에 그들이
다시 모이어 盒子를 열어보니 六卵이 다 童子로 化하엿는데 容
貌가 甚히 奇偉하엿다。六卵中에 먼저 난이를 金首露라하니 이가
駕洛國의 始祖가 되엇고 남은 다섯사람은 각기 五伽倻의 임금이
되엇다 한다。

駕洛과 伽倻는 異字同音이니 이를 幷稱하야 六伽倻라 한다。六
伽倻의 疆域을 들면 아래와 같다。

一、金官伽倻　　金海
二、阿那伽倻　　咸安
三、古寧伽倻　　咸昌
四、大伽倻　　高靈
五、碧珍伽倻　　星州
六、山伽倻　　固城

이리하야 駕洛은 十一世를 이어 仇亥王대에 이르러 新羅 法興
王 十九年(西紀 五三二年)에 四百九十一年의 歷史를 남기고 新羅
에 合倂되고 말앗다。

×

내가 이 글을 막 쓰려할때에 金海는 大水害로 人畜의 被害가
不少하다 함을 들엇다。나는 붓대를 멈추고 유달리 憂慮를 말지
아니하엿다。이마에 손을 얹고『오 蒼天이여 의지할곧 없는 우리
겨레에게 이 우의 더한 災害가 미치지않게 하여 주사이다』하고
빌엇다。

조선 지리 독본

一、화려 강산

中央高普 李允宰

『아아、아름답다!』

『아아、곱다。이 강산!』

『과연 낙원에 들어오는 감이 있구나!』

이것은 외국 손님으로서 조선 땅에 처음 발을 들여놓는이로는 의례히 다 하는 말로、기차의 창밖으로 얼른얼른 지나가는 철도 연로의 산이며 강들을 내다보면서 찬탄하는 말입니다。이번에 다녀간 세계 무전대왕 말코니 박사도 부산서 일로(一路)서울까지 오면서、신문 기자에게 대하여 이와 같은 말을 하고、조선을 자기 나라 이탈리와 같다고까지 말하였다나 과연 조선 땅은 화려한 강산입니다。

덥도 춥도 않는 북온대(北溫帶)에 처하여、三면은 바다요、一면은 육지인 큰 반도(半島)의 땅으로、바다에 생선과 들에 곡식과 산에 금은동철은 무진장(無盡藏)의 부원(富源)을 이루었으며、비단병풍을 두른듯한 산이며、면경 같이 맑은 물이며、꽃방석을 깐듯한 들은 천연의 경치를 이루었읍니다。

몽고나 아랍비아처럼 사막(沙漠)이 한군대나 있읍니까。일본이나 이탈리처럼 활화산(活火山)이 한군대나 있읍니까 서비리아나 아푸리카처럼 불모지(不毛地)가 있읍니까。러시아처럼 못 견디게 추운대가 있읍니까。인도처럼 못견디게 더운대가 있읍니까。중국처럼 질편한 평야로만 되어 밤낮 황진(黃塵) 성화에 바치는 일도 없고、영국처럼 전판 섬으로만 되어 사철 농부(濃霧) 때문에 구찮게 굿는 일도 없읍니다。어느 곳 한군대 빠진대 없이、모모이 틈틈이 어느것 하나 버릴것 없이 억만금으로도 바꾸지아니할 가치가 있는 땅입니다。우리 땅은 이처럼 천혜(天惠)를 유달리 두터이 받은 것을 자랑하지 아니할수 없읍니다。기뻐하지 아니할수없읍니다。

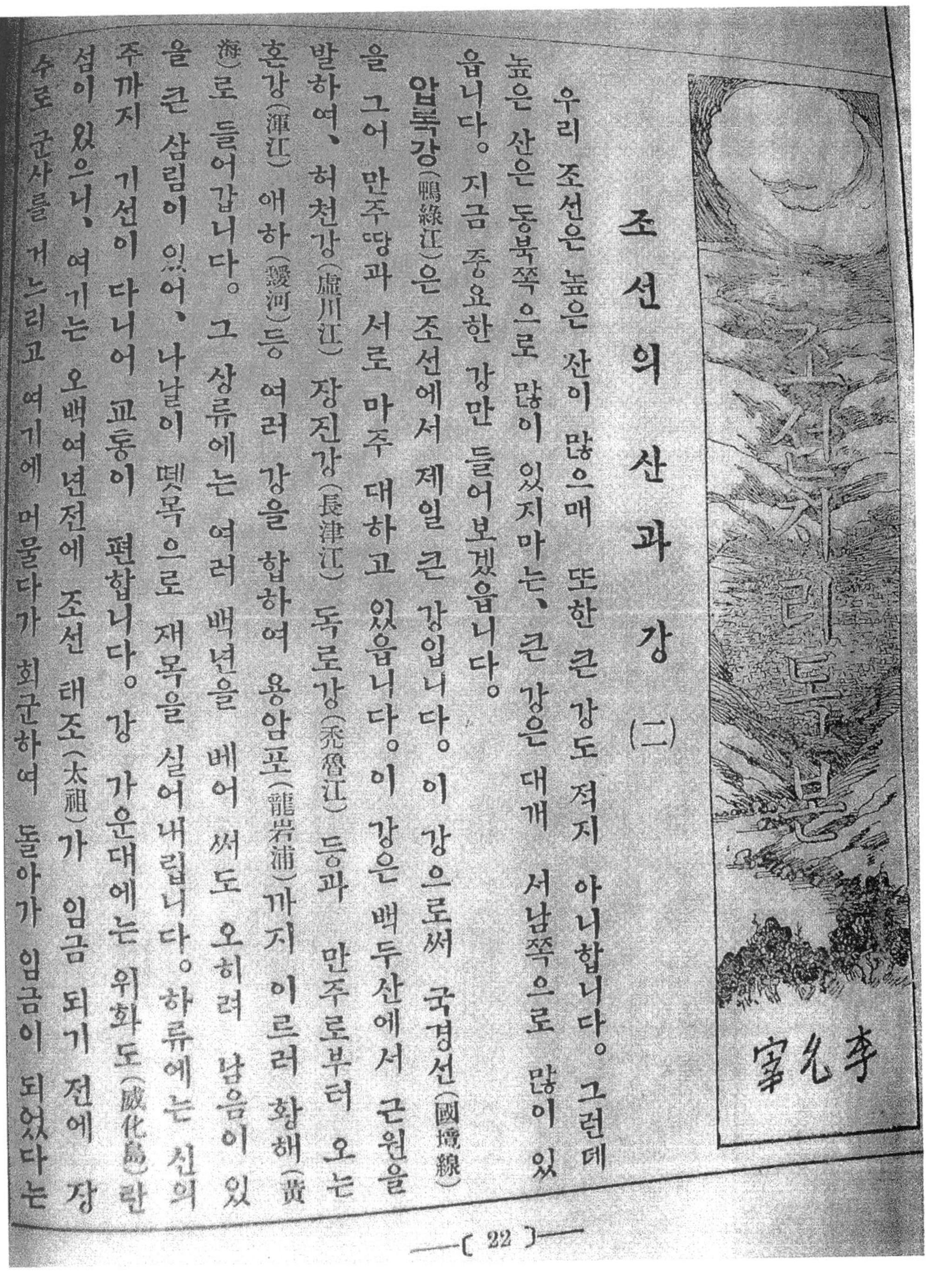

조선의 산과 강 (二)

우리 조선은 높은 산이 많으매 또한 큰 강도 적지 아니합니다。그런데 높은 산은 동북쪽으로 많이 있지마는、큰 강은 대개 서남쪽으로 많이 있읍니다。지금 중요한 강만 들어보겠읍니다。

압록강(鴨綠江)은 조선에서 제일 큰 강입니다。이 강으로써 국경선(國境線)을 그어 만주땅과 서로 마주 대하고 있읍니다。이 강은 백두산에서 근원을 발하여、허천강(虛川江) 장진강(長津江) 독로강(禿魯江) 등과 만주로부터 오는 혼강(渾江) 애하(靉河)등 여러 강을 합하여 용암포(龍岩浦)까지 이르러 황해(黃海)로 들어갑니다。그 상류에는 여러 백년을 베어 써도 오히려 남음이 있을 큰 삼림이 있어、나날이 뗏목으로 재목을 실어내립니다。하류에는 신의주까지 기선이 다니어 교통이 편합니다。강 가운데에는 위화도(威化島)란 섬이 있으니、여기는 오백여년전에 조선 태조(太祖)가 임금 되기 전에 장수로 군사를 거느리고 여기에 머물다가 회군하여 돌아가 임금이 되었다는

— 22 —

곳으로 이름이 있읍니다。

두만강(豆滿江)은 압록강과 한가지 백두산에서 동북편으로 흘러 일본해(日本海)에 들어갑니다。 이 강은 조선、쏘베트、만주 세나라의 경계가 되어 있읍니다。

청천강(淸川江)은 평안북도 낭림산(狼林山)에서 근원을 발하여 서으로 흘러 구룡강(九龍江) 대령강(大寧江)들을 합하여 황해로 들어갑니다。 이 강은 옛적에 살수(薩水)라 하여、 고구려 시대에 우리 장수 을지문덕(乙支文德)이 수나라(隋) 군사 삼십만명을 크게 파하여、 역사상 큰 광채를 남겨둔 이름난 곳입니다。

대동강(大同江)은 검산(劍山)에서 근원을 발하야 서남으로 흘러 비류강(沸流江) 남강(南江) 재령강(載寧江)등을 합하여 황해로 들어갑니다。 이 강 유역(流域)에 있는 평양(平壤)은 조선 역사의 발원지(發源地)로 이름이 난것과 고구려국의 도읍지로 된것이 모두 이 강으로 말미암음입니다。 이것을 보아 우리는 결코 이 대동강을 예사로 볼것이 아닙니다。

예성강(禮成江)은 차유령(車踰嶺)에서 근원을 발하여 서남으로 흘러 황해로 들어갑니다。 이 강 유역에 있는 송도(松都)는 고려(高麗) 오백년 도읍지로 이름이 났읍니다。

임진강(臨津江)은 마식령(馬息嶺)에서 근원을 발하여 남으로 흘러 한강과 한가지 황해로 들어갑니다。

白頭聖山史話

李 允 宰

白頭山은 朝鮮 北쪽 지경에 鎭坐하야 半島 三千里를 抱擁하여있고 桓族 二千萬을 守護하여주는 聖岳이며 靈山이다。

이 山은 예로부터 不咸、蓋馬、徒太、白山、白頭、太白、長白、歌爾民商堅等의 여러가지의 名稱을 가지였으나 白頭山이란것이 우리에게 한 代表의 名稱이 된것이다。原始의 朝鮮歷史가 이것이 搖籃을 지은것으로나 幾多의 東方風雲이 여기를 舞臺로 삼은것으로나 우리는 결코 이것을 다른 山 보듯 閒却에 붙이고말 문제가 아님을 안다。

神市의 靈場이 첫 序幕으로 열리였다。「弘益人間」의 大願誓를 이루시려고 桓雄天王께서 여기에 자리를 잡으신것이 이미 五千年前의 일。穀、命、病、刑、善惡、무릇 人間 三百 六十餘事의 始政으로 한배 檀君의 朝鮮을 이룩하심에서의 久遠한 우리 겨레의 依仰이 진실로 큰것이다。

白頭山은 꼭다기에 天池、아래에 天坪、天河(松花江을 숭아리우라라 하니 끝 滿洲語에 天河의 뜻)가 있어 온통「하늘」을 意 한것인데 옛적 우리 겨레가 祖天一體의 굳은 信仰으로 여기를 天國으로 알았으며 또 東方 여러 民族이 이 山을 우이없이 尊敬하였던것임은 옛적 記錄 魏書에 『勿吉國南、有徒太山、魏言大白、有虎豹熊狼、不害人、人不得上山溲汙、行逕山者、皆以物盛去』라 함과 또 北史에 『靺鞨國南、有從太山者(案魏書隋書、俱作徒太山、通考與此同) 華言太皇、(案魏書作太白與此異) 俗甚敬之、人不得上山溲汙、行經山者、以物盛去、上有熊豹狼、皆不害人、人亦不敢殺』이라 한것을 보아도 알것이다。그래서 國家의 出發點이여기에서 시작하였다는것은 이에 다시 말하지 않거니와 옛적 東方에 疆大國으로 扶餘國 高句麗國 渤海國等 諸王朝의 發祥地가 다 이 山에 있었으며 우리 겨레의 支派인 金、清의 王朝도 또한 이 山이 發祥地가 된것이다。

이와 같이 멀리 檀國으로부터 扶餘國、

高句麗國 渤海國 金國이며 가까이로 淸國에 이르는 이러한 여러 王朝가 다 이白頭山으로써 緣起되었으매 미상불 建國에 關한 傳說과 史實이 많기로는 다른대에 類例가 드물것이다。이것을 있는대로 다 들추어내려면 限이 없겠으나 紙數의 制限이 있으므로 여기에는 다만 그중에 몇가지만 들어서 간단히 말하기로 한다。

×

年代로 千餘年이 지음지고 種族으로 本支의 분별이 있으되 高句麗의 柳花夫人의

望天吼의光景(天王峯天王岩의斷層面)

說話와 淸의 三天女의 說話가 이상하게도 그 곳이라든지 그 일이라든지 거의 같게 된것은 우리에게 一種 興味를 주게 된다

옛적에 天帝께서 그 아들을 扶餘 古都에 내려보내어 임금이 되게 하니 이곳 解慕漱라 그가 하늘로써 내려올제 五龍車를 탔으며 扈從하는자 百餘人이 다 白鶴과 彩雲을 타고 우에 떴는데 풍류 소리가 구름가운데를 動한지라 熊心山에 머무다가 十餘日을 지나 내려왔는데 머리에는 烏羽冠을 쓰고 허리에는 龍光劍을 떠였으며 아침이면 政事를 보고 저녁이면 하늘로 올라가니 세상에서 이를 天王郎이라 하였다 淸河(시방 鴨綠江)의 河伯은 딸 셋이 있어 長女는 柳花요 次女는 萱花요 季女는 葦花라 그들이 하루는 熊心淵이란 못가에 나와 놀았더니 解慕漱가 보고 그 神姿의 艶麗를 戀慕하야 그 長女 柳花를 誘致하야 妃를 삼으려하니 河伯이 처음에는 그 無禮함을 責하다가 여러가지 행한 異蹟을 보고 禮를 갖후어 成婚하였다。뒤에 解慕漱가 女를 버리고 홀로 하늘에 올라가거늘 河伯은 그 女가 이미 妊娠된고로 이것이 家門에 크게 辱을 끼친것이라 하야 太白山 남쪽 優勃水에 귀양보냈더니 마침 東扶餘 임금 金蛙王에게 發見한바 되어 東扶餘나라로 불러가서 아들을 낳으니 이가 곧 朱蒙이라, 뒤에 高句麗帝國을 創建한 東明聖王이 된것이다。

이것이 高句麗 柳花夫人의 說話이다。그러고 淸朝 發祥에 關한 三天女의 說話는 이러하다

長白山 동쪽에 布庫里山이 있고 그 아래에 못이 있어 布勒瑚哩라 하는데 옛날 거기에 恩庫倫 正庫倫 佛庫倫 姊妹 三天女가 그 못에 내려와 沐浴하더니 마침 한 神鵲이 朱果 하나를 물어다가 季女 佛庫倫의옷에 떨어터리거늘 季女가 그것을보고 집어서 입에 넣으매 곧 삼키어져서 바루 뱃속으로 들어갔다。沐浴을 마치고 하늘로 올라가려한즉 季女만은 날라지지를 아니하였다 두 형의 말이 너는 朱果를 먹어 아이를 배인 까닭에 나르지를 못하는것이니 몸을 푼 뒤에 돌아오라 하고 둘이만 올라갔다。季女 佛庫倫은 홀로 떨어졌다가 滿朔이 되어 마침내 한 사나이를 낳았는데 나면서 英特하야 말도 하고 걸음도 걸으므로 하루는 朱果의 내력을 말하고 하늘이 天下의 爭亂을 평정하기 위하야 내이신 것이니 가서 다스리라 順流하야 나려가면 거기에 國土가 있으리라 하고 작은 배 한척을 준 뒤에 어머니 天女가 그만 하늘로 올라갔다。

이것이 二百餘年間 中原에 入主한 淸朝 創

業의 國祖 努兒哈赤의 出生한 내력으로 그 建國神話가 高句麗와 한가지 傳統的 關係있음을 알것이다。

×

白頭山을 말함에 定界碑를 내어놓을 수 없다。二百年 바람비를 겪어온 커定界碑는 말없이 오뚝 서있건만 우리네의 憤하고 辱된것이야 千萬年간들씻을줄이 있으랴? 이 碑는 지금으로부터 二百二十二年前 朝鮮 肅宗大王 三十八年 (1712A.D.)에 세운 것으로 무론 朝鮮과 清國두 나라의 國界를 勘定하야 標識을 삼고저 함이다。그 내력을 잠간 말하면 高句麗나 渤海때까지는 白頭山이 무론 國家의 中心이 되었었지마는 高麗때에는 그것을 他族의 손에 맡기어 問題가 되지 아니하였고 李氏朝鮮이 되면서 부터 北境을 완전히 回收하게되었으며 또 李朝의 發祥地가 北方에 있은 연고로 하야 더욱 等閒히 보지아니하였던것이다。뒤에 滿洲(곧 清國)가 興起하야 또 그 發祥地가 白頭山이었으므로 될수만 있으면 이것을 자기의 國土로 끌어넣으려는 생각이 있었다。이리하야 白頭山 하나로써 問題의 焦點이 되

白頭山頂天池의 一部 (水深最高一千二十六呎)

였으며 더구나 住民問題로 邊界의 紛爭이 자주 일어나매 淸主·聖宗(康熙)이 勘界使로 烏喇總管 穆克登等을 보내어 白頭山에 定界碑를 세우려하였다。우리 나라에서는 叅判 朴權이란이가 接伴使가 되어 咸鏡監司 李善溥와 同行하야 國界를 査定하기로 하였다。여기에 대하야 과연 기막힐 일이 있다。朴 李 두 差使가 三水고을 蓮囦이란데서 淸使 穆克登을 만나 가치 가게 되었는데 지리한 산길 가기에 좀 거북하다 생각하였든지 별안간에 穆氏를 대하야 『우리도 산곡대기까지 올라가겠소』한즉 이 말에 얼핏 눈치를 채인 穆氏는 핀잔을 주되 『우리가 보니 조선 大官들은 어디를 가든지 항상 轎子만 타고 다니든데 더구나 당신들 같이 年老하신 양반으로 가다가 險峻한 곳을 만나면 徒步를 하여야겠는데 잘못하다는 大事를 그릇하기 쉬울것이 아니오』하야 가치 가지 아니하여도 좋다는 뜻을 말하니 朴 李 兩氏는 본대부터 가기 싫은 생각이 있자 이렇게 挽執하는 말을 들으니 그만 마음이 솔깃하야 간신히 昆長德이란 곳까지 와서는 穆克登을 作別하고 다만 隨行으로 가던 軍官 譯官等 몇사람만 딸려보내고 자기는 使命이나 다 遂行하고만것처럼 걸음을 도리키었다。穆氏는 이렇게하야 말성이나 할 그 두 늙다리들을 떼어놓고 제 單獨으로 가게 되매 얼마나 흔가분하였을가。인제는 됐다 하고 그냥 올라가서 아무 거리낌 없이 자기의 有利한 편을 취하야 아무대이고 定界碑인지 不定界碑인지 하나 세워놓은것이 끝 지금 있는 定界碑 그것이다。이로 말미암아 祖上의 疆域 數百千里의 땅을 『不戰而自縮』으로 그만 잃어버리고 만것이다。兵不血刃하고 그리 큰 땅을 빼앗아간 穆克登의 엉큼한 짓이야 可惜하지 아니한가。그때 만약 譯官中 金慶門마저 없었던들 더욱 어떻게 되었을는지 모를것이다。穆胡에게 不斷의 叱斥을 당해가면서도 목숨을 내놓고 끝까지 抗辯하던 그 愛士心이야말로 과연 갸륵하지 아니한가。所謂 定界碑에 사긴 글은 우에 보인것과 같다。

大淸

烏喇摠管穆克登奉
旨査邊至此審視西爲鴨綠東
爲土門故於分水嶺上勒
石爲記
康熙五十一年五月十五日
筆帖式蘇爾昌
朝鮮軍官李義復趙台相
差使官許樑朴道常
通官金應瀗金慶門

이로 因하야 이후 二

百年이란 長久한 歲月을 두고 韓淸 國境問題로 間島問題로 乃至 日淸 外交問題에까지 이르런 許多한 葛藤과 屈折로써 始終하였다는것은 여기에 다들 겨를이 없거니와 最初에 이 事端을 장만하여놓은 朴李두 老朽物의 계으럼으로써 失地한 罪는千萬年 이르도록 贖良할 길이 없을것이다。

× ×

요사이에는 여기가 武裝團의 出沒과 馬賊의 侵入하는 길목이 되어 警備의 눈을 더욱 휘둘르게 하기만 하지만 한 半世紀前만 해도 여기에서 一大 風雲兒가 났던것이 기억된다。白頭山은 본대建國說話가 많기로나 수없는英雄이 일어나기로나 유명하였지마는 이렇게 最近에이르기까지 그러한 人物이 났다는것은 한 宿命的 因緣이 있음인가。이렇게 過去를 살피어 이앞으로도 그러한 人物이 있대어 자꾸 많이 날것을 믿는다。

弩兒哈赤가 난 以後 約 百餘年間 좀沉默을 지키던 白頭山은 또 한개의 男兒를 産出하니 그는 韓秉華라는이로 그 내력을 말하면 대개 이러하다。지금으로부터 한七八十年前에 咸鏡北道 明川고을에 本籍을둔 [illegible] 狩獵으로 生業을 삼다가 馬賊에게 잡혀서 慘殺을 당하고 그의 아들로 當時 十三四歲된 少年이 곧 韓秉華였다 그가 父讎를 갚으려고 切齒腐心하야 날로 射藝를 익히매 百發百中하였다。일변 狩獵으로 生活하여가면서 馬賊을 만나는대로 다 射殺하니 그 附近一帶는 馬賊이 거의 絶種이 되였다。韓氏의 勇猛스런 聲名이 四方에퍼지매 各處에서 많은 民衆이 그 威德을우러려고 歸附하는자가 날로 늘어서 다 그의 治下에있였다。이에 私兵을 기르고 私法을 정하야 백성을 다스리였으며 官府에서도 그에게 특히 自治權을 허락하기까지 되매 儼然한 한 獨立國인 셈이다。그 地域은 長白山 北麓 松花江 流域의 즐펀한 沃野로 東西가 四百里 南北이 三百里나 되는 작지아니한 땅이니 이를 韓邊外로 通稱하야 韓秉華의 王國이 된것이다。

旭日이 바야흐로 오르듯한 新興의 氣勢로 장차 큰經略을 도모하려던 남아에 淸國 大官 吳大澂으로서 卑辭厚幣로 한번親訪하여주는 바람에 그 無知한 韓은 몬내感激하기 그지없었으며 또 그로서 懷柔策으로 官에 歸屬시키려는 手段에 넘어가서 높은 理想과 큰 經綸을 스스로 던저버리고 필경 吉林將軍에게 머리를 숙이게 하는대까지 이르고 만것은 참 답답하다 할밖에 없다。이로서 韓秉華王國은 事實幻滅된[illegible] 이것이 한五十餘年前의 일이다

城北靑龍庵에서

(上)

李允宰

올 여름은 關北地方으로 北關語로 長途旅行을 하기로 豫定하엿던것이 [illegible]가 갑작이 變하야 北岳山 넘어 靑龍庵에서 한 여름을 낫다.

全朝鮮的으로 統一한 한글運動은 조선사람의 두뇌에 일어난 새로운 現象으로, 이러한 時代的要求에 應하야 무엇보다도 우리 語文運動에 先驅者될 東亞日報社에서 第三回의 朝鮮語講習會를 全鮮에 開催하기로 이미 數個月을 두고 準備하여온것이, 從來에 例가 업던 一齊로 不許可가 되므로 말미암아, 全朝鮮 五十餘個所에 열리려던 講習會가 그만 中止하게 되엇이다. 나 역시 十數人 講師中의 하나로 咸鏡北方面 五,六處를 맡앗다가, 이에 이르러 부득이 旅行을 다시 말게 되엇다. 그러고보니 아무 豫定도 없이 無聊히 이 여름을 지낼밖에 없엇다. 어찌어피 심심하게 될바에야 무엇이든지 利用하는것이 조치 않을가하고 생각하엿던것이 곳 實行化하여 이러케 靑龍庵으로 찾아오게 된것이다.

×

집 떠나던때는 八月四日. 三南地方은 바야흐로 水災天地가 되어 農田美土가 다 泥海化하고 人畜의 死傷이 無數하다는 나날이 新聞紙全面으로 報道된것을 接觸할 적에 우리는 울어야할가? 웃어야할가? 말이 나오지 안는다. 이러한 판에 勝景名區勝地나 찾아가는것이 너무나 廉恥없는 일 갈아서 스스로 얼굴을 붉히엇다. 그러나 나의 지금 떠남이 결코 무슨 遊興的이나 消遣的이 아님을 생각하매에 적이 良心에 刺戟을 받지 아니함을 깨닭엇다.

携帶品이라고는 약간의 寢具以外에는 별로 없다. 辭典도 携帶도 [illegible] 가지지 아니하엿다. 다만 數年間 써노흔 한글統一案을 基本으로한 語彙의 「카드」五六萬張과 數種의 辭典이엇을뿐이다. 위낙 公務에 奔走不暇한 몸이므로, 거기에 整理의 손이 미치지 못하재 그당 먼지 書箱속에 버려두엇던 그 「카드」조각을 이 機會에 한번 整理하여보려함이엇다.

THE CHRISTIAN NEWS

PUBLISHED WEEKLY BY THE PRESBYTERIAN CHURCH OF KOREA

大正元年十二月廿一日印刷
大正元年十二月廿四日發行

예수교회보

發行兼編輯人 발힝겸편즙인 奇一 긔일 J. S. Gale. 住京城東部蓮洞 경셩동부련동
印刷人 인쇄인 金鎭商 김진상 住京城東部蓮洞四十六統七戶 경셩동부련동ᄉ십륙통칠호
印刷所 인쇄소 西小門外法韓印刷部 셔쇼문밧법한인쇄부
發行所 발힝소 京城東部蓮洞耶穌敎會社 경셩동부련동예수교회샤

代金 대금 一年先給 일년션급 一圓 일원 半年先給 반년션급 五十錢 오십젼 外地는一年 외디는일년 二圓 이원

◎구쥬탄싱

(김히군방동교회 리유졔)

一 ᄉ랑ᄒᆞ는셩도들귀를기우리
구쥬예수나신일드리보시오
경ᄉ롭다십이월이십오일은
일쳔구빅십숨회셩탄졀일셰
二 아시아쥬국셔편불네시런국
갈닐니도나사렛적은고을에
마리아는요셉과뎡혼ᄒᆞᆫ쳐녀
요셉이는넷님군따윗의ᄌ손
三 하느님이보내신텬ᄉ가브렐
쥬의명을밧드러마리아의게
네가임의쥬은혜엇엇느니라
슈틱ᄒᆞ야아들을나흐리로나
四 나흔ᄋᆡ기일홈을예수라ᄒᆞ라
뎌가장ᄎᆞ놉흐고크게되리라
마리아는사나희모른다ᄒᆞᆫ들
쥬께셔는못ᄒᆞᆯ일젼혀업도다
五 셩례젼에잉틱됨어인일인가
남편요셉끈코져ᄉᆡᆼ각ᄒᆞᆯ때에
쥬의ᄉᆞ쟈니르러현몽ᄒᆞ는말
너희안히마리아드려오기를
六 념려마라뎌의게잉틱ᄒᆞᆫ거시
셩신으로됨이니아들을나하
ᄌᆞ긔ᄇᆡᆨ셩뎌죄에구원ᄒᆞ리라
임마누엘날것은예언ᄒᆞᆫ배라
七 요셉이는쥬압헤와로온쟈라
분부대로ᄒᆡᆼᄒᆞ야안히드려와
ᄉᆡᆼᄌᆞᄒᆞᆯ때ᄭᆞ지는동침치안코
이일됨찬기드려지내엿더니
八 로마황뎨가이샤아구시도가
령ᄒᆞ는려련하로호적ᄒᆞ라니
예넝으로가는쟈만코도만타
벳을네헴니르는요셉마리아
九 샤관집이좁아셔손들만ᄒᆞᆫ뒤
목슈요셉누구라용납ᄒᆞ리오
셔리오고바람찬이날밤에야
맛ᄎᆞᆷ거긔ᄒᆡ산ᄒᆞᆯ긔약니르러
十 맛아들을나흐예강보로싸셔
륙츅들과ᄒᆞᆫ가지구유에뉘이네
놉고놉흔구쥬는누가알니오
하ᄂᆞᆯ노셔텬군들하례드리네
十一 양우리를직히는목쟈들의께
쥬의영광빗최며텬ᄉ림ᄒᆞ네
목쟈들은놀나서떨며업더니
텬ᄉ엽내깁은뒤무셔워말나
十二 너희의게깃븐모아룸단쇼식
가져오니만민에밋츨지니라
따윗셩에오ᄂᆞᆯ날너희위ᄒᆞ야
그리스도구쥬가나셧ᄂᆞ니라
十三 이말ᄉᆞᆷ은표적이되는것이니
구유안에눈것을차자보리라
어늬듯시여다ᄒᆞᆫ텬ᄉ텬군들
소리놉혀샹쥬를찬용ᄒᆞ기를
十四 그룩ᄒᆞ다지극히놉흔곳에는
하느님께영와돌녀보내고
따에셔는깃봄을닙은쟈와께
쥬은혜로평안을엇으리로다
그 언약대로 엄우셔셔 늣게
깃봄이 충만ᄒᆞ고 즐거온 집
이되엿더라

교가(校歌)　　　　작사 이 윤재(1914.4.5)

작곡 안 확(〃)

아세아 동천구반도 성업다 무궁화 금수강산
오늘 문명 선구자는 우리 학교 창신일세
아— 우리 창신아 나의 사랑
위일과 열사가 여기서 나네
아— 우리 창신아 나의 사랑
위인과 열사가 여기서 나네.

詩世界

國恥歌

(桓山)

一

빗나고 榮光스런 半萬年歷史
文明을 자랑하던 先進國으로
슬프다 千萬夢外 오늘이地境
아! 이 부끄럽을 못니참으리

二

神聖한 한배子孫 二千萬同胞
하늘이 께아내신 民族이어니
원수의 칼날밋테 魚肉될이여
아! 이 부끄럽을 못내참으리

三

華麗한 錦繡江山 三千里세운
先祖의 피와세드이 적신흙덩이
원수의 발밑구붑에 밟힌단말가
아! 이 부끄럽을 못내참으리

四

崔瑩과 武烈王의 날랜軍士와
鄭地의 忠武公의 쓰던武器를
언제나 快히한번 試驗해볼가
아! 이 부끄럽을 못내참으리

五

어잣나 어잣나 歷史우에 더럽힌때와
子孫萬代 기쳐줄辱을
우리의 흘린피로 이를씻고저
아! 이 부끄럽을 못니참으리

人類의 敎育者

페스탈로치의生涯와그의事業

페스탈로치歿後百年祭를紀念으로하여

李 允 宰

偉人의 出世

南歐에 核心이 되고 德·法·墺·伊와 갈은 歐洲 强大國에 에어싸이어서도 오히려 堂堂한 獨立을 保全하고 있는 조고마한 나라로 面積으로는 우리朝鮮의 六分之一도 못되는 瑞西共和國, 山川이 靈秀하고 風光이 明媚하여 世界의 公園임을 자랑한다。 이러한 좋은 땅에 훌륭한 人物이 鍾出함은 족히 怪異하다 아니할 것이다。 瑞西의 서울 베른府에서 西北으로 한 百哩 相距되는 그 中에도 경치 아름답기로 有名한 쭈리히 湖水ㅅ가에 時代의 寵幸兒가 나니 오늘 우리가 敎育界의 恩人으로 紀念하는 요한 하인리치·페스탈로치(John Heinrich Pestalozzi)가 그 사람이다。

그의 出世는 西紀 一七四六年 一月十二日인데 지금붙어 一百八十二年 前, 곳 李朝 英祖 二十二年 (丙寅) 시절, 우리의 文運이 한창 圓熟하던 때요 西洋으로 말하면 꼭 十七世紀의 中葉 政治나 敎育이나 其他 一般 社會의 制度가 모도 少數 特權階級의 손에 쥐어있어 將來할 大革新을 바라고 있는 곳 프란쓰 大革命이 일어난 四十年 조곰 前이다。

그의 父親은 外科 및 眼科로 業을 삼은 醫師요 母親은 當時 有名한 호체 將軍의 叔母되는 이로서 매우 地位 있는 賢夫人이었다。 家勢는 그다지 넉넉지 못함으로 몹시 貧窮한 가운대서 生長하였으니 他日 貧民의 벗이 될 그로 어리어서 붙어 이렇듯 어렵음을 맛보게 됨도 또한 尋常히 볼 바가 아니다。

그의 幼年 時代

페스탈로치가 六歲時에 父親을 여이고 다만 두 兄弟와 함께 偏母의 慈愛한 恩情 아래에 養育을 받게 되었다。 이때 바배리라 하는 忠實한 下婢가 있어 각근히 그의 保育을 맡았다。 바배리는 이 집에서 오래 수종들어 매우 信任을 받았으며 父親의 臨終 時에도 特別히 家事를 부탁하는 遺言까지 있었던 터임으로 一心을 받들어 그 어렵은 家計를 極力 維持하여간 것이다。 그는 페스탈로치를 몹시 團束하여서 옷과 신이 떨어진다고 밖에 나아가아 동무들과 작난하는 것까지 말린 것 같은 것은 그의 將來 發達에 阻害됨이 적다고 못할 것이다。

페스탈로치가 學校에 다닐 때에는 여

러 동무들에게 한껏 嘲笑를 받았다。또 공부에 힘을 쓰지 아니한 까닭에 가르치는 先生으로서『이애는 내종에 무엇이 될 모양인가』라 하여 걱정하는 일도 있었다。그러나 남에게 對하여 겸직이 親切히하는 것이라던지 每事에 周密히 하는것 같은 것은 사람으로 하여곰 感動하지 아니할수 없었다。나이 八九歲 때에 學校에서 受業中 갑작이 地震이 일어나아 敎師와 學生들이 모도 놀래어 門밖으로 뛰어나아가되 페스탈로치는 방금 집이 문어질듯함에도 不拘하고 泰然히 敎堂안에 들어가아서 自己의 書具를 一一히 收拾하여 가지고 나아오았다 한다。他日 實際事業에 다달아 失敗가 거듭하되 九顚八起의 勇敢心으로 한결같이 나아가아 기어히 成功하고야 말겠다는 思想이 있었음도 實로 이러한 性格에 말미암음이 아닌가。

루쏘 思想에 感染

페스탈로치의 父母는 다 信仰心이 篤實한 新敎派에 屬한 敎人이며 그 祖父는 附近 敎會에 牧師의 職에 있음으로 그는 어릴적붙어 非常히 宗敎의 感化를 받게 되었다。그리하여 장차 牧師가 되리라는 希望을 가지고 있었다。

마침 法國의 大學者 루쏘의 著書「에밀」이란 책을 읽다가 그 自由主義에 크게感動을 받게 되었다。이로써 그의 心機에 갑작이 變動이 오게 되었다。그는 생각하기를 진실로 내가 將來에 祖國을 爲하여 貢獻이 있고저할찐댄 神學보다 法律을 배우는 편이 더욱 必要하겠다 하였다。이에 곳 神學을 버리고 法律을 배우어 政治家 될 素養을 닦으며 여귀에 必要한 堅忍不抜의 精神을 修養하기에 苦心하였다。

페스탈로치가 어리었을 때 한동안 그 祖父의 집에 滯留하고 있는 中 村民들이 無限한 壓迫을 當하고 있는 것과 또 下層階級 人民의 子弟로서 中等 以上의 敎育을 받지 못함을 보고 크게 不平을 품어 홀로 맘속으로 貧民을 救濟하겠다는 決心을 하였다。이제 오아 이렇게 루쏘 思想에 感染하게 된것도 실상은 그 決心의 싹이 돋아납이라 할것이다。그는 이렇게 생각하였다。원 世上 사람은 고로 다 하나님의 아들로써 누구 할것이 없이 다 平等이라야하겠거늘 어떤이는 金殿玉樓에서 豪華롭은 生活을 누리고 어떤이는 한끼 먹을것도 얻지 못하여 헤매는고。또 다 같은 사람으로 생기어나아서 한사람은 一國의 높은 자리에 있어서 한것 暴威를 부리고 다른 한사람은 한평생 그 아레에서 헐떡이어 옴짝을 못하고 지내는고? 이렇게 人生의 運命을 의심하는 그는 루쏘의 主張이 가장 合理하다 생각하고 이로붙어 人類의 自由를 爲하여 一身을 밭히리라는 뜻이 더욱

페스탈로치

굳어지엿엇다。

農業生活 時代

페스탈로치는 뜨겁은 피ㅅ덩이가 끓어나듯 앞에 큰 目標를 세우고 專心으로 法律을 배우엇다。넘우 過勞로인지 마침내 健康을 害하게 되엇다。醫師로불어 轉地 療養하라는 診察까지 받앗으며 또 어느 친구에게로 불어 靜穩한 立身法을 實行하라는 勸告를 들엇다。그는 翻然히 뜻을 돌이키어 法律 硏究를 斷念하고 그사이 學校에서 쓴「노트」까지 다 燒棄하고 叔父의 집에 가아서 얼마동안 靜養을한 後 빼른州로 가아 農業의 理論 및 實際를 배우기에 一年의 歲月을 허비하고 노이호ㅍ에에서 若干의 土地를 買收하여 가지고 農業生活을 經營하기로 決心하엿다。

페스탈로치의 新希望이라는 것은 곳 흙속에서 生命을 가꾸려하는 農夫엿다 大自然을 親하며 無限한 趣味를 가진 農夫의 生活이 무엇보다 高尙하다 함을 切實히 느끼엇다。

그가 農業에 着手한 一年 後인 一七六九年에 쭈리히 商人의 딸 아나 슐르헷스에게 장가들어 新家庭을 일우엇다。그 夫人은 心情이 매우 高潔한 이로 페스탈로치가 五六歲 때에 이웃 菓子店에 가아서 菓子 사는 것을 보고 溫順한 語調로 『웨 돈을 그런대다가 헛되히 쓰느냐』고 忠告하던 少女엿다。이제 이와 같이 終始 艱苦를 같이하며 一生에 誠心껏 補助하는 사람이 되엇다。그 夫妻는 노이호ㅍ의 農庄에 있어서 즐거히 農家生活을 繼續하게 되엇다。

貧兒敎育所의 成立

페스탈로치는 그 經營하던 農業을 아주 失敗하고 말앗다。딸아서 衣食에까지 말할수없는 窮困에 이르럿다。그러나 한번 失敗하면 또 한결으로 成功이 없으랴라고 信念이 굳은 그는 이를 조곰도 煩悶으로 생각지 아니하고 달리 活動할 길을 생각한 結果 그 所有地를 利用하여 거긔다가 敎育所를 建設하고 뜻뜻 有志의 同情을 얻어서 五十餘名의 貧兒를 募集하여 가르치기 시작하엿다。이것이 그의 敎育事業의 맨첫번 企圖엿다。

이 敎育所를 維持하기 爲하여 勞働組合을 세우고 紡績과 織物等을 製作하여 市場에 販賣하고 그것으로써 該所의 經費를 補充할 計劃이엿으나 여러가지의 事情으로 因하여 조곰도 實效를 나타내지 못하고 敎育所도 不得已 門을 닫게 되니 그 모처럼 企圖도 그만 水泡에 돌아가고 말앗다。

記者生活 時代

敎育所가 閉鎖된 後 그는 더욱 家計에 견디지 못하리마콤 窮乏에 빠지엇다 그리하여 인제는 글이나 쓰어 그로써 家計를 세우어볼까 하는 생각 外에는 他道가 없엇다。一七八〇年불어 著書에 着手하여 「隱者의 夕暮」와 「리날드 윤트 겔틀드」等 書를 著述하엿다。이는 다 敎育에 關한 書籍으로 當時 讀者로 불어 大好評을 받앗을뿐 아니라 後世에까지 敎育上 效益을 및임이 적지 않앗다。그는 이것으로써 겨우 衣食의 道를 얻어 줄곳 著述을 繼續하엿다。

그 뒤에 또 幾種의 書籍을 著述하엿으나 時勢 不利하여 購讀者가 그리 많지 못함으로 그의 生活은 다시 困境에 빠지엇다。이와 같이 그 實際的 企圖에 失敗하고 記者生活로도 成功할수 없재 되매 다만 不遇를 嘆恨할뿐이엇다。그러나 오직 그의 斷斷一心은 自己의 目

的하는 바 教育事業을 實施하고저 함이다。언제던지 좋은 時機가 돌아오면 貧民子弟를 모아서 맘껏 教育하여 보겠다는 생각이 잠일새없이 맘에 깊이 쌓이었다。

스탄츠 孤兒院

機會는 오았다。때는 一七九八年、페스탈로치로 하여끔 得意하게할 좋은 시절이다。瑞西의 國內는 一時 뜨란스 軍兵의 鐵蹄에 蹂躪되었었으나 그 結果 共和政府가 建立되었다。이때에 政府의 補助로 써 스탄츠市에 孤兒院을 設置하고 페스탈로치더러 이를 管理하라 하였다。페스탈로치는 다시 그 計劃한 바를 實施 하여볼 날이 이름을 크게 기뻐어하여 밤낮을 가리지 않고 熱心을 다하여 이에 勤勞하였다。

여기에 모이어드는 아이들은 모도 다 貧民의 子弟 혹은 父母없는 아이들뿐이다。몸에는 누덕이만 감았고 全身에 때투성이로 코를 찌를듯한 더럽은 냄새가 나아서 가까히하기도 어렵은 자들이다 페스탈로치는 이 아이들에게 에어싸이어 아침붙어 저녁까지 한가지로 웃고 이야기하고 노래도 하고 춤도 추고 지낸다。그리하여 그 불상한 아이들에게 아버지도 되고 어머니도 되고 동무도 되어 熱情의 눈물을 흘리어 가며 가르치고 돌보아준다。아이들도 꼭 자긔의 親父母와 같이 알아 기어붙는다。

불그돌뜨 教育所

페스탈로치가 스탄츠에게 이렇게 하고 지내는 그 짧막한 歲月이 그의 全生涯에서 가장 재미 있는 生活이라고 한 그의 告白도 事實일 것이다。그러나 그도 오래지 못한 때에 不得已 그만 두게 되었다。一七九九年 六月에 墺太利를 追逐하는 뜨란쓰 軍士가 瑞西를 들어오아서 그 孤兒院을 빼앗아서 野戰病院으로 쓰게 된때문이다。페스탈로치는 이제 또 눈물을 먹음고 아이들과 서로 作別하는 不得已에 이르렀다。

페스탈로치는 그곳을 떠나아 불그돌뜨로 옮기어가아 다시 그 決心을 實施할 機會를 얻게 되었다。거긔에 있어서 처음에는 貧兒 教育에 從事하고 다음으로 市民學校에서 教授하게 되었다。그러구로 熱心으로 活動한 結果 二三 同志를 얻어서 共同으로 經營하여 거긔에 三個의 教育所를 建設함에 이르렀다。곳 一은 市民 子弟의 教育、一은 貧民子弟의 教育、一은 教員 養成에 供하는 것들이다。이 教育所가 漸漸 發展하여가아 매우 有名하게 되었다。이로붙어 페스탈로치의 名聲이 四方에 널리 퍼지어 內外國 教育界 名士의 訪問이 많았다。그는 이 事業을 完成하고저하여 니델렐을 招聘하여 助力을 請함으로 教育所가 날로 더욱 發展하여 나아가았다。

이뗄든 教育所

매우 所望이 많다는 불그돌뜨 教育所도 四年 後에 解散되고 말았다。마침 이때 빼른 政府로붙어 뮨푸크재의 古僧庵을 管理하라는 囑托을 받았음으로 教育所를 그리로 옮기기로 하다가 또 거긔를 떠나아 이뗄든으로 옮기어가아 거긔에 教育所를 建設하였다。一邊으로 兒童을 教授하여 實際事業의 効果를 나타내고 一邊으로 書籍을 著述하여 그 思想을 普及함에 힘쓰었다。

이로붙어 페스탈로치의 轟烈한 이름이 世上에 높았다。뎌이취·뜨란쓰·이탈리·쉬덴·러시아等 여러나라로 爲始하여 멀리 亞美利加 合衆國의 사람까지 그의 教育 方法을 參觀하고저 不遠千里하고 달아오는 자 不知其數다. 그들은 다 각기 自己의 나라에 돌아가아서 페스탈로치의 敎育方法을 傳하며 또 그대로 實行하기에 汲汲하였다. 이로 써 全世界의 敎育思潮는 一大 變革을 일우었다.

이웰든 敎育所가 創設된지 數年 間은 크게 隆盛을 極하였으나 그 後로 漸次 衰頹에 赴하여가며 더욱이 財政의 困難으로 維持沒策에까지 이르었다. 一八一五年 春에는 슈미드를 招還하여 그로 더불어 敎育所의 大改革을 實行하였으나 또한 實效를 보지 못하고 한갓 同僚間 不和만 생기고 말았다.

페스탈로치의 一生 事業을 補助하며 艱苦를 같이하던 그 夫人 안나는 이해에 病歿하고 더욱 慰勞 받을만한 곳도 없이 되었다.

슈미드는 페스탈로치全集을 出版하여 그로 써 寄附金을 募集하여 敎育所를 維持하려하였더니 意外에 成績이 良好하여 겨우 敎育所를 繼續하게 되었다. 一八一八年에는 이웰든 附近에 또 貧民學校를 建設하다. 이때 그는 이미 七十二歲에 達하였전마는 少壯時와 같이 熱心과 愛情과 活力으로 써 敎授하였다. 그 翌年에 이 貧民學校는 이웰든에 合倂되었다. 이것이 成立 된지 不過 一年이로되 그 아이들은 페스탈로치의 感化와 敎授로 그 進步가 顯著하게 되어 十九世紀에 가장 價値 있는 敎育所의 一模型이라 한다. 이것으로 써 그의 失望을 적이 慰勞할만큼 되었다.

페스탈로치의 逝世

이와 같이 二十餘年間 許多한 艱難과 싸우며 붙잡아오던 이웰든 敎育所도 不幸히 一八二五年에 이르러 閉鎖되었다. 페스탈로치는 그 舊居하던 노이호프로 돌아오았다. 여기는 五十年 前 첫번째 實際事業을 企圖하던 가장 印象이 깊은 곳, 敎育所를 세우고 舊日의 事業을 繼續하려하였다. 이때 나이가 이미 八十老境이요 한껏없이 失望과 不遇에 들어 있었지마는 상귀도 元氣는 그대로 旺盛하여 著書와 敎授로써 歲月 가는줄 모르고 지내어오았다. 一八二七年에 偶然히 病이 들어서 부르크로 옮기어가아 療養하다가 不幸히 同年 二月十七日에 八十二歲의 高齡으로 逝去하였다. 『아아 내게는 아직 할일이 퍽 많다 이 일 때문에 한달만 더 살수 있었으면……』 이것이 그의 最後의 말이다.

一八四六年 氏의 百年 誕生祭에서 墓前에 紀念碑를 세우고 아래와 같이 碑文을 새기었다.

『一七四六年 一月 十二日 쮸리히에 誕生. 一八二七年 二月 十七日 逝去. 노이호프에서 貧民의 救助者 「리엔할드 운트 겔트날드」에서 國民說敎者, 스탄츠에서 孤兒의 父, 불그돌프 及 뮨헨프그제니에서 新國民學校의 建設者, 이웰든에서 人類의 敎育者로 오로지 남을 위하여 일하였고 自己 一身을 돌아보지 아니한 페스탈로치 之墓』

——一九二七, 一月十二日 이른아침 서쪽 하늘을 멀리 바라보며——

> 내가 아는 限에서 人類의 敎育이란 마치 一大家屋과 갓다. 그 最上層은 매우 精巧한 藝術의 光彩로 빗나지마는 그 上層房內에 잇는 이는 極히 小數者뿐이요 中層에 居住하는 多數人에게는 適當한 方法으로 上層에 到達할수 잇는 사다리가 업나니 만일 適當치 못한 方法으로 到達코자할 때는 사다리 대신으로 使用한 발과 팔을 傷할는지도 모를지로다. 더욱이 最下層에는 놀란만치 만흔 數爻의 民衆이 群集하여 잇스나 그들도 上中層에 잇는 사람과 가티 日光을 享樂할 權利를 確實히 가지엇거늘 그들은 黑暗속에 放置되어 上方의 嚴嚴한 建築을 치어다볼 機會도 못 가지엇다.
>
> —페스탈로치—

舊卒業生의回顧談

李允宰

내가學校敎育을밧은經路를回顧하면 只今도噴飯할일이 한두가지가아니다 나는小學으로부터 中學에드러가지를안코 中學을것처小學을드러갓다 내가大邱啓星中學校를드러갈때에 四書三經을벌서讀破한제법漢文大家인체할때엿다 그러니그學校는 本來基督敎經營임으로 聖經을重要한科目으로하는데 나의眼目으로보면 別노배울것이업는것갓햇다 新約全書와算術만을배우는데 곳칠년이엿다 그리자나의故鄕인金海에 새로普通學校라는것이設立되여 그리로轉學을하게되엿다 그때普通學校科目으로는 漢文은書傳詩傳이며 歷史로는泰西新史 地誌는大韓新地誌等을가라쳣다 그래서 隆熙元年 내가十八歲되든해에 나는처음이자마지막으로 學校卒業이라는것을하게되엿다 그때歲月이야 참으로조왓다 學校卒業生의就職難갓흔것은 꿈그림자도볼수업섯다 卒業만하고나면 여게저게서 白熱的爭奪戰이 니러나는판이엿다 普通學校를卒業한나는 卽席에 普通學校副訓導가되라는 官牒을밧앗다 그러나官營學校에奉職하는것은 실타는생각으로 그것을拒絶하고 다른小學校敎師가되엿다 그때初俸十五圓이라는 優厚한待遇를밧게되엿다 그러나나는그것으로滿足치안코 꼭日本留學을좀할생각을 懇切히품엇스나 아버뜻을이루지못하엿다 그것은다른障碍될理由는 아모것도업섯다 다만敎師가貴한까닭으로 學校當局에서 잘노아주지안는것을 억지로떨치기어려운 한가지情實에걸닌것뿐이다 다른學校로옮녀갈때에는 只今까지잇든學校에서는 울고불고야단들이엿다 그리다가 내몸이自由롭게되여 日本留學이라도할수잇게될때에는 그만 나自身의家累로 뜻을이루지못하고 그렁저렁하다가 필경처中國으로다라나서 何等効果도업는 放浪生活을하엿다 그리다가몃햇만에 本國이라고도라오니 나를붓잡는데는 또다시敎壇이엿다 이것이나의卒業回顧談이다

時調는 復興할 것이냐?

世界思潮는 世界思潮, 國民文學은 國民文學

李 允 宰

國民文學으로써의 時調를 復興할可否에就하여는 이제새삼스러 떠들必要도업슬것인가합니다。왜그러냐하면 그것은 가「眞人」이라는 日本사람이 經營하는雜誌가 朝鮮의時調童謠、民謠號를特輯하여 古調로부터 現代作家의近作까지를網羅紹介한것을보며 나는묵직한感慨를늣겻습니다。새로히別노求해드리는것도업시 내것만을헌것이라고 내버리는우리가안되기爲하여서라도 될수잇스면 時調를復興할것이라하는바임니다。그리함에는 먼저時調를 좀研究할것이외다。

못지안어도 맛당히 할일이기때문입니다。昨今에 그것을가장새로운問題거리나 되는듯이 떠드는 남들이 웃을것입니다。나는엇제文壇人의누구처럼 時調가 大體엇던것인지 아지도못하고그저엇던思潮에맛지안는다거나 하는理由로 덥허놋코 不用之長物노 돌닐수잇슬가하고 다시한번생각하게됨니다。世界思潮는 世界思潮이고 國民文學은 國民文學이라는 그區別만은 먼저지여놋코 이問題를생각한다면 이問題의可否는 스서로지여질것이라고밋습니다。

曲戲

金元述의悔恨

四幕 (未定稿)

李允宰

人物

哨兵 甲乙 二人
金義文 新羅 장수
金元述 裨將
淡凌 金元述의 佐官
軍士 若干人
金庾信 金元述의 父
智炤夫人 金庾信의 妻
金三光 金庾信의 長子
金元貞 金庾信의 三子
金庾信의女 三人
金元述의妻
文武王 新羅 第三十代임군
侍臣 二人
下人 甲乙 二人
國仙
墓직이

時代——新羅時代。一千二百五十餘年前。

第一幕

帶方의 野。晩秋。뒤로는 나즈막한 山들이 빅 둘러 잇고 山기슭 그로 부터 큰 길이 가루 롱하엿스며 길 량쪽은 바타요 바메 곡식은 모도 人畜에 짓발피어 쓸어지어 잇다。

後面에서 들리는 古樂의 소리와 함께 幕이 열리자 右側으로 부터 新羅哨兵 二人이 걸음을 빗슥거리며 登場。

哨兵甲。어ㅣ 피로워。우리가 營門서 벌서 十里나 왓겟나。

哨兵乙。그럼 十里가 단단히 될 것일세。지금 돌우 돌아가야 쓰겟네。

哨兵甲。(正面을 향하여 서며) 여보게 우리 여긔 안자서 다리나 좀 쉬세。

哨兵乙。(손가락으로 甲의 텀미를 가리치며) 이런? 그러다가 敵軍이 오던지 하면은 어쩌자고。 홍 자네 精神 다 나갓네그려。

哨兵甲。(우스며) 뭘。唐나라 군사가 지금 저 石門

에 陣치고 잇잔나? 어느새 여걸와?

哨兵乙。石門이 예서 얼마 되기에 오려면야?

哨兵甲。(땅바닥우에 펴더버리고 안즈며) 何如間 나는 여긔 안자서 좀 쉬야겟네。(鎗대를 여페 노코) 내중에는 백번 죽는수가 잇더라도 위선은 좀 살아야지 훙。

哨兵乙。(甲의 겨테 안즈며) 그러나 여긔에 오래 안자잇서서는 안돼。

哨兵甲。(하품을 하고 눈을 비비며) 재ㅣ기를 간밤에는 營門서 番서느라고 한잠도 못 잣더니 困해서 꼭 죽겟는걸。(쑤벅쑤벅 존다)

哨兵乙。(鎗대끄트로 땅에 무엇을 그리다가 甲의 존것을 보고 어새를 잡아 흔들며) 어ㅣ 이사람 精神 좀차려 웨 이 모양이야?

哨兵甲。(깜짝 놀라 두리번두리번하다가) 에 졸려。(입맛을 쩍쩍 다시며) 에ㄱ 인저는 구실 살기도 그만 염증이 나는걸。

哨兵乙。(여프로 甲을 보며) 훙。염증 나기야 자네뿐일가 누구는? (正面으로 향하며 혼자말로) 홍、우리 新羅가 統一을 하고나면은 아주 太平世上이 될줄 녀겻더니 웬걸 예전이나 마찬가지로 싸울이 줄곳 그칠새 업서。

哨兵甲。참 자네 구실 댕긴지 몃해나 되나。

哨兵乙。내가 구실 산지 그리 오래 되지야 아니햇네마는 큰 싸움을 한번 치러섯더네。내가 처음으로 군사가 되던 그해 戊辰年에 우리나라에서 高句麗를 滅하고 아주 統一를 하엿서。

哨兵甲。자네는 큰 싸움을 한번만 치럿다고? 나는 두이나 치럿서。前朝 太宗대에 百濟를 滅하엿슬 적에도 내가 참예햇스니깐。

哨兵乙。아 그러면 자네는 내보다 퍽 오래 되엇구려。百濟가 亡한 째만 처도 高句麗보다 七年前 일이니깐두루。

哨兵甲。(술푼 語調로) 아 우리는 언제나 써矣한 故鄕에를 돌아가서 한번 妻子之樂이나 맛보나。

哨兵乙。(冷笑하며) 홍 이미 나라에다 몸을 바친 以上에 오늘 죽을지 내일 죽을지 모르는 년석들이 뭘 쓸대업시 그써우 수작들은 웨 해?

哨兵甲。(창대를 돌우 잡으며) 자、이번 싸움은 結局 어찌될 셈인지。

哨兵乙。(매우 興奮한 긔운으로) 이번 말인가 이번에도 우리가 이길 것일세。그적게만해도 우리군사가 三千名이나 되는 唐나라 군사를 모두 살오잡아 오지 아니햇는가。

哨兵甲。글세 참 그것은 長槍幢에서 싸루 陣을 처가지고 그러케 이겻다데。賞給도 長槍幢의 군사들만 밧게 되겟지。

哨兵乙。그러찬해 長槍幢의 군사들만 賞給을 탈가봐서 간밤부터 왼 군사를 모두 호려가지고 陣을 고처 처지 안는가。이번에 이기기만 하면 우리도 꼴고루 賞給을 탈게야。

哨兵甲。아、그런가。자 이번에 우리가 賞給이나 좀 톡톡이 타거던 한잔 먹세。꽤ㅣ기를 이겨야겟는데。

哨兵乙。홍 자네는 우리가 이기지 못할가봐 걱정인가。그 싸짓 唐나라 군사야 몃푼어치 된다고? 이전에도 우리나라도 侵寇하기가 數十次엿지마는 每番每番 敗해돌아가지를 안헛가。이번에는 靺鞨군사허고 合勢해 왓더라데마는…。

哨兵甲。그러치만 唐나라 군사라고 그리 만만히 볼수도 업서。이전에 우리 新羅가 統一하던때만해도 전수히 唐나라의 힘이 아닌가。

哨兵乙。허 그게 무슨 소리야 그때만해도 우리 新羅가 아니고 그싸우 唐나라 군사만이면 언감히 高句麗라던지 百濟라던지 그런 나라에 대들기나 햇슬라구? 그러기에 우리나라가 高句麗와 百濟를 滅한다음에는 되미처 唐나라 군사싸지 다 내쫏고 그쌍을 우리나라에서 다 차지하지 아니햇는가。그런데 唐나라 군사가 이번에 온것도 其實은 그 쌍을 저이들이 차지하겟다는 것일세。그러나 될수가 잇는 일인가。

哨兵甲。글세 참 우리나라가 高句麗와 百濟를 降服밧고 또 唐나라 군사싸지 다 내쫏은 것은 모두 우리 大角干 金庾信어른의 功이지。

哨兵乙。참 그러코말고 唐나라에 所謂 一等名將이라고 치는 李勣이니 蘇定方이니 하는싸위도 실상 우리 大角干에다 대면 아직 口尙猶臭라데。

哨兵甲。아、이번에도 大角干께서 나오섯드라면 아주 念慮 업는걸까지고。

哨兵乙、왜 이번에 大角干의 아드님 되는 蘇判 金元述이 나오시지 아니햇니? 그분도 家庭之學이 잇서서 어듸 大角干만이야 하겟나마는 그래두 戰術이 써 용하다데。

舞臺의 右側으로부터 사람의 발자죽 소리와 말방울 소리가 요란히 들린다。

哨兵甲。참 그러타데。

哨兵乙。(귀를 한쪽으로 기우리더니) 아、어대서 무슨 소리가 나지 안나?

哨兵甲 (머리를 들어 左右로 살피며) 아、글세 아마도 殊常한걸。

哨兵乙。(닐어서서 살피며) 아、우리가 여긔서 넘우 오래 閒談을 햇군。(甲을 가리치며) 쎡 자네때문에……。

哨兵甲。(乙과 가티 닐어서며) 이틀 어찌하나? 무엇이 쎡 오는것 가튼데。

哨兵乙。(오른편쪽을 향하여 바라보며) 아ㅣ 큰일 낫서 (손가락으로 멀리 가리치며) 저ㅣ긔를 보아。저ㅣ긔 쫏기어 오는것이 우리 군사가 아니냐。

哨兵甲。(올흔쪽을 바라보며) 글세 참 큰일이다。이젼 대관절 어쩐 셈이야。

哨兵乙。(고개를 꺼덕거리며) 올하 敵軍이 아마 우리 陣의 背後로 돌아가 엄습한게로군。

哨兵甲。(얼굴에 맥시 업시) 아뿔사 우리 陣이 그만 敵軍에게 陷落됏구나。별수업시 인전 다 죽엇다。

哨兵乙。일이 이러케 된다음에는 위선 應急策으로 ……(왼쪽으로 향하여 달아난다)

哨兵甲。(乙과가티 달아난다)……

장수 金義文이 군사 五六人을 닥아 舞臺의 左편으로부터 登場。

金義文。(숨이 차는듯한 목소리로) 어、憤하다 과연 憤하다 敵軍에게 破陣을 당하엿스니 어대로 갈단말가 臨陣無退는 우리나라에 예로부터 지켜오는 規例다。(칼을 빼어 가슴에 견주며) 일이 이미 글럿다 차라리 여긔서 죽어버려서 오늘 이와가티 敵에게 敗한 羞恥를 씨서버리는수 밧게 업다。(칼을 뿌리처 빗겨들며) 아、긔시 죽을진댄 敵軍의 칼날아래에 죽는것이 돌이어 快하엿슬것이다。

金元述과 그 佐士 淡淩 및 군사 二三人이 慌急히 登場。

金元述。(義文 아페 나아와) 曉川將軍이 敵軍에게 엇워싸이어 그만 戰死하엿습니다。

金義文。(길게 한숨쉬며) 아ㅣ 曉川이 敵에게 죽엇구나 웅。莫重한 나라의 일을 메고 戰場에 나왓다가 功을 닐우지 못하는 때는 마지막으로 목숨까지 바치고서라야 온전히 職責을 다햇다

할 것이다。

金元述。 그러코 우리 군사가 모두 四方으로 흐터젓스니 이제 어찌 計劃하시렵니까。

金義文。 홍 事勢가 이미 이러케된 以上에 무슨 計劃이 잇슬 것인가 그러라고 敵에게 降服을 한다거나 敗해 돌아간다거나 하면 나라에 큰 叛逆이라 만번 죽을지라도 그싸우잣은 결코하지 못하는 것이야。 不在多言하고 裨將은 여긔 잇서서 뒷일이나 잘 收拾하여 주기를 바라오。 나는 이길로 敵陣에 들어가서 快히 한번 雪憤이라도 하고 죽을 決心이오。

(金義文이 쌜리 걸어 올흔편으로 향하여 나간다。 군사들도 그뒤를 짤아 나간다。 金元述은 처음에 가려 갈듯이 두어걸음 옴기다가 다시 걸음을 멈추고 서서 무엇을 생각는듯이 머리를 숙이고 잇다。)

金元述。 (正面을 향하며) 아ㅣ 어찌해야 조흘까 (머리를 돌리어 올흔편으로 돌아본다)

淡凌。 (元述의 아페 나아와) 上官! 오래지 아니해서 敵軍이 이리로 오겟는데 예서 오래 계셔서는 안되겟습니다。

金元述。 敵軍이 이리로 오면 그 아페서 죽을 것뿐이어늘 무엇이 걱정되어 그러느냐。

淡凌。 공연히 죽기만 해서 무엇합니까 뒤ㅅ일을 어찌하시고……

金元述。 홍 뒤ㅅ일? 이러한 마당에서 안적도 뒤ㅅ일을 말하는구려 허허허。 (웃는다)

淡凌。 방금 金義文 將軍께서 가실적에 뒤ㅅ일을 收拾하라신 分付가 게시지 안햇습니다。

金元述。 그러치만 지금에 장수가 다 죽고 군사가 모두 흐터젓스니 아무런 智謀와 勇猛이 잇대도 쓸곳이 업슬것이다。 이러니 저러니 할것업시 이제 나도 金義文將軍의 뒤를 싸라 한번 죽어서 國恩의 萬分之一이라도 갑는것이 道理에 合當한 일로 안다。

淡凌。 올습니다 나라를 위해 죽는것은 올흔일입니다。 그러나 大丈夫로써 한번 죽기야 쉬운 일이 올지오마는 꼭 죽어야할 쌔에서 죽기도 어려운 일입니다。

金元述。 그러치안타。 어대 죽을 쌔이 싸루 잇단말이냐 아무대고 죽으면 죽는게지。 男兒가 한번 戰場에 나온다음에는 이미 죽기를 覺悟한바이다 어찌 苟且히 살기만 위주하여 나라를 생각지 아니해야 쓸까。

淡凌。그러치마는 만일 죽기만하고 成功이 업슬진덴 차다리 살아서 더 일을 하는이만 갓지 못합니다。

金元述。그러고 내가 이번 이 機會에 죽지 아니햇다가 이다음에 이냥 살아서 집으로 돌아가게 되면 무슨 面目으로 父母의 아페 들어설수 잇스리오。

金元述이 울흔편으로 향하여 가려한다 淡凌이 그 아플 막아 서며 창대를 잡아 노치 아니한다。

淡凌。어대로 가시렵시오 잠싼만 재시오。

金元述。노하라 웨이러는냐 노하 노하。

淡凌。이래서는 안됩니다 다시 좀 생각합시오。

金元述。(한숨쉬며 왼편을 향하여 돌아선다)……(幕)

第二幕

大角干 金庾信의 邸。純古風의 집이니 正寢의 왼편에 마루 한간、거긔대어 中門이 잇고 中門은 뒤로 大門을 향하여잇다。방안에는 金庾信이 누어잇고 智炤夫人은 滿面愁色으로 그 枕頭에 안잣스며 여러 아들과 딸과 其他 家族들은 다 그 左右로 둘러서잇다。壁上에는 甲冑와 弓矢가 걸려어잇고 마루에는 火爐에 藥罐이 어치어잇다。中門과 大門에는 軍士 二人 서잇다。

第一幕에서 一年後 六月中旬。

三光。(머리를 숙이어 金庾信을 보며) 아버님! 넘우 그러케 念慮하시지 마십시오。

庾信。내가 나라일을 생각할 때에 어찌 저정이 업겟느냐? 인저는 우리 新羅가 積年 經營하던 統一의 큰 事業이 完成되엿슨즉 오작 조흐랴마는 이후 길이 保全하여 가자면……。

三光。今上께서 聖明하시니 그는 그리 걱정될것 업겟습니다。

庾信。國內는 아직 無事할줄 아나 한가지 걱정거리는 저놈의 唐나라인데……내가 이미 오랫동안 이러케 누어잇스니깐 바게 형편이 어찌되는지를 알아야지。

軍士一人 登場

軍士。(뜰아페 나아와 절하며) 지금 大駕가 親臨하옵십니다。(退場)

夫人。(庾信을 대하여) 방금 우에서 親臨하옵신다고 합니다。

庾信。아 일어나 祗迎해야겟는데 어찌하나。

智炤。일어나실 생각을 마시고 가만히 누어게시오。

智炤夫人 및 왼家族들이 뜰아래로 내려간다。文武王이

登場。侍臣 둘이 王의 兩편에 扶掖하고 들어온다。家族들은 뜰아래에서 鞠躬하고 섯스며 智炤夫人은 올라와 枕頭에 선다。

王。(○信의 겨테 안즈며) 지금 患候가 좀 어떠하오。

庾信。陛下께서 이러케 親臨하와 주옵시니 진실로 惶恐無地로소이다。

王。(얼굴에 슬픈 긔색을 씌우고) 나는 平日에 卿을 하로라도 보지못하면 꼭 무엇을 일허버린것 가티 서운하엿거늘 이러케 여러날을 보지 못하게 되엿스니 하ㅣ 답답하기 이루 말할수 업구려。

庾信。(울음의 소리로) 陛下! 臣을 이러케까지 생각해주신 恩惠를 무엇으로써 仰答하오리까。

王。(눈물을 씨스며) 나는 卿의 病患이 하로라도 얼른 平復되기를 晝宵間 바라고 잇섯더니 오늘 따연 이러케 된것을 보니……。

庾信。臣이 犬馬之誠으로 힘껏 陛下를 섬기고십사오나 이제 이러케 되온즉 오늘이후로는 다시 龍顔을 뵈옵기 어려울가봅니다。

王。(庾信의 손목을 잡으며) 卿과 나와 사이는 마치 고기에 물이 잇슴과 가튼데 만일 뜻가티 못되는 때는 이 國家의 큰일을 누구를 더리고 가티 걱정한단 말인가。

庾信。(우는 목소리로) 臣 가티 어리석은 자로 國家에 조곰인들 有益을 끼친젓이 잇섯스리까。先王적부터 臣에게 疑心업시 모든것을 맛겨주섯슴으로 다만 헐어만한 功이라도 엇게된것뿐입니다。

王。이후론 그 蒼生을 어찌하며 그 社稷을 어찌할고。

庾信。臣이 일즉 옛적의 代를 잇는 임군들을 보온즉 다들 처음시작이 업지 안흐되 끗를 잘맷는 이는 퍽연 적은 것입니다。그래서 여러代로 피땀을 흘려가며 애써서 싸혼 功績을 하로아츰에 그만 업질어버리고 말게되는 일이 얼마나 만흔지 알수업슴니다。이제 臣이 간절히 願하옵는 바는 陛下께서 創業하기가 어려운줄을 이미 아시거든 직히어가기가 더 어렵다는 것을 또한 생각하옵소서。부대 小人들은 멀리하시고 君子를 親近히하소서。그리하오면 우으로는 朝廷이 和合하고 아래로는 백성이 安樂하여질것입니다。그래서 國內에 禍亂이 일어나지 아니하고 基業이 永永無窮하리니 이러케 된다면 臣이 죽은 後라도 조곰도 餘恨이 을 것입니다。

王。卿의 뒤를 이어 代身할자 누가 잇겟는가。

庾信。臣의 아는대로는 金欽純이 혹 可合할까하옵니다。

王。(일어서며) 잘 調攝을 하오。

庾信。(일어나려는듯이 몸을 움즉인다)……

王은 侍臣의 부축되어 천천히 걸어나온다。智炤夫人도 뒤를 딸아 내려간다。딸아래 서잇던 家族들은 다 鞠躬한다。王이 門박글 나간 뒤에 智炤夫人은 房으로 들어 枕頭에 안즈며 家族들도 다 房안으로 들어와 前대로 선다。

智炤。(이불을 바루 덥프며) 바루 누으세오。

庾信。(바루 누으며) 어쩐지 精神이 자삭자삭 줄어가는것 갓다。

長女。(藥器를 들고)아버님! 이제 藥을 잡수십시오。

庾信。저리 두어라。

次女。(굽흐려 보며) 그러면 米飲을 들이오리까。

庾信。(고개를 흔들며) 안 먹겟다。

智炤。(손으로 脈을 지퍼보더니) 얘들아 지금 다시 醫員을 불러 왓스면 조켓다。

三光。(마루로 나가서) 이로너라。

下人。(中門바그로 부터 들어오며) 네의。

三光。너 빨리 가서 醫員님 모시어오라。

下人。네의。(退場)

三光。(방안으로 드러오며) 그애 元述이는 이런줄 알고나 잇는지 원。

元貞。에그 참 형님에게 과별해야 하겟습니다。

庾信。(怒氣를 내어) 무어래? 元述이를 오라해? 元述이는 내 자식이 아닌데 웨 오라해?

智炤。(三光을 보며) 글세 너이들은 공중 쓸대업는 말들을 해서 이러케 걱정을 씨치시게 하니? (庾信을 보며) 아니애요 元述이를 누가 오라 햇서요?

庾信。(소래를 노피어) 흥 그놈이 昨年에 石門에서 싸움하다가 敵軍에게 敗해서 돌아왓지。내가 그시에 今上陛下께 그놈의 罪를 다스리어 죽입시사고 알외엇더니 그만 죽이지 아니하섯기 때문에 지금까지 살아잇구나。아ㅡ 그놈 피쌈한놈! 그놈은 임군을 아느냐? 아비를 아느나? 단지 제 一身만 아는 놈이야。莫重한 王命을 背反하고 우리집 家訓을 어기엇스니 그런 不忠不孝한 놈은 내 자식이 아니다。지금

내아페 온대도 내가 결단코 대해 보지 안흘터
이니 당초에 오지말래라。(아섭증을 내어 일어나려한
다)

智炤夫人은 몸을 붓들고 잇스며 원家族은 다 놀래어 가
까히 들어서서 굽흐리고 잇다。

庚信。(바루 누으며) 후유 그놈을 생각만해도 화ㅅ증
이 나서 죽겟는데………(幕)

第 三 幕

舞臺는 第二幕과 가튼 場所。正寢 방문이 닷치엇는때 門아
페 거적을 알앗스며 燭臺 하쌍과 香爐가 거귀노혓고 뜰한엽
과 문간에는 紗초롱이 걸리어 잇다。喪主들은 업데여 잇는
채로 잠이들어 코를 골며 智炤夫人은 正面을 向하여 고개를
숙이고 안젓다。그 여페는 元述의 妻가 쑤벅쑤벅 졸고잇다。
第二幕에서 二日後 고요한 기픈 밤중。

智炤。(元述夫人을 보며) 이애 밤이 퍽 기펏지?

元述妻。(눈을 번적 써보며) 네, 밤이 매우 기펏습니
다。거진 닭이 울 째가 됏습니다。

智炤。인저는 들어가 자지。

元述妻。네 잇다 자겟습니다 (한숨쉬며) 오늘도 오
지안는걸 보니 필시 모르고 잇는게지。

智炤。웨, 무엇이?

元述妻。(혼자하는 말로) 臨終이야 못햇스나마 와서
成服조차 아니하니 대처 어쩌면……… (흑흑 느끼
어 운다)

智炤。오, 그애 蘇判 말이로구나。

元述妻。………

智炤。흥, 生前에 容納을 밧지 못한 자식이 어찌
死後엔들 容納을 바들 理가 잇니? 설사 그애
가 무슨 뜻이 잇서 돌아온대도 亡靈 아페는
서지 못할 것이다。

元述妻。그러나 자식된 道理에 어찌………

智炤。자식된 道理? 그애가 한번 家訓을 어김으
로 父母의 뜻을 거슬렷는데 어찌 자식된 道理
를 다햇다 할싸。

元述妻。家訓을 어겻스니 父母를 對할 面目이야
잇스리싸마는 그래라도 初終싸지 보지 아니햇
서야 됩니싸。

智炤。그런 말은 아예 하지 안는 것이 조켓다。(燭
臺를 보며) 이애 저 초가 다 탓구나。가서 초나
갈아노코 어서 들어가 자거라。

元述의 妻가 일어서서 燭臺에 초를 갈아노코 안으로 들
어간다。

軍士。(쓸아때 나아와 절하며) 마님!
智炤。웨 그랫서?
軍士。네、蘇判영감께서 시방 오섯는데 마님 뵈옵겟다고 여쭈어라 하십니다。
智炤。나는 모른다。
軍士。아、마님! 마님의 둘째 아드님이십니다。몰르십니까。
智炤。글세 金元述인줄 누가 모른다니? 가서 내가 보지 안는다고 여쭈어다。
軍士。네、分付대로 하겟습니다。(退場)
智炤。(혼자말로) 에l 주제넘은 놈。무슨 面目으로 다시 이집 문안으로 들어오려던고?

金元述이 아무 귀운 업는 도양으로 登場。

元述。(大門안애 들어서서) 어머님께서 나를 안보시겟다 하시는데 이러케 들어가는 것이 법이 아니지마는 지금은 다른 때와 달르니 아무리해도 그저 돌아설수는 업서。아、어머님 아페 한번 容恕를 비는수 박게 (中門 문턱에와 쌍바닥에 엎대어) 어머님!! 어머님!
智炤。(머리를 돌려 문산을보며) 아닌밤중에 누가 와서 이러케 써드느냐。
元述。(몸을 조곰 뒤로 물리며) 어머님! 이놈은 元述입니다。
智炤。元述이? 내가 너를 보지 안켓다는데 웨 왓서?
元述。(후후 느끼며) 어머님、이놈의 罪를 한번 容恕해 줍시오。
智炤。(소리를 노피어) 이놈、네 罪는 결단코 容恕할수업다。네가 昨年에 石門에서 唐나라 군사허고 싸우다가 敗햇스니 나라에 큰 罪요 또 敗해 돌아와 家訓을 어기엇스니 家門에도 큰 罪다、너가튼 놈은 임군도 몰르고 父母도 몰르는 禽獸에도 比하지 못합 者라、이런 者를 내가 어찌 對해본단 말이냐。
元述。어머님! 이 罪는 파연 赦宥할 곳이 업사오니 이놈을 이 자리에서라도 곳 죽여 줍시오。
智炤。나는 너가튼 者허고 아무 상관이 업스니 죽이고 살리고 할 묘리가 업다。
元述。어머님、어머님、어머님께서 어찌 이러케 말슴하십니까。
智炤。응、근본 女子는 三從의 道 잇서 가장이 죽으면 의례히 아들을 딸르는 법이라 햇지마는 너는 너의 아버지가 자식으로 알지 아니햇거든 어찌 내가 너를 자식으로 알겟나?

元述。어머님께서 그러케 말슴하시면 저는 파연 돌아갈 바이 업슴니다。

智炤。홍, 너는 莫重한 나라의 일을 마타 가지고도 네 一身平安을 取하여 任意로 절개를 變햇나니 대처 너가튼 者에게는 무엇이 거리낄 일이 잇서 갈대가 업단 말이냐。지금이라도 네 一身平安할 일이 잇거든 아무대고 가려무나。지금으로 내게 더 말하지 말라。

元述。어머님! 이제 한마듸만 더 여쭙겟슴니다。아버님의 初終이나 치르게 해줍시오。

智炤。홍, 父母를 몰르는 자식이 初終이 당하냐? 네 아버지가 널로하여 얼마나 마음이 傷하셧는지 아니? 돌아가신 靈인들 너를 보고 반가워하실 까닭이 어서。가거라 가거라。

元述。(울음에 북바치어 말이 업다)……

智炤。(일어서며) 나는 지금으로부터 너더러 말을 하재 아니할터이다。(방안으로 들어간다)

元述。(머리를 풀어 치어다보며) 아아 하느님! 이 不忠不孝한 자식을 진작 죽여버리지 아니하시고 어째 이러케 두셧슴니까。당장이라도 죽고 시프니 죽여줍시사 나를 죽여줍시사。(일어서서 천천히 발길을 돌리며) 허, 내가 昨年에 石門에서 싸 죽으려는 것을 淡凌이가 기어히 말리기 때문에 죽지 못햇더니 지금이야 파연 後悔莫及이다。나는 정말 임군도 업고 父母도 업는 者가 되엿다。나는 이 天地 사이에 용납하지 못할 罪人이다。(흑흑 느끼어 울다가) 하아 생각하고 각할쑤록 憤하고 寃痛하다。어째서 그時에 죽지 아니햇다가 오늘 이러한 일을 당하게되는고? 淡凌이란 놈이 나의 一生의 恨을 이러케 끼쳐주엇구나。(머리를 돌리어 돌아보며) 아버님 生時에는 부끄러워서 감히 얼굴을 對하지 못햇섯고 오늘 이러한 때에도 또 어머님에게 쫏기어낫스니 하아 나는 어대로 가야 하나。(천천히 발길을 옴진다)

元述의 妻 登場

元述妻。(房안으로부터 나와 中門안에 섯다가) 여보시오!

元述。(살짝 놀라 돌아보며) 아, 오래간만이구려。나는 父母아페 큰 罪人이라 그대를 對하기도 참 부끄럽소。(고개를 여프로 돌린다)

妻。(中門박글 나서며) 당신이 父母아페 이미 罪를 지엇거든 어대ㅅ가 지던지 容恕를 비는 것이 올치 안습니까。더구나 이러한 때에 아버님의 初終은 어찌하고 가시기는 어대로 가서요。

元述。이가티 不孝한 놈이 어찌 敢히 初終을 볼수 잇겟소? (말을 조금 멈추엇다가) 나는 國法을 어기고 家訓을 어긴게라。무슨 面目으로 世上에 선단 말이오? 그러니 내가 갈 곳이 어대란 말이오? 저 永遠히 永遠히 돌아오지 아니할 나라로나……

妻。(元述의 겨틀 다아서며) 그게 무슨 말슴이오? 당신이 이미 죽으실테면 戰場에 나가 죽으셧더라면 國家에도 勳功이요 家門에도 榮光일터인데 만일 지금에 아무 功効업시 죽는다면 돌이어 父母에게 辱을 씨치고 世上사람에게도 耻笑를 바들뿐이 아닙니까。아예 그런 생각은 두지 말으시오。

元述。(한숨 하며) 나도 그런줄을 몰으는 것이 아니오。그러나 내 良心에 몹시도 刺戟을 바다서 어찌할수 업서 하는 소리오。아무러해도 이대로는……

妻。당신이 이미 죽기로 決心하시거든 천천히 機會를 기다렷다가 이후 나라에 일이 잇슬 때에 당신의 몸에 한번 피를 흘려서 첫재 나라와 恩惠를 갑흔 다음으로 父母에게 罪의 赦宥하심을 어드신다면 더욱 조흔 일이 아니겟습니까。

元述。아、참 그럿소。그대의 말이 올소。이미 죽을진댄 어써 갑업시 죽는단말에오。내가 어느 때던지 한번 나라를 위해 목숨을 버려서 오늘날 이 답답한 사정을 풀려하오。(돌아서며) 자、나는 가오。

妻。(눈물을 씻으며) 나는 당신의 구든 決心이 그대로 일우어지기를 항장 神明께 祝願하려오。

元述。(돌아보며) 아、내가 그대에게 한가지 付托할 것 잇소。그대는 아이를 잘 기르시오。특별히 忠孝의 道理를 만히만히 가르쳐서 만일이라도 나와 가튼 놈이 되지 말기를 바라오。(돌아서서 걸음을 옴긴다)

妻。(合掌하고 우를 치어다본다)……

元述。(걸음을 멈추고 주먹을 가슴우에 언고 한숨쉬다)

(幕)

=(84)=

第四幕

金山原 金庾信의 墓前。 소나무와 잣나무가 드문드문 서잇고 원쪽 잔듸바트로 되엿는데 한쪽으로 小路가 통하엿다。 前幕에서 二年後 여름。 幕이 열린때에 國仙 二人이 한여페에서 音樂曲調를 마추어 놀래하며 춤을 춘다。

國仙甲。(춤을 다 추고 잔듸우에 안즈며) 참 재미 잇지?

國仙乙。(甲의 겨테 안즈며) 참 재미 잇서。

國仙甲。 우리는 이러케 山 조코 물 조흔대를 다니면서 노래하고 춤추고 놀대로 노니 참 조하?

國仙乙。 조쿠말구。

國仙甲。 이애。 인저는 우리 여긔서 그만놀고 들아가자。

國仙乙。 뭐 그리 밧부니? 더운데、 우리 여긔 서늘한대서 더 놀다가면 어때?

國仙甲。 얘는 어대 한군대 가기만 하면 눌어붓기가 일수여?

國仙乙。 자、그러면 우리 어제 그 냥반에게토나 가볼가。

國仙甲。 참 그러자 그 냥반은 마음이 참 단단하던걸。

國仙乙。 글세 그런이는 좀처럼 남의 꾀에 넘어갈이가 아니야?

國仙甲。 그러고 내가 보기에는 그 냥반이 약하고 사특한 점이라고는 도무지 업는것 가태?

國仙乙。 나도 그래?

國仙甲。 그러니 우리가 지금 떡 가볼것 업시 그양반을 나라에다 천거해 올리자。

國仙乙。 참 그러자。

國仙甲。(손아락으로 가리치며) 저ㅡ긔 에쎈분이 이리로 오네 그려。

國仙乙。 글세 그 냥반도 썩 점잔해보이는데。

國仙甲。 우리 저 냥반허고도 좀 사피어볼가。 이리오거든……

國仙乙。(소리를 낫히어) 쉬、오다 들을라。

잠깐 沈默。 金元述 登場。

元述。(지나다가 國仙을 보며) 웬 애들이 여긔 잇서。 애 너이들 예서 뭘하니?

國仙甲。(乙과 함께 일어서며) 우리요? 놀고 잇서요。

元述。(옷을 가리치며) 너이들 참 호사햇구나。

國仙乙。(옷을 만지며) 이게 뭐 조하요? 우리집에는 이보다 훨신 고운 옷이 잇는데요。 오늘은 날시가 좀 호렷슴으로 비 마줄가봐서 이싸위

일엇는대요。

國仙甲。(乙을 보며) 참 우리가 정말 잘 입은 것을 보시면 놀래시겟지? 우스워。

元述。하, 이보다 더 고운 옷이 잇서? 너이들은 참 富者집 아이들이로구나。

國仙乙。우리가 보니깨 당신은 참 노픈 냥반이신가뵈요。

元述。(고개를 흔들며) 아니다 냥반이 아니고 상놈이란다。

國仙乙。(웃으며) 우리가 보면 다 아는데, 백쥐。

元述。이애 너이들이 말하는 노픈 냥반이란 어썬 사람이냐。

國仙甲。에해 노픈 양반도 몰르서요。

國仙乙。(墓를 가르치며) 저―거 무덤을 보세요。저긔 무친 어른이 참 노픈 냥반이래요。

元述。(墓를 보며) 저긔 무친 어른이 누구란 말이냐。

國仙甲。허, 金大角干도 몰르서요。

國仙乙。金大角干 어른은 우리나라 생긴 以後 들도 업는 훌륭한 이야요。(甲을 보고) 저런 어른이 大角干 가튼 이를 모르실라구。

國仙甲。(乙을 보고) 그래。우리도 이後에 金大角干 가튼 사람이 되어야 할재야。우리나라로 이러케 큰 나라를 만든 것은 모두 그어른의 功이라지? 어쩌면 참。

國仙乙。그 어른은 一平生 自巳 一身의 일이라거나 집안의 일이란 것은 도무지 돌아보지 아니하고 오직 나라의 일에만 힘을 다햇다 하데。

國仙甲。참 그래 그어른의 둘재 아들 金元述이라던가 하는 사람이 戰場에 갓다가 敗해서 돌아오니깨두루 極刑에 處하여 달라고 임군님께 알외엇더라더나。

(이새에 元述은 고개를 여프로 돌리어 부끄러운빗을 씌운다。)

國仙乙。얘, 그어른뿐이냐。그 夫人 되신분도 참 훌륭한이야。그 아들 元述인가하는 사람이 戰場에서 敗해 돌아왓다고 平生 對해보지를 아니햇더라나。

國仙甲。父母 돼서 愛子之情은 다 一般이겟는데 참 그기가 쉬울라구。

國仙乙。그러기에 노픈 냥반이라지。

國仙甲。(元述을 보고) 우리끼리만 이야기해서 안됏습니다。

……(恨悔의 述元 金曲戱)……

元述。……………

國仙乙。 당신은 무엇을 그리 생각하고 계십니까。

元述。 생각은 무엇을 생각해。 너이들 이야기가 재미 잇서서 듯고 잇섯지。

國仙甲。 (하늘을 치어다보며) 애구 꼿 비가 오겟구나。

國仙乙。 글세、얼른 돌아가자 비 마즐라。

國仙甲。 (元述을 보고) 여봅시오 당신 우리허고 가티 가십시다◎

元述。 너이들이나 가거라 나는 뒤에 가겟다。

國仙乙。 애그 그러시다가 비 마즈실라구요?

國仙甲。 우리집이 바루 요 近傍에 잇는데 가티가서 이야기라도 하시지요。

元述。 고맙다。 나는 좀 볼일이 잇스니 너이들이나 가거라。

國仙乙。 그러면 이다음에 또 뵙겟습니다。 (退場)

元述。 (國仙의 가는 것을 보며) 그애들은 國仙이로구나。 꾀들 恰悧한데。 (반쯤 돌아서며) 아、저런 애들까지도 모두 나의 이야기를 하는구나。 그애들이 내말을 하는 것을 내가 들을 째에 아주 살을 오려내듯키 아퍼。 엇찌 부끄러웟던지 내가 머리를 쳐들수 업섯다。 대처 무엇이던지 한번 잘못하고보면 어느째까지던지 잘못한 그대로 잇는구나。 흥、사람이 한번 실수하기가 파연 무서운 것이로다。 (고개를 숙이고 울며) 아ㅣ 지금 後悔한들 쓸데가 잇나마는 내가 昨年 石門싸움에 웨 죽지 아니햇던가 平生에 이런 恨을 남기나? 허、그째 한번 죽엇더라면 내게는 그런 榮光이 업는걸가졋고…… (머리를 들며 左右를 보며) 아아 나는 나라에 罪人이다。 家門에 罪人이다。 아니、원 天下 사람에게 다 罪人이다。 이런 일이 史記에라도 적히게된다면 後世 사람들까지도 모두 나를 嘲弄하터니 萬歲後 사람에게까지도 罪人이다。 (나무가지 우에 가마귀 우는 소리를 듯고 치어다보며) 저 가지우에 가마귀까지도 나를 嘲弄하는구나。 아、나는 저런 微物인 새한테까지도 罪人이다。 이 낫반대기를 가지고 어대로 댕긴단말고。 (墓아페 나아가 쓸어안자서) 아버님! 이자식이 돌아왓습니다。 이 자식은 父母에게 큰 罪를 지은 後로 世上에 설수 업서서 온갓 榮華란것을 다 썰어버리고 저 寂寞한 太白山속에 들어가서 지금까지 목숨을 保存하여 왓습니다。 그러고

받낫 所願은 이몸이 나라를 위해 죽여서 이왕 石門의 부끄러움을 씻고 父母 아페 謝罪하려 던 것이엿슴니다。그랫더니 마침 이번에는 唐나라 군사가 우리나라를 치러오는 機會를 어더서 꼭 죽기로 決心하고 스스로 戰場에 나갓슴니다。買蘇城에서 싸움하여 敵兵 數千名을 버혀죽이고 勝捷을 하엿슴니다。이 자식은 예전에 지은 罪를 생각하여 나라에서 주시는 賞祿이며 벼슬을 밧지 아니햇슴니다。그러나 이 몸이 죽기 前에야 어찌 罪를 버슬수 잇사오리가。

갑작이 회호리바람이 불며 天地가 캄캄하다 墓안에서 「우—」하는 소리가 난다。金元述은 놀래어 업더젓다。墓직이가 慌急히 登場。

墓직이。(두리번 두리번하며 墓를 바라보고) 이것 무슨소리야 (불불썰며) 아하 큰 變이 낫구나。

元述。(正面을 向하여 일어안즈며) 아— 나는 안직도 아버님께 容恕를 엇지 못햇다。아— 나의 悔恨

(幕)

……………

혹시 이를 興行코저하실분은 作者(青年會內)에 게로 한번 通信잇기를 바람니다。

初法敏王納高句麗叛衆　又據百濟故地有之　唐高宗大怒　遣師來討　唐軍與靺鞨　營於石門之野　王遣將軍義福春長等禦之　營於帶方之野　時長槍獨別營　遇唐兵三千人　捉送大將之營　於是諸將共言　長槍營獨處成功　必得厚賞　吾等不宜屯聚徒自勞耳　遂各別兵分散　唐兵與靺鞨乘其未陣擊之　吾人大敗　將軍曉川義文等死之　庾信子元述爲裨將　亦欲戰死　其佐淡凌止之曰　大丈夫非死之難　處死之爲難也　若死而無成功　不若生而圖後効　答曰　男兒不苟生　將何面目以見吾父乎　便欲策馬而走　淡凌攬轡不放　遂不能死……大王聞之問庾信曰　軍敗如此　奈何　對曰　唐人之謀不可測也　宜使將卒　各守要害　但元述不惟辱王命　而亦負家訓　可斬也　大王曰　元述裨將　不可獨施重刑　乃赦之　元述慚懼　不敢見父　隱遁於田園　至父薨後　求見母氏　母氏曰　婦人有三從之義　今旣寡矣　宜從於子　若元述者　旣不得爲子於先君　吾焉得爲其母乎　遂不見　元述慟哭　擗踴而不能去　夫人終不見焉　元述嘆曰　爲淡凌所誤　至於此極　乃入大伯山　至乙亥年唐兵來攻買蘇城　元述聞之　欲死之以雪前耻　遂力戰有功賞　以不容於父母　憤恨不仕　以終其身……夏四月　旋風坌起　自庾信墓至始祖大王之陵　塵霧暗冥　不辨人物　守陵人聞其中若有哭泣悲嘆之聲　惠恭王聞之　遣大臣致祭謝過。

(三國史記　卷四十三　列傳第三抄)

戲曲 **栗里薛氏** —一幕二場—

李允宰

人物。薛氏
薛氏父
客人
풍혼
嘉實

時。一千三百三十年前 新羅 眞平王時代

處。新羅 徐菀 栗里薛氏家

第一場

舞臺의 왼쪽으로 방이 잇고 거기에 머어 小門이 잇스며 압뜰을 지나 울홀편에 正門이 잇고 門어구에 마구안에 잇다。집은 純古代式의 장식。初秋。방안에는 薛氏父가 옷보롱이를 욱그고 안젓스며 薛氏는 그 겨혜 서서 父의 하는 일을 補助하고 잇다。

薛氏。(고개를 푹 숙이고 무엇을 생각하다가) 아부지! 제가 대신 가면 어떼요?

父。(머리를 돌어 쳐다보며) 대신 가다니? 아ㅡ니 네가? 온 별말이 다 많구나。하물며 계집애의 몸으로 될번이나 한 노릇이냐。

薛氏。웨요? 男服을 하고 가지요。

父。홍 말일망정 귀특하다마는 안된다。가진 어떻게 가? 더구나 크나큰 나라일에……

薛氏。(숭쯤을 쥐우고) 아부지! 녀자라구 웨 나라일을 못한답니까。나라님도 녀자가 되는데요。氣力이 저렇게 없으시고 白髮이 되신 늙으신 아부지를 그렇게 멀리 가서 고생하시게 할수는 없어요。제가 대신 가겠어요。

父。(고개를 끄덕끄덕하며) 네 말이 옳기는 옳다 효성이 지극한 내 딸이다。홍 그렇지만 거기는 고생만 되는대가 아니다。죽는대란다。나 같은 것이야 살만치 살고 늙어빠진것이니 지금,죽은들 무엇이 아깝겠니? 그러고 나갈은 것이 나라일에 죽으면 큰 영광이다。너야 앞길이 창창한데 그렇게 죽는대로 가? 안된다 안될 말이다。

薛氏。(父의 아프로 밧삭 닥아 안즈며) 아 거기 가면 죽어요? 한번 가면 다시는 돌아오지 못해요? 아이구 정말 그렇다면 제가 꼭 가겠어요。제가 가서 아부지 대신 죽고싶어요。(느끼어 운다)

父。얘 얘 아니다。그 그런게 아니다。거기라구 가면 의례 죽는대가 아니다。민일에말이다。혹 敵兵허고 싸우게 되면 혼히 화살에나 창에 찔려 죽기가 쉽다는 말이지 가서 그저 수자리나 직히고 있는대야 뭘 어떻겠니? 아무 걱정 말라。

薛氏。(울던 얼굴을 들며) 아부지! 그러나 제발 가시지는 마세요。제가 대신 갈테니요。아부지 그러세요。

父。(고개를 흔들며) 안된다。아무리 네가 간다구 해도 내가 편히 여기 앉아서 너를 보낼리도 만무하거니와 서령 보내고싶다 해도 군사로 뽑혀가는대는 나이 넘우 어리면 안되는 것이오 宮에서 너를 보면 받을리가 없을 것이다。아예 그런 생각을랑 염두에도 두지 말라。

薛氏。(엎드려 울며) 그럼 제가 아부지를 딸아가겠어요。

父。딸아가다니? 너는 안될일만 말하는구나。거기가 어데 아무라도 갈수 있는대냐

薛氏。애구 그럼 어찌하나? 대신 가도 못하고 딸아가도 못하고 아부지 없이 나 혼자 어찌 사노 (운다) (풍혼登場)

풍혼。(문박게 서) 여보! 댁에 계슈!

父。(문안으로 나가며) 거 누구슈?

풍혼。오눌을 긔억하오? 점심무렵에 꼭 徐菀兵營으로 待令하오。

父。네 그러잖아도 지금 채비를 하는중이오 네 그대 待令합지오。

풍혼。내중에 奉德寺의 쇠북소리가 날 때에 예서 떠나면 꼭 알맞을게지。

薛氏。(뜰알로 내려서며) 저 보십시애요。저ㅡ내가 아부지 대신 갈수 없을가요?

풍혼。대신 네가 간단말이여? 홍 철부지로구나。너갈은 잔약한 계집애가 가서 뭘 하게……

薛氏。대관절 우리 아부지 가실곧이 어대야요。

풍혼。(손가락으로 멀리 가리치며) 저ㅣ기 正谷이란대야。高句麗놈들이 막 돌어와 야단들하는 거기말이야。

薛氏。(두려워하는 빛으로) 에구。高句麗놈들은 참 범보다도 무서워요。여보세요。거길 가잖으면 안돼요?

풍혼。허 어떤 슈이라고 안가구배겨? 나라에서 부르는데 안가면 역적이지 목아지가 당장 날아가게?(薛氏父를 向하여) 여보 나는 지금 가겠으니 들어가 얼는 떠날 채비나 하우。

父。네。 (풍혼退場)

薛氏。(방으로 들어가며) 아 인전 할수없이 아부님이 떠나시게 되는구나。

父。(들이오다가 신을 보고) 얘야 이것 봐。신발이 다 떨어졌구나。길가려면 첫재 신발이 성해야지。저ㅣ 싼 반되만 가지고 가서 신 한켤레 사오렴 응?

薛氏。네。(눈물을 고름으로 씻으며 쌀을 떠가지고 나간다)

父。(혼자서 싱음 업시 안젔다가 한숨을 지며) 저ㅣ 어린것이 불상하다。내가 떠난 담에 저것이 얼마나 애절복통을 할꾸。누구에게 말길대도 없고……후유! 더구나 내가 죽고 다시 못 돌아오는 지경이면 저것의 신세가 어떻게 될가。아ㅣ가였다 가여워!

(客人登場)

客。(들어오며) 薛書房 있나?

父。(일어서 내다보며) 거 누군가? 오ㅣ이거 얼마만인가。들어오게 자 어서!……

客。(안즈며) 자네 오늘 떠나지? 이번 가면 언제 올텐가。

父。꼿 떠나려네。수자리에 交代하는 긔한은 三年이라지만 이번가면 어떻게 살아오길 바랄수 있나。

客。그런 사위스런 말은 고만두게…… 그런데 자네같은 늙은 몸으로 고생을 어찌 견듸겠는가。나라에서 어찌 자네같은 사람을다 뽑아가는가。

父。홍 내야 자식이 있나 가까운 일가가 있나。그러니 내라도 가라는 분부니 어떤 슈이라고 거역할수 있나。

客。참 딱하니。내 자식놈도 수자리 살려간지가 꽉 있해가 됐는데 허! 그새 죽었는지 살았는지 깜깜 무소식일세 그려。

父。그야 어떨라구。한창 젊은 혈기에……자넨 그런 자식이 있으니 염려없네。오죽 든든한가。

客。가마이 수자리나 살고 있다면 모르되 그애가 간 뒤로 발서 戰爭이 여러번 일어나지 안했나。요번에도 阿莫城에서 百濟나라 군사허고 싸움해서 다행히 우리 新羅가 이기기는 했더라데마는 군사야 여간 죽었을라구。나는 꽉 우리애가 그름에 죽었을것만 같이 마음에 드네。그러나 자네 혹여 우리 자식놈을 맞나거든 집소식이나 좀 전해주게。

父。맞나기만 하면 아 전하다뿐이겠는가。그러나 지금 자네 하는 말을 들으니 자네아들은 아마 西쪽에 가 있나뵈그려。나는 저 北쪽땅 正谷이란대를 가게 되네。

客。하 그거 안됐네。(고개를 끄덕끄덕 하며 실망한 모양으로) 아니 내 얘기만 해서 안됐네。그런데 자네 집안일은 어떻게하고 가나。

父。참 내가 얘기할려던 차일세 집안일이래야 뭐 별것 있나。세발막대 거칠대없는 살림이것다。다만 어린 계집애를 두고 가려니까 정말 마음이 놓이지 않고 발길이 돌아서질 안네 그려。

客。그렇구말구。그애 年期가 참 어떻게 됐드라?

父。홍 열여섯살。아직 아무 철없는 것일세 어미가 있다면 옹석할 땔세。

客。그러면 진작 맞당한 자리에 출가라도 시켰던것이 좋을걸 그랬지。

父。이사람! 나이도 어리려니와 어대 그렇게 만만한 자리가 있든가。

客。하지 개가 행신범백이 썩 얌전하고 인물이 일색이라구 모두들 칭찬이 자자하데

父。내 딸이래서 그런게 아니라 아이는 썩 수가 있느니。

客。며누리 삼으려고 모두 넘겨다보는 이가 많든걸。

父。여보게 그러니까 더 걱정일세。(고개를 숙이고 생각하다가) 자 여보게 내가 간 뒤에 자

녀기 종종 보살펴 주게。 옹? 그런가 [illegible]가

客。 그야 말 안한들 범연하겠는가。

父。 그럼 자네만 믿네。 그저 친딸처럼 녀기고 내가 혹여 영원히 돌아오지 못하는 한이 있더라도 자네가 어떻게 좋은 자리에 시집이라두 보내어 잘 살게해 주면 내가 九泉에 가서라도 은혜를 갚겠네。

客。 걱정 말게。 내 힘이 닿는대까지는 할테니 그일을랑 염려 말게……자 내 좀 밭븐 일이 있어 가야겠네。 있다 떠날 때 또 맛나세。 (일이 선다)

父。 (일어서며) 뭘 또 올수있겠는가。 밭븐데。 그만 예서 작별하세。

客。 있다 또 보세。 (客人退場)

父。 (박굴 내다보며) 애는 웨 여태껏 안오누。 (하늘을 처다보며) 떠날 때도 거진 돼가는데。

(방에 들어가 안저서 옷보퉁이를 만진다)

(薛氏登場)

薛氏。 (옷는 나르로 들이오며) 아부지! 얼마나 기다리셨세요?

父。 웨 그리 늦었니? 그런데 신은 어쨌니 응?

薛氏。 (父의 아페 안즈며) 아부지! 저ㅡ제가 지금 나가서요? 맞났어요。

父。 맛나다니? 애 밑두끝두 없이 누굴 맛났단 말이냐。

薛氏。 저ㅡ 아부지 안 가서도 돼요。 떠나실 생각 마세요。

父。 게 무슨 소리냐。 원 알수가 없구나。

薛氏。 저ㅡ참 아이구 내 말을 [illegible] 없이 했네。 저ㅡ 沙梁部 사는 그 총각이애요。

父。 그래 총각이 어쨋단말야?

薛氏。 웨 우리집에두 종종 오는 그이 말이야요。

父。 응 응 그럼 嘉實이말이냐 그래서。

薛氏。 네 저ㅡ제가 아까 신을 사려가면서 눈물이 앞을 가려서 더듬더듬 가는데 嘉實이가 절에 와서 웨 우느냐 묻기에 부끄려워서 도망을 치니께 뒤루 땋아오면서 자꾸 물어요。

父。 그래서。

薛氏。 그래 제가 아부지 떠나신단 말을 했더니만 그이가 펄적 뛰면서 로인네가 그런 대를 어떻게 가느냐고 걱정을 하고 서서 한참 궁리를 하더니 아부지! 글세 이것 보세요。 그이가 아부지 대신 간다고 하겠지요。 어떻게 좋고 고마운지 저……

父。 홍 귀특한 일이다。 그러나 걔가 우리허구 아무 상관이 없는 터인데. 그런 죽을 곧을 대신 가다니 될말이냐。 말이라도 그렇게 해주는 사람이 있으니 적이 위로는 된다。

薛氏。 아니애요。 말로만 그런게 아니라 아주 꼭 가기로 철석 같이 작정했는데요。 갈이 오려다가 자기 집에 가서 대강 갈 채비까지 해가지고 온댔어요。 그래서 신발도 안 사가지고 왔는데요 뭘。

父。 홍 嘉實이가 비록 구차한 집에 나서 천한 일을 하고 있으나 사람은 퍽 신실해。 그렇지만 나를 그다지 생각할라구?

薛氏。 아부지 만일 있다가라도 와서 대신가겠다거든 그리하게 합시다。 (박굴 내다보며) 아이 저긔 발서 오네。 아부지! 嘉實이가 와요。

(嘉實登場)

嘉實。 (문아페 와서 절하며) 그새 근력 좋섯세요

父。 응 嘉實이냐。 자ㅡ이리 들어오너라。

嘉實。 네。 (들어온다)

薛氏。 (일어서며) 자ㅡ이리 앉어ㅡ。

嘉實。 (아페 살어 안즈며) 저ㅡ 저는 깜박 몰랐어요。 아 그렇게 먼길을 떠나실나매 아! 제게는 이렇단 종귀도 없으세요? 참내……방금 따님한테야 듣고 알았세요。

父。 허ㅡ 그건 내 실수다。 그만 넘우 황황중에 뭐 정신을 차릴수 있더냐?

嘉實。 그러나 어르신네 같은 로인은 못 가십니다。 어대라구。 큰일납니다。

父。 그렇지만 막비 나라일이니 어찌 나많은 핑계 대고 안 갈수 있니?

嘉實。 제가 가지요。 변변치 못하나마 어르신네 대신 제가 가겠어요。 (薛氏를 돌아보며) 아까 내가 한 말을 다 여쭈었지。

薛氏。 그럼 어때 있겠니?

嘉實。 新羅는 人情의 나라인데 로인 같으신이가 수자리가는 것을 아! 이런 젊은 놈이 보고 있겠어요。 안됩니다。

父。 그러나 그런 고생스런 자리로 너를 보낼수는 없다。 더구나 나 대신으로? 안될

말이다。

嘉賢。뭘요。수자리 사는게 고생 될게야 뭐 이 있기요。그러고 저도 젊어서 한번 전쟁 마당에 가서 활을 쏘고 창으로 적군을 뭇 지르고 승전해서 공을 일워가지고 돌아오구싶어요。그런 염려는 조곰도 하실게 없어요。

父。아ㅣ 말만 들어도 고맙다。그러나 그만 두어라。

嘉賢。아ㅣ니얘요。뭘 저는 아주 가기로 작정했으니께 나라님이 말려도 가고야 말껄요。그런 말슴은 아야 마십세요。

父。아ㅣ니 그럼 참말이냐 정 가겠느냐。

嘉賢。네 丈夫一言이 重千金이라니요 한번 입밖에 내논 말을 돌우 삼킬줄 아세요? 저는 그런 사람이 아니얘요。

父。알았다。네 마음을 알았다。그처럼 간다니 그럼 가거라。(고개를 끄떡끄떡하면서)암 사내가 그래야 쓰지。참 고맙다。이 은혜를 어떻게 갚나。

嘉賢。온 별 말슴을……은혜랄게 뭐 있어요 나많은 로인을 부축하는게 젊은 사람이 의례히 할 노릇인데요(薛氏를 보며)얘 그렇잖나?

薛氏。네 그렇구말구요。

父。(무엇을 생각다가)자 嘉賢아 네가 나를 위해서 죽을 일을 대신해 주는데 어찌 아무 갚음이 없어야 되겠니。네가 그 수자리번을 마치고 돌아오면 변변치 못하나마 내 딸을 네 안해 삼을테니 그게 어떠냐。

(薛氏는 부끄러워 고개를 돌린다)

嘉賢。(수접은 얼굴로)저ㅣ 그런 말슴은……

父。그러면 네 마음에 부족해서 그러니。

嘉賢。(고개를 돌리며)무슨 그럴리야……저……

父。아니 그러지 말고 시원하게 허락해라。

嘉賢。저야 뭘 압니까요?

父。(薛氏에게)얘야 너도 수접어하지 말고 말해라。

薛氏。제가 무슨 말슴을 감히 여쭙겠어요。(고개를 숙인다)

父。자 그러면 무슨 언약의 표가 있어야 하지 안니(생각다가)옳지 됐다。(거울을 내어 薛氏에게 주며)얘야 이것을 둘에 놓아 가지고 서로 표적을 삼아라。응 자。(薛氏가 거울을 바다 두쪽을 갈라 한쪽은 嘉賢에게 준다)

嘉賢。(거울쪽을 바다둔고) 자 그럼 받겠어요。

(쇠북소리가 들린다)

薛氏。아부지ㅣ 지금 奉德寺의 쇠북소리가 들려요。

父。아 그게 떠나라는 쇠북소리로구나。

嘉賢。네? 아 그러면 지금 곳 떠나야겠읍니다。(일어선다)

父。(옷보를 주며)자 그러면 이것은 네가 가지고 가거라。

薛氏。(울며) 우리 아부지를 위하여 이렇게 귀한 몸을 아끼지 아니하구 먼길을 떠나니 나는 죽어도 죽어도 이 은혜를 잊을수 없다。

嘉賢。천만에 그런 말는……그럼 내가 올때까지 아부님 모시고 잘 있어?

父。어서 먼저 나가거라。나는 저 산모퉁이까지 같이 갈테니……

嘉賢。네。(嘉賢이 일어서서 나오며 薛氏는 뒤를 쌀운다)

薛氏。(말을 가리치며)이 말은 라고 갈테지?

嘉賢。(말 곱비를 잡으며) 아니 걸어갈테야。이 말은 天下에 良馬라 내가 여태 길어오던 말인데 여기 두고 갈테니 잘 길어다오。이 후에 반듯이 소용 될 날이 있으리라。(말을 마구안에 연다)

薛氏。그 말은 가실써가 돌아오기까지 내가 귀히 길어 줄테니 염려 마오。

嘉賢。자 그럼 어서 들어가。三年後에 맛나자。말이 三年이지 잠깐이다。

薛氏。그럼 부대 잘 댄녀 오오。(눈물을 씻는다)

嘉賢。넘우 설어 말어。(머뭇거리다가 휘 나간다)

薛氏。(울다가 고개를 들고) 아 가고 말았구나。

——(幕)——　(次號續)

順童이가 어느날 상점에 들어가서 주판(珠盤) 한개를 사려고 주인에게 「이것얼맙니까」 하고 물었다。
상점주인 「一圓입니다」
순동 「八十錢만합시다」
상점주인 「그주판은 한푼도 못드립니다—」
순동 「참(眞)도 못하는 주판은 무엇하자는 주판입니까」

-438-

(戲曲) 栗里薛氏 (二)

李允宰

第二場

舞臺는 前場과 가틈。前場에서 六年後。暮春。太陽이 西녁으로 기우러지는 酉時初、薛氏父가 안석에 기대안삿고 薛氏가 그 아페서 고개를 숙이고 안잣다。

父。(기침을 서너번 하더니) 글세 애야 어쩌잔말이냐 옹。네가 그래 영위 시집을 가지 안을레란말이냐……옹 어서대답해。

薛氏。(고개를 들며) 안가요。

父。안가? 그럼 그대로 늙울테냐 옹。

薛氏。웨요? 저는……。

父。오! 嘉寶이 말이지。그래두 嘉寶이만 딱 기다리겠다니 저런 미련한게 어대있노

薛氏。아부지! 嘉寶은 매우 좋은 사람이야요 전에 아부지께서도 신실한 사람이라고 늘 말슴하시지 안으셨어요。

父。글세 저렇게 땅파기가 어대 있나。좋은 사람이든 낮븐 사람이든 죽은 담에 소용있느냐 옹。

薛氏。어떻게 죽은지 아세요。

父。戰場에 가면 살기가 쉬우냐。그리고 嘉寶이가 수자리 살러가던 그해에 高句麗가 우리 新羅 지경을 처들어와 北漢城을 빼앗아갔다고 하지 않더냐 그때에 우리 新羅 군사가 여러 千名 죽었다는데 그중에 嘉寶이도 의례 죽었을레지。그러기에 六年이 넘도록 여태 안 오는게 아니냐。

薛氏。그래도 저는 죽었을것 같지 안어요。

父。저렇게 답답한것 봤나? 죽잔았으면 웨 안오니? 옹。어대 대답 좀 해 봐라。

薛氏。무슨 뜻밖에 일이 있어 늦는지 알수 있어요? 그러다가 오면 어떻게 합니까요?

父。원 저런、밤낮 그말이지? 그럼 몇 十年이라도 限百年하고 기다리겠단 말이냐? 옹? 동내 어룬도 모두 우리를 미친 사람이라고 그러구。말만한 계집애를 시집 안 보낸다구 욕설이 풀풀 들어오는걸。너도 뻔히 보고 아는게지 옹?

薛氏。그러나 중한 언약을 하고 어떻게…… 저는 참아 그런짓은 못하겠어요。

父。언약? 그때 언약만해도 三年까지만 한것이 아니냐 三年이지나 六年이 넘었는데 그 언약이 무슨 소용이 있느냐말이다。

薛氏。六年 아니라 한평생은 그만두고 죽은 後까지라도 그 중한 언약은 직혀야하지요

父。(멀리보며) 너허고 말하느니 우리집 신둥이허고 말하는게 낫겠다。(薛氏를 노려보며) 글세 애야! 언약은 그만해도 직힌게 아니냐 작으만치 六年동안이나 옹? 언약을 안 직히기는 嘉寶이지。누구냐?

薛氏。안됩니다。저는 시집 두번 가기는 싫어요。

父。(소리를 높이어) 언제 시집을 갔었니? 옹?

薛氏。시집 간게나 마찬가지오。철석 같이 언약하였고 또 제 마음도 이미 嘉寶에게 허락했으니 그 마음을 죽어도 돌리지는 못해요。

父。(성을 내어) 아니 그 거지 같은 넌석、남의집 머슴살이나 하는 그런 천한자식을 죽자하고 생각하고 있어?

薛氏。아부지! 그게 무슨 말슴애요? (홍분되어 우는 목소리로) 웨 嘉寶이를 그렇게 말하서요 嘉寶이가 어떻게했걸레요。嘉寶이가 아니더면 우리가 어떻게 됐겠어요。그까짓 은혜는 둘재로 嘉寶이는 좋은 사람 순직한 사람이야요。머슴 아니라 백정 아니라 거지라도 저는 좋아요。

父。예이 망할것 같으니。글세 은혜가 태산 갈고 좋은 사람이라도 죽었는지 안 오는걸 어떻게하느냐말이다。이런 답답한 노릇이 어대 있노。(소리를 조곰 낮후어) 너도 시집갈 나이가 넘었고 나도 쉬 죽을텐데 사위보고 손주까지는 바라지 안는다마는 너이 내외 잘 사는게나 봐야 내눈이 감길 것아니냐 옹。글세 웨 고집이냐 옹。

薛氏。아무 말슴을 하서도 굳은 절개는 꺾을수가 없어요。그 嘉寶이를 버리고 다른

대가기는 죽어도 살어요。

父。 너 암만 그래야 소용없다。 아비 하라는 대로 해야지。 그것이 자식된 도리요 인륜이니까。 (기침을 두어번 길고) 네 말 듣거라 전에도 수차 말한바와 같이 너와 定婚한대로 말하면 문벌 좋것다 인물 똑똑하것다 그 嘉寶이한태 대겠니? 그리고 살림도 유여하것다 뭐 우리 러수허고는 넘우 파만한 자리랑。 설혹 嘉寶이가 죽지않고 온다하여도 아무것도 없는 적빈한집에가서 그 고생을 어떻게 하려고 그러니 애야 글세 응……

薛氏。 (아무 말 없이 느껴 운다)……

父。 그래 내 말이 옳지?

薛氏。 …………

父。 그러기 成禮日字는 오눌로 닥아 작정했다。

薛氏。 (고개를 들며) 뭐요 오눌요?

父。 그래. 조금 있으면 新郞이 너를 맞으려 올러인데 여러 말 말고 옷이나 갈아입고 치장을 해라。 내가 밖에 잠깐 갔다올테니 (일어나 小門을 열고 나간다)

薛氏。 (고개를 숙이고 울다가) 아、이일을 어떻게하노。 아부지도 넘우하신다。 (고개를 들고 하늘을 처다보며) 어머니、어머니、어머니가 게섰더면? 아이구 나는 어떻게 해야 옳담。 (황황히 설합을 열고 거울쪽을 집어내어 보며) 아、이것이 그아와 언약한 신표다。 아니 이게 嘉寶씨다。 嘉寶씨의 얼굴이다。 여보 嘉寶씨! 나는 어떻게 하라우 응? (左右를 돌아보며) 아이구 이렇게 앉았다가는 큰일이다。 (일어서며) 아、어떻게하노 죽을가? 옳지 죽자 아 그러나 그러나 嘉寶씨가 와서 내가 죽은줄 알면 얼마나 애통할고 (운다) 죽진 못해 죽어서는 안돼。 어떻게하노。 (밖알을 멀리 보며) 옳다 가자。 그럼 어대로 가나 嘉寶씨 있는대로 가지。 千里라도 가자 그러나 혼자 무서워。 (운다) 아니 그래도 가야지 물이라도 건느고 산이라도 넘다가 고꿀어저 죽어도 가야지。 (빨리 걸어서 나가다가 마구깐에 이르러 말을 보고) 아 이말! 말을 보니 嘉寶씨가 더 생각난다。 말을 잘 기르라고 하셨지? 이담에 소용이 된다고……그런데 주인이 웨 안 오누 (운다) 말도 불상하지。 말아 나는 지금 네 주인을 찾어 갈란다。 너는 가지 않겠니? 옳지 가야지。 그럼 가자。 나를 태워가지고 낮에 가고 밤을 새워 달아나자。 웨 눈만 끔벅끔벅하고 아주 말이 없니。 옹 (운다)

(이때에 嘉寶이 軍服을 하고 登場)

嘉寶。 (舞臺의 올혼 쪽으로 옳아 薛氏家를 바라보며) 아、인전 다 왔다 인전 살았다。 아、저게 薛氏의 집이지。 (두어걸음 걸어오며) 오 여긔가 예전에 薛氏허고 作別하던 끝。 참 세월은 빠르다。 그래두 발서 六年이 지났어。 아아 그동안 어떻게 됐겠나 사람의 마음은 믿을수 없다。 혹 다른대로 시집이나 안 갔을가。 아니 薛氏는 그럴사람이 아니지마는……(門안에 들어서며) 오、저 말! 참 반갑다。 옳지 고개를 끄덕끄덕하는구나 (薛氏를 보고) 아니 이게 누구요?

薛氏。 (깜짝 놀라 엽눈으로 보고 꼿 가려한다)……

嘉寶。 아、薛氏! 薛氏 아니오?

薛氏。 (겁나는 모양으로) 아、이일을 어쩌나。 (그 자리에 쓸어진다)

嘉寶。 (한쪽 다리를 꿀고 내려다보며) 여보 薛氏! 精神을 좀 차리오? 나를 모르오?

薛氏。 (失神한 사람 같이 울며) 나는 싫여 싫여。 애구머니 나를 살리오

嘉寶。 (한숨 지며 일어서서) 홍 옳지 알았다 알았다 그러나 파연 이럴줄이야………主人어른이 계신지。 그 어찐 內緣이나 좀 알았으면……애라 그만둬라。 일이 이렇게 된바에는 그까짓전 알아서 무얻해。 (돌아서서 나간다)

薛氏。 (울고만 있다)……

嘉寶。 (門밖알으로 나와 서서) 아、무정하다。 참으로 분하다。 薛氏가 나를 박대해 홍、새상에 믿을수 없는것은 사람의 마음이로구나。 世上人心이 다 그러니깐 薛氏라구 무슨 별수야 있으랴마는 아、넘우도하다。 (거울쪽을 꺼내어) 홍! 언약 참 웃으은 일이지。 이까짓전 내가 가저서 뭘

하나 (門안으로 들어와서 거울쪽을 薛氏의앞에 던지고 나간다)

薛氏。(거울쪽을 주어 가지고) 이거 뭐야? 아! 거울쪽。참 이상해? (가졌던 거울쪽과 맞후어보고) 아、이게 嘉寶氏의 거울쪽! 嘉寶氏가 왔나? (다시 맞후어보고) 이게 븐명히 嘉寶氏의 것이다 오、嘉寶氏! (일어나 빨리 뛰어나가 嘉寶의 앞에 가 엎드지며) 嘉寶氏!

嘉寶。(고개를 돌리며) 웨 나를 부르오。

薛氏。(고개를 들며) 당신이 정말 嘉寶氏오 이게 웬일이오?

嘉寶。薛氏! 그새 아주 나를 잊었었지? 그걸보고야 아는구려。허허허。

薛氏。(일어 앉으며) 아니애요 그런게아니애요。

嘉寶。아니라니 방금 뭐라했어?

薛氏。(머뭇머뭇하며) 저ㅡ 아니애요。

嘉寶。아무 關係없으니 바루 말을 하우。

薛氏。아니야요。글세 나는 다른 사람인줄 알고 그랬어요。

嘉寶。엉! 다른사람? 시집 안간단 말이 무슨 말이오

薛氏。그런게 아니애요。이웃 늙은이가 자꾸 날더러 시집가래요。그래서 나는 딱당신을 그이로만 알았어요。三年만에 오시겠다는 당신은 종시 소식을 돌올 길이 망연하고 거기서는 자꾸 못견디게구러서 나는 어떼도 마음이 갑갑한지 딱 죽고 싶었어요 만일 오늘 당신이 오시지 않했더면 나는 벌서 죽었어요 (흑흑 느끼어 운다)

嘉寶。(薛氏의 손을 잡아 일으키며) 아、나는 無信한 사람이오。그대를 이렇게 고생을 시켰으니 더욱 그대를 대해볼 낯이 없소。변변치 못한 나같은 사람을 그대지 생각할게야 있었소? 응 (소매로 눈물을 씻는다) 내가 떠날 때에는 三年만 수자리살고 곳 돌아 올줄 알았더니 三年을 지난담에는 나라에서 三年 더 있으라는 命令이 있으니 어찌하는수 있었소? 一刻이 三秋같은데 지금까지 지내오느라니 속이 탈대로 다 탔소。

薛氏。거기 가면 물론 고생하실줄야 알았지마는 글세 얼마나 고생을 하셨소 얼굴을 잘 알아보지 못하도록 저렇게 상하신것을 보니…

嘉寶。이왕 지난 일이지마는 고생이야 말할수 없었소。하마트면 죽을번한 일도 있었지마는 그대가 神明께 빌어준 德澤인지 이렇게 살아서 맞나게 되오。후유ㅡ。그런데 아부지는?

嘉氏。別일 없었어요 嘉寶이는 지금 얼마나 고생을 하고 있노고 아부지는 어느때 없이 늘 말슴하서요。지금까지 돌아오지 아니함으로 혹시싸움이나 하다가 죽지나 안했나고까지 생각하셨어요。

嘉寶。홍 차라리 진작 죽어버렸드면 마음고통이나 적게 받았었을걸! 아니 男子로 생겨나서 한번 나라를 위해 목숨을 버리는것이야 좀 痛快한 일이겠기? 그러나 밥낮새고 잠들기 전에는 줄곳 肝臟을 태워 가느라니까 참……

薛氏。당신은 나를 그렇게까지 생각하셨는데 이런……(운다)

(父 登場)

父。애는 어대 갔어。(밖을 내다보며) 애、악아

(薛氏는 父의 들어온것을 알고 집으로 들어온다 嘉寶도 뒤를 닮아온다)

父。(薛氏를 보고) 저런 온 …… 방금 新郎이 곳 올모양인데 너는 그래가지고 어대로 다니니。이러다가는 오늘 큰 망신을하겠구나。(嘉寶을 보고)저기 웬 사내가 아무 홍기도 없이 남의 집으로 막 들어와?

(嘉寶은 의심스러운 모양으로 방에 들어가지 못하고 머뭇머뭇한다)

薛氏。(父의 곁에 가까이 와 서며)아부지! 말슴 마세요。저이가 嘉寶이애요。죽었다는 嘉寶이가 왔어요。

父。(깜짝 놀라며) 뭐래? 嘉寶이?

薛氏。(嘉寶을 보고) 웨 거기 섰소? 얼른 들어와요。

嘉寶。(들어와서 절하며) 아부지ㅡ 그새 安寧히 계셨읍니까。嘉寶이가 돌아왔읍니다

父。(떠는 목소리로) 가 가 嘉寶이냐

薛氏。(거울 두쪽을 보이며) 아부지! 글세 이걸 보세요。아부지께서 信票로 주셨던

계지오?

父。(거울을 받아들고) 오—파연。…………

嘉賢。그새 저를 얼마나 기둘렸었어요? 생각하면 다만 罪悚할것 뿐입니다。

父。(넋 잃은것 같이) 아이구 아이구 어찌할고。嘉賢이 容恕하게。내 잘못했네。내 잘못했네。(발동을 한다)

薛氏。(父를 붓잡고) 글세 아부지! 웨 이러서요?

父。(左右를 자꾸 돌아보며) 오지? 오지? 저—밖에? 아이구 귀막혀! 남의 恩惠를 모르는 義理 없는 사람은 맛당히 죽어야지。아이 아이。(잦바진다)

嘉賢。(薛氏를 보고) 아부지께서 웨 이러서오?

薛氏。(부끄러워 고개를 숙인다……)

父。(눈을 뜨며) 내가 嘉賢을 對해볼 낯이 없다。

薛氏。(父의 얼굴을 보더니 慌忙하여) 애구 아부지가 氣絶을 했다。서어、어서、醫員을………。

嘉賢。氣絶?

薛氏。(울며) 아、이것이 도시 나의 罪다。

—(幕)—

말의 이애기

李允宰

금년은 무슨 해입니까 세계에 공통으로 부르는 이름은 1930년입니다。이 1930년이란 뜻은 예수 그리스도의 나신 때를 긔원(紀元)으로 잡아서 그때로붙어 금년까지가 일천 구백 삼십년째 된다는 것입니다。이 예수의 긔원은 예수 믿는 사람만 쓰는 것이 아니라 세계 력사에는 반듯이 이 긔원을 썼으며 현금 세계에 문명국 치고 이것을 쓰지 아니하는 나라가 없읍니다。우리 조선도 요사에는 이것을 많이 씁니다。

동양에서 옛적에 쓰어오던 해 이름으로는 금년을「경오」년이라 하는데 한문 글씨로「庚午」입니다。경오란「오」(午)ㅅ자는 역서(曆書)에서 쓰는 말로 말(馬)입니다。가령 경오년에 난것을 말해에 났다 합니다。그러면 금년은 말(馬)의 해입니다。그럼으로 금년 새해에는 신문지나 잡지에 모도 말(馬)의 이애기가 많이 나는것도 이러한 리유라 하겠읍니다 남들이 다 한다고 해서 그런것이 아니라 우리는 여기에 말에 관한 이애기를 좀 하여봅시다。 이것이 취미의 일변으로 나다。

말탄 高句麗 장수

말은 우리 조선에만 있는 것이 아니라 세계 어느 나라에던지 다 있는 짐승입니다。 지금 시대에는 곳곳이 긔차가 있고 큰 도회처에는 전차와 자동차와 인력거가 있어서 별로 말을 타는 일이 드물며 다만 병정들이 타고 다니는 것이나 짐차를 끄는대에 쓰게 됩니다。 그러나 옛적에는 여러 백리 여러 천리를 갈 때에는 반듯이 말을 타야하며 짐을 운반하거나 전

한가지 유익한 재료도 될것입

장에 나가 싸울 때에도 다 말을 썼읍니다。그럼으로 려관에는 마구깐의 설비가 있었고 골골이 요긴한 끔에 역(驛)을 두었고 서울에는 사복사(司僕寺)라는 관청이 있었읍니다。

어대라고 말이 없었으랴마는 우리 조선은 제주도(濟州島)에 가장 말이 많이 있으며 제주의 말은 가장 유명하다고 합니다。속담에도『사람이 나거든 서울로 보내고 말이 나거든 제주로 보내라』하지 아니하였읍니까。또 옛적에 허생(許生)이란 사람이 제주에 가서 말총을 도거리로 사가지었더니 그 후년에 조선 전국에 망건과 감토가 아주 절종이 되어서 서울 어느 대관의 집에 아드님 상관례(上冠禮)를 하는대 망건을 구할수 없어서 그 아비의 망건을 얻어 쓰는 일이 있었답니다。이것이 한 소설로 된 사실이지마는 제주도에는 말이 얼마나 많았던것을 가히 짐작할수 있읍니다。

우리 조선력사에 이름이 높이 난 한 륙백년전 고려시대에 최형(崔瑩)장군이라면 우리가 다 잘 알겠지마는 최장군은 일즉 이러한 시(詩)를 지어서 읊으신 일이 있었읍니다

『록이상제(綠駬霜蹄)를 살지게 먹여 시내물에 씻겨 타고 룡천설악(龍泉雪鍔)을 들게 갈아 둘어메고 장부의 위국충절(爲國忠節)을 세워볼가 하노라』

이것이 얼마나 긔운차고 호거로운 시입니까。록이상제는 말(馬)이란 뜻입니다。최장군이 이 말을 타고 동양천지가 들먹들

먹하게 풍운을 일어커선 것입니다。옛적에 장수가 말을 달리어 적진으로 뛰어 들어가는 것이야말로 참 부러워할 일이 아닙니까。

또 오백년전 세종대왕때 범 같이 무서운 장수 김종서(金宗瑞)어른도 잘 아시겠지오。김장군도 이러한 시(詩)를 지어 읊으신 일이 있읍니다。

『장백산에 기를 꽂고두만강에
말 씻기니 썩은 저 선비야
우리 아니 사나이냐 어떻다
릉연각상(凌煙閣上)에 뉘 얼
굴을 그릴고』

이것은 김장군이 녀진족(女眞族)을 처서 다 몰아내고 승전하여 돌아올 때에 지으신 것입니다。전장에서 몬지를 뒤집어 쓰고 피칠을 한 말의 몸을 두만강 흐르는 물에 씻을 때에 그 쾌함이 과연 어떠하였을가。이것이 진실로 사나이의 일이라 할것입니다。

이와 같이 장군이 전장에 나갈 때만 말을 타고 다니는 것이 아니라 이왕에는 우리나라에서도 말 기르기를 매우 힘썼으며 사람마다 말 타기도 익숙하여 몇 백년전까지도 안악네들이 나들이할 때에 장옷 쓰고 말을 혼자 끌고 다니던 것이였읍니다。요사이에는 사나이로도 말 타기를 겁내니 참 딱한 일입니다。남들이 다 숭상하는 경마대회(競馬大會)좇아 우리는 할줄 모르고 밤낮 따뜻한대만 찾아다니니 이러한 체질(體質)로 가지고 어찌 남들이 서는 자리에 같이 서기를 바라겠읍니까。

그러나 이천년전이나 혹 삼천년 전에 우리 조상(祖上)네들은 큰 활을 가지고 다락 같은 말을 타고 료동(遼東)만주(滿洲)의 넓은 벌판이며 시비리아와 중국 땅에까지 뛰어달리어 무용(武勇)을 크게 날칠 때에 감히 그 앞을 맞서는 놈이 없었답니다。더욱이 부여(扶餘)에서는 가장 훌륭한 말의 종자가 있어 력사에도 있거니와 유명한 부여마(扶餘馬)는 그 당시에 중요한 무역품(貿易品)이 되었던 것입니다。이것만 보아도 우리 조상네들은 얼마나 용맹스러웠읍니까 지금도 만주에는 말 타기를 많이 숭상함으로 도적까지도 마적(馬賊)이란것이 있어 중국 정계(政界)에서 한창 야단법석을 하던 장훈(張勳)장작림(張作霖)같은 자들도 다 마적의 출신이라고 합니다。

한칠백년전에 몽고(蒙古)에 유명한 영웅 칠목진(鐵木眞)이라하면 모를 사람이 없겠읍니다。 그는 철긔(鐵騎)를 거느리고 우랄산을 넘어 유로파주로 깊이 들어가서 백인종을 짓밟았읍니다。그때에 혼이 난 까닭으로 지금까지도 서양사람들은 황인종이라면 무서워합니다。지금의 몽고는 별로 보잘것 없지마는 그때의 몽고는 거의 세계를 통일하다 싶이하여 력사에 이름이 가장 빛났읍니다。이는 칠목진이 큰 영웅이기 때문에 그런것이지마는 몽고에는 말(馬)이 많이 나고 그 민족들이 본대 유목민(游牧民)으로 말타고 사냥하기를 잘하는 것이 한 원인이되는 것입니다。이러한 일을「력사에서 많이 볼수 있읍니다마는 너무 지리하겠음으로 그만두고 다만 말의 종류에 대하여 대강 말하고 그치려합니다。

다같은 말이지마는 그 난것으로 하여 이름이 다 다릅니다。나귀의 아비와 말의 어미로 난것을「노새」라 하고 노새의 아비와 나귀의 어미로 난것을「버새」라 하고 소의 아비와 말의 어미로 난것을「튀기」라 합니다。또 암컷을「피말」이라 혹「피야말」이라고 합니다。말은 그 빛갈이 좀 다르거나 모양이 좀 다른것으로써 여러가지 명칭이 있읍니다 이것을 다 치면 륙칠십 종이 되나 다만 몇만 뽑아서 아래에 씁니다。

센 말 (白馬)
가라말 (黑馬)
절다 (赤馬)
총이 (靑馬)
설아말 (銀褐色馬)
담가라 (淺黑色馬)
청가라 (鐵色馬)
구렁말 (栗色馬)
고라 (土黃色馬)
철총이 (靑白色馬)
주마말 (灰色)
가리온 (白身黑鬃)
표가라 (黑身白鬣)
백설총이 (白馬黑唇)
부절다 (赤馬黑鬣)
사족백이 (四明馬)

이글 가운데 노흔 그림「말탄 고구려 장군」이라 한것은 옛적에 우리의 한아바지가 큰소리 치고 뛰어다니시던 그림입니다。그리알고 뜻잇게 보시오

讀書質疑

【問】 朝鮮地圖의 創製者인 金正皡氏는 몇해前 어느時代 사람이며 그이의 만든『大東輿地圖』는 지금 어데 몇장이나 잇는가요?(濟州一讀者)

【答】 金正皡는 號를 古山子라하는데 지금에서 約七十餘年前 사람이니『大東輿地圖』의 完成된것이 李氏朝鮮 哲宗 十二年 辛酉(西紀一八六一年)인것을 알아두시오。大東輿地圖』가 지금 몇군데 잇는줄은 아나 전부 몇군데가 되는지는 分明히 알수없습니다。(李允宰)

【問】 貴報 朴英熙氏論文中의『캅프』란 무슨뜻입니까 可及的外來語들을 쓰지 말앗스면 좋겟습니다(市內一讀者)

【答】『캅프』는『朝鮮풀로레타리아藝術同盟』의 略稱입니다 英語로쓰면『Korean proletarian Artist Federation』인데 이 頭文字만 떼어가지고 便宜上 만든것입니다。基督敎靑年會(young men's Ghristian Association)를 Y•M•C•A라고부르는것도 이같은 種類입니다(栢)

【問】 第二週『代讀』欄 끝에『食中山之酒』라는것이 잇으니『中山之酒』가 무엇입니까

(大邱好書子)

【答】 中山이란 땅 이름입니다。녯날 中山이란곧에 狄希란 사람이 잇어 술을빗커 팔앗는데 한번 마시면 千日동안 醉함으로『千日酒』라고 하얏다합니다。晋나라 劉玄石이란사람이 中山酒家에서 이술을 먹고 千日만에 깨엿다」傳說로 잇읍니다。(栢)

【問】 第一週 讀書顧問의 小說推薦中 西洋及 日本作品이 朝鮮文으로 飜譯된것을 紹介하여 주십시오(一類生)

【答】『톨스토이』作『復活』은『海棠花』란이름으로抄譯。유고」作『레•미써라불』은『哀史』成『짠발짠』으로抄譯。『듀마』作『몬테그리스트伯爵』은『巖王窟』이란 이름으로飜案한것이 잇습니다。그밖에는 아직 없는가 봅니다。(栢)

【問】 貴報 梁柱東氏 論文末尾에『에로』와『그로』라는 말이 잇으니 語意와 스펠을 가르켜 주십시오(江景一學者)

【答】 요지음 흔히 쓰는 流行語의 一種입니다。

에로 는英語로에로틱(Erotic)의略稱=愛、戀愛、色情、等意味。

그로 는 英語로 그로테스크(Grutespue)의略稱=怪異、奇妙、야릇한 等意味。流行語란 原來 그 語原의 意味와는 좀다른色彩를 더하야 씨어지는 수가 많으니 그쯤 아십시오(栢)

讀書質疑

【問】 新聞 誌에 흔히 쓰이는 孫文의 三民主義를 簡單히 알려주시오(錦山一硏究生)

【答】 簡單히 對答하려면 民族主義、民權主義、民生主義입니다 마는 좀더 解說하야 드리지오

▲民族主義。國內의 民族(漢、滿、蒙、藏、回等五族)을 統一하야 于先列强의 羈絆으로부터 完全한獨立國家를 세우자는 것이니 말하자면 國民主義 (Nationalism) 입니다

▲民權主義。一種의 民主主義 (Democracy)이니 政治的으로는 政府에 治權、民衆에게 政權을 준다는것입니다。政權온 네가지로나누어、立法代表(即代議士)를 選擧하는 選擧權、行政官(即官公吏)을 人民自身이 直接으로 任命、罷免할수잇는 罷免權、法令、國際條約、其他 國家의 重大問題에 對하야 國民一般의 投票로써 事前의 提議、事後의 抗議를 할수잇는 創制權、復決權等이니 말하자면民衆이 直接으로政府를 監視할수잇는 制度입니다。政府의治權은 立法、行政、司法、監察考試(所謂五權憲法)等입니다

▲民生主義。이는一種 社會主義(Socialism)的色彩를 가진것이니 『平均地權』『節制資本』等政策으로 要컨대萬民의生存權을均等케 한다는것입니다。

解說이 너무簡單하니 이解說中에 또 解說해야 될것이 만흘것입니다。『三民主義』라는 冊이잇스니 直接一讀하십시오、東京改造社版『改造文庫』中에 잇는것이 값이헐(二十錢)합니다。(梧)

【問】『테마』란文句를種種보는데 語意를몰라 답답 합니다 (定州L生)

【答】『테마』는 英語로 Thema 題目、論題、主題、主旨라고번역할수잇습니다。그뼈그뼈의 그글을 보아서 理解하십시오(梧)

【問】龍飛御天歌 著作者와 年代 및 그 內容의 簡單한 例를 하나 알리워 주시오(賴聞生)

【答】李氏朝鮮 第四代 世宗大王께서 權踶 鄭麟趾 李叔蕃等을 命하여 撰述케한것인데 世宗二十七年(西紀一四四五年)에 完成되므로 印刷하여 신하들에게 頒賜하얏습니다 그 內容은 李太祖의 四代前 곳 穆祖로부터 第三代 太宗大王 潛邸時까지의 行蹟을 讚頌하는 노래니 모도 一百二十五章으로 되어 이왕에 朝祭宴享의樂辭로 썻고 지금은 朝鮮語硏究에 좋은 參考가 됩니다 아래에 두어章을 써서 그 例를 보입니다。

海東 六龍이 나ᄅᆞ샤。일마다天福이시니。古聖이同符ᄒᆞ시니

海東六龍飛。莫非天所扶。古聖同符(右第一章)

불휘기픈남ᄀᆞᆫ。ᄇᆞᄅᆞ매아니뮐ᄊᆡ。곶됴코。여름하ᄂᆞ니

ᄉᆡ미기픈므른。ᄀᆞᄆᆞ래아니그츨ᄊᆡ。내히이러바ᄅᆞ래가ᄂᆞ니

根深之木。風亦不扤。有灼其華。有蕡其實。

源遠之水。旱亦不竭。流斯爲川。于海必達 右第二章 (李允宰)

【問】李忠武公 日記에 『天只』란 말이 무엇인가 하엿드니 리윤재씨의 『聖雄李舜臣』에 天只를 어머니라 하엿으니 어떤 까닭입니까。(안악 한독자)

【答】李忠武公의 『亂中」日記가운데 天只란것이 여러군데잇는데 그것은 다 어머니란 말입니다。忠武公이 어머니를 天只라하는 까닭은 古書에서 나온 뜻입니다。곳 詩傳 柏舟章에

『汎彼柏舟、在彼河側、髧彼兩髦、實維我特、之死、矢靡慝。母也天只、不諒人只』

라한 가운데 『母也天只』 곳 『어머니는 하늘이시니』란 것을取하여 쓴것입니다 (李允宰)

讀書質疑

【問】一月十九日 讀書週間 第三週 李允宰氏의 史上警句集에 琉璃王太子의 名이 解明 鮮明 둘로 되엇으니 어느것이 옳은지 또 黃龍國은 어떠한 國인지 가르켜주시오

(安岳金楊南)

【答】解明이 옳습니다。 黃龍國은 扶餘時代(二千年前)에 扶餘、挹婁、沃沮、濊貊、三韓、箕國等、列國이 다 大國으로 滿洲와 半島에 뻗쳐 南北에 벌려잇고 豆滿江、鴨綠江 沿岸에 無數한 小國이 散在하엿는때 이 黃龍國도 그中에 하나입니다。 지금어떠인지는 모르나 鴨綠江上流인가 합니다 (李允宰)

【問】日本文 戲曲中「出家とその弟子」의作者가 누구?

(一讀書子)

【答】倉田百三 (栢)

讀書質疑

【問】實報에 連載되든 崔南善氏의 朝鮮歷史通俗講話는 單行本으로 發行되엇는지오

(信川郡北部面石塘里林璟周)

【答】朝鮮歷史란 이름으로 今年九月 三十日에 發行되엇습니다。新聞에 記載된것 以外에 內外對照年代表、朝鮮歷代表、歷代要覽、三國並時內外王代對照表、歷代世系表等이 附錄되어잇습니다。定價一圓。 行所 京城鍾路 六丁目十一番地(振替京城六六四番) 東明社

(李允宰)

讀書質疑

【問】一、朝鮮歷史를 工夫하려면 무슨 책부터 시작해야 좋습니까。
二、지난 九月十四日 四面記事에 歷史家 文一平氏가 말하엿는 李朝史의 定價와 發行所를 가르켜주시오。
(大邱 一讀者)

【答】一、朝鮮歷史를 공부하려면 漢文이 融通한이면 本國古書 곳 三國史記、高麗史、東國通鑑、國朝寶鑑……같은 책을 위선 많이 읽는것이 좋습니다 간단한 事實을 알기에 그치려면 아래와 같은 책들이 잇습니다。

朝鮮留記略 權悳奎氏著
新編朝鮮歷史 黃義敦氏著
朝鮮歷史要領 張道斌氏著
朝鮮歷史 崔南善氏著
兒時朝鮮 同人著

二、文一平氏는 史學專門家이즉 讀書할에는 반드시近來世間에서發刊한그런書籍이아닐듯합니다。李朝史라면 李氏朝의 온갓記錄 곳實錄、本朝記事、國朝寶鑑、朝野僉載……其他 內外國史學家의 發表한論文等일것입니다(李允宰)

質疑應答

에라만소

【問】 朝鮮歌謠에 「청조푸리」가 잇지오。그 노래끝에 가서 「에라만소、에라대신」이라하니 그것이 무슨 말뜻이며 어느時代에 누구의 創造인지오。또 孫晉泰氏編 「朝鮮神歌遺篇」에 成造歌가 잇는데 그것이 지금 부르는 청조푸리와 갈으나 「에라만소、에라대신」이란 由來와 意義는 없으니 자세히 알려주시오。

【答】 청조푸리는 巫祝 곳 巫歌의 一種입니다。청조는 成造 혹 城主라 일컷는 것으로 家宅을 統管하는 神의 이름이니 每年 十月상달(上月)에 農功이 畢하면 말날(戊午日)을 택하여 이 神祀를 行함이 오랜 옛적부터 遺傳한 것입니다。東國歲時記(洪錫謨撰)에 「人家以十月爲上月、邀巫迎成造之神、設餠果祈禱以安宅」이라한것이 잇고 또 神檀實記(金敎獻編)에 「今民家에 每十月農事ㅣ畢하면 以新穀으로 蒸大甑餠하고 兼設酒果하야 而賽神者를曰 成造라하니 成造者는 成造家邦之意라 此는 檀君이 始敎民居之制하사 造成宮室故로 人民이 不忘其本하야 必以檀月로 報賽神功也라」하엿습니다。

「어라만소」의 뜻은 자세히 알수없으나 歷史上 語源을 상고하여보면 「어라」는 於羅瑕니 於羅瑕는 百濟方言에 王이란 뜻이요 「만소」는 萬壽란 말인데 「어라만소」는 於羅瑕萬壽」 곳 「我王萬壽」란 뜻입니다。三百餘年前 光海君時代 사람 柳夢寅의 著 於于野談에도 이러한말이 씀이 잇습니다。「今、巫覡必呼於王萬壽、出於中國瀋東寧衛、麗朝時、忠宣王入中國不得還、仍封之瀋爲王、當時、從者數百人、皆居瀋不歸、今瀋陽東寧衛是也、其俗生子、先敎東語、享神先祝我王萬壽者、不忘本也、今之享班、皆出東寧衛人、爲其知東語也」이것을 보면 「어라만소」가 「我王萬歲」란 말로 된것이 분명합니다。그러고 「어라」는 百濟方言에 於羅瑕가 王이란 말인것을 보아서로 부합합니다。이러한 鄕土藝術에 關한 것을 많이 硏究하시기를 新聞社에게 바랍니다。(李允宰)

質疑應答

【問】 연(紙鳶)과 윷(柶)의 起源은? (金玉珍)

【答】 연과 윷을 이왕에는 戱具 雜技라하여 별로 치지아니하엿으므로 그 起源에 대하여 물어낼만한 記錄이 없는듯합니다。 紙鳶은 우리 文獻을 상고하건대 東國歲時記(純祖時人 洪錫謨 著)에 『諺傳昉自崔瑩伐耽羅之役, 國俗至今行之』라한 것을 보면 우리나라에서는 高麗末年에 崔瑩이 耽羅國(濟州島)을 칠때부터 쓴것 같으나 獨異志(唐代 李亢 著)에 『侯景圍臺城, 簡文作紙鳶, 飛空告急於外』라함과 또 芝峯類說(宣祖時人 李睟光 著)에 『梁武在臺城, 有小兒獻計, 以紙鳶繫詔書, 因風縱之, 以求外援』이라함을 보면 支那에는 훨신 그 以前부터 잇엇든가 합니다。 그러나 朝鮮側의 記錄도 그 諺傳이라하면 꼭 그때인것을 確信하기 어렵습니다 何如間 紙鳶의 起源이 오래인것을 알겟으며 軍用上 通信用으로 썻다는것만은 믿을만합니다。

윷은 星湖僿說(正祖時人 李瀷 著)에 『柶木乜名, 儀禮有角柶木柶, 爲吉凶之異用, 今此戱以四木爲骰, 見故, 借以爲稱, 或者高麗遺俗, 此雜技之類, 君子不爲也』라하엿으며 京都雜志(正祖時人 柳得恭 著)에 『俳俗, 元日又擲柶占新歲休咎』라하엿으니 高麗때로부터 傳해온것이며 遊戱하는것 以外에 身數占으로도 썻든것임을 알것입니다。 그런고 또 윷은 혹 우리나라 扶餘時代의 名稱을 의지하여 된것이라고 하는이도 잇습니다。 扶餘는 六畜의 이름으로 官名을 정하여 馬加, 牛加, 豬加, 狗加等이 잇엇는데 지금 윷의 모, 걸, 도, 개가 그 名稱과 같다함입니다。 과연 그렇다면 윷은 三千年前부터 잇엇든것이 의심업습니다。 그러나 이는 記錄이 없으므로 다만 推想뿐입니다(李允宰)

나는 이 꽃을

사랑합니다

各界名士(到着順)

歷史家 李允宰

無窮花

富貴長壽임도 理由어니와 그보다는 朝鮮꽃인만콤 無條件이외다。

家庭悲劇嚴正批判

諸　　氏

一、어린애가 많은 家庭에서 안해가 간통을 하면 그 남편은 어떠한 태도를 취할것인가?
二、남편이 無能하다고 하야 그 안해가 別居 또는 離婚을 할 것인가?
이런 일은 恒常잇는 일이다。이러한 抽象的 問題를 가지고 이러라 저러라하는 것은 부질 없는 일일지 모르나 그러나 이러한 悲劇이 일상일어나고 더구나 最近 某某事件으로 하야 경향 간에 말거리가 되는 이때에 이問題에 對한 諸氏의 意見을알아보는것은 無意味하지 않을것이다。이제 그 意見을 들으면이러하다。(順序無順)

家庭은 雙方의 責任

李　允　宰

一、家庭은 雙方의 責任이다。女子에게 貞操를 求할때는 男子도 貞操의 義務가 잇다。女子만에게 貞操를 求하는것은 잘못이다。子女를위하야 不貞한 안해의 悔改를 기다릴것이다。그러나 끝내 고치지 못하면 離婚이 當然。

二、내가 아는 某女士는 社會에 많은 事業을 하는이다。그의 남편은 주정꾼이다。그래서 家庭은 난장판이다。그래도 某女士는 그대로 꾹 참고 지내온다。萬一男子가 無能力하고 女子도 벌수없으면 갈라서는 것이 當然、그中에 누구든지(女子라도)벌어 먹을수잇으면 같이 사는것이、當然하다。

戰爭是非論

說問

「貴下께서는 戰爭을 是認하십니까? 反對하십니까?」

一、侵略戰爭과 防禦戰爭을 區別하십니까?

二、戰爭을利하다고 보십니까?

三、戰爭은害로우나 不可避라고·보십니까?

四、戰爭을 廢止 할수잇다고보십니까? 잇다면 具體的 方法은?

(原稿到着順)

이겨도利는업다

朝鮮語學者 **李允宰**

反對합니다。

一、區別한다고 하면 區別되겟습니다。甲國이 乙國에向하여 侵略戰爭을 행하면 乙國은 甲國에對하여 防禦戰爭이 되겟지오。隨(煬帝)와 唐(太宗)이 高句麗에와 高麗(恭愍王)가 元에(印璫等으로 鴨綠江을 건너서 婆娑府等 三站을 빼앗고 淸陽城을 包圍한일)는侵略戰爭이요 그것이 高句麗와 元에게는 防禦戰爭인것입니다。

二、利될것이 없는줄 압니다。애초에 戰爭을 하게되는것은 무론 자기 國家나、民族의 利益을 爲하여 또는 利益이 되게하려고 하는것입니다。戰爭에바치는 生命과 金錢의 犧牲은 如干이 아니러니만일 戰敗하면 强國은弱國으로、弱國은亡國으로되고말려니와 다행히 勝利를 얻는다손 치드라도 그로서 생기는 利益을 戰爭때문에 直接間接으로 생긴 損害에다 대면 겨우 一部分밖게 갚음이되지 못할 것입니다。世界大戰을 보시오。戰의勝敗를 물론하고 參戰各國의 꼴들이 어떠케되엇스며 또 大戰의 餘波로 十年이된오늘까지 이르도록 全世界에미치는 影響이 어떠합니까。結局 모도 損害뿐입니다。

三、그럿습니다。絶對無抵抗主義가 아닌以上 不可避라고 봅니다。

四、이世界 이現象 아래에서는 廢止할수 잇다고 하기 어렵습니다。더구나 弱少民族과 帝國主義가 對立하고 勞農主義와 資本主義가 犄角하여잇으며 軍備縮少란 말뿐이요 國際聯盟도 無力하고녀。戰爭廢止에 신통한 具體的方法이 잇다면 무엇합니까。寧欲無言。

先生의 여름

一、夏期休暇中 어데서 무엇을하시며 어떠한 修養을 하시겟습니까。

二、休暇를 가장 잘利用하는 方法이 무엇이겟습니까。

三、여름을 좋와하십니까、싫여하십니까、그理由。

四、貴下의 故鄕은 어데시며 山川景槪를 簡略하게 그려주시요。

中央高普 李允宰 (京城)

一、方言研究、史蹟探査로 關北地方에 旅行하고싶습니다。修養은다만 旅行、讀書(趣味에關한)에 그치겟습니다。

一、아직 생각하지 못하엿습니다。年中行事처럼 「한글講習會」같은데 불리게될른지 모릅니다。

一、싫어합니다。苦熱、모기、빈대때문에。

一、지금은 서울입니다마는 나의 生長地는 大駕洛國 서울 金海엿습니다。景槪도 좋으며니와 歷史上古蹟이 더욱많습니다。

設問

新年에決心햇다가 今年中에
一、成功한일
二、失敗한일
三、아직着手도못한일

李允宰

나의하는 일이란 아침에일어나서 세수하고 조반먹고 學校에가서 아이들에게 이야기마되나하고 집으로도라와 저녁먹고 찾아온손님과 이야기하고 혹시 어데서 간절한부탁이있으면 原稿슴이나 쓰고 누어잔다 日曜日에는 敎會에가는일도 잇다 이것이 나의 날마다하는 生涯다 이러케 歲月이 가는지 오는지 모르고 지내자니까 新年初에決心햇든 일도없다 成功이니 失敗이니는 떠구나 생각밖이다 그리고 나는 자초로 마음먹은대로 되는것이 하나도 없으니 차라리 처음부터 決心아니 하는것이 좋을줄안다。

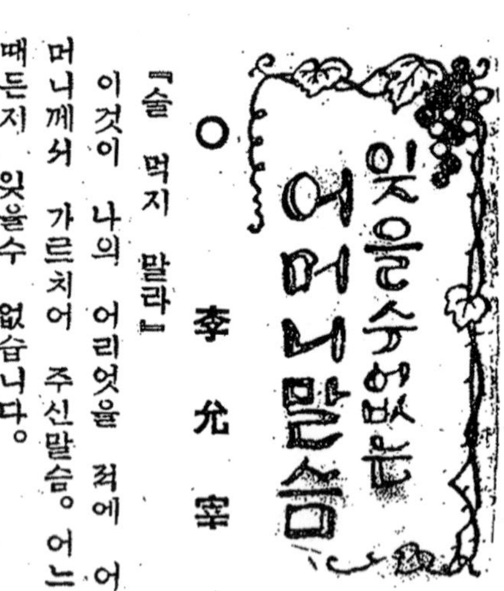

잊을수없는 어머니말슴

○ 李 允 宰

『술 먹지 말라』

이것이 나의 어리엇을 적에 어머니께서 가르치어 주신말슴。어느때든지 잊을수 없습니다。

公開狀 (2)

學父兄으로써 校長에게 보냄

新東亞 1933. 4月

修學旅行을 좀더 조심히

李允宰

집에 큰아이가 올에 培花女子高等普通學校를 卒業하엿다。四年동안이나 애써 가르처주심을 입어 오늘 이러한 結果를 보게된 學父兄인 나로서는 여러 先生님에게 對하야 어쩌나 고마운지 그크나큰 신세를 갚을 길이 없다。

나는 한번 자식을 學校에 맡기어 드리자부터 한번도 돌아보는 일이 없엇음은 물론이어니와 종종 열리는 學父兄會 後援會 先生送迎會같은대까지도 한번 參席하여본 일이 없이 全然 無關係者인것처럼 지나왓다。이렇게 學父兄의 責任을 다하지못한 주제에 무슨 付托인들 할것이 잇으랴

나는 이렇게 생각한다。女子教育에 잇어서는 學術보다 家庭에關한 必須한 智識을 주는것이 더욱 必要하다 함이다。밥 짓는법 찌개 만드는법 김치 깍두기 담는법 옷 짓는법 빨래하는법 염색하는법 消毒하는법 손대접하는법 家計簿記하는법 乃至 性教育까지 잘 알도록 할것이다 이러한것을 무론 學科時間에 家事科先生이 다 가르치지않는 것이 아니지마는 教室안에서 다만 理論的으로만 말하는 것보다 學校에서 많이 實習하게 하며 또 家庭에 實行與否를 자주 調査하는 것이 좋을것이다。學校에서 或衣服으로는 西洋수놓기 목걸이 짜께트 뜨기 飮食으로는 洋料理 만들기 같은 것을 더욱 注重하는듯하다。이런 것도 다 잘 알아두는 것이 물론 좋기는 좋으나 오늘 朝鮮사람의 處地에서 이러한 外國品곳 高等生活의 豪奢品으로만 살수 없다는 까닭이다。그러고 여태 공부하엿다 하고 된장찌개하나 변변히 못하고 제 동생 옷 한벌 지을줄모른다는 것은 과연寒心하다 할밖에 없다。學校에서는 「런 것은 家庭에서 의례히 다 잘들 하려니하고 믿어둔것이며 공부하고 돌아오면 스스로 學生이랍시고 冊床머리에 앉아서 공부만 하고잇엇든 것이 한 原因이다。여기에는 무론 父母의 잘못도 없지 아니하다」

다음으로는 修學旅行이란 것이 별로 必要하지 아니하다。當日 往還할 程度의 가까운 곳에 가서 하로쯤 消暢하는 것은 혹 無妨하지마는 일부러 많은 旅費를 들여서 慶州니 扶餘니 가는 것은 더욱 不必要하다。史蹟巡禮같은 것이 史學

〔31〕

家 考古學에는必要하나 普通人에게는 아주 沒趣味한 것이다。

언제인지 내가 學校에서 開城으로 旅行 갓든學生들에게 感想記를 써오라 하엿더니『開城은 京城보다 적고 洋屋도 많지 못하며 電車도 없어서 아무 볼것이 없엇다』라고 쓴 아이가 많음을 보앗다。또 數年前에 집의 아이가 慶州로 旅行 갓다돌아온것을 내가『이번에 가서 무엇 재미 잇는것 보앗느냐고』물은즉 車깐에서 동무들과 작난하든 이야기 시골사람의 사투리쓰는 흉내 農家의 누추한 모양들을 말함에 그친다。石窟庵·奉德寺鍾 瞻星臺같은 것은 아니보앗느냐고 물은즉『그런 것은 별로 재미가 없고 괜이 돌아다니느라고 다리만 아파서 혼낫다』한다 이야말로 소경의 단청구경이라는 格이다 다 그렇다는 것은 아니지마는 돈 數十圓을 消費하고 所得이 무엇인가。鐵道局 收入增加 以外에는 何等 利益이 없는줄 안다。學校先生님들의 再三 考慮를 要한다。

培花學校가 宗敎心을기르는 것이라든지 質素의 風을 숭상하는 것이라든지는 다 아름다운 일이며 入學試驗 撤廢와 學費低廉한 것도 다른 學校에서는 볼수 없는 特點으로 나는 滿腔으로 贊成한다。

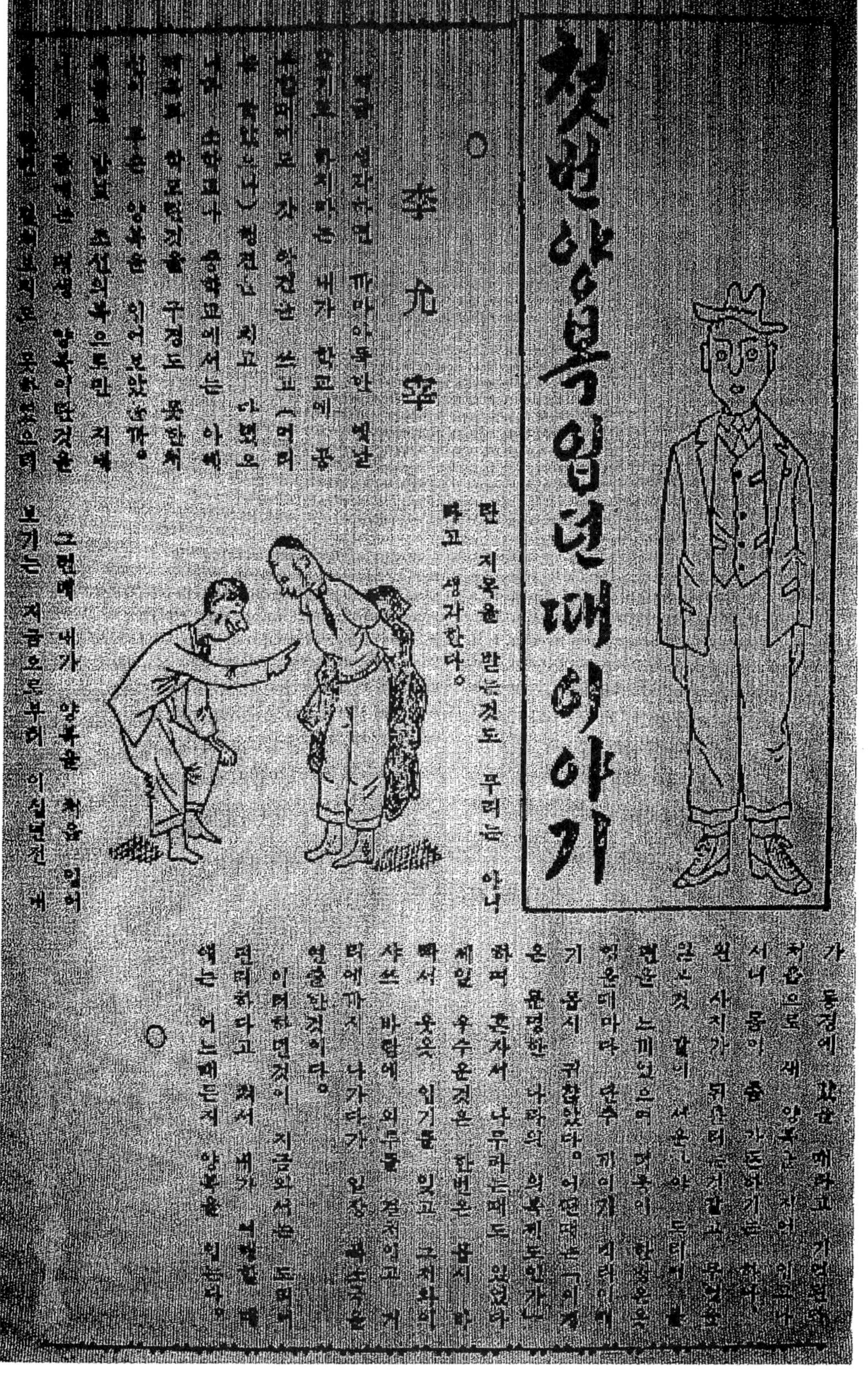

첫번양복입던때이야기

○ 李允宰

지금 생각하면 까마아득한 옛날 일기로 회상하는 내가 학교에 공부할때에도 차 한건은 쓰고(머리를 깎았으나) 청전[?] 치고 다녔으나 소학교나 중학교에서는 아예 양복이라고 하는것을 구경도 못한채 학생 무슨 양복을 입어보았을까. [?]복과 같이 조선의복으로만 지내[?]게 공부는 대생 양복이라는것은 [?]식 입어보지도 못하였으며 [?]련 지목을 받는것도 무리는 아니라고 생각한다.

그런데 내가 양복을 처음 입어 보기는 지금으로부터 이십년전 내가 동경에 갔을 때라고 기억된다. 처음으로 새 양복을 지어 입고 나서니 몸이 좀 가든하기는 하나, 원 사치가 뭐든[?]거 같고 무엇을 잃은것 같이 서운하야 도리어 불편은 느끼었으며 더욱이 한창 [?]할때마다 단추 꿰이기 어려기 몹시 귀찮았다. 어떤때는 「이게 온 문명한 나라의 의복제도인가」 하며 혼자서 나무라는때도 있었다 제일 우수운것은 한번은 몹시 바빠서 웃옷 입기를 잊고 그저 와이샤쓰 바람에 외투를 걸치고 거리에까지 나가다가 일장 희극을 연출한것이다.

○ 이러하던것이 지금와서는 도리어 편리하다고 해서 내가 여행할 때에는 어느때든지 양복을 입는다.

二十八年前의 記憶

李允宰

나의 中學時代 그때로 말하면 조선안에 中等學校라고는 도시 몇군데 안되고 普通學校란것도 몇 고을, 어울러서 겨우 한군데 되거나말거나 하던 때였다。나는 그때 시골 있어서 私塾에서 漢文 工夫하고 學校에서 얻어본 산술도 배우고 있었다。하루는 禮拜堂에 講演 들으러 갔다가 大邱에서 새로 中學校가 생겼으니 가서 工夫하라는 勸告를 듣고 별안간에 向學心이 爆發하여 곧 束裝하고 大邱로 갔다。

그 學校는 耶穌敎 宣敎會에서 經營하는 啓聖中學校。入學試驗도 썩 간단하므로 同鄕人 四人이 하나도 떨어지지 아니하고 無難하게 入學되었다。

校舍는 초가집 五六間인데 의자도 없이 마루바닥에 그냥 앉어서 공부하게 되었다。先生은 漢文 가르치는이 한분을 제한외에는 모두 米國人뿐이다。課程은 聖經, 漢文, 算學, 地誌, 史記, 圖式, 體操等이며 敎科書는 漢文에 德慧八門, 算學에 산학신편, 理學에 제오문답, 地誌에 사민필지 史記에 萬國通鑑。幼稚하기 莫說하다。

나는 一等班(곧 一學年級)에 들어서 공부하였다。그러나 學科에 대하여 별로 배운것이 없어서 공연히 시간만 허비하는것이 아깝다 생각하였다。이왕 왔으니 더 좀 있어보리라 하고 이럭저럭 一年은 보내었다 여기 와서 所得은 斷髮한것이다 入學할 때에는 무론 갓망건 쓰고 들어온것이다。나뿐 아니라, 學生은 거의 全數가 有髮者였던것이다。몇달후에 學生끼리 서로 의논하고 일제히 斷髮을 한것이다

거기에서 一年을 지내고 그 이듬해 봄에 大邱 東門外 新設學校로 옮겨가서 거기서 또 一年間 修業하였다。

이것이 지금으로부터 二十八年前 생각하면 아득한 옛날의 꿈과같다。

本誌歷代主幹의懷述記

네가지자랑과 한글통일

第四代本誌主幹
今「한글」主幹 李 允 宰

一九三〇년二月 전영택목사의 후임으로 그해여름까지 주간으로 취임하신 동안 한글통일로도 면목을 일신케하였음。

한 사오년전인가 합니다。전영택선생이 「아이생활」주간이 되신지 한달만에 급히 미국으로 유학의길을 떠나시게된 관계로 나더러 잠시 편즙을 맡아달라는 부탁에 의지하여 나는 한 반년간 편집의 일을 본일이 있었읍니다。

이제 아이생활이 십주년기념을 맞게된때를 당하여 그사이 많은 성장과 발달을 이루었음은 못내 기쁨을 말지아니하는바이며 더욱어 그때의일을 생각하여 감개하기 그지없읍니다。이에 한마디 붙이어 말할것은 아래의 몇가지 사실은 다른데서 보지못할 오로지 아이생활만이 가진 자랑일것입니다。

一、십년이란 짧지 않은 동안에 조금도 간단이 없이 꾸준히 계속하여 간것。

二、그 주장과 정신이 일관하여 나아간것。

三、그림이많고 내용이 풍부한것。

四、우리글의 바른 철자를 제일 먼저 사용하였으며(아동잡지로서는)、지금도 이를 철저히 실행하는것。

나의 銘心錄 ①

李允宰

一、虛僞假飾하느냐?—務實
二、懶惰放縱하느냐?—力行
三、巧詐反覆하느냐?—信義
四、因循苟且하느냐?—勇氣

이네가지의 修練을 目標로 삼아、나의 모자람을 깁고 온전함에 이르기까지 살펴가자는것입니다。

知名人士 避暑플랜

問
1、今年夏休에는 어데가십니까?
2、避暑地는 어데가 좋읍니까?

(順序不同)

李 允 宰

一、나는 夏期라 해서 특별히 休暇라곤 없이 지내는 生活이니、아직 갈데를 작정하여 말하기 어렵습니다。될수만 있으면、方言을 좀 調査하고 싶으니 關北地方에 旅行할 機會를 얻었으면 합니다

二、十四五年前의일。내가 中國 北京에 있었을적에 여름 더위를 避하야 香山(距北京西五十華里)에가서 한여름을 났는데、뜻같은 五六知友로 더불어 날마다 淸談으로 消遣하던것이 생각납니다。그후로는 한번도 떠떠시 避暑라고 하여본적이 없읍니다。

朝鮮語標準語査定과 그苦心

委員諸氏와의 一問一答記

李 允 宰

標準語는 이번 三讀會로써 最後의 査定을 마치었다。語彙蒐集으로 標準語 採擇에이르기까지 그사이의 經過는이루다 말하기어려우나 대개京城語를 中心으로 하고 使用의 範圍와品位의 優雅와 語法의關係와 歷史的因緣과 混同을 避하는것이 査定의精神이된것이니 특히여기에 愼重하야 適宜히 取捨하기가 더욱 苦心되는 바이다。한民族이 言語를 整理하는 責任을진 우리로써 다만 이 使命에 忠誠을 다하였을뿐이니 이것이 우리社會에서 물 침을 반지아니한다。이에서더다행이없으리라 생각한다

崔鉉培氏의 『시골말캐기잡책』

한 메

한글學界의 耆宿인 崔鉉培氏의 著 시골말 캐기 잡책(方言採集 手帖)이 近日 刊出되었다。이것이 發行된지 不過 旬餘에 거의 絶版에 이르려, 往年 同氏의 著『중등조선말본』의 發行時와 꼭 같은 現象이었다。이러한 일이 우리의 出版界에 흔히 있지 아니한 일로, 도리켜 생각하면, 便是 우리 人士의 우리말 우리글에 對하야 얼마나 飢渴이 심하였던가를 想像할만큼 과연 눈물겨운 일이 아닌가。

×

이『시골말 캐기 잡책』은 그 책 이름에서와 같이 한개 조그만 잡책(手帖)에 지나지 아니할것으로, 누구라도 草率하게 보기 쉬우나, 이것이 우리말 調査, 整理, 保存의 必要로, 또 敎育的 効果로, 더욱이 우리말 愛護의 精神을 기르는 意味에서 가장 重要性이 있음을 안다。

×

이 책의 內容을 잠간 소개하면, 全卷이 語彙編, 音聲編, 語法編의 세 조각으로 나누이고 語彙編에는 天文, 地理, 動物, 植物, 人體及疾病, 人倫, 衣食住, 人事, 年中行事, 農村語彙, 漁村語彙, 山村語彙, 雜, 움즉씨(動詞), 어떻씨(形容詞)로 가르고, 音聲編에는 다시 홀소리의 바꿈(母音의 變化)과 닿소리의 바꿈(子音의 變化)과 音의 長短과 抑揚으로 가르고, 語法編에는 벗어난 끝바꿈 움즉씨(變格活用動詞)를 主로 하야, 여러가지의 끝바꿈(活用)를 列擧하여놓았다。

×

以上 三編을 通하야 語彙의 數가 約 一千인데, 그 各部門의 語彙中 日常生活에 가장 緊要한것, 또 地方的 差異가 많을듯 한것을 취하였으며, 또 새로 輸入되는 新式語에 對한 朝鮮 固有의 말을 또렷하게 再認識시키기를 힘썼다。더에 對한 著者의 苦心이 實로 적지 아니하였을것을 생각한다。

×

이 잡책은 方言 採集의 初步의 學習이 되며 아울러 從來 無案法이 흔히 徒勞에 떨어지고 마는 缺陷을 깁기 위하야 制限法으로써 一定한 語彙, 語音, 語法의 시골말 캐기에 至便할것은 더 말할것도 없는것이다。이것이 地方으로 旅行하는 人士, 또는 休暇時 歸鄕하는 學生에게 많이 利用이 될것으로 믿는다。(시골말 캐기 잡책 값 三十錢 發行所 朝鮮語學會 振替 京城 一○○四四番)

設問

心境設問

一、三年前三月에先生은어느곳에서 무엇을하셨읍니까?

二、三月에잊지못할일은없으십니까

三、눈오는겨울과비오는봄밤을先生은어떻게지내십니까?

四、무슨꽃을좋아하십니까?

五、梅蘭菊竹中에어느것이先生의맘과같다생각하십니까?

李允宰

1、中央高等校長으로부터 辭職勸告狀發。理由는 學生에게 한글 文法敎授가 不必要。이로부터 한글운동과 辭典編纂에만 專力。

2、囹圄의 구경이 처음 體驗。十八年前。

3、靜坐讀書하 였으면 좋으련마는, 그럴 신세가 못되어 무엇이나 닿는대로 하고 지냅니다。

4、무궁화。

5、竹。

유모어 設問

一、愛人이떠날때上半身의한部分을떼여두고간다면무었을要求하겠읍니까?

二、戀愛는할것입니까? 안할것입니까?

三、女子나동생이萬一自由戀愛를하는때는 엇떻게하겠읍니까?

四、사랑하는안해가있는데아름다운女性이戀愛를하자면어떻게하시렵니까?

五、絕海孤島에서親友두사람이단하나의異性을만난다면어떻게하시렵니까?

李允宰

1、모르겠소。

2、할것。(神聖하게시리)

3、放任。裁止한대야 反感밖에 더생

李允宰

1、培材에서 發起된 正相獎學會 그 動機。

2、글세?

人生設問

一、요즘日常生活中보고드르신것中에感銘된것하나。

二、누구를爲하야사신다고생각하십니까?

三、삶의기쁨을痛切히느낀것은어떤때입니까?

四、重病이나貧困의不幸에서어든貴하신體驗은무었입니까?

五、健康、名譽、金錢中어느것이더좋을가요?

設問

李允宰

1、農學。

2、文盲打破運動부터。(더욱이農村에서)

3、東京 四谷區 어느 旅館에 자다가、까닭없이警察署에 불려갔던일。(大隈首相被害當夜)

4、북쪽。

5、世界漫遊는 할마음이없으니、指定하여말할수없읍니다。

空想設問

一、다시공부를 하신다면 어느學問을 하시겠읍니까?

二、女子(男子)가 되셨다면 무엇부터 하시겠읍니까?

三、旅行中에 봉변한일은 없읍니까?

四、永住地를 擇한다면 南쪽?北쪽?

五、世界漫遊를 하신다면 어디서 오래묵고 싶습니까?

어떤 사형수

李 允 宰

昨年 이때인가 생각된다。

×××형무소 구치감 一동 ×방에 있던 나는 어느날 뜻밖에 간수에게 불리어 나가、바로 그 이웃방인 ××방으로 轉房이 되었다。한 방에서 지루하게 일곱달동안이나 눌러박혀 있던 몸이므로、잠

시라도 자리를 옮기게 되는것은 다소 시원함을 느끼게 된다。방안으로 썩 들어서니、낯 모를 사람 十餘名이 줄맞혀 앉았는데、그중에 허리에 쇠사슬로 동이고 두 손에 수갑을 채운 나이 二十四五歲 되어보이는 靑年이 방 한가운데 자리를 잡고 앉은 것이 제일 먼저 눈에 띠웠다。나는 마음이 으썩하여、『오、이 방에도 死刑囚가 있구나』이렇게 直覺的으로 생각되었다。다른 [illegible]囚와 달라 사형수에게는 특별히 쇠사슬과 수갑을 채워두는것은、그에게 무슨 심한 苦痛을 주려는것이 아니라、極刑이 確定되고보면、그 前途의 絶望을 悲觀하고 往々이 自殺을 遂하는 일이 있거나、혹은 心神이 常態에 벗어나 남에게 對하여 亂暴한 行動을 加하는 일이 있는고로 이러한것을 防止하기 위하여 그와 같이 身體를 拘束하여 두는것이다。그러므로 누구든지 사형수하고 같이 있기를 반갑잖게 여기는것이다。

그러나 그는 내가 생각하던것과 딴판으로 매우 沈着하고 溫順하고 活氣있고 勤勉하여、저가 과연 그런 犯罪를 하였을가 의심하게까지 되였다。

두어달이 지났다。하루는 그가 내 앞으로 다가 앉더니、

『성생님、저는 요새 어머님이 몹시 보고싶어요。』

하고 눈가에 눈물이 글썽글썽한다。아지못한결에 그와 나는 무한히 親近하여졌으므로 그가 자기의事情을 내게 이렇게 말하는것이다。그가 또 말을 이어

『上告에 棄却된지가 이미 半年이 넘건만、여태 아무 消息이 없으니、무슨 까닭일가요。』

『혹시 傳生之論이 있을는지 알수 있소?』

『무얼요。선생님 같이 아무 罪도 없이 이렇게 들어와서 고생을 하시는데、저 같은 놈이야 백번 죽은들 아까울게 있겠습니까。오늘이라도 불러 내다가 죽여주었으면、그런고마울데가 없겠습니다。』

『사람의 죽고 사는것이란 命이 있는것이라고 하지 않았소? 다만 天命만 기다릴뿐이지요。』

『그렇지만、저 같은 놈이 산들 무엇합니까。평생에 사람 노릇 못하고、또 흉악한 罪를 짓고。』

이렇게 그는 자기의 罪를 뉘우치고 죽을것을 覺悟한것이다。그리고 그가 佛陀에 歸依하여 每週 二回씩 佛堂에 參拜하러 갔던것이다。나는 宗敎家가 무슨 說敎나 하는듯키 그에게 對하여 여러가지 慰安될직한 이야기를 하여주었다。그는 내 말을 傾聽하며 매우 기쁜 낯빛으로『참 고맙습니다。』하고 滿足하다는 表情을 나타낸다。나는 이렇게 생각하였다。

『그는 분명히 前非를 깨닫고 懺悔의 길로 들었다。그가 만일 放免되어 社會에 나가게 되면、그

러한 犯行을 다시 할리가 萬無할것이요, 조그마한 義라도 할것이 아닌가。 그러나 한번 엎지른 물을 주어담을수 없다。 한번 犯罪한것은 도저히 모면할 수가 없는것이다。 罪惡의 報償은 死亡이다。 아아, 罪란 무서운것이다……』

사흘이 지났다。 간수분장이 와서, 그 사형수에게 『부처님께 參拜하러 가자』한다。 그는 滿面喜色으로 기뻐 뛰어나갔다。 그는 그 뒤로 다시 돌아오지 아니하고 말았다。

7——

文一平氏의 遺稿

「湖岩史話集」

李 允 宰

湖岩은 이미 가섯다。그의 遺著가 湖岩史話集이란 이름으로 이제 처음으로 세상에 나왓다。내가 이 책을 읽을 때에 湖岩이 完然히 내 곁에 잇는듯、[illegible]의 情이 더 더 深切하엿다。이는 그의 性格、그의 思想이 온통 이 책속에 머물러잇슴으로 써이다。

湖岩은 그 一生을 오로지 朝鮮史 硏究로 終始하엿나니 그의 全心血을 이 史學에 쏟고、그의 全生涯를 이에 바치엇다。自來로 이르바 朝鮮史學者란 그 史眼이 小部分에 局限되어 다만 自我[illegible]에 [illegible]한 [illegible]에 흐르지 아니하면 한갓 [illegible]의 [illegible]한 [illegible]主義에 젖엇을뿐으로 그 [illegible]의 方法이 거의 다 [illegible][illegible]에 그치고 말엇다。그러므로 [illegible]으로 하여금 [illegible]한 [illegible]한 史實을 찾아보기가 심히 어려웟던바이다。湖岩은 일직 [illegible]한 [illegible]과 [illegible]한 [illegible]로 在來의 史學의 [illegible]을 깨닫게 느끼어 오직 그 [illegible]으로써 史學답게 硏究하여보리라는 것이 그의 史觀이엇다。朝鮮史의 [illegible]地를 開拓하려면 [illegible] 史料의 [illegible]이 [illegible]할것이다。그는 [illegible]來 數十年間 [illegible]히 여기에 뜻을 두어 거의 [illegible]하고 古文獻中에 감추어잇는 片言隻句에서나 [illegible]에 묻어저잇는 [illegible]에까지 손대지 안는데가 없이 [illegible]一[illegible] 오늘에 이르럿으니 그 苦心과 [illegible]이 과연 어떠하엿으랴。그리고 [illegible]한 史料가 入手되는대로 또 새로운 [illegible]이 잇을 때마다 반드시 이것을 新聞 혹 雜誌의 紙面을 빌어서 發表하엿던것이다。이러한 [illegible]에는 [illegible]한 學識이나 [illegible]한 [illegible]은 一切 [illegible]하고 [illegible]수잇는대로 一般大衆이 잘 理解할수잇는 [illegible]的 文章으로 쓰기를 힘썻으며 [illegible]으로 장차 이에 [illegible]하여 朝鮮全[illegible]을 [illegible]하여 朝鮮史의 [illegible]를 [illegible]하얏던것이다。이것이 [illegible]에 [illegible]되어나온 湖岩史話集의 由來이것이다。

湖岩史話集은 그 遺稿의 一部로서 그의 [illegible]들이 아까워하는 人文社에서 出版하엿다。그 內容에 對하야 一一히 批評하기 不過하거니와 人物、古蹟、史實의 三篇으로 나누엇는데 얼른보기에 그 取材함이 너무나 [illegible]하지 안나하는 [illegible]이 없지아니할것이다。그러나 어느것이나 다 朝鮮史上 [illegible]가진 것으로 [illegible]、[illegible]、文藝、[illegible]、[illegible] 等 各方面에 걸치어 [illegible] [illegible]으로든지、[illegible]으로든 史學[illegible]에서 얻어볼수없는 [illegible]이 많이 收錄되어잇는 點으로든지 어느한곳에 [illegible]하거나 [illegible]이 없이 그 [illegible]이 正[illegible]하다 할 만큼 할수잇는 點으로든지 어떤것이 아니어서 이책에서 자랑하기에 넉넉한 것이다。또 이책이 史話集인 것만치 한낫 [illegible]的 이야기거리에 지나지안타고 보겟으나 朝鮮史上 가장 [illegible]한 部分을 [illegible]하여 上古로부터 近代까지의 重大한 [illegible]이거의 [illegible]되어잇으므로 朝鮮史를 [illegible]하기에 [illegible]하며 그다지 [illegible]하지 안은 [illegible]한 文[illegible]보다 [illegible] 아이만 [illegible]한 史書일는지도 모르겟다。[illegible]하여 [illegible] 이 不足함이 에게는 도리어 낫다고 보는 때문에 이책이 어느 點으로는 [illegible] [illegible]이 잇음을 알겟다。

湖岩의 遺稿가 다만 이뿐이 아니라、이밖에도 아직 많이 잇을 것으로 믿으며、내가 아는바로도 그가 晩年에는 저의 全力을 다하야 朝鮮[illegible]史와 [illegible]에 [illegible]하기에 努力하엿음에 不拘하고、그것이 이책에 가치 收錄되지 아니한것은 [illegible]으로 안다。이것이 또 第二次로 [illegible]되는 날이 잇기를 바라서 말지 안는다。(湖岩史話集 定價一圓 送料十[illegible] 京城府 光化門通二一〇番地 人文社 發行、振替京城二六三[illegible])

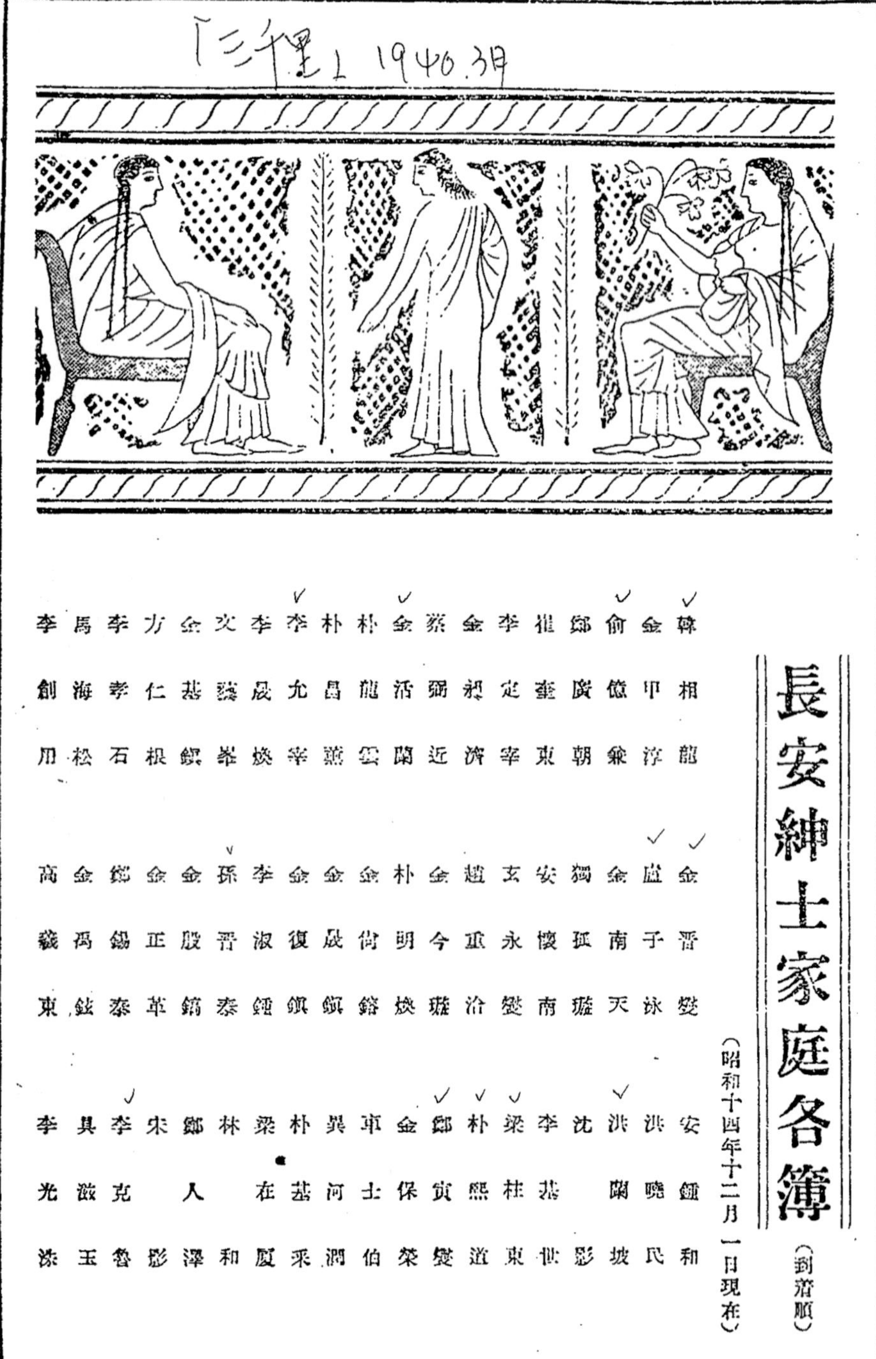

三千里 1940.3月

長安紳士家庭各簿

(到着順)

(昭和十四年十二月一日現在)

韓相龍　金甲淳　兪億兼　鄭廣朝　崔奎東　李定宰　金昶濟　蔡弼近　金活蘭　朴龍雲　朴昌薰　李允宰　李晟煥　文藝峯　金基錫　方仁根　李孝石　馬海松　李創用

金晉燮　盧子泳　金南天　獨孤璇　安懷南　玄永燮　趙重洽　金今璇　朴明煥　金尙鎔　金晟鎭　金復鎭　李淑鍾　孫晉泰　金殷鎬　金正革　鄭錫泰　金禹鉉　高羲東

安鍾和　洪曉民　洪蘭坡　沈影　李基世　梁柱東　朴熙道　鄭寅燮　金保榮　車士伯　異河潤　朴基采　梁在廈　林和　鄭人澤　宋影　李克魯　具滋玉　李光洙

李 允 宰 (大同出版社員)

一、先生 氏名 李允宰 (年齡) 五二 (故鄕) 金海 (學歷) 北京大學

令夫人氏名 鄭達善 (年齡) 五〇 (故鄕) 金海 (學歷)

★두분께서는 戀愛結婚하셧슴니까、媒約結婚하셧슴니까

媒約結婚

★結婚式은 몃해전、어느地方서、그때主禮는、祝辭한人士는、主要한來賓은?

三十年前、故鄕 金海에서、純朝鮮式으로、來賓은 親戚、隣人等뿐。

★新婚旅行은 어느地方으로 몃츨동안이나가셧슴니까

二、貴家庭의家訓

아직 작정한것 없고、因襲 그대로 살림해갈뿐。

★몃十年后先生이長逝하실때

遺言又는墓誌銘은

遺言은臨終 即前이아니면 말할수 없고、墓地銘은 소용 없읍니다。

三、★今番事變에貴家庭에서 愛國公債 又는 國防獻金을 얼마나 하셧슴니까

國防獻金 五圓。

★貴家庭、又는親戚、又는親友의 家庭에서 志願兵이 나섯슴니까 또將次내시겟슴니까

없읍니다。

★貴家庭에서 生命保險(金額記入)에 드셧슴니까

日本生命保險會社에 三十九圓四十錢、簡易生命에 三十六圓、合計 七十五圓四十錢

이윤재 저작 목록

	제목	수록지명	호수	연도	날	일
1	구주탄생	예수교회보		1911	12	24
2	창신학교교가			1914	4	5
3	國恥歌	독립신문	-	1922	8	29
4	中國에 새 文字(上)	동명	1권 10호	1922	11	5
5	中國에 새 文字(下)	동명	1권 11호	1922	11	12
6	蒙古民族의 獨立運動(1)	동명	1권 14호	1922	12	3
7	蒙古民族의 獨立運動(2)	동명	1권 15호	1922	12	10
8	蒙古民族의 獨立運動(3)	동명	1권 16호	1922	12	17
9	蒙古民族의 獨立運動(4)	동명	1권 17호	1922	12	24
10	中華民國議會小史(1)	동명	2권 2호	1923	1	7
11	中華民國議會小史	동명	2권 3호	1923	1	14
12	中華民國議會小史	동명	2권 4호	1923	1	21
13	中華民國議會小史	동명	2권 5호	1923	1	28
14	北京大學을 中心으로 한 學界와 政界의 큰 衝突	동명	2권 9호	1923	2	25
15	轟轟烈烈한 中國의 勞働運動, 京漢鐵從業員總同盟罷工의 顚末	동명	2권 13호	1923	3	25
16	胡適氏의 建設的 文學革命論	동명	2권 16호	1923	4	15
17	胡適氏의 建設的 文學革命論	동명	2권 17호	1923	4	22
18	胡適氏의 建設的 文學革命論	동명	2권 18호	1923	4	29
19	胡適氏의 建設的 文學革命論	동명	2권 19호	1923	5	6
20	民衆革命化하는 中國의 學生運動	동명	2권 23호	1923	6	3
21	中國民意測量	시대일보	-	1924	4	8
22	中國留學 함즉한 그의 學校案內, 가는 이의 알아둘일(一)	시대일보	-	1924	4	25
23	中國留學 함즉한 그의 學校案內, 가는 이의 알아둘일(二)	시대일보	-	1924	4	26
24	中國留學 함즉한 그의 學校案內, 가는 이의 알아둘일(三)	시대일보	-	1924	4	27
25	中國留學 함즉한 그의 學校案內, 가는 이의 알아둘일(四)	시대일보	-	1924	4	28
26	中國留學 함즉한 그의 學校案內, 가는 이의 알아둘일(五)	시대일보	-	1924	4	29
27	中國留學 함즉한 그의 學校案內, 가는 이의 알아둘일(六)	시대일보	-	1924	4	30
28	中國留學 함즉한 그의 學校案內, 가는 이의 알아둘일(九)	시대일보	-	1924	5	4
29	中國留學 함즉한 그의 學校案內, 가는 이의 알아둘일(十)	시대일보	-	1924	5	7
30	中國留學 함즉한 그의 學校案內, 가는 이의 알아둘일(十一)	시대일보	-	1924	5	9
31	中國留學 함즉한 그의 學校案內, 가는 이의 알아둘일(十二)	시대일보	-	1924	5	10
32	中國留學 함즉한 그의 學校案內, 가는 이의 알아둘일(十三)	시대일보	-	1924	5	11

33	中國留學 함즉한 그의 學校案內, 가는 이의 알아둘일(十四)	시대일보	-	1924	5	12	
34	中國留學 함즉한 그의 學校案內, 가는 이의 알아둘일(十五)	시대일보	-	1924	5	19	
35	中國劇發達小史(上)	조선문단	3-2	1926	4	1	
36	快傑安龍福, 鬱陵島를 中心으로한 二百年前의 朝鮮外交問題	동광	1호	1926	5	1	
37	訓民正音 第八回甲記念 - 조선글은 조선적으로	신민	13호	1926	5	1	
38	中國劇發達小史(中)	조선문단	3-3	1926	5	1	
39	正音의 起源	진생	1권 9호	1926	5	8	
40	快傑安龍福(結束), 鬱陵島의 外交紛爭	동광	2호	1926	6	1	
41	中國劇發達小史(下)	조선문단	3-4	1926	6	1	
42	女傑夫娘, 李活亂中 鄭忠信 幕佐의 唯一人	동광	4호	1926	8	1	
43	夫娘(續), 李活亂中 鄭忠信 幕佐의 唯一人	동광	5호	1926	9	1	
44	우리주장 - 우리의 설자리/ 수양이 웃읍은(可笑)것이냐/자조와 호조/이를 한번 경게	동광	5호	1926	9	2	
45	開天日의 追感	동광	7호	1926	11	1	
46	우리 文字의 普及策-朝鮮文과 語의 講習을 實行하자	신민	19호 (2권 11호)	1926	11	1	*
47	우리주장 - 불망기본(不忘其本)/ 심은후덕(深恩厚德)/ 생활의식(生活意識)/ 조선사람이거던	동광	7호	1926	11	2	
48	正音 紀念을 當하여	동아일보	-	1926	11	4	*
49	朝鮮青年은 農閑期를 如何히 利用할가 - 科學的 修養의 必要	조선농민	2권 11호	1926	11	27	
50	筆 不精의 恥	문예시대	1권 1호	1926	11		
51	조선문과 어의 강습을 실행하자 - 우리 문학의 보급책	신민	19호 (2권 11호)	1926	11		*
52	우리주장 - 영세불망비(永世不忘碑)/무겁을 버리자/비관? 락관?/아아, 세월!	동광	8호	1926	12	2	
53	우리주장 - 우리의 신년/ 과거를 회고/ 희망의 신년	동광	9호	1927	1	1	
54	우리는 어떻게 살까-自我를 찾자	신민	21호	1927	1	1	*
55	우리주장 - 우리의 수양운동(一)/우리의 수양운동(二)/우리의 수양운동(三)	동광	10호	1927	2	1	
56	人類의 教育者 페스탈로치의 生涯와 그의 事業, 페스탈로치 歿後百年祭를 紀念으로 하여	동광	10호	1927	2	1	
57	한글토론(二) - 安廓君의 妄論을 駁함	동광	10호	1927	2	1	
58	舊卒業生의 回顧談	신민	23호	1927	3	1	
59	時調는 復興할 것이냐? - 世界思潮는 世界思潮, 國民文學은 國民文學	신민	23호	1927	3	1	
60	納涼雜談, 나의 가장 痛快하던 일 - 天眞의 痛快	동광	16호	1927	8	5	

61	世宗과 訓民正音[上] - 한글出現의 經路와 沿革	동아일보	-	1927	10	24
62	가갸날긔념 世宗과 訓民正音[中] - 한글出現의 經路와 沿革	동아일보	-	1927	10	25
63	世宗과 訓民正音[下] - 한글出現의 經路와 沿革	동아일보	-	1927	10	26
64	眞正한 意味의 紀念	조선일보	-	1927	10	26*
65	南漢山城遊記(上)	한빛	2권 1호	1928	1	10
66	崔六堂의 『兒時朝鮮』을 읽고	한빛	2권 1호	1928	1	10
67	南漢山城遊記(下)	한빛	2권 2호	1928	2	15
68	내가 자랑하고 십흔 朝鮮 것 - 現代文明의 産母, 活字의 發明은 朝鮮이 首位	별건곤	12 · 13호	1928	5	1
69	朝鮮歷史上 가장 光輝잇는 페－지 - 世宗聖代의 文化	별건곤	12 · 13호	1928	5	1
70	戲曲 金元述의 悔恨	청년	7 · 8호	1928	8	
71	漢城史蹟(1) 城壁의 이야기	신생	1권 1호	1928	10	1
72	第四百八十三回訓民正音頒布紀念	신생	1권 2호	1928	11	1
73	한글 整理에 對한 諸家의 意見(七)	동아일보	-	1928	11	9
74	한글 整理에 對한 諸家의 意見(八)	동아일보	-	1928	11	10
75	漢城史蹟(2) 景福宮 이야기	신생	1권 3호	1928	12	1
76	우리 靑年의 進路-理論보다 實際로 나가자	신민	45호	1929	1	1
77	痛快! 大痛快! 權慄都元帥 幸州大捷 - 宣祖 癸巳 三月 十三日	별건곤	20호	1929	4	1
78	朝鮮歷史槪說	경신	창간호	1929	4	18
79	初聲 全部를 終聲으로 쓰는 可否	조선일보	-	1929	5	6*
80	初聲 全部를 終聲으로 쓰는 可否	조선일보	-	1929	5	9*
81	한글整理는 어떻게할가(五), 斯界專門家의 의견	조선일보	-	1929	6	2
82	偉業은 靑春에 잇다, 東西偉人의 靑春時代 - 十七歲에 三國統一의 大事業計劃, 金庾信의 靑春時節	별건곤	21호	1929	6	23
83	痛快無雙 奇人篇, 이 世上人物갓지 안흔 現存한 大奇人, 六峯禹龍澤先生, -奇人篇其七-	별건곤	22호	1929	8	1
84	한글강의, 一講 한글의 말뜻	신생	2권 9호	1929	9	2
85	한글강의, 二講 정음으로 언문에 언문으로 한글에(上)	신생	2권 10호	1929	10	1
86	戲曲 - 栗里薛氏(一幕二場)	신생	2권 10호	1929	10	1
87	智謀의 女傑 - 金千鎰의 妻	신생	2권 11호	1929	11	1
88	한글강의, 三講 정음으로 언문에 언문으로 한글에(下)	신생	2권 11호	1929	11	1
89	在外名士訪問記 - 한글大家 金科奉氏 訪問記	별건곤	24호	1929	12	1
90	한글강의, 四講 우리글을 어떻게 쓸까	신생	2권 12호	1929	12	2
91	戲曲 - 栗里薛氏(二)	신생	2권 12호	1929	12	2

92	馬에 關한 地名	신생	3권 1호	1930	1	1
93	한글강의, 五講 한글배렬은 어떤가	신생	3권 1호	1930	1	1
94	말의 이애기	아희생활	5권 1호	1930	1	1
95	史上의 로만쓰 - 三國時代 王子鄒牟와 그 駿馬(一)	동아일보	-	1930	1	6
96	史上의 로만쓰 - 三國時代 王子鄒牟와 그 駿馬(二)	동아일보	-	1930	1	7
97	史上의 로만쓰 - 三國時代 王子鄒牟와 그 駿馬(三)	동아일보	-	1930	1	8
98	史上의 로만쓰 - 三國時代 王子鄒牟와 그 駿馬(四)	동아일보	-	1930	1	9
99	史上의 로만쓰 - 三國時代 王子鄒牟와 그 駿馬(五)	동아일보	-	1930	1	10
100	史上의 로만쓰 - 三國時代 王子鄒牟와 그 駿馬(六)	동아일보	-	1930	1	11
101	史上의 로만쓰 - 三國時代 王子鄒牟와 그 駿馬(七)	동아일보	-	1930	1	12
102	史上의 로만쓰 - 三國時代弗矩內王의 降世 - 白馬가 祥端를 드리다(一)	동아일보	-	1930	1	14
103	史上의 로만쓰 - 三國時代弗矩內王의 降世 - 白馬가 祥端를 드리다(二)	동아일보	-	1930	1	15
104	關東僻地 楊口行 -日記에서-	신생	3권 2호	1930	2	1
105	지상토론, 노소충돌의 원인이 늙은 사람에게 있느냐? 젊은 사람에게 있느냐?	종교교육	4권 2호	1930	2	*
106	關東僻地 楊口紀行(二) -日記에서-	신생	3권 3호	1930	3	1
107	한글강의, 六講 한글 글씨의 소리	신생	3권 3호	1930	3	1
108	한글欄 조선을 지은이들 - 大聖人 世宗大王(一)	동아일보	-	1930	3	17
109	한글欄 조선을 지은이들 - 大聖人 世宗大王(二)	동아일보	-	1930	3	18
110	한글欄 조선을 지은이들 - 大聖人 世宗大王(三)	동아일보	-	1930	3	19
111	한글欄 조선을 지은이들 - 大聖人 世宗大王(四)	동아일보	-	1930	3	21
112	한글欄 조선을 지은이들 - 大聖人 世宗大王(五)	동아일보	-	1930	3	22
113	한글欄 조선을 지은이들 - 大聖人 世宗大王(六)	동아일보	-	1930	3	24
114	한글欄 조선을 지은이들 - 大聖人 世宗大王(七)	동아일보	-	1930	3	26
115	한글欄 조선을 지은이들 - 大聖人 世宗大王(八)	동아일보	-	1930	3	27
116	한글欄 조선을 지은이들 - 大聖人 世宗大王(九)	동아일보	-	1930	3	28
117	한글欄 조선을 지은이들 - 大聖人 世宗大王(十)	동아일보	-	1930	3	29
118	한글欄 조선을 지은이들 - 大聖人 世宗大王(十一)	동아일보	-	1930	3	30
119	한글欄 조선을 지은이들 - 大聖人 世宗大王(十二)	동아일보	-	1930	4	1
120	한글欄 조선을 지은이들 - 大聖人 世宗大王(十三)	동아일보	-	1930	4	2
121	한글欄 조선을 지은이들 - 大聖人 世宗大王(十四)	동아일보	-	1930	4	5
122	한글欄 조선을 지은이들 - 大聖人 世宗大王(十五)	동아일보	-	1930	4	6
123	한글欄 조선을 지은이들 - 大聖人 世宗大王(十六)	동아일보	-	1930	4	11
124	한글欄 조선을 지은이들 - 大聖人 世宗大王(十七)	동아일보	-	1930	4	12
125	한글欄 조선을 지은이들 - 大聖人 世宗大王(十八)	동아일보	-	1930	4	13

126	한글강의, 七講 된시옷이냐 병서냐(上)	신생	3권 5호	1930	5	1
127	한글강의, 八講 된시옷이냐 병서냐(下)	신생	3권 6호	1930	6	2
128	한글欄 조선을 지은이들 - 大聖人 世宗大王(十九)	동아일보	-	1930	9	2
129	한글欄 조선을 지은이들 - 大聖人 世宗大王(二O)	동아일보	-	1930	9	3
130	한글欄 조선을 지은이들 - 大聖人 世宗大王(二一)	동아일보	-	1930	9	5
131	한글欄 조선을 지은이들 - 大聖人 世宗大王(二二)	동아일보	-	1930	9	6
132	한글欄 조선을 지은이들 - 大聖人 世宗大王(二三)	동아일보	-	1930	9	7
133	한글欄 조선을 지은이들 - 大聖人 世宗大王(二四)	동아일보	-	1930	9	10
134	한글欄 조선을 지은이들 - 大聖人 世宗大王(二五)	동아일보	-	1930	9	14
135	한글欄 조선을 지은이들 - 大聖人 世宗大王(二六)	동아일보	-	1930	9	21
136	한글欄 조선을 지은이들 - 大聖人 世宗大王(二七)	동아일보	-	1930	9	26
137	한글欄 조선을 지은이들 - 大聖人 世宗大王(二八)	동아일보	-	1930	9	27
138	民俗上으로 본 한가위(嘉俳)의 由來	신생	3권 10호	1930	10	1
139	朝鮮三大文章家와 碩學者1 - 高麗中葉의 大文學家 李奎報先生	학생	2권 9호	1930	10	2
140	한글欄 조선을 지은이들 - 聖雄 李舜臣(一)	동아일보	-	1930	10	3
141	한글欄 조선을 지은이들 - 聖雄 李舜臣(二)	동아일보	-	1930	10	4
142	가온날의 이야기 - 이 날의 놀이는 신라 때부터 시작된 경기와 여흥	동아일보	-	1930	10	7
143	한글欄 조선을 지은이들 - 聖雄 李舜臣(三)	동아일보	-	1930	10	8
144	한글欄 조선을 지은이들 - 聖雄 李舜臣(四)	동아일보	-	1930	10	9
145	한글欄 조선을 지은이들 - 聖雄 李舜臣(五)	동아일보	-	1930	10	13
146	한글欄 조선을 지은이들 - 聖雄 李舜臣(六)	동아일보	-	1930	10	15
147	한글欄 조선을 지은이들 - 聖雄 李舜臣(七)	동아일보	-	1930	10	16
148	한글欄 조선을 지은이들 - 聖雄 李舜臣(八)	동아일보	-	1930	10	17
149	한글欄 조선을 지은이들 - 聖雄 李舜臣(九)	동아일보	-	1930	10	21
150	한글欄 조선을 지은이들 - 聖雄 李舜臣(十)	동아일보	-	1930	10	22
151	한글欄 조선을 지은이들 - 聖雄 李舜臣(十一)	동아일보	-	1930	10	28
152	한글欄 조선을 지은이들 - 聖雄 李舜臣(十二)	동아일보	-	1930	10	29
153	한글欄 조선을 지은이들 - 聖雄 李舜臣(十三)	동아일보	-	1930	10	30
154	한글欄 조선을 지은이들 - 聖雄 李舜臣(十四)	동아일보	-	1930	10	31
155	한글欄 조선을 지은이들 - 聖雄 李舜臣(十五)	동아일보	-	1930	11	1
156	乙支文德墓參拜記	별건곤	34호	1930	11	1
157	한글欄 조선을 지은이들 - 聖雄 李舜臣(十六)	동아일보	-	1930	11	2
158	한글欄 조선을 지은이들 - 聖雄 李舜臣(十七)	동아일보	-	1930	11	3
159	한글欄 조선을 지은이들 - 聖雄 李舜臣(十八)	동아일보	-	1930	11	5
160	한글欄 조선을 지은이들 - 聖雄 李舜臣(十九)	동아일보	-	1930	11	6

161	한글欄 조선을 지은이들 - 聖雄 李舜臣(二O)	동아일보	-	1930	11	7
162	한글欄 조선을 지은이들 - 聖雄 李舜臣(二一)	동아일보	-	1930	11	8
163	한글欄 조선을 지은이들 - 聖雄 李舜臣(二二)	동아일보	-	1930	11	9
164	한글欄 조선을 지은이들 - 聖雄 李舜臣(二三)	동아일보	-	1930	11	14
165	한글欄 조선을 지은이들 - 聖雄 李舜臣(二四)	동아일보	-	1930	11	16
166	한글欄 조선을 지은이들 - 聖雄 李舜臣(二五)	동아일보	-	1930	11	18
167	한글欄 조선을 지은이들 - 聖雄 李舜臣(二六)	동아일보	-	1930	11	19
168	한글研究家諸氏의 感想과 提議, 사백여든넷재돌을 맞으며 - 세분에게 치하한다	동아일보	-	1930	11	19
169	한글欄 조선을 지은이들 - 聖雄 李舜臣(二七)	동아일보	-	1930	11	20
170	한글欄 조선을 지은이들 - 聖雄 李舜臣(二八)	동아일보	-	1930	11	21
171	한글欄 조선을 지은이들 - 聖雄 李舜臣(二九)	동아일보	-	1930	11	22
172	開天節 단군강탄 四三八六회의 긔념	동아일보	-	1930	11	23
173	한글欄 조선을 지은이들 - 聖雄 李舜臣(三O)	동아일보	-	1930	11	25
174	한글質疑欄	동아일보	-	1930	11	26
175	한글欄 조선을 지은이들 - 聖雄 李舜臣(三一)	동아일보	-	1930	11	27
176	한글質疑欄	동아일보	-	1930	11	27
177	한글欄 조선을 지은이들 - 聖雄 李舜臣(三二)	동아일보	-	1930	11	28
178	한글欄 조선을 지은이들 - 聖雄 李舜臣(三三)	동아일보	-	1930	11	29
179	한글質疑欄	동아일보	-	1930	11	29
180	한글欄 조선을 지은이들 - 聖雄 李舜臣(三四)	동아일보	-	1930	11	30
181	한글質疑欄	동아일보	-	1930	11	30
182	사백팔십사회의 한글 긔념날을 맞으며	학생	2권 10호	1930	11	
183	한글欄 조선을 지은이들 - 聖雄 李舜臣(三五)	동아일보	-	1930	12	2
184	한글質疑欄	동아일보	-	1930	12	2
185	한글欄 조선을 지은이들 - 聖雄 李舜臣(三六)	동아일보	-	1930	12	3
186	한글質疑欄	동아일보	-	1930	12	3
187	한글欄 조선을 지은이들 - 聖雄 李舜臣(三七)	동아일보	-	1930	12	4
188	한글欄 조선을 지은이들 - 聖雄 李舜臣(三八)	동아일보	-	1930	12	5
189	한글質疑欄	동아일보	-	1930	12	5
190	한글欄 조선을 지은이들 -聖雄 李舜臣(三九)	동아일보	-	1930	12	6
191	한글質疑欄	동아일보	-	1930	12	6
192	한글欄 조선을 지은이들 - 聖雄 李舜臣(四O)	동아일보	-	1930	12	7
193	한글質疑欄	동아일보	-	1930	12	7
194	한글欄 조선을 지은이들 - 聖雄 李舜臣(四一)	동아일보	-	1930	12	9
195	한글質疑欄	동아일보	-	1930	12	10

196	한글欄 조선을 지은이들 - 聖雄 李舜臣(四二)	동아일보	-	1930	12	12
197	한글欄 조선을 지은이들 - 聖雄 李舜臣(四三)	동아일보	-	1930	12	13
198	한글質疑欄	동아일보	-	1930	12	17
199	한글質疑欄	동아일보	-	1930	12	19
200	한글質疑欄	동아일보	-	1930	12	20
201	한글質疑欄	동아일보	-	1930	12	23
202	한글質疑欄	동아일보	-	1930	12	24
203	한글質疑欄	동아일보	-	1930	12	25
204	한글質疑欄	동아일보	-	1930	12	28
205	辛未革命과 辛未洋亂(一) - 洪景來와 崔蘭軒	동광	17호	1931	1	1
206	史上의 辛未(一)	동아일보	-	1931	1	1
207	史上의 辛未(二)	동아일보	-	1931	1	3
208	史上의 辛未(三)	동아일보	-	1931	1	4
209	方便子柳僖의 諺文志 -朝鮮古典解題-	동아일보	-	1931	1	5
210	史上의 辛未(四)	동아일보	-	1931	1	7
211	한글質疑欄	동아일보	-	1931	1	9
212	한글質疑欄	동아일보	-	1931	1	10
213	한글質疑欄	동아일보	-	1931	1	15
214	한글質疑欄	동아일보	-	1931	1	16
215	한글質疑欄	동아일보	-	1931	1	17
216	讀書餘錄 史上警句 一	동아일보		1931	1	19
217	讀書質疑	동아일보	-	1931	1	19
218	한글質疑欄	동아일보	-	1931	1	20
219	한글質疑欄	동아일보	-	1931	1	22
220	한글質疑欄	동아일보	-	1931	1	23
221	한글質疑欄	동아일보	-	1931	1	25
222	한글質疑欄	동아일보	-	1931	1	28
223	한글質疑欄	동아일보	-	1931	1	29
224	辛未革命과 辛未洋擾(二)	동광	18호	1931	2	1
225	讀書餘錄 史上警句 二	동아일보		1931	2	2
226	讀書質疑	동아일보	-	1931	2	2
227	紀念, 東方의 大偉人 李珥先生 - 學界紀念, 栗谷 先生 小傳	신생	4권 2호	1931	2	2
228	한글質疑欄	동아일보	-	1931	2	4
229	한글質疑欄	동아일보	-	1931	2	6
230	한글質疑欄	동아일보	-	1931	2	7
231	한글質疑欄	동아일보	-	1931	2	8
232	讀書餘錄 史上警句 三	동아일보		1931	2	9

233	한글質疑欄	동아일보	-	1931	2	10
234	한글質疑欄	동아일보	-	1931	2	11
235	한글質疑欄	동아일보	-	1931	2	14
236	讀書餘錄 史上警句 四	동아일보	-	1931	2	16
237	讀書質疑	동아일보	-	1931	2	16
238	한글質疑欄	동아일보	-	1931	2	18
239	한글質疑欄	동아일보	-	1931	2	20
240	한글質疑欄	동아일보	-	1931	2	22
241	讀書餘錄 史上警句 五	동아일보		1931	2	23
242	한글質疑欄	동아일보	-	1931	2	24
243	한글質疑欄	동아일보	-	1931	2	26
244	한글質疑欄	동아일보	-	1931	3	1
245	한글質疑欄	동아일보	-	1931	3	3
246	한글質疑欄	동아일보	-	1931	3	5
247	한글質疑欄	동아일보	-	1931	3	6
248	한글質疑欄	동아일보	-	1931	3	12
249	한글質疑欄	동아일보	-	1931	3	13
250	한글質疑欄	동아일보	-	1931	3	20
251	한글質疑欄	동아일보	-	1931	3	24
252	한글質疑欄	동아일보	-	1931	3	29
253	朝鮮民族의 恩人과 儀範	신생	4권 4호	1931	4	1
254	한글質疑欄	동아일보	-	1931	4	2
255	한글質疑欄	동아일보	-	1931	4	4
256	한글質疑欄	동아일보	-	1931	4	5
257	한글質疑欄	동아일보	-	1931	4	7
258	한글質疑欄	동아일보	-	1931	4	8
259	한글質疑欄	동아일보	-	1931	4	10
260	한글質疑欄	동아일보	-	1931	4	14
261	한글質疑欄	동아일보	-	1931	4	16
262	한글質疑欄	동아일보	-	1931	4	17
263	한글質疑欄	동아일보	-	1931	4	22
264	나는 이 꽃을 사랑합니다, 各界名士(到着順) - 無窮花	신생	4권 5호	1931	5	1
265	한글質疑欄	동아일보	-	1931	5	8
266	한글質疑欄	동아일보	-	1931	5	9
267	한글質疑欄	동아일보	-	1931	5	10
268	한글質疑欄	동아일보	-	1931	5	13
269	한글質疑欄	동아일보	-	1931	5	15

270	한글質疑欄	동아일보	-	1931	5	17
271	한글質疑欄	동아일보	-	1931	5	19
272	한글質疑欄	동아일보	-	1931	5	20
273	한글質疑欄	동아일보	-	1931	5	22
274	한글質疑欄	동아일보	-	1931	5	23
275	한글質疑欄	동아일보	-	1931	5	24
276	한글質疑欄	동아일보	-	1931	5	28
277	한글 綴字法 一覽表	文藝讀本	상권 부록	1931	5	
278	한글質疑欄	동아일보	-	1931	6	2
279	한글質疑欄	동아일보	-	1931	6	9
280	한글質疑欄	동아일보	-	1931	7	31
281	第一回 朝鮮語講習消息(1)	동아일보	-	1931	8	4
282	第一回 朝鮮語講習消息(3)	동아일보	-	1931	8	12
283	第三回 朝鮮語講習消息(7)	동아일보	-	1931	8	20
284	第一回 朝鮮語講習消息(11)	동아일보	-	1931	8	28
285	第一回 朝鮮語講習消息(12)	동아일보	-	1931	9	2
286	한글質疑欄	동아일보	-	1931	9	11
287	□ □ □ □	동아일보	-	1931	9	15
288	한글質疑欄	동아일보	-	1931	9	17
289	一貫한 피의 歷史 카토릭布教百年 - 百年聖祭를 臨하야(上)	동아일보	-	1931	9	26
290	一貫한 피의 歷史 카토릭布教百年 - 百年聖祭를 臨하야(中)	동아일보	-	1931	9	27
291	一貫한 피의 歷史 카토릭布教百年 - 百年聖祭를 臨하야(下)	동아일보	-	1931	9	29
292	一貫한 피의 歷史 카토릭布教百年 - 百年聖祭를 臨하야(續)	동아일보	-	1931	9	30
293	仁憲公姜邯贊 - 歿後九百年을 際하야(上)	동아일보	-	1931	10	1
294	舊宮會場 - 가을의 德壽宮	삼천리	3권 10호	1931	10	1
295	仁憲公姜邯贊 - 歿後九百年을 際하야(下)	동아일보	-	1931	10	2
296	한글質疑	동아일보	-	1931	10	14
297	한글質疑	동아일보	-	1931	10	22
298	한글質疑	동아일보	-	1931	10	23
299	한글質疑	동아일보	-	1931	10	25
300	忠義의 人 閔忠正公	신동아	1권 1호	1931	11	1
301	한글質疑	동아일보	-	1931	11	5
302	한글質疑	동아일보	-	1931	11	6

303	讀書質疑	동아일보	-	1931	11	9
304	家庭悲劇 嚴正批判 - 家庭은 雙方의 責任	동광	27호	1931	11	10
305	開天節(上)	동아일보	-	1931	11	12
306	한글質疑	동아일보	-	1931	11	12
307	開天節(下)	동아일보	-	1931	11	13
308	한글質疑	동아일보	-	1931	11	13
309	□ □	동아일보	-	1931	12	2
310	□ □ □ □ □	동아일보	-	1931	12	3
311	□ □	동아일보	-	1931	12	4
312	讀書質疑	동아일보	-	1931	12	13
313	□ □	동아일보	-	1931	12	17
314	滿洲이야기(一) - 녯날과 오늘	동아일보	-	1932	1	1
315	自習書發刊 綴字統一努力	조선일보	-	1932	1	2
316	史上의壬申 壬申政治史(一) △薩水大捷……登州擊陷 △圃隱成仁……李氏革命	동아일보	-	1932	1	3
317	史上의壬申 壬申政治史(二) △薩水大捷……登州擊陷 △圃隱成仁……李氏革命	동아일보	-	1932	1	4
318	滿洲이야기(二) - 녯날과 오늘	동아일보	-	1932	1	5
319	史上의壬申 壬申政治史(三) △薩水大捷……登州擊陷 △圃隱成仁……李氏革命	동아일보	-	1932	1	5
320	史上의壬申 壬申政治史(四) △薩水大捷……登州擊陷 △圃隱成仁……李氏革命	동아일보	-	1932	1	6
321	史上의壬申 壬申政治史(五) △薩水大捷……登州擊陷 △圃隱成仁……李氏革命	동아일보	-	1932	1	7
322	滿洲이야기(三) - 녯날과 오늘	동아일보	-	1932	1	8
323	史上의壬申 壬申政治史(六) △薩水大捷……登州擊陷 △圃隱成仁……李氏革命	동아일보	-	1932	1	10
324	質疑應答 에라만소	동아일보	-	1932	1	11
325	戰爭是非論, 說問, 貴下께서는 戰爭을 是認하십니까? 反對하십니까? - 이겨도 利는업다	신동아	2권 2호	1932	2	1
326	□ □ □ □	동아일보	-	1932	2	3
327	□ □ □ □ - 한글質疑	동아일보	-	1932	2	4
328	□ □ □ □	동아일보	-	1932	2	5

329	만주와 우리 오늘과 옛날의 이야기(四)	동아일보	-	1932	2	7
330	만주와 우리 오늘과 옛날의 이야기(五)	동아일보	-	1932	2	8
331	만주와 우리 오늘과 옛날의 이야기(六)	동아일보	-	1932	2	12
332	만주와 우리 오늘과 옛날의 이야기(七)	동아일보	-	1932	2	14
333	한글質疑	동아일보	-	1932	2	16
334	만주와 우리 오늘과 옛날의 이야기(八)	동아일보	-	1932	2	17
335	한글質疑	동아일보	-	1932	2	17
336	만주와 우리 오늘과 옛날의 이야기(九)	동아일보	-	1932	2	19
337	한글質疑	동아일보	-	1932	2	20
338	만주와 우리 오늘과 옛날의 이야기(九)	동아일보	-	1932	2	22
339	만주와 우리 오늘과 옛날의 이야기(十)	동아일보	-	1932	2	23
340	한글質疑	동아일보	-	1932	2	23
341	質疑應答	동아일보	-	1932	3	1
342	朝鮮史話, 姜邯贊의 龜州大捷과 權慄의 幸州大捷	신동아	2권 3호	1932	3	1
343	한글 綴字法 講座(一回)	신생	5권 3호	1932	3	1
344	역사적 관계로본 만주이야기(十一)	동아일보	-	1932	3	12
345	역사적 관계로본 만주이야기(十二)	동아일보	-	1932	3	14
346	역사적 관계로본 만주이야기(十三)	동아일보	-	1932	3	17
347	한글質疑	동아일보	-	1932	3	17
348	역사적 관계로본 만주이야기(十四)	동아일보	-	1932	3	18
349	역사적 관계로본 만주이야기(十五)	동아일보	-	1932	3	21
350	역사적 관계로본 만주이야기(十六)	동아일보	-	1932	3	23
351	역사적 관계로본 만주이야기(十七)	동아일보	-	1932	3	24
352	역사적 관계로본 만주이야기(十八)	동아일보	-	1932	3	26
353	한글質疑	동아일보	-	1932	3	26
354	역사적 관계로본 만주이야기(十九)	동아일보	-	1932	3	28
355	역사적 관계로본 만주이야기(二十)	동아일보	-	1932	3	29
356	역사적 관계로본 만주이야기(廿一)	동아일보	-	1932	3	31
357	한글 綴字에 對한 新異論檢討 - 對答할 나위도 없다	동광	32호	1932	4	1
358	역사적 관계로본 만주이야기(廿二)	동아일보	-	1932	4	1
359	한글質疑	동아일보	-	1932	4	1
360	史上野談-義血	신동아	2권 4호	1932	4	1
361	한글 綴字法 講座(二回)	신생	5권 4호	1932	4	1
362	□□□□	동아일보	-	1932	4	2
363	역사적 관계로본 만주이야기(廿三)	동아일보	-	1932	4	2
364	역사적 관계로본 만주이야기(廿四)	동아일보	-	1932	4	3
365	한글質疑	동아일보	-	1932	4	3

366	역사적 관게로본 만주이야기(卄五)	동아일보	-	1932	4	5
367	역사적 관게로본 만주이야기(卄六)	동아일보	-	1932	4	9
368	역사적 관게로본 만주이야기(卄八)	동아일보	-	1932	4	12
369	역사적 관게로본 만주이야기(卄九)	동아일보	-	1932	4	17
370	역사적 관게로본 만주이야기(三十)	동아일보	-	1932	4	18
371	역사적 관게로본 만주이야기(三十一)	동아일보	-	1932	4	19
372	한글質疑	동아일보	-	1932	4	21
373	한글質疑	동아일보	-	1932	4	24
374	한글을 처음 내면서	한글	1권 1호	1932	5	1
375	最近 朝鮮社會에서 感激된 일 -「조선을 알자!」는 社會의 부르짖임을 듣고	동방평론	1권 2호	1932	5	9
376	한글質疑	동아일보	-	1932	6	1
377	한글質疑	동아일보	-	1932	6	10
378	(한글) 머리말	한글	1권 3호	1932	7	19
379	變格活用의 例	한글	1권 3호	1932	7	19
380	튀르크의 文字革命	한글	1권 3호	1932	7	19
381	夏期一週日 한글講習教案	동방평론	1권 3호	1932	7	
382	先生의 여름	신생	5권 7·8호	1932	8	1
383	한글巡禮 - 永興에서	동아일보	-	1932	8	10
384	한글巡禮 - 興南에서	동아일보	-	1932	8	16
385	한글巡禮 - 淸津에서	동아일보	-	1932	8	27
386	한글巡禮 - 鎭興에서	동아일보	-	1932	9	2
387	한글巡禮 - 鏡城에서	동아일보	-	1932	9	15
388	한글巡禮 - 鏡城에서	동아일보	-	1932	9	16
389	雜著 - 조선글은 어떠케 낫는가	신학세계		1932	9	
390	한글運動의 回顧(一)	동아일보	-	1932	10	29
391	한글運動의 回顧(二)	동아일보	-	1932	10	30
392	訓民正音 頒布第四百八十六回記念 - 訓民正音의 創定	한글	1권 5호	1932	10	
393	羅津灣의 황금비	동광	39호	1932	11	1
394	한글運動의 回顧(三)	동아일보	-	1932	11	1
395	시월상달	신동아	2권 11호	1932	11	1
396	한글運動의 回顧(四)	동아일보	-	1932	11	2
397	나의 總決算	신동아	2권 12호	1932	12	1
398	금년은 이러케 합시다 - 朝鮮語學會 李允宰	별건곤	59호	1932	12	30
399	雅樂創定 五百年을 際하야(一) 世宗大王의 聖德을 사모하며	동아일보	-	1933	1	26
400	雅樂創定 五百年을 際하야(二) 世宗大王의 聖德을 사모하며	동아일보	-	1933	1	28

401	東西洋女王巡禮記-東洋의 女王들	신가정	1권 1호	1933	1	
402	잊을 수 없는 어머니 말슴	신가정	1권 1호	1933	1	
403	행주치마의 由來	신가정	1권 2호	1933	2	
404	이 江山 · 이 人物, 第二回 平壤篇-歷史上으로 본 平壤	신가정	1권 3호	1933	3	
405	조선지리강의	아이생활		1933	3	*
406	한글綴字法 - 「新綴字便覽」의 解說(一)	동아일보	-	1933	4	1
407	한글綴字法 - 「新綴字便覽」의 解說(二)	동아일보	-	1933	4	3
408	한글綴字法 - 「新綴字便覽」의 解說(三)	동아일보	-	1933	4	4
409	學父兄으로써 校長에게 보냄 - 修學施行을 좀더 조심히	신동아	3권 4호	1933	4	4
410	한글綴字法 - 「新綴字便覽」의 解說(四)	동아일보	-	1933	4	6
411	한글綴字法 - 「新綴字便覽」의 解說(五)	동아일보	-	1933	4	8
412	한글綴字法 - 「新綴字便覽」의 解說(六)	동아일보	-	1933	4	10
413	한글綴字法 - 「新綴字便覽」의 解說(七)	동아일보	-	1933	4	11
414	한글綴字法 - 「新綴字便覽」의 解說(八)	동아일보	-	1933	4	13
415	한글綴字法 - 「新綴字便覽」의 解說(九)	동아일보	-	1933	4	30
416	이 江山 · 이 人物, 第3回 慶州篇 - 歷史的으로 본 慶州	신가정	1권 4호	1933	4	
417	한글綴字法 - 「新綴字便覽」의 解說(十)	동아일보	-	1933	5	1
418	한글綴字法 - 「新綴字便覽」의 解說(十一)	동아일보	-	1933	5	2
419	한글綴字法 - 「新綴字便覽」의 解說(十二)	동아일보	-	1933	5	3
420	한글綴字法 - 「新綴字便覽」의 解說(十三)	동아일보	-	1933	5	4
421	한글綴字法 - 「新綴字便覽」의 解說(十四)	동아일보	-	1933	5	5
422	한글綴字法 - 「新綴字便覽」의 解說(十五)	동아일보	-	1933	5	8
423	한글綴字法 - 「新綴字便覽」의 解說(十六)	동아일보	-	1933	5	9
424	한글綴字法 - 「新綴字便覽」의 解說(十七)	동아일보	-	1933	5	18
425	한글綴字法 - 「新綴字便覽」의 解說(十八)	동아일보	-	1933	5	19
426	한글綴字法 - 「新綴字便覽」의 解說(十九)	동아일보	-	1933	5	21
427	한글綴字法 - 「新綴字便覽」의 解說(二十)	동아일보	-	1933	5	31
428	勝地의 追憶 - 智異山의 追想	신여성	7권 6호	1933	6	1
429	한글綴字法 - 「新綴字便覽」의 解說(二十一)	동아일보	-	1933	6	8
430	한글綴字法 - 「新綴字便覽」의 解說(二十二)	동아일보	-	1933	6	9
431	이 강산, 이 인물, 大邱篇 - 歷史로 본 大邱	신가정	1권 6호	1933	6	
432	古都古蹟巡禮 - 大駕洛國 古都 金海	신동아	3권 8호	1933	7	25
433	女子夏期大學講座 한글科 - 한글은 어떤 것인가	신가정	1권 7호	1933	7	
434	朝鮮史上의 武俠列傳(其一), 黎道令의 神勇	신동아	3권 10호	1933	10	1
435	世宗大王의 聖德	학등	1권 1호	1933	10	1
436	母語運動의 概觀 - 主로 文字改正에 對하야(一)	동아일보	-	1933	10	29
437	母語運動의 概觀 - 主로 文字改正에 對하야(二)	동아일보	-	1933	10	31

502	紙齡五千號記念 - 내 자랑과 내 보배 獨創과 發明(五)	동아일보	-	1934	12	18
503	紙齡五千號記念 - 내 자랑과 내 보배 獨創과 發明(六)	동아일보	-	1934	12	19
504	紙齡五千號記念 - 내 자랑과 내 보배 獨創과 發明(七)	동아일보	-	1934	12	20
505	紙齡五千號記念 - 내 자랑과 내 보배 獨創과 發明(八)	동아일보	-	1934	12	21
506	紙齡五千號記念 - 내 자랑과 내 보배 獨創과 發明(九)	동아일보	-	1934	12	22
507	紙齡五千號記念 - 내 자랑과 내 보배 獨創과 發明(十)	동아일보	-	1934	12	25
508	紙齡五千號記念 - 내 자랑과 내 보배 獨創과 發明(十一)	동아일보	-	1934	12	27
509	紙齡五千號記念 - 내 자랑과 내 보배 獨創과 發明(十二)	동아일보	-	1934	12	28
510	紙齡五千號記念 - 내 자랑과 내 보배 獨創과 發明(完)	동아일보	-	1934	12	29
511	朝鮮史上에서본 乙亥年의 자최, 그 主要한 몃 史實의 抄記	조선중앙일보	-	1935	1	1
512	新春移動座談會 - 우리의 病根打診(四) - 八字믿고 失望말아 奮鬪하면 살수잇다, 個人의 活動이 社會의 生命線	동아일보	-	1935	1	5
513	조선 역사 강화(一) 상고편	한글	20호	1935	1	
514	조선 역사 강화(二) 상고편	한글	21호	1935	2	
515	世宗大王과 文化事業	신동아	5권 3호	1935	3	1
516	물음과 대답	한글	3권 3호	1935	3	1
517	反對者側의 이모저모 - 필경 學生까지 煽動하느냐-正音誌의 輕妄을 戒함	한글	3권 3호	1935	3	
518	첫번 양복 입던때 이야기	신가정	3권 4호	1935	4	
519	조선 역사 강화(三) 상고편	한글	23호	1935	4	
520	물음과 대답	한글	3권 6호	1935	8	1
521	조선 역사 강화(三) 상고편	한글	25호	1935	8	
522	조선 역사 강화(五) 상고편	한글	26호	1935	9	
523	한글運動의 先驅者 周時經先生	삼천리	7권 9호	1935	10	1
524	한글 創製의 苦心	동아일보	-	1935	10	28
525	조선 역사 강화(五) 상고편	한글	27호	1935	10	
526	한글날에 대하여	한글	3권 9호	1935	11	1
527	朝鮮語辭典編纂은 어떠케 進行되는가(上)	동아일보	-	1935	12	20

528	朝鮮語辭典編纂은 어떠케 進行되는가(下)	동아일보	-	1935	12	21
529	丙子修好條規 成立의 顚末	신동아	6권 1호	1936	1	1
530	나의 中學時代 - 二十八年前의 記憶	학등	4권 1호	1936	1	
531	朝鮮語辭典 編纂은 어떻게 進行되는가	한글	4권 2호	1936	2	1
532	물음과 대답	한글	4권 2호	1936	2	1
533	逸話, 토정선생	한글	4권 2호	1936	2	
534	本誌歷代主幹의 懷述記 - 네가지자랑과 한글통일	아희생활	11권 3호	1936	3	6
535	大倧教와 朝鮮人	삼천리	8권 4호	1936	4	1
536	北京時代의 丹齊	조광	2권 4호	1936	4	2
537	조선의 이름난 임금들	중앙	4권 5호	1936	5	6
538	물음과 대답	한글	4권 6호	1936	6	1
539	巨星의 臨終語錄(9) - 統三의 偉業 이룬 高麗太祖王建	동아일보	-	1936	6	3
540	巨星의 臨終語錄(11) - 捨生就義로 一貫 都統使 崔瑩	동아일보	-	1936	6	5
541	巨星의 臨終語錄(11) - 精忠大節 굳은 뜻 圃隱 鄭夢周	동아일보	-	1936	6	9
542	巨星의 臨終語錄(12) - 一死 報國의 最後遺囑 盟山誓海의 忠武公 李舜臣	동아일보	-	1936	6	10
543	巨星의 臨終語錄(13) - 壬辰亂에 倡義勤王 寂滅하여 焚香說法한 西山大師	동아일보	-	1936	6	12
544	巨星의 臨終語錄(14) - 三國統一의 元勳, 國家安泰를 遺言한 金庾信	동아일보	-	1936	6	14
545	巨星의 臨終語錄(15) - 大耶城役에 殉節한 歲寒不週의 節概 지킨 竹竹	동아일보	-	1936	6	17
546	巨星의 臨終語錄(16) - 碎心粉骨의 그 精誠, 白骨 되어 王을 忠諫한 金后稷	동아일보	-	1936	6	21
547	巨星의 臨終語錄(17) - 觀時察變의 先見, 獄中에서 餓死한 愛國家 成忠	동아일보	-	1936	6	26
548	巨星의 臨終語錄(18) - 秘史 짓고 遺言한 高麗末年의 志士 元天錫	동아일보	-	1936	6	27
549	나의 銘心錄①	중앙	4권 7호	1936	7	
550	知名人士 避暑플랜	신동아	6권 8호	1936	8	1
551	聖經綴字를 改正하라	한글	4권 8호	1936	9	1
552	朝鮮標準語査定과 그 苦心 - 委員諸氏와의 一問一答記	조광	2권 9호	1936	9	3
553	崔鉉培氏의 『시골말캐기잡책』	한글	4권 9호	1936	10	1
554	물음과 대답	한글	4권 9호	1936	10	1
555	『사정한 조선어 표준말 모음』의 내용 - 표준어 발표식 석상에서 설명한 것	한글	4권 11호	1936	12